中国古代经济史断代研究
国家哲学社会科学重点科研课题
前无古人的学术贡献

中國經濟通史

宋（上）

漆侠 著

经濟日報出版社

图书在版编目（CIP）数据

中国经济通史．宋/漆侠著．—2版
北京：经济日报出版社，2007.1
ISBN 7－80180－610－7

Ⅰ．中…
Ⅱ．漆…
Ⅲ．经济史－中国－宋代
Ⅳ．F129

中国版本图书馆CIP数据核字（2006）第115037号

书　　名：中国经济通史．宋
本卷作者：漆　侠
责任编辑：赵润庭
责任校对：潘前成　王丽萍　高晓昆
出版发行：经济日报出版社
地　　址：北京市宣武区白纸坊东街2号（邮编：100054）
电　　话：010－63568136　63567690　63567691（编辑部）63567687（邮购部）
　　　　　010－63567683　63568621　63538445　63588447　83538863（发行部）
网　　址：www.edpbook.com.cn
E－mail：cehuabu@vip.sina.com
经　　销：全国新华书店
印　　刷：北京市耀华印刷有限公司
特种纸商：北京灵创魔丽商贸中心
开　　本：710×1000　1/16
本卷印张：69.50
本卷字数：990千字
版　　次：2007年1月第二版
印　　次：2007年1月第一次印刷
书　　号：ISBN 7－80180－610－7/F.251
全套定价：1200.00元（九卷十六册·精装）

目 录(上)

关于中国封建经济制度发展的阶段问题（代绪论）[1]

经济史是研究社会经济关系之史的发展的一门科学；研究各个历史时代的社会经济关系是在什么样的社会生产力水平制约下发展起来的，以及在其发展过程中对社会生产力的发展产生什么样的反作用。依此而论，这部《宋代经济史》所叙述的范围，就是两宋统治300年间社会经济关系发展演变的总的过程。从现有的认识来看，宋代经济关系的演变，在我国整个封建经济发展演变的过程中，具有承先启后，极为重要的位置。为了说明这一问题，对我国封建经济制度发展阶段给以简略的叙述，是极为必要的。

关于中国封建经济制度阶段的划分

与世界上许多国家一样，我国也遵循着社会发展的一般规律，经历了以封建经济制度为基础的社会历史阶段。正如马克思所说："相同的经济基础——按主要条件来说相同——可以由于无数不同的经验的事实，自然条件，种族关系，各种从外部发生作用的历史影响等等，而在现象上显示出无穷无尽的变异和程度差别。"[2] 我国封建经济制度的发展，又具有它自己的民族的特点，而不同于其他各国。

① 这篇代绪论题名为《关于中国封建经济制度发展的阶段问题》，载于《求实集》中，它代表了我对中国封建经济制度发展的基本看法，因而作为代绪论置于本书篇首，由此可以看出宋代社会经济的发展，在我国古代社会经济发展中所处的地位。

② 《马克思恩格斯全集》第25卷，人民出版社1974年版，第892页。

我国封建经济制度的发展，经历了一个长期的、复杂曲折的过程。早在公元前5世纪初，我国即完成了从奴隶制到封建制的过渡，在世界上最先建立了封建制国家。在此后相当长的历史时期里，特别是在两宋统治的300年中，我国经济、文化的发展，居于世界的最前列，是当时最为先进、最为文明的国家。以农业生产为例，战国时代的农业劳动生产率还很低下，大约耕作20～30亩折今4～6亩①，才能维持一个人的生活。到宋代，在以太湖流域为中心的两浙路地区，亩产量高达五六石或六七石，约一亩多地即可养活一个人，农业劳动生产率从单位面积产量看比战国提高了三四倍。马克思曾经说过："超过劳动者个人需要的农业劳动生产率，是一切社会的基础。"② 由于农业劳动生产率的空前提高，宋代手工业、商业和城市经济也就以前所未有的步伐而迅速地和较大幅度地增长起来。随着社会经济的全面发展，封建租佃关系在全国范围内取得了主导地位，在以太湖流域为中心的两浙地区，出现了以实物和以货币为形态的定额地租，商品货币关系也急速地发展起来，——社会经济关系也发生了相应的变化。所有这些发展，不仅为前代所未有，而且也远远超过欧洲诸国的发展，达两三个世纪之久。只是由于女真贵族、蒙古贵族所代表的落后经济关系的渗透，以及这种关系与汉族大地主阶级所代表的农奴制关系相结合，成为我国社会前进的阻力，因此，从14世纪之后，我国社会的发展逐渐地缓慢、迟滞下来。虽然在明中叶以后出现了资本主义萌芽，但已明显地落在欧洲某些国家的后面了。19世纪40年代之后，在帝国主义的侵略、压迫下，我国陷于半殖民地半封建的境况中，就更加落后了。在考察我国封建经济制度发展演变的历程时，当然要看到它的长期、缓慢和迟滞等特点。但是，如果只看到这种情况，不看它在某些时期特别是在两宋时期所处的先进地位，也是不符合历史实际的。至于那种认为我国封建社会自宋代即开始走下坡路的论谈，就更加缺乏事实根据，不符合历史实际了。

从另一方面看，我国之形成为多民族的封建大国，绝不是一朝一夕之功，

---

① 《汉书·食货志》载李悝语，谓"一夫挟五口，治田百亩"，才能勉强维持生活，一人合二十亩；《管子·禁藏篇》载：一个人"率三十亩而足以卒岁"，可见在战国时代维持一个人的生活需要，要有20～30亩。

② 《马克思恩格斯全集》第25卷，第885页。

而是经过了一个相当长的过程。大体上说，我国封建化是在战国时代黄河中下游地区完成的，尔后逐步扩展：秦汉时期除向河西一带扩展外，主要地向长江流域扩展，历魏晋南北朝隋唐，除发展到闽江、珠江流域之外，西北、东北地区亦逐步封建化；两宋除继续在广大南方发展外，则向西南地区推进，湘江以西、桂江流域以及到邕州一带完成了封建化；历元、明、清三代，我边疆地域的兄弟民族或先或后地完成了封建化过程。这种发展的不平衡性是由生产发展水平决定的，但它是以如下两种形式表现出来的。其一是民族形式。当汉族已经进入封建制并在此后取得高度发展的时候，一些兄弟民族还停滞在氏族制、奴隶制或封建制初期阶段。各民族发展的不平衡性，直到我国解放时还极其清晰地表现出来。由于这种关系，我国封建经济制度的发展受到了相应的制约。从历史上看，魏晋时期有过鲜卑诸族对北方地区经济的渗透，两宋时期有过女真贵族、蒙古贵族所代表的落后经济关系的渗透，明末清初有满族贵族所代表的落后经济关系的渗透。这三次渗透，以两宋时期受到的影响最为严重，前面已经提到。其二是地域的形式。即使都进入封建制，但在各个地域又存在差别。例如在宋代，在四川汉族与少数民族交错的一些地区，表现了从奴隶制向封建制转变的特点；在川峡等路，则以庄园农奴制占主导地位；在封建租佃制居于主导地位的广大地区，也存在这样或那样的差别，有的采用实物地租，有的采用定额地租（其中征收一部分货币）等等。由于上述民族的和地域的两个特点，进一步形成了我国社会经济关系发展过程中的复杂面貌及其特殊色彩。

马克思说："最一般的抽象总只是产生在最丰富的具体的发展的地方，在那里，一种东西为许多所共有，为一切所共有。"① 我国封建经济制度的发展，不论是从时间之长，地域之广，还是从民族之多等种种情况看，都是使其成为"最丰富的具体的发展的地方"，因而它的"最一般的抽象"，即它的本质、规律性，更富有典型性和代表性，也就成为更加值得注意和研究的重大课题。这是因为，研究它的规律性的发展变化，不仅对于认识我国古代社会的发展具有重大意义，就是对于认识世界各地封建制度的发展也有所帮助。同时，对这种

① 《马克思恩格斯全集》第12卷，人民出版社1962年版，第754页。

规律性的认识，不仅有助于了解我国的过去，对于了解我国的现状也是有所裨益的。基于此，也就规定了如下的研究任务，即：从我国各民族间相互推动相互激荡中，考察我国封建经济制度在时间上和在地域上曲折复杂的发展总过程。同时，还要看其在一定的时间内，何种关系居于主导地位，何种关系居于次要地位；何种关系适应生产力发展性质的，何种关系是阻碍生产力发展的；何种关系虽然居于次要地位，但由于它适应生产力发展性质，因而必然是有其发展前途的；何种关系虽然居于主导地位，但由于它不能适应生产力的发展，必然要衰颓下去。

如上所述，既然我国封建经济制度的发展是如此曲折复杂，究竟怎样进行研究才能完成上面提出的任务呢？马克思列宁主义给我们指出，在复杂错综的历史现象中，只有牢牢掌握阶级斗争的线索，才不至于迷失方向。革命的暴力，不仅是摧毁旧制度、促使新制度诞生的“助产婆”，而且也是推动这一社会经济制度发展变化的最基本的动因。在封建社会里，农民的各种反封建的活动，特别是农民的起义和农民的革命战争，是推动我国封建经济制度发展变化的根本动因。无数的历史事实都说明了这个问题。第一，一些过时的、落后的、阻碍生产力发展的经济关系，在农民战争的作用下，不是被摧毁了，就是日益缩小了它的活动范围。例如战国秦汉时期，奴隶制形态还残存于手工业、农业生产各部门中，经过秦汉三次巨大规模的全国性的农民战争，基本上被排除掉了。我在《秦汉农民战争史》中对此已作了说明。再如，作为农奴制的一个非常显著的标志，即战国以来至隋唐的人身依附关系，也是在历次农民起义和农民战争的冲击、扫荡之下，逐步趋于松弛，并且在有的地区开始被先进的货币关系所代替。第二，一些适应生产力发展性质的生产关系或者是它的某些环节，在农民战争摧毁旧关系的基础上而得到发展。宋代两浙路一带之出现定额地租，同农民的经常性的抗租不交等斗争以及频频涌现的农民起义是息息相关的，从而迫使封建主们不得不在租佃契约上写明“租有定额”，不能随意增加。毛主席指出：“被根本矛盾所规定或影响的许多大小矛盾中，有些是激化了，有些是暂时地或局部地解决了，或者缓和了，又有些是发生了，因此，过程就显出阶段性来。”[1] 我国封建经济制度发展总过程中的阶段性，就是在农民战争所产生的除旧布新的巨大作用下显现出来的。因此，必须——如列宁所说的——紧紧抓住阶级斗争的链条，去研究我国封建经济制度发展变化的阶段性，这是毫无疑义的。

十几年前，我在《秦汉农民战争史》序言中曾经提出：把农民的革命斗争和全部政治经济关系作为统一的整体，从其相互联系、相互制约和相互作用中，认识农民起义和农民战争的时代特征及其规律性。同样地，以此为线索，也就能够考察和认识我国封建经济制度的特征及其规律。按照我的初步认识，我国封建经济制度的发展，大体上经历了如下三个阶段：

（一）战国秦汉时期（前476～184）：封建制度确立、封建依附化关系发展阶段。

（二）魏晋隋唐时期（184～884）：庄园农奴制阶段。

（三）宋元明清时期（884～1840）：封建租佃制占主导地位阶段。

下面简略地叙述一下这三个阶段的情况。

战国秦汉时期（前476～184）：封建制度确立、封建依附化关系发展阶段

春秋时代，是我国社会经济制度发生巨大变革的时代。奴隶制走向崩溃、瓦解，封建制逐步成熟。

自西周中叶以后，奴隶制的根基——村社土地制度在其固有的二重性矛盾发展之下，即已发生动摇，到春秋初年，齐国公田上呈现了“维莠骄骄”、“维莠桀桀”[2] 的景象，从而标志了它的衰落；到春秋晚年，终于被“爰田制”即土地私有制所代替[3]。在村社土地制度瓦解的过程中，涌现出了众多的以个

---

① 《毛泽东选集》第1卷，人民出版社1969年版，第289页。

② 《诗·齐风·甫田》。

③ 此据徐中舒先生说。20世纪50年代中，在探讨我国社会历史分期时提出了农村公社制度的问题。从我国各兄弟民族历史发展过程中，都可看出是经历了这一阶段。因而，提出这一问题，对研究古代史分期有重要的意义和作用，值得重视。

体生产为基础的小生产者。如“冀缺耨，其妻馌之”[①]，伍员自楚逃至吴，“而耕于鄙”[②]；《论语》中所记载的“耦耕”于野的长沮、桀溺，子路所寄宿的荷蓧丈人之家；以及《诗经》中所提到的“氓”（“氓之蚩蚩，抱布贸丝”）、《左传》《论语》中所泛称的“民”，很多就是以一家一户为单位的个体小生产者。战国时代这种情形更加普遍。马克思指出：“在印度和中国，小农业和家庭工业的统一形成了生产方式的广阔基础。”[③] 毛主席也指出：“在农民群众方面，几千年来都是个体经济，一家一户就是一个生产单位，这种分散的个体生产，就是封建统治的经济基础，而使农民自己陷于永远的穷苦。”[④] 在奴隶制崩溃的春秋时代，涌现出来的个体生产，造成了行将出现的封建生产方式的基础，小农业和家庭手工业相结合奠定了尔后的自然经济。

与此同时，在奴隶制瓦解过程中，封建生产关系也逐步成熟了。其一，一些作为个体生产者的“民”，在劳役的重压下而日趋贫困。所谓“民三其力，二入于公，而衣食其一”[⑤]，就反映了这个情况。马克思曾经指出：“在多瑙河各公国，徭役劳动是同实物地租和其他农奴制义务结合在一起的，但徭役劳动是交纳给统治阶级的最主要的贡赋。凡是存在这种情形的地方，徭役劳动很少是由农奴制产生的，相反，农奴制倒多半是由徭役劳动产生的。”[⑥] 春秋时代的“民”或“氓”就有许多是通过徭役而转化为封建依附农民、农奴的。其二，一些失去土地的小生产者，不得不投靠土地所有者，从而产生了这两造之间的封建依附关系。公元前545年，齐国内乱，申鲜虞逃于楚国，“仆赁于野”[⑦]，就深刻地反映了这种依附关系。其三，在阶级斗争发展形势下，一些奴隶主也向封建主转化，采取封建剥削方法，把无地农民（战国时代称这类农民为“宾萌”或“宾氓”，又所谓的“萌隶”也是[⑧]）或逃亡的奴隶，变为

① 《左传》僖公三十三年（前627）。
② 《左传》昭公二十年（前522）。
③ 《马克思恩格斯全集》第25卷，第373页。
④ 《毛泽东选集》第3卷，第885页。
⑤ 《左传》昭公三年（前539）晏婴对叔向问，谈及的齐国情况。
⑥ 《马克思恩格斯全集》第23卷，人民出版社1972年版，第265页。
⑦ 《左传》襄公二十七年（前545）。
⑧ 《战国策·燕策二》载乐毅《报燕惠王书》，有云：“施于萌隶”。

自己的依附农民。所有上述情况，论证了封建依附化关系是通过多种途径形成和发展起来的。[①]

在奴隶制母体中孕育成熟的封建生产关系，为自己的发展开辟了道路。进入公元前4世纪初年，亦即战国初年，通过新兴地主阶级的代表人物李悝、吴起、商鞅等先后在魏、楚、秦等国的变法，使新的封建生产关系确立下来。从经济基础、上层建筑等诸方面的具体情况看，把封建经济制度确定于战国初年更加合适，公元前403年大体上可以作为封建制上限的绝对年代。在此以后，封建经济制度遂借助于上层建筑——国家政权的推动，有了极大的发展。经过秦统一和两汉400年的统治，中原地区的一些先进生产技术四处传播[②]，有的到达边疆，并传到其他国家，封建经济制度也从黄河流域扩展到长江流域。在这六七百年中，封建经济制度的发展，可以从以下几个方面加以说明。

一、在土地私有制确立的条件下封建大地产的逐步形成

战国初年的各国变法，在春秋时代“制爰田”的基础上，如李悝的所谓“尽地力之教”[③]，以及商鞅的“除井田”、“开阡陌封疆”[④]，彻底打破了奴隶制时代村社土地制度的格局，确立了土地私有制；特别是在“民得买卖”的法令下，不仅原来的维护村社土地制度的“田里不鬻”的规条成了历史的遗迹，而且正像恩格斯所说：“从自主地这一可以自由出让的地产，这一作为商品的地产产生的时候起，大地产的产生便仅仅是一个时间问题了。”[⑤] 封建大地产的形成就提到历史日程上来了。

封建大地产的形成，也是通过多种途径的。一是封建统治者将国家所控制的土地，即所谓的“公田”或“草田”（指未垦辟的土地），赏赐给臣下而形成的。战国时的国君往往赏赐给臣僚们“田十万”，“田二十万”（这是春秋以

---

① 从奴隶制向封建制过渡是一个比较复杂的问题，这里只能简略地提一下，俟有机会将另文讨论。

② 如冶铁技术，就是通过“山东迁虏”（卓王孙等的先人）自赵传到四川的；汉通西域后，又传到西方诸国。

③ 《汉书·食货志》载李悝语。

④ 此据《汉书·食货志》董仲舒奏疏和《史记·商君列传》。

⑤ 《马克思恩格斯全集》第19卷，人民出版社1963年版，第541页。

来的术语，大约是百步制亩10万亩或20万亩的意思）；秦汉皇帝也赐给功臣、贵戚和佞幸田从几十顷、几百顷到上千顷。二是文官武将或豪商大姓挟其雄厚的经济力量购买土地。这种土地买卖，是战国以来到东汉年间土地集中、封建大地产形成过程中，最常见、最普遍的现象，因而对封建大地产的形成起着杠杆性的重要作用。三是即使是在土地买卖过程中，也要看到它不是一种单纯的经济力量，而是掺杂着政治暴力，往往这种政治暴力起着决定性的作用。如萧何以“贱直”强买关中民田①，窦宪以“贱直请夺沁水公主园田，主逼畏，不敢计”②，就说明了这个问题。特别是在土地兼并猛烈的东汉时期，这种政治暴力更加赤裸裸的，无任何的掩饰。各地豪势甚至拦路行劫，“妻略妇女”③，土地兼并从前此的“蚕食”的形式代之以鲸吞。这种情况，正如恩格斯所说：“这种政治手段，只是在促进和加速一个必然的经济过程。”④

由于土地兼并，到秦亡前后，已经造成了“富者田连阡陌，贫者亡立锥之地”的局面。到西汉末年和东汉年间，强宗豪势遍布各地，“膏田满野”，“田亩连于方国”⑤，“邑有人君之尊，里有公侯之富”⑥，成为当地的土皇上。据崔寔《四民月令》来看，各地豪强在霸占土地的基础上，建立了一个个大田庄。田庄内不仅包括农业生产，也有手工业、畜牧业等生产，从而成为自给自足的经济体，为魏晋隋唐的庄园农奴制打下了物质基础。

二、在二十等爵制度推动下封建贵族、豪势的发展

商鞅在整齐划一前代的山东诸国封爵制度的基础上，创立了二十等爵制度。按照这个等级制度，封邑爵位的取得，完全以军功的有无和大小为准则，“斩一首者，爵一级”⑦，如没有军功，即使是秦王宗室，也得不到爵秩，这就从根本上否定了奴隶制时代的“贵贵亲亲”的贵族世袭的等级制度。按照这

① 《史记》卷五三，《萧相国世家》。
② 《后汉书》卷二三，《窦宪传》。
③ 《后汉书》卷六四，《梁冀传》。
④ 《马克思恩格斯全集》第19卷，人民出版社1963年版，第542页。
⑤ 《后汉书》卷四九，《仲长统传》。
⑥ 《汉书·食货志》载董仲舒奏疏。
⑦ 《韩非子·定法篇》。

个制度，“明尊卑爵秩等级，各以差次名田宅，臣妾衣服以家次”[1]，这就明确地划分了人们的社会身份和经济地位。按照这个制度，“能得爵首一级”，即可“益田一顷，益宅九亩”[2]，这就必然推动地主阶级和封建土地所有制的发展。按照这个制度，到第四级“不更”，就可享有免除“更卒”杂徭的特权；到第五级大夫，即可役使“庶子”，获得劳动力；而自大夫以上，就有了几百家的赐邑和税邑，从而与封建国家分享农民的赋税；到关内侯和彻侯，就能享有一亭一乡甚至一县的赋税，具有更大的经济特权。二十等爵制与土地买卖制，一表一里，为土地的集中、封建土地所有制和封建地主阶级的成长和发展，起了重要的作用。

需要着重指出的是，自两汉以来，二十等爵制变成世袭制度，它变成了地主阶级“贵贵亲亲”的等级制度。虽然这个制度主要限于经济方面的特权，但它却培植了一个食利者阶层，并在地主阶级中居于特殊地位。在西汉，这个阶层是由800多个家族构成的[3]，东汉增至950多家[4]。这些贵族，封邑户数多到几百户、几千户乃至几万户，其总数约占全国总户数20%。这就是说，全国20%的赋税为这个食利者阶层攫占。与此同时，贵族们还使用各种卑劣手段兼并大量土地，用来榨取依附农民的血汗。两汉贵族之所以能够过着锦衣玉食的奢侈生活，其根源即在于此。因而这个阶层是皇帝以下最大的食利者阶层，它们与各地豪强，在整个地主阶级的阶级结构中，占极大的比重，是不容轻视的。

三、封建制确立下农民的依附化、农奴化的发展

正因为“男任耕、女任织”所组成的一家一户的生产单位，是封建统治的经济基础，因而它也就受到封建政治思想家和封建国家的重视和“扶植”。先秦以来的文献一再提到这类占田不过百亩的小农户，并指出这类农户的重要性：“古之人曰：一夫不耕，或受之饥；一女不织，或受之寒”[5]。为保持这个

---

① 《史记》卷六八，《商君列传》。

② 《商君书·境内篇》。

③ 据《汉书·王子侯表》《功臣表》和《外戚恩泽侯表》统计。

④ 据钱大昭《后汉书补表》。

⑤ 此据《汉书》卷二四《食货志》。

基础，商鞅变法即采取了“抑末”政策，“事末利及怠而贫者”，要罚做奴隶，对从事手工业商业活动的加以限制，以保证农业生产方面有充分的劳动力。与此同时，商鞅还采用加倍征收赋税的办法，迫使“民有二男以上”的家庭析烟分生①，这就有力地打击了与村社土地制度紧密联系的宗族制度，使更多的个体小生产从宗族血缘关系的羁绊下游离出来，以扩大封建统治的经济基础。商鞅的这些政策和措施，顺应了历史发展的要求，因而取得了一定的成效。在秦统一前，从宗族中游离出来了不少的个体生产者，这在《汉书·贾谊传》等史料中得到反映。

尽管封建地主阶级还处于上升阶段，却也无法使自己摆脱支东绌西的窘境。封建国家虽然一再颁发重农的法令、政策，由于它出自压榨这种小生产的目的，这类种田不过百亩、年入不过百石的小农户，在太平岁月尚且入不敷支，因之在封建国家纷至沓来的赋役压迫下，日益贫困，不得不出卖自己的田宅，根本无法稳定自己的经济地位。加上新兴的土地势力，为扩大自己的经济力量，总是乘机伺隙地对这些小农户进行吞噬。所以在战国秦汉封建经济发展的总过程中，一面是封建地主阶级和封建土地所有制的形成和发展，另一面就是广大小生产者失去土地而向依附化、农奴化方面发展。这两方面发展的结果，封建国家的统治力量，由于它赖以统治的经济基础的削弱而告削弱，而豪强大族则由于依附人口的增加，从而加强了它在地方上的统治力量，为中央集权制的国家形式转变为封建割据式的国家形式创造了条件。

农民的分化，早在商鞅变法之前即已存在。所谓的“上无通名，下无田宅”的“宾萌（即氓）”②，即无地农民，显然即是从自耕农民分化出来，依附于土地势力。随着封建所有制的发展，到战国晚期，这种情况就更加广泛、普遍。如韩非子所说：“士卒之逃事状匿，附托有威之门，以避徭赋，而上不得者万数。”③ 西汉武帝时，屡次下诏迁移关东各地的贫民，单是在前119年迁移的关东贫民就达72.5万口。自此以后，自耕农民的分化越来越严重，东

① 《史记》卷六八《商君列传》。
② 《商君书·徕民篇》。
③ 《韩非子·诡使篇》。

汉和帝以下户口不仅不能增加，反而减少，汉质帝本初元年（146）一年之内就减少了60万户。自耕农民的分化，是与土地兼并的发展、封建土地所有制的扩大成正比例的。从农民的分化中，可以看出如下的情况：

1. 按照商鞅变法的规定，有爵位的可以乞无爵位的作为自己的“庶子”，第五级大夫可以役使五家“庶子”，所谓“五甲首而隶五家”①；“庶子”则被大夫役使，“月六日”②，即每月向大夫提供六天无偿劳动。这显然是商鞅为扩展封建制度，才凭借了政治暴力，把无地的农民编制到封建新贵的土地上，从而使刚刚摆脱奴隶制锁链的贫民又套上了粗暴的劳役制和农奴制的枷锁。不过，从接触到的史料看来，战国以来从自耕农民中分化出来的贫民，沿着这一途径而成为农奴，还是一个有待于进一步研究的课题。

2. 战国以来的自耕农民从如下的途径转化为依附农民和农奴，则是比较明显的。

当时的自耕农民，登记在版籍上，受到封建国家相当严格的控制，因而其身份自由是有限的。可是在封建国家赋役压榨下，自耕农民“卖田宅、鬻妻子”的自由倒是存在的。等到田宅、妻子卖光之后，连那点身份自由都丧失干净，并由此走上依附化、农奴化的道路。这是战国以来最常见、最普遍的社会存在。大批失去土地的农民，一部分变成封建国家的依附农民。所谓“假民公田”、“赐民公田”，都是农民与封建国家控制下的土地发生联系的具体反映。从此，这类农民成为封建国家的依附农民；他们受到了“公田”的地租剥削，《居延汉简考释》中的一些材料可资说明。

绝大多数的无地农民则变成为封建主的依附农民，有的还成为农奴。从战国初年到东汉末年，史料上所记述的所谓“宾萌”、“萌隶”（即“氓隶”）、“庸客”、“客作”、“庸耕”、“隶”、“人隶”和“徒附”等等，都是失去土地的农民与封建主的土地发生的这样或那样的联系。有的是与封建主发生暂时的经济上的联系，有的则发生较长时间的经济的联系，有的甚至完全成为主人的私属，按主人的意旨办事，随主人迁移。根据这些情况，我在《秦汉农民战

① 《荀子·议兵篇》。
② 《商君书·境内篇》。

争史》中曾经提出："从佣作——佣耕——束缚在土地上的'客'或徒附，它的每一个步骤都表明封建依附化关系的加深，从经济上依附关系进入到经济外的强制关系。"因之，从封建依附化、农奴化的发展过程看，既有众多的封建依附农民，也有为数不少的农奴。崔寔《政论》中曾提到这类情况，"父子低首，奴事富人，躬帅妻孥，为之服役"。绝不是偶然的现象，而是战国以来长期依附化、农奴化的必然结果。

四、最后，还要看一下奴隶制残存形态与部分农民的奴隶化的问题

在封建经济制度确立的同时，奴隶制作为残存的经济形态依然遗留下来。农业生产中还使用奴隶，如季布逃避刘邦的购捕，卖身于大侠朱家家中为奴，朱家对其子说："田事听此奴"①。刘秀的外祖樊重在其田庄中，"课役僮、隶，各得其宜，"② 从而垦辟了大量的土地。特别是在手工业生产诸部门中，如纺织、冶铁、煮盐等业，都使用了大批奴隶。汉武帝时，官府冶铁作坊中，"置工巧奴"制作田器，就有大批的官奴婢③。官府之外，私家也使用大批奴隶。如张安世"家僮七百人，皆有手技做事，内治产业"④，是官僚使用奴隶的著名例证。此外，兼有大商人身份的大手工业主，如蜀卓氏、程郑等以冶铁起家，也是靠压榨几百个到上千个奴隶而发财致富的。司马迁在《史记·货殖列传》上说：一个千户"封君"年入20万钱，拥有"僮手指千"即100个奴隶的奴隶主，相当于一个千户"封君"。因此像蜀卓氏这样的大奴隶主，年入往往上百万至几百万，从而能够与"封君"贵族们分庭抗礼，有"素封"的称号。奴隶的一个主要来源是无以为生的破产农民，他们或卖掉妻子，或自卖其身，这在《史记》《汉书》等书中记载是不少的。不过，这时候的奴隶，与奴隶制时代已有不同，即奴隶主已不能随意杀害奴隶，必须先到官府备案，谓之"谒杀"。虽然如此，奴隶依然是当时社会的最底层。经过三次全国性的农民战争，奴隶制残存形态日益缩小，最终地被排除净尽了。

---

① 《史记》卷一〇〇，《季布列传》。
② 《后汉书》卷三二，《樊宏传》。
③ 《汉书》卷二四《食货志》。
④ 《汉书》卷五九《张汤传》。

归纳来说，战国秦汉时期的经济过程是：在封建制确立下，封建土地所有制迅速发展、扩大，广大农民日益封建依附化、农奴化，是这一过程的主要内容；而奴隶制残存和农民的奴隶化则在这一过程中，居于次要的地位。

魏晋隋唐时期（184～884）：庄园农奴制阶段

封建经济制度在本阶段的发展，表现在土地所有制方面，分为封建国家土地所有制和封建大土地所有制，后者又区分为世族豪强的庄园制和寺院的庄园制。这两种土地形态，长期处于交错发展和此消彼长的状态中，最后各种形式的封建国有制趋于衰落，寺院所有制一再受到冲击，封建主土地所有制居于主导地位。就农民与封建地主阶级、封建国家的关系来看，农民显然处于农奴或半农奴的地位。许多手工工匠与封建国家也存在强固的人身依附关系，实际上也处于农奴或半农奴的地位。因而这一阶段的基本特征是庄园农奴制。封建经济制度在这一时期的发展，前期主要地在魏晋南北朝时期处于相对静止、凝固的状态；随着农民反封建斗争的加剧，特别是经过隋末、唐末两次全国性的农民战争，以及商品经济的逐步发展，在唐朝尤其在唐中叶以后，庄园农奴制有了变化，封建租佃制有了发展，为下一阶段的历史发展创造了条件。今从以下几个方面说明这一时期经济过程的基本特征。

一、封建国家土地所有制诸关系

曹魏屯田、北魏隋唐的均田，都是封建国家土地所有制。这种所有制是由以下几类土地组成的：一是因袭前代山泽、草田等国有地；一是由战乱频仍造成的大量无主荒地，曹魏屯田、唐代均田大都由此类土地构成；一是为世族豪强占有的荒地，在当权者集团同世族豪强矛盾斗争和相互让步之下，转化为国有地，北魏均田就有这类荒地，如李安世奏请均田疏中说：“细民获资生之利，豪右靡余地之盈”①；一是经济上依附于豪族的“苞荫户”或“荫附户”，由于当权者集团采取比豪强地租为轻的赋役政策，使这部分居民转化为国家农

① 《魏书》卷五三《李安世传》。

民或民户，他们所占有的土地自然转化为国有地，北周、隋的均田就有这类土地；一是寺院土地，在北周武帝灭佛这一打击下，被夺归国有。在农民战争后和中央集权制加强的条件下，这种国有地往往得到发展。此外，唐代还有营田等形式的国有地。

封建国家土地所有制，如曹魏时的屯田是推行了的，北魏以来的均田也是推行了的。由于拓跋氏贵族所代表的落后经济关系的渗透，北魏以来的均田也曾分配给奴隶，从而表现了奴隶制残余的再度复活；这种做法对占有大量奴婢的北魏贵族是最为有利的。除贵族、官僚之外，均田主要的是把国有地分配给无地农民。如北魏源怀奏表中提到："景明（500～503）以来，北蕃连年灾旱，高原陆野，不任营殖，唯有水田，少可菑亩。然主将参僚，专擅腴美，瘠土荒畴，分给百姓。因此困弊，日月滋甚。请依地令，分给细民，先贫后富……"①这一材料充分地说明了北魏是实行了均田制的。所有这些均田，基本上是以均荒为主的。把北魏以来的均田，看作是打乱原来的土地占有制度，对土地的重新分配，这当然是不对的。但，另一方面，认为均田制不过是一纸空文，而没有实施，也显然是偏颇的、不符合历史实际的。

为维护国有地所有权，封建国家订立了许多法令和措施。曹魏屯田采取加强管理的办法，直接由大司农掌握，严禁贵族豪势的侵夺。可是，到曹魏晚年，何晏公然"分割"洛阳野王典农部民桑田数百顷②，而莫敢谁何！北魏以来的均田采用以下两种办法：一是严禁买卖"口分田"，唐律特别规定，卖口分田一亩笞二十；二是严禁"豪富之室""籍外占田"③，以免国有地被世族豪强侵刷和兼并。这些法令和措施只能在短暂时期内收到一些效果，当中央集权统治力量稍见削弱，就起不到它的作用了。

世族豪强侵刷国有地，这是导致国有地崩溃的外部因素。而更加重要的是，在这种土地形态内，存在着小生产的个体性质与封建国家所有制的尖锐矛盾。正是由于这一矛盾的发展，导致了包括均田制在内的各种封建国家土地所

---

① 《魏书》卷四一《源怀传》。

② 《三国志·魏书》卷九《曹爽传》。

③ 参阅《旧唐书》卷五十八《长孙顺德传》、卷一八五《贾敦颐传》《唐律疏议》、卷一三《占田过限》条。

有制的崩溃。

封建国家土地所有制，如曹魏屯田和北魏以来的均田，对于恢复残破的社会经济是起了相应的作用的。但是，国有土地制度并不是为那些无“顷亩之分”的“单陋之夫”即无地农民解决土地问题，而是为它自己获得足够的劳动力。它把无地农民紧紧地束缚在国有地上，特别是像曹魏屯田以军事部勒的办法，把典农部民或屯田客加以控制，无任何迁徙自由，而且还把屯田客同牲畜一样，作为对公卿大臣的赏赐品。[①] 由此可见，国有地上的农民，虽然在社会身份上高于私家控制下的佃客、部曲，但仍然处于半农奴的地位。这就造成作为个体生产者的农民同国有土地制度发生矛盾。这是一个方面。

马克思说：“如果不是私有土地的所有者，而像在亚洲那样，国家既作为土地所有者，同时又作为主权者而同直接生产者相对立，那么，地租和赋税就会合为一体，或者不如说，不会再有什么同这个地租形式不同的赋税。”[②] 国有地对农民的剥削，不论是曹魏屯田所实行的户调制，还是均田制中的租庸调制，都是这种地租和赋税合为一体的剥削制度。这种剥削，对农民的负担来说是畸轻畸重的，各代并不一致。如曹魏屯田开始只征收产量50%～60%的产品，并没有徭役，可是到后来又“加其复赏”了[③]。尤其是，这种剥削制的主要对象是“丁”、是“户”，因而露骨地表现出了它的残酷性。这就是为什么国有地加强其经济外的强制作用，把农民束缚到土地上的原因所在。从这里恰恰可以看到，国有地上的农民同国有土地制度矛盾的根本所在。这一矛盾是随着如下两种情况而发展到尖锐的地步的：一是当国家增加赋役剥削的时候，矛盾就会急剧增长，如隋炀帝那样漫无限制地在全国范围进行征调，结果促成全国人民的反抗；一是当受田越来越少，个体农民使用这块土地不足以养活自己的老小，而租庸调照样征收，在这样的时候，矛盾就会尖锐化。隋唐的均田突出地反映了矛盾的这一方面。

封建国家土地所有制诸关系的这一矛盾，主要是通过农民的阶级斗争而发

① 《晋书》卷九三《王恂传》称：“魏氏给公卿以下租牛客户，数各有差。”

② 《马克思恩格斯全集》第25卷，第891页。

③ 《三国志·魏书》卷四《高贵乡公髦纪》、卷二八《毋丘俭传注》。

生某些变化。为反对“暴君慢吏”“役重赋勤”的沉重剥削[①]，农民或是“虽有田地，不肯肆力”[②]，耕作消极；或是流散逃亡，再度荫附于豪右；或是拿起武器，走上反抗道路。国有地诸关系就是在这些形式的斗争中发生变化的：（1）提高成丁的年龄，北魏自15岁受田，承担国家课役；北齐北周定为18岁，隋唐则提到21岁。丁年的提高，缩短了对丁奴役和压榨的年份。（2）租调数量减少，隋朝租调都比以前减轻，调绢自一匹减为二丈，减去一半多；唐租自隋租三石减为二石。固然唐代妇女不受田，所减一石只是减免妇女的；但要注意，隋唐受田都不足，在这种情况下，受田如果相等，唐租即比隋租轻得多，甚至到一半。（3）役的减少和改变。隋从北周服役一个月改为20日，即减少了三分之一。唐以绢代役，每日三尺。劳役的减轻和改变，反映了封建国家对农民的人身支配关系有了变化，使农民有更多的时间去搞自己的生产。上述变化，仅限于产品分配的范围内，这些变化对生产是有利的，因而也是可以肯定的。可是，均田制中一个严酷的事实是，农民对于口分田只有使用权而没有所有权，对世业田虽有所有权，但在分配中占的比重很小，这是农民与封建国家土地所有制发生矛盾的关键所在。在所有制这一根本问题上，当权者集团为维护其既得利益，却不能亦不敢有所变革，这就使农民与国有土地所有制这一内在矛盾，无法获得解决。唯其如此，在开元天宝之际，由于土地兼并猛烈发展，这一土地形态终于崩溃了。在此基础上建立的租庸调制也无法维持，被两税法代替了。

二、世族豪强庄园制诸关系

世族是从东汉大官僚地主集团演变而来的，这个阶层在魏晋南北朝统治阶级中，不论在政治上、经济上或是在社会上，都居于主导的特殊的地位；隋唐两代渐次衰落，但依然处于重要地位。豪族指的是世族以外的一些大族，所谓“岩穴坞壁之长”、“方隅大族”[③] 者是也。特别是在战乱频仍的北方，这类豪

---

① 杜佑：《通典·食货》七《丁中》。

② 《通典·食货》二《田制下》。

③ 出自《陈书》《大唐创业起居注》等书，《陈书》卷三五《传论》作：“郡邑岩穴之长，村屯坞壁之豪；”《大唐创业起居注》卷二作“乡村堡坞”云云。

族更加重要，其中包括自军队起家的一些勋贵，在北魏、北齐、北周到隋唐的封建统治集团中占不小的比重。在经济上，他们同世族无任何差别，都是庄园农奴制的代表者。

世族从曹魏以来即享有越来越多的特权。曹魏初年，豪家大族控制下的依附农民，还得承担国家的义务。如营长司马芝檄调青州主簿刘节的客王同为兵，刘节加以阻挠，司马芝具陈刘节之罪，结果"以（刘）节代（王）同行，青州号芝'以郡主簿为兵'"[①]，是极为有名的一个例证。杨沛任长社令，"曹洪宾客在县界征调不肯如法，沛先挝折其脚，遂杀之"[②]，也反映了类似的问题。这说明了，曹魏初年还未承认依附农民是豪强大族的私属。到曹魏晚年，屯田客成为公卿的赏赐品，就在实际上承认了豪族对依附农民的支配权。东吴实行"复客制"[③]，在法律上确定了豪强大族控制下的一部分"客"不再承担国家赋役。西晋占田制法令全面维护了世族们的经济利益。除封邑特权外，还可按官品占田和荫占佃客，东晋的"给客制"扩大了这一条制，使荫占的佃客数量增多，这就在法律上确认了前此形成的封建农奴制关系。在这一系列的法令下，东晋南朝的世族不仅占有大片田产，而且"熂山封水"，连山泽湖陂也占为己有。北方世族则把所有荒地据为己有。与此同时，世家大族还享有免除赋役的特权，"多者及九族，少者三世"[④]，这不仅使其亲族享有免除赋役的特权，而且也取得了奴役同宗贫苦农民的合法地位，可以进一步利用宗法关系维护封建经济制度特别是这一时期的庄园农奴制。由于世家大族享有这项特权，许多逃避国家沉重赋役的农民纷纷前来投靠，"流民多庇大姓以为客"[⑤]，从而使世族控制了大量的劳动力。东晋到隋，东南诸州郡户口一直变化不大，从这里可以看到隐匿在世家大族庄园中的人口是众多的。在北方，则以"百室合户，千丁共籍"[⑥]，"五十家、三十家方为一户"[⑦]，作为世家大族荫占佃

① 《三国志·魏书》卷一二《司马芝传》。
② 《三国志·魏书》卷一五《贾逵传注·附杨沛传》。
③ 参阅《三国志·吴书》周瑜、蒋钦、潘璋等传。
④ 《晋书》卷二六《食货志》。
⑤ 《南齐书》卷十四《州郡志》。
⑥ 《晋书》卷一二七《慕容德载记》。
⑦ 《魏书》卷五三《李冲传》。

客、依附户和贫苦宗人的表现形式，同样反映了大族控制人口的众多。

世家大族占有几十顷、几百顷以至上千顷、万顷的土地，构成几处、几十处的田庄别墅，世世代代地继承下来。北周李迁哲是安康一带著名的方隅大豪，沿汉水千里之间，有无数田园别馆，老婆孩子有多少连他自己也不清楚；唐初的李袭志就是他的后代，基业一直未坠。这是庄园制世代相袭的一个例证。作为一种经济形态，庄园制在本阶段是普遍存在的，并居于主导地位。

这类大庄园以农业生产为主。由于庄园主占有土地的自然条件较好，劳动生产者不承担国家赋役，因之劳动生产率不低于国有地，甚至更高一些，这就是封建主土地所有制能够最终地取代封建国家土地所有制、居于主导地位的一个重要原因。田庄内不仅有与农业相结合的手工业如纺织等，还有一些工匠专门制作金银器物、工具、武器等[①]。庄园基本上是一个自给自足的经济单位，自然经济因此占绝对的统治地位。这种情况，在北朝更加突出；在东晋南朝则稍有差别，一些世族也参与商业活动，很可能是田庄的部分产品作为商品而被投入到市场上。

庄园主与劳动者之间的关系是复杂的。部曲、佃客、客女（至少是其中一部分）以及奴客（由奴隶转化而来）之处于农奴地位，是无可置疑的。部曲原是前代军队中在将军左右供使用的亲兵或随从；对武将的部属也可泛称为部曲。刘备曾派赵云招募部曲，为自己装饰门面。在这样的条件下，将军与亲随之间也就形成了一种比较严格的主从关系或隶属关系。兵士的地位从三国以后是日益下降的，它的下降与失去土地的自耕农民的依附化、农奴化有着密切的关系，因而部曲地位之下降是势所必然的。它表现在：与佃客一样，部曲不仅成为豪强大姓的私属，而且是被束缚在土地上的生产者。如成汉政权建立后，天地太师范长生享有如下的特权："复其部曲，不预军征，租税一入其家"[②]，可以说明部曲的地位。与佃客一样，部曲也"皆注家籍"，世世代代为庄园主奴役[③]。与佃客一样，部曲对主人要服服帖帖，不能有丝毫违背，稍不

① 可参阅《晋书·魏浩传》《北齐书》卷四七《毕义云传》；高彦休《唐阙史》中也有这方面的记载。

② 《晋书》卷一二一《季雄载记》；又《梁书》卷五一《张孝秀传》也有部曲担当生产的例证。

③ 参阅《南齐书》卷二四《张瑰传》《陈书》卷一八《沈众传》。

如主人的意，就会处死。张FF捶笞其部曲，“一下即孿剺，无复活状”，尔后又“推置江中”①。部曲既成为主人的私属，就不能逃亡离去，否则就要受到严酷的惩罚。羊珍把逃亡部曲的眼睛剜掉②，就是一例。很明显，部曲与佃客一样，也处于农奴地位。由于部曲处于农奴的地位，仅高于“形同畜产”的奴隶，而比包括在“良人”之中的国家农民要低一等，所以《唐律》便规定了，他们不能同“良人”通婚，而只能同他们身份地位相当的“客女”结婚。同时，《唐律》还规定了，有主人的“放书”，部曲才能成为“良人”。这一条规定，是部曲通过多年的斗争才取得的，同前代相比，身份上多少有了变化。

此外，世家大族还控制了数量甚多的“荫附户”，其中有的是依附农民，有的可能是小地主。这是因为，在当时混乱的条件下，一些小地主为逃避赋役和战争的骚扰，而投靠于豪族，求得庇护，以维护自己的产业。封建国家与世家大族之间的矛盾，争夺荫附户就是一个重点。当封建国家集权统治力量强大之时，并采取比豪强为轻的赋役政策，这类荫附户就成国家版籍上的臣民。反之，则倒流到豪强大族庄园之中。

三、寺院经济

在这一阶段，特别是在魏晋南北朝时期，由于佛教道教等的发展，寺院遍布南北各地。同世俗封建主一样，寺院也拥有大片田产。《高僧传》《续高僧传》《开元释教录》有关这方面的记载是不少的。寺院经济属于农奴制经济体系。寺院上层是寺院土地财产的所有者，属于农奴主阶级；寺院下层僧众，是从事挑水、舂米、种田等项劳动的生产者。此外，寺院还控制为数甚多的劳动力，承担耕种织作。北方寺院的僧祇户、南方寺院的养女、白徒，都处于农奴地位；而所谓的浮图户则是奴隶。在北周武帝、唐武宗打击下，尤其是在北周武帝的一次打击下，寺院经济为之衰落，寺院土地变成国家土地，寺院控制下的劳动人口也登记在国家版籍上，从而大大加强了封建国家的力量。

---

① 据释道世《法苑珠林》卷九五所载。

② 据释道世《法苑珠林》卷九五所载。

四、本阶段后期经济关系的一些变化

农奴制庄园是一个自给自足的经济单位，这是本阶段魏晋南北朝社会处于相对凝固、不大变动的根本原因。商品交换也因此极不发展，而且在北方曾有几十年倒退到以物易物的历史阶段。隋末农民战争后，这种情况才有所改变。在庄园农奴制受到冲击、国内又长期安定的条件下，商品经济在东晋南朝发展的基础上进一步发展起来了。中经安史之乱，北方受到严重的破坏，南方则因长江流域的进一步开发、闽江流域和粤江流域也得到初步和局部的开发，成为经济重心。商品经济更有了发展。

商品生产是在分工的基础上发展起来的。隋唐以来手工业生产各部门及其间的分工都比前代发展，包括手工业、商业在内的各“行”达120行以上，与农业分离的各种手工业为数甚多，其中有的规模还相当大（主要是官府作坊）。在分工较细的基础上，手工业进一步向专门化发展，出现了一些卓有声誉的名牌产品。像信州葛溪铁之能够在文学作品中反映出来①，必然是这类产品。苏州一带制造的犁，是全国最先进的耕具②，两宋正是使用这种耕犁，把太湖流域为中心的两浙地区的农业生产推进了一大步。手工业生产者，同封建国家还存在着人身支配关系。且不说唐代《工匠莫学巧》③ 歌中所反映的工匠，“身是自来奴，妻亦官人婢”，低下到奴隶的身份和地位；就是来自官府应役的各地农民，也处于半农奴地位。为官府织作一些贡品的贡绫户，从元稹《织妇词》所记述的情况来看，所谓“东家头白双女儿，为解挑纹嫁不得（原注：予掾荆时，目击贡绫户有终老不嫁之女）”，他们在官府控制下依然处于受劳役制支配的农奴的身份和地位。另一方面，也要看到，应役的工匠在役满之后，继续留在官府作坊中生产的，可以取得“雇直”，因而被称为“和雇匠”。工匠对官府的“役”，亦可以货币代役④，不必亲身负役。这说明了手工业生产中的劳役制已开始削弱了。这是经济关系中值得注意的一个变化，虽然

---

① 此据《霍小玉传》；信州钢刀直到宋代仍负盛名，这在后面还要提到。

② 陆龟蒙：《甫里先生文集》《耒耜经》载有犁的形制。

③ 据刘复《敦煌掇琐》卷下。

④ 此据《新唐书·百官志》。

这个变化刚刚开始。

从近年新疆吐鲁番出土的唐代文书来看，当地已经存在以契约为形式的、并且颇为复杂的封建租佃关系；而且这种关系有的还出现在唐代之前。很显然，唐代内地也必然存在这种关系。这种经济关系是怎样发展起来的，还待研究；边疆小块土地租佃制则是值得注意的一种形式。魏晋南北朝时期，除世家大族之外，还有一批“寒人”地主或庶族地主，是封建地主阶级的一个重要组成部分。这部分地主，没有什么特权，还要承担国家赋役，如家中有一奴而自己“滞役多年”的张然，就是一例①。随着世家大族的衰微，“寒人”地主逐步发展起来。这批地主因为无权荫庇佃客，就只能把自己的土地租佃给别人。封建租佃制可能是从地主阶级的这一阶层中发展起来的。封建租佃关系的发展，是这一阶段经济关系中的一个极为重要的变化。

前面提到，均田制崩溃之后，租庸调制也无法延续了。因此，唐政府于大历十四年（780）实行了两税法。这个量产定赋的办法，对农民来说，在均田制崩溃、农民的口分田世业田所剩无几（甚至不足世业之数）的情况下，根据土地多少作为征收赋税的准则，在这一点上比固定不变的租庸调制是要优胜一些的。其次，租庸调制以“丁”“户”为准，两税法以产业为准，这反映了农民同封建国家的人身隶属关系向松弛一面转化，这是经济关系中的又一变化。不过，在当时课户课口少、不课户不课口多的情况下，以“三分劳筋苦骨之人，奉七分坐待衣食之辈”②，两税依然是农民的重负。

总之，庄园农奴制到唐中叶以后发生了不少的变化，经过唐末农民战争，世族门阀制度以及与之有密切联系的五等爵制都崩溃垮台了，上述一些适合生产力发展性质的经济关系，就在农民战争开拓的道路上发展起来了。

① 此据《艺文类聚》卷九四引《续搜神记》；亦见于《齐谐记》。

② 《旧唐书》卷一四《宪宗纪》。

宋元明清时期（884～1840）：封建租佃制占主导地位阶段

在本阶段，封建租佃关系继续发展，并居于主导地位。两宋统治期间，封建租佃制基本上适应了社会生产力发展的性质。但是，在女真贵族统治的北方，以及蒙古贵族在全国范围内的统治，落后的奴隶制经济与汉族大地主所代表的农奴制相结合，成为社会发展的极大障碍。经过元末农民战争，这种情况才有了改变，到明朝中叶，经济的发展恢复到宋代的水平，从而产生了资本主义的幼芽。即使如此，我国已从原来最先进的序列里落到欧洲的后面了。明末农民战争后，满族贵族的落后经济也有局部的渗透，起了一些不利的影响，我国社会的发展更加落后了。另一方面，自元明清以来，我国边疆各兄弟民族如蒙族、藏族和满族等，都完成了封建化，我国成为更加巩固的多民族的封建大国。下面，把这一阶段螺旋式上升的发展情况，给以简要的叙述。

一、两宋封建租佃制关系下社会生产的发展以及社会矛盾的尖锐化

唐末农民战争后两宋统治的300年间，是我国社会经济和文化取得极大发展的时期。虽然在宋代统治的边缘地区、山区以及少数民族所居住的地方，还停滞在刀耕火种的原始农业阶段，但是在广大地区，农业生产都有所发展，产量一般地稳定在两石上下（这是唐代的最高产量）；而在以太湖流域为中心的两浙地区，如前面提到的，产量高达六七石，是全国生产最发达的地区。桑、茶、甘蔗等种植面积扩大了，棉花的种植也逐渐由南到北扩展起来，至迟南宋末已经到达两浙一带①。经济作物、商业性农业都有了发展。农业劳动生产率超越了以前的任何历史时期。

由于生产发展的不平衡，各地经济关系的发展也存在不小的差别。如海南岛黎族居住的地区，还处于原始公社土地共有的历史阶段；广西苗族、壮族地区，已经进入奴隶制阶段，仍以村社土地制度作为根基；川峡路以及与少数民

① 此据《至元嘉禾志》《元典章》等有关记载，我在《宋代植棉考》一文中谈了这个问题。

族错居的一些地区，或向封建制过渡，或处于庄园农奴制阶段；但在大部分地区，封建租佃制居于主导的支配的地位。就是在实行封建租佃制的地区，也还存在某些差别。如在两浙地区，不论是在地主土地所有制还是在国家土地所有制如学田上，都实行着小块土地租佃制，采取包括实物和货币两种形态的定额地租。这种定额租亩达一石五六斗，虽然如此，它依然是当时较为先进的分配制度，是适应了生产力的发展的。在上述经济关系发展的差别中，可以看出，越是在劳动人口少、生产落后的地区，人身依附关系就越强，农奴制就越占优势。反之，越是在劳动力充足、生产发展的地区，人身依附关系就越加松弛，租佃制关系就越加发展。

宋代官私手工业，特别是私人手工业有了很大的发展，远远超过了前代。火药、罗盘、活字印刷术以及胆铜法、火柴等等，大都是在10世纪末到11世纪发明创造的；这些发明创造是宋代手工业生产发展极为显著的标志。手工业生产不论是规模上、分工上、技术上，从事生产的手工匠人的数量上，还是各类产品的数量和质量上，都超越了前代。手工业生产之取得这样的发展，与农业生产的发展有密切的联系。这是因为：越是在农业生产发展的地方，越能提供手工业以更多的原料，养活更多的手工匠人，手工业就越能够发展。反过来也一样：手工业越是发展的地方，就越能满足农业生产的需要，就越能推动农业的发展。农业与手工业就是这样相互促进的。在手工业的这一发展中，手工业者与官府之间的关系，值得注意的有如下几点。（1）国家劳役制，在这一发展中，是逐步排除的。如国家控制下的冶铁部门，往往以“课役”的办法强派人户为冶户，结果使应役者不断倾家破产，后来改为招募制，劳役制残余进一步缩小，从而使手工业得到发展。（2）越是让冶户自由开采，对封建国家矿税制（十分之二的矿税）以及矿产品采购制，对这些部门生产的发展就越加有利。（3）唐代雇直制度，在宋代更加推广、扩大了，这有利于官府作坊生产的发展。（4）在宋代涌现了更多的专业化的手工业者（户），如在许多城市中就有专门纺织的“机户”（南宋谓之“机坊”），对这些手工业匠人，官府也有这样或那样的干扰，但他们同唐代具有农奴身份的“贡绫户”已不相同了，身份要自由一些，这种变化也是有利于手工业生产发展的。以上几点集中地反映了工匠与封建国家的隶属支配关系发生较大的变化，工匠在生产上有更多的自由和主动性，从而使手工业生产有了较大幅度的增长。顺便一提，王安石变法在主观上是为了加强宋专制主义统治的，但在客观上，许多法令、政策和措施是适应了手工业发展的这一趋势，使召募制进一步代替应役制，从而使国家劳役制形态更加缩小了。这一点，在王安石变法研究中应当加以强调的。

在农业和手工业生产发展的基础上，宋代城市经济也有了显著的发展。城市人口增加了，前代坊市的格局被打破了，到处可以设店、肆和作坊，商业活动场所扩大了。东晋南朝以来的草市或墟市在各地普遍发展，其中有一些形成为繁荣的小镇市。大小城市、镇市和草市，织成了地方商业之网，与广阔的农村有了较前为密切的联系，在生产最发达的两浙地区更加如此，可以说区域性市场在宋代明显地发展起来了。由于商业、交换的发展，越来越多的农产品卷入了市场。像作为饲料的桑叶，因蚕丝业的发展也变成商品流入市场，粮食更是成车成船地源源不绝地从农村流入城市，成为大宗的商品。列宁指出："地主为出卖而生产粮食（这种生产在农奴制后期特别发达），这是旧制度崩溃的先声。"① 成为大宗商品的粮食，当然也有农民、佃户们的一点富余的粮食，但主要的是地主们从其仓窖中取出来、投到市场上去的。马克思说：货币地租"要以商业、城市工业、一般商品生产、从而货币流通有了比较显著的发展为前提。"② 宋代货币地租的出现和发展，就是以马克思所说的商业等发展为前提的。同时，从大宗粮食转化为商品的事实看来，货币地租正是地主们征收的作为实物地租的产品的价格，可见货币地租的出现和发展同粮食转化为商品是极为一致的。此外，随着商品生产、交换的发展，土地也作为商品卷入市场中。南宋中叶，土地转移就很急遽，有所谓"千年田换八百主"之说（辛稼轩语），到南宋末年，土地更是"一年一换家"（罗椅语），转移的速度加快了。由土地买卖而引起的土地转移的加剧，使一些老牌地主受到重大的打击，一些握有雄厚货币力量的商人转化为地主，这对于破坏世世代代的主奴关系、发展封建租佃制是有利的。

① 《列宁全集》第3卷，人民出版社1959年版，第158页。

② 《马克思恩格斯全集》第25卷，第898页。

宋代垦田，约700万～750万顷上下（折今720万顷上下）；人口在北宋末年高达1亿。对土地的占有，地主阶级与农民阶级悬殊极大。占总人口不过百分之六七的地主阶级（包括全部官僚和一部分商人），占全部土地约百分之六七十，而其中占总人口不过千分之二三的大地主（包括大官僚、大商人），则占全部土地50%上下；占总人口百分之八十几的农民阶级，仅仅占有土地的百分之三四十，其中占总人口百分之三四十的佃客则无尺寸之地，如果加上南宋时的第五等无产税户，无地农民所占的百分数还要大一些。宋代土地关系中的尖锐矛盾，就是在这一土地占有基础上展开的。地主豪强为攫占农民的更多的剩余产品，总是挖空心思地隐瞒田产，少交或者不交赋税，从而把国家赋税统统转嫁给农民。无尺寸之地的佃客，力图挣破地主阶级的封建锁链，使自己成为占有一块土地的自耕农民。广大的自耕农民，为维持自己的一块土地，反对地主豪强的兼并和国家沉重的赋役。在“等贵贱、均贫富”前所未有的口号和要求推动下，农民的反封建斗争如火如荼地展开，全面地、有力地冲击了以封建土地所有制为基础的封建制度。如果是以农民战争的力量摧毁赵宋王朝的统治，继续削弱地主阶级及其代表的封建经济制度，使农民占有更多的土地和获得更多的人身自由，继续推动手工业、城市经济、商品生产和货币关系的发展；那么，社会历史的发展将是另一种局面。可是，历史的进程是以女真贵族统治北方、蒙古贵族在全国范围内建立了它的统治，局面就又有所不同了。

二、女真贵族、蒙古贵族统治下社会经济的逆转

女真贵族崛起于白山黑水之间，1117年建立了奴隶主专政的金国。此后，灭辽、灭北宋，把它的统治扩大到商州以东、淮水以北的广大地区。在一系列的掠夺性的战争中，女真贵族不仅掠夺了大量的财富，而且还扩大了它的奴隶占有制。汉族和各族人民因此而沦落为奴隶的为数甚多，其中有的远卖到蒙古诸部。[①] 经过各族人民的反抗斗争，女真贵族向封建主方面转化，推行了奴隶

---

① 参看李心传《建炎以来系年要录》卷四〇，建炎四年十二月辛未纪事；宇文懋昭《大金国志》卷六，天会八年冬纪事。

制与封建制相结合的经济制度，即：一面占有大量的奴隶，一面又于各地广泛地建立了猛安谋克村寨，兼并农民的大片土地。不过，这时的女真贵族已经变成一批“张口待哺”[①]的极端腐朽的寄生者，酗酒畋猎，任意践踏农业生产。在仅仅100年的统治中，北方人口锐减，田地荒芜了二分之一以上，手工业生产衰落，城市萧条，多年来蓄积起来的那点商品生产和发展起来的那点城市经济，为之荡然，自然经济又居于绝对的支配地位。

继女真贵族之后，蒙古贵族于1279年将其落后的经济关系在全国范围内渗透，危害更大。第一，包括官田在内的各种形式的封建国家土地所有制，历史早就证明，它已经不适应社会生产力的发展而日趋没落。蒙古贵族却死抱着这种土地制度，不仅继承了金、南宋时期的各类官田，而且进一步扩大，滥赐给贵族、寺院，这对于社会生产的发展是不利的。同时，蒙古贵族还按照自己的模式去改造自然，妄图把大片农田改变为牧场，这自然是违反历史发展的，因而也是行不通的。第二，蒙古贵族所代表的是落后的奴隶制和初期封建制相结合的经济关系，因而在战争过程中，把掠夺来的大批劳动人口，变为“乾讨虏户”、“投祥户”、“撒花户”，使许多劳动人民下降为奴隶或半奴隶。而且，如陶宗仪《辍耕录》所一再记述的，终元之世，蓄奴成风，买卖奴婢也成风，这显然是由蒙古贵族促成的。第三，继许多工匠被掠走成为奴隶之后，另一批工匠又集中于官府的各种作坊，给很少的“月粮”，强迫工匠生产，从而使工匠同封建国家的隶属关系又强化起来。后来，采用“当行”的办法，要工匠到官府轮流服役，这种办法比前者虽然好了一点，但它在宋代则是手工业生产中一种落后的经济关系。因此，在元代，手工业生产受到的相应的破坏，商品经济的发展也受到严重的影响。第四，前面提到，宋代有些地区仍存在庄园农奴制。这种落后的经济形态在元代也有了发展。在北方元代官田上，有一些被称为“脚寨”的农民，就是被束缚在土地上、无迁徙自由的农奴。在山南西道即今湖北一带，《元典章》载有所谓的“随田佃客”，这是宋代川峡路庄园农奴制的遗存，但在元代则有所扩大了。总之，由蒙古贵族所代表的落后的经济关系，与汉族大地主所代表的庄园农奴制关系相结合，构成为元代

① 元好问：《遗山先生文集》卷一八，《王扩神道碑》。

社会经济关系逆转的主要标志。经过波澜壮阔的元末农民战争，这些落后的经济关系随着元朝统治的垮台而受到致命的打击，可是中国社会的发展已经延缓下来了。

三、明清社会经济发展的迟滞

在元末农民战争扫荡之下，明初社会经济获得恢复。垦田在洪武二十六年即达600多万顷①；租佃制关系继续发展；手工匠人轮班应役，到明中叶以后则以货币代役，与官府人身隶属关系削弱；商品生产有所发展，白银作为通货较宋代更加广泛；纺织业中的棉织业有了较大幅度的增长。明中叶以后，遂出现了资本主义萌芽，这是我国封建社会发展一个重要变化。

马克思、恩格斯在《德意志意识形态》中指出："织布业是工场手工业的第一个行业，而且一直是其中的主要行业。……除了一直为了自身需要而从事纺织的农民外，在城市里产生了一个新的织工阶级，他们所生产的布匹供应整个国内市场，而且大部分还供给国外市场。""织布业多半是在不受行会组织限制的乡村和小市镇上经营的，这些地方逐渐变为城市……"② 马克思恩格斯举述的欧洲资本主义萌芽的情况，在明代资本主义萌芽中有颇多类似的地方。首先，明代资本主义萌芽也是在纺织业中出现的，并且也是在小市镇小县城中出现的。但是，明代资本主义萌芽是在当时生产最发达的太湖流域最先出现的。因而加强对这一地区的研究（这是研究材料特别丰富、情况特别复杂的明清两代研究中不可或缺的重要方法），可以说明在生产发展不平衡规律作用下，新的财产关系、经济关系可以在生产最发达的地区萌生出来。这种新的资本主义经济关系到清朝初年又有了发展，不仅在纺织等手工业生产中存在，在农业生产中也萌生了这种经济关系。《聊斋志异》中所说的山东临淄、淄川一带发家致富的土地租种者就可能代表这种经济关系。虽然如此，资本主义的发展毕竟是缓慢的，资本主义经济毕竟是微弱的，它还没有形成为动摇封建主义的经济力量。这是由于什么原因造成的呢？

---

① 《明史·食货志》原作800多万顷，误，当作600多万顷。

② 《马克思恩格斯全集》第3卷，人民出版社1960年版，第62页。

明清社会经济不仅是以鹅行鸭步的姿态，进展极为缓慢，而且陷于迟滞之中。其所以如此，是由下列原因造成的：

1. 关于专制主义中央集权制的国家机器。自宋以来，这个国家机构就喂养了大批官吏和几十万上百万的军队。明清承继了这种国家制度，在某些方面说，比宋代还要落后。如明代有关宗室制度，到明朝晚年运到北京的400万石粮食，单是对朱姓这个食利者家族的供应，就难以为继了。清代的八旗兵到康乾以后，也成为大批“张口待哺”的废物。整个国家机器像一条巨大的蟒蛇缠绕在社会的有机体之上，拼命地吸吮它的膏血，造成社会的重负。这是一方面。另一方面，宋代以来采掘冶炼等手工业的发展表明，封建国家干预越少，就越能够发展；否则，就受到阻碍。明清两代这方面的生产，正是由于国家干预过多，诸如矿监税使之众多，在矿冶中依然采用农奴制，以致生产受到阻碍。

2. 封建经济制度越来越成为生产的桎梏。明代皇帝、皇后不仅是最大的食利者，而且是最凶恶的土地兼并者。他们建立了许多皇庄，明武宗时达300多所，畿内为之“大扰”[①]。贵族、官僚也到处攫占土地。清入关后的北方许多地区圈地，京畿直隶一带尤为严重，到处是满族贵族凭借政治暴力霸占土地，许多地方志都有记录。在土地兼并之下，自耕农民数量日少，佃客日增，尤其是在南方地区情况更加严重。顾炎武在《日知录》中指出，苏州松江等地，十分之九的农民变成了佃户。皇庄佃户既要承担地租的重压，又遭受宦官及其爪牙们的凌辱，甚至被“格杀”[②]。豪族控制下的佃客，有的是交纳定额租，但除正租外，还要奉献鸡鸭一类的“冬牲”，交纳“粪土银”、“佃头银”等等。否则，就会被主家“铲佃”，从土地上排挤出去。大多数佃客依然按分成制向地主交纳产品地租，这种分成制有对分制、四六分制、三七分制，是极其沉重的。随着佃户租种土地之日益减少，分成制租就越来越重。马克思说：“产品地租所达到的程度可以严重威胁劳动条件的再生产，生产资料本身的再生产，使生产的扩大或多或少成为不可能，并且迫使直接生产者只能得到最低

① 《明史》卷三〇四《刘瑾传》。

② 《明史·食货志》。

限度的维持生存的生活资料。”① 农业劳动生产率低，封建剥削率高，广大佃客在对分制等的剥削之下，只能依靠家庭手工业的收入，才能勉强维持其简单的再生产，从而世世代代地停顿在农业与家庭手工业相结合的自然经济之中。自耕农民的经济也大体上是如此。这就是我国封建社会长期表现为静止状态的奥秘之所在。

3. 在欧洲，城市的发展，为资产阶级战败广大农村中的封建贵族积蓄了雄厚的力量。在我国，恰恰相反，城市成为封建统治的基地。当然不能说，我国城市的发展与经济无任何联系。有的城市，如春秋战国时期的陶，由于是水路交通的枢纽而成为北方著名的大都市，直到宋代因济水系统受到破坏才衰落下去。但是，我国城市从建立时起，即是统治阶级建立官衙、屯聚军队的政治中心，宋元明清时期城市经济虽然有了不小的发展，除麇集了大批官僚、地主之外，也有豪商稗贩以及形形色色的城市居民，但它依然表现为以下几个特点：甲、服务性的行业大于生产性的行业；乙、消费的意义大于生产的意义；丙、政治的意义大于经济的意义。在这种情况下，在南方某些城市内即使出现了资本主义性质的作坊或手工工场，但是已为历史发展所证明，它并没有发展成为动摇、瓦解封建主义的一个强大的经济力量，而仅仅成为封建主义的一个附庸！

在城市经济发展中，自唐以来，商人资本和高利贷资本也随之而发展起来。这一经济力量对豪绅势家等老牌地主起着冲击、瓦解的作用，但另一方面，它又同封建势力结合起来，形成为官僚、地主和商人的三位一体。这个三位一体，经过两宋到明代有了不小的发展，对历史的发展起了严重的阻碍作用。马克思说：“在商人资本占优势的地方，过时的状态占着统治地位”；“商人资本的独立发展，是与社会的一般经济发展成反比例的”②；“在亚洲的各种形式下，高利贷能够长期延续，这除了造成经济的衰落和政治的腐败以外，没有造成别的结果。”③ 列宁也曾指出：“商业资本和高利贷资本愈发展，工业资

① 《马克思恩格斯全集》第25卷，第897页。
② 《马克思恩格斯全集》第25卷，第366页。
③ 《马克思恩格斯全集》第25卷，第675页。

本（资本主义生产）就愈不发展，反过来说也是如此。”① 近年来国内外的研究表明，清初我国对外贸易过程中，曾使大批的银币流入国内。造成这一结果的，不是资本主义性质的作坊或手工工场的产品，而是以个体生产为基础的产品。可是在大批银币流入后，它并没有向工业资本方面转化，使资本主义迅速地发展起来，而是随着鸦片的进口，又大量地倒流出去了。这样，当这三位一体在城市中发展起来时，不仅土地兼并更加严重，政治更加腐败，资本主义也很难发展起来。

认真开展宋代经济史的研究

从上述中国封建经济制度演进的总过程中，可以看出，宋代社会经济的发展，具有划时代的意义，占有极为突出的地位。② 研究宋代社会经济的发展，对探索和发掘中国封建经济制度演变的规律，是极关重要的。因此，认真开展宋代经济史的研究，写出一部具有科学意义的宋代经济史，是极为必要的和迫切的。

可是，要想完成这一任务，并不是轻而易举的。这是因为，第一，国内外有关宋代社会经济方面的研究还很不够，可资借鉴的成果还为数不多。

先看国内研究状况。大家知道，在经济文化俱都落后的旧中国，包括经济史在内的许多学科，不是没有建立起来，就是尚处于萌芽状态之中。有关这方面的研究，在解放前，真正算得上有研究的、能够自立于著述之林的，如李剑农先生的《中国古代经济史稿》，为数实在太少了。解放以后，在马克思列宁主义、毛泽东思想指导下，我国的历史科学发生根本性的变化，并取得了很大的成就；不论是质的方面，还是量的方面，都是旧时代无法比拟的。可惜的是，经济史的研究，尤其是中国古代经济史的研究，仍然非常薄弱。只是在打倒“四人帮”之后，这一状况才有所改变。五六年来，对宋代土地关系和社

① 《列宁全集》第3卷，人民出版社1959年版，第153页。

② 对此问题，我在参加1984年12月间在香港召开的国际宋史研究会中的一篇文章中表达了我的初步意见，文章的题目是《宋代社会生产力的发展及其在中国古代经济发展过程中所处的地位》，已在1986年《中国经济研究》第1期发表。

会阶级的构成，国内外贸易和茶盐香药等国家专卖制度，以及手工业生产及其诸关系，开展了较为广泛的、深入的探索，发表了不少有分量的论文和专著，实在是令人可喜的新气象。照此发展下去，写出一部较好的宋代经济史，当为期不遥，翘足可待。

至于国外对宋代社会经济的研究，以日本的成就最大。半个多世纪以来，自加藤繁氏开创中国古代经济史的研究，流风相接，人才辈出，论文专著，发表甚多，其他国家，罕与匹敌。综观日本学者之研究，较其短长，其取材之丰赡，实为最大特色，而理论上的概括虽不少发明，似嫌不足。对个别的局部的问题之考订和探索，颇多发明；而一旦放在历史巨流中进行考察之时，这些个别、局部问题的探讨，就变成为孤立的、静止的、缺乏有机联系的经济现象，难以说明在经济发展总过程中所处的位置，及其轻重主从的关系了。只要看看日本学者对宋代社会性质这一根本性问题至今仍未作出确切的判断，就可以明白他们对那些经济现象不是从特定的历史时代诸阶级在生产中所结成的经济关系中进行考察，因而也就难于透视这些现象的本质，从而作出恰如其分的论断了。

在理论上方法上虽然存在如上的问题，但对于那些认真研究我国古代经济史的外国同道，不能亦不应该过于苛求。这是因为，即使是在正确的世界观、方法论的指导下，人们对于各类事物的认识，也必须进行反复的研究和考察，才能由表及里，达到对事物的本质的认识，得出科学的或近似科学的结论。只要在研究工作中，积累了一些有用的历史资料，对问题的论述包含一些积极的因素，哪怕是一点一滴，对后来的研究就会有所启发、有所诱导，从而产生有益的作用，有利于研究工作的更进一步的开展。因之，对过去国内外有关宋代社会经济方面的研究成果，一定要批判地吸收其有价值的地方，充分发挥其借鉴的作用。

其次，是关于资料问题。

任何研究工作必须依靠大量的资料。对前人的研究成果，固然要善于借鉴，更加重要的是，要直接占有大量的第一手的资料。任何一个认真的、比较有经验的研究工作者都懂得，越是能够占有和深入第一手的资料，就越能够发现问题、了解问题，最终地解决问题。反之，单单依靠别人的成果，或者让别人代为搜集材料，不是被别人的结论局限住，很难做出新的结论，就是浮光掠影，取得一些表面的片面的认识，也难以达到对事物的本质的认识。因此，马克思主义历来就重视对材料的占有，认为这是从事研究的必不可缺的物质条件。恩格斯指出："即使只是在一个单独的历史实例上发展唯物主义的观点，也是一项要求多年冷静钻研的科学工作，因为很明显，在这里只说空话是无济于事的，只有靠大量的、批判地审查过的、充分地掌握了的历史资料，才能解决这样的任务。"①

但是，在对待历史资料的问题上，有两种偏向值得注意。一种是唯材料主义倾向，认为材料是"实学"，而理论则是空疏的；只要有了材料，就能够解决问题。这种只要材料不要理论的做法，就使自己的研究失去了正确理论的支撑，而患上了站立不起来的软骨症了。另一种偏向则认为，只要能抱住几条万古不变的教条，就能解决任何问题，而谁认真搜集材料，从分析材料入手，谁就被他们讥讽为"吃材料饭"。结果是，瘦骨嶙峋，突出了几根青筋，患了严重的贫血病。这两种偏向，不时交叉地表现出来，批判了其中的一种偏向，则又暴露出来了另一种偏向，不时地干扰我们研究工作的正常进行。而后一种偏向的危害，较诸前者有过之而无不及。恩格斯对黑格尔的不肖门徒曾作过如下的批评：

> 结果，正如一位波恩的教授所说，这些黑格尔主义懂一点"无"，却能写"一切"。②

那些贫血病患者，在实际上比仅懂得一点"无"的黑格尔主义者并高明不了多少，在那里乱发议论，除表现其"无"知之外，还能够表现些什么呢?!

当然，要想搜集和占有大量的第一手材料，也并不是轻而易举的。古代的文献资料，除明清之外，保留下来的以宋代为最多。宋代官私史书，文集笔记，粗略统计，不下千余种，而又分散于全国各地。即使精力充沛，能够浏览全部资料，也因分散于各地而带来难以克服的困难。因此，只有尽最大的努力，来弥补这方面的欠缺和不足，"竭泽而渔"，怕是不易

① 《马克思恩格斯全集》第13卷，人民出版社1962年版，第527页。
② 《马克思恩格斯全集》第13卷，第529页。

做到的。

最后，更加困难的问题是，如何把马克思主义普遍原理同社会历史的实际相结合，指导历史的研究。

马克思主义是放之四海而皆准的普遍真理。其所以如此，不仅由于它批判地吸取了人类认识史上的积极成果，形成为一个完整的世界观和方法论，而且尤为重要的是，由于它所固有的一个基本特征——实践，同诞生它的生活之树紧密地结合，为认识人类社会的发展开拓了广阔的道路，因而它也就能够同生活之树一样，历万古而长青的。只要善于学习马克思主义，把马克思主义同历史实际相结合，就能够揭示历史发展的客观规律，得出经得住检验的科学的结论。

保留下来的文献资料，由于复杂的原因，并不都是一览无余地或者说径情直遂地展示当时的社会关系的。只有借助于马克思主义这个望远镜和显微镜，才能透过文献资料的曲折隐晦，洞察其所蕴涵的实际意义，阐明它所反映的社会经济关系的真实内容。如前引元稹《织妇词》所说“东家头白双女儿，为解挑纹嫁不得”两句，人们读过之后，对这两个头白而不能出嫁的女子满怀同情的同时，不期而然地会发生这样的疑问：是什么力量或因素才使她们不能够出嫁呢？经过对魏晋隋唐时期社会历史的考察，我们知道当时的劳动生产者对封建主及其国家都存在了极为严重的人身隶属关系，正是这种人身隶属关系才迫使为官府织作因而具有徭役性质的两个女子头白不能出嫁，从而由此回答了上面的疑问。同时，由于元稹的这首诗，使我们知道直到中唐以后“贡绫户”同封建国家还存在着极为严重的人身隶属关系，因而对这时期一部分工匠的地位有了较深刻的认识。离开马克思主义的分析，想要得到这一认识怕是困难的。因此，一般地说来，马克思主义的认识水平越高，就越能够驾驭越多的历史资料，并透过资料的表象而达到对事物的本质的理解；越是能够占有更多的第一手资料，对马克思主义的学习和理解就越有帮助，使认识能力不断提高，这两者结合起来，是相辅相成、相得益彰的。

马克思说：“当然，在形式上，叙述方法必须与研究方法不同。研究必须充分地占有材料，分析它的各种发展形式，探寻这些形式的内在联系。只有这项工作完成以后，现实的运动才能适当地叙述出来。这点一旦做到，材料的生命一旦观念地反映出来，呈现在我们面前的就好像是一个先验的结构了。”①马克思的这段话极其深刻地阐明了观点方法同材料之间的密切关系。只要我们能够按照马克思的教导去做，以马克思主义去研究材料，分析材料，材料的生命就必然会在马克思主义的照耀下而放射出自己的光辉，它不复再是分散在各处的死的东西，而是把它那个时代的活生生的社会关系予以展现出来了。

如上所说，我国古代经济史的研究，还是一个极为薄弱的环节。无数空白点尚待填补，无数问题尚待弄清。从事这项研究工作，确实存在许多困难。值得庆幸的是，马克思列宁主义经典作家给我们遗留下了《政治经济学批判》《资本论》《俄国资本主义的发展》和《帝国主义是资本主义的最高阶段》等辉煌的巨著。只要我们努力学习马克思列宁主义、毛泽东思想，勤于搜集、研究历史资料，就一定能够把我国古代经济史的研究推进到科学的领域，写出一些有分量的专著来。

① 《马克思恩格斯全集》第23卷，第23~24页。

第一编

宋代农业生产与土地诸关系

第一章　宋代的人口和垦田

《宋代经济史》叙述的范围，从时间上看，是两宋统治的300年，从空间上看，主要是宋朝统治的地区。至于辽、夏、金以及同时期西藏、云南等地区的经济状况，当在《辽夏金经济史》一书中加以讨论，因而不在本书叙述的范围之内。

宋代的疆域，北以白沟为界，与辽相接；在陕甘和山西形成的一条弧线上，与夏毗连；西至川西；西南为广南西路；南至海南岛以及更加遥远的南沙西沙诸群岛。在这一广袤的国土上，宋大体上承袭了唐代的做法，区分为若干路。宋太宗至道三年（997），全国划分为15路；宋真宗咸平四年（1001）将川峡路剖分为益（成都府路）、梓（潼川府路）、利、夔四路，计为18路；宋仁宗天圣年间又分江南路为江南东路和江南西路，总计为19路。[①] 之后，宋神宗统治期间，诸路又有新的划分，熙宁五年将陕西路划分为永兴军路和秦风路，都置有转运使，在实际上是两路，但名义上仍为陕西路。据宋神宗元丰年间由王存等修订的《元丰九域志》的记载，当时除东京等四京之外，区分为开封府畿（宋徽宗时称京畿路）、京东东路、京东西路、京西南路、京西北路、河北东路、河北西路、河东路、陕西路、淮南东路、淮南西路、两浙路、江南东路、江南西路、荆湖南路、荆湖北路、成都府路、梓州路、利州路、夔州路、福建路、广南东路和广南西路，总为23路。女真金国崛起之后，据有河北、河东、京东、京西和陕西等路，南宋疆域约为北宋三分之二强。

---

① 钱大昕：《廿二史考异》卷六九，《宋史三·地理志》。

宋代特别是南宋境宇，虽如《文献通考》的作者马端临所说，比汉唐为狭小，但它依然是当时世界上土广民众的大国。就其经济文化状况来说，宋代居于当时世界的最前列，是最为先进的国家。可是，在生产发展不平衡规律的作用下，宋代各个地区之间存在一定的差别，而且有的差别极为悬殊。如果以淮水为界，淮水以北的北方地区的生产不如淮水以南的南方地区，即北不如南。这一点近几十年以来已得到学术界的公认，以为宋代经济重心已自北方转移到南方，这是一方面。另一方面，如果以峡州（湖北宜昌）为中心，北至商雒山秦岭，南至海南岛，划一南北直线，在这条线的左侧——宋代西部地区，除成都府路、汉中盆地以及梓州路遂宁等河谷地（即所谓的“坝子”）的生产都相当发展、堪与两浙等路比美外，其余如夔州路、荆湖南路湘江以西地区以及广南西路许多地区，都非常落后，农业生产停顿在“刀耕火种”的耕作阶段，远远落后于该线右侧——宋代广大东方地区。北不如南，是量的差别；而西不如东，则不仅是量的差别，而且是表现了质的差别，这是特别值得注意的。这种情况是由劳动人口分布、生产工具、生产技术和方法，以及农田水利建设等一系列的差别造成的。本章以及以下数章就是从农业生产的各方面来说明宋代的发展和各个地区之间的差别的。

第一节　宋代人口的增长

马克思主义对人口问题从来是重视的。恩格斯早就说过，人类社会有两种生产，一种是人类自身的繁衍。斯大林从人在人类社会中所处的地位出发，进一步强调指出：“人是社会物质生活条件的必要因素，没有一定的最低限度的人口，就不可能有任何社会物质生活。”[①] 如果我们把人口放在一定的社会历史条件下来观察，例如放在以个体生产为基础的封建时代的宋代来观察，就更可以认识到人口的繁衍对社会生产所起的作用。为了说明这一问题，不妨先将

① 《斯大林文选》上卷，第193页。

宋代户口制成下表①，以便考察：

年　代	户 数（户）	指 数
宋太祖开宝九年　（976）	3090504	100
宋太宗至道三年　（997）	4132576	134
宋真宗天禧五年　（1021）	8677677	281
宋仁宗庆历八年　（1048）	10723695	346
宋仁宗嘉祐八年　（1063）	12462317	403
宋英宗治平三年　（1066）	12917221	418
宋神宗熙宁八年　（1075）	15684529	508
宋神宗元丰六年　（1083）	17211713	557
宋哲宗元祐六年　（1091）	18655093	604
宋哲宗元符二年　（1099）	19715555	638
宋徽宗崇宁元年　（1102）	20019050	647
宋徽宗大观四年　（1110）	20882258②	676
宋高宗绍兴三〇年（1160）	11375733	368
宋孝宗乾道二年　（1166）	12335450	399
宋光宗绍熙四年　（1193）	12302873	398
宋宁宗嘉定一六年（1223）	12670801	410

从表中所列举的户口数字看，第一，从北宋初到南宋中叶，户口一直是在增长着；北宋一百六七十年中，户口增加得较快。南宋因北方广大地区为女真贵族统治而人口锐减，但就南宋情况而论，户口增长已经显得缓慢，并且在宋光宗绍熙四年还有所减少。如果说，封建时代人口的增加和减少，在一定时期内是生产发展与否的一个标志；那么，就两宋而论，一般地说北宋的生产是上升的，而南宋则显得有些迟滞。

① 本表主要根据马端临《通考·户口考·历代户口丁中赋役》《宋会要辑稿·食货》一一之二六至二八所载数字制成，北宋部分还参阅了李焘《续资治通鉴长编》各卷所载。

② 大观四年的数字，加藤繁在《宋代的户口》一文中，根据《宋史·地理志》加以引用，载《中国经济史考证》第258页。

第二，与前代户口相比，两汉人口最高为5000多万；唐代开元、天宝之际的人口6000万上下，这些人口创造了汉唐盛世；宋代自从宋仁宗时候起，户数即超过了1200万，已经超过了汉代，与唐相等，到宋徽宗年间，户数超过2000万，每户以5口计算，人口已超过了1亿，远远超过汉唐，几乎是汉唐的两倍。虽然无法确定，宋代各部门的生产都超过汉唐两倍，但超过汉唐则是一个无可否认的事实。显而易见，宋代人口的增长与生产的发展有着密切的联系。

第三，宋代士大夫也一再提到，宋代“生齿之繁”，是前所未曾有的。曾巩以繁昌县的户口为例，宋初以来90年间从3000户增至1万户。[①] 刘弇在其《龙云集》中，也以吉州、潭州为例，称这两州户口成倍地增长，是东南诸州增加最快的。虽然各地户口增长快慢有所不同，但从表中可以看到，从宋太祖开宝九年到宋徽宗大观四年，在这134年中，户口每年是以11%的年增长率增加着的，而这个增长率显然是惊人的。

宋代户口之所以如此迅速地增长，同宋初百年来较为安定的局面是分不开的。但更值得注意的是，它同宋代的封建生产方式有什么样的内在联系呢?

为了说明这个问题，就必须探讨一下宋代人口的阶级构成。这是因为，“抛开构成人口的阶级，人口就是一个抽象”[②]。如所周知，宋代户籍中是有主户和客户的区分的，主户和客户究竟属于哪个阶级阶层呢?

先看客户。

宋代客户的情况是极为复杂的，各个地区之间存在不小的差别，但共同的特点是，“佃人之田，居人之地”[③]，“乃乡墅有不占田之民，借人之牛，受人之土，庸而耕者”[④]，“佃豪家之田而纳其租”[⑤]，都是无地农民。这部分农民，在宋代人口的构成中，占有极其重要的地位。今据《通考》等所载北宋主客户情况制成下表：

---

① 曾巩：《元丰类稿》卷一七，《繁昌县兴造记》。
② 《马克思恩格斯全集》第12卷，第750页。
③ 李觏：《直讲李先生文集》卷二八，《寄上孙安抚书》。
④ 石介：《徂徕集》卷下，《录微者言》。
⑤ 《资治通鉴》卷二九〇，《后周纪一》。

年　代	主户及其占总户数的百分比		客户及其占总户数的百分比	
宋仁宗天圣元年（1023）	6144983	62.1	3753138	37.9
宋仁宗天圣九年（1031）	5978065	63.7	3402742	36.3
宋仁宗庆历八年（1048）	6893827	64.3	3829868	35.7
宋仁宗嘉祐六年（1061）	7209581	65	3881531	35
宋神宗熙宁五年（1072）	10498869	69.6	4592691	30.4
宋神宗熙宁八年（1075）	10682375	68.1	5001754	31.9
宋神宗元丰三年（1080）	11244601	67.2	5485903①	32.8
宋神宗元丰六年（1083）	11903668	66.3	6053424	33.7
宋哲宗元祐三年（1088）	12134723	66.3	6154652	33.7
宋哲宗元祐六年（1091）	12427111	66.6	6227982	33.4
宋哲宗绍圣四年（1097）	13068741	67.2	6366829	32.8
宋哲宗元符二年（1099）	13276441	67.3	6439114	32.7
宋高宗绍兴四年（1134）	11068741	63.85	6266129②	36.15

据《太平寰宇记》等的记载，北宋初年客户占总户数的40%；表中指明，客户比数自宋仁宗天圣初年至宋神宗熙宁五年是逐年下降的，从37.9下降到30.4，这是最低点；此后又从这个最低点逐年回升，到宋高宗绍兴四年升至36.15，与宋仁宗初年的比数接近，这一增长趋势是值得注意的。南宋客户上升究竟有多少，比数究竟有多大，因材料不足，无法确定，但从下表可以看出一些问题：③

① 此据《长编》卷三一〇所载，并与《宋会要辑稿·食货》一一之二七所载核对，两数字相符；《通考·户口考二》引毕仲衍《中书备对》数字不确切，不录。

② 林駉：《新笺决科古今源流至论·后集》卷一〇《户口》。是书虽为类书，但由于是为科举考试的举子们准备，类似今天的高中升学考试指南之类，所选用的有关典制的材料是较为准确的，可以使用。

③ 本表据罗愿《新安志》卷一、卷五，陈耆卿《嘉定赤城志》卷一五，罗浚《宝庆四明志》卷五，冯福京《大德昌国州图志》卷三，李幼杰《莆阳比事》卷一所载制成；有关宋太宗太平兴国年间数字则据乐史《太平寰宇记》所载。

地　区	年　代	总户数	客户户数及其占总户数的百分比	
江南东路	宋真宗天禧年间	59754	2358	3.94
	宋神宗元丰年间	105804	2688	2.54
歙　州	宋孝宗乾道年间	120083	7488	6.23
两浙路	宋太宗太平兴国年间	31941	14442	45.2
	宋神宗元丰中	145813	25332	17.3
	宋徽宗大观三年	243507	64779	26.6
台　州	宋宁宗嘉定十五年	261024	76304	29.2
两浙路	宋太宗时	27681	16803	60.7
	宋真宗天禧年间	136072	31347	23
	宋神宗元丰年间	115208	57334	49.7
明　州	宋徽宗政和六年	123692	29118	23.5
	宋孝宗乾道六年	136072	31347	23
昌国县	宋光宗绍熙年间	11541	5876	50.9
福建路	宋太宗太平兴国年间	33735	20628	61.1
	宋神宗元丰年间	55237	20084	36.3
兴化军	宋兴宗绍熙年间	72363	27987	38.6

过去，加藤繁在《宋代的主客户统一》中①，根据《淳熙三山志》《景定建康志》等几个地方的统计材料，称南宋的客户低于北宋。这个结论还值得再加研究。上面第一表已经说明，到南宋绍兴四年，即从宋神宗时的最低点30.4回升到36.15，与北宋初的37.9相差不多。但是，就现存的南宋地方志所记载的客户数字来看，除歙州一地超过北宋初年者外，其余概无超过者，上表以及加藤繁所统计的也都如此，因而综合这些比数，显然达不到绍兴四年的36.15。这一事实清楚地说明了，各州县客户的回升是很不相同的，有的低于36.15，有的高于36.15（如歙州），高低拉平才能达到36.15。由此可见，现存南宋地方志有关各地客户比数，不能真实地反映南宋客户在总户数中所占的比数。也就是说，局部不能代表整体。更不能综合这些统计材料，得出南宋客

① 载《中国经济史考证》第2卷，第283页。

户低于北宋的结论。其次，从本表来看，到南宋中叶客户有日益增大的趋势，如昌国县于绍熙年间增至50.9，兴化军增至38.6。这一趋势是自南宋初年发展而来，到南宋末年更趋严重。当范成大于乾道年间编纂《吴郡志》时，他说苏州一带无论贫富都有"常产"，亦即有不等的土地。可是到南宋末年，方回于秀州魏塘极目而望之时，"吴侬之野，茅屋炊烟，无穷无极，皆佃户也"①。佃户数量之激增，当然不限于"吴侬之野"，整个江南地区无不这样：

又有作《沁园春》词云：道过江南，泥墙粉壁，右具在前，述某州某县乡某里，住何人地，佃何人田，气象萧索，生灵憔悴……②

从客户增长的趋势看，到南宋末年，它的比数不仅要超过南宋初的36.15，而且可能达到40。

再说主户。

在宋代，凡是向政府承担赋税、税钱即使只有一文的，就可划为主户。在主户当中，又根据税钱贯佰、地之顷亩、家之积财或田之受种的多少，定为五等。③其中第三等户与第一、第二等户并列，称为"上三等户"；也可以和第二等户并列，称为"中户"。这类人户除一部分为小地主外，大多数是占田五七十亩或更多一些的自耕农民，他们构成为富裕农民阶层或自耕农民上层，后面还要详细叙述。第四、第五等户，则是所谓的"下户"。据宋仁宗时丁度的奏疏，这类"下户才有田三五十亩，或五七亩，而赡一家十数口，一不熟即转死沟壑"④。朱熹曾经指出，税钱500文以下的，是为第五等户⑤；南宋末年的方回则称，"〔税钱〕不满一贯文为四五等户"⑥。从这些情况来看，税钱在一贯文以下、500文以上，占田三五十亩的，属于第四等户；税钱在500文以下，或仅有百数十钱、乃至一文钱的，占田不过30亩，或仅有五七亩的，则属于第五等户。由此可见，第四、第五等户构成为自耕农民阶层；而第五等户

---

① 方回："续古今考"卷一八，《附论班固计井田百亩岁入岁出》。

② 〔元〕李有：《古杭杂记》。

③ 此据吕陶奏疏，载《长编》卷三六七，元祐元年四月；今本《净德集》无此疏。

④ 《长编》卷一六八，皇祐二年六月记事。

⑤ 朱熹：《晦庵先生朱文公文集》卷二四，《与魏元履书》："第五等是五百文以下，其间极有得过之人……"。

⑥ 《续古今考》卷二〇，《附论叶水心说口分世业》。

中占地太少的，不免租种一部分土地，构成为半自耕农阶层。

自耕农、半自耕农在宋代总户口中占的比重极大。张方平在宋仁宗庆历元年曾经指出："天下州县人户，大抵贫多富少，逐县五等户版簿，中等已上户（按即第三等已上户——引者注）不及五分之一，第四第五等户常及十分之九……"① 30年以后，他又说："万户之邑，大约三等已上户不满千"，"四等已下户不啻九千"②。刘安世在元祐年间《论役法之弊》的奏章中也有类同的估计，所谓"损九分之贫民，益一分之上户"③。根据以上的估计，下户占总户数的比数是：从总户数（100）减去客户所占比数（以35为准），余数为65，乘以十分之九，为58.5。孙谔在宋哲宗绍圣三年（1096）的奏章中指出："假一县有万户焉，为三分率之，则民占四等五等者常居其二。"④ 据此估计，65乘以三分之二，下户比数当为43.3。由此可见，第四、第五等户在北宋总户数中约占43.3%～58.5%，取其中数，则在50%左右。

到南宋，自耕农、半自耕农产生了显著的变化。在第五等户中，有税无产的无产税户大量增加。所谓有税无产，指的是在土地兼并下，第五等户中的半自耕农失去自己仅有的几亩土地，户籍仍挂在第五等户上，照样承担国家的丁税和田赋，宋代文献中频频提到的"产去税存"，指的就是这种情况。这类第五等无产税户普遍存在于各地，以台州而论，"州五县，有丁无产者，输二年丁税，凡万有三千家"⑤，约占当地总户数的5%。在严州，情况更为严重。吕祖谦在宋孝宗乾道五六年间代张栻所作的一道奏章中曾经指出⑥，严州第一至第四等户计有10718丁，占严州总丁数的9%；第五等有产税户计有71479丁，占58%；而第五等无产税户计有40196丁，占33%。严州情况虽较特殊，但"有丁而无田"则是南宋普遍存在的现象，根据上面的数字加以估计，这类第五等无产税户约占南宋总户数7%～10%之间。因此，南宋的无地农民约占总

---

① 张方平：《乐全集》卷二一，《论天下州县新添置弓手事宜》。《长编》卷一三一系此疏于庆历元年二月。

② 《乐全集》卷二六，《论率钱募役事》。

③ 刘安世：《尽差集》卷一一；《宋会要辑稿·食货》一三之三四亦载此疏。

④ 《宋会要辑稿·食货》四之八。

⑤ 《宋史》卷三九八，《尤袤传》。

⑥ 吕祖谦：《东莱吕太史文集》卷三，《代张严州作乞免丁钱状》。

户数的百分之四五左右，远超过了北宋。

综合上述，客户，第四、五等户以及第三等户中的富裕农民，约占总户数85%以上，把手工匠人和作坊主、一般中小商人计算进去，比数达百分之九三、九四。由第一等、第二等户以及第三等户中的一小部分，组成为地主阶级，加上大商人和高利贷者，约占总户数的百分之六七。由此可见，宋初百年以来人口的大幅度增长，主要的是具有生产力的劳动人口的增长。这是宋代人口同时也是封建社会人口增长的一个重要特点。

马克思说："事实上，每一种特殊的、历史的生产方式都有其特殊的、历史地起作用的人口规律。抽象的人口规律只存在历史上还没有受过人干涉的动植物界。"① 透过上述具有生产力的劳动人口的大幅度增长，认识封建制时代的宋代的特殊人口规律是什么。

与奴隶制时代使用大批奴隶生产、资本主义的机器大生产有所不同，包括宋代在内的封建时代的生产是以个体生产者为基础的。佃客也好，自耕农也好，手工工匠和作坊也好，都是以一家一户作为一个生产单位的个体小生产。这种个体小生产，需要在一个不太长的时间内就有一个劳动力的更新。在一个农民家庭里，十岁上下的孩子就能割草、打柴、放羊、牧牛了；十二三岁时就成为家庭的辅助的劳动力，协助自己的亲长从事耕耘收获等一系列的生产活动；而到十六七岁十七八岁时，就成为这个家庭的主要劳动力了。小生产中的这种劳动力更新，反映到农民的思想意识中，就是"生儿养女防备老"；反映到婚姻上，就是早婚。宋代人口之以11%的增长率猛增，就是由以个体生产为基础的封建生产方式这个最根本的因素决定的。奴隶制时代的奴隶，主要靠战争掠夺而来，或者如非洲的黑奴，也是以各种形式的暴力和欺骗低价购买来的。因而奴隶主对奴隶进行残酷的压榨，往往几年（如非洲黑奴仅仅7年）即被夺去了生命。所以奴隶制时代，奴隶人口的增口是困难的。资本主义生产虽然能够养活较多的人口，但是机器大生产对人口的增长是抑制的，工人们在资本主义制度下有失业的饥号啼寒的自由，因而资本主义的人口律则服从于资本主义生产方式的需要。封建生产方式与上述两种生产方式之所以不同，就在

① 《马克思恩格斯全集》第23卷，第692页。

于它由于以个体生产为主而能够容纳较多的人口。这一点，恩格斯在给左尔格的一封信中曾经谈到，他说中国经过甲午之战受到了致命的打击，“闭关自守已经不可能了”，在“敷设铁路，使用蒸汽机和电力以及创办大工业”的条件下，“可以容纳比较稠密的人口的整个陈旧的社会制度”，也要“逐渐瓦解”了[①]。能够容纳比较稠密的人口，这是封建生产方式人口规律所表现出来的重要特点。这是一方面。

第二节　封建制度对人口增长的制约

个体小生产要求劳动力更新，使人口能够按照它的需要增长起来。但是，另一方面，封建制度对人口的增长，又起着明显的制约作用，使其不能漫无限制地增长，封建时代的宋代人口规律的特殊性又从这里表现出来。

宋代户口中一个突出的现象是，口数与户数是极不相称的。例如宋真宗天禧五年（1021）的户数是8677677，而口数则仅有19930320；宋仁宗嘉祐八年（1063）的户数是12462317，而口数则仅有26421651[②]，每户平均不到三口。宋代史家李心传、马端临都曾提出了这个问题，并加以评论。李心传指出：“西汉户口至盛之时，率以十户为四十八口有奇，东汉率以十户为五十二口……唐人户口至盛之时，率以十户为五十八口有奇……自本朝元丰至绍兴户口率以十户为二十一口，以一家止于两口，则无是理。”在指出汉唐与宋存在这一差别之后，李心传更进而指出，宋代之所以如此，是由“诡名子户漏口者众”造成的；同时还指出：“然而浙中率以十户为十五口有奇，蜀中户口率以十户为三十口弱”，“蜀人生齿非盛于东南，意旨蜀中无丁赋，故漏口少耳。”[③] 李心传提出来的“诡名子户漏口者众”及东南丁赋等问题，当然是值得注意的，但还是很不够；倒是可以从这里下手来研究宋代户口中的这个问题。

---

① 《马克思恩格斯全集》第39卷，第297页。

② 据《宋会要辑稿·食货》一一之二六、《通考·户口考二》所载；《长编》所载与此二者有出入，不录。

③ 李心传：《建炎以来朝野杂记》甲集卷一七，《本朝视汉唐户多丁少之弊》。

从现有材料看，南宋有的地区，每户平均也有五口以上。歙州就是一例。《新安志》载，“其在郡城中者，乾道户千二百八十一，口六千八百五十八；城外户六百五十，口三千二百八十一。”① 潜说友《咸淳临安志》所记杭州属县，也有类似的情况。根据这种情况来看，宋代户口问题还应作进一步的探讨，单用“诡名子户漏口者众”是解释不了上一情况的。日本加藤繁氏对宋代户口的研究，颇多发明，但如认为是宋代不计女口而造成口数与户数的不相称，似亦须再加探讨。

其次，关于“诡名子户”的问题。在赋役重压之下，农民们或是“匿比舍而称逃亡，挟他名而冒耕垦”②，或是投靠豪强兼并之家，成为向豪强纳租的“子户”。可是，从材料的迹象看，地主阶级特别是其中的官僚豪强大地主阶级，为减低户等，隐田漏税，玩弄“诡名子户”尤为厉害。陈襄曾经指出：“今之风俗，有相尚立诡名挟户者，每一正户，率有十余小户……非惟避差科，且绵历年深，既非本名，不认原赋，往往乾收利入己，而毫不输官者有之”③；“比来有力之家，规避差役科率，多将田产分作诡名子户，至有一家不下析为三二十户”④；“蜀之大家，多伪占名数，以避征徭，至有一户析为四五十者”⑤。这些都可以说明大地主阶级“诡名子户漏口者众”的严重性。但，大地主阶级在总人口中所占比重不大，它的“诡名子户”虽极为严重，对于户量的下降起不了多大作用；倒是它隐蔽的自耕农这一类的活动，对户量的影响较为严重。这是第一点。

第二点，就整个地主阶级说，在总户量中所占比重是小的，如上所说，不超过百分之六七；但在总人口中的比重则是稍大的。这是因为，地主阶级特别是其中的大地主，由于经济条件优越，在“多福多寿多男子”的教条下，生育总是超逾常人，以至儿女成群。至于一般地主，尤其是经济力量较为薄弱的小地主，对生育也是有所节制的，如“闽之八州，惟建、剑、汀、邵武之民

① 罗愿：《新安志》卷一《户口》。
② 《通考·田赋考四·历代田赋之制》。
③ 陈襄：《州县提纲》卷四。
④ 《宋会要辑稿·食货》六之四三。
⑤ 杨万里：《诚斋集》卷一二五，《朝议大夫直徽猷阁江东通判徐公墓志铭》。

多计产育子，习之成风，虽士人间亦为之，恬不知怪。……吾郡吾邑，此风惟顺昌独甚，富民之家不过二男一女……”① 一般地主之家之所以节制生育，正如欧阳修所揭示的，出自于财产的继承：“闽中贫啬，有老生子者，父兄多不举，曰：是将分吾资！”② 其实，透过这一现象，却可以看到，在土地兼并日益剧烈的情况下，这类小地主既不能挤到中上层地主行列中，使自己得到发展，就只有采取节育的办法，维护其小地主的经济地位。如果不加限制的生儿育女，继承的财产越来越少，就会从地主阶级的经济地位降落下来。这样看来，封建制度是从这一方面对小地主阶级的人口有所影响和作用，但这种影响和作用对宋代人口的变动也显然是不大的。

所谓封建制度对人口增长起着制约的作用，主要地是指，对广大农民人口的增长起着制约的作用。

拿占总人口35%以上的客户来说，他们在承担封建主地租重压的同时，还要负担封建国家的夫役和丁钱；自耕农民则要承担封建国家赋役的重压。在这样的重压下，广大农民为寻找一条活路，有的自耕农不得不“匿比舍而称逃亡，挟他名以冒耕垦”，依附于豪强，向豪强纳租，在这样的重压下，广大农民即使到了丁壮之年，也不敢作成人装束，依然是儿童装束，如在严州，“深山穷谷，至有三十余颜壮老苍，不敢裹头”③；在仁福，“税籍全编户，村童半壮丁”④，在丰城，“皂裙妇多跣，及冠男犹髽”⑤，以便减少税役的负担。即使到了这一步，县吏们“恐丁数亏折，时复搜括相验，纠令输纳，谓之‘貌丁’”⑥。在这样的重压下，广大农民不得不少育婴儿，以减轻担负。如在荆湖北路，“鄂渚间田野小人，例只养二男一女，过些辄杀之，尤讳养女”⑦，“近闻黄州小民贫者生子多不举，初生便于水盆中浸杀之”⑧。杀婴的情况，

---

① 杨时：《龟山集》卷三，《寄俞仲宽别纸其一》。
② 《欧阳文忠公文集》卷三〇，《杜杞墓志铭》。
③ 《东莱吕太史文集》卷三，《为张严州作乞免身丁钱状》。
④ 沈说：《庸斋小集》《仁福道中》。
⑤ 邓深：《大隐居士集》卷上，《丰城道中》。
⑥ 《东莱吕太史文集》卷三，《为张严州作乞免身丁钱状》。
⑦ 苏轼：《经进苏东坡文集事略》卷四六，《与朱鄂州书》。
⑧ 苏轼：《东坡志林》卷五。

“江南尤甚”，如婺源，“多止育两子，过是不问男女，生辄投水盆中杀之”[①]。福建路是宋人公认的杀婴最严重的地区，“不举子之习，惟闽中为甚”[②]；“闽人不喜多子，以杀为常”[③]。到南宋，号称最为富庶的两浙路，也到处杀婴，如“湖州丁绢最重，至生子不敢举”[④]；处州“丁钱太重，遂有不举子之风”[⑤]。至于素称山多地少的贫困地区，如严州，杀婴尤为严重，“民间无避免之路，生子往往不举，规脱丁口，一岁之间，婴孺夭阏，不知其几!”[⑥] 由于丁盐丁绢等剥削压榨太重，“终其身不可免”，所以连纂写《皇宋中兴两朝圣政》的留正等人，也不得不把杀婴的情况写到“圣政”中[⑦]：

愚民宁杀子不欲输䌷绢；又资财嫁遣，力所不及，故生女者例不举。诚由赋役烦重，人不聊生所致也。

从上述情况来看，一方面是生产力的体现者——广大农民以个体小生产为基础而要求劳动力更新，使人口迅速增加；而另一方面，封建经济制度对人口的增加又给以严重的限制。因此，在宋代人口问题中，清楚地反映了封建生产过程中的个体性质与封建所有制的矛盾关系。从这种矛盾关系中可以看到，一方面是高出生率，一方面又由于封建剥削压迫而造成的高死亡率。尽管矛盾很尖锐、很突出，在北宋100多年的稳定局面中，除去死亡率，而是每年以11%的增长率，使人口迅速地增长起来，这就是由宋代封建生产方式所决定的特殊的人口规律。随着封建制日益削弱，对人口增长的限制越来越小，人口就相应地增长起来。从明代的一条鞭法的实行，到清代的“摊丁入亩，永不加赋”，由此而引起的人口的增长，就说明了这个问题。当封建制度瓦解或是从根本上被推翻之后，生产依然是以个体小生产为基础或是占优势的地方，人口会陡然地增加起来。我国解放以来，人口大幅度地增长，就是在这样的社会历史条件下造成的。只要是在农业上以个体生产占优势的国度里，人口的迅速增长是无法避免的，如果不加注意的

① 朱松：《韦斋集》卷一〇，《戒杀子文》。
② 陈渊：《默堂先生文集》卷一九，《策问》。
③ 朱松：《韦斋集》卷一〇，《戒杀子文》。
④ 韩元吉：《南涧甲乙稿》卷二一，《方滋墓志铭》。
⑤ 《宋会要辑稿·食货》一二之一九。
⑥ 《东莱吕太史文集》卷三，《为张严州作乞免丁钱奏状》。
⑦ 留正：《皇宋中兴两朝圣政》卷二二，绍兴七年十二月庚申记事。

话。东南亚的一些国家，如印度、泰国也有类似的情况。

第三节　宋代垦田面积的扩大

斯大林曾经指出，人口的增长，“它促进或者延缓社会的发展”①。就宋代的社会历史条件看，劳动人口大幅度地增长，对当时社会经济的发展，显然是起了促进作用的。大家知道，宋初接唐末五代残破之余，局面依然是地旷人稀、亟待开发的。此后的百多年间，情况发生了显著变化。人口固然如前面所说是成倍地增加的，而垦田也日益扩大。这里不妨将登录在国家版籍上的垦田状况，以及同时期的户口增长的状况，制成下表，借以说明这两者之间的关系：②

年　代	户数（户）及其增长指数		垦田数（亩）及其增长指数	
宋太祖开宝九年（976）	3090504	100	295332060	100
宋太宗至道三年（997）	4132576	134	312525125	105
宋真宗天禧五年（1021）	8677677	281	524758432	178
宋仁宗皇祐三年（1051）	—	—	228000000	77
宋英宗治平三年（1066）	12917221	418	440000000	149
宋神宗元丰六年（1083）	17211713	557	461455000	156

上表深刻地暴露了宋代社会经济矛盾关系的某些方面，后面再详加探讨。但不论怎样说，表中说明了如下的事实：北宋初年以来垦田同户口一样是不断增长着的。这就深刻地说明了，在宋代，人口，特别是劳动人口的大幅度增长，是推动垦田面积扩大的最根本的一个因素。而且从表中还可以看到，从宋太祖开宝末年到宋真宗天禧末年，历时不过60年，户数即从300万增至867.7万余，垦田从295万顷增至524万余顷。唐代发展到这一步，大约从唐太宗贞观年间到唐玄宗开元天宝之际，约为110年的时间。北宋初年与唐初所继承的社会条件，户口都为300余万户，生产条件则北宋较唐初为好，但北宋能在

① 《斯大林文选》上卷，第194页。

② 垦田数字据《文献通考·田赋考·历代田赋之制》所载。《宋史·食货志·农田》缺元丰数字，开宝垦田为295232060亩。

60多年中达到唐代110年方才达到的发展水平，显然说明北宋初年以来社会经济增长的速度，大大超过了唐初以来的增长速度。造成这一差别的因素固然很多，而劳动人口的增长则是一个决定性的因素。

其次，表中显示了，自宋仁宗皇祐年间，登录在国家版籍上的垦田陡然下降，此后宋英宗治平宋神宗元丰年间虽有所回升，也没有达到天禧年间的数字。这是由于，自从唐中叶实行两税法、履亩而税之后，地主阶级往往采用隐田漏税的手段，以攫占更多的社会财富，以致登录在国家版籍上的垦田数字与实际的垦田数字是有出入的。宋仁宗皇祐年间的陡然下降，只能说明这两者的出入之大，实际垦田远远超过了版籍上登录的数字。试就这种情况来看，宋神宗、宋徽宗时候，北宋究竟垦辟了多少田地呢？如果从户口和垦田的比例计算，如宋真宗时为8677677户、垦田为524758432亩，宋神宗元丰六年的户数是17211713，垦田当在10亿亩以上，这种计算无疑地是偏高的。现在不妨采用如下的办法计算，即：开始于熙宁五年的方田均税法是用来清丈隐田的，到元丰八年废止之日，共清丈了开封府界、河北等五路之田248434900亩，而在此以前，即元丰五年登录的垦田为118874203亩，清丈出了129560697亩的隐田。隐田漏税是宋代普遍存在的问题，根据上一清丈结果，采用下面的算式，五路原有垦田118874203亩：五路清丈垦田248434900＝全国原有垦田461655600亩：全国实际垦田X，所以X当为8亿多亩，折今7.2亿亩以上。在《宋代人口的几个问题》一文中[①]，我曾推算宋代垦田在7亿~7.5亿亩之间，与这一数字大致相同。因而，7.2亿亩大约是宋代垦田的最高数额，而这一数额不仅是前代未曾达到，即使是后来的元明两代也未超过此数额。

宋代垦田面积的扩大，决定因素是劳动人口的增加和劳动生产率的某些提高，同宋政府的土地政策也有相应的关系。出自于维护封建统治的意愿，同前代一样，宋朝统治对户籍垦田是极其关切的，所谓“户口之数，悉载于版图；军国所资，咸出于租调”[②]。因此，宋初以来屡次发布有关垦辟农田的诏

① 载《求实集》第82页。附此一提，华山先生《关于宋代农业生产的若干问题》一文，早就以王安石新法中的方田均税法考察宋代垦田数量，由于我的孤陋寡闻，未能早日参考注明。

② 《通考·田赋考·历代田赋之制》。

令，如：

（1）〔宋〕太祖乾德四年（966）闰八月诏：所在长吏，告谕百姓，有能广植桑枣、开垦荒田者，并只纳旧租，永不通检。①

（2）宋太宗太平兴国七年（982）二月诏曰：东畿近年以来，蝗旱相继，流民甚众，旷土颇多……宜令本府设法招诱，并令复业，只计每岁所垦田亩桑枣输税，至五年复旧，旧所逋欠，悉从除免。限诏到百日，许令归复，违者桑土许他人承佃为永业，岁输税调亦如复业之制……②

（3）宋太宗至道元年（995）六月诏：近年以来……民多转徙……应诸道州府军监管内旷土，并许民请佃，便为永业，仍免三年租调，三年外输税十之三（《长编》卷三八作"三年外输三分之一"）。

（4）十二月诏……如将来增添荒土，所纳课税，并依元额，更不增加……③

（5）至道三年（997）七月诏：应天下荒田许人户经管请射开耕，不计岁年，未议科税；直俟人户开耕事力胜任起税，即于十分之内定二分，永远为额。④

（6）宋真宗咸平二年（999）二月诏曰：前许民户请佃荒田……应从来无田税者方许请射系官荒土及远年落业荒田，候及五年，官中依前敕于十分内定税二分，永远为额。如现在庄田土窄，愿于侧近请射，及旧有庄产、后来逃移、已被别人请佃，碍敕无路归业者，亦许请射……⑤

（7）宋仁宗天圣初（1023）诏：民流积十年者，其田听人耕，三年而后收赋，减旧额之半。后又诏：流民能自复者，赋亦如之。既而又与流民期，百司（日？）复业，蠲赋役五年，减旧赋十之八；期

① 《宋会要辑稿·食货》一之一六；《宋大诏令集》卷一八二。
② 《宋会要辑稿·食货》一之一六。
③ 《宋大诏令集》卷一八二；《长编》卷三八。
④ 《宋会要辑稿·食货》一之一七。
⑤ 《宋会要辑稿·食货》一之一七。

尽不至，听他人得耕。①

综合以上几道开荒的诏令，首先它表明了，不管什么人，只要有能力开荒，并向国家纳税，就可据有这片荒地的所有权，成为他的“永业”。显而易见，它是在以均田制为主导的封建国家土地所有制衰落、土地私有制进一步发展的历史条件下制定的；这些法令顺应了包括自耕农民在内的各类土地所有者的要求，而且也顺应了广大无地农民——佃客的要求。宋真宗咸平二年诏令明白地规定，“系官荒土”和远年“抛荒”可以让“从来无田税者”“请射”；而所谓“从来无田税者”指的正是客户。欧阳修在《原弊》中记述：“今大率一户之田及百顷者，养客数十家；其间用主牛而出己力者、用己牛而事主田者不过十余户，其余皆出产租而侨居者曰浮客，而有畲田。”② 所谓“畲田”，是以原始的“刀耕火种”的方法，开垦生荒；浮客在垦辟之后，如诏书上所规定的，可以取得这块土地的所有权。从北宋初年到宋神宗熙宁五年，客户比数逐年下降，恰好透露了垦辟了一块生荒或抛荒的客户转化为自耕农民了。显然可见，宋初的垦荒政策对田地的开垦起了积极的推动作用。

这些诏令，从根本上看，又是维护地主土地所有制，并使之取得扩展的。宋太宗以来的诏令一再指出“流民甚众”，或者“民多转徙”，这种情况无须多来论证就可知道，在灾荒频仍的年份里，“流”或“转徙”的民是经济力量薄弱的第四、第五等的自耕农民。一般说，上三等户是不“流”的。当然也有例外，例如皇祐、熙宁年间镇、赵、邢、洺等州，“止缘客户多已逃移”，“富者独不安处田里”③，才引起了上三等户的南流。正因为流亡者是占有小块土地的自耕农民，宋政府在垦荒的诏令中，挥舞着国家行政权力，强迫流亡农民在一定的期限内“复业”，以保证国家的税收，否则就将失去自己的土地所有权，从而暴露了它的阶级压迫的实质。借着自耕农民流徙的机缘，封建兼并势力肆无忌惮地兼并土地，宋皇朝的这些诏令，特别是一些限期复业的诏令，为豪强兼并流民的土地大开方便之门。两宋300年间，这类的事例是不胜枚举

① 《通考·田赋考四·历代田赋之制》。

② 《欧阳文忠公文集》卷五九。

③ 富弼《论河北流民》，载《宋文鉴》卷四五。

的，后面还要提到。透过垦荒的诏书，要看到它的这一实质。

第三，除开垦荒地成为永业之外的其他一些规定，如所谓三年到五年以后才对垦荒“起税”，而所起之税又仅为垦田的“三分之一”或“十分之二”，流民过10年不归方许别人“耕佃”等等办法，从条文上看，既有利于流民的复业，也有利于荒地的垦辟，是可以肯定的。但是，这些纸上的东西，能否不折不扣地兑现，则是大成问题的。由于垦荒在于扩大赋税的征收，往往是如陈靖所揭示的，“朝耕尺寸之田，著入差徭之籍”①，结果重新引起农民的流亡，使垦荒成为泡影。如果按照垦荒的规定，执行轻赋的原则，荒田就能得到垦辟。而实际上，宋代垦田政策也确实起了这样的作用。

劳动人口的激增，以及垦田政策中的积极因素，推动了田地的垦辟，使宋代垦田面积跨越了汉唐，在全国范围内扩大了。两浙路、江南东西路、福建路和成都府路，是全国田地垦辟最多的地区。下面就是这些地区垦辟的情况。

两浙路　以太湖流域为中心的地区，是一片低洼地。当吴越纳土归国之时，“上有天堂，下有苏杭”之称的苏州昆山一带，“郡邑地旷人稀，占田无限，但指四至泾渎为界”②。经过200年的垦辟，“吴中自昔号称繁盛，四郊无旷土，随高下皆为田”③。婺州“浦江居山僻间，地狭而人众，一寸之土垦辟无遗”④。台州“滨海，土少而瘠地为多”，“寸壤以上未有莱而不耕者也”⑤。整个的两浙路，是宋代垦田最盛的地区，“膏腴沃衍，无不耕之地”⑥，“浙间无寸土不耕”⑦。

江南东西路　江南东路沿江一带的低洼地，在劳动人民的辛勤垦辟下，成为当时稳产高产的圩田，这一部分放在下一章加以说明。江南西路是宋代人口增加最快、垦田增加最多的地区。因而这两个地区为宋代士大夫一再提到：

① 《通考·田赋考·历代田赋之制》。
② 王巩：《张方平行状》，载张方平《乐全集》。
③ 范成大：《吴郡志》卷二。
④ 倪朴：《倪石陵书》《投巩宪新田》。
⑤ 陈耆卿：《嘉定赤城志》卷一三，《版籍门》。
⑥ 《通考·田赋考五·历代田赋之制》。
⑦ 黄震：《黄氏日钞》卷七八，《咸淳八年劝农文》。

“盖自江而南，井邑相望，所谓闲田旷土，盖无几也”①；“江东西无旷土”②。

福建路　这里所谓“八山一水一分田”的地区，自宋即人多地少，居全国之最。因此，“闽浙之邦，土狭人稠，田无不耕”③；“土地迫狭，生籍繁夥，虽硗确之地，耕耨殆尽”④。

成都府路　从自然条件看，成都府路是四川盆地的盆底部分，自秦汉以来即因都江堰灌溉之盛而成为西部最重要的农业生产区。宋代继续了这一发展，“蜀民岁增，旷土尽辟”⑤，“两川地狭，生齿繁，无尺寸旷土”⑥。

不但两浙等路的平原沃野得到垦辟，而且一些山区也得到了开发。如浙东“象山县负山环海，垦山为田”⑦，台州也因为“负山滨海”，极力耕垦贫瘠的山地。特别是在福建、皖南山区，由于人多地少，劳动人民展开了与山争田的伟大斗争。如“闽地瘠狭，层山之颠，苟可置人力，未有寻丈之地不丘而为田”⑧；“七闽地狭瘠而水源浅……垦山陇为田，层起如阶级”⑨。曾任过泉州知州的朱行中对福建农田水利作了如下的描绘：“水无涓滴不为用，山到崔嵬犹力耕。”⑩ 而负山面海的居民，则向这两个方面发展：福清之民“皆垦山种果菜，渔海造鲑蛤之属以自给”⑪。在皖南山区，也以艰辛的劳动，与山争田，“凿山而田，高耕入云者，十倍其力”⑫。在像宁国这样的山区，劳动者在“两山之间开畎亩”，在山石的罅隙中耕锄，而无法使用耕牛⑬。徽州处于万山之间，“大山之所落，深谷之所穷，民之田其间者，层累而上指十数级不能为一

① 陈傅良：《永嘉先生八面锋》卷二。
② 陆九渊：《象山先生全集》卷一六，《与章德茂书》。
③ 许应龙：《东涧集》卷一三，《初到潮州劝农文》。
④ 《宋史·地理志五》。
⑤ 《长编》卷一六八，皇祐二年六月载丁度奏疏。
⑥ 张方平：《乐全集》卷三六《傅公神道碑铭》。
⑦ 廉布：《修朝宗石碶记》，载张津《乾道四明图经》卷一〇。
⑧ 《宋会要辑稿·瑞异》二之二九。
⑨ 方勺：《泊宅编》卷三。
⑩ 廉布：《修朝宗石碶记》，载张津《乾道四明图经》卷一〇。
⑪ 刘克庄：《后村先生大全集》卷八八，《福清县创大参陈公生祠》。
⑫ 方岳：《秋崖先生小稿》卷三八。
⑬ 沈与求：《龟溪集》卷一《宁国道中》。

亩，快牛剡耜不得旋其间”[①]。徽州以东、属于两浙路的严州，“山居其八，田居其二”[②]，同样地开垦了一些山田。虽然如此，但在这些山区，能够种稻禾的“田”终因太少而解决不了吃饭的问题，因而“地”和“山”在这些地区便重要起来了。稻禾以外的其他农作物茶、漆、杉木等类的多种经营，便依靠“地”和“山”发展起来了。《嘉定赤城志》的作者陈耆卿把台州的土地，区分为田、地和山三类，其中田计有 2628283 亩，地 948222 亩，山 1753538 亩[③]，地和山的总和要比田多。从这里就可看出“地”和“山”在台州农业生产中所占的位置，而“地”和“山”则是在上述艰辛的条件下开垦出来的。

广大的劳动人民，在靠山的地方则与山争田，而在靠江靠湖的低洼区则与水争田[④]，在靠海的地方则与海争田。劳动人民垦辟田地的伟大作用，下一章再加说明。

在垦田面积扩大的过程中，宋政府的垦田政策以及有效地执行了这些政策的官员也起了相应的作用。

材料表明，当垦田政策确实推行，准许无地农民耕垦并占有这块土地时，田地就得垦辟。据宋真宗大中祥符六年（1013）的敕令，“江南逃田如有人请射，先勘会本家旧业，不得过三分之一”，这就阻碍了无地农民的“请射”。后经朱正辞建议，三司才改变了这种做法，把逃田作为“屯田佃种，依例纳夏秋租课，永不起税”[⑤]，土地得到了开垦，而这部分“屯田”在实际上成为开垦者所有，至少是它的田面权。对新垦土地，执行薄敛政策，田亩就得到开垦。如李允则于宋真宗时知潭州，用征收刍草的办法使当地居民种莳禾稻，“由是山国悉垦”[⑥]。尤其是在王安石变法时期，发布了农田水利法，既允许无地农民垦荒，又采取薄敛政策，田土得到了较大幅度的开垦，最显著的是唐、汝之间的开垦。

在唐代，洛阳以西接连虢州的熊耳山区，“人习射猎而不蚕耕”，依然是

---

① 罗愿：《新安志》卷二《叙贡赋》。

② 《东莱吕太史文集》卷三，《为张严州作乞免身丁钱状》。

③ 《嘉定赤城志》卷一三《版籍门》。

④ “与水争田”是李剑农先生概括出来的，载《宋元明经济史稿》第 15 页。

⑤ 《宋会要辑稿·食货》一之二〇至二一。

⑥ 《长编》卷四七，咸平三年夏四月乙未记事。

“山棚”（猎手）活动的场所[①]，而自嵩山接连伏牛山，即豫西南唐、汝、襄、邓等州，因战乱关系，也是极目荒榛的不垦之区。自宋仁宗时起，河北流民纷纷前来开垦，由于政策不兑现，成效不大。以唐州而论，唐代领46244户，宋神宗时仅6144户，就可说明这一问题。自宋英宗治平年间，情况才有了转变。熙宁元年，谢景温奏称“汝州四县如有客户，不过一二年便为旧户纠决（抉），与之同役，以此即又逃窜，田土多荒，乞仍旧法，五年内无差科”。赵尚宽高赋先后知唐州便采用了这一建议，轻赋薄敛，“凡百亩起税四亩而已，税轻而民乐输，境内无旷土”[②]。到高赋离任时，唐州“增民万一千三百八十户，田三万一千三百二十，而山林榛莽之地，皆为良田，岁益税二万二千二百五十七，作陂堰四十有四”[③]，在扩大垦田面积的同时，达到国家增税的目的。

之后，宋徽宗时，王觉在广南东路垦辟了近万顷的农田，对岭南农业生产起了有益的作用。南宋初年的“官庄”、“屯田”和“营田”，对垦荒都没有收到较好的效果。而李椿知鄂州时，“请令垦荒田者，三分其租，三年乃增其一，三增而毕输”，收到了“复户数千，旷土大辟”的效果[④]。也在于执行了轻赋薄敛的政策。

在垦田面积扩大的过程中，也要看到，土地垦辟是在封建剥削压迫制度下自发地进行的，没有一个统一的规划和合理的安排，有些垦辟会产生意想不到的后果。如湖州武康县，“四围皆山，独东北隅小缺。自绍兴以来，民之匿户避役者”，多“于山中垦开岩谷，尽其地力”，却没有料想到：“每遇霖潦，则洗涤沙石，下注溪港，以致旧图经所载渚渎廞淤者八九，名存实亡”[⑤]，水土流失以至破坏了水利灌溉，给当地农业生产带来严重后果。历史上的这一教训，对于进行社会主义现代化农业来说，也是值得认真注意和吸取的。许多山区，是垦为梯田，还是植树造林，开展多种经营，就需要从整个国民经济发展前景考虑，权衡其利害而加以取舍了。

---

① 赵彦卫：《云麓漫钞》卷三。

② 《通考·田赋考四·历代田赋之制》。

③ 范祖禹：《范太史集》卷四三，《高赋墓志铭》。

④ 朱熹：《晦庵先生朱文公文集》卷九四，《李椿墓志铭》。

⑤ 谈钥：《嘉泰吴兴志》卷五。

第四节　劳动人口的分布及其对经济发展的影响和作用

上面分别考察了宋代人口、垦田的状况，指出劳动人口的增长是宋代垦田面积扩大的决定因素。今再从劳动人口分布的状况，考察各地区之间的差别，以及由此而引起的对各地区经济发展（包括垦田在内）的影响和作用。先看南北户口分布的状况①：

北方诸路户数（户）		南方诸路户数（户）	
开封府界四京	584487	两浙路	1778941
京东路	1268332	江南东路	1127311
京西路	800965	江南西路	1287136
河北路	1090782	荆湖南路	871214
陕西路	1357204	荆湖北路	657533
河东路	574175	福建路	1044255
总计	5675945	总计	6766360

上表所列开封府界以及京东路等5路，包括今天河南、山东、苏北（淮水以北）、山西（代北除外）、陕西（汉中除外）、甘肃东南部、河北（大清河以南）以及青海一隅之地，总面积是大于东南6路的。这个地区是我国文化诞生的摇篮，在战国秦汉封建经济的发展中居于极为重要的地位；不但像被司马迁称之为“陆海”的关中地区著称于世，就是青、徐、兖、冀也历来是人口繁盛的重要地区。在几度破坏、恢复之后，到宋神宗元丰年间，虽然达到567万户，差肩汉唐，可是与东南6路的676万户相比，显然是落后了。宋代所说的东南六路，有淮南路而无福建路，因淮南路自经北宋末年的战乱，终南宋之世，未再恢复，故列福建路以代替。即使如此，东南诸路也超过了北方，这是在人口分布上南北地区存在差别，并表现了北不如南。

① 此据《元丰九域志》各卷所载数字；并参考了加藤繁《历代主客户统计》（《中国经济史考证》第二卷）。

由于南北人口分布的不同，垦田面积也就出现了差别。今据毕仲衍《中书备对》所载宋元丰年间诸路垦田情况①，制成下表，借以考察南北之间的差别：

北方诸路垦田数字（亩）		南方诸路垦田数字（亩）	
开封府界	11333167	两浙路	36247756
京东路	25828460	江南东路	42160447
京西路	20562638	江南西路	45046689
河北路	26956008	荆湖南路	32426796
陕西路	44529838	荆湖北路	25898129
河东路	10226730	福建路	11091453
总计	139436841	总计	192871270

从上表可以看出：在垦田数量上，南方诸路更是远远超过了北方。如果北方诸路户数为 100，则南方诸路户数为 102（弱）；如果北方诸路垦田为 100，则南方垦田为 130，这就是说，南方诸路劳动生产率也是超过北方的。而且，这种对比，仅是从垦田数量上对比，南方水田产量情况尚未计算在内，如果把这一点计算进去，南方的劳动生产率还要更高一些。

在宋代经济发展中的又一个突出的现象，如前所说，是西不如东。为了说明这一问题以及其他问题，今将宋神宗元丰年间与宋宁宗嘉定十六年诸路户口制成下表②，以资考察：

地区	宋神宗元丰年间户口（户）	宋宁宗嘉定十六年户口（户）
两浙路	1778941	2220321
江南东路	1127311	1046272
江南西路	1287136	2267983
淮南东路	612565	127369
淮南西路	738499	218250

① 《通考·田赋考四·历代田赋之制》；各地官田未加统计。

② 元丰户口据《元丰九域志》所载；嘉定户口则据《通考·户口考二》所载。

续表

地　区	宋神宗元丰年间户口（户）	宋宁宗嘉定十六年户口（户）
荆湖南路	871214	1251202
荆湖北路	657533	369820
福 建 路	1044225	1599214
广南东路	579253	445906
广南西路	258382	528220
成都府路	864403	1139790
利 州 路	336248	401174
梓 州 路	478171	841129
夔 州 路	246521	207999
京 西 路	800965	6250
总　　计	11681367	12670899

先说西不如东的问题。在以峡州为中心、北至秦岭、南达海南岛这一南北线的右侧，包括成都府路、利州路、梓州路、夔州路、荆湖南路的西部（湘江资江以西）以及广南西路，即今四川、陕南汉中地区、鄂西、鄂西南、湘西和广西和广东雷州半岛、海南岛等地，亦即宋统治下的西部地区。除成都府路的人口堪与东方诸路如两浙、江南东路相比之外，其余诸路都无法同东方诸路相比，因而这个地区地旷人稀，从而造成农业生产的落后。当然，人口的分布之少同这里多山的地理条件有一定的关系。一般地说，平原地区人口分布得多些，山区、半山区则相对的少些。这是合乎规律的现象。这种情况，在生产最发达的东南地区差距还不算大。如严州宋真宗天禧年间为 45508 户，宋神宗年间为 75751 户，同邻近平原地区的户口差距不太大。西方诸路情况就不大一样了。拿川峡四路来看，成都府路是四川盆地的盆底，生产条件最好，户口一直是增长着的；秦汉以来的所谓“天府之国”，就是指这一地区而言的。沿盆底而上升，人口逐渐减少，这也是极其自然的。在梓州路，人口也是集中在河谷的平川地即所谓“坝子”上，如梓州、遂宁等地人口较多、增长也较快。利州路除汉中盆地外，多系山区，两宋 300 年间人口增加不多，而夔州路不仅没有增加，到宋宁宗时反而减少了 5

万多户。这是什么原因造成的？单纯从地理条件着眼，怕是无法解释清楚的。由于劳动人口分布较少，垦田面积在诸路中也是较少的，如夔州路仅登录了224497亩，加上以两税收入所表示的顷亩，也比不上东南一州土地之多。西不如东，还表现在工具和农业生产技术等方面，这些将在以下诸章中加以叙述。

上表说明，在南宋时，京西路徒具其名，实际上在北宋末已置于女真贵族统治之下，两淮路、荆湖北路也由于战争的破坏而户口为之锐减；同时随着人口的锐减，农业生产也就倒退到耕作鲁莽灭裂，“广种薄收”的落后状态中。但除此之外，自宋神宗元丰以来的140年中，南方诸路户口的增长依然是惊人的。南宋之能够偏安一隅、抗击女真贵族、蒙古贵族，就在于它拥有人口众多、生产发展的广大东南地区。其次，在南宋诸路中，两浙路、江南西路、福建路和成都府路是户口增长最多的地区，这就突出地说明了这些地区在南宋生产中所占的地位。值得注意的是荆湖南路户量大幅地增长，其中滨湖诸州如潭州增长最多，因而这里的农业生产也大大发展起来，在明代，有“湖广熟，天下足”的谚语，湖广之所以成为明代的又一米仓，应当说，是在两宋奠定了这一根基的。第三，广南西路在这140年中，户口增长了1倍以上，也是值得注意的。这一增长虽然还不能迅速改变广南西路极目黄茅白苇的空旷景象，也不能立即改变那里的耕作粗放或“刀耕火种”的落后生产方法，但它毕竟推动了农业生产的发展。商人们往往到这一带收购粮食，顺江而下，到广东甚至更远的地方出售。尤其是把广南西路和荆湖南路这两个毗邻地区户口增长联系起来考察，则具有更加重要的意义。湘西以及广南西路的东北部，是瑶族、苗族和土族聚居的地区，其间也杂居一些汉人。在潭州和邵州之间的上下梅山居住的大约就是瑶族。宋神宗熙宁年间，章惇开梅山，建立新化、安化等县，把这里的瑶族编制为纳税的省民，“给牛贷种使开垦，植桑种稻输缗钱”①，改变了这里“刀耕火种”的落后生产方法。从此，这个地区的户口逐渐增长起来。自湘江、资江以西的湘西到广南西路，这一带都是人少地多的空旷地区。宋代经济除在全国各地区继续发展外，有一个较明显的趋势是向湘江以西的湘

---

① 章惇：《开梅山歌》，载厉鹗《宋诗纪事》卷二二。

西和广南西路这一西南方向发展，两路人口都有了较大的增长，正是这一趋势的极好的说明。

以上从农业生产上的垦田面积和劳动人口的增长之间的关系论证了南北之间、东西之间诸地区的差别，由此指出：由于劳动人口的增长，垦田面积也随之而扩大了；在劳动人口增长较多、密度较大的地区，垦田面积就相应地扩大。这一事实说明了，包括宋代在内的封建时代的生产，是以个体生产者的劳动来实现的，因而随着劳动人口的增长，劳动生产力也增长了，对整个生产自然产生了直接的影响和作用。

最后，再考察一下劳动人口的增长对耕作方法等的影响和作用。

一个极为明显的事实是：宋代垦田面积虽然随人口的增长而扩大，但它不能按人口增长的比例而扩大，总是落后于人口增长，以至于每户平均土地是逐年下降的，试看下表①：

年　代	户数（户）	垦 田 总 数	每户平均亩数
宋太祖开宝九年（976）	3090504	295332060	95.5
宋太宗至道二年（996）	4132576	315525125	76.3
宋真宗天禧五年（1021）	8677677	524758432	60.5
宋仁宗皇祐三年（1051）	—	228000000	—
宋英宗治平四年（1066）	12927211	440000000	34
宋神宗元丰六年（1083）	17211713	461655000	26.8

表中清楚地表明了每户平均土地下降的事实，从宋太祖开宝末年到宋真宗天禧五年的50多年间，即从原来每户平均95.5亩下降到60.5亩；宋仁宗以下，由于隐田漏赋和土地兼并的严重，每户平均田亩下降尤为严重。

由于各地区人口分布存在不小的差别，因而各地区每户平均土地的数量也就存在不小的差别。今根据毕仲衍的《中书备对》所载宋神宗元丰年间的几个生产较为发展的地区的数字，制为下表②：

① 垦田据《通考·田赋考四·历代田赋》所载。

② 《通考·户口考·历代丁中赋役》以及《田赋考·历代田赋之制》。

地　　区	户数（户）	垦田数（亩）	每户平均亩数（亩）
两 浙 路	1788941	36247756	20.3
江南东路	1127311	42160447	37.4
江南西路	1287136	45046689	35
成都府路	771531	21606258	28
福 建 路	1044225	11091453	10.6

表中清楚地说明了，福建路是人多地狭、每户平均土地最少的地区，其次就是两浙路了。如果在每户平均土地中，不计算客户，只计算主户，这种差别仍然是存在的。试看下表①：

地　　区	主户户数（户）	垦田亩数（亩）	每户平均亩数
两 浙 路	1418682	36247756	25.5
江南东路	926225	42160447	45.5
江南西路	835266	45046689	53.9
成都府路	620523	21606258	34.8
福 建 路	580126	11091453	19.1

表中依然说明了，福建路主户平均仅为 19.1 亩，数量最少；而两浙路次之，为25.5 亩。显而易见，在福建路、两浙路生产越是发展的地区，人多地少的矛盾越是明显。

人多地少的矛盾，随着人口增加多、土地垦辟增加少而会进一步扩大。以两浙路为例，自宋神宗元丰以后，中经方腊起义，以及女真贵族的一场骚扰，人口增长速度有所放慢，但到宋高宗绍兴三十二年（1162），80 年间从原来的 183 万户增至 224 万户，几乎增加了 40 万户、200 万人。但两浙的垦田并没有按照人口增加的比例增加。戴栩在《定海七乡图记》中说②，定海县于宋徽宗政和六年（1116）为户 16226，垦田为 3300 顷，平均每户为 21 亩，到宋高宗

① 《通考·户口考·历代丁中赋役》以及《田赋考·历代田赋之制》。

② 戴栩：《浣州集》卷五，敬乡楼丛书本。

年间，“户数几将半之”，将近24000户，而这时垦田“所加方三十之二焉”，即220顷，每户平均仅有14.6亩，比原来减少了6亩。这种情况，当然不限于定海一县，而是两浙路等生产较为发达地区普遍存在的问题。可见，南宋时期在两浙等路，人多地少的矛盾扩大了。

在像两浙路这样人多地少的地区，如何解决这个矛盾而取得物质生活资料呢？唯一的途径就是精耕细作，改善耕作技术，力争单位面积产量的提高。

在东南诸路中，两浙路占有一块土地的自耕农民为数甚多，范成大曾说：“吴中昔号繁盛，四郊旷土，随高下悉为田，人无贵贱，往往皆有常产。”① 两浙的自耕农究竟有多少“常产”？从上面的平均数来看，大约是19.5亩到25亩。除少数自耕农外，大多数不会超过这个平均数而是低于这个平均数。而且随着人口的增长，特别是随着土地兼并势力的发展，自耕农民的土地是越来越少了。自耕农民为保持自己一小块土地的所有权，以及维护一家老小的衣食，就拼命地在自己的这一小块土地上，精耕细作，集约经营，极力提高单位面积产量，从而使两浙路的耕作技术得到改善，而居全国之冠。这是一方面。

另一方面，在两浙路，客户在北宋时所占当地总数仅20%，就全国来看，数量和比数都不大的。南宋以来，如前面所指出的，随着土地兼发的发展，不但客户比数增加，同时出现了大量的第五等无产税户和土地甚少的自耕农民。由于劳动人口大批涌现，封建主多采用小块土地租佃制的方法，租给上述无地和少地的农民，一面以定额租来吸引农民佃种，一面又以“划佃”、“夺佃”的手段压榨农民的更多的血汗。无地或少地农民以自己的两手政策对付地主阶级两手政策：一面不断以反抗的手段，击破地主们追加地租的企图和妄想，一面加强对租佃的小块土地的耕作，竭力提高单位面积产量，把增产部分归为己有。——这样，客户们又是通过阶级斗争把两浙路的精耕细作的技术提到新的水平的。

两浙路的精耕细作之冠于全国，主要地是在人多地少、劳动力充足的条件

---

① 范成大：《吴郡志》卷二。

下实现的。反之，在地多人少的条件下，当然不可能精耕细作，不得不耕作粗放，甚至停滞在刀耕火种的阶段。即使在生产较好的地区，如淮南路和荆湖北路，如前面提到的，南宋年间由于人口锐减，从以前的深耕细作又倒退到“广种薄收”的粗放经营方法。劳动人口的增加和减少，直接影响了各地区的耕作方法。

第二章　宋代水利事业的发展

第一节　有关农业生产与水利关系的议论 宋政府对兴修水利的重视和推动

我国古代之所以有素称发达的农业，重要因素之一就是对水利的重视和积极兴修。传说时代的禹，就尽力乎沟洫，讲究水利排灌工程；到奴隶制时代即已形成了一套沟洫制度。水利事业的不断发展，反转过来又提高了人们对它的认识，使人们越来越看清了水利与农业生产的密切关系。北宋初年任过三司度支判官的陈尧叟，继续发挥了晋代傅玄的有关农田水利的议论和见解，强调水田的重要。他指出：靠“陆田”，则“悬命于天”；搞“水田”，则“地力可尽”①；由此说明兴修农田水利的重要，并在可能的条件下变“陆田”为“水田”。由于南方以种植水稻为主，特别重视水利的兴修。许多著名的士大夫对此纷纷议论，提出了一些引人注目的重要意见。陈亮以当时的这一谚语：“衣则成人，水则成田”②，比喻稻田与水的不可分割的关系。陈亮的朋友吕祖谦曾指出：“婺（金华）田恃陂塘为命”③，把南方稻田同陂塘直接联系起来，由此说明水利的重要。稍后，陈耆卿进一步论述了民与“稼”、“稼”与“水”的关系，指出：“夫稼，民之命也；水，稼之命也。”④ 形象而又深刻地说明了

① 《通考·田赋考·屯田》。
② 陈亮：《龙川文集》卷四，《问答第九》。
③ 《东莱吕太史文集》卷一〇，《朝散潘公墓志铭》。
④ 陈耆卿：《篔窗集》卷四，《奏请急水利疏》。

水是农业的命脉这一思想。

两宋300年间，水利的重要意义不仅表现在议论上，而且更加重要地是表现在实践上。中央政府不时发表农田水利的诏令，而且把农田水利的兴建作为地方官考课黜陟的一个方面，因而从转运使到州县官，在各地兴修水利，并取得相应的成效。特别是在王安石变法期间，水利建设受到非常的重视，取得极大的成效。

王安石是于熙宁二年（1069）出任参加政事、开始变法的。当年十一月就发布了农田水利法（或称农田利害条约），积极推动农田的垦辟和水利的建设。尽管反对派以这样或那样的借口加以反对，王安石丝毫不为之动摇，坚定地把这项法令贯彻下去。它的主要内容是①：

（1）凡是懂得农业生产技术和水利工程的兴修的，不论是官员或居民，都可以到各级政府陈述已见，经官府核实，如确实有利，即由地方举办、兴修。如工程较大，非一州一县力所能及，即奏请朝廷决定。施行之后，根据功利大小，给建议者以一定的奖励；兴利极大的，即量材录用。

（2）各州县将管内的荒田，以及须加浚修或可兴建的水利工程，诸如陂塘堰埭圩埠堤防之类，都要详细调查，绘制成图，同时说明兴修的具体措施和办法，呈报给上级政府，其中为一州一县无法解决者，亦陈述意见，听候中央政府处理。

（3）任何一项工程都需要一定的人力和物力，为使工程修建得到保证，规定：（甲）所有居民按户等亦即按各户人力和财力出工出料；如故意阻挠，不出工料的，另加科罚；（乙）如因财力不足，不能兴修，官府贷以青苗钱，年息一分即10%，归还期限为一年到二年；（丙）如地方政府财力不足，可劝导富有之家贷钱给贫民，依例纳息，州县为之督理；（丁）私人能够出钱鸠工兴修水利的，按功利大小给以酬奖。

农田水利法从政策上和具体措施上掀起了一个群众性的、持续的水利建设高潮，调动了不同阶级阶层的人物兴修水利的积极性。吏胥也好，农商也好，

① 载《宋会要辑稿·食货》一一之二七至二八、六三之一八至一八六，并加以校正，作为《王安石变法》的附录，此处引文即据此而来，不一一注明。

因“争言水利”而召至朝廷。如郏亶关于以太湖流域为中心的苏州等地的水利问题，经过实际的考察而提出的通盘性的规划意见，是极为精到的。进士程义路条陈蔡、汴等十河的利害，被派到上述地区去疏浚河道。一些富豪如太原民史守一所修晋祠水利，可溉田600顷；西城民葛德出私财修建了长乐堰；湘阴李度“率人修筑两乡塘堤，灌溉民田”，都授予了官职。总之，通过兴修水利，一些地主阶级的下层分子被提拔上来了。这项法令也在一定程度上调动了农民的积极性。青苗法的低息贷款，对贫苦农民兴修农田水利是有所助益的。尤其是在灾荒地区，更加利用常平钱谷，往往拿出三五万贯石甚至于10万贯石，采取以工代赈的方法，即使农民能够度过荒年而不至流离失所，又使多年堙塞的陂湖河港得到兴修，恢复了排灌机能，提高了产量。这样，从1070～1076年的六七年间，除垦荒和疏浚河道外，总共兴建了10793处水利工程，受益的民田达36177888亩、官田191530亩。[①] 这一成就，不仅在两宋300年间是极为突出的，就是在整个封建时代也是罕见的。

由于兴修水利是地方官考课的一个方面，因而在两宋300年中，许多地方官也积极参与了水利的兴修。虽然在各个地区参差不齐，但从材料来看，有的使原来灌溉机能扩大了。如天圣明道之际，韩亿知益州，碰上“久旱水涸，苗枯将死”[②]，于是疏决了九升江口，“下溉民田数千顷”[③]。之后，张逸也在川西盆地，“使作堰，壅江水，溉民田”[④]。经过这一类的修建，秦汉以来都江堰灌溉系统到宋代进一步扩大了。其次是恢复了原来的灌溉机能。例如明州的广德湖，“唐季坏漏不补，披为田”，宋仁宗时苏耆知明州，进行了修浚，以至“境无凶年”。水利灌溉工程的一个特点是，不能一劳永逸，必须经常维修和浚导，否则便会湮塞废去，失去灌溉机能。因此维修水利工程之类的情况为最多。如广德湖到南宋时便湮塞为田了。著名的西湖，唐代有白乐天的浚修，宋代有蒋堂、郑戬和苏轼等的浚修，否则仅由于茭葑所生，也早会在图志上抹去而只留下地理名词罢了。有的即使努力疏导，亦未必能恢复旧观。例如秦汉

① 《宋会要辑稿·食货》六一之六八。

② 苏舜钦：《苏学士集》卷一六，《韩亿行状》。

③ 《宋史》卷三一五，《韩亿传》。

④ 《苏学士集》卷一四，《先公（苏耆）墓志铭》。

以来关中地区的郑、白渠，宋初虽然还存在，但郑国渠溉田不过2000顷，之后积极修复也仅溉泾阳、栎阳六县田3850余顷。[①] 宋神宗元丰四年，游师雄发动当地居民，引泾水灌溉达万余顷[②]，规模并不算小，但仍然不能与汉唐相比。第三，很多水利工程或是被豪强兼并破坏，或是为其霸占而贫下户不得其利，这种情况将在后面叙述。一些强干的地方官不顾豪强的反对，硬从豪强手中夺取过来，使贫下户也蒙受其利。如大中祥符四年，在知洪州王济的要求下，曾经下诏："江湖间贫民捕鱼，豪户不得封占"[③]；宋仁宗时，"〔金坛〕县多陂泽，民以渔钓为生，而豪富人规占陂湖，各有分地，自擅入其中者，则执以为盗"[④]，土地兼并不但兼并了湖陂，甚至连近海渔场也被渔霸分割一空，一般渔民不得入海。这种情况，在强干官员的努力下，一时得到纠正，可是史料表明，随着兼并势力的发展，这类情况也就日益严重了。

由于各个地区的地形、地貌、气温、降雨量、湖泊分布的差别，人们对水利的客观要求和水利兴修的具体情况也很不一样。因此，对各地水利建设，如果一一综述，就不胜其繁了，下面打算就各地区的特点，以及两宋在这方面突出的贡献，给以综合的考察，从而说明水利事业在两宋的发展。

第二节　以疏浚河道和淤田为主的北方水利事业

宋代北方的河流，有一个共同的特点，即：携带大量的泥沙，河床日益提高，造成不断决溢和泛滥。因而对河流的浚修疏导和筑堤防范成为北宋一代的重大课题，其中尤以黄河为甚。

黄河之为中国患，自唐安史之乱以后日益严重，郑州以东不时决口。宋兴以来，每年春天即修缮河堤，并课沿河居民按户等植榆柳，一等户为50株。虽然如此，决溢之患不绝，宋真宗、仁宗时候，一些州治县城只好迁到高邱之外，以避水害。庆历八年（1048），黄河于澶州商胡埽决口，河道自大名而

① 《宋史·河渠志四·三白渠》。

② 张舜民：《游师雄墓志铭》，载王昶《金石华编》。

③ 《长编》卷七五，大中祥符四年春正月庚寅记事。

④ 刘攽：《彭城集》卷三七，《王伯先墓志铭》。

北，经恩冀诸州，夺永济渠自乾宁军（河北青县）入海。嘉祐五年（1060），黄河又自大名恩州之间的魏县决口，东向德、沧，于无棣入海，河道分为二股，亦谓之东流。

自河决商胡，宋政府对河的治理形成两种意见。一是主张堵塞商胡决口，开六塔河，使黄河复归故道东流；一是主张听之任之，继续成为二流，唯筑堤防水，有的“生堤”离河竟八九十里。主张后一种意见的欧阳修甚至说：“开河（修治黄河）如放火，不开如失火，与其劳人，不如勿开。”① 由于嘉祐元年塞商胡决口失败，持此议的李仲昌流于英州，其他官员亦加贬谪停放，从此谈虎色变，“多以六塔为戒”，不再提出堵塞决口、回河东流了。黄河分成两股之后，水势越弱，沉淀得越为厉害；而沉淀淤塞越厉害，决口就越来越大。这一点则是客观存在，越来越为人们所认清。而且从经济效果上说，防御两股河流，消耗的人力财力自然加倍。所以，当宋昌言、程昉等于熙宁二年（1069）提出开二股河导河东流以闭北流的建议时，立即得到王安石的大力支持。王安石指出，北流不塞，所用“夫功、物料，修立堤埽”，不少于修二股河所用，而“水流散漫，非久必要淀塞”②，出现新的决口，因此二股河势在必修；而北流堵塞之后，“公私田皆出，向之泻卤，俱为沃壤”，“河北自此必丰富如京东，其功利非细也”③。政府内部意见一致，于是从当年六月修浚，八月完工，20年来黄河又并为一流；“退滩内所出民田数万顷，尽成膏腴”④。

堵塞二股河后，如何解决黄河中泥沙淤积、真正使黄河“水由地中行”（王安石语）呢？熙宁六年，成立疏浚黄河司，采用了李公义提供的铁龙爪扬泥车法以浚泥沙。黄怀信同李公义对铁龙爪加以改进，制成了浚川杷，办法是：“以巨木长八尺，齿长二尺，列于木下如杷状，以石压之；两旁系大绳，两端矴大船，相距八十步，各用滑车绞之，去来挠荡泥沙。已，又移船而浚。”⑤ 对于黄河来说，使用这种技术当然远远达不到疏浚泥沙的目的，但使

① 《长编》卷二四八，熙宁六年十一月丁未记事；《宋史·河渠志·黄河中》。

② 《长编》卷二三六，熙宁五年闰七月辛亥记事。

③ 《宋史·河渠志·黄河中》。

④ 《长编》卷二七八，熙宁九年十月丁酉记事。

⑤ 《宋史·河渠志·黄河中》。

泥沙沉淀较少则是可以做到的，反对派的恶意攻击不足征信。

变法派虽然作了极大的努力，但由于当时技术力量低下，黄河的灾害无法从根本上治理。熙宁十年（1077），黄河于澶州曹村大决口，北流断绝，河道南移，东汇于梁山张泽泺，分而为二：一流合南清河（泗水），经徐、邳而入于淮；一合北清河（济水），历东阿、历城，至利津入于海。这次决口，“凡灌郡县四十五，而濮、郓、徐尤甚，坏田逾三十万顷”。决口堵塞之后，元丰四年（1081）又于澶州小吴埽大决口，注入御河，“下合西山诸水，至沧州独流砦三义口入海”[①]。自此以后，回河东流和听任北流两种对立的意见，无休止地吵下去，直到女真铁骑渡过黄河而未能解决。

黄河之患，与北宋统治相终始。由于不断决口，不断改道，严重地干扰和破坏了东方诸水系，京东路和河北路的许多州县也受到了严重的影响，人民的生命财产遭受很大的损失，农业生产受到不小的破坏。北宋统治期间，南方经济持续上升，而北方经济虽然也有所发展，毕竟起色不大；究其原因，黄河的不断决口、泛滥当是因素之一。

除修浚黄河外，清漳是一个较大的工程。漳河源于晋豫交界的太行山，流经磁、洺诸州，入冀州与胡卢河汇合，是当时河北路的一条大河。这条河历年以来也不断决口，为害非浅。熙宁四年（1017），决定开修漳河，工程长达160里。枢密使文彦博提出反对，他同前面欧阳修的见解颇为相似，称：“漳河不在东边决口，就在西边决口，利害都一样，何必劳民伤财加以浚修?”王安石报以响亮的回答说：漳河之所以不在东边决口、就在西边决口，是因为它不“在地中行”；现在开修漳河，就要使它“在地中行”。漳河的浚治，规模不小，用工“几九万夫”[②]；而在浚治之后，免除了二三十年来的水灾，原武等三县的几千顷民田获得了丰收。

滹沱河、御河也在变法派统治期间得到浚治。御河因黄河决口改道而受到严重影响，宋神宗派程昉等兴修，使其原有的运输机能得到恢复。属于淮水水系的一些河道，因与汴水密迩相接，也在宋神宗时候加以浚修和放淤，以便于

---

① 《宋史·河渠志·黄河中》。

② 刘挚：《忠肃集》卷七，《劾程昉开漳河疏》。

汴河的运输。一般说来，除黄河外，宋政府对其他河道的疏导是成功的，达到了预期效果。

在疏浚北方诸河道的同时，淤田随之发展起来。所谓淤田，就是利用决水的办法，把河水中挟带来的肥沃的淤泥，漫浸到田地里，使泻卤不毛之区成为沃壤。这种改良土壤的办法，早在汉代就是行之有效的。宋仁宗嘉祐年间，程师孟任河东路提点刑狱公事，兼管本路河渠，见于本路“多土山”，“每春夏大雨，水浊如黄河矾山水”，聚于山谷中，可以淤田，程师孟劝告绛州正平县南董村民买地开渠，引马壁谷水淤溉瘠田500多顷，皆成沃壤。由这里推广，“凡九州二十六县，兴修田四千二百余顷，并修复旧田五千八百余顷，计万八千余顷，嘉祐五年毕功，攒成水利图经”。经过这一淤溉，原来亩产量五七斗，增至两三硕，田亩旧值两三千，提高了三倍。[①] 正如郑獬《木渠》一诗所提到的：“谁谓一石泥数斗，直是万顷黄金钱。”[②]

王安石对淤田是大为赞赏的，因而在变法期间大力推行了淤田法。侯叔献、杨汲主管汴河沿岸淤田，“分汴流涨潦以溉西部瘠土”。文彦博以劳民为借口，反对淤田，称淤田像饼一样的薄。王安石说，淤田薄的地方，“但当令次年更淤，有何所害?”[③] 宋神宗派内侍到淤田上取土，见淤土同面一样的细，也支持了淤田。由于淤田成绩卓著，侯叔献、杨汲都得到了10顷淤田的赏赐。在俞充任职期间，“沿汴淤泥溉田为上腴者八万顷”[④]。程昉在河北修浚了滹沱河、漳河、御河，并堵塞了黄河决口，王安石称赞他的这些功劳说：“所开闭河四处……尚有溉淤及退出四万余顷，自秦以来，水利之功未及此者也。”[⑤] 京东西的碱卤地，由于溉淤，“尽成膏腴，为利极大。”[⑥] 沈括对熙宁年间的淤田有过下面的评论：“深、冀、沧、瀛间，惟大河、滹沱、漳水所淤，方为美田；淤淀不至处，悉是斥卤，不可种艺。”[⑦] 连反对派中的苏辙也不得不承认，

① 《宋会要辑稿·食货》七之三〇；《长编》卷二七七。
② 郑獬：《郧溪集》卷二六。
③ 《长编》卷二三七。
④ 《宋史》卷三三三，《俞充传》。
⑤ 《长编》卷二六三，熙宁八年闰四月乙巳记事。
⑥ 《宋会要辑稿·食货》七之三〇；《长编》卷二六三。
⑦ 沈括：《梦溪笔谈》卷一三。

黄河所淤“宿麦之利，比之他田，其收十倍。”[1]

北方的稻田也因水利兴修而扩大了。稻田扩大一是集中在河北路。河北塘泺之多，为北方诸路最。太行山、燕山诸水以扇形从河北西南、西部和西北部汇集于冀中而东流于渤海，因而自保州（保定）至泥姑（天津）海口，绵亘数百里都是大大小小的淀泊塘泺或所谓的沮洳之地。为阻御契丹牧骑的南下，宋充分利用了这些淀泊，把滹沱河胡卢河注入淀泊之中，以维持淀泊的蓄水量。宋太宗淳化年间（990~993），由何承矩建议，建立屯田，“以遏敌骑之奔轶”；在判官黄懋主持下，“兴堰六百里，置斗门，引淀水灌溉”，种植了南方早稻“七月熟”品种的水稻，获得成功。于是，“自顺安以东濒海广袤数百里悉为稻田，而有莞蒲蜃蛤之饶，民赖其利”[2]。此后，宋仁宗景祐年间，王沿为河北转运使，“导相、卫、邢、赵水、下天平景祐诸渠，溉田数万顷”[3]。磁、相、邢、洺、镇、赵等州稻田面积随之扩大了。稻田又在淤灌地区扩大。许州长社牧马草地，“决刑山湃河、石限等水，溉种稻田”[4]。特别是在汴水淤溉地区，开封、陈留、咸平等县，种植水稻的面积扩大了许多。[5] 在河东、陕西诸路，水利条件许可的地方，也有的旱地变成了水田。为奖励种植水稻，扩大稻田面积，熙宁三年（1070）四月宋政府还下了一道诏令，“今来创新修到渠堰，引水溉田，种到粳稻，并令只依旧管税，更不增添水税名额。”[6] 稻田面积之在北方扩大，也是前代少见的。

第三节　以太湖流域为中心的两浙路水利事业的突出发展

以太湖流域为中心的两浙路，主要是指夹在长江与浙江之间、东临大海这

---

① 苏辙：《栾城集》卷四〇，《论开孙河劄子》。
② 据《长编》卷三四、太宗淳化四年三月辛亥记事，《宋史》卷二七三《何承矩传》。
③ 《宋史》卷三〇〇，《王沿传》。
④ 《宋会要辑稿·食货》七之二二。
⑤ 《宋会要辑稿·食货》七之二八。
⑥ 《宋会要辑稿·食货》七之二〇至二一。

一地区，包括苏、湖、常、秀等州。这是宋代农业最发达、水利事业最突出的一个地区。

两浙地区的水利事业之所以最为突出，第一是它的自然条件较好，年降雨量达1400毫米，西南的天目山苕溪水系和西方茅山荆溪水系汇集到这个地势低洼的地区，形成了包括著名的太湖在内大大小小的湖泊，星罗棋布，水利资源丰富。在太湖东北的苏州，又称平江，言其地势低洼与江水相平，因而苏州以及苏州以东则是所谓的“沮洳”低洼之地。据郏亶的调查[①]，从湮没的田地村落来看，前此都是良田；这种良田单是在苏州所属诸县即达四万顷，以待开发。其次，这里虽然是较为低洼的平原地带，但自苏州以西也有平原和岗阜、岗阜和丘陵的区分。由于这种区分，靠近湖泊港汊的土地才能成为水田，而岗阜高地，因无法引水而只能成为种莳豆麦之类作物的旱地，至于在丘陵岗阜一带，就只有经营茶桑竹木之属而称之为“山”地了。“田”、“地”和“山”虽则是一种人为的区分，但它是在自然条件的基础上形成的。“田”与“地”在产量上悬殊很大，大约是三与一之比。因此，就广大劳动人民的要求和愿望来看，显然希望大力发展水田，更何况两浙路人口越来越多，只有从发展水田、提高单位面积产量解决这一矛盾了。第三，在五代十国期间，这个地区是由吴越钱氏来统治的。为使境内安康，自立于列国之林，钱氏除整军经武之外，便是发展生产，因此对境内水利事业的兴建是极为重视的，设有都水营田使，建立“营田军四都，共七八千人”[②]，或称“开江营”、“潦浅军”[③]，专门疏导这一地区的港浦河汉，初步建立了一套水利系统。宋统一之后，既获得了这个成果，又继承了前此水利建设的许多经验，于是一套比较完备的排灌系统进一步建立起来而居于全国之冠了。

这个地区的水源畅旺，位于太湖东北部的苏州，又是各处之水汇集于此而东向入海的枢纽，因而排除积潦也就成为苏州亦即这一地区水利建设的当

---

① 郏亶：《吴中水利书》，载《吴郡志》等书中，明归有光将郏亶、郏侨父子以及单谔论水利的文章，辑为《三吴水利录》一书，以下引文即据《涉闻梓旧》刊本。

② 范仲淹：《范文正公全集》《政府奏议》卷上，《答手诏条陈十事》。

③ 卢镇：《至元琴川志》卷一《营》；又宋人笔记中亦多记此事，这里从略。

务之急。然而宋初没有注意到这一问题，而且在宋太宗端拱（988～989）年间转运使乔维岳为方便漕运而对这一水利系统有所破坏，于是在此后天禧、天圣年间，碰上大水，问题便更加严重了。发运使张纶亲与郡守商定，“于昆山常熟各开众浦以导积水”，范仲淹于景祐年间“力破浮议”，“亲至海浦，开浚五河”[①]，而这五河位于常熟、昆山之间，即茜泾、下张、七了、白茆和许浦，用以“疏瀹积潦”，从而“为数州之利”[②]。大约在范仲淹开浦之后，才又恢复了钱氏潦浅军的办法，设“开江营”，“有卒千人，为两指挥，第一指挥在常熟，第二指挥在昆山”[③]。庆历末，叶清臣“尝建请疏盘龙汇、沪渎港入于海，民赖其利”[④]。从张纶、范仲淹到叶清臣，是采用开凿新旧港浦以疏导积潦入海的，这是一种办法。另一种办法，是在近江的江阴军、常州兴建水利，排水于大江之中。宋真宗时崔立知江阴军，“属县有利港，久废，〔崔〕立教民浚治，即成，溉田数千顷”[⑤]。庆历元年，许恢知常州，兴修申港、戚墅港和灶子港，“复引支水分注运渎、东函”等19个小港，排除了积涝，“变瘠土为腴壤”的[⑥]。这个低洼地区就是通过排潦而得到初步改造的。

熙宁三年，在全国兴修水利高潮中，郏亶上书言吴中水利。他指出，“天下之利，莫大于水田；水田之美，无过于苏州”，根据他的实地考察，对这个地区的水利提出了全盘规划。他认为，对于低洼的平原地带，“五里七里而为一纵浦，又七里或十里而为一横塘”，“使塘浦深阔而堤岸高厚”使江水不至于倒灌民田，使民田高于江、江高于海，而解决江海的倒灌。对于地势较高的冈阜，也可以“设堰潴水，以灌溉之；浚其经界沟洫，使水周流，以浸润之”，也可以兴建水利，扩大稻田的面积[⑦]。郏亶因此被派到吴中兴修水利。

---

① 范仲淹：《范文正公全集》卷一一，《张纶神道碑铭》，卢镇：《至元琴川志》卷一《营》，按《玉峰志》谓开江营起于嘉祐，仅500人，恐不确，待考。

② 《宋会要辑稿·食货》六一之一二四。

③ 《至元琴川志》卷一《营》。

④ 《宋史》卷二九五，《叶清臣传》。

⑤ 《宋史》卷四二六《崔立传》。

⑥ 胡宿：《文恭集》卷三五，《常州晋陵平渠港记》。

⑦ 郏亶的《水利书》，载于《吴郡志》等书中，明归有光辑存于《三吴水利录》中。

由于在实践中，他忽视了长远利益和目前利益的关系，水利兴修未能在当年受益，以至遭到了各方面的责难，因此他的三年计划仅实施了一年，便由于“措置乖方，民多愁怨”而停顿下来①，他本人也免了官职。之后，单谔于元祐年间又提出兴建的意见，这些意见可与郏亶前此提出的相互补充。他指出，可以利用南运河把积水排入长江，但必须开滆湖、长塘湖；而要这样做，“彼田户皆豪民，不知利便，唯恐开凿己田，阴构胥吏”，必然受到这些人的“阻格”。同时他还指出，前代“停蓄水以灌溉民田”的塘圩，现在成为诸县“高原绿野之乡”，因而要想发挥蓄水灌溉作用，就必须恢复旧观②。尽管他的意见是正确的，但由于触动豪强兼并之家的利益，也就成为纸上谈兵而束之高阁了。

北宋末年，平江府司户曹事赵霖募灾民兴修水利，“开一江一港四浦五十八渎”③，也是以排积涝为主。南宋继续了这种做法。归纳两宋对这一地区水利的兴建，以下两段文字可资参考：

> 乃案钱氏有国时故事，起长安堰至盐官，彻清浦入于海，开无锡莲蓉河、武进庙堂港、常熟疏泾、梅里入大江；又开昆山七耳、茜泾、下张诸浦，东北导吴江；开大盈、顾汇、柘湖、下金山小官浦以入海，自是水不为患。④
>
> 浙西诸州，平江最为低下，而湖常等州之水皆归于太湖。自太湖以导于松江，自松江以注海，是太湖者三州之水所潴，而松江者又太湖之所泄也……昔人于常熟之北开二十四浦疏而导之扬子江，又于昆山之东开一十二浦分而纳之海，两邑大浦凡三十有六，而民间私小径（泾）港不可胜数，皆所以决壅滞而防泛滥也……⑤

开港浦和松江吴江即吴淞江，排积涝于江海，这是宋代吴中水利的主要工程，也是宋代劳动人民与水争田、改造低洼地的一个主要手段。这种做法收到了较

---

① 《宋史·河渠志六》。
② 单谔：《吴中水利书》，载《三吴水利录》。
③ 《宋会要辑稿·食货》七之三六至三七。
④ 《宋史》卷三四八，《毛渐传》。
⑤ 《宋会要辑稿·食货》六一之一一三。

好的效果，而且在施行中，泾渎港汊纵横交叉，相互贯通，初步完成了历史上少见的水网化系统，为这一地区的高产稳产创造了良好的条件。

与水争田，改造低洼地的再一办法是“治湖造田”。郏亶郏侨父子在前，单谔赵霖在后，对吴中水利认识上既有所不同，也互相补充，也都曾提到这种办法[①]。赵霖于宋徽宗政和宣和年间奉诏围裹常熟的常湖和秀州的华亭泖[②]。由于政府提倡，到北宋晚年围田就盛行于浙西了。然而，由于缺乏统一规划，“往往只求近功，不计长远后果，围裹的目的，又往往多在得田而不在治水；治水的其他措施，如开掘塘浦，修浚河道之类，也都未能贯彻施行”[③]，从而造成浙西水道系统的紊乱。南宋以来，贵势豪强纷纷加入围湖造田的行列。宋高宗绍兴年间，“濒〔太〕湖之地，多为军下兵卒侵据为田”，“盖队伍既易于施工，土益增高，长堤弥望，曰坝田”[④]；而“诸州豪宗大姓”，在“平时潴水之处，坚筑塍岸”[⑤]，“于濒湖陂荡，多占为田，名曰塘田”[⑥]，几乎无法遏止。因此到宋高宗绍兴末年宋孝宗乾道年间，政府下令严禁围田，并曾开决了张子盖9千亩围田，平江府开决了14处围田达1万余亩。但是，这些诏令根本不能遏止豪势的“围裹”，他们敢于“撤毁向来禁约石碑，公然围筑，稍孰何之者，辄持刃相向”[⑦]。在此情况下，“豪宗大姓，相继迭出，广包强占，无岁无之”[⑧]；“其初止及陂塘……已而侵至江湖”[⑨]；“三十年间，昔之曰江、曰湖、曰草荡者，今皆田也”，“江湖所存亦无几也”[⑩]。经过多年围占，南宋围田达1489处，“广袤四十里，泽被三郡”的淀山湖侵占殆尽，到元代大部分成为田地了。围占分割的结果，积水之害虽然去掉了，而“今所以有水旱之患者，

---

① 本段参考了宁可同志的《宋代的圩田》一文，载《中国古代史教学参考论文选》第三册（北京大学历史系中国古代史教研室编）。

② 范成大：《吴郡志》卷一九。

③ 宁可：《宋代的圩田》，第498页。

④ 《宋会要辑稿·食货》七之四九：又卫泾《后乐集》卷一三《论围田札子》也提到“坝田”。

⑤ 《宋会要辑稿·食货》六一之一一八。

⑥ 《宋会要辑稿·食货》六一之一二七。

⑦ 卫泾：《后乐集》卷一五，《郑提举札》。

⑧ 《后乐集》卷一三《又论围田札子》。

⑨ 《后乐集》卷一三《论围田札子》。

⑩ 《后乐集》卷一三，《论围田札子》《又论围田札子》。

其弊在于围田”[①]，这一点后面还要提到。低洼地的改造，又是在封建土地兼并之下付出重大代价而得到的。

浙东水利也是富有成效的。钱塘江北岸自杭州，至绍兴、明州一带，有许多湖泊，“湖高于田丈余，田又高海丈余，水少则泄湖溉田，水多则泄田中水入海”[②]；“切见承平之时，京师漕粟多出东南，江浙居于大半……盖平畴沃壤，绵亘阡陌，多江湖陂塘之利，若少有水旱，不能为灾”，“潴泄两得其便，故无水旱之忧，而皆膏腴之地”[③]。绍兴府的鉴湖周围358里，明州的广德湖也很大，都能溉田几千顷以上，给这里的高产稳产创造了极为有利的条件。为使这些湖泊发挥其灌溉机能，北宋政府在开始时是严禁盗湖为田的，“祥符庆历间民始有盗陂湖为田者，三司转运使下书切责州县，复田为湖。当时条约甚严谨；水之蓄泄，则有闭纵之法，禁民侵耕，则有赏罚之法”[④]。然而由于任何水利工程如湖陂之类，不可能一劳永逸，有其自然湮塞的一面，如苏轼元祐五年知杭州时，西湖“水涸草生，渐成葑田”，“湮塞几半”[⑤]；而另一更加重要的方面是，在湮塞的基础上，豪强兼并侵盗，如鉴湖，“贫民失水，豪姓失地产”[⑥]，又如西湖，“豪夺以耕，僧侈其构”[⑦]，缩小甚至完全丧失了它的灌溉机能。南宋浙东的许多湖泊与浙西江湖面临了共同的厄运。

除一些较大的水利工程之外，两浙各地还有许多较小的陂塘堨堰之类的水利工程。潜说友在《咸淳临安志》记载了各种类型的水利工程，其中有的塘堰溉田不过三二百亩，也有的“碑”溉田仅二三十亩。这类小型水利工程，大抵是私家创兴，就地取材，因势疏导，费工费料都不多，收益快，对农业生产是不容忽视的有力措施，值得注意。

最后再看看葑田，这也是劳动人民与水争田的一个创造。所谓葑田，是在

---

① 龚明之：《中吴纪闻》卷一。

② 曾巩：《元丰类稿》卷一三，《序越州鉴湖图》。

③ 《后乐集》卷一三，《论围田札子》《又论围田札子》。

④ 李光：《忠简集》卷一一《乞度东南湖田札子》。

⑤ 苏轼：《经进苏东坡文集事略》卷三四，《乞开西湖状》；又《东坡七集·奏议》卷八，《申三省起请开西湖六事状》。

⑥ 胡宿：《文恭集》卷三九，《蒋堂神道碑》。

⑦ 《文恭集》卷三六，《郑戬墓志铭》。

两浙江东等路江湖的水面上，“葑蒲所积，岁久根为水冲荡，不复与土相著，遂浮水面，动辄数十丈，厚亦数尺，遂可施种植耕凿，人据其上，如木筏然，可撑以往来。”① 王祯在《农书》中也把它叫做“架田”：“以木缚为田丘，浮系水面，以葑泥附木架上而种艺之，其木架田丘，随水高下浮泛，自不渰浸。”② 北宋初的士大夫如孙何在《泛吴江》诗中就提到这类田地，所谓“葑田几处连僧寺，桔岸谁家对驿楼。”③ 著名诗人林和靖也以《葑田》为题，写出了以下的诗句：“淤泥肥黑稻秧青，阔盖深流旋旋生。拟请湖君书版籍，水仙今佃老农耕。”④ 南宋范成大有“春入葑田芒绽笱”的诗句⑤，叶绍翁有“无事时来立葑田”的诗句⑥。这些诗句和记载说明了，自北宋初到元代王祯著作《农书》之时，葑田一直是存在的，而且葑田上水稻长得蛮好。葑田反映了劳动人民与水争田的坚强意志和智慧，同时也给人们以启示，在不妨害灌溉、交通运输的条件下，究竟怎样利用水面，才能够更好地为人类造福，以及更多地发挥它的作用，这是值得注意的。

第四节　江南东路的高产稳产田：圩田

宋代的江南东路包括今天的江苏西南部、皖南和浙江江西的一隅。长江自安庆而下折向东北，到江苏境而东下，因而才有江东一词。源自皖南的皖山、黄山、九华山以及源自茅山的诸水，向北或西北流，不是潴为许多湖泊，就是直接注入大江，潴为湖泊的也流入江中。与江东路隔江相望的淮南西路，其源自英山、霍山、潜山诸水，也向南流注入湖泊或大江中。这样，在沿江和近湖自然形成为低洼地。所谓圩田，就是在这些低洼地中建立起来的，尤其是集中于江东路近长江的一侧。

---

① 胡仔：《苕溪渔隐丛话》前集卷二七；四库影印文渊阁本 L480－200。
② 王祯：《农书》卷一一，《架田》。
③ 厉鹗：《宋诗纪事》卷五。
④ 林逋：《林和靖诗集》。
⑤ 范成大：《石湖居士诗集》卷一一，《初约邻人至石湖》。
⑥ 叶绍翁：《靖逸小集》《鹭》。

南宋著名诗人杨万里曾亲自乘小船考察了“上自池阳，下至当涂”的圩田，对圩田作了如下的解释：

> 江东水乡，堤河两涯而田其中，谓之“圩”。农家云：圩者，围也。内以围田，外以围水。盖河高而田反在水下，沿堤通斗门，每门疏港以溉田，故有丰年而无水患。①

杨万里的解释甚为确切，为后来的史家如马端临所接受，在《通考·水利田》中就是引用了这段文字来解释圩田的。

圩田从什么时候才有的？沈括在《万春圩图记》中说：“江南大都皆山也，可耕之土皆下湿厌水濒江，规其地以堤而艺其中，谓之‘圩’。芜湖县圩之大者唯荆山之北、土豪秦氏世擅其饶，谓之秦家圩。李氏据有江南，置官领之……”② 这里显示了，秦家圩早在江南李氏割据之前、唐朝时候即已存在了。李翱在卢坦的传中提到：“当涂县有渚田，久废，坦以为岁旱，苟贫人得食取佣，可易为功，于是渚田尽辟，借佣以活者数千人。”③ “渚”，据《尔雅》的解释，是江中的“小洲”。因而渚田可能是江中淤积的土地，即宋代所谓的泛涨江涂田；也可能是此后的圩田，因系初创，故以“渚田”泛指水中之地。如果是后者，则在9世纪30年代前后已经有了圩田。对此问题还要继续探讨，但圩田之在晚唐五代就已存在则是无可置疑的。

圩田，宋初有关资料就有记载。宋太宗时的滕白有《观稻》一诗，内云：“週遭圩岸缭山城，一眼圩田翠不分。行到秋苗初熟处，翠茸锦上织黄云。”④ 如果此诗确系滕白所作，这是北宋有关圩田的最早记录。之后，宋真宗天禧二年（1018）提到的宣州化成圩⑤，是宋代官书中有关圩田的最早记录。庆历年间，

---

① 杨万里：《诚斋集》卷三二《圩丁词十解序》。

② 沈括：《长兴集》卷二一，四部丛刊本。

③ 李翱：《李文公集》卷一二，《故东川节度使卢公传》。

④ 此据陈景沂《全芳备祖》后集卷二〇（北京大学图书馆藏李木斋氏钞本）所载，多错讹，据《宋诗纪事》卷五校正。按杨万里《诚斋集》卷二《圩田》（两首）之一，除首句作《周遭圩岸缭金城》者外，余皆全同。是《全芳备祖》编纂中的错误，还是《诚斋集》编纂中的错误，姑志此待考。今且作滕白作。

⑤ 《宋会要辑稿·食货》七之六。

范仲淹在答宋仁宗手诏时指出："江南旧有圩田，每一圩方数十里"①，反映了江南东路有为数不少的大圩田。经过王安石变法，圩田一直持续地发展。即使到宋徽宗腐朽统治期间，圩田也并未衰落。从马端临有关圩田"多起于政和以来"的话中②，可以知道圩田依然在发展中，许多大的圩田如著名的永丰圩，就是在这个期间修成的。从现有材料看，圩田的规模基本上是由北宋奠定的。

圩田集中于江南东路的太平州、宣州、宁国府等地。其中宣城圩田最多，共179所，化成、惠民都是大圩，连接起来圩长达80余里。芜湖有万春、陶新、政和、独山、永兴、保城等圩，圩长达145里。当涂广济圩93里有余，坐落在石臼湖中的永丰圩周围84里。大江以北的无为军也有圩田，如庐江杨柳圩圩长50余里，无为县则有嘉城圩，但远不能与江东相比。圩田有官私之分，私圩有童家圩、焦圩等，规模远不如官圩，每圩较小的不过有田三五百亩。至于官圩田，特别是其中的著名的大圩，就大不相同了。如宣州化成圩水陆地880余顷，永丰圩980顷，而万春圩"圩中为田千二百七十顷"（《舆地纪胜》称1280顷）。因此，修建这样规模的圩田，就必须有足够的人力和财力，而这两项只有封建国家才具备。以坐落在芜湖东25里的万春圩为例，它是由嘉祐六年（1061）转运使张颙、判官谢景温的支持，宁国令沈披亲自指挥而重建起来的。当时政府出粟3万斛、钱4万缗，募集宣城等县贫民14000人，经40天方告修成："其为博六丈，崇丈有二尺，八十四里以长"；"夹堤之脊，列植以桑，为桑若干万"；"堤中为田千二百七十顷"；"圩中为通涂二十二里以长，北与堤会，其袤可以两车，列植以柳；为水门五"③。一次修补整葺，也所费不赀。如宋孝宗乾道九年（1173）太平州诸圩"几四百里为水浸泺"，"其受害损坏不一"，修整费"计米二万一千七百五十七硕五斗、计钱二万三千五百七十贯一百三十七文省"；而这一次费用要"比隆兴二年（1164）乾道六年（1170）所省几半"④。

---

① 范仲淹：《范文正公全集》《政府奏议》卷上，《答手诏条陈十事》。

② 《通考·田赋考六·水利田》。

③ 沈括：《长兴集》卷二一，《万春圩图记》。

④ 本段参考《宋会要辑稿·食货》七、六一，《通考·田赋考·水利田》以及《宋史·食货志》有关部分写成，不一一注明。

圩田是在濒江或湖中低洼地建成的，为了“足捍风涛”，“拒江水之害”，圩岸就必须“高阔壮实”。像上述万春圩圩高一丈二尺、宽六丈，“石顽土赋铁难如”望之“如大城”，当是所有圩田都具有的基本工程。圩岸上“榆柳成行，望之如画；”圩岸下，“种植芦苇，以护岸脚，”自然也可植柳护岸。在江河积年冲刷之下，“岁久树根无寸土，”于是绿柳就走到水中去了。圩内的田地，被纵横交错的沟浍区分开来，每区约为一顷。“隅落部伍，曲直相望”，官圩在一开始修建时就规划安排了的。为便于田亩的计算、登录和官府的税收，“取天地日月山川草木杂字”命名田地（学田碑中惯用千字文以命名）。圩中有长二三十里的通衢大道，可以并行两辆大车；散居在自己耕作的那块土地上的农户，则靠小船往来，收割了的作物也靠小船运输。圩岸还开设若干处的水门（闸门）。虽然江河的水高于圩内的田地，但在坚实的圩岸阻御之下，圩内照常生产。而在干旱时，则将闸门启开，通过港汊把水引进来；而在涝年，则通过闸门把圩内的水排出去。因此，圩田在抗御旱涝、夺取稳产高产方面，充分地表现了它的优越性。据张问所撰写的《张颙墓志铭》①，万春圩计1270顷，“岁得米八十万斛”，每亩平均产量六斛二斗②。北宋末年的贺铸，在1093年写成的《题皖山北濒江田舍》一诗云：“一溪春水百家利，二顷夏苗千石收。”③ 亩产量达到五石。无怪乎早在庆历年间，范仲淹就盛赞这种稳产高产的圩田“为农美利”了。“圩田岁岁续逢秋，圩户家家不识愁。夹路垂杨一千里，风流国是太平州。”④ “宣升接境古高圩，多稼连云号上腴。”⑤ 由于圩田在宣州、太平州、宁国府垦田中占很大的比重，产量又高，因而也就成为政府一笔极为可观的租税收入，无怪乎从北宋到南宋，政府肯花那么多的钱粮去修治圩田了。而修建起一个个巨大圩田的，就是那些贫而无告的下户农民。苏轼在《录进单锷吴中水利书》中，以“与水争尺寸”来表现劳动人民的这一

① 此据本师邓广铭先生所藏《张颙墓志铭》拓片。

② 沈括《万春圩图记》不载总产量，仅称“岁出租二十而三，为粟三万六千斛”，按此计算万春圩总产量仅二十四五万斛，与张问所记差距太大，“出租二十而三”，当是“出租二十而一”之误。

③ 贺铸：《广湖遗老诗集拾遗》。

④ 《诚斋集》卷三四《过广济圩》。

⑤ 岳珂：《玉楮集》卷七《夏旱》三首。

斗争。杨万里在《圩丁词十解》中说：

儿郎辛苦莫呼天，一日修圩一岁眠。六七月头无点雨，试登高处望圩田。

河水还高港水低，千枝万流曲穿畦。斗门一闭君休笑，要看水从人指挥。[①]

还有比“要看水从人指挥”的诗句，更能够反映当时劳动人民与水争地的伟大气魄和智慧的么[②]?!

圩田处于积潦风涛之中，“田之命视堤之坚瑕”，每年二月桃花汛和七月秋汛是对圩岸的严重考验。稍有罅隙，就会成为泽国。因而每年都要修理圩岸：“年年圩长集圩下，不要招呼自要行”[③]。从材料上所反映的，由于某些圩田建立在水流要害之处，阻碍了排水，“以邻为壑”，以至邻近诸圩便遭到严重的破坏，变成一片汪洋。如宋徽宗年间当涂路西湖建成的政和圩，使“山水无以发泄，遂致冲决圩埕”。永丰圩“自政和五年围湖成田，经今五十余年，横截水势，不容通泄，圩为害非细”。焦村“私圩，梗塞水面，致化成、惠民频有损害”。宣城童家湖系徽州绩溪与广德军建平二水会合之处，“其势阔远”，“政和间有贵要之家请佃此湖围成田”，“绍兴间有淮西总管张荣者诡名承佃，再筑为圩”，“自后每遇水涨，诸圩被害”[④]。在违背自然规律情况下建立起来的上述圩田，之受到自然的惩罚是势所必至的，但受到惩罚的则是邻近诸圩。地方士大夫虽然不断提出，要求撤毁这类的圩田，可是由于贵势豪强的把持，官府的专横，这类圩田照样存在下来。贵势豪强对社会生产这种危害，后面还要提到。

---

① 《诚斋集》卷三二。

② 本段除标明出处者外，还据《通考·田赋考六·水利田》、李心传《建炎以来朝野杂记》甲集卷一六《圩田》《宋会要辑稿·食货》六一、沈括《万春圩图记》、范仲淹《答手诏条陈十事》等写成，不一一注明。

③ 杨万里：《诚斋集》卷一二四，《余端礼墓志铭》，又卷三二《圩丁词十解》。

④ 据《宋会要辑稿·食货》六一之一〇八、一一八、一二〇、一四五，以及八之一三。

第五节　福建路水利建设的特点：沿海人民“与海争地”的斗争

福建路“山多于田”，素有“八山一水一分田”之称。山区，“人率危耕侧重，塍级满山”，梯田当然需要水的灌溉。田地，多集中于濒海一些小平原上。沿海多风多浪，田地不时受到海潮的袭击；降雨量虽大，但由于福建河道奔腾于群山之中，水流湍急，无所潴蓄，即泻于海中，几天不雨就又感到干旱，尤其是滨海地区更加如此：“并海之乡，斥卤不字，饮天之水，寸泽如金，然而得水，必获三倍，诗人谓一掬清流一杯饭，盖歌水难得也。”[①] 福建路处于这样的自然条件，所以它的水利建设就又表现了它自己的特点。

根据“层起如阶级”梯田的特点，山区解决水的问题是“每汲引谷水以灌溉”[②]，或“缘山导泉”[③]。而“汲引”或“导泉”的办法就是“轮吸筒游”，靠轮车吸水、竹筒汲引。“泉溜接续，自上而下，耕垦灌溉，虽不得雨，岁亦倍收”。至于在近江靠河的所在，“梁渎横纵，淡潮四达”[④]，全仗龙骨车吸水了。至于实在无泉可导的梯田，也“各于田塍之侧，开掘坎井，深及丈余，停蓄两潦，以为旱干之一注”[⑤]。“水无涓滴不为用”[⑥]，对山区人民来说，是一点也不错的。

在滨海平原地带，则以一潴二防为水利建设的主要内容。所谓“潴”，就是把溪水潴存起来，“防”就是筑成阻御海潮的堤防。以长乐县为例，“滨海而泉微，故猪（潴）防为特多，大者为湖，次为陂、为圳，埕海而成者为塘，次为堰，毋虑百五十余处，每岁蓄溪涧，虽不泄涓滴，亦不足用。”[⑦] 靠海诸州县如兴化蒲田等也都是一样的。

---

① 梁克家：《淳熙三山志》卷一五，《版籍类六·水利》。
② 方勺：《泊宅编》卷三。
③ 《长编》卷三四，淳化四年三月记事。
④ 《宋会要辑稿·瑞异》二之二九。
⑤ 《宋会要辑稿·瑞异》二之二九。
⑥ 方勺：《泊宅编》卷三引朱行中诗句。
⑦ 《淳熙三山志》卷一六《版籍类七·水利》。

自唐代即注意兴修近海边的陂塘，兴化军莆田县就有这类的陂塘，名为南北洋，其中南洋诸塘可溉田4200顷。宋代南北洋共有十塘，其中太平陂、三步泄和陈坝斗门等，对当地灌溉起了显著的作用。① 所谓的陂，“所以截水也，叠石为堰，横流而过，使内所潴”②。但是横截河流，让它服从人们的意愿和需要，是很不容易的。木兰陂的修建就是一例。

源自永春、德化、仙游的一条溪水，过莆田城南而东流入海。为截住这条溪水，宋英宗治平元年长乐县钱四娘到将军滩前开始筑陂。刚修成，“溪流横溢，陂辄坏”，这位杰出的女性，愤而投水，抱恨以终。进士林从仕在将军滩下流的温泉口，继续了钱四娘的遗志，也因温泉口过于狭窄，“两旁堤岸突高”，以至陂成之后水势更加凶猛，终于陂决。在全国水利兴修的高潮下，熙宁八年侯官李宏应诏，决计在木兰山下筑陂。吸取前两次失败的惨痛教训，李宏等人从实际调查中选择了这个地点，它在将军滩和温泉口之间，“溪广水漫，两山夹峙左右，翊以当其冲”，因而宽窄是适度的。同时，还“涉水涯以求地脉，渡水插竹定基于木兰下”，对河道下面的情况也有所了解。之后，“叠石成陂，布石柱三十二间于溪底横石上，犬牙扣入，互相钩锁”；“共阔三十五丈，深二丈五尺有奇，”“陂立水中，屹若冈阜”；“上障诸溪，下障海潮”，“分溉南洋田万有余顷，岁输军储三万七千斛”③。木兰陂之能够建成，前两次的经验教训是极有教益的，因而钱四娘、林从仕同李宏一样，受到当地人们的崇敬和纪念。

木兰陂之类的工程，一面蓄水，一面防潮，对于两淮两浙滨海地区，都具有广泛的意义和作用。这里不妨考察一下，沿海人民是怎样同海水进行斗争扩大生产的。

沿海田地经常受到海潮的威胁，如果遇有海啸，海潮可以浸漫陆地数十里之遥。经过海水的浸漫，良田也变成不毛之地，二三十年内恢复不过来。因而提防海水的侵袭，便是沿海水利建设的第一项任务。

---

① 刘克庄：《后村先生大全集》卷八八《重修太平陂》。

② 《兴化府莆田县志》卷二《舆地志·水利·陂塘》。

③ 《兴化府莆田县志》卷二《舆地志·水利·陂塘》。

防海潮侵袭的办法就是筑堤，或者筑塘。唐代对东南沿海就有过筑堤筑塘的做法，宋继承了下来。北宋前期一项有名的护海堤是在天圣六年建成的。原来“泰州有捍海堰，延袤百五十里，久废不治，岁患海涛冒民田”。人们要求兴修，可是有人怀有杞忧，“以为涛患息而蓄潦之患兴”，反对兴修。转运使张纶批驳了这一谬论，称：“涛之患十九，而潦之患十一，获多而亡少，岂不可邪?!”他力主兴修，并亲自参加了修堰。堰成之后，泰州沿海逃亡回来的达2600户，不久就出现了兴旺气象①。

继张纶之后，至和元年沈兴宗在泰州海门兴修了同类工程，“既堤北海七十里以除水患，遂大浚渠川以酾取江南以灌义宁等乡之田”②。

在两浙路，广历七年谢景初在余姚县，“筑自云柯至上林为堤二万八千尺”③，“截然令海水潮汐不得冒其旁田”④。北宋末年，汪思温也修复了余姚海堤：“县濒海，旧有堤六十里，除水患，岁久圮坏，民之垫于海者，呻吟相属也。众举公力复之。堤成，而七乡并海之田、桑麻秔稌之饶其故。”⑤南宋年间，施宿继谢景初之后，“筑自上林以及兰风，为堤四万二千余尺”⑥。这些修筑在当时都起了有益的作用。

北宋仁宗时，吴及在华亭，缘海筑堤百余里，“得美田万余顷，岁出谷数十万斛”⑦。

温州也有捍海堤的修筑。嘉定元年汪惠为平阳令，“建埭八十丈于阴均，障海潮，潴清流，又造石门于山之麓，以时启闭，以防涨溢”⑧。从这项工程看，有外防海潮、内潴清流，与木兰陂具有同样的功能。黄度“为温州瑞安县尉，邑濒海，潮坏民田，筑塘以捍之”⑨。

---

① 《范文正公全集》卷一一《张纶神道碑铭》，《宋史》卷四二六《循吏·张纶传》，《宋会要辑稿·食货》八之四〇。

② 王安石：《临川先生文集》卷八二，《通州海门兴利记》。

③ 柳贯：《柳待制文集》卷一七，《海堤录后序》。

④ 《临川先生文集》卷八二，《余姚县海塘记》。

⑤ 孙觌：《鸿庆居士集》卷三七，《汪思温墓志铭》。

⑥ 柳贯：《柳待制文集》卷一七，《海堤录后序》。

⑦ 郑獬：《郧溪集》卷二一，《吴及墓志铭》。

⑧ 杨简：《慈湖遗书》卷二，《永嘉平阳阴均堤记》，四明丛书本。

⑨ 袁燮：《絜斋集》卷一三，《黄度行状》。

筑堤防潮，这是沿海人民“与海争地”的一种斗争形式。其次，海潮虽然有侵袭农田的破坏作用，但它在来潮退潮过程中却淤积起来厚薄不等的细泥，对这类细泥应当如何处理呢？经过多年实践，这就又形成了沿海劳动人民的“与海争地”的第二种斗争方法，将其改造为涂田。涂田必须筑围，以防海潮，同时也需要清水，以改造咸卤。如台州有“亡僧新围高潮涂田”，“为522亩有奇”，“潴水之所一百三十七亩有奇”①，因而垦辟这样的涂田，也是既费人力又费财力的。可是，这类涂田在台州居然相当可观。据《嘉定赤城志》记载，台州临海县涂田为24771亩，黄岩县11811亩，宁海县686亩，再加上临海县的新围田5612亩，总计为42882亩，占台州垦田总数2628283亩的1.6%，为数也就不小了②。

其三，沿海人民“与海争地”的第三种形式是，或是以陂塘灌注沿海的盐碱地，使之成为稻田。如福建“莆田县有陂塘五所胜寿、西街、大和、屯前、东塘，自来积水灌注塘下沿海盐地一千余顷为田，八千余家耕种为业”③。改造这种盐碱地，使每户人家平均得12.5亩以上田地，这是人多地狭的福建人民解决土地问题的一种办法。特别值得注意的是，福建沿海人民之创建“海田”，较两浙路的涂田规模还大。以福州“海田”为例，就有1230顷有奇。熙宁二年政府特下诏令，“自今沿海泥淤之处，不限寺观形势民庶之家，与筑埠为田，资纳二税”，准许垦海而田。这种海田，“卤入盖不可种，暴雨作，辄涨损”，因而“田家率因地势筑埠，功联数一（似当作‘十’）百丈，御巨寖以为堤塍，又砌石以为斗门，以泄暴水，工力费甚”④，不言而喻，这种形式已经是围海造田了。这是福建人民解决地少问题的更进一步的措施。

沿海人民“与海争地”的斗争，取得了显著的效果。特别是在福建路，这些措施以及上述修建湖陂的做法，使得福建沿海成为重要的粮产区：所谓

① 董亨复：《州学增高涂田记》，载林表民《赤城集》卷六。
② 陈耆卿：《嘉定赤城志》卷一三，《版籍门一》。
③ 蔡襄：《蔡忠惠公文集》卷二六，《乞复五塘札子》。
④ 《淳熙三山志》卷一二，《版籍类·海田》。

“濒海之稻岁两获”[①]，“名园荔枝尝三熟，负郭潮田插两收”[②]。

但同时也要看到，上述堤塘等工程都是由当地居民首先是贫下户承担的，以余姚为例，每年调民工 6 千，役 20 日，费 15000 缗，成为一项重负。自南宋以后，情况越来越严重。到元代，“田既籍之于官，而潮汐之侵齧日益为害”[③]，由好事变成坏事。这一演变，责任全在官府，因而需要改造的是封建官府、封建制度，而筑堤防潮则是有益的，永远值得称赞的。

第六节　水利灌溉技术的进步和灌溉工程的管理

在宋代广大统治的地区内，从沿海到内地，从平原、丘陵到多山地区，都分布了各种不同类型的水利工程。这些水利工程，有的是周围八九十里的圩田，有的是丈把深的坎井和容量不大的“水柜”[④]；有的是能灌溉数千到上万顷的湖、陂，也有只能灌溉二三十亩的沟渠；——所有这些，都是各地劳动人民以自己所处的自然条件为依据，因地制宜地修建成功的。水利工程的多种多样，在此地称之为堰、埭的，在彼处却称之为“堨”[⑤]，而其遏水、阻水则一；一向称蓄水的工程为陂塘的，而在两浙的一些地区则称之为“捺”；斗门固然有泄水的作用，碶、碶也有类似斗门的功能[⑥]；至如海涂田、海塘田在前代少见和未见的事物，在宋代却都出现了；——尽管有如此多的不同和差别，恰好反映了劳动人民在不同地区同自然斗争的种种创造。直接应用在农业生产上的水利工程，固然占绝对多数，值得重视，而一些渠道例如著名的灵渠，“岁久，石窒舟滞”，而在宋仁宗嘉祐年间李师中在广西提点刑狱公事任上，“焚石凿而通之”[⑦]，也是不容忽视的重要水利工程；惠州一直无井，饮水困难，陈尧佐在知惠州任上，凿渠引来了鲜洁的泉水，生活上的用水也是刻不容缓

① 卫泾：《后乐集》卷一九，《福州劝农文》。
② 许淳：《三山阁》，载王象之《舆地纪胜》卷一二八。
③ 柳贯：《柳待制文集》卷一七，《海堤录后序》。
④ 王祯《农书》载有，此处从略。
⑤ 见袁甫《蒙斋集》卷二《知徽州便民五事状》。
⑥ 此据高似孙《剡录》、梅应发《开庆四明志》。
⑦ 《宋史》卷三三二，《李师中传》。

的。那些捍御江涛海潮的圩岸，固然表现了劳动人民“与水争地”、“与海争地”的伟大气魄，就是利用竹筒把山上一掬清泉引了下来为人类造福的举动和做法，也闪烁了劳动人民改造自然的智慧的火花，都是值得讴歌赞颂的。

由于实践经验的丰富积累，宋代水利建设的技术显然是提高了。水平仪是什么时候创造和开始使用的，还说不清楚。宋仁宗时候编纂成功的《武经总要》已经记录了水平仪的形制，著名科学家沈括则在《梦溪笔谈》中提到用这种仪器测量地势。他指出，汴京地势（即海拔）要比泗州高 19 丈 4 尺 8 寸 6 分；但同时指出，“测量地势用水平干尺望天量之，亦不能无小差。”[①] 把水平测量使用到水利兴修上，对于人工运河、渠道的修筑，是不可或缺的。宋代显然是较广泛地使用了。这是其一。其二，利用渡槽、虹桥，把水穿过涧谷、河道，这在宋以前已经使用过，但从规模上看都不能算大。宋代则不同了，它将前代架槽的办法大大改进和提高了，或是用修“马头”、架“虹桥”的办法，使人工河渠越过另一道河渠而流到需要它流到的地方去。北宋初年兴修的金水河，就是在汴京跨过汴河而东流，汇入五丈河，以扩大五丈河的流量，而便于漕运的，这在后面还要提到。其三，出现一些新的具有创造性的水利工程。斗门历来是作为排水之用的，宋代又创造出来所谓的“水澾”。这种“水澾”建造的费用要比斗门节省一半，但当水位升高时，即可通过它流入渠道、灌溉田地，比斗门启闭要方便得多了。“硴”、“碶”也是在各地区出现的一种新的创造。其四，就水利建设的规划或设想来看，能够对两浙太湖流域低洼地区提出全盘性的意见，并在不断的实践中逐步实现，虽然实现得还很不理想，而且付出了很大代价，但它反映了这样一个问题：人们的眼界和思路都开阔了，已不再局限于狭窄的小天地中了，至少地区性的实际问题在提到日程上加以解决了。所有水利技术的进步，以及对两浙低洼地的改造和江东路圩田的不断发展，深刻地反映了：宋代劳动人民同自然斗争的能力增强了，社会生产力的水平提高了。

对各种类型的水利工程，宋代也有不同的管理章程和制度。像汴水，是宋朝统治的命脉所在，直接由国家的专门机构进行管理，在交通运输中再加说

① 《梦溪笔谈》卷二五。

明。大致说来，有以下几个方面：

1. 有一套管理机构。规模较大的官圩直接由国家派使臣来管理该圩的行政事务，此外还设有圩长，（大圩有两名）。陂塘不论公私，都设有陂头（或陂正）、陂副；“堰”则称为“堰首”，此外还有为数不等的甲头、小工和水手，“各有岁劳口食钱”的[①]。陂头、堰首必须是上户即地主阶级分子才能承担[②]。如能济堰的堰首是“集上中下三源田户保举十五工以上有材力工当充，二年一替”[③] 所谓15工，指的是，根据受该堰利益而付出的工数，出15工的显然是财力雄厚的地主。一些公共事业大都由这些地主分子控制。

2. 圩长、陂头主要负责圩陂的经常性的修竣。官圩每年都要在汛前进行维修，同时规定按照户等出工出料，王安石变法期间特别强调这一点。至于一般非官府兴修的陂塘，则似乎从所属陂田的田租收入，作为维修和陂头等口食钱的开支，如莆田的太平陂，“〔陂田〕岁得谷一百六十九石，钱四十一千各有奇。曰：果修陂，此足矣。以田属囊山寺；陂正一人，干一人，以庵僧充甲首，工各二人，岁给钱谷一如旧约。”[④] 松阳遂昌都济堰则根据灌溉受益大小出工，“每秧五百把敷一工”；“下户每二十把至一百把出钱四十文足，一百把以上至二百把出钱八十文足，二百把以上敷一工”；“乡村并以三分为率，二分敷工，一分敷钱”[⑤]。

3. 各陂塘对水控制也相当严格。有具体的规定，所谓：“当时条约甚谨严，水之蓄泄，则有闭纵之法”[⑥]。对专门为运河蓄贮水量的练湖，政府的控制尤严：“县有练湖，决水一寸，为漕渠一尺。故法盗决湖者，罪比杀人。”[⑦] 由于陂塘供水的早晚和供量的大小对农业生产有极为密切的关系，往往县与县、乡与乡或村与村之间常常发生纠纷，甚至出现械斗。因此在灌

---

① 《兴化府莆田县志》卷二《舆地志·水利·陂塘》。
② 《长编》卷一一载，舒州塘堰的陂头是由上户充当的。
③ 李遇孙辑：《括苍金石志》卷五，《范石湖书通济堰碑》。该堰堰规计有二十条。
④ 《后村先生大全集》卷八八，《重修太平陂》。
⑤ 《范石湖书通济堰碑》。
⑥ 李光：《庄简集》卷一一，《乞废东南湖田札子》。
⑦ 《欧阳文忠公文集》卷三三，《许元墓志铭》。

溉中提出“均水”的规章，如所谓“蜀引二江水溉诸县田，多少有约”[①]；赵瞻知彭州永昌县，“筑六堰，均灌溉，以绝水讼”[②]。郭子皋为解决蜀州高原和邛州大邑两县用水的矛盾，“均以夫井，断木为平以限水，广深我寡，自(字?)木为准，目曰水平，由是大邑之水不买而足”[③]。湖陂则立木其中，河水根据流的时间长短，来测量水量的多少。通济堰“内开拓概遇亢旱时，揭中枝一概，以三昼夜为限，至第四日即行封印”，“依前轮揭”，“如不依次序及至限落概，概首申官施行”[④]，同样强调了轮流灌溉，以取公正之意。

4. 最后一点，为保持湖陂的灌溉机能，“禁民之侵耕，则有赏罚之法”[⑤]，可是，在实际中则执行不了，以致被豪强兼并侵占了去。

宋代水利灌溉事业之所以取得如此的发展，与宋政府特别王安石变法时期的政策和措施是分不开的，一些有所作为的地方官也起了作用。但，归根结底，广大农民起了决定性的作用。宋政府每年调集挖河开渠的“春夫”，包括客户在内的广大农民占绝对多数。灾荒年募集兴修水利的，又是广大的贫苦农民。按户等出工出料兴修水利，其中又是占总人口50%的第四、五等户即自耕农半自耕农。地主豪绅们围裹的私田，仍然是由他们控制下的客户即无地农民承担的，下面有诗为证：

> 主家文榜又围田，田甲科丁各备船。下得桩深笆土稳，更迁垂杨护围边。[⑥]

历史就是这样记录了广大劳动人民同自然进行斗争的巨大作用的。不少的妇女也参加到这个斗争的行列，前面提到的钱四娘，以及临海县完成九女碘的周颐的九个女儿[⑦]，就是其中的例证，这是必须一提的。

---

① 《临川先生文集》卷八九，《萧定基神道碑》。
② 范祖禹：《范太史集》卷四一，《越瞻神道碑铭》。
③ 《范太史集》卷四二，《郭子皋墓志铭》。
④ 李遇孙辑：《括苍金石志》卷五《范石湖书通济堰碑》。
⑤ 李光：《忠简集》卷一一，《乞废东南湖田札子》。
⑥ 毛珝：《吾竹小稿》《吴门田家十咏》。
⑦ 《宋史》卷三〇四，《王济传》。

第七节 地主豪绅对水利工程的霸占和破坏

在宋代水利建设事业取得巨大发展的同时，还要看到，各地豪绅恶霸出自于极端的利己主义，不是把水利灌溉工程占为己有，就是挖空心思地进行破坏。下面所列举的，就是他们在这方面所犯下的十大罪状。

第一，同他们的祖先一样，各地豪绅恶霸也患有“占锢山泽”的顽症，继续霸占各地的湖陂，如早在宋太宗雍熙年间，福建龙溪数百顷的陂塘，即被“乡豪斡其利”；在“岁旱”之年，他们“一勺不以与人”[①]！

第二，“民间有古溪涧沟渠泉源接连山江，多被豪富之家渐次施工填筑，作田耕种；无力之人，田亩连接，或遏水旱，并不约水溉田，以兹害稼”[②]。这是豪强兼并破坏水利的又一罪状。

第三，“诸处陂泽本是停蓄水潦”的场所，“豪势人户耕犁高阜处土木，侵叠陂泽之地，为田于其间，官司并不检察；或量起税赋请射广占耕种，致每年大雨时行之际，陂泽填塞，无以容蓄，遂至泛滥，颇为民患”[③]！豪强由耕垦而造成的水土流失，破坏陂泽灌溉机能，以至泛滥成灾，这是豪强兼并的再一罪状！

第四，前面指出，品官贵势之家，在河港要害之处，建立私圩，结果水流壅遏，不能畅通，以致邻圩受到严重损害。“以邻为壑”，这是豪强兼并的第4大罪状！

第五，“诸路湖泺池塘陂泽”，“纵许豪强富有力之家薄输课利，占固专据其利，驯致贫窭钿民顿失采取莲荷蒲藕菱芡鱼鳖虾蚬螺蚌之类，不能糊口营生；若非供纳厚利于豪户，则无由肯放渔采”[④]。利用公共陂泽的占有，扩大封建剥削，断绝贫民生路，这是豪强兼并的第5条罪状！

第六，在两浙路水利最发达的地区，豪强兼并之家濒湖围田，“隔绝水出

---

① 强至:《强祠部集》卷三五,《曾公望墓志铭》。
② 《宋会要辑稿·食货》七之一六，六一之九六。
③ 《宋会要辑稿·食货》七之一八，六一之九六。
④ 《宋会要辑稿·食货》七之三二，六一之一〇四。

之地”，结果原来的滨湖可溉之田，“六七月间天不雨”，望洋兴叹；而到秋潦一起，“眼看漂尽众家田”；“壑邻罔利一家优，水旱无妨众户愁”[1]，这是豪强兼并的第6条罪状！

第七，或是围湖造田，或是利用湖边菱葑淤塞而造田，这是自北宋以来日益严重的问题。例如越州鉴湖，如前面提到的，宋仁宗时蒋堂复田为湖，但到宋英宗治平年间，盗湖为田者即达8千多家。北宋末年，盗湖的豪户同地方官勾结，以交纳租课的方式，使其盗湖合法化，于是鉴湖“望之才一带耳”[2]！南宋虽然屡次下诏复田为湖，然而湖面日小，几成历史遗迹。周围数百里的阆州南池[3]，会稽的夏盖湖、萧山落星湖、余姚汝仇湖等等[4]，与鉴湖具有同样的命运。这是豪强兼并破坏水利事业的第7大罪状！

第八，贪吏也是水利的蠹害。如余杭西函，“叠石起埭，均节盈缩”，“在余杭为千余顷之利，及旁郡者又倍蓰焉”，可是由于“塘长贪贿，窃启以过舟，水因大至，官吏又遽塞之”，结果是：“恃函之田，十岁九潦，殆成沮洳”[5]。这是豪强与贪官勾结破坏水利的第8条罪状。

第九，对于陂塘的修筑，“愚顽之民，多不听从，兴工之时，难为纠率；或矜强恃猾，抑卑凌弱；或只令幼小应数，而坐俟其利。似此之类，十居其半。及用水之际，争来引注。是以劳费不均，多起斗讼，勤力懦善之家受其弊”[6]。如果说，上述文字还有晦涩之处，不够清晰，试看下面的一段文字，便极其清楚的了：“当修筑之际，靳出食力，及用水之际，奋臂交争”，“皆田主悭吝之罪也”[7]，这是豪绅恶霸的第9条罪状！

第十大罪状是：“制造水灾，售其奸利。”先是大名府豪民有峙刍茭者，将图利，诱奸民潜穴河堤，仍岁决溢[8]，造成广大人民生命财产的巨大损失。

---

① 范成大：《石湖居士诗集》卷二八，《围田叹》；四部丛刊本。
② 杨彦令：《杨公谈录》。
③ 陆游：《老学庵笔记》卷二。
④ 施宿：《嘉泰会稽志》卷一〇。
⑤ 胡寅：《斐然集》卷六，《左朝散郎汪君墓志铭》。
⑥ 《宋会要辑稿·食货》七之一三。
⑦ 袁采：《世范》卷三。
⑧ 《长编》卷三四，淳化四年冬十月记事。

在两宋300年间水利建设事业的迅速发展中，地主豪绅扮演了极不光彩的角色。这一点也是应当提出的。事物之所以是曲折地而不是径情直遂地发展，就在于在其发展过程中遇到这样或那样的阻力。水利事业的发展也是这样，而地主豪绅对水利的霸占和破坏，便是水利事业发展过程中的一个严重的阻力。

第三章　农业生产工具、种子、肥料以及经营方式和单位面积产量

第一节　农业生产工具的进步和改良

继战国秦汉之后，唐宋之际特别是两宋300年间，是我国古代冶铁技术和铁制工具又一次变革的重要时期。① 变革的主要内容是：灌钢法、百炼钢法等的广泛使用，铁犁的进一步改进，铁刃农具的创制和推广等。特别由于铁产量的激增，从而使这次变革具有了更加坚实的基础。有关冶铁技术和铁产量诸问题，将在手工业采冶一章中加以叙述，这里主要地叙述一下农具改进等的状况。

宋代使用的曲辕犁创始于唐代，它的形制、大小在各地区颇不一样，其中以两浙使用的最为先进。唐末陆龟蒙在所著《耒耜经》中对此曾有所记述：

> 耒耜者……生民赖之，有天下国家者去此无有也……经曰耒耜，农书之言也；民之习通谓之犁。冶金而为之者，曰犁镵，曰犁壁；斫木而为之者，曰犁底，曰压镵，曰策额，曰犁箭，曰犁辕，曰犁梢，曰犁评，曰犁建，曰犁槃；木与金凡十有一事。耕之土曰坺，坺犹块也；起其坺者，镵也；复其坺者，壁也。……镵长一尺四寸、广六寸，壁广长皆尺，微椭……②

---

① 杨宽：《我国历史上铁农具的改革和作用》，（载1980年《历史研究》第5期）一文，提出了我国古代三次对农具的变革，本文采用了这一意见，但更侧重于两宋，特志于此。

② 陆龟蒙：《甫里先生文集》卷一九；有的丛书则将《耒耜经》抽印单刻成书。

从直辕犁改变为曲辕犁，这是耕犁的重要改进，在使用上，曲辕犁掉转更加灵活方便；由于犁镵、犁壁的分工，不但把土块犁起，而且犁壁又将土块翻下，经常地使熟土在上，生土在下，有利于作物的生长；而且由于犁镵的加大，为深耕创造了更加有利的条件。因而曲辕犁的发明，对宋代农业生产的发展起了重要作用。当然，就全国范围来看，在刀耕火耨式的农业经营地区，如夔州路施州，在熙宁以前还不知道牛耕，如李周通判施州时，“州介群獠，不习服牛之利”[①]，亦即不使用耕犁。有的地区，如广南西路桂州等地，耕犁既薄且小，不足以尽地力。大约在詹体仁任官广西路时，“乃更造农具”[②]，才以两浙路的耕犁代替了此前的薄小的耕犁。犁的形制大小，直接影响了单位面积的产量。而在两浙路所使用的是当时最先进的曲辕犁。从北宋仁宗时候朱长文的《吴郡图经续志》，到南宋孝宗初年范成大的《吴郡志》，都原封不动地照抄了《耒耜经》，称吴地的“农器甚备”[③]，为全国之最，无怪乎两浙路农业生产居全国首位了。

特别值得注意的是，宋代的犁还有了“銐刀”的装置，这是对犁的一项重大的改进。“銐刀”也谓之“开荒銐刀”，亦即王祯《农书》上所谓的“劚刀”，用来垦辟荒田的。两淮是南宋垦荒的重点地区，凡是派到这个地区垦荒的农户，“或是六丁加一銐刀”[④]，或是“每牛三头用开荒銐刀一副”[⑤]，都给配置了这种工具。这种工具，是“辟荒刃也，其制如短镰，而背则加厚”。其锋刃则已不是前此铸铁铸成的，而是同其他带锋刃的农具一样，具有了钢，因而更加锋利耐用，所以称之为钢刃农具。将銐刀安置在犁上，“如泊下芦苇地内，必用劚刀引之，犁镵随耕，起发乃易，牛乃省力”[⑥]。两宋300年间，曾对两浙江淮大片低洼地进行了大力的改造。这种改造，一是排水或筑圩御水，如前所述，一是排水后芟夷丛生的蒲芦杂草。安置在耕犁前部的劚刀，是改造

---

① 《宋史》卷三四四，《李周传》。

② 叶适：《水心先生文集》卷一五，《詹体仁墓志铭》。

③ 范成大：《吴郡志》卷二。

④ 吕祖谦：《东莱吕太史文集》卷一〇，《薛季宣墓志铭》。

⑤ 《宋会要辑稿·食货》三之一七。

⑥ 王祯：《农书》卷一四、卷二。

这种低洼地的一种极其得力的工具。正因为劖刀在垦辟荒地中具有这种重要作用，已故的刘仙洲教授在其所著《中国古代农业机械发明史》一书中，对这项创造大加称赞，认为是一件值得大书特书的事情。

与犁、劖刀有着密切关联的是牛，为机器耕作之前不可或缺的重要工具。在宋代，北方不产牛，或者说产牛甚少，因而耕牛是来自南方的一项重要商品。从北宋初年，北方就仰仗南方的牛，杨亿曾经指出，“民牛多疫死”，“水牛多自湘广商人驱至民间贵市之以给用”[①]。南方诸路产牛最多的大概是广南西路，文献材料曾一再地提到这件事情。如叶梦得曾经指出：“今岁耕牛疫死处诚广”，“所余惟两浙、福建、二广出产，除福建外，止是二广，次是两浙”[②]。广南西路牛产地则集中于雷州、化州和容州等地[③]。由于耕牛在农业生产中具有极为重要的作用，它的有无对细小的农民经济来说，便占有重要位置。没有耕牛的客户，在产品分配中要受到地主的更加沉重的剥削，往往少得一成产品；无牛的人户租赁一条耕牛要花费不少的代价，对此问题将在地租一章中再加叙述。因此，农民们对于耕牛是爱护备至、精心饲养的：“田家作苦，护养喂饲，不敢竭其力，置之林薄陂塘荫凉之所，如视其子，朝暮唯恐有伤”[④]。反过来，在不知道牛耕的地方，如广南西路桂州即亦静江府一带，也就不懂得牛的重要和牛的价值，因而在饲养上是“不得其道”的，“任其放牧，未尝喂饲，夏则放之水中，冬则藏之岩穴，初无栏屋以御风雨”[⑤]，与深耕细作的牛耕地区是很不相同的。

在缺乏耕牛和不知牛耕的地区，踏犁、铁搭、钁头则成为重要的耕具。北宋初，北方严重地缺乏耕牛，因而不得不推行武允成所献的踏犁。踏犁大约是孔夫子时代“偶耕”所用的“耒”，全靠人力翻地，“可代牛耕之功半”，用足大于用手，故“比钁耕之功则倍[⑥]”。这种工具在生产落后、粗放经营的地区

---

① 载吕祖谦：《宋文鉴》卷二四。
② 叶梦得：《建康集》卷七，《又与秦相公书》。
③ 《宋会要辑稿·食货》三之一〇；周紫芝；《太仓稊米集》卷二。
④ 《建康集》卷七《又与秦相公书》。
⑤ 周去非：《岭外代答》卷四《踏犁》。
⑥ 《宋会要辑稿·食货》一之一六至一七。

则颇为流行，将放在下面再加详述。铁搭有“四齿或六齿，其齿锐而微钩，似耙非耙，斫土如搭，是名铁搭”，“南方农家或乏牛犁，举此斫地，以代耕垦”，“兼有耙镢之效”[1]。徐州出土的三齿耙和扬州出土的四齿耙，大约就是《农书》上所说的铁搭，是作为犁耙的代用品而出现的。在广大地区，特别是在北方地区，镢是犁耙的代用品。从河南出土的镢头来看，形制相当大。凡是没有牛犁而靠铁搭、镢头耕作的贫苦农民，如果互相换工，“数家为朋，工力相助”，也是“日可斫地数亩”[2] 按时种莳的。而在劳动力充足的太湖流域，由于镢头能够深翻土地，也是用来作为重要耕作工具的。

在宋代创造的新的工具之中有秧马。这是插秧时使用的一种工具，骑在上面插秧较之弯腰插秧显然是节省了不小的体力。秧马大约是在宋神宗年间或者更早的时间创制出来的，苏轼在荆湖北路，“昔游武昌，见农夫皆骑秧马，以榆枣为腹欲其滑，以楸桐为背欲其轻，腹如小舟，昂其首尾，背如覆瓦，以便两髀雀跃于泥中，系束藁其首以缚秧，日行千里，较之偃偻而作者，劳佚相绝矣！”[3] 王祯在《农书》中还描绘了秧马的形制，与苏轼上述叙述是契合的。之后，苏轼到江西打算推广一下这种新工具，“作秧马歌以教，罕有从者。”[4] 可能是因为这种工具虽然节省体力，但速度不快而无法适应插秧季节的分秒必争而不能推广。虽然如此，秧马仍然是逐渐地推广了的。唐庚原来没有见过秧马，“到罗浮始识秧马”[5]；郑清之《田家》诗中说：“儿牵秧马妇携笠，泥滑春雨不嫌少”[6]，以及黎廷瑞的诗句，“雨余秧马各相先，绿满平畴断复连”[7]；在广南东路、江南西路和两浙路都有了秧马的踪迹。

秧马之外，下粪耧种也可能是在宋代创制的。前代创制的播种工具——耧车，在宋代牛耕的地区已是广泛地使用，王安石的农事诗中的耧车，便是很好的证明。在耧车广泛使用的基础，创造出来下粪耧种是不太困难的。王祯曾记

① 王祯：《农书》卷十三。
② 王祯：《农书》卷十三。
③ 苏轼：《集注分类东坡诗》卷二四《秧马歌·并引》。
④ 苏轼：《东坡志林》卷六。
⑤ 唐庚：《眉山唐先生文集》卷二。
⑥ 郑清之：《安晚堂诗集补编》《田家》。
⑦ 黎廷瑞：《芳洲集补遗》《次韶张龙使君十首》。

载这事道："近有创制下粪耧种，于耧斗后，别置筛过细粪，或拌蚕沙，耩时随种而下，覆于种上，尤巧便也。"[①]"近有"自然确指的是元代，但不排除在宋代创制出来。此外，宋代南方还创制了耘荡这一新工具。耘荡创造于"江浙之间"，"形如木屐而实长尺余，列短钉二十余枚"，用以"推荡禾垅间草泥，使之混溺，则田可精熟。既胜耙锄，又代手足，况所耘田数，日复数倍。"在节省人力和提高劳动生产率方面，耘荡是起了作用的。

在灌溉工具中，除旧来的利用竹筒连接起来引水浇灌外，宋代有所谓的筒车。筒车是在靠河岸的水中建立起来的，利用水流的力量，将轮辐转动，轮辐上的竹筒灌满了水，而后流到岸上，通过渠道灌于田中。宋人也称之为水轮。沈辽在《水车》诗中盛赞这种工具说："山田逘山脚，江水何可作？车轮十丈围，飞湍半天落！"[②]有了这样的灌溉工具，王安石的好友王令兴奋地说："旱则我为用，老龙尚何谓？"[③]李处权则认为这种水轮要比龙骨车优越得多："吴侬踏车茧盈足，用力多而见功少。江南水轮不假人，智者创物真大巧。一轮十筒挹且注，循环上下无时了……"[④]在适度的流水中，水轮确是表现了它的优越性，但是移到静水中，它就无所施其伎了；而被李处权所瞧不起的踏车则表现出来它的威力了。踏车即龙骨车，也就是东汉毕岗所发明的翻车渴乌。这种龙骨车，在宋人诗文中频频提到，南方种植水稻的地区，几乎家家都有，它已经是广泛使用的灌溉工具了。龙骨车不但在"临水地段皆可置用"，即使是在高昂地段，也可利用它把水提运上去："若岸高三丈有余，可用三车，中间小池倒水上之，足救三丈已上高旱之田"[⑤]。当然，要做到这一步，就需要更多的劳动力。因而在这种地区，农忙季节连妇女和儿童也都承担这项车水的劳动："嗟我妇子脚不停，日走百里不离家"[⑥]；"妇女足踏水车，手犹绩麻不置"[⑦]。在严重缺乏生活用水的广南东路连州，则依靠水车车水入渠，然后流

---

① 王祯：《农书》卷一二。
② 沈辽：《云巢编》卷三。
③ 王令：《广陵先生文集》卷六《答问诗十二篇·水车谢龙》。
④ 李处权：《崧庵集》卷三《士贵要予赋水轮……》四库影本 1135 – 605/606。
⑤ 王祯：《农书》卷一八。
⑥ 刘一止：《苕溪集》卷三，《水车》。
⑦ 陆游：《入蜀记》卷一。

到连州城里，解决了用水问题。[①] 这一事实不但表现了水车的作用，而且也反映了宋代是多么重视对水的利用。

第二节　种子的引进、培育和优良品种的推广

种子在种植业中占重要的地位，种子的好坏往往成为增产与否的决定性因素。在我国古代农业生产中，不仅对土壤、水肥、耕作技术等极为重视，对种子的选择、培育，以及对优良品种的推广，也都是极其精心对待的。在选择、培育和种子改良的过程中，新品种的引进是一个非常重要的环节。自秦汉以来就十分注意这个问题，宋代继承了这个传统，继续引进了许多新品种，其中有的来自我国边疆，有的来自国外，较为著名的有下列诸项：

1. 占城稻。这是一种能够种植在高昂地段上耐旱的稻禾，“比中国者穗长而无芒，粒差小，不择地而生”[②]，适应性强，而且早熟。宋真宗大中祥符五年（1012）江淮两浙诸路大旱，政府派人到福建取得占城稻三万斛，并出种法，“今（令）民择田之高仰者分给种之”，还把种植方法雕版印刷，“揭榜示民”[③]，以扩大种植。从此，占城稻便在江淮两浙落了户，在尔后种植中又得到了不断改良和更新。

2. 天竺菉豆。也是在宋真宗时候引进的。这个品种以“子大而粒多”作为特点的[④]，因而极其迅速地推广到南北各地了。

3. 黄粒稻。这种稻禾产于皖南山区的九华山，“其芒颖，其粒肥，其色殷，其味香软，与凡稻异”，相传是金地藏“至新罗携种至此（九华山）种之”[⑤]。

4. 西瓜。西瓜是产自非洲还是产自中亚，说法尚不一致，但它的娘家在干旱地区则是无任何疑义的。正因为西瓜产自干旱地区，它也就储存了更多的

---

① 郑侠：《西塘先生文集》卷三《重修车陂记》。

② 《宋史·食货志·农田》。

③ 《宋会要辑稿·食货》一之一七至一八。

④ 释文莹：《湘山野录》卷下。

⑤ 陈岩：《九华诗集》《黄粒稻》。

汁液，为其他瓜果所不能比。拿我国西瓜生长的情况来看，凡是产自我国西北部北部又是沙质土壤、温差较大地区的，汁液既多而味又甜美，最为佳胜。

那么，西瓜在什么时候传到我国的？这个问题现在还无法给以确切的解答。但可以肯定的是，最先传到我国的新疆地区，在那里落户生根，培育出了新的品种。自此以后，西瓜从我国西北边疆逐步传入到内地。大约在唐末五代，首先传到我国北部契丹辽国的统治地区。胡峤《陷虏记》载云："自上京东去四十里，至真珠寨，始食菜。明日东行……遂入平川，多草木，始食西瓜，云契丹破回纥始得此种，以牛粪覆棚而种，大如中国冬瓜而味甘。"① 随着契丹的征尘，西瓜于10世纪初年，就从我国西北边疆传到了我国北部，赵瓯北《陔余丛考》卷三三《西瓜始于五代》条，以上一记载为据，否定了元世祖统一中国之时西瓜始传入内地这个传统说法，从而把西瓜传入内地的时间提前了400年，是值得称赞的。

之后，女真金国灭辽、灭北宋，在广大的中国北部地区建立了它的统治。这时，西瓜仍在燕北种植，出使金国并被扣留达15年之久的南宋使臣洪皓，曾目睹其事，并在其《松漠记闻》中记述道："西瓜形如马蒲而圆，色极青翠，经岁则变黄，其瓞类甜瓜，中有汁，尤冷。"② 由于北中国的统一，辽和北宋之间的一道藩篱为之撤除，于是西瓜也随之越燕山、跨黄河，在大河南北生长起来了。南宋著名诗人范成大，在出使金国的旅途中，于开封陈留之间写下了《西瓜园》诗，记述其事："碧蔓凌霜卧软沙，年来处处食西瓜，形模护落淡如水，未可葡萄苜蓿夸。"在该诗自注中，范成大写道："〔西瓜〕味淡而多液，本燕北种，今河南皆种之。"③ 这说明了西瓜在河南北已普遍种植，而且也说明了它是自燕北传过来的。

南宋建立不久，西瓜又渡淮而南，在南方诸路找到了生长的场所。前面提到，洪皓被金国扣留了15年，直到"绍兴和议"后的第三年，即绍兴十三年（1143）才被释放，回到南宋，西瓜种就是由洪皓携带过江的："予携（西瓜

① 欧阳修：《新五代史》卷七三《四夷附录第二》。
② 洪皓：《松漠记闻》，古今逸史本。
③ 范成大：《石湖居士诗集》卷一二。

种）以归，今禁圃、乡囿皆有，亦可留数月，但不能经岁”[①]。史能之《毗陵志》所记果之属中有西瓜，并称“近多种此”[②]，西瓜在南方也广泛地种植起来。西瓜从边疆到北中国，又从北中国普遍于南北各地，经历了两个半世纪之久，一个新品种的推广显然不是一朝一夕之功。

新品种的引进，对种子的改良具有重要意义和作用。但品种的改良，主要靠精心选择和培育。在这方面，我国确实不愧为有素称发达的农业这一称誉的。农作物品种之多是难以想象的，而且一种作物就培育出来无数的品种。水稻是我国南方普遍种植的一种作物，因而它的品种也就最多。从文献上看，歙州稻有31个品种，其中籼稻11种、粳稻13种、糯稻7种[③]；会稽（绍兴府）56个品种[④]；台州30个品种[⑤]；明州25个品种[⑥]，昆山33个品种[⑦]，常熟有40多个品种[⑧]；郭翼所记录的峨嵋县有25个品种，“他处罕闻其名”[⑨]；乌青一镇就有籼稻70余种、糯40余品种[⑩]；福州早稻6种、晚稻10种、糯11种[⑪]，这些情况，充分说明了我国宋代水稻种植的兴盛。

水稻品种多，就更能够了解各品种的性能，由此给以区分开来，根据它们的性能而因地制宜地进行种植。根据成熟期而区分为早、中、晚三类，“早禾以秋成，中禾以处暑成，晚禾以八月成”[⑫]。其中最早的一种叫做“麦争场”，其余的则分别成熟于农历六、七、八月。其次，根据成熟日期的长短而加以区分，有所谓“六十日稻”（或称早占城）、“八十日稻”和“百日稻”等种类。第三，根据水稻抗旱耐寒的性能而加以区分，如“金城稻”，在“山田易旱”

---

① 《松漠记闻》。
② 史能之：《毗陵志》卷一三。
③ 罗愿：《新安志》卷二。
④ 施宿：《嘉泰会稽志》卷一七。
⑤ 陈耆卿：《嘉定赤城志》卷三七。
⑥ 罗浚：《宝庆四明志》卷四。
⑦ 凌万顷、边实：《玉峰志》卷下。
⑧ 卢镇：《至元琴川志》卷九。
⑨ 〔元〕郭翼：《雪履斋笔记》。
⑩ 《乌青镇志》卷二。
⑪ 梁克家：《淳熙三山志》卷四一。
⑫ 《宝庆四明志》卷四。

之处多种之[①]，而“冰水乌”则在“山乡地寒处宜种也”[②]。第四，根据水稻对土壤适应的性能而区分，如“肥田跂（稻种名），大率籼不耐肥，唯此种能于肥田中自植也”；“牛虱糯，颗粒大，难为地力，价高于白糯”；“秧田糯，善耐肥”[③] 等等。第五，根据水稻的质量而区分，如“十里香、师姑粳为上，斋头日、八月白、八月乌次之，䆉稏、金城为下”[④]。各个地区都有自己的优良品种，如会稽以紫珠、便粮、穤散、黄籼、粳贯、乌粘为“稻之美者”，台州“马咀红尤香而甘”，“献台最贵”[⑤]。此外，还可根据稻禾的形态，诸如芒之有无，秆之高低等，以及稻禾的颜色加以区分。

对水稻品种性能的认识和区分，在因地制宜、轮种换茬口等方面就具有了更大的主动性，更能够根据人们的意志和需要予以选择。例如有的品种能够早熟，农民们一般“红归生，米归红，成熟最早，然不广种，少莳以接粮耳”[⑥]，被称之为“瞒官白”的品种也是为续口粮的。最普遍的是种植晚稻，所谓“秧田多种八月白，草树花开九里香”者是也[⑦]。文天祥指出：“吾州（指吉州）从来以早稻充民食，以晚稻充官租”[⑧]。这种情况不独吉州为然。值得注意的是，优良品种不问政治风云的变幻而却世世代代地流传下来。如休宁的“桃花红”，“如饭香软”，早在南朝即享盛名，而作为郡太守的禄秩，著名文学家任昉在去郡时“唯有桃花米二十石”。又如红莲稻在唐代即见于陆龟蒙的诗中，所谓“近炊香稻识红莲”。可见，一些优良品种能够千百年地延续下来。因之，培育新的优良品种对提高产量和质量都具有重要意义。不过，培育新的品种，要注意对自然条件的适应，尤其是对引进的新品种更加如此。如占城稻原是亚热带的一种作物，传到我国福建，就改变了它原来生长的自然条件，到两浙江淮改变得更大。可是自从宋真宗大中祥符五年以后的200多年

① 谈钥：《嘉泰吴兴志》卷二〇。
② 施宿：《嘉泰会稽志》卷一七。
③ 《新安志》卷二。
④ 《嘉泰吴兴志》卷二〇。
⑤ 《嘉定赤城志》卷三六。
⑥ 《新安志》卷二。
⑦ 方岳：《秋崖先生小稿·诗集》卷七，《田头》。
⑧ 文天祥：《文山全集》卷五，《与知吉州江提举万顷》。

中，占城稻已经不是原来的占城稻了。从它分化出“早占城”（又名六十日）、白婢暴、红婢暴、八十日、泰州红、黄岩硬秆白、软秆白、红占城、寒占城（得霜乃熟）和金钗糯等品种了①。这是经过各地农民的辛勤培育，使之不断更新、适应各地水土气候而具有种种性能的。品种的多样化有利于农业生产。一般说，“大禾谷今谓之粳稻，粒大而有芒，非膏腴之田不可种；小禾谷今谓之占稻，粒小而谷无芒，不问肥瘠皆可种”。在阶级社会中，各种成果尤其是质量好的东西，总是被剥削阶级占有、享用，因而“所谓粳谷者，得米少其价高，输官之外，非上户不得而食”；“所谓小谷，得米多，价廉，自中产以下皆食之”②，佃客们往往连小谷也不得食，只能用来缴租。从“瞒官白”、“还了债”、“救公饥”这些水稻品种名称中，可以看出，它是吸收了农民的无数辛酸，从而显现了时代烙印的。

在宋代，各地区的作物之相互交流，对促进农业生产的发展也起了很好的作用。出自增税的目的，宋政府是提倡的，如宋太宗太平兴国年间，就曾下诏指出江南江北种植不同，“风土各有所宜”，但为了防备水旱，作物种植不要单一化，而要“杂植”；要求江南诸州长吏，“劝民益种诸谷”，所需粟、麦、黍、豆等种子，由淮北诸州供给；同时也要求江北诸州，在水源充足的地方，“广种粳稻”，“并免其租”③，使南北各地得以广泛交流各种作物，扩大各种作物的面积。这道诏令顺应了种植业发展的需要；在此以后，北方各地扩大了水稻种植面积，前面已经说过了。为了种好水稻，宋神宗熙宁六年冬派人到川峡、福建诸路招募人“分耕畿县荒田，以为稻田”④，到元丰元年由于稻田种植情况良好，对招募使者给以奖拔，从而有助种稻面积扩大和耕作技术的推广。北方作物也逐步向南方推广。如宋仁宗时陈尧佐把大小二麦推广到广南东路惠州：“南民大率不以种艺为事，若二麦之类，盖民弗知有也。公使于南津闽地教民种麦，是岁大获，于是惠民种麦者众矣”⑤。到南宋，“四川田土，无

① 《嘉泰会稽志》卷一七。
② 舒璘：《舒文靖公类稿》卷三，《与陈仓论常平》。
③ 《宋史·食货志·农田》。
④ 《长编》卷二四七，熙宁六年冬十月丁丑记事；又卷二九三，元丰元年冬十月乙卯记事。
⑤ 郑侠：《西塘先生文集》卷三，《惠州太守陈文惠公祠堂记》。

不种麦”[①]；福建路福州“有大麦小麦”，“今南北之人皆能种莳”[②]，这样，南方诸路有的也就形成了麦稻两作制。至于北方与北方、南方与南方之间，作物种植之交流更加活跃。如水稻在歙州则有所谓的“婺州青”，显然来自婺州；台州的剡粘显然来自于剡县；而昆山的“睦州红”、“金州糯”、“宣州糯”，则分别来自睦州、金州、宣州；绍兴府的“宣城早”、“泰州红”、“黄岩硬秆白”分别来自宣城、泰州和黄岩。各地区作物种植的交流，对各地作物的多样化，品种培育和选择，以及换茬、复种，都起着非常有益的作用。

第三节　粪肥的使用　有关粪肥的理论

粪肥对农作物的成长和产量具有重要的影响。远在战国时代，即总结出了“多粪肥田”的重要经验。到宋代，对粪肥的作用有了更进一步的认识。这个认识包括了以下几个方面：

第一是对粪肥与土壤的关系，有了更加深的认识。罗愿在《鄂州劝农》中说：“凡苗之长，全在粪壤。”[③] 把粪和土壤结合起来，认为是农作物生长的一个基本条件。由于把粪和土壤联系起来考察，从而认为瘠薄土壤也是可以改造的，能够“变恶为美”的，“种少收多”的。生长在北宋末南宋初年的陈旉，在绍兴十九年（1149）写成的《农书》中提出了许多光辉的见解，其中就指出：“凡田土种三五年，其力已乏，斯语殆不然也，是未深思也。若能时加新沃之土壤，以粪治之，则益精熟肥美，其力当常新壮矣，抑何敝何衰之有?”[④]，只要“以粪治之”，地力就不会敝败和衰竭的。王祯继承了陈旉的这个观点，指出粪肥对改变土壤的作用，称“惜粪如惜金”，“粪田胜如买田”[⑤]。这是一方面。

另一方面，陈旉还指出了，“土壤气脉，其类不一，肥沃硗确美恶不同”，

---

① 汪应辰：《文定集》卷四《御札再问蜀之旱叹》。
② 梁克家：《淳熙三山志》卷四一。
③ 罗愿：《鄂州小集》卷一，《鄂州劝农》。
④ 陈旉：《农书》卷上，《粪田之宜篇第七》。
⑤ 王祯：《农书》卷三《粪壤篇》。

因而要根据土壤的特性，进行改良，“治之各有宜也”。“黑壤之地倍美矣，然肥沃之过或苗茂而实不坚，当取新生之土以解利之，即疏爽得宜也。硗确之土信瘠恶矣，然粪壤滋培，即其苗茂盛而实坚矣。虽土壤异，宜顾之治之如何耳！”因此他得出“用粪犹用药”的结论[①]，在用粪施肥方面，也要因地制宜，适合其中。这一观点也被王祯继承，并有所发挥。他强调粪田之法要得其中，等等。

第二是粪肥与禾苗之间的关系。施用粪肥，对禾苗来说也是一个适中的问题。一般说来，粪肥施用得当，“故土膏肥美，稻根耐旱，米粒精壮”[②]，粪肥对禾苗根系茁壮成长、抗旱能力都具有重要作用，并直接地影响籽粒的大小和质量。

当时的粪肥，即所谓的农家肥，主要地是由人、畜的粪便溲溺和草木灰等构成的。农家经常在秋冬农闲之际“造粪壤”，“预先铲取土面草根，�曝烧灰”，然后与大粪搀在一起使用[③]。河泥也是一项重要的肥料，如毛珝所指，“竹罾两两夹河泥，近郭沟渠此最肥。采得满晚归插种，胜于贾贩岭南归”[④]。种植苜蓿之类，即可以充作牛畜的饲料，也可以充作绿肥肥田。秋冬之际灌田，将田内稻禾之根、野草之类，沤于田中。此外，从陈旉的《农书》，〔元〕司农寺所纂辑的《农桑辑要》，以至王祯《农书》，都曾记录了以麻粘作肥料。这不仅说明，宋代粪肥的来源扩大了，而且对它的质量也有了更进一步的要求。

越是在生产发达的地区，越加重视粪肥的沤积。程珌指出：“每见衢婺之人，收蓄粪壤，家家山积，市井之间，扫拾无遗。”[⑤] 当然不限于衢、婺，两浙、江东、福建、成都府等路都很重视粪肥的沤积。陈旉在《农书》中称赞粪便需要窖储，以便发酵。王祯比较了南北对粪便使用的情况时指出：“大粪力壮，南方治田之家，常于田头置砖槛窖，熟而后用之，其田甚美。北方农家

① 陈旉：《农书》卷上，《粪田之宜篇第七》。
② 程珌：《洺水先生集》卷一九，《壬申富阳劝农文》。
③ 朱熹：《晦庵先生朱文公文集》卷九九，《〔南康军〕劝农文》。
④ 毛珝：《吾竹小稿》《吴门田家十咏》。
⑤ 程珌：《洺水先生集》卷一九，《壬申富阳劝农文》。

亦宜效此。”[①] 可见南方对粪肥的使用方面也胜北方一筹的。南方诸路也不尽一样，差距也很不小。至于生产落后的地区，情况更加不同。下面将结合各地区的农业经营方式，以说明它的不同。

第四节　各地区的农业经营方式

宋代农业经营方式，大致分为下述三种类型，即“刀耕火种”式的原始经营，广种薄收式的粗放经营和精耕细作式的集约经营。大体上，西方诸路采取原始经营和粗放经营，而东方地区则以精耕细作为主，但在程度上又有差别。

先说“刀耕火种”式的原始经营。

“刀耕火种”式的原始经营在以峡州为中轴的一线西侧还占优势。峡州山区即实行刀耕火种。做过巴东令的寇准在一首诗中提到：“谁家几点畬田火，疑是残星挂远峰。”[②] 自峡州而北至商雒山区的商州，所属丰阳、上津等县，也盛行刀耕火种，著名文学家王禹偁贬官于商州时，写出了《畬田词》以纪其事，并对这种经营方式作了简要的说明。[③]

自峡州而南，即荆湖南路的西部，亦即湘江资州以西的地区，所谓“沅湘间多山”，“每欲布种时，则先伐其林木，纵火焚之，俟其成灰，即布种其间”，“盖史谓刀耕火种也”[④]。在湘江以西的上下梅山地区，宋神宗熙宁初年依然是“人家迤逦见板屋，火烧硗确多畬田”[⑤]，直到章惇开梅山之后，建立安化新化等县，才从刀耕火种转变为牛耕的。荆湖南路的西南部，与贵州接壤的靖州一带，也是刀耕火种的，如诗人的描述：“靖州风物最五溪，畬田岁入人不饥。”[⑥] 向沅湘向大西南延伸，至广南西路一带，刀耕火种式的经营占重

① 王祯：《农书》卷三。
② 寇准：《忠愍诗集》卷中。
③ 王禹偁：《小畜集》卷八。
④ 张淏：《云谷杂记》卷四；又许观《东斋记事》《刀耕火种》条与此全同。
⑤ 章惇：《开梅山歌》，载王象之《舆地纪胜》卷五九，又厉鹗《宋诗纪事》即转引于此。
⑥ 刘宰：《漫堂文集》卷四，《送魏华甫谪靖州》。

要位置。任官邕州的陶弼在《畬田》诗中说："畬田遇雨小溪浑"[1]，就反映了这种情况。而在广南东路的许多地区，也是以"刀耕火种"作为"农田之利"而被记录下来[2]。

自峡州泝江而西入夔峡，在巫山一带，"刀耕火种裁自给"[3]，万州"村民刀耕火种，所收不多"[4]，夔州则由于"耕山灰作土，散火满山卜龟雨"[5]，"最为荒瘠，号为刀耕火种之地"[6]。可见，自夔州至峡州所谓夔峡之地，广泛地采用了"刀耕火种"式的原始经营的耕作方式的。采用这种原始经营方式的，不限于夔峡一带。宋神宗熙宁二年，陆诜在一道奏疏中说："州（当作'川'）峡四路与内部不同，刀耕火种"[7]。可见川峡四路都存在这种耕作方式。所不同者，夔州路较其他三路更加广泛、普遍："惟夔最崎岖……水耕火种，官苟无忧，亦廑廑足。"[8] 当然，梓州的西南部、夔州以西的地区，如淯井监、泸州一带，也是有名的刀耕火种之区：

君行在巴徼，民俗半夷风（按淯井监为汉夷民族杂居的地区）。火田租赋薄，盐井岁时丰。[9]

地接松扶绝塞边，星居人户种畬田。[10]

采用"刀耕火种"原始经营方式的，多是在自然条件较差的地区，即一些山区和半山区。在峡州一线右侧的东方诸路的某些山区，也残存了这种耕作方式。如舒州，"火种又见无遗种"[11]；江南西路的萍乡山区，"耕锄兢畬田，鱼樵喧会市"[12]；闽西一带龙溪山区，"畬田高下趁春耕，野水涓涓照眼明"[13]，

① 陶弼：《陶邕州小集》。
② 祖士衡：《向敏中神道碑》，载祖无择《龙学文集》卷一五。
③ 魏了翁：《鹤山先生大全集》卷八九《吴猎行状》。
④ 《宋会要辑稿·食货》一七之一九。
⑤ 李复：《潏水集》卷一六《夔州旱》。
⑥ 汪应辰：《文定集》卷四《御札问蜀中旱暵划一回奏》。
⑦ 《长编》卷二一四，熙宁三年八月辛巳记事。
⑧ 真德秀：《真文忠公集》卷四二《李沈墓志铭》。
⑨ 韩缜：《送周知监》，载《宋诗纪事补遗》卷一九。
⑩ 冯山：《冯安岳集》卷一二《和子骏郎中文台》。
⑪ 王安石：《临川先生文集》卷二四，《舒州七月十一日雨》。
⑫ 蒋之奇：《萍乡》，载《蒋之翰、蒋之奇遗稿》。
⑬ 陈宗：《题挈洋驿》，载《宋诗纪事补遗》卷二九。

都说明了这种情况。但对东方诸路来说，刀耕火种毕竟是一种残存形态，远不如峡州一线左侧西方诸路还占有重要位置。其次，这种原始经营方式又是广泛地存在于少数民族或汉族与少数民族杂居的地区。如荆湖南路沅湘之间、上下梅山一带的苗、瑶、土、僚诸族，大都实行这种耕作方法，所谓“沅、辰、靖州蛮”，“皆焚山而耕”[①]。广南西路壮族也采用这一经营方式。

畬田，并不像前引寇莱公诗句描述得那样轻松而富有诗意，而是一项相当艰苦的生产劳动，虽则这种劳动方法极其落后。畬刀，“安短木柄”上，“并皆著袴”，“川峡山险全用此刀开山种田”[②]，成为刀耕火种的一种主要工具。每当畬田，先将山冈上的树木用畬刀砍倒，然后将其烧成灰烬，作为肥料。最好是在即将阴雨之前，完成砍伐、焚烧，等灰烬冷却用手撒下种子，而所种植的主要是粟、豆。如立即降雨，稼苗就能够生长，收成有望。否则，天旱不雨，颗粒无收。即使是好收成，也不过是种子的若干倍而已。种上三年五载，土地瘠薄得无法种植的时候，就另选一个地点畬种，按照上面的程式来上一遍。[③] 在丰阳、上津，畬不是以亩计算，而是以丈量的“索”（绳索）作为计算单位，称畬种了若干索。《左传》上所说的“疆以周索”、“疆以戎索”，长时期在史学界争论中得不到正确的解释，宋代畬田中的“索”为解释这两句话提供了可靠的依据。由于畬田产量太低，“经岁勤劳，不得一饱”[④]，“虽逢丰年，民间犹不免食草木根实”[⑤]，因而人们不得不“种芋充饥”[⑥]，不得不“猎取野兽，至烧龟蛇啖之”[⑦]。山区居民，特别是西南地区的各族人民，就是在这种贫困生活中而使自己的经济文化的发展远落在时代的后面的。

再说广种薄收式的粗放经营方式及其分布地区。

峡州以西诸路，也有不少的河谷、平原地区，也种植水稻。但从耕作方式

---

① 陆游：《老学庵笔记》卷四。

② 《宋会要辑稿·兵》二六之二六至二七。

③ 以上据王禹偁《畬田词》、张淏《云谷杂记》和范成大《劳畬耕》（《石湖居士诗集》卷一六）等记载写成。

④ 洪咨夔：《平斋文集》卷一一《劝农文》。

⑤ 祖无择：《龙学文集》卷四。

⑥ 《长编》卷二一四。

⑦ 《老学庵笔记》卷四。

看来，依然是落后的。有关记载说明，广南西路典型地表现了这种粗放经营方式。

先从工具说起。静江府（广西桂林）是宋代广南西路生产较为先进的地区，可是这里的犁，如前面提到的，直到宋孝宗年间，还极为“薄小”，“不足以尽地力”①。这种犁，既不能深耕，又不能将犁起的土块翻过来。事实上，就是在静江府，这样薄小的田器使用也并不广泛，而所谓的踏犁倒成了这个地区的主要耕具。踏犁，如前面所说的，完全依靠人力，“其耕也，先施人工踏犁，乃以牛平之”；“踏犁形如匙，长六尺许，末施横木一尺余，此两手所捉处”；“踏犁五日，可当牛犁一日，又不若牛之深于土”。这个地区还不知道牛耕，仅在踏犁起土之后，用牛来平土。② 犁既薄小，又不懂得牛耕，广南西路就只使用孔夫子时代的“耒”作为主要耕具，从而比两浙路要落后一千五六百年。

其次，包括静江府在内的广南西路地区还不懂得水利灌溉，“且无沟畎，何以行水?”③ 不知道积粪沤肥，也不知道移植秧苗。而且农业生产劳动的主要承担者是妇女。周去非在《岭外代答》中对这个地区的粗放经营方式作了记述，今摘录如下两段文字，以见其梗概：

> 深广旷土弥望，田家所耕百不一尔！必水泉冬常注之地然后为田，苟肤寸高仰，即弃而不顾。其耕也，仅取破块，不复深易，乃就田点种，更不移秧。既种之后，旱不求水，涝不疏决，既无粪壤，又不籽耘，一任于天。既获，则束手坐食以卒岁，其妻乃负贩赡之，已则抱子游嬉。……
>
> 钦州田家卤莽，牛种仅能破块，播种之际，就田点谷，更不移秧，其为费莫甚焉。既种之后，不耘不灌，任之于天。④

这种卤莽灭裂的粗放经营方式，以及“一任于天”的望天田，指望它能够有多么高的产量，当然是不可能的。产量虽不高，广种薄收，仍能够提供

① 叶适：《水心先生文集》卷一五，《詹体仁墓志铭》。
② 周去非：《岭外代答》卷三。
③ 叶适：《詹体仁志铭》。
④ 《岭外代答》卷三、卷八。

一定数量的商品粮，如商人以“下价”收籴，到广州高价出售，而享其利。

与广南西路紧邻的广南东路，除广州、韶州等地区生产有相当的发展外，其余地区大都是落后的。一些城市，如封州，比不上两浙一带的下县，除珠江三角洲之外，农业上因地旷人稀而显得落后。如“潮之为郡，土旷人稀，地有遗利”[①]，“惟我南海之民”，“其从事田畴者，又苟且卤莽，故耕耘不以时，荒废不加辟”[②]，到南宋年间，人口不但没有增加，反而同夔州路一样，有所减少。正因为人口少，生产不发达，对宋代广南东路还不时出现象群这一现象，也就可以理解的了。

与夔州路密迩相接的荆湖北路，在北宋时是东南六路当中最落后的地区，经过两宋之际战乱的影响，人口锐减，更加落后。任官于荆门军的著名哲学家陆九渊，曾将荆湖北路的农业生产与江南东西路进行了比较，他指出：

> 江东西无旷土，此间（指荆门军一带）旷土甚多。江东西田分早晚，早田者种早禾，晚田种晚大禾；此间田不分早晚，但分水陆。陆田者只种麦豆麻粟，或莳蔬栽桑，不复种禾，水田乃种禾。此间陆田，若在江东西十八九为早田矣。水田者，大率仰泉，在两山之间，谓之浴田；实谷字，俗书从水；江东西谓之源田。潴水处曰堰，仰溪流者亦谓之浴，盖多在低下；其港陂亦谓之堰。江东西水多及高平处，此间则不能，盖其陂不能如江东西之多且善也。[③]

从这个比较中，可以看出，荆门军一带（其实大部分荆湖北路亦然）在垦荒、种植、水利诸方面，都是落后于江东西。唯其如此，南宋士大夫在评论荆湖北路的农业生产时，一再指出它的耕作经营之粗放灭裂：“缘其地旷人稀，故耕之不力，种之不时，已种而不耘，已耕而不粪，稊稗苗稼杂然而生，故所艺者广而所收者薄”[④]；“湖北地广人稀，耕种灭裂，种而不莳，俗名漫撒，纵使收

① 许应龙：《东涧集》卷一三，《初到潮州劝农文》。
② 洪适：《盘洲文集》卷二九《劝农文》。
③ 陆九渊：《象山先生文集》卷一六《与章德茂第三书》。
④ 王炎：《双溪集》卷一《上林鄂州书》。

成，亦甚微薄”[1]；“州县建置二十五年矣，今犹极目蒿莱，开垦不及十二三”[2]。它虽然比广南西路要好一些，但乃属于广种薄收、粗放经营的地区。

淮南路在北宋分为东西两路，是东南六路经济发达的地区，沿江一带的农业生产堪与两浙江东比美，特别是盐产量，居于全国首位，使这一地区占重要位置。然而经北宋末年以来战乱，几度破坏，终南宋150年一直没有恢复旧观。其所以没有恢复起来，劳动人口太少是一个重要的乃至可以说是决定性的因素。宋神宗时，两淮户口达135万户，而南宋仅二十几万户，不到北宋的六分之一。由于劳动人口太少，“田莱之荆榛未尽辟，闾里之创残未尽苏”；“锄耰耘耨皆侨寄之农夫”；“市井号为繁富者才一二郡，大概如江浙一中下县尔！县邑至为萧条者，仅有四五十家，大概如江浙一小聚落尔！”[3] 因之，这个地区就从原来的精耕细作倒退到广种薄收，从集约经营倒退到粗放经营：“两淮多旷土，官司往时募人营垦，听其占佃，今已殆遍”；“所占（指田地）虽多，力实不给，种之卤莽，收亦卤莽，大率淮田百亩所收，不及江浙十亩，况有不及耕种之处。”[4]“两淮土沃而多旷，土人且耕且种，不待耘耔而其收十倍。浙民每于秋熟以小舟载其家之淮上，为淮民获田，主仅十五，他皆为浙人得之，以舟载所得而归。”[5] 与广南西路类似，也是因地多人少，从而使粮食有了富余的。

最后再看一下精耕细作式的集约经营及其分布地区。

北方诸路以及江南西路、荆湖南路、江南东路、成都府路、福建路和两浙路，大都采用这种耕作方式。自然，诸路情况甚至一路之内也都不尽一样。如在河东路，它的一些山居既存在刀耕火种，也存在粗放经营，而在汾河河谷就以精耕细作占主导地位了。而且，虽都属于精耕细作，但差距也很大。由于现存材料关系，仅以南方诸路为主，分作三个类别加以说明。

---

① 彭龟年：《止堂集》卷六，《乞权住湖北和籴疏》。
② 胡宏：《五峰集》卷二《与刘信叔书》第一首，信叔，刘锜字。
③ 仲并：《浮山集》卷四，《蕲州任满陛对札子》。
④ 虞俦：《尊白堂集》卷八《使北回上殿札子》。
⑤ 李心传：《建炎以来朝野杂记》甲集卷八。

一、江南西路、荆湖南路

江南西路的生产发展也不平衡，存在不小差距。有的地区，精耕细作达到相当高的程度。陆九渊所描述的他的家乡抚州金溪地区就是如此。他曾经指出，当地人家治田，用“长大镢头”，深翻地二尺许，并有一尺的间隔，“方容秧一头”，“久旱时，田肉深，独得不旱”；从产量上看，他处禾穗每穗不过三五十粒、八九十粒，而“此中禾穗数之，每穗少者尚百二十粒，多者至二百余粒”，“每一亩所收，比他处一亩不啻数倍”①。但是，这种精耕细作在江南西路并不普遍；有的地方如南康军，“耕种耘耨，卤莽灭裂，较之他处，大段不同，所以土脉疏浅，草盛苗稀”②，似乎还属于广种薄收、粗放经营方式。同两浙路比，江南西路精耕细作的差距很大：“吴中厥壤沃，厥田肥，稻一岁再熟，蚕一年八育；而豫章则襟江带湖，湖田多，山田少，禾大小一收，蚕早晚二熟而已。吴中之民，开荒垦洼，种粳稻，又种菜麦麻豆，排无废圩，刈无遗陇；而豫章所种，占米为多，有八十占，有百占，有百二十占，率数日以待获，而自余三时则舍穑不务”③。再以抚州为例，也同两浙大不一样，如在耕种方面，“多有荒野不耕，桑麻菜蔬之属甚少”；在耘田或田间管理方面，“勤力者耘得一两遍，懒者全不耘”；在积肥方面，“勤力者斫得些小柴草在田，懒者全然不管”；在收成之后，“田便荒版”，“尽被荒草抽了地力”④；即在多种经营、中耕以及田间管理、积肥以及收成之后的及时耕垦，都远不如两浙路，因而江南西路只不过是向精耕细作式的集约经营迈出一步而已。

荆湖南路情况复杂，湘江以西地区属于“刀耕火种”范围，多数地区如桂阳军耕作仍然相当粗放，“不待施粪，锄耙亦稀”，仰仗土地的自然肥力而人工有所不至⑤。在滨湖地区，特别经过钟相、杨么起义之后，终南宋之世，农业生产逐渐发展起来，同江南西路某些地区一样，向精耕细作式的集约经营

① 《象山先生全集》卷三四《语录》上。
② 朱熹：《晦庵先生朱文公文集》卷九九《〔南康军〕劝农文》。
③ 吴泳：《鹤林集》卷二九《隆兴府劝农文》。
④ 黄震：《黄氏日钞》卷七八《咸淳八年春劝农文》。
⑤ 陈傅良：《止斋先生文集》卷四四《桂阳军劝农文》。

方面发展。

二、成都府路、福建路和江东路

成都府路属于四川盆地的盆底部分，所谓“天府之国”，指的就是这个平原地区。除较好的自然条件之外，这里也是人多地少的地区，人口密度与两浙不相上下，有过之而无不及。劳动者的勤奋和耕作技术的进步，为“天府之国”奠定了坚实的基础。“方春耕将作兴……莫不尽力以布种。四月草生，同阡共陌之人，通力合作，耘而去之，置漏以定其期，击鼓以为之节。怠者有罚，趋者有赏。及至盛夏，烈日如火，田水如汤，薅耨之苦尤甚，农之就功尤力，人事勤尽如此，故其熟也常倍。”① 不仅耕作精致，田间管理也周密，而田间管理也是精耕细作过程中的一个重要环节和内容，成都盆地的农业生产强调了这一方面，是值得注意的。梓州路遂宁府以及一些河谷地、利州路的汉中地区，也都属于精耕细作范围。

福建路沿海与山区的差距甚大，滨海之“田或两收，号再有秋”②，“濒海之稻岁两获，负山之田岁一收”③。濒海地区精耕细作，次于两浙路，同成都府路差肩比美。江南东路的圩田，是宋代的稳产高产田，其精耕细作与两浙路不相上下。福建路和江南东路亦都有山区，在这些山区开展竹木茶漆等多种经营是极为有利的。两路在这方面也都有所进展。尤其是福建路背山面海，“其民皆垦山种果菜、渔海造鲑蛤之属以自给”④，找到了解决当地人多地少这一矛盾的重要途径，更不必说沿海人民的围海造田了。

三、两浙路

这里是两宋300年农业生产最发达的地区，是我国古代农业上精耕细作、集约经营的一个典型地区。首先，这里使用的犁、𠜾刀，如前所述，是当时最先进的工具，为垦辟低洼地和精耕细作创造了前提条件。更加重要的是，这个

---

① 高斯得：《耻堂存稿》卷五《宁国府劝农文》。
② 真德秀：《真文忠公文集》卷四，《福州劝农文》。
③ 卫泾：《后乐集》卷一九《福州劝农文》。
④ 刘克庄：《后村先生大全集》卷八《福清县创大参陈公生祠》。

地区的精耕细作，形成了一套比较完整的经验。真德秀在《福州劝农文》中曾经提到："勤于耕畬，土熟如酥；勤于耘耔，草根尽死；勤于修塍，蓄水必盈；勤于粪壤，苗稼倍长。"这其中的"耕"、"耘"、"水"、"肥"四者以及"种"，五者具备，而且作为这五者的纽带——"勤"字贯穿其中，这大约是以两浙路为代表的宋代精耕细作式的集约经营的技术和经验，值得重视和研究。先说"耕"，"大凡秋间收成之后，须趁冬月以前，便将户下所有田段一例犁翻，冻令酥脆"①；"秋收后便耕田，春二月再耕，名曰耖田"②。经过两次耕作犁耙，使土壤松散。高斯得曾说："浙人治田，比蜀中尤精。土膏既发，地力有余，深耕熟犁，壤细如面，故其种入土坚致而不疏。"③ 再说"种"："耕田之后，春间须是拣选肥好田段，多用粪壤拌和种子出秧苗"④；"浸种下秧，深耕浅种"⑤，以利秧苗迅速成长，并在培育壮实之后根据时令，不失农时地进行栽插。再说"耘"；"二遍耘田，次第转折，不曾停歇"⑥，除去田中杂草青苔，以利禾苗的茁壮成长。第四是水：秧田"爱往来活水，怕冷浆死水"⑦，因而需要不时换水；至于稻田里的水，更是刻不容缓："才无雨，便车水，全家大小，日夜不停"⑧；"苗既茂矣，大暑之时，决去其水，使日曝之，〔以〕固其根，名曰靠田；根既固矣，复车水如田，名曰还水，其劳如此。还水之后，苗日以盛，虽遇旱暵，可保无忧"⑨。至于"肥"，则要"终年备办"，"春间夏间常常浇壅"⑩，还要根据土壤的性能，因土制宜地使用粪肥，前面已经说过。两浙路精耕细作式的集约经营发展到了一个新的阶段，它所积累下来的一些经验，直到今天仍具有重要的意义和价值。

两浙属于古代的扬州，《禹贡》上说这个地区，"厥田唯下下"。由此可

① 《晦庵先生朱文公文集》卷九九《〔南康军〕劝农文》。
② 《黄氏日钞》卷七八《咸淳八年春劝农文》。
③ 《耻堂存稿》卷五，《宁国府劝农文》。
④ 《晦庵先生朱文公文集》卷九九《〔南康军〕劝农文》。
⑤ 《晦庵先生朱文公文集》卷一〇〇《〔漳州〕劝农文》。
⑥ 《黄氏日钞》卷七八，《咸淳八年春劝农文》。
⑦ 陈旉：《农书》卷上，《善其根苗》。
⑧ 《黄氏日钞》卷七八，《咸淳八年春劝农文》。
⑨ 《耻堂存稿》卷五，《宁国府劝农文》。
⑩ 《黄氏日钞》卷七八，《咸淳八年春劝农文》。

见，包括两浙路在内的扬州，其田土是最劣等的。可是这种卑湿下田，却变成当时最为肥沃的土地，这是什么原因造成的呢？以“天抹微云”而名噪当世的秦观作了很好的回答：

今天下之田称沃衍者为吴越闽蜀，其亩之所出视他州辄数倍。彼吴越闽蜀者，古扬州梁州之地也。按《禹贡》扬州之田第九、梁州之田第七，是二州之田在九州之中最为下，而今乃以沃衍称者何哉？吴越闽蜀地狭人众，培粪灌溉之功至也。[①]

陈傅良也有类似的评论：

两浙之土，最是瘠薄，必有锄耙数番，加以粪溉，方为良田。[②]

由于有充足的劳动力和劳动者的辛勤劳动，加上一套精耕细作的生产经验，使两浙原来的最劣等的土地，一跃而成为全国最为肥沃的农业先进地区了。

第五节　各地区单位面积产量

在宋代幅员是如此广阔的国家里，各地区的土壤、气温和雨量等自然条件又千差万别，因而农业生产中的轮作、复种和换茬，在各地区也很不相同。

以太湖流域为中心的两浙地区，实行了两种两作制，一是稻—稻两作制，所谓“吴地海陵之仓，天下莫及，税稻再熟”[③]，即可说明。另一种是麦—稻两作制，这是在南宋发展起来的：“建炎以后，江浙湖湘闽广西北流寓之人遍满。绍兴初，麦一斛至万二千钱，农获其利，倍于种稻，而佃户输租，只有秋课，而种麦之利，独归客户，至是竞种春稼，极目不减淮北。”[④] 麦稻两作制也流行于四川诸路：“四川田土，无不种麦”[⑤] 江东路也是如此。福建路滨海地区则是稻—稻两作制，山区为一作制。大体上说，南方以麦稻两作制或稻稻两作制占优势，即是说，一年两收。淮水以北的北方诸路，由于气候条

① 秦观：《淮海集》卷一五，《财用》。

② 《止斋先生文集》卷四〇。

③ 苏籀：《双溪集》卷九《务农札子》。

④ 庄季裕：《鸡肋编》卷上。

⑤ 汪应辰：《文定集》卷四，《御札再问蜀之旱歉》。

件，很难实行两作制，而是两年三作制，即麦1豆（或粟）1黍（或高粱）三作制。而河东路雁门关以北、秦凤等路偏北地区则只能一年一作了。这样看来，在作物种植方面，南方与北方差距也很不小，其比数为2（南）：1.5（淮北）：1（雁北）。这句话说，从复种面积看，南方田一亩，相当于北方的1.33～2亩。加上单位面积产量的不同，南北差距就更加拉开了。现将各地亩产量情况，制成下表，以资考察：

年 代	地 区	单位面积（亩）产量	材料来源
宋太宗至道三年（997）	陈、许、邓、寿春等	3斛	《宋会要辑稿·食货》六三之四四、《通考·田赋考·屯田》
宋真宗咸平二年（999）	汝州稻田务	约1石①	《长编》卷四四，陈均《皇朝编年备要》卷六，《宋史·食货志》
宋真宗天禧四年（1020）	保州屯田务	约1石8斗左右（稻）	《宋会要辑稿·食货》四之二，六三之四二
宋仁宗庆历元年（1041）	许州	2石②	《宋会要辑稿·职官》五八之九
宋仁宗庆历三年（1043）	苏州	2～3硕（米）③	《范文正公全集·政府奏议》卷上，《答手诏条陈十事》
宋仁宗嘉祐五年（1060）	绛州一带游田	2～3硕	《宋会要辑稿·食货》七之三〇，《长编》卷二七七
宋仁宗嘉祐六年（1061）	芜湖万春圩	6斛	张问：《张颙墓志铭》
宋仁宗时	开封府畿	1石（中田）	《乐全集》卷一四，《税赋》
宋英宗治平三年（1066）	河北屯田	约1石（谷）	《宋会要辑稿·食货》六三之四四，《通考·田赋考·屯田》

① 汝州稻田务系官田，募民有牛者耕垦，当系采用官四民六分配制，稻田600顷收租共2.3万石，亩合4斗，由此折算当为1石。

② 李淑奏称："切缘地土肥瘠不同，设使全然肥沃，仍值大段丰稔，每亩不过分收一石以来"，据此可知亩产为2石左右。

③ 范仲淹称此产量系"中稔之利"。

续表

年　代	地　区	单位面积（亩）产量	材料来源
宋神宗熙宁二年（1069）	陕西同州沙苑	2石	范纯仁《范忠宣全集·政府奏议》卷一，《条列陕西利害》
宋神宗熙宁三年（1070）	秦州一带	3硕	《宋会要辑稿·食货》一之二九
宋神宗熙宁四年（1071）	济、濮等州	5硕左右（菽麦）	《宋会要辑稿·食货》一之二九
宋神宗熙宁七年（1074）	熙、河等州	1石（中岁）	《宋会要辑稿·食货》二之四；《通考·田赋考·屯田》；《宋史》卷一七六《食货志》
宋神宗年间	和州麻湖一带	约四、五斛	范祖禹《范太史集》卷四二《吕希道墓志铭》
宋哲宗元祐元年（1086）		1石	吕陶《净德集》卷二《奏乞宽保甲等并灾免冬教事状》
宋哲宗时	吴越闽蜀	1亩所收税他州辄数倍	《滩海集》卷一五《财用下》
宋哲宗绍圣三年（1096）①	太平州	5石	贺铸《庆湖遗老诗集拾遗》《题皖山北濒江田舍》
宋哲宗元符二年（1099）	麟、石、鄜、延等州	2石	《长编》卷五一七
宋徽宗政和七年（1117）	明州	六七硕谷	《宋会要辑稿·食货》七之四五
宋高宗绍兴七年（1137）	汉中、洋州屯田	约2~3硕	《宋会要辑稿·食货》二之二〇；可参阅《建炎以来系年要录》卷一一一、《朝野杂记》甲集卷一六
宋高宗绍兴一五年（1145）	阶、成州营田	1.2石	《系年要录》卷一五三

① 按贺铸系官太平州时所作诗，丙子年为宋哲宗绍圣三年。

续表

年　代	地　区	单位面积（亩）产量	材　料　来　源
宋高宗绍兴二九年（1159）	官庄田	1.1斛	《宋史》卷一七三，《食货志》
宋孝宗乾道九年（1173）	歙州	上田2石（米）	罗愿《新安志》卷二
宋孝宗淳熙元年（1174）	湖北路营田	1.6硕	《宋会要辑稿·食货》六之二六
宋孝宗淳熙年间	武昌大冶营田	3硕	薛季宣《浪语集》卷一九《论营田》
宋孝宗淳熙年间	鄂州	上田3斛（谷） 下田2斛	王炎《双溪集》卷一《上林鄂州书》
宋孝宗淳熙一三年（1186）	襄阳木渠	六七斗	《宋会要辑稿·食货》六之二八
宋孝宗淳熙一六年（1189）①	闽浙一带	上田3石（米） 次田2石	陈傅良《止斋先生文集》卷四四《桂阳军劝农文》
又	桂阳军	1石	陈傅良《桂阳军劝农文》
宋孝宗淳熙年间	衡州	1石	廖省之《省斋集》卷四《石鼓书院田记》
又	福州	2石	梁克家《淳熙三山志》卷一四《贡赋税则》
宋宁宗嘉定二年（1209）	湖州草荡为田	3石	《宋会要辑稿·食货》六之三一
宋宁宗嘉定年间②	江南东路	4石（谷）	岳珂《愧郯录》卷一五
宋理宗端平年间（1234～1236）		3石	周弼《汶阳端平诗隽》卷一《丰年行》③
——	两浙路	上田五六石	高斯得《耻堂存稿》卷五《宁国府劝农文》
南宋末	吴	田3石（米） 山田2石（米）	方回《续古今考》卷一八

① 据楼钥所撰陈傅良神道碑、蔡幼学所撰行状，陈傅良知桂阳军在宋孝宗淳熙十六年与宋光宗受禅之间，即1189～1190年之间，故系于此。

② 岳珂《愧郯录》成书于宋宁宗嘉定年间，故系于此。

③ 周弼情况不甚了解，仅据该书名称系于端平年间。

本表基本上反映了两宋300百年各地农产量的情况。首先，本表清楚地显示了全国农业生产发展的不平衡性，高产量与低产量之间的差距甚大，其中并不包括“刀耕火种”式的原始经营方式下的亩产量。本表说明了，南方亩产量普遍高于北方，东方普遍高于西方；水田高于旱地，大约是1与3之比，即南方水田1亩相当于北方旱地3亩。因之，在水利条件许可下，北方扩大稻田以增加产量，是一个值得注意的经验。王安石变法期间，就是这样做的，当时北方稻田增加得不少。当然这一做法同当时注意水利事业的举办兴修是分不开的。

其次，本表还说明了，两宋300百年间农业生产是逐步发展的。以江浙为例，宋仁宗时亩产二三石，北宋晚年到南宋初已是三四石，南宋中后期五六石，是不断增长的。宋代亩产量一般是2石，最差的也有1石。就单位面积产量而言，宋代显然超过了隋唐，更远远超过了秦汉。按宋代1石，折今市石6.6斗，合92.4斤。如果宋代最高产量以五石计算，折今460市斤。这样，宋代一亩或一亩多地即可养活一个人。而在战国则要20~30亩（折今4~6亩）方能养活一个人。唐代最高亩产量，据陆宣公奏议所载，约为2石。宋代农业最发达地区的单位面积产量，大约为战国时代的4倍、唐代2倍有余。显而易见，宋代农业劳动生产率已经有了显著的提高，这是历史的一个重大进步。

第四章　商业性农业、经济作物的发展　多种经营的渐次展开

宋代农业生产的发展，还表现在商业性农业和经济作物种植扩大等方面。在宋代，家内手工业继续发展，而与农业脱离的手工业也有了显著的发展。因而为纺织手工业提供原料的棉花、麻和蚕桑等，亦相应地发展起来了。为供应市场的需要和城市发展的需要，甘蔗、果树、蔬菜、园艺〔主要指养花〕、种药等也跟着发展起来而成为独立的行业。茶叶生产在社会经济结构和国家财政结构中都占有一定的比重，将与食盐生产放在封建国家专利制度一编中详加叙述。此外，经营楮、杉、竹、漆，江湖近海的渔业以及塘陂的养鱼业等等，包括上述方面的多种经营也逐渐展开，特别是在田地极少的多山地区，对多种经营的开展尤为迫切。本章就分别叙述上面的问题。

第一节　棉花的种植及其向江西、两浙诸路的传播[①]

棉花，在宋元以前称为木棉，也叫吉贝，早在我国新疆、云南和海南岛等边远地区种植，并沿着西北和西南这两个方面向我国内地传播。魏晋隋唐之间，不少的诗文提到吉贝在岭南地区的发展。清人俞正燮著《木棉考》和《吉贝木棉字义》两文，论述了在宋代及其以前木棉于岭海闽广种植的梗概。现在，我们来看一下棉花是怎样从岭海闽广逐步传播到两浙、江东诸路的。

《资治通鉴》注释记载："木棉，江南多有之，以春二三月之晦下子种之。……至秋生黄花结实。及熟时，其皮四裂，其中绽出如绵。土人以铁铤碾

① 此问题主要根据《宋代植棉考》一文写成，载《求实集》第 113 ~ 125 页。

去其核，取如棉者，以竹为小弓，长尺四五寸许，牵弦以弹绵，令其匀细。卷为小筒，就车纺之，自然抽绪，如缫丝状，不劳纫缉，织以为布。”① 从木棉的形态，到种植以至织成布，就是今天所说的棉花。宋代有关棉花的记载，以乐史的《太平寰宇记》为最早；而且他还提到“琼州有夷人，无城郭”，“以木棉为毯”②，把兄弟的黎族人民为中华民族所作出的重大贡献记录了下来，这一点下章再详加叙述。我国棉花的种植，就是从黎族所居住的海南岛渡海而北，在两广、福建诸路落户扎根，并逐步扩展开来的。

先说广南西路。海南岛及其对面的雷州半岛，在宋代都属于广南西路，乐史《太平寰宇记》王胜之《舆地纪胜》和周去非的《岭外代答》都有记载，雷州、化州、廉州和宾州，都盛产木棉和木棉布。如《岭外代答》上说，这些地方富有木棉，用来代替丝纻，所织“匹幅长阔而洁白细密者，名曰慢吉贝；狭幅粗疏而色暗者，名曰粗吉贝；有绝细而轻软洁白、服之且耐久者。海内所织则多品矣”③。总之，广南西路是我国古代南方种植木棉最早的地区。

广南东路也是盛产木棉的地方。宋人只要提到木棉的产地，就一定把闽广并提。“广”就是包括广南东路在内的两广路。广南东路种植木棉之盛，就是在偏北的韶州一带也可看到。区仕衡墓表上说，仕衡的先代叫区观昱的，“梁乾化中避江淮寇乱，迁岭南之韶州，隐居棉圃里”④。居住的地方以棉圃命名，不言而喻，在韶州一带是种植了木棉的，而且早在五代之初即已种植了木棉。还有一件值得注意的是，宋神宗元丰年间知广州陈绎之子陈彦辅“役使广州军人织造木棉生活”而获罪⑤。这一事实充分地说明了木棉不仅在广南东路广泛种植，而且使包括军人在内的一些人都能够掌握织造木棉的技术，从而表明有专门靠织造木棉的手工业技术和手工工匠存在了。由此进一步地说明了，棉花不仅供应家庭手工业的需要，而且也供应独立于农业的纺织手工业的需

① 按《资治通鉴》卷一五九对木棉作了注释，是否为史炤的释文，不好判定。

② 《太平寰宇记》卷一七〇。

③ 周去非：《岭外代答》卷六。

④ 该墓表原题《上舍公墓表》，载区仕衡《九峰先生集》。

⑤ 《熙丰日历》残叶，载王明清《玉照新志》卷一。

要了。

福建路植棉，宋人记载得最多，而且如前所述，与两广并称为闽广。彭乘指出："闽岭以南多木棉，土人竞植之，有至数千株者，采其花为布，号吉贝布。"[①] 福建沿海一带如兴化莆田，家家都曾种植棉花，因而被刘弇誉为："家家余岁计，吉贝与蒸纱。"[②] 漳州种植木棉的情况也很兴盛，贾似道就是在漳州的一座名叫木棉庵的被押送使臣郑虎臣拉杀的。[③] 正像里以棉圃为名一样，庵以木棉为名，也反映了木棉与当地有何等密切的联系。就是在福建山区，如建安一带也广泛种植木棉，并靠织吉贝为生。[④]

棉花早在闽广种植，久已为学术界注意，以上补充了一些材料，论证了两宋期间木棉在这一地区有了更进一步的发展。

两宋时期，棉花是否一直裹步于岭南闽广而没有向北发展？这是值得研究的。

南宋末年，爱国诗人谢枋得《谢刘纯父惠木棉布》一诗曾说："嘉树种木棉，天何厚八闽"；"木棉收千株，八口不忧贫"，指明闽岭地区种植木棉之利；接着又说，"江东易此种，亦可致富殷"，可见江东饶州信州之间，蚕桑兴旺，"所以木棉利，不畀江东人"[⑤]，按：谢叠山写作此诗的年代已不可考，诗中强调木棉为八闽之利而为江东所不产。叠山信州弋阳人，信州于宋代属江南东路，诗中所谓江东不产者，确切地说，是江东路信州、饶州不产，诗中也是这样提出的。至于江东路其他州县在宋代是否种植木棉，单凭这首诗是不能够下结论的。

与谢枋得同一时代的艾可信，有《木棉》一诗，描写木棉之白和纺弹，所谓："收来老茧倍三春，匹似真棉白三分。车转轻雷秋纺雪，弓弯半月夜弹云"，最后提出来："闻得上方存节俭，区区欲献野人芹"[⑥]。作者艾可信，

---

① 彭乘：《续墨客挥犀》卷一。
② 刘弇：《龙云集》卷七，《莆田杂诗二十首》之一。
③ 王应麟：《王深宁文集》卷二。
④ 华岳：《翠微南征录》卷二，《邻女搔绵吟》
⑤ 谢枋得：《叠山集》卷二。
⑥ 陆心源：《宋诗纪事补遗》卷七五，引自《江西诗征》。

江西临川人，系宋度宗咸淳四年（1268）进士，宋亡之后不仕。就诗的语气看，显然是作者描述其家乡种植木棉和织造木棉布的情况，并指出皇帝若要倡导节俭，就应推广木棉的种植，这是诗人借着这一题目而献的“野芹”。诗的著作年代也无法判定，但在宋元之际或者更早的一些时候，江南西路抚州一带已经种植了木棉，或者说木棉已经跨越了大庾岭传播到江西路了。

20世纪50年代中，在浙江兰溪的一座南宋墓葬中发现了一条棉毯。这条棉毯的来历无非是如下两种可能：一是自闽广或海南岛经海上运到两浙路，一是产自当地或附近地区即两浙路一带。后一种可能性是完全存在的。试看《元典章》中如下的记载：

> 大德元年（1297年）三月，行省准中书省咨该，元贞二年（1296后）九月十八日奏过一事节该：江南百姓每（们）的差税，亡宋时秋夏税两遍纳有：夏税木棉、布、绢、绵等各处城子里生产的折做差发斟酌教送有来，秋税止纳粮。如今江浙行省所管江东、浙西这两处城子里，依着亡宋例纳有……江东、福建、湖广百姓每夏税依亡宋体例交纳呵……①

这条记载极为重要，它明确地指出江浙行省所辖江东、浙西这两个地区的夏税，其中包括“木棉”等项，都是亡宋时的则例。既然如此，“木棉”作为南宋晚年夏税税收中的一项，则它在江东、浙西两地区的种植和织造，必然经过一个相当的时期，否则是不可能的。这就是说，远在宋亡之前，江东、浙西两地区已经种植木棉了。

木棉在两浙地区的发展，从《至元嘉禾志》中也得到反映：“帛之品：丝、绵、绡、绫、罗、纱、木棉、克丝、绸、絺、绮绣（原注：以上多出崇德）、绤（海盐者佳）布（松江者佳）”②。按：嘉禾，即元代之松江府、宋之嘉兴府、秀州或华亭县者是也，于宋属两浙路，位于当时生产最发达的太湖流

① 《元典章》卷二四。

② 徐硕：《至元嘉禾志》卷六，《物产》。查北京大学图书馆藏李木斋藏书中《至元嘉禾志》清初抄本，亦作“木棉”不误。

域。《至元嘉禾志》一书，系徐硕在宋嘉定年间关杖所纂修旧志（未刊行）的基础上编纂成功的。据郭晦为是书写成的书序来看，是书盖于元世祖至元二十五年即戊子年（1288）刊行的，故曰《至元嘉禾志》。元朝灭宋，统一中国之年为元世祖至元十六年（1279），至《嘉禾志》成书之年即至元二十五年，中间不过9年。而在此9年中，如上引材料，“木棉”即为松江府物产中与丝、绸、刻丝等并列的一种重要产品，则此产品既要有一定的质量，也要有一定的数量，否则是难以列于当地物产之中的。要取得这样一个发展，显然是在宋亡以后短短9年中难以达到的；必然是在宋亡以前的若干年份里，木棉早已在宋之嘉兴府种植和织造了。

复据《元史·世祖纪》至元二十六年（1289）为扩大木棉的种植，政府下令在浙东、江东西、福建、湖广诸地置木棉提举司；至元二十九年（1296），中书省又命江西行省“于课程地税内折收木棉白布，已后年例必须收纳”①。从这个记载也可以看到，江西等地原来不种木棉或种植甚少，单靠建立提举木棉司是无法扩大木棉种植的面积的；更何况在短短两三年内把征收木棉作为“年例”，即成为税收的定制，更是不可思议的。显而易见，浙东、江西等地区早在宋代即已种植和织造了木棉，因而如《元典章》所说，交纳“夏税木棉”是“亡宋”时的体例，元代则在“亡宋”的基础上扩大了对木棉的种植和征收罢了。

大家知道，对棉花纺织技术改进作出巨大贡献的伟大妇女黄道婆的事迹，首先是由陶宗仪的《辍耕录》记录下来的。该书写道：

> 闽广多种木棉，纺绩为布，名曰吉贝。松江府东去五十里许曰乌泥泾，其地土田硗瘠，民食不给。因谋树艺以资生业，遂觅种于彼。初无踏车椎弓之制，率用手剖去……厥功甚艰。国初时有一妪名黄道婆者，自崖州来，乃教做造捍弹纺织之具……②

细译这段文字，黄道婆于国初即元成宗元贞（1295～1296）年间自崖州来到乌泥泾的，而在其到达乌泥泾之前，乌泥泾已种植了棉花，不过那时尚“无

① 《元典章》卷二六。

② 陶宗仪：《辍耕录》卷二四。

踏车椎弓之制”。这就说明，乌泥泾的植棉和织造也是早于国初而在亡宋之前开始了的。这个记载，同《至元嘉禾志》的记载，可以说是从不同的角度共同说明了一个问题。

综合上述材料，棉花的种植与织造，在南宋时期已经逾岭峤而向东北一带即江南西路、两浙路、江南东路逐步推进和扩展，从而到元朝初年成为这些地区的一项重要的物产或产品。如果《元典章》所说“木棉”确是亡宋时的夏税“体例”，则这些地区木棉的种植和织造的发展还要更早一些，对这一问题还要作进一步的研究。

据宋人的记载，木棉的形态是，“吉贝木如低小桑枝”[①]；“类小桑，萼如芙蓉”[②]；“闽广多种木棉树，高七八尺，叶如柞，结实如大菱而色青，秋深即开露，百棉茸然……”[③]；“闽岭已南多木棉，土人竞植之，有至数千株者”[④]。这些记述，显然说明当时棉花的种植，是求其根株高大，多结棉桃，来增加棉花的产量的。这种种植技术一直延续到解放。解放后，20 世纪 50 年代以来，棉花种植是采用合理密植、短杆，争取多结伏前桃的办法，来增加产量的，而且已经取得了很好的效果。棉花自岭南向长江流域东南地区的扩展，具有重大的意义，纺织原料增加了新的品种，我国人民的穿衣问题又找到一个新的解决办法，因之，经过元朝的提倡，而成为普及全国各地区一项经济作物了。

第二节　麻的种植和扩大 蚕桑业的独立发展

麻，不论是苎麻还是大麻，是我国古代传统的纺织原料。历代劳动人民的衣着，衣衫也好，短褐也好，主要的是用麻作原料的。因而麻在纺织手工业中，特别是家庭手工业中所占的比重，远比蚕丝要重要，这是无疑的。在宋代，在全国各地麻的种植和麻布的生产继续发展的同时，广南西路和川峡路以

① 周去非：《岭外代答》卷六。
② 赵汝适：《诸蕃志》卷下。
③ 方勺：《泊宅编》卷一。
④ 彭乘：《续墨客挥犀》卷一。

异军突起之势而成为麻和麻布的重要生产区。

广西苎麻是仅次于水稻的一宗重要产品，“除耕水田外，地利之博惟麻苎耳”①。苎麻的种植，“与桑柘不殊，既成宿根，旋拔新条，枝叶繁茂则刈之，每岁之间，三收其苎，一固其本，十年不衰。”② 由于广南西路偏处西南，贸易不便，每匹苎布不过百钱，“善织者多，而市者少，故地有遗利，人无资本”，生产受到了不少的影响。宋真宗咸平年间，广西路转运使陈尧叟采取了较好的收购政策③，“劝民广殖麻苎，以钱盐折变收之”，从而促进了苎麻的种植和麻布的生产。苎麻和麻布以桂州和昭州产量为多。④

川峡苎麻的生产集中于成都府路的成都府、邛、蜀、彭、汉诸州和永康军。这里苎麻和麻布生产所存在的问题与广南西路者类似。宋仁宗天圣年间薛奎知成都府时，采取了与河北等路“和买”相类似办法，“春给以钱，而秋令纳布”，“民初甚善之”⑤。这种办法叫“布估钱”，对当地苎麻的种植和麻布生产也产生了一定的积极作用。稍后出现了问题，将在手工业生产中再谈。除上述诸州之外，嘉州峨嵋县，“妇女人人绩麻”，当地所产符文布颇享声誉⑥。

木棉、麻以外，吴兴等地还产一种“黄草”，也能够用来织布⑦，而且在苏州织成的布，“色白而细，几若罗縠”⑧。福州出产一种红蕉花布，其中混有蕉的纤维而织成，每年作为贡物献给皇家，直到“绍兴五年，因福清观音院陈请”而告“住罢的”⑨，显然是寺院中的一项特产。这类产品，作为各地区的土特产，不妨一提，但在宋代纺织手工业中并不占有重要的地位。

丝织手工业在宋代各种纺织业中，依然占首位。因而蚕桑业继续发展，并且有了更进一步的新的发展。

---

① 《宋史》卷二八四，《陈尧叟传》。
② 江少虞：《皇朝事实类苑》卷八。
③ 可参阅《宋会要辑稿》《食货》六四之一八以及《宋史·陈尧叟传》。
④ 李心传：《建炎以来朝野杂记》甲集卷一四，《广西折布钱》。
⑤ 范镇：《东斋记事》卷三。
⑥ 范成大：《石湖居士诗集》卷一八，《峨嵋县》。
⑦ 谈钥：《嘉泰吴兴志》卷二〇。
⑧ 庄季裕：《鸡肋编》卷上。
⑨ 梁克家：《淳熙三山志》卷三九。

宋代蚕桑发达的地区，一是生产“东绢”的河北、京东诸路。河北东路“民富蚕桑”[①]；河北西路的定州是著名的丝织业中心，定州以南，所谓的河朔一带，农桑都很发达，因而受到诗人们的赞赏，“南北东西本一家，从来河朔富桑麻”[②]。京东路历来就富有植桑养蚕的传统，一些名牌产品就是在这个地区生产的。因此，地方上对桑树的保护就特别注意。如单州成武县便曾严禁冬天砍伐桑枝为薪，极力制止恶霸土豪们的蓄意破坏，于是“一邑桑柘，春阴蔽野”[③]。除这个传统的地区外，以出产蜀锦著名的成都府路依然是重要的蚕桑发达的地区，“土宜桑柘，茧丝织文纤丽者穷于天下”[④]，而与成都府路相毗邻的梓州路（潼川府路），蚕桑业也浸浸日盛，成为一个新的丝织业中心。特别值得注意的是南方诸路蚕桑业的发展，尽管它的丝织技术与蜀锦东绢相比，似还稍逊一等，但其产量之多，则有后来居上之势。试看李觏所描述的：

> 东南之郡……平原沃土，桑柘甚盛，蚕女勤苦，罔畏饥渴，急采疾食，如避盗贼，茧簿山立，缫车之声，连甍相闻，非贵非骄，靡不务此，是丝非不多也。[⑤]

东南诸路中的两浙路，自然条件很好，“蚕一年八育”[⑥]，是发展蚕桑业极为有利的地方。“低山平原”，到处都种植桑树，即使在田塍上，也往往种植桑麻。自宋以后，两浙路蚕桑业的发展便凌驾诸路、一马当先了。

在这一广泛发展的基础上，蚕桑业突破了传统的局限，开始成为农业的一个分支，而不是单纯地作为种植业的附庸而存在了。这在下述材料中可得到反映：

> 其（太湖）中山之名见图志者七十有二，惟洞庭山称雄其间，地占三乡，户率三千，环四十里……皆以树桑栀甘柚为常产。[⑦]

① 晁补之：《鸡肋集》卷六二，《张洞传》；《宋史》卷二九九《张洞传》即源于此。

② 曹勋：《松隐文集》卷一七，《过真定》。

③ 庄季裕：《鸡肋编》卷上。

④ 《宋史》卷八九，《地理志五》。

⑤ 李觏：《直讲李先生文集》卷一六，《富国策第三》。

⑥ 吴泳：《鹤林集》卷二九，《隆兴府劝农文》。

⑦ 苏舜钦：《苏学士文集》卷一三，《苏州洞庭山水月禅院记》。

> 如平江府洞庭东西二山在太湖中……然地方共几百里，多种柑橘桑麻，糊口之物，尽仰商贩。……绍兴二年冬，忽大寒，湖水遂冰，米船不到，山中小民多饿死。①
>
> 湖中安吉人……唯借蚕办生事。②
>
> 本郡（指吴兴，即湖州）山乡，以蚕桑为岁计，富室育蚕有至数百箔，兼工机织。③
>
> 湖州村落朱家顿民朱佛大……递年以蚕桑为业。④

上述几条材料，从时间上说，上自宋仁宗，下至南宋孝宗光宗，从地域上说，是苏州太湖洞庭山和湖州各地，都提到蚕桑经营的问题。材料明确地反映了：这些经营者虽然有穷富的差别，但他们既不是以农为生，也不是以农桑为生，而是以“树桑”为“常产”，以“蚕办生事”。而且居住在洞庭山上的蚕桑业者同果树业者一样，靠船只运输来的粮食为生，即靠商品粮食为生。以商品粮为生，是脱离种植业为生而成为农业一个分支或其他行业的一个明显的标志。这样，蚕桑业便脱离了种植业而独立发展，成为农业的一个分支。

当然独立的蚕桑业，不限于两浙一隅，齐鲁河朔以及成都府梓州一带也是有的。从材料反映的情况看，两浙路这种独立的蚕桑业更显优势。蚕桑业之所以能够得到独立的发展，之所以在全部社会经济中占有越来越重要的位置，是因为它比单纯种植业能够获得更多的经济效益。庄季裕指出：“河朔山东养蚕之利，逾于稼穑”⑤。这是一个决定性的因素，蚕桑也正是由此走上了独立发展的道路的。蚕桑业的独立发展在两浙路特别突出，也不是偶然的。除上述这一地区自然条件外，这里地少人多，向单一的种植业发展是困难重重的，而在低山平原交错的地区，发展蚕桑业则是有条件的。例如与衢、婺临近的富阳，“地狭而人稠，土瘠而薄收，通县计之，仅支半岁，半岁所食，悉仰客贩”，因之在这里，“冬田不耕，一枝之桑亦必争护”：“此邦（指富阳）之人，重于

---

① 庄季裕：《鸡肋编》卷中。
② 陈旉：《农书》卷下。
③ 谈钥：《嘉泰吴兴志》卷二〇。
④ 洪迈：《夷坚志·丙志》卷一五。
⑤ 庄季裕：《鸡肋编》卷中。

粪桑，轻于壅田，况是土色带沙，粪又不至……”[1]，从而说明了，这些地方只有向蚕桑业发展才有出路。再则，两浙路的农业，如上所说，居全国之冠，能够提供较多的商品粮食。“近水楼台先得月”，在商品粮食多的地方，开展包括蚕桑业在内的多种经营，当然是便利的。

独立经营蚕桑业能否解决生活问题？陈旉曾为此算过一笔账，他以湖州安吉人为例，“十口之家养蚕十箔，每箔得茧一二十斤，每一斤取丝一两三分，每五两丝织小绢一匹，每一匹绢易米一硕四斗，绢与米价常相侔也，以此岁计衣之给，极有准的也。”[2] 十口之家养蚕十箔即可解决吃饭问题，而那些养茧数百箔、兼工织机之利的富室，就不单的解决吃饭问题，而是为卖而生产、为赚钱而生产，靠蚕桑业起家致富了。从这里来看，蚕丝生产是具有商品性质的生产，因而蚕桑业本身的发展说明了它是一种商业性的农业。其次，再从蚕桑业经营者来看，他们是占有不同的土地，从植桑、养蚕到织成丝织品，这是土地、原料和产品三者相结合的一种手工业形态，很明显，它是从专业化农业走向手工业的一种过渡形态，或者说是专业化农业向手工业过渡的一种特殊形态。当然这个三结合还可表现为其他形式，专门植桑而出卖桑叶，即土地与植桑而以桑叶为商品的结合形式，或是养蚕出卖蚕茧或出卖生丝，即土地、植桑、养蚕或缫丝的三结合形式，蚕桑业这一专业本身分工愈益细密，更进一步走向专业化。对上述这些问题，将在手工业生产以及手工业诸关系一编中再加探讨和说明。

洪迈《夷坚志》上记载这样一则故事：“乾道八年，信州桑业骤贵，斤直百钱。沙溪民张六翁有叶千斤，育蚕再眠矣，忽起牟利之意，告其妻与子妇曰：吾家见叶之饲蚕，尚欠其半，若如今价，安得百千以买？脱或不熟，为将奈何？今宜悉举箔投于江，而采叶出售，不唯百千钱可立得，且径快省耳！”[3] 张六翁果然是这样做了，结果招致了杀蚕的“报应”。类似张六翁杀蚕的事，宋人文集小说笔记中屡有记载，如在《夷坚志》中及其以前的黄休复的《茅

① 程珌：《洺水先生集》卷一九《壬申富阳劝农文》。
② 陈旉：《农书》卷下。
③ 洪迈：《夷坚志·丁志》卷六，《张六翁杀蚕》。

亭客话》[①]、其后的高斯得的《耻堂存稿》中，都曾提到过。如高斯得一诗中说："寄寓无田困，专仰买桑供。岂谓桑陡贵，半路哀涂穷。……弃蚕满山谷，行当歌大东。"[②] 蚕桑业既然从自然经济向商品经济方面转化，桑叶作为商品进入市场，就不能不受价值规律的影响和支配，从而发生桑叶价格波动。当着桑叶供求紧张、价格高昂之时，便出现了张六翁杀蚕之类的事情了。当然，杀蚕不会有什么因果报应，倒是持因果报应之说的士大夫被新的经济现象给弄糊涂了。从这里却可以看出，蚕桑业在宋代得到独立发展之后，同市场便发生了密切的联系，从这个侧面，也可看到蚕桑业的商业性质。

第三节　甘蔗种植的扩大

我国甘蔗的种植，已有相当久远的历史，早在战国时代在南方各地就已经种植，伟大文学家屈原在他的作品中就有关于"柘浆"的记载。"柘浆"即用来熬糖的蔗浆，是从甘蔗中压榨出来的。但历秦汉魏晋，我国还不会造饧。唐太宗派使到印度恒河下游的摩揭它国学会了熬糖法，能够制造砂糖了。大约自此以后，甘蔗种植面积逐步扩大了，约在唐大历年间，不但可以制造砂糖，而且也会制造糖霜即冰糖了。[③] 甘蔗和蔗糖大约在此时开始转化为商品的。宋代植蔗业就是在这一基础上发展起来的，同蚕桑业一样，明显地发展成为农业的一个分支或商业性农业。

甘蔗产于长江流域。早在北宋初年，太湖流域一带即以盛产甘蔗著称，所谓"甘蔗盛于吴中"[④]，杭州"仁和临平、小林多种之"，用"土窖"贮藏，

---

① 黄休复《茅亭客话》卷九，载新繁李某杀蚕事。

② 高斯得：《耻堂存稿》第六《桑贵有感》。

③ 据乐史《太平寰宇记》卷八七《遂州》下记载，"蔗霜"（即糖霜）起于唐大历年间，从砂糖制成糖霜，"其利十倍"。不言而喻，砂糖和糖霜在唐代已经成为了商品，当然糖霜以产量少，到宋代还非常名贵。又陶谷《清异录》记载，宋初即有了专门榨糖的"醣坊"，这也说明蔗糖之早已成为商品。傅筑夫《中国古代经济史概论》中认为，"糖成为商品，是从宋代开始的，特别是精制的糖霜更不会早过宋代。"（第248页）这一论断似乎可以再商量的。至于所谓"精制的糖霜"，以及误认糖霜为白糖的，都不免望文生义，而不知道糖霜为何物的。

④ 陶谷：《清异录》卷二，宝颜堂秘笈本。

经年其味不变[①]。《重修政和经史证类备用本草》上说，江、浙、闽、广、湖南、蜀州都是产甘蔗的地方，几乎到处种植甘蔗。而宋代甘蔗著名的产地是福唐、四明、番禺、广汉和遂宁，据王灼所说，遂宁所产最为著名。[②]

经过多年的精心培育，甘蔗也有很多的品种。它的精粗好坏，主要的是根据所含糖分多少区分的："亦有精粗，如昆仑蔗、夹笛蔗、青灰蔗，皆可炼糖，桄榔蔗乃次品"[③]。王灼在《糖霜谱》中，将甘蔗区分为杜蔗、西蔗、艻蔗（即荻蔗）和红蔗四种。其中红蔗只能生吃，艻蔗可作砂糖，西蔗"可作（糖）霜，色浅，土人不甚贵"，只有"杜蔗紫、味极厚，专用作霜"。"糖霜"在宋代还是名贵产品，仅能供少数官僚士大夫、地主阶级享用，产量还不大，这在榨糖手工业中再谈。但是，甘蔗本身可以成为商品，亩产量甚高；而且制成砂糖和冰糖之后，成为社会广泛需要的商品，亦可大侔其利了。

甘蔗的种植是极其费力费财的。甘蔗的种法是，"择取短者（芽生节间，短则节密而芽多），掘坑深 2 尺，阔狭从便，断去尾，倒立坑中，土盖之"；每年 11 月就开始种植，"深耕把（耙?）搂燥土，纵横摩劳令熟"，更要深耕细作，以利甘蔗的生长。而且由于甘蔗，"最因地力，不可杂他种；而今年为蔗田者，明年改种五谷，以休地力"[④]。而且甘蔗制糖的季节性很强，稍差时日，甘蔗含糖量降低，产量减少，因而更加需要紧张的、强度甚大的劳动。甘蔗的种植，显然是精耕细作、集约经营制度的一个产物。虽然如此，由于植蔗之利远远超过了粮食生产，从而使甘蔗的种植逐步扩大起来。特别是在田少人多的福建山区建宁一带，宁肯挤掉粮食生产、冒犯法禁，也要种植甘蔗："建宁之境，地狭而民贫"，"七邑之民"，"游手末作，颇不务本，往往冒法禁，又多费良田以种瓜植蔗，其可耕之地，类皆崎岖崖谷，间岁有所收，不偿所费"[⑤]。从韩元吉的这段叙述中，可以看出为什么建宁之民那样积极地种植甘蔗了。

---

① 潜说友：《咸淳临安志》卷五八。

② 王灼：《糖霜谱》。

③ 陶谷：《清异录》卷二。

④ 王灼：《糖霜谱》第三。

⑤ 韩元吉：《南涧甲乙稿》卷一八，《建宁府劝农文》。

遂宁的甘蔗特别是它的糖霜，在宋代最为有名。其所以如此，除了技术上的因素外，大面积种植，专业化，产量高，同蚕桑一样，把土地、植蔗和榨糖制霜三者结合起来了。遂宁府甘蔗种植是以小溪县的伞山（即《太平寰宇记》中的“伞子山”）为中心，与蓬溪县的张村、长江县的凤凰台连成一片：“〔伞〕山前后为蔗田者十之四，糖霜户十之三”；“糖霜成处，山下曰礼佛坝、五里曰朝滩坝、十里曰石溪坝，江（指涪江）西与山对望曰凤凰台，大率近三百余家”，“山左曰张村……亦近百家”①。把原料和制作结合起来，既可以节省运输力量，更重要的，能够抓紧甘蔗制糖的季节性，使糖的产量和质量都能够提高。

第四节　果树种植及其专业化

我国古代不但极其重视精心培植优良的果树品种，而且形成一个优良的传统，各个地区都因地制宜地培育了名牌产品。诸如两浙的柑橘，福建的荔枝，经历了数千百年，依然名驰中外。而且果树的经济效益，在人们的社会生活中，也占有相当的比重。太史公在《史记·货殖列传》中曾经指出：安邑千树枣、燕秦千树栗、蜀汉江陵千树橘，“此其人皆与千户侯等”，即这些人每年可从这些果树中获得20万钱的收益。三国时期吴国李衡在江陵太守任上，曾暗地里派客10人到龙阳泛洲上“种柑橘千株”，临终对他的后人说，“千头木奴，不责汝衣食，岁上一匹绢，亦可足用耳。”② 每株柑橘的年值，从秦西汉时的200钱到三国时的一匹绢，这又可见，随着历史的发展，果树的经济价值也是与日俱增的。不过，不论秦汉，还是魏晋，果树业一直作为种植业的附庸而存在，还没有成为农业生产的一个分支。各类文献资料提到名公巨卿达官贵势们的产业时，总是说有田园别业若干处，果园虽亦间或提到，仅作为附庸而已。

那么，果树业在什么时候脱离了种植业而成为农业的一个分支的呢？从史

① 《糖霜谱》第三。

② 《三国志·吴书》卷四八《孙休传》注引《襄阳记》。

料迹象考察，大约在北宋时候，某些地区的柑橘和荔枝这两类果品生产已脱离了种植业，成为农业中的一个独立的生产部门。

柑橘盛产于我国南方，宋代两浙、江东西、荆州、蜀川及闽广等路数十州，都是柑橘的产地。其中有的地方，“橘园甚多”①，形成为产橘的中心。经过多年培植，《橘录》记载了柑橘品种有 14 种之多，诸如朱橘、绿橘、荆南种、荆州皮之类，是很不相同的。两浙路温州、苏州和台州则是柑橘产量最多、质量最好的地区。温州平阳泥山所产尤为名贵：“泥山盖平阳一孤屿”，“地广袤只二三里许”，原来这个地方是由海水冲积而成的海涂田，经过多年的改造，才成为了这样一片肥沃的橘园。《橘录》上说：“凡圃之近涂泥者，实大而繁，味尤珍”，海涂田是橘树生长的一个不可忽视的自然条件。

与温橘相颉颃的是苏州洞庭橘。洞庭橘产于洞庭山，洞庭山系坐落于太湖之中 72 座山峰中最有名的一座，所谓“惟洞庭山称雄其间”者是也②。这里四面环水，气候湿润，为柑橘的生长提供了良好的条件。这里的橘树苗，“多用小舟买于苏湖秀三州，得于湖州为上”，连橘苗赖以生长的土壤也一道买来。它所培育成功的洞庭橘，“皮细而味美”，名被遐迩③。洞庭橘不但味美，而且量多。其所以如此，是由于这里形成了柑橘专业化的生产：“地占有三乡，户率三乡，环四十里……皆以树桑栀甘柚为常产”④；“然地方共几百里，多种柑橘桑麻”⑤。“万顷湖光里，千家橘熟时”⑥，范仲淹的这一诗句，描述了洞庭山从事柑橘生产的达千户以上，是确切可信的。而这些专业户，既以柑橘桑麻作为唯一的生产，他们的“糊口之物，尽仰商贩”⑦，完全靠商品粮供给了。庄季裕记载，宋高宗绍兴二年（1132）冬，“忽大寒，湖水遂冰，米船不到，山中小民多饿死”⑧。这个记载说明了洞庭山以蚕桑柑橘为生的居民，

---

① 范成大：《石湖居士诗集》卷一四。
② 苏舜钦：《苏学士文集》卷一三《苏州洞庭山水月禅院记》。
③ 《橘录》卷中《洞庭柑》，百川学海本。
④ 《苏学士文集》卷一三《苏州洞庭山水月禅院记》。
⑤ 庄季裕：《鸡肋编》卷中。
⑥ 范仲淹：《范文正公全集》卷四《苏州十咏・洞庭山》。
⑦ 范仲淹：《范文正公全集》卷四《苏州十咏・洞庭山》。
⑧ 《鸡肋编》卷中。

依赖商品粮的供给达到何等的程度了，他们同种植业亦即粮食生产无任何联系了。很明显，柑橘业，至少在洞庭山，柑橘业已经独立成为农业的一个分支了。

经营柑橘的经济收益是很可观的，“橘一亩比田一亩利数倍”[①]。但是，柑橘生产所投入的生产费用（资金）和花费的劳动，也是一般种植业所无法比拟的。以洞庭橘为例，橘园建设在山坡上，“傅山为级，以石砌之”[②]；“培治之功亦数倍于田，橘下之土，几于用筛，未尝少以瓦甓杂之；田自种至刈不过一二耘，而橘终岁耘，无时不使见纤草；地必面南为属级次第使受者，每岁大寒，则于上风焚粪壤以温之”[③]，可见精耕细作到了无以复加的程度。为了防旱，橘田还要“凿井于树旁”，贮水备用。对橘树的管理和整治亦颇为不易。按照《山中咏橘》作者陈舜俞的说法，柑橘经常性的问题有二：一是“讨虫”，二是“科树”。“讨虫”的办法，一是利用害虫的天敌黄蚂蚁以治之，早在六朝之时广州橘园就采用这种办法了。如嵇含的记载：“蚁赤黄色，大于常蚁，南方柑树，若无此蚁，其实皆为蠹所伤，无复一完者矣！”[④] 再一个办法是经常地靠人工防治——“课童”剔抉搜捕：“东家十亩橘，治蠹苛于狱。课童事剔抉，生意常不足。”[⑤] 所谓“科树”，也有两个方面的意义。一则是对于不能结果实的枝丫加以修剪，一则是防治树干表皮的苔藓，以免苔藓侵蚀。总之，果树的生产，一年到头都要付出辛勤的劳动的。

柑橘经营者之间的经济力量是很悬殊的。占有橘树的多少，是经营者经济力量大小的标准。其中“种橘大姓不复计树若干，但云有几亩”，这一类的大姓是所谓的橘园主或果园主。经济力量薄弱的则组成为橘农或果农，这些人是自食其力的劳动者。橘园主是怎样组织生产的，目前还说不清楚。但可以肯定的是，其中一部分生产是靠雇工完成的。宋神宗熙宁年间，洞庭山遇到少见的大旱，防旱的井水亦都干涸。橘园主不得不雇工“担湖水浇树”；有的大姓竟

---

① 叶梦得：《避暑录话》卷四。

② 陈舜俞：《都官集》卷一四《山中咏橘》。

③ 《避暑录话》卷四。

④ 嵇含：《南方草木状》卷下，百川学海本。

⑤ 彭龟年：《别周侍郎》，载陆心源《宋诗纪事补遗》卷五一。

花费了十万钱“雇人”[①]。不论是果园主还是果农，他们生产的柑橘，都靠商人收购。“争晒已残皮，趁市商船急”[②]，商人们是靠船将洞庭橘运输出去的。商人的收购价格是：每笼100斤，上等1500文，下等六七百钱[③]。前者同一匹绢价接近，后者相当于一匹䌷价。由此可见，洞庭山柑橘的生产，是一种商品生产；把这一类的果树业，列为商业性的农业，是合乎其实际状况的。

除洞庭橘之外，福建路的荔枝生产也走上了专业化的道路，成为农业的一个分支。

荔枝生长于“岭南及巴中，今泉、福、漳、嘉、蜀、渝、涪州、兴化军，及二广州军皆有之”。就其质量而言，“闽中第一，蜀川次之，岭南为下”[④]。福建路四州军所产荔枝，则以“福州种植最多，延胣原野洪塘水西，尤其盛处，一家之有，至于万株”；兴化军“园池胜处唯种荔枝”，“最为奇特”；“泉漳时亦知名”[⑤]。许久以来，荔枝就是福建路著名的特产，这是不用多说的。

经过培植，荔枝的品种到北宋末年已有32种，仅在福州一地就有25种，而以江家绿为之首。[⑥] 北宋末年著名的抗战派首领李纲在题为《画荔枝谱》一诗中，对许多优良的品种作了如下的描述：“牛心最大蚶壳扁，虎皮斑驳龙牙长。火山最依炎气热，中元晚待秋风凉。色奇更爱江家绿，味旨尤称十八娘。葡萄结实极繁盛，硫黄著子何芬芳……”[⑦]

从上面的叙述，荔枝的品种是根据外形的大小扁圆色泽，成熟的季节，结实的多寡和果实的味道而加以区分的。而在所有的品种当中，陈紫一种远远超过了江家绿、十八娘，最受人们的青睐。蔡襄曾经指出：“富室大家，岁或不尝，虽别种千计，不为满意”。因此，当陈紫采摘之时，“必先闭户，隔墙入钱，度钱与之，不敢较其直多少也。”[⑧]

---

① 《避暑录话》卷四。
② 陈舜俞：《山中咏橘》，载《都官集》一四。
③ 陈舜俞：《山中咏橘》，载《都官集》一四。
④ 《重修政和经史证类备用本章》卷二三。
⑤ 蔡襄：《荔枝谱》，百川学海本。
⑥ 梁克家：《淳熙三山志》卷四一。
⑦ 李纲：《梁溪全集》卷一三。
⑧ 《荔枝谱》。

荔枝不但在国内享有盛名，而且是驰名于海外诸国的产品。每年荔枝成熟之后，除“水浮陆转以入京师”之外，北则运至辽夏，“东南舟行新罗、日本、流求、大食之属，莫不爱好，重利以酬之”。由于是远销国内外的名牌货，福建路所产荔枝，几乎全部都被商人包买：“初著花时，计林断之，立券，若后丰盛，商人知之，不计美恶，悉为红盐者（民间用盐梅佛桑花成为红浆，投荔枝渍之，曝干，色红而甘酸，不三四年不虫，称之红盐花）。”这样，商人同果园主果农之间结合成为包买关系，而这种包买关系便建立在商品货币关系之上了。由于商人的“断林”式的收购、包买，当地虽然尝不到荔枝，但它却极大地推动了荔枝生产的发展：“故商人贩益广，而乡人种益多，一岁之出，不知几千万亿”①。商业资本在宋代福建路同荔枝生产结合起来，并对这项生产起了有益的推动作用。

第五节　蔬菜业的大发展

在我国古代，田和园总是紧密地连在一起，称之为田园。它的一般情况是，田用来种植粮食作物，园则种植蔬菜果木，作为田的附庸而存在，没有独立出来。在《论语》中，孔夫子提到了老农和老圃，把这两者分别开来，这是否意味着，在社会实际中，园圃已经与田分离，蔬菜业已成为农业的一个分支而独立地发展起来了？目前还说不清楚；即使分离，也仅仅是个开端。许多文献材料说明，如《战国策·齐策六》上载，战国时齐国内乱，太子田法章逃于莒，为人灌园；《韩非子》上说，“中牟之人弃田圃而随文学者邑之半”②，园仍然处于附庸的地位。不过，由于商品经济的发展，城市日常生活需要的日益增长，蔬菜种植面积就必然地扩大了，蔬菜业不仅成为农业的一个分支，而且走上商业化的道路。宋代蔬菜业已经发展到了这一步。

蔬菜业之随城市发展而发展，从菜圃多分布在城市附近而得到了充分的说明。汴京城四郊多菜圃，这是不用多说的。南宋临安东门外一望无际都是菜

① 《荔枝谱》。
② 《韩非子·外储左上说》。

园："车驾行在临安，土人谚云：东门菜，西门水，南门柴，北门米。盖东门绝无居民，弥望皆菜园"[①]；"〔临安〕城东横塘一境，种菜最美"[②]。也有的菜园就在州县城郭以内，如颖昌府"城东北门内多蔬圃，俗呼香菜门"[③]。战国时代的苏秦曾经说过，如果使他有二顷"负郭田"，就佩带不上六国相印了。负郭田因靠近城邑，垦辟早，肥力厚，为最上乘的良田。菜圃就是这类负郭良田。当然，菜圃不限于负郭田，在长江上下，太湖一带，以及许多地方，为充分利用可资利用的土地，连葑田也作为菜圃了。前面提到，葑田是由多年腐败的淤积起来的杂草构成的，用木架将其绑缚在水面上，能够浮动，用来种菜蔬等。广州番禺县曾有人上告，"前夜亡失蔬圃，今认得在某处"，请县宰判状往取之[④]。县太爷听说之后，大吃一惊。这个被盗失的蔬圃，原来是片葑田。这一类的菜圃，并非绝无仅有，"植蔬者海上往往有之"[⑤]。

在宋代，菜圃的经营，有若干不同的形式。一类是由封建主经营的，这是传统的依附于封建经济的一种形式。这类菜园主要供给封建主的需要，提供的商品菜是不多的，甚至于不提供。第二类是地方官府经营的菜圃，如福州，由于没有职田，利用"州宅"作为菜圃[⑥]，"岁鬻园蔬，收其直自入，常三四十万"[⑦]。这类菜圃不多，收益为郡太守占有。第三类是依靠雇工的劳动而经营的菜圃。如"临川市民王明，居廛间贸易，资蓄微丰，置城西空地为菜圃，雇健仆吴六种植培灌，又以其余者俾鬻之"[⑧]。宋代对被雇佣者是蔑视的，或称之为"客作儿"，或呼之为"仆"，但这时的仆并不具有奴隶的意义，虽然仆的地位很低下。这一形式的菜园是由商人（即市民）购置、雇工培灌的，自然能够提供商品菜。此类菜园的大小、雇工的多少，决定它所提供的商品菜量。第四类是小生产者经营的菜园。史料迹象反映，这类菜园为数较多。如南

① 周必大：《二老堂杂记》卷四。
② 潜说友：《咸淳临安志》卷五八。
③ 庄季裕：《鸡肋编》卷上。
④ 范质：《玉堂佳话》，亦见于《苕溪渔隐丛话》等书。
⑤ 吴曾：《能改斋漫录》卷一四。
⑥ 此据林希：《曾巩墓志铭》，该志于1970年出土。
⑦ 《宋史》卷三一九《曾巩传》。
⑧ 洪迈：《夷坚支志》甲集卷五《灌园吴六》。

安翁，“茅茨数椽，竹树茂密可爱”，即“以种园为生”①。南宋初年任过宰执大臣的张浚，他的布衣交苏云卿，“避地豫章东湖之南”，“治圃种蔬，耘植溉注皆有法，视他圃独胜”②。南安翁、苏云卿，《宋史》皆有传，属于隐逸一流的人物，这是另一回事，但就其所处的生产地位来看，显然是菜园业类型的小生产者代表。这一类型的菜园，到处都是。如台州仙居县，“园人陈甲常种蔬菜”卖给宝积寺，寺僧经常偷盗他的菜，这个陈甲就占有一座菜园③。在汴京、在赵州、在崇阳，许多地方都有这类菜园。这类菜园之所以如此普遍，大概是在城市经济发展的条件下，原来占有三二亩、五七亩土地的小所有者，由于种植粮食作物无法维持自己的生活，从而改变为蔬菜生产。不过，这一类型的菜园，主要是靠自己一家的劳动进行生产的，富裕户可能雇工，但为数不多，他们大都属于菜农的范围。他们的生产，是商品生产；所提供的商品量，要视其菜园大小、劳动力多少而定。因之，在他们之间，经济力量是存在着差别的，他们之间的分化也是不可避免的。

菜园生产较之粮食生产，需要投入更多的劳力和资金。菜园的收益比粮田的收益要大得多，有“一亩园，十亩田”的说法。汴京附近，有一个名叫纪生的老圃，“一锄芘（庇?）三十口。病笃，呼子孙戒曰：此土十亩地，便是青铜海也”④。纪生用“青铜海”来比喻他的这个10亩大小的菜园，表明这座菜园的收益是可观的。前面指出，就宋代种植业而言，太湖流域的高产田1亩或1亩半可以养活一个人，北方的田地大约3亩可以养活1个人，而纪生的菜田十亩可以养活30口，是1亩菜田可以养活3个人。由此可见，“一亩园，十亩田”的谚语，是确实可信的。

蔬菜业同封建国家存在什么关系，目前还说不清楚。但有一点是可以肯定的，即：在宋政府的财政收入越来越依赖商税的情况下，宋仁宗时候下至果瓜也要课税，投到市场上的蔬菜之必须缴纳商税是毫无疑义的。不过，各地官府对待菜农的情况也显然不一样。例如在赵州，宋仁宗晚年彭卫任知州时，前此

---

① 赵与时：《宾退录》卷四。

② 《荆溪林下偶谈》卷四。

③ 《夷坚支志》景集卷四《宝积行者》。

④ 陶谷：《清异录》卷一。

“民之鬻蔬者，例出蔬供郡官以免身役”，而彭卫则对向他缴纳菜蔬的园丁曰：“我家食蔬少，尔持归鬻之，积钱尔家，待我终更并取也”[1]。赵州菜农要向知州纳菜或者纳钱才能免除身役的。

在人们的日常生活中，蔬菜是不能够缺少的。蔬菜业，作为商业性的农业而不断扩大。一些较大的城市，除附近的菜园供其需要外，还靠其他州县运输。建康府是南宋军事重镇，人口特多，它所需要的蔬菜就靠外地供应。其中的萝卜一项，系来自铜陵丁家洲，靠长江运输的。南宋著名诗人杨万里在一首诗中记录这件事情道：“岛居莫笑三百里，菜把活他千万人（原注：丁家洲阔三百里，只种萝卜卖至金陵）。”[2] 蔬菜业的扩展，也说明了宋代商品经济的发展。它的扩展不仅对城市产生了重要的影响和作用，而且对广大农民也产生了相应的影响和作用。宋人笔记中曾记有这样一则故事：宋初张咏任崇阳令时，看见一个农民手里拿着一把青菜，便责问道：为什么不自己去种而却到集市上去买？张咏还利用县太爷的权威，打了这个农民的屁股板子。张咏在宋代官僚群中，以强干著称，但在这件事情上不免有些愚蠢了。在他和他所代表的士大夫的头脑中，总是希望农民永远生活在那个狭小的天地中，摒除各式各样的交换活动，不同外界往还。可是，在商品经济日益发展的历史条件下，必不可免地要同外界来往，交换自己的劳动。在这一社会实际面前，张咏及其所代表的一些士大夫的设想便落在时代的后面了。张咏以后，一个名叫张方平的士大夫也曾提到，乡村下户佃民到城市中卖掉柴草，换得五七十文钱，“买葱茹盐醯，老稚以为甘美”[3]，说明了农民同市场发生了某些联系。这种联系如果越来越强，就越能削弱自然经济，越能推动商品经济的发展。

第六节　药物的种植及其发展

我国的医学是自成系统，独树一帜的，我国的药物也是以草药为主而别具

---

① 游酢：《游定夫先生集》卷六《彭卫墓志铭》。
② 杨万里：《诚斋集》卷三四，《从丁家洲避风行小港出荻港》。
③ 张方平：《乐全集》卷二五，《论免役钱札子》。

一格的。这类以草药为主的药物，是我国古代农业生产条件下的一个产物，在某种程度上反映了我国农业生产的发展。草药是从野生植物中大量采集而来的，但也有一批来自于种植。从宋代以前药物种植情况来看，它似乎是粮食生产的附庸，几乎不占什么位置。在官僚士大夫、封建主的庄园住宅的附近花园中，种植花草，其中如芍药的根、牡丹的皮，就可以入药，这是药物的一种来源。另一种来源是，在花园或菜园中，专门种植药物，谢灵运的《山居赋》就提到过这种做法。宋代士大夫继承了这种做法；从王安石、苏轼兄弟等人的文集中，可以看到薯蓣（山药）、罂粟之类的种植方法，杨杰在《九华药圃记》中，典型地说明了这类种植方法：

> 永静太守南阳滕大夫润之家于池洲，州距山甚迩。尝筑圃于所居之西，择九华之药可以种者种之，可以移者移之；分畦以别其品，立石以识其名。清泉灌沃，泽根本也；恶草锄去，护善类也。……药斋居中，用药之书聚焉；药轩在此，治药之器具焉。华实根叶，采之有时；君臣主使，处之有序。①

很明显，这种形式的药物生产，是难以满足日益增长的社会需要的。

另一方面，随着社会需要的日益增长，各种药物也卷入商品流通中。例如在唐代仅次于扬州而名列全国第二大都市的成都府，一直有药市交换各地的药物，药物从而成为商人牟利的重要商品。

由于以上两个因素，药物自北宋开始了大面积的种植，成为与粮食生产相脱离的又一专业的农业或农业分支。材料表明，宋代大面积种植药物的首先是四川。北宋哲宗、徽宗时候的杨天惠，曾记录了绵州彰明县种植附子的情况。彰明县共有20乡，其中赤水、廉水、会昌、昌明四乡生产附子。四乡共有田520顷，稻田占50%，菽粟占30%，而附子则占20%，即140顷。② 像种植这么多田地的药物，杨天惠的记载算是最早的。据同时期《重修政和经史证类备用本草》的记载："凡用药必须择州土所宜者，则药力具用之有据，如上党

---

① 杨杰：《无为集》卷一〇。

② 杨天惠：《附子记》，载傅增湘辑《宋代蜀文辑存》卷二五。

人参、川属当归、齐州半夏、华州细辛……”① 这类传统的名药，也可能是在当地种植而成为名牌的。

药物的种植必须上等好田。以附子为例，既要田好，又要精耕细作：“前期辄空田，一再耕之，莳荠麦若巢靡其中，比苗稍壮，并根叶耨复上下；后耕如初，乃布种”；“每亩用牛十耦，用粪五十斛”，“其用工力，比它田十倍，其岁获亦倍称成之”②。彰明县四乡所收附子 16 万斤以上，亩产药十五六斤，其中以赤水所产为最多。所以药物的种植也是精耕细作耕作方式的产物。

附子收成之后，多售给各地商贾：“陕辅之贾才市其下者，闽浙之贾才市其中者”，而其最好的，“则皆士大夫求之”，“盖贵人金多喜奇，故非得大者不厌”③。杨天惠的这些记载，把药物生产与商品的发展、社会的需要，都联系起来了。从这种联系中可以看到像附子这类商品，能够从四川北至陕辅、远达闽浙，从而反映药物商品性的广泛了。

第七节　养花业的发展

花圃，原来是贵族、官僚、封建主庄园的附庸，到宋代也成为了独立的商业性的农业。养花业从什么时候独立发展起来的，还不够清楚。从唐代传奇来看，大约在中唐时候有了专门的养花人和卖花人，养花业逐步发展起来了。

牡丹、芍药和菊花等，都是我国传统的著名的花卉。到宋代，它们的品种之多是非常惊人的。欧阳修《洛阳风土记》称：“牡丹名九十余种”，“取其特著者而次第之”，也有二十七种；其中以“姚黄”为最，称为牡丹之王，其下“魏花”或“魏红”为牡丹之后④。据孔武仲的记载，芍药单是在扬州培育的“御衣黄”以下名色好的就有 33 种⑤。范成大在《菊谱》中称，“东阳人家菊

① 《重修政和证类备用木草》卷一。
② 杨天惠：《附子记》。载傅增湘辑《宋代蜀文辑存》。
③ 杨天惠：《附子记》。载傅增湘辑《宋代蜀文辑存》。
④ 欧阳修《洛阳风土记》，百川学海本题名为《洛阳牡丹记》。
⑤ 孔武仲：《宗伯集》卷一六，《扬州芍药谱》《并序》。

图多至七十余种，淳熙丙午范村所植正得三十六种"[①]；而在史正志的记录中，"可见于吴门（指苏州）者二十有七种，大小颜色殊异而不同"[②]。当我国异花珍草培育越来越多之时，从海外诸国也传入了许多珍贵的花木。稽含在《南方草木状》中就记有："耶悉茗花、末利花皆胡人自西国移植于南海，南人怜其芳香竞植之"[③]。这是南北朝时候的情况。其后如素馨、海棠之类不断传入，品种越来越多，因而唐代的李德裕说："花名中之带海字者，悉从海外来。"[④]余靖在提到广州西园的景致时说："石有群星象，花多外国名。"[⑤] 这给我国的名园增添了不少的异彩。

花卉品种的培育，自然条件固然重要，但人工嫁接培育则起着极为重要的作用。欧阳修记洛阳牡丹嫁接时说："大抵洛人家家有花，而少大树者，盖其不接则不佳。春初时人于寿安山中斫小栽子卖城中，谓之山篦子，人家治地为畦塍种之，至秋乃接。"[⑥] 从海外传入的海棠，"京师江淮尤竞植之，每一本不下数十金，胜地名园，目为佳致"，但是其中的南海棠，"核生者，逮十数年方有花，都下接花工多以嫩枝附梨而赘之，则易茂矣"[⑦]。这是用嫁接法促使花木的变异。此外，还使用如下的方法促使其变异；"洛中花工宣和中以药壅培于白牡丹如玉千叶、一百五、玉楼春等根下，次年花作浅碧色，号欧家碧，岁贡禁府，价在姚黄上"[⑧]。这种做法是否有科学上的根据，无法判明；但一个无可辩驳的事实是，我国各种花卉从宋以来品种日益增加，这说明了我国园艺学在宋代所取得的成就。

花圃或养花业是在城市或城市附近发展起来的。在宋代，洛阳是一个著名的花都，所产牡丹"今为天下第一"[⑨]。洛阳的所有花园，"皆植牡丹"，其中

① 范成大：《菊谱》。百川学海本。
② 史正志：《菊谱》。百川学海本。
③ 稽含：《南方草木状》。百川学海本。
④ 此据陈思《海棠谱》卷上。
⑤ 余靖：《武溪集》卷一《寄题田侍（待?）制广州西园》。
⑥ 欧阳修：《洛阳牡丹记》。
⑦ 沈立：《海棠记》，载陈思《海棠谱》卷上。
⑧ 张邦基：《墨庄漫录》卷二。
⑨ 欧阳修：《洛阳牡丹记》。

的天王院，“无他园亭，独有牡丹数十万本”，因而有花园子之称[①]。“春时，城中无贵贱皆插花，虽负担者亦然；花开时，士庶竞为游遨，往往于古寺废宅有池台处为市，并张幄帟笙歌之声相闻”[②]。陈州的牡丹，比洛阳还“盛且多”，“园户植花如种黍粟，动以顷计”[③]。蜀川的彭州，也是盛产牡丹的地方，“彭州又曰牡丹乡，花月人称小洛阳”[④]；所产为两川之最，“花时，自太守而下往往即花盛处张饮，帟幙车马，歌吹相属，最盛于清明寒食时”；“其俗有弄花一年，看花十日之语”[⑤]。扬州则以“芍药名天下”，“非特以多为夸也，其敖腴盛大而纤丽巧密者，皆他州所不及”，“与洛阳牡丹俱贵于时”[⑥]。芍药与牡丹等花相同，往往在离开本土之后而发生退化现象：“一岁而小变，三岁而大变，卒与常花无异”，甚而“有逾年即变而不成者”[⑦]，这样“芍药之美专于扬州矣”。这种专一化培养的办法，对园艺的发展显然是有利的。临安因是南宋首都所在，需要大量的花草盆景，“东西马塍，在余杭门外，土细，宜花卉，园人工于接种，都城之花皆取给焉”[⑧]。广州是培育外来奇花异草的场所，在城西九里的地方，是所谓的“花田”，当即余靖诗中题到的“西园”，尽栽茉莉及素馨[⑨]，以及其他外国传来的花卉，而为“岭北”所无有。

花圃很多属于达官贵人豪势大姓的，如洛阳的东园属于“以财雄于洛阳”的董家。一些名花也往往来自贵势之家。如有牡丹之后的魏花，即“出于魏相仁溥家”。但是，以艺植花卉为业的则是所谓的“园户”或“花户”。他们有专业养花的技术，善于接嫁。在洛阳，“接花工尤著者一人谓之门园子，豪家无不邀之”，“姚黄一接头直钱五千，秋时立券买之，至春见花乃归其直”[⑩]。洛阳牡丹盛开之日，天王园花园子成为花市，园户们“毕家于此”，进行买

① 李格非：《洛阳名园记》。
② 欧阳修：《洛阳牡丹记》。
③ 张邦基：《墨庄漫录》卷九。
④ 汪无量：《水云集》《彭州歌》。
⑤ 陆游：《渭南文集》卷四二，《天彭牡丹谱》《花品序第一》《风俗记第三》。
⑥ 孔武仲：《宗伯集》卷一六《扬州芍药谱》《并序》。
⑦ 王观：《扬州芍药谱》。
⑧ 潜说友：《咸淳临安志》卷三〇。
⑨ 陈景沂：《全芳备祖》卷二五，北京大学图书馆藏李氏抄本。
⑩ 欧阳修：《洛阳牡丹记》。

卖，“姚黄、魏紫一枝千钱”[①]。陈州园户牛家，忽然出现了一株变异的牡丹，“人输千钱，乃得入观，十日间，其家数百千”[②]。南宋彭州“花户则植花以牟利，双头红初出时一本花取直至三十千，祥云初出亦直七八千，今尚两千”[③]。植花牟利，充分说明了养花业的商业性质。

经营养花业的园户，或称之为“花户”，在上述诸城市中为数是不少的，不过他们之间的经济力量则有不小的差别。陈州园户种植牡丹以顷计，这反映了这些园户占有上顷的土地。在扬州，芍药以朱氏之园，“最为冠绝，南北二圃所种几乎五六万株”[④]；“种花之家，园舍相望，最盛于朱氏、丁氏、袁氏、徐氏、高氏、张氏，余不可胜纪，畦分亩列，多者至数万根”，“四方之人赍携金币来市以归者多矣”[⑤]。彭州李、毋等家“花特盛，又有余力治亭馆，以故最得名”，其余花户则“连畛相望，莫得而姓氏也”[⑥]。一般地，“土人卖花所得，不减力耕”[⑦]。富裕园户毕竟是不多的；多数则很清苦，如宋伯仁的一首诗写道：“山下六七里，山前八九家。家家清到骨，只卖水仙花。”[⑧] 至于在汴京、杭州等城市中，自己不种花而靠卖花为生的，就更属于坊郭户中的贫下户了。

第八节　经济林木的植造和经营

我国森林经过长期采伐，到北宋中叶破坏就已经极为严重了：“今齐鲁间松林尽矣，渐至太行、京西、江南，松山太半皆童矣”[⑨]。森林的采伐，一是供给生活上的需要（如住房、烧柴或制造木炭），一是采掘、冶炼业的需要，

---

① 李格非：《洛阳名园记》。
② 张邦基：《墨庄漫录》卷九。
③ 陆游：《渭南文集》卷四二，《天彭牡丹谱》《风俗记第三》，《花品序第一》。
④ 王观：《扬州芍药谱》。
⑤ 《宗伯集》卷一六。
⑥ 陆游：《渭南文集》卷四二，《天彭牡丹谱》《花品序第一》。
⑦ 蔡戡：《定斋集》卷一八，《重九日陪诸公游花田》第四首注。
⑧ 宋伯仁：《西塍续稿》《山下》。
⑨ 沈括：《梦溪笔谈》卷二四。

造纸业也需要它作原料。只采伐，不种植，从而造成森林覆盖面积的日益缩小。但是，在宋代的一些地区，则种植杉、楮等用材林和经济林木，作为解决当地居民生活的重要手段，从而形成为一个专门的行业。

许多山区是经营林木的极好的地方，如皖南歙州、徽州就很适宜于杉木的生成，“土人稀作田，多以种杉为业，杉易生之物，故取之难穷”[①]。自然条件宜于开展林木是一方面，而另一方面，在这些山区，人多田少的矛盾更加突出，单指望粮食生产是根本无法解决山区大多数贫苦农民的生活的。如歙、徽邻近的严州，“一年耕且不足以给一年之食”，而不得不“仰籴旁郡”[②]。歙州也是如此，“祁门水入于鄱，民以茗、漆、纸、木行江西，仰其米自给”[③]。因此，这些地区的社会条件又迫使其开展茗、漆、纸、竹、木等等多种经营。而歙州一带包括植杉业在内的多种经营，就是在上述自然的和社会的两个条件下开展起来。多种经营在这些地区开展起来之后，确实解决了部分的田少人多的问题。在歙州一带，经营杉木这类的速生材木林最为兴盛，多沿新安江下运到浙东各地。严州的官吏们说：“吾州无利孔，微歙杉，不为州矣。”由于税卡林立，杉木在歙州“或不直百钱”，经层层征商，“至浙江乃卖两千”了[④]。

楮木也是一种速生林木，是造纸的一项重要原料。宋代纸币之所以称为楮币，就是用楮为原料而造成的楮纸印制的。值得注意的是，楮树的植造，早见于成书于五代时候的《四时纂要》，它记有“收谷楮法”，“三年一斫，种三十亩，一年斫十亩，三年一遍，岁收绢百匹，永无尽期”[⑤]。经过两宋300年，到王祯撰写《农书》的时候，仍然照抄了这段文字，可见营造楮林至迟在五代时候已为一项专业了。在楮林的经营中，“指地卖者（谓仅仅出卖楮木），省功而利少；煮剥卖皮者，虽劳而利大；自能造纸，其利又多”[⑥]，把植楮和造纸联系起来，反映了五代以来楮木在造纸手工业中的重要作用。

---

① 范成大：《骖鸾录》。

② 郑瑶、方仁荣：《景定严州续志》。

③ 罗愿：《新安志》卷一，《风俗》。

④ 范成大：《骖鸾录》。

⑤ 《四时纂要》卷四。该书系五代时韩鄂纂写成功的。

⑥ 王祯：《农书》卷一〇；《农桑辑要》卷六所记亦同。

除经营速生林经济林之外，植造漆、竹等等，也是山区半山区开展多种经营的重要内容，对油漆、竹器等手工业有着重要的作用，这里不再多说了。

第九节　养鱼业的发展

渔业在国民经济中占有重要的地位。随着城市经济的发展，社会上对鱼的需要不断增长，渔业本身也就不断发展，渔业的经济价值也越来越为人们所认识。所谓渔业本身的发展，包含着两层意思，一是在江河湖海上扩大自然捕捞的同时，不断扩大对鱼类的人工养殖；一是渔业越来越纳诸商品经济的轨道，并沿着这一轨道前进。宋代养鱼业就包含了上述两层意思。当然也要看到，养鱼业之所以取得发展，还包含了人们对渔业的经济价值方面的认识。也可以说：养鱼业的发展是人们这一认识的产物。

我国养鱼业的历史很久。《诗·大雅·灵台》一诗就曾提到，周天子造灵沼以养鱼，这是池养的最早记录。春秋末年或战国时期的《养鱼经》，则记录了池养鲤鱼的经验。《史记·货殖列传》上说："水居千石鱼陂"，这显然采用较大面积的陂塘养殖鱼类，以致获得千石的收成（古人用石、斗量鱼的多少，宋代即以斗为单位）。但这一阶段的养鱼业，是封建地主经济的附庸呢，还是一门专业，则很不清楚。到宋代，这种情况就非常清楚了。它一方面仍然附属于封建主，作为地主经济构成的一部分；另一方面，则涌现了很多的养鱼专业户，使养鱼业形成为专门性的行业。

宋代养鱼业主要地是在淮水以南的南方地区发展起来的，而广南东路又是南方诸路养鱼业的一个重要地区。这里濒海多水，鱼类甚多，一向以鱼作为重要的生活资料。所谓"南海之人，恃鱼为命"[①]，便生动地说明了这个问题。就广南东路的自然条件说，气温、雨量都适宜养鱼，如饲养得法，年可收成三四次。因人们的社会需要同自然条件相结合，广南东路很早就形成了养鱼的传统。

广南东路有丰富的养鱼经验，其中有的具有独创性。唐末刘恂记载的稻田

① 邓肃：《栟榈先生文集》卷一九《跋李舍人放鲞文》。

养鱼使稻鱼两丰收就是一项很好的经验。广南州县在一些坡度较小较平坦的“山田”中，“锢为町畦，”积贮雨潦，将“鲩鱼子散于田内”，一两年后鱼即长大，“食草根并尽”，“既为熟田，又收鱼利”。这个鱼稻两利的养鱼新法，被刘恂盛加称赞，誉之为“乃齐民之上术”①。这个方法，自唐至今，千有余年，我国南方某些地区依然继承了下来，是值得重视的。

南方诸路普遍使用的养鱼方法是池养。北宋末期的孔武仲对这种方法曾有所记述。他在《养鱼记》上说：

> 后圃之池曰筠家塘，广二十尺，其长五倍。大旱之岁，圃中及旁近之人日汲取之而不损……乃于小鱼数万投于其间。……善养鱼者，其粪也必以其可粪之时，其食之必以其所喜之物；其贪残与不才者去之，其狡捷败类者远之，使其良者佚居甘食，嬉游往来，不逆其性，则少者易长，微者易大也。②

孔武仲这话说得很对，鱼不但要善于饲养，还要除掉危害“良”鱼生长的贪残不才之辈，例如被称为“贼鱼”的黑鱼，专门以小鱼为食，就不能留在鱼塘里，品种不佳、经济价值不大的鱼也当然不在喂养之列。孔武仲系江南西路临江军新喻人，他所记述的显然是江南西路养鱼的情况。特别值得注意的是，在江南西路已经有了养鱼的专业户。如虔州雩都县曲阳铺东廖某，家有两个鱼塘，“各广袤二十亩，田畴素薄，只仰鱼利以资生”③，就是一例。同时池养已经表现了它的优越性，池养鱼绝不比在江湖中生长的要差，甚而显得更好一些，“江中所得，极不过一二斤，他皆池中豢养者”④。

两浙路由于人多地少，水面较多，养鱼业更显得兴盛。如“会稽诸暨以南，大家多凿池养鱼为业。每春初，江州有贩鱼苗者，买施池中，辄以万计。方为鱼苗时，饲以粉，稍大饲以糠，久则饲以草，明年卖以输田赋，至数十百缗。……池有仅数十亩者。”⑤ 这是绍兴府等地的情况。文中所说的“大家”，

---

① 刘恂：《岭表异录》。
② 孔武仲：《宗伯集》卷一二。
③ 洪迈：《夷坚支志》丁集卷三，《廖氏鱼塘》。
④ 《夷坚支志》乙集卷一〇《杨寿子》。
⑤ 施宿：《嘉泰会稽志》卷一七。

指的是地主阶级的中上层。这类人户的养鱼，与前述专业户养鱼不同，它依然是作为地主经济组成部分而存在，不是独立的养鱼业。尽管如此，这些池塘所养的鱼，也投到市场上去卖，从而表明了，这些封建主向商品经济方向发展，显然是一个值得注意的经济现象。除会稽诸暨等地而外，两浙路衢、婺等地的养鱼业也很兴盛。此外，福建诸路也凿池养鱼。

与此同时，各路还利用水利灌溉工程如陂塘之类，饲养鱼类，把养鱼和灌溉结合起来，将传统的养鱼方式继承下来，进一步扩大了养鱼业。这也是值得注意的。

养鱼业之所以取得发展，与其经济收益是分不开的。范镇曾记有如下一则有趣的故事："江湖间筑池塘养鱼苗，一年而卖鱼，插竹其间，以定分数而为价值之高下。竹直而不倚者为十分，稍欹则为九分，以至于四五分者。岁入之利，多者数千缗，其少者亦不减数十千"①。用插竹的办法量鱼的多少，怕不容易，但养鱼的收入为数十百缗，多达数千缗，则是可能的，而且这种养鱼的收入也是可观的。

既然要养鱼，首先要解决鱼苗的问题。随着养鱼业的发展，鱼苗业也形成为一个独立的行业，为商品市场增加了新的内容。鱼苗业什么时候独立起来的，还不清楚。从唐代段公路的记载看，鱼苗业同广南诸郡也有着极为密切的关系："南海诸郡人至八九月至池塘间采鱼子，著草上，悬于灶烟上。至二月春雷发时，却收草浸于池塘间，旬日间如虾蟆子状，鬻于市，号鱼种。育池塘间，一年内可供口腹也。"② 这大约是有关买卖鱼苗的最早记录。这个行业发轫于"恃鱼为命"，并以稻田池塘养鱼的南海诸郡，绝不是偶然的。

宋代鱼苗业从广南东路扩展到江南西路，鱼苗从池塘捕捞扩大到从江湖里捕捞。江州是大江流向渐趋舒缓、便于鱼群下子的一个地区，因而这里成了鱼苗业的一个中心："江州等处水滨产鱼苗，地主至于夏皆取之出售，以此为利。贩之辏集，多至建昌，次至福建、衢婺。其法：作竹器似桶，以竹丝为

① 范镇：《东斋记事》卷五。

② 《北户录》。

之，内糊以漆纸，贮鱼种于中，细如针芒，戢戢莫知其数，著水不多。”[①] 江州等地的鱼苗除供应建昌、福建、衢、婺外，还供应会稽、诸暨等处。供应的范围是江南西路、福建路和两浙路，极远之处不下千里之遥，鱼苗商贩如果获不到厚利，是不会徒步跋涉、往返千里的。鱼苗主和鱼苗贩为宋代养鱼的发展作出了不小的贡献。

在淡水渔业扩大的同时，宋代近海渔业也有相应的发展。东南沿海诸路都有船户，除其中一部分经商者外，多数靠渔业为生。例如庆元府“濒海，细民素无资产，以渔为生”。近海可供打鱼的地方，在庆元谓之“砂岸”，“即其众共渔业之地也”[②]。庆元府的“砂岸”，当是舟山群岛这个著名的渔场。若果如此，这个渔场有文字可考的历史也七八百年之久了。福建沿海一带的居民，要么是“垦山种果菜”，要么就是“渔海造鲑蛤以自给”[③]，同时也发展了近海渔业。

但是，在宋代地主土地所有制急遽扩展、膨胀的情况下，包括渔业在内的许多部门的生产，都要受到严重的影响。江河湖泊固然被豪强兼并之徒封占，近海渔场也被“垄断之夫”分割一空：“假抱田以为名，啖有司以微利。挟趁办官课之说，为渔取细民之谋。始写照给文凭，久则视同己业”[④]。在这种兼并之下，渔民同样遭受封建剥削制度的奴役。

本文主要是从鱼苗业、养鱼业的一个侧面来说明宋代渔业的发展。渔业的发展，供应了社会的需要。在汴京临安等许多城市中，都有鱼行出售各种鱼类，其中活鱼鲜鱼自然受到欢迎。在当时的设备条件下，活鱼鲜鱼的保存，都市附近的池养，比江湖海面上的打捞，要优胜的多。这是养鱼业得到发展的又一重要原因。在宋代养鱼发展的同时，不但要看到它同城市经济发展的密切关系，而且也要看到它所具有的商品的性质，因而它是商品经济发展中的一个组成部分。而这一点，则是宋代经济发展超越前代的又一个重要例证。

---

① 周密：《癸辛杂识》别集卷上。

② 罗浚：《宝庆四明志》卷二，《颜颐仲申状》。

③ 刘克庄：《后村先生大全集》卷八八，《福清县创大参陈公生祠》。

④ 罗浚：《宝庆四明志》卷二，《颜颐仲申状》。

第十节　第一章至第四章结论

综合前面第一章到第四章关于宋代农业生产一般状况的叙述，大致可以作出如下几点结论。

第一个结论是，宋代农业生产获得了前所未有的全面发展。这个全面发展具体地表现在劳动人口的激增、垦田面积的扩大、单位面积产量的提高和专业性农业、多种经营的展开等方面。

宋代人口增长很快，到北宋末年已达1.2亿左右，约为唐代人口的两倍、汉代人口的两倍以上。在阶级社会中，人口的增长，一般地表明了劳动者人口的增长，因为被剥削被压迫的劳动人民在人口的阶级构成中总是占最大多数。认识这种情况，对于了解封建时代社会生产力的构成具有深刻的意义。封建生产方式是以个体生产为基础的，农业生产是如此，手工业生产也是如此；自耕农以他的双手在他占有的土地上进行生产，封建主的庄园或封建国家的土地则靠佃客和半自耕农的双手进行生产；各种手工业生产部门，也是靠工匠和没有脱离生产的一般作坊主的双手进行生产的。因此，具有生产力的劳动人口的增长，不能不标志了这个历史时期或朝代的社会生产力的增长，而劳动人口的布局对各个地区的生产不能不起着重要的乃至决定性的作用。当然，任何事物都有着它自己的合理的界限，越过这个界限，就会走上反面。人口也是这样。当着它漫无限制地增长下去，它就会从生产发展的促进者转化为生产发展的阻碍者了。但在封建时代的宋代来说，对像我国古代这样一个封建大国来说，人口虽然激增到1.2亿左右，对生产的发展依然起着促进的作用甚至是决定性的作用。

由于具有生产力的劳动人口的激增，宋代垦田面积故而扩大了。登记在封建国家版籍上的田地，宋真宗时候已达500万顷以上；参考明代户口和垦田状况，宋神宗、徽宗时候的垦田至少也在700万～750万顷之间。根据这个保守的估计，宋代垦田要比唐代垦田高出300万顷以上①，甚至可能为唐代垦田的

① 汪篯先生曾估计唐代垦田为四五百万顷，似略有偏高。

两倍。宋代人口增长和垦田的增长大体上是一致的。人口、垦田增长的结果，生产发达的地区如两浙路，不仅无闲田旷土，而且推动了耕作方法的改进；遭受前代战争破坏的地区如唐汝一带，荆榛遍地景象为之一扫；而停顿在原始耕作方法的生产落后地区，如荆湖南路西部和广南西路，也开始改变它的黄茅白苇的空旷景象，而且还展示了这一地区经济发展的前景。这就又说明了，宋代各个地区在原来生产的基础上都有了新的发展。

再从单位面积产量看，宋代一般亩产量为2石，这在唐代则是高产量；宋代两浙路亩产量达五六石或六七石，则为唐代亩产量的两三倍，战国时代的四五倍以上。这个亩产量同明清时代这一地区亩产量相比，也相去无几，虽然还不能说它已经达到封建时代的最高水平，但至少可以说是接近这个水平了。

至于蚕桑、甘蔗、果树、蔬菜、杉楮等的专业化，不但为前此历史上所未有，而且由于这些专业的商业化，走上了商品经济发展的道路，意义更加重大，因而成为宋代农业生产全面发展的一个突出的标志。

在农业生产发展速度和发展的持续性方面，宋代与其他朝代来比也表现得较为突出。唐从贞观初到开元天宝之际经历了一百二三十年，从人口的1500万发展到6000万，田地开垦四五百万顷；而宋从建国初到宋神宗末年的一百一二十年间，人口从1500万发展到八九千万，垦田达到700万顷以上，宋代农业生产发展速度显然超过唐代。在农业生产发展的持续性方面，两汉、唐、明诸代经历了一百几十年生产发展之后，都表现了衰落的景象；宋代300年间，虽然也有明显的开阖起落，表现为波浪式的发展形式，但基本上是发展的。这样，也就提出来了一个问题，是什么因素促成宋代农业生产具有这样的发展特点呢？

第二个结论是，在生产发展不平衡规律作用下，宋代各个地区的农业生产（手工业、商业也一样）出现了不小的差别。

从宋代经济发展的全部情况看，如前提到的，若以淮水划界，则淮水以北的北方诸路的生产不如南方诸路，即北不如南；若以峡州为中心，北至商雒山区秦岭，南出沅湘而达海南岛，划一南北线，则线的右侧夔峡诸路、荆湖南路西部和广南西路，远落后于线的左侧东方诸路，即西不如东。一般说来，北不如南，限于量的方面，差距不算太大。至于西不如东，情况便大不一样了。峡州以西，原始的“刀耕火种”的耕作方法还居于重要地位，而东方诸路在不同程度上向精耕细作方向发展，太湖流域的精耕细作更发展到一个新的水平。从这一对比中，可以看出，西与东的差距不是几十年、上百年，而是几百年上千年造成的，从而透露了所处历史发展阶段的差异，表现了东西之间质的不同。

造成上述差距的因素是什么？自然条件无疑地是一个因素。峡州以西，确实是多山地区，对农业生产是不利的。可是在东方诸路中，也有像皖南山区这样的多山地带，可是这里同平原地区相比，不论是在耕作技术上，还是在人口布局上，差距并不太大，倒是在多山地区所开展的多种经营，是为平原地区所没有的。显而易见，自然条件并不是造成东西诸路差距如此之大的决定因素，从耕具、耕作技术和人口布局等方面，也说明了西不如东。概括起来，夔峡诸路生产力的发展水平是远远低于东方诸路的。但是，在这里可以看到，夔州等路确系地旷人稀，具有生产力的劳动人口远不如其他诸路。然而，其他诸路的人口是以11%的年增长率增加着人口的，而夔州路不仅没有按照这个增长率增加人口，反而到南宋年间减少了五万多口，这不恰好说明，在这个地区连人口的正常增长都已不可能了。从这里又透露了，峡州以西诸路生产力之所以长期陷于落后状态，同这一地区的社会经济制度是有密切关联的。在下一章将要回答这个问题。

第三个结论是，从宋代农业生产的全面发展中，以下的几点经验是值得研究的。

一、因地制宜

在我国这样一个民众土广的大国，自然条件各地大不相同，究竟采取什么样的办法，才能达到增产的目的，解决人们的吃饭问题呢？经过长时期的反复的生产实践，以及无数经验的积累，终于认识到，只有“因地制宜”，才能较好地解决这个问题。同前代一样，宋代士大夫对这个问题的议论也很不少。其中真德秀的议论是非常突出的。在《泉州劝农文》中，真德秀首先指出，“时不可常，天不可恃，必殚人为，以迓厥施”，强调了人定胜天的主观能动性的发挥。接着，他提出“用天之道”和“因地之利”的办法来发展农业生产。

所谓“因地之利”，也就是“因地制宜”。真德秀具体地提出：“高田种早，低田种晚；燥处宜麦，温处宜禾；田硬宜豆，山畬宜粟；——随地所宜，无不栽种。”① 即根据各地气温差别、土壤性能等不同条件去种植各种作物，以收到因地制宜之效。其实，因地制宜不限于粮食生产，开展多种经营也必须以因地制宜为立足点。拿甘蔗种植来说，在土壤、雨量和温度都适宜的条件下，它的含糖量就多、产量就高；反之就少就低。宋代以遂宁府小溪县为中心大面积种植甘蔗，取得明显的经济效益，就是贯彻因地制宜的一个例证。水利工程的修建也离不开因地制宜这个原则。木兰陂的前两次失败，都由于选择地点不当，第三次则吸取了前两次的经验教训，选择在既非太狭窄急流又非水滩太宽、两岸又有山可以倚托筑陂的地方，从而修筑成功，这是贯彻因地制宜原则的一个例证。因地，这是根据自然条件（土壤、气候、雨量诸方面）；制宜，主观上采取正确的方法；因地制宜是人们的主观能动性与客观实际相结合，用来改造客观自然环境，以适应人类的需要。因而在任何时候，在农业生产上都是不能忽视的。

二、精耕细作

这种耕作方法也经历了它自身的发展过程。从战国时代即提出了深耕，只有到汉武帝时铸造了大田器，赵过对牛耕法进行了改良，才使深耕有了进一步的发展，并在此后产生了汜胜之的“区田法”，精耕细作耕作方法才完备起来。但是，这种耕作方法是在逐步推广中，而没有广泛地使用。从唐代最高亩产量仅二石来看，问题是极其清楚的。这种耕作方法除犁需要改进和增加劚刀这个垦荒利器之外，还必须有充足的劳动力，这两条缺少任何一条都是不能成功的。

如前所说，上述两个条件在宋代一些地区具备了，因而在两浙、江东、福建和成都府路都广泛采用精耕细作方法，尤其是在两浙路，精耕细作方法发展到一个新的高度。唯其如此，两浙路以太湖流域为中心的地区，产量既高且

---

① 真德秀：《真文忠公文集》卷四〇。

稳，成为宋代著名的粮产区。范仲淹曾称苏、湖、常、秀为“国之仓庾”[①]；南宋则流传有“苏湖熟，天下足”的谚语[②]；《云间志》上甚至说：“嘉禾（指秀州，即元代的松江府）一穰，江淮为之康”[③]。

以太湖流域为中心的两浙路的精耕细作之所以发展到新的水平，一是这里有当时最好的耕犁，给深耕创造了条件，二是这个地区存在“人多地少”的矛盾。宋神宗时，两浙路垦田3600万亩，人口1000多万，人均不过3亩半地；南宋人口增加得更多，垦田增加得少，平均土地更低于3亩半。解决“人多地少”的矛盾，在当时条件下就只能把充足的劳动力，投到有限的土地上，精耕细作，极力提高单位面积产量，从而把这种耕作方法推进到一个新的水平。“精耕细作”方法显然是封建时代个体生产高度发展的一个产物。是个体劳动生产者——广大农民（包括佃客、半自耕农和自耕农）以自己的血汗和智慧创造出来的，用以解决自己的和社会的需要。“精耕细作”方法虽然是小农经济的产物，但在人口多、耕地少的国家，在相应的时间里既不能大规模开荒，又不能迅速走上机械化道路，在这样的条件下，采取这种耕作方法，建立像太湖流域和江东圩田之类的高产稳产田，以解决人们的基本生活需要，还是极为必要的。

三、多种经营

因地制宜，“靠山吃山，靠海吃海”，开展多种经营，不仅是完全必要的，而且如前所说，是宋代农业生产跨越前代、取得全面发展的重要标志。单一粮食生产无法满足人类的需要，只有逐步开展多种经营，使棉、蚕桑、甘蔗、水果、菜蔬、药材、林木、鱼类的各种生产不断地增长，才能适应人类的需要。把粮食生产和多种经营有机地结合起来，才是全面发展农业以及畜牧、林、渔等业的正确途径。宋代多种经营的开展是自发的，而且又是在多山濒海、人多地少的地方被迫走上这条道路的。虽然如此，它却符合了客观经济发展的要

---

① 范仲淹：《范文正公文集·政府奏议》卷上《答手诏条陈十事》。

② 高斯得：《耻堂存稿》卷五，《宁国府劝农文》。

③ 杨潜：《云间志》卷上。

求，它的很多经验是值得研究和吸取的。宋代之所以能够开展多种经营，从全面情况看，是因为它的粮食生产较汉唐有了较大幅度的增长；从局部地区情况看，越是在两浙江东等路粮食产量较高的地区，蚕桑、茶、水果、甘蔗、淡水养鱼等多种经营越得到发展。这就指明，多种经营（手工业也如此）的开展，取决于商品粮食提供的多少，粮食生产依然是占第一位的生产。如果单位面积产量提高，用比以前为少的田地便可解决吃饭问题。当然可以腾出更多的田地和劳动力去开展专业性的农业和多种经营。多种经营开展得好，肉类鱼类产量大增，从而改变人们的食物结构，也可以压缩耕田去开展多种经营。因此，把粮食生产和多种经营有机地结合起来，能使其互相推动和促进，使这两者都能产生更多的经济效益，而为人类造福。宋代在这一结合上，仅是一个开端，而这一开端则是非常值得注意的。

在指出上述经验的同时，也要看到宋代农业生产中种种错谬的做法，可为殷鉴！诸如某些地区梯田垦辟过多，造成严重的水土流失，壅塞了河道湖泊，从而招致了灾害；不断地圈湖造田，使许多湖泊仅成为历史的遗迹，或严重地削弱了原来的积贮灌溉的机能，以至旱涝交替；等等违背自然规律的做法。正如恩格斯所指出的，“蔑视辩证法是不能不受惩罚的”①，“自然界都报复了我们”②；作为教训是永远值得我们注意和吸取的。

第四个结论是，在宋代农业生产的全面发展中，要看到广大农民所表现的伟大力量和所起的决定性作用。无论是捍江捍海圩岸的建造，还是陂湖等水利工程的兴修；从高耸云端的梯田的垦辟，到对沿江靠湖等低洼地的改造和对沿海涂田的围筑等等，所有这些，都是由广大农民艰苦的劳动完成的。他们的这种“与山争地”、“与水争地”、“与海争地”，同自然进行斗争的伟大气魄，永远受到赞佩，永远值得学习。至于对种子的引进、选择和培育，农业生产技术的不断改进和传播，无一不是广大农民丰富的生产经验的积累汇聚而成的，无一不是广大农民的智慧和血汗浇灌而成的，从而使宋代农业生产结出了累累的硕果！历史是物质生活资料生产者的历史，是劳动人民的历史。我们越是对古

---

① 《马克思恩格斯全集》第29卷，第399页。

② 《马克思恩格斯全集》第29卷，第519页。

代经济史进行探讨，就越能够对这一根本问题有所认识。在充分肯定广大农民对宋代农业生产所起的伟大的决定性的作用同时，也应当承认，宋朝政府在其统治300年中的某些年份内，对农业生产也起了一定的积极的作用。

从马克思到列宁，一直认为农业是国民经济的基础。特别是在封建时代，手工业生产远不能同农业生产相比，因而农业生产在整个国民经济中占的比重很大，更是具有决定性意义的生产部门。如前面指出的，宋代各个地区的农业生产的差距极大。由此我们看到，在农业生产发达的地区，即粮食生产、专业性农业和多种经营开展得最好的地区，如两浙江东等路，由于它提供的商品粮食和各种原料较多，因而这些地区的手工业、商业、货币流通和城市经济等等，也都随之而发展。反之，亦然。农业在整个国民经济中所产生的这一决定性的影响和作用，将在第二编以下诸章中再加具体的说明。

第五章　宋统治地区内各民族的社会经济制度、封建经济制度及其高度发展

随着社会生产发展的不平衡性，我国境内各民族的社会经济制度的发展也呈现了极大的差别。这种差别有的表现在处于不同的社会发展阶段，如海南岛黎族处于原始社会阶段，实行土地共有制度；荆湖南路西部和广南西路的瑶族、苗族和壮族等，则进入奴隶占有制的社会阶段，并以村社土地占有制作为其特征；其他各族在广大的地区处于封建经济制度阶段。各族虽然同处于封建经济制度阶段，但也存在极其明显的差别：夔州路西南部的所谓“夷族”以及成都府路西部边缘的“夷”族已经从奴隶占有制向封建制过渡，以夔州路为中心、包括利州路和梓州路的部分地区，则处于庄园农奴制阶段；广大的东方诸路以及成都府路，占支配地位的是封建租佃制，其中在商品经济最发达的地区，如以太湖流域为中心的两浙路和江南东路一些地区，封建租佃制获得了高度的发展。这里的叙述，将从秦岭经峡州而至海南岛所划的这条南北线的西侧说起，并自南向北开始；还将努力论述这些社会发展阶段之连续与推移的具体情况。

第一节　海南岛黎族及其原始共有土地制度

海南岛是我国的第二大岛，岛中心是拔海一千八九百米的五指山、黎母山，沿海才有一些平原。汉代置有朱崖、儋耳两郡，唐代建为崖、儋、振三州，宋朝建置琼、朱崖、昌化、万安 4 州军 11 县。这些州县大抵分布在沿海平原上。兄弟的黎族人民则是居住在以黎母山、五指山为中心的海南岛各地。靠近上述州县城市的黎族还不时地与城市居民往来，离城五七里以外的黎族同

城市居民的往来就很稀少了，而居住在深山密林中的黎族与外界则断绝了往来。

海南岛在上属以峡州为中心的一条南北线的西侧，生产是极为落后的，所谓“地多荒田，所种粳稌不足终于食，乃以藷芋杂米作粥糜以取饱”[①]，“岁唯食薯，薯有二种，大者盈尺”[②]，依然停顿在原始的刀耕火种阶段，仅滨海一带有一些稻田。虽然如此，但是黎族人民在棉花的种植方面，黎族妇女在棉花的织作方面，为中华民族作出了重要的贡献，黎族是兄弟民族中种植棉花较早的一个民族，“雷、化、廉州及南海黎峒富有〔木棉〕以代丝纻”[③]。黎族妇女“自少小惟缉吉贝为生”[④]，从而使她们有一双非常精巧的手，不但能“以木棉为毯”[⑤]，而且“工纺织”[⑥]，“得中土绮彩，拆取色丝，加木棉挑织为单、幕”[⑦]。其中织有花卉的尤为精丽，“今所货木棉特其细紧者尔，当以花多为胜，横数之得一百二十花，此最上品，海南蛮人织为巾，上出细字杂花卉，尤工巧。”[⑧] 黎族妇女这些创造性的木棉产品，成为当时负有胜名的名牌货，浮海而北，远达杭州、汴京等市场上，一直源源不绝。“江东贾客木棉裘，会散金山月满楼”的诗句[⑨]就说明了这种情况。黎族以这些产品同商人们交换贸易，换回牛畜、盆盎等生产资料和生活资料，以弥补自己生产的不足。

由于生产力低下，黎族依然处于原始氏族公社阶段。从宋人有关记载中，黎族同其他少数民族，都被称之为“峒”的：“其去省地远，不供赋役者，名生黎；耕作省地者，名熟黎”；“熟黎峒落稀少，距城五七里许外，即生黎所居”[⑩]。虽然长时期地停滞在氏族制度阶段，“黎之洞落，日以繁滋，不知其几

① 赵汝适：《诸蕃志》卷下。

② 李光：《庄简集》卷一六，《儋耳庙碑》。

③ 周去非：《岭外代答》卷六。

④ 李光：《庄简集》卷一六，《儋耳庙碑》。

⑤ 乐史：《太平寰宇记》卷一七〇。

⑥ 李心传：《建炎以来系年要录》卷一八七，按此段文字与《诸蕃志》一段颇多类似，错字颇多，下文多用《诸蕃志》。

⑦ 赵汝适：《诸蕃志》卷下。

⑧ 方勺：《泊宅编》卷三。

⑨ 《集注分类·东坡诗》卷五。

⑩ 《诸蕃志》卷下；《系年要录》卷一八七。

千百也”，“不啻数百峒”。各个氏族散居于各个地区，“无酋长”[①]，“咸无统属，峒自为雄长”，氏族“止于王、符、张、李数姓”，仍处于“同姓为婚”的族内婚阶段[②]。

在这样的原始氏族制度阶段，它的土地制度也是原始土地公有制。宋神宗元丰三年（1080），琼管体量安抚朱初平奏章中提到：“自来黎峒田土，各峒通同占据，共耕分收，初无文记。”[③] 这一段非常精练的文字，把黎族原始共有土地制度给以描述出来，是极可宝贵的。解放以前，五指山区中黎族的“合亩制”，依然是“共耕分收”，可能是前此原始土地共有制的遗存。

不过，黎族的原始氏族制和土地共有制也是在逐渐发生变化的。其一是，在黎族氏族内部已经出现了私有财产、奴婢和氏族贵族，氏族内部分化逐渐地明朗起来了。宋仁宗时，吴蒙曾率兵去“安抚黎戎”，“深入其地”，被黎族杀败投降，“戎……以女妻之”。吴蒙子在琼州，“令以银五十星造两瓶赎之，戎得瓶甚喜，遂放蒙还”[④]。氏族的首领对银瓶之类的私有是非常热衷的，而这种私有将会由同外界频繁的接触而得到发展的。又在宋仁宗至和年间，黎族的一个氏族酋长“符护失奴婢，捉巡检慕容允则为质”，朱崖军“西北一带道路至今（元丰五年）不通”[⑤]。这个例证说明了黎族氏族贵族已占有了奴婢，而且为追回失去的奴婢，还以宋的地方巡检当作“质”，即抵押品，“质”的本身就具有私有财产的观念。上述两个例证，反映了黎族氏族内部的分化。

其次，促成黎族氏族制度发生变化的，还有外部影响。这个影响就是在汉黎两族交往中汉族所给以的影响。有些从广南东路、福建路过海到海南岛的居民，“乃作请田文字，占其田土，使无所耕种；又或因商贩以少许物货，令虚增钱数，立契买峒民田土，岁久侵占”，“往往拔刀相杀”[⑥]，“闽商值风水，荡去其资，多入黎地耕不归”[⑦]，汉族居民进入黎族地区之后，也必然给以私有

① 孙升：《孙公谈圃》卷下。

② 《诸蕃志》卷下。

③ 《长编》卷三一〇，元丰三年十二月庚申记事。

④ 孙升：《孙公谈圃》卷下《学海类编》本。

⑤ 《长编》卷三二四，元丰五年三月壬寅记事。

⑥ 《长编》卷三一〇。

⑦ 《系年要录》卷一八七。

制的影响，不论是从观念上，或者是如上所说从侵占田土方面，都会使私有制渗透在黎族氏族制度的有机体中，从而使黎族氏族制度、土地共有制度发生变化。

从上述两个方面，可以看出黎族原始氏族制逐步向私有制发展了。由于这种关系，所谓“男子常带弓矢，喜仇杀”[①]，“志阳（即崖州）与黎獠错杂，出入必持弓矢”[②]，这类现象的出现也就不可避免的了。黎族氏族制度的变化是在缓慢地进行的，特别是山深林密的五指山区，这种变化更加缓慢。

第二节　荆湖南路西部、广南西路的瑶族和壮族及其以村社土地制度为基础的奴隶占有制

自唐以来，在荆湖南路西部“沅湘之间”的辰、沅、靖等州，杂居着许多的少数民族，如“猪猃”（《长编》）、“犵狫”、“猺”或“莫猺”以及苗、土家等族，广南西路的东路也散居一部分瑶族。对于上述的“猪猃”诸族，究竟属于今天的哪个民族，他们的族缘关系有怎样的传承，有待于民族学家研究确定；这里仅就瑶族的状况给以简略的说明。

沅湘之间的民族虽然复杂，但他们之间有一个共同点，就是“焚山而耕”[③]，过着共同的刀耕火种的原始农耕生活。唯其如此，各族之间的社会发展状况也颇多类似之处。如在“犵狫”中已经有了极其明显的贫富的区分：“犵狫之富者，多以白金象鸟兽为酒器，或为牛角、勃鸠之状，每聚饮，盛列以夸客”；而贫穷的“犵狫”，为人佣雇，则被呼为“奴狗”[④]。从这种情况来看，它不单单有了贫富的区分，而且“富者”早已脱离了劳动，并十分鄙视劳动，从奴隶主的角度和立场来看待这种雇佣关系，从而反映了在“犵狫”内已经存在了奴隶主与奴隶的对立的阶级关系。

瑶族也存在这种明显的分化和对立，并突出地表现在土地关系上。“峒”

① 《系年要录》卷一八七。
② 王象之：《舆地纪胜》卷一二七。
③ 陆游：《老学庵笔记》卷四。
④ 朱辅：《溪蛮丛笑》。

是瑶族各氏族宗族的集合体，每“峒”都有它自己的首领、酋长；峒中“男丁受田于酋长，不输租而负其役”。很显然，这是一种村社土地所有制形态，而以“峒”作为共有的表现形式。瑶族“男丁”通过酋长对土地的分配，能够使用这块土地，但对这块土地的所有权是没有的。因此，它在实质上，同西周春秋时代的“社”或“书社”这种村社土地共有形态是一样的。同时，瑶族“男丁”在取得这块土地之后，必须对酋长即“峒”或村社的当权者贵族承担所谓的“役”，亦即各种形式的无偿劳役，这种“役”也同西周春秋时代的“役”性质一样，与封建时代的劳役地租并不相同，洪迈的这一记载是值得重视的。“田丁”不仅为酋长服“役”，而且“有罪”，也要听酋长的“革断”，即裁决处置[①]，从而表现了酋长即贵族权势们对“田丁”的压迫性质。“田丁”与酋长之间，即村社成员同氏族权贵之间不仅形成了对立关系，而且这种对立关系发展得已经相当尖锐。这从“田丁”自这一“峒”投奔到另一“峒”这种以逃亡为反抗形式而得到说明。对投奔来的“田丁”，“峒”是可以收容的：“奔来此地居止，名入地”。“入地”这个词也很有意思，它反映了前来投奔的“田丁”同这里发生的是土地关系，而不是血缘关系，从这一侧面多少可以看出，“峒”是一种地域性的组织而非血缘关系的产物了。归纳来说，瑶族各“峒”以酋长为代表，它的土地制度，在表面上虽然是以峒为共有的土地所有制，但在实质上则由酋长支配。所以，在这种形式的村社共有制中，享受最大利益的是瑶族上层一小批权贵，而各峒“田丁”则是受上层贵族奴役的劳动者，从这个意义上看，瑶族各峒同样地存在了“普遍奴隶制”的。总之，峒就是瑶族村社制度的集合体，它同西周奴隶主所代表的国家在本质上是一致的，不过具体而微罢了。

由于瑶族已经进入了阶级社会，因而它的各个方面也都为私有制所浸透。反映在婚姻关系上，它表现为：“兄死，弟继姑舅之婚；他人取之，必贿男家；否则争，甚则仇杀”。这种情况并不奇怪，在向奴隶占有制过渡的许多民族，都有这类表现。如匈奴，父死则妻其后母，兄死则妻其诸嫂。又如女真族，颇刺淑原与其兄同居，兄死之后，即娶其嫂为妻。其所以出现这种婚姻，

① 洪迈：《容斋随笔》卷一六，以下未注明者同此。

乃是因为女子也有自己的一份私有财产，把她娶过来，或保留在自己的家族内，就可以留下她的那份财产了。因此，这种婚姻关系是私有财产关系的一种表现形式，或者说是私有财产关系的一个产物。

由于私有财产观念的极度膨胀，即使在一峒之内各家族之间，或峒与峒之间，经常因掠夺财物而陷于无止境的争端中："方争时，以首搏首，获级一二则溃去，明日复来，必相当乃止。欲解仇，则备财物以和，谓之陪头暖心"；"志在于掠，而不在于杀"。掠夺的目的，在于获得财物；赔偿了财物，也就不再仇杀；所谓的"陪头暖心"，实际上是利欲熏心，只有财物才能暖过仇杀的心来。"凡仇杀，虽微隙必发，虽昔衅必报，父子兄弟之亲不避也。"私有财产的毒菌，使人们之间的关系演变到这种地步！这是自英雄时代进入奴隶制时代，一些具有"硬都都"气概的英雄好汉们所共有的时代特征！

以上主要根据洪迈《容斋随笔》的记载。在此以后，洪迈还曾指出："武冈、桂阳之属徭民，大略如此"。这些材料生动地反映了瑶族进入阶级社会的一些基本特征，因而是非常可贵的。

只要是杂居在一起，少数民族相互之间，少数民族与汉族之间，就不可避免地发生这样或那样的纠纷。在宁乡、邵阳、益阳和湘乡之间，约千里广阔的上下梅山，五代以来由号为"莫猺"的瑶族居住，"岁久公然冒法，又稍招萃流浪"，从而同宋封建统治发生摩擦，并引起宋统治者对他们的注意。宋神宗熙宁年间，荆湖南路转运使蔡奕在奏章中指出："省地养此，后日遂为大患，今变猺为汉无难也"。朝廷批准了蔡奕"变瑶为汉"的建议，于熙宁五年七月派章惇为荆湖北路察访，遂有所谓开梅山之举。到这年十一月大致结束："授冠带，画田亩，分保伍，列乡里，筑二邑（按指新化、安化二县）隶之，籍其田，以亩计者二十四万（《长编》卷二四八则为：二十六万四百三十六亩）"[①]。章惇在《开梅山歌》中也指出："给牛贷种使开垦，植桑种稻输缗钱。"[②] 用行政命令去改变瑶族的生活方式，行政命令本身就具有封建压迫的

① 刘挚：《忠肃集》卷一二，《直龙图阁蔡君墓志铭》。按刘挚集本作蔡奕，《长编》卷三二八则作蔡煜，当系避清帝讳改奕为煜的，今从集本作蔡奕为是。

② 载王象之《舆地纪胜》卷五九；厉鹗《宋诗纪事》卷二二亦载此诗。

性质，而且章惇所使用的手段，还不限于行政命令。但不论怎样说，这一地区的瑶族从原始的“刀耕火种”的耕作方法改变为牛耕的耕作方法，在农业生产上显然是跃进了一大步。这部分瑶族的生活，从原来的“峒民”变成“省民”，即变成为承担封建国家赋税的居民，因而经济生活纳入了封建经济体系。这个改变是否使他们从原来的奴隶占有制转变为封建制，可能还需要一定的时间。然而有一点是很明白的，即：这里的瑶族同广大汉族已开始有了共同的经济生活，这是瑶族此后发展的一个极其重要的新的起点①。

再看广南西路西部壮族的社会发展状况。

在唐代，壮族被列为“西原蛮”，也称之为“洞獠”；“无城郭，依山险各治生业，急则屯聚”。在壮族中，以宁氏、黄氏、韦氏、周氏和侬氏等族姓力量最强，并“相唇齿，据十余州”②。从这些迹象看，壮族已经进入了阶级社会。

到宋代，壮族奴隶占有制社会有了不小的发展，虽然它仍然分散为“峒”，而不像南诏那样，形成为一个统一的地方政权。

宋代继承了前此的统治政策，将壮族居住的所在称之为“羁縻州洞”，隶属于邕州。名义上它是宋朝统治的一个组成部分，但在实际上，壮族是由他们自己来统辖管理自己的，宋朝统治者以及地方官员并不加干预。因此，在这个时期，统治广大壮族人民的，是从前此壮族氏族显贵中演变而来的奴隶主贵族。在唐代，早已“析其种落，大者为州，小者为县，又小者为洞”。到宋代，壮族“开拓寖广，州县洞五十余所，推其雄长为首领”。这些身为“首领”的“雄长”，就是奴隶主贵族；他们经过宋封建统治的认可而获得知州、知县、知洞等的头衔，用来统治自己辖属的地区和壮族人民。除了各峒的主宰者之外，即是各峒的峒民，他们一律被称之为“提陀”——“犹言百姓也”③。

同西周、南诏极为类似，壮族的奴隶占有制也是以村社制度作为根基的。各峒的统治者也称为“主户”，对隶属于他的“提陀”分配土地，“其田计口

① 本段还参阅了《长编》二三六、二三八、二三九、二四二和二四五诸卷。
② 《新唐书》卷二二二下，《西原蛮》。
③ 范成大：《桂海虞衡志》。

授民，不得买卖”。这种土地制度，也同西周时期“田里不鬻”者一样，都是村社土地共有制，而在壮族则是隶属于“峒”，即以“峒”为共有的土地形态。值得注意的是，“提陀”除分配给自己的共有土地外，还可以自由地垦辟荒田，而“自开荒者由己，谓之祖业口分田”，因而在土地共有制的同时，也存在个人所有的土地私有制。大家知道，恩格斯在《马尔克》一文中曾经指出，村社除公有土地之外，还存在公社社员们的私有土地，而这种私有地则是从村社社员们的住宅房基地开始和发展起来的。因之，在村社内部就寓存了公有和私有这样一组二重性的矛盾，构成为村社制度的一个重要特征。西周村社制度自然也寓存了这种二重性矛盾，所谓“雨我公田，遂及我私”；所谓“人有土田，女（汝）复有之”，就说明了这一问题。在壮族中，“提陀”的私有地已不限于住宅房基地了，还能够把开垦的荒地归自己所有。显而易见，村社内在的公有和私有这个二重性矛盾，在壮族内部已有了进一步的发展。这个发展，一旦达到像春秋时期人们对耕作公田不那么有兴趣，以至公田上布满了荒草的时候，以峒为共有的土地制度也同样地会土崩瓦解了。

壮族之进入阶级社会一个明显的特征是，贵族奴隶主们占有一定数量的奴隶。奴隶主要来自于掠夺：“掠省民客旅，缚卖于交趾诸蛮”。这类掠卖奴隶的事情是经常发生的。宋仁宗时候，侬智高鸠众起兵，凶锋所及，连破广南东路诸州，其目的便是大规模地掠夺奴隶和财富，因之他的起兵不具有任何的进步意义。除掠夺之外，奴隶主还将奴隶指配为婚，生下子女，以填补奴隶的行列：“又以攻剽山獠及博买嫁娶所得生口，男女相配，给田使耕，教之武技，谓之家奴，亦曰家丁。”

与此同时，壮族奴隶主贵族还建立了他的武装力量。峒内本族成员，所有壮年都受到训练，“称为田子”，亦曰“马前卒”，这些人以及上面提到的那些会武技的“家奴”，统称为“峒丁”，组成为这个峒的武装力量，用来掠夺生口、财物和镇压奴隶的反抗。

在壮族地区内，如上所述，贵族奴隶主的统治机构如知州、知县、知洞之类，以及武装镇压力量，都分别建立起来了，显然可见，维持奴隶占有制的上层建筑也日益完备了。

在宋代，壮族中以黄姓、侬姓为多，侬智高叛乱之后，许多侬姓改换了赵姓。同瑶族极为类似，一个族姓组为一峒，同姓可以成婚，“不以为嫌”，族外婚似乎还没有发展起来。一般的“提陀”是一夫一妻制，而奴隶主贵族则实行多妻制，“或娶数妻”。朱辅在《溪蛮丛笑》中说，瑶族妇女于产后三天，就得下床、干活劳动，甚至很重的劳动；而她的丈夫反倒躺在床上，闷在屋子里，“坐月子”，谓之“产翁”。这可能是母系氏族社会的遗存，但它则或多或少地反映了妇女在瑶族生产中所处的重要地位。壮族也存在这种现象，男子汉们在收获完毕之后，“即束手坐食以卒岁，其妻乃负贩以赡之，己则抱子嬉游，慵惰莫甚焉”①。南宋晚年任官于广南西路的李曾伯，对邕州所属武缘、宣化两县的风俗，作了如下的论述，他说：“樵苏种获，与夫负贩趁墟，皆付之妇人；而为丈夫者，却抱哺炊爨，坐守茅庐，盖其气力反妇女之不若。”②看来在瑶族进入奴隶占有制社会之后，妇女依然是生产劳动的主要承担者，在整个生产活动中居于重要地位。

第三节　四川边缘地区的“夷”族之向封建制过渡

四川边缘地区，主要地是指泸州西南、大渡河以西的地区，即宋代夔州路和利州路相邻近的西南一带以及成都府路西部边缘地区。这个地区也是少数民族居住的地方，宋代文献大都称之为“夷”。其实，“夷”之中包括彝、藏诸族，而在川东南的“夷”族中，很多是苗族，如明末著名的石砫女土司秦良玉就是苗族。因而情况也是极为复杂的，特别是杂居的地方，情况更加复杂。现在来看看缘边各族是怎样向封建制过渡的。

先从川西南泸州说起。泸州以东，与淯井监相连，是“夷”汉杂居的地方；泸州以西以南，大都是散居的“夷”族，史称泸州“夷”者是也。前引“君行在巴檄，民俗半夷风”③；“地接松扶绝塞边，星居人户称畲田。……一失羁縻生堡障，十分流运费刀泉。闾阎漫作封侯计，几辈怦图到上前？”④等

① 《岭外代答》卷三《惰农》。

② 李曾伯：《可斋续稿·后集》卷七《回宣谕团结奏》。

③ 韩缜：《送周知监》：载陆心源《宋诗纪事补遗》卷一九。

④ 冯山：《冯安岳集》卷一二《和子骏郎中文台》，子骏，即鲜于侁。

诗句说明了这一地区的民族杂居以及不时出现争端的情况。泸州“夷”大约与彝族有密切关系，可能是彝族的一个组成部分。

淯井“蛮”和泸州“夷”久已进入阶级社会，因而不断进行掠夺。宋真宗大中祥符二年宋政府先后派侍其旭、孙正辞等深入戎泸州进行镇压和招抚[①]。宋神宗熙宁年间，宋政府在采取传统的镇压和招抚两手政策的同时，又采取了一项新的政策。原来在“夷”汉杂居的地方，宋政府一向禁止典买田土，以避免“夷”汉之间“相混争”。可是到熙宁五年以后，宋政府改变了这项政策，是年九月“诏陕西缘边蕃部土地许典卖租赁”[②]；翌年五月川西南一带也实行了这项政策：“诏自今汉户典买夷人田土者听之”[③]。宋政府在政策上的这个转变，王安石起了决定性的作用。王安石认为，“汉户不得典买夷人田土”的条贯应当废除，“必缘典买相混争，致开边隙，故立法禁止”；“苟能变夷为汉，则此非所恤也”；“又淯井两边地，若捐数万缗官钱，市令汉户住佃，即淯井无夷事矣”[④]。王安石为消弭“夷”患，立足于“变夷为汉”的立场，改变了以往禁止汉族与少数民族杂居共处地区的土地买卖的政策，其利害关系王安石自己说得已非常清楚，毋庸多谈。因此，这一政策虽属经济政策，但也渗透了暴力的性质，这是需要指出的。王安石的这项政策有利于宋朝统治、有利于沿边汉人，这是事情的一方面。但还要看到这些事实：虽然以法令禁止沿边土地买卖，但这项经济活动是法令无法禁止的，因之改变这项政策，不能不承认有它的客观必然性，这是其一；汉人典买田土，在沿边上推行封建制，在客观上不能不对沿边少数民族的社会经济生活产生直接的或间接的影响，从而促使少数民族的社会制度发生变化，这一点是应充分估量的。

宋神宗元丰年间，在镇压戎泸州“夷”人的过程中，曾得到“夷”人“山地一万余，区田一万八千五百三十亩”，泸南安抚使王光祖唯恐“邑”（原当作“夷”）人生事，乞就给付投降“邑（夷）人佃食”，这里的“夷”族从而进入封建制。宋徽宗政和年间，在戎泸州推行陕西弓箭手给田法，把田地分

---

① 《长编》七一、七二、七三诸卷。
② 《长编》卷二三八，熙宁五年九月戊申记事。
③ 《长编》卷二四五，熙宁六年五月辛未记事。
④ 《长编》卷二四五，引王安石《熙宁奏对日录》。

给所谓的“土丁”，以团结和“招降”过来的“夷”人，并“分田使受降羌，使与土丁杂处”，“人给百亩”。因为田亩不足，“又奏夺边民市邑（夷）田以益之”。总共招纳了2700人，这就是所谓的“泸州五城寨胜兵”①。这是沿边少数民族封建化的一种形式。

其次看看黎、雅州一带“夷”人的封建化情况。

过大渡河，黎州以西的地方，“弥望皆是蕃田”。“每汉人过河耕种其地，及其秋成，十归其一，谓之蕃租”；“土丁之耕蕃地者，十有七八”②。所谓“蕃田”，蕃当是藏族，蕃田即藏族所有土地。汉人去租佃藏族的土地，缴纳十分之一的地租即“蕃租”，这说明黎州以西的藏族已进入了封建制，因而采用地租的剥削方式。所谓“土丁”，大约指的是当地的少数民族，这个少数民族可能是彝族的支派，他们十之七八耕种藏族的土地，二者同样地发生了封建关系，走上了封建化道路。

在雅州严道县，有所谓的“沙平（《长编》作砂平）六族”，原是“檄外夷”即宋统治区以外的“夷”人，“其地有葫芦里者，本隶荣经县之俟贤乡”；这些“夷”人岁输秔米百二十斛于“夷”汉互市的碉门寨③。这件事实说明了，葫芦里的“夷”人已经成为了雅州税户，从这一方面走上了封建化道路的。

再说峨眉、犍为一带马湖“蛮”等的封建化。

峨眉、犍为是成都府路西南门户，地缘岷江，“控带蛮夷”，是所谓的冲要之地。宋政府在这里“列置堡寨，总十有九处”，以为防守。其中犍为县的沐川寨，“尤为冲要”，宋募集许多“土丁”，以加强这里的防御力量④。一般说，“土丁”是当地人的意思，但在宋代沿边各地募集的“土丁”又具有当地少数民族的涵义。以这里“土丁”来说，原来就有所谓的马湖“蛮”。马湖“蛮”大约是彝族的支派，于嘉定四年（1214）攻破了利店寨。宋军在反攻时，称马湖“蛮”是“降羌”——“所谓投降九百人者，本吾边民，皆为人

① 李心传：《建炎以来朝野杂记》乙集卷一七，《泸州长宁军胜兵邑义军》。
② 《宋会要辑稿·蕃夷》五之五三。
③ 李心传：《建炎以来朝野杂记》乙集卷二〇《丙寅沙平之变》。
④ 《宋会要辑稿·方域》一八之二八至二九。

庸耕。"[1] 这清楚地说明了马湖"蛮"从为人佣耕而走上了封建化道路。

利店寨事变之后，宋继续募集土丁加强防御，而募集的一项重要办法就是给应募者以田土，作为其养生之资。犍为的平戎庄田，"地极膏腴"，但是除一部田地依然为原来的120人"上寨防拓外，其余顷亩多为豪民富户侵占，岁月已深，视为己田"，因而宋政府进行检查"根括"，收回"山田四百九十四，坡水田一千五百九十六，衮折租数计米二千三百斛"，但却付出了2万7千缗的价钱。这说明，平戎庄田是以封建地租剥削为形式，从而反映了这个地区封建化的发展。宋政府占据这些田亩之后，又招募了300多名土丁，包括前此土丁，达550余名，"已开县田段，各出公据，分给逐丁，蠲免诸色官租，自令耕佃赡计。"从这里又可看出，通过官田的分配，使"土丁"走上封建化道路的，因而李心传记载这件事情说："客近四百家，以为土丁，至今不废"[2]。

再看看威州、茂州的"土丁"和"夷"人的关系。

威州、茂州处于川西北，早就是藏汉错居的地区。史书上所称的"夷"人，大约是藏族。这两州同样募集许多"土丁"来防守。"茂州之丁，半市人，无用给，半有为夷人庸耕者"。"盖二郡皆半入夷腹中，无省地；茂州每合教，则土丁悉从夷人假衣甲器械以为用，事已复归。"[3] 不管"土丁"是藏族还是汉族，也不管"夷"人是否为藏族，但材料极其清楚地表明了，在威州、茂州"土丁"与"夷"人之间已形成了封建关系，而杂居在一起的汉藏两族也是和谐的，过着同一的社会经济生活。

从上面对零散材料的叙述中，在"夷"汉杂居的川西南、川西和川西北一带边缘地区，都有少数民族走上了封建化的道路。这些事实证明了，在宋代，我国封建制度不但扩展到契丹、党项诸族，而且也扩展到川西、川西北沿边各族，这是我国封建制度不断发展的重要表现。其次，川边少数民族之走上封建化，当然有深有浅，情况是有区别的。但是就其走上封建化道路来看，或是通过土地买卖而发生发展的封建关系，或是通过官田分配而走上封建化，总

① 《建炎以来朝野杂记》乙集卷二〇，《辛未利店之变》。

② 根据《朝野杂记》乙集卷二〇《辛未利店之变》和《宋会要辑稿·方域》一八之二八至二九。

③ 《建炎以来朝野杂记》甲集卷一八，《黎雅土丁附嘉定威茂土丁》。

之，一方面是各少数族内部的发展，有了走上封建化道路的可能，另一方面也是与封建制高度发展了的相邻的汉族的影响分不开的。因此，虽然上述情况因材料的零散短缺，还不能探明这个变化，但它却给我们以启示，从汉族与各少数族的交互影响中来研究这个问题，是必要的。

第四节　以夔州路为中心的庄园农奴制

夔州路位于以峡州为中心的一条南北线的西侧。在前几章中，曾经叙述了这个地区的农业生产情况，指出“刀耕火种”的原始耕作方法和粗放经营仍然居于支配地位；而夔州路的户口，不仅没有像全国其他各路以1‰的增长率增长，而且从北宋元丰三年的246521户到嘉定十六年下降为207999户，减少了将近4万户，约16%。这就突出地说明，夔州路生产力之所以低下，不单是由自然条件造成的，而且它的生产关系也是落后的。事实证明，以夔州路为中心，包括利州路、梓州路的许多山区（如淯井监、泸州等地区）以及成都府路的个别地区，或者概括称为夔峡诸路，虽然很久以来已经进入封建制，但却长时期地停顿在庄园农奴制阶段。下面就集中说明这一问题。

在夔峡诸路，一个突出的社会现象是，靠租种别人土地为生的无地农民——客户占当地户口的比数很大，同时在全国范围内说比数也是最大的。宋仁宗天圣元年（1023）客户比数从宋初的40下降为37.9，到宋神宗熙宁五年客户比数下降到最低点为30.4①。其中生产发达的地区如两浙路，客户比数更低于这个总比数，不过20%左右。夔峡诸路客户所占比数则是②：

地　区	主户户(或口)数	所占百分数(%)	客户户(或口)数	及所占百分数(%)
成都府路	574630（户）	74	196903（户）	26
梓州路	885501（口）	63	528214（口）	37
利州路	179835（户）	59.5	122156（户）	40.5
夔州路	215595（口）	46	252427（口）	54

① 梁方仲:《中国历代户口·田地·田赋统计》第126页。

② 以上根据《文献通考·户口考二》所载毕仲衍《中书备对》数字列成，梓州路、夔州路有主户而无客户户数，因而以两路口数制成，也是可以的。

夔峡诸路除成都府路客户比数（二六）低于全国客户总比数，与生产发达的两浙、江东等路相差不大外，其余三路客户所占比数都在全国客户总比数（37.9～30.4）之上，其中夔州路客户比数高达54%，居全国首位。一般地说来，在宋代，生产越是比较发达的地区，客户所占的比数就越小；而生产越是落后的地区，客户所占比数就越大。这一事实不仅突出地说明夔峡诸路在生产中的差别，而且突出地反映了夔州路在全国范围内也是生产落后地区之一。

更进一步看，夔峡诸路平原和山区之间客户分布情况也存在差别，山区诸州客户，特别是夔州路诸州客户所占比数尤为突出。今根据《太平寰宇记》和《元丰九域志》所载数字，将宋太宗宋神宗时各州客户所占比数列为下表，以资考察①：

地　区	宋太宗时客户比数	宋神宗时客户比数
嘉　州	80	75
普　州	91	69
昌　州	91	83
广安军	71	58
利　州	56	75
巴　州	87.5	73
夔　州	45.3	33
黔　州	66	72
达　州	80	86
施　州	51.9	51.2
忠　州	89	66.4
万　州	67	68.5
开　州	74.5	65

① 所用《太平寰宇记》，系河北大学图书馆所藏抄本。因未与其他版本比勘，未审如何，今据《中国历代户口、田地、田赋统计》所载校正，有的如小数位仍保留未动。

续表

地　区	宋太宗时客户比数	宋神宗时客户比数
涪　州	71	86
渝　州	81	72
云安军	45	70
梁山军	—	70
南平军	—	83.3
大宁监	—	80

表中举述的如成都府路的嘉州，梓州路的普州、昌州，利州路的利州、巴州，都是多山的地区，因而诸州客户所占比数都是很大的。特别是整个夔州路，是地旷人稀、生产落后的山区，客户所占比数是如此之大，这就突出地说明了，越是在自然条件差、生产落后的山区，客户比数就越大。

客户的比数或数量越大，就越突出地说明了这个地区的无地农民多，庄园主所控制的劳动人口多、所占有的土地面积大。文献材料充分地说明和论证了，在夔峡诸路特别是夔州路的客户集中在少数的大庄园主的庄园中：

〔宋太宗〕至道二年八月二十八日，诏置制剑南峡路诸州旁户。先是巴蜀民以财力相君，每富人役属至数千户……①

且西川四路乡村，民多大姓，每一姓所有客户，动是三五百家。②

本州〔指夔州〕自来多兼并之家，至有数百客户者，以此编排〔保甲〕不成……③

南川扶欢驿王衮、隆化县梁承秀和巴县荣懿寨李光吉”④ 三族，“各有地客数千家。⑤

① 钱若水：《太宗皇帝实录》卷七八；《宋会要辑稿·刑法》二之五所载同。

② 《韩琦家传》卷九，载韩琦《安阳集》。

③ 《宋会要辑稿·兵》二之一二。

④ 王衮等三族所在地，载于冯山《冯安岳集》卷一一；又参阅《长编》卷二一九。

⑤ 《长编》卷二一九，熙宁四年春正月丁未记事。

> 川陕〔峡〕豪民多旁户，以小民役属者为佃客……家或数十户。[①]

材料说明，夔峡诸路的豪族大庄园所控制的旁户、佃客和地客，往往是几十户、几百户，甚至到几千户的。那么，这些豪族和客户，在生产过程中究竟结成一种什么样的经济关系呢？在生产中又各自处于一个什么样的地位呢？这是必须要回答的。

首先，早在宋太宗时，“旁户素役属豪民，皆相承数世”[②]，到宋神宗时，这些兼并之家依然役属数百家的客户。这就是说，旁户从宋以前到宋神宗时世世代代地束缚在豪族大庄园的土地上，既不能“以它帅领之”，在保甲编排中也不能不让豪族“充都副保正提辖”、统属客户，因而旁户在实际上世世代代地成为庄园主的私属。很显然，这种经济关系与魏晋隋唐以来世族豪强同部曲、客结成的隶属关系是一脉相承的，是前代的继续。

其次，“富民之家，地大业广，阡陌相接，募召浮客，分耕其中，鞭笞驱使，视以奴仆，安坐四顾，指挥于其间；而役属之民，夏为之耨，秋为之获，无有一人违其节以嬉”[③]。从苏洵的这段描述来看，客户是在庄园主的“鞭笞驱使”之下进行各项生产活动的，这就是说，棍棒的纪律、经济外的强制作用，在夔峡诸路还起着极为显著的作用。

第三，庄园主对所控制的客户、地客，是“视以奴仆”，或“使之如奴隶”的[④]，因而这些劳动者的地位，同奴隶、奴仆相去无几，是极其低下的。从南川王衮等三家“熟夷”的活动情况看，这些豪族并不满足于他们已经控制了的数千家地客，他们还凭借自己的“威势”，“诱胁汉户，不从者屠之，没入田土，往往投充客户，谓之纳身”[⑤]。这些活动一方面显示了少数族上层分子封建化过程中的某些痕迹，另一方面还可看到在封建化过程中政治暴力所起的作用，一些个体小生产者正是在这种作用下成为向大庄园主“纳身”投

① 《宋史》卷三〇四，《刘师道传》。
② 《太宗皇帝实录》卷七九；《宋会要辑稿·刑法》二之五。
③ 苏洵：《嘉祐集》卷五《田制》。
④ 《宋史》卷三〇四，《刘师道传》。
⑤ 《长编》卷二一九，熙宁四年春正月丁未记事。

靠的农奴！

第四，在产品分配方面，“小民多输租庸”，佃客向庄园主既承担地租又提供力役，而且力役在这个地区的地租构成中还占有较大的比重，在后面有关地租的叙述中还要说明。或者如《宋史·刘师道传》中所说：“凡租赋庸敛，悉佃客承之”，即封建国家的各项剥削，庄园主全部转嫁到佃客身上。下面所提到的材料，进一步说明了力役的沉重。在以夔州路为中心的四路山区，“刀耕火种”占主导地位，生产力水平是这样的低下，而庄园主的剥削又是那样残酷，这就不但使生产在某种程度上停滞不前，而且连人口的正常增长像在夔州路所看到的也都不可能了。

综合以上几点，以夔州路为中心的川峡诸路主户与地客所结成的关系，是庄园主农奴主与农奴的关系，庄园农奴制在这个地区依然占主导地位。唯其如此，这里的豪族，如“熟夷”王衮、梁承秀和李光吉等辈，也就敢于“诱胁汉户”，向其纳身投靠；敢于不纳税赋，而由“里胥代纳”；敢于“藏匿亡命”，“劫边民数百家”，“或刳孕妇，或探人心而食之”；并且敢于“筑城堡以自固，缮修器甲”①，公然兴兵与朝廷对抗，杀死南川巡检。建立在大土地所有制基础之上的庄园农奴制，就是脱离中央集权制统治轨道、产生分裂、割据的基因。

到南宋，有关夔峡一带社会经济制度的情况，从下面两段重要材料中得到清晰的说明：

〔宋孝宗〕淳熙十一年六月二十七日，户部言：夔州路转运司奉检准皇祐四年敕，夔州路诸州官庄客户逃移者，并抑勒归旧处，他处不得居停。又敕，施、黔州诸县主户壮丁寨将子弟等旁下客户逃移入外界，委县司画时差人计会所属州县追回，令著旧业，同助祇应把托边界。本司今措置：乞遵照本路及施、黔州见行专法，行下夔、施、黔、忠、万、归、峡、澧等州详此。如今后人户陈诉偷般地客，即仰照应上项专法施行。如今来措置已前逃移客户移徙他乡三年以下者，并令同骨肉一并追归旧主；出榜逐州，限两月归业，般移之家不

① 据《长编》二一九；又二二五，熙宁四年秋七月壬辰注引章惇言。

得辄以欠负妄行拘占；移及三年以上，各是安生，不愿归还，即听从便；如今后被般移之家，仍不拘三年限，官司并与追还；其或违戾强般佃客之人，以略人法比类断罪。从之。①

〔宋宁宗〕开禧元年六月二十五日，夔州路运判范荪言：本路施、黔等州，界分荒远，绵亘山谷，地旷人稀。其占田多者，须人耕垦，富豪之家争地客，诱说客户，或带领徒众，举室般徙。乞将皇祐官庄客户逃移之法稍加校定，诸凡为客户者，许役其身，而毋得及其家属妇女，皆充役作；凡典卖田宅，听其从条离业，不许就租以充客户，虽非就租，亦无得以业人充役使；凡贷借钱物者，止凭文约交还，不许抑勒以为地客；凡为客户身故，而其妻愿改嫁者，听其自便；凡客户之女，听其自行聘嫁。庶使深山穷谷之民得安生理，不至为强有力者之所侵欺，实一道生灵之幸……②

这一段文献中所指的夔、施、黔等六七州，即今川南及湘鄂黔交界地区。这个地区在宋代是汉族与少数民族（大约是苗族）错居的地区，上述“熟夷”王衮等就是这一地区的人，他们同施、黔等州“主户壮丁寨将子弟”等等，很多是汉化或封建化了的大庄园主。在施、黔等州乃至夔州一路“地旷人稀”的条件下，无论是汉族的或苗族的大庄园主，都需要控制相当数量的劳动人口，为自己耕垦，因而相互拆台、偷般地客的行径，层出不穷；占当地户口比重极大的客户，因不堪庄园主的奴役，用逃亡的形式摆脱或解除这一奴役和束缚，也日益加剧。这样发展下去，对夔峡诸路的大庄园主和庄园农奴制是不利的。针对这种情况，夔州路转运司便把皇祐四年有关夔州路官庄客户逃移法推而广之，严禁“人户偷般地客”和客户的逃移，表面上堂而皇之，说什么“同助祇应把托边界”，实质上以这个硬性的法律规定，既用以和缓大庄园主之间“偷般地客”的矛盾，又用来约束客户的逃移，继续把客户束缚在庄园主的土地上，照旧世世代代地做马牛，从而维护这个地区的庄园农奴制。

---

① 《宋会要辑稿·食货》六九之六六至六七。

② 《宋会要辑稿·食货》六九之六八；并参以《宋史》卷一七三《食货志》所载校正，其中“凡贷借钱物者”一句之“贷”字即是。

上引文献还反映了，越是在夔州路劳动人口稀少、生产落后的地区，经济外的强制就越严重。从范荪的奏疏中看到，施、黔等州的大庄园主，不光奴役客户本人，客户的“家属妇女皆充役作”，也都遭受奴役。尤其甚者，客户死后，客户妻没有改嫁的自由，客户之女也没有“自行聘嫁”的自由，而这些都取决于庄园主。欧洲的封建领主对农奴之女有所谓的“初夜权”；而从上述情况看来，施、黔等州庄园主对客户妻女几乎是长期霸占，岂止“初夜权”而已！这是以夔州路为中心的川峡诸路庄园农奴制所表现出来的又一特点。

把上述的文献材料同前面的材料联系起来考察，施、黔等州的庄园农奴制自宋以前是一贯的，连续不间断的。过去谈论这一问题的同志，仅根据这两段文献，说成是人身依附关系的削弱，没有透视它所蕴含的如此丰富的内容，达到对川峡路早就存在的庄园农奴制的认识，显然是极其不够的。事实上，范荪的奏言并未见诸实际，夔峡诸州人身依附关系直到宋亡以后一直表现为农奴制关系。试看元世祖至元十九年（1282）十二月十五日御史台据山南湖北道按察司副使杨少中所上牒：

窃见江南富户止靠田土，因买田土，方有地客。所谓地客，即系良民，主家科派，其害甚于官司差发。若地客生男，便供奴役，若有女子，便为婢使，或为妻妾。①

又峡州路转运判官史择善奏呈中说：

本路管下民户，辄敢将佃客计其口数立契，或典或卖，不立年份，与买卖驱口无异。间有略畏公法者，将些小荒远田地，夹带佃户典卖，称是随田佃客。公行立契外，另行私立文约，如柳逢吉、段伯通争典佃户黄康义之讼，其事系亡宋时分，袛今约三十余年……又有佃客男女婚姻，主户常行拦当，需求钞贯布帛礼数，方许成亲……前项事理，即系亡宋时弊政，至今未能改革，南北王民岂有主户将佃户看同奴隶役使典卖、一切差役皆出佃户之家？至如男女婚姻岂有不由父母做主，唯听主户可否？②

① 《元典章》卷五七。

② 《元典章》卷五七。

又元成宗大德六年（1302）中书省札上说：

亡宋以前，主户生杀视佃户不若草芥。①

以上材料中所提到的山南湖北道、峡州路，即宋代夔峡诸州，或与夔峡相接的一些地区。这些材料对大庄园主奴役客户及其子女的情况，说得极为清楚、翔实，是对上述情况最好的补充。从这些事实中，很难看出范荪奏言之后施、黔诸州人身依附关系有任何削弱的迹象。特别值得注意的是，客户之“或典或卖”，之被称为“随田佃客”，在亡宋以前即已存在，这就为以夔州路为中心的川峡诸路的庄园农奴制又提供了一个特征。

归纳上述，以夔州路为主的川峡诸路，主户与客户的关系，表现了庄园农奴制的一些基本特征，因而这里的封建经济制度之处于庄园农奴制阶段是极为清楚的。从这一基本情况出发，回头再看前面川峡诸路客户所占比数的变化。前章提到，北宋初年以来客户在全国总户口中的比数是逐年下降的。就川峡地区看，表中有些州的客户比数也是下降的，特别是王小波、李顺起义扫荡过的一些州县，下降情况更加明显，学术界已涉及到这一问题，从而说明了农民的阶级斗争对川峡庄园农奴制所产生的冲击作用，而在农民起义没有扫荡过的地区，客户的比数继续增加，这说明在这个生产落后的地区，庄园农奴制并未衰落，而且继续发展着。

庄园农奴制与封建租佃制在封建经济制度的发展中，形成为两个显然不同的阶段，但是在它们之间并不存在一条不可逾越的鸿沟。在宋代，如材料所展示的，当着这个地区的农业生产遭到严重的破坏的时候，即使原来在这个地区实行封建租佃制或者说封建租佃制占优势的，也会倒退到庄园农奴制。荆湖北路在两宋之交因兵荒马乱，生产受到极大的破坏，“州县建置二十有五年矣，今犹极目蒿莱，开垦不及十二三”②。因此，当地官僚豪绅为控制更多的劳动人口而不许佃客迁移，这自然是违背北宋政府颁布过的诏令的。知鄂州庄绰“言于朝，请买卖田土不得载客户于契书，听其自便”，“朝廷颁行其说”。朝廷颁行的诏令是：

① 《元典章》卷四三。

② 胡宏：《五峰集》卷二，《与刘信叔书》第一首。

绍兴二十有三年六月庚午绍：民户典卖田地，毋得以佃户姓名私为关约随契分付得业者，亦毋得勒令耕佃。如违，许越诉，比附因有利债负虚立人力顾契敕科罪。以言者有请，从户部立法也。①

这道诏令颁布之后，“湘人（按系官僚豪绅之辈）群起而窃议，莫不咎庄公之请，争客户之讼有至十年不决者”。一个名叫胡宏的士大夫，站在官僚豪绅的立场上，写信给当时知荆南府的刘锜，提出如下的意见：

某因躬耕之际，稽诸天道，察诸人情，则贵贱之相待，高下之相承，盖理之自然（?!）也。……是以……自主户至客户递相听从，以供王事，不可一日废也，则岂可听客户自便，使主户不得系属哉?!夫客户依主户以生（!），当供其役使，从其约束者也。而客户或禀性狼戾（!），不知上下之分；或习学末作，不力耕桑之业；或肆饮博而盗窃，而不听检束，或无妻女，诱人妻女而逃；或丁口蕃多，衣食有余，稍能买田宅三五亩，出立户名，便欲脱离主户而去；——凡此五者，主户讼于官，当为之痛治，不可听从其便。②

胡宏说了这么多，概括起来无非是这一点；在荆湘地区重新颁布客户不得起移的法令，加强庄园主对客户的经济外的强制关系，从而使荆湘地区的庄园主的劳动力得到保证，如此而已！胡宏这位道学家之所以产生这种想法，是不足为奇的。峡州、澧州或与荆湘相接，或相距非遥，那里的客户从来是不许迁移的，这对包括胡宏在内的荆湘官僚士大夫不能不有所影响，这是其一。更重要的是，荆湘兵火战乱之余，劳动人口极为短缺，这里的庄园主迫切需要加强控制劳动力，免其外流，以保证庄园生产的需要。胡宏就是在这一立足点上提出要求的。事实上，在社会生活中，这一要求已经变成了现实，前引《元典章》山南湖北道按察司副使公牒便可证明，虽然在时间上稍微推迟了一些。

在两淮，从高度发展的租佃制关系之向庄园农奴制倒退，尤为明显。两淮是北宋末年以来遭受战乱破坏最为严重的一个地区。经南宋160年未得到恢复，“田莱之荒榛未尽辟，闾里之创残未尽苏……锄耰耘耨皆侨寄之农夫……

① 李心传：《系年要录》卷一六四。

② 《五峰集》卷二，《与刘信叔书》第五首。

市井号为繁富者才一二郡，大概如江浙一中下县尔！县邑至为萧条者仅有四五十家，大概如江浙一小聚落耳！”[①] 北宋神宗年间，两淮户口达135万户，是人口比较稠密的地区，南宋仅20多万户[②]，不到北宋的六分之一。在这种情况下，就同荆湘一样，劳动力便成为官僚豪绅你攘我夺的重要对象了：

> 伏见淮南诸郡，比经兵火，所存凋瘵，百无二三。其间尝为人佃客而徙乡易主，以就口食，幸免沟壑者。今既平定，富豪巨室不复问其如何，投牒州县，争相攘夺。兵火之后，契券不明，州县既无所凭，故一时金多位高者咸得肆其所欲；而贫弱下户，莫适赴愬，勉从驱使，深可痛尔。[③]

“争相攘夺”的对象有两类，一类是“莫适赴愬”的贫弱下户，连地带人都被“金多位高”的豪势兼并了去；一类是有“契券”关系的佃客，这些佃客是根据契约而同主户发生租佃关系的。经过这一攘夺，封建租佃制发生了逆转，佃客同大庄园主之间的人身依附关系从原来的松弛向强化一面发展，佃客再度成为“随田佃客”和庄园主的私属了。宋孝宗乾道元年（1165）张子颜（张俊子）、杨存中等把自己在两淮兼并得来的田产献给国家，其中张子颜献出真州以及盱眙军水陆田山地15267亩，张宗元献出真州田产21813亩，杨存中献出楚州宝应田39640亩。与此同时，还将“牛具、船屋、庄客等献纳”[④]。庄客同牛具、船屋一样，成为献纳品，这和随土地或典或卖的“随田佃客”又有什么差异呢？显而易见，两淮的封建租佃制也向庄园农奴制逆转了。

此外，经济力量单薄的第四、五等户，尤其是第五等户，在国家赋役压榨、高利贷盘剥和自然灾害袭击之下，也往往下降到奴仆的地位：“今世所云奴婢，一概本出良家，或迫饥寒，或遭诱略，因此终生为贱。……在法雇人为婢，限止十年，其限本主转雇者，年限价钱，各应通计”[⑤]。这一类的“奴仆”，在法定的10年期限内是处于低贱的地位的。另外一种情况则是下降的

① 仲并：《浮山集》卷四，《蕲州任满陛对札子》。
② 《宋会要辑稿·食货》六九之七一至七七。
③ 王之道：《相山集》卷二二，《乞止取佃客札子》。
④ 《宋会要辑稿、食货》一之二四。
⑤ 罗愿：《罗鄂州小集》卷五，《鄂州到任五事札子》。

"田仆"的。如朱寿隆在京东转运使任上，"岁恶民移，寿隆谕大姓畜为田仆，举贷利息，官为置籍索之"[1]。南宋曹彦约，在南康军都昌县原籍，"有田百亩……有仆十余家可以供役"[2]。在袁采《世范》、洪迈《夷坚志》等记载中，也有"佃仆"、"田仆"诸称谓。这类劳动生产者的情况颇为复杂，他们同其主人也同样地有"上下""主仆"之分，但还看不出他们同佃客之间在身份上有什么区分，似乎还没有像明清时期"佃仆"同主人形成的农奴制关系。在宋代租佃制地区，"佃客"和"佃仆"有时似乎没有明显的分别，当然"佃仆"在身份上之低于包括自耕农在内的主户则是极其明白的，因之他们的地位将会随着经济情况的恶化或社会条件发生变化而继续下降或发生逆转，这一点已为历史所证明。

第五节　在广大地区占主导地位的封建租佃制关系及其基本特征

在以峡州为中心的一条南北线的右侧或者东侧，即广大的东方诸路，以及西侧农业生产发展的成都府路、梓州路河谷地区和利州路的汉中一带，则流行着封建租佃制关系。当然在这些地区也同样存在庄园农奴制，正像"刀耕火种"原始耕作方法还保留在这个地区一样，是一种残存形态；而占主导地位的则是封建租佃制关系。

封建租佃制关系是怎样产生的，目前学术界对这一问题的探讨还很不够。从吐鲁番出土的文书以及其他有关材料来看，它大约是在两晋隋唐时期逐步发展起来的。这种关系的初发阶段，情况是颇为复杂的。一种情况是，土地所有者将其耕作不了的若干亩土地租种出去，出租量不大，可以称之为小土地出租者。在这类小土地出租者中，也因为家中缺乏劳动力，而将其全部土地租出去。但还有这样一种情况，自己仅有一两亩薄田，耕则不足以养活自己，因而将其出租，而自己则另谋出路，但还保持这一小块土地的所有权。这些事实，

---

① 《宋史》卷三三三，《朱寿隆传》。
② 曹彦约：《昌谷集》卷七，《湖庄创立本末与后溪刘左史书》。

给人们以一个极为重要的启示，即：租佃关系的产生，与小土地出租有密切的关系；即使小土地出租不是封建租佃关系的唯一来源，也当是来源之一。封建租佃关系大约直接导源于小地主阶层；这些小地主在两晋隋唐时期，独立于庄园农奴制经济体系之外，他们由于没有什么特权而列于“寒门”、“役门”或者“三五门”，承担国家的劳役；但在经济上，则将其较多的土地租给无地或少地农民，由此逐渐发展为封建租佃关系，并在庄园农奴制日益衰微的基础上兴盛起来，终于在唐中叶以后，历五代而到北宋跃居于主导地位，在广大地区流行。封建租佃制关系之所以能够代替庄园农奴制，主要因为它更能够适应生产力发展的需要。

那么，在宋代，封建租佃关系在其发展中究竟具备哪些特征而使其有别于魏晋隋唐以及宋代夔峡路的庄园农奴制，并能适应生产力的发展呢？

封建租佃制关系的第一个基本特征是，土地出租者与土地租佃者之间，采取了一种契约形成。由于土地的出租者多是地主，土地的租佃者是无地少地的农民，因而这种契约关系具有封建性质。从出土的吐鲁番文书到宋代的有关文献材料，都反映了出租者与租佃者的这一契约关系：

> 宋太宗太平兴国七年闰十二月诏：诸路……分给旷土，召集余夫，明立要契，举借种粮，及时种莳，俟收成依契约分。①

这是封建国家将其直接占有的土地出租时，也要按照民间体例，“明立要契”，订立契约，以便收成之时按契约规定分配，从而使土地出租者即国家和租佃者两造共同遵守。这条材料指明了北宋早期国有地出租时存在的租佃契约关系，此后很多材料则说明了各种类型的土地形态也都是订立契约的。例如学田：

> 〔吴县〕全吴乡第五保等字号田叁拾贰亩，管纳糙米壹拾陆硕，邢诚佃。淳熙八年邢诚又佃末围裹田拾亩，管纳糙米八硕。
>
> 全吴乡第五保学田下脚泛涨滩涂肆亩贰角（按宋制一亩四角，一角为六十步），管纳糙米九斗，宋小一佃。②

庙产系寺院土地所有制，也是私有土地，也采用契约：

---

① 《宋会要辑稿·食货》六三之一六二。

② 《江苏金石志》卷一三，《呈学粮田籍记》二。

一契（按此契指地契）宝庆二年七月二十七日，前通判岳州李朝奉捨到成任乡……田伍亩叁角叁步……内拨东际叁亩贰角。[①]

原系僧人的产业，没收之后改为慈幼庄，也是按照往例制订契约的：

慈幼庄坐落系在上元县长乐乡，地名皋桥，于嘉定七年拘没到增智彬诡名置到庄地一十亩，庄屋一所，共八间……本庄田地立为上中下三等收租……已上租户自耕其种粮，净纳租数，立为定额。[②]

上述庙产和慈幼庄都是从私有地转化而来的，在其未转化前，当然要订立契约的。为说明得更清楚一点，再引一则学田中所购买的私家土地的地契，它载有土地的数量和租户姓名及其承担的地租，试看下面的材料：

共三契，计苗田贰拾贰亩壹角壹拾玖步半……今实定租额叁拾硕伍斗伍升（壹百叁拾合斟）……今开具如后：

一元典李校尉七三登仕等田开具下项：（一）……田亩贰拾叁步……租户徐八上米六硕……[③]

订立契约的做法，在宋代是广泛地存在的，租佃土地固然要订立契约，租用耕牛，也要订立契约，试看下面的诗：

去年一涝失冬收，逋债于今尚未酬。偶为灼黾逢吉兆，再供租约赁耕牛。[④]

至于那些极其贫苦的佃客，北宋神宗时的陈舜俞曾经指出，“犁、牛、稼器无所不赁于人”[⑤]，连犁、稼器也要订立租赁契约了。

综合上述情况，可以看出，宋代租赁契约，已不限于土地，而且还有牛、犁其他生产工具，从而说明这种关系已经广泛地发展了。就土地的租佃契约来看，它包括了以下的一些内容：（一）田亩坐落所在、四至和数量（田契也是如此）；（二）田亩的类别，如水田、陆地、滩涂田、桑田、柴地、芦荡等等；（三）田亩的亩租数量，有的地区还表明量租时所用斗器的大小，如上面材料

---

① 《江苏金石志》卷一五，《宜兴英烈庙置田檀越题名记》。

② 周应合：《景定建康志》卷二三，《慈幼庄》。

③ 《江苏金石志》卷一四，《吴学续置田记》。

④ 毛珝：《吾竹小藁》《吴门田家十咏》。

⑤ 陈舜俞：《都官集》卷二，《厚生一》。

中所说的"一百三十合斞"，即在缴租时，亩租一石当缴一石三斗；（四）租佃者和出租的姓名；一般地说，不但国有地，而且庙产、地主土地，仅书有租佃者的姓名，因之所谓封建租佃契约的关系，实际上是租佃者——无地少地农民按照契约的规定，承担耕作地主及其国家的土地，以及保证缴纳所规定的地租罢了。否则，官府便要干预，强迫租户按契约办事，并以法律制裁作为执行契约的手段。

租佃契约关系当然是维护地主阶级利益、实现地租剥削的，但在当时的历史条件下，特别是在两宋时期封建租佃制代替庄园农奴制而居于主导地位的条件下，它比农奴制更有利于生产力的发展。其所以能够如此，正如马克思所指出的那样："驱使直接生产者的，已经是各种关系的力量，而不是直接的强制，是法律的规定，而不是鞭子，他已经是自己负责来进行这种剩余劳动了。"[①]"是法律的规定，而不是鞭子"，这就是封建租佃制关系同庄园农奴制的一个重要区别，并成为封建租佃制的一个基本特征。

其次，在封建租佃制下，客户已经有了迁移的自由，这是封建租佃制的又一个基本特征：

> 〔宋仁宗〕天圣五年（1027）十一月诏江淮、两浙、荆湖、福建、广南州军：旧条私下分田客非时不得起移，如主人发遣，给与凭由，方许别住，多被主人折（当作抑）勒，不放起移。自今后客户起移，更不取主人凭由，须每田收田（此"田"字当系衍文）毕日，商量去住，各取稳便。即不得非时衷私起移，如是主人非理栏（拦）占，许经县论详。[②]

这是有关宋代客户能够自由"起移"的最早的一道诏书，因而具有重要意义。诏书限于江淮等广大地区，北方诸路则没有提到。20世纪60年代华山同志在其探讨客户身份的一篇文章中，曾估计北方诸路客户此前早已获得了这种自由。这种自由很可能是通过唐末农民战争而取得的。

事实材料证明，在两宋统治的上述地区，客户自从取得这种自由之后，

---

① 《马克思恩格斯全集》第25卷，第895页。

② 《宋会要辑稿·食货》一之二四。

基本保持了下来。王岩叟在宋哲宗元祐元年的一道奏疏中说："富民召客为佃户，每岁未收获间，借贷赒给，无所不至，一失抚存，明年必去而之他。"① 这道奏疏是泛指南北各地区的情况的，"明年必去而之他"，正好说明北宋晚期广大客户仍然保持了迁移的自由的。在前面曾经引用了胡宏给刘锜的一封信，他是主张荆湘地区的客户"听从"主客的意旨，不得迁移的，特别对其中"不知上下之分"或"不力耕桑之业"的客户更是如此。但是，在此信以前的绍兴23年间，南宋政府根据知鄂州庄绰的奏请，依然许可客户迁移的。只是在荆湖北路和淮南路逐步倒退回农奴制之后，这个迁移权才又被剥夺去了。但在南宋东南诸路大部分地区，客户仍然保持了这一自由的。

客户具有了迁移的自由，这意味着什么呢？列宁早就指出："农奴制经济的剥削手段是把劳动者束缚在土地上，分给他们土地"②，因之，"把劳动者束缚到土地上"也就成为农奴制的一个"基本特征"。显然可见，农奴同非农奴或半农奴的一个重要区别就在于是否束缚到土地上。魏晋隋唐时期的部曲、客户客女都是被束缚到土地上，没有迁移的自由，如果敢于逃亡，就要受到庄园主的严厉惩罚；上述宋代夔峡诸路地客也同样地世世代代被束缚到土地上，即使逃亡到外地，也要按照皇祐官庄客户逃移法追捕回去，交给原来庄园主；——这些客户都是不折不扣的农奴。在宋代，广大地区的客户既然有了迁移的自由，尽管这种自由还很有限，往往在地主高利贷的缠绕下而脱离不了庄园主的土地，但不论怎样来看，他们同主人之间的隶属关系或者说人身支配关系，则因迁移的自由而大大削弱了，这些客户已经向半农奴或非农奴的地位转化了。由此可见，客户迁移自由是封建租佃制关系同庄园农奴制关系的又一个重要区别，从而成为封建租佃制关系的又一特征。

正因为客户有了迁移的自由，所以在封建租佃制关系下的客户身份地位，同庄园农奴制下的客户又有不小的差别。

从封建等级制关系以及维护这种关系的封建礼法来看，客户同他的主

① 《宋会要辑稿·食货》一三之二一。
② 《列宁全集》第15卷，第62页。

人——封建主相比，当然是低一等的。为保持封建主的尊严，从法规到社会舆论，总是强调有上下之分的。许及之在《劝农口号》中把这一点列为重要的一项："三劝农家敬主人，种它田土而辛勤。若图借贷相怜恤，礼数须教上下分。"① 直到明代的洪武律，还继续规定客户要像尊敬亲长那样去尊敬主户。整个封建时代，客户的地位是低下的。可是，宋代士大夫在谈到客户同主户的关系时，与前大有不同了。他们总是强调这两者之间的同一性——相互依存，即客户离不开主户，主户离不开客户。诸如所谓的贫富"彼此相资以保其生"②，"相恃以为长久"③ 之类，不一而足。南宋著名哲学家朱熹对此问题谈论得尤为详尽，他说：

> ……佃户既赖田主给佃生借以养活家口，田主亦藉佃客耕田纳租以供赡家计，二者相须方能生存。今仰人户递相告诫，佃户不可侵犯田主，田主不可挠虐佃户。④

士大夫的这些见解自然是偏颇不全的。客户与主户，到底是谁离不开谁呢？谁依赖谁更甚一些呢？北宋年间，河北镇、赵等州由于灾荒特甚而户口大量地流散，开始"六七分是第五等人户，三四分是第四等人户及不济户与无土浮客，即绝无第三等已上之家"⑤。可是，到了后来，镇、赵诸州"流民过京师者甚有力及户，闻非因灾伤乏食就谷，止缘客户多已逃移，富者独不敢安居田里"⑥。从这一铁的事实中，可以看出客户与田主之间相互依存关系，田主的依赖性是更大的，没有客户就使他们无法生存下去，所以当着客户流移之后，田主们——"力及户"也不得不南奔了。这是一方面。另一方面看，一向默默无闻的客户，为什么能够得到士大夫的这般关注，一再提出"相资为生"的议论呢？这是因为，宋代客户反封建斗争日益加剧了，而且由于客户"已经是自己负责来进行这种剩余劳动了"，这种相对的独立性使客户们在生产中

① 许及之："涉斋集"卷一五。
② 司马光：《温国文正司马公文集》卷四一，《乞罢条例司常平使疏》。
③ 苏辙：《栾城集·三集》卷八，《诗病五事》。
④ 朱熹：《晦庵先生朱文公文集》卷一〇〇，《劝农文》。
⑤ 富弼：《论河北流民》，载《宋文鉴》卷四五。
⑥《长编》卷二五六，熙宁七年九月庚子记事。

的地位越来越重要了，不能不迫使士大夫面对这一现实。尽管士大夫们的议论还有些偏颇，但多少可以从这一侧面来观察和说明这个问题。更何况在士大夫群中，也有很清醒的，例如苏轼所说：

客户乃主户之本，若客户阙食流散，主户亦须荒废田土矣！①

袁采的议论也颇有意味：

人家耕种出于佃人之力，可不以佃人为重？……视之爱之不啻于骨肉，则我衣食之源悉藉其力，俯仰可以无愧怍矣。②

客户在生产中的地位既然提高，因之他们的社会身份地位在法律上也必然有所变化。魏晋隋唐时期的部曲、客可以充作赏赐品，可以被庄园主迫害致死而庄园主不受任何惩罚。宋代夔峡诸路的客户可以随土地买卖，被庄园主视若草芥而随意生杀。在宋代封建租佃制关系占主导地位的地区，情况便大不相同。佃客是不能随意杀害的，“在嘉祐法，奏听敕裁，取赦原情，初无减等之例”③，即使是官户，虽可以“减死”，但仍要科罪的。嘉祐二年随州司理参军李忭之父李阮殴杀了佃客，李忭“请纳出身及所居官以赎父罪，朝廷遂减阮罪，免其决，编管道州”④。《长编》则直接地记为，“贷李阮死罪”⑤。可是在嘉祐二年以前，杀害佃客也是犯死罪的。大约在此以后，殴杀佃客已可减死。“〔王琪〕知复州，民殴佃客死，吏论如律。琪疑之，留未决，已而新制下，凡如是者减死”⑥；至元丰六年又规定，“因殴致死者，不刺面，配邻州”⑦。虽然“减死”，罪还是要治的。如宋徽宗时，张端礼知武进县，“有伪儒衣冠、笞虐佃夫至自经以死者”，即予以逮捕，“郡学士千余人造庭下祈免之”，照样执法，“杖遣之”了事⑧。到南宋绍兴年间继续放宽了这一刑事处分，比元丰

---

① 苏轼：《东坡七集·奏议》卷一四，《乞将损弱米贷与上户令赈济佃户状》。
② 袁采：《世范》卷三，《存恤佃客》。
③ 李心传：《系年要录》卷七五，绍兴四年夏四月丙午记事。
④ 郑獬：《郧溪集》卷一二，《荐李忭状》。
⑤ 《长编》卷一八五，嘉祐二年夏四月癸丑记事。
⑥ 《宋史》卷三一二，《王琪传》。
⑦ 《宋史》卷一九九《刑法志一》。
⑧ 李纲：《梁谿全集》卷一六九，《张端礼墓志铭》。

敕又减了一等，“止配本城”[①]。不论怎样讲，与魏晋隋唐相比，客户之不能任意杀害是得到确认的，客户在法律上的地位比以前有了好转，在向半农奴、非农奴的地位转化了。

在庄园农奴制下，劳役地租占重要地位，甚至占支配地位。魏晋隋唐时期的赋役制度，役占重要地位，而且以丁、户作为征课的标准。宋代夔峡诸路的客户，不但本人受庄园主的奴役，而且如前谈过的，“家属妇女皆充役作”，也说明了劳役在地租中所占的比重。在封建租佃制关系下，产品地租已代替了劳役地租，并成为占支配地位的地租形态，这就又构成封建租佃制下同庄园农奴制的一个区别，并成为封建租佃制关系的又一个基本特征。

关于宋代地租的问题，将在后面详加讨论。这里所要指出的是，劳役地租“不仅直接是无酬剩余劳动，并且也表现为无酬剩余劳动”；“产品地租和前一形式（按指劳役地租）的区别在于，剩余劳动已不再在它的自然形态上，从而也不再在地主或地主代表的直接监督和强制下进行”，“生产者为自己的劳动和他为土地所有者的劳动，在时间上和空间上已不再明显分开”[②]。产品地租在宋代包括粮食作物等，也有布帛，布帛占的比重较小，如陈季常“河北有田，岁得帛千余匹”[③]。其所以征收布帛，可能因为陈季常家在洛阳，便于运输和货卖。谷物在产品地租中占绝对优势，但在分配上也有种种差别，诸如三七分制、四六分制、倒四六制和对分制，此外还有牛租。在分成制的产品地租形态中，以对分制占优势，封建租佃制关系占主导地位的大多数地区都采用这种分配制度。至于地租对生产产生怎样的影响和作用，后面再加叙述。但可以肯定地说，它比劳役地租更能适应生产力的发展。

以上四个方面，是我国封建经济制度内部庄园农奴制之演变成封建租佃制的四个基本特征。这个演变对宋代生产的发展、阶级的构成以及阶级之间的关系，都是非常重要的。

---

① 《系年要录》卷七五，绍兴四年夏四月丙午记事。

② 《马克思恩格斯全集》第25卷，第890、895、896页。

③ 《宋史》卷二九八《陈季常传》。

第六节 两浙等路封建租佃制关系的高度发展

前几章的叙述指明，以太湖流域为中心的两浙路是宋代生产最发达的地方，江南东路的部分地区和福建路的濒海地区的生产，差肩于两浙路，江南西路的一些州县南宋时发展甚快。因此，封建租佃制关系在两浙等路也就获得了更进一步的发展，具有了新的特征。

第一个突出的特征是，封建租佃制关系更加复杂化了，出现了二地主阶层。在《宋代学田制中封建租佃关系的发展》一文中①，我对这个问题进行了初步的探讨。包括学田在内的各种类型的国有地，按照宋政府的规定，是许可无地农民客户和少地农民第五等户承佃租种的。可是从现存有关学田的材料看，学田的租佃并没有完全遵照国家的规定，相反的，无地少地的客户五等户租佃的田地很少。今根据宋宁宗庆元二年（1196）《吴学粮田籍记》，并参以宋理宗绍定元年（1228）《给复学田牒记》，列成下面第一表②，来看看平江（即苏州）府学田租佃状况：

学田租佃类别	各类别田亩租佃户数（户）及所占百分数（%）		各类别田亩租佃数量（亩）及所占百分数（%）	
10 亩以下	3	10.30	23	0.36
10～30 亩	5	17.20	98	1.53
30～50 亩	5	17.20	174	2.71
50～100 亩	3	10.30	192	3.00
100 亩以上	13	45.00	5932	92.40
总　　计	29	100	6419	100

再据宋理宗嘉熙元年（1237）的《华亭县学记》③ 制成第二表，看看华亭县学

① 原载 1979 年第 3 期《社会科学战线》，现收入《求实集》中。
② 《江苏金石志》卷一三、一四。
③ 《江苏金石志》卷一七。

田租佃的情况：

学田租佃类别	各类别田亩租佃户数（户）及所占百分数（%）		各类别田亩租佃数量（亩）及所占百分数（%）	
10 亩以下	37	23.57	222	2.60
10～30 亩	46	29.30	798	9.50
30～50 亩	22	14.01	871	10.40
50～100 亩	26	16.56	1751	20.80
100 亩以上	26	16.56	4771	56.70
总　　计	157	100	8413	100

上列两表，特别是第一表，由于原碑文阙略、漫漶不可辨识者甚多，故统计数字是无法精确的。虽然如此，基本上反映了平江府、华亭县学田租佃的一般状况。表中所统计的，仅限于“田”，余如地、荚荡、柴场、园地、屋基等都未统计；其中“有田地若干亩”者，因无法判明田亩的确实数字，也未统计在内。陈龙川说过：“水则成田”，只有水田才能种稻禾，因而适于作为两浙等广大地区租佃土地的标准。尤为重要的是，上列两表之所以这样划分田亩类别，基于如下一个事实，即：从史料迹象看，宋代一个自耕农民之家，尤其是其中较为富裕的，一般占有 30～50 亩田地，有的还再多一些；封建官府许可浮客佃种土地的数量，“一顷不得过三户”①，即一家佃客可以租种 30 多亩地；还有，从一个农户的生产能力看，“上农数口，妇子毕耕不能数十亩田”②，即把早禾中禾和晚禾分好茬口栽插，充其量不过 50 亩。因此，上列两表便以租佃 30～50 亩田地这一类别作为分界线：50 亩以下的三个类别基本上反映了劳动人民租佃田亩的情况，自然也反映了他们之间的差别；租佃 50 亩以上的两个类别，他们租佃了这么多的土地，是一个“上农数口”之家生产能力无法达到的，他们租这些地干什么就清楚地暴露出来了，他们的身份地位也由此而清楚地暴露出来了。

---

① 《宋大诏令集》卷一七八，《定职田诏》（庆历三年十一月壬辰）。

② 薛季宣：《浪语集》卷二〇，《与宋守论屯田利害》。

根据以上的说明，先从第一表来看，租佃 50 亩以下三种类别的农户占 44.7%，所租种的田亩则占总数 6419 亩的 4.6%；租佃 50 亩以上两种类别的民户占 55.3%，而租佃的田亩则占全部的 95.4%。再自第二表来看，租佃 50 亩以下的三种类别的民户占 66.88%，所租种田亩仅占全部 8413 亩的 22.5%；租种 50 亩以上的民户占 33.12%，而租佃的土地则为 6522 亩，占总数的 77.5%。这个田亩租佃的分界线，划分出来一个无可争辩的事实：真正从事耕作的农民租佃的土地太少了，而大部分土地被那些不劳而食的寄生者即二地主租佃去了。

关于二地主们是如何占佃大量学田的情况，将在下一章中叙述，这里不再多赘。这里简略地谈一下占佃大量学田的都是些什么人。如材料所显示的，一类是官僚豪绅，从“钱府”、“卫九县尉”等一类的社会身份，可以知道他们是些什么人。第二类的租占者与官僚豪绅有密切的关系，他们当中的郁明，是韩蕲王（世忠）府中的干人，他“倚仗将军势”，竟占佃了 2400 多亩田地[①]。第三类虽然没有标明他们的社会身份，如租佃昆山学田 800 亩的陶子通等，如果原来不是地主，也大概是善于牟利的暴发户。以上三类是组成为两浙路平江府等地学田中的二地主和佃富农。

这一现象，在江东路江宁府学田中也同样存在。据有关材料统计，平等仕等 14 户承佃了江宁府溧阳县学田 3542 亩，每户平均 253 亩；杨省四等 18 户仅佃种 493 亩，每户平均仅 27 亩；而江宁县、句容县学田租佃，每户平均不到 10 亩[②]。很明显，在江宁府学田中同样出现了一批二地主和佃富农。

在二地主、佃富农出现之前，封建租佃制关系是由土地所有者（封建国家）和土地佃种者（无地少地农民）这两者形成的土地关系。而现在则是由土地所有者——二地主或佃富农——租佃者这三者组成的土地关系了。前两者共同吞噬租佃者即无地少地农民的剩余劳动乃至必要劳动。这是两浙等路封建租佃制关系进一步发展的一个特征。

其次，两浙等路封建租佃制关系的进一步发展，表现在土地所有权、占佃

① 《江苏金石志》卷一三，《呈学粮田籍记》。
② 周应合：《景定建康志》卷二九，《置书院门》。

权和使用权的分离。

《华亭学田记》有如下一则记载：

菜字园田八亩，何四八佃，小四种。

这条材料甚为重要而为治史者不断引用。从这条材料里清楚地看到，“佃”和“种”是有明显的区别的，是两回事。所谓“佃”，只是把这块土地从土地所有者手中占佃过来，取得这块土地的“占佃权”（或占有权）。至于占佃者是否直接耕种这块土地，或者说利用这块土地的使用权，则不一定，他可以把这块土地转租出去，让第三者使用这块土地。就上述二地主情况看，学田的所有权属于国家，更具体一点说属于当地的学校；二地主则以租佃形式而取得了占佃权（或占有权），然后他又转租给农民；真正耕作使用这块土地的是农民，他是用地租换来使用权的。这是一种情况。

但还有另一种情况，他不是占有别人剩余劳动的二地主，但由于其他原因，将租佃的这块田地转让给其他的农民佃种、使用，上引“何四八佃、小四种”，便很可能属于这种情况。这样，占佃权和使用权也在发生转移，而在转移时就要付出一定代价，占佃者可能从这一代价中得到相应的好处。这样就又造成了两浙等路封建租佃制关系进一步发展的又一个特征。

占佃权、使用权的转让，在宋代什么时候开始的，还不大清楚，但至迟在北宋年间即已存在。宋徽宗政和元年（1111）知吉州徐常的奏疏中指出：

诸路惟江西乃有屯田非边地，其所立租则比税苗特重，所以祖宗时许民间用为永业。如有移变，虽名立价交佃，其实便如典卖己物。其有得以为业者，于中悉为居室坟墓，既不可例以夺卖，又其交佃岁久，甲乙相传，皆随价得佃。今若令见业者买之，则是一业而两输直，亦为不可。①

根据这条材料，有的同志将其解释为“官田的民田化”，当然也可以。但不论怎样，这类屯田的占佃者之没有完整的所有权而只有占佃权，则是一个无可辩驳的事实。材料表明，在所谓“祖宗时”，即北宋初年之时，屯田已经能够“立价交佃”“移变”其占佃权；同时，由于“甲乙相传，皆随价得佃”，通过

① 《通考·田赋考七·官田》。

土地买卖，把这种占佃权从不同的人的手中转移出去。这就是说，所有权固可以买卖，占佃权（占有权）也同样可以买卖。到南宋时候，依然是如此，这可从陆象山的一封信中得到说明①：

若系省额屯田者，则与前项事体迥然不同，其租课比之税田虽为加重，然佃之者皆是良农，老幼男女皆能力作，又谙晓耕种培灌之利便，终岁竭力其间，所收往往多于税田。……又此等官田，皆有庄名……故老相传，以为元祐间宣仁垂帘之日，捐汤沐入以补大农，而俾以在官之田，区分为庄，以赡贫民，籍其名数，计其顷亩，定其租课，使为永业。……岁月寖久，民又相与贸易，谓之资陪，厥价与税田相若，著令亦许其承佃。明有资陪之文，使之立契字，输牙税，盖无异于税田。……历时既多，展转贸易，佃此田者，不复有当时给佃之人。目今无非资陪入户，租课之输，逋负绝少，郡县供亿，所赖为多。

陆象山的这封信，叙述了他的家乡抚州金溪县屯田官庄的情况，翔实可信，与上一材料相互补充，对了解江西屯田是大有裨益的。他指出佃户可以买卖自己佃种的一块屯田，在转让这个占佃权时称之为“资陪”，真是别开生面，很有意思的。

“移变”占佃权，不限于江南西路屯田。其他地区的官田以及民间的私田，也存在这种现象。试看江东路：

乾道五年九月十四日户部侍郎杨倓言：江南东路州县有常平转运司圩田，见今人户出纳租税佃种，遇有退佃，往往私仿农田，擅立价例，用钱交兑。②

这条材料极为重要，它指明了，转运司圩田退佃事例，“擅立价例，用钱交兑”的办法，乃是从“私仿民田”而来的。这可见，从广大民田到官圩田，佃户都可以通过土地买卖，把占佃权转移，从而成为两浙等路封建租佃制关系进一步发展的再一重要特征。

---

① 陆九渊：《象山先生文集》卷八，《与苏宰》第二首。

② 《宋会要辑稿·食货》一之四四。

综合上述情况，从江西屯田到江东路官圩田，以及广大民田，佃客对租来的田地，是没有所有权的；但他们采取“立价交佃”、“随价交佃”或者“资陪”的办法，在佃客之间实现退佃和佃种，转让这块土地的占佃权和使用权。这一社会现象在宋代东南诸路是较为广泛的，而且到明清时期更加广泛。解放以来，有关明清时期社会经济方面的研究，获得了可喜的成就。其中之一就是对明清租佃关系有了较为深入的研究，对田底权（土地所有权）和田面权（占佃权和使用权）等一系列的问题有了比较清楚的了解。田底权属于土地的主人，而田面权则在佃户之间通过买卖而互相转让。有的地方还把田底叫做田骨，田面称之田皮。其实，这些也是沿自宋代的土地买卖而来。在宋代土地的典质买卖过程中，“已卖断之田”的田契，叫做断骨契[①]；典质的土地在限定的年份内可以赎取，而立断骨契就不能再赎回了。从这些情况来看，明清时代的田骨和田皮，田底权和田面权等的区分，乃是渊源于宋，是在宋代封建租佃制关系进一步发展的条件下产生的。就目前接触到的材料看，似乎在宋以前还没有出现这种情况。弄清这一历史渊源，对于了解封建租佃制关系的发展演变是极有好处的。

第四，以太湖流域为中心的两浙等路再一个突出的特征，就是流行小地块的租佃制。这是封建租佃制关系进一步发展的再一表现。

先从两浙学田来看。材料显示，两浙路的很多学田都分割成为极其碎小的小块。如嵊县学田总计不过103亩，却是由大小不等的36块土地组成的[②]；绍兴府的205亩学田，则划分为93块。华亭县学田也有类似的情况。这种小块土地，有时零碎到这般地步：一丘水田仅有一角大小，六丘水田才有一亩18步，每丘还不到一角。由于自然条件如河湖港汊的限制，南方有的水田是不大容易齐整的。但是，像上述情况，田亩分割得如此零碎，地界、田塍亦都样样具备，应有尽有，显然浪费了许多的可耕地；而且又星星点点分散到许多地段，也不便于管理和修整，这对于农业的发展是不利的。

两浙路土地之所以分割得如此细碎，主要是由土地买卖的频繁，特别是由

---

① 程珌：《洺水先生文集》卷一九，《壬申富阳劝农文》。

② 杜春生：《越中金石记》卷四，《嵊县学田记》。

小块土地买卖的频繁造成的。马克思曾经指出："在这里土地按小块出售的价格比在大块出售的场合要高得多。因为在这里，小块土地的买者的人数是多的，大块土地买者的人数是少的。"[①] 两浙由于生产和商品经济的发展，土地的买卖也随之而频繁。"时人尽说吴中好，劝我苏常买薄田。"[②] 达官贵人、富商大贾固然麇集到这个地区，"求田问舍"，而个别的少数的上层农民和富裕的佃客，也能够买上一小块土地，于是随着土地转移的频繁，小块土地买卖加多，土地就分割得日益零碎了。这是一方面。

另一方面，在两浙等路小块土地租佃制也比较盛行。如前面提到的由 36 块土地组成的 103 亩嵊县学田，租佃给 18 户；由 91 块土地组成的 205 亩绍兴府学田，租佃给 69 户；每户所租土地平均不过 6 亩左右。前面说过，学田租给农民的田地较少，租给二地主的田地甚多。可是，当二地主把这些土地转租出去的时候，也同样采取小地块的租佃方式的。一般地主土地所有制也是如此，前引吴县县学所购置的一批地主土地的租佃情况即可证明，这里不再引证。这种小地块租佃制不限于两浙路，江南东路也是如此，上引江宁府学田租佃情况可资说明，而慈幼庄仅有的 10 亩田地租给几家佃户，也是很好的例证。福建路官庄租给佃户的土地，每户平均 6 亩，也显然是小地块租佃制。

这种小地块租佃制之所以在两浙等路流行，是有其深刻的原因的。在第一章对人口与垦田关系的叙述中，指出宋代已经表现了人多地少的矛盾，特别是在生产发达的两浙等路这个矛盾更加尖锐。然而这还仅是事情的一个方面；随着土地兼并的发展，这个矛盾就更加扩大、更加尖锐化，从而更加具有时代的内容和特征。现在仍然先从户量上考察：宋神宗元丰三年，江南东路主户为 902261 户，占当地总数的 84%，客户为 171499 户，占 16%；两浙路主户为 1446406，占 79%，而客户为 383690，占 21%[③]。客户比数在全国诸路当中是小的，这一情况反映了，在江南东路、两浙路占有一块土地的自耕农民的数量是较大的。范成大称吴中无贫富皆有"常产"也或多或少地说明了这个问题。

① 《马克思恩格斯全集》第 25 卷，第 914 页。

② 周紫芝：《太仓稊米集》卷三四，《吴中舟行口号七首》。

③ 《通考·户口考二》引毕仲衍《中书备对》；并参考加藤繁《宋代的主客户统计》，载《中国经济史考证》第 2 卷，第 280 页。

由于土地兼并的发展，这个情况就大不一样了。集中到地主阶级手中的土地日益增多，即使像温州并非官僚豪绅竞逐田舍的地方，土地集中就相当严重。环温州30里内，占田400亩以上的49户大地主，在占田30亩以上的1953户当中所占2.5%，可是他们占有的土地38099亩，则占这些人户所占土地的20%①。而在太湖流域，土地集中就倍加严重了。在此情况下，正像第一章中所指出来的那样，自耕农半自耕农的土地普遍地减少，其中第五等户由于失去仅有的几亩田地而成为无产税户；客户比数自宋神宗熙宁以后又逐步回升，到南宋初年比数为36.14，尔后比数不断增加。因此，在南宋，客户与第五等无产税户组成的无地农民，远远超过了北宋。一方面土地开垦数量不大，远远落后于人口的增长；一方面，无地农民数量剧增，迫切希望得到一块耕地。小地块租佃制就是在这一前提下发展起来的。在地旷人稀、生产落后的地区，地主豪强为控制更多的劳动力，强化经济外的强制关系即人身依附关系，使这些地区的庄园农奴制延续下来。而在像两浙等路人多地少、劳动力如此充足的地方，地主豪绅则以“划佃”、“夺佃”的手段和方法，迫使农民在小块土地上挣扎，按照契约的规定缴纳地租，人身依附关系明显地削弱下来了。封建租佃制关系是这样地取得了进一步的发展的。

最后，第五个特征是，两浙等路封建租佃制关系的进一步发展，还表现在地租形态的演变，即从分成制地租形态向以产品和以货币为形态的定额地租的发展。

关于定额地租的问题，我在《宋代学田制中封建租佃关系的发展》《宋代货币地租及其发展》和《宋代地租形态及其演变》等文中已有所叙述②，后面还要继续探讨，这里不多赘述，仅说明以下几点。

定额地租也叫固定地租，在确定地租数量之后，若干年内，不再变动。它与分成制地租不同，分成制的分成是固定的，但分成制的地租量是随着每年的产量而发生变化的；定额租的地租量则是固定下来的。因而实行这种地租的地区，既要稳产、也要高产。这就是在两浙江东等路之为什么能够实行定额租以

---

① 叶适：《水心别集》卷一六。

② 以上三篇文章均收于《求实集》中，请参看。

及定额租能够在这些地区发展起来的原因所在。

其次，定额租大概直接来自于对分制。对分制是按地主一半、佃客一半来进行产品分配的。定额租采取这种规定之后，即将产品的一半作为地租固定下来；而到翌年，地租不变，如果产量提高，增产部分即可归佃客。因此，在当时的历史条件下，我认为，定额地租最能适应生产力发展性质，这是因为，定额地租既然规定了一个固定的数量，它也就促使租佃农民更加关心自己佃种的这块土地，极力提高单位面积产量，以期在扣除定额租外，使增加的产品全部归自己所有，以纾困境。把两浙路的精耕细作、集约经营方式推进到全国第一位的，一个力量是如前所指为两浙的广大自耕农民，再一个力量就是广大的佃客、第五等无产税户。离开了这两个力量，就不可能有两浙路的精耕细作和农业生产的高度发展。

尽管两浙路的地主阶级口口声声叫喊："田租既有定额，子孙不得别增数目"；"除正租外，所有佃麦佃鸡之类断不可取"[①]，但是地主们采取种种卑污手段增加地租，往往采用大斗器使地租增加三成、五成、乃至九成，而且还以"划佃"、"夺佃"办法，胁迫农民束手就范。而广大农民也以自己的两手来反对地主的两手，一方面努力提高单位面积产量，一方面以抗租不缴甚至是集体抗租的办法粉碎地主无止境地增加地租。两浙路的精耕细作、集约经营以及农业生产的进步和发展，又是在农民的反封建斗争中实现的。在阶级社会中，阶级斗争总是寓存于生产斗争之中的，单纯的与阶级斗争无关联的生产斗争怕是不存在的，这一问题值得人们注意。

第七节　第五章结论

宋代农业生产力发展的一个基本情况是，如前几章所论述的，以淮水为界，北不如南；以峡州为中心的一条南北线，西不如东；尤其后者，差距之大不是几十年，而是几百年上千年。在这一章的叙述中，又曾看到，在这条线的西侧，即生产力落后的地区，则从海南岛黎族的原始共有制，湘桂瑶、壮等族

---

① 郑涛：《郑氏规范》（或《旌义编》）卷一。

以村社制度为特点的奴隶占有制，川边诸族向封建制过渡，到以夔州路为中心的庄园农奴制，同广大的东方诸路的封建租佃制，在生产关系上同样存在极大的区别，其中包括了不同社会发展阶段的差别，同样也说明淮水南北封建租佃制关系发展之中高低的差别。由此可以看出，社会生产发展的不平衡性实际涵义具有两点：一是社会生产力发展的不平衡，一是社会生产关系发展的不平衡。

马克思主义认为，社会生产力发展的水平决定社会生产关系，“生产力怎样，生产关系就必须怎样”①。两宋300年各族社会历史的发展，充分地证明了历史唯物主义的这个基本原理的正确。

马克思主义还认为，生产关系并不是单纯地被决定的消极的事物，它对生产力的发展起着极为重大的反作用。斯大林曾经指出，当着新的生产关系建立之后，它就成为“一种主要的和有决定性的力量，正是它决定生产力进一步的而且是强大的发展。”② 宋代农业生产的发展，同时也论证了历史唯物主义这一基本原理的正确。

封建租佃制关系并不是新形成的生产关系，它是在封建经济制度内部演变过程中取代庄园农奴制的一种封建经济关系。虽则如此，可是这种经济关系在东方诸路居于支配地位之后，这个地区的农业生产便得到了发展，特别是在封建租佃制进一步发展的两浙诸路，精耕细作等生产技术、多种经营的开展和专业性农业的商业化都得到了前所未有的发展。这些事实充分说明了，封建租佃制比庄园农奴制更能适应社会生产力发展的性质。为什么封建租佃制能够进一步适应社会生产力发展性质呢？

封建租佃制与庄园农奴制在生产资料所有制即封建土地所有制这个基本问题上是一致的，都是封建主占有土地，但是如前面叙述过的，它们之间的重大区别在于客户的地位发生较为明显的变化。这个变化有两方面：一是在生产中的地位发生变化，封建租佃制下的客户有了迁移的自由，不能任意迫害，即使是官僚豪绅迫害佃客致死也要受到惩罚，同时佃客还可以受他人的雇佣而非主

① 《斯大林文选》上卷，人民出版社1977年版，第198页。

② 《斯大林文选》下卷，第620页。

人的私属，因而他们已从夔州路庄园农奴制下的农奴身份向半农奴、非农奴地位转化。二是在产品分配中发生变化，在封建租佃制下，各种分成制形成的产品地租代替了劳役，而在两浙等路则发展起来了定额地租。在封建租佃制关系的这两方面的变化下，客户人身较农奴制下的农奴有了较多的自由，身份地位有了提高，有了更多的时间和更多的主动性去安排生产，从而使生产得到发展。在推动生产发展的同时，客户的私有经济也出现了差别，其中有的有了自己的土地，并能够脱离庄园主而上升为主户自耕农。这一因素，反转过来更调动了客户在生产中的积极性。在生产发达的两浙路，客户有向小商品生产发展的趋势。所有上述变化，以后诸章中还要分别叙述，这里必须指出的是，所谓封建租佃制关系之更能适应生产力发展性质，一个很重要的内容就是，它必须适合构成生产力主要内容的劳动生产者——客户的需要。应当说，上述二个方面的变化，在一定程度上适应了客户的个体生产发展性质的需要。

当然，在封建租佃制的不断膨胀下，它对生产力的发展也起着阻碍的作用，而且生产过程中的个体性质与封建所有制的矛盾也进一步地展开了。这个矛盾表现在：随着土地兼并日益剧烈，自耕农半自耕农的土地越来越少，他们同封建所有制的矛盾激化了；随着地租的增加和土地的减少（租佃的土地则因佃客增加而减少），以及封建主利用高利贷这个经济力量把佃客又重新束缚到土地上，广大佃客同封建所有制的矛盾也逐渐展开了。总之，宋代的社会生产又是在封建租佃制同生产力的矛盾中发展的。

一部社会发展史，从某种意义上说，是一部劳动生产者社会身份地位变化的历史。每当劳动者在这方面有所变化之时，社会生产就得到了发展；反之，劳动者社会身份地位有所逆转时，社会生产就得不到发展而显得迟缓。从宋代庄园农奴制演变到封建租佃制阶段中，佃客之从农奴向半农奴、非农奴的地位演变，对宋代生产有着重大的作用，因而加强这一方面的研究是极为必要的①。

---

① 在日本史学界中，对此问题的研究，形成两种对立的意见，一种意见认为宋代佃客仍然是农奴，一种意见认为宋代佃客已经不是农奴。按前面的叙述，我们认为，在夔州路等地区的地客、旁客、佃客则是农奴，而在广大的东方诸路已经向半农奴、非农奴方向转化，但在一定条件下还可以倒退到农奴地位上去。

从宋代各族社会发展阶段的不平衡和差距中，可以看到以下几个问题：第一，峡州以西诸路，生产还极其落后，因而把这一地区的生产潜力发挥出来，还需要一个相当的时间，因而从这一个方面，也可以看出像我国这样一个大国，封建化的过程不能不经历一个相当长的历史时期。第二，在生产发展的地区，由于农业生产的发展，自耕农、佃客向小商品生产方向发展，手工业、商品经济、货币关系也随之而发展，因而在这样的地区，就有可能有所突破，产生新的经济因素。从许多迹象看，宋代两浙路，就是这样的地区，在这里就可能有所突破，而产生新的经济因素。第三，夔峡诸路的庄园农奴制，不仅是魏晋隋唐时期历史的遗存，而且在生产受到严重破坏的地区如两淮路、荆湖北路，又能够死灰复燃，这正好说明它是一个阻碍历史发展的顽固的经济制度。正因为如此，蒙古贵族统一中国之后，它所代表的落后经济关系同汉族大地主所代表的庄园农奴制结合起来，使元代经济发生倒退和逆转。以上三点都是值得注意的和研究的课题。而要开展对这些课题的研究，从方法论上说，在马克思主义的指导下，加强区域性的研究是非常必要的，这大概是研究宋以下诸代社会经济制度必不可少的一种方法。

第六章　宋代土地所有制形式（上）：封建土地私有制的状况

第一节　宋封建国家的土地政策

安史之乱以后，我国封建土地所有制和赋税制度发生了比较显著的变化。包括均田制在内的各种形式的封建国家土地所有制日趋衰落，有的甚至彻底崩溃；由于均田制的崩溃，那些一向隶属于封建国家、作为国家分配调节之用的荒地、未垦地，只要按章缴纳赋税，全都许可民户垦辟；只要垦辟的土地登录在国家版籍上，政府能够据此“履亩而税”，即算得到了满足，至于这些土地归谁占有，占有的数量多少，国家是不加闻问、不加干预的。晚唐以及五代十国封建统治势力，基本上顺应了土地制度的这个重要变化，采取了类似的土地政策和赋税政策。

宋沿袭了晚唐以来的土地政策。在前章中已经指出，对土地的垦辟，宋政府是采取自由的政策的。这里再引述有关这方面的诏令，以资说明：

> 〔宋〕太祖乾德四年（966）闰八月诏：所在长吏，告谕百姓，有能广植桑枣、开垦荒田者，并只纳旧租，永不通检。①

> 〔宋〕太宗至道元年（995）六月诏：近年以来……民多转徙……应诸道州府军监管内旷土，并许民请佃，便为永业，仍免三年租调，三年外输税十之三。十二月诏：……如将来增添荒土，所纳课

① 《宋会要辑稿·食货》一之一六；《宋大诏令集》卷一八二。

税，并依原额，更不增加。[①]

以上这几道诏令足可以说明，宋代垦田政策是准许自由垦辟的，对社会各阶级阶层都是开放的。不过，垦荒必须具备两个条件，一是有劳动力，二是有相应的财力。客户、下户，农民虽然能够垦荒，事实上如前所指好多客户由此而上升为主户，但在财力上毕竟受到了一定的限制。因此，这些具有劳动力的客户、下户，不得不依附于豪强大地主进行垦荒："今大率一户之田及百顷者，养客数十家……其余皆出产租而侨居者曰浮客，而有畬田，"[②]"畬田"，即是垦辟未开垦的生荒的，浮客向大地主缴纳产租而垦辟荒田，由此可以从大地主那里借得衣食种粮。这段文字表明，宋代的自由垦荒政策，对地主阶级特别是大地主阶级显然是更为有利的。

宋封建国家的土地政策再一主要内容是，对土地的占有，是放任的。这项政策，同垦荒政策一样，有其一定的积极意义，如客户占有若干亩土地之后，可以脱离地主庄园、上升为主户，国家是不加干预的，从而有利于独立的个体小生产者的发展。但从根本上说，它是为官僚豪势、富商大贾兼并土地大开方便之门。而且，从某种意义上说，它对这种土地兼并是一种鼓动和支持。大家知道，赵匡胤之所以能够黄袍加身、登上皇帝宝座，是由于取得了他的"义社兄弟"石守信、王审琦等禁军将领的支持[③]。为取得这些人的欢心，特别是为从这些人手中赎取军权，以稳定其统治，赵匡胤曾对石守信等说："人生如白驹过隙，所以好富贵者，不过多积金银，厚自娱乐，使子孙无贫乏耳！汝曹何不释去兵权，择便好田宅市之，为子孙立永久之业……不亦善乎?"[④]这个颇富有戏剧性的"杯酒释兵权"的故事，受到人们的怀疑，是很自然的。但"杯酒"虽或未有，而释兵权之事则确实存在。而且从宋代对文官武将许多优厚的待遇来看，这种放任的占有土地的政策也是无可怀疑的。

正是在这种政策的支持、鼓动之下，宋初文武官僚无不广占田产，而且这些田产都是"便好田宅"；"择肥而噬"，成为宋代土地兼并的一个特点。如宋

---

① 《宋大诏令集》卷一八二；《长编》卷三八。
② 欧阳修：《欧阳文忠公文集》卷九五《原弊》。
③ 参阅李攸：《宋朝事实》。
④ 司马光：《涑水记闻》卷一。

初宰相王溥之父王祚，“频领牧守，能殖货，所至有田宅，家累万金”[①]。米信，“纤啬聚敛，为时所制”，“外营田园，内造邸舍（指在汴京城内），日入月算，何啻千缗”[②]！宋代士大夫对这种放任的土地政策有过如下的评论：

〔本朝〕不抑兼并，曰：“富室连我阡陌，为国守财，缓急盗贼窃发，边境骚动，兼并之财乐于输纳，皆我之物！”[③]

在宋代，所谓“田制不立”，指的是封建国家土地所有制建立不起来，而所谓“不抑兼并”，又是在承认土地私有前提下对土地兼并不加干预。这样，从宋代这项土地政策中又可看出它对哪些人有利了。

同上述政策有着密切关联的，宋代对于土地的买卖，也是自由的、放任的。这是宋代土地政策的第三个重要内容。

唐代，尤其是它的前半期，买卖土地受到一定的限制。在均田制下，口分田不能买卖，卖一亩要“笞二十”的；世业田虽然可以买卖，但也是有条件的，而不是随意的。宋代除国有土地外，私人土地的买卖不受到任何限制。只要买者和卖者两造通过正常的手续，将两造买卖土地的田契向当地官府呈报，得到官府的认可，盖上官府的印信（这种田契谓之红契），缴纳田契钱，将卖主所卖土地从国家版籍上过录给买主，而后由买主承担这块土地的田赋，土地所有权的转移就算完成了。而不经过官府，田契上没有官府的印信，谓之白契，没有缴纳田契钱和钞旁定帖钱，就不算合法。对这样不合法的买卖，政府所要干预的是让他们到官府登录，缴纳田契钱，过割田赋，并不干预土地买卖的本身。随着货币流通的发展，土地买卖愈益盛行。即使是国有地，租种这类土地的佃户也没有土地的所有权，但是田面权即租种这块土地的使用权或佃种权，也能够通过买卖而转移，这一点在前章已经提到了。

到宋真宗晚年，土地兼并即相当严重，臣僚们纷纷奏请对土地的占有和买卖要稍加限制。经过三司官员们的商讨，“欲应臣僚不以现任罢任、所置庄田以三十顷为限，衙前将吏合免户役者定十五顷为限，所典买田只得于一州之

---

① 《宋史》卷二九四，《王溥传》。

② 上官融：《友会谈丛》卷上，十万卷楼丛书本。

③ 王明清：《挥麈后录余话》卷一《祖宗兵制名枢廷备检》。

内……许更置坟地，五顷为限"①。这道诏令不能也不可能贯彻下去，因为臣僚们的田产有的远远超过了30顷的限制，谁能把那些超限的土地夺过来？所以，此后的土地占有和买卖，依然是自由的、放任的。不过，寺院买卖土地，是严令禁止的，这项政策在北宋年间是比较有效地执行了的。

宋封建国家土地政策的第四个内容是对土地私有的维护，这是从前代继承下来的。即私有土地由本主的子孙后代继承下去。当着本户死亡净尽，无任何继承人之时，这类所谓的户绝田则为国家所没收，私田可以转化为官田。到王安石变法时期，对这项规定更加严格："新法：户主死，本房无子孙，虽生前与他房弟侄，并没官；女户只得五百贯"②。其次，为使国家赋役收入得到保证，宋政府对于"析烟分生"即分家另过也给以限制。这是因为，析烟另过往往造成户小丁少、户等下降，从而使赋役相应地减少。就封建国家的愿望说，从田亩到户等尽可能地维持下来，不发生更多更大的变动，能使国家赋役征收不至减少。事实上，与国家的意愿恰好相反，从田亩到户等在宋代的变动是极其频繁的，这在魏晋隋唐则是不多见的。

包括垦田政策在内的宋封建国家的土地政策，从表面上看，它似乎是广泛地代表了社会各等级的要求和意愿的，但在实质上它为官僚豪绅、富商巨贾兼并土地提供了方便。两宋300年土地兼并之不断发展，与土地占有、买卖政策的自由、放任有着密切的关系。但也要看到，当土地兼并尚不算多么严重、国家赋役还在一定范围内增加之时，宋代土地政策或多或少地有利于自耕农经济的发展，对一部分客户的转化乃至上升为自耕农也具有积极的意义。从北宋客户比数下降、自耕农比数增长的这一事实中，就说明这一点。可是，宋代土地政策中的这点积极意义，在北宋时还有所表现，到南宋便逐步消失了。

第二节 土地兼并的发展

宋代土地所有制可以区分为宋封建国家土地所有制、封建土地私有制

① 《宋会要辑稿·食货》一之二〇。

② 此据《晁氏客语》，百川学海本。

（包括封建主土地所有制和寺院土地所有制）和自耕农民所有制。在多种形式的土地所有制中，封建土地私有制特别是其中的封建主土地所有制居于主导的地位。造成封建主土地所有制这个优势的，来自于封建国家土地政策支持下的地主阶级的土地兼并。

宋初一个名叫丁谓的权相，打算占购故相向敏中在长安华严川田，派韩亿前往“谕意”。而韩亿却叮嘱向敏中的遗族：“土地，衣食之源”[①]，千万不能出卖！正因为“土地”是所谓的“衣食之源”，而且又是地主士大夫“无须劳碌”便可获得的“长久”的“自然之利”，所以两宋之交的一个名叫叶梦得的士大夫一再告诫他的子孙，“人家未有无田而可致富者也”；要他们“有好便田产，可买则买之”，乃至“勿计厚值”[②]！叶梦得的这个“治生”要道，同唐代有“地癖”之称的李憕等一样，赤裸裸地暴露了封建地主阶级兼并土地的贪婪本性。而且，正像资本家增殖资本的无止境的贪欲一样，地主阶级兼并土地的贪欲也是无止境的：“世业无穷，愈富而念愈不足”[③]，因此，土地的兼并便炽烈地发展起来了。

官僚豪绅、富商大贾是怎样攫占了大片田产的，地主阶级的贪婪本性又是怎样表现的？下面先从横剖面考察这个问题：

在农田水利一章中，即已指出各地豪强围湖造田、垄断水利等行径，以扩大对土地的占有。事实上，只要是土地，他们便会伸出兼并的魔爪，把它攫占过来。各种形式的国有地，无一不遭到豪强兼并势力这样或那样的“侵刷”。例如国家养马的监牧地，早在宋仁宗皇祐年间，“河南河北草地数万顷，为郡县所侵，挑田伐树，半入民产”[④]；“诸州牧马草地，马少而闲田多，往往为民侵耕”[⑤]；“郓州牧地，侵于民者，凡数千顷”[⑥]；“群牧地在魏岁久，冒入于民，有司按旧籍括之，地数易主，券不明”[⑦]。监牧地之所以衰落，固然有多

① 此据《隆平集》卷七，《韩亿传》。
② 叶梦得：《石林治生要略》。
③ 叶梦得：《石林治生要略》。
④ 宋祁：《景文集》卷二九，《直言对》。
⑤ 《韩琦家传》卷一四，载韩琦《安阳集》。
⑥ 《宋史》卷二六五，《李昉传附李昭述传》。
⑦ 《宋史》卷三三一，《张问传》。

种原因，而兼并势力的侵刷则是原因之一。

学田也是兼并势力攫占的一个对象。从北宋晚年以来，“赡士公田，多为形势之户侵占请佃，逐年课利入于私家，以致士子常患饔廪不给”[①]。凡是有学田的地方，几乎都存在这类问题，如隆兴府靖安县，“邑旧有学田，为豪家侵占”[②]。许多学田碑记录了兼并豪强之徒对学田是怎样巧取豪夺、归为己有的。在绍兴府，有的豪强“声东击西”，把学田东边已经赎回了的田地，用来“影占西边没官之产”；甚至“占匿田户，移易上项田段”，硬是不许“扦钉”、划清地界，并敢于把丈量田的“随行弓手行打”[③]，以肆豪占。在苏州，“豪户陈焕陈焯倚恃强横”，从嘉定二年（1209）冒占平江府学田1000多亩，“盗收花利，计一十九年”，“计盗花利一万三千余石”[④]，而台州报恩寺的和尚，在兼并土地未逞、黔驴技穷之后，“〔涂田〕争之不胜，思以计取，阳为租佃，岁输不能厘抄，阴实据之”[⑤]，用这一手法霸占520亩州学涂田。采取这种手法仍然达不到兼并的目的，那就是用包租的办法，租佃大批学田，再转租出去，充作二地主的角色了，这一点前章已经提到。

对于各种形式的官田固然要攫占到手，对寺院的“福田”也毫不放松。浙东温州是佛寺林立的地区，“邑之俗喜佛，豪民多弟侄，则畀于浮屠，以并其所有”[⑥]。温州豪民采用这种手段以达到吞噬寺院土地的目的，为宋代地主阶级的土地兼并别开生面，创造了前所未有新手法。宋法，僧道不得私自购置田产，而他们当中有的却匿名置产，将其寄放在世俗封建主之家，但也往往为这些封建主所吞噬！

田地之外，一向作为公共使用的山林樵采之区，也多被各地豪势霸占。宋真宗时，以隐居不仕而享得盛名的种放，就是长安一带的头号兼并者：“所部兼并之家，侵渔众民，凌暴孤寡，凡十余族，而〔种〕放为之首。放弟侄无

① 《宋会要辑稿·食货》五之二六。
② 李大异：《舒邦佐墓志铭》，载舒邦佐《双峰猥稿》。
③ 杜春生：《越中金石记》卷六，《绍兴府建小学田记》。
④ 《江苏金石志》卷一五，《给复学田省札》。
⑤ 董亨复：《〔台州〕州学增高涂田记》，载林表民《赤城集》卷六。
⑥ 许景衡：《横塘集》卷一九，《陈府君墓志铭》。

赖，据林麓樵采周回二百余里，夺编甿厚利”[①]。宋仁宗年间，江西抚州“金溪富人锢山林之利数十年”[②]。南宋孝宗年间，赣州安远“豪民佃山林三百谷，君〔指王镇〕毁其帖，听民樵采”[③]。这几个例证说明了豪强兼并势力在这一方面的罪恶活动。

即使是荒地，豪强兼并势力也要占为己有。南宋初年以来，两淮、荆湖北路因战乱而出现了大批荒地，官僚豪绅以“请佃”为借口而加以占据：“今之淮楚荆襄，与夫湖广间，沃野绵亘，不知几千百里。然禾黍之地，鞠为茂草，肥饶之壤，荡为荒秽，耕夫过之掉臂不顾何耶？意者土未加辟，豪强操契券以夺之；禾未登场，有司履亩而税之”[④]。湖北一带，“重湖之外，旧多旷土，非谓来者不愿开耕，只缘旧请佃人包占过多，既不能遍耕，遇有刬请，辄称已耕熟田，不容请佃，检视定夺，纷然不已”[⑤]。而在湖南接连广南西路一带，“闲田甚多，或为兼并之家占据阡陌，而自租税，终不入官，田野小民，未必蒙被恩惠”[⑥]。一方面，两浙等路人多地少，无地农民的队伍不断扩大；而另一方面，在两淮、荆湖南北路荒地闲田尽被豪强吞占，未加垦耕，这就是南宋农业生产在土地兼并阻碍下裹足不前的具体反映！

在土地兼并的过程中，一切封建宗法血缘关系的面纱都被撕破。如洋州“有公校李甲者，豪于里中，诬其兄之子为他姓，赂里妪之貌类者使夺以为已子。又醉其嫂以嫁之，尽取其赀。嫂流离历诉于州及提刑转运使；每置对，甲辄赂吏，常掠使自诬服，杖而去者，前后十余年。”[⑦] 光州固始，“有孤女，拥高赀，病甚困，叔规取其家，阳为授婿，二夕女死……直巨百万。”[⑧]“曲阳县民兄弟讼者，兄告其弟非同父，不分与田产，弟不能自明。”[⑨] 铜梁“庞氏姊

① 《宋史》卷二八七《王嗣宗传》；《长编》卷七六，大中祥符四年十一月癸未记事。
② 曾巩：《元丰类稿》卷四四，《徐洪墓志铭》。
③ 周必大：《周益国文忠公集》卷七七，《王镇墓碣》。
④ 杨冠卿：《客亭类稿》卷八《垦田》。
⑤ 罗愿：《罗鄂州小集》卷五，《鄂州到任五事札子》。
⑥ 《系年要录》卷一六二，《绍兴二一年九月己酉记事》。
⑦ 苏舜钦：《苏学士文集》卷一六《韩亿行状》。张方平《乐全集》卷三七《韩亿神道碑》作“郡有豪吏李甲”；《宋史》本传作“州豪”。
⑧ 宋祁：《景文集》卷五九，《叶参墓志铭》。
⑨ 刘攽：《彭城集》卷三八，《皇甫鉴墓志铭》。

妹三人冒隐弟田，弟壮、诉官，不得直，贫至庸奴于人。”[①] 潭州湘乡“有豪民夺其侄之地而诬以他事”[②]。“眉（州）之豪王姓，养族人子，族人为大官，并冒其籍，已而有子。族人子曰：籍之财皆吾故物也。不与弟一钱。诉之二十年，三获罪矣。”[③] 以上材料反映了，只要能够攫占土地，什么叔嫂，什么叔侄，什么兄弟，什么姊弟，什么养育之恩，这些关系统统溶化在封建利己主义的冰水之中，再为丑恶的事情也能够干得出来。地主阶级的残酷性、排他性从这些事例中暴露出来了。

在土地兼并的过程中，豪强兼并者往往在最有利的时机伸出其魔掌。战乱之后，人户逃散，是兼并势力格外猖獗的时候。宋太宗淳化年间，王小波、李顺起义被镇压下去，豪强劣绅大肆反攻倒算：“蜀民流散之后，田庐荒废，诏书凡入租占田、有能倍入者，断以新籍。于是豪右广射上田，贯（当作‘贫’）民归者多亡其素产”[④]。宋仁宗时，“侬智高寇掠广南”，“民避贼多弃田里远去。吏以常法满半岁不还者，皆听人占佃。公（周沆）曰：是岂与凶年逃租役者同乎？奏更延期一年，召使复业。”[⑤] 两宋之交，经女真贵族掠夺之后，这种情况尤为严重，如绍兴十九年（1139）户部侍郎宋贶在奏言中指出：“湖湘江淮之间，昨经寇盗，多有百姓遗弃田产。比年以来，各思复业，而形势户侵夺地界，不许耕凿，欲望立法戒饰”[⑥]。戒饰的法令虽然下达了，但是，情况却如奉使淮西的薛季宣所奏：“盖自兵火以还，州县仍多承并垦田旧数，间用貌约顷亩，著为定籍。已而人户请佃，类皆包括湖山为界。有一户之产，终日历行不遍，而其输纳不过斗斛……有名田一亩而占地五七顷者，自耕则无力，划请则必争。……江南转徙人户来淮甸者，东极温台，南尽福建，西达赣吉，往往有之。土人包占既多，无田可以耕佃，以故失所者众，来者甚

---

① 《宋史》卷三四六，《吕陶传》。

② 陈元晋：《渔墅类稿》卷六，《元琇墓志铭》。

③ 叶适：《水心先生文集》卷一七，《王文礼墓志铭》。

④ 尹洙：《河南先生文集》卷一二，《谢涛行状》，四部丛刊本。又《宋史》卷二九五谢涛本传上称，“诏有能占田而倍入租者，与之”，与尹洙所载大致相同。范仲淹《谢涛神道碑》则作：“上言者请募人占田，可倍其租”，而不言“诏书凡入租占田”，有意识为朝廷掩饰，非实录也。

⑤ 司马光：《温国文正司马公文集》卷七八，《周沆神道碑》。

⑥ 《宋会要辑稿·刑法》三之四八。

艰。设若此患不除，则虽三数十年，淮南未见充实。”[1] 顺便一提，叶水心曾主张大量移民到两淮、荆湖北路等空旷地区，从上述土地兼并情况看，绍兴年间确有前去两淮的移民，而由于豪强的兼并，移民无法得到垦荒的机会，因而薛季宣认为兼并之患不除，淮南“虽三数十年”亦充实不起来，以后的事实证明了这个意见是对的。

其次，灾荒年景也是兼并土地的有利时机。北宋年间黄河频年决口；宋仁宗时黄河变成两股分别入海，人们提出复河故道，由于“故道土沃饶，多为权右占耕”，因而这些“权右”宁肯黄灾频仍，也不解决复河的问题[2]。而在“权右”当中，宰相算是最大的了，也“有乘时旱歉，多买民田”[3]。各地豪势利用水旱进行兼并，比比皆是。如苏州昆山，“田讼至三数十年不决。初吴越归国，郡邑地旷人杀，占田无限，但指四至泾渎为界。岁久水旱泾渎移易，更相侵越”[4] “顷岁江乡之民多因荒旱，迁徙淮甸，比遭虏骑之扰，复还故乡。而所弃祖产，皆为官司估卖……田园悉移于形势之家，但用低价计会，十不偿一，至有指名投状、请佃入已而量输租税者”[5]。水旱灾荒既是兼并的有利时机，在前面水利一章中曾经指出，有的豪强恶霸就破坏堤坊，制造水灾，以售其奸，这就更反映了地主阶级的鄙劣本性和贪欲成性。

每年经常性的青黄不接也是兼并的有利时机，这一点不再多赘。此外，婚丧嫁娶之际，也是兼并乘隙而入的一个机会。例如在福建路，“俗重凶事，其奉浮图，会宾客，以尽力丰侈为孝；否则深自愧恨，为乡里羞。而奸民游手无赖子幸而贪饮食、利钱财，来者无限极，往往至数千人。至有亲亡秘不举哭、必破产办具而后敢发丧者。有力者乘其急时贱买其田宅，而贫者立券举责，终身不能偿”[6]。“民间典买庄土，多出于婚姻丧葬之急，往往哀求钱主，探先借方印契……”[7] 这种封建礼俗也成为农民破产失业、土地兼并发展的一个

① 薛季宣：《浪语集》卷一六，《奉使淮西回上殿札子》。
② 王珪：《华阳集》卷三七，《贾昌朝墓志铭》。
③ 范祖禹：《范太史集》卷三九，《杨绘墓志铭》。
④ 王巩：《张方平行状》，载《乐全集》。
⑤ 洪适：《盘洲文集》卷四一，《乞许逃业子孙赎产札子》。
⑥ 欧阳修：《欧阳文忠公文集》卷三三《蔡襄墓志铭》。
⑦ 《宋会要辑稿·食货》一三之二二至二三。

因素。

在宋代土地兼并的过程中，封建兼并势力施展了阴险、毒辣而卑鄙无耻的手段。这些手段是：

1. 诱骗。“仁寿洪氏尝为里胥，利邻人田，给之曰：我为收若税、免若役。邻喜，划其税归之。名于公上逾二十年，且伪为券，茶染纸类远年者，以讼。”① “永新土豪龙聿者，尝诱同里少年周整饮博，以奸胜整千缗，准其上腴田以偿直。初犹代耕输谷，岁久遂割占其田。整母方知博事，讼于县，则田契存焉。于州、于使者，挝登闻鼓，皆不能直。……公视契，一言以辨其伪。聿具伏，归整田。……公（元绛）曰：始视契，日月在母氏印上，是必得母他牍尾印以续伪契。”② “兼并之家见有产之家子弟昏愚不肖，及有缓急，多是将钱强以借与，或始借时设酒食以媚悦其意；或既借之后，历数年不索取，待其息多，又设酒食招诱，使之结转，并息为本，别更生息；又诱劝其将田产折还。”③

2. 伪券。前面诱骗中已有了伪造田契卖券的手法，以侵吞别人田地。这种情况，在宋代极其广泛，并且又有多种形式。一种是制造假的买卖田契。如刘沆知衡州前，“大姓尹氏欺邻翁老子幼，欲窃取其田，乃伪作卖券，及邻翁死，遂夺而有之，其子诉于州县二十年不得直。”④ 郎简知窦州以前，也有类似情况，“县吏死，子幼，赘婿伪为券，冒有其赀”⑤。在伪造卖契中，有的是先盗盖印信，后书写卖田情况。如“眉州大姓孙延世伪为券，夺族人田，久不能辨”；“〔章〕频视券墨浮朱上曰：是必先盗印，然后书”⑥。有的“伪券”则颠倒买卖年月，如“郴州宜章民执伪券夺人田，更数狱莫能辨”，郑武仲审问这个案件，“视券即曰：此伪也！县邑故为义章，以太宗旧讳更为宜章。今券用宜章印，置田之岁乃义章时也。”⑦ 在典质土地中，有的伪券则将典到手

---

① 李觏：《直讲李先生文集》卷三〇，《江镐墓志铭》；桂万荣《棠阴比事原编》与此同。
② 苏颂：《苏魏公文集》卷五二《元绛神道碑》；《宋史》卷三四三《元绛传》即来于此。
③ 袁采：《世范》卷三。
④ 《宋史》卷二八五，《刘沆传》，陈襄《州县提纲》亦记有此事。
⑤ 《宋史》卷二九九，《郎简传》。
⑥ 《宋史》卷三〇一，《章频传》；《长编》卷九〇，天禧元年六月记事。
⑦ 郑獬：《郧溪集》卷一九，《先公（郑武仲）行状》。

的好地改换为坏地，使典质者赎田时失去原有的好地，如桂仔贵自潜彝赎回的田地，“及以赎回之契考之，则地名青石桥也，荒地也；卖与潜彝者，地名铁炉塘，田也”，采用偷梁换柱的手法，以荒地代好田；而就是这个潜彝，“前后骗人田产，巧取豪夺，不可胜计”①。而尤其毒恶的是，在典卖中偷将田契写成卖死的文书即所谓“断骨契”，典者即不能再赎回。如“泸州合江县赵市村民毛烈以不义起富，他人有善田辄百计谋之，必得乃已。昌州人陈祁与烈善，祁有弟三人皆少，虑弟壮而悉其产也，则悉举田质于烈，累钱数千缗。其母死，但以兄田分为四。于是载钱诣毛氏赎所质。烈受钱有乾没心，约以他日取券”②；“广都人张九典同姓田宅，未几，其人欲加质，嘱官侩作断骨契以罔之。明年又来就卖，乃出先契示之。其人抑塞不得语”③。这种巧取豪夺，不但如上所述，往往三二十年弄不清案情，甚至夺去人的性命，如李椿调任宁国军节度推官前，“豪民执伪券，夺陈氏田，陈父子毙于狱，妻又将毙”④！其所以出现这类伪券，南宋初的郑刚中有一段评论说：

> 窃见典卖田宅，法限六十日投印，又六十日请契。恐其故违限约，则扼以倍纳之税；恐其因倍纳而畏，则宽以赦放之限。……买产之家，类非贫短，但契成则视田宅为己物，故吝惜官税，自谓收藏白契，不过倍纳……亏失公利犹害之小者，至有不识书计之人，饥寒切身，或牙保关通，乘放限之便，改移契券，以典为卖，他日子孙抱钱取券而不得，则□〔四库影印本（1138－26）作“饮”字〕泣县令之庭而已。⑤

为逃避田赋，土地买卖不按照政府法定手续办理，使用一些“白契”，造成田契的“改移”伪造。从这里，又看到这样一个事实，即：土地兼并者在兼并土地的同时，还大量地进行隐田漏税的活动，同封建国家争夺农民的剩余劳动。以秦州为例，在北宋初年曹玮任知州时，“民多田讼，穷治之，皆不能举

---

① 刘克庄：《后村先生大全集》卷一九三，《饶州州院申潜彝招桂笋夫周氏阿刘诉占田产事》。
② 洪迈：《夷坚志》甲集卷一九。
③ 《夷坚志》乙集卷五。
④ 朱熹：《晦庵先生朱文公文集》卷九四，《李椿墓志铭》；又《宋史》卷三八《李椿传》同。
⑤ 郑刚中：《北山文集》卷一，《论白契疏》。

其契。公知其罔冒，因诉亡官记而自前者除其罪，得脱户千六百，赋钱四百万。”[①] 秦州一隅之地，即有1600户在土地买卖中，隐瞒田地，情况之严重可见一斑。对此问题，后面再详加探讨。

3. 高利贷。两宋高利贷相当猖獗，它的触角所及，首先是广大的劳动者。例如佃客向主家举债，少则倍称之息，多则“不两倍则三倍”[②]，有的地方甚至采用驴打滚式利息，剥削尤重[③]。严重的是，“抑雇儿女”，“评取田产”[④]，极尽榨挤之残酷。据程颢的记载，耀州华原县，“有富人不占地籍，唯以利诱贫民而质其田券，多至万亩，岁责其人”[⑤]。这一事实反映了，高利贷在兼并贫苦人民的田产方面，起了多么严重的作用。当然，高利贷同样地冲击了官僚豪势以及封建地主阶级，使某些老牌的封建主从地主阶级等级的阶梯上垮了下来。对这些问题，将在商业资本和高利贷资本一章中再详加叙述。

4. 冒名顶替，增赋占田。前者在水灾之后，如“淄青齐濮郓诸州人冒耕河壖地，数起争讼。〔张〕锡命籍其地，收租绢二十余万，讼者亦息”[⑥]。后者则是豪势以增加田赋为名，吞占大量荒地。如在宋仁宗庆历以后，“唐故地广而耕者不足，故户多菜田，州守募民增赋以自占，主不得有，于是豪右因缘夺民良田，诸邑大扰”[⑦]。又如两浙“濒海人赖蛤沙地以生，豪家量受税于官而占为己有”[⑧]。

5. 乘人之危，压低价格。一些官僚豪势，“尤喜乘人之窘急，时以微资取奇货”[⑨]。因此许多贫苦的人家，不仅土地贱价卖出，而且田赋没有“推割”出去，仍然照纳，如“曩时〔南安〕县之贫民鬻业者辄减其户产以求速售，或业尽而赋独存，官责之急，至死徙相踵”[⑩]。这种情况，在宋代极为普遍，

---

① 宋庠：《元宪集》卷三三，《曹玮行状》。

② 欧阳修：《欧阳文忠公文集》卷五九，《原弊》。

③ 《长编》卷三一〇，元丰三年十二月庚辰记事。

④ 《长编》卷八六。

⑤ 程颢：《明道先生文集》卷三，《华阴侯先生墓志铭》。

⑥ 《宋史》卷二九四，《张锡传》。

⑦ 范纯仁：《范忠宣公集》卷一四，《阎充国墓志铭》。

⑧ 《宋史》卷二九一，《李复圭传》。

⑨ 朱彧：《萍洲可谈》卷三。

⑩ 陆游：《渭南文集》卷三三，《傅凝远墓志铭》。

对国家田赋征收影响甚大，后面还要谈到。

6. 或借故刁难，或捏造罪名，以售其奸计。如宋仁宗天圣八年，坊州民马固壮用钱6000典得了马延顺的田地，马固壮在田地里栽了300棵树，要求马延顺赎地时按每棵30文一起赎回，“显是有力百姓将此栽木厄塞贫民占据地土，岂可元典六千，赎田之日却理钱十千……邀勒贫苦，永不收赎”①！尤其恶毒的是，“豪家欲并小民产业，必捏造公事以胁取之”，如“王叔安规图徐云二义男徐辛所买山地为风水，遂平空生出斫木盗谷之讼”，结果“徐云二者不堪吏卒追扰，贫家唯有饭锅，亦卖钱以与寨卒，计出无憀，自刎而死！”②类似这样的事例，在宋代并不少见。

7. 对官田能兼并者则兼并之，其不能兼并者，则因官田租轻，增租夺佃。这种情况，南宋似更为广泛。如宋高宗建炎四年，永嘉知县霍蠡奏称：“本州（指温州）四县见管户绝抵当诸色没官田产，数目不少，并依形势户诡名请佃，每年租课多是催头及保正长代纳，公私受弊”③，而在绍兴二十年的户部奏言中指出，“契勘州县没官田土，往往形势之家互相划佃”④。如台州临海知县胡某与寄居形势官户徐某结亲，令贴书朱彦假做徐某的干仆，“冒请安居益等七十户桑地”，“冒占官田，本家却行承佃”⑤。泉州也有这类情况，“南外宗子（按宋代将其赵姓亲族一部分安置在泉州养活）”，“旧廪给不足，而主僧田多户绝，豪右增租争佃”⑥。袁燮论述这类情况时指出：“州县多没人之产，非豪强请佃，则形势侵冒，时或鬻之，欺弊万端”⑦。

马端临针对“自秦开阡陌之后”土地兼并的情况加以评论道：“田既为庶人所擅，然亦惟富者贵者可得之。富者有赀可以买田，贵者有力可以占田，而耕田之夫率属役富贵者矣”⑧。宋代土地兼并也主要的是这两种方式：所谓

① 《宋会要辑稿·食货》一之二五。
② 刘克庄：《后村先生大全集》卷一九三，《饶州州院申徐云二自刎身死事》。
③ 《宋会要辑稿·食货》五之二〇。
④ 《宋会要辑稿·食货》五之二六。
⑤ 李弥逊：《筠溪集》卷六《勘当徐公裕》状。
⑥ 周必大：《周益国文忠公集》卷六七，《汪大猷神道碑》。
⑦ 袁燮：《絜斋集》卷一四，《秘阁修撰内辛行状》。
⑧ 《通考·田赋考二·历代田赋之制》。

“贵者”，是凭借政治特权占有大片田产；所谓“富者”，是依靠雄厚的货币力量购置大批良田。当然，这两者还可以结合起来，成为再一个方式。但，主要地就是这两种方式，前面列举的各种兼并土地的情况，概括起来也无非是这两种方式。这是宋代土地兼并的一个基本情况。

其次，土地兼并也就是土地的集中，在宋代土地兼并、集中的过程中，地主土地所有制膨胀起来了。顾炎武在《日知录》中曾经指出，在汉、唐还称之为“豪民”、称之为“兼并”之徒的，到宋以下公然号称为“田主”了①。其所以如此，就在于地主土地所有制的膨胀，就在于这种土地所有制在兼并过程中发展成为占主导地位的土地形态，“田主”的身份地位随着土地的集中而提高了。特别值得提出的是，凭借政治特权占田的品官形势户，在土地兼并中，更是灼手炙人，横行霸道，达到极点，连一般执行政府法令的地方官都要受到他们的排挤。如宋仁宗初年章献明肃刘太后掌权之时，“中人用事虽（杨）崇勋之徒，交通县豪，以渔夺细民，吏不敢何”；知陈留县事王冲“独以法绳之”，大姓田滋等制造谣言，横加诬蔑，结果王冲“坐除名，徙雷州”②。像田滋这类的恶霸豪绅，是无在不有的！实际上，从纵的方面看，宋代土地兼并的几次高潮，就是由品官形势户构成的土地势力掀起的，后面再详加叙述。

如果说，“贵者以力可以占田”，在宋代土地兼并过程中起了先锋的、带头的作用；那么，“富者有资可以买田”，则起着经常性的并且是具有决定性的作用。因之，“富者有资可以买田”在土地兼并过程中具有突出的地位。在土地买卖中，仍然可以看到官僚贵势挟其政治势力强迫人们出卖自己的土地。如刘安世弹劾章惇的奏札中说，章惇用他儿子的名义，硬将苏州昆山县“朱迎等不愿出卖田产、逼胁逐人须令供下愿卖文状，并从贱价强买入已”③，就是一例。只要封建等级制度存在，土地买卖中就会存在这种现象，一些无权势的农民以及地主阶级的下层甚至个别的上层人物都会被迫卖出自己田产的。这

---

① 顾炎武：《日知录》卷一〇，《苏松二府租税之重》。

② 刘敞：《公是集》卷五三，《王冲墓志铭》。

③ 刘安世：《尽言集》卷五，《论章惇强买朱迎等田产事》。

是宋代土地买卖中值得注意的第一点。

第二，在宋代日益频繁的土地买卖中，固然出卖自己土地的是那些田地不多的自耕农和半自耕农，但官僚士大夫即使身为公卿的大官僚地主的田产，也因其不肖子孙的恣意挥霍而不断地投到市场中。下面不妨将转化为学田的原官僚士大夫的田产买卖情况，摘引如下：

一契嘉泰四年七月内用钱壹千玖佰单捌贯伍佰伍文（九十九陌）买到闾丘吏部右司媳妇陶妆奁元买到长洲县陈公乡……田……计壹佰叁拾陆亩叁角壹拾肆步。

嘉泰四年七月内用钱壹千陆拾叁贯叁佰柒拾伍文（九十九陌）买到闾丘吏部下二知丞典到长洲县陈公乡念伍都陈银青职方下千二官人户下三八官人三九官人四十官人四乙官元典人户本都……苗田计捌拾陆亩伍拾陆步捌步肆厘。①

一项淳祐八年……买到郑运属田共伍拾陆亩叁角玖步，一项开庆元年……汤少卿万一官人万三官人长洲金鹅乡十四都田陆拾捌亩叁拾玖步柒尺伍寸。②

材料中所说的“典”或“买”都来自于品官之家，这在学田碑中并不是少见的。从学田构成情况看，通过买卖将私人的土地转化为学田的，在整个学田中占有不小的比重，而私人土地转化为学田的，即官僚士大夫家的田产亦自不少，而且买卖的数量往往在数十亩以上，在土地买卖中算是大宗的。土地买卖当然不限于品官之家，一般地主豪强典卖土地的事实也是大量存在的。上述这一现象说明了什么问题呢？它深刻地说明，随着土地买卖的频繁，土地转移也因而日益加剧了。杰出的爱国诗人辛稼轩在《最高楼》这首词中曾经指出：“千年田换八百主”③，便说明了南宋中叶土地转移的急剧。到南宋晚期，如罗椅在《田蛙歌》中所反映的：

虾蟆，虾蟆，汝本吾田蛙！渴饮吾稻根水，饥食吾禾穟花。池塘

① 《江苏金石志》卷一四，《吴学续置田记》（开禧元年）。

② 《江苏金石志》卷二〇，《吴学粮田续记》（至大四年）。

③ 《稼轩词》卷四。

雨初霁，篱落月半斜。啁啁又向他人叫，使我惆怅悲无涯！

虾蟆对我说，使君休怨嗟，古田千年八百主，如今一年一换家。休怨嗟，休怨嗟，明年此日君见我，不知又是谁田蛙！①

在土地转移急剧的情况下，贫富之间的变换也因而急剧起来。一个名叫谢逸的士大夫在观察了这一现象后曾经指出："余自识事以来四十年矣，见乡闾之间，曩之富者贫，今之富者，曩之贫者也。"② 由于贫富之间变换的加剧，地主阶级浮沉升降因而加剧了，地主阶级阶级结构或封建等级结构发生了比较明显的变化。在魏晋隋唐庄园农奴制阶段，老牌的世族豪强或者方隅大族，往往经历几十百年，累世基址不坠，封建等级结构是相对地凝固的。在宋代，以夔州为中心继续流行庄园农奴制的地区，仍然表现了它的相对凝固性，这在前章的叙述中表现出来；但在封建租佃制占主导地位的地区，封建等级结构则由土地买卖引起的贫富变换而发生了这样的变化，即：新兴起来的暴发户往往代替了老牌的地主。在这一贫富不居的变动中，固然使那些失去土地、从地主等级中跌落下来的人们惆怅莫名、向隅而泣，使他们感到在货币的冲击之下无可奈何的失败，而一些还保持着自己的经济力量的封建主也由于货币的冲击而深感不安。于是，"十年财东轮流做"的观念，就是在这一客观条件下产生的。南宋初年的著名士大夫袁采，在他的《世范》一书中集中表现了这一思想：

世事多更变，乃天理如此。今世人往往见目前稍稍盛乐，以为此生无足虑，不旋踵而破坏者多矣！大抵天序十年一换甲，则世事一变。今不须广论久远，只以乡曲十年前二十年前比论目前，其成败兴衰何尝有定势？③

贫富无定势，田宅无定主，有钱则买，无钱则卖！④

……法禁虽严，多是幸免，惟天网不漏。谚云：富儿更替做。盖谓迭相报酬也。⑤

---

① 罗椅：《涧谷遗集》卷一。
② 谢逸：《溪堂集》卷九，《黄君墓志铭》。
③ 《世范》卷二，《世事变更皆天理》。
④ 《世范》卷三，《富家置产当存仁心》。
⑤ 《世范》卷三，《兼并用术非悠久计》。

从袁采的这个无可奈何的供认中，可以看到，在封建制时代，地主阶级作为一个阶级始终是占支配地位的，但就它的成员说，在“贫富无定势”，“富儿更替做”的情况下则是变动不居的，特别是在封建租佃制占支配地位、商品经济比较发达、土地买卖频繁的地区，这个变动尤为显著。而从所谓的“有钱则买，无钱则卖”情况看，货币具有强大的冲击力量，给老牌地主以严重威胁，正是这个力量使地主阶级成员发生明显的变动，使地主阶级的升降沉浮线波动频繁起来。而拥有雄厚货币力量的，除传统的达官贵势和各地大地主之外，就是大商人和高利贷者。显而易见，在宋代土地兼并的过程中，“富者有赀可以买田”一语，深刻地反映了商业资本和高利贷资本的作用及其时代内容。同时，宋代的封建等级结构、阶级结构，也由于这一时代内容而发生了相应的变化，这是前此历史上少见的。后面将给以具体的说明。

第三节　封建土地私有制：封建地主阶级对土地的占有

宋代社会诸等级对土地的占有是极为悬殊的，即使是在地主阶级各阶层也有明显的差别。宋政府根据常产的有无和是否承担国家赋税而将全部民户划分为主户和客户，前面已经指出；同时，还根据常产的多少和承担赋役的轻重而将主户划分为五等，是谓之五等版簿或五等丁产簿。要想了解宋代社会各阶级阶层对土地占有的差别，就必须从五等版簿或五等丁产簿下手。不过，由于划分五等户的基准各地并不一致，如吕陶在元祐元年（1086）的一道奏章中所指出的：

> 天下郡县所定版籍，随其风俗，或以税钱贯陌，或以地之顷亩，或以家之积钱，或以田之受种，立为五等。①

各地划分户等虽然很不一致，但就基本标准，仍然是以土地的多少和好坏来划分的。福建是以产钱作为标准。真德秀曾说：“臣闽人也”，而闽中“产满千

① 此奏疏《净德集》失载，见于《宋会要辑稿·食货》一三之二四；《长编》卷三七六，元祐元年四月。

钱，大约田几百亩”[1]，即一亩地产钱约为10文。但在福建路各州县在产钱规定上也颇不一致。如《嘉靖惠安志》载：“田分九等，地分五等。田上三等每亩自十六文至十四文，中三等至十〔三〕？文至十一文；下三等九文至三文”[2]。这是根据田地的肥瘠而区分为不同的等级，而其等级与真德秀所说的亩十文则有不小的出入，很可能真德秀是从福建路每亩产钱的平均约数而言。但不论怎么讲，产钱的基准是田亩，则是确定不移的。如果按“田之受种”作为划分标准，而种子的多少则仍是按“田之顷亩”的多少来决定的。例如一亩之麦，“用种五升”；而“每一石地”，则需要“种谷三升应副”[3]；“每一斗种，大率系产钱十余文”[4] 根据麦种种谷的多少，以及每斗产钱数，也就可推算出田地多少了。而在福建路安溪县，“田以种子论，上等斗或一十文，中等斗或以七文五分，下等或三文”[5]，这是根据田地的肥瘠，以斗种折合为钱的，同样从斗种推算出田亩多少的。同样的，以“税钱贯伯”作为标准，也必须以田亩多少、肥瘠作为基准的。苏轼对宋代赋役制作过这样的论述，他说：“〔宋〕因地之广狭（也应加上肥瘠）而制赋，因赋之多少而制役”；因而“户无常赋，视地以为赋，人无常役，视赋以为役”[6]。赋役都是建立在土地这个基准而区分为户等，用以承担赋役的。

虽然是以田地为基准，但是用产钱亦即家业钱作为户等划分的标准，则有其很多方便之处。田地不仅有多少之分，而且也有肥瘠之别，都不如以作为等价物的货币——钱划分户等最简便，这是其一。以产钱作为划分户等的基准，封建国家最为得利。不仅田地、房舍都计算在家产之内，连其他牲口、工具和其他一些浮财也可囊括在内，所有这些统统计算在内，使各户户等定得相应地高一些，有利于国家对赋役的压榨。所以，封建国家，从中央政府到地方政府，都是愿意采用这种办法的。这是其二。这种

---

① 真德秀：《真文忠公文集》卷二《癸酉五月二十二日直前奏事》。

② 《嘉靖惠安志》卷六《田赋》。按该志所载材料甚为重要，王曾瑜同志在《宋朝的产钱》一文中首先援引，说明宋代户等划分的问题，甚是。载1984《中华文史论丛》第三辑。

③ 《真文忠公文集》卷七，《乞给降钱会下本路灾伤州郡下户收籴麦种》。

④ 《晦庵先生朱文公文集》卷二一《经界申诸司状》。

⑤ 《嘉靖安溪志》卷一《贡赋》。

⑥ 苏轼：《经进苏东坡文集事略》卷一七《均赋税》。

做法，不仅对农村适用，对城镇居民尤为适用，以房产、房廊钱多少和营运钱多少，定坊郭户等，特别简便。这是其三。其四，计产定资早在行差役法时即已实行，如安州“每至差作衙前，则州县差人依条估计家活直二百贯已上定差，应是在家之屋，以至鸡犬箕帚匕筋已来一钱之直，苟可以充二百贯，则定差作衙前”①，驾轻就熟，经熙宁年间实行免役法，重新划定户等，产钱因而推广，到南宋成为划分乡村和城镇户等的唯一的标准了。

两宋户等从以土地为基准演变到以产钱为基准，这是土地买卖、货币流通和商品经济发展的一个结果。柳田节子教授在近中于杭州召开的国际宋史讨论会中指出，产钱之作为户等划分的标准，是“农产品商品化”的一个反映，甚具卓识②。当然，也不能把这一现象过分夸大。这是因为，产钱不过表示户等的高低，按产钱多少缴纳赋税，而赋税就实物和货币征收的情况看，在两宋变化是不大的，这一点在后章再加说明。

宋代乡村户等既然按照田地、产钱为划分基准，下面不妨根据这个基准来看看各户等对土地的占有。先看第一等户对土地的占有：

> 盖有以税钱一贯、或以田一顷、或积钱一千贯、或受种一十硕为第一等，而税钱至于十贯者，古（当从《长编》作“占”）田至于十顷、积钱至于万贯、受种至于百硕，亦为第一等。③
>
> 假若民田多至百顷者、少至三顷者，皆为第一等，百顷之与三十顷已三十倍矣，而役则同焉。④
>
> 盖有田三五顷者，多系上户。⑤

综合上述材料，可以知道宋初以来的第一等户亦即上等户或上户，占有土地是三顷以上。

---

① 郑獬：《郧溪集》卷一二，《论安州差役状》。

② 1985年5月13日至17日在杭州召开了国际宋史讨论会，柳田节子教授在会上宣读了她的题名为《宋代乡村户等制》一文。

③ 《宋会要辑稿·食货》一三之二四；《长编》卷三七六。

④ 《长编》卷二四四，杨绘奏疏。

⑤ 张守：《毗陵集》卷三《论措置民兵利害札子》。

到宋神宗熙宁年间，为役法的变革，对户等又作了更加细密的区分。其中第一等户，“计产业若家赀之贫富，上户分甲乙五等”[①]，即陈傅良所指，“以乡村第一等人户分为甲乙丙丁戊五等”[②]。而原来的一二三等户，传统谓之上户或上等户，到这时只有第一等户才是上户或上等户，而第二、第三等户则称之为中户了。根据这个区分，第一等户中第五等即戊等户，占有的土地在三顷以上。为赡养军队，叶适提出买田办法，他统计了温州近城30里的官民户对土地的占有，其情况是[③]：

占田类别	户数（户）	占田总数（亩）
400亩以上	49	37848
150～400亩	268	59366
30～150亩	1636	98990

根据叶水心的这一统计，占田400亩以上的，当是第一等户，其余的分别为二、三、四等户。由于叶水心没有明确指出户等，因而不妨再从其他材料中加以说明。据《嘉靖惠安志》记载，3贯889文以上第一等来看，如果按照真德秀所说十文产钱为田一亩，则惠安的一等户占田在389亩以上，与温州四百亩相近[④]。《嘉靖安溪志》所载安溪县第一等户产钱为3贯890文以上[⑤]，也说明了一等户田在390亩以上，与温州四百亩相近。由此可见，两宋第一等户占田在三四顷以上。

在宋代，还有高出于第一等户的“出等户”、“高强户”或者叫“无比高强户”。早在宋仁宗庆历年间，尹洙在《奏论户等状》中提出，“陕西坊郭第一等人户中，甚有富强数倍于众者”，应加“推排”，将“同等人户家产一倍以上者，定作富强户，三倍以上者定作高强户，五倍以上者定作极高强户”，然后按产业多少科率[⑥]。尹洙的这项建议，在王安石变法期间实现了。如当时

① 《长编》卷二二七。
② 陈傅户：《止斋先生文集》卷二一《转对论役法札子》。
③ 叶适：《水心别集》卷一六，《买田数》，永嘉丛书本。
④ 《嘉靖惠安志》卷六《田赋》。
⑤ 《嘉请安溪志》卷一《贡赋》。
⑥ 尹洙：《河南先生文集》卷二〇。

两浙路“通以田土物力税钱苗米之类，各以次推排”①，作为均摊役钱的根据。其中纳役钱500千或800千的“两浙之民富溢其等者为无比户”②，或叫“出等户”③、“出等高强户”。这类的无比户，“有数州之广无一户者，有一路不过三数家”④；最称富庶的两浙路也不过数10户⑤。他们占有多少土地、拥有多少财产，是不大清楚的，如宋徽宗时候兴仁府的万延嗣，家业钱达14万贯之多，摊派的和买绢就有1000多匹。而比万延嗣产业大的，还大有人在。

归纳上述，按照叶适等的记载，把占田400亩以上的列于第一等户，那么就是由绝大多数的第一等户和出等户、无比户组成为封建大土地所有者或封建大地主阶级。

进一步分析，封建大地主阶级是由官户、形势户以及自大商贾、大高利贷者转化为封建大土地所有者所组成的。先说官户。据朱家源、王曾瑜同志有关研究，在宋代能够列之为官户的，必须文职官在正八品以上、武职官在正八品以上的见任官，以及靠父祖恩荫而取得的⑥。这类官户从宋太祖建国之初即于州县之间与一批地方上的豪绅列于形势版簿，如南宋初年福州户版上就列有官户2443户，并分别列属于所属各县⑦，占当地总户数的9‰⑧。福州是个大州，并且是沿海生产较发达的地区，官户之多是可以理解的；而一般州县当然不会占这样大的比数。朱家源、王曾瑜同志在他们的研究中，还估计了宋代官户大约为3万户。这个3万户当是北宋中后期的数字，北宋初期则达不到。如按宋徽宗时全国总户数2000万户计算，官户占总数的1.5‰。3万官户当然不可能都是四顷以上土地的大地主，大约有一半或一半以上的官户才是，因而属于大地主阶级中的官户占总户数的1‰，或者还要少些。

所谓形势户指的是乡村任里正以上及州县吏人的第一等户，这些人大都是

---

① 《长编》卷二九五，元丰元年十二月己酉纪事。

② 《长编》卷三二四，元丰五年三月乙酉纪事。

③ 《长编》卷三九〇，元祐元年十月癸丑纪事。

④ 《长编》卷三九三，载王岩叟奏疏。

⑤ 《长编》卷二三七。

⑥ 《宋朝的官户》，载1982年《宋史研究论文集》，中华文史论丛增刊。

⑦ 梁克家：《淳熙三山志》卷一。《版籍类·户口》。

⑧ 《淳熙三山志》载，“建炎以来户主二十七万二百有一”，与官户数相比为千分之九。

四顷以上土地的大地主。宋太祖开宝四年（971），阆州“职役户负恃形势，输租违期”，因而该州通判路冲奏请立形势户版籍于通判所，便于督责。从此，诏令“诸州府并置形势版簿，令通判专管其租”[①]。形势户版簿既包括当地任里正职役的“势要人户”，也包括“见任文武职官”[②]，即所谓官户，所以在宋代文献上这两者总是联系在一起，称之为品官形势户。根据《庆元条法事类》中的有关规定，形势户指的是“见充州县及按察官司吏人、书手、保正、耆户长之类，并品官之家非贫弱者”；为了更容易从版籍上识别这些人户，“每名朱书形势字以别之”[③]。从上述规条来看，州县曹司吏人就其实际情况说是地方上的掌权的豪强大地主，因而形势户在某种意义上又可以说是“吏户”。品官形势户中的一个官户，一个吏户，都属于大地主阶层，可见这个阶层经济上、政治上的力量，都是极为强大的。这类形势户约为官户的两倍，占总户数的2‰。按照宋政府的规定，形势户要比一般民户提前半限即15天缴纳田赋，要承担里正衙前、乡户衙前等重大职役等等。所有这些规定，对他们来说，都不过是空话。他们极力兼并土地，但却把赋役转嫁出去，拼命地攫占社会财富。

由大商人、大高利贷者转化为大地主的，也是宋代社会的一个突出现象。这将放在第四编中再加叙述。从大商人大高利贷者的这个转化中，可以看出官僚、地主和大商人高利贷者结合起来，成为三位一体，对宋代社会经济的发展起了不小的影响，这也将在后说明。

官户、形势户、由大商人高利贷者转化而来的封建大土地所有者以及其他的大地主，共同组成大地主阶层，其人数占总户口千分之五六，人数是不多的。尽管人数不多，但它的活动能量是极大的。从南宋300年土地兼并发展的趋势看，大约形成了三次土地兼并的高潮，而这三次浪潮就是由大地主阶层特别是其中的官户带头掀起来的。

土地兼并第一次浪潮出现在宋真宗宋仁宗统治期间。在这个期间内，对

---

① 《长编》系此事于开宝四年春正月辛亥，《通考》则系于建隆四年。

② 《通考·田赋考》四。

③ 《庆元条法事类》卷四八。

辽、夏战争一再失利，给人民带来极大的痛苦，内政又日趋于腐败无能，土地兼并于是突兀而起。“贵者有力可以占田”。土地兼并就在章献刘太后亲族的推动下日益猛烈起来。如王蒙正“恃章献刘太后亲，多占田嘉州”，“侵民田几至百家”，“吏数狱，无敢直其事”①；而且由于“诏勿收赋”②，更加助长了兼并者的气焰。在汴京，马季良“家本茶商，娶刘美（刘太后之兄）女”，敢于“冒立券，庇占富民刘守谦免户役”③。章献刘太后婿李遵勖，“所居第园池，冠京城。嗜奇石，募人载送，有自千里至者，构堂引水，环以佳木”，作威作福，无敢谁何④。另一个外戚柴宗庆，“性极贪鄙，积财巨万”⑤。正是在这种气氛下，“出入章献皇后家，与诸贵人交通”的海印和尚，也敢于“恃势据民地”⑥。各地官僚豪绅纷纷兼并，占有大片田产。如比部员外郎郑平，“占籍真定，有田七百余顷”⑦；蔡元卿在淄川之北郊，“有田数十顷而衣食之”⑧；在鄠县附县的王镐则有“美田百顷”，从而“枕琴籍书，酿醇酒，养灵菜，优游云泉逾二十年”⑨。在官僚贵势掀起的土地兼并浪潮之下，各地以形势户为主的豪强大姓也蠢蠢欲动，伸出兼并的魔爪，如前面提到的洋州公校李甲敢于攫占其侄的田产等等，就是一例。在此浪潮下，“公卿大臣之占田”有至千顷者⑩。还在宋仁宗即位的乾兴元年（1022）论者即曾指出，避役者将田产“典卖与形势之家”，或“影占门户”，若不禁止，“则天下田畴半为形势所占”⑪；到宋仁宗晚年，“势官富姓占田无限，兼并伪冒，习以为俗，重禁莫能禁止焉”⑫。在这个浪潮冲击之下，登记在国家版籍上的田地，从宋真宗时的524

① 王安石：《临川先生文集》卷九五，《郭维墓志铭》。
② 《宋史》卷三〇一《高觌传》。
③ 《宋史》卷四六三《外戚刘美传附马季良传》。
④ 《宋史》卷四六四《外戚李遵勖传》。
⑤ 《宋史》卷四六三，《外戚柴宗庆传》。
⑥ 《宋史》卷二九八，《陈希亮传》。
⑦ 《宋史》卷三〇一《吕冲传》。
⑧ 范仲淹：《范文正公全集》卷一四，《赠大理寺丞蔡君墓表》。
⑨ 范仲淹：《范文正公全集》卷一四，《鄠郊友人王君墓表》。
⑩ 陈舜俞：《都官集》卷二，《厚生》。
⑪ 《宋会要辑稿·食货》一之二〇。
⑫ 《宋史》卷一七三，《食货志》。

万顷锐减到宋仁宗时的 228 万顷，土地兼并、隐田漏税达到多么严重的程度了。

土地兼并的第二个浪潮是在北宋晚年宋徽宗统治时期掀起的。宋徽宗蔡京集团是由腐败透顶的大官僚、大宦官以及老牌的和暴发起来的大地主、大商人高利贷者组成的[①]。为填充这个集团的无底止的贪欲，宋徽宗蔡京等在北方则倚靠杨戬、李彦的西城所，以扩大土地的占有，这一问题在下一章再加叙述；在东南，则命朱勔大肆搜罗奇花异石，运送汴京，这就是所谓的花石纲。在这一掠夺下，两浙士庶之家，“民预是役者，多鬻田宅子女，以供其须。”[②] 而主管花石纲的朱勔则趁机巧取豪夺，从市侩一跃而成为新贵：“勔市井之人”，“应造什物，皆科于州县，所献才及万分之一，余皆窃以自润”，“招权鬻爵”，“货贿公行，其门如市”[③]；“田产跨连郡县，岁收租课十余万石，甲第名园，几半吴郡，皆夺士庶而有之，守令为用，莫敢谁何！”[④] 这个集团的重要头目之一的王黼，“乘高为邪”，“凡四方水土珍异之物，悉苛取于民，进帝所者不能什一，余皆入其家”[⑤]。至于这个集团的核心人物蔡京更不必说了，单是永丰圩的圩田就有 960 顷。蔡京、王黼等六贼究竟有多少田产，说不清楚，只到南宋建炎绍兴之际尚没有卖完。在六贼的带动下，土地兼并较之宋真宗、宋仁宗时期更加严重。伴随这一浪潮而来的是，则是农民反封建斗争的第二个高潮：河朔淮海有宋江的起义，淮南有刘五的起义，两浙则有规模甚大的方腊的起义，而在河北也出现了“游宦商贾已不可行”的紧张局面，“人不堪命，皆去而为盗”[⑥]。如果不是女真贵族牧骑南下，宋王朝一定会被农民革命的浪潮冲垮。

土地兼并的第三个浪潮是在南宋初年出现的。以宋高宗为首的南宋统治集团，采取了对农民起义血腥镇压、对女真贵族屈膝投降的反动政策，以图偏安

---

① 参阅《王安石变法》第 247 ~ 251 页，上海人民出版社 1979 年第 2 版。
② 方勺：《青溪寇轨》。
③ 王明清：《玉照新志》卷三，引胡舜申《乙巳泗州录》。
④ 胡舜陟：《胡少师总集》卷一，《再刻朱勔》。
⑤ 《宋史》卷四七〇，《佞幸·王黼传》。
⑥ 王明清：《挥麈后录》卷二。

东南，恢复或者扩大他们的乐园。因此在惊魂甫定之际，即开始了兼并的活动。而带头搞这项活动的不是别人，就是宋高宗赵构。北宋大约在宋太宗时候就有所谓的御庄，系皇帝直接占有的土地。宋高宗为了恢复失去的乐园，派内侍建立所谓的御庄。绍兴七年储毅强迫市买“王安石家田之在宣城芜湖者”，以作为“御庄”，即是一例①。赵构刮起了这个黑风之后，他的后代嗣君以及宫廷妃嫔，也纷纷建立御庄，而这些御庄后来则成为元朝江南国有地的一个重要组成部分②。建立御庄的内侍趁机“冒占腴田，大为奸利”③。即使不是建立御庄，而是与宫廷有某种特殊关系，如给宋高宗治疗什么疾病的王继先，在临安“广造第宅，占民居者数百家，都人谓之快乐仙宫”，“凡名山大刹所在，太半入其家”；“良家子为奴婢者凡百余人，籍其赀以千万计”④。

这种兼并风，从宫廷到民间，从临安到地方，到处兴起，而官僚士大夫又起了推波助澜的作用。不少州县寓官，候补等缺之余，以兼并土地为事。如王历“寓居抚州，恃秦桧之势，凌夺百姓田宅，甚于盗寇，江西人苦之”⑤；建昌新城县妙智寺，“有田皆上腴”，“寓客吕郎中”，系军守孔搢之弟的妇翁，利用这一权势，趁“寺僧尽死”，在“承佃”名义下据为已有⑥。这不过是无数事实中的两个例证而已。有的权臣如史弥远，由于权势的煊赫，下属们往往代之兼并土地。陆放翁的不肖之子任溧阳宰的陆子遹就是这样干的。他强夺溧阳县张挺、沈成等田产凡11800余亩⑦，献给史弥远，称之为“福贤庄”！实际上，原说一亩酬钱10千，而陆子遹“追田主索田契约，以一千二亩”；“民众相率投词相府”上告，而陆子遹竟然“会合巡尉，持兵追捕，焚其室庐”；“众遂群起抵拒，杀伤数十人”；“遂各就擒，悉置囹圄，灌以尿粪，逼写献契，而一金不酬”⑧。这个福贤庄是靠杀人放火、公开抢劫而建立起来的。南

---

① 《系年要录》卷一一二，绍兴七年六月壬申纪事。
② 赵翼：《廿二史札记》卷三〇《元代以江南田赐臣下》。
③ 周必大：《周益国文忠公文集》卷六一《张焘神道碑》。
④ 《宋史》卷四七〇，《王继先传》。
⑤ 《系年要录》卷一六四，绍兴二十三年三月癸丑纪事。
⑥ 洪迈：《夷坚支志·甲》卷五，《妙智寺田》。中华书局铅印本。
⑦ 魏了翁：《鹤山先生大全集》卷二〇。
⑧ 俞文豹：《吹剑录外集》。

宋官僚豪绅特别是其中的权奸如秦桧、史弥远、韩侂胄和贾似道等，就是靠这种暴力兼并大片田产并聚敛了无数财货的。拿秦桧来说，仅知道赐予的永丰圩960顷，其他情况则不清楚。据陆游的记载，秦桧的孙子居住于金陵，挥霍无度，“渐忧生计窘迫”[①]，而年入依然有10余万贯，就多少可以看出秦桧在世时兼并土地的情况了。另一个权臣韩侂胄，曾一次以20万贯助军费，在其被刺杀后，籍没了他的万亩庄、两淮的五六千亩田产等，加上其他权幸的田地，隶属于安边所，每年租米721700斛，钱1315000缗！

值得一提的是南宋武将们对土地的兼并。在著名的将帅当中，岳飞田产不到80顷[②]，算是最少的，其他的将帅无不广占田产、聚敛财物。赵瓯北在《廿二史劄记·宋恩赏之厚》《陔余丛考·南宋将帅之豪富》两篇文章中，根据一般记载对将帅们的田产和侈靡作了记录，他指出：“南宋将帅之豪侈，又有度越前代者”[③]。造成南宋将帅豪侈的物质条件就是他们占有了大片田产，在这一点上是北宋武将们所不及的，如吴玠手下的大将郭浩、杨政，一次赐田就有50顷；魏胜战死之后，除赐银绢房宅之外，赐田达百顷之多[④]。张俊、韩世忠、李显忠、邵宏渊都有大批赐田。除大批赐田之外，将帅们可以任意兼并土地。所谓关外屯田，大都为吴玠兄弟及其手下将官控制，租课成为私家所有。邵宏渊将常德武陵县数十顷官池占有，“乾没”其利而不输租课[⑤]。杨沂中得知其女生子，立即拨昆山良田千亩作为“粥米庄”，另外献给政府的楚州宝应田为39640亩[⑥]，从这里可以看出他并吞了多少土地。有“铁脸”称号的张俊，是南宋将帅中占田最多的一个。他的田庄，知道的有湖州乌程县乌镇庄、思溪庄，秀州嘉兴县的百步桥庄，平江府长洲县尹山庄、石东庄，吴县横金庄、儒教庄，常州无锡县新安庄、宜兴县善计庄、晋陵县庄、武进县石桥、宣黄庄，镇江府丹徒乐管庄、新丰桥庄，太平州芜湖县逸恭庄，总计15庄，

---

① 陆游：《入蜀记》。

② 《宋会要辑稿·方域》四之二五。

③ 赵翼：《陔余丛考》卷一八，《南宋将帅之豪富》。

④ 《宋史》本传，可参阅《廿二史札记》卷二五，《宋恩赏之厚》。

⑤ 杨万里：《诚斋集》卷一一九，《彭汉老行状》。

⑥ 《宋会要辑稿·食货》三之一四。

分布在江东两浙生产最发达的地区[①]。在淮南还占有大片田地，其子张子颜等献给政府的也有两三万亩。张俊的地租收入达60余万斛。

在权臣、武将以及官僚豪绅兼并吞噬之下，还在绍兴二年（1132）的时候，就有人指出："今郡县之间，官户民田居其半"[②]。因此，孙梦观曾经评论道：

> 迩来乘富贵之资力者，或夺人之田以为己物，阡陌绳联，弥望千里，囷仓星列，奚啻万斯。大则陵轹州县，小则武断闾阎，遂使无赖之徒蚁附蝇集，以为渊薮。[③]

从南宋初年掀起的土地兼并的浪潮，一方面是品官形势之家凭借权力吞噬土地，而另一方面商业资本高利贷资本又经常性地冲击旧的土地势力，并使自己向大封建土地所有者转化，这样南宋土地兼并一直继续发展，加上兼并者又"择肥而噬"，这就进一步发展了封建大土地所有制。到南宋末年，已达到这一地步，试看刘克庄的论述[④]：

> 吞噬千家之膏腴，连亘数路之阡陌，岁入号百万斛，自开辟以来，未之有也。

谢方叔在淳祐六年（1246）的奏疏中说：

> 今百姓膏腴皆归贵势之家，租米有及百万石者。小民百亩之田，频年差充保役，官吏诛求百端，不得已则献其产于巨室，以规免役。小民田日减而保役不休，大官田日增而保役不及，以此弱之肉、强之食，兼并浸盛，民无以遂其生。[⑤]

这就是在品官形势兼并下封建大土地所有制发展的一般状况[⑥]。

与封建大土地所有制相联系的，或者说自封建大土地所有制派生出来的，是所谓"义庄""义田"。

---

① 徐梦莘：《三朝北盟会编》卷二三七，绍兴三十一年十月二十九日戊辰纪事。

② 留正：《皇宋中兴两朝圣政》卷一一，绍兴二年春正月丁巳纪事。

③ 孙梦观：《雪窗先生文集》卷二，《董仲舒乞限民名田》。

④ 刘克庄：《后村先生大全集》卷五一，端平元年《备对札子》。

⑤ 谢方叔：《论定经制以塞兼并疏》，载《宋史》卷一七三《食货志》，傅增湘《宋代蜀文辑存》卷八一。

⑥ 有关这方面的材料是很多的，从各地豪强向政府献粮的事实中也得到反映。如宣和七年王永从"自办本家粮斛一百万石"（《宋会要辑稿·职官》五五之四二）就是其中突出的一例。

这种土地制度的创始者是范仲淹。范仲淹自幼随母改嫁至京东路长山朱家，中进士以后才将朱说的名字改掉，算是复了宗。宋仁宗皇祐二年（1050）范仲淹知杭州时[①]，“于苏州吴、长（洲）两县置田十余顷，其所得租米，自远祖而下诸房宗族，计其口数，供给衣食，及婚嫁丧葬之用，谓之‘义庄’”[②]。

自此以后，义田、义庄制度在封建士大夫推动下发展起来。作过参知政事的吴奎，以钱二百万在潍州北海“买田为义庄，以赒族党朋友”[③]。李师中在其楚丘故乡“买田数千亩，刊名为表，给宗族贫乏者，至今号义庄。”[④]范仲淹之女、张琬之妻，有田数百顷，在病榻中也念念不忘地要建立张氏义庄，以实现她丈夫的遗愿[⑤]。特别是，余财不多的刘辉在信州铅山建立的义庄，更受到士大夫的喝彩：“会数世族人有贫而不能生者，〔刘辉〕乃买田数百亩以聚之，县大夫为易其地名曰义荣社”[⑥]；“辉以初仕，家无余财，能力为之，今士君子尤以为难”[⑦]。南宋以来，流风未泯，义田义庄之建立，仍然大有人在。王刚中在饶州乐平“买田千亩为义庄，馆三族之无归者”[⑧]。成都施扬休，“复割田二顷为义田，遵文正公旧规刊诸石”[⑨]。尤熺“晚年捐积俸买田十二顷于晋江，以赡族之贫者”[⑩]。陈德高在东阳，“略用范文正公之矩度而适增损之，以适时变”，“初期以千亩，今及十之七”[⑪]。张持甫在义兴置良田400亩“以赡宗族”[⑫]。其余为汤东野[⑬]、刘渊[⑭]、陈俊卿、陈居仁、林髦[⑮]等，亦各在其

---

① 范纯仁：《范忠宣公集》卷一三，《范纯诚墓志铭》：“皇祐二年，文公正公置义田于苏州”。
② 《范文正公全集》《建立义庄规矩》。
③ 《东都事略》《吴奎传》，《宋史》卷三一六，《吴奎传》。
④ 刘挚：《忠肃集》卷一二，《李师中墓志铭》。
⑤ 晁说之：《嵩山文集》卷一九，《宋故承议郎知楚州张公硕人范氏墓志铭》。
⑥ 杨杰：《无为集》卷一三，《故刘之道状元墓志铭》。
⑦ 王辟之：《渑水燕谈录》卷四；李元纲《厚德录》卷二。
⑧ 孙觌：《鸿庆居士集》卷三八，《王刚中墓志铭》。
⑨ 胡寅：《斐然集》卷二一，《成都施氏义田记》。
⑩ 尤玘：《万柳溪边旧话》。
⑪ 陆游：《渭南文集》卷二，《东阳陈君义庄记》。
⑫ 刘宰：《漫堂文集》卷二一，《希墟张氏义庄记》。
⑬ 《系年要录》卷九六，绍兴五年十二月甲寅。
⑭ 游九言：《默斋遗稿》卷下《建阳麻沙刘氏义庄》。
⑮ 李俊甫：《莆阳比事》卷六。

故里建立义田。元朝而后这种义田义庄仍未衰落。

义田、义庄之在宋代产生和发展，绝不是偶然的。宗族制度和宗法观念是氏族社会末期的产物，在奴隶制时代它又是为奴隶制服务的。在封建制形成和确立的初期阶段，商鞅及其后继者不遗余力地打击宗族制度，使以个体生产为基础的家庭从宗族中游离出来，以加强封建制的物质基础。等到封建制度稳定下来，地主阶级又需要得到宗族的支持，于是从董仲舒的《春秋繁露》到班固纂成的《白虎通德论》，极力鼓倡宗法关系以维护封建制度。对此，我在《秦汉农民战争史》一书中曾有所叙述说明。[①] 但是，在长时期的封建大土地所有制发展的情况下，封建宗族内部早已发生了深刻的阶级分化，有的成为大大小小的封建主，有的成为各种类别的农民。在商品经济有了进一步发展的宋代，这种宗族内部的分化更加急剧，而且族内的阶级斗争也日趋尖锐。义田、义庄就是在这一条件下产生的。首先，它不仅是如吕皓所说，义田、义庄之设，“以为子孙他日穷乏者地”[②]；而且它是用来缓和宗族内的矛盾，维护封建统治秩序和封建大土地所有制的存在的。用作救济贫苦人民之用的“义田”在南宋频频出现，诸如“四明风素厚，公割田二十亩，创立‘义庄’，欣慕者众，积至三顷。郡守林大中助以绝产二顷，择乡官主之”[③]；“闻会稽创义田，凡吉凶有力不给者资助之”，“月积岁溢，岁为无穷之利”[④]，以及广惠院之类的田产，从这类旨在和缓社会矛盾的所谓的“慈善”事业的兴建，更可以了解以范仲淹为首的封建士大夫之建立义庄，在儒家“尊尊、亲亲”思想支配下的实质所在。

除封建大土地所有制外，还有中下层地主的封建土地所有制。

在北宋初年以来的乡村户等中，与一等户并列的还有第二等、第三等户，谓之上三等户或上户。韩琦在反对青苗法的奏章中指出：“乡村上三等户并坊郭有物业人户，乃是从来兼并之家也。”[⑤] 王安石则对这种说法加以反驳，称：

---

① 《秦汉农民战争史》第 134 ~ 136 页。

② 吕皓：《云溪稿》《关书序》。

③ 周必大：《周益国文忠公文集》卷六七《汪大猷神道碑》。

④ 《周益国文忠公文集》卷七八，《沈焕墓碣》。

⑤ 《安阳集》《韩琦家传》卷八；《宋会要辑稿·食货》四之一九。

"乡村上三等、城郭有物业户，亦有阙乏之时，从人举债，岂皆为兼并之家?"[①] 在一等户中，物力财产的差距就是很大的，而与二、三等户比较起来，差距则显得更大，韩琦把二三等户与一等户并列为兼并之家，与实际颇难契合。熙宁变法期间，对第二、第三等户也作了调整，这两个户等谓之中户，"又分为上中下三等"[②]。第二等户或中等户中的上等，与第一等户中的戊等，组成为中等地主阶级。

中等地主阶级占有的土地，大约如叶适上面的统计，为150~400亩之间。《嘉靖安溪志》和《嘉靖惠安志》都记载了，产钱自2贯200文至38贯889文为第二等户，占有的土地在220亩至400亩之间。北宋的石介和南宋的陈亮就是这类典型的中等地主。石介家居"东附徂徕，西倚汶，有故田三百亩"，"衣食夫五十之口"[③]。陈龙川在给朱元晦的信中提到他在永康家乡中的田产时说："两池之东，有田二百亩，皆先祖先人之旧业"，"田之上有小坡，为园二十亩"，"东北又有园二十亩，种蔬植桃、李而已"[④]；"岁食米二百石"[⑤]。陈龙川约有田200亩、园40亩，这些土地折合北方300亩以上、400亩以下，因而把有田150亩到三四百亩的列属于中等地主是相宜的。

第三等户中的一部分，亦即熙宁时期中等户中的中等，当属于小地主，有田约百亩以上至百五十亩之间。但是，在这个户等当中还有为数不少的富裕农民，同小地主之间的阶级界限的划分是比较麻烦的[⑥]。为了划清这个界限，先看看富裕农民占有土地的情况。按产满千钱的属于第三等户，千钱产钱占有的土地，据真德秀所说的福建路情况是："夫产满千钱，大约田几百亩，养生送死之费，县官征税之输，皆取具焉。"[⑦] 列于第三等户占有的土地将近百亩。张守在南宋初年提到淮南一般民户的情况时说："今之家业及千钱者，仅有百

---

① 《宋会要辑稿·食货》四之二三至二五所载以条例司名义发布的文件，出自王安石手笔。

② 陈傅良：《止斋先生文集》卷二一《转对论役法札子》。

③ 石介：《徂徕集》卷上《上王状元书》。

④ 陈亮：《龙川文集》卷二〇《与朱元晦秘书》。

⑤ 《龙川文集》卷一九，《与章德茂侍郎》（第二书）。

⑥ 如《谈谈宋代的乡村中户》一文的作者朱家源同志就有这一看法；下面在叙述这个问题时，参考了该文的一些意见。

⑦ 真德秀：《真文忠公文集》卷二，《癸酉五月二十二日直前奏事》二。

亩之田，税役之外，十口之家，未必糊口”①。这类有“百亩之田”而“未必糊口”的民户当然也属于三等户。第四等户占田之多者可达六七十亩，因而占田在六七十亩之上至百亩的当属于第三等户，即相当于第三等户中的下等。就生产能力而论，北方陆田百亩，如果茬口换得较好，牛犁工具齐备，拥有劳力较多的六七口之家，并在农忙季节雇工协助，还有可能耕作得了；而南方水田百亩，即使工具齐全，也为一个六七口的家庭耕作不了的，而必须出租一部分，而出租部分的大小，要看这个家庭的生产能力而定。如此看来，百亩以下者尚需雇工或者出租，那么，占有百亩至百五十亩土地的，肯定要出租大部分、甚至全部出租出去。因而朱熹所提出的，“中产仅能自足而未能尽赡其佃客、地客计几家”云云②，反映了在第三等户中依靠佃客、地客租种耕作其土地，而这类第三等户，即中等户中的中等，占田当在百亩至百五十亩之间，因而将这类第三等户划为小地主阶级（或阶层）是相宜的。

宋代地主阶级到底占有了多少土地呢？前章宋代人口的阶级构成曾经估计，宋代地主阶级（包括向封建主转化的大商人和高利贷者）约占总户口的百分之六七。其中由品官、形势（第一等户以及高强户、无比户）和大商人等组成的大地主阶级，占田最多。早在宋仁宗即位之初，土地兼并已经发展到：“天下田畴，半为形势所占。”③ 到南宋绍兴初年，臣僚们指出，“今郡县之间，官户田居其半”④，都说明品官形势之家兼并土地的情况。这个阶层的经济力量是极其雄厚的。据秦观的估计，“一邑之财十五六入于私家”⑤；而马端临则从田赋缴纳的情况估计，大地主隐瞒的土地为十之六七⑥，这就是说，一半以上的社会财富和百分之六七十的土地集中到这个大地主阶层中。

还可以根据前述叶适关于温州近城1953户占田的情况作一估计。在1953户中，属于一等户的大地主49户，占田400亩以上，共占田37848亩；属于

① 张守：《毗陵集》卷二，《论淮西科率札子》。
② 朱熹：《朱文公别集》卷九，《取会管下都分富家阙食之家》。
③ 《宋会要辑稿·食货》一之二〇。
④ 《皇宋中兴两朝圣政》卷一一，绍兴二年春正月丁巳载方孟卿奏言。
⑤ 秦观：《淮海集》卷八，《财用》上。
⑥ 《通考·田赋考》四。

第二等户的中等地主268户，占田150~400亩，共占田59366亩；属于第三四等户共1536户，占田30~150亩，共占田98900亩。假定在1536户中第三等户为600户，其中属于小地主和富裕农民各300户，占田100~150亩，户均为130亩，则300户小地主共占田为39000亩。而三等中占田百亩以下的富裕农民以及第四等户即自耕农民共1236户，占田为59990亩。从上面占田情况看，第一等户不仅户少而且占田也远不如中等户（即第二等户及第三等户中的小地主）为多。这大概是南宋初年以来“上户折（当作析）中户”造成的一个结果。这是其一。在这四个户等中，第一、二、三等户占田137214亩，自然占绝对优势。可惜没有第五等户占田的材料，无法说明温州地主阶级和农民阶级占田的比数。我们知道，南宋第五等户比北宋第五等户占田要少得多，它可能与第四等户占田相仿佛，即占田为59990亩。若然，温州近城30里总田数为256144，地主阶级占田为137214亩，占总数的53%，依然超过一半以上。如果第五等户比第四等户占田要多，最多不过一倍，当为119980亩。如果是这样，温州近城30里总田数为316184亩，这样地主阶级占田为总数的43%，而这一比数在计算上是偏低的。即使是前一比数，即53%，也反映了南宋地主阶级隐田漏税的严重。但不论怎样讲，它仍然反映了在土地占有中，地主阶级依然占有优势。此其二。温州近海多山，在两浙它远不及太湖流域一带州县，土地兼并不是最严重的地区。但从这里又可以对地主阶级占有的土地作出一种估计，因而还是值得我们注意的。叶适有关的记载，是值得注意的一项材料，虽则这项材料还不够完整。

在宋代地主土地所有制发展的过程中，封建主的大土地所有制在逐渐扩大中，因而从数量上看，南宋超过北宋。中下层地主亦即所谓的中户，由于赋役重压，经济力量逐渐削弱，尤其是小地主最为明显，因而南宋与北宋比较，北宋中下层地主的经济力量超过南宋。总括上述，宋代地主土地所有制的发展情况是：从北宋到南宋，封建大土地所有者大约从占总土地面积的三四十发展到50%，而中下层地主的土地占有大约为总面积的二三十之间，整个地主阶级占田约从50%发展到六七十。这大概是宋代封建主土地占有的基本情况。

第四节　寺院对土地的占有

在宋以前的历史上，寺院曾经几度盛衰。而在周世宗柴荣的打击下，宋初寺院有极其明显的衰落。后周显德二年（995），周世宗下令废除大批的寺院，迫令僧尼还俗，同时还对今后出家剃度作了严密的限制。在这一年，“诸道供到帐籍所存寺院凡二千六百九十四所，废寺院凡三万三百三十六，僧尼系籍者六万一千二百人”①。与此同时，后周还利用寺院的铜像铸造铜钱。宋初继续了后周的政策，“两京诸州僧尼六万七千四百三人”；至“平诸国后，籍数弥广，江浙福建尤多”②。宋真宗天禧五年（1021），全国僧道达478101人。针对这种情况，张方平曾经指出：“今释老之游者，略举天下计之，及其僮隶服役之人，为口岂啻五十万？中人之食，通其薪樵盐菜之用，月縻谷一斛，岁得谷六百万斛，人衣布帛二端，岁得一百万端。”③ 认为释老是社会的一个重负。宋祁则强调指出，“寺院帐幄谓之供养，田产谓之常住，不徭不役，坐蠹齐民”④，提出废罢寺院，是节省冗费的重要的办法。

当僧道寺观激增的第二年，即乾兴元年（1022），宋政府下令，“禁寺观不得市田”⑤，从而给寺观兼并土地以极大的限制。宋英宗治平三年（1066）又下诏，“一应无额寺院屋宇及三十间以上者，并赐寿圣为额；不及三十间者，并行拆毁”⑥，许多私人随意建立的一些小寺院被废除，这是对寺院的又一有力的打击。因而从宋神宗熙宁以来，僧道数量又大幅度地削减了。熙宁元年，全国僧道从宋仁宗庆历二年的416707人减至274172；到熙宁十年又减少了3万⑦。不过寺院的数量则较前增加，据载：“景德中（1005）天下二万五

---

① 薛居正：《旧五代史·周世宗纪》第二。

② 《宋会要辑稿·道释》一之一三。

③ 张方平：《乐全集》卷一五，《原蠹》中。

④ 此据《长编》卷一二五，宝元二年十一月癸卯纪事。

⑤ 《通考·田赋考》四，可参看《宋史》卷一七三《食货志》。

⑥ 《隆平集》卷一《寺观》。

⑦ 《宋会要辑稿·道释》一之一三至一四。

千寺，嘉祐间（1059）三万九千寺”①，“嘉祐治平间计三万八千九百余所”②；“熙宁末天下寺院宫观四万六百十三所，内在京九百一十三所”③。

北宋末年，情况又发生了变化。在宋徽宗集团腐朽统治下，土地兼并炽烈发展，形成第二个浪潮，寺观也趁机发展起来。“近世二浙、福建诸州寺院至千区”、“福州千八百区，秔稻桑麻，连亘阡陌”④。直到南宋，寺院道观一直不停地增加和扩大：“近年（指绍兴初年）僧徒猥多，寺院填溢，冗滥奸蠹，其势日甚”⑤；一个官员在回答宋高宗提问当今僧道之数时说：“道士止万人，僧有二十万人。”⑥ 局促于东南一隅之地的南宋，僧道数量与宋神宗时相去无几，就可知道从北宋末到南宋初寺院膨胀的景况了。

宋代寺院虽然没有魏晋隋唐时期那样声势煊赫、那样土地众多，但它依然占有很多的土地，在社会上占有重要的地位。宋代寺院是怎样占有大片土地的呢?

第一，皇室赏赐。宋真宗、宋徽宗都崇奉道教，曾对杭州洞霄宫都有赐田，“祥符中赐仁和田十有五顷，除其租，政和中易赐膏田千顷”⑦。继位的新皇帝总是要为死去的皇帝皇后“祈福”，一定要建立寺院和赐予庙产的。如宋仁宗天圣三年赐给杭州景德灵隐寺钱，购置庄产 15 顷⑧。宋神宗熙宁八年为宋英宗祈福，赐齐州兴德禅院淤田 30 顷⑨。这类赐田是屡见不鲜的，如南宋绍兴末年建成崇先贤孝禅院，“拨田三十余顷，岁可收米二千一百余斛，柴山桑茶等地二千八百亩有奇，可足烟爨之用”⑩。宋理宗绍定元年赐灵芝崇福寺“户绝田七百多亩”⑪，淳祐年间赐临安显慈集庆教寺田 18200 亩有奇，山

① 赵德麟：《侯鲭录》卷二。

② 苏颂：《苏魏公文集》卷一七，《奏乞今后不许特创寺院》。

③ 方勺：《泊宅编》卷一〇。

④ 张表臣：《珊瑚钩诗话》卷二。

⑤ 《宋会要辑稿·道释》一之三三。

⑥ 《宋会要辑稿·道释》一之三四。

⑦ 洪咨夔：《平斋文集》卷九，《洞霄宫赐田记》。

⑧ 夏竦《文庄集》卷二一记此事：“直百万、市田二十五亩以施之”。按钱百万为一百千，当时地价好地不过二千，市田二十五亩为数太少，可能有误。施谔：《淳祐临安志辑逸》卷二载：“赐钱置庄田一十五顷，永为常住”，大概是对的。

⑨ 《长编》卷二六七。

⑩ 曹勋：《松隐文集》卷三〇。

⑪ 郑清之《安晚堂集辑补》。

17090 亩有奇，缗钱 20 万缗[①]，这就不仅仅“足烟爨之用”了。

第二，私家布施。这类布施尤为广泛，从官僚武将到一般百姓都曾向寺院施舍田产财物，自然以那些官僚武将施舍为多。“专务聚敛，积财巨万”的石守信，“尤信奉释氏，在西京（即洛阳）建崇德寺，募民辇瓦木，驱迫甚急，而佣直不给，人多苦之。”[②] 用人民的无偿劳役建立寺院，为他自己祈福。另一个武将安守忠于 992 年将在永兴军万年县和泾阳县临泾的两所庄田四十七八顷，都舍给了广慈禅院[③]。至于“州县百姓，多舍施典卖田宅与寺观，假托官司姓名”[④]，看来在北宋一般百姓向寺院布施还多少有点限制，因而才多假托官司姓名。到南宋，这个限制似乎没有了，人们可以随意布施。如薛纯一曾将“山阴田一千一百亩，岁为米一千三百石有奇”，舍给绍兴府大能仁寺[⑤]。卫宗武的伯祖母家“前后拨舍田二百余亩”，给松江宣妙院[⑥]。淳熙年间，一个名叫陈泌的小官，舍给湖州道场山“钱逾百万，市田百亩”[⑦]。尤其是在绍熙元年，张镃不但将其临安府艮山门里的住宅舍为十方寺院，而且还把镇江府的本家庄田 6300 余亩舍为常住田[⑧]，在私家施舍当中算是最大的一宗。当然，对一般居民施舍的一二亩，三五亩，也不容忽视，这些土地汇集起来数量亦是极为可观的。

第三，除赏赐布施之外，同世俗的封建主一样，寺院也是通过种种卑污的手段兼并大量的土地的。

首先，它们往往依附于贵势，强占田地。宋真宗仁宗时，长沙海印“出入章献太后家”，“多识权贵人，数挠政违法，夺民园池，更数令莫敢治”[⑨]。宋徽宗崇宁年间，杭州“寺僧义闻假权要势占民产，官吏拱默不敢决”[⑩]；经

---

① 施谔：《淳祐临安志辑逸》卷二。
② 《宋史》卷二五〇，《石守信传》。
③ 陆耀遹：《金石续编》卷一三，《广济禅院庄地碑》。
④ 《长编》卷二六二，熙宁八年四月戊寅纪事。
⑤ 陆游：《渭南文集》卷一八，《能仁寺舍田记》。
⑥ 卫宗武：《秋声集》卷六，《修建宣妙院记》。
⑦ 表说友：《东塘集》卷一八，《陈氏舍田道场山记》。
⑧ 《宋会要辑稿·道释》二之一五。
⑨ 范镇：《东斋记事》卷三，《宋史》卷二九八，《陈希亮传》。
⑩ 刘一止：《苕溪集》卷五〇，《张旬墓志铭》。

常出入于蔡京之门的一个尼姑，“倚其势夺民地，民诉之仁和县，县庐陵杨公直之，尼诉于京，京讽守胡谕公，以地界尼，当酬以美官”①。在福建路邵武，僧人借“赐安穆皇后家坟田”之机，“夺取殿前选锋军所买丁禩田以自入”②。在衡州的一个浮屠，“弱一孤儿而夺之田”；这个浮屠是宗杲的弟子，“宗杲以才弁幸于公卿要人，孤儿每讼田于有司，有司皆观望宗杲之势，挠法以田畀浮屠屡矣”③。

其次，他们同世俗豪势一样，伪造田券，占夺田地。嘉定年间，嘉禾的一些学田多被隐占，“其最甚则六和塔冒据之田，初院僧诱鹖冠顾氏取其田四百六亩，虚立贱买约券”，“僧与胥为市，乘罅去籍，并已没田揜而有之，涉二十年”④，就是其较著名的一例。

再次，南宋以来，限制寺院买田的禁令越来越失去效用，寺院又挟其雄厚的货币力量，兼并大量土地。宋高宗绍兴元年（1131）诏书许可明州阿育王山广利禅寺“买田澹其徒，逾五十年……乃尽以所赐及大臣长者居士修供之物买田，入谷五千石”⑤。从“入谷”情况看，买田不下2000亩。宋宁宗时，临安净慈寺在可宣主持下，“自衰其囊合缗市田千亩”⑥，也是非常可观的。余如明州广福院除施舍之外，住持契和又以“衣钵资置五十亩”，“田之积为亩三百六十有九”⑦。天寿保国接待院也是明州甲刹之一，在大逵主持期间，用各种办法，“推而广之，为田三百七十亩有奇”⑧。即使不能公开购置庙产，有的和尚嘱托私人立户，以达到他们占有土地的目的。

同世俗的封建主一样，只要是地，寺院就竭力据为己有。宋仁宗时，登封县的少室山，“林木茂美，望之郁然”，“为佛寺据其地”，“民有伐薪为炭而为

---

① 杨万里：《诚斋集》卷一二二，《中奉大夫通判洪州杨公墓表》。
② 朱熹：《晦庵先生朱文公文集》卷九一，《黄中墓志铭》。
③ 《诚斋集》卷一二二，《罗元亨墓表》。
④ 钱抚：《复学田记》，载徐硕《至元嘉禾志》卷一六。
⑤ 陆游：《渭南文集》卷一九，《明州育王山买田记》。
⑥ 喻谦：《新续高僧传四集》卷四九，《南宋临安净慈寺沙门释可宣传》。
⑦ 陈著：《木堂先生文集》卷四八。
⑧ 《木堂先生文集》卷五二。

寺僧所殴”，寺僧伪造“碑识”，胡说什么“此地自唐以来，皆在寺籍”[①]，为其霸占山林寻找合法根据。南宋以来，湖田兴起，两浙寺院对湖田又进行霸占。湖州一带的淀山湖，“泽被三郡”，被豪右之家围占“为田者大半”；淳熙间“开掘山门溜五十余亩”，渐复原来的灌溉之利。“绍熙初，忽被中天竺寺挟巨援，指问使司吏辈并缘为奸”，“遽尔给佃”，“小人辈无所忌惮……公然围筑，稍孰何之者，辄持刃相向”[②]，淀山湖先之以武将王贵、继之以中天竺寺的围占，灌溉机能受到不小的影响。南宋许多湖面都是在包括寺僧在内的兼并势力围占下失去或缩小灌溉机能的。

通过赐田、布施，特别是寺院的乘机兼并，寺院兼并了大批的田产。“寺观占田无艺，富则千蹊百辙，规定徭役，故民产又耗。”[③] 江南西路寺院在全国并不算是最多最富有的，然而“雩城之南诸野寺，千金无为最雄盛，有房居僧几二百人，良田千余顷”[④]。广南东路韶州一带，如余靖所记：“曲江名山秀水，膏田沃野，率归于浮屠氏”[⑤]。随州的寺院也不是雄盛的，而“大洪山奇峰寺聚僧数百人”、“有积谷六七万石”[⑥]。不但有积谷，而且还拥有大批的货币。例如玉山县的一个豪僧曾为县令章得象还上八百千的“京债”[⑦]。夏县的一个僧人寓存于刘永一家“数万钱”[⑧]；邢州僧慈演蓄钱尤多，寓存于宿州高赀户董中正家者达千余万[⑨]。僧人们虽然拥有大量铜钱，依然不能满足，又“辄作库，质钱最利，谓之长生钱”[⑩]，以填充其欲壑。对这种在世俗人们视之“至为鄙恶”的行径，而僧人们即使是其中的名僧大德如宝觉圆迟大师晓真者，反倒认为放债是天经地义，恬不知耻地说可以用这类的钱修葺

① 苏颂：《苏魏公文集》卷六〇，《太常少卿李规墓志铭》。
② 卫泾：《后乐集》卷一五，《郑提举札》。
③ 周必大：《周益国文忠公集》卷四〇，《新复报恩善生院计》。
④ 《思董》卷三。
⑤ 余靖：《武溪集》卷一二，《韶州乐昌县宝林禅院记》。
⑥ 欧阳修：《欧阳文忠公文集》卷二七，《欧阳晔墓志铭》。
⑦ 魏泰：《东轩笔录》卷一五。
⑧ 《宋史》卷四五九，《刘永一传》。
⑨ 张师正：《括异志》卷一〇。
⑩ 陆游：《老学庵笔记》卷六。

佛寺[1]！

从全国范围看，寺院的分布、僧徒的多少，及其经济力量的大小，各地大不相同。在宋人看来，“寺观所在不同，湖南不如江西，江西不如两浙，两浙不如闽中”[2]。以福建路情况来看，单在福州，以庆历年间为最多，达1625所，至淳熙年间仍有1504所。由于寺院多，僧人也就多。谢泌《长乐集总序》有诗提及：“潮田种稻重收谷，山路逢人半是僧；城里三山千簇寺，夜间双塔万枝灯。”[3]颇能反映这一实况。由于“颓风弊俗，浸入骨髓，富民翁妪，倾施赀产”[4]，寺院建立的固然很多，而出家为僧也成为风气。到淳熙年间，福州僧人虽比旧来大为减少，载于当地户籍的仍然达14615人，占当地总人口593792的2.4%。就是这个仅占2.4%的人口，福州一带的“膏腴之地，尽为所有，岁之所入有至数万斛”[5]。据《淳熙三山志》所载宋孝宗淳熙年间土地占有的情况是，福州田亩总为4263318亩，僧道占732446亩，占总数的17.2%；园林山地池塘陂堰6258857亩，僧道占1580059亩，占总数的25%。大体看来，“是民七人共百亩，而僧以二人食之”，即僧一人所占田地为一般民户的3.5倍[6]。漳州一带寺观占有土地的情况，比福州还要严重：“举一州之地而七分之，民户居其一，而僧户居其六”[7]。在全国各州中，也是最为严重的。两浙路寺院虽不如福建路兴盛，但所占田地也为数不少。以台州而论，台州民田计2628283亩，地948222亩、山1753538，台州的主客户为266014，平均每户田不足10亩，地不足4亩、山不足7亩。而台州寺院371座、僧道2376人，占田135499亩，为总额5%；占地36016亩，为总额的4%；占山131274亩，为总额的7%；平均每个僧道占田57亩、地15亩、

① 胡铨：《胡澹庵先生文集》卷一七，《新州龙山少林阁记》。

② 吴潜：《许国公奏议》卷二，《奏论计亩官会一贯有九害》。

③ 此诗载《舆地纪胜》；《淳熙三山志》卷三三《寺观类·僧寺》亦引用两句。据此，该诗系谢泌所作无疑。徐经孙《徐文惠公存稿》卷四亦收入此诗，题为《福州即景》，当系误收，并附志于此。

④ 梁克家：《淳熙三山志》卷三三，《寺观类·僧寺》。

⑤ 高登：《东溪集》卷上《蠹国》。

⑥ 据《淳熙三山志》卷一〇《版籍类》中户口、僧道、垦田等数字统计而成。

⑦ 陈淳：《北溪先生全集》第四门，卷二三，《拟上赵寺丞改学移贡院》。

山55亩，较福州僧道还要多些”[①]。从以上几个例证，可以看到，在寺院林立的地方，所占有的土地，其平均数较一般平民户的平均数是高得甚多的。这是第一。

其次，在对土地的占有中，寺院之间也存在区别。陈淳对漳州地区寺院和民户收谷情况有如下的叙述：

> “于一分民户之中，上等富户岁谷以千斛计者绝少，其次数百斛者亦不多见，类皆三五十斛”，“以六分僧户言之，上寺岁入以数万斛，其次亦余万斛或千斛，其下亦六七百斛或三五百斛虽穷村至小之院，亦登百斛，视民户极为富衍”；“所与坐食之众，上寺不过二百人，其次不及百人或数十人，其下仅五六人，或者孤僧而已”；“岁费类皆不能十之一……”[②]

根据土地占有情况，把寺院区分为大中小三个类别，是相宜的。从宝庆年间（1225～1227）庆元府（宁波）及其属县寺院占有土地的状况，更能够说明这种区别。今据《宝庆四明志》所载，列为下表[③]：

所占田亩数量类别（亩）	寺观数（座）及其所占百分数（%）		寺观所占田亩数量（亩）及其所占百分数（%）	
400以上	39	14.2	36534	55.60
150～400	74	27	19920	30.31
80～150	69	25.2	6409	9.75
40～80	36	13.2	2099	3.20
40以下	31	11.3	750	1.14
无田	25	9.1	—	—
总计	274	100	65712	100

① 陈耆卿：《嘉定赤城志》卷一三，《版籍门》一。
② 陈淳：《北溪先生全集》第四门，卷二三，《拟上赵寺丞改学移贡院》。
③ 罗浚：《宝庆四明志》卷十一、十三、十五、十七、十九、二〇、二一卷制成。

现在再将嘉定年间（1208～1224）台州寺院道观占田的情况制为下表①：

所占田亩数量类别（亩）	寺观数（座）及其所占百分数（%）		寺观所占田亩数量（亩）及其所占百分数（%）	
千亩以上者	27	7.16	53007	39.13
400～1000	56	14.85	35731	26.38
150～400	134	35.55	34356	25.37
80～150	72	19.09	8289	6.12
40～80	44	11.67	3426	2.53
40亩以下者	39	10.35	640	0.47
无田	5	1.33	—	—
总计	377	100	135449	100

以上两表须加说明的是：第一，不论是庆元府的寺院，还是台州的寺院，除田亩以外，都有地、山两项。如果把这两项也统计进去，寺院之间占有土地的差距还要大些，但就田亩一项已经说明了问题，另外两项便从略了。第二，只按田亩进行分类，有它的缺陷，即：有的寺院占田虽多，但由于僧道众多，平均占有的土地未必赶上一个寺院虽小但只有孤僧所占有的数量，还不能更加完整地反映寺院占田的差别。由于缺乏各个寺院僧众的材料，就只有按这种办法进行区分了。第三，对寺院土地占有的划分，大致按照对乡村诸等级占有土地划分办法，即：占田400亩以上的寺院相当于大地主阶层，占田150亩到400亩的寺院相当于中等地主，占田80亩到150亩的寺院相当于小地主和富裕农民阶层；占田80亩以下的寺院相当于自耕、半自耕农。这样划分当然有许多不足之处，但不论怎样说，它比较清楚地区分了寺院占有土地之间的重大差别。同时，还要着重说明的是，这一区分只能表明寺院对土地的占有同乡村诸等级对土地占有的类似或者某些接近，但这两者并不是等同。这是因为，即使是无地少地的寺院，并不像客户和自耕农那样全靠自己的双手过活，而是通过化缘式的乞食、宗教迷信活动以取得衣食之资，从而表现了它所固有的不劳而

① 陈耆卿：《嘉定赤城志》卷一四，《版籍门二·寺观》。

食的寄生性。至于中上寺院的寄生性就毋庸多说了。

从以上两表可以清楚地看到，中上寺院与小寺院的经济力量是极其悬殊的。小寺院无地少地，即使有上七八十亩，经济生活也不显得宽裕。释德洪在一首诗中提到这类小寺院的情况是："寺已余十僧，田不登百数。何以常乏食？强半了租赋。今春失布种，正坐无牛具。……邻家饭早占，我方质袍袴。此生为口腹，梦幻相煎煮。"[①] 这首诗不但反映了小寺院的生活状况，而且还反映了它在生产中的某些状况，从而表明这类寺院的僧众有其参加劳动生产的一面。不仅僧众，有些师姑女尼，如浙东、江西许多寺尼，也是从事生产劳动的，所织成的丝织品，是当时的名牌产品，为丝织业的发展作出了自己的贡献。由此可见，把小寺院同中上寺院区分开来，是极其重要的。

从以上两表还可清楚地看到，土地集中于上等大寺院中。以庆元府情况论，占田400亩以上的大寺院，占当地寺院总数的10.5%，而所占田亩占当地寺院总数的55.6%，加上中等寺院则达89%。台州的情况尤为突出，单是占田千亩以上的寺院即达27座，占田总数为53700亩，为当地寺院占田总额的39%；加上五六座占田400亩以上寺院所占土地，达88000多亩，占总数65%以上。占田千亩以上的寺院，不限于台州、庆元府等，在其他各地也都有这类寺院，如《咸淳临安志》记载临安750座寺院，其中如崇恩演福禅寺占田15000亩，显庆寺、护国仁王禅寺各3000亩；占有千亩田地的寺院也不下数十座。由于大寺院占田多，不仅寺院中的不少僧人耕作田地，而寺院以外的无地少地农民也耕作寺院的土地。如坐落在台州丛山中的寺院，"其居人皆寺之隶也"，著名的白莲寺占田达两三千亩[②]，把延袤30里的白莲庄土地占有了大半[③]。附近农民多耕作这个寺院的土地。在王安石变法以前，寺院是百役所不及的，王安石变法才让寺院出钱助役。宋高宗绍兴15年又规定了僧道的免丁钱为："禅僧道士各二千，其住持长老法师紫衣知事皆递增之，至十五千，凡

---

① 释德洪：《石门文字禅》卷五，《七月十三日示阿慈》。

② 《嘉定赤城志》《版籍门·寺观类》有关白莲寺土地的占有，刊刻不清，大约为二千数百亩，地、山不在其内。

③ 舒岳祥：《阆风集》卷一二，《跋刘正仲作潘君石林记》；又卷一一，《重建台州东掖山白莲寺记》。

九等。”① 对大寺院来说，这点负担算不了什么。陈淳曾经指出：“〔寺院〕岁费类皆不能十之一，所谓九分者，直不过恣为主僧花酒不肖之费！”②

寺院，尤其是中上寺院，是土地兼并中又一重要势力。由于寺院不断扩大对土地的占有，给农民增加了更多的困难，在地少人多的地区如两浙路尤为困难。如庆元府昌国县，靠海多山，“其地瘠卤，不宜于耕，故民多困。民无常产，而又寺宇居十之一，以民之贫，分利之一以归释氏，则愈贫也。”③ 这是寺院占有土地的一个影响。其次，在考察寺院经济时，当然要看到寺院僧尼有其寄生性的一面，但还要看到众多的僧尼从事各项生产活动和各种杂活，他们在寺院中又居于被剥削被压迫的地位；而只有寺院的上层，诸如住持长老、三纲、都维那之类，才控制了全寺的经济命脉，能够为所欲为。就占田情况看，大寺院可以归属到大地主阶层中，但真正具有大地主思想意识和过着大地主的奢靡生活的，只有为数不多的寺院上层，这是必须注意的。

在两宋300年中，寺院占有多少土地呢？就福建路来看，福州寺院占田，如上所述，为70多万亩，占当地垦田的17%；漳州最多，占当地垦田的七分之六。依此而论，福建路寺院占田约为该路垦田30%～40%，约为三五万顷之间。两浙路寺院占田少于福建路，从庆元府台州寺院占田估计，当不少于两万顷。加上其他各路，北宋寺院占田约在15万顷上下，南宋当在十一二万顷左右，占全国垦田（北宋时）的2.15%左右。

在我国封建时代，为什么寺院虽经打击而不见衰亡呢？除了它得以存在的社会根源而外，就经济因素来说，在宋代有两点值得注意。一是由于宋封建国家赋役的沉重，迫使许多农民携带田产向寺院投靠，从而造成寺院经济的膨胀。如宋仁宗时的赵州，“避役者或窜名浮图籍，号为出家，赵州至千余人。州以为言，遂诏出家者须落发为僧，乃可免役。”虽然有这道诏令，但是在此后照样有不落发而出家为僧的，照样有携产投靠于寺院的。

第二个因素是由宋政府的度牒政策促成的。从北宋初到宋神宗年间，宋对

① 《系年要录》卷一五三。
② 陈淳：《北溪先生全集》第四门卷二三，《拟上赵寺丞改学移贡院》。
③ 王存：《普慈禅院新丰庄开请涂田记》，载张津《乾道四明图经》卷一〇。

僧人的剃度是比较严格的。大兵出身，或者当过“强盗”，脸面上不大平正，身上有过刀枪伤痕，一概不许落发。只有所谓的“善良者”、还能念规定了的一定数量的经文，才能够“剃度”。同时，还严禁私自剃度，“私剃者勒还俗，本师主徒二年，三纲知事僧尼杖八十，并勒还俗”①。而“度牒”就是由祠部印成、准许落发为僧的合法证明书。这种证明书是由绫纸制成，价格相当高昂。宋神宗时一道度牒为 130 贯，夔州路则高达 190 贯。不言而喻，一般自耕农民，即使是列于第三等中的富裕农民想落发为僧也是不大容易的。而且国家许可自幼出家谓之“童行”的，要得到正式的度牒也不大容易；元丰二年诏书规定，“在京宫观寺院童行年四十、长发童行年三十以上、三帐及十年者，度为僧尼、道士”②。熙宁年间僧道数量之下降，与这一政策的严格执行有着密切的关系。

宋徽宗蔡京集团从各个方面扩大剥削，以填充其无底欲壑，度牒也成为其扩大剥削的一种手段，宋的度牒政策随之发生了重大变化。变化之一是度牒价格大幅度地提高，从以前的 130 贯一道提到 220 贯一道，增长了 170%；二是度牒数量也大幅度地增加，从熙宁时的每年 9 千道增至 3 万道，即增加 330%③。南宋继续了这一政策，而且更加恶化：“绍兴中，军旅之兴，急于用度，度牒之出无节……时有‘无路不逢僧’之语。”④ 当时度牒一道一度增至 512 贯。宋孝宗“淳熙初增至三百千，又增至五百千，又增到七百千，后又著为停塌之令，许客人增百千兴贩，又增作八百千”⑤；而度牒制成之后，均分给诸道，乾道年间“自放行度牒，卖过一十二万道”⑥，度牒滥发达到多么严重的程度了。由于度牒滥发，一是同茶钞、盐钞和交子一样，大幅度地贬值，“民间止直九十已上缗”⑦，有的地方顿减为 20 余贯；二是在有的地区，把度牒作为有利可图的生意，“往往珍藏，以邀厚利，增而不已，必有倍之”，“今

① 《宋会要辑稿·道释》一之二二。
② 《宋会要辑稿·道释》一之二九。
③ 《宋会要辑稿·职官》一三之二三。
④ 赵彦卫：《云麓漫钞》卷四。
⑤ 王栐：《燕翼诒谋录》卷五。
⑥ 《宋会要辑稿·职官》一三之三五至三六。
⑦ 《宋会要辑稿·职官》一三之二五。

度牒卖八百贯，人兢卖之。”[①] 在大起大落、大开大阖之中，商人们又乘机捞上一把。由于有利可图，也出现了伪造的度牒。结果，僧道数量激增，从而如前所说，南宋初年与熙宁年间相去无几，而寺院的经济力量也因而不衰。

但是，在这里又提出来了一个问题，即人们为什么肯花这样的高价去买度牒呢？对此，赵瓯北曾经有过评论，他说："宋时凡赈荒兴役，动请数十百道济用，其价值钞一二百贯至三百贯不等，不知缁流何所利而买之。及观李德裕传而知唐以来度牒之足重也。……据此则一得度牒即可免丁钱、庇家产，因而影射包揽，可知此民所以趋之若鹜也。”[②] 宋代人们之所以出重价购买度牒，福建路一带"富民翁妪"之所以"倾施资产"以立寺院，成为僧道最多的地方，正因为他们看出剃度为僧是用来维护自己产业的一种办法。而两浙路的豪右则以其弟侄"畀于寺院"，采用欲取姑与、钻入心脏的手法，花钱度为僧，"以并其所有"[③]，利用宋政府度牒政策，以售其兼并之计，也就十分清楚的了。

---

① 赵彦卫：《云麓漫钞》卷四。

② 赵翼：《廿二史札记》卷一九，《度牒》。

③ 许景衡：《横塘集》卷一九《陈府君墓志铭》。

第七章　宋代土地所有制形式（中）：封建国家土地所有制状况

第一节　北宋各种形式的国有地　宋徽宗时期公开掠夺土地的西城所

前章提到，均田制破坏之后，土地所有制发生了不小的变化，一个重要方面是土地私有制特别是封建主土地所有制得到广泛的发展，而另一个重要方面则是多种形式的封建国家土地所有制日趋衰落。国有地为什么日趋衰落呢？刘禹锡在《代论废楚州营田》中透露了一点消息。他指出："本置营田，是求足食。今则徒有縻费，鲜逢顺成，刈获所收，无裨于国用；种粮每阙，常假于供司。"① 很显然，从经济效益看，封建国家不但得不到营田的好处，反倒成为一累赘。另一方面，营田的经营，多征调民力，如杜甫的《兵车行》中所说："或从十五北防河，便至四十西营田"；连一些富室也在征调之列，从而成为人们极所厌恶的一项劳役。或者如元稹在《同州奏均田》中所说的，"亦是抑配百姓租佃"。上述这两个因素便决定了包括营田在内的国有地的命运。因此，刘禹锡认为，"较其利害，〔营田〕宜废已久"，同时提出，将这类的土地，"取彼田蓄，授彼黎庶，仍裨薄租，诚为至当"，采取租佃的形式，并以薄租租给农民。包括营田在内的各种形式的国有地，如历史所证明的，便是沿着这一条道路发展的。

到晚唐，营田实际上已是名存实亡。五代后唐明宗长兴二年（931）九月

① 《刘梦得文集》卷一六。

诏："天下营田务只许耕无主荒田，各召浮客，不得留占属县编户。"[①] 这就是说，营田只许可召浮客实行租佃制，而不许可占属县编户齐氓实施强制性的徭役制。这个重要变化，在《五代会要》中也有所反映，其情况与上述材料是一致的。由此可见，在一些国有地上，租佃制代替了徭役制，从而使国有土地关系向前迈进了一大步。后周广顺三年（953）营田又发生了一个重大变化。这年正月，素知营田积弊的周太祖郭威，在臣僚们的建议下，将"诸道州府系属户部营田及租税课利"，"并割属州县"，仍按旧额征收租税课利；管理营田的"属员节级一切停废"；"应有客户元佃系省庄田、桑土、舍宇（《资治通鉴》作'田庐、牛、农器'）便赐逐户，充为永业，仍仰县司给与凭由"；梁太祖时自淮南掠夺来的耕牛配于民户而收的"牛租"，已经"六十余载，时移代改，牛租犹在，百姓苦之"，也为之"除放"[②]。约值三十万缗、数以万计的"系官田庄"，成为佃户们的"永业"之后，"比户欣然，于是葺屋植树，敢致功力"（《资治通鉴》作"获地利数倍"）。牛租在有的地方还残存于北宋初年，但营田转化成为农民的个体小所有制，这个转化对生产是有利的，无怪乎《资治通鉴》说"获地利数倍"。

包括营田在内的各种形式的国有地，或者转化为私有地，或者采用封建租佃制，这就是唐中叶以来国有土地所有制关系变化的趋势。宋代继续了这个发展趋势，凡是自唐中叶保留到宋朝的各类国有地都表现了这一趋势，如：

一、四川营田

南宋孝宗乾道九年（1173），四川提举常平司出卖诸州户绝没官田产屋宇，但对于前代遗存下来的营田，则"权行住卖，仍旧令人请佃"：

> 先是资州言：属县有营田，自隋唐以来人户请佃为业，虽名营田，与民间二税田产一同，不应出卖，故有是命。[③]

号称"隋唐"时代的营田，在长时期的人户请佃之下，到两宋已经转化成为

---

① 薛居正：《旧五代史》卷四二，《明宗纪八》。

② 《旧五代史》卷一一二《周太祖纪三》，并参阅《资治通鉴》卷二九一，后周广顺三年正月纪事。

③ 《宋会要辑稿·食货》五之三五。

“与民间二税田产一同”的私有地了。所谓的省庄田，如李心传所记述的，可能就是这一类的营田：

> 省庄田者，今蜀中有之，号官田，自二税外仍科租。应大小麦、豆、糙白米谷、桑麻、荞芋之数，十有八种，无不必取之。既高估其值，又每别输称提钱，民甚苦。然其实皆民间世业，每贸易，官仍收其算钱，但世相沿袭，谓之官田，不知所始也。①

利州官庄大概也属于这类田地。这类官田之转化为私有地，仍然纳租、纳算，正反映了它转化的痕迹，还没有完全成为私有地，因而土地私有权或所有权是不完整的。

二、福建官庄

福建八州，都有官庄，是王审知据闽时建立的。在福州的官庄，共104座，田1375顷84亩，佃户22300人，于太平兴国五年（980）授券与民耕种②。由于其他各州官庄纳的是租课，而福州官庄纳的是税课，福建路转运使方仲荀以为不“均”，于天禧四年（1020）提出售卖。朝廷派官检视，决定增租米65000硕，而不出卖③。可是转任淮南制置发运使的方仲荀又提出售卖。翌年即天圣四年，遂估价35万贯，让“佃户全业收买，割过户籍；若佃户不买，即将元卸肥田一处出卖”；“三年送纳……候纳钱足给户帖”，作为永业④。最后，又豁免了12.8万贯，才全部售出。

三、江西两浙屯田

江南西路吉州、抚州均有屯田，此类屯田之在什么时候建立起来，已无法考知。据宋徽宗政和元年（1111）知吉州徐常的奏疏中曾经指出：“诸路唯有江西有屯田非边地，其所立租比税苗特重，所以祖宗时许民间用为永业。如有移变，虽名立价交佃，其实便如典买己物。……又其交佃岁久，甲乙相传，皆

---

① 《朝野杂记》卷一六，《省庄田》。
② 《宋会要辑稿·食货》一之三三；《长编》卷一〇六，天圣六年冬十月甲申纪事。
③ 《宋会要辑稿·食货》一之一九。
④ 《宋会要辑稿·食货》一之二三。

随价得佃。”[1] 屯田的土地所有权仍归国家，土地的佃种权在佃户中以“移变”买卖，在第五章中曾根据这段材料说明封建租佃制关系的发展，不多赘述。

这种情况，延续至南宋依然未变。杨万里有关记载说：“江西之屯田，大抵其田多沃而荒，其耕者常困其利，则官与私皆不获。夫田之沃者耕之招也而何至于荒，利不皈于上则皈于下，而官与私何至于两不获？租重故！一年而贫，二年而困，三年而逃。不逃，则囚于官，不瘦（瘐）死、不破家则不止；前之耕者去矣，后之耕者复如是焉；”[2] 针对这一情况，杨万里提出来把屯田、营田和没官田，“举而一之为世业，以援民之无田”者。事实上，在乾道、淳熙年间，吉州吉水县的屯田曾经出卖：“屯田之为吉水病，三四百年于此矣。十余年来病之中又滋病焉！盖自唐末五代以还，吉水之屯田在一郡为加多，而其租为已重。乾道淳熙间郡白于朝，请官鬻之而更为税亩，于是租之为斛者二千一百三十四有奇。屯田之重租则去矣，而上供之常数自若矣。”[3] 由于吉水屯田租重，租佃者承担不了，以至屯田荒废，遂迫使政府出卖屯田，这是国有地向私有地转化的另一个因素。

在抚州的屯田，据陆九渊的记载，与吉州则有不同。前章也曾引这段记载说明租佃制的发展，这里则侧重屯田的具体情况。抚州屯田，“其租课比之税田虽为加重，然佃之者皆是良农，老幼男女皆能力作，又谙晓耕种培灌之利便，终岁竭力其间，所收往往多于税田”，说明这里屯田生产情况较好。“又此等官田，皆有庄名，如某（象山自称）所居之里则有所谓大岭庄，有所谓精安庄”；“故老相传，以为元祐间宣仁垂帘之日，捐汤沐入以补大农，而俾以在官之田，区分为庄”；“此邑之民，耕屯田者，当不下三千人，以中农夫食七人为率，则三七二十一当二万一千人。”[4] 估计抚州屯田不下1500顷。由于这里生产情况较好，佃户可以世代租佃，或可以通过“资陪”，把佃种权转让，使租佃制得到了发展。而两浙屯田，则“多赋予民输租，第存其名”，实际上也在向私有土地方面转化了。

---

① 《通考·田赋考七》。
② 杨万里：《诚斋集》卷八九《民政下》。
③ 《诚斋集》卷七四，《吉水县除田租记》。
④ 陆九渊：《象山先生全集》卷八，《与苏宰第二书》。

以上几种形式的国有地，都是从前代遗存下来的，但在宋代也通过不同途径向私有土地方面转化了。

其次，国有地虽然日益衰落，但它毕竟是一种古老的土地形态，对当权者集团有着强烈的影响，因而尽管其获利不多，往往照样建立起来。北宋一代建立的国有地有屯田、营田、弓箭手田、官田、马监牧地、职田和学田等项，其中职田、学田不仅贯穿于两宋，而且与屯田等有所不同，另加叙述，下面分别叙述屯田等的情况。

屯田　宋代屯田最先自河北缘边州县建立起来。在水利一章中，曾经提到，自保州以东至于泥姑，大小水淀几乎连成一片。为加强边防，知雄州何承矩于淳化四年（993）提出，“欲因水利大兴屯田以便民”①，在顺安寨首先实行，发诸州戍兵18000人“以给其役”，在雄、莫、霸州，平戎、破虏、顺安军，“兴堰六百里，置斗门，引淀水灌溉”②。在黄懋主管下，如前面提到的，将南方早熟水稻引到北方，取得了成功。

屯田自河北发展到陕西。咸平四年（1001），陕西转运使刘综建议：镇戎军一带，“川原广衍，地土饶沃”，“置屯田务，且取田五百顷，差下军二千人，置牛八百头，立屯耕种；于军城近北至本峡口及军城前后各置一堡寨，约地土分种田，兵士将牛具就寨居泊，更充镇戎”③，从而把戍边与耕种结合起来。此外夔州路的施、黔等州，宋神宗时的沅州也各置屯田，前者收粟万余石。

到宋真宗景德年间，河北屯田向内地发展，不仅定州有了屯田，相州牧马草地也置牛具、令兵士耕作，置屯田庄。同时，兴置屯田务的各州，由各州知州兼领其事，以表重视。在各州屯田中，保州屯田算是最好的。卢鉴主持的三年中，保州屯田从原来的水陆80顷，“开展至百余顷，岁收粳糯稻万八千至两万石”；“本务见管兵士三百七十余人，以河北沿边顺安乾宁等州军屯田务，比保州十分之中止及二三分”④。到天禧末年，诸州屯田总计4200余顷，而河

① 《宋会要辑稿·食货》四之一。
② 《通考·田赋考七·水利》。
③ 《宋会要辑稿·食货》四之一。
④ 《宋会要辑稿·食货》四之二。

北屯田367顷，得谷35468石，“而保州最多，逾其半焉。”[①]

宋代建立的屯田，平均亩产量不过1石，因而，从经济收益看，意义是不大的；所谓“虽有其实，而岁入无几，利在蓄水，以限戎马而已”，军事的意义超过了经济的意义。唯其如此，屯田司即是“每岁以丰熟所入”，也是“不偿所费”的。这样，屯田就同前代国有地一样，也必然会衰落下来。因之宋神宗熙宁四年（1071）下诏：“河北缘边屯田务水陆田，并令民租佃，本务兵士令逐州军收充厢军，监官悉减罢”[②]，河北屯田从国家直接经营转而为封建租佃经营方式了。

营田　营田始于宋太宗端拱初年，准备将所谓“河朔之间，富有膏腴之地”，募民耕垦[③]。其所以如此，是在对契丹的战争，如雍熙三年于岐沟关、君子馆战役屡败之后，河朔之间农桑失业者甚多，宋廷为积粟实边，因而采取了这一措施。至宋太宗晚年，也是在何承矩推动之下，在定州、保州建立了营田，后来又改为屯田。河北又是宋代建立营田的地方。

继此之后，京西转运使耿望于咸平二年于襄州、唐州建立了营田务，襄州计408顷80亩，唐州百70顷。按旧来的营田，是在国有土地上由居民耕种，而屯田则是以兵士耕作的，所以马端临说：“屯田因兵屯得名，则固以兵耕；营田募民耕之，而分里筑室，以居其人，略如晁错田塞之制，故以营名，其实用民而非兵也。”[④] 可是，襄、唐州的营田，既令由官府主管，以兵士耕垦，而“每岁于属县借人户牛具”，从耕种到中耕、收获，靠当地居民的无偿劳役来实现的[⑤]，因而这就倒退到唐代的营田了。这样落后的经营方式，自然是无法赓续下去的，曾一度召水户“分种出课”即以租佃的方式去经营这些营田。景德二年又加恢复，朝廷派官与转运司磋商。从襄州、唐州营田自建立以来的经营情况看，襄州务共收335906石，折市价92365贯。而每年监官耕兵等的开支，以及死损官牛等生产费用，共13374贯，收不敷支为41339贯；唐州务

① 《通考·田赋考七·屯田》。
② 《宋会要辑稿·食货》四之三。
③ 《宋会要辑稿·食货》二之一。
④ 《文献通考·田赋考》七。
⑤ 《宋会要辑稿·食货》二之二。

历年总收入为64932石，折市价25968贯，而收不敷支14368贯。耿望征调的那么多的无偿劳役尚未计算在内，否则亏损将会更大。这一亏损也就使襄、唐州营田步前代营田的后尘，难以维持下去了。因之在天圣四年（1026）九月废除了这两个营田务，“召无田产人户请射为永业，每顷输税五分（即一顷输五十亩的税）”[①]。于是，襄、唐营田便向私有土地转化了。

与西夏接境的陕西缘边诸州也建立了营田。种世衡在延州东北200里筑青涧城，“建营田二千顷，岁取其利”[②]，就是其中著名的一项。而在近里州县，也有营田，但这些营田则是“将远年瘠薄无人请佃逃田，抑勒近邻人户分种，或令送纳租课；又自来人户租佃官庄地土，每亩出课不及一二斗，今亦勒令分种，每亩须收数斗，致贫户输纳不前，州县追援，无时暂暇。缘人户自用兵以来，科率劳弊，至于己业，尚多荒废，实无余力更及余田，其所出租课，多是抢虚送纳”[③]。营田成为了具有强制性质的扩大剥削的手段，引起民户的反对，连范仲淹、韩琦也奏请罢免，这说明营田重复过去强制性的做法是得不到成功的。

弓箭手田　这项土地制度也是为加强边防而在缘边诸州实施的。最早由曹玮创议，在陕西与西夏交界的镇戎军开始的：“徙知镇戎军，又以弓箭手皆土人，习障塞蹊隧，晓羌语，耐寒苦，官未尝与兵械资粮，而每战辄使先拒贼，恐无以责死力，遂给以境内闲田，春秋耕敛，州为出兵护作，而蠲其租；”“所募弓箭手，使驰射，较强弱，胜者与田二顷。再更秋获课，市一马，马必胜甲，然后官籍之，则加五十亩。至三百人以上团为一指挥；要害处为筑堡，使自堑其地，为方田环之。立马社，一马死，众出钱市马。”[④]这类弓箭手，除蕃族即少数民族外，也有汉族，宋以这一土地制度招徕少数民族，加强边防。

---

① 《宋会要辑稿·食货》二之二。

② 范仲淹：《范文正公全集》卷一三，《种世衡墓志铭》；《长编》卷一二八载此事，作1000顷，可能集本上数字准确。

③ 此据《范文正公全集·政府奏议》卷上，《奏乞罢陕西近里州军营田》；《长编》系此疏于庆历三年七月，并称与韩琦同奏。

④ 《宋史》卷二五八《曹玮传》。

之后，天禧年间环庆路“大顺城西谷寨有强人弓手”，“募置番戍为巡檄斥候，日给粮，人赋田八十亩，能自备马者益赋四十亩；遇防秋，官给器甲，下番随军训练”，到庆历年间共组成六个指挥[①]。弓箭手田因而扩大了。

庆历年间，王尧臣安抚陕西，鉴于弓箭手这一兵农结合的制度有利于边防，遂“废泾原等五州营田，以其地募弓箭手”[②]。因正当与西夏交战、连吃败仗之际，边防空虚，于是将河北河东义勇、陕西弓箭手刺为保捷指挥，使弓箭手进一步具有了兵的性能，给田募弓箭手，算是对弓箭手的一种补偿，这项土地制度更有所扩大了。

在陕西扩大弓箭手田的同时，欧阳修建议“代郡、岢岚、宁化、火山军被边地几二三万顷，请募人垦种，充弓箭手”，在岢岚草城川募得2千户多，代州宁化军也有之，“人二顷，其租秋一输，川地亩五升，坂原地亩三升”[③]。弓箭手田又扩大到了河东路。

宋神宗熙宁五年（1073），赵卨在鄜延路募蕃汉弓箭手4900，给地15900顷[④]。郭逵在渭州，“得良田四千余顷，乃下令召弓箭手，受田百亩，马五十亩”[⑤]。最值得注意的是熙宁六年知熙州王韶的有关建议。他提出在熙、河等州召置蕃汉弓箭手，“每寨五指挥二百五十八人为额，每人给地一顷，蕃官两顷，大蕃官三顷，仍招募汉人弓箭手充甲头”[⑥]。朝廷当即派郑民宪主持其事。当年十一月郑民宪编成熙河营田图籍，“根括熙、河、岷州地万二百六顷，招弓箭手五千余人，团成三十六指挥，借贷粮，筑堡修屋”[⑦]。这样，把营田同弓箭手田这两项制度结合起来，熙河营田是西北边防上规模最大的一个弓箭手营田。从有关记载来看，这里的营田成为后来的范本，称作“熙河官庄法”：它“以千字文分画疆界”；“弓箭手人给二顷，有马者加五十亩，营田每五十顷为一营；差谙农事官干当”；另外“选知农事厢军耕佃，每顷一人。”这种兵农合一的制

---

① 《长编》卷一三六，庆历二年五月庚申纪事。
② 欧阳修：《欧阳文忠公文集》卷三二，《王尧臣墓志铭》。
③ 《宋史》卷一九〇《兵》四。
④ 《宋史》卷一九〇《兵》四。
⑤ 范祖禹：《范太史集》卷四〇，《郭逵墓志铭》。
⑥ 《宋会要辑稿·食货》，二之四。
⑦ 《长编》卷二五八，熙宁七年九月丙午纪事。

度，必须有土地才能使弓箭手附着下来，因而在弓箭手人员“立功换班行，名下土田自今勿以自随，止令子孙或佃户刺填弓箭手”[1]。这大概是陕西弓箭手田的一个普遍的制度。从这个制度中可看到，在弓箭手中经济力量也是不一样的，不仅有有马和无马的区别，而且还有有无佃户的区别！

马监牧地　为供应军队马匹的需要，宋政府在同西北西南诸族博易马匹的同时，还设置群牧司，在一些州县设置监牧，以蕃养孳生马匹，这样就产生了所谓的马监牧地。宋初以来，“择陕西、河东、河北美水草高凉地”[2]，作为监牧之所。据《宋史·兵志》记载，除京师坊厩之外，诸州牧监有北京大名、洺州广平、卫州淇水、河南府洛阳、郑州原武、同州沙苑、相州安阳、澶州镇宁、邢州安国、中牟淳泽、许州单镇和郓州东平等十四监[3]。加上诸军养马之处，大约如李纲所说，“凡三十六所”。因此，牧地的数量也就非常可观，“景德间内外坊监总六万八千顷，诸军班又三万九百一顷不预焉”[4]，总数达99000顷以上。其实，单就牧监的牧地来说，也为数甚多。叶清臣曾统计宋仁宗时候全部马匹为三四万匹，“占良田九万余顷”，年费百万缗以上[5]。

由于监牧地多系肥美良田，从而引起豪强兼并之家的垂涎。还在宋仁宗年间，“河南北草地数万顷，为郡县所侵挑田伐树，半入民产”[6]；“诸州牧马草地，马少而闲田多，往往为民侵耕”[7]；“郓州牧地，侵于民者，凡数千顷”[8]；“群牧地在魏岁久，冒入于民，有司按旧籍括之，地数易主，券不明”[9]。虽然自宋太宗以来就有所谓的《十牧草地图》，标明牧地四至，并且还派官“检视疆理”；但是由于“管地甚多”，“官私作弊积久，为民间侵占耕种，年岁已深”，虽经“根括打量”，“人户多称父祖世业，失却契书，无凭照验，但追呼

① 《长编》卷二四八，熙宁六年十一月甲子纪事。
② 李纲：《梁溪全集》卷四六，《备边御八事》。
③ 此据《宋史》《兵志》《马政》；大名、广平、淇水各分二监，总为十四监，但无郓州东平监。
④ 《宋史》卷二九五，《叶清臣传》。
⑤ 《长编》卷一六六，皇祐元年二月辛巳纪事。
⑥ 宋祁：《景文集》卷二九，《直言对》。
⑦ 《韩琦家传》卷一四，载韩琦《安阳集》。
⑧ 《宋史》卷二六五，《李昉传附李昭述传》。
⑨ 《宋史》卷三三一，《张问传》。

骚扰而已”[①]，监牧地之转化为私有地已无法挽回了。

监牧本身也存在一个严重的问题。自宋仁宗以来，监牧占有的良田很多，而孳畜的马匹甚少，从经济收益情况看，已引起士大夫的啧啧烦言。最先提出这个问题的是叶清臣，他不但要求废除牧监，把牧地租佃出去，而且还提出由民户养马，成为熙宁改革马政的先声。皇祐三年，宋祁在《直言对》中也指出：

今牧监弗谨，牸畜无课。而自蕃入中者，既有定价，则驵骏不至，而疲驽实来；地非所宜，死者如积。[②]

在《论复河北广平两监澶郓两监》中又说：

今群牧司管河北凡十监，其五监畜孳生马，五监畜大马，然未尝有数登十万匹者，何其弱也?! 今河北洺、卫、相、北京五监之地，皆水草甘凉，可以蕃息……又闻河北洺州广平旧有三监（《宋史》作二监），今唯一监存焉……澶州旧有东平监，水草地气与洺、相一体，亦可兴振……河南郑、许、西京三监，及……同州沙苑一监，地尤宜马。[③]

包拯在嘉祐年间对马监占地情况也有所评论：

顷岁于郓、同州置二马监，多侵占民田数千顷，乃于河北监内分马逐处牧养，未逾一月，死者十有七八，迄今为二州之害。[④]

河北漳河淤地，名为沃壤，而广平监于邢、洺、赵三州共占民田约一万五千余顷，并是漳河左右良田。每牧马一匹，占草地一百一十五亩。兼知卫州淇水监每马一匹止占地三十一亩，其广平监剩占八十四亩。[⑤]

包拯在揭露牧监的严重问题的同时，要求将监牧地租佃出去。这一意见，到熙宁二年又为范纯仁提出来：

---

① 欧阳修：《欧阳文忠公文集》卷一一三，《论牧马草地札子》。

② 宋祁：《景文集》卷二九。

③ 宋祁：《景文集》卷二九。

④ 包拯：《包拯集》卷一《天章阁对策》。

⑤ 《包拯集》卷七，《请将邢、洺州牧马地给与人户依旧耕佃（一）》。

> 陕西有沙苑等处监牧草地七八千顷，自来养马，别无增息，虚立良田……今……将上件地开为营田，募民，一顷岁收公私无虑二百石，则岁可得一百五十余万石，以助关右兵民之食。①

由于士大夫们的不断论列，宋仁宗统治期间监牧的变化较大，时而废去，旋又恢复，如于庆历二年废为营田的沙苑监，后来又恢复为牧监，即是一例。但，牧监废除的却越来越多，如洺州广平监原有二监（宋祁谓有三监），废去了一监，邢州澶州的牧监也废除了，许州单镇监、河南府洛阳监也先后废除。监牧废除之后，大都将牧地租佃出去，征收地租。如邢、洺、赵三州的广平监，“退下草地七千五百余顷，往岁官司令百姓出租课租佃。时年岁深远，耕为熟田就种，已成园林，及作父祖丘茔。其佃户共九千三百四十余户，每年共约出粟八万七千五百余石，小麦三万一千二百余石，秆草五十五万六千余束，绢八百余匹。”② 嘉祐四年五月，政府与河北监牧商定，标出括得的闲田3550余顷，“召人耕佃”，课谷117802硕，绢13251匹，草101230束。到宋英宗治平末，牧地总5.5万顷，河南六监3.2万顷，河北三监2.3万顷③，较宋仁宗初年缩小了几乎一半。

彻底改革牧监积弊的问题，到王安石变法期间提到日程上来。一方面，宋仁宗以来士大夫要求改革这一积弊的议论和实践，为这一变革制造了舆论；另一方面，客观上也为这一变革创造了物质条件。王得臣在《麈史》上曾经记载，“京师赁驴，涂人相逢，无非驴也。熙宁以来，皆乘马也。”这个故事反映了，在开封府畿一带马匹是为数甚多的。正是这一点为民户养马创造了条件。熙宁五年，于开封府界实行保甲养马，即所谓保马法，翌年又推行于五路。为此，王安石与枢密副使蔡挺都主张，“赋牧地与民，而敛租课，散国马于编户而责孳息”④。可是，文彦博等不同意这种做法。王安石派元绛等审查利害，元绛等指出：“河南北十二监自熙宁二年至五年，岁出马千四百六十匹，可给骑兵者二百六十四，余止堪给马铺；而监牧岁费及所占牧地约租钱总

---

① 范纯仁：《范忠宣公全集·政府奏议·条列陕西利害》。

② 《包拯集》卷七，《请将邢、洺州牧马地给人户依旧耕佃（一）》。

③ 《宋会要辑稿·兵》二一之二七；《宋史》《兵志》《马政》所记与此同。

④ 《长编》卷二四四，熙宁六年四月戊戌纪事。

五十三万九千六百三十八缗，计所得马为钱三万六千四百九十六缗而已，得不称失。"[①] 在这个铁的事实面前，反对派找不到任何的借口了，因此在熙宁七年二月废郓州东平监之后，又于熙宁八年四月又废高阳、镇定、太原、大名、定州等监，仅保留同州沙苑监隶属于群牧司，各监之马集中到这里，仅有4000 匹，"在道羸死者殆半"，"牧马听民租佃"[②]，"所收岁租计百余万"[③]；"并废原武淇水两监，岁省钱二万缗，民佃牧地四千五百顷，得租六万斛"[④]。熙宁年间监牧地几乎全部变为耕地，向租佃制方面转化了。司马光等上台之后，于元祐初"兴复监牧，所费不资，殊未见效"[⑤]，恢复旧制已是不可能的了。

南宋牧监甚少。绍兴四年置临安府牧马监[⑥]，因而在杭州一带有监牧地[⑦]，而"三衙遇署月放牧于苏秀，以就水草"[⑧]，之后又"就牧镇江"[⑨]，"淳熙初，殿前司牧马于吴郡平望"[⑩]，监牧地远少于北宋，而三衙马匹多于太湖附近诸郡放牧。

此外，为供应皇室日常之用，设有牛羊司，管理羊群等的放牧，因而也有专门放牧的牧地。洛阳南境的广成，"川地旷远而水草美"，就是这类牧地，在中牟也有这类牧地[⑪]。监牧是以兵卒牧养马匹，牛羊司则以牧子、群头放牧，对这些生产者的状况，将在后面叙述。

官田 这是最常见的一种国有地形式，所谓的"没官田"、"官庄"等等都属于这类国有地。官田一方面也继承前代遗留下来的国有地，但主要的是由以下几部分组成的：

---

① 《长编》卷二六二，熙宁八年四月乙丑纪事。
② 司马光：《涑水记闻》卷一五。
③ 《宋会要辑稿・兵》二一之二八。
④ 范祖禹：《范太史集》卷四二，《吕希道墓志铭》。
⑤ 《宋会要辑稿・兵》二一之二八。
⑥ 刘时举：《续宋编年资治通鉴》卷三。
⑦ 《宋史》卷三八三，《虞允文传》。
⑧ 洪迈：《容斋续笔》卷五。
⑨ 《宋史》卷三八三，《虞允文传》。
⑩ 洪迈：《夷坚支志》甲集卷三。
⑪ 《宋会要辑稿・职官》二一之一〇。

（一）户绝田。凡是民间没有继承的、无所归属的田产，即所谓的“户绝田”，照例归属于国家，变成国有地。宋朝对这类田产很重视，特别制订了户绝条贯。王安石变法期间对这一条贯订得极为严格，“新法：户主死，本房无子孙，虽生前与他房弟侄，并没官；女户只得五百贯。邓绾争之，荆公不从曰：贤且道利国好，利民好？”[①] 利用这种办法扩大国有地，自然这是极为有限的。

（二）抛荒田。在宋初土地政策中已经提到，民户因战乱、灾荒而逃亡的，限期返回，否则土地可由别人请射耕垦，或者没收为官田。为对付农民的逃亡，限期仅有半年，因而由灾荒逃亡没收为官田的，当为数不少。

（三）“涂田”或“泛涨江涂田”。在前面曾经提到，在江中或近江靠海的地方，由于江水的冲刷，或海水的冲积，在江中形成一些沙洲，近海形成一些涂田，这类土地经过劳动人民垦辟之后，也往往为官府检括为官田。如熙宁六年两浙路“根括到温台等九县沙涂田一千一百余顷”[②]，就是一例。至于沙田芦场，为南宋国有地的重要组成部分，放在后面再谈。

（四）为国家籍没的田产。这类情况极其复杂，如有的承担衙前役，失陷官物，要籍没田产的；有的买扑坊场，完成不了承担的酒税，而以田产抵偿；有的借贷市易司的钱物，结果买卖失利，赔备田产；这些在史籍上都有记载。还有一种情况是，一些国家官员由种种原因而被籍没田产的，如蔡京、朱勔、韩侂胄等在被刑杀之后而又籍没财产的。这类权幸大都是聚敛搜括的能手，都拥有惊人的田产，这在前面已经提到，如永丰圩有9.6万亩田地，仅是蔡京田地的一部分，朱勔籍没的土地达30万亩。因之，各种类型的籍没的田产是宋代官田的重要来源。

前面屡次提到，唐中叶以来国有地转化为私有地，这就是近年来一般所谓的官田的私田化。要看到这一重要趋势。但，同时也不能不看到，私有土地之转化为国有土地，即私田的官田化，而上面的一些事实，又充分说明了这一趋势。

---

① 此据《晁氏客语》。

② 《长编》卷二四八，熙宁六年十二月辛卯诏。

官田在宋代国有土地中占重要地位。各地学田、职分田往往是从官田中拨充的；一部分户绝田则拨充常平广惠仓田，王安石变法期间曾经变卖以充青苗本钱。各地官田是以官庄等形式租佃出去；而在汝州则有所谓的洛南务，种稻，因而也称汝州稻田务，则由官府设官管理。这个稻田务建于宋太宗初年，“遣内园兵士种稻”，雍熙二年废除，至咸平年间又恢复，“募民二百余户，自备耕牛，就置团长，京朝官专掌之，垦六百顷，导汝水浇溉，岁收二万三千石”[①]。虽由官府直接管理，但也还是募民耕垦，采取租佃形式的。据毕仲衍的《中书备对》，宋神宗元丰年间全国官田总共63393顷[②]，占登录版籍上的全部垦田4616556顷的1.4%。

西城所 宋徽宗—蔡京集团当权之时，土地兼并猛烈进行，形成为第二个高潮。土地兼并猛烈的根子，就在于这个当权者集团，所谓的西城所就是为宋徽宗公开掠夺土地的一个机构。

西城所是在政和六年（1116），由宦官杨戬设立的。前面提到汝州的国有地，专门种植水稻而称之为汝州稻田务。杨戬主管后苑作时，有人向他献计，把汝州稻田推行于府畿，改名曰公田；准备将“南暨襄城，西至渑池，北逾大河”这一地区的“民田”，都搜括成为“公田”[③]。为实现这一掠夺欲，杨戬就使用了一个名叫杜公才的胥吏，“立法索民田契，自甲之乙，乙之丙，展转究寻，至无可证”，然后把土地抢劫过来，“度地所出，增立租赋”。这项公开盗掠自汝州开始，“浸淫于京东西、淮西北，括废堤、弃堰、荒山、退滩及大河淤流之处，皆勒民立佃。额一定后，虽冲荡回复不可减！”不仅田亩硬变成公田，连梁山泊也成为公田，“立租算船纳直，犯者盗执之！”以至“一邑率于常赋外，增租钱至十余万缗”[④]。

杨戬把后苑作和这次掠夺土地而设立的机构合为西城所。宣和三年（1121），李彦继杨戬而控制这个机构，并与京东西两路地方官勾结起来，继续公开盗掠。在京东，转运使王子献将梁山泊入西城所，派毛孝立、吕峄等

① 此据《长编》卷四四；又陈均《皇朝编年备要》卷六；《宋史》卷一七六《食货志》也略同。
② 《通考·田赋考·历代田赋之制》。
③ 《通考·田赋考七·官田》。
④ 《宋史》卷四六八，《杨戬传》。

“遍诸州县，自济、郓、濮、兴仁、广济等处为之骚然！迫胁官吏，抑勒细民，有不承佃者，便枷项送狱。人人惴恐，莫保性命！薄鱼荷芡之利，皆日计月课，纤细无遗。遂致泺旁之人无所衣食者结集为寇盗”![1] 在京西，李彦以刘寄、李端愿作为爪牙，以唐、邓、汝、蔡四州九县为其掠夺的对象。如前所指，这个空旷地区是在宋神宗轻税政策下垦辟出来的，每百亩税不过五亩。于是刘寄等“取民间税田谓之公田，敛取无艺”[2]，“破产者比屋，有朝为豪姓而暮乞丐于市者”[3]，而且在根括过程中，“凡民间美田，使他人投牒告陈，皆指为天荒，虽执印券皆不省，鲁山阖县尽括为公田；焚民故券，使田主输租佃本业”[4]，不当根括者亦根括之，以扩大公田。而在根括之后，“催索租逋，急于星火”。谁如果上诉，“辄加威刑，单是在确山令刘愿“前后杖下决死良民千余人”！在这一公开盗掠下，西城所共搜括了3.4万余顷。刚刚得到复苏的唐、汝等州，又受到了沉重的打击。

宋徽宗蔡京集团盗掠的结果，“东南财赋尽于朱勔，西北财赋困于李彦，天下根本之财竭于蔡京、王黼”；“天下财赋尽归权幸之家，小人乘时，无复忌惮!”[5] 一个花石纲，一个免夫钱，再加上一个以公开掠夺土地来扩大国有土地的西城所，促使社会矛盾进一步激化了。如果没有女真铁骑南下，也必然会点燃农民暴动的烈火。

第二节　职　田

宋承隋唐旧制，也有“职田”或“职分田”。这种国有土地的产品，充做各级地方官的一部分俸禄，用以养廉；因取其“圭洁之意”，也称作“圭田”[6]。实际上，宋代职田充分表现了官员们的贪婪无耻，有污“圭洁”二字的。

---

① 李光：《庄简集》卷九，《论王子献等札子》。
② 李光：《庄简集》卷九，《论王子献等札子》。
③ 章倧：《葛胜仲行状》，载《丹阳集》卷二四。
④ 《宋史》卷四六八《杨戬传》。
⑤ 李光：《庄简集》卷八，《论制国用札子》。
⑥ 王得臣：《麈史》卷上。

宋代职田是在宋真宗咸平二年（999），宰相张齐贤的请求下建立的，宋仁宗天圣七年曾一度废止，后又恢复，到庆历三年（1043）对职田作了一些调整，有关职田的制度逐步完备起来。其主要内容如下：

（1）各地职田是"以官庄及远年逃田"作为来源的，而所有职田，"悉免其税"①，即不承担国家赋税。据毕仲衍《中书备对》所载，宋神宗元丰年间的各地职田情况有如下表②：

地　　区	职田亩数（亩）	占职田总数的百分数（%）
开封府界	59298	2.52
京西路	200575	8.54
京东路	213293	9.08
陕西路	325244	13.85
河东路	159528	6.79
河北路	335396	14.28
淮南路	202345	8.62
梓州路	54664	2.23
利州路	46688	1.99
夔州路	47270	2.01
成都府路	79092	3.37
福建路	53856	2.29
两浙路	171376	7.30
荆湖南路	54598	2.32
荆湖北路	81617	3.47
江南西路	66087	2.81
江南东路	88850	3.79
广南东路	55070	2.34
广南西路	53850	2.29
总　　计	2348697	100

① 《长编》卷四五，咸平二年秋七月壬午纪事，以下不注明者同此。

② 《宋会要辑稿·食货》六一之七〇。

从表中可以看出，职田的一半集中于开封府界、京东西、陕西、河北和河东五路，因而到南宋，这几路为金国所有，淮南路也萧条不堪，职田不到北宋的二分之一了。就职田总数2348697亩来说，占宋神宗时登录版籍上全部垦田的0.5%。

（2）职田只允许客户租佃，景德二年曾诏，“诸州职田，得召客户佃莳”[①]；此后也一再申明，如天圣元年诏，“天下职田无令公人及主户租佃，召客人者听，所收租仍不得加耗，若水旱其蠲租如例”[②]；庆历三年又诏书申明，“其田许自差公人勾当，并招置客户，每顷不得过三户”[③]。

（3）职田实行租佃制，佃户“以浮客充，租课均分，如乡原例”，即实行对分制。

（4）根据官阶高低，地方官有数量不等的职田，咸平年间的规定是：“两京大藩府四十顷，次藩镇三十五顷，防御团练州三十顷，中上刺史州二十顷，下州及军监十五顷，边防小州、上县十顷，中县八顷，下县七顷，转运副使十顷，兵马都监、监押、寨主、厘务官录事参军判司比通判募职之数，而均给之”；庆历三年又规定为：“大藩府长吏二十顷、通判八顷、判官五顷、余并四顷，节镇十五顷、通判七顷、判官四顷、余并三顷五十亩，防团使已下州军十顷、通判六顷、小军监七顷、判官三顷五十亩，余并三顷，县令万户已上六顷、五千户已上五顷、不满五千户四顷，簿、尉万户已上各三顷、五千户各二顷五十亩、不满五千户并二顷，发运转运使及武臣总管比节镇长吏。”[④]

（5）职田田租是由现任官享占，可是由于官员们到任去职在时间上的参差不齐，从而引起他们之间的攘夺。针对这一问题，胥偃提出如下的建议：“天下圭田初无日月之限，争者稍众，〔胥〕偃请限水田以四月终、陆田以三月终，因著为令”[⑤]；据《长编》记载，这个规定大约是在宋真宗天禧二年十

① 《宋会要辑稿·职官》五八之三。

② 《长编》卷一〇〇，天圣元年七月戊寅纪事。

③ 《宋大诏令集》卷一七八，《定职田诏》（庆历三年十一月壬辰）。

④ 《宋大诏令集》卷一七八，《定职田诏》（庆历三年十一月壬辰）。

⑤ 此据《隆平集》卷一四，《胥偃传》；《宋史》本传不够清楚。又周辉《清波杂志》卷上亦记此事：“初天下职田无日月之限，赴官多以先后为争，水田限四月三十日，陆田以三月十日，因著为令。”“陆田以三月十日”似当作三月三十日。

一月制订的，“先以三月、四月、九月内到任为限”[①]。

（6）职田按规定租给佃户，严禁地方官借故勒索：“如将职田隐庇，却令人差徭，及抑配虚作佃户令出课者，并以受所监临财物论”[②]；“毋得多占佃户及无田而配出所租，违者以犯法论”[③]。

（7）对职田租的征收也有规定。庆历初知许州李淑曾指出，职田每到收成之日，即“预差公人诣地制扑合收子斗。公人畏惧威势，并于所佃内拣地土肥沃、苗稼最盛之处，每亩制定分收一石至八九斗者。切缘地土肥瘠不同，设使全然肥沃，仍值大段丰稔，每亩亦不过分收一石以来，以此佃户供纳不易，多是陪备，或更催督紧急，便至逃窜，不能安居”。因此，他提出：“应职田地土，如瘠薄处即据亩垄分收；如肥沃处，每亩不得过五斗。”[④] 这也形成为职田的一项定制。

（8）自元祐以后，职田租有“计月均给”之制。这项规定到南宋建炎三年又被肯定、施行，在是年十一月三日的诏令上说：“诸州职田可自来年依元祐法计月均给”[⑤]。

（9）四川的职田租分配则别具一格。为和缓官员们的你攘我夺，熙宁三年（1071）四川诸州县的圭租分配办法改作：“将一路所收钱数，纽为斛㪷价值，依所定均给。成都府一千石，转运使六百石……主簿县尉……各一百石。”[⑥] 这里不但是“依所定均给”，而且是折给现钱。

以上大约是有关职田的一些主要内容和规定。对这些条令规定，在某些时候执行得是相当严厉的，如天圣七年杨筹、宿靖言“并坐以土户为职田佃客，虚出租课，买卖亏价，计倍赃，”因而杨筹按130匹、宿靖言按340匹论赃承罚[⑦]。然而在更多的时候，这些条令规定并不能够执行，特别由于职田各地不一样，职田租厚薄也不一样，地方官们的贪欲鄙恶就在这一问题上统统暴露出

① 《长编》卷九二，天禧二年十一月壬戌纪事。
② 《宋大诏令集》卷一七八。
③ 《通考·职官考·职田》。
④ 《宋会要辑稿·职官》五八之八至九。
⑤ 《宋会要辑稿·职官》五八之二三。
⑥ 《宋会要辑稿·职官》五八之一一至一二。
⑦ 《宋会要辑稿·职官》六四之三一。

来了。

全国各地区职田存在种种差别。有的地方，小官得不到职田，如北宋时昆山县的监酒官就没有，后来从县令主簿县尉职田中匀出一份来①。职田田租多少极不均匀，有的地方很高，“其多有至九百斛者，如缁（淄）州之高苑是也；有至八百斛者，如常州之江阴是也，有至六百斛者，如常州宜兴是也”②。无锡县宰圭租800石为数也不算少③；广济军圭租粟600石④；而在潍州，圭田征收大量的绢⑤。成都府路汉州，“有园圃，公田之入，素称优厚，至者无不厚藏而归”；程颐为他的父亲程珦树碑立传，在汉州任上，“终任所获，布数百匹而已”⑥。但有的地方，圭租不过二三十斛，而两广、福建等路许多州县则没有圭租⑦。

一般说来，职田田租是不低的；各级地方官从职田中都享得一笔可观的收入。《嘉定镇江志》记载镇江府和属县41个官员的职田租共为：租丝386两、大小麦234石、米2962石和租钱五贯文。其中镇江知府的圭租是，丝88两、小麦3石、米304石；丹徒知县大小麦15石、米91石……⑧《淳祐玉峰志》载昆山知县圭租为464石、县丞304石、主簿239石，巡检最少，也有121石⑨。《至元琴川志》载，常熟县除承担平江知府、通判以及转运司常平司的圭租之外，常熟知县的圭租为685石、县丞455石、主簿285石……总计为5289石，为当地秋苗72561石的7.3%。⑩ 因此，圭租成为地方官正俸以外的极其重要的一项收入，为京官所没有。清廉自守的士大夫如王安石辈，之所以不肯试馆职、做京官，原因之一就是地方官有圭租收入，能够养活自己众多的家口。

---

① 强至：《强祠部集》卷三五，《尚书司门员外郎李君墓志逸事记》。
② 《宋会要辑稿·职官》五八之一八。
③ 苏象先：《丞相魏公谈训》卷六。
④ 《宋史》卷三三一《孙构传》。
⑤ 《宋史》卷三三三，《张焘传》。
⑥ 《二程文集》卷一〇。
⑦ 《宋会要辑稿·职官》五八之一八。
⑧ 卢宪：《嘉定镇江志》卷四，《职田》。
⑨ 凌万顷、边实：《淳祐玉峰志》卷中。
⑩ 卢镇：《至元琴川志》卷六《职田》。

由于圭租的优厚，地方官们不顾一切地展开了你争我攘。他们或者是挑肥拣瘦，哪里的圭租多，就争着到哪里去做官。如“越州有职分田，岁入且厚，今争者颇众。”[①] 在没有圭租的地方，地方官们或是另开生财之道，如福州，无职田，“岁鬻园蔬收其直自入，常三四十万”[②]；或是强迫缴纳圭租，“圭田古有之，今或无田而责其租”[③]；如“阳信圭田之入素厚，然无见土，大姓有占名输租以庇里役者”，阳信旁县也有类似情况[④]。或者圭田不多，但却征收更多的圭租，如怀宁仅有圭田300亩，县吏们则称县令圭租为500斛，历来的县令都按此数照拿，从而有所谓“草头供输”之号[⑤]。或者利用圭租作本钱，进行贩运活动，如梓州路转运使的圭租在广安，从来是“择军校之高资者四辈，掌其输纳，贸迁取赢，岁送镪三千”[⑥]。遇有水旱灾伤，地方官们也想出种种办法攫取圭租，如宋仁宗时“两浙转运使副职田元在苏州，昨缘水灾，辄于杭州换易”[⑦]；有的则干脆不予理睬，两浙有的监司圭田之在秀州者，圭田上可以行舟，“吏侧目摇手不敢以潦闻”[⑧]。其所以如此，就在于更多地攫占圭租：“陵阳圭田之入，素号优腆，不问岁美恶，倚办较吏，务登其赢”[⑨]。就是在圭租优厚的地方，地方官依然不顾一切地违法犯禁，以攫占加倍的圭租：“晋、绛、陕三州圭腴素号优厚，多由违法所致，或改易种色，或遣子弟公皂监获，贪污猥贱，无所不有”[⑩]。他们甚至相互勾结，如知晋州李君卿与襄陵令刘可便曾一道“抑勒百姓，知州职田所得比旧增五七倍”[⑪]！而洋州知州则在“圭田多虚籍”的手段下，圭租增加了七八倍[⑫]！

---

① 《宋史》卷二八八《任布传》。
② 《曾巩行状》，载《元丰类稿》。
③ 李弥逊：《筠溪集》卷二四，《叶份墓志铭》。
④ 苏颂：《苏魏公文集》卷五四，《刘居正神道碑》。
⑤ 沈辽：《云巢编》卷九，《张隐直墓志铭》。
⑥ 张方平：《乐全集》卷三六，《傅公神道碑铭》。
⑦ 《宋会要辑稿·职官》五八之五。
⑧ 杨万里：《诚斋集》卷一二八，《李县丞叔周墓志铭》。
⑨ 吕陶：《净德集》卷二二，《石洵墓志铭》。
⑩ 《范纯粹传》，载《范忠宣公集补编》。
⑪ 《宋会要辑稿·职官》五八之一五。
⑫ 《宋史》卷三三三，《卢士宏传》。

南宋以来，在版帐户籍凌乱不堪的情况下，“州县官职田”“多系实无田土，抑令人户输租课”①。因而在绍兴年间对职田又作了一些补充规定，例如：

绍兴三年七月，职田虽堪耕种，而强抑人户租佃，及佃户无力耕种不令退免，各徒二年；遇灾伤已经检放，或不堪耕种，无人租佃，而抑勒乡保邻人陪纳租课，并计所纳数坐赃论罪，轻者徒二年；非县令而他官辄干预催佃自己职田者杖一百……②

“绍兴七年……今后州县官职田不得辄令保正催纳。”③

这些补充规定，并不能抑制住地方官们的贪欲。相反，南宋圭租倒有加重之势。首先，除原有职田之外，“多是将续开耕并逃移等田充额外职租，如隆兴府两通判厅元管职田一百余石，今增作八九百石，曹职官亦倍数增添，它郡似此不少”；“江西土地辽阔，往往将别色田亩占充职田”④。绍兴十二年诸路职田租一年84000余石，而到绍兴二九年达23万有奇⑤，17年内几乎增加了3倍。其次，在额外征求之外，“或高为价直以折钱，每斗有至于五百者；或倍取本色以为数，每石有取二石者”⑥；“圭租皆给正色，至是，江西湖南米斗才数十，而圭租乃命折价三四千”；“四川州县职田岁得十二万八千八百九十九缗”，“今蜀中圭租皆折见钱，又多从隔郡支给”⑦。而且第三，尽管有关职田诏令摆在那里，“水旱所当减也而不减，逃亡所当除也而不除”⑧，职田田租从这几点来看，较北宋是加重了。

两宋300年职田一直是耕作职田佃客的沉重负担。由于职田是地方官僚压榨职租的根本手段，因而往往强迫贫苦农民耕种，如“扬州守职田岁常得千斛，然遣吏督贫民耕，民苦之”⑨，因而在这种租佃制中具有强制性的劳役性

---

① 李纲：《建炎时政记》卷中；《宋会要辑稿·职官》五八之二三。
② 《宋会要辑稿·职官》五八之二四。
③ 《宋会要辑稿·职官》五八之二四。
④ 《宋会要辑稿·职官》五八之二八。
⑤ 《系年要录》卷一四六、一八三。
⑥ 《宋会要辑稿·职官》五八之二八。
⑦ 《朝野杂记》甲集卷一六《圭田》。
⑧ 《宋会要辑稿·职官》五八之二八。
⑨ 王安石：《临川先生文集》卷九二，《曾致尧墓志铭》。

质。而且职田田租在300年当中，一直是沉重的；除上述造成租重的原因之外，斗大也是原因之一；如青城“圭田粟入以大斗，出以公斗，获利三倍”[①]。在土地瘠薄的地方，更是佃客的沉重负担，如“蔡之圭田颇瘠，民岁输租，甚苦之”[②]！在水旱灾荒的时候，同样是佃客沉重的负担，“岁有旱干水溢，官病失其所入，往往不受民诉，纵或受之，灾伤之十不过蠲其四五而已。”因而，“今有职田处，多贻民患”[③]，深刻地揭示了职田对佃客是一个沉重的压榨制度，对社会生产也显然是有害的。

第三节　学　田

宋代以“崇儒右文”作为其“一道德、同风俗”的基本国策，对学校教育是极为重视的。为此，它曾专门拨出一部分土地即所谓的学田，以供应学生日常生活之需，所谓“上自太学下至郡县学莫不教且养”者是也[④]。学田就是随着宋代学校教育的发展而发展起来的一项国有土地。

乾兴元年（1022），知兖州孙奭在孔庙中建造学舍，招纳学生，请求政府给田10顷充作学粮。“诸州给学田始此”[⑤]。自此以后，诸州县纷纷建立学校，除汴京国子监系全国最高学府赐田50顷外，州县之学一般地赐田5顷到10顷。从《长编》有关记载来看，宋仁宗一代约30余州都建立了州学，得到了赐田。王安石变法，为给变法培养更多的人才，进一步发展学校教育。宋神宗熙宁四年（1071），“诏诸路置学官，州给田十顷为学粮，原有学田不及者益之，多者听如故。”[⑥] 从此，学校教育迅速地发展起来，学田随之扩大起来。到宋徽宗大观三年（1108），葛胜仲曾统计全国各地学田，总数达105990顷[⑦]。在垦田一章中曾经提及，北宋一代垦田至少在700万至750万顷之间，

---

① 《宋史》卷三四〇，《吕大防传》。
② 苏舜钦：《苏学士文集》卷一六，《王质行状》。
③ 王得臣：《麈史》卷上。
④ 洪咨夔：《平斋文集》卷七，《镇江府学田记》。
⑤ 陈均：《皇朝编年备要》卷八，乾兴元年十一月纪事。
⑥ 《长编》卷二二一。
⑦ 葛胜仲：《丹阳集》卷一，《乞以学书上御府辟雍札子》。

因而学田当占这一总数的 1.16% ~1.31%，在国有土地诸形态中是土地最多的一项土地制度。

南宋偏处东南地区，境域较狭，但其学校教育继续发展，即使在偏远的广南东路广南西路的许多小州县，也纷纷建立了学校，学田自然有所增加。特别是在南宋经济发达的一些地区，州县学田往往成倍地增加，大大超过了原来的 5 顷、10 顷的规定数额。如福建路福州的学田拥有田 7678 亩、园地山林 12545 亩、新添田园沙洲 1750 亩[①]，超过初建时的十余倍。即使漳州龙岩县学学田为数也达 1780 亩，超过原规定的三倍半。[②] 而在两浙、江东等路，学田的增长，尤为惊人。如江东路建康府学田初建时为 10 顷，到北宋末年便增至 38 顷 75 亩，而到南宋晚年增至 9380 亩，为初建时的 9.3 倍[③]。在两浙路，台州是一个比较小的州，但它拥有学田是：田 2818 亩、地 1888 亩、山 3514 亩，亦为数相当可观[④]。行在临安、平江府等名都大邑占有的学田尤多。以平江府为例，除茭荡、柴地之类不计算外，单是能够种植水稻的稻田也不下百顷。从这些情况来看，南宋学田总额虽无可稽考，但不会比大观年间减少过多，这是可以肯定的。

学田主要是从国有的土地中如户绝田、废寺院田产、没官田以及牧马草地转拨过来的，特别是在学校开始建立之时是这样的。除这一主要来源外，也有一小部分学田来自官僚士绅们的捐献，而这一捐献，同他们为个人祈福向寺院“乐施喜舍，动捐膏腴千百亩无所靳惜”的那种情况来比[⑤]，真是微不足道的。另一个重要来源则是由官府（主要是地方官府）拨款购买，而且购买的数量是惊人的。如宋仁宗年间，湖州学田原有 500 亩，因“濒湖多潦，岁入无几”，不足以养士，又购买了 719 亩好田充作学田的[⑥]。上述漳州龙岩 1780 亩学田，其中 1180 亩是购买来的；建康府在宋高宗绍兴末年一次以 1 万贯购买

① 梁克家：《淳熙三山志》卷一二。
② 朱熹：《晦庵先生朱文公文集》卷七九，《漳州龙岩县学记》。
③ 周应合：《景定建康志》卷二八，《增学计》。
④ 陈耆卿：《嘉定赤城志》卷一三，《版籍门》《学校》。
⑤ 杜春生：《越中金石记》卷六，《绍兴府建小学田记》。
⑥ 顾临：《湖学田记》，载吕祖谦《宋文鉴》卷八三，谈钥《嘉泰吴兴志》卷一一。

了1890亩，以充作学田[1]。从《江苏金石志》《越中金石记》等记载中，可以看到苏州、吴县、常熟、无锡、华亭、嵊县和绍兴府的大批学田，是从私家土地购买来的，其中官僚士大夫出卖的土地尤为可观，这一点在前面已经指出。许多著名的州县之学，除占有学田外，还建筑了大批房舍，租收“房廊钱”充作学校的费用。宋仁宗时候的青州州学是由宰相王曾筹建的，他感到30顷赐田（这在当时州学中是赐田最多的）尚不够廪膳之用，又建筑房屋120间，年收31万钱[2]，以为补充。因之，房廊钱是州县之学除学田外的一宗重要收入。而房廊钱的收入也是建立在土地基础上的。总之，从学田的构成中，又可以看到私有土地转化为国有土地的事实。

在土地兼并中，前章曾经提到官僚豪绅曾向各类国有地伸手，对学田也不例外。南宋绍兴年间，有的士大夫提出，“凡学田为势家侵佃者，命提学官觉察”[3]。从这里可以看出学田被豪势“侵佃”的严重。由于学田多在州县附近各乡，因而多被居住在州县之中的豪绅兼并霸占，严重的是包括学司中的州县公人与豪绅们勾结，学田更加轻易地被兼并隐占，如所谓“奸民驵干乃敢与罪吏阴为表里”，“学司王晟造弊，为王元六隐匿”，由此兼并绍兴府学学田就是一例[4]。有的豪强伪造田券，将学田冒充自己的祖产。有的豪强用赎回来的邻近学田东边的土地，用以“影射西边没官之产”，声东击西地巧占学田。有的敢于“占匿田户，不容扦钉（划地界），反将随行弓手行打”，悍然不顾一切地公然霸占！[5] 而在苏州，“豪户陈焕陈焯倚恃强横”，自嘉定二年（1209）即冒占苏州府学1000多亩学田，“盗收花利一十九年，计盗花利一万三千余石”[6]！

为了抵制土地兼并，维护学田的所有权和对地租的榨取，宋代对学田曾建立了一套完备的制度。这是其他形式的国有地所不多见的。各州县官府都

---

① 《晦庵先生朱文公文集》卷七九、《景定建康志》卷二八。
② 石介：《徂徕集》卷下，《青州州学公用记》。
③ 《宋史》卷一七三，《食货志》。
④ 杜春生：《越中金石记》卷六，《绍兴府建小学田记》。
⑤ 《越中金石记》卷六，《绍兴府建小学田记》。
⑥ 《江苏金石志》卷一五，《给复学田省札》。

设置专吏，管理学田。学田建立了砧基簿，把清丈了的学田田亩数量以及田段“四至”登录下来；并派有甲头分别督促各地段的“学粮”即学田田租的交纳。虽然如此，各地官府“尚虑绵历岁月，事或遗忘，则又书其步亩之广袤，税赋之轻重，暨佃户之姓名，租课之多寡”，“畴分汇列”[①]，“咸刊诸石，以传不泯”[②]，用来保证其世世代代对佃户的剥削。此后，州县之学虽有兴废，各地学田虽有增减，而为宋代学田所开创的这一套制度，历元明清三代而不衰。正是从遗留下来的这些学田碑中，才能比较清楚地了解学田的租佃状况。

同其他国有地一样，学田也是让无地的客户租佃耕作的。可是从许多学田碑的记载中，学田往往被官僚豪绅及其干仆租佃出去，从而出现了二地主、佃富农阶层。对此问题，我在《宋代学田制中封建租佃关系的发展》一文[③]中作了叙述，并把二地主、佃富农阶层的形成作为封建租佃关系复杂化而在第五章中论列，这里不再重复。

其次，学田在租佃中，往往被分割成为许多小块租佃出去，特别是在以太湖流域为中心的两浙地区这一情况更加突出。这种小地块的租佃制与土地买卖、人口密度有密切的关系，在前一章中叙述了这一问题，同时还作为封建租佃关系发展的另一特点而在第五章中论及，这里不重复。

在学田制中，以实物和以货币为形态的定额地租得到了发展，我在《宋代货币地租及其发展》等文章曾加以论述[④]，对此问题将于下一章中再加探讨。

同某些地区的职田、营田一样，学田也存在无田而收租的现象。南宋荆门军就是一例。在战乱之后，荆门军也是“沃壤弥望”、少人耕作的，因而成为没官田。在兴建学校之后，郡县即以那些没官田作为学田，“初无耕夫，勒本保人户分亩认米，谓之附种学粮”。这些没官田，因与耕种者的田亩“不相连接”，不便耕种，“例皆荒闲”，可是要“依数填纳租课”。长林县安西乡当中

① 廖省之：《省斋集》卷四，《石鼓书院田》。
② 《越中金石记》卷四，《嵊县学田记》。
③ 载《求实集》，第160～175页。
④ 载《求实集》，第176～194页。

纳学粮的有123户，只有1户有田，长林县九乡当中纳学粮的共233户，有田者才35户，其余的都是无学田而要纳学粮。[①] 同时，这种学粮是强行指派、抑勒人户承担，多少又具有劳役的性质。这和营田等国有地一起暴露了它们残酷的压榨性质。

在两宋300年中，学田制是值得肯定的一种国有土地形态。葛胜仲在大观三年的统计，全国学田为105990顷，房廊155454间，岁收学粮为640291斛、钱3058872，“教养大小学生以人计之凡一十六万七千六百二十二”[②]，到崇宁年间教养的州县学生则达20万人。能教养这么多的学生这在当时世界是独一无二的。宋代科学文化之所以得到前所未有的发展，之所以居当时世界的最前列，同宋代学校教育的发展有着密切的关系，而学田则是学校教育发展的物质基础，从而为科学文化的发展做出了一定的贡献！

第四节　南宋各类国有地的演变　景定公田法

南宋160年间，国有土地又经历了一个从增加到减少的过程。南宋之初，在女真贵族的掠夺战争和散兵游勇的破坏之下，出现了大批荒地。在淮南，“民去本业，十室而九，其不耕之田，千里相望”[③]；在荆湖北路，昔之“沃壤弥望”而无人耕垦。摆在南宋政府面前的这个问题，必须解决；特别是由于这些地区因国防的需要，屯驻大兵，粮食供应也需要就地解决，于是垦荒的问题便提到日程上来了。在这一主客观形势要求的结合下，两淮、荆湖北路和汉洋诸州，不断有营田、屯田和官庄的建置，一时之间，国有地显然有所增长。然而由于南宋政府的人谋不臧，各种类型的国有地得不到发展，兼之又由于财政上的需要，不断出卖国有地，自宋孝宗以后国有地又呈现了萎缩迹象。下面从各个地区来看看这个演变过程。

荆湖北路营田等的发展演变

---

① 洪适：《盘洲文集》卷四九，《荆门军奏便民五事状》。

② 葛胜仲：《丹阳集》卷一，《乞以学书上御府并藏辟雍札子》。

③ 《系年要录》卷四〇。

南宋营田创始于绍兴元年（1131）。当时，荆南府镇抚使解潜上奏，荆南、归、峡、荆门、公安等五州军十六县，绝户甚多，“诸邑官田不胜计”，要求“措置屯田，召人耕凿，分收子利”[①]。朝廷遂派樊宾等建营田司加以筹划，“渡江后，营田自此始”[②]。于是其他各地，也都一哄而起，大江南北形成了一股营田热。几年之中，只有荆南府的营田还多少有些实效，“其后军食仰给，省县官之半”[③]；“其余皆成虚文”[④]。

继荆南府营田之后，绍兴三年德安、复州、汉阳军镇抚使陈规建立了屯田。他将逃户绝户等荒田，分别给军士和民户耕垦：“凡军士所屯之田，皆相其险隘，立为堡寨，其弓兵等，半为守御，半为耕种，如遇农时，则就田作，有警则充军用；凡耕种，则必少增钱粮，秋收给斛斗犒赏，依锄田客户则例，余并入官”；“凡民户所营之田，水田亩赋粳米1斗，陆田豆麦夏秋各5升，满2年无欠输，给为永业；兵民各处一方，流民归业渐众，亦置堡寨屯聚”；而以民为主的“营田”，则由县令兼管其事[⑤]。这些情况也表现了国有土地向私有方向的过渡。

继解潜之后，王彦于绍兴五年也“因荆南旷土，措置屯田，自蜀买耕牛千七百头，授官兵耕营田八百五十顷。”[⑥] 宋孝宗初年，汪澈督军荆襄，以“襄汉沃壤，荆棘弥望，澈请因古长渠筑堰，募闲民，汰冗卒杂耕，为度三十八屯，给种与牛，授庐舍，岁可登谷七十余万斛”[⑦]，也仅是在局部地方实施了营田。

南宋晚期，孟珙在枣阳一带创建屯田。孟珙是当时颇具才干的一个将领，为加强荆襄一带的防务，大力开展屯田。1228年“创平〔虏〕堰于枣阳，自城至军西十八里，由八叠河经渐水侧，水跨九阜，建通天槽八十有三丈，溉田十万顷；立十庄三辖，使军民分屯，是年收十万石。”[⑧] 1241年，孟珙又开展

---

① 《宋会要辑稿·食货》二之七。
② 《系年要录》卷四四，绍兴元年五月辛酉纪事。
③ 《文献通考·田赋考》七，《屯田》。
④ 《宋会要辑稿·食货》二之一三。
⑤ 《通考·田赋考》七，《屯田》。
⑥ 《宋史》卷三六八，《王彦传》。
⑦ 《宋史》卷三八四，《汪澈传》。
⑧ 《宋史》卷四一二，《孟珙传》，“虏”字据刘克庄所撰孟珙神道碑补。

了更大规模的屯田，“调夫筑堰，募农给种，如昔行之枣阳者，縻钱四十六万缗，三万四千石粟”，自秭归到汉口之间，“为屯二千，立庄百七十，为顷十万，总计收九十三万石有奇”①。用这一措施加强西线的防务，以支援蜀川。

除孟珙实行的屯田具有军事意义可以不论外，荆南府诸地营田的情况并不美妙。第一，营田卒每年耕作可得谷60斛，而每年开支的俸钱为36贯、米9硕，衣赐尚不在内，从经济收益上看是得不偿失的。第二，营田多“类皆夺民膏腴……州县无得谁何；或有水源，营田皆擅其利”；“民以田归之，为之佃户，非唯可庇赋役，始可得有其田”，从而影响了民户的生产。第三，“营田部辖，下至军兵，往往因公为私，多招佃户，侵耕冒种，不知纪极……一县不知失几户”，营田所得肥了营田官长，民户走失坑害了国家，因而营田无补于军实②。特别是，在号称最有成绩的解潜所经营的荆南府营田，“追集佃户，物力多寡，勒令认租，谓之附种营田，至两年一替，轮次认纳。吏缘为奸，转更教令纠决善良，每一户替免，至于追逮五七户”，以至“举县咸被其劳”③，用这种无偿劳役来增加营田租课，从而使农奴制残余形态又出现了。

陕、蜀“关外营田”④

剑门关外汉中地区是宋代西北边防屯驻大军的重镇。由于驻扎的军队多，所需军粮也多，自蜀中供应极为困难。为少纾这一困难，吴玠于绍兴六年（1136）在汉中洋州一带，治理废堰，垦辟荒田，率军民凡60庄，计田854顷，岁收约25万石，“补助军粮，以省馈饷”。这是所谓“关外营田”的开始。

绍兴十五年（1145），郑刚中又将营田推广到阶、成、西和、风及兴州大安军，“所营田至二千六百十二顷”，而以“洋之西乡为最”，“除粮种分给外，实入官细色十四万一千四十九石”。此外金州营田也岁入18600多石。

到宋孝宗乾道年间，关外营田也出了不少弊端。一是“强将豪民利于承

① 刘克庄：《后村先生大全集》卷一四三，《孟少保神道碑》。

② 薛季宣：《浪语集》卷一九，《论营田》。

③ 洪适：《盘洲文集》卷四九，《荆门军奏便门五事状》。

④ 本段主要根据《朝野杂记》甲集卷一六《关外营田》《朝野杂记》乙集卷一六《王德和据关外营田》，不再注明；有的地方还参用了《文献通考·田赋考》七《屯田》。

佃，故为欠输，得不偿失”；二是“军民杂处，侵渔百端，又于数百里外差科保甲，指教耕佃，间有二三年不得替者，水旱则令保甲均认租数”，这里营田同样残存了劳役制的性质，从而成为差科保甲的重负；第三，“所收之租，不偿请给之数，如兴元府岁收租九千六百七十三石，而种田官兵请给乃为一万一千四百”。针对这种情况，乾道四年（1168）川陕宣抚使虞允文对关外营田有所变革。他主要的做法是：“召人承佃，抽兵归营”。经过这番改革，垦田增至7557顷，而营田租入仅58000石，金州则2231石。至淳熙六年（1179），又进行清查，贫民下户“皆以实告”，而豪民大姓则暗行贿赂，原以为可增至30万斛，结果仅增8000余斛。之后，又恢复了原来的租数，“颗粒不收”，未曾增一点田租。关外营田主要是一批将官和豪强大姓获得其利，对关外驻军军需没有产生多大的作用。

两淮营田、官庄、屯田的演变

两淮原是经济发展的地区，经战争的破坏，“良田沃土，悉为茂草”[①]，创伤最为严重。这里又是南宋抗金的前沿阵地，更加需要有充足的人力和物力。解潜在荆南创建营田之后，两淮立即于绍兴二年建立了营田和屯田。由于营田系一哄而起，“累岁无效”[②]，“淮南营田四五年间，不闻获斗粟之用”[③]，因而在绍兴五年建康府都督诸路兵马行府指令各地营田，“依民间自来体例，召庄客承佃”，改作官庄，并作出如下的规定[④]：

（1）“将州县系官空闲田土，并无主逃田”，全都作为各地屯田；每县十庄，每庄五顷。

（2）每庄“召客户五家相保为一甲共种，甲内推一人充甲头，仍以甲头姓名为庄名”。

（3）“每庄官给耕牛五头，并合用种子农器；每户别给菜田十亩；先次借支钱七十贯，仍令所委官分两次支给，分作二年两料还纳，更不出息。若收成日愿以断（当作‘斛’）㪷折还者，听；仍比街市增二分（按即比市价提高

① 《宋会要辑稿·食货》二之一四。
② 《宋会要辑稿·职官》三之四〇。
③ 留正：《皇宋中兴两朝圣政》卷一六，绍兴四年九月乙卯纪事。
④ 《宋会要辑稿·食货》二之一五至一六。

二成，所以原注说：课如街市一贯，即官中折一贯二百）；其客户仍免诸般差役科配”。

(4)“每庄盖草屋一十五间（每间破钱三贯），每一家给二间，余五间准备顿放斛斗；其合用农具，委州县先次置造，仍具合用耕牛数目申行府节次支降”。

(5)“每庄摽拨定田土，从本县依地段彩画图册，开具四至，以千字文为号”，由屯田官收集送行府“置籍抄录”。

(6)“收成日，将所收课子除桩出次年种子外，不论多寡厚薄，官中与客户中停均分”；到第三年，这项规定又有所改变，即因“开垦荒闲田土，颇费工力”①，“除桩留次年种子外，今后且以十分为率，官为四分，客户六分”②，即从对分制改作倒四六分制。

(7)“今来屯田所召客户”，“系取人户情愿，即不可强行差抑，致有骚扰”；诸军之中的使臣和拣退军兵“有愿请佃者，并依百姓例，仍别置籍开具”。

(8)严禁州县公人“骚扰官庄客户，及乞取钱物”等等。

由营田转变为官庄，从官府地租收入看是成功的，“自去岁改为官庄，官给钱牛借贷，抚存流离，一年之间所收物斛已三十一万余石，稍见就绪”③，“绍兴六年官中所收约七十四万硕，庄户所分一同”④，从而估计两淮营田官庄达70余万亩。但是，在初次推行之时，官庄就存在了如下的问题，一是“奉行峻速，或抑配豪力，或驱迫平民，或强科保正，或诱夺佃客，给以牛者未必付以田，付以田者或瘠薄难耕，虚增田数，攘佃户合分课子以充其数，多鬻己牛以养官牛，耕己田以偿官租，反害于民”⑤；二是“营田之人，假官势力，因缘为弊，如夺民农具，伐民桑柘，占据蓄水之利，强耕百姓之田，民若争

---

① 《宋会要辑稿·食货》二之一八。
② 《宋会要辑稿·食货》二之二〇。
③ 《宋会要辑稿·职官》三之四〇。
④ 《宋会要辑稿·食货》三分之一二。
⑤ 《宋会要辑稿·食货》二之二〇。

理，则营田之人，群起攻之，反以为盗”①。而且经过一段时间之后，这种营田官庄进一步暴露了它的压迫性质，弊端更加严重：两淮营田，“应募者多是四方贫乏无一定之人，而有司拘种斛之数，每遇逃移，必均责邻里，谓之‘附种’。近年以来，逋亡者众，有司以旧数岁督其子利，致子孙邻里俱受其害。牛十〔年〕之后不堪耕，今给与民者二十有三载矣，一牛之毙，则偿于官，况连岁牛疫而不免输租，收（受）牛之家逋亡而责邻里代输”；“舒、蕲州十一县多将虚数抑勒人户，给散官牛，分租种子，今于自己田内种莳认纳子利，谓之‘附种’。年数既深，牛已死损，而虚数不除。又县官希赏，虚升开垦数目，却于人户自行科纳，以致积年拖欠，因而科扰”②。综合这些材料，可以知道，两淮的营田官庄与荆门军各地的营田一样，也由于县官的希赏而虚报耕垦数字、多缴官庄地租，从而抑勒广大民户“附种”，用这种无偿劳役来扩大营田官庄的租课，以致这一土地制度得不到发展的，这是其一。其二，就营田官庄本身来看，招纳的客户因房舍、耕牛、农具皆系封建国家所有，在迁移上就受到了一定的限制，而且在租课方面，又打算从倒四六制回到对分制，加上逃亡户的租课又复均摊，更加重了耕佃者的负担，这就使官庄制度内在矛盾得不到妥善的解决，必然使这个制度趋向于衰落！虽则如此，但营田官庄在初创时之比营田取得较好的经济的效果，使两淮荒地多少得到垦辟，还是值得肯定的。

这样，到宋孝宗隆兴元年（1163），营田官庄就又向屯田方面发展，以军队作为耕作的主力，其具体办法是根据绍兴六年的规章制订的：“以五十顷为一屯，作一庄，差主管将领一员、监辖使臣五员、军兵二百五十人。如次年地熟，人力有余，愿添田土，听从其便”，将扬州楚州官荒田58000余顷拨为屯田，先后给钱10万贯、度牒132道，作为兴修屯田之用③。由于“从军之人，率皆游手，不乐耕稼，或不诱之以利，未易即工”，因而规定了“初开荒，年所收全给；次年依乡例，主客减半输官，是十分止收二分半；第三年方依主客

① 《宋会要辑稿·食货》二之一八，《系年要录》卷一〇三。

② 《宋会要辑稿·食货》三之五至六。

③ 《宋会要辑稿·食货》三之一三。

例分收”[1]。正像营田一样，一时之内，大江南北诸军纷纷兴置屯田，成千的军队拨置到屯田上，上千石的种子播种到屯田上。不几年内，军屯又失灵了。乾道三年六月，主管江淮营田的叶衡说：营田五军庄计庄田 20765 亩，岁收大麦 4001 硕、小麦 1300 余硕、禾稻 18100 余硕，共值钱 2 万贯。可是所差使臣、军兵 584 人，岁请 47700 余贯、米 6500 硕、绢 2200 余匹、绵 3400 余两，折钱约 75000 贯，“所得不能偿所费之半”[2]。同年七月，驻守镇江的戚方奏称，淮东营田和扬州滁州屯田共占官兵 1512 人，所收粮食折价 9 万余贯，而官兵岁支则计钱 206800 余贯，“委实虚占枉费”[3]。于是军队屯田又告烟消云散，又转向“召百姓客户抵替”了。从纯粹的经济效果看，军队屯田确是得不偿失的。但，在两淮空旷、劳动力缺乏的条件下，南宋政府采取这项办法，多少可以节省一点军队开支，比单纯的养兵要好得多！更何况军队屯田，即可以使一贯游手好闲的军兵能够从事农业生产，又可以作为汰减老弱军兵的一个重要途径，而这两者之所得，不论在经济上还是在政治上都具有重要意义，而屯田上的那点超支又算得了什么呢！

两淮屯田虽然获利不大，但对于安插南来的北方民户来说，则是值得注意的。自从宋金对峙以来，北方居民不堪女真贵族的践蹂，南迁者为数不少；其中有的土豪往往团聚亲族、乡里和自己的客户数百家、几千人来到淮南、南宋统治地区，尤以完颜亮南侵之役失败后为甚。怎样安置这些居民即当时所谓的“归正人”呢？自宋孝宗乾道四年（1168）以后，主管淮南官田的徐子寅的一个重要办法是，让北来居民实行屯田。1169 年南宋政府将楚州宝应淮阴等地的官田拨给“归正人”王琮等 402 名，“每名给田一顷，五家结为一甲，内一名为甲头；并就种田去处，随其顷亩人数多寡，置为一庄；每种田人二名给借耕牛一头，犁杷各一副，锄、锹、镬、镰刀各一件，每牛三头用开荒銐刀一副；每一甲用踏水车一部，石辘轴二条，木勒泽一具；每一家用草屋二间，两牛用草屋一间；每种田人一名，借种粮钱一十贯文……其田给为己业，通计满

① 《宋会要辑稿·食货》三之一五。
② 《宋会要辑稿·食货》三之一六。
③ 《宋会要辑稿·食货》三之一六。

十年日纳税赋”[①]。这就是说，不再采用官庄的形式了，而是将官田转化私有地，以安置北来的居民。乾道八年，薛季宣在黄州一带也采用了同样的做法：“虞丞相（允文）遣公（指薛季宣）行淮西以实边……耄稚满车下，为之表废田、相原隰，复合肥三十六圩，立二十二庄于黄州故治东北（《宋史·食货志》谓在黄冈、麻城），以户颁屋，以丁颁田，二丁共一牛，犁、耙、锄、锹、镬、镰具，六丁加一䂓刀（陈傅良所作《行状》作“三牛犁刀一”，这两者内容是一致的），每甲辘轴二、水车一，种子钱丁五千，禀（廪）其家，至新食罢。凡为户六百八十有五……受田之丁，合肥八百一十有五，故黄六百一十有四”，共废钱2万缗、米6万石；同时“并边归正人振业之，合三千八百余”[②]。自此以后，如关右营田等大都改变了官庄的形式，而将官田赋与民户了。

江南诸路的营田屯田等

江南诸路也在南宋之初建立了营田屯田，同时，还继续保留了北宋以来的各类国有地。江南东路的建康府就有营田：“绍兴初，以闲田立官庄，以畸田募耕垦”，“初以军耕，后以民耕；初以稻入，后以镪入；初以饲马，后以饷军；初则优其课，蠲其征，而民乐趋之；后则民畏之，畏欲避之，而籍不能改矣！”“建康五县田地以亩计者二万七千七百七十四亩五十九步半”[③]。

江南西路有营田4000顷，多是招募民户耕佃。

在镇江府则有屯田，“今丹徒、丹阳、金坛三县元管屯田一十六万一千六百五十亩，计租米二万三千二百一十二石”，这大概是《文献通考》上所说的“承伪制”而来的异代的屯田，久为农民租佃、空有其名的一类国有地。此外也有“军田”，系“收伏杨幺等败残之军，无所归附，遂以逃荒之田，令其力农，时号杨幺子军，因名军庄。后军兵拨附大军，其田召农民为之耕种。今东西两庄共田七千六百一十四亩”，稻田5000多亩[④]。乾道六年，也建立了营田。

---

① 《宋会要辑稿·食货》三之一七。

② 吕祖谦：《东莱吕太史集》卷一〇，《薛常州墓志铭》；并参阅陈傅良所作《行状》。

③ 周应合：《景定建康志》卷四一《营租》。

④ 卢宪：《嘉定镇江志》卷四，《屯田》。

浙西营田颇为可观，达159万亩，出租者92万亩[①]。而常熟县的营田就有37383亩[②]。

沙田芦场

如前面所说，沙田芦场来自泛涨江涂田或沙田，这类田地集中在浙西、淮东和江东这三路。单是在建康府，由于白鹭洲、木瓜洲等位于长江中的沙洲较大，就有沙田芦场162358亩[③]。三路总额达280余万亩[④]。

经过劳动人民的辛勤垦辟，沙田芦场不但能种植各种作物，有的可以种植水稻，因而人们虎视眈眈，都想把这些土地攫为己有。“溥天之下，莫非王土”，传统上这类土地照例属于国家所有，从北宋神宗时即检括这类沙田，前面已经提到。绍兴初年，臣僚们便曾指出，沙田芦场“为人冒占，所失官课至多”[⑤]，因而建议，“欲尽行沙田入官，随其肥瘠高下，轻立租课，就令见佃火客耕种”[⑥]。宋高宗大为高兴，称：“得此可以助费”[⑦]。于是在绍兴二十八年，朝廷派莫蒙会同浙西、江东和两淮三路转运使检视所在沙田芦场，从而核实了上述田亩数字。同时，还制订了沙田芦场和租课：“官户十顷，民户二十顷以上，并增纳租课，其余依旧”[⑧]。

沙田芦场大都由“官户形势之家请买请佃，未立租课”[⑨]。如坐落在建康府长江上的杜真沙，“此沙芦场不下数万亩，其侧有赵姓、钟姓两户芦场，一以宝章、一以主簿立户，各不下数千亩。外此则有熟田三数万亩，只属两户，一系真州长芦寺常住……一系故将张俊府第之产”[⑩]，就可清楚地说明了这一问题。乾道六年（1165）梁俊彦建议，“以官民请买之田立税，请佃之田立

① 《宋会要辑稿·食货》五之三四。

② 卢镇：《至元琴川志》卷六，《版籍》。

③ 周应合：《景定建康志》卷四一，《沙租》。

④ 此据《朝野杂记》甲集卷一五《都下马料——淮浙江东沙田芦场始末》、《宋会要辑稿·食货》一之四六。《宋史》卷三九〇《莫蒙传》作2537000余亩。

⑤ 《宋会要辑稿·食货》一至三九。

⑥ 《朝野杂记》甲集卷一五。

⑦ 《宋史》卷三九〇，《莫蒙传》。

⑧ 《系年要录》卷一七九，绍兴二十八年六月甲寅纪事。

⑨ 《宋会要辑稿·食货》一之四三。

⑩ 吴潜：《许国公奏议》卷二，《奏论江防五利》。

租”。结果确定了沙田折纳米，沙地及芦场则纽折现钱，采用了实物和货币两种形态的地租。此后，沙田芦场隶属于提领官田所，直接由户部统辖。据《景定建康志》记载，建康沙租，“自淳祐八年（1248），田事所差官经理，县不得其租，而隶之总领所”；“未经理之前，沙田沙地租皆以钱，经理后田租纳米，地租纳钱，多寡互有不同”①。以淳祐未改变沙租之前的情况来说，沙田芦场的货币租达607070余缗②，为南宋政府财政收入的1%。变更之后，沙租大幅度地增长起来了。

南宋对官田的出卖

南宋一面扩大各种形式的国有地，一面又不断大批地出卖国有地。这两种形式围绕一个目的，即扩大政府的收入。特别是在南宋建立之初，“时以军兴，用度不足”，尤其需要扩大收入。

前章指出，南宋兵火甫定，官僚形势之家即又掀起了土地兼并的高潮，国有地也在蚕食鲸吞之列。如温州，“见管户绝抵当诸色没官田产数目，并依形势户诡名请佃，每年租课多是催头及保正长代纳”③；“诸路州县系官田产，缘当时估立租额高重，产主逃移展转，勒邻人承佃，破坏家产，输纳不及，遂至逃移，至有累年荒废无人承佃者”④；“屋宇新丽，田园膏腴，悉归上户；其贫下户虽有佃名，实无所得，缘此亦致逃移”，“延及催科，保长甲头逐年代纳租课”⑤；“有省房租赁一色，多为官吏之家累世隐占，有良田数百亩而岁纳四五十千者，有市井地段数十丈而岁纳四五十钱者”⑥。对真正租佃者说，国有地确是“为害不细”；对封建国家来说，则无利可得；国有地上的好处为品官形势之家囊括一空。

因此，从建炎四年以来，各地不断提出，“量立日限，召人实封请买”⑦。绍兴元年，南宋政府开始了大规模的出卖，当时规定，“若系佃赁及三十年已

---

① 周应合：《景定建康志》卷四一《沙租》。
② 《朝野杂记》甲集卷一五。
③ 《宋会要辑稿·食货》卷五之二〇。
④ 《宋会要辑稿·食货》卷五之二〇。
⑤ 《宋会要辑稿·食货》五之二一。
⑥ 《宋会要辑稿·食货》五之二四。
⑦ 《宋会要辑稿·食货》五之二〇。

上，即于钱价上以十分为率，与减二分价钱，限六十日送纳”[①]。这个规定，看来是对租佃者的照顾，其实却大谬不然，彭龟年曾指出：“昔任其劳而垦治者，细民之力也；今享其成而膏润者，豪民之利也。……朝廷但以减二分价为优现佃之人，不知现佃之人有钱则方可获得此利，无钱者则坐视有钱者取田去尔，能使之不怨矣乎?!”[②] 减价只能便宜了那些租佃官田的豪强。事实上，在买卖过程中，比这还要严重。第一，如浙西州县出卖蔡京等的田产，“州县官吏并缘为奸，将根括到田产并不开坐地界四至，纵容邻人以瘠薄私田等公然抵换，欺弊百出。”[③] 第二，如江西抚州，“昨拘籍田产估卖，缘中下之家无力承买，今相度欲许被估人纳钱收赎”[④]，得利者显然如彭龟年所说，是那些有钱的兼并之家。第三，在农民起义地区，如福建路建州一带，“官中籍没到贼中同事田产不少”，也“依法出卖”[⑤]，显然是对起义农民又一新的剥夺。第四，按照绍兴五年规定，出卖没官田，“监司州县官吏公人并不许收买”，“其寄居待缺官愿买者听”[⑥]，这仍然是对品官形势之收买官田开方便之门。综合以上几点，南宋建炎以来的出卖官田，为豪强兼并锦上添花，对贫民下户是无利可言的。从这一侧面又可看到南宋初年以来土地兼并之烈。

这次出卖，拖拉的时间甚久，直到绍兴十一年（1141）有的地方还没有出卖。至绍兴二十七年、二十八年，南宋又进行了一次大规模的出卖。原来在第一次“住卖”之后，在绍兴二十年左右，曾确定各地“没官户绝等田地，除见佃人户已添三分租课，并令人户依旧承佃不出卖外”[⑦]，其余不曾添租的田产包括房舍在内，以及其后“拘没到僧道置产及寺观绝产”和“经界出僧道违法田产”[⑧]，也都实封投状出卖。由于当时根据田亩多少定物力、承担赋

① 此据《宋会要辑稿·食货》五之二三；《通考》作“三十年已上者减价钱三之二”，当系“十之二”。

② 彭龟年：《止堂集》卷六，《乞废罢卖田指挥》。

③ 《宋会要辑稿·食货》五之二二。

④ 《宋会要辑稿·食货》五之二一。

⑤ 《宋会要辑稿·食货》五之二二。

⑥ 《宋会要辑稿·食货》五之二三。

⑦ 《宋会要辑稿·食货》五之二七。

⑧ 《宋会要辑稿·食货》五之二七。

役，一般地不敢投状购买，于是又规定了："置官产物力，欲一千贯以下免一年，以上免二年，五千贯以上免二〔'三'?〕年"①；乾道九年更进一步规定了，"承买官产一千贯以上免差役三年，五千贯以上免五年，和买并免二年，其二税役钱自令计数供输"②，一再鼓励豪强之家承买官田。官田尤其是其中肥沃的，大抵被大姓豪势买了去：

> 盖买产之家，无非大姓，估价之初，以上色之产，轻立价贯，揭榜之后，率先投状；至于折封，往往必得，今之已卖者是也。若中下之产，无人计嘱，所立之价，轻重不匀，今之无人承买者是也。③

至淳熙年间遂又告一段落。经过建炎以来的两次大规模出卖，至乾道二年南宋出卖官田所得540余万贯④；"大抵二十年间，所鬻官田实不过七百万"⑤。所出卖田地当在二三百万亩之间。之后，到绍熙年间又"置局出卖"，"嘉定年间尝再根括，不过一百八十余万缗⑥。虽然经过多次出卖，但南宋政府仍然占有了大量的各种类型的国有地。如常熟县在端平二年之后全县田为2419892亩，而包括营田、学田、职田、没官田在内的诸色官田为200800亩，占总额8%强⑦。建康府的沙田、学田依然原封未动，加上营田，共计199812亩，占当地总额4341643亩的4.6%⑧。南宋国有土地的绝对数字比北宋小，但所占垦田面积的比重似比北宋大。

景定公田法

南宋末年所面临的局势，较北宋末年还要严峻。蒙古贵族的铁骑在长江上游中游不断发动猛烈的攻势，南宋在军事上岌岌可危，不可终日。南宋财政困难日益加剧，滥发纸币的结果，百物腾涌，票面价值100文的纸币仅可买得一双草屦。为抗击蒙古贵族而在沿江驻屯大军，军粮又成为燃眉之急。在南宋统

---

① 《宋会要辑稿·食货》五之二九。
② 《宋会要辑稿·食货》五之三四。
③ 《文献通考·田赋考》七《官田》；《宋史》卷一七三《食货志》系此事于淳熙元年。
④ 《宋会要辑稿·食货》五之三四。
⑤ 《朝野杂记》乙集卷一六《绍兴到淳熙东南鬻官产始末》。
⑥ 刘克庄：《后村先生大全集》卷八三，《玉牒初草》宋宁宗嘉定十二年正月甲申。
⑦ 卢镇：《至元琴川志》卷六，《版籍》。
⑧ 此据《景定建康志》卷四〇所载数字统计。

治集团束手无策之际，贾似道却挺胸而出，以唐·吉诃德式的英雄姿态来支撑这个危局，景定公田法就是在这一情况下出笼的。

还在淳祐八年（1248），史宅之任同签枢密院事时，建议括浙西围田荡田作为公田，即已闹得“一路骚动，怨嗟沸腾”①，引起人们的非议。宋理宗景定三年（1262），在军事上刚刚虚报抗元大功而暂时得逞的贾似道，又想在内政上进行投机活动，而要实行什么“富国强兵之策”。刘良贵、吴势卿之徒遂向贾似道献所谓的“公田”之议，言事官陈尧道、曹孝庆辈随而和之。他们以历来的“限田之法”为借口，极力吹嘘：“置官户逾限之田，严归并飞走之弊，回买官田，可得一千万亩，每岁则有六七百之入，其于军饷则沛然有余，可免和籴，可以饷军，可以住造楮币，可平物价，可安富室，一事行而五利兴，实为无穷之利!”② 公田法之如此一本万利，当然迎合了贾似道的投机心里，于是在景定四年（1264）四月置官田所，命刘长贵为提领，陈訔为检阅，开始了公田的购买。

公田开始之时，是以购买品官之家超过“限田”以外的田亩为幌子的，贾似道首先把他自己的浙西田万亩作为“倡导”，赵立奎紧跟着“自陈投卖”③，这一姿态使得“朝野卷舌，噤不敢发一语”④，可以放手购买公田了。可是不久，就变成了强制性的征购：“继而敷派，除二百以下者免，余各买三分之一”。这说明了，在品官形势的反对下，征购“限外之田”已是不可能了，就只有转向一般中下层地主，强迫征购这些人的土地了。其次，征购价格原来规定是“亩起租满石者偿二百贯，九头者偿一百八十贯”⑤；可是，在实际上，“以租一石者偿十八界四十楮”。而且，征购“数少者则全支楮，稍多则银券各半，又多则副以度牒，至多则加以登仕、将仕、校尉、承节、孺人、安人告身准直”；给一个将仕郎的官告，相当于楮券3000贯，校尉则为楮券1万贯；

① 俞文豹：《吹剑录外集》。

② 有关景定公田的问题，周密《齐东野语》卷一七《景定行公田》所载最称翔实，但在时间有失误，如“景定二年壬寅”当是“景定三年壬戌”之误。本段以周密所记为主，参阅《宋季三朝政要》卷三，《咸淳遗事》卷上，《宋史·理宗纪》《贾似道传》等写成。

③ 《咸淳遗事》卷上。

④ 《齐东野语》卷一七。

⑤ 《宋史》卷一七三，《食货志》。

“五千亩以上，以银半分、官告五分、度牒三分、会子三分半；五千亩以下，以银半分、官告三分、度牒三分、会子三分半；千亩以下，度牒会子各半；五百亩至三百亩全以会子”①。为实施这个公田法，贾似道在成立官田所之后，又将他的党羽安插于浙西六郡：包恢、成公策去平江，潘墀、李补、焦焕炎去嘉兴，谢奕、赵与訔等去安吉，洪穮、刘子庆去常州，章坰、郭梦熊去常州，杨班、黄伸去江阴，主管各地征购。此外，还派陈訔、廖邦杰专事督责，对征购不力的县令予以撤职；而“包恢知平江，督买田，至以肉刑从事”②。

在贾似道集团的倒行逆施之下，公田法充分暴露了它的公开的盗掠式的反动本性。原来规定“二百亩以下者免”，实际上，不但200亩者不得免，就是“百亩之家亦不免焉”，显而易见，公田法掠夺的对象，主要的是权势不大的中下层地主，甚至也有一小部分上层农民。而且有的地方如毗陵澄江为了迎合这种派购，“凡六斗七斗皆作一石”，以扩大征购面。扩大征购的结果，如廖邦杰在常州，“民至有本无田而以归并抑买自经者”③。平江等六郡350万亩公田就是在这种盗掠劫夺之下获得的。其次，在建置公田的地方，则设庄收租。原来为扩大征购面，将六七斗的土地也在征购之列，而在收租之际则按一石征收，于是“元额有亏，则取足于田主，及归附以来元无底籍田主”，甚至“又将止收四五斗者抵换元卖田数，以至米数不敷，遂至抛荒，遗害农民”④；“常润渐北则地渐高，而土渐硗，所收亩多止五大斗或四三斗，今乃例拘八斗”⑤；“或未种田而令纳租，或本非种稻而令纳米”⑥；“或有硗瘠及租佃顽恶之处，又从而责换于田主，其害尤惨！”⑦“换田”也好，追加地租也好，这类公田上的压榨较之私家地主还要残酷。至于用田亩换回来的官告、度牒，在南宋晚年已成无用之物，“民持之不得售”，就更加说明了公田的盗掠性质。因此，自行公田之后，“六郡骚然”；“自从田归官，百姓糟糠难”，“自从买公田，丰年

---

① 《宋史》卷一七三，《食货志》。
② 《宋史》卷四七四，《贾似道传》。
③ 《宋史》卷一七三《食货志》。
④ 《咸淳遗事》卷上。
⑤ 黄震：《黄氏日钞》卷八四，《与叶相公西溜》。
⑥ 《黄氏日钞》卷七三《中省控辞改差充官田所干办公事省札状》。
⑦ 《齐东野语》卷一七。

亦凶年"[①]。有的士大夫如高斯得曾经指出：

> 自夺民田，流毒数郡，告牒弃物，不售一钱，遂使大家破碎，小民无依，米价大翔，饥死相望！有司尚谓田恶，日更月易，无有已时，奸细乘之，咸叛其主。识者谓异日浙西有乱，必自公田始。[②]

贾似道的公田法一经出笼，即遭到朝野上下一些士大夫的反对。徐经孙则"条其利害"[③]，马光祖则"移书贾似道"，论其不便，不能再向江东推行，"必欲行之，罢光祖乃可"[④]。贾似道集团利用其权力，在一时之内甚为嚣张，但是，由于他们的倒行逆施，妄图用扩大国有地的办法，牺牲中下层地主的部分利益，来缓和统治阶级的内部矛盾，但这个落后的、反动的做法是难以持续下去的。所以，随着贾似道的失势，反对公田法的声浪高涨起来。德祐元年（1257）南宋政府正式宣布废除公田法，可是"还田之事尚不及行"，蒙古贵族的牧骑已驻足于行在临安了！而这些公田，使元朝统治者获得了意想不到的好处。周密曾评论此事说："今宋夺民田以失人心，乃为大元饷军之利"[⑤]。元代柳贯在《过贾相故第》一诗中说："异时不籍公田策，安得吴粳驾海流?"[⑥]朱德润在论及苏州一带，"盖大德以来，计其地亩之数，借为官田、贷为僧产者居三之二"[⑦]。赵瓯北则说："元代之赐田，即南宋之入官田、内府庄田及贾似道创议所买之公田也。"[⑧] 这就是说，元代饷军、北运，以及大量的赐田，都来自于贾似道的公田。

---

① 高斯得：《耻堂存稿》卷七，《官田行》。

② 《耻堂存稿》卷一，《彗星应诏封事》。

③ 《宋史》卷四一〇，《徐经孙传》。

④ 《宋史》卷四七五，《马光祖传》。

⑤ 《齐东野语》卷一七《景定行公田》。

⑥ 柳贯：《柳待制文集》卷六。

⑦ 朱德润：《存复斋续集》《昆山州判官边承事遗爱碑》。

⑧ 赵翼：《廿二史札记》卷三〇，《元代以江南田赐臣下》。

第八章　宋代土地所有制形式（下）：个体农民土地所有制 关于宋代土地所有制演变的几点认识（第六、七、八章结论）

第一节　个体农民的土地所有制

在宋代农民诸阶层中，依据土地的有无可以区分为有地农民和无地农民两个类别。宋代户等的划分有两个分界线，一个分界线是主客户之分，或者说税户与非税户之分，如前面说过的，凡是有常产、承担国家赋税即使税钱仅有一文，也都列入主户之中，而无常产、不承担国家赋税的则列为客户。常产主要的是土地，因而主客户之分，从根本上来说，是有地无地之分。这样，有土地的一类农民则划归到主户当中，与无地农民的客户之间形成了这一界线。而在主户当中，又根据土地多少、财力大小划分为五等，如前章所指，第一第二等户以及第三等户中的一部分，组成为地主阶级；第三等户的一部分（中等户的下等）和第四第五等户是为有地的农民，后者在乡村户等中称之为下户，个体农民土地所有制即是指这些农民对土地占有而言的。就这个等级占有的土地来看，还可以区分为富裕农民（一部分第三等户）、自耕农民（第四等户和一部分五等户）和半自耕农（第五等户的大部分）。

占有一块土地的农民，在宋代户口中占的比重极大。宋仁宗即位的乾兴元年（1022），就有人指出："三千之邑，五等分算，中等以上可任差遣者约千户"①。之后，张方平在庆历元年（1041）又指出："中等已上户不及五分之

① 《宋会要辑稿·食货》一之二○。

一，第四、第五等户常及十分之九”[1]；30 年后，他又说：“万户之邑，大约三等已上户不满千”，“四等以下户不啻九千”[2]，认为第四、五等户占主户的十分之九。宋神宗时，郏亶在论苏州水利中提到，苏州 15 万户，三等以上户 5 千，仅占4%，而第四、五等户占96%[3]。孔文仲在《制科策》中则说：“上户居其一，下户居其十”，四、五等户占主户十分之九以上[4]。刘安世在宋哲宗元祐元年也有类似的估计[5]。根据上面的估计，自户口总数（100）减去客户所占比数（以 35% 为准），余数为 65，然后乘以十分之九，为 58. 5%。孙谔在宋哲宗绍圣三年估计，“假一县有万户焉，为三分率之，则民占四等五等者常居其二”[6]。这个估计同仁宗初年上封者的估计类似，据此估计，65 乘以三分之二，第四、五等户占总户数的 43. 3%。根据上面的计算，第四、五等户占总户数 43. 3% ~58. 5%，取其中数，大概在 50% 左右。加上第三等户（或中户中的下等）中富裕农民，占有土地的农民在总户口中的比数还要大些。

在农民诸等级中，占田也是有区别的。一般地说，富裕农民占田大约在六七十亩至百亩之间。祖无择在《西斋夜话》中，记载了蔡州褒信县文宏秀才，他和他的妻子，“去邑城十数里，有田百余亩，岁自耕耘，力不懈，凡春秋田率只种一色，是岁所种之田例必倍熟，凶年亦独有收”，“岁取所得，常缘（四库本作“募”）里中尤贫乏者辇负，就寄其家，约日与之饘粥之费，以充佣直”[7]。文生百亩之田仅种春种一色，而不采取两年三熟制，故土地肥力较好，所以“凶年亦独有收”。这些田地，主要由自己耕作，但在收成之际雇工“辇负”。像这类生产者列于农民上层或富裕农民中是相宜的。诸如“常熟县虞山北葛民村，有农夫姓过，种田六十亩，岁常丰熟”[8]；温州瑞安木匠王俊，

---

① 张方平：《乐全集》卷二一，《论天下州县新添置弓手事宜》。
② 《乐全集》卷二六，《论率钱募役事》。
③ 《三吴水利录》卷一，《吴郡志》卷一九。
④ 孔文仲：《舍人集》卷一，《制科策》。
⑤ 刘安世：《尽言集》卷一一，《论役法之弊》；亦载于《宋会要辑稿·食货》一三之三四。
⑥ 《宋会要辑稿·食货》一四之八。
⑦ 祖无择：《龙学文集》卷一四，《西斋夜话》。
⑧ 郭彖：《睽车志》卷三。

“时有田三十亩”,“后数岁,田至六十亩”[①],过姓农夫和这个兼营木匠的王俊,也都属于上层农民。根据产税钱的划分办法,“旧法不满一贯文为四、五等户。”[②] 这是区分第四、五等户与第三等户的界限。又据真德秀所记载的福建路的情况,“产满千钱,大约田几百亩”[③],因而每亩折产税钱十文左右。应予注意的是,所谓“一贯文”与“产满千钱”还是有所区分的,按照宋朝省陌的规定,一贯文者为770文,因而它在实际上有田70余亩以下者为第四第五等户。如果这一理解不错,上层的富裕农民占田在六七十亩以上至百亩。宋孝宗乾道八年(1172),南宋政府安排自北方投归的百姓,当时所谓的归正人,将安丰军属县的187顷3亩闲田,给付217户,平均每户86亩[④]。

其次,看看第四等户亦即自耕农民占田的情况。沈括在《梦溪笔谈》中曾记载了这种类型农民的情况。颍昌阳翟县杜生,先在城南,“有田五十亩”,与兄同耕;后兄之子娶妇,“度所耕不足赡,乃以田与兄”,携妻子去县城30里处,种田30亩,等到儿子能够耕作,尚有余力,又为人佣耕,“自此足食”[⑤]。有田50亩,大约是这一类型农民占有土地的状况。宋仁宗皇祐年间,丁度论及“闽蜀地狭”,尽管“旷土尽辟”,蜀地“下户才有田三五十亩或五七亩,而赡一家十数口”[⑥]。这个材料虽然是有关成都府路下户即第四、第五等户占田情况的,但对了解其他各地区下户占田也极为重要。又据朱熹的记载,按照产税钱划分户等的标准来看,“第五等是产税钱五百文以下”[⑦],又据方回的记载,“旧法不满一贯文为四五等户”[⑧],可见四等户产税钱在500文至1贯文下。按产税折合四等户所占田地也有三五十亩。根据王曾瑜同志《宋朝的产钱》一文的折算,惠安县产钱200文至499文的第四等户,所占田地按一

① 洪迈:《夷坚志补》卷一〇,《田亩定限》。
② 方回:《续古今考》卷二〇,《附论叶水心论口分世业》。
③ 真德秀:《真文忠公文集》卷二,《癸酉五月二十二日直前奏事》二。
④ 《宋会要辑稿·食货》六之二二。
⑤ 沈括:《梦溪笔谈》卷九;《宋史》《隐逸传》杜生的事迹,全抄自笔谈。
⑥ 《长编》卷一六八,皇祐二年六月记事。
⑦ 朱熹:《晦庵先生朱文公文集》卷二四,《与魏元履书》。
⑧ 方回:《续古今考》卷二〇,《附论叶水心口分世业》。

等田折算也有31亩[①]。以上几例已经说明了自北宋到南宋四等户占田的数量，从下面的例证中也许更能说明四等户占田的情况：余姚人孙介，“初有田三十亩，娶同县张氏，得奁资十亩，伏腊不赡，常寄食，授书自给。中年三儿寖长，谢主人归，训家塾。久之大困，丧其田土。”[②] 孙介有田40亩，依然是“伏腊不给”，这说明靠这些土地的收入，来维持不劳而食的寄生者的生活是戛戛乎其难的，终于“大困”、失去自己的田土。但作为一个自耕农，有田30亩，在南方条件下，好坏田土搭配，还是可以维持的。前面提到，温州附近30亩，大约为第四等户；方回也认为，“一农可耕今田三十亩”[③]，作为自耕农的第四等占田30亩大约是这一阶层占田数量的下限，或者要问：河北西路定州安喜县“户一万三千有余，而第四等之家乃逾五千，每家之产仅能值二十缗而上，即以敷纳役钱”24缗之家产，有田不过十余亩，怎么能够划到四等户中呢？这是由于，役法初行时，安喜县四等户仅1600余户，“由役钱额大”，“乃自第五等升三千四百余户入第四，复自第四等升七百余户入第三”[④]，因而24缗之家产，系安喜县的第五等户！

最后，看第五等户亦即半自耕农占田的情况。第五等户，在熙宁变法期间，属于下户中的下等（上等是第四等户）。这类农户占田情况也大不一样。大约占田30亩以下的，都属于第五等户。元丰末年，因“下等人户地土既少”，因而对保甲教阅作了如下的变革，“并第五等以下土地不及二十亩者并免推行之”[⑤]，可见20亩以下的属五等户。另外，从文字语气看，第五等也有土地在20亩以上者。如果上述30亩是第四等户土地最少的，那么第五等户土地最多的可到30亩。前引朱熹的记载，产钱500文以下的是第五等户，而一般地每亩产钱10文左右，似乎五等户也可能有三四十亩以上。但以30亩作为第四、第五等户的分界线是相宜的。而且从现有材料看，第五等户有二三十亩

① 载1984年《中华文史论丛》第三辑。

② 沈焕：《定川遗书》卷一，《承奉郎孙君行状》。

③ 方回：《续古今考》卷一八，《附论班固计井田百亩岁入岁出》。

④ 《长编》卷三六四，元祐元年正月戊戌记事。

⑤ 陈次升：《谠论集》卷一，《上哲宗乞保甲地土不及二十亩者免冬教》；又《宋会要辑稿·兵》二之三二。

就很不坏了，一般地要低于这个数量。宋仁宗末年，陈舜俞曾经提到："生民之困，无甚于农也。古之农，一夫受田百亩；今之农，十夫无百亩之田"①，这就是说，占田不到10亩。事实上，也有的第五等户仅有五七亩或三五亩田的："下五等人户，所仰数亩之田，以为卒岁之计"②。但是，在"贫民下户"当中，有的仅有"一亩之宫（室?)"③，甚而"一钱、粒米，而名税户"④，也列于第五等户中，这类农户占有的土地就更加少得可怜了。总之，大部分第五等户即使在景况最好的时候，占有的土地也不足以养活一家老小，不得不交租佃种地主的土地，因而属于半自耕农阶层。

农民诸等级究竟占有多少土地呢？这里打算对熙宁年间的情况，作一估计。就第一章人口情况来看，北宋初年以来，客户比数是递年下降的，到熙宁五年下降为30.4%，为客户比数的最低点。客户比数下降，意味着自耕农民比数上升，因而在熙宁五年自耕农大概上升到北宋的最高点，可能占全部户口50%以上。又熙宁元丰年间户口达1500万户，垦田约为700万~750万顷之间。如果农民诸等级占总户50%：第三等户为10%，为户150万户；第四等户为15%，为户225万户；第五等户为25%，为户375万户。如果第三等每户平均为60亩，则共占田9000万亩；第四等户平均40亩，则共占田9000万亩；第五等户平均15亩，则共占田5625万亩。农民诸等级共占田23625万亩，占当时7亿亩的34%，还可能高到40%⑤。这大概是宋代农民诸等级占田比数的最高数额。

自宋徽宗以后，特别是在南宋年间，农民诸等级对土地的占有日益减少了。它表现在以下几个方面。

第一，在第一章户口和垦田当中，曾经指出，宋哲宗以后客户比数又递年上增，到宋高宗绍兴四年（1134）回升为36.14%。就现存南宋地方志有关户口记载，诸如歙州、台州、明州、兴化军等地的客户比数，无疑经历了高

---

① 陈舜俞：《都官集》卷七，《说农》。

② 《宋会要辑稿·瑞异》三之二八。

③ 孙觌：《鸿庆居士集》卷三五，《李谟墓志铭》。

④ 薛季宣：《浪语集》卷二〇，《论民力》。

⑤ 参阅《论"等贵贱、均贫富"》，载1982年《中国史研究》第一期。

（从北宋初年）—低（宋神宗）—高（南宋）这样一个历程。宋代客户分布的情况是，川峡四路比数最大，北方诸路次之，南方诸路较小，尤以两浙、江东路最小。因而南宋客户回升不可能到北宋初年的40%左右，到绍兴四年的36.14%已经相当高了。客户回升，意味着自耕农民比数下降，农民诸等级土地占有的减少。

第二，尤其明显的是，如前所指，南宋又出现了“有丁无田”的情况，第五等税户失去了自己的土地而成为第五等无产税户，这类农户在总户数中约占7%，名为第五等户，实际上与客户的经济情况是一样的。

根据以上两点，在南宋，占有一块土地的农民诸等级所占比数至少要下降10%，能维持在40%左右就很不错了。他们所占有的土地自然随之而下降，能够占百分之三十几就很可观了。

第三，南宋诸户等普遍发生变化，“上户折（当作‘析’）为中户，中户变为下户”①，而包括部分中户在内的农民诸等级的经济力量则大大削弱了。宋哲宗元祐元年（1086），司马光要求恢复差役法，拟议：“若以衙前户力难以独任，即乞依旧于官户僧寺道观单丁女户有屋业每月掠钱及十五贯，庄田中年所收斛㪷及百硕以上者，并令随等第出助役钱”。章惇反对这个意见，他指出：“月掠房钱十五贯已上，已是下等之家”，“凡内地中年百硕斛斗，粗细两色相兼，共不值一十千钱”，“免役法中皆是不出役钱之人”②。从产量来看，庄田百斛需要土地50亩左右，有这样收入的农户显然是第四等户。这样的农户，就其物力来说，虽不到百千，至少也有五六十千③。到南宋，情况便大不一样了。列于中户的富裕农民变成了下户，而第四等户物力也削减了很多。王十朋在论及和买的一道奏疏中说：“盖缘本县（指余姚）以第一等止第四等科和买，而第五等不科；物力及三十八贯五百文者为第四等，三十八贯四百九十九文者为第五等。”④ 文中指出，在绍兴经界之时，物力钱达38贯500文者即

---

① 吴泳：《鹤林集》卷一七，《论郡县人心疏》。

② 《宋会要辑稿·食货》一三之一〇。

③ 按宋代物力多根据田亩及其他产业计算，北宋时50亩土地价在50千左右，故有四五十亩者物力至少为五六十千。

④ 王十朋：《梅溪先生集·后集》卷一九，《定夺余姚县和买》。

为第四等，与上三等户共同科敷和买绢。那么这个38贯500文物力钱究竟占有多少土地呢？宋孝宗乾道九年三月六日一道奏札中说："自经界后至乾道五年，七经推排"，"至于物力钱十九贯有奇便科买一匹，则是有田一亩，即出和买七尺，六亩则成匹矣。"① 按宋代布匹每匹官定为42尺，所以"六亩则成匹"；而物力钱19贯有奇便科买一匹，则此等人户仅有六亩土地而已；而物力钱38贯500者不过有十余亩田地而已。把这样的民户列于第四等，就其物力而论，在北宋时列为第五等也是经济力量较弱的，绍兴府是南宋和买绢最重的地区，因而极力把物力钱降低，以扩大第四等户的数量，均敷和买绢。就其他地区来说，也许稍为缓和一点，但也明显地反映了第四等户物力的削弱，如温州以30亩承担各项科敛，也比北宋时的第四等的物力下降多了。第四等户物力的削弱同样说明了这个户等土地占有的减少。

第五等户中的一部分成为无产税户，第三、四等户物力下降、占有土地日益减少，深刻说明了占有小块土地的农民诸等级的衰落。造成这一衰落的因素虽有多端，主要地是由宋封建国家赋税徭役的沉重。对这个问题，下面几章再详加讨论，但这里需要指出的，有的差役本不应当由中下户承担，但由于大地主的逃避，便落在较为富裕的农民和四、五等户身上；有些赋税，本来不应当由第四、五等负担，由于品官形势以及地主豪绅的逃避，便转嫁到第四、五等户身上。在赋役日益增重的情况下，土地兼并乘隙而入，从而攫占了农民的土地。这样，在两宋，可以看到，土地兼并发展的过程，同时也是宋代赋役一再增重的过程，而且这两者又结合起来，以致把自耕农、半自耕农推向贫困的深渊，使其向佃客方面转化。试看宋太宗至道二年（996）陈靖的奏疏：

> 诏书累下，许民归业，蠲其租调，宽以岁时，然乡县扰之。每一户归业，则判报所由，朝耕尺寸之田，暮入差徭之籍，追胥责问，继踵而来。虽蒙蠲其常租，实无补于捐瘠。况民之流徙，始由贫困，或避私债，或逃公税，亦即亡遁，则乡里检其资财，至于宝庐什器桑枣材木咸计其直。或乡官用以输税，或债主取以偿逋，生计荡然，还无

① 《宋会要辑稿·食货》三八之二三至二四。

所诣，以兹浮荡，绝意归耕。[1]

南宋初年的汪藻的奏疏中论及当时农民的情况说：

> 古者以暴赋横敛为非，尚有赋敛之名也，今则直夺而已耳！古者以收大半之赋为非，尚有其半也，今则直尽而已耳！尚亩之民，寒耕暑耘，黧面涂足，终岁劳苦而不厌糟糠者，陛下不得而见也；胥吏坐门，朝暮不得休息，愁叹之声，日与死比者，陛下不得而闻也；贴妻卖子，至无地可容身者，陛下不得而知也；尚何以生财为哉？[2]

“民户避役，田土悉归兼并之家”[3]，“贴妻卖子，至无地可以容身”，就是深受赋税重压和豪强兼并的结局，维持简单的再生产尚且不可能，又怎么能够扩大再生产，“尚何以生财为哉”?!

第二节　对宋代土地所有制演变的几点认识

从上述第六、第七、第八等章有关宋代土地所有制演变的历史中，可以得到以下的几点认识：

（一）大家知道，在宋代土地所有制中，土地私有制占绝对的支配的地位，而地主的土地所有制又在土地私有制中占绝对的支配的地位。地主土地所有制之取得这样一个结果，则是通过两宋300年土地兼并造成的。

宋代土地兼并大致经历了如下的一个过程：从北宋初年的缓和状态到宋仁宗时的猛烈发展，又从宋神宗时期的缓和状态到宋徽宗时的再度猛烈发展，从宋高宗时期的猛烈发展一直持续到南宋末年，从而形成为北宋初到宋仁宗时的低——高、宋神宗到宋徽宗时的低——高以及宋高宗时到南宋末年的高——更高这一过程。两宋的官私地租、政府的赋税和差役，亦同样地经历了这样一个过程，而且后两者是在前者发展的基础上形成的。因此，土地兼并这一过程的发展，同两宋经济的发展变化、社会生产和再生产的实现，有着极其重要的关

① 《宋史》卷一七三，《食货志》。
② 汪藻：《浮溪集》卷一，《行在越州条其时政》。
③ 留正：《皇宋中兴两朝圣政》卷二一，绍兴七年二月辛酉。

系，因而认识这一点是极为重要的。

土地兼并，历代皆有，在宋代究竟表现为哪些新的特点呢？两宋300年间品官形势之家对土地兼并起着最为严重的作用，三次土地兼并的猛烈的浪潮就由这个势力掀起的，应当重视这一点。不过，对土地兼并起着经常性的影响和作用的，则是土地的买卖；而对土地买卖起着重大影响和作用的，商业资本、高利贷资本则是值得注意的一个力量。而这一点正是宋代土地兼并过程中的一个突出的特点。自然在秦汉也曾经出现商业资本、高利贷资本兼并土地的严重情况，但那时候的商业资本、高利贷同奴隶制残余是紧密地结合着的，或者说这个经济力量代表了残存的奴隶制，它的发展对新建立的封建制是不利的，因而这个经济力量便遭到了地主阶级及其代表人物的压制和打击，以致一时之内衰落下去。宋代的商业资本、高利贷资本与秦汉时期的具有质的不同，这个经济力量特别是商业资本，对官僚大地主以及老牌地主起着相当有力的冲击作用，从而使集中到这些人们手中的土地，或者重新分散开来，或是转移到这个经济力量手中，使他们向封建地主方面转化。使土地重新分散开来，土地集中不能过快过猛，对社会生产是有利的；即使转移到商业资本手中，封建租佃制关系照样发展下去，仍然能够适应生产力发展的性质。因此，商业资本在当时土地兼并过程中发挥了它历史上应起到的作用。这是一方面。

另一方面，也不能小看商业资本特别是高利贷资本对社会生产所起的副作用。高利贷对官僚豪绅的压榨，往往引起官僚豪绅对广大佃客剥削的加重，从而使封建租佃制从适应生产力发展的性质转向阻碍生产力的发展，这是不待多说的。可是，我们看到，在宋代乡村中，放高利贷的，不是别人，而是那些土地兼并者——品官豪势之家和经济力量强的寺院；本来具有一点迁移自由的佃客，在高利贷的盘剥之下，失去了这点自由，这种经济的力量转化为超经济的强制，对封建租佃制的发展是不利的，更何况这种高利贷把广大佃客的血汗榨挤得一干二净，有时连反复简单的再生产都已不可能，更不必说扩大再生产了。而且从商业资本、高利贷资本的发展趋势说，它同官僚、地主日益结合，成为三位一体。在这几章中看到了商业资本向土地、商人向地主方面的转化，在后面还将叙述官僚、地主同商业资本、高利贷资本的结合。认识这种情况，对于认识宋以后封建制度的迟滞乃至裹足不前是极其重要的。

（二）从宋代土地所有制的发展中，可以看到封建国家土地所有制继续衰落，而土地私有制则得到更进一步的发展，并居于绝对的优势地位。

为了说明上一问题，不妨先看一下国有地的数量。今将前章所述摘要如下：

（1）前代遗留下来的各类国有地，诸如四川营田、福建官庄和江西、两浙屯田等，已无法确知其数量，但从南宋对两浙斥卖包括前代遗留在内的官田情况估计，当在25000顷左右。

（2）屯田，宋真宗天禧末年总数为4200顷，宋神宗熙宁四年将其全部租佃给民户耕种。

（3）陕西河东等路营田、弓箭手田，到宋神宗时发展得最快，为数当在35000顷以上。

（4）监牧地，宋真宗景德年间诸监牧地和诸军牧地总计为98901顷，宋仁宗嘉祐年间河南北诸监牧地为65000顷，宋神宗时听民租佃，为数当与嘉祐年间者相去不远。

（5）官田，宋神宗元丰年间为63393顷。

（6）职田，宋神宗元丰年间为23486顷95亩。

（7）学田，据宋徽宗大观三年统计总数为105990顷。

综计以上数字，北宋各类官田总数为322000余顷。根据前章的估计，北宋垦田在宋神宗熙宁元丰之际最少达700万顷，可能在750万顷左右。国有地占垦田总数4.3%左右，而民田亦即私有地则占总数的95.7%左右。由此可见私有土地居于绝对的优势地位。（宋代国有地究竟有多少还说不清楚，据《通考》《官田》载，宋神宗时“开封府界诸路系省庄、屯田、营田、稻田务及司农寺户绝水利田，并都水监官庄淤田司447448顷16亩”云云，只此一处记载，附此待考。）

南宋国有地有所减少。如监牧地、陕西、河东路的营田、弓箭手田，都因属于金国统治地区而全部丢失；职分田减少35%，即减少了8000多顷；学田也减少三分之一，约35000顷。但南宋却增加沙田芦场共28000多顷，尤其是在两淮、荆湖北路等地涌现了大批官田，增加了数万顷。因之南宋各种类型的国有地在宋孝宗大批出卖之前不下20多万顷。南宋垦田约在450万顷以上、

500 万顷左右。南宋国有田占垦田总数的 4.4% ~4%，同北宋比数相差不多。这同样表明私有土地居于绝对的优势地位。这个优势历元明清而未变动，这是宋元明清土地制度上值得注意的一件事。

（三）在两宋，造成土地私有制之居于绝对的优势地位的原因是什么呢？

首先是，在魏晋隋唐时期同封建主大土地所有制相抗衡的封建国家土地所有制，诸如均田、营田、屯田等等，已经完成了它们的历史行程，走向了衰颓。除了均田制因无法满足广大农民的土地的基本要求从而必然走向衰落外，其他形式的国有地之所以衰落，主要由于：经营管理不善，不但得不到经济收益，而且变成为扰害居民的一项劳役。从而在激起不同阶层的居民的不满的同时，引起统治阶级内部的非难，国有地不得不衰落乃至寿终正寝了。宋代统治集团，没有认真接受前代这些经验教训，如陕西营田、河北屯田、或者不得不废罢，或者撤销机构而租佃出去，就是因为这类土地制度没有能够向社会提供相应的财富，反而成为社会的累赘，这样缺乏生命力，也就难以为继了。宋代各种类型的国有地，特别南宋初年的营田、屯田等，如果广召江东、两浙等路无地农民，给以垦荒的牛犁工具、种子以及生活上的各种补助，采用租佃制、倒四六分配方式，肯定地会收到预期的效果的。可是，南宋统治集团不这样打算，搞什么“附种营田”，限制官庄农民的迁移，恢复劳役制，结果从营田改为屯田，又从屯田改为官庄，如此等等，终于没有能够使两淮、荆湖北路的残破局面得到恢复。很显然，宋代各种类型的国有地，又是采用过时了的落后的经济制度，以致同生产力发展性质不相适应而衰落下去的。当然，不是所有的国有地统统衰落，也不是所有的国有地都采用落后的经济制度和方法，例如学田就不是这样，它广泛地采用了租佃制和定额租的分配形式，而且也征收了一点货币租，适应了生产力发展的性质。——唯其如此，学田制不但在两宋得到发展，而且在元明清继续得到发展。这样，从这一个侧面又说明了，土地制度的兴衰，决定于是否适应生产力发展性质这一基本条件。

其次，土地私有制之所以居于绝对的优势地位，又是因为它更能够适应时代发展的要求。土地私有制是由封建土地所有制和自耕农民小土地所有制组成的。自耕农民的小土地所有制是在均田制崩溃之后发展起来的；均田制不仅因为受田不足不能满足农民的要求，而且它的不能自由迁移、不能自由买卖、处理口分田也无法满足农民的要求，因此在外部大土地所有制的侵刷下崩溃了。而自均田制崩溃之后，经过大规模的唐末农民战争，从五代到北宋，农民能够垦辟荒地，能够自由处理和买卖土地，在这一方面比过去有了改善，从而使这种小土地所有制有了发展。封建土地所有制中的封建大土地所有制（包括封建主的和寺院的），同封建国家土地所有制长期处于此消彼长、此长彼消的境况中，随着农民的反抗斗争，庄园农奴制以及它所建立起来的封建大土地所有制衰落下来了，而封建租佃制及其所建立封建土地所有制发展起来了。而宋代土地私有制的重要组成部分封建土地所有制就是由于它实施了封建租佃关系，能够适应生产力发展的性质而才发展起来的。除川峡路外，在宋代其他诸路，即使是封建大土地所有制也是采用租佃制。由此可见，一种土地所有制能不能发展，与能否适应生产力发展性质是密切关联着的。

（四）当然在对生产力发展方面来说，土地私有制的各种形态也是极为不同的。先从封建土地所有制来看。南宋叶适曾经指出，“有田者不自垦，能垦者非其田”。这两句话把封建土地所有制同劳动生产者之间的分离说得非常清楚。因此，封建土地所有者——封建主之所以把他占有的土地租佃给无地的农民，正如苏轼所说，不是“行仁义”，而是为了取得“租课”。只要能使地租有千斯仓、万斯箱那样多，封建主什么手段都能够使得出来的。特别是大地主，往往利用其雄厚的经济力量，把农民再度束缚到土地上，使客户失去了迁徙的自由；而封建主的沉重的地租剥削，连佃客的必要劳动也被吞噬一部分，以致使佃客无法进行其简单的再生产。因而在封建土地制基础上的租佃制关系，虽然比魏晋隋唐时的庄园农奴制前进了一大步，但其对生产力发展所起的促进作用是有限的。而且其中的封建大土地所有制在条件许可的情况下，又可以倒退到庄园农奴制去，因为在租佃制与农奴制之间并没有一条不可跨越的鸿沟。这些问题，在前章中已经有所说明，而在后面地租一章中将更加暴露租佃制的性质及其对社会生产所起的作用。

（五）最能够适应生产力发展性质的，则是自耕农民的小土地所有制，这是值得注意和研究的。马克思曾经指出：“土地所有权是个人独立发展的基础";"自耕农的自由所有权"就是这个土地所有权①。自由是具体的，而不是抽象的。在历史上，具体的自由总是有它的相应的范围和一定的局限。在资本主义社会，谁有资本，谁就有自由；谁的资本多，谁的自由范围也就大。在封建时代，谁有土地，谁也就有自由；谁的土地多，谁的自由也就越广泛。自均田制破坏以后而形成的自耕农民阶层，较均田制农民有了一块真正属于自己的土地，因而较均田制农民有了真正的人身自由。他们能够在自己的这一小块自由的土地上耕垦种作，其中土地较多的则向小商品道路上发展，同市场的联系密切起来了。宋代社会经济之所以超过以前任何一个时代，经济文化之所以居于当时世界的最前列，自耕农民数量之多以及占有相应的一小块土地是一个极为重要的因素。可惜的是，自耕农民的土地所有制占的比重太小了，而且自耕农民的这个土地所有权也极不稳固。这是由于国家赋役的一再增重，高利贷土地兼并势力的环伺，丧葬嫁娶中封建礼俗的侵蚀，农民的小块土地以及在此基础上的自由的土地所有权，不断缩小、不断丢失、不断被剥夺，以至于变成为第五等无产税户和无地农民，而这个阶层的衰落，又是宋代社会经济萎缩的一个重要因素。因而研究自耕农民阶层的生产状况及其实现再生产的条件是极为重要的。

（六）在宋代，封建土地所有制占绝对的优势，而自耕农民土地所有制同封建土地所有制相比简直太可怜了，尤其是通过土地兼并的发展，封建土地所有制特别是封建大土地所有更加膨胀，自耕农民土地日益缩小，农民阶级与地主阶级对土地的占有形成极其鲜明的对照。现将前几章叙述的情况摘述如下。

封建土地所有制：

（1）封建国家占有的土地，北宋约占垦田面积总数的4.57%，南宋约占4%，即自4.57%～4%；

（2）封建主占有的土地，从北宋到南宋大地主占田大约自百分之三四十扩大到50%；中下层地主占田则在30%～20%之间。

（3）寺院占有的土地，北宋在15万顷上下，南宋在十一二万顷左右，

---

① 《马克思恩格斯全集》第25卷，第909页。

占全部垦田（北宋时）的2.15%。

总之，封建土地所有占全部垦田的比重是自60%~70%之间，最高可能到75%。

（4）自耕农民对土地的占有，北宋时最高不过40%，南宋时则下降到30%以下。

从各阶级阶层对土地的占有中，可以看到：占人口不过百分之六七的地主阶级占全部垦田的百分之六七十，甚至70%以上，而其中占总人口千分之四五的大地主占田竟达百分之四五十，而占总人口百分之八十几的农民阶级占有的土地不过是垦田的百分之三四十，甚至在30%以下，土地占有是这样的不均，农民阶级与地主阶级之间对抗关系，就是以此为轴心而发展起来的。

与此同时，封建国家与地主阶级之间，地主阶级内部各阶层之间，地主同商人高利贷者之间，为瓜分农民的剩余劳动乃至必要劳动而展开了尔虞我诈的斗争，从而显现了波谲云诡的局面。

第九章　宋代地租形态及其演变——兼论地价及其与地租的关系

在前章中，曾经指明，地主士大夫之所以热衷于“求田问舍”，土地兼并之所以猛烈地进行，是因为土地被地主阶级视为“衣食之源”，因而兼并土地也就成为地主阶级的一个本性。而同时，作为地主阶级的又一个本性，则是“以躬耕稼为耻”[①]，不劳而获，用前引叶梦得的话来说，土地又使封建士大夫“无须劳碌”便可获得的“长久”“自然之利”[②]。这样，封建地主阶级便以土地为手段，来榨取农民的血汗，充作他们的“衣食之源”，——这就是通常所说的地租。归根结底，充作封建地主阶级“衣食之源”的地租，来自于农民的血汗。唯其如此，连苏轼这样著名的士大夫也不得不承认，封建主之所以不时地向佃客提供借贷，并不是行什么“仁义”，而是客户因缺衣少食而流徙，地主们的土地不得不“荒废”，[③] 从而断绝了“衣食之源”。除佃客之外，少地的第五等户以及南宋以来的第五等无产税户，也是租种地主承受地租压榨的被剥削者。因之，地租乃是宋代社会生活中占总人口百分之六七的地主阶级及其国家，攫占占总人口百分之五六十的无地少地农民的剩余劳动乃至必要劳动的一种广泛存在的社会关系。同时，地租形态又是多种多样的，在各地区之间是极不相同的；各种形态的地租对农业生产发展所产生的影响和作用，也是极不相同的。此外，对宋代土地买卖中的地价及其与地租的关系，放在这里探讨和叙述也是较为方便的。

---

① 汪应辰：《文定集》卷一二，《书陶靖节及二苏先生劝农诗示郑元制》。

② 叶梦得：《石林治生要略》。

③ 苏轼：《东坡七集》《奏议》卷一四，《乞将损弱米贷与上户令赈济佃户状》。

第一节　劳动地租在夔州路等地区的情况

地租虽然是宋代社会生产中最为广泛最为普遍的一种经济关系，但在全国各个地区，封建主则采取了不同形态的地租去榨取农民的血汗。其中既有最原始的劳动地租（或力役地租），也有各种形态的产品地租和货币地租。这几种形态的地租交错于各个地区，有时甚至几种形态的地租并存于一个地区，情况是极为复杂的。

在第五章曾经指出，峡州以西，以夔州路为中心的地区，庄园农奴制还占支配地位。因此，在这个地区上，庄园主的鞭子，“鞭笞驱使”着像奴隶般的广大佃客[①]，进行各项生产，还起着直接的强制性的作用，从而形成为农奴制的人身依附关系。正是由于农奴制关系的存在，人身支配关系这样严重，所以在这里，不仅劳动地租与产品地租同时并存，占有相当的比重，而且在某些地区甚至占支配地位。如材料所显示的，“巴蜀民以财力相君，每富人家役属至数千户，小民（按指旁户，亦即客户）岁输租庸”[②]；“川陕（当作‘峡’）豪民多旁户，以小民役属者为佃客，使之如奴隶……凡租调庸敛，悉佃客承之”[③]；——这两段文字中所说的“庸”，就是各种形式的力役，不论是旁户直接向豪户负役，还是代豪户向封建国家负役，都具有明显的劳役性质，也都是一种无偿的劳动。特别是在施、黔等州，宋封建国家的法令曾经明文规定，“诸凡为客户者许役其身，而毋得及其家属妇女，皆充役作”[④]。这个规定深刻地反映了：施、黔等州的农奴主对待他的世袭身份的农奴，不但役属客户本身，而且连客户的家属妇女亦“皆充役作”，向农奴主提供无偿劳役。十分明显，在这样的地区，在地租的总构成中，劳役地租还占有支配地位。

在封建国家土地所有制中，劳动地租也是存在的。宋神宗熙宁七年（1074）秦凤路推行营田，当时的知枢密院事吴充建议，“因弓箭手仿古助田

① 苏洵：《嘉祐集》卷五，《田制》。
② 钱若水：《太宗皇帝实录》卷七八；《宋会要辑稿·刑法》二之五。
③ 《宋史》卷三〇四，《刘师道传》。
④ 《宋会要辑稿·食货》六九之六八。

法而行之”；把熙、河四州的营田“十取其一，以为公田”，“公田所得十五万石”；“官无屯营牛具廪给之费，借用助力而民不劳，大荒不收而官无损”[①]。这一建议因“虑人心易摇”而未付诸实施，从而古代“助田法”之类典型的劳动地租未在国有地上再现。虽然如此，由于作为最高地主的封建国家，总是以其至高无上的强大权力，迫使那些没有封建特权的居民，为国有地提供劳力，从而构成为不同形式的劳动地租。如宋真宗时的襄州、唐州营田务，“每岁于属县差借人户牛具，至夏又差耨耘人夫六百人，秋又差刈获人千五百人”，从耕耙、播种、中耕，直到收获，生产上几个主要环节无一不是靠“借”、“差”居民的劳力和工具完成并“获利数倍”的[②]。它同上述典型的劳动地租无任何差别，甚至有过之而无不及。宋仁宗时的职分田也有类似情况。《宋史·高若讷传》上说：“〔商河县〕有职分田，而牛与种皆假于民”；《隆平集·高若讷传》则说：“〔商河〕县多洼田，旧令或假民工以治之”。综合这两个稍有不同的记载，确切地说明了商河县职分田是让居民提供无偿劳役的。之后，宋神宗元丰七年（1084）河东经略使吕惠卿发兵18000耕种木瓜原的屯田，另外还“役耕民千五百，雇牛千具”[③]。由于它是一种无偿劳役，具有超经济的强制性质，“皆非民之愿”，从而引起人民的非议。

到南宋，国有地上依然存在劳动地租。宋高宗绍兴元年（1131），解潜在荆门军创建营田，于是两淮各地，大江南北，一哄而起，也都建立了营田。这些营田，大都“皆成虚文，无实效”，成为坑害百姓的一种制度。以号称最有成绩的荆门军营田来说，“追集税户，以物力多寡，勒令认租，谓之附种营田，至两年一替，轮次认纳。吏缘为奸，转更教令纠决善良，每一户替免，至于追逮五七户”，以致“举县咸被其扰”[④]。用这种无偿劳役的手段来增加营田的租课，同样是一种变形的劳动地租。在其他地区如淮南营田初建之时，“佃客不可遽召，则多劝诱而多取之于民；田器不可立办，则多和买而取之于

① 《宋史》卷一七六，《食货志》。
② 《宋会要辑稿·食货》二之二；《通考·田赋考》七。
③ 《宋会要辑稿》《食货》四之五；《长编》卷三五一。
④ 洪适：《盘洲文集》卷四九，《荆门军奏便民五事状》。

民”；除此之外，还要“借其力以耕”①。万俟卨曾提及营田官庄“附种”之弊，“以为官庄设即为百里之民应籍者皆赴庄耕耨，已业荒废”②，也是以无偿劳役的方式垦辟荒田的。

由此可见，在封建国家土地所有制中，以无偿劳役为形式的劳动地租，虽然不居主导地位，但它不仅是存在的，而且是频频出现的。

在封建租佃制流行的广大地区，即使是在租佃制最为发展的两浙路、江东路等地区，封建主土地所有制中依然残存着这种劳动地租。《袁氏世范》中提到，“人家（指地主们）耕种多出于佃人之力”，“不可有非理之需，不可有非时之役”③。从文字上看，袁采所反对的是地主之家的“非时之役”，至于“合”时之役，自然是不在反对之列的了。在实际生产中，“非时之役”与“合”时之役，都是存在的。苏州水乡的围田，就是封建主加给佃客的一项劳役。如前引毛珝的《吴门田家十咏》中所说：“主家文榜又围田，田甲科丁各备船。下得桩深笆土稳，更迁垂杨护围边。”④ 此外，地主之家的各种杂活也统统加到佃客身上。出自传统的封建宗族关系的立场，郑至道在《谕俗编》中，对世道之陵替、衰落，不胜感慨系之。他斥责那些所谓的“百姓”，在实际上是具有封建主身份的人们：“多逆人理，不知族属”；“我富而族贫，则耕田、佃地、抬轿，负担之役，皆其族人，岂择尊长也。财足以养之，斯役之矣!”⑤ 这就是说，宗族之内，已经撕破“天然尊长”这个封建的面纱，不管什么尊长与否，辈分低的地主可以奴役辈分高的佃客，连一些杂役如抬轿、负担之类，也都得承担。族内尚且如此，族外就更不言而喻的了。

劳动地租（包括封建国家的杂徭在内）这一古老的原始的地租形态，在从奴隶制向封建制过渡的时期，对社会生产力和封建制的形成，曾起过促进的作用。可是，到宋代，它已经从前此的促进作用转化为阻碍的作用了。上述情况完全说明了这个问题。正因为它是一种过时了的地租形态，所以它只能在庄

---

① 王之道：《相山集》卷二一，《乞赏营田官吏之不扰者而罚其扰者》。
② 留正：《皇宋中兴两朝圣政》卷二六，绍兴十年十一月甲子纪事。
③ 袁采：《世范》卷三，《存恤佃客》。
④ 毛珝：《吾竹小稿》《吴门田家十咏》。
⑤ 郑至道：《琴堂谕俗编》。

园农奴制占支配地位的夔州路这类生产落后的地区占相当的比重或支配地位，而在租佃制发达的广大地区则仅作为残余形态而存在了。这是一方面。另一方面，只要封建土地所有制和封建国家存在，人身依附关系以及由此而来的对人身的支配就或存在，劳动地租即使作为残存形态，就仍然会顽固地长时期地存在。解放以前、国民党反动统治时期，在全国许多地区甚至像在上海附近，都曾残存着这种形态的地租。而且，当着社会条件发生逆转之时，它还能够死灰复燃！如像元朝统治期间，汉族社会内部的这一落后经济关系，同蒙古贵族所代表的社会经济关系相结合，不仅庄园农奴制有了复活，劳动地租也在那些地区随之而发展了。

第二节　各种形态的产品地租及其发展

产品地租，或者叫实物地租，是宋代占支配地位的地租形态。在第五章中曾经指出这种形态的地租还可以区分为对分制、四六分制（客四主六，或主四客六两种）、三七分制，以及以产品为形态的定额地租。在宋代，土地固然是占有别人剩余劳动的手段，连耕牛、犁耙等生产工具也同样是占有别人剩余劳动的手段。尤其是耕牛，可以获得为数相当可观的牛租。总之，各种形态的产品地租，存在于封建主土地所有制和封建国家土地所有制中，其中以对分制最为普遍，是占支配地位的地租形态。下面依次说明各类产品地租的情况。

先说对分制。

早在战国秦汉时期，即已出现对分制。“或耕豪民之田，见税十五”，就是对这一地租形态的概述。中经魏晋隋唐，直到北宋，它一直广泛流行。欧阳修在《通进司上书》一文说，国家要想开垦荒田，就得“官贷其种，岁田之入，与中分之，如民之法”①。所说“与中分之”，就是对分制；这种对分制在民间是极为广泛的，因此国有地也要“如民之法”，采用这种对分制。在《原弊》中，欧阳修又说：“今大率一户之田及百顷者，养客数十家，其间用主牛

① 欧阳修：《欧阳文忠公文集》卷四三，《通进司上书》。

而出己力者，用己牛而事主田以分利者，不过十余户”，“及其成也，出种与税而后分之”①。一般说来，官税应当从地主分得的地租份额中出来的，欧阳修在这里提到抛去种子和税然后中分，地主所得的地租显然要超过收成的五成以上，因而这种分配方式是更有利于地主的。此外，苏洵在《田制》一文中也涉及了当时产品分配的状况。他说：“耕者之田资于富民……而田之所出，己得其半，耕者得其半，有田者一人，而耕者十人，是以田主日累其半以至于富强，耕者日食其半以至于穷饿而无告”②。苏洵不仅谈到对分制，而且谈到对分制的后果；田主是靠地租的积累亦即剥削的积累而富强的，佃客是在对半分的剥削压榨下而穷饿无告的。

南宋统治下的东南地区，地主土地所有制也是流行对分制的。《容斋随笔》的作者洪迈在谈到他的家乡——鄱阳一带产品分配时说：“今吾乡之俗，募人耕田，十取其五”③，并且指出这种分配制来自于战国秦汉年间的“见税十五”，在鄱阳则“目之主客分”④。封建土地私有制的另一形式——寺院土地所有制，也是采用对分制的。绍兴府报恩光孝寺的一位长老，曾经当面同佃客约定“中分田租”，而且还信誓旦旦地申明，“吾与汝均，汝不吾欺”⑤，希望由此多得点地租。这种对分制，既不限于上述的鄱阳、绍兴等地，也不限于南方，照熊禾的说法，是遍及南北的一项分配制度：“南北风气虽殊，大抵农户之食主租，己居其力之半。”⑥

各种形式的封建国家土地所有制也多半采用对分制的。职分田在两宋300年间就一直如此。宋真宗咸平二年（999）下复职田诏之时，就“申定其制”，“以官庄及远年逃田充，悉免其税，佃户以浮客充，所得租课均分，如乡原例”⑦；“职分之田，募民耕之，敛其租之半而归诸吏”⑧。职田上的对半分，

① 《欧阳文忠公文集》卷五九，《原弊》。
② 苏洵：《嘉祐集》卷五，《田制》。
③ 洪迈：《容斋续笔》卷四。
④ 洪迈：《容斋随笔》卷七。
⑤ 袁燮：《絜斋集》卷一〇，《绍兴报恩光孝寺庄记》。
⑥ 熊禾：《勿轩集》卷一，《农桑辑要序》。
⑦ 《长编》卷四五，咸平二年秋七壬午记事。
⑧ 苏洵：《嘉祐集》卷五，《兵制》。

一半归佃客，而另一半则按照官阶高低而分给各级地方官，作为他们俸禄的一个组成部分，这在前章已经予以叙述。南宋营田，特别是在战乱之后新建立的营田，对地租的征收也是以对分制为目标的。主管营田的建康都督行府于宋高宗绍兴六年（1136）的奏章中提出："开垦荒闲田土，颇费工力，欲望将初年收成课子，且令官收四分，户收六分；次年以后即中停均分"①。所谓"中停均分"，同民间一样，是先抛除种子的。

归纳上述，对分制在宋代地租诸形态中占有支配地位，这种地租形态的地租量（即每亩地租的数量同亩产量之间的比数），占产品的50%，因而是很大的。正因为地租量大，如上面苏洵说过的，使得广大佃客"穷饿而无告"，对再生产不能不产生严重的影响。对这一点，将放在后面叙述。

再说四六分制和三七分制。

四六分制，最早见于曹魏的屯田，"持官牛者，官得六分，士得四分；自持私牛者，与官中分"②。官或者地主得六分，士或佃客得四分，关键在于耕牛。由此可见，四六分制是地主剥削无牛客户的一种分配制度。从史料迹象看，宋代无牛客户在客户中的数量不小，这种分配制度在产品地租形态中也就占有一定的比重，所以它在文学作品中也得到反映："分时往往只论筐，主客四六无偏颇。"③

在产品分配中，比四六分制更加残酷的是三七分制。在《上林鄂州书》中，王炎谈到湖北鄂州一带的地租情况时曾说："若有田不能自耕，佃户税而耕之者，每亩乃得一斛一斗而已。有牛具种粮，主客以四六分，得一斛一斗；无牛具种粮者，又减一分也。"④"又减一分"，就是从原来的四分减去一分，仅剩下三分了。这种分配制度不限于湖北，歙州也有："大率上田产米二石者，田主之收十六七"⑤。据宋高宗建炎二年（1128）五月十一日的诏令，对河北、陕西、京东等路被女真俘虏的人户的田产要加保护，如耕种这些田地的，"依乡

① 《宋会要辑稿·食货》二之一八；《系年要录》卷一〇三。
② 《晋书》卷四七，《傅玄传》。
③ 章甫：《自鸣集》卷三，《飏稻行》。
④ 王炎：《双溪集》卷一。
⑤ 罗愿：《新安志》卷二，《税则》。

原体例，或以四六、或以三七均分”[①]。可见四六分制、三七分制在社会上也是存在的。因之，宋代的地租量不止是50%，而是扩大到60%、70%了。

在分成制中，还有一种倒四六分制，即官四客六的分配制度。这种分配制度行使的范围很小，仅限于部分的国有地。前面提到的绍兴六年建康都督行府对营田分配的规定，打算从四六分制过渡到对分制，这个四六分制就是倒四六制。行府的这一打算落了空，各地营田措置得很不顺利，即使是四六分制，客户也因为租重而不肯佃种，因而不得不在绍兴七年下诏，重申在一定年限内维持倒四六制：“诸路营田官庄收到课子，除桩留次年种子外，今后即以十分为率，官收四分，客户六分”[②]。实际上，这种分配也难以维持下去。这是因为，如前面提到的，由于各地营田任意纠集民户“附种营田”，用扩大无偿劳役的办法增加营田的租课，从而受到社会上广泛的斥责和反对，营田不得不改弦易辙了，这一分配制没有得到发展。

复次，着重看看牛租的情况。

如前所指，魏晋之时，耕牛在产品分配中就占有重要位置。而自隋唐以下，单凭利用耕牛即可占有别人的剩余劳动，取得牛租。如五代时梁太祖朱温击淮南，掠得大批耕牛，“给东南诸州农民，使岁输租，自是历数十年牛死而租不除”[③]。周太祖郭威废除营田以及包括牛租在内的许多苛敛，但是，密州牛租一直残存到宋太宗的太平兴国年间。此外，在湖南，在两浙，在福建兴化军，都可看到割据时期牛租的遗存[④]。

宋代对耕牛的租赁似有日益扩大的趋势。北宋初牛一头约3000文，到北宋末宋徽宗时候，就涨到五七千文了[⑤]。南宋初年，由于女真贵族、官兵土匪大肆抢掠而造成的耕牛的锐减，牛价更加扶摇而上。在这种情况下，花钱买牛，对客户来说，固然是一种奢想，就是对经济力量薄弱的自耕农民来说，也绝非易

---

① 《宋会要辑稿·食货》六九之四六。

② 《宋会要辑稿·食货》二之二〇。

③ 《资治通鉴》卷二九一。

④ 密州牛租载《长编》卷二二，湖南牛租载《长编》卷四七、《宋史》卷三二四《李元则传》，两浙、兴化军牛租载《宋会要辑稿·食货》一七之一二。

⑤ 《宋会要辑稿·食货》一之一六；又《刑法》二之五二。

事。租赁耕牛就是在上述客观条件下而广泛发展起来的。宋仁宗英宗时候，陈舜俞便曾针对这种情况说："千夫之乡，耕人之田者九百夫，犁、牛、稼器无所不赁于人。"① 南宋孝宗时的李焘也说："京湖之民，结茅而庐，筑土而坊，佣牛而犁，籴种而殖。"② 同时，如前所指，在文学作品中也反映了租赁耕牛的情况："去年一涝失冬收，逋债于今尚未酬。偶为灼龟逢吉兆，再供租约赁耕牛。"③

宋代租赁耕牛分做两类。一类是官府出租。两宋很多地方，如宋太宗时的桂州，宋仁宗时的信州官庄，南宋孝宗时的德安和复州景陵官庄，都有过出租官牛的事例。前代租赁官牛，牛死之后，照样督直输租，造成租户的重负。宋代也同样发生这种弊病。如北宋信州官庄"以衙前四十人假官牛以耕，牛死，输课不已，人至破产。"④ 南宋绍兴初年也有租牛，系岳飞镇压扫平了一些散兵游勇之后获得的一些耕牛，租给当地缺牛民户，"今〔岳〕飞已死，牛亦无存，而民犹出旧租，其害可知"⑤。另一类是私人出租，宋孝宗时，推排物力，定等纳税，有的地方打算把"营运取利"的租牛也纽作物力之数，以扩大征收。经过敕令所审议，最后仍按绍兴三年规定，"并与免充家力，行下诸路州县遵守施行"⑥。把民间租赁耕牛的事提到朝廷上审议，这就不难看出，私家租牛在南宋有多么广泛。

不论是官府的，还是私家的，牛租都是很沉重的。试看下面几个例子：

例一，宋太宗太平兴国六年（981），"密州管内官牛百二十六头，先给予民，岁稼租麦四百二十硕"⑦，每头牛租麦为3~4硕，平均为3.3硕；

例二，马殷据湖南，"营田户给牛，岁输米四斛，牛死犹输，谓之枯骨税"⑧，直到李允则任职湖南，才废除了枯骨税，但从这里可以看到每头牛租

① 陈舜俞：《都官集》卷二，《厚生》一。

② 《宋史》卷三八八，《李焘传》。

③ 毛珝：《吾笔小稿》《吴门田家十咏》；又洪咨夔《平斋文集》卷三《漩口》一诗如"归来茅屋下，抚牛涕泗涟。一饱弗易得，奈此官租钱！"也反映了牛租的问题。

④ 范纯仁：《范忠宣公全集》卷一五，《韩绛墓志铭》。

⑤ 薛季宣：《浪语集》卷一六，《召对札子》。

⑥ 留正：《皇宋中兴两朝圣政》卷五六，淳熙五年十一月丁丑记事。

⑦ 《宋会要辑稿·食货》一七之一一；《长编》卷二二。

⑧ 《长编》卷四七；《宋史》卷三二四，《李允则传》。

为米4斛；

例三，宋真宗景德二年（1005）广德军祠山庙有很多耕牛，“自伪命以来，听乡民租赁，每一牛岁输绢一匹”①；

例四，南宋高宗绍兴五年（1135），“诸路营田司官给种粮者，每一耕牛岁课毋得过十斛”②；

例五，陈舜俞提到北宋晚年产品分配情况时说：“以乐岁之收五之，田者取其二，牛者取其一，稼器者取其一，而（佃户）仅食其一”③。据此，租牛在产品分配中占五分之一，亦即两成。这可能是个别情况，一般来说，耕牛占一成似较普遍，与上述“毋得过十斛”也颇为接近，还当以这一数字为准。

综合上述五例，第一，可以看出，牛租是相当沉重的。宋太宗、真宗时牛价约3000文，绢价每匹800文到1000文，按广德军租牛绢一匹计算，出租牛一头三年到三年半的时间，即可收回牛价。大家知道，地租的货币价格与地价之间的比值就是地租率。因而把牛租的货币价格与牛价相比，也就可以得出牛租率。这一计算如果能够成立，宋太宗真宗时的牛租率则为26.7%～33%，从这里就可以看出牛租之重。第二，牛租率不断提高。北宋末年牛价增至五七千文，而米价、绢价也都有增长，甚至比牛价增长得更多一些，因而这时租牛，用不到两年即可收回牛价，牛租率提到50%左右了。南宋牛租高达十斛，低亦不少于七八斛，以两贯一斛计算，所收牛租换算为货币约为十四五贯到二十贯。南宋牛价，据周紫芝的记载，在建炎绍兴之际“市一牛须百千”④，而这时的米价为五六贯一斛；楼钥记载，宋孝宗乾道年间约80贯可买一牛⑤，因此大约二年或用不到二年，上列牛租即可收回牛价，因而牛租率超过了50%。从北宋初的26.7%，提到南宋时的50%，牛租率的增长是迅猛的。牛租率的提高是对无牛的客户和自耕农民的剥削的加重。元代著名农学家王祯曾经指出这一事实说：“今劝农有官，牛为农本而不加劝，以至生不滋盛，价失

---

① 《长编》卷六〇，景德二年六月壬午记事。

② 《皇宋中兴两朝圣政》卷一七；《宋会要辑稿·食货》二之一四。

③ 陈舜俞：《都官集》卷二，《厚生》一。

④ 《太仓稊米集》卷四九，《答田卷示徐伯述》：“而仆无牛，市一市（当做‘牛’）须百千。”

⑤ 《攻愧集》卷九一，《徐子寅行状》。

廉平。田野小民，岁多租赁，以救目前，计其所输，已过半直，是以贫者愈贫！”①

最后，看看产品形态的定额地租。

产品形态的定额地租早见于唐代，到宋代则有了较为显著的发展，连“定额”这个名称都是在宋代确定了的。周应合《景定建康志》中的《慈幼庄》就有所记录：“本庄田地……各系租户自出耕具种粮，净纳租数，立为定额。”成书于元代的《郑氏规范》也说：“田租即有定额，子孙不得别增数目。”②

在第五章中曾经提到，以产品为形态的定额地租大约是脱胎于分成制（极可能是来自对分制），但与分成制不同的是：分成制每年按产量多少分配，主客间的分成是固定的，但分配量则是随着产量的多少而波动着；定额地租则在地租既确定之后，地租总数量固定下来，在分配中不再因产量多少而波动。因此，这种地租也叫固定地租。这种形态的地租既然有一个固定的数额，它必须是在产量较高较稳的条件下（至少也必须具备其中一个条件），才能够发展起来。历史事实的发展正好说明了这一问题。

宋代封建主土地所有制中有关定额地租的记载，大概以王安石文集中的《乞将田割入蒋山常住札子》算是最早的了。宋神宗熙宁九年（1075），王安石请求宋神宗将其在江宁府上元县的一片田产，施舍给蒋山太平兴国寺，为其父母和儿子王雱祈福。在上神宗的这个札子中，王安石提到：“……元契共纳苗三百四十二石七斗七升八合，一万七千七百七十二领、小麦三十三石五斗二升、柴三百二十束、钞二十四贯一百六十二文省。”③ 文中的“钞”字系“钱”字之误，我在《宋代货币地租及其发展》一文中已作了解释，此处不再赘述④。王安石的这份田产所纳苗、钱等等，是作为赋税向国家缴纳的，但王

---

① 王祯：《农书》卷一二，《牛》。

② 《郑氏规范》卷上，本书也叫《旌义编》。该书成书的状况，我在《宋代货币地租及其发展》一文中有所叙述，此处不赘。

③ 《临川先生文集》卷四三，《乞将田割入蒋山常住札子》，《长编》卷二七九系此事于熙宁九年十二月丙戌。

④ 承社会科学院历史研究所王曾瑜同志相告，在《王文公文集》的集本中“钞”字则作“钱”，谨志于此，以表谢意。

安石把这份田产作为太平兴国寺的常住，此前问封建国家缴纳的赋税，变成了向太平兴国寺的地租，并以这笔固定收入作为功德费，因而它也就成为地主土地所有制继续实行的唐代以来的以产品和以货币为形态的定额地租的。

材料表明，两浙路的封建主土地所有制也是实行了定额地租的。熙宁八年(1085) 吕惠卿对宋神宗的一段谈话曾经提到，他本人和另外的一些官僚士大夫都在苏州置有亩产，“一贯钱典得一亩，岁收四、五、六斗，然常有拖欠。如两岁一收，上田得米三斗。”[1] 吕惠卿等在苏州所典田地，每亩究竟收租多少，姑且不论，但其作为一个固定数额的定额地租则是确定不移的。

南宋以来，在上述江东、两浙等地地主土地所有制，定额地租更加发展起来。从现存的有关宋代学田碑中，可以看出，官僚士大夫等出卖的田产，无不采用定额地租。《江苏金石志》有关这方面的记载不少，这里仅举下述一例，以资说明：

> 一契开禧二年五月内……典到黄县尉宅总干男三上舍徐氏妆奁……共三契，计苗田贰拾贰亩壹角拾玖步半，共上租米叁拾柒硕壹升……田肆亩贰拾叁步，租户徐八上米六硕（按此以下全系租户租佃田亩数量和所纳定额租数，今从略）。[2]

其次，南宋流行一种所谓的“义役”，以义田田租充应役的费用，这类“义”田是从封建土地所有制、自耕农土地所有制派生出来的，也采用定额地租。如台州黄岩太平乡因行义役，“置良田一百七十余亩，亩租二石”[3]，就是一例。第三，一些寺院也是采用定额地租的。寺院的田产，有的来自封建士大夫的施舍，这类田地早就实行定额地租。如薛纯一于淳熙十三年（1186）施舍山阴县田1100亩给大能仁禅寺，田租共“千三百石有奇”；施舍之后，把田亩数量、地租数量，“具书于碑阴”[4]，这是一种非常典型的定额地租。又如宜兴英烈庙，该庙道士为了维护其土地所有权，也曾经刻石立租，其中一项载有：

---

① 《长编》卷二六七，熙宁八年八月戊午记事。
② 《江苏金石志》卷一四，《吴学续置田记》（开禧二年）。
③ 黄震：《黄氏日钞》卷八六，《台州黄岩县太平乡义役记》。
④ 陆游：《渭南文集》卷一八，《能仁寺舍田记》。

“宝庆元年二月二十五日庄主簿舍到……贰亩壹角口口四……椎米贰硕贰斗”①，也属于典型的定额地租。就所接触到的碑文资料来看，只要刻石立租，就必然是定额地租，要么是产品，要么是货币。

各种形式的国有地，如一些官庄、营田、沙田芦场以及绝大部分学田，大都是采用定额地租的。建康的慈幼庄、明州的广惠院也是采用定额地租的。

官田上的定额租大约有两种形式，一种是根据田亩好坏，分做上、中、下三则收租。宋初的福州官庄就采用了这个三则法：“中田亩钱四文、米八升，下田亩三文七分、米七升四勺”②，并且是官田中最早的一项定额租。另一种形式的定额地租是，在为数几顷或上千顷的田地上，规定一个总的地租数额，然后按数征收。官圩大都采取了这种征收形式。如宋真宗将宣州化城圩880顷的地租，定为24000斛③；宋仁宗嘉祐六年（1061）修复了芜湖万春圩，岁租为36000斛至4万斛④。南宋高宗年间，永丰圩又成为官圩时，960顷田地定租为3万斛。下面再分别将其他形式的国有地和广惠院的定额地租情况，给以简略的考察。

营田　绍兴六年（1136）诏令江南东西路与镇江府所属县份，“有不成片段闲田，委官逐县自行根据见数，比民间体例，只立租课。上等立租二斗，中等一斗八升，下等一斗五升……召人耕种”⑤。这类零碎的荒芜了的“片段闲田”，当即《景定建康志》上所说的“以畸田募耕垦”，而未属于州县的营田。这类营田，既按“民间体例”，立租三等，当然是定额地租。

沙田芦场　自绍兴二十八年（1158）收归国有后，官田所规定，“沙田令起催小麦、禾、丝，沙地起催豆、麦、丝、麻，芦场起催柴茭见钱”。淳祐八年（1248）重定租额，沙田每亩一斗五升，建康五县共162358亩，租米达42447石，另外还征有货币⑥。经过这次定租，如昆山县，“租额比旧增多，围

---

① 《江苏金石志》卷一五，《英烈庙置田檀越题名记》。

② 《宋会要辑稿·食货》一之二三。

③ 《宋会要辑稿·食货》七之六。

④ 沈括《万春十圩图记》（《长兴集》卷二一）谓“岁出租二十而三，总为粟三万六千斛”；而张问所撰《张颙墓志铭》则作4万斛。

⑤ 《宋会要辑稿·食货》二之一九。

⑥ 周应合：《景定建康志》卷四一，《沙租》。

田每亩4斗，营田、沙田、投置常平田每亩3斗，沙涂田每亩2斗……围荡、营荡、沙地每亩18界（会子）一贯”①，普遍地增加了一倍。

学田 在各种形态的国有地中，学田数量最大，如前所指达105990顷。学田采用定额地租也是很早的，大约仅次于官田中福州官庄和一些官圩田。为了说明学田定额地租的情况，今根据《越中金石记》中的《嵊县学田记》和《绍兴府建小学田记》，以及《江苏金石志》中的《吴学续置田记》（一）《吴学续置田记》（二）《平江府添助学田记》《常熟县学田籍碑》《平江贡士庄籍田记》和《无锡县学淳祐癸卯续增养土田记》等材料，将南宋年间嵊县、吴县、苏州、绍兴府、常熟和无锡各地学田田租列为下表，以资考察：

年代	地点	学田亩数（亩）	学田亩租数量分类及该类地租征收			
			2~5斗及其百分数		5~7.7斗及其百分数	
宋高宗绍兴六年（1136）	嵊县	89.75	—	—	5.1~6	7.24
宋宁宗开禧元年（1205）	吴县	384.66	4~4.7	4.50	5~7.13	29.00
宋宁宗开禧二年（1206）	吴县	259.66	4~4.7	4.50	5~7.13	29.00
宋宁宗嘉定十三年（1220）	平江府（苏州）	340.95	4.3	1.80	5.1~7	5.20
宋理宗嘉熙元年（1237）	常熟	1582.4	3.4~5	35.86	5.7~7.2	60.20
宋理宗淳祐二年（1242）	平江府	160.74	2	9.93	5.4~7.5	44.67
宋理宗淳祐五年（1245）	无锡	313.16	4~5	19.96	5~7.67	39.40
宋理宗景定三年（1262）	绍兴府	135.35	2.6~4.75	12.75	5.43~7.5	36.57

① 凌万顷、边实：《玉峰志》卷中，《官租》。

续表

年代	地点	学田亩数（亩）	亩数占当地学田亩数百分比					
			7.7～1石及其百分数		1～1.3石及其百分数		1.3石以上及其百分数	
宋高宗绍兴六年（1136）	嵊县	89.75	8～9.6	48.74	1.02～1.07	23.40	1.35～1.54	20.63
宋宁宗开禧元年（1205）	吴县	384.66	8～9.1	63.00	1～1.2	3.5	—	—
宋宁宗开禧二年（1206）	吴县	259.66	8～9	31.40	1～1.3	57.40	1.4～1.5	4.29
宋宁宗嘉定十三年（1220）	平江府（苏州）	340.95	9	2.30	1.1～1.25	1.64	—	—
宋理宗嘉熙元年（1237）	常熟	1582.4	8～9.5	3.63	1～1.27	3.77	—	—
宋理宗淳祐二年（1242）	平江府	160.74	7.8～9.3	36.60	1～1.13	8.80	—	—
宋理宗淳祐五年（1245）	无锡	313.16	8～9.6	31.10	1～1.1	9.02	1.53	0.53
宋理宗景定三年（1262）	绍兴府	135.35	7.75～9.26	33.53	1～1.08	17.15	—	—

由于学田碑文的隐灭阙略，本表仅统计了嵊县、吴县等地学田2266亩的定额地租的情况。虽然数量不大，但却是极可珍贵的，因为它反映了如下几个问题：

第一，学田租最低者亦在二三斗以上，这个最低额同湖南路衡州学田租大体一致①。可是，就其最高额来说，有的达1.4～1.45石，其中最高者达1.7石，在卖给吴县县学时，为了优润“佃户”，才减到1.5石上下。这样，地主土地所有制中的定额地租，在学田制反映出来。总之，两浙路的学田租在全国来说算是最高的，而最高额的学田租在全部定额地租中也是不多见的。不过，总起来看，学田以及其他形式国有地的地租，比私租要低一些，而且有的低得多，因而许多官僚豪绅纷纷包租学田以及其他官田，然后再转租出去，分享农

① 廖省之：《省斋集》卷四，《石鼓书院田记》。

民的剩余产品。

第二，学田租具有两头小、中间大这一趋势，即2～5斗一类和1.3石以上一类，在表中所占征收田亩的百分数较小，而5～7斗、7.7斗至1石、1～1.3石这三类地租所占百分数较大。这一事实反映了，学田中最差的土地和最好的土地都是不同的，而中等水平的田地在两浙学田中占优势。这是因为，从收租多少，可以考察这块土地的质量，这一点后面还要谈到。

第三，学田碑中载有，吴县、无锡等地学田，曾标是以130合为一斗的，所谓130合为一斗，即在征收中，一斗实际上数缴纳一斗三升，即多交三成。斗大租重，宋代有其标明土地肥沃的一面。但从这里则可看到学田租之沉重的另一方面。如果把7斗～1石、1～1.3石两类，其中增加三成，两浙学田在1石上下的地租类别的百分数要扩大一些，从而反映学田剥削量也是极其沉重的，虽然它不如私租为重。

建康慈幼庄 田亩数很少，但“本庄田地为上、中、下三等租”，就很有代表性，它的征收情况是：“田上等每亩夏收小麦五斗四升〔军斗〕、秋纳米七斗二升〔军斗〕；地上等夏纳小麦五斗四升〔军斗〕、秋纳豆五斗四升〔军斗〕”（已下中等田、中等地、下等田、下等地地租征收情况从略）[①]。这条材料，除对“军斗”不了解其实意义外，对了解南宋晚期地租情况则甚为重要。两浙、江东诸路，水田的收成，一般小春作物如小麦归佃客享有，地主只以禾稻为租，而此处水田也征收小麦，是此一惯例已被打破，连小春作物也要纳租，从而反映了地租增重的趋势。

明州广惠院 这是明州官府举办的一种救济性质的机构，它的田地来源可能来自捐赠和拘没绝户田产，这种土地是实行定额地租的。如“陈萃田一九五亩二角四十七步半，共上正租并花利租米一二七硕六斗五升七合八勺”，“陈安国湖田七亩，正租并花租共八硕五斗六升”[②]。从所引两段材料看，亩租至六七斗至一硕二斗以上，有的高到一硕五斗，地租是不低的。值得注意的是，除正租即租米之外，还有所谓“花利租米”、“花租”，这类附加租是怎样

① 周应合：《景定建康志》卷二三，《慈幼庄》。

② 梅应发：《开庆四明志》卷四，《广惠院》。

来的，还不清楚，可能也是南宋晚期地租增重的一个反映或表现。

总之，产品形态的定额地租在宋代是日益发展的，尤其是在生产最发展的两浙、江东等路发展得更快一些。如上所说，定额地租也是极为沉重的，但在诸形态的地租中，它是最先进的，对生产的发展起着促进的作用，后面将再探讨这一问题。

第三节　货币地租及其发展

货币地租早在战国时代即已出现，当时以金作为计算单位。但它不过是一种偶发的经济现象，还没有造成使其成长的社会条件，从而昙花一现般地消失了。直到宋代，不论是在地主土地所有制中，还是在各种形态的国有地中，它才真正地发展起来。就接触到的材料看，学田制中货币地租显得最为发展，贯串于两宋300年，并延续到元代；福州职田、沙田芦场、建康府营田、庆元府（明州）广惠院的货币地租则是在南宋发展起来的。货币地租的出现及其某些发展，显然是宋代社会经济关系或者说分配关系中一个值得注意的重要变化，虽然它占的比重很小。

先从纵的方面来看。约10世纪末，宋代就有了货币地租。宋太宗太平兴国五年（980），诏令福州官庄“与人户私产田一例纳二税”，除米之外，中田米纳钱四文，下田三文七分①。就官庄的性质说，它既然是国有地，它的征收虽然同私产仅纳二税，却具有地租的性质。这个征收有固定数量的货币，为数虽然甚微，但其为货币地租则是无疑义的。宋真宗天禧元年（1017）昇州（今南京）城北后湖干涸，“百姓请佃，计七十六顷，纽租五百五十余贯”②，亩租为六百四十余文。此后，学田在全国范围内发展起来，货币地租也随之发展，单是郓州学田的货币租即达百万钱③。南宋以来，嵊县、苏州、绍兴府等地的学田碑文，一直到元代至大年间的学田碑文，都载有数量不等的货币地

① 《宋会要辑稿·食货》一之二三。

② 《宋会要辑稿·食货》七之五；《长编》卷九〇。

③ 尹迁：《郓州州学新田记》，载王昶《金石粹编》卷一三九。

租。如果从太平兴国五年（980）福州官庄算起，300多年以来，许多文献都保留了有关货币地租的材料。因此，从纵的方面看，它充分说明了货币地租不但不是一种偶发的经济现象，而且已经作为一种经济关系在社会生产中长时期地出现和发展起来了。

其次，从横的方面看。材料证明，在商品生产、货币流通比较发达的广大地区，学田都征收或多或少的货币租。福建路的福州、漳州，广东路的广州就是这样的地区，因而这里的学田也就存在货币地租。特别是在以太湖流域为中心的两浙路和江东路，显得更加普遍。如苏州、绍兴府、嵊县、明州、台州、华亭、昆山、无锡以及建康府，学田中无不征收一部分货币地租。从地域来看，货币地租不但普遍于全国各地，而且在生产最发达的地区又有了比较广泛的发展，显而易见，它已经不是一种偶发的经济现象，而是作为一种经济关系在社会实际生活中扎下根了。

第三，从货币地租的征收量看。据大观三年（1109）的统计，全国学田总收入是，粮640291斛，钱3058872缗[①]。在这笔货币收入中，如果扣除155000多间房舍的“房廊钱”，数字要大为缩小。即使如此，货币总收入为数依然可观。南宋学田总收入已无可查考，从现有材料看，有些地区的货币地租收入总量显然有所增加，从而使这一地区学田征收的产品和货币之间的比重发生了变化。如宋宁宗庆元二年（1196）苏州学田的总收入是：白米1105硕、糙米1176硕、带收钱和縻费钱共492贯、田荡租钱1761贯（会子铜钱各半）。货币收入共为2253贯，在苏州学田总收入中比重是不小的。又如庆元府，宋理宗时府学岁收砂岸钱30779贯400文[②]，是该府学最大的一笔收入，在总收入中占第一位。货币地租总量及其比重的增加，说明它自身的发展，特别是在两浙地区的发展。

最后，再从货币地租的征收与市场联系来看。宋代特别是南宋各类型的国有地之征收货币，有以下各类情况：

（一）除稻田外，各类国有地中的“地”、“山”或“山地”，大都征收

① 葛胜仲：《丹阳集》卷一，《乞将学书上御府辟雍札子》。

② 罗濬：《宝庆四明志》卷二；还可参看《开庆四明志》卷一所载。

货币。如广州学田，李谔请佃了339亩的“地”，自1135年开始，“每年纳钱二百二十贯文省”①，亩租约600文。台州仙居县彭溪山学田，“第四等田每亩只纳租钱二百五十文，第五等田纳二百文足，地每亩纳一百三十文足”②，第四等第五等田一般地不种水稻，也纳货币。庆元府广惠院所属方安璃名下的“山一片，计三十九亩，租钱七贯五百文足”③。“山”照例是征收货币的。

（二）砂岸，是“众共渔业”的近海渔场，现存材料仅看到南宋晚年庆元府有这类渔场，并且多被豪绅渔霸分割霸占。砂岸钱就是这类渔场提供的货币地租④。凡是能够捕捞鱼虾的“茭荡”、“荡”，也都交纳货币租。

（三）生长莲藕、菱芡、茭草、芦苇的“荅地”、“茭葑地”、“茭荡”、“沙田芦场”等，都是征收货币的。

（四）草茨地、柴田，也都征收货币。如《常熟县学田籍碑》载有：“汤懋，租柴地三十五亩二角五十七步，租钱二十一贯四百文”⑤，亩租约为500文。

（五）菜圃、桑地，也都征收货币地租，而且租钱很高。一块仅有25丈大小的园圃，税钱为一贯文足。桑地既收租地钱，又收桑叶钱。如《嵊县学田记》载有：“桑地一片，系尹社租种，见立租地钱三贯文；桑叶钱一十二贯，系杨允租”，这是一条极为突出的材料和事例。

（六）此外，属于学田以及其他国有地的房舍、房基等等，征收“房廊钱”，当然都是货币，不再赘述。

就上述各种情况看，砂岸等地的产品，不论鱼虾、菱芡、莲藕、蔬菜、桑叶，还是芦苇、茭草、柴、竹木等，都能够转化为商品，投入到各个地方市场上。对这些类型的土地征收货币地租，就更进一步说明以货币为形态的地租，与地方市场和农产品的商品化有着多么密切的关系，正是这一关系恰好说明

---

① 此据《广州赡学田记》，载陆耀遹《金石续编》卷一九。

② 此据《宋修复彭溪山学业始末记》，载《台州金石录》卷九。

③ 梅应发：《开庆四明志》卷四，《广惠院》。

④ 《宝庆四明志》卷二，《开庆四明志》卷一。

⑤ 《江苏金石志》卷一六。

了，货币地租在当时社会经济生活中所处的地位。

上述四个方面，统统说明了，以学田为主的各类国有地对货币的征收，在宋代已不是偶发的经济现象，而是作为一种新的产品分配关系在社会生活中形成和发展起来了。

到南宋，货币地租在沙田芦场等国有地上进一步发展起来。如池州沙田原来每年收入1700贯，到开禧二年（1206）增至2070余贯，后来由于富豪争佃，骤增为3400贯①。建康府沙田亩租436文，沙地345文，芦场218文，草塌49文3分，钱与会子各半，淳祐八年对各类国有地地租进行调整，除沙田改征产品、亩纳米1斗5升外，其余仍征收货币，提高了好几倍，如沙地增至1贯200文，芦场1贯，草塌200文，都是十八界会子②。沙田芦场计280余万亩，征收的货币总额为607070余贯③，约占南宋政府总收入的1%，为数相当可观了。

从接触到的材料看，建康府营田是采用货币地租的。《景定建康志》记载，“绍兴初，以闲田立官庄，以畸田募耕垦，此营田所由始也。初以军耕，后以民耕；初以稻入，后以镪入。”这里值得注意的是，原来交纳租米的水田，也改征货币，这是上述学田、沙田中未曾见过的现象。这种改变可能在12世纪13世纪之交。建康府五县营田计为27774亩，征收的货币为4420贯（一半铜钱，一半会子），另外还有小麦、马料，货币地租在建康府营田中居于主要地位了④。职田之有货币地租，见于福州。梁克家记载：“职田二十一顷九十亩一步，园九百四顷九十四亩一角五十三步，租课钱一千二百二十四贯五百八十文足，米四百二十石四斗三千六合……”⑤。庆元府广惠院的田产，从租佃方式到征收产品和货币的地租形式，与学田大都一致，这里从略了。

在地主土地所有制中，也存在货币地租，并且是逐步发展的。前面在对以

---

① 真德秀：《真文忠公文集》卷八，《申户部定断池州大户争沙田状》。
② 《景定建康志》卷四一，《沙租》。
③ 《宋会要辑稿·食货》一之四六；《朝野杂记》甲集卷一五，《沙田芦场》。
④ 《景定建康志》卷四一《营租》。
⑤ 梁克家：《淳熙三山志》卷一二《职田》。

产品为形态的定额地租的叙述中，曾经提到王安石于熙宁九年施舍给蒋山太平兴国寺的田产，其中地租包括了“钞（当做‘钱’）二十四贯一百六十二文省”。这条材料清楚地说明了，在地主土地所有制关系中是存在货币地租的，虽然这类地租的数量还很微小。据李焘《长编》的记载，“元丰三年（1080）夏四月庚申，知齐州王临言：州有灵隐寺，地课几万缗，皆为僧徒盗隐，乞差官监收，每岁计纲上京纳。诏赐与上清储祥宫。”[①] 材料中所说的“地课几万缗”，指的是产品租值“几万缗”呢，还是货币租“几万缗”呢，是无从判断的。如果是后者，那就能够说，这是宋代保留下来的有关寺院土地所有制关系中的货币租材料。青齐一带的生产，在宋代也很发展，是当时著名的蚕桑区，出现货币地租是有条件的。

自北宋末到南宋，有的材料隐隐约约地反映了货币地租在地主土地所有制关系中的逐步发展。洪迈在《夷坚志》中记载了如下一则故事：南丰朱轼“见一农夫自缢而气未绝，急呼旁近人解救之。即得活，询其故，曰：负租坐系缚不能输，虽幸责任给限，竟无以自脱，至于就死。……问所负几何？曰：得数千便了。……”[②] 这条记载虽说不够明晰，但从“所负几何”、“得数千便了”的对话来看，农夫的“负租”之为货币租是很有可能的。这就是说，江南西路是存在这类地租的。宋理宗端平年间（1234～1236）常熟县各都（宋代地方机构，在乡以下）为实行义役，都建立了役田，“止缘役首欲擅其利……掩取田租，又虑人告发，则或献纳版帐库，或献纳常平司”，名义上成为国有地，“旋即诡名请佃，量纳租钱”[③]。不管“役首”们怎样变换手法，“掩取田租”；也不管土地如何转换，在两浙路常熟县之存在货币地租则是无疑义的。这类零星材料反映了货币地租在地主土地所有制的发展，虽然它是缓慢的。

自产品地租之向货币地租转化，是多种形式的。“折租”是这种转化的一种形式。从材料上看，自南宋中叶就出现这种转化。据方大琮的记载，福建一

---

① 《长编》卷三〇三。

② 洪迈：《夷坚志》丁集卷二〇。

③ 卢镇：《至元琴川志》卷六，《义役省札》。

些地区，所谓“士大夫家当收租时多折价”①，这个折价就是自产品折为钱货的一种折租。经南宋末到元朝初，一直存在这种折租，《郑氏规范》有一段比较详尽的文字：

一、佃人用钱货折租者，新管当逐项收贮，别附于簿，每日纳家长。至交代时，通结大数，书于总租簿，云：收到佃家钱货若干，总结租谷若干。如以禽畜之类准折者，则付与旧管支钱入帐，不可与杂色钱同收。

按：“佃人用钱货折租”，即后代所谓的“折租”。折租是产品地租向货币地租转化的一种过渡形态的地租，虽然还表现了不稳定性，但已经属于货币地租的范畴了。它既然作为郑氏家族一条剥削的“规范”，让后代子孙遵守奉行，这说明经过多年的征收，货币地租已经成为地主土地所有制关系中较为稳定的经济关系了。从方大琮到郑文融，我们看到，折租不但在福建而且也在两浙发展了。方大琮所说的福建地区，粮食产量不足，但商品生产则发达，因而出现折租是有条件的。郑文融，婺州浦江人。婺州自北宋以来一直是商品生产发达地区，“钱货折租”的出现既不是偶然的，也绝不仅仅是郑氏一族所奉行的一条规范，而可能是反映了这个地区及其密迩相接的两浙路一带更为广泛的一种社会经济关系。今后将继续充实这方面的研究。

第四节　官租私租的增重　各种形态的地租对生产所起的作用

从前面叙述的学田定额地租的情况中，可以看出宋代的地租是相当沉重的。实际上，在两宋300年中，不论官租或私租，也不论分成制或定额租，都极其明显地表现出日益增重的趋势，从而对整个农业生产产生了严重的影响。为了说明这个问题，现在把零散的材料集中起来，制成下表，看看除学田以外的各类国有地的地租情况：

① 方大琮：《铁庵方公文集》卷二一，《项乡守》。北京图书馆藏清抄本。

年　代	地区和土地类别	亩租数量	材料来源
宋真宗咸平二年（999）	汝州稻田务	3.83斗（米）	《长编》卷四四，咸平二年夏四月丙子记事
宋真宗天禧二年（1018）	宣州化城圩	2.8斗（米）	《宋会要辑稿·食货》六之七
宋仁宗庆历三年（1043）	陕西营田官庄	数斗 1~2斗	《范文正公全集·政府奏义》卷上《奏乞罢陕西近里州军营田》；《长编》卷一四二
宋仁宗至和二年（1055）	河东忻、代、火山军弓箭手田	川地5升 陂原3升	《长编》卷一七八，至和二年二月丙申记事
宋仁宗嘉祐四年（1059）	河北监牧地	5.3斗 0.4尺（绢） 0.3束（草）	《宋会要辑稿·兵》二之二七；《安阳集》《韩琦家传》所载有出入
宋仁宗嘉祐六年（1061）	芜湖万春圩	3斗或 3.12斗	沈括《长兴集》卷二一《万春圩图记》；张问《张颙墓志铭》
宋神宗熙宁初（1068）	原武、淇水监牧地	1.3斗	《范太史集》卷四二，《吕希道墓志》；《宋史》卷三四七，《章衡传》
宋神宗熙宁八年（1075）	德顺军、仪州官田	3.1升	《长编》卷二六七，熙宁八年八月壬寅记事
宋徽宗政和五年（1115）	熙河兰会路弓箭手田	3.5斗 2束（草）	《宋会要辑稿·兵》四一之二五
宋高宗绍兴元年（1131）	德安府营田	水田粳米1斗；陆地麦豆各5升	《系年要录》卷四九，绍兴元年十一月丁未记事
宋高宗绍兴二年（1132）	明州广德湖田	上田4斗（米）；原为3.2斗	《宋会要辑稿·食货》一之三五；《系年要录》卷六五，绍兴二年七月甲戌记事
宋高宗绍兴三年（1133）	江东西没收官闲田	上田1.5斗； 中田1斗， 下田0.7斗	《宋会要辑稿·食货》一之三六
宋高宗绍兴四年（1134）	建康府永丰圩田	7.7斗	《宋会要辑稿·食货》一之三六至三七
宋高宗绍兴六年（1136）	江东西没收官闲田	上田2斗； 中田1.8斗， 下田1.5斗	《宋会要辑稿·食货》二之一九

续表

年　代	地区和土地类别	亩租数量	材料来源
宋高宗绍兴一五年（1145）	阶、成、西和、凤州营田	5.17 斗	此据《朝野杂记》乙集卷一六《王德和括关外营田》；《宋史·游仲鸿传》则作亩七升，系由豪强不纳租所致
宋高宗绍兴二九年（1159）	两浙营田官庄	稻麦杂豆 1.8 斗稻麦 1.14 斛	《系年要录》卷一八一，绍兴二九年四月癸卯记事
宋孝宗淳熙六年（1179）	平江府官田	1.6 斗	《朝野杂记》乙集卷一六《绍兴至淳熙东南鬻官产始末》
宋理宗嘉定四年（1211）	犍为	1.44 斛	《宋会要辑稿·方域》一八之二八至二九
宋理宗淳祐七年（1247）	昆山县围田；营田、沙田、常平田、沙涂田	4 斗（原2斗）3 斗（原6升5合）2 斗	凌万顷、边实《玉峰志》卷中
宋理宗淳祐八年（1248）	建康府沙田	1.5 斗	《景定建康志》卷四一，《沙租》
宋理宗淳祐十一年（1251）	建康府义庄	约6斗（米麦各半）	《景定建康志》卷二八《立义庄》

根据上表，结合其他材料，可以看出：第一，从宋初到宋仁宗，官租是逐渐增高的。范仲淹和韩琦于庆历年间之所以要求罢去陕西近里州县营田，就是因为营田田租过去为一二斗，而今增至数培，田租加重，无人承募。到嘉祐末年，河北监牧地租不仅有粮（为3.5 斗），而且有绢有马草等产品，官租进一步增高了。

第二，宋神宗时官田租表中仅列有两个数字，这两个数字都是较低的。如原武、淇水监牧地地租比宋仁宗时河北监牧地地租要低得多。当然土地肥瘠不同，地租也就有所不同，存在差别也是自然的。但两者之间差别如此之大，不能不说两代官租确有轻重之别。

第三，至宋徽宗和南宋高宗，官租又有从低向高发展的趋势。徽宗时熙河兰会路弓箭手田租达3.5 斗，这是两宋以来弓箭手田中地租最高的。宋高宗时官租之增高是极其明显的，北宋时的圩田如化城圩、万春圩的田租在2.8 ~

3.12斗之间，而宋高宗时永丰圩垦田260顷，即承担两万石的田租，每亩猛增至7.7斗，是圩田官租最重的。此其一。宋神宗时的德顺军、仪州，与宋高宗时的阶、成、西和、风州的条件大致相同，前者租不过一二斗，后者五斗多，这说明了宋高宗时的官租比宋神宗时要高得多重得多。更加突出的例证是，因为江东西闲田，宋高宗绍兴六年规定的田租比绍兴三年要重得多；如上等田增加33%，中等田增至180%，下等田增加尤其厉害，到214%，增加了一倍多！此外，表中未举述的材料，如绍兴十二年（1142）诏令诸路常平司见卖官田，“暂时住卖”，“令见佃人增租三分”，而且气势汹汹地说：“如不愿者，许人铲佃”！此后转运司所属官田也照样办理，增租三分![1] 这些事实充分说明宋高宗时的官租更增高了。

第四，到南宋晚期理宗时，“更上一层楼”，官租更增高了。表中几个数字都说明这一点。拿犍为的官租来说（1.14斛），同太湖流域的学田租相比，也是比较高的。昆山的围田租自2斗，增至200%，营田、沙田等增至460%。官租这样成倍地增长，反映了南宋统治的反动和腐朽。此后，景定年间行“公田法”，公开地掠夺土地，更进一步地暴露了两宋统治的反动和腐朽。

综合上述四点，宋代官租的增长，大致经历了北宋初到宋仁宗时的低——高，宋神宗到宋徽宗时的低——高，以及宋高宗到宋理宗时的高——高这样一个过程。它同下章所叙述的两宋300年赋税的演变极相符契、一致。

两宋300年，私租也是不断增长的。试看下表：

年　代	地　区	亩租数量	材料来源
宋仁宗嘉祐八年（1063）	武进	1.6石（米）	孙觌《鸿庆居士集》卷二三，《黄林先墓记》
宋神宗熙宁八年（1075）	苏州	上田6斗（米） 中田5斗 下田4斗	《长编》卷二六七，熙宁八年八月戊午记事
宋高宗绍兴年间（1131～1162）	两浙路	0.7石	曹勋《松隐文集》卷三〇，《崇先贤孝禅院记》

① 《系年要录》卷一四七、一八〇；《朝野杂记》甲集卷一六。

续表

年　代	地　区	亩租数量	材料来源
宋孝宗淳熙六年（1186）	绍兴府	1.18石	陆游《渭南文集》卷一八《能仁寺舍田记》
南宋中叶	江东路	上田2石（米）	岳珂《愧郯录》卷一五
南宋中叶	镇江	0.9石（米）	刘宰《漫堂文集》卷二三，《洮湖陈氏义庄》
宋宁宗嘉定七年（1214）	明州它山	2.8石（谷）	魏岘《四明它山水利备览》
宋理宗端平年间（1234～1236）	常熟	0.75石（米）	卢镇《至元琴川志》卷六，《义役省札》
宋理宗淳祐九年（1249）	台州黄岩	2石（米）	《黄氏日钞》卷八六，《台州黄岩太平乡义役记》

此外，许多学田碑也保留了有关私租的不少材料，可以补上表的。但就表中现有材料看，私租从七八斗到两石，已经充分说明私租之重。尽管如此，封建主们并不满足于现有的高额地租，租佃契约上对分成制和定额租虽然写得一清二楚，他们依然挖空心思，采用种种卑劣的手段增加地租。这些手段是：

其一，“铲佃”或“夺佃”。用剥夺佃客佃种权的残暴手段，或者迫使旧佃离开，另与新佃订立租约，或者迫使旧佃束手就范，修改原来的租约，由此达到增租的卑鄙目的。这类事情，在租细关系发达、劳动力非常充足的地方，不论是地主土地上，还是国有土地上，都是司空见惯的。苏轼就曾提出以“铲夺”的办法，迫使佃客更加勤快地浚治西湖，免被茭葑闭塞①。事物往往会向反面发展。封建主原想采用这种手段来增加地租，却没有料到会出现这一后果：“乡曲强梗之徒，初欲铲佃他人田土，遂诣主家约多偿租稻。〔主〕家既如其言，逐去旧客，而其人遽背原约，不肯承当，主家田土未免荒废。”②

其二，采用“大斗”和增加斛面。地主使用的私斛从来就比官斛大，这是不用多说的。但宋代有一种特殊情况，在出租土地时，地主们公开讲明，以130合作为一斗，或者以150合甚至190合作为一斗，交纳地租。这就是说，

① 《东坡七集》《奏议》卷八，《申三省起请开湖六条状》。

② 真德秀：《真文忠公文集》卷八，《申户部定断池州大户争沙田状》。

亩租一石，规定130合为一斗，交租为一石三斗。其所以采用这种办法，据说是根据土地肥沃、产量多少规定的，土地越好、产量越高，采用的“斗器”也就越大。如以190合为斗，亩租2石，实交3石8斗，几乎超过契约规定的一倍。在收租时，地主家的管干尽量把斛面堆得尖尖的，每一斛就可以多得两三升！

其三，正租之外，又有新的附加。袁采在《世范》一书中一再地说，对佃客绝不可过于苛刻，“不可令子弟及干人私有所扰”[①]。《郑氏规范》也一再说：“田租既有定额，子孙不得另增数目”，“正租外，所有佃麦佃鸡之类断不可取”[②]。社会生活的实际恰恰揭穿了这类“善良”的面纱：

今年田事谢苍苍，尽有瓶罂卒岁藏。只恐主家增斛面，双鸡先把献监庄！[③]

……豪强征敛纵狞隶，单巾大帕如蛮兵。索钱沽酒不满欲，大者罗织小者惊。谷有扬簸实亦簸，巨斛凸概谋其赢。讵思一粒复一粒，尽是农人血汗成。[④]

所谓“府第庄干”，即官僚豪绅的狗腿子，不但“多取盈余”，“刻核太甚”，又往往同尉司弓兵勾结起来，任意逮捕佃客，“饥饿杀之，以立威乡落”，广大农民无不恨之入骨。佃客与地主之间的对抗关系，随着地租的增重而日趋于紧张。

为追求更多的地租，官僚豪绅还打国有地的主意。能兼并者，则兼并之；不能兼并者，则包种租佃之。材料证明，同私租相比，官租是轻得多的。因此，地主豪绅，品官形势，纷纷租占官田，并以二地主身份转租出去，与封建国家分享地租。其中尤以学田为甚。这在前章已有叙述。为租占国有地，官僚豪绅之间展开了你攘我夺。如池州两家豪绅，为争佃沙田，兢出高价以铲夺到手。韩世忠府中的干人郁明，租佃了苏州2400亩学田，一个名叫朱仁的，“嫉其花利入己数多”，在“豪猾十余辈”暗中撑腰的情况下，“出令争佃”。结

① 《世范》卷三，《存恤佃客》。
② 《郑氏规范》卷上。
③ 毛珝：《吉竹小稿》《吴门田家十咏》。
④ 刘黻：《蒙川遗稿》卷上，《田家吟》。

果，郁明租佃的这块田地，又增租 300 石糙米[①]。从这幅争赃图中，可以看出租佃官田的二地主分占的地租是极为可观的。二地主究竟能够分占多少地租呢？假定同等的土地，私租为 1 石，官租为 4 斗，二地主分享的地租为私租减官租剩下的余额为 5 斗。私租与官租的差额，就是二地主所分享的地租。差额越大，二地主分享的就越多；差额越小，二地主分享的就越少。如果官租与私租相等，二地主无利可图，就会在社会消失了。实际上当然不会这样，南宋虽一再提高官租，但它同私租仍然存在一个不小的差额。这就是为什么官僚豪绅及其亲族、干仆麇集在国有地上的原因所在。由此可见，官租轻，主要的便宜了那些二地主亦即官僚豪绅之辈。

由于两宋 300 年间官租私租的不断增重，社会生产首先是农业生产也就受到了严重的影响。劳动地租对生产的影响和作用前面已经说过了，这里着重地谈谈产品地租和货币地租的影响和作用。

如上所说，产品地租在宋代仍然占主导地位，这就深刻地说明了宋代商品经济虽然有了比较显著的发展，但从全国范围看，占支配地位的还是自然经济。广大农民生产在狭窄的天地中，同市场的联系是很少的："穷乡荒野，下户细民，冬至节腊，荷薪刍，入城市，往来数十里，得五七十钱，买葱茹盐醯，老稚以为甘美，平日何尝识一钱？"[②] 就是在生产较发达的地区，也有的农民"终身不入于城市"[③]。一家一户，男耕女织，栉风沐雨，四时辛劳，把自己血汗换来的产品，作为地租交纳给地主。从战国秦汉到两宋，佃客与地主之间的关系，便是这样地世世代代地反复不已。马克思说："总之，由于一般自然经济的性质，所以，这种形式（按指产品地租——引者）完全适合于为静止的社会状态提供基础，如像我们在亚洲看到的那样。"[④] 这里不妨透过产品地租形式，看看战国秦汉到两宋社会处于某种程度的静止状态的奥秘是什么。

为说明这个问题，就有必要看一下佃客的生产状况。下面举述两类情况，

---

① 《江苏金石志》卷一三，《吴学粮籍记》二。
② 张方平：《乐全集》卷二五，《论免役钱札子》。
③ 吴渊：《退庵先生遗集》卷上，《江东道院赋》。
④ 《马克思恩格斯全集》卷 25 卷，第 897 页。

一是北宋时期北方佃客的情况，一是南宋时期南方佃客的情况。

先说北宋时期佃客的情况。假定一个五口之家的佃户，有三口成年和两口未成年，养有一牛，犁耙工具也都齐全，这样的佃户家庭要进行再生产，必要劳动的开支有如下几笔：

（一）口粮 根据宋代一般说法，成年每天二升[①]、未成年一升计算，三口成年全年口粮为21.6石，两口未成年7.2石，全家口粮共28.8石。

（二）食盐 宋代盐以斗计，每斗5斤，全家食盐每年最少3斗，加上养蚕用盐，共为4斗。按照传统的算法，“斤盐斗粮”，或“一斗盐，三斗粮”，全家食盐至少要出1.2石，或许要更多一些。

（三）衣 农家以麻布为衣，每人冬衣一身，夏衣二身，成年一匹不够，未成年一匹勉强凑敷，至少需六匹。假定冬衣五年两换，单衣一年一身，全家每年至少需要麻布三四匹。麻布一匹价三四百文，为穿衣又必须付出三四石粮食。

（四）饲料 有牛的佃户是不多的，有牛就必须有饲料。饲米，除麦麸还有豆类，全年至少也得三四石（每石约折今92市斤）。

除了上述必要劳动的开支之外，农具还要修理和补充，这也是再生产中必须开支的。北宋时，铁一斤大约24文到30文，因而镰刀、锄、镢之类，每把总得三四十文到一二百文。农具折旧也要耗去一石以上的粮食。粪肥由自家沤、积，有时也需要购买。对土地投资越多，收成就越好。但是，生产费用多少，取决于佃客总收入扣除上述生产必须开支之后的余额的大小，正是在这里暴露了分成制剥削的残酷性质。

总计一个五口之家的佃户的生产需要，约在36石到38石之间。这是继续再生产的最起码的条件。要想获得这些粮食，必须租种多少土地呢？宋代北方农业生产亩产量，如前章所指，一般为2石，平年也有1石上下。3年当中，往往是丰、平、欠各有1年，以丰补欠，平均也在1石上下，因而可以平年为准。宋代士大夫如范仲淹、吕陶等在计算亩产量时，也是以平年1石为准的。依此而论，这类客户必须租得80亩地、年产80石，除去种子8石，然后采用

① 方回在《续古今考》中称，人均一升，似嫌稍低，不取。

对分制，得到36石。没有耕牛的客户，按四六分制，仅得30石，减去饲料，尚不足两三石。既然没有耕牛又没有耕具的客户，按三七分制，仅得21.6石，缺少十一二石。抵偿必要劳动的费用尚且不足，生产费用就更谈不到了。为了弥补这种不足，当然要靠家庭副业，严重的则是压缩生活用粮，以致人畜两瘦。这样，分成制租不仅吞噬了佃客全部的剩余劳动，而且还吞噬了佃客的必要劳动的一部分或大部分。

问题的严重性还不止此，封建主对土地兼并、改变对现有的垦田的占有方面，是神通广大的；但是对于扩大对土地的垦辟，特别是对于土地垦辟与户口增长相适应这个重大问题上，则是无所施其技的。如前章说过的，从宋初到宋神宗元丰年间，历年来的每户平均土地的数字是逐步下降的；宋太祖每户平均95亩，宋太宗时76亩，宋真宗时60亩，而到宋神宗时则仅为28亩。宋神宗时的数字是不可靠的；由于多年来官僚豪绅的隐田漏税，大量土地没有登录在国家版籍上，从而使神宗时平均亩数为之锐减。参照明代户口、垦田数字，宋神宗时每户平均50亩是可能的，这在前章亦曾提到。即使如此，宋代垦田数量赶不上户口增长数量，造成户平均田亩的日益下降，从初年的95亩下降到几乎一半，则是一个无可否认的事实。在此情况下，佃客租种土地的数量之日趋减少，也是势所必至的。随着这一事态的发展，分成制就越来越暴露了它的残酷的剥削性质。如佃户租种70亩，有牛的佃客的必要开支也短缺五六石，四六分制下的佃客短缺10.5石，三七分制下的细客短缺17石。佃客的必要劳动日益被吞噬得多了。

马克思说："产品地租所达的程度可以严重威胁劳动条件的再生产，生产资料本身的再生产，使生产的扩大或多或少成为不可能，并且迫使直接生产者只能得到最低限度的维持生存的生活资料。"① 劳动生产率低（如亩产量低）、封建剥削率高（从对分制到三七分制越来越高），迫使广大佃客在"营求一饱"（苏轼语）之外，只能反复再生产（有时连反复再生产都不可能）而不能扩大再生产，这就是我国秦汉到宋社会静止的奥秘之所在。

应当承认，分成制也有其适应生产力发展性质的一面。当着耕地较多的条

---

① 《马克思恩格斯全集》第25卷，第897页。

件下，对半分制还是可以或多或少地扩大再生产的。尤其是倒四六分制，佃客在分配中多得一成，全部可以投到生产中，有利于生产的发展。可惜是，它仅限于部分国有地中。

值得注意的是，在分成制之外，流行于两浙、江东等路的产品形态的定额地租，与生产力发展性质还相适合，因而对生产力的发展起着促进的作用。前面说过，北宋两浙路按户平均不过20亩，是人多地少的地区。南宋时每户平均土地还要少些。两浙占有小块耕地的自耕农民甚多，一般客户可以租到超过平均数字的土地约二三十亩。假定为30亩，这里的亩产量较高较稳，有的亩产达六七石，如以亩产2石计算，第一年分配中主客各得30石。如第二年每亩增产2斗，在分配中，主户依然得30石，而佃客则可获得全部增产部分共为36石。正是由于定额地租的增产部分归佃户享有，佃户也就更加关心自己租种的土地，深耕细作，壅培粪壤，以便进一步提高产量。这样，定额地租虽然迫使两浙、江东等路佃客垦辟自己租佃的一块土地，但它却把精耕细作的方法和技术进一步发展和扩大了，从而使这些地区成为先进的地区。不过，在这里则面临了地主豪绅追加地租的问题，使定额租增加三成、五成乃至九成。因此，在这些地区上，农民所开展的反封建主的种种活动中，有着它的特点，如“降斗”就是带有地区特点的一项活动。

货币地租的发展，意义更为重大。马克思指出，货币地租“最初只是偶然的，以后或多或少在全国范围内进行的从产品地租到货币地租的转化，要以商业、城市工业、一般商品生产、从而货币流通有了比较显著的发展为前提。”① 在两浙一带商品生产、货币流通有了显著发展的前提下，货币地租已从战国时代的偶发性事物发展成为一种社会经济关系了。这种财产关系和经济关系，在中国封建社会固然是新事物，在当时世界上也是一种新事物，并且比欧洲诸国要早3个多世纪之久。

货币地租的发展，说明了更多的农产品投到市场上，更多的农民因支付地主的货币租而同市场有了更多的联系，这就进一步削弱了农民同封建主间的依

① 《马克思恩格斯全集》第25卷，第898页。

附关系而向货币关系方面转化，对新的社会制度——资本主义的萌生是有利的。马克思说："虽然直接生产者仍然要继续亲自生产至少是他的生活资料的绝大部分，但是现在他的一部分产品必须转化为商品，当作商品来生产。因此，整个生产方式的性质就或多或少发生了变化。"① 这就是说，资本主义的财产关系和经济关系将会随着货币地租的发展而在封建社会的母体中生长出来。宋代是否就出现了这种新的社会经济关系，还要认真研究，但至少是为这种关系的萌生创造了一个条件，这一点是值得重视的。

第五节　宋代的土地买卖以及地价与地租之间的关系

前章曾经指明，宋代土地兼并有两种主要方式：或者依赖政治特权占有大片田产，或者以雄厚的货币力量购置大批良田。社会实际生活表明，土地买卖越来越成为土地兼并或土地集中的重要方式。在货币力量的冲击下，土地变成了商品，卷入了流通领域；并且随着土地买卖的频繁，土地转移也加剧了。这是一个值得注意研究的社会现象，下面则从地价方面来考察这个现象。

大家知道，土地本身是没有价值的。那么，在土地买卖中，究竟根据什么准则使买者和卖者两造共同遵守并用来确定"价值"的呢？在说明这个问题之前，先看一下宋代地价的一些具体情况，如下表所显示的：

年　代	地　区	地价（亩）	材料来源
宋仁宗天圣元年（1023）	河南府永定陵地	146～208 文	《长编》卷一〇〇，天圣元年六月戊申记事
宋仁宗天圣三年（1025）	杭州	666 文	夏竦《文庄集》卷二一，《赐杭州灵隐山景德灵隐寺常住田记》显然有误，今据《淳祐临安志》（辑逸）卷二载十五顷计算
宋仁宗天圣四年（1026）	福州官庄	2～2.5 贯	《宋会要辑稿·食货》一之二三

① 《马克思恩格斯全集》第25卷，第898页。

续表

年　代	地　区	地价（亩）	材料来源
宋仁宗庆历八年（1048）	明州鄞县民田	上田2贯；一般1贯	《临川先生文集》卷七六，《上运使孙安抚书》
宋仁宗嘉祐五年（1060）	绛州淤田	淤前2~3贯，淤后增至二三倍	《宋会要辑稿·食货》七之三〇；《长编》卷二七七，熙宁九年七月庚戌记事
宋仁宗嘉祐七年（1062）	秀州松阳泾	830文	谈钥《嘉泰吴兴志》卷一一；顾临《湖洲学记》（载《宋文鉴》卷八三）
宋英宗治平四年（1067）	长安	上田2000文	《长编》卷五一六，元符二年闰七月甲戌注引邵伯温《贾炎家传》
宋神宗熙宁五年（1072）	北方官淤田	花淤2~2贯500文，赤淤2贯500文~3贯	《宋会要辑稿·食货》七之三〇；《长编》卷二三〇，熙宁五年二月壬子记事
宋神宗熙宁八年（1075）	苏州	1贯（典）	《长编》卷二六七，熙宁八年八月戊午记事
宋哲宗元祐五年（1090）	郓州	1金	尹迁《郓州州学新记》，载《金石粹编》卷一三九
宋徽宗大观元年（1107）	陕西沙苑	每顷500余贯	《长编纪事本末》卷138；《长编拾补》卷27
宋哲宗元符二年（1099）	陕西上田	2000文	《宋史·食货志》下四
宋高宗绍兴十二年（1142）	绍兴府永固陵地	3贯500文~10贯500文	此据《宋会要辑稿·礼》三七之二一至二二；楼炤奏请永固陵地，元付三贯五百文，后增加二倍为十贯五百文
宋高宗绍兴二〇年（1150）	川蜀一带	比昔贵倍	《系年要录》卷一六一，绍兴二十年九月辛巳记事
宋高宗绍兴年间	淮西及南方各地	约10贯	张守《毗陵集》卷二，《论淮西科率札子》
宋高宗绍兴二八年（1158）	建康府	5.34贯	周应合《景定建康志》卷二八《增学记》

续表

年　　代	地　区	地价（亩）	材料来源
宋高宗绍兴三〇年（1160）	吉州官田	2.25 贯	《系年要录》卷一八五，绍兴三〇年四月丁丑记事
宋孝宗隆兴元年（1163）	无锡官田	2 贯	《宗会要辑稿·食货》五之三四
宋孝宗隆兴乾道年间	梁山军	3.67 贯	查籥：《杜御史莘老传》，载《琬琰集删存》卷二
宋孝宗乾道八年（1172）	行在（杭州）	5 贯	《皇宋中兴两朝圣政》卷五一，乾道八年三月乙巳记事
宋孝宗淳熙元年（1174）	荆湖北路营田	600 文	《宋会要辑稿·食货》六之二六
宋孝宗淳熙四年（1177）	鄞县	32 贯	罗浚《宝庆四明志》卷一二，《东钱湖》
宋孝宗淳熙十三年（1186）	湖州	10 贯	袁说友《东塘集》卷一八，《陈氏舍田道场山记》
宋光宗绍熙年间	漳州龙岩	3.3 贯	《晦庵先生朱文公文集》卷七九，《江西运司养济院记》
宋光宗绍熙三年（1192）	秀州瑞麟乡柴荡改水田	自 700 文增至 3711 文	徐硕《至无嘉禾志》卷一六，《府学承置柴荡记》
宋宁宗庆元元年（1195）	南宋腴田	10 贯	王楙《野客丛书》卷一〇，《汉田亩之价》；该书成于庆元元年
宋宁宗嘉泰年间	吴兴腴田	10 金	谈钥《嘉泰吴兴志》卷二〇
宋宁宗嘉泰四年（1204）	长洲	13 贯 900 文	《江苏金石志》卷一四，《吴学续置田记》
宋宁宗开禧二年（1206）	吴县	11 贯 100 文	《江苏金石志》卷一四，《吴学续置田记》（开禧二年）
宋理宗绍定年间	临安菜圃 成都	44 缗（铁钱?）	郑清之《安晚堂集辑补》《灵芝崇福寺拨寺田记；潜说友：《咸淳临安志》卷七 杨万里《诚斋集》卷一二五，《徐公墓志铭》

续表

年　代	地　区	地价（亩）	材料来源
宋理宗绍定年间	临安菜圃	80 缗	郑清之《安晚堂集辑补》《灵芝崇福寺拨赐田记》；《咸淳临安志》卷七九
	江浙一带	20～30 贯	赵与时《宾退录》卷三
宋理宗绍定四至六年（1221～1223）	溧阳	10 千；或官会 100 千	据俞文豹《吹剑录外集》、魏了翁《鹤山先生大全集》卷二〇，《宋史》《理宗纪》一
	江西潦田、山田	1 千～2 千	吴潜《许国公奏议》卷二《奏论计亩官会一贯有九害》
宋理宗绍定六年（1223）	常熟	会子 42.4 贯	《江苏金石志》卷一六《常熟县新田记》
宋理宗端平年间（1231～1233）	常熟	会子 28 贯	卢镇《至元琴川志》卷六《义役省札》
宋理宗淳祐十一年（1251）	建康府义庄田	68.7 贯	《景定建康志》卷二八，《立义庄》
宋理宗开庆元年（1259）	鄞县固地	60 贯足 30 贯文 （钱会各半）	梅应发《开庆四明志》卷三《洪水湾》
宋理宗景定四年（1263）	平江等六郡行公田法	会子 40 缗（亩租 1 石者之价）	《宋史》卷一七六《食货志》；周密《齐东野语》卷七《景定行公田》

上表需加说明的是，一、宋代有两次购置陵墓地，一次在宋仁宗天圣元年，一次在宋高宗绍兴十二年，陵墓地的价格均应以前一购置价格即 146 文和 3 贯 500 文为准；后一增加的价格主要表示皇家的恩赏，非正常买卖的经济现象。二、在土地买卖中，一般用 99 陌或 98 陌，即以 99 文、98 文为一陌，与国家法定的“省陌”77 文相差 21 文或 22 文，1000 文中相差 210 文或 220 文。有时言明要“足钱”或“足陌”，1000 文当付 1000 文，不许有一文短陌。除以上两点外，从表中举述的不够完备的材料中，则可看到两宋土地买卖的如下情况：

第一，表中举述了各类土地买卖，即有私人之间的，也有官府与私人之间的，因此可以看到，通过土地买卖，既有私田转化为国有地（学田）的情况，也有国有地转化为私有地的情况（由地主或寺院占有），这是在全国范围内广泛进行的一项活动，因而具有普遍意义。

第二，表中举述的以两浙的材料为最多，对于说明两浙土地买卖的情况具有突出的意义。造成这一事实的，当然不能否认与材料保存的多少有一定关系，但主要原因是，由于两浙是当时商品生产、货币流通最为发达的地区，而这一地区又与行在临安密迩相接，官僚豪绅、富商大贾多麇集于此，这帮人为追求高额地租而把自己的货币倾泻到土地上，从而使这里的土地买卖亦即土地兼并更加严重。

第三，特别值得注意的是，两宋地价是不断地增长着的。北宋同南宋相此，差别很大。就北宋而言，表中还不够明显；就其他文献记载而论，经过王安石变法，宋神宗时的地价较之宋仁宗、英宗时是低落了一点的。而南宋高宗时，情况发生了陡然的变化。地价不仅“比昔贵倍”，而且是扶摇直上，各地地价都大幅度地涨价。南宋地价昂贵，与行使楮币有一定的关系，特别在南宋晚年楮贱如粪土的情况下，更显得密切。如表中绍定溧阳县的一次土地买卖，当时县令、陆放翁的不肖之子陆子遹夺民田奉献给史弥远，史弥远付以10贯一亩的价钱，结果是强行占夺，最后又偿以100贯官会子充当地价，连魏了翁都说付价过低。景定年间，贾似道主持下的所谓公田法以40楮强行购买亩租一石的土地时，就更加成为公开的盗掠行为了。即使抛除楮币这个因素，南宋地价也是以跳跃式的方式日益增长的。一般地价在10贯上下，两浙的高腴上田达二三十贯，比北宋地价增长了10多倍！叶水心曾经指出，“吴越之地”于南宋时，“田宅之价10倍于旧，其便利上腴争取而不置者数十百倍于旧”①。两相参证，都是非常准确的。而且还可看到，地价增长的趋势，与前面所述地租增长的趋势极相契合、一致，而且地价的增长远远超过了地租的增长，这两者之间有无内在的本质的联系呢？

第四，各地地价的差别是很大的。拿南宋来说，有一二贯的，三四贯的，也有十几贯、二三十贯的，绍定年间行在临安附近的菜圃竟达80缗。从土地

① 叶适：《水心别集》卷二《民事》中。

开始买卖的战国时起，地价即存在差别，当时所谓的“负郭田”即靠近城市的土地最肥沃和最贵的土地。到两宋，这种差别更加突出更加扩大了。靠近都市特别是靠近首善之区汴京的一些田地，如菜圃，前引陶谷的《清异录》，曾视为“青铜海”，以及上面提到的临安菜圃亩达80缗；而一些劣等地仅几百文。正因为田地有肥瘠的不同，封建国家将其区分为上、中、下三则纳税，而在土地买卖中也因而有不等的价格。在土地等级背后，又是什么东西成为决定性的因素以致使地价出现上述重大差别呢？

要来回答上面第三、第四两个问题，先看看下面一个文献材料：[1]

> 绍兴三十二年（1162）九月二十八日，户部言：臣僚札子契勘民间田租，各有乡原等则不同，有以八十合、九十合为斗者，有以百五十合至百九十合为斗者。盖地有肥瘠之异，故租之多寡、赋之轻重、价之低昂系焉。此经久不可易者也。昨因陆之望挟偏见之私，乞以百合斗从官给卖，凡佃户纳租每亩不得过一石，每斗不得过百合，虽多至百九十合，亦尽行镌减。……殊不知民间买田之初，必计租定价；若用百九十合为斗者，其价必倍。官虽重税，业主自皆乐输；斗器虽大，佃户亦安受而不辞（?!）。……今乞行下州县，各随乡原元立规例，每斗以百合为之等则。如元约以百九十合为斗，即每亩作一石九斗；元约以八十合为斗，即每亩作八斗之类……各随乡元立文约租数，及久来乡原所用斗器数目交量，更不增减。如租户不伏，许令退佃……从之。

其中有关“计租定价”的论述，如此明确地提出了地租决定地价的理论，这不仅在中国文献学上是最早的，在世界上也可能是最早的，因而在地租理论发展史上，是极可注意和重视的。

“计租定价”是从社会实际生活中概括出来的，连贾似道的公田法，也“不以亩为价，而随租以为价”[2] 在“计租定价”的幌子下进行公开的盗掠。在社会实际生活中，材料说明，凡是地价高的，地租也必然是高的。试看宋宁

① 《宋会要辑稿·食货》六七之一二至一三。

② 黄震：《黄氏日钞》卷八四，《与叶相公西溜》。

宗嘉泰四年（1204）平江府学购买的几片田段的情况：①

卖田人	田亩数	地价总额	亩价	地租总额	亩租
陶　氏	136亩3角14步	1908贯505文	14贯	123硕1斗	9斗
陈三八官人	86亩	1063贯	12贯	77硕9斗	9斗
黄七知县	123亩1角14步	975贯240文	8贯	81硕2斗7升	6.6斗
姚主簿	36亩1角33步	469贯700文	13贯	32硕8斗5升	9斗

表中清楚地说明了：陶氏、陈三八官人、姚主簿所卖田产，每亩都在十二三贯以上，因而亩租也在9斗以上；黄七知县亩价8贯，亩租则为6.6斗，可见与"计租定价"的原则是相符合的。

再看一下宋理宗绍定六年（1233）常熟县以官会子买得的三笔学田的情况②：

田亩数	地价总额	亩价	地租总额	亩租
29亩3角	900贯900文	30贯	28硕	9.55斗
33亩1角12步	793贯500文	24贯	26硕5斗	8斗
8亩50步	350贯	43贯	7硕	8.6斗

表中第一栏的田地，系从官田中购买为学田的，因为是官府之间进行贸易，价格一般说来都是较低的。其余两笔田地，同样说明了地租高者地价就贵、地租低者地价就低这一事实，与"计租定价"原则是一致的。

从另一个角度也许更能够说明"计租定价"亦即地租决定地价的问题。宋宁宗开禧二年（1206）平江府购买的一批学田中，有徐氏"粧奁田"22亩1角19步半，共用钱294贯文，纳租37硕1斗（130合斗）。由于卖主要"优润佃户，减退租额大硕四斗四升"，于是平江府学也就少付了53贯800文的价钱③。这样，亩租从原来的1.7硕（以130合为斗，实际上是2.21硕）减至

① 《江苏金石志》卷一四，《吴学续置田记》（开禧元年）。
② 《江苏金石志》卷一四，《吴学续置田记》（开禧二年）。
③ 《江苏金石志》卷一四，《吴学续置田记》（开禧二年）。

1.4石，亩价也从原来的13贯200文落到11贯300文。地租下降了，地价也随之而下降，同样说明了宋代土地买卖中是贯彻了“计租定价”的，地租是决定地价的。

弄清了上面的问题，对宋政府所举行的土地买卖也就清楚了。当着官田田租过低，达不到宋政府的期望时，宋政府往往采取出卖的政策。宋初因“福州官庄与人户私产一例止纳二税”，较其他官庄地租低得多，宋政府觉得吃了亏；如果“别定租课，增起升斗”，宋政府觉得这样做又怕“经久输纳不易”①。为摆脱这一窘境，最后在天圣四年（1026）按2~2.5贯的价格出售，试图由此稍资弥补。南宋年间官田忽儿出卖又忽儿“住卖”，也是由于这个根本因素决定的。当着大批官田被品官形势占佃、政府官租日减的情况下，出卖官田的论调就充斥到朝廷上。当着官田售价太低，不如收租有利时，“住卖”的议论就又抬头了。如宋孝宗淳熙元年（1174）出卖荆湖北路营田亩仅500文时，曾逮提出了异议：“营田不可出卖，利害尤明。盖一顷岁收谷八十余硕，若出卖价钱止五十缗，不可以五十缗目前之利而失八十斛每岁之入。”②“住卖”或“免出卖”的诏令就由此而下来了。“住卖”之后，官租照例要调整一番，前面举述的沙田芦场之于1248年增租，就是一例。在出卖官田的过程中，宋政府在“卖”与“住卖”政策上的动摇不定，原因即在于此！前面提出的两宋300年中地价增长的趋势与地租增长的趋势之如此契合，它的本质的内在的联系亦即在此！

以上说明了宋代地价与地租之间的关系。但是，我们看到，在资本主义制度下，“土地价格不外是资本化的因而是提前支付的地租”③，地价是由地租决定的。这样，处于封建时代的宋代，其地价和地租的关系同资本主义制度下地价和地租的关系是不是没有任何差别了呢？当然不是的。

包括两宋在内的我国封建时代的土地买卖，前面说过，是贵族官僚商贾豪绅兼并土地的重要手段。在这个过程中，贵族官僚们的政治特权起着严重作

① 《宋会要辑稿·食货》一之三三。
② 《宋会要辑稿·食货》六之二六。
③ 《马克思恩格斯全集》第25卷，第911页。

用。为获得高额地租，他们总是利用特权以“贱直”把土地掠夺过来。西汉萧何之以贱直强买关中民田，东汉窦宪之以贱直强买沁水公主园田，这类事例是史不绝书的。宋代也是这样，前章土地兼并中列举的许多情况，诸如权臣丁谓之派韩亿对向敏中遗族“谕意”，就是这类例证，而贾似道之强行购买“公田”，更是极其突出的例证。因此，不是地租决定地价，往往是政治暴力决定地价，地租与地价是严重脱节的。这是封建时代有别于资本主义时代地租与地价关系的一个基本点。

其次，再从地价方面看。南宋地价猛涨，比北宋增了两三倍、五七倍乃至十余倍。这种猛涨，只有一小批官僚贵势、富商巨贾才能占购土地，这是封建大土地所有制恶性膨胀的一个表现。尤其值得注意的是，地价的增长，远远超过了地租的增长，因之，这种增长也绝不是资本主义平均利润增长的结果，而是官僚豪绅、富商大贾垄断土地以及垄断土地买卖造成的。这就是说，他们利用垄断了的大量土地，把从农民身上压榨出来的高额地租，转化为大量货币，然后再通过对土地买卖的垄断，进一步扩大对土地的占有和垄断、追求更多的高额地租。在这种情况下，社会财富进一步集中到这一小批人手中，不仅广大农民进一步贫困化，甚至连经济力量薄弱的中下层地主也因而衰落下来。

根据上述两个方面，显然应当把封建时代的土地买卖、地租和地价之间的关系，同资本主义制度下的土地买卖、地租和地价之间的关系，给以严格的区分，指出它们之间存在着质的差别。

另一方面，也要看到，自从有了土地买卖，地租决定地价的客观规律就会为土地买卖的发展开辟道路。封建地租当然不是资本主义地租。但，如上所说，自战国以来已经有了“负郭田”与其他田地在地理位置上的区分，宋代对土地肥瘠的划分又越来越细密，所有这些虽然更加方便了封建主对地租的榨取，不过，应当承认，它为级差地租的形成逐步地创造了一些条件。所以，宋代地租在本质上是封建地租，是由封建主对土地的垄断造成的，但由于上述条件的发展，也多少蕴涵了级差地租的因素。唯其如此，才造成地价的差别。土地投入到市场上，官僚豪绅总是想压低价格，以贱直兼并土地，如做过监司之官的苏液，“每置产，吝不与值，争一钱至失色”。然而买者不能永远是买者，当他成为卖者时，他也会碰上别人压低价格。所以，苏液的儿子要比苏液开通得多，在旁劝他父亲说："大人可少增金，我辈他日卖之，亦得善价也。"① 这个有趣的故事深刻地反映了：在地租决定地价这个经济规律作用下，土地价格不能够总是同地租悖离的，而是越来越契合的，这一点在宋代土地买卖中已经呈现出来。总之，前面引用马克思的话，指出产品地租向货币地租转化，整个生产方式的性质便会发生或多或少的变化；这里又看到了土地买卖过程中地租对地价的决定作用，综合这两点，是否意味着在宋代已经孕育了新的财产关系和新的经济关系的因素呢？这是还待认真研究的一个新的课题。

第六节 第九章结论

从宋代地租形态的发展演变中看到，在以夔州路为中心的、庄园农奴制占统治地位的地区，劳动地租还占相当的比重甚至占支配地位；在流行封建租佃制的广大东方地区，则采用各种形式的分成制产品地租；而在生产最发达的两浙等地区，则发展起来了以产品为形态和以货币为形态的定额地租。在各个地区上所表现出来的封建生产关系发展阶段的差别，在产品分配关系方面同样表现出来这个差别。这就不仅进一步地说明了生产发展不平衡规律，而且也说明了有什么样的生产关系，也就有什么样的分配关系，分配关系是从属于生产关系的。

各个社会历史阶段的产品分配关系对社会经济的发展影响很大。宋代各种形式的地租也是如此。它不仅如上所述对生产起重大的影响和作用，对佃客的分化、社会阶级的变动也有一定的影响和作用，这一点将放在本编最后一章中再加叙述。拿上述对生产的影响和作用来看，对宋代各种形式的地租有进一步研究的必要。劳动地租在宋代已经起不了促进生产的作用，夔州路的情况说明了这一点。各种形式的分成制，如三七分制、四六分制也仅能使佃客反复其简单的生产；对半分制在耕地较多的情况下还能够扩大再生产，而在耕地越来越少的情况下，则只能反复简单的再生产。因而分成制下的佃客，在封建剥削榨取下，只能重复简单的再生产。而广大佃客，又因分成制下封建剥削率太大而只能局限于家庭手工业（或其他副业）同农业相结合的这种自然经济中，无法同市场取得更

---

① 朱彧：《萍洲可谈》卷三。

多的联系，从而向小商品生产方面转化。一个是社会生产上的反复简单再生产，一个是由佃客构成的小农经济之长期维持在自然经济中，从宋以后，到元，到明清，到鸦片战争后，始终是这种情况，从而表现了中国封建社会的长期性。归根结底，中国封建社会的长期性是由封建剥削制度造成的，更明确地说，与分成制这一封建地租剥削有着更加直接紧密的关系。由此可见，那种认为中国封建社会长期停滞是由小农经济造成的这一见解，是值得考虑的。

从各种形态的地租中，进一步看到各地区差距之大。虽然以产品为形态的定额地租以及货币地租仅在两浙、江东等地区（也不是这些地区的全部）得到发展，但这却是值得注意的经济现象。这些形式的地租，如产品定额租也能够大到使佃客仅能反复再生产，而这是以后的事，在宋代则起着明显的推动生产的作用，应当肯定。这是第一点。其次，特别是货币地租的出现和发展，在学术界还存在不同的看法，但无论怎样说，它已不是一种偶发的经济现象，而是宋代现实生活中的一种经济关系，正是对这一点要有充分的估计和认识。前面曾引过马克思的话，由于货币地租的发展，“整个生产方式就或多或少地发生变化”。宋代货币地租的发展似乎还没有达到马克思所说的这种地步，但是透过这个发展去考察新的财产关系和经济关系即资本主义的因素是否在宋代产生，也是值得考虑和探索的。这是第二点。当然，考察任何一种经济关系因素的萌生和发展，不是单凭某一个经济现象（有时这种现象具有偶发性质）就可以做出判断、得出结论的，而是从当时社会经济发展的总和中去加以考察的。就宋代情况而论，两浙地区不仅定额租、货币租较发展，土地买卖中也出现了计租定价，而且如后面叙述的，手工业、商业又都很发展，因而出现资本主义萌芽不是不可能的。在生产发展不平衡规律作用下，最发达的地区可以突破原来的经济关系的限制，产生新的经济关系，这在人类社会发展中并不是罕见的。

第十章 宋封建国家的赋役制度（上）——封建国家、地主、农民之间的关系

赋税和徭役，各代虽有所不同，但它一直成为封建国家在经济上压榨人民的主要内容，作为其财政收入的重要来源，支持封建国家的需要。就其性质说，属于产品分配范围。正因为如此，历代的赋役制度对社会生产也就产生截然不同的影响和作用。要么适应生产力的发展性质，从而产生有利因素；要么阻碍生产力的发展，并使生产力日益萎缩，从而引起基础与上层建筑间的冲突，二者必居其一。为此，在本章和以下一章对宋代赋役制度加以叙述，看看它对宋代社会生产到底起了什么样的影响和作用。

第一节 北宋初年的田赋制度 宋仁宗统治时期赋税剧增的第一个高潮

宋代田赋制度，沿袭了唐代杨炎所创立的两税法，是向全部主户亦即所谓“有常产”的“税户”① 征收土地税的。宋封建国家土地所有制的各种形态的地租，也是宋政府财政构成的一部分，但它仅限于国家与从属于它的佃户之间的关系，所以不在田赋关系范围之内。因此，宋代田赋即土地税，对占有一块土地的自耕农半自耕农来说，是一种直接的压榨和剥削。对地主来说，情况就不一样了。南宋年间的王柏对此问题曾经议论道：

> ……田不井授，王政堙塞，官不养民而民养官矣！农夫资巨室之土，巨室资农夫之力……农夫输于巨室，巨室输州县，州县输于朝

① 《宋会要辑稿·食货》一二之一九至二〇。

廷，以之禄士，以之饷军，经费万端，其如尽出于农也，故曰民养官矣！①

亘古以来，官从来没有养过民，就是实行井田制的时代，也是民养官。所以，王鲁斋的这段议论，除井田制时代官养民一句不够正确外，其余的话都是很精彩的。宋封建国家从"巨室"征收来的用以禄士、饷军和养官的田赋，乃是"巨室"从佃客交来的地租中抽出来的一部分，作为土地税上交给国家的。这样看来，归根结底，所谓的"民养官矣"，都是由佃客和自耕农、半自耕农组成的广大农民阶级来养活的。由此可见，宋封建国家的全部田赋都是从农民身上榨取来的，这一点必须认识清楚。其次，正因为封建国家的土地税的一个重要组成部分来自于地租，封建国家同地主阶级共同分享广大佃客的剩余劳动乃至必要劳动，从而造成这两者之间的尖锐矛盾。宋代赋税制度发生这样或那样的变化，与这一矛盾关系有密切的关联。认清这一点，对了解宋代经济领域和政治领域的各种斗争是极其重要的。

宋代两税虽来源于唐，但在许多做法上则是承后周之制。它的主要内容如下：

（一）因全国疆域广大，故两税交纳的时间在北宋初年的规定中是有所不同的。据宋太宗端拱元年（988）规定，旧来夏税开封府等七十州自五月十五日起纳，至七月三十日毕；河北河东诸州五月十五日起纳，八月五日毕；颍州等十三州及淮南、两浙、福建、广南、荆湖、川、峡等路五月一日起纳至七月十五日毕；秋税自九月一日起纳，十二月五日毕，"自今并可加一月限"②。大约在后来才按照后周的制度，划一规定为夏税以六月一日起征，秋税以十月一日起征③。

（二）两税从开始催征之日算起，大约分为三限："尝摄邑两税，旧法有上、中、下三限"④；《庆元条法事类》中也载有中限和末限的区别⑤。按夏秋

① 王柏：《鲁斋集》卷七，《赈济利害书》。
② 《宋会要辑稿·食货》七〇之四。
③ 吴曾：《能改斋漫录》卷二，《二税起催用周制》。
④ 陈亮《龙川文集》卷二六，《吏部侍郎章公德文行状》。
⑤ 《庆元条法事类》卷四七。

税各以八月底十二月底为交纳结束之期，每限大约是一个月。

（三）各州县的品官形势户，官户另有户籍，形势户即“充州县及按察官司吏人书手保证耆户长之类”，在版籍中也“每名朱书形势字以别之”[①]，在两税征收中，直接由各州通判或判官掌管催纳[②]，要求在第三限（当即前面说的“末限”）前十五天内交纳完毕[③]。品官形势户的田赋则由本户亲自缴纳。

（四）各户凡是交纳了两税的，给以盖有官府印鉴的“户钞”，这项规定是在宋太祖乾德元年冬开始的[④]。贫穷农户（多是第五等户）交纳的多是“畸零税绢”，大约每七户才能够凑成一匹，因而这样的农户七户才给一户钞。

（五）宋代两税征收，“有谷、帛、金铁、物产四类”，基本上是实物和货币两类。谷物品类有粟、稻、麦、黍、穄、菽（豆）和其他品类；布帛有罗、绫、绢、纱、丝、绸、丝线、绵、布葛等；金铁之类有金、银、铁镴、铜铁钱；物产则有六畜、齿革翎毛、茶盐、竹木麻草、果药油纸、薪炭、漆蜡等等[⑤]。总之，只要有什么出产，宋政府就会征收什么产品；而且按照宋政府的会计习惯用法，将各种征收汇总起来，总收入为若干贯（钱以贯计）、石（谷物以石计）、匹（绢帛以匹计）、两（金银以两计）。大体上，夏税以布帛为主，秋税以粮食为主，因而南宋的一个习惯用语是夏税秋粮，可以说明它的主要内容。

（六）田赋的征收，则按照土地的好坏，大致分为上中下三等征收，这种税则叫做“三壤法”[⑥]。据《楚溪笔谈》记载，吴越钱氏据有两浙时，田赋每亩达三斗之多，宋太宗派王方贽检定田赋，改为一斗[⑦]；《至元琴川志》也记载了这次定税，常熟县“只作中下两等，中田一亩夏税四文四分、秋米八

---

① 官户另有户籍，《淳熙三山志》载福州及所属各县都有官户若干，可资证明；形势户载《庆元条法事类》卷四七。

② 《长编》卷一二。

③ 《宋会要辑稿·食货》七〇之四，《庆元条法事类》卷四八。

④ 陈均：《皇宋编年纲目备要》卷一。

⑤ 《通考·田赋考》四。

⑥ 罗愿：《新安志》卷二。

⑦ 《梦溪笔谈》卷九。

升，下田一亩钱三文三分、米七升四合”[①]，显然也是三壤法。宋初福州官庄也是按照土壤定作三等征税的。三壤法大约是宋代普遍实行的征税规定。对于某些特殊物品也是根据土地的多少加以征收的，例如牛革，规定田地7顷征收一张，还有角一对、筋四两，用以制造弓箭皮甲等，没有牛则纳1贯500文，这就是自前代沿袭下来的牛皮钱[②]。

（七）谷物征收统一使用国家机关——文思院所制作的斛斗，叫做“省斛”或“省斗”，即官斛是也。这种斛有容量五斗的，也有容量一石的[③]。在交纳租税之时，宋太祖开宝四年（971）诏令上规定，“广南诸州受民租皆用省斗，每一石别输二升为鼠雀耗”[④]。这个2%的鼠雀耗或省耗是封建国家正税之外的法定的附加税。对布帛的征收，也沿袭后周之制而有划一的规定，即织造的丝绸绢罗等所有的丝织品必须阔长及42尺、及2尺5分，每匹重“须及十二两”（个别地区如徽州因特殊情况许可十两一匹）[⑤]。不按照这种规定固然不行，即使按照这种规定，遇见贪官污吏也照样“退拣”，借机敲诈。

（八）在征收中，凡是“州县官催理官物（按指田赋）已及九分以上，谓之‘破分’，诸司即行住催，版曹亦置不问，由是州县得其赢余以相补助”[⑥]。但这种“破分之法”维持了一定的时期，至迟到南宋初年便发生变化了：“建炎以来，地削兵多，权宜科须，又复数倍”，“户部经费不足，遂废祖宗破分之法，而上供岁额必取十分登足而后已，期限迫促，科罪严峻”[⑦]，两税剥削较北宋重多了。

（九）遇有灾伤年景，则根据灾情大小，可以减少征税。宋太宗“淳化二年（991）正月丁酉诏：荆湖、江淮、二浙、四川、岭南管内州县诉水旱，

---

① 卢镇：《至元琴川志》卷六。

② 王辟之：《渑水燕谈录》卷五。

③ 据顾炎武《日知录》上说，宋代一斛为五斗，一石为二斛。据我所接触到的材料看，宋代官私斛制大都是斛、石相等而为十斗的。

④ 《长编》卷一二，开宝四年秋七月丙申记事。

⑤ 洪迈：《容斋随笔·三笔》卷一〇。

⑥ 朱熹：《晦庵先生朱文公文集》卷一一，《戊申封事》。

⑦ 朱熹：《晦庵先生朱文公文集》卷一二，《己酉拟上封事》。

夏以四月三十日、秋以八月三十日为限，自此遂为定制"① 但这种减免是很不容易的。

（十）买卖田地要向官府陈报"投印"，除交纳田契税、勘合钱（钞旁定帖钱），卖者还要将田赋"过割"给买者，此后由买者承担田赋。

（十一）田赋根据田地多少交纳，田地因通过买卖和其他原因而发生变化，故每逢闰年（每三年一次）推排物力，验明田亩、物力的多寡，升降户等，作为征税、定役的标准。

以上11点是宋代两税法的基本规定。但是，在实际征收中，却出现了种种问题。

地主阶级在同封建国家分配地租的过程中，历来就存在不同的形式和引起不同程度的斗争。自唐均田制破坏之后、实行两税法以来，地主采取隐田漏税的方式以取得更大份额的地租；封建国家为争夺这份地租，则采取"履亩而税"的方式，大力清查隐漏的土地，以登录在国家版籍上，从而征收田赋。唐代元稹任同州刺史期间，对隐田漏税进行过斗争，创造了一个有效的方法，这就是所谓的"均田图"。元稹曾经指出同州检田中的问题说："其间亦有豪富兼并，广占阡陌，十分田地，才税二三，致使穷独逋亡，赋税不办，州县转破，实在于斯。"针对这种情况，元稹乃"令百姓自通手实，又令里正书手等傍为稳审"，然后"便据所通，悉与除去逃户荒地及河侵沙掩地，其余见定顷亩，然后取两税元额地数，通计七县肥瘠，一例作分抽税"，"自此贫富强弱一切均平"②。元稹在同州的这项做法，以及保留下来的这件"均田税"的文献，对后代起了重大的影响。周世宗称赞这种做法，"较当时利病，曲尽其情"，因而在显德五年（958）将元稹的均田图"遍赐诸道"，作为均定田税的一个借鉴③。宋以后的均田税及其基本做法都是导源于元稹的均田图。

"军国所资，咸出于租调。"④ 田赋在宋初国家财政结构中占最大的比重，

① 王林：《燕翼诒谋录》卷四。
② 元稹：《元氏长庆集》卷三八，《同州奏均田》。
③ 《资治通鉴》卷二九四，显德五年七月丁亥记事。
④ 《通考·田赋考》四，《历代田赋之制》。

因而在建国后的不久，宋政府就开始了检田的活动。尤其是在宋太祖统治期间，不断清查隐田，雷厉风行，州县官只要检田不实，就会受到相应的惩罚。建隆二年到三年（961～962）的两年当中，检田的官员如馆陶令程迪因“括田不均”，“杖流海岛”，常准被夺去两官，商河令李瑶被杖死，袁凤自右补阙责受曲阜令①，从降官、流刑到杖死，不一而足。一方面大力检田均税，而另一方面如前面所说，宋的土地政策又为豪强兼并土地大开方便之门，这就造成两者间的这样一个矛盾，即：土地经常地被兼并之家吞噬，政府如不能及时清查，隐田漏税的情况就会更加严重，土地占有更加不均，农户逃亡愈益加剧。在宋太宗雍熙三年（986）国子博士李觉就觉察到这个问题，他说：“地各有主户，或无田产；富者有弥望之田，贫者无卓锥之地；有力者无田可种，有田者无力可耕；雨露降而岁功不登，寒暑迁而年谷无获；富者益以多蓄，贫者无以自存”②。因此，在宋太宗时，因赋役重压而逃亡的农户到处都是。如淳化三年（992），程坦“在兴化招流庸自占者数千家”，“在禹城又招流庸数千家，括隐田万五千余亩”③。即使在开封府畿一带，至道年间逃亡户数达10258户。而在所谓的逃户中，不少的是“坐家申逃”，“匿里舍而称逃亡，挟他名以冒耕垦”，往往携带田产，投靠于豪强兼并之家，“诡名挟佃”，“诡名子户”，以逃避国家的赋役”④。这样一来，封建国家版籍上登录的田亩日益减少，为军国所资的租调也随之而日益减少了。

为解决这一问题，宋太宗、真宗两朝屡次下均田的诏书。但实际上，并没有收到更好的效果。原因之一是，政府的均田税，单纯地着眼于税收，为使政府田赋收入得到保证，往往把逃亡户的田赋均摊给未逃亡户。如宋太宗淳化五年何昌龄在郑州就是这样做的。他上言，“诸州逃民非实流亡，皆规免租税，与邻里相囊橐为奸耳”！因此他下令：“凡民十家为保，一室逃即均其税于九家，二室三室逃亦均其税。乡里不得诉，州县不得蠲其租，民被其灾，皆逃去

① 《长编》卷二、卷三，《通考·田赋考》四。
② 《长编》卷二七，雍熙三年秋七月甲午记事。
③ 王珪：《华阳集》卷三五，《程坦神道碑》。
④ 《通考·田赋考》四。

无敢言者”[①]。宋仁宗时鄂州均田税也有类似的情况，“以逃户诸税责邻人，或至无桑矣而犹责其丝”[②]！不言而喻，这样的均田税，就只能进一步增加农民的负担，加速未逃亡户的逃亡，使豪强兼并之家获得更多的逃田，并隐占更多的田赋。

宋仁宗时，郭谘、孙琳创造了千步方田法，为清丈田亩、检查漏税找到了一个更加有效的方法。当时的“洺州肥乡县，田赋不平，岁久莫治”，郭谘、孙琳创造了千步方田法，“四出量括，遂得其数，除无地之租者四百家，正无租之地者百家，收逋赋八十万，流民乃复”[③]。庆历三年（1043）欧阳修奏称郭谘以千步方田法“括定民田，并无欺隐，亦不行刑罚，民又绝无词讼”，要求全面推广这种清丈方法。主管全国财政的三司同意了这个要求，让在亳、寿、蔡、汝等州田赋最不均的地方先行均定。郭谘被派到蔡州，他“首括一县”，即得田26930余顷[④]。可是朝廷在“重劳人”的借口下，停止这次甚见成效的清丈。此后，田京知沧州，均无棣田，蔡挺知博州，均聊城、高唐田，“岁增赋谷帛之类，无棣总千一百五十二，聊城高唐总万四千八百七十四”[⑤]，也达到了均税增税的目的。可是在“沧州民不以为便”的借口下，又推翻了这次清查，仍按原样征收。嘉祐年间（1056~1063），包拯任三司使，总领均田事，曾派五、六位官员到各地清丈土地。而被派遣的秘书丞高本“独以为不可均”；派去的在清查数州郡之后，在“其于天下不能尽行”的“理由”下，这次清丈不得不宣告结束[⑥]。

从上述北宋初年以来均田税的情况看，如何昌龄在郑州实行的一套，即因方法上的错误而遭到失败，这是可以理解的；但方法上并不错误，如郭谘等创用的千步方田法，也没有得到成功，这是什么原因呢？一句话，即在于豪强兼并的反对。如李敏之“宰江宁之上元”，“旧田税不均，贫弱受弊，仲通为法

---

① 《宋会要辑稿·食货》一之二。
② 王安石《临川先生全集》卷九五，《勾希深墓志铭》。
③ 《宋史》卷三二六《郭谘传》；《长编》卷一四四，庆历三年冬十月丁未记事。
④ 《通考·田赋考》四。
⑤ 《长编》卷一九〇，嘉祐四年八月己丑记事；《通考·田赋考》四。
⑥ 《长编》卷一九〇，嘉祐四年八月己丑记事。

以平之，豪猾恶其害己，共为谤语，借势于上官以摇其事”[1]。任过上元县主簿的程颢，也从均定上元田税的实际中认识了这个问题：“盖近府美田为贵家富室以厚价薄其税而买之，小民苟一时之利，久则不胜其弊”；因而在均田税时，“其始富者不便，多为浮论，欲摇止其事”[2]！就充分地说明了这个问题。田赋不均，并没有什么奥秘，元稹早就揭示了问题的所在，宋朝的君臣们对此也不是不清楚，如宋太宗就一再说过：

两税蠲减，朕无所惜。若实惠及贫民，虽每年放却亦不恨也。今州县城郭之内，则兼并之家侵削贫民，田亩之间则豪猾之吏隐漏租赋，虚上逃帐，此甚弊事！[3]

自秦变阡陌，井田之制不复，故豪猾兼并，租税减耗，遂致弃本逐末。……俟三五年，岁时丰稔，民庶康乐，必择强干有执守之人，先自两京立法，止取土地顷亩，不以见垦及荒田，繁重者减省，侥幸者增益之，严其法制，务在必行，庶使百姓皆足，讼端永息矣！[4]

宋真宗同宰相王旦也议论这件事情：

监察御史张廓上言：天下旷土甚多，望依唐宇文融条约，差官检估。

帝（真宗）曰：此事未可遽行！然人言天下税赋不均，豪强形势者田多而税少，贫弱地薄而税重，由是富者益富，贫者益贫。

王旦曰：田赋不均，诚如进旨，但须渐谋改定……[5]

所谓“俟三五年”，“严其法制”；所谓“此事未可遽行”，“但须渐谋改定”云云，无非是宋朝君臣们用来掩盖他们畏惧豪强兼并的遁词；而所谓“重劳人”，“民不以为便”，“独以为不可均”云云，应当读作：“重劳豪强兼并”，“豪强兼并不以为便”，“豪强以为不可均”，岂有他哉！对此事，苏轼评论得好：

---

① 《二程文集》卷三，《李寺丞墓志铭》。
② 《二程文集》卷一〇，《明道先生行状》。
③ 《长编》卷三四，淳化四年二月戊子记事。
④ 《长编》卷三九，至道二年五月辛丑记事。
⑤ 《宋会要辑稿·食货》一之一八。

今之法（指两税）本不至什一而取，然天下嗷嗷然以赋敛为重者，岂其岁久而奸生、偏重而不均以至于此欤？今欲按其行地之广狭瘠腴，亦将一出其意（指豪强兼并）之喜怒，而其患益深（!），是故士大夫畏之而不敢议![1]

如上所说，均田税，在本质上是封建国家同地主阶级由分配地租而引起的斗争。北宋初年以来均田税的失败，说明了北宋政府对豪强大地主的妥协和让步，也说明了这个政府的保守和无能。正由于此，土地兼并势力日益严重起来，豪强大地主占有几十百顷到上千顷的土地，负担很少的田赋。《治平会计录》曾说："计其租赋以知顷亩之数，而赋租所不加者十居其七"[2]。这不承担赋税的十分之七的土地，绝大部分是地主豪强的土地。因之，曾任过三司使的丁谓指出："二十而税一者有之，三十而税二者有之"。这就是说，豪强之家的土地，20亩仅税一亩，30亩仅纳税二亩，广大佃客的剩余劳动几乎全被封建主攫占。这是其一。其次，占有一块田地的自耕农民的负担，则日益加重，他们即使卖净自己的土地之后，依然在"主户"的头衔下承担赋税。前引所谓"地各有主户，而无田产"，就是指这类农民、亦即南宋时"第五等无产税户"而言的。这样在宋代土地转移过程中，造成了一个极为突出的事实和现象："富民买田而不受税额，谓之有产无税；贫民卖田而不推税额，谓之产去税存。"[3] 宋政府无力解决大地主的隐田漏税，偏偏能对付农民的逃亡。李防在"括磁、相二州逃户田，增租赋十余万"，之后又建言："逃户田宜即召人耕种，使人不敢轻去畎亩，而官赋常在"[4]。宋政府在灾伤地区确实实行了李防的这项建议，逃户半年不归者，其田许人承佃，向逃户农民的土地进攻，这就又为土地兼并提供了方便。最后，由于均田税的失败，地主豪强大量隐漏田赋，国家赋税大量减少，从而造成国家财政的困难。崔伯易在《感山赋》中提到，"故国家以皇祐之版书，较景德之图录，虽增田三十四万余顷，返

---

① 苏轼：《经进苏东坡文集事略》卷一七，《较赋税》。

② 《通考·田赋考》四。

③ 方回：《续古今考》卷二〇，《附论叶水心口分世业》。

④ 《宋史》卷三〇三，《李防传》。

（反）减赋七十余万斛”[1]。宋代史臣在评论这件事情时亦不胜感慨地指出，“自郭谘均税之法罢，论者谓朝廷徒恤一时之劳而失经远之虑。至皇祐中，天下垦田视景德增四十万七千顷，而岁入之谷乃减七十一万八千余石，盖田赋不均，故其弊如此!”[2]

在宋政府田赋收入锐减的同时，它的支出却与日俱增，而且增加得十分严重。大家知道，宋仁宗时形成了“冗官”、“冗兵”和“冗费”，即所谓的“三冗”。所谓“冗官”，宋初内外官不过三五千员，到景德年间（1004～1007）就增到1万多；而在景德以后的30多年，即宋仁宗皇祐年间（1049～1052），激增为2万多员；几乎每隔30年，官僚群即翻上一番。宋对官员们的俸禄又是极为优厚的，不仅如前章所提宰相、枢密使单是月俸钱就有300千之多，此外还有禄粟、春冬服、元随傔人衣粮，甚至生日皇帝也给以特殊的赏赐。对一般官员也很优厚，除俸钱、禄粟之外，日常所需，无不应有尽有。正如赵瓯北所说：“恩逮于百官者唯恐其不足，财取于万民者不留其有余。”[3]随着官员的倍增，官员们的俸禄也就倍增。“冗兵”一项尤为惊人。宋太祖时养兵22万，以此为基数（100），到宋仁宗庆历年间增至125万，为580%，宋英宗治平年间116万，为530%，百年之间几乎增加了6倍。宋专制主义国家养活了这样庞大的军队，但在与辽夏的战争中，一败再败，从来没有打过胜仗，战争的结局总是向辽夏屈膝求和，奉献岁币了事。可是，这百余万的大军，成为宋财政上最大的负担。所谓“冗费”，是与“冗官”、“冗兵”紧密地联系着的。官和兵“冗”到什么程度，“费”也就“冗”到什么程度。如郊祀之费，这是皇帝每年祭祀天帝时对官员们的例赏，景德年间为600万缗，到皇祐年间则为1200万缗[4]。官员增加了1倍，“冗费”也增加了1倍。士兵增加了6倍，因而开支尤为巨大。皇祐年间任过三司使的蔡襄，在《论兵十事》中，把当时总数为1181532人的军队开支，同国家总收入、总支出作了如下的

---

① 崔伯易：《感山赋》，载吕祖谦《宋文鉴》卷六。
② 《通考·田赋考》四。
③ 赵翼：《廿二史札记》卷二五，《宋制录之厚》。
④ 曾巩：《元丰类稿》卷三〇，《议经费札子》。

比较[①]：

收入项目	收入总额	支出总额	军队开支占支出总额的百分数（%）	
钱	36822541（贯）	33170630	9940147	30
绢帛	8745535（匹）	7255640	7422768	102
粮	26943575（石）	30472708	23170223	76
草	29396113（束）	29520469	24980464	84

上表极其清楚地说明了军队开支在全国总支出中所占的比数，从而无可置疑地说明了它的巨大。如果把“月银”、“郊祀”等赏赐计算在内，军队开支的比数还要增大。另外，蔡襄又按禁军每名年支50千、厢军30千计算，军队岁支总额为4800余万，占全国总收入的六分之五。稍后，张载也计算军队开支的情况，称“养兵之费，在天下十居七八”[②]。不论是六分之五，还是十居七八，军队开支之巨大是一个无可辩驳的事实。

“冗官”“冗兵”和“冗费”问题积累的结果，使宋仁宗时的财政陷于极其难堪的境地。早在宋真宗时候，由于东封西祀等项奢侈靡费，财政已很紧张。据包拯的统计，景德中天下财赋等岁入为4721000贯石匹两，支出为49748900贯石匹两；在京岁入18392000贯石匹两，支出为15404900贯石匹两[③]，已面临了收不敷支的局面。到宋仁宗庆历以后，每年入不敷支，差300万缗左右[④]。宋英宗治平二年，经费短缺了1570余万缗[⑤]。作为“军国所资”的两税正赋，在宋仁宗时已经无法应付“三冗”所带来的巨大开支。据蔡襄统计：皇祐年间的两税收入，钱4932992贯，不足额为21855550贯；绢帛3763592匹，不足额为4981943匹；粮18073094石，不足额为8870481石。在日不敷出，财政赤字岁增的情况下，宋政府究竟采取什么样的手段和措施才

① 蔡襄：《蔡忠惠公文集》卷一八，《论兵十事》。
② 张载：《张子全书》卷一三，《边议》第六。
③ 《包拯集》卷一，《论冗官财用等》；《长编》卷一六七系此奏疏于皇祐元年十二月。
④ 张方平：《乐全集》卷二三，《论国计出纳事》。
⑤ 《通考·国用考》二。

“应副得足”呢?

第一，扩大商税、酒税和盐税的征收。欧阳修曾经指出，宋仁宗庆历以来，下至果瓜也要征税，从这里可以看到商税扩大到什么地步了。今据张方平《论国计事》记载，制为下表①：

项　目	景德年间（万贯）	庆历年间（万贯）
商　税	450	1975
酒　税	428	1710
盐　税	355	715
总　计	1233	4400

如果以表中景德时的1233万贯为基数（100），庆历时的4400万贯则为360。40年来这几种税收共增加了2.6倍，其中商税则增加了3.4倍。对这些税收，后面还要探讨，这里需要说明的是，宋政府通过这些税收，剥削量扩大到什么地步，则是无可置辩的。由于这几种税收的激增，两税收入在财政结构中的比重，明显地下降了。曾巩《议经费》记载，皇祐治平全国总收入在1万亿以上②，两税在总收入中仅占56%左右了。这是宋代税制中发生的一个变化。

第二，两税正赋虽然没有直接增加，但政府则玩弄种种手法，以扩大征收。其中最突出的是包拯所指出的折变的方法：“盖祖宗之世，所输之税只纳本色，自后以用度日广，所纳并从折变，重率暴敛，日甚一日，何穷之有?”③所谓“折变”，是在征收过程中，官府任意地以这种实物折合为那种实物；并可折合为钱，又将钱折成为其他实物，在折合中扩大两税的征收。包拯在嘉祐年间任三司使时曾经揭示，淮南、两浙、荆湖诸路把当年夏税一律折为现钱，第一等户折纳小绫每匹为2贯850文省，而市价一匹则为1贯666文省；第二等以下至客户折纳小麦每斗94文省，而农民则按市场每斗价格三二十文贱粜

① 张方平：《乐全集》卷二四，《论国计事》。
② 曾巩：《元丰类稿》卷三〇，《议经费》；《长编》卷三一〇系此疏于元丰三年十一月壬子。
③ 《包拯集》卷一，《论冗官财用等》。

然后纳官，每卖三斗有余才能交一斗官税①。尤其是陈州折变更为离奇：当地夏税大小麦每斗折钱100文，并附加脚钱20文、头子仓耗钱20文，共为140文，而当时市价仅50文一斗，这一折合就增加了两倍半。同时，陈州还将配给农民的蚕盐，每斤折价100文，而市价不过二三十文，按30文计算，增加了3.3倍。陈州官吏又翻手为云，将蚕盐折价100文转折为小麦，以每斗40文（市价50文）折合，这一折合，1斤蚕盐又折成2斗5升麦了。事情并未结束，陈州官吏又复手为雨，把2斗5升麦按每140文折价交纳现钱，于是官府配合的1斤盐要付出350文的价钱了②。经过反复“纽折”，负担骤增十二三倍！陈州折变也许是少见的特例，但“折变”是宋仁宗统治期间扩大两税征收的一种创新的剥削手段则至为明显。如成都府“人户合纳苗米每七八蚪折纳官绢一匹，近岁米一蚪只直大钱200至一百三四十文以下，官绢每匹直大钱三贯以上”，在官府的督责之下，不得不“贱祟米，贵买绢”以应付，平白地增长一倍③。“一合之粟转为釜，一缕之布直为尺”，“在常税之外，又增五七之赋”④，“折变”在实际中起了扩大剥削的作用。

此外，除两税征收时原来规定的二升鼠雀耗，又增加了“斗面加耗”，或者叫做“润官”，江西各地每纳税米一石，别纳加耗一斗；一些聚敛之臣，在一斗“加耗之外，更要一斗”⑤，两税征收因之而增加了10%～20%。随两税交纳的还有所谓义仓之粟，纳税一石则交纳一斗，名义上是用来防备灾荒的，实际上无补于农民的饥歉，白增10%的赋税。

综合折变、斗面加耗和义仓之粟这三者，可以看出这样一个事实：在两税征收中，折变之赋的比重增加了，正赋的比重减少了，这是宋代税制中的又一变化。

第三，在全部继承前代各种杂税的同时，又创立了新的科敛。

五代时，各个割据政权，都在正税之外增添不同名目的苛捐杂税，宋无不

---

① 《包拯集》卷七，《请免江淮、两浙折变》（一、二）。
② 《包拯集》卷七，《请免除陈州添折见钱》。
③ 赵抃：《赵清献公全集》卷，《乞减省益州路民间科买》。
④ 陈舜俞：《都官集》卷二，《厚生》。
⑤ 《长编》卷一六〇，庆历七年四月丁卯引张唐英《政要》。

继承下来，谓之“杂变之赋”或“沿纳”。这类“杂变之赋”，单是在南唐统治地区中就有17项。除农具税在宋真宗一度废除之外，可以看到：买卖牛羊有税，粜卖粮食也有税；买卖田宅有税（田契钱等），修房盖屋也要纳税（木税钱）；牛活着有税，牛死了也还纳税（牛皮钱）；丁口多要承担重差，而析烟分居则出“罚钱”；至于蒿钱、鞋钱、脚钱等等之类[①]，更是不一而足。确如朱熹所说：“古者刻剥之法，本朝俱备。”[②]

为使边境上储备大批的军粮，宋代还继承了前代的“和籴”。这项制度涉及到国家、商人和农民之间的关联，后面还要叙述。拿宋仁宗时候在河东路的一次和籴来看，当时十四州军配购500万石，这个数字比当地两税征收并不小；而每石折价仅300文，这已经使配购户吃亏不小；可是这300文仅给四分之一的现钱即75文，其余四分之三则折给仅值37文的茶，一石米折成120文了。所给的茶，又非现茶，而是必须到远处产茶区请领茶的“茶钞”，富户还可想点办法少吃点亏，一般农民只有贱价卖给商人，官府所征购的一石“和籴”米，得到的现钱不过100文。正如韩琦所说，“和籴”是另一项“白配人户”的征敛[③]。美其名曰“和”，其实一点也不“和”的。

除古者刻剥之法，宋朝又新创了不少刻剥之法。前面提到的“折变”是一项，另一项是“和买”和“布估钱”。

“和买”也叫“和预买”，是在宋真宗咸平二年（999）三司判官马元方的建议下实行的一项预购绸绢的制度[④]：“方春民乏绝时，豫给钱贷之，至夏秋输绢于官，预买绸绢，盖始于此。”[⑤]当时官府贷钱1千，随夏税纳绸绢1匹，而绢价每匹一千二三百文，对预买绢户和官府两造都是有利的。特别是在

---

① 以上各项杂税，可参阅宋庠（元宪集）卷三一《论蠲除杂税札子》、张方平《乐全集》卷二五《论免役钱札子》以及《安阳集》《韩琦家传》等记载，这里不多征引。

② 《朱子语类》卷一一〇。

③ 《安阳集》《韩琦家传》卷四。

④ 关于和买制度起源，范镇《东斋记事》、范仲淹《李仕衡墓志铭》、王辟之《渑水燕谈录》、释文莹《玉壶清话》、方勺《泊宅编》、王明清《挥麈前后录》等均有记载，一般来说，范镇所记是可信的；其年代则按《长编》卷四四所系。这问题较复杂，前后之演变对宋代财政经济均有不小的影响，当另文讨论。

⑤ 范镇：《东斋记事》补遗。

大中祥符九年（1016）以2000万缗预购京东西绸绢，其“时青齐间绢直八百、绸六百，官给绢直一千、绸八百，民极以为便”①，绸绢价格也因这次和买提高了价格，从而促进了青齐等地丝织业的发展。之后，李仕衡施行于河北路，用来解决军衣问题，再后又扩展到江淮诸路。从前面蔡襄列举的政府各项开支中，两税绸绢的收入是远不敷支出的，为弥补这项不足，和买制的扩大也就势所必至的了。庆历末年，和买绢达300万匹②，以后又不断增长，嘉祐年间，单是两浙路共增50万匹③。可是，在价格上同以前有了不小差别：“令民输绢一匹，费钱一贯二三百文”，比前此多花四五百文。而且自宝元用兵之后，“国用颇屈”，于是“改给盐七分、钱三分”④；在江西，则不给三分现钱，“并以米盐充折”⑤。这项制度就从以前的官民两利转化为利官害民了。

“布估钱”是宋仁宗天圣年间在成都府路实行的预购麻布的一项制度。成都府、邛、蜀、彭、汉州和永康军是川西盛产麻布的地区，“布估钱”就在这个地区实行。当时“布一匹三百文，依其价，春给以钱，而秋令纳布”⑥，开始时同样是民“甚善之”，或“官民便之”的⑦。到了嘉祐年间（1056～1063），“官布每一匹只支与大钱三百至四百文，其布实直每一匹计大钱八百至一贯文，多是贴钱买纳”⑧；“富者至数百匹，贫者不下二三十匹，而贫富俱不憀矣”⑨，也转化为害民的制度了。

上述事实充分说明了，宋仁宗统治期间，各项赋税都在激增，从而形成两宋300年间赋税增加的第一次高潮。同时要看到，各项赋税增加并不是孤立的现象，土地兼并、官私租增重，如前面叙述过的，也同样形成为第一次高潮。这就表现了，这三者之间的内在联系。在土地兼并、官私租增重和国家赋税剧

---

① 《长编》卷八六。
② 张方平：《乐全集》卷二三，《论国计出纳事》。
③ 郑獬：《郧溪集》卷一二，《乞罢两浙路增和买状》。
④ 李心传：《朝野杂记》甲集卷一四。
⑤ 《包拯集》卷七，《论江西和买绢》。
⑥ 范镇：《东斋记事》卷三。
⑦ 《长编》卷一〇六，天圣六年辛酉记事。
⑧ 赵抃：《赵清献公全集》卷一，《乞减省益州路民间科买》。
⑨ 范镇：《东斋记事》卷三。

增三者交至的侵袭之下，广大农民日益贫困，从而造成了民困的严重局势。封建国家尽量扩大征税，但财政上依然是捉襟见肘，拮据不堪，也形成国穷这一局势。与此同时，宋虽然养了百万大军，对辽夏则卑躬屈节，纳币求和，而对国内方兴未艾的小股起义，也难以应付。外不足以抗击辽夏，内不足以镇压农民反抗，宋专制统治的积弱的局势也暴露出来了。经济上的国穷民困，政治上的积弱挨打，就是宋仁宗统治时期的总局势。

第二节　王安石变法时期对赋税制度的变革　宋徽宗统治期间赋税剧增的第二个高潮

宋神宗熙宁二年（1069），王安石登台执政，开始了历史上著名的变法改革。变法的目的在于扭转百年来积贫积弱的局势，富国强兵，以巩固宋专制主义的统治。为达到这个目的，变法过程中对赋役制度进行了重要的变革。

为解决国家财政的困难，改变入不敷支，并使其有所盈余，以王安石为代表的变法派在节流方面下了不小的工夫。军队的庞大是造成国穷民困的重要因素，连宋神宗都曾发出"穷吾国者兵也"的慨叹。为解决"冗兵"的问题，变法派对军队进行了全面的整顿，名额不足的军营加以合并，老弱不堪的兵士予以裁汰，全国厢禁军总额为796315人，比宋英宗治平年间兵额减少了36万多名，比宋仁宗庆历年间减少了45万多名[①]。在并营的过程中，宋神宗看到减少一批军校就能够节省大批开支，曾经高兴地说："乃者销并军营，计减军校十将以下三千余，除二节赐予及傔从廪给外，计一岁所省为钱四十五万缗、米四十万石、绢二十万匹、布三万端、马藁二百万束。庶事若此，邦财岂可胜用哉！"[②]如果将裁减的兵额，按蔡襄估计的厢军每年开支30缗计算，熙宁年间军费支出比治平年间至少减省810万缗，比庆历年间减少1350万缗，或者说，至少减少了三分之一的军费开支。反变法派一直高唱"节省浮费"以解决财政困难，可

① 此据《王安石变法》第114页，上海人民出版社1979年版，以下有关部分也多引自该书，不再一一注明。

② 《长编》卷二四七，熙宁六年十月庚寅原注。

是他们不懂得裁减军队是最大的“节省浮费”，因而反对裁减军队是毫无道理的。

变法期间对州县也进行了合并和裁减。有的州军土地户口不及一个大县，有的县份不如一个镇市，可是这些州军县份也都按照编制张官置吏、征调赋役，同样地浪费国库开支，严重地增加当地农民的负担。因此，自熙宁初年以来即合并、裁撤了这类州军县，有的州军降为县，有的县降为镇或寨。截至熙宁八年（1075）共废州、军、监 38，县 127①。这就又节省了一笔“浮费”，有助于国家财政的好转。

更加重要的是，以王安石为首的变法派的财政政策是在发展生产、开辟税源的思想指导下制定的，赋税制度的变革就因此而具有了它的时代特点。王安石曾说：“今所以未举事者，凡以财用为急，故臣以理财为方今急务。……又论理财以农事为急；农以去疾苦、抑兼并、便趣农为急。”②。这些话清楚地说明了，要想解决财政困难，就必须发展农业生产；而要发展农业生产，就必须“去其（指农民）疾苦、抑兼并、便趣农”，即调节国家、地主和农民这三者之间的关系，以及国家、商人和农民之间的关系（这一点将在第四编中说明）。如何调节国家、地主和农民之间的关系呢？第一是“抑兼并”，即限制豪强对农民的兼并。为此，变法派曾设立了青苗、免役等法。王安石特别重视对差役法的变革，认为它是抑制兼并的有效手段。在这个限制中，例如政府以年息 40% 的青苗钱，去抵制 100% 乃至 300% 的高利贷。这项新法，就其实质来说，依然是封建国家同豪强兼并之家进行地租分配的另一种斗争形式，即把豪强兼并之家用高利贷占有的农民的剩余劳动（乃至必要劳动）转归于封建国家。不过，从低利息来说，稍为减轻农民所受的高利盘剥的痛苦；从国家财政说，熙宁六年发放的青苗钱，利息达 292 万贯③，对国家财政不无小补，但没有增加新税则是一个无可辩驳的事实。

第二，按照每户产业情况，负担国家的赋税，这就是历代封建统治者一向

① 《梦溪笔谈》卷一二。

② 《长编》卷二二〇，熙宁四年二月庚午记事。

③ 杨仲良：《续资治通鉴长编纪事本末》卷六九《青苗法》下。

标榜的均平赋税。免役法是这类措施中最为突出的一项，它的重要意义不限于对国家劳役制的进一步缩小，而且它的按户等出钱免役或助役的办法，就使品官形势、坊郭兼并之家将其占有的农民的剩余劳动——地租的份额中，拿出相当部分交给国家。这个变更同样没有加重农民的负担，而是国家同品官形势、坊郭兼并势力（商人、高利贷者）对地租、商业利润等的再分配，从这一方面下手的，本章后面还要具体地叙述这一问题。方田均税法，不言而喻，也是这类措施当中的重要一项。

方田均税法直接导源于郭谘的千步方田法。它是在蔡天申的建议下，于熙宁五年（1072）八月公布的，用来检查隐田、均平赋税，主要内容分做以下两个部分：

（一）方田法。对土地清丈的办法：将东西南北千步见方的地段，相当于41顷66亩160步，作为一个丈量的单位，称作“一方”。每年九月农忙之后，县令、县佐亲自按这种办法清丈土地，在方田的土地册子上即所谓方庄账籍上注明土地的形状（陂原平泽之类）和土壤的成色（赤淤黑垆之类）。丈量毕，根据土质而定其肥瘠，区分为五等，由此均定税额数量。至明年三月完成后，“揭以示民”，并以一季即三个月为期，使方田诸户提出对清丈和税额的意见，如无异词，即将户帖庄账付给方田诸户，作为“地符”。

（二）均税法。在清丈的基础上，重新均田定赋。各县都以旧来的租税（即方田以前的原额）作为定额；对过去零星税额如米不到十合而收一升、绢不满十分而收一寸这类加赋的做法，在重新定税时不准使用，以致超过原额。对丝绵绸绢之类的征收，按照田亩多少来定，不管是否有无桑柘，以改变过去按桑柘有无定额的做法。把这些定税条目事先告诉给百姓，以便百姓们不至于受谣言的迷惑而砍伐桑柘，危害于生产。被垦辟出来的荒地就归属于垦辟之家，不再追究冒佃耕作之类的原因。瘠卤不毛之地，许可佃种占有。民户可以到山林樵采，樵采所得不充做家业之数，不征税。凡系民户能够经营获利的山林陂塘，以及道路河沟坟墓荒地，都不许征税。对投靠豪强、“诡名挟佃”的子户，给以改正过来，使他们成为承担国家赋税的主户。此后，分家别居、买卖田地，官府给以契，县内置簿登记，均以方田为根据。

方田均税法自京东开始，在实际推行中又补充了一些条目，如土地的划分，不必拘于五等，还可划分更多的等级；赋税的征收，也可以简化，夏税并作小麦、绢和杂钱三色，秋税并作白米和杂钱两色。清丈之后，由本方大甲头率领本方人户认清自己的田亩多少、等级类别，登为草账，经官府复核，然后将庄账（土地册子）和户帖（本户清册所承担之赋税）交付给本户，作为“地符”而保存起来。方田均税法吸收了前人的许多经验，特别吸收了孙琳等前此在河中府耀州因清丈过速而出现的弊病这一经验教训①，所以在进行清丈中极为仔细、认真，只要清丈不实，即重新“方量”②。所以到元丰年间，方田均税法仅在京东、河北、河东、陕西和开封府界等五路实行，而没有向其他路推广。对此，李新曾有所评论说：“神考熙宁中尝谓有司讲明其法，分利害若辨黑白，以土之肥瘠为地之美恶，以地之美恶定赋之多寡；其每亩所至，则方为之账；其升斗尺寸，则户给之以帖；举数千载轩轾跛倚之病，衡而齐之，无逸漏者。”③

方田均税法到元丰八年（1085）被反对派废止之时，共清丈了上述五路2484394顷土地。五路占全国总面积不过20%，而清丈了的田亩则占全国税田的54%（元丰五年登录在国家版籍上的土地为4616556顷），这一事实深刻说明了当时隐田漏税之严重。方田均税法前后推行了十几年，仅限于上述五路，这固然由于土地的清丈利行于平原，不利行于丘陵和山岳一带，存在技术性的困难，但更主要的是豪强兼并之家的阻碍。方田均税法之所以在变法开始时没有实行，在推行之后又限于以上五路，变法派显然在这个问题上踌躇不前、有所顾忌的。虽然如此，方田均税法毕竟于开封府界等五路实行了，而且清丈出来如此之多的土地，不能不是对五路豪强兼并的隐田漏税一个直接的有力的打击，多少纠正了前此产去税存的弊病，从而少抒农民重税之苦，有利于农业生产的发展。

变法期间对和买制度也作了划一规定。所谓“市于民者曰和买”，“惟熙丰制以五等，和买三等止，其二等不与”④。就是说在上三等人户中进行和买，

① 参阅刘攽：《彭城集》卷三五，《刘敞行状》。
② 《宋会要辑稿·食货》四之七。
③ 李新：《跨鳌集》卷二一，《上杨提举书》。
④ 李石：《方舟集》卷一一，《潼川运使刘公生祠记》。

与四五等下户无关。即使在上三等户中，按照元丰三年（1080）的法令，和买也是根据物力大小“均敷”，“并支本钱，绢每匹八百五十文，绸每匹七百文，丝每两六十五文，绵每两三十五文”，“预于正月十五日已前先支”，“候起催夏税日送纳”①。从这一规定看，和买在上三等户中均敷，除第三等有一部分富裕农民阶层外，其余都是地主诸等级，所以这项和买制度，旨在使政府需要得到可靠保证，所以不论是利也好，还是害也好，对下户农民是不相干的。但从制度本身看，由于当时物价稳定，和买绢价虽稍低于市价，但它预付四五个月的钱，对于用钱户来说有好处，一般也吃不了大亏，因而不失为一项公平交易的制度。

对西川六州军70万匹布估钱也有雷同的规定：“于十一月支钱，至次年六七月收纳，并系上三等税户名下均定收买”，“元丰以前，每匹支钱四百五十文，或四百文，不致刻剥，人尚乐输”，只是到了元丰晚年，“所支每匹才二百九十文，而民间输纳乃五六百文”②，对上三等户不利了。

总括起来看，王安石变法期间，由于采取了相对减轻赋税和均平负担的政策和措施，对当时农业生产起了促进的作用。第一章中指出，宋神宗元丰年间登录在国家版籍上的土地为460多万顷，比宋英宗时增加了40多万顷，这一事实即可说明。同时唐汝数千里空旷地区得到垦辟，也是由于变法派执行薄赋政策促成的：“天下荒田未垦者多，京、襄、唐、邓尤甚。至治平熙宁间，相继开垦，然百亩之内，起税止四亩，欲增至二十亩，则言者以为民苦赋重，再致转徙，遂不增。”③ 可见已垦辟出来的荒地而没有登录在版籍上的还要更多一些。田赋征收虽为二十五分之一，但“水涨船高”生产发展了，田赋自然增高了。如在唐州先后任知州的赵尚宽和高赋，一直执行薄赋政策，唐州在高赋时增田31328顷，“岁益二税二万二千二百五十七”④。因此，王安石变法期间，从根本上扭转了前此财政困难局面，年入达5060万贯⑤，“合苗役税（市?）易等

① 《宋会要辑稿·食货》三八之二一至二二。
② 吕陶：《净德集》卷四，《奉使回奏十事状》。
③ 《通考、田赋考》四。
④ 范祖禹：《范太史集》卷四三，《高赋墓志铭》。
⑤ 《宋史》卷三五五，《虞策传》。

钱，所入乃至六千余万”①，“中外府库无不充衍，小邑所积钱米亦不减二十万”②。据毕仲游估计，单把“诸路常平、免役、坊场、河渡、户绝庄产之钱粟积于州县者，无虑十百巨万，如一扫地官，以为经费，可以支二十年之用”③。宋神宗于元丰元年将摘山煮海等利，“悉归朝廷”，建三十二库；元丰五年“又取苗役羡财为元丰库”，计二十库，称为内藏库，财政上有极大的盈余。

正当社会经济、国家财政随变法改革逐步好转之际，以司马光为代表的反变法派于1085年登台执政。所有熙宁年间的各项改革全被废除，一切又按照熙宁变法之前的老规矩办事。这一逆转、倒退，就把社会经济和国家财政带到绝路上去。苏辙在《元祐会计录叙》中将各项收入和支出作了如下的比较④：

项　目	收　入	支　出	收支比较
金	4300（两）	1600	2700（剩余）
钱	4848万（贯）	5030万	182万（不足）
绸绢	2445万（匹）	2371万	74万（剩余）
草	799万（束）	1610万	811万（不足）

这是宋神宗元丰八年收支情况，苏辙得出结论说：“然则一岁之入，不足以供一岁之出矣！”其实到元祐以后，情况更加不妙，元祐诸臣曾经痛诋变法派“诛敛”、“掊克”，而事实上，在他们掌权的几年中，比变法派“诛敛”、“掊克”得还要厉害：试看苏轼元祐七年提到的扬州一带蚕盐的情况：“江都县每支盐六两，折绢一尺，而盐六两原价钱一十文五分足，绢一尺价钱二十八文”，这样六两蚕盐多支付17文5分，提价一倍半；“其支钱纳盐者，每盐五斤五两，纳钱三百三十一文八分足，比原价买盐每斤二十八文足，已多一百八

① 李心传：《朝野杂记》甲集卷一四，《国初至绍熙天下岁收数》。

② 《宋史》卷三二八，《安焘传》。

③ 毕仲游：《西台集》卷七，《上门下侍郎司马温公书》。

④ 苏辙：《栾城集·后集》卷一五。

十三文足”；又将钱折麦，外加仓耗、脚剩钱之类，“一文至纳四五文”，亦即增加了四五倍[①]！而且，不仅如此，元祐诸臣又都是十足的实用主义者，口头上大骂变法派“诛敛”、“掊克”，而实际上却把“诛敛”、“掊克”的钱财恣意挥霍。曾布在宋徽宗建中靖国元年（1101）曾评论说：“神宗理财，虽累岁用兵，而所至府库充积，元祐中非理耗散，又有出无入，故仓库为之一空”[②]。

反变法派的倒行逆施为自己创造了垮台的条件。宋哲宗元祐八年亲政之后，起用了章惇等变法派，又恢复了熙丰时期的新法。六七年后，宋哲宗死去，宋徽宗继承了皇位，政权落在代表大官僚、大地主、大商贾高利贷者利益的蔡京集团手中。他们同荒淫的宋徽宗结合起来，组成更加腐朽的大地主专政。为填补这个腐朽集团的无穷欲壑，设立了许多搜括机构。朱勔所搞的苏杭造作局，这是人们所熟知的；其实，什么西城所、应奉司、御前生活所、营缮所和御前人船所等等之类，无一不是“以奇侈为功”、进行搜括的罪恶机构。在此情况下，“用度日繁，左藏库异时月费钱三十六万，至是衍为一百二十万缗”[③]，支出陡然增加了3.3倍！这个腐朽罪恶的集团，是怎样来应付这种局面呢？蔡京等辈不但制造了丰亨豫大谬说，以开脱其罪责，而且以新法的当然继承者的面目出现，用偷天换日的手法，剜除熙宁新法的积极意义，用以作为搜括的工具，来满足其欲壑。这样，蔡京集团所标榜的熙丰新政，便发生了根本性的质变。

如前所说，方田均税法本来是检查大地主隐田漏税的强有力的措施，可是到了蔡京集团手里就转变为维护大地主利益的工具了。“崇宁政事先方田，纷纷讼谍乱云烟。”[④] 这个最先实行的政事，到崇宁四年连当权者亦不得不承认方田的骚扰：“非特方田以增赋税，又且兼不食之山而方之，俾出刍草之直，上户或增数百缗，下户亦不下数十缗，民户因此废业失所，饿莩者有之”[⑤]。而宣和元年臣僚们所揭露的方田尤其离奇：在虔州瑞金，“有二百亩方为二十亩者，有二顷九十六亩方为一七亩者”，地主豪绅们的土地则越“方”越少；

---

① 苏轼：《东坡七集·奏议》卷一一，《论积欠六事并乞检会应诏所论四事一处行下状》。
② 杨仲良：《长编纪事本末》卷一二九，《陈瓘贬逐》。
③ 《通考·国用考》二。
④ 邓肃：《栟榈先生文集》卷五，《戏吴少绂》。
⑤ 杨仲良：《长编纪事本末》卷一三八，《方田》。

而在虔州会昌，“有租税一十三钱而增至二贯二百者，有租税二十七钱而增至一贯四百五十者”，自耕农民的税钱则越“方”越多[①]。“贿赂公行，高下失实，下户受弊”[②]；“豪右形势之家类蠲赋役而移于下户”[③]。蔡京们就是这样肆无忌惮地破坏其“神考之良法”的，连后来伪齐刘豫政权的官员们都加以指斥，称：“方田之高下土色，不公不实，率皆大姓享其利，而小民被其害。”[④]在这样的政策下，加上贪吏的胡作非为，愈益加重了农民的负担。有的地方，每逢夏秋税收，“吏敛民以规利”，这类横敛，被称之为“乞局”，稍不答应，就会飞来横祸[⑤]。而且从崇宁大观以来，又在正赋常数之外，“加数以取于民”，江东西、两湖一带，“有至于纳加耗米四石仅能了常赋一石者”[⑥]，比宋仁宗时候的加耗增加了两倍。

与此同时，宋徽宗——蔡京集团在继承旧有的剥削方法的同时，又花样翻新地创造了新的剥削方法。如：

（一）支移与地里脚钱。支移是在两税交纳时，不在本地交纳，而到指定地点交纳，“移此输彼，移近就远”的[⑦]。早在宋太宗时候，为供应西北边防上的军需，就曾让各地居民按户等高下分别到四五百里之外交纳两税。赵普针对邓州支移而评论道：“直至莫（?）州，来往四百余里，或是无丁有税，须至雇人般量，每斗雇召之资贱者不下五百”，以至于十有六七的人家“典桑买牛”[⑧]。在关中一带，支移“往返千里”，“费耗十倍”，“愁苦怨叹，充塞路歧”[⑨]。到宋徽宗，不再支移，而征收“地里脚钱”，“脚钱之费，斗为钱五十六〔文〕，比元丰既当正税之数”，复经官府“反复纽折，以至数倍于昔，农民至鬻牛易产犹不能给”[⑩]。这是利用两税附加税而扩大剥削。

---

① 《宋会要辑稿·食货》四之一四；《通考·田赋考》五。
② 《宋会要辑稿·食货》四之一〇。
③ 《宋会要辑稿·食货》四之一五。
④ 李心传：《系年要录》卷六五，绍兴三年五月乙巳引《伪齐录》。
⑤ 邹浩：《道乡全集》卷三四，《孙寿朋墓志铭》。
⑥ 李纲：《梁溪全集》卷六三，《乞减上供数留州县养兵、禁加耗以宽人力札子》。
⑦ 《通考·田赋考》四。
⑧ 邵伯温：《闻见录》卷六。
⑨ 《宋史》卷二七七，《张鉴传》。
⑩ 《通考·田赋考》五；《宋史》卷一七四，《食货志》。

（二）折变。在夏秋税的征收中，更是“巧立名目，非法折变，一匹折纳钱若干，钱又折麦若干”；反复纽折的结果，“以绢较钱，钱倍于绢，以钱较麦，麦倍于钱，殆与白著无异”①。“展转增加，民无所诉”②。比宋仁宗时候的折变更显残酷。特别是它同和买结合起来，进一步展现了它的残酷性。

（三）和买。宋徽宗时的和买，对大地主给以削减。熙丰旧制是“按等均敷”的，户等越高、家业越大，均敷的和买就越多。如兴仁府出等户万延嗣家业142000贯，每年均敷和买绢为1000多匹。对这样的户等，大观中竟下诏“依年例减半俵买”③。对大地主减少，和买绢必然更多地均敷给家业少的人户。如台州海宁县，大姓“多买田不受税，才五十匹”；家业不过数十贯的贫弱户共4800户都均敷给了和买绢④。这一事例深刻地说明，宋徽宗时的和买已经破坏了熙丰时的上三等均敷制，而将其扩大到四五等下户了。这是和买制的一个重要变化。其次，宋徽宗时的和买制不全预支现钱，而恢复了宋仁宗时候盐七分、钱三分的办法，将“盐钞一席折见钱六贯，至期输纳绢六匹”⑤。这样，它同折变结合起来了。这一结合进一步扩大了和买绢的数量和对广大人民的剥削。这是和买制的第二个变化。可是，自从崇宁三年（1104）行钞盐法以后，七分盐不再兑现了，连三分现钱也成了泡影⑥。于是和买制发生了第三个更大的变化：“其始也则官给钱以买之，其后也则官不给钱而白取之”⑦，成为了一种“白著”的赤裸裸的剥削制度。实际上，这时的和买，比“白著”还要厉害得多。宣和三年，江东一带“和买绢未尝支给价钱，而漕臣又令州县所买绢须以重十三两为则，如两数不足，勒人户系丝价贴纳见钱，每两不下二百余文，百姓以此重困”⑧。按官府规定，税绢一匹重12两，而和买绢却要求一匹13两，肯定地达不到这个无理的规定，那就让交纳绢一匹之外，再交

① 《宋会要辑稿·食货》九之一七。
② 《通考·田赋考》四。
③ 《宋会要辑稿·食货》三八之七。
④ 洪适：《盘洲文集》卷七四《先君（即洪皓）行状》。
⑤ 《宋会要辑稿·食货》三八之七。
⑥ 汪藻：《浮溪集》卷四二，《张根行状》。
⑦ 《文献通考·市籴考》一。
⑧ 《宋会要辑稿·食货》九之一五。

纳200文钱，如此而已。这样，和买成为宋徽宗时候进行疯狂掠夺的一项制度了。

在扩大两税剥削的同时，宋徽宗——蔡京集团还扩大了封建国家的专利制度。盐钞法一再改变，每改变一次，不少人户“输钱悉乾没”，不得不“跳水投环”，身亡家败。而腐朽的当权者集团却坐享厚利，单是在1115、1116两年当中，所得盐利4000万贯[①]，平均每年盐利为2000万贯上下，几乎为宋仁宗时的715万贯的3倍。茶专利从宋仁宗嘉祐年间的33万贯骤增为400余万缗[②]，增长了10多倍。宋徽宗——蔡京集团意犹未足，借口收复燕云，发动对辽的战争，向京西、淮、浙、江、湖、四川、闽、广榨取所谓的“免夫钱”，而杨戬、李彦以西城所这个机构，公然掠夺民户的田地。但他们没有料到，这种公开的盗掠，却敲响了北宋的丧钟！

上述一系列的事实，充分地说明了，宋徽宗统治期间是继宋仁宗时期赋税猛增的第二个高潮。这次浪头来势较宋仁宗时更为凶猛。它同这一时期土地兼并的猛烈发展是相互激荡、相互推动和互为因果的。伪齐刘豫政权的冯长宁、许伯通对北宋末年税制有过中肯的评论，他们指出[③]：

> 宋之季世，税法为民大蠹。权要豪右之家，交通州县，欺侮愚弱，恃其高赀，择利兼并，售必膏腴，减略税亩，至有入其田宅而不承其税者。贫民下户急于贸易，俯首听之。间有陈词，官吏附势，不能推割，至有田产已尽而税籍犹在者，监锢拘囚，至于卖妻鬻子、死徙而后已。官司摊逃户赋，时牵连邑里，岁使代输，无有穷已。折变之法，小估大折，名曰实直，巧诈欺民，十倍掊取，舍其所有，而责其所无。至于检灾之蠲放分数，方田之高下土色，不公不实，率皆大姓享其利，而小民被其害。贪虐相资，诛求不辍，朝行宽恤之诏，夕下割剥之令。元元穷蹙，群起为盗。

这份材料指出了宋代土地兼并中的“择利兼并”这个特点，正如有的文章中

① 《通考·征榷考》三。
② 李心传：《朝野杂记》甲集，卷一四。
③ 李心传：《系年要录》卷六五，绍兴三年五月乙巳引《伪齐录》。

所说的“择肥而噬”一样，表明了豪强兼并这样做是为了攫占更多的地租。同时还指明了兼并过程中，田赋的不加“推割”，以及官司的摊逃户赋，从而加重了自耕农民的赋税负担，最终地激化了农民的反抗斗争，以致“元元穷蹙，群起为盗”。这种情况，连当权者集团也只好承认：“东北寇盗蜂起，劫掠居民，盖监司官吏有以致之”[①]。监司官吏固然有责任，而宋徽宗——蔡京集团更应当负主要责任。阶级矛盾日趋尖锐、扩大，到北宋亡之前，京东、河北“人不堪命，皆去而为盗”，“游宦商贾已不可行”[②]。尽管方腊、宋江、刘五等起义被镇压下去，但在全国范围酝酿的农民的反抗斗争，行将出现第二个高潮，其来势之猛，远远超过了宋仁宗时候的各地起义。

第三节　南宋统治的“取民无艺”与赋税的直线上升

南宋是在兵荒马乱中建立起来的，又是在硝烟弥漫中被摧垮的。160 年间，先同女真贵族较量，后同蒙古贵族周旋，兵连祸结，靡有已时，因而财政开支浩大是有其客观原因的。但更加主要的是，财政开支之滥是由于南宋统治的腐败。南宋开国皇帝宋高宗，是南宋第一个荒淫无耻的皇帝。一个名叫张戒的士大夫，曾批评宋高宗：前代有所作为的皇帝，无不“居安思危”；而你宋高宗，却“居危思安”。著名哲学家朱熹对这句评论非常赞赏，称之为名言。只要能够保持皇帝的座位，宋高宗什么丑事和坏事都能干出来的。宋孝宗虽然还想有所作为，但在他那个时候，政权完全被大地主阶层所控制，同宋高宗时候没有差别，不可能起用真正的人才。从上到下，沉浸于灯红酒绿之中。宋孝宗以后的几个皇帝，阘茸无能，政权控制在韩侂胄、史弥远、贾似道等大官僚地主集团手中，没有任何的振作气象。这样，偏安一隅的南宋王朝，从建立之日始就实行了一系列的反动的财政政策，正如赵瓯北所评论的，“取民无艺”，无止境地榨挤人民的血汗，赋税年复一年的猛增，几乎是以直线上升的。旧有的和新创的剥削方法层出不穷，据说南宋苛捐杂敛的名目有 70 种之多，如果

① 《宋会要辑稿·食货》九之一七。

② 王明清：《挥麈后录》卷二。

要说清楚（有的则无法说清楚）这些税目的来龙去脉，可能要写出一本很厚的书。下面仅就其主要情况，给以简略的叙述。

南宋初年，各地因“兵火之后，文籍散亡”，两税征收和不时的军需科敛，全靠吏胥，他们同兼并之家勾结起来，“因缘为奸，机巧多端，情伪万状，以有为无，以强吞弱”①，隐田漏税的情况比北宋任何时候都要严重，而政府的财政需要比以前任何时候也更紧迫。南宋经界法就是在这个情况下产生的。

正经界是在绍兴十二年（1142）由李椿年提出来的。所谓正经界与北宋的均田税名异而实同，是对土地的清丈，以检查隐田漏税的。李椿年提出，经界不正，有十大弊害，主要的有：（一）“人户侵耕冒佃，不纳租税”；（二）买（当作‘卖’）产之家，产去税存，终身穷困，推割不得”；（三）“乡司走弄二税，姓名数目所系于籍者，翻复皆由其手”；（四）“诡田挟佃，逃亡死绝，官司催科，责办户长，倾家竭产，不足以偿，遂致差役之时，多方避免……有经一二年不能定者”；（五）“兵火以来，税籍不足取信于民……以税讼者，虽小县日不下千数，追呼骚扰，无有穷尽”；（六）州县之籍，“往往令民自陈实数而籍之”，“狡猾豪强者百不供一，不均之弊有不可胜言者”；（七）“州县有不耕之田，皆为豪猾嫁税于其上，田少税多”，“不敢耕也”；（八）“州县隐赋多，公私俱困”；以及其他等等。李椿年在列举十大弊害的同时，还以平江府的田赋为例，原来“著在石刻”之上的田赋为70万斛，现今版籍上虽著有39万斛，实入才20万斛，不到前此的三分之一②。

南宋政府采纳了李椿年的建议，并指派他主持这项工作，首先在平江府实行。它的具体做法是，根据清丈，将民户田地登录在坫基簿上，这种坫基簿来自方田法的方庄或庄账，上面登载田地的形状、数量、“四至”（东西南北的地界）；如果田亩不登入坫基簿，即使有“契据可执”，也没收入官。各县坫基簿一式三份，一份留县，一份送漕（转运司），一份送州③坫基簿也就是土

① 《宋会要辑稿·食货》六之三六。

② 《宋会要辑稿·食货》六之三六至三八；《系年要录》卷一四七；《通考·田赋考》五则较简略。

③ 李心传：《朝野杂记》甲集卷五，《经界法》。

地清册，明清时期的鱼鳞图册即渊源于此。每隔3年，官府即推排一次，检查各户产业情况，“以革产去税存之弊”①。

在李椿年主持下，经界法是认真进行的。据说，在他的原籍实行时，首先清丈他家的土地。虽然阻力很大，由于社会生活中对隐田漏税行径的广泛不满，广大自耕农民要求赋税的均平，特别由于对政府财政收入的关系重大，经界法在广大地区上进行了清丈，直至绍兴十八九年告一结束②。对这次清丈，人们的反映是极不一样的。从台谏到地方，不少的官僚士大夫进行了抨击，称李椿年“私结将帅，典（似当作‘曲’）庇家乡”；尤其是“川峡四路颇峻责州县，故蜀中增税亦多”，而有的官田因改征货币，“故民至今以为患”。事情的真相究竟怎样呢？王之望在《潼川路措置经界奏议》中开头就说：“他在东南日，闻蜀中经界大为民害，豪富为奸，例获轻减，贫弱受弊，多致逃移，上户利而下户不愿”。及至王之望到潼川路实际观察一番之后，发现情况同原来听到的大相径庭。他指出：广安军渠州罢去经界法的，下户纷纷要求恢复经界，因为“人户诡名，寄隐产业，有田者无户，有户者无田，而差某等充户长，催驱税赋，率皆代纳，以此破家者众。若用经界，则户名有归，此弊可绝”。这是第一点。其次，6年当中蜀中“士人上书、百姓投状”的，不知有多少，但究竟是些什么人不愿正经界呢？王之望回答说，“而形势之不愿者多，盖诡名挟户，非下户所为”；蜀人能够到东南去的，或者能够上书投状的，不是封建士大夫，就是“公使与富民尔”！“其贫弱之徒固不能远适，虽至峡外，亦无缘与士大夫接”，所以“不愿之说独闻”！第三，对愿意正经界的和不愿意正经界的，王之望进行了比较，他指出：在潼川路九州行经界的333000税户当中，愿行经界的177500余户，而愿用旧来征税办法的有156100余户，其不愿行经界的原因是，“法行之始，验土色之高下，量顷亩之多少，奸弊百出，贿赂公行，故税之轻重不当”等等；但经界之后的税收和经界以前的征税却存在很大的不同，“经界之弊在于业多者税或轻，业少者税或重；而旧税之弊则在于有田者或无税，有税者或无田；要之，以轻为重、以重为

① 袁说友：《东塘集》卷一〇，《推排札子》。
② 吕皓：《云溪稿》《婺仁政本末》；《朝野杂记》甲集卷五《经界法》。

轻，犹稍愈以有为无、以无为有也”。经界的弊病固然很多，但总比不经界要强得多。最后，王之望揭开了不愿经界的谜底。他以遂宁府小溪县为例，在584户官户中，愿行经界的117户，不愿者467户；在220户公吏中，愿行经界的16户，不愿者204户，“它县大率皆然”。这就清楚地表明，官户、公吏即所谓的品官形势户绝大多数是不赞成行经界的[①]。

宋光宗绍熙年间（1190~1193），朱熹知漳州，因为漳州过去没有实行经界，“田税不均，隐漏官物动以万计，公私田土皆为豪宗大姓诡名冒占，而细民产去税存，或更受俵寄之租，困苦狼狈，无所从出”[②]；“所谓俵寄者，正田不知下落，官私恐失租米，却以其租俵给搭邻近人，责令送纳”[③]，因此，这里田税不均情况极为严重。朱熹还指出，由于“泉、漳、汀州不曾推行（经界），细民业去税存，其苦固不胜言，而州县坐失常赋，其势亦将何所底止?”不过，推行经界，虽“其利在官府、细民，而豪家大姓、猾吏奸民皆所不便，故向来议臣屡请施行，辄为浮言所沮，甚者以汀州盗贼借口恐胁朝廷。”朱熹不顾地方势力的反对，把经界法付诸实施，可是“布衣吴禹圭上书讼其扰人”，又只好“报罢”了[④]!

同北宋一样，南宋也陷于这一矛盾中：历年来不断进行经界，而进行经界之后又不得停顿甚至废止，循环不已！经界法确如上面王之望所说，它以轻为重或以重为轻，然而毕竟比不经界为好。李心传对绍兴经界作出如下的评论：“然诸路田税，由此使均。今州县坫基簿半不存，黠吏豪民又有走移之患矣。”[⑤] 之后，在镇压了吴曦的叛乱之后，安丙对兴元府、洋、沔、阶、成、西和、凤州、大安、天水军20县“尽经量之”，以清丈吴玠兄弟及武将豪民们所控制的大片田地，本来可以增加隐漏的田赋的，结果还是维持二税旧额[⑥]。从这里可以看出，它同北宋的千步方田法、方田均税法一样，能否有效

① 王之望:《汉滨集》卷五。

② 朱熹:《晦庵先生朱文公文集》卷二八《与留丞相札子》。

③ 《晦庵先生朱文公文集》卷一九,《条奏行经界》。

④ 《宋史》卷四二九《朱熹》传。

⑤ 李心传:《朝野杂记》甲集卷五。

⑥ 《朝野杂记》乙集卷一六,《关外经量》。

地实行，关键在于对豪族的态度。执行的官员强硬一些，就可以得到相应的效果，如范应铃在江南西路，“并诡挟三万户”[①]，为数相当可观；又如南宋端平年间（1235）常熟县修复经界，从原来的2321563亩增至2419892亩，其中增加的水田为98329亩、地52000亩[②]，一县增加了如此的田亩，尤足惊人。反之，不正经界，听之任之，版籍上的田亩越来越少，如歙州在未经界之前有田1516300亩，经界之后增至330万亩，可是到罗愿纂写《新安志》之时，就又缩减为2919533亩了[③]。又如建康府，乾道年间（1165～1173）还管田7772863亩，到景定二年（1261）仅有4341443亩，几乎减少了一半[④]。南宋绝大部分地区都属于这种情况，这就无怪乎南宋财政沿着这个斜坡而滑向无可挽救的深渊之中了。

经界法无法贯彻，二税日益削减，南宋政府怎样解决它的财政困难呢？唯一的办法就是，沿着北宋仁宗时走过的老路，同豪强兼并妥协，用加倍榨挤自耕农民的血汗，解决这个问题。在清丈土地之时，就已经向第四第五等户开刀。按照宋初以来的规定，这部分农民有墓地的称之为“墓户”，凡墓地在7亩之下，免征二税的[⑤]，而在绍兴经界之时，也“均纽正税”[⑥]，扩大对“墓户”的剥削。其次，第五等贫下户的税收也增重了。“盖缘远村细民，户产微薄，输纳零细，须凭揽人”[⑦]，所谓揽人也即揽户，他们深得官府的信赖，如不由他们经手，官府甚至不收[⑧]。这样一来，揽户们嚣张到了极点，在承包征税中，“非理退换，乞觅邀阻”，与其税卒们勾结，让人户“高价贴赔”[⑨]。由于五等下户所纳多系畸零税，往往六、七家才给“合钞”，揽户凑齐之后，“尚不住勾呼其余”，妄图多要一份；“或将凭由多填姓名，妄有催理”，贫弱

① 《宋史》卷四一〇，《范应铃传》。

② 卢镇：《至元琴川志》卷六，《版籍》。

③ 《新安志》卷二。

④ 周应合：《景定建康志》卷四〇，《田数》。

⑤ 《长编》卷一一〇载：“仁宗天圣九年十一月乙卯诏：河南府民墓田七亩以下除其税”。

⑥ 《宋会要辑稿·食货》一〇之一九；《宋史》卷一七四，《食货志》。

⑦ 《宋会要辑稿·食货》九之九。

⑧ 《宋会要辑稿·食货》九之八；《系年要录》卷一七四。

⑨ 《宋会要辑稿·食货》九之三至四。

下户“惮于追扰，不免认纳”[①]，多出一份。或者，在“既纳之后，不给文钞，欠籍尚存，重叠追索，莫计其数。所得之钱，不附于历，不入于官”[②]，而落在揽户吏胥们的腰包。第三，“乡胥与富强之家素相表里，有税未即具上，或不尽具，至有每年不曾输官者，却止将善良下户先具催数，或多科尺寸，逼令输纳”[③]。如丽水县，“吏胥弄财赋，不问输未输，混为一籍，贿至籍立致，以上户产移下户”[④]。在此情况下，自耕农民、半自耕农民的二税成倍地增加，如江西抚州苗税，“往年惟吏胥之家与官户有势者斛输斛、斗输斗，若众户则率二斛而输一斛，或又不啻”[⑤]；湖北一带贫弱，“常以一亩之田而出数亩之赋，如米曰上供，钱曰马草，皆额外敛之，而役钱岁增，今巴陵亩至为钱二百六十有畸，而仓例受民输者既三加之，又五加之，一斛之苗几三斛有畸而未已也”[⑥]。事实上，两税增重不限于巴陵一地的贫弱，在广大地区，“仓场官吏与揽子为市，阻截人户，使就揽子，米则多加合数，绢则抑取轻钱，或于一石一匹别责常例，计其浮费已过正数三倍”[⑦]!

正是因为南宋政府在两税征收中采取了加紧压榨广大自耕农民的财政政策，两税征收大幅度地增加起来。从宋高宗初年，“税米一斛有输五六斛者，税钱一缗有输及十八缗者”[⑧]，就已极为沉重。其中所岳州“以种一石作七亩科敷，而其间所取税物，反复纽折，有至数十倍者”[⑨]。宋高宗以后，情况不见好转，有继续增加的趋势。如秀州原来加耗每石收一斗四五升，宋孝宗时增至五六斗，“计每岁溢取十五万石”[⑩]，一州之地“溢取”如此之多，两税之增重也就可见一斑了。到南宋末的咸淳年间，“税租急如星火，且市斛之八倍于

---

① 《宋会要辑稿·食货》九之二九。
② 刘才邵:《檆占溪居士集》卷八,《论追催民户积欠奸弊札子》。
③ 胡太初:《画帘绪论》《催科篇第八》。
④ 陈耆卿:《篔窗集》卷八,《黄沐墓志铭》。
⑤ 陆九渊:《象山先生全集》卷八,《与张春卿》。
⑥ 廖行之:《省斋集》卷五,《论湖北田赋之弊宜有法，以为公私无穷之利札子》。
⑦ 刘才邵:《檆占溪居士集》卷八,《论受纳、追催、差役札子》。
⑧ 《通考·田赋考》五。
⑨ 《宋会要辑稿·食货》九之二六。
⑩ 《宋会要辑稿·食货》九之一一。

文思”，“五倍取于民”[①]；而“自江以南，二浙、江东西、湖南、福建诸郡，一石之苗有至二石五六者，有至二石三四者，少亦不下二石一二”[②]。“安知咸淳际”，“税租贵三倍”[③]，并无任何夸张之处的。与北宋相比，自耕农的赋税负担增重得多了，他们实现再生产的条件更加困难了！

南宋统治期间，两税增重一个显著的特点是从附加税开始的。在附加税中，加耗是重要的一项，北宋税米一石加耗一斗，最高也不过二斗。在南宋，情况便大不相同了，而且各地区差别也很大。如江西临江军清江县，“每石加耗七斗”[④]；而在广德县“于正苗上每斗出耗米三升七合，充宣仓脚乘之费，名曰‘三七耗’”，湖南“往往州县高量斛面，一石正苗有至三石，少至一石”[⑤]；江西抚州临川，“一切令二斛输三斛，谓之加五”[⑥]；在宁国府，“不用文思斗斛（官府制定的斗斛），而用私制宽大斗斛……不啻多量一倍于上”、“如纳籼米，通用二石二斗了纳（税一石），如纳粳米，通用二石了纳”[⑦]。上述材料表明，加耗已经超过了正税，往往为正税的两倍。但有的地区，在加耗之外，还有所谓的“斛面”。如豫章，“所收苗米于常年所受加耗之外”，又“增收斛面米多至三升”；而且近年又“将斛面组作实数，更增三升”，“即是无名暴赋，立为常规”[⑧]。湖南的斛面比豫章还要重，“人户纳苗，往往州县高量斛面，一石正苗有至三石，少至一售”[⑨]，从江西的6%提到100%到300%！在加耗、斛面之外是否还有呢？还是有的。试看下面的文字：

> 逮夫正米之纳，既加其耗而益之……则将倍于当输者矣。不特此矣，呈样者有米，探筒者亦有米，打杴者有米，而给钞者复有米，故以一石输常倍其数而后足。[⑩]

① 高斯得：《耻堂存稿》卷二，《经筵进讲故事》。
② 吴潜：《许国公奏议》卷一，《应诏上封事条陈国家大体治道要务凡九事》。
③ 《耻堂存稿》卷六，《增赋》。
④ 《宋会要辑稿·食货》九之二四。
⑤ 《宋会要辑稿·食货》九之六。
⑥ 陆九渊：《象山先生全集》卷八，《与张春卿》。
⑦ 真德秀：《真文忠公文集》卷一二，《奏乞将知宁国府张忠恕亟赐罢黜》。
⑧ 曹彦约：《昌谷集》卷一六，《豫章苗仓受纳榜》。
⑨ 《宋会要辑稿·食货》九之六。
⑩ 袁说友：《东塘集》卷九，《论苗赋当平疏》。

斛面所带已六七升，又有加耗，又有呈样、修仓名色，又有头脚钱支俵等费。而耗米则有用斗量，斗面赢余又倍斛面，故率三石方纳得一石。①

纳一石既当二石，而石数之外又有呈样、罚筹、堆尖、脚剩等名目，若公吏而下诛求更不预焉。②

在两税征收中，揽户、税吏们的勒索、敲诈，更加重了贫民下户的负担，尤其是揽户同税吏们勾结在一起，为害尤大：

〔纳税时揽户与税卒狼狈为奸的各种手法〕：开场之后，百端作弊，或晚出早入，或随例迎送，或干当别事，或非理退换，使人户般担，出入守候，费用甘心，重收加耗。……或收耗过多，阴计其数，印打虚钞（当时也谓之白钞，无官府印记的假钞，还得重纳）。至般米在仓，经旬不纳，而追催鞭棰，略不加察，或已纳而不给钞，或给钞而不销簿……③

访闻州县送纳，官纵吏非理退换，乞觅邀阻，及用油墨退却损污，或封寄在场，更不给还，重叠拘催，骚扰非一。④

〔而在交纳税粮之时〕所谓新斛者，多用碎板合成，厚薄不等，其口或敞或撮，其制或高或低，分寸差殊，升斗赢缩。官员每早入仓，斗级谬为呈斛，诡称公当，其实不然。瞬息之间，纳米丛杂，心机手法，捷若鬼神，不可枚数。究其大指，则揽户城居也，仓斗亦城居也；……民户、乡人也……故自纳者常是吃亏。堆头量米已自取尖；暨过厅前，复行打住，拂去尖角，再令增加。至于揽户入纳，则尽是自家人，暗记小斛，计嘱扛夫；注米则如奉盈，倒斛则必看铁；或用泥涂其底，或用板衬令高；过厅则疾走如飞……却取民户之有余，以补揽户之不足。粞碎当筛不筛而亦交，湿润当退不退而亦来；

① 俞文豹：《吹剑录外集》。
② 吴潜：《许国公奏议》卷一，《应诏上书事条陈国家大体治道要务凡九事》。
③ 《宋会要辑稿·食货》九之三至四。
④ 《宋会要辑稿·食货》九之八。

今日退出，明日复来，而亦交利尽归于猾揽矣。[1]

作县之人（系指县令等官）……取给予手分乡司，为手分乡司者岂有将己财而奉县官？不过就历簿之中恣为欺弊。或揽人户税物而不纳，或将到库之钱而他用，或伪作过军过客券旁及修葺廨舍而公求支破，或阳为解发而中途截拨，其弊百端，不可悉举。县官既素受其污啖，往往知而不问，况又有懵然不晓财赋之利病，及晓之者又与之通同作弊，一年之间，虽至小邑亏失数千缗殆不觉也。[2]

两税成倍地乃至两三倍、三四倍地增加，是否能满足南宋统治的需要？不能，而且远远不能。怎么办？南宋政府通过继承过来的北宋时的政策、制度和措施，以扩大剥削。其中主要的有和籴、和买。

先说和籴。

和籴是北宋时收购粮草以供应边境上军队需要的一项制度和措施，前面已经提过。南宋也是用来供应军需的。它的收购办法则按户等高低、家业大小摊派征购，随两税征收时进行的。例如在四川，“案全蜀饷道岁大约以石计者一百五十余万，中六十余万科之边氓，量家业以定均敷之数，名和籴，实强取。”[3] 往往是税粮一石，认购和籴一石，称之为“对籴”。“和籴”首先籴自广大自耕农民，无权势的中下层地主也逃避不了，因而成为这些居民的特别是自耕农民的重负。第一，和籴科数太多。如淮南一家有产田 240 亩，而“县司明出给由子科以和籴百四十四石”，一石和籴必须两石才能抵充，加上其他苛敛，“是以二百四十亩之田而欲三四百石米输官也，然则人家无颗粒入口腹矣。”[4] 和籴是南宋晚期的一个重大问题，如前所指，贾似道之行公田法，与和籴过重而仍不能解决军粮有密切关联，上一例证就反映了这一问题的严重。第二，给价太低。宋孝宗年间的一次和籴，在平江府仅给 600 文一石，而每石有加耗二斗的，有依苗米例收取漕司出剩（也属加耗之类）的，也有扣钱 400 文作水脚縻费的；在江东，开始支价四贯，后减为两贯，“建康人户来诉，犹

① 周应合：《景定建康志》卷四〇。
② 袁采：《世范》卷二，《官有科付之弊》。
③ 洪咨夔：《平斋文集》卷九，《知心堂记》。
④ 吴潜：《许国公奏议》卷一，《应诏封事条陈国家大体治道要务凡九事》。

是一贯省（省钱七百七十文为一贯）”还要扣除“头脚等钱（是否为头子钱和水脚钱?）”；在淮南“每石只支一贯五百省”，为此，“舒州之民不惮千里”，“经省投状，乞免和籴”[①]。“今之和籴，遂成强籴，民之被害，不可胜言”，如“至于专斗（管量粮的税吏），每斗又取使用钱一二十文，方始交量，不尔则一斗只可量七八升”[②]。而且和籴有时“未尝支钱”，成为一项“白著”[③]。第三，和籴既多，价格又低。这是南宋晚期一个普遍性的问题。在浙西路原来和籴为150万石，可是宋宁宗嘉定年间单平江府就达到百万，“增额抑价，浙中巨产化为下户者十室而九。”[④] 常熟县在嘉定以后，和籴“户有定数”，“岁籴多至三十万石，少亦不下十四万”[⑤]，为当地苗税三四倍。阳枋在给余玠的书札中提到，四川自军兴以来，“和籴无虑四变：为劝谕，为科俵，为掇籴，为括籴”；“官籴其百，则私以千言；官科其千，则私以万言”；“前籴未终，后籴复继”；“民日益困，财日益匮”[⑥]。李曾伯对四川的“秋籴”议论说，“蜀饷一年调度凡取半于秋籴者过半焉”，淳祐十二年（1252）秋籴每石给川引50贯，而民间则四五百贯，而川引50贯仅值十八界会子500文、铜钱100文，“使此钱尽到民户，止得偿时价十之一，况又取赢于斛面、减克于吏乎?”“采众之论，但白输耳!”[⑦] 所谓的和籴，用宋人的话来说：“名之曰和，其实强估”[⑧]。

再说和买。

和买到北宋徽宗时候成为从利民转化为害民的一项制度，南宋则由此变本加厉，扩大它的剥削机能。第一，它摊派给广大的自耕农民，这在宋徽宗时候也是不多见的。大约在绍兴十二年正经界时，规定物力在38贯500以上均敷和买一匹，这个钱是用来划分为第四第五等的，在此以上者为第四等，承担和买绢，少于此一文者即为第五等，不承担和买绢。在这项规定之前，则于家业

---

① 韩元吉：《南涧甲乙稿》卷一〇，《论和籴之弊》。
② 王之道：《相山集》卷二〇，《论和籴利害札子》。
③ 《通考·田赋考》五。
④ 刘克庄：《后村先生大全集》卷八七，《进故事》。
⑤ 卢镇：《至元琴川志》卷六。
⑥ 阳枋：《字溪集》卷一，《上宣谕余樵隐书》。
⑦ 李曾伯：《可斋续稿·后稿》卷三，《乞贴科四川制总司秋籴本钱奏》。
⑧ 刘子翚：《刘屏山先生集》卷二《维民论》上。

物力达四十六七贯以上者敷一匹，这是第一次降低家业物力，从而让第四等下户也承担和买，从而扩大了它的剥削机能[①]。自从规定38贯500作为第四等户的一个界限，地主豪绅"多立诡户，隐寄物力"，"析为下户"，以规避和买。因此，有的地区，干脆自第一等至第五等均敷和买，从而大大减轻了上户的负担。经界后的10年，和买继续扩大其剥削机能，绍兴府余姚等县这是南宋和买最重的地区，因而连物力15贯，17贯305文、20贯的第五等下户也被强迫承担和买了[②]。而在杭州，绍兴二十一年（1151）则从38贯500文下降到34贯400文的物力上均敷了[③]。在此以后的二三十年，和买绢又摊派到19贯500文物力户等上[④]，甚至物力仅10贯文以上者亦均敷和买，这就在实际上作为又一种布缕之征的和买，已经摊派到第五等下户了。"江西及浙江平江等处和买，通五等皆敷。"[⑤] 这是南宋和买制的第一个变化。

其次，南宋和买又从以上两个方面扩大它的征收面。一是从地域上，如秀州在北宋时因历来不种植桑树，故不科买税绢，也不承担和买。到北宋最后一年即宋钦宗靖康元年（1126）由于政府失误，摊派了4万匹，南宋便据此成为定制，"秀州之民于常税之余、和籴之外，又加此一项和买绸"，"为害浸深"[⑥]。另一是城市中不承担和买的居民，地方官在推排物力之后，任意摊派，如江宁县城南厢居民，在淳熙五年（1128），"如房地钱日收一十文足，纽家业钱一贯六百二十三文七分"；每及一贯文，"即催和买五寸五分，绵五分五厘"[⑦]，这项征派维持了数十年之久。这虽然是局部的个别地区的情况，但从这里可以看出南宋统治，从中央到地方，在扩大剥削方面是无孔不入的。

和买制度最突出最重大的变化是转化为折帛。这是南宋政府在剥削政策上的一个新创造。建炎三年（1129），一个名叫王琮的两浙转运副使，上言将两

---

① 王十朋：《梅溪先生后集》卷二五《定夺余姚县和买》；朱熹《晦庵先生朱文公文集》卷一三《延和奏札五》；《宋会要辑稿·食货》三八之二四至三四。

② 彭龟年：《止堂集》卷六《议绍兴和买疏》；《宋会要辑稿·食货》三八之二四至三四。

③ 赵善括：《庸斋杂著》卷一《免临安丁役奏议》。

④ 韩元吉：《南涧甲乙稿》卷九，《论田亩敷和买状》。

⑤ 彭龟年：《止堂集》卷六《议绍兴和买疏》。

⑥ 程俱：《北山小集》卷三七，《乞免秀州和买绢奏状》。

⑦ 真德秀：《真文忠公文集》卷六，《奏乞为江宁县城南厢居民代输和买状》。

浙路和买䌷绢170万匹，“每匹折纳钱二千，计三百五万缗省，以助国用。许之。东南折帛钱自此始。”① 和买与折变相结合，演变出一个折帛或折帛钱，成为南宋人民的巨大祸害之一。绍兴二年，“户部请诸路上供丝帛并半折钱，如两浙例”②，把这个祸害塞到全国各地。另一方面，还在绍兴元年，折帛即从开始的2000增至3001匹，即增加至150%③。仅隔两年，到绍兴四年，掌管其事的户部梁汝嘉命每匹折纳4000或6000，从而激增为200%到300%④。之后，不论是和买绢或变税绢，都按折帛的方式折钱，以至日益多，江西达到6000，两浙7000；到绍兴九年、十七年，“每匹十阡或八阡（当作千）”⑤，“每匹有至十千者”⑥。东南诸路如此，四川路也一样⑦，于是折帛增至500%。其后虽稍有减少，但也在六贯500文、七贯文上下⑧。据李心传统计，到宋庆宗庆元前后（1200年左右）东南诸路“其他䌷绢二百五十六万余匹，约折钱一千七百余万缗，而绵不与焉”⑨。在南宋财政结构中占有重要位置。

广西折布钱则从500文折为1500文，后减为1000文，也增至200%⑩。

西川布估钱从北宋时的400文一匹激增为3000，到庆元年间降到2000或1700，也增至400%～500%⑪，布估钱总额达65万缗。

和买、折帛首先加重了广大自耕农民的负担，而一般中下层地主也感到不小的压力。叶适曾说：“当今赋税虽重而国愈贫，如和买折帛之类，民间至有用田租一半以上输纳者”⑫。在南宋扩大剥削的过程中，一部分中下层地主的地租转化为赋税，这也是事实。贪婪的地主失之于此者，必得之于彼，他们只

① 留正：《皇宋中兴两朝圣政》卷四，建炎三年三月壬辰记事；又《系年要录》卷二一同。
② 李心传：《朝野杂记》甲集卷一四，《东南折帛钱》。
③ 留正：《皇宋中兴两朝圣政》卷九。
④ 《朝野杂记》甲集卷一四。
⑤ 《皇宋中兴两朝圣政》卷二五。
⑥ 《宋会要辑稿·食货》九之四。
⑦ 《宋会要辑稿·食货》一〇之五。
⑧ 施宿：《嘉泰会稽志》卷五，《赋税》。
⑨ 《朝野杂记》甲集卷一四。
⑩ 李心传：《系年要录》卷六一，绍兴二十年二月庚戌记事。
⑪ 《朝野杂记》甲集卷一四，《东南折帛钱》。
⑫ 《宋史》卷四三四，《叶适传》。

有加紧勒索压榨无地或少地的农民即第五等户和佃客，来填补他们的损失，于是地租在南宋便不断地增重了。南宋赋税增重和地租的增重，是如此契合，就可看出南宋政府和地主阶级，一个拼命向自耕农民搜刮，一个向无地少地农民极力压榨，是有其内在的联系的。

和籴、和买和折帛等剥削的扩大，并没有完全解决南宋财政的困难，于是南宋政府又创造了一个新的剥削方法，这就是所谓的“预借”。预借，就是《红楼梦》上所说的，寅年吃了卯年的粮。在宋代，这个剥削方法的发明权归于宋高宗。还在绍兴二年（1132），就有臣僚上言：当时赋税之重，“一遇军兴，事事责办；有不足者，预借来年之赋；又不足者，预借后年之赋。虽名曰和，乃强取之；虽名曰借，其实夺之。”① 可见在绍兴二年之前就已经“预借”过了。而且新创造的预借又同折变结合起来，如绍兴五年十一月诏书上说，“预借民户和买绢二分，止令输见缗，毋得抑纳金银，除头子钱外，每千收縻费钱，毋得过十文”②。和买早已不付价钱了，现在又“预借和买”，这实际上同预借两税一样，多预借一批税绢罢了，这种“借”是不折不扣地“夺之”的。翌年八月，户部又按照绍兴预借和买例，又“预借江浙民户来年夏税绸绢之半”，并令“每匹折米二石”，又从绢转化为米了③。

预借，本来自于朝廷。可是，到绍兴末年，又成为朝廷上的一个议题。“远方州县预借人户税租，有借及一二年，其间复以本色纽折见钱，价又倍之，输纳稍缓，加以严刑。”④ “五年田方下秧，米已借足，又借及六年之米”；“又纵姦吏舞智其间，如预借税色，既不开其（具?）户眼，止据吏贴，敷抨（秤?）数目，抑勒都保”，这样是送入官库还是为吏所“乾没”，根本无从稽考⑤。而且，预借早在宋高宗末年，便成为地方官府解决财政困难的灵丹妙药，“自一年二年而至三年四年而未止也”⑥。所谓州县逋欠二税，已经是没有

---

① 李心传：《系年要录》卷五四。
② 《系年要录》卷五九。
③ 《宋会要辑稿·食货》九之三；《系年要录》卷一〇四。
④ 《系年要录》卷一六三，绍兴二十二年三月癸亥记事。
⑤ 刘克庄：《后村先生大全集》卷一九二，《弋阳县民户诉本县预借事》。
⑥ 朱熹：《晦庵先生朱文公文集》卷一一《庚子应诏封事》。

的事了，这是因为，“来岁夏料已预借于今岁之秋，秋料已预借于去年之夏，岂容有一钱之逋?”① 所谓的“逋欠”，完全是由吏胥的舞弊造成的。所以，在宋孝宗年间，朝臣们便纷然议论，“郡县之政，最害民者，莫甚于预借”②。可是议论尽管议论，预借照常预借，而且已经不是寅年吃了卯年的粮，如淳祐八年（1248）陈求鲁奏疏中说，“预借一岁未已也，至于再，至于三；预借三岁未已也，至于四、至于五。窃闻今之州县有借淳祐十四年者也，以百亩之家计之，罄其永业，岂足支数年之借乎?”③ 这样看，淳祐年间已经预借了6年的两税了!

非常离奇的是，牙契钱也居然要预借。牙契钱即勘合钱，“民间典卖田产，就官买契，投纳税钱”的。谁能事先就知道自己明年买卖田产？州县官吏却异想天开地按照“人户物力大小给目子，科配预借室（当作‘空’）契纸，候有交易，许将所给空纸就官书填，名为预借牙契钱”。“既无交易，而预借其钱，岂法意哉!”④

南宋政府的创造，当然不限于上述那些。早在建立之初，它就着眼于一些所谓杂钱的苛捐杂税。这个政府显然懂得，它是在风雨飘摇中建立起来的，既无什么威信，脚步也很不稳，不敢骤然大幅度地增加税收，而是零打碎敲地在杂钱上打主意。对这一点，马端临评论得十分中肯，他说：“盖南渡以来，养兵耗财为夥，不敢一旦暴敛于民，而展转取积于细微之间，以助经费，初非强民而加赋也。”⑤ 从细小的、不显眼的杂钱入手，根据其统治力量而逐步扩大，这就是处于内外交困局面下南宋政府解决其财政困难的狡猾手段。南宋苛捐杂税，主要有以下几项：

（一）经制钱　这项杂钱是由陈遘创建的。宣和三年（1121）镇压了方腊起义之后，陈遘在杭州设立了经制司，以管理东南七路的财赋，并建

① 《宋会要辑稿·食货》一〇之二〇。

② 留正：《皇宋中兴两朝圣政》卷五六，淳熙五年二月戊辰记事。

③ 《宋史》卷一七四，《食货志》。

④ 谢深甫：《庆元条法事类》卷四八。

⑤ 《通考·征榷考》六，《杂征敛》。

议："度公私出纳，量增其赢"[①]，以增加税收。因系经制司名义，故称为经制钱。单在河北、京东西诸路一年所收便达200万缗。南宋建炎三年（1129），吕颐颢、叶梦得等认为这项做法，对财政"所补不细"，将其推行于南宋统治地区，每州由通判拘收经管。经制钱包括以下五种：（1）权添酒钱；（2）量添卖糟钱；（3）增添田宅牙税钱，这个钱就是前面说的勘合钱或钞旁定帖钱，买卖田宅，要按规定向官府买契帖，这种契帖是一副四纸，每副四文，大约是在宋徽宗时开始的；至绍兴四年每副收钱30文[②]；（4）官员等请给头子钱，它来源于唐德宗时的除陌钱，陈遘创制时，令公私出纳每千文收23文，叫做头子钱，以供州县漕司之用，宋高宗绍兴年间增至43文，乾道元年（1165）又增加了13文，共56文[②]；（5）楼店务添收3分房钱，即各地官府的房舍，由当地楼店务管理，提高房费30%。以上这五种也叫做五色钱[③]。

（二）总制钱　绍兴五年（1135），孟庾主管财政，请以"总制司为名，专察内外官隐漏遗欠"，并从经制钱中分离出来，而有总制钱之称。总制钱首先增加头子钱为30文，其中15文充作经制钱，7文隶总制钱，6文分属诸司，2文公使支用。不久，又增收耆户长雇钱、抵当库桩4分息钱、转运司移用钱、勘合朱墨钱、常平司7分钱、人户合零就整二税钱（即人户畸零二税，绢一寸收一尺、绵一钱收一两、米一勺一抄收一升之类，谓之合零就整）、免役一分宽剩钱、官户不减半、民户增三分役钱、常平司五文头子钱、出卖系官田舍钱、赦限内典卖牛畜等印契税钱，进献贴纳钱、茶盐司袋息钱，以及桩还欠装（当作"发"）运司代发斛斗钱等，均隶总制钱，由各州通判拘收[④]。

（三）月桩钱　始于绍兴二年（1132），时韩世忠军驻扎建康，朝廷命江东转运司按月桩发10万贯以供该军军需，以各地酒税、上供钱和经制钱应付。由于桩存不足以应付十之二三，于是"州县横敛，铢积丝累，仅能充数，一

---

① 汪应辰：《文定集》卷五，《论勘合钱比旧增重疏》。

② 头子钱各书所记颇不清楚，此处据《朝野杂记》《通考》《文定集》《嘉泰会稽志》有关记载，综合而成。

③ 本段据《朝野杂记》甲集卷一五，《经制钱》；《通考·征榷考》六《杂征敛》。

④ 《通考·征榷考》六《杂征敛》。

月未毕，而后月之期已逼，江东西之害尤甚”。赵汝愚称月桩钱，“其间名色，类多违法”。其中有所谓麴引钱、纳醋钱、卖纸钱、户长甲帖钱、保正牌限钱、折纳牛皮筋骨钱之类，不一而足。如两家争讼，官司输了的，要输“罚钱”；官司赢了的，要出“欢喜钱”。又如荆门军的麴引钱，用作“朝廷封桩”，也属苛敛。按照规定，民户遇有婚姻喜事，可以出钱卖麴引造酒的，可是在民户投买之时，“县吏视其物力多寡，抑勒出钱，至有十余千者”，而得引之后，“酒户又复视其贫富，勒令出钱，亦有至十余千”，中下户由此“有过期不成婚者”①。在湖南“潭、湘二州，日出望旗钱二十，实未尝得酒，州县敷于民”；以至米面银纸之类，“下至鬻豆腐者皆不免科掠”②。这一类的“法外之敛，什尝三四也”③。东南诸路这类法外之敛集合而成的月桩钱年达390余万④。

（四）版帐钱　这也是南宋初年“凿空取办”的无名之敛，一直为士大夫纷纷呶呶、窃窃私议，认为是东南三大祸害之一。如岳阳等四县版帐钱21000余缗，无窠名而搜刮来的达11000余缗，占50%以上⑤。即使有窠名，也都是“非法妄取”的。如征收税粮，耗剩之外再加耗剩；交纳钱帛，縻费之外再出縻费；今年税赋已征敛足额，又预借明年两税；田产尚未成交，即付田契令出钱“寄纳”；余如罚酒、科醋、卖纸、税酱之类，“殆不可遍举”⑥。据俞文豹的记载，华亭县的“版帐三倍于他邑”，钱大都没有出处，“例是典押科抑见禁罪囚及词诉者”；只要能拿到钱，县令便“欣然落笔”。后来一位名叫黄崖的县令，怕版帐钱出自讼狱之人，惹出麻烦，不好交代，“乃募前后罢役公吏及群不逞者百余人，充斥吏案，人给一牌，至晚各输五千”。这批无赖每天把牌子轮流投到县市乡村富户和寺观庵舍，“牌到立输，无敢违者”⑦。被投给牌子乡村高等富户，显然是一些无权势的人户。

---

① 洪适：《盘洲文集》卷四九，《荆门军便民五事奏状》。
② 薛季宣：《浪语集》卷三三，《先大夫行状》。
③ 《通考·征榷考》六《杂征敛》。
④ 《朝野杂记》甲集卷一五，《月桩钱》。
⑤ 《朝野杂记》甲集卷一五，《版帐钱》。
⑥ 《通考·征榷考》六《杂征敛》。
⑦ 俞文豹：《吹剑录外集》。

两宋苛捐杂税，如牛毛之细之多。有名的、无名的，不一而足。有的来自于前代，如地方官离任，地方上敛钱赆送叫做赆钱的，则源于两汉。有的则来自于土生土长，如望都费、坐衙钱则是某一特定地区才有的。只要能够刻剥出钱，宋代统治者就能够贴上个名目，而且“郁郁乎文哉”，不无几分雅致的。但，就这些杂敛来说，如经制钱、总制钱等等，原来是“细微”的、不显眼的和不足道的，一旦把它集中起来，特别是把它扩大起来，情况就大不一样了。绍兴十六年（1146）的经总制钱，“岁之所入至一千七百二十五万缗”，经常在1400万缗左右①。“方今经费所赖之大者，经总制钱物”②；“岁之所入，半于常赋”③，在宋代财政收入中占不小的比重，也是宋代财政构成中一个重要的部分。

两税从其创行之日起，即已经包括了唐初的租庸调，亦即所谓的粟米之征、布缕之征和力役之征。到宋代，则在两税之外，既有租外之租、调外之调，也有庸外之庸。上面说的已表现了这一特点。至于庸外之庸，宋代既有差役法（这在下一章中再谈），又有身丁钱和丁绢。身丁钱大抵是五代十国割据期间的产物④，两浙、荆湖、福建、广南诸路都存在这种剥削，每年虽不过45万贯，但“民有子或弃不养，或卖为僮奴，或度为释老”，一向是不利于生产的。大中祥符四年（1011）曾诏令废除，可是宋政府出尔反尔，好多地方并没有去掉，“真宗时虽已除放，而二邑（江陵枝江）余数尚在，兼本户人丁多已亡没，只是催科户长及地邻人均陪代纳”，“湖南北及诸路亦有似此丁钱未经减除”⑤。这种身丁钱带有地区性的特点，如广南西路“才年十二三，便行科纳，谓之‘挂丁钱’”⑥；在湖南，马氏割据时郴州、道州、永州、桂阳军、茶陵县科以丁钱绢米，到绍兴三年道州丁米三分之二摊到田亩上，这算是最早

① 《宋会要辑稿·食货》三五之二八。

② 《宋会要辑稿·食货》三五之二六。

③ 《宋会要辑稿·食货》三五之二八；《系年要录》卷一八五。

④ 陈傅良在《乞放身丁钱札子》（载《止斋先生文集》卷二六）中对身丁钱源流颇多论述，可参看。

⑤ 郑獬：《郧溪集》卷一二，《免身丁钱状》。

⑥ 《宋会要辑稿·食货》一二之一八；《朝野杂记》甲集卷一五，《身丁钱》。

的摊丁入亩[①]；到绍兴六年，有的官员仍然让道州一丁出米 4 斗，脚乘在外，负担仍然很重[②]。在江东，南唐时按丁敷盐而收丁盐钱，两宋继续不变。两浙每丁给盐一斗，纳丁盐钱 166 文，蔡京改钞法，不再给盐，每丁纳丁盐钱 360 文。早在皇祐年间，丁盐钱许可纳绢，谓之“丁绢”，大观年间令三丁纳一匹，当时钱绢相当，没有陪费。自绢涨价之后，皆取于五等下户，每丁绢一丈、绵一两，“民甚病之”[③]。如台州五等户每丁纳身丁钱为绢三尺五、钱 71 文[④]。在湖州，有的县份四丁一匹，有的五丁一匹；余端礼任乌程令，“民间赋丁绢钱，本三氓出一缣，不输绢而折其估，一缣千钱，民不胜命”[⑤]，乃改为七丁科一匹。在常州，客户和第五等无产税户，每丁纳丁盐钱 200 文[⑥]总之，不论是钱还是绢、米，与客户、第五等户直接相关联，这两个等级是农民当中最为困苦的，因之身丁钱成为劳动人民的重负。在第一章中曾指出，正是身丁钱之类压榨，才使“民有至老死不冠者”[⑦]，在广大地区存在不举子之风，从而说明了宋代赋税剥削的残酷。

以上简略地把南宋赋税制度作了叙述。从南宋横征暴敛中，可以看出，它的财政结构发生了重大的变化。叶适对南宋绍兴末年、乾道初年的各项税收有所记载，今制成下表[⑧]：

项　目	税收数量（万贯）	百分数
茶盐榷货	2400	49
上供和买折帛（二税）	1000 余	20. 4
经总制钱	1500 余	30. 6
总　计	4900 余	100

① 《系年要录》卷六五，绍兴三年五月丙辰记事。
② 《系年要录》卷一〇四，绍兴六年八月戊申记事。
③ 《宋会要辑稿·食货》一二之一四至一五。
④ 朱熹：《晦庵先生朱文公文集》卷一八。
⑤ 《宋史》卷三九八，《余端礼传》。
⑥ 《宋会要辑稿·食货》一〇之一九。
⑦ 陈师道：《后山丛谈》卷三。
⑧ 叶适：《水心先生文集》卷四，《实谋》。

表中表现得极其清楚，茶盐榷货收入占49%，在南宋财政结构占最突出的地位，它所占的比数比北宋仁宗、徽宗时要大得多，所谓“国家利源，鹾茗居半”①，是南宋政权所倚赖的头等重要的物质力量。其次，经制钱和总制钱占30.6%，居第二位。而包括和买折帛在内的两税，宋政府费尽心机而搜刮来的，仅占20.4%，已退居末位了。这是南宋财政结构和赋税制中的一个变化。

根据李心传的记载，南宋孝宗淳熙末年（1189）财政总收入为6530余万，其中上供钱即原来的两税正赋200万、经制钱660余万、总制钱780余万、月桩钱400余万、茶盐酒等坑冶榷货籴本和买共4490余万②，把籴本和买从茶盐一项中扣除，与200万正赋合并作为两税收入，仍按叶水心所统计的1000余万计算，所得各项税收的比重，将会进一步加深对上表显示的南宋财政结构和赋税制度的变化。今列表如下：

项　目	税收货币数量（万贯）	百分数
上供和买折帛（二税）	1000余	15.3
经制钱	660余	
总制钱	780余	28.2
月桩钱	400余	
茶盐酒等坑冶榷货	3690余	56.5
总　计	6530余	100

从本表看，淳熙末年、绍熙年间的各项赋税的比重，茶盐等比重更大，占56.5%，总经制钱为28.2%，而二税的比数则一降为15.3%。这个表进一步地说明南宋赋税制度和财政结构的变化。这就是：茶盐酒等国家专利以及商税在国家财政结构、赋税收入中不仅居于头等重要的地位，而且收入越来越多，比重越来越大，国家财政倚赖的程度也越来越大，这就使人们懂得，为什么两宋对茶盐酒等项专利制度是那样看重，以致控制得越来越强、方法上越来越细

① 周必大：《周益国文忠公集》卷三四，《陈从古墓志铭》。

② 《朝野杂记》甲集卷一四，《国初至绍熙天下岁收数》。

密的原因所在。至于茶盐等税增加对社会生产会产生什么样的影响和作用将在第三编当中再加说明。其次，南宋两税在财政结构中所占比重越来越小，北宋仁宗时尚占56%，而南宋则下降为20.4%和15.3%，这是两宋赋税制度、国家财政结构中的再一重大变化。这个变化意味着，在同品官形势、豪强兼并为地租分配而进行的检查隐田漏税的斗争中，南宋政府依然失败了，两税收入不断地减少了，豪强兼并势力更加膨胀起来了。这是一方面。另一方面，两税征收在财政结构中比重的下降，并不意味着自耕农民两税负担的减少，而是恰恰相反。前面在许多赋税项目中都一再提到，南宋上自各级官府，下至仓吏税卒，都是不遗余力地拼命压榨广大自耕农半自耕农的膏血，以维持南宋腐朽的统治，满足他们可鄙的贪欲。

地方财政收入也反映了上述的某些变化。当然各地的征商和茶盐酒的税收是不全的，但这里不是考察整个的财政结构，而是着重考察两税结构的变化。下面看看嘉泰年间（1201～1204）绍兴府赋税征收的情况①：

项　目	税收数量
绢	99809匹
绵	412252两
和买绢	100000匹
秋苗	250265石
折帛钱	330432贯（和买绢匹6贯500文，其他7贯文）
役钱	167928贯
水陆茶钱	8008贯
小绫	2500匹（折钱15422贯）
湖田米	66003石
职田米	15999石

表中除水陆茶钱、小绫、湖田米、职田米可以不计，其余是绍兴府两税征收中

① 施宿：《嘉泰会稽志》卷五，《赋税》。

的几个项目。和买绢、折帛钱和役钱都不是两税原有的正赋，而是附加的，可以称为两税的附加税，因为这些还是从家业大小、田亩多少来摊派的。这三项的总和远远超过了绢、绵和秋苗这三者；即使役钱不计算在内，单是和买绢和折帛钱这两项也不比上列三项即两税正赋低多少。这就说明了，两税的附加税在南宋两税中已超过了两税正赋，两税附加税已居于主导地位，而两税正赋反倒居于次要地位了。这不能不是两税结构中的一个重要变化。特别值得注意的是，和买绢和折帛钱的增加。绍兴府是两浙和买最重的地区，表中和买绢10万匹是经过建炎三年以来到绍熙元年五次蠲减后的数字，依然为数可观。前面曾经说过，南宋为扩大和买绢的剥削，一再降低物力钱，从38贯500文降到十六七贯文，使原来的许多五等户变成四等户，以及原来不应当承担和买的下户（包括一些五等户），也都承担和买绢。所以表中和买绢、折帛钱附加税的增加，而且和正赋相差无几，这就有力地说明了，在南宋两税剥削的扩大主要地落在广大自耕农民和半自耕农民身上。这是在同大地主在地租分配斗争中失败的南宋政府，只能沿着宋真宗宋仁宗时候的老路，即用扩大对农民剥削的办法以解决其财政困难的必然结果！

下面再看一下嘉定年间（1208～1224）台州赋税收入的情况[①]：

项　　目	税收数量	备　　注
上供绸	2535匹	〔原注〕以诸县第一等户资钱家活钱起纳
绢	11112匹	〔原注〕以第二等第三等资钱家活钱起纳
折绢钱	45736贯（11434匹折纳）	〔原注〕以诸县第四止末等户户资产折纳
绵	28914两	〔原注〕诸县第一等户资产钱科折
折帛钱	226998贯	〔原注〕诸县第一止第四等户资产起纳
经总制钱	156054贯	本项以下还有若干分目，从略（作者注）
上供钱	7067贯	
籴本钱	90000贯	

① 陈耆卿：《嘉定赤城志》卷一六，《财赋门》。

续表

项　　目	税收数量	备　　注
坊场正名钱	15000 贯	
七分宽剩钱	13342 贯	
坊场五分净利钱	13342 贯	
减下人吏顾钱	100 贯	
官户不减半役钱	1376 贯	
实花纱钱	177 贯	
降本钱	14000 贯	
七分酒息钱	8596 贯	
外任官供给钱	320 贯	
僧道免丁钱	6623 贯	
代发平海军银子	1000 两	
起发转运司〔分目从略〕		〔诸目共〕21905 贯，盐钞纸杝 20000 张
起发提刑司〔分目从略〕		〔诸目共〕1000 贯，行遣纸札 15000 张
起发提举司〔分目从略〕		〔本项系茶、盐，与地方征收无关，故从略〕
起发坑冶司〔从略〕		〔系坑冶税，从略〕
起发建宁府〔从略〕		

这个表除去删略部分十几个税目外，单是表中所列举的窠名税目也够庞杂琐碎的了，其中的有窠名税目的内容已经是不知所云，存此以待考索。表中的“上供”是指从台州向南宋政府交纳的赋税，这是台州赋税收入最主要的部分，从这里便可以了解台州地方税收的基本内容，所以对“起发转运司”的几项就予以删略了。从表中税目中可以看出，经总制钱、酒税（包括坊场正名钱、五分净利钱、七分酒息钱等）在全部上交的货币中约占 35%，如果与折帛钱合起来，则占 80%。而上供钱和籴本钱两项系原来的两税正赋，在货币收入中不到 25%，这同样说明两税正赋在南宋地方财政中也不占主要地位。表中折帛折绢钱共 272734 贯，在全部货币收入中占第一位，而这些或完全由第四等第五等户承担，或从第一等到第四等交纳。这说明了，同绍兴府一样，台州两税剥削扩大的结果，也是落在第四等（有些在北宋是属于第五等）第

五等户身上，从而表明了南宋政府的财政政策，是以扩大对自耕农民的剥削为其基本内容的。南宋其他地区的财政状况，只要有地方志为之记录的，同样能够得出以上几点和对绍兴府财政状况叙述的相同的结论来的，因而这两个地方的赋税收入情况具有普遍性意义。

两宋300多年间，国家赋税是与日俱增的，前面曾经指出，宋仁宗、徽宗两朝是北宋赋税不断增加过程中的两个浪潮，而南宋则在这一基础上一再猛涨。下面根据宋人的记载，制成下表，继续说明这一问题：

年　代	收入总额（贯）及指数		材料来源
宋太宗太平兴国四年（979）	16000000余	100	《朝野杂记》甲集卷一四
宋太宗至道三年（997）	22245800	139	《宋史》卷一七九《食货志》
宋真宗天禧末（1021）	26530000	165.8	《长编》卷九七，《朝野杂记》甲集卷一四
宋仁宗皇祐中（1044～1053）	39000000	243.7	《宋史》卷三五五，《虞策传》；周辉《清波别志》卷中
宋仁宗嘉祐中（1056～1063）	36820000	230	蔡襄《蔡忠惠公集》卷一八《论兵十事》；《朝野杂记》甲集卷一四；《文献通考·国用考》二
宋英宗治平中（1064～1067）	44000000	275	《宋史》卷三五五《虞策传》；周辉《清波别志》卷中
宋英宗治平二年（1065）	60000000	375	陈襄《古灵先生文集》卷一八《论冗兵札子》
宋神宗熙宁中（1068～1077）	50600000	312.5	《宋史》卷三五五，《虞策传》
宋神宗元丰中（1078～1085）	6000余万	375	《朝野杂记》甲集卷一四；《文献通考·国用考》二
宋神宗元丰八年（1085）	48480000	300	苏辙《栾城集·后集》卷一五，《元祐会计录》
宋高宗建炎年间（1127～1130）	1000余万	62.5	《宋会要辑稿·食货》五六之六五
宋高宗绍兴年间（1131～1162）	3540余万	221.2	林駉《新笺决科古今源流至论·后集》卷三

续表

年　　代	收入总额（贯）及指数		材料来源
宋孝宗淳熙末（1189）	6530 余万	408.1	《朝野杂记》甲集卷一四
宋孝宗时	80000000	500	水心先生文集卷一，《上孝宗皇帝札子》
宋光宗绍熙元年（1190）	68000000	425	《宋会要辑稿·食货》五六之六六

上表是根据宋政府货币收入的情况制成的。此外包拯《论冗官财用事》、张方平《论国计出纳事》、曾巩《议经费》等，对了解宋代财政也都是很有用的材料。单是从表中所列举的材料来看，以宋太宗年间的1600万为基数100，此后历代都有增长，到南宋，不过是北宋四分之三的土地，财政税收增至408.1%～425%，增三倍多，而其生产并没提高三倍，因此，赋税的剧增便成为广大劳动人民的沉重负担。

宋代赋税之如此严重地激增，引起了士大夫们的不安，频频提出这个问题。北宋晚年的晁说之认为，宋代赋税比汉唐增了10多倍。南宋初年的林勋在其《本政书》中指出，宋代二税之数视唐增至7倍[①]。李心传把宋代两税同唐代租庸调比较，他指出，“唐之庸钱，杨炎已均入两税”而“后世差役复不免焉”，加上王安石的免役钱，以及各地的身丁钱，“是力役之征取其四也”；布缕之征则有折税、有和预买、川路有激赏，而东南有丁绢，是取其三也；粟米之征有税米、有义仓之粟、有和籴（川路谓之劝籴），斗面加耗尚且不算，也是取其三的。“通力役之征，盖用其十，民安得不困乎?”[②] 结合前面的叙述，这些议论是切合两宋的实际的。

南宋当权者也不时地提出岁支日益增长、财政拮据不堪的问题。吕颐浩向宋高宗所上《上边事善后十策》中称，宋徽宗宣和年间是宋代最为奢侈靡费的时代，每月户部支出不过95万贯，可是到宋高宗绍兴初年，每月经费110

① 《宋史》卷四二二《林勋传》；又罗大经《鹤林玉露》还部分地保留了《本政书》的内容，可参阅。

② 《朝野杂记》甲集卷一五，《身丁钱》。

万，超过了宋徽宗[①]。与北宋一样，南宋开支剧增也与养兵有密切的关系。南宋100万缗才能养活一万军队，比北宋蔡襄的估算增加了一倍，即每一兵士年支100缗。因而南宋养兵40万，年支4000万。绍兴五年四川所收钱物总为3600余万缗，吴玠一军所费为2370万[②]。吴玠一军不过7万人，其中大小官员就有1万，军费开支剧增与军中官员之增多又有密切关系。因之，从南宋初吕颐浩，到吕祖谦、朱熹、叶适等都一再提到，“十分八分系五军下耗费”；“尽用目前苟且之法，以罔天下遗利，十分之八尽举以食兵也”[③]；“今天下财用费于养兵者十之八九，一百万贯养一万人”[④]。为养兵，为应付女真贵族、蒙古贵族的讹诈和掠夺，南宋君臣岌岌不可终日地寻求生财之道，“方其军兴之初，则以乏兴为虞；及其事定之后，则又以养兵馈虏为忧”，总是在这个圈子里转来转去，“是以有置而无废，有增而无减”[⑤]，绍兴晚年又比绍兴初增加了40万，即从110万增至150万；而隆兴元年又比绍兴晚年激增，达到200多万。叶适对此评论道，宋“以税养兵，亩四百至千而养一”，因而财政的窘迫，使宋的君臣们“如坐丛蝟中”[⑥]。愚蠢无知而又妄自贵大的贾似道，似乎要摆脱“丛蝟中”的窘境，打算用公田法即扩大国有地办法解决为和籴无法解决的军粮问题，结果陷于这一窘境而更难以自拔了。

① 吕颐浩：《忠穆集》卷二，《上边事善后十策》《论机不可失》。
② 《系年要录》卷九五。
③ 吕祖谦：《历代制度详说》卷一一，《兵制》。
④ 朱熹：《朱子语类》卷一一〇。
⑤ 《宋会要辑稿·食货》五六之六六。
⑥ 叶适：《习学记言序目》卷一七。

第十一章 宋封建国家的赋役制度(下)——封建国家、地主、农民之间的关系

前面提到，南宋史家李心传评论宋代两税之重时，称其庸外取庸。他指出，“唐之庸钱，杨炎已均入两税”[①]，宋代既沿袭了唐代两税制，在征收中已经包括了庸。可是，宋代又复庸外取庸。如宋代南方诸路如淮浙、江东西、荆湖南北、广南等地，又都征收身丁钱，连客户也在征收之列，甚至未成丁者也收挂丁钱，这不能不是“庸外之庸”。广大农民以大量捐税养活了几十万厢军，而这些厢军都是供役使而不司战斗的，并且“无十户而资一厢军，无十亩而给一散卒”[②]，这又不能不是“庸外之庸”。虽然如此，“后世差役复不免焉”，宋代仍然将其沉重的差役压在广大农民身上，从而造成极其严重的后果，对社会生产产生严重的影响和作用。因此，考察宋代役法的演变，以及从这一演变中来认识宋封建国家、地主和农民这三者之间的关系，及其对社会生产的影响和作用，是极其必要的。

第一节 北宋初年以来的差役法

北宋差役法是有其历史根源的。宋代的官私记载，如陈均的《皇朝编年纲目备要》在论及这一问题时，一则说“差役古法也”，再则说宋代差役是

① 《朝野杂记》甲集卷一五，《身丁钱》。

② 王明清：《挥麈后录余话》卷一，《祖宗兵制名枢廷备检》。

“循旧制”的[1]。但差役“古”到什么时候，以及“循”什么时候的“旧制”，便都说不清楚了。在《宋代役法的几个问题》中[2]，我初步地涉及了这个问题。以马端临在《通考·职役考》中的有关论述，俞正燮《少吏考》提供的某些线索[3]，结合宋代文献材料，可以看出，宋代差役是近承隋唐、远绍魏晋的。从制度上看，唐代的驿将在驿传中供应过路官员使者们的食宿，故以富人承担，而宋代三番和一部分衙前也因“厨传之给”而由一等户承担。宋之散从官、手力供官员们驱使，直接来自唐代的“白直、执衣”，而唐代白直则沿自北齐，这可见北宋差役与魏晋隋唐有明显的继承关系。其次，魏晋以来，只有为数不多的世代为官的门阀士族才能免役，而一般士族的下层以及所谓的“寒门”地主照样承担国家徭役。而宋代则继承魏晋以来的这一传统，只有品官之家不承担差徭。而一般地主，即使是其中一等户及其中的形势户，也按规定负役，因此从这一情况看，宋代差役继承魏晋以来的制度，具有国家劳役制的性质，虽然这种劳役性已经缩小了它的范围。马端临指出隋唐以后的“所谓乡亭之职，至困至贱，贪官污吏、非理征求，极意凌辱”，从而认为，“然则差役之民，盖后世以其困苦卑贱同于徭役而称之，而非古人所以置比闾族党之官之本也”[4]，这就进一步可以看出宋代差役的压迫性质，特别是从它的演变中更加暴露了它的本质。探讨宋代差役的历史联系，对于确定差役法的性质是很重要的，上述这些叙述是否妥当，还要从实际中加以检验。这里就不再赘述了。

北宋一代的差役，始于宋太祖建隆三年（962），宋太宗时又加以修订补充，马端临的《通考·职役考》和《宋史·食货志》对差役法作了如下简括的叙述。

> 国初循旧制，衙前以主官物，里正、户长、乡书手以课督赋税，耆长、弓手、壮丁以逐捕盗贼，承符、人力、手力、散从官以奔走驱使，在县曹司至孔目官，下至杂职虞候、拣掏等人，各以乡户等弟

---

① 陈均：《皇朝编年纲目备要》卷一，建隆三年五月记事。

② 载《宋史研究》第一期。

③ 俞正燮《癸巳类稿》卷一一。

④ 《通考·职役考》二。

差充。

在实际上，宋代差役要比这一叙述复杂得多；马端临虽然一概称之为“职役”，但他也并不是把各类职役都是等量齐观的。从赵彦卫《云麓漫钞》、梁克家《淳熙三山志》、陈耆卿《嘉定赤城志》和卢镇《至元琴川志》等有关记载来看，宋代诸阶级阶层在诸色职役中究竟居什么样的地位，什么人居于压迫者的地位，什么人受到职役的重压，是有很大的区别的。因此，对宋代差役用一刀切或一锅烩的方法，称之为宋封建国家依靠乡村百分之七八的地主阶级进行统治的一种义务或职责，未必是与实际契合的。下面具体地剖析一下各类职役的情况，由此了解差役法的性质。

宋代差役大致区分为四类，第一类是所谓的“吏”或“人吏”。据陈耆卿记载，州县之吏，“自都孔目官至粮料押司官凡十阶，谓之职级；其次曰前行，曰后行；又其次曰贴司：募有产而练于事者为之”①。封建时代的官与吏一直是有区别的。官因品级的高低尚有入流未入流的区别，有的终生未入流而居于下品。宋朝从中央到地方官府，都有孔目、押司之类的“吏”，数量是不小的。多年为吏，个别、少数的可以爬到官位，而大都终身为吏。吏，一无薪俸（王安石变法以前），二无官告，算不上真正的官府中的公职人员。他们之所以能够厕身于官府，就因为他们是当地富豪。例如范镇的父亲是蜀地富豪而成为孔目官，得到当时任知成都府张诹的信任②。吏的政治地位虽然不高，但它却是地方上的实权派，对地方政治产生越来越大的影响。就两宋而论，南宋似比北宋为甚。这是由于，任何一个州县官，即使极为精明强干，也不能不受到这帮地头蛇的影响和干扰；而庸碌无能的地方官就完全置诸吏的股掌之上，任其摆弄了。陆象山对此评论得很好，他说“官人者，异乡之人，官人年满者三考，成资者两考；吏人则长子孙于期间。官人视事，则左右前后皆吏人也，故官人为吏所欺，为吏所卖，亦其势然。吏人自食而办公事，且乐为之、争为之者，利在焉故也。故吏人之无良心、无公心，亦势使之然也。”③ 叶适

① 《嘉定赤城志》卷一七，《吏役门》。

② 王铚：《默记》。

③ 陆九渊：《象山先生文集》卷八，《与赵推官》。

对这帮人也有所评论，称他们“根固窟穴，权势勋（薰）炙，滥恩横赐，自占优比，渡江之后，文字散逸，旧法往例，尽用省记，轻重予夺，惟意所在”，因此叶适一则称南宋“废官而用吏”①，再则说南宋“号为公人世界”②。明清以来的师爷、班房，就是从宋代州县吏人系统演变而来，成为把持地方政治的传统势力，不因改朝换代而消失。综合上述情况，宋代州县中这批“吏人”，就其经济地位说，是地主阶级中的豪强阶层，而在政治上，他们又把持了地方政治，所以他们虽厕身于“职役”行列之中，但是应“募”而去的，没有承担任何劳役，他们才是宋封建国家统治人民的真正倚靠的势力。

第二类是所谓的衙前。衙前役比较复杂，后面再详谈，这里先看看它的性质。据《云麓漫钞》的记载：“衙前入役曰乡户、曰押录、曰长名，职次曰客司、曰通引官，优者曰衙职。建隆以来并招募，惟乡户、押录主持管押官物，必以有物力者，其产业估可告200缗者许收系。更重难日久，有劳至都知兵马使，试验其才，遣赴阙与补官。”③ 衙前一类职役，也有可能挤入统治者层中，补上一官半职。但是能够挤进去的，只有都知兵马使或义勇都指挥使之类的“衙职”，一般的则挤不进去。而且，得到都知兵马使一类“衙职”，做衙前的必须“更重难日久”，在主管官物期间忍受“十分重难”而才能得到。问题的关键在这里：往往主管一次官物，即倾家荡产。因此，不论是里正衙前，还是乡户衙前，只要一提到衙前，就为之色变，设法规避。本来衙前役是由一等户来承担的，结果落在第二、三等户即一般中下层地主和富裕农民身上，从而造成这个中间阶层的重负，甚至破产失业。总之，通过衙前役，个别地主分子上升到统治层中，或是经过“十分重难”而获得坊场酬奖、并善于经营而也能够发财致富，但对于大多数中下层地主、富裕农民来说，显然是一项难以承担的重负。因之，对这项职役，必须看到它的越来越严重的压迫性质。

第三类是耆户长、弓手、壮丁等役。耆户长（户长主赋税后面再谈）均由第二等户即中下层地主承担，弓手、壮丁出自第四等、第五等户亦即自耕农

① 叶适：《水心先生文集》卷四，《始论》二。
② 《水心先生文集》卷三，《吏胥》。
③ 赵彦卫：《云麓漫钞》卷一二，《国朝州郡役人之制》。

民[①]。有时还差派客户，代主户应役。这类职役是用来“逐捕盗贼”、维护地方封建统治秩序的，隶属于州县的巡检司和尉司，有其镇压人民的一面。但也要看到这类职役所具有的无偿劳役的性质。他们在应役期间是脱离生产的，属于暂时性的；而应役结束之后仍然要回到生产上去。所以他们不同于隶属于国家的厢禁军，没有月银和口粮，应役期间全靠自己家庭供给，从而成为农家的重负。由于弓手、壮丁需要武艺熟练，“初无年限许替之文”，以便于役年久远而“习惯武艺”，几乎成为终身之役[②]。弓手等因“困于久役”，往往“破坏家产”[③]。宋仁宗年间，范仲淹建议弓手的年限定为 7 年或 3 年，应役农民依然感到沉重。

第四类是名目极为繁杂的职役。如承符、散从官、人力、手力等，或为州县“追催公事”，或供州县官员“奔走驱使”，大都由第四、第五等户承担。此外有掌管渡河的渡子，各种仓库所需要的人手如斗子、掏子、秤子、拣子、库子、仓子等等，南宋城市中无赖出身的揽户也隶属于催税税卒之中，以及抬轿子的轿番等等，也多由三、四等户充当，有的招募，拦头曾经一度募客户充当[④]。在诸色杂役之中，包括揽户在内的税卒，如前章提到的，互相勾结，狼狈为奸，成为广大农民的蠹害。税卒们的勒索当然值得注意，但从各种杂役的情况看，税卒不过是其中的一部分，而能够上下其手、鱼肉百姓暴发起来的又是少数中的少数，所以诸色杂役也都成为应役农民的重负，有的是极其沉重的重负。苏辙就曾指出：“熙宁以前，散从、弓手、手力等役人常苦接送之劳，远者至四五千里，极为疲弊”[⑤]；“中至散从官、手力有打草供柴之劳，下至耆长、壮丁有岁时馈送之费，习以成俗，恬不为怪，民被差役，如遭寇虏！”[⑥]

北宋初年以来的所有差役，虽然统名之曰职役，但它并不能混淆或泯灭各类职役之间的质的差别。只有州县中的“吏”或“吏人”，系招募当地富豪

---

① 梁克家：《淳熙三山志》卷一四，《州县役人》。

② 胡宿：《文恭集》卷七，《论弓手替换》。

③ 此据《宋会要辑稿·职官》四八之六一、《长编》卷七三载乞伏矩奏疏。

④ 《宋会要辑稿·食货》九之九。

⑤ 苏辙：《栾城集》卷三六，《论差役五事状》。

⑥ 《栾城集》卷三七，《再言役法札子》。

（主要是大地主）充任，是宋政府真正依赖的地方封建势力；个别、少数的中下层地主、第三、四等自耕农民，通过衙前役或税吏改变了他们的政治地位和经济地位，其余的、绝大多数的诸色差役，都是广大应役者的重负，所有这些无偿劳役本身恰好说明了它的压迫性质。

在宋初以来的差役中，衙前役是最为复杂的一项，学术界有关役法的争论也都来自这项差役，对此有必要作进一步的探讨。首先是，在不同的地区承担了内容不同的轻重不等的差役。例如：

其一，在信州，衙前指派去耕种官庄："信州官庄四百顷，以衙前四十人假官牛以耕，牛死输课不已，人至破产。公（韩绛）减其课，召民愿种者与之。"① 不但"牛死输课不已"是项重负，更加严重的是，以劳役地租的形式耕垦官庄，为农奴制的一种表现形式。

其二，在相州，衙前被指派去为官府冶铁："相州利城军铁冶，四十年前铁矿兴发，山林在近，易得矿炭，差衙前二人岁纳课铁一十五万斤。自后采伐，山林渐远，所费浸大，输纳不前，后虽增衙前六人，亦败家业者相继。本州遂于六县中差上等人户三十家充军户，更不兴扇，止令岁纳课铁，民甚为苦。"②

淄州铁冶也是"旧以衙前主之"③，而致破产的。

这种形式与信州官庄一样，不过是农奴劳役制在手工冶铁中表现出来罢了，它在北宋初还相当广泛，成为采掘冶炼手工业发展中的一个障碍，这将在手工业一编中再加叙述。

其三，在秦州，有的衙前被指派采伐木料："臣勘会凤翔府造船场，每年额船六百只，其方木料，并是本府并陇州量支官钱收买，及于秦州采斫，所差衙前例各赔一二千贯，前后人户破荡家产不少，每户锢身者不下三两人，经年未得了当。……今又准三司牒，采买上件材木九万三千条有零，亦是分配永兴等十四州军收买。……其余不产州军，须至衙前分买。"④

---

① 范纯仁：《范忠宣公全集》卷一五，《韩绛墓志铭》。

② 《韩琦家传》，载韩琦《安阳集》卷一四。

③ 曾巩：《隆平集》卷三。

④ 《包拯集》卷七，《请权罢陕西科率》。

其四，衙前在各地馆驿，供应往返官员们的“厨传”之需。苏轼在反对募役法的奏疏中说：“又欲官卖所在坊场，以充衙前雇直，虽有长役，更无酬劳，长役所得既微，自此必渐衰散，则州郡事体憔悴可知！士大夫捐妻子、弃坟墓，以从宦于四方者，宣力之余，亦欲取乐，此人之至情也。若凋敝太甚，厨传萧然，则似危邦之漏风，恐非太平之盛观。”① “颍人沈士龙字景通，高节独行，过去古今，尤工于诗、庆历登科，现改官，以秘书丞为益州习录。会宋子京为帅，惟事宴饮，沉湎日夜。衙前陪费多自经。景通上书子京，力言差役之害，请减宴饮。……”② 差役法中的衙前就承担汉之亭传、唐之驿馆中传食的职责，苏辙也曾明确地提到这件事：“上自衙前有公使厨宅库之苦”③。其实，在苏氏兄弟之前，就有人评论这件事情，指出凤州“当川蜀之冲，轺车傍午，为守者相承务丰厨传，主吏至多破产”④。

在这里需要补充的是关于“三番”的一项差役。在宋的汴京到雄州这条官道上，设立许多馆驿，专门接送辽国使臣，而馆驿中的厨传之给就是由差派的“三番”供应的。这项差役与上面所说的衙前承担的完全一样，但在《通考》《宋史》中却只字未提。包拯曾充任过接待辽使的伴送人使，对三番这种差役有过如下的论述，他说：“臣窃见自京至雄州入使，馆驿专副尽是差乡民有家产者勾当，一年一替，仍须是三人已上方可管勾得。前及年终，亦多逃避者。盖信使往来，三番取给，实为烦费，虽有条贯约束，其诸州久例为敝，难为止绝，乡民不敢申诉，以至荡尽产业”⑤；“臣近闻圣慈以接送契丹国人使往来，更不差三番……且三番为河北之患，积有岁年，日甚一日，诛求骚扰，公私不胜其害。臣顷年曾差充送伴人使，且知蠹民残物之甚，亦尝论列”⑥。像这一类的差役，究竟从什么地方能够表现它是宋政府依靠农村百分之七八的地主阶级压迫广大人民呢？

---

① 苏轼：《经过苏东坡文集事略》卷二四，《上神宗皇帝万言书》。
② 王铚：《默记》卷下。
③ 苏辙：《栾城集》卷三七《论役法札子》。
④ 《二程文集·伊川文集》卷一〇，《先公（程珦）太中家传》。
⑤ 《包拯集》卷三，《请罢巡驿内官》。
⑥ 《包拯集》卷七，《请免接送北使三番》。

其五，在河东解盐地区，被差派衙前运输官盐，谓之帖头，到榷盐中再谈。

其六，据《通考》等记载，主管官物是衙前役的主要职责。其实，这项职责还可如司马光所说，区分为“部送纲运，典领仓库”两类①。“部送纲运”是运输官府的各项物资；即使“纳金七钱”，衙前也得千里迢迢地到汴京输纳给指定的仓库。“典领仓库”主要是出纳和保管官府的物资。

其七，在宋仁宗至和（1054～1056）以前，有所谓的里正衙前，这一职役与户长、乡书手共同督促所管地区的赋税。至和年间罢里正衙前，只差乡户衙前，凡“厨传之给”、“部送纲运，典领仓库”都由乡户衙前承担。

其八，衙前主要地是从乡村户等中差派的，但在熙宁变革役法之前的若干年里，各地区都曾出现了自愿投名充当衙前的投名衙前或长名衙前：“熙宁以前，诸路衙前，多雇长名衙前当役，如西川全是长名，淮南、两浙长名大半以上，余路亦不减半。”② 这类应募的长名衙前，当然有乡村诸户等，看来更多的是坊郭诸户等。这类衙前的增多。为熙宁改革役法创造了条件。在主管官物期间，长名衙前与乡户衙前一样，都要经历重难，如无失误，年满之后即可得到坊场的酬奖。所谓坊场，在指定的地点，主要是村落，准予开设酒店，除交纳官府所规定的酒税之外，盈余的酒利归长名衙前所有。除此之外，长名衙前和乡户衙前都无任何特权。

从上面举述的材料看，除长名衙前外，其他衙前都不是自愿投请，而是官府指派的。信州官庄和铁冶中的衙前，明显地表现了农奴劳役制形式，而另外各类衙前又是什么性质的呢？宋初，包括衙前役都是按户等差派的，而且差派还比较严格。如里正自一等户派出，只要身为里正则列为“形势户”，或另有户籍，或在户下用朱书注明。到后来，这种差派就维持不住了。这是因为，衙前役既是官府硬性的差派，在当役期间，不仅是一种无偿劳动，而且应役者花费甚大，以至于倾家荡产，所以同信州官庄和铁冶中衙前的性质一样，都具有劳役制性质，自然这是前代国家劳役制的残存形态。其次，对于包括一等户在

---

① 司马光：《温国文正司马公文集》卷二三，《论财利疏》。

② 苏辙：《栾城集》卷三六《论差役五事状》。

内的地主阶级来说，衙前等差役是否也为一种剥削压迫制度？当然不是。前章赋税制中已经说明：宋封建国家的田赋制度，对广大自耕农是一项直接压迫剥削制度，对地主阶级则是通过这项制度同地主阶级共同瓜分农民的剩余劳动。北宋初年来的差役法也具有这一性质；差役法后来的各种演变，“万变不离其宗”，这一实质是不变的。试以里正衙前为例。里正“主催税及预县中差役事，号为‘脂膏’”，自“承平以来”，“里正止令代纳逃户税租及应无名科率；亦有未曾催税，已勾集上州，主管纲运。又每乡被差疏密，与物力高下不均，富者休息有余，贫者败亡相继”；尤其“自兵兴以来（指宝元康定间对西夏用兵），残剥日甚，至有孀母改嫁，亲族分居；或弃田与人，以免上等；或非命求死，以就单丁；规图百端，以苟图沟壑之患”。韩琦在皇祐五年（1053）奏疏中称，“州县生民之苦无重于里正衙前”①。号称“脂膏”的里正衙前发生了这样的变化，在同封建国家地租再分配中，不但分享不到更多地租（即所谓“脂膏”是也），反而从自己的一份地租中拿出相应的部分上交给国家，以至于倾荡家产，从这一方面可见衙前役的性质。唯其如此，才引起官僚士大夫的反对，并废除了里正衙前，但乡户衙前的问题依然存在。

由于里正衙前丧失了“脂膏”特权，从宋太宗、真宗时候，一些经济力量强大的一等户便想方设法规避各项差役。川峡一带的豪强大姓，把差役转嫁给客户，所谓：“川陕（当作‘峡’）豪民多旁户”，“凡租调庸敛，悉佃客承之”②（由佃客承当，恰好说明封建国家同豪族瓜分地租，分占农民的剩余劳动）。其次，由于品官之家享有免役特权，许多豪户不择手段地钻入官户行列之中。长安“大姓范伟，积产数巨万”，冒充武功令范祚为其祖，为此启开范祚坟墓，“以己祖母合葬之，谩云祚继室也”，结果“〔范〕伟家不徭役者五十年”③。第三，即使沾不上官气，而能够沾上官衙门气，也能够免役。早在宋太祖建隆三年，朝廷曾经下令严差役之法，在京“百司补吏须不碍役乃听”④。可是自宋太宗以后，好多富豪混进各级官衙中，取得“吏”的身份，有的到

① 《韩琦家传》，《安阳集》卷一三。
② 《宋史》卷三〇四，《刘师道传》。
③ 刘攽：《彭城集》卷三五，《刘敞行状》。
④ 陈均：《皇朝编年纲目备要》卷一。

太常为乐工[①]，有的混上义勇指挥使一类的衙职[②]，有的投靠给武将充当教练使随从之类，规避了衙前重役。第四，“诡名子户”，用降低户等的办法，不承担重役。这样，衙前等重役便落在中等即一般小地主和自耕农民上层身上了。

前面《云麓漫钞》曾提到，“产业估可告200缗者许收系”为衙前，这个200缗大约是充衙前役的家产的最低限度。实际上，派充衙前的大都是家业200缗上下的民户承担的。如安州以200缗为准，襄州则以300缗为准[③]。可是到宋仁宗嘉祐年间，福州一带家产仅有百多千乃至几十千的，“皆入十分重难”，差作衙前[④]。对家业的估计，极其苛刻，如安州，“每州差作衙前，则州县差人依条估计家活直二百贯已上定差。应是在家之物，以至鸡犬箕帚匕筯已来一钱之直，苟可充二百贯，即定衙前”[⑤]。宋仁宗庆历年间的地价，大约上等良田一亩两贯，一般的仅值一贯（参阅本书第九章）。按此计算，家业即使为200贯，田亩最多不过百多亩，而家业百十千、几十千的有地不过三四十亩或五六十亩。非常明显，衙前役便落在一般小地主和上层农民身上了。这样，差役法的劳役性质不由此进一步地暴露出来了吗？

“十分重难”的衙前役落在小地主、富裕农民身上，其后果也就不言而喻的了。“既以充役，入于衙司，为吏胥所欺，靡费以及百贯，方得公参及差着重难纲运上京，或转往别州，脚乘、关津、出纳之所，动用钱物，一次须三五百（似当作‘十’）贯”；“虽重难了当，又无酬奖，以至全家破坏，弃买田业，父子离散，见今在本处乞丐者不少”；“纵有稍保全得小家活，役满后不及年岁，或止是一两月便却差充，不至乞丐则差役不止。”[⑥] 像这类惨景，各地都有，在京东则父亲吊死，在江南则祖母改嫁，以便减少丁口，免去衙前役。衙前役的劳役制压迫性质就更进一步地暴露出来了。

---

① 范镇：《石扬休墓志》，载《琬琰集删存》卷二。
② 欧阳修：《欧阳文忠公文集》卷一一五，《义勇指挥使代贫民状》。
③ 王得臣：《麈史》。
④ 《包拯集》卷七，《乞罢里正衙前》；《长编》卷一七九。
⑤ 郑獬：《郧溪集》卷一二，《论安州差役状》。
⑥ 郑獬：《郧溪集》卷一二，《论安州差役状》。

北宋初年以来的差役法，主要地落在广大农民身上。前面引用《宋史·刘师道传》，指出川峡一带豪强大姓把国家的差役转嫁给客户。在东方诸路，国家直接把差役转嫁给客户，如河东路，国家直接把差役加给客户，欧阳修即曾指出，“往往将第三第四等人差充第一等色役，亦有主户小处差稍有家活客户充役勾当”[①]。而各地的第四五等户则是：“下户半曾差作役”[②]，这里并无任何夸张之处，而是真实情况的反映。欧阳修论及辽州差役情况时指出，应役人户“第七等一户高荣，家业共直十四贯文省，其人卖松明为活；第五等一户韩嗣，家业二十七贯文；第八等一户韩秘，家业九贯文；第四等一户，开饼店为活，日掠房钱六文”，而在岢岚等更加偏僻的县份，连十等户“卖水卖柴及孤老妇人不能自存者并一律科配”[③]。据刘安世的记载，熙宁以前各项差役总计536000余人，熙宁免役法为429000余人[④]，用人的比数大约是10∶8。据《淳熙三山志》记载，福州于熙宁年间所用役人包括衙前、散从官、贴司、弓手、手力五项共计1290人。如按10∶8的比数计算，福州熙宁以前行差法之时至少为1600人。熙宁所用衙前较少为154人，占当地役人1292人的12%，熙宁以前差役用人较多，衙前为228人，占当时福州役人总数1600的14%。如果以14%作为熙宁前差役法中衙前所占比数，则熙宁前差役法中的衙前当为75000余人（536000的14%）。差役当中抛开衙前役不算，散从官、手力、弓手等总计46万多人，这些役人大都出自第四五等户自耕农民，难道不是一个无可辩驳的事实吗？更何况承担衙前役的还有第三等户即自耕农民的上层，也构成为农民阶级的一部分。差役法既然在实际中由广大劳动生产者承担，就彻底暴露了它的国家劳役制的压迫性质。

北宋以来的差役法成为农业生产发展的一个桎梏。宋仁宗晚年总户数为1100万户，应役农民至少有48万人，占总户数约百分之四五，这就是说每年百分之四五的壮劳动力脱离了农业生产，坐待衣食，对农业生产起了什么样的影响和作用，也就不言而喻的了。不仅此也，差役法尤其是其中的衙前役严重

---

① 欧阳修《欧阳文忠公文集》卷一一五，《义勇指挥使代贫民状》。

② 李觏：《直讲李先生文集》卷三七，《往山舍道中作》。

③ 欧阳修：《欧阳文忠公文集》卷一一六，《乞免浮客及下等人户差科札子》。

④ 刘安世：《尽言集》卷一一，《论役法之弊》。

地损害了劳动生产者的积极性。“一家作衙前，须用三丁方能充衙，本家农务则全无人主管”，对农业生产显然是有害的。严重的是，“条贯满二百贯者应差役，则为生计者尽不满二百贯，虽岁丰谷多，亦不敢收畜，随而破散，唯恐其生计之充，以避差役”[①]，连劳动发家也不敢做了。上述情况不限于安州，在河北，“旧以桑麻为产籍之高下，民惧不敢艺植，故益贫”[②]；在河南，很多州县以耕牛作为定籍高下的一个根据，农户不敢养牛，宁肯田亩荒秽不治[③]。司马光在奏疏中对这种情况说得尤为清晰明白[④]：

臣尝于村落见农民生具之征，而问其故，皆言不敢为也。今欲多种一桑，多置一牛，蓄二年之粮，藏十匹之帛，邻里已目为富室，指抉以为衙前矣，况敢益田畴、葺庐舍乎？

差役法已经难以维持下去了，差役法到了必须改革的时候了。

第二节　王安石变法期间的免役法（或募役法）

从宋仁宗晚年到宋神宗熙宁二年的一二十年间，一方面差役法日益暴露它的弊端，引起士大夫的纷纷议论，另一方面在各地出现对差役法的改革。改革的重点是衙前役，改革的办法是招募。到过江南一带进行“体量安抚”的韩绛在朝廷公开抨击差役法，并“创为五则以均衙前役”[⑤]。两浙路转运副使李复圭因“浙民以给衙前役多破产”，“悉罢遣归农，令出钱助长名人承募，民便之”[⑥]。知明州事钱公辅见应役衙前的乡户贫民，“竭产不足以偿”，乃“取酒场官卖收钱，视牙（衙）前轻重而偿以钱，悉免乡户，人皆便之”[⑦]。越州通判张诜亦曾“科别人户，籍其当役者，以差人钱雇人充”[⑧]。各地改革的结

① 郑獬：《郧溪集》卷一二，《论安州差役状》。
② 程颢：《明道文集》卷三，《彭思永行状》。
③ 《宋史》卷三一一，《吕公绰传》。
④ 司马光：《温国文正司马公文集》卷二八，《衙前札子》。
⑤ 李清臣：《韩献肃公绛忠弼之碑》，载《琬琰集删存》卷一。
⑥ 《宋史》卷二九一，《李复圭传》。
⑦ 《长编》卷一九一；参看《宋史》卷三二一，《钱公辅传》。
⑧ 《宋史》卷三三一，《张诜传》。

果，长名衙前大量增加，如前面引用的苏辙的记述，川峡诸路几乎全是长名衙前，而淮浙一带也几乎一半。在这个基础上，司马光于治平年间（1064～1067）提出了募役法的主张：

臣愚以为：凡农民租税之外，宜无所预。衙前当募人为之，以优重相补；不足，则以坊郭二户为之。彼坊郭之民，部送纲运，典领仓库，不费二三，而农民常费八九，何则？儇利戆愚之性不同故也。其余轻役，则以农民为之。①

稍后，成都进士李戒指出，民苦于重役，“但闻有因役破产者，不闻因税破产”，因此主张增加10%的田赋，“募人充役”②。李承之也提出了与此类似的方案，并对李戒之论大为赞赏，据说是他把李戒介绍给王安石③。总之，役法改革已臻于成熟阶段，所有上述这些，从认识到做法都为熙宁改革役法奠定了基础，并成为募役法的渊源。

直接促使役法改革的是宋神宗。熙宁二年（1069）三月，宋神宗批阅内藏库章奏，看到远地来京师的衙前，仅“纳金七钱”，但在库吏勒索敲诈之下，逾年未能交到库中。在这一刺激的推动下，宋神宗手诏改革役法，立即把这个问题提到朝廷议事日程上。虽然如此，对役法改革的讨论和实现仍然经历了一个曲折的历程。

自熙宁二年三月，朝廷上开始讨论役法的变革，这年年底由条例司确定了“计产定赋，募民代役”的方针，并指派了若干官员携带役法的草案，到各地同州县官磋商。熙宁三年（1070）五月至七月间，司农寺代替了已被撤销了的制置三司条例司而主持役法等的变革，鉴于这项改革遇到重重阻力而未能有所进展，决定由主持者吕惠卿草成役法条例，先在一二州内试行，然后再加推广。其年年底，赵子几奏上开封府界诸县实施的役法条例，宋神宗即诏判司农寺曾布（吕惠卿因丧事离职，由曾布主持）、邓绾和知开封府事韩维会同赵子几共同商讨。翌年（1071）正月底，曾布根据商讨的结果，拟成免役法法令，

① 司马光：《温国文正司马公文集》卷二三，《论财利疏》。
② 司马光：《涑水记闻》卷一。
③ 《宋史》卷三一〇，《李承之传》。

并决定首先在开封府以及府界各县公布实施。役法刚在府界试行，反变法派反对免役法的活动接踵而至。御史中丞杨绘和刘挚在朝廷上公然奏称役法之不可行。曾布有力地批驳了杨绘、刘挚的奏章，排除了反变法派的干扰和破坏。终于在熙宁四年十月一日正式颁布了免役法，从开封府畿推广到全国。役法的变革，从讨论、制订、试行到最后推广到全国，历时将近三年。实际上，役法正式颁布之后，许多地区大抵在熙宁五年之后才全面铺开实施的，有的地区如京东路到熙宁七年才制定了役法簿书。变法派对役法的变革采取了极其审慎的态度①。

变法派对役法的改革之所以如此审慎，同王安石的指导思想是分不开的。王安石充分地估计到变革中的各种困难，所以他认为：要想使役法做到“家至户到，均平如一”的完善地步，只能“缓而图之”②；急于求成是不行的。在这一思想指导之下，因而役法的制订，从中央到地方，经过官员们的反复讨论；役法公布之后，“揭示一月，民无异辞”，然后才“著为令”的；如“事有未便”，仍可修改条例。役法的制订，应当承认，确实是在官僚制度许可的范围内“博尽众议”的。其次，司农寺所制订的役法条例是作为全国统一的最高准则而发布的，但在各地区具体化之时，可以参照本地区的具体情况予以适当的变更。因之，免役法在政策上又具有它的灵活性。例如大县和小县、富县和贫县，役事当然有所不同，役人数目和役钱多少也当然有所不同，不能强求一律。在“以一州一县之力供一州一县之费，以一路之力供一路之费”的原则下，诸路是可以“从所便为法”的。这样的规定和做法在一定程度上是能够适应各个地区的实际情况的。

免役法是综合了前此各种改革办法和经验制订的。前面曾经提到，王安石变法派为解决财政困难曾在节流方面大做文章，裁撤合并州县就是其中的一项。按照这项办法，裁减州县在节省行政开支的同时，也大大减少了役人数目，从而减轻了当地差役的负担。如郑州降为管城县之后，役人也减少了400

① 这一部分主要根据《王安石变法》一书中的《免役法》写成，有关免役法的原文采自该书的附录，不再一一注明。

② 王安石：《临川先生文集》卷四一，《上五事札子》。

多。又如福州，熙宁时期各项役人比以前大为减少，如衙前役从 228 人减至 154 人，散从官从 200 减为 105 人；同时比恢复了差役法的元祐时期也少很多，如熙宁时贴司为 191 人，而元祐增至 216 人，弓手则从 350 人增至 617 人，手力自 437 增至 486 人等等①。总算起来，如前面引用刘安世的记载，熙宁时期的役人从以前的 536000 余人减至 429000 余人，共减少 107000 人。因此，反对派中的苏辙对此评论道："新法（免役法）以来，减定诸色役人，皆是的确合用数目，行之十余年，并无缺事。即熙宁以前旧法人数显是冗长，虚烦民力。"② 役人的减少，直接减少了国家的开支，但在客观上进一步缩小了残存的国家劳役制，因而也减轻了农民的负担，有利于社会生产。再则，应役年限也缩短了。壮丁从 3 年应役的年限缩为半年，耆长缩为一年，同样减轻了应役的负担。

免役法最基本最主要的改革是出钱免役，这一做法具有如下几点重要的变革：

（一）前此承担诸色差役的诸户等，在这项变更下，只出雇钱，不再应役，称为"免役钱"。为了使役钱负担相对均平，按家产多少划分户等交纳。原来的上等户分为甲、乙、丙、丁、戊五等；其中在上等户中特别富实的则列为出等户或无比户、出等富强户；第二第三等人户亦即③中等户则分为上、中、下三等；下等户分为上、下二等；而城市居民则所谓的坊郭户或坊郭二户则分为十等。乡户（即农村居民）自四等（原来五等户中的第四等）、坊郭自六等以下不输役钱。前此法定的不负担差役的各类人户，如官户、坊郭户、未成丁户、单丁户、女户和寺观，亦按户等高低交纳相当同等民户所出役钱的一半，作为官府雇人充役之用，这叫做"助役钱"或者六色钱。免役钱和助役钱则分两次，随夏秋二税交纳。役钱征收的数量，则由各州县视当地需要的雇值多少，然后均摊给诸户等。除足用的雇值之外，为了防备灾荒欠搁，又多取二分，这叫做"免役宽剩钱"。

---

① 梁克家：《淳熙三山志》卷一三，《州县役人》。

② 苏辙：《栾城集》卷三六，《论差役五事状》。

③ 陈傅良：《止斋先生文集》卷二一《转对论役法札子》上说："第二第三等人户分为上、中、下三等"，第二第三等人户即《长编》等记载中的"中等户"，此处所记可补《长编》等的不足。

（二）衙前、户长等役不再差派；变革后的耆长、壮丁“最为轻役”，仍“轮差乡人”[①]。耆长自第一等、第二等户中轮差，为期一年，在应役的一年内，免去本户15贯文的役钱。如村内上等户少，则自三等户中差派。壮丁则自第四等、第五等有二丁以上的户中轮派，半年一替，应役期间也不出役钱[②]。

（三）衙前等役则募三等以上税户充当。招募的办法是：衙前仍然主管官物，故需要有一定的家产才能应募；弓手试其武艺，典吏即祗候典、造账司、乡书手一类的役人则试书计（写字、算账），合格后始得充任，应役的期限二年到三年。在应役期间，给以雇直。雇钱的多少，有按日计算的，有按月计算的，也有按照所管事务的轻重大小计算的。对于衙前一类的重役，过去应役者一次就费数百贯乃至上千贯，经常有倾家荡产之患，这次变革也减轻了它的负担，使人敢于应募。例如前此酬奖衙前的坊场（或酒场），会做买卖的获利甚多，以至“民被诛刻”，不会做买卖的连本钱都赔进去，因此不再用做酬奖，由官府直接榷卖专利，或采用买扑制包给他人。又如前此由于侍候官员们而增加的各项额外负担，诸如“公使厨宅之苦”[③]，“冗占苦科配赔偿之类”，全都裁禁；再如仓驵场库水陆漕运等等，则由军校主管。这样，衙前承担的事务和前此的勒索也都减少了许多，一般人也就不视为畏途而敢于应募了。

（四）为使户等能根据实际变动情况而进行调整，又命各州县坊郭诸户每隔三年、乡村五年，在农隙之日于所在地集合起来，检查物业多少，考核贫富状况，而加以升降，官员们不能任意高下。这样，通过户等的升降，使役钱的征收达到相对的均平，不至于偏高偏低。

这就是免役法从讨论、制订到开封府界试行，又自开封府畿试行推广到全国的基本情况。

免役法在全国推行之后，由于各地情况不同，许可“从所便为法”，因而在原则上基本一致的基础上，各地又有不同的做法，以至表现了它的地区性。

---

① 《长编》卷二二五，曾布奏疏。

② 陈傅良：《止斋先生文集》卷二一，《转对论役法札子》。

③ 苏辙：《栾城集》卷三七，《再言役法札子》。

如法令曾经确定坊场不再作为衙前的酬奖，但在熙宁七年福州役人当中，就有117名“请愿投名、不请雇钱”的长名衙前或投名衙前①，对于这类衙前，当是按照吕惠卿初订役法条例中的下项办法给以酬奖的：“其厢镇场务之类旧酬衙前不可令民买占者，即用旧定分数为投名衙前酬奖。”这可见，各地如何酬奖投名衙前的做法是不尽一样的。尤其重要的是，各地交纳役钱而评定户等的做法亦极不一致。役法初行之时，各路认为按丁产户籍评定户等而出役钱，是达不到“均平”的要求的。各地在提出这一意见之后，便将“均钱之法”即改变为：“田亩可用者视田亩，税数可用者视税数，已约家业贯佰者视家业贯佰，或随所下种石，或附所收租课……”②，按各地评定户等的办法均定役钱。尽管做法上在全国有种种不同，但出钱免役的基本原则则是全国一致的。如前所说，宋初以来的差役，作为国家劳役制的残存形态，越来越严重地阻碍了社会生产的发展，而免役法的实施，以货币代替了大部分差役，进一步缩小了劳役制，这是历史的一个重大进步。事实上，在王安石变法期间不仅在农业方面，在手工业方面、商业方面，劳役制残存形态都进一步缩小了。它不仅对社会生产起了促进作用，而且对宋代社会各阶级也产生了不同的影响和作用。

作为这项法令的制订者之一的吕惠卿曾经标榜免役法，认为它“所宽优者村乡朴蠢不能自达之穷甿，所裁取者乃仕宦能致人语之豪户”。能否达到变法派所标榜的这个目的，在颇大程度上决定于推行法令的官僚机构。很多官员，不论是变法派的，还是反对派的，都曾提到过役钱征收太多，免役宽剩钱大批地贮存于官府之中。如在成都府路，九陇等四县自熙宁六年到九年的4年中，积存的宽剩钱达48700余缗，那么成都府一路积存估计可到六七百万贯③，这显然是一个不小的数字。如果这些钱真能按户等均敷，使豪强兼并之家多出役钱，这当然不是坏事。倘若户版不均，使农民出钱太多，就会加重了农民的负担。因之，户版的均平与否，就成为免役法实施中能否均平的关键所在。王安石极其清楚地认识到这个问题，所以他说：“苟不得其人而行，则五等必不

① 梁克家：《淳熙三山志》卷一三，《州县役人》。

② 《长编》卷二六九，邓绾奏疏。

③ 吕陶：《净德集》卷一，《奏乞放免宽剩役钱状》。

平，而募役必不均矣!”① 在实际执行中，确实有户版不均的情况。例如，在蓬州、阆州，是按家业多少评定役钱的，但“上户家业多而税钱少，下户家业少而税钱多，以至第一第二等户输纳钱少于第四五等”②。这类事实成为反对派攻击免役法的一个把柄。如张方平曾说：“向自役法初行，其间刻剥吏点阅民田庐舍牛具畜产桑枣杂木以定户等，乃至寒瘁小家舂磨、锉、釜、犬、豕莫不估价使之输钱”③。这虽然是局部现象，而且朝廷也曾下令禁止，但从这里可以看出来，即使维持赋役的相对均平，在当时官僚制度下，也不是一件容易做得到的事情!

类似蓬、阆诸州的现象在其他地区也还存在，但总的说来，免役法是力图按照赋役负担相对均平的原则去做的。首先，前此享有免役特权的官户等，都出了一定数量的助役钱，虽然对品官之家有所妥协让步，但它们的特权总算削小了一点。特别值得注意的，由于按户等高低征收役钱，拥有大量田产的豪强兼并之家便不得不多负担一些。杨绘指出：“假如民田有多至百顷者、少至三顷者，皆为第一等百顷之与三顷已三十倍矣，而役则同焉。今若均出钱以雇役，则百顷者其出钱必三十倍于三顷者矣。”④ 在这种征收办法下，“富县大乡上户所纳役钱有至数百缗者，又有至千缗者”⑤；“两浙之民富溢其等者为‘无比户’，多者七八百千，其次五百千……以旧法（指差役法）言之……上户者十年而一役，费钱数百万，则是年百千矣。今上户富者出八百千，则是七倍昔日”⑥。这样一来，一般豪强对免役法也就“不能无怨”的了⑦。由此可见，免役法对豪强兼并这个大地主阶层是起了一定的抑制作用的。这一点，王安石在制订免役法过程中也曾强调过：

王安石……又论理财以农事为急；农以去疾苦、抑兼并、便趣农

① 王安石：《临川先生文集》卷四一，《上五事札子》。
② 《长编》卷三〇一。
③ 张方平：《乐全集》卷二六，《论率钱募役事》。
④ 《长编》卷二二四，杨绘奏疏。
⑤ 刘挚：《忠肃集》卷五，《论役法疏》。
⑥ 《长编》卷三二四，刘谊奏疏。
⑦ 《通考·职役考》一。

为急。此臣所以汲汲于差役之法也。[①]

安石曰：以臣所见，今税敛不为重，但兼并侵牟尔！……上曰：如常平法（指青苗法）亦所以抑兼并。安石曰：此与治道极为毫末，岂能遽均天下之财使百姓无贫?[②]

上谓安石曰：浙西役钱上等有一户六百贯者，然如此数十户皆兼并，多取之不妨。……安石曰：出六百贯者，或非情愿，然所以摧兼并，当如此![③]

其次，看一下免役法下农民负担的状况。这里主要指的是自耕农民，即第三等户一部分、第四等第五等户的状况。这类农民除承担所规定的轻役之外，对役钱的负担各地颇不相同。免役法曾经规定，乡户自四等、坊郭户自六等以下是不输役钱的。有关材料证明，开封府界诸县四等农户就是如此。熙宁四年（1071）七月曾布驳斥杨绘、刘挚的奏疏中说："下等人户尽除前日冗役而专充壮丁，且不输一钱，故其费十减八九"[④]，指的就是开封府界诸县。到元丰年间仍然未变[⑤]。章惇在元祐元年（1086）批驳司马光的奏疏中也曾提到："庄田中年所收百斛以上"人户，在"免役法中皆是不出役钱之人"[⑥]；有百斛以上收入的农户当然包括四等户甚至四等以上的三等人户。这可见富裕农民的上层也有免纳役钱的。但是，从熙宁四年十月邓绾建议来看，遇有灾荒要减免下户役钱；而两浙路、广南诸路和川峡诸路的下户，大都交纳役钱[⑦]。《长编》元丰三年（1080）二月记事有云："役钱随所在民力敷出，户多民富则出钱不至第四等第五等而已足，户少民贫则须出至五等，各不同。"[⑧] 可见在府界以外各地情况也是不一样的。归纳来说，在开封府界诸县以及有的地区第三等以下诸户等的自耕农民是不纳役的，而在更加广泛的地区，则有的第四等户出役

---

① 《长编》卷二二〇。
② 《长编》卷二三三。
③ 《长编》卷二三七。
④ 《长编》卷二二五，曾布奏疏。
⑤ 《长编》卷三〇二。
⑥ 《宋会要辑稿·食货》一三之一〇。
⑦ 参阅《长编》卷二二七、二七九、三〇一。
⑧ 《长编》卷三〇二原注。

钱，有的第四、五等户都纳役钱。因此，很多官员，包括变法派的在内，也都称“素无力徭”的“微户”，使其岁出役钱，是一件值得注意的事情[①]；而反对派则以下户出役钱作为反免役法的口实。如果认为所有下户都出役钱，像反对派指责的那样，是不符合实际的，但在免役法下，许多下户年年出役钱，引起这些农户的不满，也是极其自然的，反对派以此作为反免役法的口实，也不能认为是没有根据的。也应当看到：年年出役钱的下户之不满于免役法，这是在新的条件下产生的新的矛盾，只能在此基础上取得解决；倒退到差役法，再来忍受家败人亡的威胁，这并不符合他们的意愿。在免役法下，固然有个别农民拆屋伐木以交纳役钱，但总的看来，它的实施还是适应了一般农民的要求的。马端临曾经指出，免役法“实则农民之利”[②]，同差役法相比，这个说法是符合历史实际而无任何夸张之处的。

免役法给中下层地主和上层农民，即一等户中一大部分、二等户和三等户中一部分的居民，带来的好处最多。如前所指，各项差役特别是衙前重役，主要由这些阶层的居民承担，他们受害最大。因之，免役法的实行，使他们交纳与户等相称的役钱，从而大大减轻了他们的负担，使他们的经济地位从此前岌岌可危的状态中稳定下来。开封府及畿县初行免役法，“开封一府罢衙前八百三十人，畿县放乡役数千”，免除差役的大抵都是上面各阶层民户，从他们“欢呼散去”的情景中，可以看出他们是得到了变革的好处的。

以上就是免役法施行后对各阶级、阶层所产生的不同影响。苏辙把在元祐更化期间恢复差役法之后产生的种种弊端，同熙丰时的免役法各种情况作了比较，曾有过如下一段论述：“又熙宁雇役之法，三等人户并出役钱，上户以家产高强，出钱无艺；下户昔不充役，亦遣出钱，故此二等人户不免咨怨。至于中等，昔既已自差役，今又出钱不多，雇法之行，最为其便。及元祐罢行雇法，上下二等欣跃可知，惟是中等则反为害。臣请且借畿内为比，则其余可知矣。畿县中等之家，大率岁出役钱三贯，若经十年为钱三十贯而已。今差役既行，诸县手力最为轻役，农民在官日使百钱最为轻费，然一岁之用已为三十六

① 《长编》卷二八三原注引沈括《自志》。

② 《通考·职役考》一。

贯；二年役满，为费七十余贯。罢役而归，宽乡得闲三年，狭乡不及一岁。以此较之，则差役五年之费，倍于雇役十年所供。赋役所出，多在中等，如此安得民间不以今法为害而熙宁为利乎？！”[①] 苏辙的这段评论除对下户负担的说明不大符合事实外，对上中户的负担说得颇为中肯的。由此可见，役法的变更只是对享有特权品官之家和大地主阶层不利，而是适应了包括中下层地主在内的广大民户的要求的。

役法的变革使封建国家获得最多的利益。除过国家一些事务通过雇役完成以外，在均平徭役的口号下国家扩大了赋敛的征收面，得到大宗的役钱，这笔收入在整个财政结构中占相当的比重，即使其剩余部分积存于国库之中的也为数非常可观。以熙宁九年为例，役钱总收入 10414553 贯、硕、匹、两，总支出为 6487686 贯、硕、匹、两，剩余了 3926865 贯、硕、匹、两[②]。差徭也好，役钱也好，从国家与地主阶级的关系而论，无非是对地租亦即佃客们的剩余劳动的再分配；即在这个分配中，王安石变法期间国家所占有的份额相对增加了。

役法的改革是在变法与反变法两派政治力量的反复较量中实现的。我在《王安石变法》一书中对此已作了说明，不再赘述。反对派的意见到底怎样呢？他们把自已装扮成为农民的朋友，称募役法“优富苦贫”[③]。实际上，他们是为出役钱数百贯的豪强叫苦而要求恢复差役法的[④]。他们认为，役人之由乡户承担是一桩天经地义的事情，像“食之必用五谷，衣之必用桑麻”一样[⑤]，像“官吏之不可不用士人”一样[⑥]，不能有所更改。他们是这样地称赞差役法之不可变易，可是在另一场合又不得不承认，“民被差役，如遭寇虏”这样一个事实[⑦]。显而易见，他们反对免役法和要求恢复差役法，就只能是维

① 苏辙：《栾城集》卷四三，《三论分别邪正札子》。

② 《宋会要辑稿·食货》六六之四〇。

③ 刘挚：《忠肃集》卷三，《论助役十害疏》；《长编》卷三二四载此疏，个别字句与集本略有不同。

④ 此据《长编》卷三二四，杨绘奏疏。

⑤ 《东坡七集·续集》卷一一，《上神宗皇帝书》。

⑥ 《栾城集》卷三五，《制置三司条例司论事状》。

⑦ 《栾城集》卷三七，《再言役法札子》。

护少数豪强兼并者的利益，而使广大农民和一般小地主遭受灾难性的折磨。苏辙在反对坊郭户缴纳役钱的奏状中，就公然地暴露了他们的这个意图："城郭人户虽号兼并，然而缓急之际郡县所赖（?），饥馑之岁将劝之分以助民（?），'盗贼'之岁将借其力以捍敌，故财之在城郭者与在官府无异也。……苟复充役，将何以济？故不如稍加宽假，使得休息，此诚国家之利，非民之利也。"[①]

虽然官户所缴纳的役钱为数不多，仍然遭到反对派的大力反对。在反对派看来，"品官之家复役已久"，应该维持他们的这项特权，否则与"齐民并事"，"必怨无疑"[②]。对于州郡役人的裁减，以及对役人前此额外奉应官员们的种种陋规的裁撤，他们也认为这种做法对官员生活方便造成种种不便，从而加以反对。所谓"士大夫捐亲戚、弃坟墓，以从宦于四方者，宣力之余，亦欲取乐，此人之至情也。"裁剪太甚，以至于"厨传萧然"[③]，就与士大夫"取乐"的"至情"不相适应了。反对派的这些论调完全证明，对于官户和官员们的任何一点利益，他们都是不肯放弃的。

由此可见，围绕免役法的斗争，其实质就在于：反对派为了维护少数豪强兼并和品官形势之家的利益，对免役法加以恶毒的攻击和破坏。现在，再反转过来观察若干现象，也就可以更加明白：自改革以来，反对派即称均输、青苗以及免役等法是所谓的聚敛之法，称变法派成员为兴利聚敛之臣，乃是因为变法派在解决国家财政困难问题上所提出的扩大税源的政策，触犯了豪强兼并者和品官形势之家的利益。这就是反对派所谓的"节省浮费"之类的财政观点，同变法派扩大税源的观点矛盾的根本所在。历史事实以及辩证法亦完全说明了，变法派的扩大税源在实际上是对农民剥削的相对减轻，而反对派所谓"节省浮费"的主张则只能加重对农民的剥削。

反对派确曾揭露了免役法实施中的若干弊端，而这些弊端乃是官僚主义制度的必然产物。最为值得注意的是，他们提出的有关农民缴纳役钱的问题。司马光引用白居易的诗句——"私家无钱炉，平地无铜山"，指出广大农民难于

---

① 《栾城集》卷三五，《制置三司条例司论事状》。
② 《东坡七集·续集》卷一一，《上神宗皇帝书》。
③ 《东坡七集·续集》卷一一，《上神宗皇帝书》。

得到钱币[1]。张方平进一步认为，农民伐木拆屋而用以缴纳役钱，就是由“钱荒”的原因造成的[2]。农民必须以自己的一部分产品换回货币以缴纳役钱，这是事实，而且也是国家对农民的剥削；但把农民伐木拆屋以纳役钱这类个别的事例，归纳为由“钱荒”的原因造成的，并由此进而否定免役法，就不免同实际大相径庭了。

“钱荒”在熙宁初年以前确是一个客观存在的社会现象。但究竟严重到什么程度，那就很难说了。从当时货币流通的情况来看，贵金属货币金银尤其是银在社会上已比较地广泛使用和流通了。相应着商业贸易的发展，熙宁年间大量铸造铜钱，而且还废除了铜禁，铜钱可以携带外出，这些将在第四编中加以说明。与此同时，国家对各项物资的征购、发放青苗贷款等等，一笔可观的铜币自库藏流通出来。因而熙宁以来，似乎看不到“钱荒”的问题，至少“钱荒”已经和缓了下来。而这些也就给免役法的实行创造了条件。免役钱的缴纳，对农民的生活当然有所影响，但在另一方面，由于农民（主要是富裕农民）的部分产品投入市场，而必然促进商品经济、货币流通的发展，而这一点则是符合历史发展的客观进程的。出钱免役当然是农民的一个负担，但同过去的差役法相比，则是历史的一个进步。因此，宋代一些知名的士大夫，虽然在主观上同情反变法派，但在历史事实和社会生活实际的面前，不得不承认免役法是优胜于差役法的。华镇指出，免役法之弊是“可以更张”的，诸如“版籍不明可修也，吏胥为奸可御也”；而差役之弊如赔费破产之类，则是“不可复救”的[3]。杨冠卿对免役法和差役加以比较时说：招募役人不免有游手好闲之徒，有亏于公务或陷失官物，但差役却产生“往往有碎其家而供其上”的严重问题[4]。在这两者之间加以选择，农民是宁肯出钱免役，而不愿失陷在差役法的网罗之中的。从这个角度上说，出钱免役是一个“民自便之”的客观事实[5]。所以，罗从彦在批评了免役法的某些毛病的同时，却认为，

① 《温国文正司马公文集》卷四五《应诏言朝政阙失事》。
② 《乐全集》卷二五，《论役钱札子》。
③ 华镇：《云溪居士集》卷一八《论役法》。
④ 杨冠卿：《客亭类稿》卷八《役法》。
⑤ 参阅《朱子语类》卷一三〇。

“正犹杨炎之两税”，“未可轻议”的[①]，他把免役法同两税法等量齐观，认为是同样重要的改革。反对派倒霉之处就在这里，他们为了维护一小部分人的利益，硬要反对体现了社会广泛要求的免役法，这就注定了他们的必然失败。

第三节　变法与反变法反复较量下免役法和差役法的交替

元丰八年（1085）宋神宗病死，宋哲宗以10岁幼儿继位，神宗母宣仁太后高氏垂帘听政，政局发生急遽的变化。以司马光为首的反变法派登上政治舞台，开始了排挤变法派，芟除新政，恢复旧制的一系列的活动。

宋哲宗元祐元年（1086）正月，在20年前要求以募役法代替差役法的司马光，这时候来了一个180度的大转变，连上两道奏章，要求朝廷废除免役法，并在5天之内恢复差役法。政治上的利益高于个人道德上的素养，一生以“诚”字相标榜的司马光，为了狭隘的官僚大地主阶级的利益，把他的道德信念抛诸到九霄云外了。在这两道奏章中，司马光一会说，免役法使“上户年年出钱，无有休息”，“陪费甚多”[②]，一会儿又说，“彼免役钱虽于下户困苦，而上户优便”[③]；一会儿说，免役法问题太多，“民情不便”，一会儿又说，免役法行之甚久，“人情习熟”。役法是牵涉到一亿多人口利害攸关的头等大事，司马光却如此草率、轻易地对待这件事情，这充分表明了他的无能和固执。

为了维护免役法，变法派重要人物、知枢密院事章惇，针对司马光“前后不相照应”、自相矛盾，“一一捉住病痛”，给以“敲点出来”[④]，使司马光这个反对派的首脑人物丢尽了面皮，在变法与反变法的斗争中增加了光辉的场面。司马光试图利用社会舆论以反对免役法，他说从居民中来的几千封奏章中，“无有不言免役之害者”。可是，经过章惇的检视，在几千封奏章中，“其

① 罗从彦：《罗豫章先生文集》卷七，《遵尧录》。
② 司马光：《温国文正司马公文集》卷四九《乞罢免役钱依旧差役札子》，以下引文未注明者同此。
③ 《温国文正司马公文集》卷五〇，《乞坚守把役钱敕不改更札子》，以下未注明者亦引自此篇。
④ 《朱子语类》卷一三〇。

间言免役法为便者亦自不少”，司马光则“不为签出”[①]！司马光不顾事实，一则说免役法“驱迫贫民，剥肤椎髓，家产既尽，流移无归，弱者转死沟壑，强者转为盗贼”；再则说“民间求钱纳官，至于拆屋伐桑以卖薪，杀牛以卖筋”。章惇具体地指出了免役法存在的问题，认为需加改进，却有力地批驳了司马光对免役法的诬蔑和捏造，他指出：“自行法（指免役法）以来十五余年，未闻民间因纳役钱有如此事”，只是在元丰年间对西夏用兵，由于征调才发生过某些杀牛取筋、卖田伐桑的事例，但这同免役法无任何关系。司马光既一意恢复差役法，又提出继续交纳役钱，如果役钱不足用，可以扩大征收范围，让“庄田中年所收斛斗及百石”的农户也按产业纳钱。章惇则认为，这些农户年入百石，所值不过20千，在“免役法中，皆是不出役钱之人”。因而扩大对这些农户的征收，就只能表明司马光的财政经济政策倒退到宋真宗仁宗时的老路上。章惇不但以章奏的形式批驳了司马光的意见，而且在宣仁太后听政帘前，同司马光争辩，称：“他日须不奉陪喫剑”[②]！

为挽回司马光的颜面，更重要的是，为废除新政、恢复旧制，反变法派把全部怒火倾泻到章惇身上。台谏官弹劾奏文接二连三，直到章惇一再遭到贬逐、赋闲家居为止。权势在一时之内虽然能够得逞，而历史却自会作出公断。在役法论争的问题上，真正的胜利者不是司马光，而是章惇。由于章惇坚持革新，役法只能在现有的基础上加以改进，而再不能倒退回去，因此在当时即“为天下所称”[③]。后来的一些著名的士大夫如罗从彦、陈傅良和朱熹等，也不得不承认章惇“说底却是”，司马光说的不是[④]。

同司马光立场大体一致的范纯仁、苏轼、苏辙等，在役法的问题上，也都不赞成司马光的轻率态度。范纯仁看到司马光的奏稿之后，当面给以忠告，接着又致书劝阻，让司马光谨慎将事，称“此法熟议缓行则不扰，急行则疏略

---

① 章惇奏疏载《宋会要辑稿·食货》一三之七至一三，《长编》卷三六七，以下未注明者同此。

② 此据邵伯温《闻见录》。

③ 《长编》卷四九八。

④ 《朱子语类》卷一三〇，又罗从彦《豫章先生文集》卷七《遵尧录》、陈傅良《止斋先生文集》卷四二《跋苏黄门（辙）论章子厚疏》亦都有所论谈，可参看。

而扰，委非其人，其扰滋甚”[①]！对于这个忠告，司马光却报之以极度的不满。苏轼尤为反对司马光的这个做法。他主张用积存下来的3000万贯免役宽剩钱买上田地，实行给田募人充役的办法，这实际上是由吕惠卿提出的为王安石所否定的“给田募役”法的再版；南宋的义役就是由此演变而来，所不同者由私家主持其事而不由官府过问。苏轼也曾当面向司马光提出忠告，指出“罢募役而复差役，正如罢长征而复民兵，盖未易也”。可是，这恰好触怒了司马光。苏轼从这一争论中看清了司马光的顽固、颟顸，连呼“司马牛！司马牛！”之后，苏轼又“上疏极言衙前可雇不可差，先帝此法可守不可变”，并指责司马光等“专欲变熙宁之法，不复校量利害，参用其长”的蛮横无理[②]！王存、李常等也上章反对恢复差役。

在以司马光为首的反变法派炙手可热的气焰下，免役法终于被废除，差役法终于又恢复。在开封府，蔡京这个投机政客果然在5天之内恢复了差役法，从而得到了司马光的赞赏。免役法废除的消息传到金陵，老病的王安石愤愤地说：“亦罢至此乎！”[③]这样一个倒退，必然带来严重的后果。差役法恢复了不过3年，李常就指出：“盖差法之废十有余年，版籍愈更不明。宜重役者辄轻，宜轻役者反重。乡宽户多者仅有休息之期，乡狭户窄者频年在役。上等极力之人昔输钱有岁百贯至三百贯者，今止差为弓手，岁雇弓力（似当作手）一名以代身役，不过用钱三四十贯；中下人户旧出钱不过三贯二贯，而雇承符、散从、手力之类不下三十贯，以是校之，劳佚苦乐相倍蓰矣。然则今所改法，徒能使上等人户优便安闲，而第三第四等困苦日甚昔者”[④]！上官均也曾提到，“大率差役之行，上户产厚而役轻，下户产薄而无役，所当宽恤，正在中户。”[⑤]这些论述，深刻地说明了差役法究竟对哪些人有利和对哪些人有害了。因此，自元祐更化，差役法“行之十年，州县绎骚”[⑥]，以致“天下皆思雇役

---

① 《范忠宣公行状》，载《范忠宣公全集》卷一九。

② 以上据《东坡七集·奏议》卷三《辩试馆职策问札子第二首》、蔡絛《铁围山丛谈》卷三、《宋会要辑稿·食货》一三之二六。

③ 《三朝名臣言行录》卷六，也载于《景定建康志》。

④ 《宋会要辑稿·食货》一三之三二。

⑤ 《长编》卷三八九。

⑥ 陈次升：《谠论集》卷一，《上哲宗皇帝论役法》。

而厌差役”①。差役法再度暴露了它的不得人心及其危害。

元祐八年（1093）九月，宋哲宗亲政，政局再度发生急遽的变化。以子继父代替了“以母改子”，被打下去的变法派代替了当权的反变法派，包括免役法在内的全部新法由“绍述”而统统恢复起来了。

免役法虽然在绍圣年间恢复起来，但它已失去了熙宁时期的某些光辉。绍圣元年（1094）九月间公布的免役法条例上曾经规定：“应诸路旧立出等高疆（当作强）无比极力户合出免役一百贯已上，每及一百贯减三分”②。接着于十月十八日诏令中又申明：凡元丰年间许可享有免役特权的宗室、贵戚等，仍继续享有这项特权，同时还把这项特权享有者的范围加以扩大，使“所有皇太妃緦麻已上亲亦合免役”③。这些事实清楚地反映了，在抑制豪强兼并的问题上，绍圣年间的免役法比熙丰时的免役法后退了，这是新法恢复后的一个重要的变化。

在制度上，免役法还发生了一项重要变化。由于保甲法在北方诸路的广泛施行，原来役法中的耆长、壮丁等差役是用作维护地方统治秩序的，因而在熙宁八年（1075）闰四月丁巳，令“诸县有保甲处已罢户长、壮丁，其并耆长罢之。以罢耆、壮钱募承帖人，每一都保二人，隶保正，主承受本保文字。乡村每主户十至三十轮保丁一，充甲头，主催税，常平、免役钱，一税一替。”④此项制度数落数起，保、正长代耆户长催税则是事实，南宋中期的真德秀曾有如下一段记载：“国朝旧法以户长督赋输，迨熙宁中行雇役法，未几又行保甲法，始罢户长而令保丁催租，于是户长之役移之保丁矣。元丰末议改新法，始募户长，给雇钱，受庸于官，而任奔走之任，此法之至善者也。绍圣之初，复行雇役，始以保长督赋，于是前日所以责户长、今以责保正矣。夫户长，役人也，保长、保甲也，保甲之设，本以讥盗，而责以他役可乎？然是时犹以户长

① 苏辙：《栾城集》卷四三《三论分别邪正札子》。
② 《宋会要辑稿·食货》一四之六。
③ 《宋会要辑稿·食货》一四之六至七。
④ 《长编》卷二六三，熙宁八年闰四月丁巳记事。

钱付给之，虽失初意，而未大失矣。”① 真德秀所记熙宁间以保丁催税、元丰末始募户长等情况，显然是较为普遍行使的一项制度，尽管将户长的雇钱给了保长，但毕竟把保甲法和免役法搅混在一起，使免役法发生了制度上的变化，到南宋正是从这个缺口恢复了差役法的。

宋徽宗继位之后，如前章所指，宋徽宗——蔡京统治集团以崇尚熙宁新政为招版，他们吆喝新法的调子越响亮，他们对新法的破坏也就越厉害。方田等法是如此，免役法也不例外。崇宁以来的免役法，一方面对品官之家和上、中户的役钱尽量减少，凡是有坟寺的都可免除坟寺的役钱，这些人户也就诡称坟寺而大大减少了所应交纳的役钱。另一方面，对品官豪强之家有利，必然对广大劳动人民有害，这是势所必至的。蔡京集团把减去品官豪强之家的役钱，全都“均敷于下户”②。这样一来，免役法便成为对广大农民实施的一项横征暴敛。例如巩州，元丰年间所纳役钱仅400贯，到宋徽宗政和元年（1111）猛增为29000余贯③。包括免役法在内的熙丰新法变成为宋徽宗——蔡京集团巧取豪夺的一个工具了。如上所说宋徽宗时期是宋代赋税激增的第二个浪头或高潮了。

第四节　南宋初年以来差雇兼用
地方豪绅把持下的“义”役

南宋初年，朝廷上有一种非常奇怪的论谈，认为北宋的覆亡根源于王安石变法。因此，朝廷上只要提到这件事，宋高宗君臣们就对王安石痛诋一番。绍兴五年（1135），赵鼎对宋高宗说，“祖宗差役本是良法”，王安石“尽变祖宗旧法，民始不胜其扰”。借着这个话题，宋高宗便大放厥词，称“安石行法，大抵学商鞅耳。鞅之法流入于刻，而其不免于祸。自安石变法，天下纷然!”宋高宗既然如此正经地斥责王安石变法之“刻”，以至于“天下纷然”，就应

① 真德秀：《真文忠公文集》卷二九，《福建罢差保长条令本末序》；还可参看陈傅良《止斋先生文集》卷二一《转对论役法札子》。

② 《宋会要辑稿·食货》一四之一五。

③ 《宋会要辑稿·食货》一四之一六。

当理直气壮地去掉免役法这一类的“刻”法，可是他话锋一转，就又找到了免役法不能废除的由头，“行之既久，不可骤变耳!”[①] 实际上，所谓不可骤变的免役法，并不是王安石的免役法，而是蔡京的免役法，而这个免役法则成为大肆搜刮的得力工具。而且宋高宗在继承这份可耻的遗产的同时，又有了新的“创造”：

第一，借口招置弓手，加强地方统治秩序，大幅度地增加免役钱，“官户役钱，旧法比民户减半，今来招置弓手，以御暴防患，官户所赖犹重，欲令官户役钱更不减，而民户比旧役钱量增三分”[②]。这类叫做官户不减半役钱，专门桩管，作为国家和地方开支之用，根本没有起到“以助养给”役人的任何作用。民户役钱岂止是“量增三分”，而是不断地追加。如临安，原来物力30贯以上，每贯敷役钱19文；后来“物力止十贯已上，每一贯即敷役钱二十五文”[③]。在巴陵各地，役钱岁增，“亩至为钱二百六十有畸”[④]。30贯、10贯已上均敷役钱，是对广大的有一点产业的自耕农半自耕农搜刮，不言而喻，役钱的追加首先增重了广大农民的负担。

第二，前面提到，宋哲宗绍圣年间虽以保长催赋税，但这时还将户长的雇钱付给保长。建炎以来一直以保正副催税，到四年“罢催税户长，依熙丰法以村疃三十户，每料轮差甲头一名催纳租税免役等钱”[⑤] 继这一变动之后，绍兴元年（1131）又把雇募户长、保长等的“所有雇钱，只在县桩管”，“督责州县，别项起发，以助经费”。这笔钱由诸路提刑司按照经制钱条例拘收起发[⑥]。这样，免役法就发生了一个明显的变化：“本朝王安石令民输钱以免役，而绍兴以后，所谓耆户长、保正雇钱复不给焉”[⑦]。实际上，不仅这些雇钱拘管起发，诸如虞候重禄钱、散从官雇钱、学事司人重雇钱等等之类，也都作俑于宣和而成之于绍兴，尽数拘管，“免役钱之在州县者日益少，而役人无吏禄

① 《宋会要辑稿·食货》一四之二三。
② 《宋会要辑稿·食货》一四之一七。
③ 赵善括：《应斋杂著》卷一，《免临安丁役奏议》。
④ 廖省之：《省斋集》卷五，《论湖北田赋之弊宜有法为公私无穷之利札子》。
⑤ 《宋会要辑稿·食货》一四之一七至一八。
⑥ 《宋会要辑稿·食货》一四之一八；《皇宋中兴两朝圣政》卷九绍兴元年五月戊午记事。
⑦ 李心传：《朝野杂记》甲集卷一五，《身丁钱》。

者众矣”[①]。免役钱既然为官府移作别用，役人们得不到雇钱，因而在实际上又恢复了差役法了。对此，莫光朝曾一针见血地评论说：“由熙宁至今百三十余年，免役之钱弗除而差募之法并用”[②]。这是南宋初年在役法上的一大创造。

归纳以上两点，南宋统治的150年间，一直是征收免役钱的，而且役钱在各地的货币收入中占相当的比重。如乾道年间临安府免役钱为121885贯，占当地货币（包括免役钱、折帛钱、茶租钱三项）的15.4%。嘉定年间镇江府的免役钱为44345贯，比乾道年间增加了1099贯[③]，占当地货币收入的26%[④]。嘉泰年间会稽的役钱为167928贯，占当地货币收入（包括役钱、折帛钱、经总制钱、商税等项）的16%[⑤]。这就是为什么宋高宗是那样起劲地斥责王安石免役法之“刻”而又不遗余力继承蔡京的免役法的奥秘所在。

南宋初年以来既然“差募之法并用”，不言而喻，差役法所固有的一切弊病，也必然地在南宋再现。

从制度上看，南宋差役在立法形式上似乎更加完备。（一）州县将各乡当役人户，按户等顺序排列下来，每年轮派，这叫做“鼠尾流水”，役法的簿书谓之“五等簿”[⑥]。（二）凡“已充役者，谓之“批朱”，大概是对已负过役的则在其户下用朱书标明，故谓之“批朱”；“未曾充役者，谓之白脚”。由于“役”是根据户等“物力”大小而定的，“物力”又是有升有降可以变动的，“升降不殽，则役法公”。因此，自南宋恢复差役之后，对“讲究推割、推排之制最详”。由于它对于差役和赋税征收都有密切的关系，马端临曾经说：“应人户典卖产业，推割税赋，即与物力一并推割。至于推排，则因其资产之进退，与之升降，三岁一行。固有资产百倍于前、科役不增于今者；其如贫乏下户，资产既竭，物力犹存，朝夕经营，而应酬之不给者，非推排不可也”。可是，在实际推行中，差役法照样是南宋社会的重负和广大中下户的灾难。

---

① 陈傅良：《止斋先生文集》卷二一，《转对论役法札子》。

② 《乌青镇志》卷一二，载莫光朝《徙役碑文》。

③ 周淙：《乾道临安志》卷二，又《咸淳临安志》卷五九亦同。

④ 卢宪：《嘉定镇江志》卷五。

⑤ 施宿：《嘉泰会稽志》卷五，《赋税》。

⑥ 本段主要根据《通考·职役考》二；五等簿则取之陈傅良《转对论役法札子》。

南宋差役最为沉重的是主管催税的保正副和保长。这项办法是在建炎初年实行，以代替户长催税的。到建炎四年，如前面所提到的，“以村疃三十户每料轮差甲头催纳租税免役等钱物”，并于绍兴元年推广于东南诸路。可是，就在绍兴元年便有臣僚指出，改差甲头催税，“又十倍于保长”。这是因为：大保长“皆选物力高强人丁众多”者为之，能够承担催科和赔，备逃亡户税；甲头则不然，“虽至穷下之家，但有二丁，则以一丁催科”，“力所不办”，“皆卖鬻子女狼狈于道”，此其一。“大保长催科每一都不过四家”，“犹至破产”，“今甲头每一都一料无虑三十家”，破产者当然要比大保长还多，此其二。当农忙之时，甲头外出催科，“纵能应办官司，亦失一岁计”，“以一都计之，则废农者六十人”，“自一县一州一路以往，则数十万家不得服田力穑”，此其三。保长催税，尚且有不肯交纳者，而甲头多为贫下户，“岂能与形势之家、奸猾之户立敌而能曲折自伸于官私哉”？“破产填备，势所必然”，此其四。轮差保长，即使县令公平办理，“亦须指决论讼，数日方定”，否则“群胥恣为高下，惟观赇赂之多寡，此最民所愤怨者”；今差甲头每料一替，“其指决论繁，受赇纳赂之弊必又甚于前日”，东南之民不得安宁，此其五。[①] 保长、甲头催税之利弊是这样明白，而在此后的几十年中，或是差保正副、保长催税，或是让甲头代替保正长来催，两种办法交替使换，形成恶性循环，引起士大夫议论纷纷；而在福建、在海南诸州县，则又别具一格，与这两种办法又迥不相同，役法纷杂混乱达到无以复加的地步。不过，无论采取那种办法，都无法克服差役法的痼疾：

（一）以保正副、保长催税，自绍兴初年以来，“却以五上户为一小保，于法数内选一名充小保长，其余四上户尽挟在保丁内”；不论选差大保长还是选差保正副，“挟在保丁内者，皆不著差役，却差致下户，故当保正副一次，辄至破产，不惟差役不均，然保伍之法自紊乱矣”[②]！

（二）既然因保正副催税破产而只管“盗贼烟火”，改由保长催税，是否就不破产了呢？也不行。“江西差役之弊，中产之家以户长破家者相踵。盖里

① 《宋会要辑稿·食货》一四之一八至一九。
② 《宋会要辑稿·食货》一四之二〇。

正号为大役而易，户长号为小役而难。名大而实易，则以盗贼烟火之事不常有；名小而实难，则以催科督迫之扰顷刻不得免也。易者任之大家，难者任之中家。甚者狭乡之中有不赢百钱之税而应充者，有不满两三年而再及者。其人丁少，则耕殖荒于奔命之勤；其气势轻，则追呼不能以令豪强之族。展限代输，费用亡艺，比较笞箠，怨咨流闻，盖执役既毕，其资产亦与之俱罄矣。”①陈元晋在这段札子中所揭出的虽是江西差役的情况，但以中户承担重役，则是普遍存在的，值得注意。

（三）绍兴二十六年，拟议将已经应役的和未应役批朱、白脚轮流充役，意在使批朱的上等户再轮充，以减轻下户差役。可是，这项办法仍然使下户受害：“如十保内，上等家业钱一万贯，中等家业钱五千贯，各以（已）充役，谓之批朱，至有下等家业钱一贯（似当作‘百’）贯以上，本（似当作“末”）等家业钱五十贯以上未曾充役，谓之白脚”，如果轮派，上等户二三十年即不再充役，全都落在未充役的“白脚”即下户身上，当然使“下户受害”②。所以这项办法也行不通。

（四）因此，经汤鹏举建议，“批朱者歇役六年便与白脚比并物力人丁再差”。这种办法同样解决不了问题。如“宣州一乡上户极少，下户极多，守臣奏请本欲不候六年即再差上户。有司看详，误将歇役六年指挥便行冲改，遂致上户却称朝廷改法，是以鼠尾流水差役必欲差遍白脚始肯再充。当差之役，纷纭争讼，下户畏避，多致流徙。盖上户税钱有与下户相去百十倍者，必俟差遍下户，则富家经隔数十年方再执役”，徽州婺源“有差及一贯税钱者，民间哀诉”③。

（五）宋孝宗乾道以来对役法进行了某些调整，可是北宋差役法中存在各种不均的问题，依然不能改变。例如按乡都派役，“一乡有三都，其第一都第二都富者多而贫者少，则所差之役常及富者，而贫者得以安业。第三都贫者多富者少，则富者虑役及己，巧生计较，预图迁徙于邻都以避……是以富少贫

① 陈元晋：《渔墅类稿》卷一，《乞差甲首催科札子》。
② 《宋会要辑稿·食货》一四之三二；《系年要录》卷一七三，绍兴二十六年六月辛未记事。
③ 洪适：《盘洲文集》卷四一《论人户差役札子》。亦载于《系年要录》卷一八九，《宋会要辑稿·食货》一四之三七至三八。

多之都，每遇差点，殊乏其人，才及数千之产，亦使之充役。逮夫著役之后，力薄费重，非唯生计荡尽，乃至鬻妻卖子，殊可怜悯!"①

从上述南宋初年以来实行差役法的过程来看，几十年当中虽有不少改变，但是，不论怎样改变，总是支东绌西，始终无法改变差役法的不均，而且，在这个过程中，北宋差役法的弊病又都再现。试看：

第一，与北宋差役法一样，官户全不承担差役："比年以来，形势之户，收置田亩，连亘阡陌，其为害甚者，无如差役。今官户田多，差役并免，其所差役，无非物力低小贫下民户"②；"近年以来官户置田颇多，全不充役，致专役民户而已"③。即使官户交纳役钱，并不减半，所纳役钱也是很有限的，一州不过一二千缗而已。官户之所以交纳役钱不多，又由于前面指出的诡名子户、隐蔽田产而致："比来有力之家，规避差役科率，多将田产分作诡名子户，至有一家不下析为三二十户，亦有官户将阶官及职官及名分为数户者，乡司受幸，得以隐庇"④。

第二，同北宋一样，一些强宗大族为规避征徭也都想方设法减低户等；而析烟分生就是减低户等的一个重要窍门。胡舜申在《乾道重修家谱序》中，提到他的先代在北宋年间，"偶（似当作'遇'）州县差上户为衙前，押纲至京师，败产"，乃"剖家为八，皆不失为中家"⑤，从而规避了重役。更多的是采用诡名子户、隐漏田产的办法，不承担或少承担户下的赋税差徭。他们利用过割、推排的可乘之机，"升降出没既莫能详，乡胥里豪始得株连奸伪以为牢不可破之计，故有一户而化为数十者，有本无产寸而为富室承抱立户者，有虚为名藉以避敷敛久而成乾没者"⑥；"蜀之大家，多伪占名数，以避征徭，至有一户析为四五十者"⑦。"诡产遍天下，其弊安可绝?!"⑧ 成为南宋统治中一个

---

① 朱熹：《晦庵先生朱文公文集》卷二一，《论差役利害状》。
② 《系年要录》卷一八一，绍兴二十九年三月丁丑记事。
③ 韩元吉：《南涧甲乙稿》卷一〇，《论差役札子》。
④ 《宋会要辑稿·食货》六之四三。
⑤ 载胡舜陟《胡少师总集》《附录》。
⑥ 陈耆卿：《筼窗集》卷四，《奏请正簿书疏》。
⑦ 杨万里：《诚斋集》卷一二五，《朝议大夫直徽猷阁江东运判徐公墓志铭》。
⑧ 叶适：《水心别集》卷一三，《役法》。

束手无策的难题。

第三，同北宋一样，一些贫下户为逃避差役，投靠于豪强，成为“子户”，上引陈耆卿的文字，“有虚为名藉以避敷敛久而成乾没者”，指的就是这种情况。“民户避役，田土悉归兼并之家”①，差役法助长了土地兼并的发展。

第四，以上是各等级各阶层为自身利害规避国家差役的情况；而在州县推排差役之时，吏胥们则乘机上下其手，为非作歹，与豪强兼并勾结，把重役推给中下户，这也是同北宋情况一样的。如在嘉兴县，宦官蓝某“殖产于崇德县，名田过制而役不及”，及至被纠，又“迫期去产”以规避“官吏欲许之”②，就是一例。对此，胡铨曾议论道：“夫差役之弊”，“籍不尽公也，皆黠吏以意上下之，富民则税低丁少，窭民则税高丁多，差役则厘为数等。曰：法当差甲；甲者得贿，则以乙为；乙者又贿，则以丙为甲；丙者又贿，则以丁为甲；故甲者常得免，而丁者常不得免”；“丁者又未执役而其家已破矣”③！

第五，在品官形势规避、吏胥舞弊的情况下，正像北宋衙前重役落在中下户身上一样，保正户长等重役也完全落在中下户身上。南宋士大夫异口同声地提出了这个严峻的问题。林季仲指出：“富与富为伍，虽物力巨万而幸免；贫与贫为伍，物力虽数千而必差。”④ 舒璘也指出：“一都之内，中产几何，二年既取其人（保长八人），往往千百税钱便须应役者。”所谓千百税钱便须应役，指的是四等人户、占田不过三四十亩。让这样的户等负担户长重役，较诸北宋有田五七十亩、百亩左右的中户承担衙前役还要沉重。实际上，问题的严重性还不止此，在一些县小民贫的地方，“百钱之产，不免于役，常于四户充”，就更可以看出中户承担差役之重了。这是一方面。另一方面，从史料迹象看，南宋保正副户长等役，由于吏胥们的敲诈勒索，也显得比北宋衙前役沉重：

> 州县被差执役者，率中下之户。中下之家，产业既微，物力又薄，故凡一为保正副，鲜不破家败产。昔之所管者，不过烟火盗贼而

---

① 《皇宋中兴两朝圣政》卷二一，绍兴七年二月辛酉。
② 陆游：《渭南文集》卷三八，《张瑄墓志铭》。
③ 季仲：《竹轩杂著》卷三，《论役法状》。
④ 舒璘：《舒文靖公类稿》卷三，《论保长》。

已，今乃至于承文引、督租赋焉。昔之所劳者，不过桥梁道路而已，今乃至于备修造，供役使焉。方其始参也，馈诸吏则谓之参役钱；及其既满也，又谢诸吏，则谓之辞役钱；知县迎送僦夫脚，则谓之地里钱；节朔参贺上榜子，则谓之节料钱；官员下乡，则谓之过都钱；月认醋额，则谓之醋息钱。如此之类，不可悉数。①

时异事变，往往防虑有弗及而法始穷，胥徒乘间而肆欺，中产下户虽破家殒命，亦所不惜。②

综合以上两个方面来看，南宋以低于北宋物力的第四第五等下户，承担较北宋衙前役还重的保正副户长，产生多么严重的后果也就不言而喻的了。这些差役之所以“困中产之家”③，之所以使其“浸就朘削，财用之源日以耗竭”④，是由于“诡挟逃亡之赋”太多，即使所谓的“一哄之市，三家之聚”也都有这类诡挟逃亡；而承担这类差役必须配备，因而造成了“荡产灾身”之祸。正因为这样，“中下畏是役以无产为幸，或飞寄使之尽然后已”，这就是如前面提到的，中下户变成豪势的“诡户”，土地兼并因之发展起来。这种情况仅属中下户的一部分，而那些“愿而弱、智与力不能飞寄者”，只有“抑首受役”⑤，无路可走。只要一去应役，“百年治生坏于一年之充役”。于是，“民之畏役，甚于畏死”了⑥。因此，在南宋差役重压之下，又出现了一幕幕的人间惨剧。刘宰在《鸦去鹊来篇》一诗中写道：“向来差役多轻重，户长之中中产重”；“搜罗中产无孑遗，户长人人家四壁”；“千钱乃输犹可出，今日方输又明日”；“父兮母兮叫不闻，遗体鞭笞如木石”⑦。尤其是林季仲的一段文字，把南宋差役之残酷揭露得一览无遗：

致使下户被差之后，征求之频，追呼之扰，以身则鞭箠而无全肤，以家则破荡而无余产。思所以脱此而不得时，则有老母在堂抑令

① 《宋会要辑稿·食货》一四之四〇至四一。
② 吕皓：《云溪稿》《婺女仁歧本末》。
③ 黄榦：《黄勉斋集》卷四。《复李贯之兵部》。
④ 唐仲友：《唐悦斋先生文集》卷一《台州入奏札子》。
⑤ 刘克庄：《后村先生大全集》卷九六《德兴义田》。
⑥ 胡太初：《昼帘绪论》《差役篇第十》。
⑦ 刘宰：《漫堂文集》卷四。

出嫁者，兄弟服阕不敢同居者，指己生之子为他人之子者，寄本户之产为他户之产者，或尽室逃移，或全户典卖，或强迫子弟为僧道，或毁伤肢体规为废疾。习俗至此，何止可为痛哭而已哉！①

这些血泪斑斑的记录，同北宋的情况完全一样，如出一人之手。

差役法是这样残酷，理所当然地激起广大中下户的抵制、反对。“纠役”就是抵制、反对差役不均的一种表现，宦官蓝某在众目睽睽之下而被“纠”负役，即是一例。这种做法虽然产生不了更好的结果，但它却警告了地方当权派，不能为所欲为，任意宰割中下户了。自“纠役”而更前进了一步，大力抵制：“民不肯受役，至破家而不顾”②。在南宋，差役法难以继承下去了！义役就是在这一历史条件下在各地兴起，逐步地取代了差役。

义役的来源，大约有三。其一是来自宋孝宗乾道五年（1169）的处州松阳县。《通考》等均主是说，称当地“众出田谷助役，户轮充。守臣范成大嘉其风义，为易乡名。”③《宋史·范成大传》也说：“处民以争役嚣讼，成大为创义役，随家贫富输金买田助当役者，甲乙轮第至二十年，民便之。其后入奏，言及此，诏颁其法于诸路。”起自处州松阳县的义役，原系当地自行办理者，得到了范成大的赞助和支持。其后范成大为中书舍人，言于朝廷，义役便因此而推广了。

第二个说法则认为义役创始于婺州金华。朱熹在其撰写的吴芾神道碑即持此说：

今上（指宋孝宗）初即位，公（吴芾）陛辞。……〔婺州〕常患差役不均，多致争讼，欲劝民为义役。有言金华长仙乡民十有一家，自以甲乙第其产，以次就役者几二十年矣。公闻之喜，帅郡佐及县长吏，舆致所谓十一人者，与合宴于平致堂，而更其乡曰循里，里曰信义，以褒异之。④

吕祖谦在汪灌墓志铭中，把义役的创始者进一步明确为汪灌，他说：

---

① 林季仲：《竹轩杂著》卷三《论役法状》。

② 陈亮：《龙川文集》卷一六，《信州永丰县社坛记》。

③ 《通考·职役考》二。

④ 朱熹：《晦庵先生朱文公文集》卷八八《吴芾神道碑》。

役，重事也，于朝廷为大议，于郡邑为大政，于编氓为大命。……异时或以义役为请……独金华西山为然。是乡也，盖有人焉，其姓名字曰汪灌庆衍，实创基而纪纲之者也。……自绍兴乙巳迄今几三十年……往岁郡守吴公芾嘉君之为，号其乡曰循理，里曰信义。①

按：朱熹《吴芾神道碑》所载，吴芾系于隆兴元年（1163）知婺州的，而金华西山义役在汪灌主持之下已20年，则其时当在绍兴十四五年间。吕祖谦所志汪灌墓，谓义役始于绍兴乙巳，查绍兴无乙巳而有乙丑即绍兴十五年(1145)和己巳即绍兴十九年（1149）。因而婺州实行义役之时间，或为乙丑年，或为己巳年，都不晚于处州松阳，甚至还要更早些。这在周必大的《谢谔神道碑》和胡太初《昼帘绪论》中也得到佐证：

公（谢谔）素患差役不均，居乡劝民买田充义役，至是，婺、处二州偶行之，诏下其法诸路，公力陈其便。②

〔义役〕自处、婺举行。③

或是婺、处并列，或是处、婺并列，总之这两个地方的义役在时间上是紧相连接的，因而把婺州作义役的一个发源地是完全可以的。

第三个说法是李心传的《朝野杂记》。他指出，义役是在他的父亲李舜臣宰饶州德兴县时实行的："乃令民以田之多寡为役之久远，如多者役二年，少者不过三月。又自三等以上各户赋输皆与之期，不以委之保正，至则随手给钞。……今二十年矣。"④《宋史·李舜臣传》上也说："以税数低昂定役久远，为义役。"饶州与婺州、处州相去不远，在上述两地影响下，实行义役较早，而且在全县成为普遍实行的制度，因而作为义役的再一来源也是可以的。

自范成大倡导义役，不但朝廷下诏推广，各地也纷纷仿效，义役便日益盛行起来。推行义役的，有的是地方上知名的士绅，如江南西路的义役是由郭份推动起来的："先自吉水徙新淦"，"尝因讲治道，以义役节目授其门人李伯

① 吕祖谦：《东莱吕太史文集》卷一一《金华汪君将仕墓志铭》。

② 周必大：《周益国文忠公文集》卷六八《谢谔神道碑》。

③ 《尽帘绪论》《差役篇第十》。

④ 《朝野杂记》甲集卷七《处州义役》附《德兴义役》。

贤，令推行之，自其乡始。今江西义役，公（郭份）实发之。”① 有的地方官也是义役的推行者，如赵必愿嘉定七年中进士后，知崇安县，“力主义役之法，乡选善士，任以推排；入资买田助役，则勉有产之家；有感化者，出己田以倡，遂遍行一邑。”② 于是，“诸郡邑莫不响应”，在南宋统治地区广泛地实行了。从上述情况看来，义役是由地方士绅创行、得到官府的支持而发展起来的。

义役，作为一项制度，它的主要内容和办法是：

（一）义役是由地方上头面人物促成的，因而不论是婺州处州还是其他地方，主持义役的“役首”或“主役”，都毫无例外地由当地的有钱有势的士绅充任，因此可以说，义役是由地方士绅把持、控制的。

（二）在役首主持下，参加义役的各户，“自定其资为三等”，然后按等将各户应役的时间先后，“定著役之差次于籍”，一份呈报给当地官府，副本留在当役者的家中。

（三）根据各户户等高低而“裒金”，用这些钱充作当役者在应役期间的各项费用。③

（四）最重要的是，义役开始时是由各户出钱的，后来则以田亩作为义役的基础，以田亩上的收入（主要是地租）作为义役的费用。

（五）义役的田地称为“义田”或“役田”，或由各户按户等出田，或由各户“裒金”购买。在做法上，各地不尽相同。如金华西山义役认为每年聚钱太麻烦，才“割田百亩庾之”的。嘉定五年黄岩太平乡行义役，到淳祐九年“约计户百贯乃鸠一亩”，同时将每年敷余下来的买置役田，共置有良田170 亩，每亩收租二石，足够当役者之所需，“遂尽以元鸠之田还其人”④。刘宰家乡镇江府金坛县的某些乡都，则“计产入田，或计田入租，或计租入钱”⑤，以供当役者之所需。田亩是义役的基础。

① 《晦庵先生朱文公文集》卷九二《郭份墓志铭》。

② 《宋史》卷四一三《赵必愿传》。

③ 以上诸条据吕祖谦所撰汪灌墓志。

④ 黄震：《黄氏日钞》卷八六。

⑤ 刘宰：《漫堂文集》卷二一《游仙乡二十一都义役庄记》。

从上述义役的内容看，应役者与土地有着密切的联系。它并不是新的创造，而是熙宁变法期间吕惠卿提出并一度实施了的、后来在元祐初又为苏轼提出的“给田募役”法的再版。所不同的是，此前的“给田募役”是由封建国家划一的、地方官府执行的一项役法。田地则为国家所有；义役则是由地方士绅创立的，土地是应役户等凑集起来的，所有权仍然属于私人。这是其一。过去差役法从推排户等高低到定役之鼠尾流水顺序，全由州县吏胥一手把持，“其权在吏，一方之版籍吏胥主之，高下其手，紊于多寡之实”①，而义役则把这种权力全部夺归于以役首为代表的地方士绅手中，这是义役的第二个特点。马端临对南宋吏胥曾有一段出色的论述，他说：

> 礼义消亡，贪饕成俗。为吏者以狐兔视其民，睥睨朵颐，惟恐堕井之不早；为民者寇戎视其吏，潜形匿影，日虞怀璧之为殃。上下狙诇，巧相计度，州县专以役户贫富为宦况之丰杀，百姓亦专以役籍之系否验家道兴衰。②

在差役法多年的实施中，“吏”与“民”的矛盾关系尖锐化了。“吏”，在前节已经提到，是由一等户即形势户到州县官府中充任衙职的一批人物。这批人是地方上的实权派、当权派，连地方长吏即州县官也受到这批人的左右和控制，唯这批人的马首是瞻。前面已经引用了陆象山、叶正则对这批人的中肯的评论。所以，在州县这批实权派作用之下，差役、赋税征收等财政大权都掌握在这批人手中，因而在攫占农民的剩余劳动和财产的再分配方面，他们得到了极大的好处，以致在激起广大农民的愤懑的同时，也引起了地方上的另一派不当权的豪强势力的嫉视。从宋孝宗乾道年间，各地义役之所以取代差役而得到迅速的发展，就是另一批地方不当权的豪绅利用广大农民对差役、吏胥的愤懑情绪，从而把当地差役大权自当权的吏胥手中夺归自己的。义役之代替差役，是地方上不当权豪绅集团的一个胜利。役法的这一变革，“权不在官而吏无所容其私”③，从义役不再受吏胥们的干扰这一点来说，比差役法是差胜一筹的。

---

① 文天祥：《文山全集》卷九《吉水县永昌乡义役序》。

② 《通考·职役考》二。

③ 《漫堂文集》卷二三《二十三都义庄记》。

但是，义役掌握在地方上另一个豪强集团手中，在其初行之时还能一新耳目，去掉差役法中的一些积弊，为时不久就又暴露了它的剥削压迫的性质了。

吏胥，作为地方上的当权派，失去了鱼肉人民的一个重要机会，当然是反对义役的。谢谔曾经指出：“自此法（指义役）之行，吏胥缩（或作‘束’）手无措，日夕伺隙，思败其谋。”① 但是，义役由于掌握在另一派地方势力手中，同样会产生许多问题。朱熹对义役曾有过极为剀切的评论，他指出义役有四不尽善：处州义役“却令下户只有田一二亩者亦皆出田，或令出钱买田入官，而上户田多之人，却计会减缩，所出殊少”，“乃是困贫民以资上户，一未尽善也”；“逐都各立役首管收田租，排定役次，此其出纳先后之间，亦未免却有不公之弊，将来难施刑罚，转添词诉，此二未尽善也”；“又如逐都所排役次，今日已是多有不公，而况三五年后，贫者或富，富者或贫，临事不免却致争讼，此三未尽善也”；“所排役次，以上户轮充都副保正，中下户轮充夏秋税长，上户安逸而下户陪费，此四未尽善也。”② 朱熹所提这四条，切中义役的要害，尤其是一、四两条，“困贫民以资上户”，“上户安逸而下户陪费”，是北宋以来差役法中最为严重的弊害，在义役中又复重现，这就说明了义役虽美其名曰义，但在实质上则与差役一样，也是一项残酷的剥削制度。

到南宋晚期，义役实行的时间长了，范围更加广泛了，它的固有的、与差役法相同的弊端便进一步地暴露出来了。黄震在咸淳年间对江西义役作了极为充分的揭露，他指出：“结义役者或出于物力高强，身充主役之家，则中户以下旧来不系充役者，皆拘入义役，此等事力不及之户，向来既苦妄纠，今来幸有定论，亦只得俛首从之，中户以下排结既众，则上等户反宽，而身充主役者坐制其权，役使群动，自家户产阴已免役，此一弊也”；中户入役，“不幸轮充重难，此等人户县道生疏，支吾不行，权归主役，间有主役而不仁者，反为打话卖弄之人，充役之家，一举遂空，主役之家，兼并得便，此二弊也”；各乡保“所在保正有事，多是裒敛大小保长之钱，以应县吏之诛求，虽名曰小役，亦重役也。向也上户充大役，小户充小役，家有一二十亩田轮充一次，尚

① 《皇宋中兴两朝圣政》卷六一；并以刘时举《续宋编年资治通鉴》卷一〇所载校正。

② 《晦庵先生朱文公文集》卷一八，《奏义役利害状》。

可支当。今中户以下尽入义役，则小役之为大小保长者降而差及一两亩田及无田而有屋基、有坟（当作“坟”）上（土?）、挂名县道、略有税产者，皆须充大小保长。一次轮充，其家遂索，而贫苦益众，此三弊也。”① 概括黄震所举述的义役三个弊病，无非是以役首为代表的豪绅大地主大享其利，而广大的中下户包括仅有一二亩田产的半自耕农大受其害。就其严重性看来，义役比差役还要残酷。第一，中等以下“事力不及之户”，在差役法时期还不至于差派，而现在则统统“拘入义役”，甚至差及一二亩田地和略有税产的五等下户，这就不能不彻底暴露义役的残酷性。第二，各地役首控制了义役大权之后，一方面以广大的中下户作为他自己的挡箭牌，“百家户产阴已免役”，而另一方面，又趁机捞一把，“主役之家，兼并得便”。如常熟的一个役首，为了独擅其利，“掩取田租”，竟敢霸占役田，就是一例②。第三，各地役首不但自己榨取中下户，而且为博取以吏为代表的另一派豪绅势力即地方当权派的欢心，或者说为了缓和他们这两地方势力集团的矛盾，共同压榨中下户，他们主动地把中下户推出去“以应县吏之诛求”。

由于义役越来越暴露出它的残酷性，因而也就越来越受到士大夫们的指责和抨击。胡太初在《昼帘绪论》上说：‘义役’利上户而不利下户，便富民而不便贫民，盖视产出财，固为均适，而平日产力鲜少，未尝充役，乃因义役，例被敷金；及有掌管不得其人，或致侵渔盗用，又不免再行科率，故深以为民病。”③ 刘克庄更一针见血地指出：“盖义役乃不义之役，义册乃不义之册，或六文产，或三文产，不免于差，则役首之罪，反甚于乡书手!”④ 戴埴则直斥“义役在官则大义”，“夫力役之出，庸并于两税，继有徭役之雇钱，以隶经总司，复使率钱为义役，是三出钱而不免役；——以为义，未见其为义也!”⑤ 这些针砭时事的评论，称义役为不义，把义役同南宋的赋税剥削联系起来考察，显然是值得肯定的。

---

① 《黄氏日钞》卷七九《江西提举司》。

② 卢镇：《至元琴川志》卷一八《奏义役利害状》。

③ 《昼帘绪论》《差役篇第十》。

④ 《后村先生大全集》卷一九二《鄱阳申差甲首事》。

⑤ 戴埴：《鼠璞》。

第五节　论宋代役法的演变（第十一章结论）

马端临对宋代役法的演变作了简要的概括：

> 按差役古法也，其弊也差设（役?）不公，渔取无艺，故转而为雇。雇役，熙宁之法也，其弊也庸钱白输，苦役如故，故转而为义。义役，中兴以来，江浙诸郡民户自相与诸究之法也，其弊也豪强专制，寡弱受凌，故复反而为差。①

这段概括，从役法演变的形式说，是相当准确的，而就役法演变的实质说，虽然也有所接触，但还应当作更进一步的探讨。

在《宋代役法的几个问题》和另外的文章中，我认为宋代差役是远承魏晋近继隋唐的一项制度；就其性质说，则是魏晋隋唐时期封建国家劳役制的继续，当然在宋代则是作为残存形态而存在的。义役，从上述情况看，它不过是挂着义字牌号的差役。这是因为，除由吏胥差派改变为由役首或主役差派而外，义役与差役不仅完全一样，而且在压榨广大中下户方面，义役较诸差役更有过之而无不及。马端临称义役为“豪强专制”，实为有识之论。因之，从差役演变为义役，或从义役复回到差役，在本质上没有任何的改变，依然是前此国家劳役制的残存形态。

这种国家劳役制，在魏晋隋唐时期与占主导地位的庄园农奴制是一致的，也相适应的。到宋代，它已经成为阻碍社会历史发展的桎梏，即使是残存形态，也是一样。因之，变革这项劳役制，或者是缩小它的范围，成为了宋代的时代任务了。以王安石为首的变法派决定以募役法代替差役法，相应缩小这种劳役制，在客观上有利于社会生产力的发展，有利于商品货币经济的发展，与历史发展的要求是相适应的。而且，就役法本身说，以货币代替劳役，是封建时代的一个进步，是完全应当肯定的。依此而论，募役法之代差役法，是历史发展的一个客观要求。

不过，从差役之向募役演变，并不是一件轻而易举的事情。斯大林说：

---

① 《通考·职役考》二。

"在经济学领域中，发现和应用那些触犯社会衰朽力量的利益的新规律，却要遇到这些力量的极强烈的反抗。"① 在社会制度更替之时，固然出现了为维护旧社会制度的衰朽力量对新的经济规律的强烈的反抗，就是在社会制度内部演进中局部的更替也会发生这种情况。从差役向募役的演变，便说明了上一问题。以司马光为代表的反变法派，不管他们在主观上怎样，但在客观实际上，他们反对募役法，旨在维护作为国家劳役制残存形态的差役法，结果造成了变法的失败。南宋初年的差雇并用，在于扩大剥削，在根本上是维护差役法的；而从差役到义役的转变，不过是地方上两个豪强集团为争夺广大农民的剩余劳动而作的斗争，也都是从根本上维护国家劳役制这一残存形态的。因之，南宋这两个豪强集团，同司马光反变法派一样，都属于保守的社会力量。而只有王安石变法派是当时的进步力量。在宋代，募役法虽然失败，但阻碍社会前进的劳役制残存形态则必须加以解决。这样，直到明张居正推行一条鞭法，以及清初实行"摊丁入亩"的政策，这个问题才算获得解决。可是，当这个问题得到解决时，我国社会历史发展的进程已经明显地落后了。从这个问题的解决中，一方面可以看到历史前进的道路是迂回曲折的，在封建社会内部经济关系的局部变革之何等不易；另一方面也看到了募役法之能够在宋代一度实施，确实反映了它的进步性质，而差役和义役则是过时了的落后的经济关系。

同宋代赋税一样，两宋的力役之征也是日益增重的。前面提到，载埴在《鼠璞》中指出"宋代三出钱而不免役"；李心传在《朝野杂记》中也曾说：

> 余尝谓唐之庸钱，杨炎已均入二税，本朝王安石令民输钱以免役，而绍兴以后，所谓耆户长、保正雇钱复不给焉，是取其三也。合丁钱而论之，力役之征盖取其四也。而一有边事，则免丁之令又不得免焉，是取其五也。②

总起来看，宋代差役是极其沉重的，但分别来说，情况又自不同，大体上南宋重于北宋，而北宋时以王安石变法时募役法为最轻。募役法之所以为最轻，是由于扩大了品官之家和坊郭户等的助役钱，乡村又按户等纳役钱，大地主缴纳

---

① 《斯大林文选》下卷，第575页。

② 《朝野杂记》甲集卷一五《身丁钱》。

的役钱为多，而贫下户有的不出钱而负担轻役，有的出役钱尚能承担得了，同前后相比是最轻的。南宋力役之所以为重，是由于它征收的免役钱是以蔡京集团征收时的数目作为底数的，比熙宁时的役钱已经增重；同时又实行差役和义役，而这些差役和义役统统压到中下户身上，而大地主阶层或不承担役，或承担甚轻，而州县的吏胥和乡村中的役首则大发其财！因之，对社会各阶级阶层来说，差役和义役表现了它的畸轻畸重的这一特点，“有利于富民”，“不利于中下户”。役法的性质就是由其畸轻畸重、对谁有利这个根本问题而确定的。

第十二章　宋代地主阶级和农民阶级（第一编结论）

本编诸章已经叙述了宋代农业生产的状况和土地诸关系，各章当中对宋代地主阶级、农民阶级的土地占有及其相互之间的关系，也都作了叙述。由于分散、不够集中，对这两大阶级的具体情况还不能一览无余，获得清晰的认识。因此，本章综合前面的叙述，着重叙述这两大阶级的情况。既然是综合性质的，不论是在材料的使用上，还是文字的叙述上，都难免与前面有所重复，附此说明。并以本章作为第一编的结论。

第一节　地主阶级各阶层

宋代地主阶级约占全国总户数的百分之六七，包括大商人、高利贷者在内，也不会超过8%。地主阶级是由大地主、中等地主和小地主这三个阶层构成的。地主阶级内部的这一差别，是由于他们之间经济力量的不同造成的。所谓“物之不齐，物之情也”。无视这一差别，并进而抹杀这一差别，是不对的。

先说大地主。

大地主阶层的最顶端是皇帝。宋代皇帝不仅在政治上据有最高权位，而且在经济上也是最高、最大的地主。大约在宋太宗时，汝州即有洛阳南务，“遣内园兵士种稻”①，亦即后来的汝州稻田务，这种水稻归宫廷享用，已经可以视作皇室直接控制的土地。到宋真宗仁宗时候，在汴京附近又有了所谓的“御庄”，显然是皇家所有的庄田，对它的详细情况尚无可了解。皇室直接占

---

① 《长编》卷四四，咸平二年夏四月丙子记事。

有土地是一个确定的事实，之后一直延续下来，大约到南宋高宗时候，“御庄”有日趋扩大之势。绍兴七年（1137），有个叫储毅的内侍，亲自“市王安石家田之在宣城芜湖者，号曰御庄”①，御庄扩大到江南东路的圩田地区。皇帝之外，后妃们也各自在外地占田。因而宋代皇室不仅是最大的食利者，而且也为后来的帝王之家开了直接占有土地的先例。

皇帝以下，大地主阶层是由官户、形势户（或者说某些“吏户”）以及占田400亩以上的一等户至无比户组成的。另外，自大商人、高利贷者转化而来的大地主和占田400亩以上的寺院，也属于大地主阶层。这个阶层，占总户口不过千分之三四到千分之五六，但占有的土地则是垦田面积的百分之四五十，居于压倒的优势，从而构成为封建大土地所有制。就是这个强大的经济基础，使各地官僚豪富有恃无恐，无法无天，为非作歹：

雍熙四年（987）五月丁丑，是日斩秦州长道县酒务官李益。②

〔秦州〕州民李益者，为长道县酒务官，家饶于财，僮奴数千指，恣横，持郡吏短长，长吏而下皆畏之。民负息钱者数百家，郡为督理，如公家租调。独推官冯伉不从。益遣奴数辈，伺伉按行市中，绁之下马，因毁辱之。先是益厚赂朝中权贵为庇护，故累年不败。及伉屡表其事，又为邸吏所匿，不得达；后因市马译者附表以闻。译因入见，上其表。帝大怒，诏〔吴〕元载逮捕之。诏书未至，京师权贵已报益。益惧，亡命。元载以闻。帝愈怒，诏州郡物色急捕之，获于河中府民郝氏家，鞫于御史府，具得其状，斩之，尽没其家。……益之伏法，民皆饭僧相庆。③

端拱元年夏四月乙未，〔麻希孟〕累居宰字之任……以老退居〔青州〕临淄，有美田数百顷，积资巨万……常兼并不法，每持郡吏长短，横恣，营丘人皆畏之。④

〔青州〕大姓麻士瑶，阴结贵侍，匿兵械，服用拟尚方，亲党

① 《系年要录》卷一一二，绍兴七年六月壬申记事。
② 钱若水：《太宗皇帝实录》卷四一。
③ 《宋史》卷二五七，《吴元载传》。
④ 钱若水：《太宗皇帝实录》卷四四。

仆使甚多，州县被陵蔑，莫敢发其奸。会士瑶杀兄子温裕，其母诉于州。众相视曰：孰敢往捕者？〔胡〕顺之持檄径去，尽得其党。有诏鞫问，士瑶论死，其子弟坐流放者百余人。①

曹州民赵谏与其弟谔者，皆凶狡无赖，恐喝取财，交结权右，长吏多与亢礼，率干预郡政。②

抚州民李甲、饶英恃财武断乡曲，县莫能制。甲从子詈县令。人告甲语斥乘舆。〔王〕彬按治之，索其家，得所藏兵械，又得服器，有龙凤饰。甲坐大逆弃市。并按英尝强取人孥，配岭南。州里肃然。③

以上几个事例发生在北宋初年，当时专制主义中央集权制统治力量还相当强大。即使在这样的时候，豪强地主已飞扬跋扈到了何等的地步！因而在天高皇帝远的地方，豪强大地主就成为当地的实际的主宰者、土皇帝。崔伯易的《感山赋》曾经描述道：

今高资大姓之家，列肆侔于府库，邸第罗于康庄……其凭荒负险之民，擅弥山络野之疆；蓄奴为兵，占田满乡；主逋豢寇者攸众，宝龟藏甲者为常；州县徒吏，私为之视察，乡亭部夫，公随之奋攘。是天下山林之出，除公上之赋，守令吏寺，略有常制，每郡每邑，宛转麋溃，输几侯而几王？④

豪强大地主之所以拥有统治地方的权力，不但要占有大量土地，而且还要控制几十家几百家的客户。夔峡诸路的大庄园农奴主，如前所指，往往有三五百家的佃客，这些佃客之被束缚到土地上，一是需要这些劳动力去耕作土地，二是需要众多的地客保护农奴主的庄园；把逃亡的客户勒还原主，在“令著旧业”的同时，也有其“同助祗应把托边界”，充作庄园主及其国家的防御力量。这种情况，即使在盛行封建租佃制的地区，也是存在的。所谓“居止或

① 《宋史》卷三〇三，《胡顺之传》。

② 《宋会要辑稿·刑法》三之一二；《宋史》卷二九八《李及传》。

③ 《宋史》卷三〇四，《王彬传》。

④ 载吕祖谦《宋文鉴》卷六。

在山谷村野僻静之地，须于周围要害去处，置立庄屋，招诱丁多之人居之”[①]，依靠客户的力量，或者如《感山赋》所指出的“蓄奴为兵”，作为保护庄园的支柱。

豪强大地主不仅不遗余力地压榨依附于自己的佃客，而且对邻近庄园的农户也极尽欺压之能事。除兼并这些农户的土地之外，就是压榨这些农户的血汗。为此，一些豪强形势敢于私设公堂、扣压居民。如南宋乾道元年的一道赦文中提到：“勘会豪右兼并之家，多因民户欠负私债，或挟怨嫌，恣行绯缚，至于锁闭，类于刑狱，动涉旬月”[②]；嘉泰三年的赦文又提到：“访闻形势之家，违法私自狱具，僻截隐僻屋宇，或因一时喜怒，或因争讼财产之类，辄将贫弱无辜之人，关锁饥饿，任情捶拷，以致死于非命，虽偶不死，亦成残废之疾。”[③]

到南宋时期，土地兼并的结果，连近海砂岸即渔场也被豪强分割殆尽，而这些豪强利用分割得来的海面，作威作福，对渔民极尽欺压。南宋晚期有关庆元府渔霸的资料也充分说明了豪霸们的残暴、“恣横”：

> 照得本府（即庆元府）濒海，细民素无资产，以渔为生。所谓砂岸者，即其众共渔业之地也。数十年来，龙（垄）断之夫，假抱田以为名，啗有司以微利，挟趁办官课之说，为渔取细民之谋。始则照给文凭，久则视同己业。或立状投献于府第，或立契典卖于豪家，倚势作威，恣行刻剥。有所谓艚头钱，有所谓下莆钱，有所谓晒地钱，以至竹木薪炭莫不有征，豆麦果蔬亦皆不免。名为抽解，实则攫拿！犹且计口输金，下及医卜工匠，创名色以苛取，皆官私之所无。凡海民生生一孔之利，竟不得以自有。输之官者几何？诛之民者无艺！利入私室，怨归公家，已非一日。甚至广布爪牙，大张声势，有砂主，有专柜，有牙秤，有栏脚，数十为群，邀截冲要，强买物货，挜托私盐。受亡状而诈欺，抑农民而采捕。稍或不从，便行罗织；私

① 袁采：《世范》卷三，《山居须置庄佃》。

② 《宋会要辑稿·刑法》二之一五七。

③ 《宋会要辑稿·刑法》二之一三三。

置停房，甚于囹圄！拷掠苦楚，非法厉民；含冤吞声，无所赴诉。斗殴杀伤，时或有之。又有甚者，罗致恶少，招纳刑余，揭府第之榜旗，为逋逃之渊薮。操戈挟矢，挝鼓鸣钲；倏方出于波涛，俄复藏于窟穴。……顷岁廷绅奏请，欲令品官之家不得开抢砂岸。……①

这是品官之家与庆元府地方上的恶霸相勾结，借向庆元府缴纳渔业税之机，将近海渔场即所谓的砂岸兼并、“垄断”，压榨以渔民为主的劳动人民的一份极好的材料。就材料本身说，前此没有任何材料是这样翔实地反映了渔业中存在的问题，因而是极可珍贵的。就所反映情况看，品官之家总是凭借其政治势力，与地方豪绅恶霸串通一气，成为当地统治势力集团，从而为所欲为，同样具有典型意义，值得认真研究的。

各个地区的大地主集团，诸如夔峡路的庄园农奴主、一般地区的官僚大地主、大商人地主，也是各不相同的。这个不同主要地表现在以下几个方面。

首先，在宋代，自科举而登上仕途的官僚士大夫，往往迁离本土，到新的城市定居下来，如苏州城的南北章即章惇、章楶两家，都是从福建路迁来的。这一迁移在土地占有上也发生变化。如家在洛阳、“园宅壮丽与公侯等”的陈季常，他的土地却在河北②；吕惠卿等在朝做官，但在苏州占有田地；王安石原籍江西临川，后来寄居于江宁，罢相之后不但在江宁府置有田产，而且在芜湖、宣城也有田产③。即使在新的居地没有田产，也有园宅，如司马光田产在夏县原籍，但在洛阳城则有独乐园供其寄居。在城市寄居的官僚士大夫，同生产是完全脱离的，他们或靠自己的子侄征收地租。范仲淹居于许，让他的次子范纯仁从江南督运麦舟来许，中途将麦舟赠与了石曼卿。但一般的情况下，品官之家以及一些大地主往往派干仆管理庄田，征收租课；而且政府还规定，官户的赋税由管干缴纳，限期内缴纳不上，则“追干办人”④。自然地，这些穆仁智之流的管干们，利用机缘，刻剥佃户，“多取赢余”⑤，加重了佃户们的负

---

① 罗濬：《宝庆四明志》卷二，载淳祐六年知庆元府颜颐仲的奏状。
② 《宋史》卷二九八，《陈希亮传附陈慥传》。
③ 《系年要录》卷一一三，绍兴七年六月壬申纪事。
④ 《庄元条法事类》卷四七。
⑤ 黄震：《黄氏日钞》卷七〇，《申提刑司乞免一路巡尉理索状》。

担。但许多官僚士大夫，成为居住于城市的食利者，除进一步暴露了他们的寄生性（而这正是地主阶级的阶级本性）之外，却说明了他们对生产是不加过问、不加干预的。由大商人转化过来的大地主，尤其是以商为主的地主，对农业生产也是不加过问和干预的。这两类大地主同夔州路以鞭子督迫地客、直接干预生产的庄园主农奴主存在明显的区别，是毋庸置疑的。

其次，以夔州路为中心的庄园主同他们的先代魏晋隋唐时期的世族、"方隅豪族"一样，历若干世代、几百年而基业不坠，仍然占有大片田产，照样维持其大农奴主的身份。而广大东方诸路的官僚地主、商人地主以及其他大地主同这一情况有不小的区别。这就是前面已经提到的，在这些大地主中，大起大落的情况较为显著，"昔之富者贫，今之富者、昔之贫者也"，从而表现了地主阶级升降沉浮线的波动频繁。这一差别反映了，在庄园农奴主占统治地位下，土地占有变化是不大的；而在官僚商人大地主占统治地位下，土地虽然不断为这个阶级攫占，形成为土地的集中，但同时在商业资本的冲击下，某些官僚大地主则又失去了大片田产，从大地主阶级的经济地位跌落下来。

最后，以上两点汇集起来又造成了大地主阶层各集团中又一个差别，即：代表庄园农奴制生产关系的夔峡路庄园农奴主在宋代已经成为社会生产的阻力，用恩格斯的话说，属于"多余的阶级"了；大官僚大地主对社会生产也不起促进作用，但由于他们不直接干预生产，在土地占有方面也呈现了不稳定，因而他们还能够多少适应封建租佃制的发展，而这一点则与庄园农奴主有明显的不同。作为大土地所有者来说，夔峡路的庄园农奴主同其他地区的官僚大地主没有什么不同，而且，庄园农奴制同封建租佃制，并不存在一个不可跨越的鸿沟，所以当着社会条件发生某些变动之时，例如蒙古贵族在中原地区建立了它的统治的时候，东方诸路的汉族大地主，也向夔峡路的庄园农奴主看齐，表现了向庄园农奴制的一定程度上的倒退。

大地主阶级吞噬了社会的大量财富。北宋晚年的秦观，曾称这些人，"从骑僮，带刀剑，以武断于乡曲；毕弋渔猎、声伎之奉，拟于王侯；而一邑之财十五六入于私家矣!"[①] 就是说，一半以上的财富为他们所吞噬。这些财富主

---

① 秦观：《淮海集》卷一五，《财用》上。

要地来自于地租，亦即来自于农民的剩余劳动乃至于必要劳动的一部分。实际上，不限于地租，官僚们的俸禄、大商人高利贷者的商业利润和利息的相应部分，也是由农民的剩余劳动和必要劳动构成的。益王元杰在府中建成了一座假山，一个叫姚坦的僚属不肯观赏，他说：只见血山，那里有什么假山；“州县鞭挞微民以取租税，假山实租税所为耳!”① 包括皇亲国戚在内的大地主阶层，正如姚坦所说，拼命压榨农民的血汁，并以这些血汁以供其穷奢极欲的。

皇亲国戚、官僚大地主在汴京和著名城市中建筑豪奢的府第园林。出身于三家村学究的赵普，在成为开国元勋之后而大建宰相府第，单是“麻捣钱一千二百余贯，其他可知”②。在所谓的“重城之中、双阙之下”的汴京城，虽然“尺地寸土，与金同价”，但达官贵人、豪商大贾照样“广第宅，连坊断曲，日侵月占，死而不已”③。洛阳、杭州等地也无不如此。苏州园林之盛，甲东南诸郡，即肇始于宋；而园林之建，则是由官僚士大夫开始的。这是“住”。至于食，自然是“烹龙蒸凤”，极水陆之珍奇；蔡京宴请僚属，仅蟹黄馒头“一味为钱一千三百余缗”!④ 至于穿，被列于天下第一的“蜀锦”以及用特殊手艺织成的金线丝，系织女们熬尽了昼夜而织作成功的，可是到了官僚武将们手中却任意作践，如曹翰就是用这些珍品作成鞋、袜的。单是这些材料，就充分说明了官僚大地主，是“消费现成的东西”的一个不劳而获的阶层！实际上还不只此。他们对社会财富任意地挥霍、作践和败坏。但在一般情况下，他们又是极其悭吝的，正像曾子固所说：“富者兼田千亩，廪实藏钱，至累岁不发，然视捐一钱可以易死，宁死无所损”⑤：可是除上述吃喝穿戴、极尽奢靡之外，在赌博上则能够一掷千金，毫无郗色。朱继芳对闲居于城市中的王孙公子们有过如下的描述：

王孙公子少年游，醉里樗蒲信采投。指点某庄还博直，明朝酒醒

---

① 《宋史》卷二四五，《越王元杰传》。

② 沈括：《梦溪笔谈》卷二四；“涂壁以麻捣土，俗遂谓涂壁麻为麻捣”；直到今天仍然用麻捣抹墙。

③ 王禹偁：《小畜集》卷一六《李氏园亭记》。

④ 《东南纪闻》卷一。

⑤ 曾巩：《元丰类稿》卷一七，《分宁县云峰院记》。

到家求!①

大地主阶级就是这样地把吞噬了近一半的社会财富白白浪费掉了。宋代社会再生产之所以不能进一步扩大，这当是一个重要的原因。归根结底，大地主阶层是阻碍社会发展的一个力量。

不论是老牌的还是新暴发起来的大地主，由于他们的寄生性作祟，经不住商业资本高利贷资本的冲击，表现出来大起大落、瞬息盛衰的特点。即使享有政治特权的官僚贵势，也不能久远地保持住他们的大地主的经济地位。“俗言三世仕宦，方会著衣吃饭。愚谓三世仕宦，子孙必是奢侈享用之极。衣不肯著浣濯补缀，必欲鲜华；食不肯飡蔬粝菲薄，必欲精凿，此所谓著衣吃饭也”；“盖子孙不学而颛蒙穷奢极欲，而无德以将之，其衰必矣”②。李翀的这些话是很有识见的。以卖国投降而享得万世臭名的秦桧，生前饱享了人间的豪奢，连宫廷中得不到的珍味，他都可以享到，到他的孙辈，年入尚有十余万，但已是“渐忧生计窘迫”了③。这些大地主，往往不到三世，就没落下来。孙光宪在《北梦琐言》中，曾称不肖子弟有三变，“第一变为蝗虫，谓鬻庄而食也；第二变为蠹鱼，谓鬻书而食也；三变为大虫，卖奴婢而食也”④。就在孙光宪议论三变的同时，或者说在此不久，商业资本高利贷资本在地主阶级身旁崛起而形成为一个强有力的社会力量，地主阶级不肖子弟还在兴高采烈、寻欢作乐之时，就被这个崛起的力量扼住了喉咙：“〔大地主子弟〕在外指屋起钱，高价赊物，低价出卖，谓之转肩”；“又增利钱，候父母死还钱，谓之下丁钱”⑤！这样，“不肖子弟”们要么从外到内、从上到下、从死物到活人，卖个一干二净；要么在“转肩”之下，由父祖搜刮来的不义之财，被高利贷吞噬净尽。郭进在建成房舍之后，宴请工匠们。他指着工匠们说，这是盖房子的；又指着另一旁的他的子弟说，这是卖房子的。郭进已经觉察到，到他的下一代就保不住这所房舍，在这一点上是明智的；而沈括则认为郭进的这话是其后来中落的

① 朱继芳：《静佳龙寻藁》。
② 〔元〕李翀：《日闻录》。
③ 陆游：《入蜀记》。
④ 孙光宪：《北梦琐言》卷三。
⑤ 《就日录》。

谶语，在这一点上就远不如郭进明智了。王禹偁目击公侯们大肆建造，死而不已，“及乎坟土乾，则为子弟狱讼之具者。亦足悲也。”① 王禹偁的这些话是与实际相符的。这一点将在商业资本高利贷资本一章中还要提到。大地主阶层中的大起大落、升降浮沉是如此突出，由此产生了“十年财东轮流做”的谚语，引起地主阶级代表人物的惊恐。这样，地主阶级内部的财产再分配便随着这个大起大落、升降浮沉而更加复杂化了，土地占有和转移同前代也就不一样了。

“从前主要的势力是地，——在农奴制时代就是这样的；谁有地，谁就有权有势。”② 大地主阶层占有最多的土地，而且官户和形势户又是这个阶层的主要构成部分，因而不仅在中央官府而且也在地方官府都握有不小的权力。在两宋300年中，这个阶层在政权中的比重越来越大，对国策的制定具有极大的甚至是决定性的影响。这是其一。其二，这个阶层在政治上是支持宋专制政权的，但他们却需要这样的政府，即对现状不加任何变更，因为只有在这种条件下，他们不但可以保持自己的既得利益，而且还可以扩大其既得利益。而这样的政府，就必然是保守的政府；这样的政治，必然是保守的政治。由于这个阶层安于现状，因此在内政上反对任何的变革，而在对外方面，强敌压境时，便一味的退让、妥协、屈节。两宋300年内外交困的政治局面的形成主要是由这个阶层当权的结果。

其次，再看看中等地主和小地主的情况。

中等地主主要的是乡村第二等户，也包括王安石变法时期所划分的第一等户中的戊等以及一部分官户。这些就是文献中所说的“第二等以上有力之家”③，约有田在“三五顷之间”，并根据叶适的统计，把有田150亩至400亩者，作为这一户等占田的大致数字。熙宁变法期间，对诸路监司、州县之官，要求甚严，行为不端，或手面不净，不是贬官，就是勒停。因而有的地方官自动地要求退职，一个名叫孔嗣宗的曾经说，他家“弊家数椽，聊避风雨，先畴二顷，粗具衣粮”④。不再当官受这些约束。看来有200亩田产的中等地主，

① 王禹偁：《小畜集》卷一六，《李氏园亭记》。

② 《列宁全集》第六卷，人民出版社1959年版，第337页。

③ 《宋会要辑稿·食货》六三之。

④ 此据魏泰《东轩笔录》。

就可以无衣食之忧了。中户中的上等即这类中等地主。

小地主主要是指中户当中的中等或第三等户的一部分。这部分地主占田在百亩至150亩之间，税钱在1贯以上。这类小地主同富裕农民都属于第三等户，而富裕农民占有的土地虽然较少，但也可能接近百亩，因而这两者的界限较难划分。阶层的划分，当然要看经济力量的大小、占有土地的多少，这是一个根本方面。但与此同时，还要进一步考察如何经营这些土地，即是自己耕作还是租种出去，而在租种中又有不同。占田百亩，不但南方的水田为一个有五七口之家民户所经营不了的，而北方的陆地也很难经营得了。因之，占田百亩的民户肯定地要将土地租佃出去，这是区分第三等户中小地主和富裕农民的关键。南宋的曹彦约系都昌县村落中人，他的湖庄，“有田百亩，或杂于其间，或绕其旁，取秫稻于下隰，课粟麦于坡阜，有仆十余家可以供役”[①]。这个材料反映了，占田百亩以上的小地主有田仆亦即佃户为之“供役”耕作的，是靠田仆的耕作而食的。至于佃户的多少，百亩之田至少要有两三户；曹彦约百亩之田而有十余户，说明佃户从这类小地主租佃到的土地是不多的，这些佃户单靠租佃的土地是解决不了最低的生活需要，对这种情况后面再加叙述。

由于大地主同中等地主、小地主在土地占有上差距很大，因而在控制劳动力即佃客方面也有很大的差别，这在上面的叙述中也清楚地表现出来。由于经济力量的差别，对佃户的控制也就有所不同。庄园农奴制下由这个差别而表现出的控制的强弱固然非常明显，就是在租佃制下也有所区别。一般说，大地主经济力量较强，对佃客的控制也就较强；中等地主、小地主经济力量较弱，对佃客的控制也就较弱。北宋王岩叟曾经指出：“富民召客为佃户，每岁未收获间，借贷赒给，无所不至，一失抚存，明年必去而之他。”[②] 南宋朱熹亦曾谈到中产之家“仅能自足而未能尽赡其佃客、地客计几家”[③]。结合这两个材料，可以看到，由于为富不仁的大地主不肯“赒给”佃客从而造成佃客的流徙这一情况虽然存在，但多数的还是由于中下层地主因经济力量薄弱、无力“赒

① 曹彦约：《昌谷集》卷七，《湖庄创立本末与后溪刘左史》。
② 《宋会要辑稿·食货》一三之三一；《长编》卷三九七，系此疏于元祐二年三月辛巳。
③ 朱熹：《朱文公别集》卷七，《取会管下部分富家阙食之家》。

给”佃客以致造成佃客的离去。不能把佃客束缚在土地上，使佃客有较多的迁移的自由，这就意味着佃客在生产过程中具有更多的主动性，对生产是有利的。由此可见，中等地主小地主是更能够适应封建租佃制这一经济关系的。这样来看，地主阶级的这个组成部分，或者说中下层地主阶级，在两宋还不是一个多余的阶级，而是社会上必要的有利于生产的一个阶级。

中等地主小地主中一部分可以上升到大地主阶层中，特别是通过科举考试可以升得更多。在宋代，中等地主和小地主以及富裕农民，可以算做中间阶级，这个中间阶级的波动和不稳定性则表现得更为明显。其所以如此，是由封建国家沉重的赋役造成的。叶适尖锐地指出了赋役的沉重，称“和买折帛之类，至有用田租一半以上输纳者”[①]。试看一个有一二百亩田的地主，收入一二百石地租（而且是两浙路一带的上田），用一半以上的地租去缴纳和买折帛之类，这个不劳而食的寄生者的生活也并不是宽裕的。差役的重压尤其是一个威胁；不论是在王安石变法之前行差法之时，还是在南宋差募并用之际，差役往往把这个中间阶级尤其是其中的小地主和富裕农民推向贫困的深渊。从北宋到南宋这个中间阶级的经济力量是下降的。北宋时的士大夫们称中等人户：“唯中户以上尚能怀土以待秋”[②]，在灾伤中不流离；称这些人户“仅守于衣食”，而“高门大姓亦谨事盖藏”[③]。而到南宋情况就大不一样了，“今之家业及千缗者，仅有百亩之田，税役之外，十口之家，未必糊口”[④]；“中人之家输赋偿逋之余，盖亦无几”[⑤]。因而南宋末年的王柏对这类民户作出这样的描述：“中产之家，往往一岁之入不足以支一岁之用，日降月下，而窘色不舒，每至秋成，如解倒悬。”[⑥] 这些话首先是反映了中户中的下等户即富裕农民岁月竭蹶的困境，但如“百亩之田”的民户亦即小地主阶层的拮据状况也是有所表现的。因而，从南宋中户变下户这个变动中，中小地主特别是小地主之从地主

① 叶适：《水心先生文集》卷一，《上宁宗皇帝札子三》。
② 宋祁：《景文集》卷二八，《乞减税札子》。
③ 毕仲游：《西台集》卷六，《代欧阳考功撰西鸿宫记》。
④ 张守：《毗陵集》卷二，《论淮西科举札子》。
⑤ 蔡勘：《定斋集》卷四，《论扰民四事》。
⑥ 王柏：《鲁斋集》卷七，《赈济利害书》。

阶级中跌落下来绝不是偶然的和个别的。

宋代科举考试制度吸引了各阶级阶层，甚至和尚道士也参与考试，试图“以一日之长决取终生富贵”①。其中中等地主、小地主参加科举的尤为众多。在经济上，中等地主、小地主如上所述表现了上升和下降二重性的特点，在政治上也反映了它的这个特点。从总的方面说，中等地主、小地主要求加强中央集权统治以维护地主阶级的利益，提出一些改革的方案，以限制大地主大商人和大高利贷者，稳定他们的经济地位，甚而进一步发展他们的经济利益。但在实践中，随着中等地主小地主的经济地位的上升或下降，他们对改革的态度也随之发生变化。那些经济地位表现为上升的中小地主，或者也喊几声改革的口号，但缺乏把改革付诸实施的决心；或者在遭到大地主阶层的反对后，对改革发生根本的动摇，甚而追随大地主阶层反对改革。而只有那些经济地位朝不保夕甚而下降的中小地主，才坚定不移地要求进行改革，虽然坚决进行改革的也有少数大地主出身的士大夫，但这样的先进分子是不多见的。在宋代社会历史上，反映了中小地主的改革要求的范仲淹和王安石的先后变法，曾给这个社会带来了一定的活力，并在灿烂的古代文化宝库中留下了不少光辉的具有阶级的时代特点的政治思想和经济思想。

此外，在宋代租佃关系的发展中，还出现了一批二地主。这些二地主主要是从包占租佃如学田之类的国有地形成的，根据他们租佃国有地的多少，如租佃四五百亩以上则应划归为大地主阶层，而租佃在四五百亩以下、一二百亩以上，则可划归为中等地主小地主阶层。二地主完全是食利者，对生产不起好作用。

第二节　农民阶级各阶层

宋代农民诸等级是极为复杂的。宋代五等户中的第三等户中的下等，以及第四等第五等户，占有百亩以下的土地，分别隶属于富裕农民（或自耕农民上层）、自耕农民和半自耕农民。此外在封建租佃制发展中，还形成了一

① 吕祖谦：《历代制度详说》《科目篇》。

批佃富农，就其经济力量而论，与富裕农民颇为类似。除五等主户之外，则为“无常产而侨寓”的客户①，这些客户以及南宋时第五等无产税户，都是无地农民。此外，在少地无地的农民当中，还分化出来一批雇工。宋代诸等级的农民占总人口的80%以上。宋代垦田之所以空前扩大，农业生产之所以能够发展到一个新的水平，宋代中国之所以能够居于世界文明的最前列，主要是由诸等级农民的辛勤劳动来实现和创造的。因此，必须充分认识农民诸等级的伟大作用。在进行上述伟大活动时，诸等级农民又都是从自己所处的条件和地位开始的，从而表现了他们之间的差别，也就又有必要分别叙述他们的情况。

一、自耕农民

下等中户或第三等户的一部分，这部分农民占田约在百亩以下、产钱1贯上下，因而可以划为自耕农民的上层或富裕农民。产钱在1贯以下、500文以上，占田三五十亩的为第四等户，亦即一般的自耕农民。据宋仁宗时丁度对这部分农民的描述：“蜀民岁增，旷土尽辟，下户才有田三五十亩或五七亩，而赡一家十数口”②。蜀川诸路自耕农民占田三五十亩左右，这在其他诸路也大体如此，前面农民土地所有制中已经谈过。

除去占有数十亩土地之外，这类农户以及半自耕农、客户，大都有织机，由妇女们绩麻缕丝，织成麻布丝绢，形成为家庭手工业。李觏对江南诸路的蚕丝手工业有过如下的叙述：

> 东南之郡……平原沃土，桑柘甚盛，蚕女勤苦，罔畏饥渴，急采疾食，如避盗贼，茧簿山立，缲车之声，连甍相闻，非贵非骄，靡不务此，是丝非不多也。③

这种家庭丝织业或麻织业，不限于东南之郡，在宋代统治的各个地区，也都是“缲车之声，连甍相闻，非贵非骄，靡不务此”的。一面是农业，一面是家庭

---

① 《宋会要辑稿·食货》一二之一九至二〇。

② 《长编》卷一六八，皇祐二年六月纪事。

③ 李觏：《直讲李先生文集》卷一六，《富国策》第三。

纺织业，这两者结合起来，统一在个体小生产的家庭之中，从而构成为宋代社会的物质基础。这个农业与家庭手工业相结合的物质基础，虽然同前代一样，没有发生根本性的变化，但它随着时代的推移，随着个体生产能力的增强，在宋代又表现了它的特点。

姑且以丁度所说的有田三五十亩的四等户为例。如果是北方的旱地，一个五口之家照顾三五十亩还勉强凑敷，如果是南方的水田，30 亩还可以勉强凑敷，50 亩肯定是种植不了。因而有田三五十亩以上的四等户和三等户下等，即自耕农民及其上层，经营自己的这块土地时可能采取两种方式：一是将经营不了的土地出租，一是在农忙季节如插秧、收割之时雇工。而后一种方式——雇工，文献材料已有所反映，将在后面再谈。这样，富裕农民、自耕农民中逐步形成了剥削他人剩余劳动的富农阶级了，虽则这种剥削量还不大，但这是值得注意的。

这一户等的农民，不但能够反复再生产，而且可以扩大再生产。假定这类第四等户有田 30 亩，20 亩系一般田地，亩收米 2 石，共收 40 石；10 亩为次田，亩收 1 石，共收 10 石，总共收米 50 石。按照前章五口之家的佃户的必要劳动开支为 36 石，这个五口之家的自耕农也同样需要这些开支。除此之外，一是需要种子，如果不自己育秧，而是买秧，每亩秧据南宋中后期方逢辰记录的清溪的情况是："都来一亩无百千，买秧已费半百钱"①。"半百钱"也就是 50 钱（按省钱 77 文为百计算，为 38 文），因而 30 亩稻秧共需钱 1500 文，折米不过一石。加上农具折旧和肥料，反复再生产共需 40 石。能否反复再生产，决定于国家的赋役的轻重。现在以北宋熙宁和南宋孝宗年间的赋役情况进行考察。

先说北宋熙宁年间的情况。据苏轼等的估计，北宋初以来的国家的赋税不到什一，因而 30 亩田承担的赋税不过 5 石。仔细计算起来，夏税税绢还不到一匹，约两丈上下，税钱约为 500 ~ 600 文之间；秋苗亩不过四五升，30 亩不过一石五斗；四等户不承担和买，三等已上户有和买，预给的钱同绢价相去不

① 方逢辰：《蛟峰集》卷六，《田父吟》。按此条材料至为重要，南宋时清溪这样的地区，农民即买秧插田，这说明农民同市场联系的状况了。

远，即使有也不算负担；在免役法下，或承担半年的轻役，或稍缴免役钱也不过数百文；——所有这些，折合起来不超过4石米。由此可见，熙宁时期的一个有30亩田的自耕农除必要开支和赋税之外，尚余6石米，而家庭手工业产品尚未计算在内。如果有五七十亩田地，情况就要更好了。因而第四等以上自耕农和富裕农民，不仅可以反复其再生产，而且还有力量扩大再生产，同时还能够将其剩余的粮食和绢帛投入到市场上，因而这类农户具有了小商品生产的性质，或者说向小商品生产的道路上发展。

再看南宋孝宗年间赋役同这类农民进行再生产的关系。这个时候有田30亩的第四等户正赋负担依然同北宋相仿佛，没有增加，但在绍兴经界时，第四、五等户中有墓地的，北宋年间7亩以下免田赋，而这时都“均纽正税”①，这就使原来的田赋增加了23.2%。更加严重的是，田赋附加税的大量增加，如和买绢已经成为一项“白取”的税收，落在第四等户的身上，每户至少一匹，南宋初年自和买演变而来的折帛钱也同样地摊派给这一类的农户②，也不下一匹。可以说，南宋各种摊派都是自第四等户以上户均敷的。单是以上三项追加，就使这类自耕农民负担加重，大大影响了再生产的扩大和小商品生产。特别是，南宋的役法，不论差募并用，以差为主，还是改差役为义役，只要这类自耕农民（其中富裕农民轮派的机会更多）落入差籍，就必然要破产失业，而这同北宋行差役时的情况一样。可以看出，在南宋，一方面这类自耕农民扩大再生产不像北宋熙宁年间那样顺利，受到一定的限制；另一方面，他们在差役以及土地兼并的压迫下，经济地位下降，以致成为无产税户和客户，处于这样一个窘迫的境况中。

总之，属于三、四等户的自耕农民，由于他们占有三五十亩以上的土地，牛畜耕具齐全，不仅能够扩大再生产，而且还能提供一些商品粮和绢帛，因而在社会生产中占有重要的地位。

---

① 参阅《长编》卷一一〇，《宋会要辑稿·食货》一〇之一九，《宋史》卷一七四《食货志》。

② 陈耆卿：《嘉定赤城志》卷一六《财赋门》税收载，折帛钱是由“诸县第一止第四等户资产起纳”。

二、半自耕农民

这类农民占田有30亩以下、税钱在500文以下的第五等户。北宋年间这类农户占总人口约为25%以上，到南宋由于第五等无产税户增加和第三、四等户下降，要增加到35%～40%。在第五等户中，虽然“其间极有得过之人”①，但大多数是极其贫苦的。其所以如此，占地少是一个重要因素。如宋仁宗时候著名的思想家李觏，幼年丧父，“家破贫甚，屏居山中，去城百里，水田裁二三亩，其余高陆，故常不食者”②。由于地少，经济力量弱，牛甚至耕具当然不齐全，有的两三家小农户积攒点钱，合伙买条耕牛，就算很不错了③。由于地少，家庭手工业在这类农户中占有重要的地位，李觏曾指出，他的母亲除“募僮客烧薙耕耨与同其利”而外，则“夜治女功，斥卖所作，以佐财用”④，才使这个家庭能够生存下去。贾易的母亲也有类似的情况：“〔贾易〕无为人，七岁而孤，母彭以纺绩自给，日与易十钱使从学”⑤，像这样的生产者，已开始向独立的纺织手工业发展了。这样，在这类生产者中间，农业与家庭手工业结合得极为紧密，但他们连自给自足尚且困难，行之维艰，当然不可能提供粮食和布帛，从而只能生活在狭窄的小天地中，很少同市场发生联系。即使在生产较发展的地区，像太平州当涂这样的地方，也有“妇女平生未识于绮罗”，投老“终身不入于城市”⑥，终生在狭小的村壤中过活。这部分“下户细民”，以及生产落后地区的、商品生产不发达地区的佃客，都是在自然经济支配下生活的。这是一方面。

另一方面，正是由于这类第五等户土地太少，无法养活自己的一家老小，因而在这类第五等户以及客户中发生分化。“秋成之时，百逋丛身，解偿之余，储积无及，往往负贩佣工以谋朝夕之赢者，比比皆是也”⑦。对这些分化，

---

① 朱熹：《晦庵先生朱文公文集》卷二四，《与魏元履书》。

② 李觏：《直讲李先生文集》卷三一，《先夫人墓志》。

③ 何景福《铁牛翁遗稿》《买犊歌》便反映了几家农户合买耕牛的情况。

④ 李觏：《直讲李先生文集》卷三一，《先夫人墓志》。

⑤ 《宋史》卷三四四，《贾易传》。

⑥ 吴渊：《退庵先生遗集》卷上，《江东道院赋》。

⑦ 王柏：《鲁斋集》卷七，《社仓利害书》。

将在下面给以叙述，这里需加说明的是，这类少地农民不得不租种地主的土地。所谓半自耕农民，主要指的是这类农户：既作为五等有产税户，承担政府赋役，又作为土地佃种者，忍受地主的剥削，从而遭受了双重剥削。不言而喻，这类农户是极其贫困的。“农家何所有？挂壁一锄犁！”[①] 这类寒瘁小户除此而外，确是“家徒四壁，环堵萧然”的。实际上，他们的这个“家”也是极其寒怆的。宋真宗曾到近郊丁冈村打猎，看到税户乔谦所居，“墙垣颓坏，室庐卑陋”，于是发了“善心”，钱衣之外还“免庸调三年”[②]。他的后嗣宋仁宗赵祯也照此办理了一通，给一个贫苦织妇以衣物。可惜的是，他们的“善心”太渺小了，普遍的社会现实是对这种“善心”的无情的讥讽。

在宋代，实际上在整个封建时代和阶级社会，生产和消费之间的对立，总是在生产劳动者身上异常突出地表现出来，这就是《救荒活民书》作者董煟所指出的，“不耕者得食，而耕者反不得食”[③]。拿盛产水稻的南方来说，不但是粳糯被当作官府的税收和私家地租而一扫而光，就是糙米农民们也看不到，所谓“布与麦者，第四等以下小户所产”[④]，“贫民下户，仰给于陆种者尤众”[⑤]。能够得到小春作物和“陆种”就算是在天上了，在许多地区，“百家为村，有食者不过数家，贫迫之人十常八九”[⑥]。“十常八九”的饥饿者之间便包括了极大多数的第五等户。试看诗人们的一些描述：

未晓催车水满沟，男儿鬼面妇蓬头。但求一饱偿逋债，留得糠粞便不忧！[⑦]

淡黄竹纸说蠲逋，白纸仍科不稼租！努力经营犹恨晚，官司那问有钱无。[⑧]

……唯闻是年秋，粒颗民不收。上堂对妻子，炊多籴少饥号啾。

---

① 戴栩：《浣川集》卷一，《农家》。
② 《长编》卷五八，景德元年冬十一月甲子纪事。
③ 董煟：《救荒活民书》卷二。
④ 罗愿：《新安志》卷二。
⑤ 舒璘：《舒文靖公类稿》卷三，《与陈仓札子》。
⑥ 董煟：《救荒活民书》卷一。
⑦ 叶茵：《顺适堂吟稿》丁集《田父吟》。
⑧ 朱继芳：《静佳龙寻稿》《农桑》。

下堂见官吏，税多输少喧征求。呼官视田吏视釜，官去掉头吏不顾！内煎外迫两无计，更以饥躯受笞棰。……①

……香穗垂头秋登场……官输私负索交至，勺合不留但糠籺。我腹不饱饱他人，终日茅檐愁饿死。②

勿嫌糠籺勿嫌陈，当念农家种苦辛。输得逋租盈廪庾，却归耕陇作饥民。③

农民的一点收成，被官税私租和高利贷吞噬净尽，他们自己不但“作饥民”，而且“受笞棰”！农民们耕而不得食，同样地织而不得衣。寒瘁小户的妇女在织作上是倍极辛劳的，她们指望用这些织物弥补生活费用生产费用的不足，而这些打算也都落空了。看诗人们的描述：

蒿（艺文补作“荆”）簪掠鬓布裁衣，水鉴虽明亦懒窥。数亩秋禾满家食，一机官帛几梭丝？物为贵宝尺应与，花有秋香春不知。多谢年来豪族女，总教时样画蛾眉。④

年年织得新丝绢，又被家翁作税钱。⑤

……丝成那望衣儿女，且织霜缣了官租！不愁织尽杼柚空，只恐精粗不中度。⑥

老农锄水子收禾，老妇攀机女掷梭。黄绢已成空对喜，纳官还主外无多。⑦

官中催税急如弦，纳上还须陪费钱。若有纰疏并糊药，忍看棒血满庭鲜。⑧

农妇们织成的绢帛，同样地被官税私租和欠负吞噬一空，他们自己反而没有衣

---

① 利登：《髑稿》《野农谣》。

② 赵汝鐩：《野谷诗稿》卷一《耕织叹》。

③ 史浩：《鄮峰真隐漫录》卷五〇，《童草须知·稻粱篇》。

④ 张维：《曾乐轩稿》《贫女》。

⑤ 宋伯仁：《西塍稿》《村姑》。

⑥ 周南：《山房集后稿》《蚕妇怨》。

⑦ 华岳：《翠微南征录》卷一〇，《田家十绝之三》。

⑧ 史浩：《鄮峰真隐漫录》卷一〇，《童草须知·衣服篇》。绢织得太稀者，谓之纰疏。唐代回鹘以劣等马来贸易，唐以疏织绢回答。宋代也有这种绢，因为纰疏，往往用糊来糊，以掩盖之。对这类绢，官府要么不收，要么打棍子。

穿！再看诗人们的描述：

晴采桑，雨采桑，田头陌上家家忙。去年养蚕十分熟，蚕姑只着麻衣裳。①

浴蚕才罢馁蚕忙，朝暮蓬头去采桑。辛苦得丝了租税，终年只着布衣裳。②

四月官场入纳时，乡耆旁午上门追。请看贫妇通宵织，身上曾无挂一丝？③

……织能门外迫催租，不了输租仍卖绤。妇姑对泣儿啼寒，更无可补儿衣隙。帛暖本来代绤寒，卖绤寒来愈无策！……④

……小姑缫车妇织机……翁媪处兮将裁衣。官输私负索交至，尺寸不留但箱箧。我身不暖暖他人，终日茅檐愁冻死。⑤

因之，下户细民之所以过着极其贫苦的生活，不单单是因为地少，在根本上则是由于官府赋税、私家地租和高利贷等压榨造成的。司马光在元祐元年的奏疏当中指出：

窃惟四民之中，惟农最苦。夫寒耕热耘，沾体涂足，戴星而作，戴星而息。蚕妇育蚕治茧，绩麻纺纬，缕缕而织之，寸寸而成之，其勤极矣！而又水旱霜雹蝗虫间为之灾。幸而收成，则公私之债，交争互夺，谷未离场，帛未下机，已非己有矣！农夫蚕妇所食者糠籺而不足，所衣者绨褐而不完，直以世服田亩，不知舍此之外有何可生之路耳！⑥

真德秀对南宋中期以后的五等户的情况也做了叙述：

若五等下户，才有寸土，即不预粜，甚为可怜，更甚于无田之家。盖其名虽有田，实不足以自给。当农事方兴之际，称贷富民，出

---

① 郑震：《清隽集》《采桑曲》。
② 叶茵：《顺适堂吟促》内集，《蚕妇叹》。
③ 朱继芳：《静佳龙寻稿》《农桑》。
④ 徐集孙：《竹所吟稿》《促刺词》。
⑤ 赵汝鐩：《野谷诗稿》卷一，《耕织叹》。
⑥ 司马光：《温国文正司马公文集》卷四八，《乞省览农民封事札子》。

息数倍，以为耕种之资，及至秋成，不能尽偿，则又转息为本，困苦已不胜言。一有艰歉，富民不肯出贷，则其束手无策，坐视田畴之荒芜，有流移转徙而已。①

在沉重的封建剥削下，第五等下户经常地挣扎在饥饿线上。一遇水旱灾荒，流徙的十之六七是这类农民，饥寒而死的也是这类农民。浙东一个姓蔡的老妪，丈夫死去了，两个女儿出嫁了，她“抚膺叹曰：吾老矣，何以生为？”② 乃秉巨烛，于夜半焚死茅舍中。在宋代，由租税私债重压、饥寒穷迫致死的，又岂止蔡媪一个而已！因之，第五等下户、半自耕农民之局促于自然经济的樊篱之中，提供不了商品粮食、布帛，又仅仅只能反复其再生产，归根结底，是由封建土地压迫制度造成的。

三、客户

客户是农民诸户等的最底层。前面几章中对这个阶层的农民叙述得不少了，我们曾经指出，在以夔州路为中心的庄园农奴制地区的客户，是地地道道的农奴；而在流行封建租佃制的广大地区则向半农奴方面转化，情况是极不一样的。由于这一差别，在生产过程中也就有所不同。

客户之具有农奴身份地位，不限于夔峡路。凡是前代划分的一些固定职业身份的诸户，多系农奴。如梓州，“州承旧政（指后蜀之政），有庄宅户、车脚户，皆隶州将；鹰鹞户日献雉兔，田猎户岁入皮革”③，这些户都表现了他们同梓州官府的人身隶属关系，都具有役的性质。两浙路钱氏时代遗留下来的所谓“蟹户”之类，也可能具有农奴的身份。此外，“牧户”和“牧子”也是前代的遗存，也具有农奴的性质。国家监牧中的马匹，主要的由兵牧养，但也用一部分民户牧养，这部分民户叫做“牧户”。监牧废除之后，牧户租佃监牧的土地，成为租佃制下的佃户，身份地位因而有了变化。牧子属于牛羊司，在洛阳南境广成川和中牟一带放牧羊群，每年供应皇室需要的羊，达数万口之

---

① 真德秀：《真文忠公文集》卷一〇，《申尚书省乞拨和籴米及回籴马谷状》。

② 张侃：《拙轩集》卷六，《蔡媪传》。

③ 《宋史》卷二七一《郭廷谓传》。

多。牧子之上有牧羊群头，这些劳动者都靠官府的“月粮”，“如全带外群者，只支米豆二色，月给酱菜钱二百、麻履钱一百，十一月至二月借皮裘一，至三月一日纳官”。在放牧中，丢失、死亡牲畜，就要受到处罚：“一口至三口，群头笞四十，牧子加一等。……少十五口至二十口，牧子徒一年，配外州牢城；群头杖一百，降为牧子；牧羊十将杖八十，降一资”[①]。宋神宗时，由于宫廷供应方式发生变化，牛羊司牧养的数量便大为减少了，牧子数量也随而减少。此后牧子地位有无变化，因书阙有间，不敢断定。

如前所指，佃客在各个地区的身份地位是不同的，经济情况也是有所差别的。马克思指出，即使在劳动地租的条件下，“负有徭役义务的人或农奴竟能有财产和——相对地说——财富的独立发展”，“这里已经有了某种经济发展的可能性”[②]，使农奴之间出现了差别；到产品地租占支配地位的条件下，“会使各个直接生产者的经济状况出现更大的差别。至少，这样的可能性已经存在，并且，这些直接生产者获得再去直接剥削别人劳动的手段的可能性也已经存在”[③]。宋代佃客中由经济力量的差别而引起的分化，完全说明了马克思上述论断的正确。

从一些文献记载来看，在北宋年间，客户有的已经富庶起来。魏泰《东轩笔录》记载，汜县一个田庄，原是酒务官李诚的，因失陷官物而以这个庄子赔偿，成为官庄。这个庄，“方圆十里，河贯其中，尤为膏腴”；庄上的百多家佃户，“岁纳租课，亦皆奥族”，“建大第高廪，更为豪民”；他们毫不费力地就聚集了5000贯钱，为李诚的后代从官府中赎回了这个庄子[④]。这件事说明了北宋仁宗年间，北方的一些佃户发展成为“奥族”、成为“豪民”。而这些“奥族”和“豪民”是否如马克思所说，“再去直接剥削别人劳动”呢？答复是肯定的。在第五章封建租佃关系的发展中，曾经根据宋宁宗庆元年间苏州学田租佃和宋理宗嘉熙年间华亭学田租佃情况列为两表，其中租佃50～100亩这一类别栏是，苏州计3户、共租佃192亩田，华亭县是26户，共租佃1751

① 《宋会要辑稿·职官》二一之一〇至一一。

② 《马克思恩格斯全集》第25卷，第893、894页。

③ 《马克思恩格斯全集》第25卷，第896页。

④ 魏泰：《东轩笔录》卷八。

亩。就这类租佃情况看，土地在50～100亩之间，是一个个体家庭无法耕作的，因而租佃者完全可以租佃出去，使自己成为享得地租的二地主；也可以自己经营一部分，租出一部分，或在农忙季节雇工，因而成为佃富农，这两种情况显然都是存在的。所以，在宋代出现富裕农民阶层的同时，也自佃客中出现一批佃富农，这两者的经济地位大致是相同的。这是佃客中的一个变化。

正因为在社会实际生活中，佃客有了自己的田产，因而反映在法律这一观念形态上，封建国家是许可佃客垦辟荒地、占有土地的。在前章土地政策法令中，谈到了这个问题。诸如至道元年六月诏书上说："凡州县旷土，许民请佃为永业"①；天圣四年废襄、唐州营田时，"令召无田产人户请射，充为永业"②；等等，等等，就可以说明这一问题。而封建士大夫如吕大钧也认为，"保民之要"，除"存卹主户"之外，"又招诱客户，使之置田以为主户"③。实际上，客户只要有了田产，就积极地脱离田主的羁绊，力争上升为主户、成为自耕农民或半自耕农民。例如在湖湘一带就有这种情况：

〔客户〕或丁口蕃多，衣食有余，能稍买宅三五亩，出立户名，便欲脱离主户而去。④

湖湘是地多人少的地区，客户占有一块土地也许较为方便。可是，材料证明，即使在两浙地少人多的地区，客户同样能够占有一块土地。熊克在知台州任上写的一首诗说："已田自种乐为农，不肯勤耕事主翁。"⑤ 便清楚地说明了这一事实。袁采在《世范》中谆谆告诫家人："不可见其（指佃客）自有田园辄起贪图之意"⑥。这是在封建租佃制下佃客经济发展的必然结果。客户之上升为主户，这在宋代法律上也是得到认可的。早在宋真宗大中祥符四年（1011）的一道诏令曾说："旧制县吏能招增户口者，县即升等，仍加其俸，至有析客户为之"⑦。这虽然是县吏们为升官加俸才把客户析为主户的，但它却反映了

① 《宋史》卷一七三《食货志上一》。
② 《长编》卷一〇六，天圣四年九月辛未记事。
③ 吕大钧：《民议》，载《皇朝文鉴》卷一〇六。
④ 胡宏：《五峰集》卷二，《与刘信叔书》。
⑤ 载陈耆卿：《嘉定赤城志》卷三七。
⑥ 袁采：《世范》卷三《存邮佃客》。
⑦ 《长编》卷七五。

这样一个事实，即：国家法律不是阻碍而是许可客户上升为主户的。如前所述，从北宋初年客户总比数40%，到宋神宗熙宁五年下降到30%，这一事实无可辩驳地说明了在北宋客户之上升为主户并不是个别的，而是颇为可观的。南宋也有客户上升为主户，虽然客户的总比数是逐年增加的；事物就是在矛盾状态中发展起来的。

佃客不但在经济上发生了如上的变化，而且在商品经济发达的地区如两浙路，同市场发生了这样和那样的联系。如方回所记述的："一农可耕今田三十亩（指南方水田），假如亩收米三石或二石，姑以二石为中，亩以一石还家，斡量石五以上，且日纳主三十石，佃户自得三十石，五口之家，人日食一升，一年食十八石，有十二石之余。预见佃户携米一斗、或五七、三四升，至其肆，易香烛纸马油盐酱醯浆粉麸面椒姜药饵之属不一，皆以米准之。整日得米数十石，每一百石舟运至杭、至秀、至南浔、姑苏粜钱，复卖物货，归售水乡佃户如此。"① 这是太湖流域水乡的佃户以自己的余粮在镇市墟市上换回各种生活用品的情况。虽然这种交换是在低级市场上进行，而且人们还可以认为只是一种产品流通，但不论怎样说，这些余粮毕竟转化成商品，供应城市的需要，促进了城乡的交流。而这一现象，在庄园农奴制地区自然是出现不了的，就是在商品经济不发达的地区也是出现不了的。它能够在这一地区出现，则是向商品经济的方向迈出了一步，因而是值得注意的。

从上面的情况来看，宋代社会经济确实在不同的方面显现出了它的活力，而这一活力说明了宋代封建租佃制关系与当时社会生产力的发展是相适应的。这是宋代封建制租佃关系在发展过程中的主要方面。

另一方面，也要看到，宋代封建租佃制关系还表现了它对社会生产力发展的不适应的方面。对这个问题，在土地所有制和地租形态等章中已作了说明，这里再着重从地租方面略加补充。

封建租佃制关系是封建土地所有者与无地农民之间以契约形式表现出来的剥削关系，而这一剥削关系以地租为主要内容。正如苏轼所说，地主豪势之所

---

① 方回：《续古今考》卷一八，《附论班固计井田百亩岁入岁出》。

以“置庄田，招佃客”，是“本望租课”，而“非行仁义”的[1]。为了实现对地租的压榨，地主阶级是不顾一切的。因此，在这样的压榨下，佃客生产再生产的条件都是很差的。一个膏粱子弟“上庄墅监获稻”，因寒冷而躲到山坡守禾舍中，燃杉枝以御寒。由于禾舍茅茨低密，“烟不出，两目泪洒然”，号叫而出，称之为“入堕泪庵，拥入（八?）难炉，胜如吃十五大棒”[2]。其实，生产最发达的两浙路，佃客们所居，“茅舍炊烟，无穷无极”[3]，比守禾舍好不了多少。严重的是，“负贩耕耘”等一切生产费用，“无非出息取本”于豪强大姓[4]，这就使佃客受到更加沉重的剥削。针对这种情况，宋代著名士大夫也都提到宋代贫富之间存在如此大的差距，就是以地租等各种剥削所造成的，欧阳修在《原弊》这篇著名文章中指出：

> 今大率一户之田及百顷者养客数十家……此数十家者，素非富而蓄积之家也，其春秋神社婚姻死葬之具，又不幸凶荒与公家之事，当其乏时，尝举责（债）于主人，而后偿之，息不两倍则三倍。及其成也，出种与税而后分之，偿三倍之息尽其所得或不能足，其场功朝毕而暮乏食，则又举之。故冬春举食，则指麦于夏而偿；麦债尽矣，夏秋则指禾于冬而偿也。似此数十家者常食三倍之物，而一户常尽取百顷之利。[5]

欧阳修这段精彩的论述，揭示了客户贫困的多种因素，其中包括了“春秋神社婚姻死葬”等传统的封建礼俗的影响和作用，是比较全面的；同时还揭示了对分制地租形式与高利贷相结合的这一剥削制度的残酷，就是这种剥削几乎吞噬佃客们血汗换来的全部劳动，从而深刻地论证了土地兼并之害。在地租形态一章中，曾经叙述了各种形式的地租对再生产的影响和作用，指明对分制在佃客租佃土地较多时还可以扩大再生产，而在租佃土地较少时仅能反复简单的再生产。而从上述对分制与高利贷相结合的封建剥削来看，佃客经年处于贫困

---

① 苏轼：《东坡七集·奏议》卷七，《奏浙西灾伤第一状》。
② 陶谷：《清异录》卷三。
③ 方回：《续古今考》卷一八，《附论班固计井田百亩岁入岁出》。
④ 郑侠：《西塘先生文集》卷一《流民》。
⑤ 欧阳修：《欧阳文忠公文集》卷五九《原弊》。

饥饿之中，能够反复简单再生产也是不容易的。四六分制、三七分制也同样是如此。因此在对分制这一占支配地位的地租剥削形态下，广大佃客之束缚于自然经济中，又使社会表现了它的某种静止的状态。宋代社会经济也是在矛盾中发展的。

此外，在广大佃客中，还有一批常年在饥饿线上挣扎的最贫困户。南宋初年陈规在德安举办屯田之时，其中有如下一项规定："如遇农忙时，一半守御人并就田作时，亦合支钱粮，如至秋成，所得物斛，于内依仿锄田客户则例，亦合分给斛㪷，以充犒赏。"① 显然可见，这类锄田客户没有租种到土地，而仅是靠锄田为生，他们的生活较其他客户还要困苦。至于有的地区的客户，上无片瓦，下无立锥，他们"惟借佣雇"而生②，则向雇工方向发展了，对此问题将在下编雇工的广泛发展中再加说明。

第三节　农民的分化

由于乡村中土地占有的差别，农民的分化，亦即农民向小商、小工和雇工的转化，便成为一个无可避免的事实和社会现象。其中从第五等农户和客户中转化的痕迹尤其清楚。如王柏所指出的：

> 〔农户〕秋成之时，百逋从身，解偿之余，储积无几，往往负贩佣工以谋朝夕之赢者，比比皆是也。③

这条材料指明了从占有一块土地的自耕农民中的分化，很多贫民下户"负贩""佣工"，即兼营小商贩和小工等等以谋生活。至于从客户中分化出来的小商、小工和雇工，可能还要多些，这是不言而喻的。

农民的分化，情况很不一样，大体上可以区分为以下几种情况：

（一）以农为主，兼营其他副业。如遂州小溪县仙女垭村的程君友，"家数口，垦耕力作，常于乡里佣力，织草履自给"④。程君友这个个体家庭，既

---

① 《宋会要辑稿·食货》二之一〇。

② 陈淳：《北溪先生全集》卷四四《上庄太卿论鬻盐》，四库影印本。

③ 王柏：《鲁斋集》卷七《社仓利害书》。

④ 黄休复：《茅亭客话》卷一。

保持了原来的农业与家庭手工业的结构，又为人“庸力”，还兼营“织草履”这一副业。这是半自耕农民家庭以其较多的劳动力，兼营其他副业以纾困境的普遍形式，虽然还与农业紧密结合，但这样的农户已经能够以其他副业从事某些小商品生产了，开始同市场发生联系了。

（二）亦农亦工，在家庭经济比重中，“工”的收入部分比重越来越大。这种情况也很广泛，这里以铜山县铜矿匠户为例：

〔铜山县〕其新旧铜窟凡二百余所，匠户近二百家……此县铜矿，有无不常……诸林匠户多以耕种为业，间遇农隙一二十户相纠入窟，或有所赢（嬴），或至折阅，系其幸不幸，其间大半往别路州军铜坑盛处趁作工役……①

这条材料反映了，匠户是以“耕种为业”，而趁农隙之时方至矿井中采掘铜矿，然而由于本地矿苗的竭蹶，匠户们“大半”又都到铜产多的地区“趁作工役”。因而它典型地说明了与农业相结合的匠户，有逐步脱离农业的手工业矿业转化的趋势，由此显示了独立手工业发展过程中的一个初期阶段，后面在手工业中还要举述。宋代不仅在采掘业方面表现了由农向工方面的转化，在纺织业方面也同样有这种反映，这里不多举述。

（三）向手工业商业的完全转化。这类情况也很多。例如：“歙之大姓汪氏，一夕山居，涨水暴至，迁寓庄户之庐。庄户，砚工也。”② 这个庄户，也就是客户，他虽然是汪氏的庄户，但已经成为砚工了。这是从客户转化为砚工即手工匠人的一个例证。客户也有转化为商人的，如“郑四客，台州仙居人，为林通判家佃户”③，就是一例。在农业生产、商品经济发达而又人多地少的地区，正是从农业人口中，更具体地说，从第五等下户和客户当中分化出来一批又一批的商贩和工匠，这是历史发展的一个必然趋势！

最后，再看一下农村当中雇工的情况。

乡村雇工的情况是很复杂的。凡是佣力、佣工和佣雇等等，都是指雇工而

① 王之望：《汉滨集》卷八《论铜坑朝札》。
② 何薳：《春渚记闻》卷四。
③ 洪迈：《夷坚志·支志》景集卷五。

言的。但乡村中为人雇力的，有的还没完全失去自己的一块土地。如前面提到的程君友就是一例。再如陕西路一家农户，由于灾荒，“母妻之别地受佣，民居家耕种”[①]，这家农户虽为人佣力，但仍持有自己的土地。又荆门军的邹亚刘，“薄有资产，且常为人佣”[②]，也是在占有一块土地的同时而为人佣力的。

当然，从完全没有土地的第五等无产税户和客户中转化为雇工的为数更多。有的流到外地或城镇当中，有的在本地，都是靠“佣力”为生。就农业生产来说，有的在农忙时节充作短工。如：“绍熙二年春……金溪民吴二九将种稻，从其因假所著皂缣袍，曰：明日插秧，要典钱与雇夫工食费。”[③] 除种植业有雇工之外，植茶业中的采茶制茶，植蔗榨糖中的削蔗、榨制糖水，以及种菜等等，都看到有雇工的现象，因而雇工是相当普遍的。至于为人负担、操舟、舂米等等许多杂活，也是由雇工承担，这种雇工在宋代则显得更加广泛了。后面还要提到。

雇工与雇主两者之间的关系，是货币关系。但这时候雇工的社会地位则是很低下的，他们成为雇主的仆人和婢女。很显然，在封建时代决定人们社会地位的是对土地的占有；失去土地之后，尽管同雇主之间形成为货币关系，但在社会地位上则下降为仆了。

从宋代土地占有关系上可以看到：

（一）由于对土地的占有存在如此大的差距，封建地主阶级与农民阶级的矛盾关系都是基于这一差距而发展起来；地主阶级内部各阶层的利益也基于这一差距而有所不同，因而各阶级各阶层围绕土地关系产生了不同形式的斗争。各阶级阶层在现实社会中的要求和意愿是些什么，将通过他们的代表人物而表现出来，这将在最后一编经济思想中再加说明。

（二）宋代土地占有关系是复杂的，从以夔州地区为中心的庄园农奴制关系到广大东方地区的封建租佃制关系，又从广大东方地区的封建租佃制关系到以太湖流域为中心的两浙路地区高度发展的封建租佃关系，以及这种高度发

① 范公称：《过庭录》。
② 洪迈：《夷坚志·支志》景集卷一。
③ 《夷坚志·丁志》卷四。

展的租佃制关系渐次向货币关系发展，这大约是两宋土地关系推移变化的总过程。就这一总过程而论，它不是僵死的，而是在运动变化着的，而这一运动变化与生产力发展的性质是一致的，即是说，它在基本方面是适应生产力发展这一客观要求的。

（三）各阶级阶层都是站在本阶级阶层利益的立场上进行活动的，而这些活动如果能够适应、推动上一土地关系演变的总过程，就必然能够适应和推动宋代社会生产力发展的性质。因此，各阶级阶层的利益是否正当，就只有放在这样一个历史环境中去检验。

作者简介

漆 侠 （1923～2001）山东巨野人。1948 年毕业于北京大学历史系，旋入北京大学文科研究所史学部学习。1951 年 3 月任中国科学院近代史研究所助理研究员。1953 年 12 月起先后任天津师范学院、天津师范大学、河北大学历史系讲师、副教授、教授，曾任河北大学历史研究所所长、宋史研究中心名誉主任，河北省政协常委，河北省社科联副主席，河北省历史学会会长，中国宋史研究会会长等职。长期从事中国古代史教学和科研工作。1984年起为博士生导师。1986年获全国优秀教育工作者称号和“五一”劳动奖章。在中国农民战争史、中国古代经济史和宋史等研究方面建树卓著。主要著作：《王安石变法》《宋代经济史》《秦汉农民战争史》《求实集》《知困集》等；论文 150 多篇。

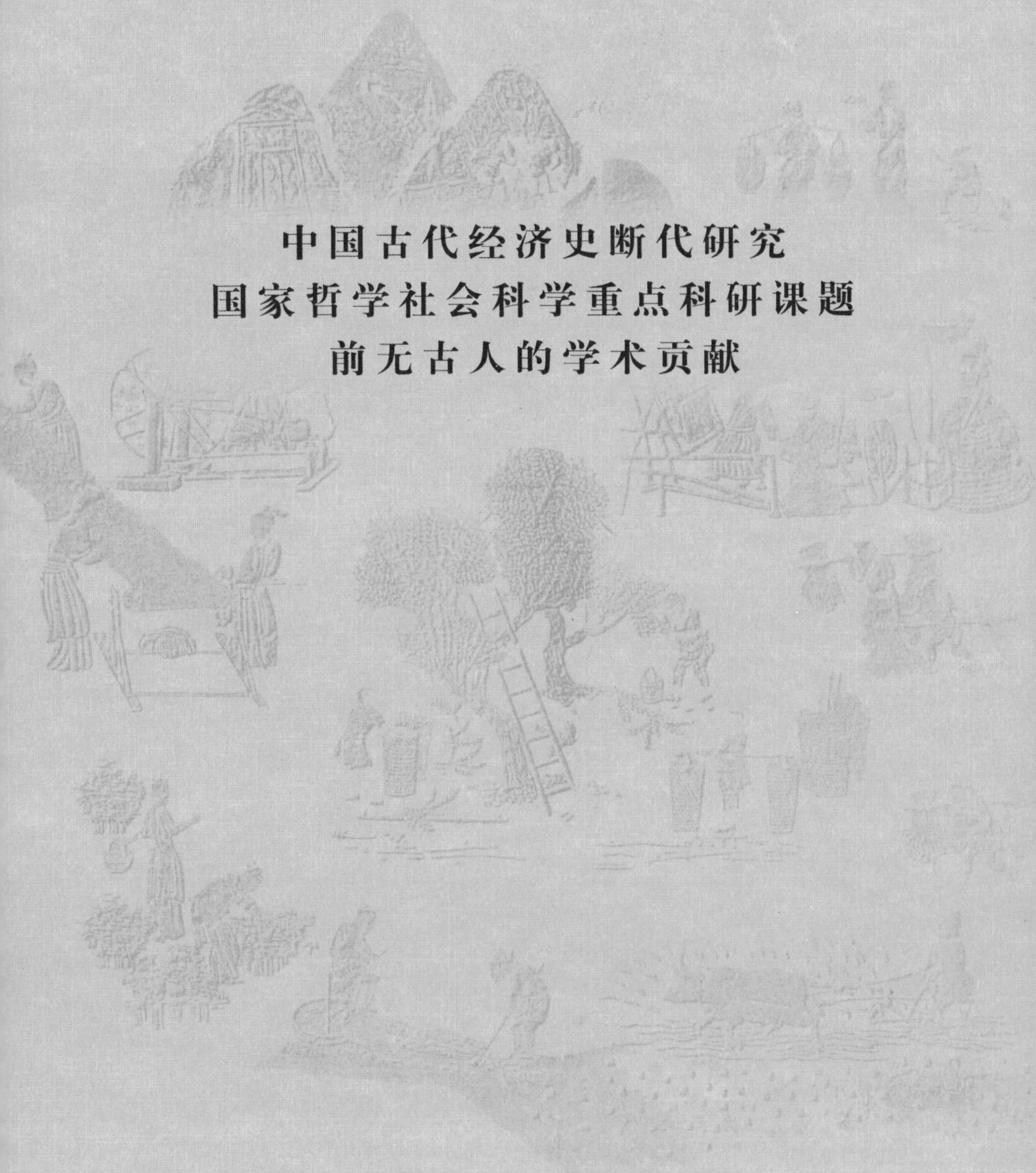

中国古代经济史断代研究
国家哲学社会科学重点科研课题
前无古人的学术贡献

中國經濟通史

宋（下）

漆侠 著

經濟日報出版社

目　录（下）

第二编　宋代手工业生产以及手工业诸关系

第三编　宋代茶、盐、酒、矾的生产和封建国家专利制度

第四编 宋代商业的发展及其与周边诸族海外诸国的贸易关系

第五编 宋代社会经济思想

第二编

宋代手工业生产以及手工业诸关系

引言　宋代手工业布局

宋代官私手工业，诸如采掘冶炼以及与之相关的铸钱、军工工业，伐木、造船、建筑工业，以丝织为主的纺织手工业以及染色、衣帽缝制业，农产品加工工业，制瓷、雕漆以及金银细工等特殊手工艺，造纸以及刊刻印刷、墨笔砚制作等手工业，都获得了巨大的进步和发展。一些手工业特别是采掘冶炼手工业等，规模扩大了，技术改进了，产量较诸前代成倍地或成若干倍地增长起来。各个手工业生产部门中都出现了富有创造性的新技术、新工艺和新产品。手工业的高度发展，对宋代整个国民经济的发展起了重大的推动作用，使宋代经济文化科学技术的发展居于世界的最前列。下面将分别叙述手工业生产各部门的发展状况，以及生产各部门内部经济关系的发展变化，由此说明它们之间的相互联系、相互制约和相互作用。

前编指出，宋代的农业生产，如果以淮水划界，则北不如南，而以峡州为中轴，南至海南岛，北至秦岭商雒山区，划一南北线，则西不如东。宋代手工业生产，也同样地表现了这一生产发展的不平衡性，当然还有它自已的一些特点。因此，在这个引言中，打算叙述一下宋代手工业布局，从这个布局中说明上一问题。

就采掘冶炼手工业而论，它的发展不平衡性受到地质地理条件的制约。以煤炭为例，马可·波罗在其行记中曾盛赞中国疆域之大，物产之富，以及城市之繁华，其中许多资料足以弥补当时国内记载的不足。但是，他毕竟是走马观花，对许多事物的认识既不免肤浅，又有许多地方说得过头，如有关煤炭的记载就是一例。他说："契丹全境之中，有一种黑石，采自山中，如同脉络，燃烧与薪无异。其火候且较薪为优……而其价亦贱于木也。"[①] 文中称契丹全境

① 《马可·波罗行记》（冯承钧译本）中册，第407页。

都产煤炭，是不全面的，当时北中国也没有全部以煤为燃料。由于地质地理条件的限制，东南地区从古到今都是缺煤少煤的，因而宋代煤炭业几乎全部在北方诸路，南方无法与北方相比，从而造成南北的重大差别。

可是，从铜矿、冶铜手工业的情况看，南方诸路远远超过了北方诸路。南宋洪咨夔在举述宋代铜钱监之后写道："万宝毕萃，莫东南之与匹"，接着又称宋代冶场诸如铅山、濛山、石堰、岑水等都坐落在南方[1]，而北方诸路仅河东路、河北路、陕西路略产一点，无法与南方相比。但在金、铁生产中，北方又超过了南方，而在银、铅等生产中，南方则又超过了北方。今以宋神宗元丰元年的矿产品税课列为下表，就可看出采冶手工业布局及其发展的不平衡性[2]：表中清楚地说明了南北地区采掘冶炼手工业布局的差别，煤炭、铁、金以北方诸路占优势，而银、铜、铅、锡（因不便统计，故未列）则南方诸路独胜一等，各有千秋，互为轩轾的。

项目	总收入	北方坑冶收入及所占百分数（%）		南方坑冶收入及所占百分数（%）	
金	10710（两）	9696	90.5	1024	9.5
银	215385（两）	35087	16.3	180298	83.7
铜	14605969（斤）	15411	0.1	14590558	99.9
铁	5501097（斤）	5299134	96.3	201863	3.7
铅	9197335（斤）	1977175	21.5	7220160	78.5

但，仍以宋神宗元丰元年的矿产品课税进行另一种统计，就会看出东方诸路与西方诸路的差别：

项目	总收入	东方诸路收入及所占百分数（%）		西方诸路收入及所占百分数（%）	
金	10710（两）	9824	91.7	886	2.3
银	215385（两）	201471	93.5	13914	6.5
铜	14605969（斤）	14603174	99.98	2795	0.02
铁	5501097（斤）	5455334	99.2	45763	0.8
铅	9197335（斤）	8728871	94.9	468646	5.1

① 《平斋文集》卷一《大冶赋》。

② 此据《宋会要辑稿·食货》三三之七至一六所载制成。

表中数字清楚地反映了，东方诸路在采掘冶炼手工业中远远超过了西方诸路，或者说是西不如东的。西方诸路采冶业虽然落后，但在荆湖南路以西以及广南西路则由于人口的增加、农业的发展，也有了初步的发展，这是值得注意的。前编提到，宋代社会经济发展总趋势是，越过湘江，向西南地区发展，农业是如此，采冶手工业也是如此。

其次，宋代手工业的布局，又受到交通运输、自然条件的制约，从而表现了它的多样性和发展的不平衡性。这表现为以下几种情况。

1. 由于地理气候等自然条件的不同，某种手工业可以在这个地区发展，而不能在另一个地区发展。例如榨糖业，由于它的原料产地以及榨糖的季节性，只能在南方“江浙闽广蜀川”[①] 地区发展起来，北方诸路就发展不了榨糖业。

2. 由于交通运输的限制，某些手工业往往是在原材料产地附近或交通方便的地方建立起来，从而使手工业布局有所不同。如宋代铸钱业，铜钱铸造集中在江南东西路和广南东路，铁钱铸造集中在川蜀陕西河东路，就是由于上述地区分别生产铜、铅、锡和铁，钱监的分布在这些地区，而不在其他各路。军工工业也有类似的情况，在“产材州”、“敛数州之所作而聚以为一处，若今钱监之比”[②]，而建立都作院——地方军工作坊。造船业也是如此，既要当地盛产木材，又要靠水，使船只造成之后下水以发挥它的作用。

3. 在这一地区，虽然缺乏某种手工业或某种物资，但是由于社会的迫切需要，则发展另一种手工业以代替之。突出的例证是，东南诸路和蜀川诸路在宋代缺乏煤炭采掘业，而各项冶炼又需要煤炭一类的能源，如何解决这一问题呢？于是传统的伐木烧炭业以及蜀川路的竹炭便发展起来，用以冶炼。“北方多石炭，南方多木炭。而蜀又有竹炭，烧巨竹为之，易然、无烟、耐久……邛州出铁，烹炼利于竹炭。”[③] 手工业的布局及其发展，又是取决于社会需要程度的；凡是社会需要的，必然能够建立和发展起来。

---

① 《重修政和经史证类备用本草》卷一三。

② 《长编》卷二四五，熙宁六年八月戊戌记事。

③ 陆游：《老学庵笔记》卷二。

由于上述几个因素的影响，宋代手工业的布局及其发展的不平衡性表现为地区的特点，即各个地区不一致，互有短长。认识到这一点非常必要，如有的手工业如造纸业，在各路虽然很普遍，但由于它使用的原料藤、楮、桑、竹、麻等的不同，以及制作技术的差异，各地区的纸都有自己的特点以及名牌产品，从而表现了它的多样性。制瓷业也表现出了这个特点。由此可见，充分利用本地区的特点和优势，发展这种或那种手工业，是符合手工业（工业也一样）发展的规律的。

复次，宋代手工业的布局，及其发展的不平衡性，又是受到农业生产的制约的。可以从下述两个方面说明这个问题。

一是，越是在农业生产发达的精耕细作的地区，手工业就越是得到发展，手工业布局越显得紧密。如前编所述，诸如植桑养蚕、种植木棉、甘蔗、茶树等经济作物，都是在农业生产发达的地区发展起来，并成为新的农业分支。而这些作物，就为丝织、木棉、榨糖、制茶等手工业提供了原料，从而使这些手工业发展起来。榨糖业在蜀川闽广江浙诸路发展起来，前面已经提到。木棉则是在广南东西路福建路发展起来，特别是在福建莆田等地，“家家余岁计，吉贝与蒸纱”[①]，木棉织做得到了广泛的发展。蚕桑业是在成都府路、梓州路梓州等地、京东路、河北路、江东路、两浙路发展起来，因而这几个地区也就成为宋代丝织业最发达的地区。号称“天府之国”的成都府路，“原野衍沃，氓庶丰夥”[②]，“产殖缯锦枲纻莽茗刺绣镂刻髹治之物”[③]。梓州是在宋代新发展起来的丝织中心，这一州就有“机织户数千家”[④] 著名的锦缎及许多高档丝织品便是这个地区的名牌产品。京东河北等路是著名的传统的蚕桑区，“河朔山东养蚕之利，逾于稼穑”[⑤]，从而涌现大批专业户，推动了丝织业的高度发展。这个地区丝织品不仅产量多，如河北路有“衣被天下”之誉[⑥]，而且质量极

---

① 刘弇：《龙云集》卷七《莆田杂诗二十首》之一。
② 文同：《丹渊集》卷二三，《成都府运判厅宴思堂记》。
③ 《丹渊集》卷二三《梓州永泰县重建北桥记》。
④ 《宋会要辑稿·食货》六四之二三。
⑤ 庄季裕：《鸡肋编》卷上。
⑥ 《宋史》卷一七九《食货志》。

好，所产“东绢”与“蜀锦”并列为天下第一[①]，亳州轻纱、定州刻丝是当时著名的产品和工艺品，给后代以不小的影响。两浙江东等路是宋代再一个丝织业中心。这一地区，自然条件好，蚕1年8熟，蚕桑业尤为兴盛。有的地方，“重于粪桑，轻与壅田”[②]，把蚕桑业放在首位，因而“以织作为生”的机户也就特别多。湖州、婺州、杭州、越州是两浙路丝织业最兴盛的地方，产品之多，居全国之最，而婺罗和寺绫（尼院中所织）也是名被遐迩的名牌货。两浙路既是宋代农业生产最发达的地区，又是宋代丝织等业最发达的地区，深刻说明了农业与手工业的内在联系。

为什么在农业生产发达的地区内手工业布局紧密并得到发展？这是因为：第一，手工业生产的原料诸如蚕茧、甘蔗等，都是深耕细作、壅培灌溉之功甚勤的生产条件下的产物，只能在农业生产发达的地区发展起来，在粗放经营的地区是办不到的，更不必说刀耕火种地区了。第二，农业生产发达的地区，大都是地少人多的地区，如两浙、福建、成都府路、江东路等都是这样的地区。因此，广大的劳动者不是无地便是占地很少。怎样解决这个人多地少的矛盾？例如福建路，“垦山种果菜，渔海造鲑蛤以自给”[③]，充分利用了它的背山面海的自然条件，以充足的劳动力开展了植茶、植蔗、植棉等多种经营，从而使榨糖、棉织业发展起来。反过来看，在粗放经营和刀耕火种的地区，地多人少，没有充足的劳动力提供给手工业各部门，以致这些生产部门得不到发展。第三，在农业生产发达的地区，能够提供更多的商品粮，这是手工业生产建立和发展的一个前提条件，这个问题放在下面来说，更为方便。

二是，宋代手工业主要是在城市镇市上建立和发展，它的布局毫无疑义地要受到城市镇市的决定性影响。但是，决定城市镇市布局及其发展的仍然是农业生产。其所以如此，乃是因为：绝大多数城镇居民，从事手工业的和从事商业的，都依赖商品粮的供给。商品粮的多少，是手工业、商业发展的前提条件，甚而也可以说是城镇发展的一个基本条件。有多少商品粮，办多少手工

---

① 太平老人：《袖中锦》。
② 程泌：《洺水先生集》卷一九《壬申富阳劝农文》。
③ 刘克庄：《后庄先生大全集》卷八八《福清县创大参陈公生祠》。

业、工业，今天是如此，在古代交通不发达的条件下更是如此。因此，在宋代峡州以西诸路，除成都府路、梓州路利州路部分地区外，城镇分布很少，规模也很小，仅仅作为封建统治机构的所在地而已，手工业是很不发展的，更远远落后于东方诸路。前面在采掘冶炼手工业布局及其发展方面，虽然从地质地理条件说明西不如东，但说到底，也同样是由农业生产的差别造成的。就南北地区而言，东南诸路农业生产是超过北方诸路的，南方提供的商品粮大大超过了北方，因而南方的手工业、城镇布局及其发展，同样优越于北方诸路。

从马克思到列宁，一直强调农业是国民经济的基础。手工业商业能否得到发展，取决于农业劳动生产率的高低，取决于农业提供的商品粮的多少。从宋代手工业布局以及发展的不平衡性中，就可以看到手工业生产与农业生产之间这一内在联系。在任何时候也不能忽视这一问题：要想发展手工业，就必须发展农业。当然，手工业、工业的发展，反转过来又影响农业的发展，甚至对农业起着极大的改造作用。

第十三章　宋代采掘业和冶矿业的发展(上)：煤炭和矿冶业的发展状况

第一节　煤炭的采掘及其在北方的广泛使用

我国使用和采掘煤炭的历史已经十分久远了。宋代对煤炭的采掘，从技术到规模，都有了极其显著的进步和发展。

20世纪60年代初，河南省文化局文物工作队对河南鹤壁市一座宋代煤矿遗址进行了考察①。报告指出：这座煤矿使用和建造的是竖井，矿井直径2.5米，深达46米；井下到采煤面有巷道可通，四条较长的巷道总长达500多米。开采的煤田分割成为若干小区，并“运用‘跳格式’的先内后外方法”逐步分区将煤开采出来。与此同时，还利用井上的辘轳把井下的积水提上来，提不净的水则引导到采过煤的低洼地方贮存起来。遗址之中还发现了辘轳、条筐、扁担、盛油用的瓷坛、照明用的小瓷盘，以及生活用的瓷碗、瓶、罐等。根据遗址的情况，河南文物工作队的同志估计它是一个能容纳数百人的煤矿。1000多年前我们的祖先能够建成这样一个布局井然，规模可观的煤矿，实在是一个伟大的创举！

我国古代什么时候开采地下煤的？顾炎武认为：“今人谓石炭为墨”，“《史记·外戚世家》窦少君（按即窦广国，汉文帝窦后弟）为其主入山作炭，《后汉书·党锢传》夏馥入林虑山中亲突烟炭，皆此物也。”② 他认为是从两汉即

① 1960年《考古》第三期，《河南鹤壁市古煤矿遗址调查报告》。

② 《日知录》卷三二《石炭条》。

开始采掘地下煤的。大家知道，人们使用煤炭，最先使用露在地面上的所谓“露头煤”，等到从地表转入到地下，开始采掘地下的煤矿，这是人们通过多年实践而在认识上完成的一个大飞跃。这是因为，人们不仅从实践中积累下来了有关煤炭储存和煤炭“矿脉”走向等地质构造方面的许多经验和认识，而且还要把属于意识形态方面的经验和认识转变为现实，这就必须付出巨大的劳动，才能找到从地下采掘煤炭的一系列的做法和措施。这就是说，既在实践上又在认识上要有一个过程。上述河南文物工作队的调查报告说明，宋代煤矿建造的规模是这样可观，技术又是这样进步，因而在它的建立之前也必然经历了一个认识上的和实践上的过程，不然是办不到的。这样来看，顾炎武认为两汉时“入山作炭”、“亲突烟炭”的炭即指煤炭，以及由此引申在两汉即已采掘地下煤炭，这一论断是可取的，更何况顾炎武还引用《水经注》记载的“冰井台井深十五丈藏冰及石墨焉”，在两汉到宋又有这样一个中间环节呢?!

宋代的文献记载，也能够与考古调查相印证。一个较早的记载是，宋仁宗庆历元年（1041）府州州东焦山有所谓石炭穴①。所谓石炭穴，或窟或坑，都是指煤矿矿井或其他矿产的矿井而言的。这种矿井往往深入几十丈，而杨时的记载还要惊人，“取矿皆穴地人，有深及五七里处”②。杨时所谈的坑冶，主要地是指金银铜铁锡等矿的，不限于煤炭的采掘。杨时的这一记载是可信的，试看下面各矿的情况：

1. 银矿。以建宁松溪县瑞应场为例，这个场在深山中，“日正中，方见日光”，其海拔之高可知，“虽盛夏亦袷衣”，“每石壁上有黑路，乃银脉。随脉凿穴而入，深至数十丈，烛火自照”③。这个银矿的深度达数十丈，比鹤壁市宋代煤矿的深度还要深一些。

2. 铜矿。有关这方面的记载更加多些。欧阳修到河东路访查，提到绛州、稷山、垣曲等地有铜矿，早在唐代即在这里采铜铸钱，绛州翼城县唐代的废铜窟在宋代还保留下来④。韶州岑水场在宋仁宗时候铜矿大为兴发，四方之人纷

① 此据《长编》卷一三三，庆历元年九月庚戌记事；又《宋史》卷三二四《张亢传》同。
② 杨时：《杨龟山先生集》卷四《论时事》。
③ 赵彦卫：《云麓浸钞》卷二。
④ 《欧阳文忠公文集》卷一一五《相度铜利牒》。

纷前来，“扇橐大野烘，凿圹重崖断”①，余靖这首诗反映了铜矿采掘之深，以至重崖为之断裂。经过几十年的开采，到宋哲宗元祐年间，达到了这一地步：“往岁铜发，掘地20余丈即见铜；今铜益少，掘地益甚，至七八十丈”② 蜀川有的铜矿，“窟之特深者数十百丈”③。信州是宋代产铜基地之一，那里的貌平山“特铅山场一小山尔”，经过多年反复采掘，“穿凿极甚，积土成山，循环复用，岁月寖久，兼地势峻倒，不可容众”④，已是到了无法继续开采的地步了。

3. 金矿。登、莱州金矿兴发之后，“多聚民以凿山谷”，一位官员对此大发议论，他以为采金得利不大，而害非小，要求禁止，“以宁地道”⑤。看来金矿的开采也是向地下延伸了的。

4. 铁矿。也不例外，如兴州济众监，由于炉户们“累年采矿颇多，土窟深恶。”⑥

5. 除上述采矿之外，苏州一带对白垩土的采掘，也是“凿山开井，深数十丈，复转为隧道以取之。”⑦

上面之所以不惮其烦地列举了有关文献材料，旨在说明，在近代资本主义大型采掘业发展之前，宋代煤炭以及各种矿藏的开采，在技术上和规模上达到这样高的水平，绝不是轻而易举的。从这里也可以看到，在当时生产条件下获得这样突出的成就，无疑是劳动者付出了极大的代价的。史载，大中祥符六年（1013）“信州铅山县开放坑港，兵卒死伤甚众”⑧。所谓“开放坑港”，指的是：在开凿信州铅山场矿井中巷道（即坑港）中，或由于“冒顶”，或由于塌方，造成兵卒死伤甚众的后果。又如建宁松溪县瑞应银场，在南宋乾道年间，

---

① 余靖：《武溪集》卷一《送陈廷评谱》。
② 孔平仲：《谈苑》卷一。
③ 王之望：《汉滨集》卷八《论铜坑朝札》。
④ 《宋会要辑稿·食货》三四之二八。
⑤ 王称：《东都事略》卷七一《胡宿传》。
⑥ 吕陶：《净德集》卷四《奉使回奏十事状》。
⑦ 范成大：《石湖居士诗集》卷四《白善坑》。
⑧ 《长编》卷八〇，大中祥符六年三月甲寅记事。

“入穴凿山，忽山合，夹死五十余人，血自石缝中流出”[①]。至于在矿井下，在采掘过程中，不时发生的各种瓦斯，或者是爆炸燃烧、或是窒息呼吸，给井下生产者带来严重的危害。广大生产者又在同这些灾害进行斗争中取得丰富经验的：

> 地中变怪至多，有冷烟气火，中人即死。役夫掘地而入，必以长竹筒端置火先试之，如火焰青，即是冷烟气也，急避之，忽前乃免。有地火自地中出，一出数百丈，能燎人。役夫亟以面合地令火自背而过乃免。[②]

自宋以来煤炭采掘积累了许多有益的经验，它对我国近代大规模采掘事业的开展产生了极为良好的作用。

宋代煤炭采掘主要地在北方诸路。《马可·波罗行记》上说：“契丹全境之中，有一种黑石，采自山中，如山脉络，燃烧与薪无异。其火候且较薪为优……而其价亦贱于木。”[③] 这些话主要是指北方地区而言的。直到今天我国煤炭分布依然在北方而东南地区甚少。朱弁提到石炭时说，“今西北处处有之”[④]。朱翌则指出，“石炭自本朝河北山东陕西方出，遂及京师”[⑤]。京东路徐州有煤炭，始自宋神宗元丰初年，苏轼《石炭》一诗中说：“彭城旧无石炭，元丰元年十二月始遣人访获于州之西南白土镇之北”[⑥]。煤炭产量最多的地区，则在上述鹤壁市宋代煤矿遗址这一带及以北的河北路，以及以西的河东路，尤以河东路最多。所谓“〔河东〕地寒民贫，仰石炭为生”[⑦]；“河东民烧石炭，家有囊橐之具”[⑧]，即可说明这种情况。东南诸路则产煤甚少，除江南西路萍乡之外，淮南路似乎也有。《异闻总录》上记载，南宋宝祐年间，安庆九曲岭有一茅屋，“二士烧石炭，对坐观书”[⑨]，透露了这一情况。

---

① 《云麓漫钞》卷二。
② 孔平仲：《谈苑》卷一。
③ 冯承钧译：《马可·波罗行记》中册，第407页。
④ 朱弁：《曲洧旧闻》卷四。
⑤ 朱翌：《猗觉寮杂记》卷上。
⑥ 《集注分类东坡先生诗》卷二五。
⑦ 《宋史》卷二八四《陈尧佐传》。
⑧ 《文献通考·钱币考二》。
⑨ 《异闻总录》卷一。

由于煤炭开采之多，大批的转化为商品，在“地寒民贫”河东路转化为商品的煤炭尤多。出卖煤炭是要征收商税的，为照顾河东路，陈尧佐奏请免除石炭税。大中祥符二年十月，“并州民鬻石炭者每驮抽10斤，己酉诏除之”①。这大概是陈尧佐奏请的结果。石炭税除之后，煤炭外运更多，北方对煤炭的使用进一步广泛起来了。

北方对煤炭的使用，大致有以下几种情况，一是代替其他烧柴，作为家庭燃料使用。除煤产地河东路外，汴京家家户户使用煤炭：“昔汴都数百万家尽仰石炭，无一家然薪者”②。宋政府在汴京储存了不少煤炭，宋哲宗年间京师大寒，乃以60文一秤（15斤）的价钱卖给居民。总之，家庭用煤较过去广泛了。

其二是煤炭使用于各种手工业方面。河东路铸造铁钱，就使用煤炭。宋仁宗时，李昭遘知泽州，“阳城冶铸铁钱，民冒山险输矿炭。”③ 即是一例。冶铁业也大量地使用煤炭。据文献记载，早在魏晋六朝时即已利用煤炭冶铁，宋代对北方的磁州诸冶更加广泛地加以利用。苏轼曾经指出，徐州白土镇采掘出煤炭之后，“以冶铁作兵，犀利胜常云”④。显而易见，煤炭在宋代北方地区已经逐步地代替木炭而作为一项重要的能源了。

对煤炭的采掘者，遗憾的是，还没有见到有关他们的材料，因而也就不能将他们的艰苦的劳动给以应有的叙述。

第二节　冶铁业的高度发展

崛兴于春秋时期的冶铁手工业，经过战国秦汉六七百年的发展，达到了一个新的高峰；尔后又经过唐宋，特别是经过王安石变法，它又发展到一个更高的高峰。宋代冶铁业的发展，不仅在当时世界上，甚至在欧洲资产阶级革命前的世界上，都是首屈一指、居于最前列的。

---

① 《长编》卷二，大中祥符二年冬十月己酉记事。

② 庄季裕：《鸡肋编》卷中。

③ 《宋史》卷二六五《李昭遘传》。

④ 《集注分类东坡先生诗》卷二五《石炭》。

宋代冶铁业的高度发展，首先反映在采掘冶炼地区的扩大上。据《宋史·食货志》记载，铁产地“徐、兖、相三州有四监，河南、凤翔、同、虢、仪、蕲、黄、袁、英九州、兴国军有十二冶，晋、磁、凤、澧、道、渠、合、梅、陕、耀、坊、虔、汀、吉十四州有二十务，信、鄂、连、建、南剑五州、邵武军有二十五场。”① 经过数十年的发展，到宋英宗治平年间，产铁计有登、莱等24州、兴国、邵武二军共77冶②。其中登、莱、邢、泉等州则是宋初产铁地未曾统计的。到宋神宗元丰元年（1078）铁产地计有登、莱等36州军，其中邓州、威胜军、广州、端州、南恩州是新统计的产铁地③。从文献上看，此前的一些州军虽然产铁，但并未统计进去，如福建路福州产铁量不仅可观，所产铁器浮海而去两浙诸州，远销于温州④，就没有统计。熙丰以后，铁产地仍在继续扩大，如两浙路台州即是其一。⑤ 从铁产地的分布来看，当然以北方诸路和东南诸路为多，这是历史传统形成的；而值得注意的是，广南西路如梧州、雷州等地，也生产了铁，而且铁器制造得也很精致，这就表明了，随着铁产地向广南西路地区扩大，这个地区的生产便能够焕然一新，改变过去的落后面貌。

就铁冶分布情况看，北方几个大的铁产区即设置矿监的地区，在规模上、技术上和产量上都是领先的，从而形成为铁产中心。如：

1. 兖州莱芜监。秦汉以来，这个地区就是铁官所在地，以产铁著称。宋初莱芜监共辖18冶，即鲁北、铜务、杏山、阜阳、万家、安仙、汶阳、道士、何家、汶北、鲁西、石门、新兴、鲁东、冶城、太叔、宜城和汶南冶。⑥ 此外还有3个铁坑。由于多种原因，莱芜冶冶数不断减少，但到元丰元年承担的铁课仍达24.2万斤。

2. 河北东路邢、磁、相诸州铁冶的河东路诸冶。邢、磁、相诸州战国以

① 《宋史》卷一八四《食货志》下七《坑冶》，这可能是宋太宗至道年间的统计。
② 《文献通考·征榷考五·坑冶》；《宋史》卷一八四《食货志》下七《坑冶》。
③ 《宋会要辑稿·食货》三三之一三至一四。
④ 《淳熙三山志》卷四一，《土俗类·铁》。
⑤ 陈耆卿：《嘉定赤城志》卷七《场务门》。
⑥ 乐史：《太平寰宇记》卷二一。

来即是著名的铁产区，它的先进冶铁技术在秦统一后由“山东迁虏”卓氏、程氏传到我国西南地区，邛州铁冶自此以后发展起来，直到宋朝依然未衰。在宋代，这些地区的冶铁业发挥了更为巨大的作用，磁州武安固镇冶务铁课高达197万斤以上，邢州綦村冶则达217.3万斤以上[①]，是全国铁课最多的两冶。“锦上添花”，这里又是盛产煤炭的地方，煤铁结合，磁州冶铁便声被全国了。

3. 徐州利国监。这个监是在北宋一代兴发起来的。此前这里仅是一个冶务，叫做邱冶务[②]。因铁产量不断增加，上升为利国监，成为北方又一个铁产中心。大约在宋仁宗庆历年间，利国监曾在技术上进行了一番改造。张方平记载道[③]：“利国监总八冶，岁赋铁三十万。冶大善崩，崩则罢鼓，官课不供，徐之高赀率以冶败，民告无聊。公（李宗咏）往视之，得所以然，因以新意，为作小冶，功省而利倍，徐人于今便之。”文中提到利国监是经过改作小冶才解决了“冶大善崩”的问题的。所谓“冶大善崩”可以作两种解释，一是矿井过大而易于崩坍，一是冶炉过大而易于崩坏，此两种解释究竟指的是什么则无其他材料可资说明。就作者个人意见来看，则倾向于前者，姑志于此。经过这番技术上的改造，30年间，从原来的8冶发展成为36冶，加上元丰元年当地白土镇又发现了煤炭，利国监冶铁业更加蒸蒸日上，成为京东路又一闻名的产铁地。苏轼对这个产铁中心称赞道：“〔徐〕州之东北七十余里即利国监，自古为铁官，商贾所聚，其民富乐，凡三十六冶”，“地既产精铁，而民善锻。”[④]

综上所述，兖、邢、磁、徐诸州冶铁中心在宋代冶铁手工业究竟占有什么样的地位呢？据宋神宗元丰元年铁课总额为5501097斤，南方铁课为202108斤，占总额的3.7%，而北方铁课则为5298989斤，占总额的96.3%。而以上四州铁冶课铁为3694021斤，占总额的67.15%[⑤]。由此可见，上述产铁中心在宋代冶铁业中占有多么重要的地位！对产铁中心进行技术改造，发挥产铁中

① 《宋会要辑稿·食货》三三之一三。

② 《太平寰宇记》卷一五。

③ 张方平：《乐全集》卷三九《李宗咏墓志铭》。

④ 苏轼：《经进苏东坡文集事略》卷三三《徐州上皇帝书》。

⑤ 此据《宋会要辑稿·食货》三三之一二至一四所载统计。

心这类大矿区的作用。既是宋代冶铁业高度发展的一个表现，也是宋代冶铁业高度发展的一个重要原因。

“水涨船高”。宋代铁产量日益增长。宋封建国家的铁课也随而增长。试看下表：

年　代	铁课量（斤）及其指数		材料来源
宋太宗至道末年（997）	5748000	100	《文献通考·征榷考·坑冶》
宋真宗天禧末年（1021）	6293000	109	《文献通考·征榷考·坑冶》
宋仁宗皇祐中（1049～1053）	7241001	126	《文献通考·征榷考五》；《宋史·食货志》下七
宋英宗治平中（1064～1067）	8241001	143	《文献通考·征榷考五》；《宋史·食货志》下七
宋神宗元丰元年（1078）	5501097	96	《文献通考·征榷考五》；《宋史·食货志》下七；《宋会要辑稿·食货》三三之一四

表中所举述的数字，原材料书上都称之为产额。近几十年国内外学者则一致认为是铁课而不是铁产量，因而表中就径直地列为铁课量了。北宋一代的铁课量，是逐年增长的，元丰元年铁课在实际上并没有下降，而是移作别用。例如河东路晋州铁课原额为569776斤，而元丰元年仅收30098斤，原因是晋州铁课移作铸造铁钱之用，而铁课并没有下降。拿宋代铁课与唐代相比，唐宪宗元和初年为270万斤，宋为唐的三四倍，即以元丰铁课而论，也为唐代的2.6倍。由此可见，宋代冶铁业远远超过了唐代，这是宋代冶铁业高度发展的又一表现。

铁冶是基础工业之一。冶铁的发展，从中又分化出来许多专门化的手工业，铁的消耗量也显著地增加起来：

1. 官府经营的军事工业（详细情况下面再讲）。其中有专门制刀的斩马刀局，汴京八作司和各地作院专门制作弓箭刀枪，需要铁的数量是很大的。民间作坊也有专门制作各类钢刀的。信州葛溪铁在唐代就出名，《霍小玉传》上说，会当用信州葛溪铁，斩尔不义头。信州制造的刀，直到宋代仍然保持了良好的声誉，为王安石称赞有加："信州等处铁极好，匠极工，向见所作器极精，而问得雇直至贱，何不下信置造也。"①

2. 农具、工具的制造。主要是由各地冶户所经营的作坊制造的。这类作坊，有的规模还很大，吕正臣所开设的作坊即是一例。这个作坊设在兖州，"募工徒，斩木锻铁，制器利用，视他工尤精密"，"凡东州之人，一农一工，家爨户御，其器皆吕氏作也。"② 从日用锅釜到各类农具和工具，年需铁量是极大的。宋神宗元丰初主客户为1600万户，从事农业生产的农户达1400万户。如果每户用铁每年平均10斤，全国农户所需即达14000万斤，即7万吨了。加上非农户用铁，显然超过了7万吨。

3. 单一产品发展成为专门化的制造业，而这类制造业又由于具有地方特点而负盛名。如"雷州铁工甚巧，制茶碾、汤瓯、汤匮之属，皆若铸就。余以比之建宁所出，不能相上下也。"③ 广南西路这样一个较为落后的地区，冶铁业发展起来了，有的产品能够同先进地区的相比，实在是不简单的。

4. 剪刀。这是一项专门制作的产品，从唐代始太原的剪刀即很有名，杜甫诗有："焉得并州快剪刀，剪取吴松半江水"，即是对它的赞赏。此外，南方毗陵的剪刀也制作得很好，为"他处所不及"④。

5. 篦刀子也是专业化的一项产品。《梦粱录》上载有临安府的作坊中就有"篦刀作"。在宋代，"河间善造篦刀子，以水晶美玉为靶，钑镂如丝发。陈起宗为詹度机宜，罢官至数百副"⑤。

6. "针之为物，至微者也"，在宋代也成为专业化的一项产品，耒阳"匠氏谙熟粗好，四方所推金头黄钢小品，医工用以砭刺者，大三分以制衣，小三

---

① 《长编》卷二六二，熙宁八年四月己丑记事。

② 李昭玘：《乐静集》卷二九《吕正臣墓志铭》。

③ 周去非：《岭外代答》卷六。

④ 西郊野叟：《庚溪诗话》卷上。

⑤ 庄季裕：《鸡肋编》卷上。

分以作绣”[①]，既有专门用作针灸之用的针，也有用作缝衣刺绣的针，针的品类也有所区别。只有在专业化条件下，才能分得这样细密。而且，在杭州也有专门卖针的“针铺彭家”[②]。

7. 钉也是专业化下的一种产品，杭州的“钉铰作”大约专门是经营这类产品。不要看不起钉子，说什么好铁不打钉，在日常生活中则离不开它。造船就需要钉，而且需要量相当大。“曾处善为某路转使，偶见破舰一阁摊上，乃遣人拽上以焚之，人亦不测其意。既焚，得钉二百斤，于是始知用钉之实。朝廷于是立例，凡造七百料船，给钉二百斤自处善始。”[③] 宋每年造漕船3000艘，单是造船用钉也要60万斤铁。加上其他方面，钉铁消耗亦极为可观。

8. 邠州火筋、原州铁衔镫之类，也是有名的地方产品，不再多说。

9. 另外，宋代在非生产性方面耗铁量也很大。宋政府严禁寺院用铜铁铸造佛像、钟等，但铁铸亦然很多。如太原晋祠保留下来的铁人，共有4座，耗铁不下数万斤。至于铁铸各种类型的佛像、钟磬之类，保留下来的也很多。从这里可以知道铁在这方面的消耗量了。

由冶铁业分化出来的手工业之日趋细密，以及各种铁制产品数量如此之多，不仅反映了宋代冶铁业的高度发展，而且从这里也可以看出来宋代铁产量之巨大。

20世纪60年代，美国郝若贝教授（Professor Robert Hartwall）以宋代武器制作、铁钱铸造和农具使用等方面的消耗为据，估计宋神宗元丰元年（1078）宋代铁产量为75000吨至15万吨之间。而这一产量则为1640年英国产业革命时的2.5~5倍，同时还可与18世纪欧洲（包括俄国欧洲部分）诸国14万吨到18万吨相比[④]。这个估计是很有见地的；可惜不足的是，对农业上的需铁量估计得还不够充分。如果根据上面的叙述，农业上需铁量为7万吨；那么，把宋代铁产量提到15万吨上下，或许更能够接近实际情况。即使不然，宋代铁产量之高也是毋庸置疑的。

---

① 《清异录》卷三，此系宝颜堂秘笈本，用说郛本校正，朱汤当改作耒阳。

② 《梦粱录》卷一三，《铺席》。

③ 施彦执：《北窗炙輠灵》卷上。

④ 《Industrial Developments：The Iron and Coal Industries》，载1962年《亚洲问题研究》。

最后，从冶钢技术的进步和应用来看看宋代冶铁业的高度发展。

《淳熙三山志》的作者曾对铁的品类作出了三种区分，这些区分是："初炼去矿，用以铸器物者，为生铁；再三销拍，又以作鍱（?）者，为鑐铁，亦谓之熟铁；以生柔相杂和，用以作刀剑锋刃者为刚铁。"① 我国春秋以来的冶铁史也说明了这个区分大致是正确的。生铁从来是铸造锅釜之器物的，宋代也是这样，就不打算多说了，下面主要叙述一下炼钢技术的进步，以及这种技术应用到农具方面的情况。

1. 灌钢。这是一种"杂炼生铁"成钢的冶钢法，创始于魏晋而推广于宋代。沈括对这种冶钢法记述如下："所谓钢铁者，用柔铁曲盘之，乃以生铁陷其间，泥封炼之，锻令相入，谓之团钢，亦谓之灌钢。"② 范成大所记述的潭州醴陵县所产的方响铁，"其法以岁久铛铁为胜，常以善价买之，甚破碎者亦入用"③，也可能是使用"杂炼生铁"的灌钢法。

2. 百炼钢。沈括认为，灌钢是"伪钢"，只有磁州锻坊中冶炼的钢才是真钢。"但取精铁锻之百余火，每锻称之，一锻一轻，至累锻而斤量不减，则纯钢也"。而这种纯钢。"色清明，磨莹之，则黯黯然青且黑，与常铁迥异"④。百炼钢也是创始于魏晋六朝，于宋代推广的，主要用于制造武器。

3. 淋铜钢。这是广南西路梧州铁工的创造，"梧州生铁最良，藤州有黄岗铁最易融，州人以梧铁淋铜，以黄岗铁夹盘锻之，遂成松文刷丝工饰"；"梧州生铁在熔则如流水，然以之铸器，则薄几类纸，无穿破，凡器既轻且耐久。诸郡铁工锻铜，得梧铁杂淋之，则为至刚，信天下之美材也。"⑤ 梧州冶铁炼钢技术取得这样一个进步和发展，不仅标志我国西南地区在宋代的发展，而且也如上所说它深刻反映了宋代冶铁的高度发展。淋铜炼钢冶铁对器物的防锈有着良好的作用，更是冶金史上值得注意的。

4. 钢刃农具的广泛应用。战国秦汉时期的农具诸如犁锄之类，都是由生

---

① 梁克家：《淳熙三山志》卷四一《土俗类·铁》。

② 《梦溪笔谈》卷三。

③ 范成大：《骖鸾录》。

④ 《梦溪笔谈》卷三。

⑤ 周去非：《岭外代答》卷六。

铁铸成的，对垦辟荒地，深耕细作，有一定的限制。随着唐宋特别是宋代冶钢技术的进步，农具也发生了一个重大的变革，这就是创造于唐而广泛应用于宋的钢刃农具①。宋代武器的锋刃，都是“生柔相杂合”而炼成的钢铁制造的，农具诸如翟刀、铡刀之类，甚至生产发展地区的犁镵，也都是钢铁制成的，从而对荒地的垦辟和田土的深耕细作起了重要作用。可以这样说，宋代冶钢技术的进步和应用，推动了宋代农业生产的发展。

第三节　冶铜业的巨大发展　铜器制造业的状况

在宋代，铜矿的采掘和冶炼也获得了巨大的发展，到王安石变法期间，这一发展达到了两宋的顶峰。

自战国秦汉以来，铜都是被封建王朝用来铸造货币的，对国计民生的影响很大，因而铜的生产也就受到了封建国家的重视，在坑冶中占有极为重要的地位。试就宋英宗治平年间诸矿坑冶的数字列为下表，就可看出铜冶在坑冶中所处的地位②：

项　目	冶　数	百分数（%）
铜	46	16.98
金	11	4.05
银	84	31
铁	77	28.41
铅	30	11.07
锡	16	5.90
丹砂	2	0.74
水银	5	1.85
总计	271	100

铜冶为46，占总数271的16.98%，次于银冶、铁冶，居于第三位。

① 参阅杨宽《我国历史上铁农具的改革及其作用》，载1980年《历史研究》第五期。

② 本表据《文献通考·征榷考五》《宋史》卷一八四《食货志》下七《坑冶》所载制成。

如果从矿税量上考察，铜税数量则占第一位。试就元丰元年矿税数额列表如下①：

项　目	产　量
铜	14605969（斤）
金	10710（两）
银	215385（两）
铁	5501097（斤）
铅	9197335（斤）
锡	2321898（斤）
水银	3356（斤）
朱砂	3646（斤）

表中列述得很清楚，铜税高达 14605969 斤，这一数字为唐宪宗元和年间的 266000 斤的 55 倍！

再从铜税收入的纵的方面看，从北宋初年以来，递年都是增长着的，到宋神宗元丰元年达到了顶峰。下表说明了这一问题②：

年　代	铜税数量（斤）	指　数
宋太宗至道末（997）	4122000	100
宋真宗天禧末（1021）	2675000	64. 89
宋仁宗皇祐中（1049～1053）	5100834	123. 74
宋英宗治平中（1064～1067）	6970834	169. 11
宋神宗元丰元年（1078）	14605969	354. 24

① 《宋会要辑稿·食货》三三之七至一八，《文献通考·征榷考五》，《宋史》卷一八四《食货志》下七。

② 据《文献通考·征榷考五》制成：《宋会要辑稿·食货》三三之一一，载有元丰元年数字，《宋史》卷一八四《食货志》下七缺载至道数字。

表中除宋真宗天禧年间铜税收入下降外，以下诸朝都是增长的，到宋神宗元丰元年间增长指数为354.34，为宋初的3.5倍!

从产地上看，北宋初年铜产地为饶、处、建、英、信、汀、漳、南剑8州，以及南安、邵武二军，共35场。至宋英宗治平年间，铜产地扩展为饶、信、虔、建、漳、南剑、泉、韶、英、梓11州和邵武军，共有46个铜冶。宋神宗元丰元年，则扩展到陇、虢、饶、信、虔、潭、衡、郴、梓、兴、福、建、南剑、汀、漳、广（当作韶）、连和英州等18州[①]。与上述铁的产地一样，铜产地也是在不断扩大的。

但与铁不同的是，铜以及银、铅、锡等则集中产于南方诸路，而不是北方诸路。所谓“万宝毕萃，莫东南之与匹”[②]，便指明这一情况。如果以元丰元年铜课14605969斤分别统计，北方诸路仅15411斤，占总额0.1%，而南方诸路高达14598598斤，占总额的99.9%。当然，在东南诸路中，铜产量也很不平衡，其中“铜课最盛之处，曰韶州岑水场，曰潭州永兴场，曰信州铅山场，号三大场”[③]。下面分别叙述一下三大场的具体情况。

1. 韶州岑水场　宋仁宗皇祐以前，这个场的铜产不多，5年之内官府仅收购了7万斤铜。自铜矿兴发之后，皇祐元年（1049）建立了永通监，辖有岑水、中子二场，建“屋八百楹”，“栋宇完，范熔备，物有区，工有居”，以招徕采冶的冶户，收购量从几万斤跃至300万斤，又从300万斤跃至五六百万斤。到宋神宗元丰元年，又从前此的1000万斤增至12808430斤，占总额80%以上。铜产量猛增，形成了一个淘铜热。余靖描述这个盛况说：“韶被山带海，杂产五金，四方之人，弃农亩，持兵器，慕利而至者不下十万。”[④] 南宋初年的洪迈也追记这一盛况说：“方其盛时，场所居民至八九千家。”[⑤] 岑水场的铜产量的猛增，与胆水浸铜法的实行当有关系，俟当再考。

---

① 据《宋史》卷一八四《食货志》下七《坑冶》《文献通考·征榷考五》《宋会要辑稿·食货》三三之一一至一二。

② 洪咨夔：《平斋文集》卷一《大冶赋》。

③ 《宋会要辑稿·食货》三四之二一。

④ 余靖：《武溪集》卷一五《韶州新置永通监记》，是文也收于《金石续编》（卷一四）中，引文参用了这两者。

⑤ 洪迈：《洪文敏公文集》卷四《论岑水场事宜札子》。

2. 潭州浏阳县永兴场　这个场大约是宋英宗治平以后才兴发起来的，而且它的兴发与胆铜法有直接关系。照洪咨夔的说法："其淋铜也（指胆土淋铜）经始于岑水，以逮永兴。"① 淋铜即是以胆土淋铜，永兴场从岑水场学去了胆土淋铜的先进技术之后，宋神宗元丰元年即从前此的无额转变为1708250斤铜课，一跃而居全国第二位。技术革新的效果是这样地快，又是这样地显著。

3. 信州铅山场　这个场的铜产量比较稳定，不像岑水场那样大起大落，因而在宋代铜产诸场中占有重要地位。在技术更新中，这个场首先采用了胆水浸铜法，所谓"铅山兴利，首鸠僝功"者是也②。自从胆铜法采用之后，"招集坑户就貌平官山凿坑取垢淋铜，官中为置炉烹炼，每一斤铜支钱二百五十"，"故常募集十余万人，昼夜采凿得铜铅数千万觔，置四监鼓铸，一岁得钱百余万贯"③。到南宋，岑水、永兴诸场相继衰落，铅山场在铜冶的地位更加突出了。

宋代铜产量的增加，如上所说，与冶铜技术的革新，即采用胆铜法，是分不开的。胆水浸铜早在宋以前即由于长时期冶铜的实践，以及方士们炼丹术的应用而逐渐为人们知道。宋代文献记录胆水浸铜最早的，要算乐史的《太平寰宇记》。在信州铅山条下，该书写道："又有胆水，出现音石，可浸铁为铜。"④ 胆水系硫酸铜（古文献上所说的石碌或胆矾）溶液，将铁片置入溶液之后，发生化学反应，铁取代了铜，成为含铁的硫化物，而铜则游离出来。这就成为了胆水浸铜的冶铜法。这一技术，朝廷也逐渐知道。宋仁宗景祐四年(1037)，东头供奉官钱逊奏请"信州铅山产石碌，可烹炼为铜"；三司要求指派钱逊"与本路转运使验以闻"⑤。与此同时，还有"三司判官许申能以药化铁成铜"⑥ 的事实。这些都是官府对胆水浸铜法的实验和试行。官府虽然还没

① 洪咨夔：《平斋文集》卷一《大冶赋》。

② 洪咨夔：《平斋文集》卷一《大冶赋》。

③ 《宋会要辑稿·食货》三四之二七。

④ 《太平寰宇记》卷一〇七。

⑤ 《长编》卷一二〇，景祐四年九月丙寅记事。

⑥ 雍正《江西通志》卷一六二。

有推行这项技术，但是在民间显然已经广泛应用，不然岑水场、永兴场冶铜的陡然增长以及尔后的骤然衰落便不可理解了。据《系年要录》（卷五九）的记载，到元祐中，宋开始置饶州兴利场，“岁额五万斤”，“绍圣二年又置信州铅山场”，岁额大增，至38万斤。这是官府兴办胆铜的最早记录。经过长时期的实践，饶州德兴张潜“博通方伎，得变铁为铜之法”，总结了这项经验；其子张甲“体物索理，献言以佐圜法”[①]，这个献言就是《浸铜要略》。这一献言，当时已印刷成书，尤袤《遂初堂书目》、陈振孙《直斋书录解题》均有著录，后来的《文献通考》也有著录，可惜自元代以后湮没不传了。

胆水浸铜的做法是：“堤泉为池，疏池为沟，布铁其中，期以浃旬，铁化为铜”[②]；“浸铜：以生铁炼成薄片，置胆水槽中，浸渍数日，上生赤煤，取刮入炉，三炼成铜。大率用铁二斤四两，得铜一斤”[③]。亦可以用胆土淋铜。胆土淋铜的成本比胆水浸铜的成本要高，“胆水浸铜，工省利多，胆土煎铜，工费利薄”。可是“水有尽，土无穷，今上林三官提封九路检踏无遗胆水胆土，其亦兼收其利。”[④] 二者既各有长短，因而凡是在有胆水胆土的地方，都采用这两种冶铜技术，以兼收其利。

新的冶铜技术，使冶铜的成本大大降低。据宋徽宗崇宁初年信州铅山场胆水浸铜的效益来看，“收及八十九万八千八十九斤，每斤用四十四文省。若制扑胆铜铸钱，每一贯省六百余文，其利厚重”。因此，官员们提出，“措置之初，宜增本减息，庶使后来可继。胆水浸铜以钱五十为本，胆土煎铜以钱八十为本，比之矿铜，其利已厚”[⑤]。新技术确实带来极厚的铜利。原来在信州铅山淋铜烹炼，每斤铜官府支钱250文[⑥]，这算是官府的收购价格，而这个价格较诸市场价格是要低一些的。即使按这个价钱计算，每胆铜1斤，需铁2斤4两，铁每斤如按嘉祐年间每斤二十四五文[⑦]的价格，共需55文，“每千斤

---

① 危素：《浸铜要略序》，载雍正《江西通志》卷一六二。
② 赵蕃：《章泉稿》卷五，《截留纲运记》。
③ 《文献通考·征榷考五》。
④ 周煇：《清波杂志》卷一二。
⑤ 《宋会要辑稿·食货》三四之二五。
⑥ 《宋会要辑稿·食货》三四之二七。
⑦ 此据《包拯集》卷七，《请罢铜州韩城县铁冶人户》。

（铜）用柴炭数百担”[1]，每斤铜大约要40多文的柴炭钱，两项成本为100文。因而炼胆铜1斤，可获利150文左右，至少也可达100文，利不可谓不厚！上述工本钱定为50文至80文，获得的铜利就更厚了。正是由于胆铜利厚，才引起了上述的淘铜热，在一个不大的貌平官山上，纠集了10万人采掘冶炼！

由于铜是铸币的重要原料，因而宋建国之初即实行铜禁，“民铸铜为佛像、浮图及人物之无用者禁之，铜铁不得阑出蕃界及化外”[2]。胆铜外兴起之后，封建国家为垄断这项铜利，“偷盗胆铜与私坏胆水，或坑户私煎胆铜”[3]，也由绍圣五年敕令加以约束和禁止。为垄断铜利，在矿区采掘冶炼的过程中，则形成了一套比较完整的管理制度。它的主要内容是：

1.“旧来铜坑”，必差“官吏监辖”。

2.“置立隔眼簿、遍次历”，以检查冶户的采掘冶炼的情况。

3. 每日书填（1）“某日有甲匠姓名几人入坑，及采矿几箩出坑”；（2）“某日有矿几箩下坊碓磨”；（3）“某日有碓了矿末几斤，下水淘洗”；（4）“某日有净矿肉几斤上炉烹炼”，即从采矿、碎矿、洗矿选矿，直到上炉冶炼，都在簿历上登记清楚。

4. 验收产品：“然后排烧窨次，二十余日，每铜矿千觔用柴炭数百担，经涉火数敷足，方始请官监视上炉匣成铜——其体红润如烟（胭）脂，谓之山泽铜，鼓铸无折铸出新钱，灿烂如金”[4]。

5. 冶户编排为保甲：宋神宗熙宁八年（1075）七月诏命“坑冶旁近坊郭乡村及淘采烹炼人依保甲排定，应保内及于坑冶有犯、知而不纠，及居停强盗而不觉者，论如保甲法”[5]。这个做法包含两层意义，一是对冶户进行控制，稳定坑冶的统治秩序，另一是根据保甲的编制，对冶户在采掘冶炼方面的管理也较为方便，上面所说的甲户就反映了这一意义。

各类矿山为封建国家所有。在包括铜矿在内的矿山的生产者，一部分为兵

① 《宋会要辑稿·食货》三四之二四。
② 《宋史》卷一八四《食货志》下七《坑冶》。
③ 《宋会要辑稿·食货》三四之二五。
④ 《宋会要辑稿·食货》三四之二四。
⑤ 《长编》卷二六六，熙宁八年秋七月癸酉记事。

卒和刺配来罪犯，前章曾提到信州铅山场巷道崩坍，兵卒死伤甚众，就是一例；而大部分则是冶户。在冶户中，也有两个部分，一是长期居住在场矿的，一部分则是在矿苗兴发、淘金热高涨的情况下到来的，等到热潮冷却便又转移到其他地方去了。产品冶炼成功之后，国家与冶户之间进行分配，而分配制度在王安石变法时期是采取二八抽分制的，这一重大变革将在下章加以说明。因而冶户们可以有一部分产品自由处理，从而促进了民间铜器制造业的发展。

铜器制造业与冶铜业是息息相关的，并且是在冶铜业发展的基础上发展起来的。这项手工业在逐步形成独立手工业的同时，也形成了许多分支，而这些分支是以器物的专门制造为标志的。这一发展过程，以封建时代而论，肇始于战国秦汉，到唐宋特别是两宋便非常明显了。下面看一下一些专门器物制造的情况：

1. 茶具。“太原铜器甲天下”，尤其是它所生产的茶具更为有名。毕仲游任官太原，“独不市一物，惧人以为矫也，且行，买二花匕而去。”① 太原不仅有铜器制造，而且有专门的茶具制造。这种情况在湖南路潭州也存在，后面再叙。

2. 铜镜（或照子）。铜镜在唐代即已驰名天下，到宋代“扬州照子”依然很有名。不过，湖州产品已浸浸乎凌驾于其上了：“湖州旧鬻镜，行于天下，自是官自铸之”②。

3. 诸如盆、壶、炉、镫、带钩之类，也都为专门性的生产，带钩可能从属于都市中的腰带作中。“京城之销金，衢、信之鍮石，醴、泉之乐具”，也都需要铜来做③。

除了专业性的分支之外，宋代的铜器制造业中又有集中的趋势。这种集中既显现在乡村中，也显现在大小城市中。如梓州郪县于打铜村就是铜器制造业的集中地，“〔铜山县〕新旧铜窟凡二百余所，匠户近二百家，与郪县出铜器

---

① 《宋史》卷二八一《毕仲游传》。
② 李心传：《建炎以来朝野杂记》卷一六《铸钱诸监》。
③ 《宋史》卷一八〇《食货志·钱币》。

地名于打铜村相去数十里，其于打铜村铸造之家亦百余户……所铸器物多是汉州及利州大安军等处客贩。又四川贩铜悉集于此，故铜器为多，不皆于出本县。"[①] 这是铜器制造业集中于乡村的一个例证，而且与铜产地并不连接，全靠商品铜的供给。长沙（即潭州）也有类似的情况，"姑以长沙一郡言之，乌山铜炉之所六十有四，麻潭、鹅羊山铜户数百余家"[②]，在潭州的铜户也是分散在几个地方，不过这些地方距铜产地永兴场则不算远，这是与于打铜村不同的地方。就南宋州郡而论，"临川、隆兴（南昌）、桂林的铜工尤多于他郡"，显而易见，这是铜器制造业更加兴盛的地方。

其次，宋代铜器制造业的发展与国家的货币——铜钱有着密切的关联。这就是将铜钱熔化改铸为铜器，从而由此获得更多的利润。在北宋熙宁年间，"销熔十钱，得精铜一两，造作器物，获利五倍。"[③] 南宋以来熔钱铸器获利还大："且以铜钱一百文足为率，变造器物十两，卖钱仅一贯，获利至厚"[④]；"鼓铸器用，供给四方，无有纪极，计一两所费不过十数钱，器成之日，即市百金。奸民竞利，靡所不铸，一岁之间计所销毁，无虑数十万缗"[⑤]。由于熔钱铸器能够获这么厚的利润，官员们也染指其间，参加到"奸民"的行列中了。"居官者不得铸铜器"[⑥] 的呼声，正反映了这一事实。盗铸器物，早在北宋的首善之区的汴京即有所发现，一些"无赖""销铸铜钱为器用杂物"，因而朝廷严令开封府"谨捕"，并以斩首论处。[⑦] 到南宋，熔钱铸器则普遍于各个地区，建康之句容，浙西之临安、平江、镇江府、湖、秀、常州，浙东之绍兴府、温、台、明州，江东之信州，福建之福、泉、建州、江西之虔、吉、丰城县、临江军新淦县，都是铸造铜器尤盛的地方。[⑧] 在"销毁钱宝，习以成风"之中，铜器制造业继续发展起来，而朝廷上则为维护封建国家的货

① 王之望：《汉滨集》卷八《论铜坑朝札》。
② 《宋史》卷一八〇《食货志·钱币》。
③ 张方平：《乐全集》卷二六《论钱禁铜法事》。
④ 李弥逊：《筠溪集》卷三《户部乞禁铜器札子》。
⑤ 《系年要录》卷九六，绍兴五年十二月辛亥载王俣奏言。
⑥ 《宋史》卷四〇〇《汪大猷传》。
⑦ 《长编》卷三二，淳化二年闰二月己丑记事。
⑧ 《筠溪集》卷三《户部乞禁铜器札子》；还可参阅《系年要录》卷九六。

币——铜钱的流通，于绍兴、庆元年间两度实行铜禁，这一问题将在第四编中再加说明。

在熔钱铸器的同时，还存在改铸劣质货币——沙毛钱的事实，这直接影响了国家铜币的流通，也将在第四编中加以说明。

第四节 金、银、铅、锡等的采冶

金、银、铅、锡的采掘冶炼，与铜铁有了同样增长，也是在王安石变法的熙丰时期达到高峰的。

先说金的采冶。

宋初金产地在商、饶、歙、抚四州和南安军，产量不高。宋太宗以后，登、莱州发现了金矿，“至皇祐中始大发”，于是形成了一个真正的淘金热，“四方游民废农桑来掘地采之，有重二十余两为块者，取之不竭，县官榷买，岁课三千两”①，成为最重要的金产地。广南西路邕州也继登、莱之后，金矿兴发，成为南方一个重要金产地。据毕仲衍于元丰三年撰成的《中书备对》，金产地有如下各州，金课并列于下表②：

北方诸州及其产量（两）		南方诸州及其产量（两）	
莱州	4150	饶州	34
房州	66	沅州	132
登州	39	汀州	167
商州	39	邕州	704
总计	4294	总计	1037

宋元丰三年以前的金课总计诸路共为5331两，北方诸路为4294两，占总数的80.5%，居于压倒的优势。

金矿采冶，大都由民户承担，也是一项沉重的劳动。在金矿苗“发泄”

① 吴曾:《能改斋漫录》卷一五。

② 《文献通考·征榷五》。

的地方，采冶者则“先碎矿石，方淘净金”[①]。而在出产沙金的地方，“各是山涧河道及连畔地土闲处有沙石泉水，方可淘取得碎小片金”，沙里澄金，是极其不易的。采冶得金矿之后，即到当地商税务所置收买金银的地方——“场”去卖。按照宋仁宗天圣四年的规定，金的收购价格是上等每两5000文，次等4500。[②] 按照这个价格，上等黄金每两相当于白银5两到7两。

银产地，宋初在凤州、建州、桂阳军有三监，饶、信、虔、越、衢、处、道、福、汀、漳、南剑、韶、广、英、连、恩、春17州、建昌、邵武、南安三军，共51场。[③] 到宋英宗治平年间，银产地发展到登、虢等23州、南安、建昌、邵武三军和桂阳监，共84冶[④]。到元丰元年更发展到西京、登州等65州军和桂阳监，连广南西路海南岛若干州军也成为银产地而被记录下来。[⑤] 其中重要的银产地为：

1. 秦州太平监。这是北宋初年的一个重要的产银地，原有银冶八务，太平兴国三年（978）升为太平监，发展到19务，分别由大贯务、临金务和小泉务统辖，每年课利“收钱银共三万二千八百四十八贯两”[⑥]。以后逐渐衰落，到宋神宗元丰元年所收银课仅为149两。

2. 凤州七房冶。在凤州两当县山中，建于宋太祖开宝三年（970），因而俗名有开宝监之称，总管凤州各县银产的事务[⑦]。这个银务也日益衰落，元丰元年银课为184两。

3. 桂阳监。在荆湖南路平阳县境，“所出银至精好，俗谓之偭子银，别处莫及”[⑧]，早在唐代即很著名。宋代这里有九座银坑，即：大凑山、大板源、龙图、毛寿、九鼎、小百竹、水头、石笋和大当。大凑山在平阳县城西，“当

① 《宋会要辑稿·食货》三四之一五。
② 《宋会要辑稿·食货》三四之一四。
③ 《宋史》卷一八四《食货志》下七《坑冶》。
④ 《宋史》卷一八四《食货志》下七《坑冶》；《文献通考·征榷考五》。
⑤ 《宋会要辑稿·食货》三三之七至一一。
⑥ 乐史：《太平寰宇记》卷一五〇。
⑦ 《太平寰宇记》卷一三四。
⑧ 《太平寰宇记》卷一一七。

其盛时，炉烟蓊然，上接云汉，烹丁纷错，商旅往来辐辏，因以为名”[①]。在熙宁年间实行二八抽分制之前，桂阳监的银课为20732两，是当时银课收入较高的银产地。

4. 建州龙焙监。在建州建安县，太平兴国三年升为龙焙监，管有永兴、永乐、黄沙、褶纸、大挺、东平和杉溪7场[②]。熙宁五年课额为10277两，元丰元年收8812两。整个福建路为产银最重要的一路，除上述建州外，南剑州达51327两，福州玉林场为2821两[③]，熙宁年间一路上供银值20万贯，是全国上供银最多的一路。

冶金花费劳动很大，冶银也是一项沉重的劳动。据赵彦卫记载，银的采冶经过如下几个步骤：（1）采矿，“每石壁上有黑路，乃银脉，随脉凿穴而入，深数十丈，烛火自照”；（2）碎矿，“所取银矿，皆碎石，用臼捣碎，再上磨，以绢罗细”；（3）洗矿亦即选矿，“然后用水洗，黄者即石，黑者乃银”；（4）炼矿，“用面糊团入铅，以火锻为大片，即入官库”；“碎银每五十三两为一包”，“它日又炼，每五十两为一锭，三两作火耗”。以上几个步骤，铜、铅、锡、铁等的采冶大抵类似，仅在炼矿中，没有用“面糊团入铅”这一步骤，因而又有所不同。银从采掘到炼成，“大抵六次过手，坑户谓之过池，曰过水池、铅池、灰池之类是也”；而“坑户为油烛所熏，不类人形”[④]。坑户们以这样艰辛的劳动从事采冶，有时又冒着这样或那样的危险，但在分配中，他们所得的份额则很小，大部分被封建国家攫占！

铅和锡的采掘和冶炼，大都与银、铜类似，而且铅锡多与银、铜伴生，也以南方诸路产量为多。为了说明这个问题，把上述金银铜铁的情况也综合在内，列各类矿产品产地、课税以及南北诸路矿产量比较三表，借以说明宋代采冶的一般状况。

---

① 王胜之：《舆地纪胜》卷六一。
② 《太平寰宇记》卷一〇一。
③ 《宋会要辑稿·食货》三三之九。
④ 赵彦卫：《云麓漫钞》卷二。

一、各类矿产品地表①

年代	金	银	铜	铁	铅	锡
北宋初年	商、饶、歙、抚四州，南安军	凤州、建州、桂阳军三监，饶、信、虔、越、衢、处道、福、汀、漳、南剑、韶、广、英、连、恩、春17州，建昌、南安、邵武三军有51场；秦、陇、兴元三州有三务	饶、处、建、英、信、汀、漳、南剑八州，南安、邵武二军有35场，梓州有一务	徐、兖、相三州，有四监；河南凤翔、国、虢、仪、蕲、黄、袁英九州、兴国军有12冶；晋、磁、凤、澧、道、渠、合、梅、陕、耀、坊、虔、汀、吉14州有20务；信、鄂、连、建、南剑5州、邵武军，有25场	越、建、连、英、春、韶、衢、汀、漳、南剑10州，南安、邵武二军，有36场务	河南、南康、虔、道、贺、潮、循7州，南安军，有9场
宋英宗治平年间（1064～1067）	登、莱、商、饶、汀、南恩6州，11金冶	登、虢、秦、凤、商、陇、越、衢、饶、信、虔、郴、衡、漳、汀、泉、建、福、南剑、英、韶、连、春23州，尚安、建昌、邵武三军，桂阳监，共84银冶	饶、信、虔、建、漳、汀、南剑、泉、韶、英、梓11州，邵武军，46铜冶	登、莱、徐、兖、凤翔、陕、仪、邢、虢、磁、虔、吉、袁、信、澧、汀、泉、建、南剑、英、韶、渠、合、资24州，兴国、邵武二军，共77铁冶	越、衢、信、汀、南剑、英、韶、春、连九州，邵武军共30铅冶	商、虢、虔、道、贺、潮、循7州，共16锡冶

① 《宋史》卷一八四《食货志》下七《坑冶》；《文献通考·征榷考五》；《宋会要辑稿·食货》三三之七至一八。

续表

年代	金	银	铜	铁	铅	锡
宋神宗元丰元年（1078）	登、莱、金、房、商、绛、饶、信、岳、衡、沅、眉、嘉、雅、简、资、利、龙、万、汀、邕、象、融、南恩州，24州军	西京、登、莱、唐、邓、卫、商、虢、凤翔、秦、陇、凤、越、衢、处、饶、信、虔、建昌、南安、潭、衡、道、郴、永、桂阳监、邵、鄂、福、建、泉、南剑、汀、漳、邵武、广、韶、循、潮、连、贺、端、康、南恩、英、惠、新、封、梅、昭、梧、藤、融、龚、浔、贵、柳、宜、宾、横化、高、白、郁林、廉、琼、昌化、万安68州军	陇、虢、处、饶、信、虔、潭、衡、郴、梓、兴、福、建、南剑、汀、泉、漳、邵武、广、连、英等20州军	登、莱、徐、兖、邓、相、邢、磁、虢、陕、凤翔、凤、晋、威胜军、信、虔、袁、兴国军、道、雅、梓、荣、资、兴、建、南剑、汀、泉、邵武、广、惠、韶、端、南恩、英、融州，36州军	邓、卫、陇、商、虢、凤翔、越、衢、处、信、虔、衡、桂阳军、峡、建、南剑、汀、漳、邵武、广、韶、循、惠、潮、端、英、南恩、连、藤、高、融州，31州军	西京、襄、卫、商、虢、处、衢、虔、南安军、郴、道、兴元、建、南剑、汀、广、循、惠、贺、潮、韶、南恩、康、连、商州，25州军

二、各类矿产品税课表①

<table>
<tr><th rowspan="3">年 代</th><th colspan="12">各类矿产品税课量及增长指数</th></tr>
<tr><th colspan="2">金（两）</th><th colspan="2">银（两）</th><th colspan="2">铜（斤）</th><th colspan="2">铁（斤）</th><th colspan="2">铅（斤）</th><th colspan="2">锡（斤）</th></tr>
<tr><td>宋太宗至道末（997）</td><td></td><td></td><td>145000</td><td>100</td><td>4122000</td><td>100</td><td>5748000</td><td>100</td><td>793000</td><td>100</td><td>269000</td><td>100</td></tr>
<tr><td>宋真宗天禧末（1021）</td><td>14000</td><td>100</td><td>883000</td><td>608.9</td><td>2675000</td><td>64.8</td><td>6293000</td><td>109.5</td><td>447000</td><td>56.4</td><td>291000</td><td>108.2</td></tr>
</table>

① 据《文献通考·征榷考五》；《宋史》卷一八四《食货志》下七《坑冶》；《宋会要辑稿·食货》三三之七至一八所载制成。又表中第五栏采自《宋会要辑稿》，与元丰元年课税并列，并称之为祖额，因无确实年月，故系于此。

续表

年代	各类矿产品税课量及增长指数											
	金（两）		银（两）		铜（斤）		铁（斤）		铅（斤）		锡（斤）	
宋仁宗皇祐中（1049～1053）	15095	107.8	219829	151.6	5100834	123.7	7241001	126	98151	12.4	330695	123
宋英宗治平中（1064～1067）	5439	38.8	315213	217.4	6970834	169.1	8241001	143.4	2098151	264.6	1330695	494.7
?	7597	54.3	411420	283.7	10711466	259.8	5482770	95.4	8326737	1050	1963040	729.8
宋神宗元丰元年（1078）	10710	76.5	215385	148.5	14605969	354.3	5501097	95.7	9197335	1160	2321898	863.1

三、宋代南北诸路矿产品税课统计表（以元丰元年税课为据）：

项　目	北方坑冶收入及所占百分数（%）		南方坑冶收入及所占百分数（%）	
金	9696（两）	90.5	1014（两）	9.5
银	83223（两）	32.6	171888（两）	67.4
铜	15411（斤）	0.1	14598598（斤）	99.9
铁	5298989（斤）	96.3	202108（斤）	3.7
铅	3435175（斤）	41.5	4839788（斤）	58.5

以上三表十分清楚地反映了宋代矿冶发展的情况，南北地区在矿冶生产中所处的地位，这里就不多加解释了。

第五节　南宋采掘冶炼手工业生产的下降

李心传对南宋铜、铁、铅、锡矿产税课曾作了记述，他指出铜、铁、铅、锡的生产，“闽蜀湘广江浙淮路皆有之”，但是，自“渡江后，其数日减”，以致到绍兴末年矿税收入大为减少①。按李心传这段记述系来自《中兴会要》，其中所称“祖额”大约是宋徽宗崇宁初年的数额，“绍兴末”数额即绍兴三十

① 《朝野杂记》甲集卷一六《铜铁铅锡坑冶》。

二年数额，亦即《中兴会要》中所谓“今递年趁到者”。《中兴会要》这段文字仍保留在今本《宋会要辑稿》中，今据此制表以便比较①：

年代	铜铁铅锡课额及其所占指数							
	铜（斤）		铁（斤）		铅（斤）		锡（斤）	
	课额	指数	课额	指数	课额	指数	课额	指数
宋徽宗崇宁年间（1102～1106）	7057263	100	2162144	100	3213622	100	761204	100
宋高宗绍兴三十二年（1162）	263169	3.7	880302	40.7	191249	6	20458	2.7

按表中第二栏，铁的“祖额”，《朝野杂记》原作160万斤，当据今本《会要》所记2162144斤改正；而绍兴数额，今本《会要》作280302斤，当从《朝野杂记》改作880302斤，方能符四分一厘，这是需要说明的。就表中所载而论，宋高宗绍兴未年矿税较诸宋徽宗崇宁年间者即下降甚多，如与宋神宗时期相比较，就更不成比例了。南宋包括金、银在内的采掘冶炼手工业生产的下降是确定不疑的。

造成南宋采掘冶炼手工业生产下降的原因是什么呢？

战乱确是一个因素。如铁产地集中于北方地区，而北方地区为女真贵族所统治，南宋铁产量之下降是很自然的。铜、银、铅、锡主要地产于南方诸路，为什么也大幅度地下降了呢？洪迈对岑水场铜矿生产衰落曾有如下的一些论述，他指出：

> 〔岑水场〕方其盛时，场所居民至八九千家，自建炎以来，湖湘多盗，浸淫及于芙韶，焚掠死徙，无有宁存。今所存坑户，不能满百，利入圜鲜，饥寒切身，无由尽力，为国兴利。②

洪迈的这道札子，在指出岑水场受到战乱的严重影响的同时，还指出了冶户们由于“利入圜鲜”而才无力“兴利”的。正是这一点，才为南宋采掘冶炼手

① 《宋会要辑稿·食货》三三之一九至二四；绍兴三二年铁课则采用《朝野杂记》所载。

② 洪迈：《洪文敏公文集》卷四，《论岑水场事宜札子》。

工业生产下降的根本原因所在。

南宋政府虽然于绍兴七年（1137）肯定和恢复了熙宁时期采冶业的二八抽分制，但没有按照这项制度分配产品。先以银矿为例，建宁松溪县瑞应场是，“碎银每五十三两为一包，与坑户三七分之，官收三分，坑户得七分，铅从官卖。又纳税钱，不啻半取矣”①。比熙宁的抽分制，不是多抽一成，而是多抽两三成。再以处州龙泉县石堰季湖两个铜坑为例，蔡崧等人对厍山铜坑“各自甘备工费采打”，而当地官员则按这样的办法进行分配：“银以十分为率，六分给官，四分给业主”；“厍山等四处铜坑……纳铜四斤，请官银一两”；“所有坑户收到铜货，以十分为率，二分纳官，八分给坑匠……每斤支钱二百文收买”②。不是二八抽分制，而是六四抽分制，银税比熙宁时期增加了3倍！净铜完全官卖，冶户们没有支配自己的产品的自由，铅也是如此，而官府收购，又总是低于市场价格的，“利入甚鲜”，到了这样的境地，冶户又怎么能够“为国兴利”呢?!

南宋政府对于适应采掘冶炼手工业发展性质的制度和政策不予推行，而对于落后的制度和政策则大力推行。如北宋初年以来的课额制，原来被抽分制代替，可是南宋政府则奉行唯谨。如四川铜山县，“产铜自来不多”，“数十年前，有窟二十二处，只七窟有苗，余一十五处无可采取，止于七窟上量添铜二十一斤而已”，“遂籍匠户，分窟取矿，置场拘收烹炼”。南宋政府继续了宋徽宗时候的这一做法，每岁以6000斤为额，闰年还要多加500斤③。试想这种死硬的规定，早在北宋即已行不通，又怎么能够推动南宋的采掘冶炼业的发展呢？在龙州，“州岁贡麸金，率科矿户”④，这种公开的掠夺当然也无助于冶金业的发展。至于乾道年间制定的这项政策，“一年内中卖到铜五千斤，免差役一次，一万五千斤，免差役二次，卖及三万斤以上，免差役三次”⑤，谁有力量能够连续采掘冶炼这样多的铜而获得免去差役呢？显而易见，这仅是一种口

---

① 赵彦卫：《云麓漫钞》卷二。

② 《宋会要辑稿·职官》四三之一六八。

③ 王之望：《汉滨集》卷八《论铜坑朝札》。

④ 《宋史》卷四〇六《洪咨夔传》。

⑤ 《宋会要辑稿·职官》四三之一五七至一五九。

惠而已！

复次，坑冶管理制度的败坏也是造成采掘冶炼手工业生产衰落的一个因素。监冶“属吏贪残，积成蠹弊，诸处检踏官吏，大为民殃，有力之家，悉从辞避，遂致坑源废绝，矿条（?）湮闭”；“间有出备工本，为官开浚，元佃之家已施工力，及自用财本起创，未享其利，而诈徒诬胁，检踏官吏方且如追囚，黥配估籍，冤无所诉”。即使各矿兴发，或“出银繁瀚”，或胆水“春夏如汤”，大自然赐予了如此好的条件，却远远恢复不到熙宁年间的生产。更何况“坑户复非土著，又不及时支给本钱”，“坑户皆无籍之徒，一听官吏掊克”①，所余微利不足以赡家小，又有什么积极性去烹炼呢？产品“淆伪”，质量不佳，就不是不可以理解的了。

① 《宋会要辑稿·食货》三四之二四。

第十四章　宋代采掘业和冶矿业的发展（下）：采冶生产内部关系的变革　宋代坑冶制度和冶户状况

如上所述，宋代煤炭的采掘，金、银、铜、铁、铅、锡等矿的采掘和冶炼，都获得了极大的发展，而且在王安石变法时期达到了两宋发展的极峰。这些生产部门之所以获得如此重大的发展，其根本原因是，在这些生产部门的内部，生产关系发生了重大的变化，即从劳役制或应役制向招募制发展，与这一发展变化相适应的二八抽分制也代替了课额制，而在熙宁元丰之际确立下来。在坑冶制度这一重大变革下，冶户生产积极性有了改变，并推动了采冶业的发展。如果说，封建租佃制及其发展推动了宋代农业生产的发展；那就应当说，招募制以及二八抽分制则推动了采冶业生产各部门的巨大发展。本章便是围绕这一问题加以叙述和说明的。

第一节　采冶业中从劳役制到招募制的演变

从北宋初到宋神宗熙宁元丰年间是宋代采冶业高度发展的时期，同时也是采冶生产过程中从劳役制向招募制演变的时期。

历代统治者为占有山泽之利，对从事采掘各种矿产、冶炼各种金属的劳动者，采取了许多不同的统治政策和管理方法。汉武帝时，为垄断铁利，在产铁地区，直接设官，由刑徒进行采掘和冶炼。这是国家直接经营的冶铁事业。另一种办法则是，国家不直接进行生产，而对从事采掘冶炼的劳动生产者加以控制，从而取得山泽之利。这后一种办法也有很多差别和不同。宋代所采取的，主要是后一种办法，凡是从事采掘冶炼的生产者，称之为冶户或炉户，别属于监冶而不属于州县，由监冶加以统辖管理，对于这项制度，后面再加叙述。这里先就监冶是采取什么样的方针、措施，推动冶户进行生产这一问题，给以说明。

在监冶统辖的矿产区内，也有所谓主客户的区别。例如莱芜监有主户562户，客户1889户。[①] 主客户的区分同样按照有无常产和承担国家赋税两条标准而定。根据主客户的区分，矿区内铁矿的采掘和冶炼，由监冶主管官员指派主户中的高资户来承担。这种指派是强制性的。正如同农村户等承担各色差役一样，冶铁手工业中存在国家劳役制的形态，虽然这种劳役制是一种残存的制度。实际上，这种劳役制不仅存在于冶铁中，同时也存在于其他采掘冶炼手工业中。因而这种劳役制在采掘冶炼业中是具有普遍性的。

冶铁业中之存在劳役制的形态，在相州利城军铁冶中是一个极为明显的事实。韩琦在宋仁宗嘉祐年间知相州时指出：

> 相州利城军铁冶，四十年前，铁矿兴发。山林在近，易得矿炭，差衙前二人岁纳课铁一十五万斤。自后采伐，山林渐远，所费浸大，输纳不前，后虽增衙前六人，亦败家业者相继。[②]

尽管史学界对宋代差役还有不同的争论，但相州利城军铁冶中的衙前，是被官府差派而来，而且在这项差役中破产失业，这是一种硬性的规定，它所具有的劳役制性质是无可置疑的。

实际上，铁冶当中存在劳役制以及由劳役制带来的弊端，早在宋真宗时即已经暴露出来。如薛奎知兴州时，那里的冶铁情况是：

> 〔真宗时，薛奎〕徙知兴州。州旧铸铁钱，用功多，人以为苦。……悉罢役者，人用不劳。[③]

兴州铸钱所用之铁，悉由劳役制下铁冶中取得，也是一个明显的事实。不仅兴州冶铁中存在劳役制，兖州莱芜监也存在这一问题：

> 公（李迪）始倅兖，尝言莱芜冶废不鼓，第由民输铁，凡高赀家率以冶败，至没入田产，械系孤嫠，请罢冶赋。[④]

---

① 《太平寰宇记》卷二一。

② 《韩琦家传》，《安阳集》卷一三。

③ 欧阳修：《欧阳文忠公文集》卷二六《薛奎墓志铭》。

④ 张方平：《乐全集》卷三六《李迪神道碑》。

不只是莱芜冶存在劳役制，莱芜监其他各冶也存在这一问题：

莱芜监铁；旧尝十八冶，今所存唯三，冶户犹破产而逃。[①]

莱芜铁冶为民病，当役者率破产以偿。[②]

兖州道士冶，岁课铁二万余斤，主者尽力采炼，常不能及，有坐是破产者。[③]

莱芜监铁冶之外，徐州利国监，“输铁于官，至破产矣，犹责之不已”[④]，也是由于残存在铁冶中的劳役制造成的。

在这种劳役制的压榨下，一些经济力量薄弱的冶户，无力继续采冶，如“登州铁冶户姜鲁十八户”，在宋仁宗嘉祐年间，“为家贫无力起冶，递年只将田产货卖，抱空买铁纳官”，因而要求“依例开落姓名”，不再充任冶户[⑤]。贫苦者固然因“无力起冶”而不肯充任冶户，而富有者也不愿“兴创”铁冶，“缘人户先乞起冶之后，或遇家产销折，无铁兴作，官中并不认孤贫，一面监勒送纳元额铁数，以致破荡资业，沿及子孙不能免者，比比皆是。虽遗利甚厚，而富民为后患，莫肯兴创，所以铁货日销，经久不兴”[⑥]。这些事实，深刻地说明了，劳役制已成为冶铁手工业发展的一个严重障碍。不仅如此，兖州莱芜监宋初原有十八冶，以后不断关闭停产，如景德四年十二月即曾将道士冶关闭，到宋仁宗英宗年间，仅剩下三冶，究其原因，一方面由于当时开采能力的限制，无法向深处采掘，这是自然条件造成的；而另一方面则是由于这种劳役制的压迫，使冶户破产逃亡日多，不得不关闭。这样看来，劳役制是造成冶铁业萎缩的根本原因。

正像农业中差役法日益暴露其残酷压迫性质而募役法日益代兴一样，在冶铁中也日益出现了招募制取代劳役制这一现象：

1. 薛奎知兴州时，为改变当地铸钱监的劳役制，“公乃募民有力者，弛其

① 王珪：《华阳集》卷五八，《梁适墓志铭》，四库影印本。

② 《宋史》卷二八五，《梁适传》。

③ 《长编》卷六七，景德四年十二月记事。

④ 《华阳集》卷五五，《寇平墓志铭》，四库影印本。

⑤ 包拯：《包拯集》卷七《乞开落登州冶户姓名》。

⑥ 《包拯集》卷七《乞开落登州冶户姓名》。

山，使自为利，而收其铁租以铸，悉罢役者，人用不劳”[①]。

2. 在梁适的主管下，莱芜监也改变了前此应役的做法，“募有力者主之，一年予一官，于是冶无破户，而岁有羡铁百余万”[②]。

3. 包拯在宋仁宗嘉祐年间任三司使时提出，“仍令州县常切招召诸色人起冶，不得住滞邀难。如是人户乐为，铁货增羡，宽民利国，无甚于此”[③]，要求政府以招募制作为冶铁业中“宽民利国”的一项制度而确立下来。

4. 在提出招募制的同时，宋仁宗至和二年（1055）诏命陕西转运使，“同州铁冶自今召人承买之”[④]，给私人经营铁冶以更多的方便和自由。

招募制之所以能够取代劳役制（或应役制），就在于招募制出自情愿而不是被迫，能够发挥应募者的主动性和积极性。首先应募者能够考虑，他自己有无承担是项采掘冶炼的经济力量，而不是由官府带有盲目性的主观的决定；其次应募者同时还能够考虑到，他自己是否懂得如何在这块土地上开采和冶炼；——而这两点，则是强行指派的劳役制（或应役制）永远做不到的。这样，招募制便为自己的发展开辟了道路，终于在王安石变法期间随着募役法的胜利而确立下来。在这种制度下，封建国家与冶户之间的产品分配，大概也采用了矿税制亦即矿产品抽分制，这一点将在下面论及。招募制之代替劳役制，这是宋代采掘冶炼手工业中具有关键性意义的重大变革。熙丰时期冶矿业之取得高度发展，就是在这个重大变革的推动下实现的。当然，矿税的畸轻畸重，抽分的多少，对矿冶的发展起着不同的影响和作用。但，没有招募制取代劳役制，就不可能有矿产品抽分制；而且，抽分多少、矿税轻重的问题，是矿冶业前进中的问题，亦只有在前进中才能够得到解决！因此，在对宋代矿冶史的研究中，注意这一变革是极为必要的。

北宋初年以来，官府还直接经营一部分铁冶，磁州锻坊就是一座官府作坊。这类作坊在冶铁业占的比重不大。熙宁变法期间，王安石对包括金、银、铜冶在内的矿冶业一直坚持放宽的主张和政策，反对国家干预过多，更反对国

① 《欧阳文忠公文集》卷二六《薛奎墓志铭》。

② 《华阳集》卷五八《梁适墓志铭》。

③ 《包拯集》卷七《乞开落登州冶户姓名》。

④ 《长编》卷一八一，至和二年十一月丁巳记事。

家直接经营管理铁冶之类。他不止一次地对宋神宗提出，“榷法（国家专卖制度）不宜太多”；在提到榷铁时，王安石明确地告诉宋神宗：“若鼓铸铁器，必与汉同弊”。[①] 所以在王安石变法期间，招募制和抽分制较为顺利地贯彻下去，对矿冶业起了积极的惟动的作用。元丰年间，宋神宗主持变法，情况便有了变化。京东转运使吴居厚，一个工于聚敛的人物，因看到徐州利国监和兖州莱芜监除“年计课铁充使外”，“还有万数浩瀚”的生铁，在元丰六年（1083）九月要求“将两监铁冶就逐处监官依邢、磁二州例，并从官中兴扇”，以为这样可以多获几倍的利息[②]。于是京东路也开始了榷铁。原来由冶户如吕正臣等经营的农具制造业，被官府接收了去，“且造器用以鬻于民”[③]。结果正像王安石预计的那样，官府所造器物，质劣价高，不但成为反变法派攻击新法的一个口实，连变法派重要人物章惇也认为，“京东铁、马（指霍翔主持的户马法），福建茶盐，一日不去有一日之害!”[④] 这样一个违背客观经济规律的做法之被废除，也就很自然的了。这是采掘冶炼业变革中的一个插曲，但这个插曲愈益证明了变革的主要方面即招募制和抽分制是符合经济发展的客观要求的。

第二节　代替课额制的二八抽分制及其确立

前面提到，在采冶生产各部门中，不仅冶铁业中存在劳役制，在其他采冶部门中也存在劳役。材料表明，冶银业中的劳役制也是极为明显的。一些主管银冶的“主吏”，是从冶户中的主户指派的，往往由于国家规定的指标——岁课数额达不到，由自己的产业去赔偿，以致倾家荡产。宋真宗咸平四年（1001）四月的一道诏书中，曾经提到这样的事实[⑤]：

---

① 陈瓘：《四明尊尧集》卷五引王安石《熙宁奏对日录》。

② 《长编》卷三三九，元丰六年九月丁卯记事。

③ 《文献通考·征榷考五》。

④ 此据《四明尊尧集》卷五所引，邵伯温《闻见录》谓：“保甲、保马一日不去有一日之害!”这是不确切的，因为章惇反对司马光废保甲法。

⑤ 《长编》卷四八，咸平四年四月辛亥记事。

秦州太平监所籍主吏柳延义等赀产，悉还之。初延义等专主银冶，岁输定课，更三岁，亏常额者应为四万二千余两，有司籍其家产以偿，上悯之，故有是命。

发生在秦州太平监“籍产以偿”的事，不止上述一件，就在秦州小泉银坑中也有发生：

小泉银坑久不发，掌吏尽产以偿岁课而责之不已。①

〔马知节〕咸平初帅秦……水（当作“小”）泉银矿累岁不发，额课不除，主吏破产偿之不足，鞭朴累世，公三奏悉已之。②

按：《宋史·马知节传》亦载其奏除秦州银坑破产以偿一事，陈均《编年备要》系其事于景德二年（1005），则可知与上述柳延义之籍还家产当系二事。实际上，不但秦州银冶籍产以偿，南方银冶也有这类事情：

〔南剑州将乐县〕有银冶，坐岁课不足，系者常数百人。③

上述材料指明，宋初以来的采掘冶炼手工业，除硬行指派使冶户应役这一劳役制成为这一生产部门发展的障碍外，再一个严重障碍是课额制，它不问冶户冶炼的多寡，必须按照国家硬性规定的矿税课额缴纳。大家知道，封建时代采冶生产受到技术条件的限制，既不能向深处采掘，也无法从贫矿中冶炼，在这种情况下，“山泽之利有限，或暴发辄竭，或采取岁久，所得不偿其费，岁课不足。有司必责主者取赢”④。于是，课额制这项僵死的硬性规定，便成为冶户们破产折业的重要原因了。实际上，根本没有什么金、银等矿苗兴发，即望风捕影地得到一些消息，就硬要置场、硬要人们承担课额：“至道元年福建转运使牛冕言：邵武军归化县金场虚有名额，并无坑井，专副人匠千一百余人配买金六百余两，百姓送纳不逮，以至弃命自刎。”⑤ 劳役制下的课额制是一种公开的盗掠式的劫财害命制度。

---

① 王安石：《临川先生文集》卷八七《马知节神道碑》。

② 释文莹：《玉壶清话》卷五。

③ 《临川先生文集》卷九二、《张式墓志铭》。按南剑州将乐县有银冶，辖有安福场、龙泉场、石城场和新兴场等，是重要银产地，冶户甚多，系数百人是可能的。

④ 《文献通考·征榷考五》；“宋史” 卷一八四《食货志》下七《坑冶》。

⑤ 《宋会要辑稿·食货》三四之一三。

在宋初以来采冶手工业日益暴露它的内在矛盾的同时，如何变革劳役制以及与之相结合的课额制也就提到议事日程上来了。还在宋太宗至道二年（996），陕西转运使即曾奏称："成州界金坑两处，先是遣州吏掌之，岁课不能充"，从而提出了"遣使按行，更立新制"的要求①。宋仁宗年间，"彭州广碛、丽水二峡地出金，宦者挟富人请置场，募人夫采取之"②，具体地提出了募人采冶的办法。这两件事情，一个虽以关闭不采了事，另一个也没有变成现实，但金、银冶之同铁冶一样，必须进行变革，则是一件刻不容缓的事情。

到王安石变法期间，与招募制相结合的新的矿产品分配制度便产生了——这就是二八抽分制：

> 绍兴七年，工部言：知台州黄岩县刘觉民乞将应金银坑场并依照熙丰法召百姓采取，自备物料烹炼，十分为率，官收二分，其八分许坑户自便货卖。今来江西转运司相度到江州等处金银坑冶，亦依熙丰二八抽分，经久可行，委实便利。从之。③

这段文字不载于《宋史》，《文献通考》则记录了这项抽分制，而《宋会要辑稿》所记最称详细，遂使后人对采冶手工业中这一项重大变革有所了解。所谓二八抽分制，已如上述，即冶户将采掘冶炼的金、银产品的十分之二，亦即20%，作为矿税缴给国家，而其余八分全由冶户自由处理——"自便货卖"。这项分配制度之所以成为采冶手工业中一项重大变革，主要在于：招募制代替了应役制，冶户有了更多的生产活动的自由；二八抽分制代替了课额制，不再根据死的规定，而是根据实际的产量向国家缴纳矿税，这就避免了因课额不足而引起的折业代赔的弊端，冶户的再生产获得了初步保证；特别是除去20%的矿税，冶户可以自由货卖十分之八的矿产品，它不仅可以向社会提供更多的商品，使商品经济得到发展，同时也可推动冶户根据其自身的经济力量，利用矿产品向制造业方面发展，从这一方面对社会提供更多的商品。因此，招募制取代了劳役制或应役制，二八抽分制取代了课额制，这是采掘冶炼手工业内部

---

① 《宋会要辑稿·食货》三四之二三。

② 《宋史》卷三〇一《高觌传》。

③ 《宋会要辑稿·食货》三四之一六。

生产关系的一次重大变革，而这次重大变革是实行这一变革的熙丰时期采掘冶炼业发展到两宋顶峰的根本原因。

二八抽分制是否仅在金、银采冶手工业中实行？材料证明，不限于金、银采冶，其他采冶手工业也是实行了这项制度的。冶铜业显然也是如此：

> 元祐元年陕西转运司兼提举铜坑冶铸钱司言：虢州界坑冶户所得铜货，除抽分外，余数并和买入官，费用不足，乞依旧纳二分外，只和买四分，余尽给冶户货卖。从之。①

所谓"依旧纳二分"，即按照熙宁年间制定的矿产品分配制——二八抽分制，冶户将所炼得的铜产品，其中十分之二作为矿税缴纳给国家，其余八分则为冶户所有。显而易见，冶铜业与金、银采冶业一样，也是实行了二八抽分制的。冶铁业中是否也实行这项分配制度呢？

> ［福州长溪县］师姑洋坑（原注：平溪里），政和三年佃户岁二分抽收铁七百斤、八分拘买二千八百斤；
>
> ［福州长溪县］新丰可段坑（原注：同里），乾道九年佃户岁二分抽收铁四百斤，八分拘收买一千六百斤；
>
> 坑冶……政和以来，铁坑特多（如长溪至四十一所，今三十七所歇，惟四所旧坑，余复新发之类），至今矿脉不绝，抽收拘买之数外，民得烹炼，于是诸县炉户籍于官者始众云。②

按《淳熙三山志》所记述的上述材料为重要，铁冶当中的二八抽分制只有政和以来实行的情况，而缺少熙丰的记载，但可以肯定这种抽分制来自于熙丰。至于在铅、锡生产中，虽然也没有具体的材料，但在熙丰时期实行二八抽分制完全是可能的。由此可见，二八抽分制是采冶手工业普遍实行的一种分配制度。

其次，在熙丰年间实行二八抽分制之时，属于冶户八分私有的矿产品是全由冶户货卖呢，还是全部由官府和买呢，这也是值得探讨的一个问题。金、银看来是八分由冶户货卖，而铜是否也如此呢？从上引有关虢州铜冶的记载来

① 《宋会要辑稿·食货》三四之二〇。

② 梁克家：《淳熙三山志》卷一四《炉户·坑冶附》。

看，“除抽分外，余数并和买入官”云云，还值得考虑。这是由于，第一，由于这项记载仅称为元祐元年，没有标明是元祐正月还是元祐十二月，因而无法确切说是元祐初还是元丰年间的旧制，更无法判断是否为熙宁时的旧制。第二，记载的是虢州铜冶一地和买八分铜产品，其他地区是否同虢州一样，也无法确定。因而这一问题还要作进一步的探索。

初步看来，元丰元年有关金、银税课，有的是减少了，有的即使有所增加，但也不算多，其所以如此，显然是熙宁年间实行二八抽分制的一个结果，8分确是由冶户“自行货卖”的。铜大体上也是如此。大家知道，自宋仁宗皇祐年间岑水铜矿突然兴发，铜产量骤增，政府已经全然无力全部和买，如蔡抗任广南东路转运使时，“官市之民，止给空文，积逋巨万，里民大事私铸……”①直至熙宁五年十一月，情况依然如故，“今岑水聚浮浪至十余万，所收铜已患无本钱可买；若京西又置监，不惟无本钱可买，又余无用铅铜。”②宋封建国家之所以重视铜的生产，并和买铜产品，主要的是为铸造铜钱。现在铜产量大幅度增长，铜课收入已经能够满足国家铸币需要，所以王安石变法派在熙宁年间废除了铜禁，即使对铜钱，只要每贯纳50文，即可携带远走边关海外，无任何阻挡，看来是用不着和买八分铜的。大约到元丰年间，因对西夏用兵，在陕西双管齐下，既铸铁钱，又铸铜钱，而所使用的铜、铅、锡等原料，除以高昂的运价自岑水场运送之外，则向虢州一带冶户实行和买8分铜，“余数并和买入官”云云，当系元丰年间行使陕西铜产区之制。至元祐元年改作买4分，其余4分归冶户自由贩卖。当时官府和买铜的价格是每斤250文，除工本外，每斤可获利100～150文。如果投入市场，或者制造为铜器，所获利当可更多。因此，在和买数量的问题上，官府抽分越小，冶户所得矿产品就越多，官府和买部分越小，冶户自由货卖部分就越多，亦即投到市场上的矿产品或物品就越多，对市场的活跃和发展越有利，这就是二八抽分制中八分自由货卖与和买之间对市场、商品经济所产生的影响和作用。这一关系的处理，看来是熙宁年间最好，元丰年间即已稍差，而到宋徽宗政和以来又有变化。这一

① 《宋会要辑稿·食货》三二之二七。
② 《长编》卷二四〇，熙宁五年十一月庚午记事。

变化则是："抽收拘买立数之外，民得烹炼"[①]，大约综合了北宋初到熙宁年间课额制和二八抽分制，即规定了低于北宋初年的课额，使冶户生产可以达到，这一部分二分为税、八分拘买，而冶户在此课额外还可烹炼，而这一部分则全部归己。就其弊病而言，略小于北宋初年以来的课额制，就其对冶户直接利益而言，则远小于熙宁二八抽分制。而南宋所实行的，是宋徽宗政和以来的采冶制度，其不能改变南宋采掘冶炼手工业的衰落局势，也就不言而喻的了。

从上述采掘冶炼手工业发展变化的历史来看，自劳役制向招募制的转变，意味着封建国家对这些生产部门的直接干预减少，政策渐次放宽；课额制向二八抽分制的转变，说明封建国家在这方面的产品分配，是从产品实际数量进行的，较课额制也放宽了一些。事实证明封建国家在这些生产部门的直接干预越少，政策越宽，产品分配越从实际产量进行调整，越使这些部门的生产得到更加顺利的发展，产品增加便更多，而国家矿税更能够得到大幅度的增加。两宋采掘冶炼手工业发展状况表明了，王安石变法顺应了手工业发展变化的这一趋势，较为妥当地处理了封建国家与这些生产部门之间的关系，从而推动了这些生产部门达到高度的发展，并使封建国家大享矿税之利。

第三节　宋代坑冶制度和冶户的状况

在宋代，煤炭任人采掘，国家不加干预，因而在煤炭产区国家亦不设置管理采掘煤炭的机构。对其他黑色金属和有色金属就与此大不相同了，在这些矿产区，宋政府设有特殊的行政机构，进行管理，并形成一系列的规章制度，这套规章制度就是坑冶制度。

在矿山开采集中，矿产丰富而面积甚大的地区，宋政府设"监"作为统辖这一矿区的行政机构。监与府、州、军是平行的行政机构。例如莱芜监，它建立在莱芜县境之内，管理当地的冶铁生产，但与莱芜县在行政上无任何的联系，所以《太平寰宇记》上说："县监不相统"。监以下直属有坑、冶，或为务、冶；坑统属冶，或务统属冶，监统属务。

① 《淳熙三山志》卷一四。

矿山面积如果不大，则设置独立的冶或坑、场。例如俗称为开宝监的凤州七房冶，就是因为产银而单独设立的。坑、场也是如此，如台州既有赤岩银场、文溪铅场，也有梅岙铁场等十余处①，而这些则是前表未曾统计过的。还有一类场，并不直接经营管理矿冶生产，而是宋政府设立的专门收购各类矿产品的。如建州产银，政府便在这里置场买银，后来由场升为监，便直接统辖银矿采冶了。这些单独设立的坑、场、务、冶，直属各路提点坑冶公事。

尽管前面列举各矿冶产地情况，但这些表都是很不完备的，如台州就没统计进去。因而宋代究竟有多少矿井，就更加说不清楚了。南宋洪咨夔说："监务坑井，殆几万计。"② 这个估计与实际情况当相去不远，并非浮夸之词。

监和独立的冶、务、场之内的居民，都是从事采掘冶炼手工业的。他们之间的经济力量极不相同，可以划分不同的阶级和等级，这在后面再加说明。按照宋代的区分，如前面提到的，根据有无常产和是否承担国家的赋役这两个基本准则，区分为主户和客户。材料证明，凡是注籍为主户的，都占有土地、房屋、矿山等类的生产资料，不论其是以个体小生产为基础的冶户，还是冶户中的大小手工业主，概不例外。如南宋舒州一个名叫陈国瑞的富豪，"以铁冶起家"，为取得冶铁的炭材，不惜花巨资买了一片山林③。显而易见，名列于冶铁主户中的陈国瑞，至少拥有这片山林。至于莱芜监中，宋真宗、仁宗时候的应役者，即使是"高资家""率以冶败，至没入田产"④，同样说明了冶户中的主户之有田产。客户则是无常产、不承担国家赋税而又到处流徙的生产者。从宋仁宗皇祐年间到宋神宗熙宁年间，"岑水聚浮浪十余万"⑤，信州铅山场"常十余万人采凿，无赖不逞之徒，萃于渊薮"⑥，所谓"浮浪"，所谓"无赖不逞之徒"，都是指冶户中客户而言的。

采冶手工业生产者生产了上述那样多的产品，是极为不易的。从当时的生

---

① 陈耆卿：《嘉定赤城志》卷七《场务》。
② 洪咨夔：《平斋文集》卷一《大冶赋》。
③ 岳珂：《桯史》卷二。
④ 前引《乐全集》卷二六《李迪神道碑》。
⑤ 《长编》卷二四〇。
⑥ 江少虞：《皇朝事实类苑》卷二一《诸监炉铸钱》。

产技术以及个体生产能力估计，从采掘矿石到冶炼加工成各种产品，宋神宗熙丰期间的产量没有二十四五万冶户（或者说没有二十四五万个劳动者）是完不成的。宋代监冶制度以及有关这方面的方针政策，就是宋封建国家与这几十万冶户结成的经济关系的反映，因而对采冶生产起着重要的影响和作用。在广大冶户中，客户在冶户中占的比数较大。以宋太宗时莱芜监户口为例，客户1889户，占该监总户数2451的77%。宋神宗元丰年间的徐州利国监客户所占比数还要大得多。利国监“凡三十六冶，冶各百余人”[①]，“常令三十六冶每户占集冶夫数十人”[②]，从这些叙述看，利国监主户中富豪不过36户，拥有数十到上百的冶夫，而这些冶夫都是来自四方的客户，因而客户占该监总户数的95%以上。采冶手工业中客户比数之所以如此之大，它深刻地反映了，从土地上被排斥出来的无地农民，参与到小工、小商、城市贫民的行列中，成为采冶等许多生产部门中的劳动大军，因而宋代包括采冶在内的各部门手工业的兴旺和发达，这支劳动大军起着决定性的作用。

除前述劳役制（或应役制）和招募制、课额制和二八抽分制为宋代监冶制度的基本关系外，宋政府为获得更多的矿产品，在采冶方面还制订了下面的政策和措施：

1. 有关采矿权利的制定。宋太宗时曾经规定，在私人土地上兴发了金银等矿，土地的所有者即“地主”有优先开采的权利，但“地主如少人工淘取，许私下商量地步断赁与人”，这样便出现了租赁土地的冶户与土地所有者之间的土地关系：如“产地主占护”，自已既不开采，又不许人开采，“即委知州差人淘沙得金，不计多少，立纳官，更不支钱”；不论自采或租赁他人开采，将金全部卖与国家（熙宁以后改为二八抽分制），严禁私卖；“应出金地主或诸色人，如自立法后，一年内淘取得金二百两已上，中卖入官，与免户下三年差徭及科配；如并五次淘得各及两数，即永免差役科征，只纳二税”[③]。

2. 矿山开采权承买制建立。宋哲宗元祐五年（1090）规定：“金、银、

---

① 苏轼：《经进苏东坡文集事略》卷三三《徐州上皇帝书》。
② 苏轼：《东坡七集·前集》卷二九《与章子厚书》。
③ 《宋会要辑稿·食货》三四之一四。

铜、铁、锡兴发，不堪置场官监”之处，则“依条立年限课利，召人承买”；“请先问地主，如愿承买，检估已业抵当，及所出课利钱数已上，即行讨给，如不愿，或已业抵当不及，则召他人承买”①。承买制的实行，有利于采掘冶炼业的发展。

3. 为使国家在采冶中获得更多的矿产品，宋哲宗元符三年（1100）规定，各处新开发的矿井，如系冶户借钱开发，由于“矿宝浩瀚”，除按数缴还所借以供开采的官钱之外，其余矿产品则在货卖后亦不能全部归己，官府也要分享一些（所谓“有剩钱分给施行”）②。

4. 冶户按生产能力缴纳税钱的规定。这项制度大约是在熙宁二八抽分制确立以后才开始制定的。从梁克家《淳熙三山志》记载来看，冶户向国家缴纳矿税有以下几种形式：

（1）以矿产品为税，这是二八抽分制的直接延续，如“〔长溪县〕小叶坑，宣和元年发，月收银四两，铜四百斤，后歇”；“宁德宝丰坑八坊后坪坑，佃户岁输铅六十斤，后减为四十斤，淳熙五年增为七十斤”。

（2）以货币缴纳矿税。如“古田宜兴场移风里，建中靖国元年铜发，岁课钱六十一千五百省，后歇；累减分数，境无细者”。

（3）根据冶户生产能力、生产数量缴纳矿税，其中一项颇堪注意的办法是以冶铁炉的大小作为征收的标准，如：

> 〔福〕州炉户四。高炉二，岁各输四千省；小炉各输二千省。
>
> 长溪炉户二十三。高炉八，岁各输三千一百十七文省；平炉四，一千九百文省；小炉一，一千三百省③。

按高炉、平炉和小炉作为征收炉户的铁税钱，在历史上可能是第一次。平炉、高炉与今天的冶铁使用的炉号全同，而不同者平炉在今天炼钢而不炼铁而已。前编提到，在农村户等划分中，有的地区以产钱作为基准。与梁克家同时代的朱熹曾记载江南西路、福建路以产钱划分户等的情况，在500文以下者，为第

① 《长编》卷四四一，元祐五年四月癸丑记事。

② 《长编》卷五二〇，元符三年正月丁酉记事。

③ 《淳熙三山志》卷一四《炉户》。

五等户，500文以上、千文以下者为第四等户，而千文以上为第三等户。以这个基准来看炉户，即使有座小炉的炉户，也缴税钱千钱省以上，达到乡村三等户以上标准，那么缴纳数十贯数百贯矿税钱的炉户，可能与乡村一等户的经济力量相比了。因而从矿税征收中，可能与乡村一等户的经济力量相比了。因而从矿税征收中，清楚地反映了冶户（炉户）之中不仅有主客户之分，即有无产业之分，而且主户当中经济力量的差别也甚大。下面看看冶户中的这种区分的具体情况。

冶户就其中主户来说，由于他们在经济力量上的差别，大体上可以分为大、中、小三个等级，大、中二等以剥削"冶夫"（客户）而致富，小冶户基本上是以个体劳动为主，因而在这个区分中实际上有阶级的界限。

先从大冶户亦即大手工业主这个等级说起。

大冶户是冶户中经济力量最强的大手工业主或大作坊主。苏轼元丰末年描述徐州利国监这类大冶铁手工业主说："凡三十六冶，冶户皆大家，藏镪百万，常为盗贼所窥。"[①] 福州宁德县七家炉户，"岁输二千二贯省"[②]，平均每户矿税近300贯，以及炉户"一年内中卖到铜五千斤，免差役一次，一万五千斤，免差役两次，卖及三万斤以上，免差役三次"[③]，向封建国家售卖5000斤铜以上的炉户同样是大手工业主。还有不仅冶炼铜、铁，而且还兼制作各种工具器物的大作坊主，与这类大手工业主具有同等的地位。兖州吕正臣就是这类的大手工业主，"募工徒，斩木锻铁，制器利用，视他工尤精密"；"凡东州之人，一农一工，家爨户御，其器皆吕氏作也"[④]。这类大采冶主和大作坊主，之所以能够发家致富，善于经营自然是一个因素，但从根本上看，他们是靠——如吕正臣墓志中所说"募工徒"，即占有工徒们（客户们）的剩余劳动而发家的。利国监大冶铁主之能够"藏镪百万"，就在于他在铁冶中控制了百余冶夫。大手工业主的经济力量同其控制的劳动生产者的数量是成正比例的。有钱有势，这是私有制阶级社会的一个必然的产物。大手工业主的雄厚的经济

① 苏轼：《经进苏东坡文集事略》卷三三，《徐州上皇帝书》。
② 《淳熙三山志》卷一四《炉户》。
③ 《宋会要辑稿·职官》四三之一五七至一五九。
④ 李昭玘：《乐静集》卷二九《吕正臣墓志铭》。

力量又使他们获得政治地位。宋仁宗时候，朝廷上议论“裁节班行补授之法”，主管铁冶的冶户，“旧补得班行”，决定废除这项规定，并成为定案。可是在右司谏吴及和御史沈起的主持下，“辄增注兴国军磁湖铁冶如旧制，主磁湖冶者，大姓程叔良也。”① 这就可以看出，一些大采冶主、大手工业主是怎样同官员们勾结，由此走上政治道路的。所以在大手工业主中间，他们的政治地位又是有所不同的。

对这些大手工业主来说，北宋初年以来的劳役制，他们固然可以逃避，但对他们的发展毕竟是不利的。而在招募制、承买制下，他们可以挟其雄厚的经济力量，承买条件较好的冶务，扩大其再生产，这种办法对他们是有利的，同时对采冶手工业的发展也是有利的。实际上，承买冶务的，不限于采冶主，有的“土豪”也参与了这一活动。南宋开禧（1205～1207）年间，江西转运使申奏，筠州申上高县银场，“土豪请买，招集恶少，采银山中。又于近山清豁创立市井，贸通有无”②。这类兼任冶主的土豪，兼农业手工业而有之，掌握了这一地区的经济命脉。这类土豪既兼任了冶主，也就是说，从封建主向手工业主方向转化，将其经济力量投资到手工业生产上，对商品生产的发展是有益的。所以，土豪之兼冶主，应当说，是宋代经济发展过程中的一个新的动向，值得注意。

然而，宋代毕竟是封建时代，大手工业主不管是自“土豪”转化而来的，还是从手工业生产中发家的，都不能不具有相当浓重的封建性。宋孝宗淳熙八年（1181）以造反而出名的舒州宿松的汪革以铁冶起家而成为大封建主，就是其中的一个典型事例。汪革原来是严州遂安人，听说淮上空旷，有田可耕，有铁冶可致富，便徒步过江至麻地落户。“麻地去宿松三十里，有山可薪，革得之，稍招合流徙者，治炭其中，起铁冶其居旁”。从此，汪革便兴发起来。接着，又买得酒坊，“岁致官钱不什一”，而“别邑望江有湖，地饶鱼蒲，复佃为永业。凡广袤七十里，民之以渔至数百户，咸得役使”③。这样，这个汪

① 《宋会要辑稿·职官》六五之二〇。

② 《宋会要辑稿·职官》四八之一三六。

③ 岳珂：《桯史》卷六。

革以铁冶起家，又买得湖地，役使数百家渔民，成为当地大封建主了。这一例证说明，封建时代的大手工业主不是沿着手工业发展的道路前进，而是在封建经济制度的制约下，逆转倒退到封建道路上，从而显现事物发展过程中迂回曲折的复杂性！

但，不论怎样说，不能不承认大手工业主对宋代经济发展所产生的有益的作用。这个阶层以其雄厚的经济力量和所控制的众多的劳动人手，不但开采了多种矿产，而且制造出了多种工具和器物，对农业生产和商品经济的发展起了促进作用。

中小冶户（或炉户）是一个比较复杂的阶层。他们当中的某些小作坊主或工匠还同土地有着极其密切的联系。如铜山县，因铜矿有无不常，“诸村匠户多以耕种为业，间遇农隙，一二十户相纠入窟，或有所赢，或至折阅，系其幸不幸；其间大半往别路州军铜坑盛处趁作工役，非专以铜为主而取足于此土也。”[①] 不仅铜冶，铁冶也有类似的情况，如“南平军广惠监者，所用铁炭，皆取于炉户，而于所佃田上捐其租税。”[②] 这里的炉户也同土地结合在一起。这就是说，这些小作坊主或工匠还没有完全转化为手工业者，同土地还有千丝万缕的联系。至于有些铜匠往别路州军铜坑盛处赶趁工役，这些人到新的产铜区即成为浮浪的客户，成为与农业脱离的采冶生产者了。但是，他们毕竟还有土地，所以一旦铜矿枯竭，就又与土地结合在一起了。这就是为什么一些矿场淘金高潮过后曾聚集的十余万人销声匿迹的一个重要原因。虽然这些冶户还没有完全同农业脱离，亦工亦农，但对采冶手工业也是起了重要作用的。而且像这样的冶户，单靠农业已不足以维持他们的生活，只有在农闲中从事采掘冶炼或制作各种器物聊补生活之需，到他们完全从土地上被排斥出来之时，已成为十分老练的冶户了。

其次，中小冶户的经济力量也是比较悬殊的。有一座小炉或者高炉，岁输一千余文到四五千文的，乃至十千八千的，都属于中小炉户[③]，这是因为，农

① 王之望《汉滨集》卷八《论铜坑朝札》。

② 《系年要录》卷一六九，绍兴二五年八月甲午记事。

③ 参阅《淳熙三山志》卷一四《炉户》。

业生产不同于手工业生产，后者的成本远大于前者的成本，它必须在产品售出后留下一笔相当部分的资金才能进行再生产，而这样一来，岁输一二千文的冶户与产钱一二千文的三等户二等户也就不尽相同了。在中小冶户中，或者说在中小冶坊、作坊中，有很多是以一家一户为单位的家庭作坊，其中不雇人工全靠自己的劳动谋生的冶户或匠户，是这一阶层中最为困苦的，如“兴元府李翁，以锻铁为业，仅免饥寒”[①]，如此而已。更有的则在啼饥号寒之中，如南宋范浚所描述的婺州兰溪一家铁工：

> 有铁工之家，窭甚。视其庐，蓬茨穿漏，隘不逾五十弓，仅灶而床焉。工手鞴而冶，妻燎茅竹以爨。试染指其釜，淡无醝醢，特水与苋藿沸相泣也。一稚儿卧门旁，呜呜然若啼饥。其人皆霉黧疲曳，殆鬼而生者。[②]

在这些个体生产者中间，生活很贫困，但它同个体农民一样，也具有明显分化的特点。就是这家铁工，五年之后，范浚又看到了他，景况已远非昔比了：铁工是“博熙大腹，被服鲜好”，“如多钱翁”；铁工之妻，“昔之爨竹者”，“今钏缕臂，钗插发矣”；铁工之子，“昔之啼门旁者”，“今结带裹头，厌梨栗矣！”为什么发生了这样一个变化呢？铁工回答道，原先系制作犁、铫、镈、锄之类的农具，由于“耕者日益落”，“辄一月十五日不售，故甚窭”；及至“天下兵兴”，“以刀剑镞镝来谒者日填吾门”，“吾昏晓事炉鎚不得休，未半岁而有此屋，既一岁而生生之资大裕”，今则“无余忧矣”！铁工之从制作农具而转向武器生产，因而大发其财，——这是范浚有所感而发的一篇寓言还是实有其事，则无法知道。但有一点则是确切的，冶户工匠们制作的各种产品，受到市场供求、商品竞争和价值规律的重大影响和作用，从而发生这样或那样的变化，以致冶户工匠们自身的经济状况也因之显现出升降起落了。

冶户的最下层是被称为“浮浪”、“无赖不逞之徒”或“恶少”等的客户，或冶夫、烹丁。如前所指，他们在冶户中占的比数极大，因而是采冶生产的主力军。这支主力军有的虽然还同土地有联系，但大多数则是从土地上被排斥出

---

① 彭乘：《墨客挥犀》卷二。

② 范浚：《香溪集》卷二〇《铁工问》。

来的。如利国监“采矿伐炭”的冶夫，“多饥寒亡命强力鸷忍之民”①，就是这类与土地无任何联系手工业生产中的劳动者。他们的劳动途径有两条，一是在官府直接经营的矿冶中进行采矿和冶炼：“凡坑户，皆四方游手，未有赍钱本而往者，全藉官中应副，令烹炼到银铜入官，而钱不时得，坑户无以自给，散而之他，此岁课所从耗失也。”② 不但“钱不时得”，烹炼银铜卖给官府时，给价也不高。南宋乾道年间胆铜每斤付给220文，但由于官吏们的一再克扣，烹丁们“尚觊余利赡养”亦不可得③。倒转过来，官府向炉户、烹丁征税则按月催纳，如桂阳监就如此，宋真宗时任桂阳监判官的章侁，在《烹丁歌》中写道：“官中逐月催租税，不征谷帛只征银。”④ 按月征税在福建路也如此，福州长溪县小果坑自宣和元年兴发开采，“月收银四两、铜四百斤”⑤。看来，这种征税方法是相当广泛的。

冶夫烹丁另一条劳动途径是到经济力量雄厚的冶户——大手工业主主管下的矿井或大型手工作坊中采冶。前引利国监大冶主都拥有百余人的冶夫“采矿伐炭”；汪革在宿松麻地的铁冶容纳了500多人；《淳熙三山志》载福州宁德七家炉户岁输2002贯省铁税，平均每户300贯省，也显然拥有一定数量的冶夫烹丁，这是毋庸置疑的。冶夫烹丁同大手工业主之间是一种雇值制度下的货币关系，也是可以确定的，但因材料不足，还不能给以更多的说明。不过，这一点却可以确定，即：大手工业主们的“藏镪巨万”，则是由冶夫烹丁们的剩余劳动凝聚起来的。

采冶生产部门中的这一最底层——冶夫、烹丁，很多是光身的流浪汉，生活上无任何保障，在艰苦磨炼下，形成强力鸷忍的特性，敢于斗争，敢于犯上，而在农民起义之时，又敢于与之并肩战斗，因而为封建统治者们所厌恶憎恨，着意加以防范：

---

① 《经进苏东坡文集事略》卷三三《徐州上皇帝书》。
② 杨时：《杨龟山先生集》卷四，《论时事》（宣和七年三月）。
③ 《宋会要辑稿·食货》三四之二四。
④ 载陆心源《宋诗纪事补遗》卷六。
⑤ 《淳熙三山志》卷一四《炉户》。

〔真宗时〕诏罢〔铅山〕县募民采铜，民散为盗。[①]

……〔冶夫、坑丁〕穷则公剽，怒则私斗，轻抵禁……鹰鸷而陆梁，故境壤虽狭，而狱犴寇抄常倍他境。[②]

元丰元年冬十月己未，诏：潭州浏阳永兴场采银、铜所集坑丁，皆四方游浪之民，若不联以什伍，重隐奸连坐之科，则恶少藏伏其间，不易讥察，万一窃发，患及数路，如近者詹遇是也……又诏坑户限一月首纳所藏兵器。[③]

庆元三年五月六日，臣僚言：今日盗贼所以滋多者，其巢穴有二：一曰贩卖私盐之公行，二曰坑冶炉户之横恣。[④]

这几条材料，扼要地说明了冶户最下层的情况，反映了他们在社会现实中的境遇。

采掘冶炼手工业（以及官府的一些钱监也在内）中，再一批劳动生产者是役兵（卒）。所谓的役兵，大多数是犯罪刺配来的刑徒，如信州铅山铜矿“所役兵士，皆是二广配隶之人”[⑤]。这些“配隶之人”在矿井下承担了最艰苦的采矿劳动，如前所指，常因“坑港”崩塌而造成严重伤亡。虽则如此，由于他们是罪隶，不但“衣粮经年不至”，而且在劳动中还带上刑具。如北宋时的商州铁冶，为“四方流人”，“常絷之以役”。试想，这种最为艰苦又备受侮辱的劳役，怎么能够调动这些人的生产积极性呢？偶然碰到一个较为明智的官员，“悉弛其絷，卒无一人敢冒法”[⑥]，但终未能成为定制。而罪犯一直到南宋仍然是如此：“诸处配到贷命之人”，“昼则重役，夜则镣锭，无有出期”[⑦]！这些役兵所承担的劳动最艰苦，而在生活待遇上则是最低下的，维持活命都很不易。他们以自己的生命为宋代采冶的发展作出了不可磨灭的贡献。

① 《宋史》卷三三三《荣諲传》。
② 余靖：《武溪集》卷一五，《韶州新置永通监记》。
③ 《长编》卷二九三。
④ 《宋会要辑稿·兵》一三之三九。
⑤ 《宋会要辑稿·食货》三四之二二。
⑥ 沈辽：《西溪文集》卷一〇《裴德舆墓志铭》。
⑦ 《宋会要辑稿·职官》四三之一七六。

第十五章　宋代的铸钱业和军工工业

在宋代，铸钱业和军工工业都是封建国家直接举办的手工业，亦即所谓的官府手工业。这两个生产部门，不论是从规模上还是从其内部分工上来看，都是极其可观的，特别是军工工业的生产技术，在当时居于最前列，因而值得注意和研究。

第一节　宋代的钱监和铸钱

“泉布所以权物轻重，通有无，其利柄当操之在上。”① 因而同历代皇朝一样，宋代也是直接由国家统辖货币的铸造。这个统辖的总机构，就是提举坑冶铸钱司，“掌山泽之所产及铸货以给邦国之用”②。据洪咨夔的《大冶赋》所载：“合江、淮、荆、浙、闽、广而建一台，则景祐之宪度；东治于饶，西治于虔，则元丰之章程。”③ 提举坑冶铸钱司是在宋仁宗景祐年间建立起来的，它辖有5个铸钱监，由于“近年江、池、饶州增岁铸额，及兴国军、睦、衡、舒、鄂、惠州创置六监”，一名提点官“通领九路，水陆巡按不周”④，因而在宋神宗元丰二年（1079）又增置提点官一员，分为二司，一在饶州，分领江东、淮、浙、福建等路，一在虔州，分领江西、荆、广诸路。自渡江之后，

---

① 杨时：《杨龟山先生集》卷四《论时事》。
② 《宋史》卷一六七，《职官志七》。
③ 洪咨夔：《平斋文集》卷一。
④ 《长编》卷二九九，元丰二年七月癸酉记事。

“泉司所发额钱，比旧十亏八九”①，仍设两个铸钱司就显得冗散了，因而绍兴五年（1135）将饶司大部分官员合并于虔司，实际上合二为一了。

提点坑冶铸钱司以下，是分散在各地的铸钱钱监。钱监的官员，由朝官和三班使臣充任。宋代钱监的设立，系在灭南唐之后，因南唐饶州永平监而铸造货币。南唐统治期间铸用铁钱，太平兴国二年，在江南转运使樊若水的建议下于饶州等监铸铜钱，“民便之”②，终北宋一代，南方诸路使用铜钱。但这时的铜钱因铸造量少，还无法满足商品发展的需要。太平兴国六年任转运使的张齐贤因“民间难得铜钱，而官责租课颇受鞭挞，此最不便”，并得到南唐时任承旨的丁钊的帮助，采用唐开元通宝铸法，冶炼铜铅等矿，扩大饶州永平监，岁铸30万贯③。由于铸造大量增加，“以铅锡杂铸”，“钱如粗恶”④，出现了质劣的问题。吴越王钱俶纳土归朝，宋在杭州也有了钱监，由于铜、炭供应不足而废罢。至道二年（996），王禹偁知滁州，为供应饶州钱监铸冶，“调民输炭”，“泝泗江涛，人颇怨咨”，于是遂列举前代“炉冶数目、郡国处所”，要求朝廷“请分监署”，以扩大铸钱数量，改变目前这种千里跋涉输送炭薪的做法。时杨允恭也奏请其事，因而置池州永丰监。咸平二年（999）又先后建置建州丰国监、江州广宁监，各铸铜钱20万贯⑤。饶、池、江三监的设置，使宋代铸钱初具规模。皇祐元年（1049）韶州永通监建立，宋代铸钱有了更进一步的发展。随着此后铜、铅、锡产量的增加，为铸钱业的巨大发展创造了前提条件。以王安石为首的变法派又极为重视铸钱业，熙宁六年（1073）七月乙巳诏令“京西、淮南、两浙、江西、荆湖六路各置一铸钱监，江西、荆湖南路以十五万缗、余路以十万缗为额”⑥，于是熙丰之际以铜钱为主的钱币铸造达到了两宋的最高峰。今将钱监建置情况列表如下⑦，第一表为铜钱监：

---

① 《两朝圣政》卷一八。

② 曾巩：《元丰类稿》卷四九《钱币》。

③ 《琬琰集删存》卷三《张文定公齐贤传》。

④ 《元丰类稿》卷四九《钱币》。

⑤ 王禹偁：《小畜集》卷一七《江州广宁监记》。

⑥ 《长编》卷二四六。

⑦ 本文参阅了日野开三郎《北宋时代铜铁钱的铸造额》（载《食货》第二卷第一期）。

建置年代	地　点	监　名	材料来源
宋太宗太平兴国二年（977）	江南东路饶州	永平监	《长编》卷一八；《琬琰集删存》卷三《张文定公齐贤传》
宋太宗至道二年（996）	江南东路池州	永丰监	《小畜集》卷一七《江州广宁监记》
宋真宗咸平三年（1000）	江南西路江州	广宁监	同上
	福建路建州	丰国监	同上
宋仁宗皇祐元年（1049）	广南东路韶州	永通监	《武溪集》卷一五《韶州新置永通监记》
宋英宗治平四年（1067）	广南东路惠州	阜民监	《元丰九域志》
宋神宗熙宁四年（1071）	陕西路永兴军府西北一里华州郑县陕州		《元丰九域志》
宋神宗熙宁七年（1074）	河南府	阜财监	《元丰九域志》（《长编》二六三则作熙宁八年）
	河北西路卫州	黎阳监	《元丰九域志》
	两浙路睦州	神泉监	《元丰九域志》；《朝野杂记》甲集卷一六（《长编》卷二七〇作熙宁八年）
宋神宗熙宁八年（1075）	淮南西路舒州	同安监	《元丰九域志》；《朝野杂记》甲集卷一六；《长编》卷二七一
	荆湖北路鄂州	宝泉监	《元丰九域志》；《庆湖遗老诗集》《题宝泉官舍壁》谓在夏郡城东三里
	荆湖南路衡州河东路绛州	咸宁监垣曲监	《元丰九域志》；《朝野杂记》甲集卷一六

续表

建置年代	地　点	监　名	材料来源
	江南西路兴国军	富民监	《元丰九域志》
宋神宗元丰四年（1081）	陕西路秦州		《长编》卷三一一
宋神宗元丰六年（1083）	广南西路梧州	元丰监	《长编》卷三三五；《朝野杂记》甲集卷一六

第二表是关于铁钱监建置的情况：

建置年代	地　点	监　名	材料来源
宋太祖开宝中（968～975）	成都府路雅州百丈县		《宋史·食货志·钱币》（李顺起义时废罢）
	益州		《宋史·食货志·钱币》（李顺起义时废罢）
宋真宗咸平四年（1001）	成都府路邛州	惠民监	《元丰九域志》
宋真宗景德二年（1005）	成都府路嘉州	丰远监	《元丰九域志》
宋真宗景德三年（1006）	利州路兴州	济众监	《元丰九域志》
宋仁宗庆历元年（1041）	陕西路虢州	朱阳监在城（神宗时置）	《长编》卷一三三
	陕西路商州	阜民监洛南监（神宗时置）	《长编》卷一三三
宋仁宗庆历二年（1042）	河东路晋州		《长编》卷一三三、一六四；《欧阳文忠公文集》卷一一五《乞罢铁钱札子》（后废去）
	泽州		

续表

建置年代	地 点	监 名	材料来源
宋仁宗庆历四年（1044）	陕西路仪州	博济监	《长编》卷一六四（后废去）
宋神宗熙宁八年（1075）	陕西路耀州		《元丰九域志》
	京东路徐州	宝丰下监	《宋史·食货志·钱币》
宋神宗熙宁九年（1076）	陕西路通远军	威武镇监	《宋史·食货志·钱币》
	陕西路岷州	滔山镇监	
宋哲宗绍圣三年（1096）	夔州路施州	广积监	《朝野杂记》甲集卷一六。《川陕铸钱》
	夔州路南平军	广惠监	

以下第三表系铜钱铸造量的变化：

年 代	铜钱铸造数量和指数		材料来源
宋太宗至道年间（995～997）	800000 贯	100	《文献通考·钱币考二》；《宋史·食货志·钱币》
宋真宗咸平三年（1000）	1350000 贯	168.7	《宋会要辑稿·食货》一一之一；《朝野杂记》甲集卷一六《东南诸路铸钱兴废始末》
宋真宗景德末（1007）	1830000 贯	228.75	《文献通考·钱币考二》
宋真宗大中祥符八年（1015）	1250000 贯	156.25	《玉海》卷一八〇《钱币》①
宋真宗天禧末（1021）	1050000 贯	131.25	《文献通考·钱币考二》；《宋史·食货志·钱币》

① 北条转引自日野开三郎《北宋时代铜铁钱的铸造额》一文

续表

年　　代	铜钱铸造数量和指数		材料来源
宋仁宗天圣年间（1023～1031）	1000000 余贯	125	《梦溪笔谈》卷一二
宋仁宗皇祐中（1049～1053）	1465662 贯	183.2	《龙云集》卷二九《策问第九·钱》
宋英宗治平中（1064～1067）	1700000 贯	212.5	《宋史·食货志·钱币》
宋神宗熙宁末年（1077）	3730000 贯	466.25	《宋会要辑稿·食货》一一之二
宋神宗元丰三年（1080）	5060000 贯	632.5	《宋会要辑稿·食货》一一之八；《文献通考·钱币考二》
宋徽宗大观中（1107～1110）	2890400 贯	361.3	《宋会要辑稿·食货》一一之一；《朝野杂记》甲集卷一六
宋徽宗宣和二年（1120）	3000000 贯	375	《宋会要辑稿·食货》一一之六

第四表系铁钱铸造量的变化：

年　　代	铁钱铸造数量和指数		材料来源
宋太宗太平兴国年间（976～983）	500000 贯	100	本表摘自日野开三郎《北宋时代铜铁钱铸造额》一文，以下不再注明
宋真宗天禧末年（1021）	210000 贯	42	
宋仁宗皇祐年间（1049～1053）	270000 贯	54	
宋仁宗嘉祐四年至宋英宗治平四年（1059～1067）	30000 贯	6	

续表

年　　代	铁钱铸造数量和指数		材料来源
宋神宗熙宁末年（1077）	986000 贯	197.2	
宋神宗元丰三年（1080）	889000 贯	177.8	

以上四表清楚地说明了，北宋一代的铸钱业（包括钱监和铸钱量）是不断增长和发展着的，到宋神宗熙宁元丰年间达到了顶峰。以铜钱铸造为例，以北宋初年的 80 万贯作为基数（100），以下各代都有所增长，到宋神宗元丰三年达 506 万贯，指数增至 632.5，亦即 6.3 倍。拿宋代铸造的铜钱与唐代来比，唐玄宗天宝年间为 31.7 万贯，唐宪宗元和年间为 13.5 万贯，宋太宗至道年间的 80 万贯就分别为唐代以上两个数字的 2.5 倍和 6 倍，而宋神宗元丰三年的 506 万贯则分别为唐的 19 倍和 37 倍。由此看来，与采掘冶炼业一样，宋代铸钱业的发展之快和增长幅度之大也是惊人的。其次，就钱监分布来看，它同前章叙述的铜矿的分布是一致的，南方多于北方。同样地，铜钱的铸造也是南方远远超过了北方。拿宋神宗元丰三年铜钱铸造的最高额来说，南方诸钱监共铸造了 434 万贯，占总额 506 万贯的 85.7%。南北相比，南方铸造额约为北方的 6 倍。第三，货币铸造对当时的社会经济产生了极其重要的影响和作用。铁钱铸造量不大，亦仅在行使铁钱的地区进行铸造，可是到北宋晚期却成为局部地区的重要问题，大有牵一发而动全身之势。关于这些问题将在宋代货币流通中再加叙述。

到南宋，铸钱业随着采冶业的衰落也陡然衰落下来。“自渡江后，岁铸钱才八万缗，近岁始倍。盖铜铁铅锡之入，视旧才二十之一（旧一千三百二十万斤，近七十余万斤），所铸钱视旧亦才二十之一尔!”[①] 这是由于铸钱的原材料——铜、铁、铅、锡的锐减，从而造成铸钱业的衰落。为什么铸钱原材料——铜、铁、铅、锡锐减呢？前章曾经引用洪迈的一道奏札，指明宋代最著名

① 《宋会要辑稿·食货》一一之一。

的岑水场，从北宋时的七八千家冶户，到南宋时“不能满百”，从事采冶的劳动生产者的人数大大减少，从而引起采冶手工业的衰落、下降。同样地，国家直接统辖的铸钱监的兵匠，到南宋也是大大地减少了。如建州丰国监原有役兵工匠500人，岁铸25万缗，到绍兴二年（1132），剩余的役卒仅有数10人[①]。有的钱监，如利州绍兴监，原有兵士270多人，强壮者充诸军使唤，“余在监老弱七十人令任鼓铸”[②]，这样做当然维持不住原来的岁额。还有，因兵匠散亡，原料不给，有的钱监干脆关闭了事：“同安、宿松两监，岁铸三十万缗，言者以为扰，既损其半，而监亦遽废。”[③] 江州广宁监、池州永丰监是北宋初年以来承担三四十万缗铸币的两个著名钱监，由于战乱影响，“江、池残破，远涉大江”，在绍兴元年也废掉了。由于钱监数量的减少，以及钱监与工匠大量减少而引起规模的缩小，是造成南宋铸钱业衰落的又一个直接的原因。虔、饶是北宋两个铸钱司的所在地，到南宋初年所铸岁额仅8万缗[④]，20多年以后，才增到14万缗，22万缗[⑤]，不到北宋最高年额的二十分之一！

南宋铜钱铸造业虽然很不景气，但铜钱的外流，以及“铜钱日耗，销毁莫戢”[⑥]，日益改铸成为铜器，则越来越严重，成为南宋朝野上下共同关注的重大问题。关于铜钱外流及其如何制止铜钱外流牵涉到货币流通问题，放在第四编中叙述。至于南宋政府禁销铜器，特别是搜刮民间铜器作为铸造铜币的原料，则有必要在这里加以说明。

前章说过，南宋政府在金、银等采冶手工业中，虽然肯定了王安石变法时期的二八抽分制，但在实践中没有认真执行这项政策，这就无法调动采冶生产者的积极性，在根本上改变采冶手工业衰落不振的局面。由于南宋政府不此之图，铸钱的原料得不到解决，却又不甘心铸钱业的衰落，于是便针对铜钱的储藏和铜器的熔铸而大费周章，从宋高宗绍兴年间到宋宁宗庆元年间实施铜禁和

① 《两朝圣政》卷一一，绍兴二年四月乙丑记事。
② 王之望：《汉滨集》卷八《措置钱监军兵充诸军使唤札子》。
③ 陆游：《渭南文集》卷三八《监丞周公墓志铭》。
④ 《朝野杂记》甲集卷一六；《两朝圣政》卷一二，绍兴二年八月癸巳记事。
⑤ 《系年要录》卷一七七，绍兴二十七年七月庚午记事。
⑥ 程公许：《沧州尘缶编》卷一四，《试上舍生策题》。

搜括铜器。还在宋高宗绍兴五年，王俣即请官卖铜器，以禁私铸。第二年“遂悉敛民间铜器以铸钱，又诏私铸铜器者徒二年”[①]。但这些做法效果不大，无助于铜钱的铸造。绍兴二十八年（1148），臣僚们再次强调铸造铜器之害，宋高宗大加赞赏，于是亲自作出了样子，将宫中1500件铜器送到铸钱司熔化铸钱。宋政府遂以此为引子，“大敛民间铜器”。举凡寺观之中的铜像、铜磬之类也必须登记，“每斤收其算二十文”；民间日常用的照子（铜镜）、带襻之属，全都由官府制造出卖；民间所有铜器，“限一月输官，限满不纳，十斤以上徒二年；赏钱三百千，许人告；后犯者，私匠配钱监重役”[②]。经过这番折腾，搜刮了200万斤铜，依然解决不了铸造铜钱的问题。宋宁宗庆元三年（1197），宋政府又如法炮制，继绍兴末年而又一次搜刮铜器。这次显得还要厉害，对销熔铜钱者要绳之以法：“诸钰销及磨错剪凿钱取铜，或铸造器物”，“一两杖一百，一斤加一等，工匠送铸钱充役，八斤皆配本城，十斤皆配五百里。”[③] 北宋以来，民间铜器制造业一直不断地发展着，这种制造业主要地制造铜器，但也私铸铜币以牟取厚利，所以它同官府铸钱业并存，但有一定的矛盾。当北宋铜产量甚高、铜课能够满足国家铸钱业需要的时候，民间制铜业与官府铸钱业可以并行不悖；而当南宋初年以来采冶业不景气、铜课无法满足国家铸钱业的需要时，封建国家便伸出它的贪婪的手，攫取民间制铜业，从而使矛盾尖锐化。绍兴、庆元两次榷铜，就是这一矛盾的表面化和深化。宋政府这种做法能够解决铸造铜钱的需要吗？实际证明是不能够的。这一矛盾的解决，只有发展采冶手工业，调动冶户的积极性，采冶更多的铜矿。而这唯一可行的办法，南宋政府不愿采用，当然就无法解决矛盾了。尤为可笑的是，继绍兴二十八年搜刮铜器之后，绍兴二十九年又有禁藏过多铜钱的诏令：“令命官之家留见钱二万贯，民庶半之”，其余的限在两年内“听转易金银、算请茶盐香矾钞引之类”，不许“越数寄隐”[④]！诏令是严峻的，而反应则是微弱的。用限制铜钱数量的办法，妄图把从货币蓄液池中沉淀下来的铜钱，或者说储藏起来的

---

① 《朝野杂记》甲集卷一六《铸钱诸监（绍兴庆元榷铜）》。

② 《系年要录》卷一八〇，绍兴二十八年七月乙卯记事。

③ 《庆元条法事类》卷二九。

④ 《宋史》卷一八〇《食货志下二·钱币》。

货币，转移到封建国家手中，诚戛乎甚难也！

下达铜禁也好，限制铜钱储藏也好，都解决不了铸造铜钱所需要的原料，南宋铸钱便一蹶不振了。据《宋会要辑稿》《系年要录》《朝野杂记》和《两朝圣政》等史籍的记载，南宋铜钱铸造额大致如下：

（1）绍兴初（1131），8万贯；

（2）绍兴二年至绍兴三年，12万~13万贯；

（3）绍兴二十五年（1155），14万贯；

（4）绍兴二十六年（1156），22万贯；

（5）绍兴二十七年（1157），15万贯；

（6）绍兴三〇年（1160），10万贯；

（7）绍兴三十一年（1161），15万贯；

（8）乾道八年（1172），江州广宁监、兴国军阜民监各10万贯，临江军丰裕监、抚州裕国监各5万贯。

铁钱铸造也降落下来。行使铁钱的川峡四路，由于成本太高，铸11万贯铁钱，要花费21万贯，因而嘉州丰远监、邛州惠民监在南宋曾停铸了若干年，以后虽然恢复，但铸造不过两三万贯，而在原来行使铜钱的东南地区，却铸造了不少的铁钱。淳熙八年（1181），舒州同安监、蕲州新春监铸造铁钱年额各达15万贯①，作为两淮、荆湖北路的通货使用，试图以此切断铜钱流向女真统治下的北中国。这个打算不但落空，而且加速了铜钱的北流。这是南宋统治者始料所不及的。

总之，南宋政府不是从改变其有关采冶手工业政策下手，去解决铸钱的原料问题，而是通过铜禁和限制储藏铜钱的办法，去寻求解决问题的途径，其失败是必然的。问题既然得不到解决，铜钱铸造数量始终徘徊在20万贯左右，政府财政开支愈感拮据，就只好发行纸币以求解决这个困难了。于是，南宋政府便沿着这个斜坡，滑下了无可挽救的深渊。

货币的铸造，由于前代积累了比较丰富的经验，因而在宋代不论是在铸造的技术上和铸造的管理上，都形成了一套比较完整的制度。这套制度是：

---

① 《两朝圣政》卷五九。

1. 铸造工序　整个铸钱大约分3道工序，一曰沙模作，即先制作铸钱的沙模；二曰磨钱作；三曰排整作[①]。这虽然说的是蕲州新春监的情况，但铸钱大都经历这三道工序。

2. 铸钱的时间安排　铸钱是一项极为沉重的劳动，特别是在当时的设备条件下，更加艰苦。按照唐制，铸钱“每年六七月停，余十月作十番”[②]。杨亿把这项制度告诉了宰相，于是宋真宗景德四年（1007）也下诏称：“鼓铸钱刀，素有程限”，“自今五月一日至八月一日，止收半功”，即是说，在这四月内，包括了溽暑季节，都是半日劳动的，亦即两个月不劳动。蕲州新春监则在“五月至七月，号为铁冻，例阁炉鞴”[③] 亦即在此三个月内完全停工，这可能是南宋规定的制度。

对钱监操作时间的规定很严，“诸铸钱监抑勒于功限外鼓铸，及令夜作者，以违制论”[④]。

3. 铸钱的劳动生产率　据张世南的记载，蕲州新春监，“以一监约之，日役三百人，十日可铸一万缗，一岁用功九月，可得二十七万缗”[⑤]。这一记载大致反映了宋代钱监生产的情况及其规模。前面曾经提到，唐玄宗时铸钱为317000贯，如果与宋相较，不过相当于宋代四五百人的一个钱监的生产量，两代铸监规模大小从这里就可以看出来了。又据杨亿《谈苑》的记载，仅就铸钱而论，唐代“一工日可铸钱三百余”，而宋代“国家之制，一工日千余”[⑥]，三倍于唐。这就又表明了宋代钱监的劳动生产率比唐代大大提高了，这是一个值得注意的进步！

4. 铸钱料例和铜钱质量　宋咸平三年在饶州永平监所铸30万贯铜钱，“凡用铜八十五万斤、铅二十六万斤、锡十六万斤”[⑦]，是以铜为主、杂以铅、锡而铸造成功的。这种铜和铅、锡配合的数量，即谓之“料例”。据庄季裕的

---

① 张世南：《游宦纪闻》卷二。
② 江少虞：《皇朝事实类苑》卷二一《诸监炉铸钱》。
③ 《宋史》卷一八〇《食货志下二·钱币》。
④ 《庆元条法事类》卷三二。
⑤ 张世南：《游宦纪闻》卷二。
⑥ 此据《皇朝事实类苑》卷二《诸监炉铸钱》。
⑦ 《琬琰集删存》卷三《张文定公齐贤传》。

记载，宋代铸钱料例有以下四次变动：

> 自开宝以来，铸宋通咸太平钱，最为精好。今宋通钱每〔贯〕重四斤九两。国朝铸钱料例凡四次增减。自咸平五年后采用铜、铅、锡五斤八两，除火耗，收净五斤。景祐三年依开通料例，每料用五斤三两，收净四斤十三两。庆历四年依太平钱料例，又减五两半，收净四斤八两。庆历七年以建州钱轻怯粗弱，遂却依景祐三年料例，至五（?）年以锡不足，减锡添铅。嘉祐三年，以有铅气，方始依旧。嘉祐四年，池州乞减铅、锡各三两，添铜六两。治平元年，江东转运司乞依旧减铜添铅、锡，提点相度，乞依池州擘画。省部以议论不一，遂依旧法用五斤八两，收净五斤。①

这是北宋的情况。南宋铸钱料例的情况是：

> 每当二钱千重四斤五两（铜二斤九两半，铅一斤十五两半，锡二斤，木炭五斤，除火耗七两外，净钱计上件）、小平钱千重四斤十三两（铜二斤十五两半、铅二斤一两半、锡三两、木炭八斤，除火耗七两外，净钱计上件），视旧制铜少而铅多（天禧之末〔当作“制”〕），每千钱用铜三斤十四两、铅一斤八两、锡八两，内建州丰国监又减铅五两，加铜亦如之。绍兴之制，每小钱一千用铜二斤半、铅一斤五两、炭五斤，盖七百七十文为一千者也。今小平钱一千足乃用此料。则钱愈锲薄，宜也。②
>
> 〔南宋庆元年间〕诸铸监所铸钱每贯熟重四斤五两。③

从两宋铸钱料例的数次变动考察，就每贯（千钱）的重量而言，从宋初开宝以来的4斤9两，到咸平五年以后的5斤、景祐三年的4斤13两、庆历四年的4斤8两、治平年间的5斤，以至到南宋以来的当2钱4斤5两、小平钱千重4斤13两，除咸平、治平（以及熙丰在内）重量在5斤者外，其余皆不足5斤，而且表现了重量递减这一特点。而就每贯钱的含铜量而言，北宋年间每

---

① 庄季裕：《鸡肋编》卷中。

② 《朝野杂记》甲集卷一六《铸钱诸监》。

③ 《庆元条法事类》卷三二。

贯（千文）含铜量已有递减的趋势，不过还不算严重；到南宋则极其明显地减少了，绍兴每贯（千文）含铜量较北宋天禧年间的 3 斤 14 两减少了 10 两；而宋孝宗以来的每贯铜钱比绍兴的 3 斤 4 两又减少了 12 两。由于料例的这两方面变化，一是重量减轻，一是含铜量递减，宋钱的质量便日益下降了。杨亿对宋初的铜钱即曾有所评论，认为“用铜铅锡之法亦异于古，其数虽倍而铸稍恶，每系掷亦多缺”①。南宋庄季裕认为，“物料宽剩，适足以资盗窃。今依景祐三年料例，据十监岁额 281 万贯，合减料 878000 余斤，可铸钱 1609000 余贯”② 减削料例，亦即使“物料宽剩”，实际上是偷工减料，当然使钱币的质量日益下降了。无怪乎李心传说，由于料例的日益减削，“钱愈锲薄，宜也”。顾炎武以其博闻多识曾对唐、宋钱币有所评论，他认为唐开元钱“坚实可久”，而对宋钱颇多菲薄之辞。如就北宋钱而论，除庆历钱稍差外，一般说来都颇精好，比开元钱差不甚多，而南宋钱则锲薄轻怯，远不及开元钱了。

5. 以样钱验收新铸铜钱　转运提点铸钱司在铸钱时都有样钱，用来校点各钱监所铸造的新钱。凡是被民间呼之为“悭钱”、“粗怯不如样”的钱③，都必须退换。如果数多，则申报所属各钱监，以示批评。诸钱监的“上供钱”，“并依元样”，同时经州差官拣看，“方得起发”；还从中抽出一贯样钱申送给尚书省④。用这项办法来保证铸钱的质量。

从铜钱的铸造中，封建国家是否可以得到直接的收益？王禹偁在《江州广宁监记》一文指出，咸平三年江州广宁监“岁铸钱二十万贯，铸钱之费八万八千三百六十贯四百五十，得实钱一十万一千六百三十九贯五百四十五，其为利也博哉!”⑤ 按照这个说法，江宁监铸钱 20 万贯，除成本之外，赢利达 55%，利润之高，实为罕见。这是铜钱监的一个实例。而在铁钱监中，也有类似情况。张世南称蕲州铁钱监“本钱四可铸十，铁炭稍贵，六可铸十，工雇

① 《皇朝事实类苑》卷二《诸监炉铸钱》。
② 《鸡肋编》卷中。
③ 罗大经：《鹤林玉露》卷九。
④ 《庆元条法事类》卷三二。
⑤ 《小畜集》卷一七。

费皆在焉!"① 蕲州新春监除工本外，铸铁钱的利润也高达40%～60%。除上述这个记载外，其余记载，如北宋晚年的记载，有的认为利润不大，蔡绦《国史补》中说："盖昔者鼓冶，凡物料火工之费，铸一钱凡十得息者一二，而赡官吏、运铜、铁，悉在外也。若稍加工，则费一钱之用，始能成一钱。"②按照这个意见，除"赡官吏、运铜、铁"外，只能得十之一二息；如果把这些费用计算在内，则未必有十之一二息了。杨时在北宋灭亡前夕的一篇文章中指出："今钱一千，重六斤，铜每斤官买其直百钱，又须白蜡和入，乃能成钱。除火耗到磨损折，须六七斤物料乃得一千。铜自岑水永兴数千里远致，其脚乘又在百钱之外，薪炭之费，官宦廪给，工匠率分，其支用不赀一二，细计千四五百钱本，方得一千，何利之有?"③ 从这一计算来看，不仅没有什么利润，而且每铸造1000文，须赔折四五百文！到南宋，铸钱量不仅大幅度下降，而铸钱成本则大大提高，以致铸钱1贯要用2贯的代价。建炎二年（1128），成都府转运判官靳博文称，邛州铸钱，岁用本钱20万缗，所铸才11万缗，"得不偿费"④。绍兴三年（1133），刘大中指出虔、饶铸钱院和铸钱监2年铸新钱才20万缗，而用本钱12万缗、兵卒之费又23万缗，也是"得不偿费"⑤。绍兴五年，福建路转运判官郑士彦又指出，"坑冶尽废，物料贵踊，计两千四百而铸千钱"⑥。因而转运司和提点铸钱宁愿抱认28万多的年额，也不肯折本去鼓铸新钱，这样还可少花费一些⑦。因此南宋初年很多人认为，"铸钱一司，坐费粮食，今铜料不继，鼓铸日稀"⑧，要求废罢铸钱司。虔饶两司就是在这种情况下合并起来的。

综合上面的叙述，可以看出，国家铸造铜钱之所以能够获得利润，主要的是压榨铸钱工匠和役卒的剩余劳动。铸钱利润越大，如北宋初江州广宁监之获

---

① 《游宦纪闻》卷二。
② 载《文献通考·钱币考二》。
③ 杨时：《龟山先生集》卷四《论时事》。
④ 《两朝圣政》卷三，建炎二年六月乙卯记事。
⑤ 《系年要录》卷七一；《两朝圣政》卷一四。
⑥ 《两朝圣政》卷一七，绍兴五年闰二月丁巳记事。
⑦ 《两朝圣政》卷一七。
⑧ 《系年要录》卷一一，绍兴七年五月癸酉记事。

得 55% 的利润，以及蕲州新春监之获得 40% ~60% 的利润，就越表现封建国家榨取的工匠役卒剩余劳动越多。至于南宋以来之所以以高出币值两倍的代价铸造铜钱，主要由于原料腾涌、铸造量少、坐费衣粮的官兵数量过多。南宋政府妄图从减少含铜量以降低铸币的成本，以此获得铸钱的利润，结果却引起了私铸的盛行和币值的下降，这一点将在货币流通一章中再加叙述。

宋代的铸钱，主要是靠工匠、役卒的劳动来实现的。在宋代钱监中，究竟有多少工匠和役卒，因史无明文记载，还不能给以确切说明。据前引张世南的记载，“以一监约之，日役三百人，十日可铸一万缗，一岁用功九月，可得二十七万缗”，即是说，一个有工匠役卒 300 人的钱监，年铸 27 万贯。建州丰国监共有役兵 500 人，年铸 20 万贯以上。根据这两个数字估算，北宋熙丰年间铸钱的最高额达 600 多万贯，因而铸钱的工匠至少要有 7500 人，高可达 15000 人，取其中数，约为 11000 人上下。这大概是宋代铸钱业全盛时期拥有的全部工匠和役卒。

钱监中除官员外，工匠、役卒也是分等级的。工匠的等级与军器制作业大体类似，分为如下等级，即都作头——大作头——小作头——工匠。小作头是从精巧的工匠中选拔出来，大作头、都作头则分别从小作头和大作头中选拔出来的。对工匠，不仅按工作时间进行考核，而且还按照工匠的技艺进行考核。如果“造作不如法及工程不敷”，亦即制作不符合规格和达不到规定指标，“即时注籍”，即勾销工匠的名字，充任其他的杂活。大小作头每一季度、都作头每半年进行一次“比较”、考察，工作最差的即降为工匠①。

钱监统治者同工匠、役卒之间存在尖锐的矛盾。铸钱的劳动强度大，请给、率分钱太少，使工匠、役卒们无以为生，因而引起他们的逃亡。来到钱监的役卒，是各式各样的发配来的罪犯，更加引起钱监官员们的歧视和不安。他们认为这些人是所谓的“四方凶恶不逞不徒”，“居常思乱”，因而将其中的强壮拼命役使和折磨，使老弱者“令任鼓铸”②。这种做法，当然造成劳动生产率的下降。钱监官吏，“舞文弄法，为害非轻，炉户铸工，刊剥殆尽，百端规

① 《庆元条法事类》卷三二。

② 王之望：《汉滨集》卷八《措置钱监军兵充诸军使唤札子》。

取，必至充其所欲”[①]。这同样不利于铸钱业的发展。而且极其沉重中的劳动，使各种不同的手工匠人患起了职业病，“后苑银作镀金，为水银所熏，头手俱颤；卖饼家窥炉，目前早昏；贾谷山采石人，石末（当作“末”）伤肺，肺焦多死；铸钱监卒无白首者，以辛苦故也。”[②] 铸钱监卒之所以无白首者，不仅劳动强度大，又因为铸钱中杂有铅、锡、容易引起铅、锡中毒。王得臣在熙宁初年“官陕郊时”（按当即为陕州附近的铸钱监，这个钱监也大约是在这个时候恢复的），钱监“兵闻锡气久而病瘠，以至不起”，就是由于长期铸钱而中毒。王得臣针对这种情况，提出这项办法：“惟以蒸豚啖之，可以销释，所支率分钱内充买均给。予后所至多令如此给肉。惟建州丰国监役兵仍多病于弱之疾。”[③] 所谓蒸豚可以销释者，无非是给这些沉重的劳动者增加一点营养，继续其再生产罢了。但不论怎样说，像王得臣这样的封建时代的官员，能够对劳动生产者的生活给以某些注意，并不是多见的，因之这类的行动也是值得一提的。

第二节　宋代军工手工业及其发展

战争是在人类进入阶级社会后产生和发展起来的。只要战争存在，人们总是把最先进的技术、最优秀的人才和极大的财力，用在武器的制造上。在宋代，由于外部的民族斗争的争遽发展和内部阶级斗争的尖锐化，更加注重对武器的制造，并且在这方面获得了前所未有的进步和发展。这个巨大进步和发展就是众所周知的火药的发明，以及火药在武器上的应用，即制造成功的火器。对此问题，20 世纪 50 年代冯家昇先生在《火药的发明和西传》一书中已作了专门的论述。此外，关于弓箭、刀枪等类武器的制作，王曾瑜同志在《宋朝兵制初探》中也作了说明。因此，这里所叙述的，将侧重火器的制造及其发展、武器的制造机构、制作武器的工匠及其与宋封建国家的关系这几个方面。

---

① 周麟之：《海陵集》卷四《论革泉司弊札子》。

② 孔平仲：《谈苑》卷二，宝颜堂秘笈本。

③ 王得臣：《麈史》卷下。

硫磺是宋代配制火药的最重要的原料。大约在作为火药重要原料的同时，硫磺也使用于日常生活的各方面。利用它的燃烧性能而制成火柴，即是其中一个方面。陶谷《清异录》记载："夜中有急，苦于作灯之缓，有智者批杉条，染硫磺，置之待用。一与火遇，得焰穗然，呼引光奴。今遂有货者，易名火寸。"① 按陶谷《清异录》大约是在960~980年间成书的，亦即在北宋建国之初汴京这类大都市中开始出售用硫磺、杉片制成的火柴，虽然这种火柴还很原始，还不能摩擦发火。自此以后，到南宋杭州依然有这类火柴的售卖。陶宗仪记载其事道："杭人削松木为小片，其薄如纸。熔硫磺涂木片顶分许，名曰发烛，又曰碎儿，盖以发火代灯烛用也。史载周建德六年齐后妃贫者以发烛为业，岂即杭人之所制欤?"② 这条记载，把发烛的形体描述得较《清异录》中所记还要细致，与今日之火柴无甚区别。元代杭州之有发烛，显然是从南宋流传下来。不仅元代杭州有发烛，直到明代还依然存在，田汝成在其《委巷丛谈》援引《辍耕录》说明此事。从《清异录》到《委巷丛谈》，火柴已经延续了500多年，同欧洲发明和使用火柴的年代（1843）一相比，要早800多年。这件事虽然不属于火器制作范围，但硫磺的燃烧性既与火器息息相关，特别是火柴的发明权这样一件好事，有必要在这里一提的。

利用硫磺的燃烧性而使用于战争，在宋以前即已有之。10世纪初，吴杨行密攻豫章，"发机飞火，烧龙沙门"③。所谓"飞火"，即是由硫磺配制成功的火药，缚于箭头上点燃，然后用弓或者其他机械发射出去，借以烧毁敌军军营或其他防御工事如城楼等等。这虽然是用人力发射出去的，但它是人类第一次用火药射向空间，因而是值得一提的。这样，自此以后，这一类的火器便发展起来，如过去著作中所提到的，宋太祖开宝三年（970），"兵部令史冯继昇等进火箭法，命试验，且赐衣物束帛"④，宋真宗咸年三年（1000）神卫水军队长唐福献火箭、火球、火蒺藜等⑤。总之，从10世纪初到11世纪中叶的

---

① 宝颜堂秘笈本《清异录》无此条，此条系录自《说郛》卷六一《清异录》节本。

② 《辍耕录》卷五《发烛》。

③ 路振:《九国志》《郑璠传》。

④ 《宋史》卷一九七《兵志·器甲之制》。

⑤ 《长编》卷四七，咸平三年九月辛丑记事。

150年间，火药经过战场上的使用和多次的试验，终于研究成功三种配方。这在宋仁宗年间纂修完成的《武经总要》中有记载。今仅录其一于下：

用硫磺一斤四两（另一法则用晋州硫磺十四两、窝黄七两），焰硝二斤半，粗炭末五两，沥青二两半，乾漆二两半，捣为末；竹茹一两一分，麻茹一两一分，剪碎，用桐油、小油各二两半，蜡二两半，熔汁和之；傅用纸十二两半，麻一十两，黄丹一两一分，炭末半斤，以沥青二两半、黄蜡二两半熔汁和合同涂之。①

就火药的构成而言，以硫磺、焰硝、桐油等制成，一经点燃，具有相应的燃烧性能是无疑的；但就爆炸性能说，力量就很不足了。虽然如此，火药既经制造出来，为人类向自然进军便开辟了一个极其重要的途径，同时它对社会的改造，也产生了重大的影响。依此而论，火药的发明，确实有其巨大的划时代的意义。

此后，火器的制造沿着两个方向发展，一是利用火药的爆炸性制作爆炸性火器，一是利用火药的强有力的推动作用制作管状火器。而这两种火器都是在抗击女真贵族和蒙古贵族的战争的实践中发展起来的。

先说爆炸性火器。靖康年间李纲在抗击金军的汴京保卫战中以及绍兴末年虞允文阻击金军渡江的采石之战中，使用了所谓的“霹雳炮”。这种炮用纸管、火药和石灰制成，大约来自宋真宗咸平五年（1002）知宁化军刘永锡所制造的“手炮”。严格说起来，这种火器主要靠石灰烟雾迷漫人们的眼目，爆炸性能不大，还不足以名之曰“炮”，但无疑地它是向“炮”发展的一个重要环节。半个多世纪以后，到宋宁宗嘉定十四年（1221）蕲州防御战中，使用了一种铁火炮，“其形如匏状而口小，用生铁铸成，厚有二寸”②，用发石机将其抛出，点燃火线而后生剧烈的爆炸，具有相当的杀伤力，是当时最厉害的一种武器。金人也从宋学会了各种火器的制造，在进攻蕲州之日，双方曾经“对炮”——即发生炮战。1232年蒙古贵族进攻汴京，金哀宗为减杀蒙古军队的攻势，发射了所谓的“震天雷”：以“铁罐盛药，以火点之，炮起火发，其

① 曾公亮：《武经总要》卷一二，四库珍本。

② 赵与榕：《辛巳泣蕲录》。

声如雷，闻百里外。所爇围半亩之上，火点著甲铁皆透。”① 这种震天雷就是铁火炮，其制作方法和性能与铁火炮是一样的。为防御女真贵族和蒙古贵族的进攻，宋在各地方的都作院（军工作坊）铸造了各种类型的铁火炮，而且数量极为可观。宋理宗时，长江上游重要门户江陵府，“每月制造一二千只”②。马光祖在知建康府任上制造的铁火炮3万多只，其中10斤重的铁炮壳4只，7斤重的8只，6斤重的100只，5斤重的13104只，3斤重的22044只③。近现代的炸弹、飞弹是铁火炮、震天雷发展的继续，当然在技术上、在爆炸力上是不可同日而语的。

火器制造的再一方向是向管状武器发展。突火枪大约是管状武器的一个开端。绍兴十二年（1142）陈规守德安创造了这种火枪。火枪是把火药装在竹筒里，在战场上点燃，喷出火焰，用来烧伤敌军和焚毁敌军军营和物资。正像霹雳炮是向铁火炮过渡一样，这种突火枪则是向杀伤性的突火枪过渡。据《金史·蒲察官奴传》记载：突火枪是“以敕黄纸十六重为筒，长二尺，实力柳炭、铁滓、磁末、硫磺、砒霜之属”，“临阵烧之，焰出枪前丈余，药尽而筒不损”，这种突火枪因装有铁滓、磁末等而具有了杀伤力。沿着这一方向发展，到宋理宗开庆元年（1259），寿春所制造的突火枪，“以巨竹为筒，内安子窠，如烧放焰绳，然后子窠发出，如炮声，远闻（?）百五十余步”④。这样，突火枪利用火药的推动力，把子窠发射出去，这显然是近代火枪的前身，所不同者枪身一则以竹，一则以钢而已。在宋亡以前的若干年份内，即在咸淳九年（1273），沿边州军能够制造大炮——回回炮。这种火炮，据认为先在国外得到了发展，又传到我国铸成功的。当时不过以回回炮为模式，“有触类巧思，别置炮，远出其上。”这种炮究竟先由外国铸造还是由我国最先铸造，还待研究。火药的发明，以及火器的制作，宋代确实处于领先的地位，为当时世界任何一个国家所不及。但是，这个先进地位并没有能维持下去。火药、火器传到欧洲之后，经过改进，后进者变

① 《金史》卷一一三《赤喜合盏传》。
② 李曾伯：《可斋续稿》后集卷五《备具广南备御事宜奏》。
③ 周应合：《景定建康志》卷三九。
④ 《宋史》卷一九七《兵志·器甲之制》。

成了先进，到了近代资本主义社会，欧洲反而以其先进的武器来侵略我国以及其他国家了。

宋统一诸国及其在同契丹辽国的不断较量中，对武器的制造是比较重视的，因而弓箭、刀枪器甲的制作相当精良。至宋真宗、仁宗以后，情况一天天坏起来。主管武器制造的是三司胄案，由于三司事务蝟集，无暇顾及胄案的工作，主管胄案的官员要么根本不懂武器的制造，要么以胄案为跳板而频繁地调动，“谨簿帐而已”，[①] 无任何作为。各州虽有都作院，“皆役工徒而限其常课”[②]，长期以来，一向欺骗、蒙蔽，官员们或是“选占善工，家为治具”，或是“借役民兵，以资奸侵”[③]，而所制作的器甲，有的用纸麻缝就，连流矢都阻挡不住，铸造的刀枪，一经风吹雨淋，就朽烂焦脆[④]；贮存的武器，弓箭“十损四五”[⑤]，刀剑则“土蚀芒锋脆”[⑥]。遇有战事，便不得不急征暴敛，以至“耕牛拔筋角，飞鸟秃翎翅”，加重人民的负担。

因此，熙宁六年（1073），宋神宗采纳了王雱的建议，对武器制作进行了如下的改进：（1）设立军器监，总管武器的制造，原先三司胄案的全部工作都归军器监。这个机构与都水监等平列，设有判监、监丞、主簿和勾当公事官等。提高机构的行政地位，用以加强对武器制造的重视。（2）依照铸钱监的做法，“敛数州之所作而聚于一处”，即在产材和地位重要的州军设立都作院，如相、郓、青、徐等州都设有都作院，按照军器监所制订的“法式”，亦即制作规格，进行各项武器生产。这项制度一直为南宋所继承。（3）广开言路，令懂得军器制作的人们到军器监陈述自己的意见。对吏民所献的器械法式，由全国统辖军队的三帅（即殿前都指挥使、马军都指挥使和步军都指挥使）再加审核，“视实便利乃制造”。（4）选择懂得军器制作的充任官员，军器监还直接管辖在京的军工大作坊，即弓弩院、东西作坊等。经过这番整顿，此后两

---

① 《长编》卷二四五，熙宁六年八月戊戌注引王雱奏疏。

② 《宋史》卷一九七《兵志·器甲之制》。

③ 张方平：《乐全集》卷一三，《武备论·兵器》。

④ 李觏：《直讲李先生文集》卷一七，《强兵策第五》。

⑤ 《宋史》卷二九《王禹偁传》。

⑥ 陶弼：《陶邕州小集》《兵器》。

年内造出衣甲7805副，比以前增加了4809副；箭1384000支，增加了333500支，提高了劳动生产率，还节省了工料。因此，十多年以后，反变法派中的吕陶也不得不承认熙宁年间军器监制作的武器既多又精，“戈矛弧矢甲胄刀剑之类，皆极完具；等数之积，殆不可胜计。苟有灵旗之伐，可足数十年之用。”①军工手工业由改革而取得了明显的发展。

宋代军工手工业规模较大，分工较细。军器监所辖京师内的大作坊，由御前军器所直接管理。早在北宋初年，汴京作坊有所谓8作司，分为泥作、赤白作、桐油作、石竹、瓦作、竹作、砖作和井作。8作司之外有广备攻城作，则直接搞军工手工业，其中21作中的猛火油作、火药作、金火作，都是专业性的作坊。广备攻城作，也叫广备作，亦即南北作。南北作坊共有51作，南作坊有3741名兵校及匠，北作坊4190名兵校及匠②。熙宁三年改称东西作坊③，亦即东西广备作，隶属于军器监之后，分为11目，即火药作、青窑作、猛火油作、金火作、大小木作、大小炉皮作、麻作和窑（当作“窟”）子作，“皆有制度作用之法，俾各诵其文而禁其传”④。专门性的军工手工业的细密分工，是宋代军工手工业取得发展的一个重要的因素。不仅如此，成立军器监后，综合前此的操作规程、技术和经验，“前后讲究制度，无不精致，卒著为式，合一百一十卷。盖所谓辨材一卷，军器七十四卷，什物二十一卷，杂物四卷，添修及制造弓弩式一十卷是也。”⑤ 这个总结性的军器法式，对军工手工业的发展也是极为重要的。

各军工作坊都有大批的工匠和军匠。宋神宗元丰年间，万全军匠为3700人，东西作坊工匠达5000余人。军匠和工匠根据他们的技艺区分为不同的等级。综合《宋会要辑稿·职官》一六的记载，大致有如下的等级区分：都作家——作家——作头（或作甲头，这可能是南宋才有的制度，北宋则称作头）——一等工匠——二等工匠——三等工匠——杂役。作头则是从工匠中

---

① 吕陶：《净德集》卷四，《奏乞罢军器监冗作状》。
② 《宋会要辑稿·方域》三之五一。
③ 《宋会要辑稿·职官》三〇之七。
④ 王得臣：《麈史》卷上，“窟”字是按俞宗宪同志的意见改正的。
⑤ 《麈史》卷上。

选拔出来的，直接管理工匠。都作家、作家同现在号称为作家的作家相比，是真正名副其实的作家，他们有丰富的制作经验，技术超群，从工匠等级的阶梯上逐步选拔出来的，成为军工手工业作坊中技术上的领导人才。

军工作坊中都设有奖惩制度，“日程其功，月阅其课”[①]，根据工匠们生产的情况，不但由此“计其劳与罪孰多”，“察其精窳之实而重为赏罚”，而且也作为各级主管官员升降的根据。工匠的升降也是如此。为检验器物制作的好坏，每件器物上都写（或刻）上自己的名字[②]。这在前代即已如此，铜器上刻上工匠长老的名字，由此保证产品的质量。这是一项保证产品质量的好办法。技术高明的工匠是采用了这项考察办法而得到提升的。如熙宁六年，军器监“弓匠李文应、箭匠王成伎皆精巧，诏补三司守阙军将，以教工匠”[③]。南宋也同样采用这种考察办法，绍兴四年令御前军器所“开具精巧之人，取众推伏，次第试验，保明提举所审验旋，内第二等人匠升作第一等，第三等升作第二等，仍支本等请受”，同时还规定“今后每年一次，依此”办理[④]。绍兴九年御前军器所“器甲工匠王成等二十五人，已及十年工课，并给趁办，可依本所实该（核?）二年作家、甲头例，各与转一资”[⑤]。有奖就有罚，有升也就有降，对于“老弱不堪工作之人”，也进行拣退，“庶免冒占人数，虚支请受”[⑥]。

包括军工作坊在内，官府作坊的工匠大都是取得雇值的。熙宁八年，斩马刀局的工匠，一是“役苦”，二是被禁军强行役使，“非所请愿”，因而杀掉了作头、监官。事后，王安石指出：“凡使人从事，须其情愿乃可长久”。他认为，“饩廪称事所以来百工，饩廪称事来之，则无强役之理”，明确表示不赞成无偿劳役的做法，要求宋神宗对工匠不要“靳惜”雇值[⑦]。所以，从宋神宋以来，在官府手工业中，雇值制度也发展起来。至于有关工匠雇值的问题，因材料不足，还不甚清楚。以南宋绍兴四年情况看，由于户部裁减了万全作坊杂

① 《净德集》卷四《奏乞罢军器监冗作状》。
② 《宋会要辑稿·职官》一六之一四。
③ 《长编》卷二六八，熙宁六年十二月壬辰记事。
④ 《宋会要辑稿·职官》一六之六至七。
⑤ 《宋会要辑稿·职官》一六之八。
⑥ 《宋会要辑稿·职官》一六之一〇。
⑦ 《长编》卷二六二。

役的月给，“尽皆逃遁”；裁减的月给，“米五斗五升，每日不及二升，麦四斗八升，每斗折钱二百，日支食钱一百，委是赡养不足”，因而户部又在其月粮内增加了2斗，即从1石7斗增至1石9斗①。根据上面记载，可以看出，月粮是杂役全月的月给，供养家之用，而米5斗5升、麦4斗8升是杂役的日食口粮。这个日食口粮是否包括在1石9斗的月给之内呢？据李心传记载，御前军器所工匠，“人除本券外，日增给百七十钱，月七斗半米”② 可知除本券外，所增是日食口粮，这也是绍兴初年之制。绍兴二年，御前军器所对拨到的工匠和充杂役的兵卒的月粮是：“下等工匠每月粮二石，添支钱八百文，每日食钱一百二十文，春冬衣依借支例”；对新拨到的“杂役兵匠别立一等，每日食钱一百文，月粮一石七斗”③。至于第二等以上工匠以及作家作头的月粮还不清楚。

诸州都作院、作院的分工也是很细的。以明州作院为例，分为13作：大炉作、小炉作、穿联作、磨锃作、摩擦结裹作、头魁作、熟皮作、头魁衣子作、弓弩作、箭作、漆作、木弩桩作和木枪作。作院的工匠也分为军匠和民匠，并以民匠为主的。元丰年间，“保州作院募民为匠，其给银鞋钱及南郊赏赐视厢军”④。南宋开庆年间（1259）明州“军匠支钱三百文、米二升、酒一升，民匠一贯五百文，诸军子弟匠五百文，米酒视军匠之数”⑤。景定年间（1260～1264）建康府的情况是：“照作院工匠例，每名日支盐菜钱一百三十文，米二升，造做饭食支散”⑥ 明州和建康两个作院工匠待遇很不相同，是缺乏划一规定呢，还是由于记载不够翔实而出现了差别，则是无法判断的。

军工作坊的劳动也极为沉重。为使作坊的劳动力得到补充、技术力量得到稳定，宋真宗大中祥符六年（1013），曾诏令“八作司父子兄弟会作艺者

---

① 《文献通考·兵考六》。

② 《朝野杂记》甲集卷一八；《宋史》卷一九七《兵志·器甲之制》同。

③ 《宋会要辑稿·职官》一六之四至五。

④ 《宋会要辑稿·礼》六二之四四至四五。

⑤ 梅应发：《开庆四明志》卷六《作院》。

⑥ 周应合：《景定建康志》卷二二。

听相承，于本司射粮充工匠，仍许取便同居”[①]。南宋开庆年间明州作院诸军子弟臣就是这类“父子兄弟”“相承下”来的军匠。这项制度一直保存下来，直到今天工矿生产部门还许可亲属顶替自己上班。京师将作监的兵匠是自地方上抽调上来的，先是“取外州兵匠，并于二月下诸路，官司因循，有至放冻后乃至”。至熙宁六年（1073）诏改为“秋季下诸路划刷，明年春首起发，约夏季皆集，千里内七月终，千里外六月终，虽有替换补填更不起发”[②]。官府各作坊除兵匠外，也承唐制，调集民间工匠，虽然采用雇值制度，但这种征调仍然带有强迫、应役的性质。南宋初建之后，“戎器全缺，军匠数少”，官府也“下诸州划刷民匠赴官”[③]。不论军匠还是民匠，以划刷字样调集上来，明显地具有强迫的性质。因此在绍兴二年（1132）的一次划刷中，“浙东诸州所遣民匠，困于工程，多暍死。”[④] 劳役制的残酷性便从这里暴露出来！

如上所述，到官府各种作坊中的民匠，在应役期间，虽有雇值，但“又不时给”[⑤]，因而给日常生活带来不少困难，而且用以上的雇值养活五口之家也不得温饱！同时，还往往被官员们驱使，作私役。宋仁宗年间勾当八作司的田承说奏称：“本司所辖广备兵士，及八作司长行，内有善工艺匠人，多〔为〕本司监官占充当直”[⑥]。尤为离奇的是，南宋绍兴末年，“〔军器所〕缘监官多是贵戚势要子弟为之，将手高（高手?）匠人令出买工钱入己，故纵减克偷盗作料出外捐惰，止令老弱之人充工匠”；“工匠多有私役，反令出卖工钱，更不趁役”[⑦]。在沉重劳动压榨下，绍兴年间的万全作坊人匠“数年以来，往往厌倦工役，将身逃走”[⑧]，用逃亡的办法来反对这种残存的国家劳役制。

---

① 《宋会要辑稿·职官》三〇之八。
② 《长编》卷二四六，熙宁六年八月乙未记事。
③ 《系年要录》卷二〇，建炎三年二月庚午记事。
④ 《系年要录》卷一四一，绍兴十一年七月癸卯记事。
⑤ 《长编》卷四九四，元符元年二月甲申。
⑥ 《宋会要辑稿·职官》三〇之九。
⑦ 《宋会要辑稿·职官》一六之一五至一六。
⑧ 《宋会要辑稿·职官》一六之九。

第十六章　宋代纺织手工业的发展和各种形式的纺织手工业染色、缝衣、制帽、制鞋等的专业化

一食二衣，是人类生活的两大基本需要。如何解决穿衣问题从来就受到人们的关注。在宋代，纺织手工业有了极其明显的发展，对穿衣问题的解决也有了不小的改善。本章打算从纺织手工业原料、产品的数量和质量等方面，并以丝织业作为重点，来说明纺织手工业的发展。同时，还着重叙述手工业的各种形式，以及对从纺织手工业派生出来的一些分支手工业也加以初步探讨。

第一节　宋代纺织手工业的发展

宋代纺织手工业有进一步的发展。传统的纺织手工业是丝、麻两种，宋代以棉花为原料的纺织业，如第一编第四章已经说过的，不仅自海南黎族地区跨海而发展到两广路、福建路，而且自岭峤而向江南西路、两浙路发展。约在南宋晚期或更早一些时候，棉纺织品已成为江东西、两浙路的一项著名的土产。元初正是在南宋发展的基础上进一步推广到江南诸路以及北方诸路的。因而棉织业的发展，为宋代纺织业增加了新的内容。

其次，麻织业在宋代也有了扩大。也是在第一编第四章说过，宋初麻织业在广南西路发展起来，特别是在陈尧叟任转运使期间，采取了较好的收购政策，提高苎布的收购价格，“每匹准钱百五十至二百，仍免其算税”①，“劝民广殖麻苎，以钱盐折变收之”②，从而刺激、推动了麻织业生产的发展，使广

① 《宋会要辑稿·食货》六四之一八。
② 《朝野杂记》甲集卷一八，《广西折布钱》。

南西路成为麻布生产的又一基地。与此同时，成都府路的成都府、邛、蜀、彭、汉诸州和永康军的麻织业，也蒸蒸日上，薛奎在宋仁宗天圣年间知成都府时，以“和买”预购的方式，“春给以钱，而秋令纳布”[①]，同样推动了苧布的生产。这是宋代纺织业发展的又一内容。

但，在宋代纺织业生产中，最为重要的依然是丝织业生产。马端临在《文献通考》中列举了宋政府赋税的征收共有四大类，其中布帛之征共有十种：“一曰罗，二曰绫，三曰绵，四曰纱，五曰丝，六曰紬，七曰杂折，八曰丝线，九曰锦，十曰葛布。”[②] 10种当中至少有8种是丝、绵和丝织品。这就充分说明了丝织业的重要性。

宋代丝织业生产主要地集中于以下几个地区。

1. 河北路　经过北宋100多年的生养休息，河北一扫安史之乱以来所造成的残破局面，丝织有了显著的发展。河北东路“民富蚕桑”，丝织品产量甚多，因而被契丹称之为“绫绢州”[③]。河北西路的定州，是一个著名的丝织业中心；定州以南，河朔一带，农桑都很发达，所谓“南北东西本一家，从来河朔富桑麻”[④]；所谓“河北衣被天下”[⑤]，都说明了河北丝产品数量之多。而且河北“缣绮之美，不下齐鲁”[⑥]，质量也是居于上乘的。为供应官府和军队的需要，宋政府在各地采用“科折”或收购的办法以取得大批丝织品，而在河北路的大名府、贝、沧、德、博、棣等州收购小绫。[⑦] 有的官僚士大夫，如陈季常，因“河北有田”，不征收粮食，而以绢帛为租，“岁得帛千匹”[⑧]。这些也都说明了河北绢帛之多之好。

2. 京东路　从单、亳、济、郓、濮、齐诸州直到山东半岛的淄、青、潍、

① 范缜《东斋记事》卷三。

② 《文献通考·田赋考》四。

③ 晁补之：《鸡肋集》卷六二《张洞传》；《宋史》卷二九九《张洞传》即来自晁文，只将“虏中”改作“契丹”。

④ 曹勋：《松隐文集》卷一七《过真定》。

⑤ 《宋史》卷一七九《食货志》。

⑥ 苏籀：《双溪集》卷九《务农札子》。

⑦ 《文献通考·市籴考》一。

⑧ 《宋史》卷一九八《陈希亮传》附《陈慥传》。

密、登、莱诸州，是这个地区丝织业生产集中的地区。这个地区从来就富有种桑养蚕的传统，在前章经济作物商业性农业发展中，指出许多人家靠种桑养蚕为生，“河朔山东养蚕之利，逾于稼穑”，形成新的农业分支。因此地方上对桑树的保护就特别注意，如单州成武县严禁冬天砍伐桑枝为薪，于是“一邑桑柘，春阴蔽野”[①]。青州一带，包括多山的临朐诸县，丝织业都极为发展。列为全国第一等产品的“东绢”，就产于京东路。这里也是宋政府收购大批丝绢产品的重要地区。

3. 成都府路和梓州一带　两汉以来，蜀锦一直是名驰中外的产品，宋代不仅继承下来，而且在产量上质量上以及染色上都有所进步。所谓“蜀中富饶，罗纨锦绮等物甲天下”[②]，“土宜桑柘，茧丝织文纤丽者穷于天下”[③]，蜀之丝织品依然处于优越、领先的地位。特别值得提出的，经过唐代的发展，梓州已是宋代一个著名的丝织业中心。这里也涌现了与农业脱离的丝织业匠户，产品质量也跃居前列，所“织八丈阔幅绢献宫禁，前世织工所未能为也”[④]。与梓州邻近的绵州，所产“巴西纱子”，“一匹重二两，妇人制衣服，甚轻妙”[⑤]，也是名牌产品。

4. 两浙、江东西诸路　东南诸路都盛产丝、绫、罗、绢，婺罗尤其是这一带著名的产品。其中两浙路由于重视植桑业，如前所说，这一行业已与种植业分离，蚕桑专业户特别多，因而两浙路丝产品在全国丝织业中占极为重要的地位，就产量而论，大约跃居全国第一位。但在丝织技术上，还没有达到北方的水平。庄季裕评论说：“婺州红边贡罗、东阳花罗，皆不减东北；但丝缕中细，不可与无极、临棣比也。”[⑥] 寺院中生产的“寺绫”，则是名震京师的产品。到南宋，北方在女真贵族统治之下，生产下降，元代蒙古贵族的统治也没有改变这个趋势，加上木棉又取代了桑麻的地位，北方丝织业便日益衰落下

① 庄季裕：《鸡肋编》卷上。
② 《宋史》卷二七六《樊知古传》。
③ 《宋史》卷八九《地理志》。
④ 张邦基：《墨庄漫录》卷二。
⑤ 吴曾：《能改斋漫录》卷一五。
⑥ 《鸡肋编》卷上。

来。而以两浙路为首的东南诸路的丝织业，不论是产量还是质量，都跃居首位。宋元之交，棉织业在这里虽然最先发展起来，但丝织业仍然蒸蒸日上，继续发展，与北方有所不同。

丝织业遍布全国各个地区，丝产品的数量当然是非常可观的。唐代前期调绢在政府财政结构中占重要位置，唐中宗时年入不过200万匹，唐玄宗年间最高达740余万匹①。宋代皇祐年间（1050年左右）政府绢帛收入为8745535匹，元祐初年（1086）细绢收入达2445万匹，为唐代最高数额收入的3倍有余。两浙一路的上供绢在两宋之交即达117万匹，和买绢尚不在此数之内②。以上几个数字，多少说明了宋代丝织品产量的大幅度增加以及丝织业发展的某些情况。

宋代丝织业的发展还表现在质量的提高上。在宋代，各个地区都有自己的名牌产品。蜀锦向来就是全国第一流的产品，与蜀锦并列为全国第一的还有“东绢”③。所谓东绢生产在京东路，其中最好的大概就是蔡绦《铁围山丛谈》中所说的“精绢”。由于河朔、青齐一带的绢好，宋初的陶谷曾记有全国有“九福”，九福之中有所谓的“燕赵衣裳福”④，绢好、衣裳做得也好。据洪迈《容斋三笔》的记载，宋绢长阔和匹重都是按照后周显德三年（956）敕令规定的，阔为2.05尺，长42尺，“所纳官绢每匹须及一十二两”；“其丝细只要夹密停匀，不定斤量”。明代书画家收藏家如文震亨、张应文等人对唐、宋、元三朝的绢作了比较，曾经指出：“唐绢粗而厚，宋绢细而薄，元绢与宋绢相似而稍不匀净”⑤。细、密、轻薄，从文献材料看，宋代丝织品确是沿着这个方向发展从而表现了它的突出的特点的。

宋代各地区的丝织品都具有细、密、轻薄这几个特点。前面提到的绵州“巴西纱子”就是这样。江西临川上饶的丝织品，据陶谷的记载：“临川上饶

① 此据杜佑《通典》卷六，《册府元龟》卷四八七。

② 《文献通考·市籴考》一。

③ 太平老人：《袖中锦》。

④ 陶谷：《清异录》卷一，宝颜堂秘笈本。

⑤ 原据知不足斋丛书著录的董其昌《筠轩清闷录》，后查《四库全书总目》卷一三载《杂家类存目七》，知是书即“张应文所撰《清秘藏》”，“书贾以其昌名重，故伪造〔陈〕继儒之序以炫俗射利耳”。

之民，以新智创作醒骨纱，用纯丝蕉骨相兼捻线，夏月衣之，轻凉适体”①。至于抚州、会稽寺院中的莲花纱和寺绫，也都具有这一特点而为士大夫所乐道，放在后面再谈。质量最好亦最为出名的是京东一带的产品，如单州成武县所织纱，“修广合于官度，而重才百铢，望之若雾”，经过浣洗，“亦不纰疏”②。尤其是亳州的产品，声价尤高。宋初张咏在一首诗中描述这种轻纱：“维扬软縠如轻云，亳郡轻纱若蝉翼”③，亳纱和扬縠都以轻而薄作为突出的特点。南宋大诗人陆游也提到亳州轻纱，“举之若无，裁以为衣，真若烟雾”。但这种纱在一州之内只有两家能织，“相与世世为婚，惧他人家得其法也，云自唐以来名家，今三百余年矣。”④ 这种行会精神、家传秘方对技术的传播当然有所影响，但亳纱的特色依然由南宋继承下来，如浙东“奉化丝密而轻如蝉翼”⑤，就是这一特色的继续。

在宋代丝织品之形成自己的突出特点的同时，也表现了它的继承性、多样性，以及各地区之间的相互影响的促进。首先，细密、轻、薄这一特点就是宋代对唐代的继承。唐代“纱之至轻者”，有所谓的“轻容”，宋代就继承了这一织法，越州岁贡就有这类轻纱五匹；还有所谓的方空纱，也叫方目纱，王安石诗谓“春衫犹未著方空”，也为宋代继承下来⑥。粗而厚的唐绢，宋代也照样织成，南宋杭州机坊就“多织唐绢，幅狭（按唐绢以二尺为阔）而机密，画家多用之”⑦。湖州安吉用粗丝织成的“屑绢”，也大约是唐代织绢的遗存⑧。其次，同样称之为绫、罗、绢，但各地织法不尽一样，因此也各具特色，各有千秋。如福州路建宁府也能够织绿锦，谓之濯锦。宋徽宗大观年间织造宫殿柱衣，“欲织锦作升龙附于柱”，所织“文辄不合”，于是将殿柱尺寸付

① 《清异录》卷三。
② 《鸡肋编》卷上。
③ 张咏：《乖崖集存》卷一《筵上赠小英》。
④ 陆游：《老学庵笔记》卷六。
⑤ 罗浚：《宝庆四明志》卷四。
⑥ 周密：《齐东野语》卷一〇。
⑦ 潜说友：《咸淳临安志》卷五八。
⑧ 周必大：《周益国文忠公集》卷七一，《彭尧甫墓志铭》。

给蜀工，结果也织不成功。最后交给了建宁，终于织造成功[①]。这说明了建宁的锦也有自己的特色而不同于蜀锦的。自然，各地技术也是相互影响、相互促进的。如两浙绍兴府、台州等地的罗，历来就有“越罗”的称号[②]，而四川遂宁府的罗也叫做越罗，“似会稽尼罗而过之”[③]，显然这种罗在织法上有类似之处，遂宁“越罗”当是受到了绍兴越罗的影响。

特别值得注意的是宋代的刺绣和刻丝（克丝）。刺绣是传统的手工艺，而刻丝则是宋代创造出来的新工艺。刻丝分花、素两种[④]，各地又由于织法不同而有种种不同。例如定州的刻丝“不用大机，以熟色丝经于木挣上，随所欲作花鸟禽兽状。以小梭织纬时，先留其处，方以杂色线缀于经纬之上，合以成文，若不相连，承空视之，若雕镂之象，故名刻丝。如妇人一衣，终岁可就。虽作百花，使不相类亦可，盖纬线非通梭所织也。”[⑤] 这种新工艺在各地都得到发展；为了专门供应皇家的需要，宫廷的后苑作设有刻丝作和绣作[⑥]。

宋代的刺绣和刻丝工艺水平之高，为后人赞叹不已！明代文震亨《长物志》、张应文《清秘藏》等书都曾有所评论。《清秘藏》中说：

> 宋人之绣，针线细密，用绒止一二丝，用绒如发细者为之。设色精妙，光彩夺目。山水分远近之趣，楼阁得深邃之体，人物具瞻眺生动之情，花鸟极绰约嚵唼之态，佳者较画更胜，望之三趣悉备，十指春风盍至此乎?！……元人用绒稍粗，略针不密，间用墨描眉目，不复宋之精工矣！
>
> 宋人刻丝，不论山水人物花鸟，每痕剜断，所以生意浑成，不为机经掣制，如妇人一衣终岁方成，亦如宋绣有极工巧者，元刻迥不如宋也。[⑦]

宋代刺绣和刻丝在我国丝织手工艺发展史上之占有突出的地位，是理所当

---

① 王象之：《舆地纪胜》卷一二九。
② 陈耆卿：《嘉定赤城志》卷三六。
③ 《老学庵笔记》卷二。
④ 《咸淳临安志》卷五八。
⑤ 此据《鸡肋编》卷上；高文虎《蓼花洲闲录》与此文全同。
⑥ 《宋会要辑稿·职官》三六之七四。
⑦ 此引文原作《筠轩清闷录》，据《四库全书总目》改作《清秘藏》。

然的。

如上所述，宋代丝织业生产既然有这样的进步和发展，那么，它究竟采取什么样的形式来进行生产的呢？下面几部分就是对这个问题的简略说明。

第二节　与农业相结合的家庭纺织手工业及其向独立手工业的过渡

宋代社会改革的先驱者李觏，曾对东南诸路的生产进行了全面的简要的论述，在提到蚕丝生产时，他说道：

> 东南之郡，……平原沃土，桑柘甚盛，蚕女勤苦，罔畏饥渴，急采疾食，如避盗贼，茧簿山立，缫车之声，连甍相闻，非贵非骄，靡不务此，是丝非不多也。①

我国古代的劳动妇女一直承担了沉重的劳动，李觏对蚕女的勤苦辛劳描述得很生动，同时把东南丝织业之盛与蚕女的劳动紧密地联系起来，从而反映了东南蚕丝业是建立在与农业相结合的家庭手工业基础之上的。

这种家庭手工业的特点就是它还没有从农业中分离出来，还不是独立的手工业。与农业相结合的手工业不限于纺织业，矿冶业也有这种情况，前面已经提到。但最广泛的则是这种家庭纺织业，前编对此问题已作了说明。这里必须提到的是，这种家庭手工业在不同阶层的农民中间是不一样的。对作为无地农民的佃客来说，封建主及其国家的沉重地租不但吞噬了他们的全部剩余劳动，而且也吞噬了他们必要劳动的一部分，因而靠这种家庭手工业来稍事弥补，勉强反复其简单再生产。对占有土地较少的半自耕农民来说，也是用家庭纺织品来纳税交租的。试看诗人们有关这方面的描述：

> ……丝成那望衣儿女，且织霜缣了官租！不愁织尽杼轴空，只恐精粗不中度！②

---

①《直讲李先生文集》卷一六《富国策第三》。此段前已引用，因要谈到整个丝织业发展这里又加引用。

② 周南：《山房集后稿》《蚕妇怨》。

老农锄水子收禾，老妇攀机女掷梭，黄绢已成空对喜，纳官还主外无多!①

……织成门外迫催租，不了输租仍卖绤。妇姑对泣儿啼寒，更无可补儿衣隙。帛暖本来代绤寒，卖绤寒来愈无策！……②

这种家庭纺织业用来交纳租税和供应一家需要外，很难提供出商品的。因而它与农业的结合，确如前面所说，构成为自然经济的基础。这是一方面。另一方面，也要看到，家庭手工业在实现再生产中所起的作用；没有它作为农业收入的补充，这些农户的再生产是不可思议的。因之，家庭手工业在农民经济中占有重要的地位。

实际上，在自耕农民的家庭经济构成中，土地占有越少，农业收入比重下降，家庭纺织业在这类农户经济的比重就会增大。如著名思想家李觏，在其年轻时家中仅有二三亩水田，“故常不食者”；全赖李觏的母亲，“昼阅农事，夜治女功，斥卖所作，以佐财用”，才使一家免于冻馁。越是在地少的农民家庭中，越可以看到家庭纺织业在这类农民经济的构成中的重要性。所以，当着这类农户完全失去土地，全仗家庭纺织业为其谋生之具时，这类农户的经济构成便发生根本性的变化。如兖州民家一位叫做贺织女的，丈夫常年外出谋生，“不闻一钱济其母、给其妻”，因而全靠贺织女的双手织作来养活舅姑双亲③。在这类民户经济构成中，家庭纺织明显地占有绝对的支配的地位；而这类家庭纺织业便逐步地脱离了农业而走上了独立的纺织手工业道路。宋代许多机户大约就是从这类家庭纺织业分化出来，虽然这并不是唯一途径。

第三节　官僚、地主和寺院的纺织手工业

在封建经济体系中，也存在纺织手工业。这种纺织手工业分别隶属于官僚、地主和寺院。有的是作为封建经济的附庸，居于次要地位，有的则在封建

① 华岳：《翠微南征录》卷一〇《田家十绝之三》。

② 徐集孙：《竹所吟稿·促刺词》。

③ 李元纲：《厚德录》卷二。

经济构成中占一定的比重。

官僚们经营的或控制的纺织业，一个重要的特点是利用政治权力发展起来的。在武将方面，这个特点尤为突出。

大家知道，宋朝在历史上是以养兵著称的，全部收入的十分之七八都花费在养兵上。可是宋代所养的百万大军，正如吕祖谦所指出的，“天下岂有弥历数十百岁，养百万之师，未尝有战斗之事，而饱食安坐以嬉者哉!”① 绝大部分兵确是“饱食安坐以嬉”的，但也有一部分兵则为武将们占有役使，从事各项活计的：

庆历元年秋七月戊申，鄜延都钤辖知鄜州张亢言：……国家竭用以赡军，今军士有手艺者，管兵之官每指挥抽占三分之一。②

臣近过陕西体问得诸州军禁旅虽多，训练盖寡，其间至有匠氏、乐工、组绣、书画机巧百端名目，多是主帅并以次官员占留手下，或五七百人，或千余人，并不预逐日教阅之数。③

钦宗建康元年八月二日……近年以来，帅臣监司与夫守倅将副，多违法徇私，使禁卒习奇巧艺能之事：或以组绣而执役，或以机织而致工，或为首饰玩好，或为涂绘文缕，公然占破，坐免教习……④

以上是北宋的情况，南宋也是这样：

关外诸军（指把守蜀口的军队）多为诸将私役者，其间军士因食贫而为手技者，则又有拘而使之者，否则计日而责其工直，以故士日益贫。⑤

绍兴三十一年春正月壬辰……臣等再论刘宝罪恶，机织至八九百人，而不教阅，锦绮之成果何用?⑥

---

① 吕祖谦:《历代制度详说》卷一一《兵制》。

② 《长编》卷一三二。

③ 赵抃:《赵清献公全集》卷四《论陕西官员占留禁军有妨教阅》。

④ 《宋会要辑稿·刑法》二之九六。

⑤ 李心传:《朝野杂记》乙集卷一七《关外诸军多私役》。

⑥ 李心传:《系年要录》卷一八八。

两宋军队之中有大批工匠（其中包括纺织工匠）是毫无疑义的，主帅以及将官们将工匠们占有役使也是非法的。宋神宗元丰年间，陈绎在知广州任上，“其子陈彦辅役使广州军人织造木棉生活”①，以及其他犯罪行为，受到处分。尽管如此，武将们照样役使织匠；像刘宝占有八九百人，为其织作锦绮等名贵产品，则是罕见的，也是惊人的。

除占有军匠之外，武将们还强迫织匠为其织造。宋初的符昭寿就是一个。他在益州钤辖任上，“多集锦工，就〔钤辖〕廨舍织纤丽绮锦，每有所须，取给予市，余半岁方给其直，又令部曲私邀取之”②。

在牟取私利方面，文官们丝毫不亚于武将。他们经营或控制纺织业有以下三种形式。一是在自己的家园中设置织机，进行织作。如熙宁年间京东河北路提举盐税王伯瑜“家有数机，更自织造”③，就是一例。二是雇人充作女使，实际上是用来纺织刺绣。如元符元年东南六路发运使吕温卿被人揭发，“雇部内人充女使，以二十岁者作绣工”④，就是一例。三是与武将们的办法一样，抑勒机户为其织作，这一点放在后面机户部分再谈。

自秦汉以来，在封建庄园中，就有包括纺织业在内的各种手工业，宋代也是如此。在夔州路施黔等州，庄园农奴制占支配地位的地区，客户的“家属妇女，皆充役作”⑤。所谓的役作，是极为广泛的，当然包括了织丝、绩麻，这是农奴向农奴主提供的一种无偿的劳役。在租佃制流行的广大地区，也残存了这类劳役；但在有的地方，则利用宗法的外衣，来掩盖这种半农奴半奴隶式的劳役制。如李觏曾经揭露了这样一种情况：“贫穷者患在兼并，卒伍可兼并者亦势使之然”，“大凡从军多是单独，初来营垒，未有妻孥，召为赘婿；今朝有室，明日上纲，在路日多，在家时少，故一女可当数夫。即以家口为名，即是衣粮入己。尝见一家养十二三女，请五十余分，而所养女日夜纺绩，与其

---

① 《熙丰日历》残叶，载王明清《玉照新志》卷一。
② 《宋史》卷二五一《符彦卿传附符昭寿传》。
③ 《长编》卷二四七，熙宁六年九月壬戌记事。
④ 《长编》卷五〇四，元符元年十二月辛卯记事。
⑤ 《宋会要辑稿·食货》六九之六八至六九。

家作婢"①。这自然是极其少见的个别例证。不论养女也罢，或是雇女也罢，封建主的花样虽多，无非是压榨女工的剩余劳动，从事纺织。除以上情况外，一般地主家庭中的妇女，也是从事织作的。自从木棉在两浙路发展之后，元初浦阳郑氏家族就曾经规定："诸妇每岁公堂于九月俵散木棉，使成布匹，限以次年八月交收，通卖钱物，以给一岁衣资之用。"② 这项收入，在地主经济构成中是不足道的，而且也仅存在于一般地主家庭。至于官僚大地主家庭，妇女们除按最时髦的样式画蛾眉之外③，不过以描云刺绣消遣岁月而已。

寺院的纺织业在宋代极为有名。一向负有盛名的"寺绫"，就是由寺院中的女尼生产的。这些女尼和耕田的僧道，都是寺院中的劳动者，是被压迫者被剥削者。与广大农民、手工匠人所不同的是，她（他）们是极为虔诚的宗教信仰者和传播者罢了。寺绫中驰名的有抚州莲花寺的莲花纱：

> 抚州莲花纱，都人以为暑衣，甚珍重。莲花寺尼凡四院造此纱，捻织之妙，外人不可传。一岁每院才织近百端，市供尚局并数当路已不足用，寺外人家织者甚多，往往取以充数，都人买亦能自别。寺外纱减寺内纱什二三。④

越州寺绫早在唐代即极为兴盛：

> 越州尼皆善织，谓之寺绫者乃北方隔织耳，名著天下。⑤
>
> 遂宁出罗，谓之越罗，亦似会稽尼罗而过之。⑥
>
> 越罗最名于唐，杜子美诗屡道之，而《地理志》所云越贡宝花罗者，今尼院中宝街罗是也。近时翻出新制，如万寿藤、七宝火齐珠双凤绶带，纹皆隐起而肤理尤莹洁精致，宝街不足言也。⑦

秦汉魏晋以来封建庄园中的纺织手工业，一般说来，是作为封建庄园经济的附庸而存在的，几乎全部产品供给庄园主消费。到宋代，上述纺织业在封建

---

① 《直讲李先生文集》卷二八《上孙安抚书》。
② 郑文融：《郑氏规范卷二》。
③ 张维：《曾乐轩稿》《贫女》："多谢年来豪族女，总教时样画蛾眉。"
④ 朱彧：《萍洲可谈》卷二。
⑤ 《鸡肋编》卷上。
⑥ 陆游：《老学庵笔记》卷二。
⑦ 施宿：《嘉泰会稽志》卷一七《布帛》。

经济中依然居于次要的从属的地位，但是较前代已发生一些变化。在当时商品经济发展的刺激下，封建主之所以控制或者经营纺织业生产，不仅是供应自己的需要，而且还将其中的一部分甚至大部分投到市场上，牟取更多的好处。像刘宝占有七八百织匠，“锦绮之成果何用”呢？不言而喻，是织作成为商品，投到市场上去。寺绫作为纺织中的珍品，也是投到市场上去的。这一点值得充分认识。

第四节　官府丝织业作坊——绫锦院等

为供应皇室、政府等的种种需要，除征收税绢、征购各类丝织品之外，宋在汴京和各个丝产地设立了各种作坊。西京洛阳、真定府、青州、益州和梓州，都置有场院，主要织造锦绮等高级产品。江宁府、润州、常州和潭州都置有织务，润州岁额为万匹，大名府织绉縠①。潭州绫锦务、常州罗务先后于淳化四年、咸平二年废去。湖州织绫务早废于太平兴国八年，其中 58 个女工放归，“工二十人送京师”②。杭州织室是在宋太宗至道元年（995）设立的，“岁市诸郡丝给其用”③，后来也废去了。

官府丝织作坊以汴京的绫锦院规模最大。这个大型作坊是平蜀之后乾德五年（967）冬十月建立的④。据曾巩的记载，绫锦院是由蜀工 600 人组成的⑤，织机发展到 400 余张⑥。宋神宗熙宁六年裁减绫锦院，以织匠 400 人为额⑦。织匠是来自各地的高手工匠，初建时是来自四川的锦工，济州机户也曾送到“阙下”⑧，湖州织绫务废除时也送来了 20 名工匠。绫锦院主要产品是锦、罗、绉、縠、绫、絁等高级产品，其中锦绣是大宗。由于锦绣最费工费料，每

---

① 以上据《文献通考·市籴考》一；并参阅了《宋史》卷一七五《食货志》所载。
② 《宋会要辑稿·食货》六四之一七。
③ 《宋会要辑稿·食货》六四之一八；《咸淳临安志》卷五九。
④ 陈均：《皇朝编年备要》卷二。
⑤ 曾巩：《隆平集》卷一。
⑥ 《宋会要辑稿·食货》六四之一八。
⑦ 《长编》卷二六四，熙宁六年八月丙子记事。
⑧ 《文献通考·市籴考》一。

“端可织绢数匹”①，宋真宗时曾一度停织锦绮，改织绢匹。绫锦院直属于少府监，“掌织纴锦绣”，专门供给皇家乘舆服饰之用②，因而其规模之大，其产品之精，便可以理解了。

最初绫锦院的管理方式是采用“户头”制的。即：一个“户头”，管理三四个女工，亦即管理三四张织机。每个户头“逐人料钱七百文，粮三石五斗，口食米豆六斗”；每个女工，“月粮二石；米豆又六斗”。因而有的一个户头和所管女工共请粮16石5斗，少的也有13石5斗。户头雇直不少，管事不多，责任不大，如布帛质量“低弱”，也仅“科校匠人”，而户头反与此无关。因此，开宝四年（971）监院梁周翰奏请改革。首先，废去了“户头”制，“令工匠自管供机，各与女工一分请受”，用直接提高生产者待遇的办法改进生产。其次，官府唯“恐散失物料”，创立了一种登记制度，即每个工匠所织锦绫多少和所领工料，都登记在本子上，谓之“上历”。后来各种制作机构普遍采用这种方法来监督工匠，很可能是自绫锦院这次变革中确立的。第三，规定逐项产品完成的日期，大约罗1匹须12天，有的官员如王子舆砍减为11天，“岁终不如数，至被笞箠”③。这项规定也是普遍实行的。第四，检查产品，“看验大小”，是否合乎规格要求。如看颜色深浅，“每匹中锦破深红线九两三分，花（指染色用的红花）八斤”，监院令“匠人当面入染，每匹减下花一斤，比旧颜色鲜好”。经过这次检查，“逐料更有余剩花，计至年终”，省工料很多；并要求“所收出剩”，“逐季具数申奏”④。官府对作坊的管理显然是加强了。

与绫锦院同隶属于少府监的还有染院，专门染色，裁造院“裁制服饰”。后来宋徽宗崇宁三年（1104）又设置了文绣院，绣工有300多人，“纂绣以供乘舆服御及宾客祭祀之用”⑤。这几个作坊与绫锦院都是为供应皇室需要而设立的。此外，还有后苑作，在皇城以北，“掌造禁中及皇属婚娶名物”，一建

① 《宋会要辑稿·食货》六四之二一。
② 《宋史》卷一六五《职官志》五。
③ 《宋会要辑稿·食货》六四之一八；《长编》卷六三；《文献通考·市籴考》一。
④ 《宋会要辑稿·食货》六四之一六至一七。
⑤ 《文献通考·职官考》一一；《宋史》卷一六五《职官志》五。

立就有74作，其中有刻丝作、绣作、织罗作和绦作，之后又增加了金钱作。在这些作中也聚集了为数不等的高手工匠，为皇家制作[①]。

汴京绫锦院之外，成都机院是地方官府建造的最重要的作坊。蜀锦历来被认为天下第一的，其中产自成都九壁村的尤为精美[②]。这种锦为成都府上供之用，向来由机户织造。元丰六年（1083）知成都府吕大防改变由机户织造、官府收买的办法，创置上供机院，“令军匠八十人织，比旧费省而工善”[③]，所“织大料细法锦透背鹿胎共七百三十余匹”[④]。由于“机法精好，兼省工直”，得到了诏令的许可，从而扩大起来。这所锦院设于府治以东，差监官一员，招军匠300人在院织造。名义上工匠是招募的，实际上是把成都府的机户“拘刷”而来，并“涅籍之”（刺字），给雇直，“人费三十千”；“大率设机百五十四，日用挽综之工百六十四，用杼之工百五十四，炼染之工十一，纺绎之工百十一”；“岁费丝权以两者一十二万五千，红蓝紫苅之类（用来染色）以斤者二十一万一千”；为屋127间，并“兴阁于前以为积藏待发之府”，谓之“锦官”；“凡岁贡之在官民者，悉典领之”；所织造的锦为土贡锦、官告锦（任命品官用的告身）、臣僚袄子锦和广西锦4色[⑤]。

宋室南渡之后，由于马匹需要量大，四川都大茶马司于建炎三年（1129）在应天、北禅、鹿苑三寺置场织造锦绫，专门作为黎州和市马折支之用[⑥]。乾道四年（1168），又因“三场散漫”，又创置了锦院，“尽拘机织户就院居止，专一织造，不许在外私织”。这时，朝廷需要的礼物锦也由茶马司揽归锦院织造。据宋徽宗崇宁三年黎州市马价格是：4岁至13岁的4尺4寸的大马，每匹要名山茶350斤、银6两、绢6匹、絮6张和青布1匹[⑦]。市马的代价是不小的，成都锦院承担这项任务也是不轻的。此外，蜀州也有以军匠织绫的官府

---

① 《宋会要辑稿·职官》三六之七四。

② 费著：《蜀锦谱》。

③ 《长编》卷三三八，元丰六年八月己亥记事；《宋会要辑稿·食货》六四之二五至二六作“元丰二年”，系抄写之误。

④ 吕陶：《净德集》卷四《奏使回奏十事状》。

⑤ 吕大防：《锦官楼记》；载《华阳县志》卷三九《艺文·记》。

⑥ 《蜀锦谱》。

⑦ 《宋会要辑稿·职官》四三之七九至八二。

作坊。

在唐代，工匠同国家之间的关系还表现为相当严重的人身隶属关系，有的地方如荆州的贡绫户在实际上还处于农奴的地位。这种关系在宋代依然持续下来，不仅是说，工匠必须向政府负役，而且从官府对机户的拘刷和“涅籍之”来看，也具有经济外的强制意义。这种情况，有时极为露骨，如南宋绍兴年间四川“制造锦绣帟幕，以充岁贡”，连“十岁女子皆拘在官刺绣”①；在海南岛，这种劳役制形态更加严重，“琼人以吉贝织为衣衾，工作皆妇人，役之有至期年者，弃稚委老，民尤苦之”②。这种劳役制对手工业的发展是不利的。官府作坊的原料，也往往以低价向民户强购，如南宋初，“〔蜀〕州产绫，先是守以军匠置机，买丝亏直”③，这对手工业生产也是不利的。

官府丝织作坊如绫锦院或锦院规模是大的，但是它的产品主要地供应皇室的需要，因而不具有商品的性质。南宋锦院的产品作为市马之用，与藏族人民、苗族人民交换，这种交换对加强民族之间的联系起了良好的作用，但它主要由封建国家所垄断，因而具有了封建性质。

第五节　与农业脱离的纺织作坊——机户的出现和发展

宋以前已经有了农业相脱离的纺织作坊。《太平广记》记载唐代定州何明远家有织机六七百张，这是大家熟知的一个大型的纺织作坊。元稹《织妇词》中的荆州贡绫户，也是专门从事丝织的家庭作坊。这类与农业相脱离的纺织作坊经过晚唐五代而有了不小的发展，后汉隐帝乾祐二年（949），左司员外郎卢振上言：

> 近年以来，织帛之家，过为疏薄，徒劳杼柚，无益公私。④

---

① 此据《文献通考·土贡考》一；《系年要录》卷一七七作：“虽民之幼女，亦进以供役作”，文义远不如《文献通考》所载明晰。

② 《宋史》卷四〇六《崔与之传》。

③ 《宋史》卷三八二《孙道夫传》。

④ 此据《册府元龟》卷五〇〇所载。按李剑农先生《宋元明经济史稿》一书颇多创见，此条材料即为该书引用，附志于此。

这个“织帛之家”，已不是特定的某一个纺织作坊，而是对所有纺织作坊的一个泛称。到宋代，这类纺织作坊有了更进一步的发展；不仅有了“机户”这一专称，而且到南宋又叫做“机坊”，从而与元代陶宗仪所记录的“机房”密切地连接起来，并由此显示了它的发展过程。

机户是怎样与农业脱离而演变成为纺织作坊的？大致看来，它是由以下几种途径发展过来的：

1. 前面说过，随着一些自耕农民的土地日益减少，土地收入日益下降，家庭纺织手工业的收入在这类农户的经济构成中超过农业收入而占主要位置时，这类农户便演变成为机户了。《厚德录》所记载的贺织女就是一例，贾易的母亲彭氏也是一例：“〔贾易〕无为人，七岁而孤，母彭以纺绩自给，日与易十钱，使从学”①。这个妇女不仅以纺织谋生，而且还用来供给她的儿子读书，显然是走上了机户的道路。

2. 如前编指出的，宋代南北各地都有专门从事蚕丝业为生的民户，从这些民户中形成了为数众多的机户。特别是在地少人多的两浙等路，从经营蚕桑而走上机户道路的为数更多。南宋初年的陈旉曾为专门经营蚕桑的民户算了一笔账，他指出：

> 〔湖州安吉人〕唯藉蚕办生事，十口之家养蚕十箔，每箔得茧一二十斤，每斤取丝一两三分，每五两丝织小绢一匹，每一匹易米一硕四斗，绢与米价常相侔也。以此岁计衣食之给，极有准的也。②

湖州亦即吴兴，这里多兵陵，谈钥在其《嘉泰吴兴志》中说：“本郡（吴兴）山乡以蚕桑为岁计，富室育蚕有数百箔，兼工机织。”③ 由此看来，两浙等路不仅涌现了专门从事蚕桑的家庭纺织作坊，而且在这些机户中还有规模较大的纺织作坊，这是极为值得注意的。

3. 城镇居民走上建立纺织作坊的道路。南宋中叶的华岳，曾记载福建路山区建安西关的一个妇女，“善搔木绵，日可成一二缕”，每岁可织成木棉布

---

① 《宋史》卷三五五《贾易传》。
② 陈旉：《农书》卷下。
③ 谈钥：《嘉泰吴兴志》卷二〇。

20 匹①。福建路山多地少人稠，居民开展多种经营以谋生路。这个妇女住在建安西关，建安属于山区，因而她同种植木棉完全脱节而仅靠纺织谋生是完全可能的。特别是从播棉到织成布匹都由她自己完成，也证明了她与种植木棉是不相关涉的。州县城之外，一些镇市也有些居民建立了纺织作坊。

由于上述农户从不同途径向机户——纺织作坊方面转化，所以机户一在宋代历史上出现，便已经相当普遍了。今将有关机户的零散材料，制成下表，以考察其分布状况。

年　代	地　点	材料来源
宋太祖开宝三年（970）	济州机户	《文献通考·市籴考》一
宋仁宋景祐三年（1036）	梓州机户	《宋会要辑稿·食货》六四之二三
宋神宗元丰二年（1079）	成都机户	《宋会要辑稿·食货》六四之二五至二六；吕陶《净德集》卷四《奉使回奏十事奏状》；员兴宗《九华集》卷七《论国马疏》
宋哲宗元祐五年（1090）	青州机户	《长编》卷四四九元祐五月十日壬戌记事
宋徽宗崇宁五年（1106）	河北、京东机户机关	《宋会要辑稿·刑法》二之四五
宋徽宗宣和六年（1124）	诸州机户	《宋会要辑稿·刑法》二之九一
宋孝宗乾道四年（1168）	婺州义乌织罗户②	《宋会要辑稿·食货》一八之四
宋宁宗庆元二年（1196）	临安机坊	洪迈《夷坚支志》卷八
宋宁宗嘉定五年（1212）	温州机户	钱时《杨简行状》，载《慈湖遗书》卷一八
	毗陵机户	史能之《毗陵志》卷一三

① 华岳：《翠微南征录》卷二《邻女播棉吟》。

② 原在《宋代纺织手工业的发展以及纺织手工业生产的各种形式》一文中，将义乌柜户错误地理解为机户，戴静华同志《宋代乡村的布帛买卖》一文正确地解释了这一事物，今据以改正。

续表

年　代	地　点	材料来源
宋宁宗嘉定五年（1212）	徽州机户	袁甫《蒙斋集》卷二《知徽州便民五事状》
宋度宗咸淳年间（1265～1274）	华亭祗园局机户	黄震《黄氏日钞》卷七一《申乞散还盐袋机户钱乞立定期限状》
	杭州机户	潜说友《咸淳临安志》卷五八
元代前期	杭州织坊	《元史》卷一四〇《别儿怯不花传》
元代后期	杭州机房	陶宗仪《辍耕录》卷一三

表中第一栏所载为宋太祖开宝三年（970）的情况，据《文献通考》上说“旧济州有机户十四”，这是宋代有关机户的最早的一条材料。自开宝三年，上距后汉隐帝二年（949），为时21年。看来“机户”这个名称，就是在这21年间出现的。这是其一。

其二，就上表所列，是很不完备的，主要的是由于很多地方虽有机户但没有记录下来，如亳州两家织轻纱的在唐代即负盛名，到宋代之为机户毫无疑义，可是文献上却漏失了。即使如此，机户分布得也够广泛的了。其中宋徽宗崇宁五年诏令称河北京东机户，宣和六年又称为诸州机户，更进一步说明了机户分布得既广泛又很多。

其三，婺州义乌县的“柜户”，系专门收购婺罗的牙人，而义乌“山谷之民”专门织罗为生，他们是乡村中的丝织业生产者，亦即属于机户一类是无可置疑的。婺州自北宋初年以来就是“婺罗”的著名的产地，欧阳修《送祝熙载之东阳主簿》一诗中说：

孤城枕秋水，千室夜鸣机。[①]

李剑农先生在《宋元明经济史稿》中根据此诗判断，“可见城郭作坊机织工业之盛”[②]，颇具卓识。事实上，在婺州金华、浦阳（亦即浦江）等县，都有不少的丝织生产者和作坊。刘敞为其父刘立之所写的行状中就曾提到：

① 《欧阳文忠公文集》卷一〇。

② 《宋元明经济史稿》卷，第47页。

知婺州金华县，县治城中民以织作为生，号称衣被天下，故尤富。①

任过浦江县令的强至也说：

又浦阳俗善织，凡补吏者，指此邑为膏润，其空橐而来、盈装而归者，前后或相继。②

金华、浦阳之善织者和以“织作为生”，当然都是机户。特别是在欧阳修的诗中和刘立之行状中，提到机户在城郭中或在金华县治中，这就说明了机户既分布在“山谷”之间，也分布在城市中，是从乡村和城市两个方向发展起来的。

其四，宋代究竟有多少机户呢？宋仁宗明道三年，张逸奏称他在梓州时，当地已是“机织户数千家”了③。梓州虽然是新兴起来的重要丝产区，但同益州、青州、齐州、单州、亳州、定州来比，以及同两浙路的婺州、湖州、杭州和绍兴府相比，怕是略逊一筹的。如果梓州在宋仁宗时“机织户数千”这个数字没有夸大，那么，宋代全国机户当在十万户上下，也许更多一些，而这一数字约占总户数的0.5%～0.7%。这是宋代丝织业生产兴旺发达的一个决定性因素。

其五，机户的生产能力怎么样呢？如果在一个家庭作坊中，像建安西关那一家仅有一个妇女劳动力，既搔棉线，又织布匹，一身二任，年织20匹已经很不错了。如果在这个家庭作坊中，既有纺纱者，又有织帛者，有这样一个分工，一张织机按官府规定12天可织1匹，年织30匹。如果按陈旉所说，织成5两重的小绢（官绢1匹重及12两），每年至少可织成40匹。如果家中有两三张织机，除充分利用自己家庭的劳动力外，再雇工织作，那就能够织造出更多的产品。

其六，表中诸栏都称做“机户”，到南宋中叶，洪迈《夷坚志》记载了杭州有“机坊”。一直到南宋末年、元代，杭州“机坊”或“织坊”延续下来，到元朝末年陶宗仪《辍耕录》又有了“机房”的名称，从而与明、清两代的

① 刘敞：《公是集》卷五一《先考益州府君行状》。
② 强至：《强祠部集》卷三三《送监征钱宗哲序》。
③ 《宋会要辑稿·食货》六四之二三。

纺织业衔接起来。这种从“户”到“坊”，又从“坊”到“房”，仅仅是在名称上的改变呢，还是由于作坊内部关系发生变化而引起的这个改变呢？从陈旉《农书》记载来看，机户是由家庭成员组成的纺织作坊，也可称做家庭作坊。这种作坊，从亳州两家世代为婚、历300年而未衰的情况看，在宋代依然是大量存在着的。称之为“机户”是顺理成章的。这是一方面。

另一方面，还要看到这样一个事实，即：在宋代，从土地上排斥出来的劳动者是与日俱增的，被看作低人一等的“客作儿”在生产领域中也是与日俱增的①。那么，在丝织业生产者的有机体中，是否增加了新血液而有“客作儿”参加进来呢？文献材料证明，这一现象是存在的：

> 都昌妇吴氏……为乡邻纺缉……扫除之役，日获数十百钱，悉以付姑，为薪米费。②
>
> 婺州根溪李姥……但余一孙，七八岁。姥为人家纺绩，使儿守舍。……③
>
> 〔饶州乐平滃港附近〕白石村民，为人纺织于十里外，负机轴夜归。④
>
> 〔荆湖北路〕尝有穷妇负租而逃，公（指黄瑀）宽其期以召之，来则使之佣织于人，以渐偿所负。⑤

以上几条材料，或短期受雇于人，或较长时间为人织纱，或以所得用来养家，或用以偿还欠租债负，等等，等等，但他们之为人佣织纺绩则是一个无可置辩的事实。显然可见，在宋代纺织作坊中，不仅是由家庭成员组成的，也有非家庭成员——“客作儿”参加进来。而当着非家庭成员——“客作儿”参加进来之后，他们同作坊的所有者亦即“作坊主”之间形成了雇主与“佣夫”的关系了。从“机户”之向“机坊”、“机房”这一名称上的演变，是否意味着家庭作坊的内部关系发生变化呢？这一关系的改变，如果作坊主同“佣夫”

---

① 吴曾：《能改斋漫录》卷二：“江西俚俗骂人，有曰客作儿……凡言客作儿者，佣夫也。”

② 洪迈：《夷坚志补》卷一。

③ 《夷坚志补》卷四。

④ 洪迈：《夷坚志·乙志》卷八，《无颏鬼》。

⑤ 朱熹：《晦庵先生朱文公文集》卷九三《黄瑀墓志铭》。

雇工之间形成为一种雇佣性质的货币关系的时候，资本主义的因素或幼芽就会在这类作坊（即使是家庭作坊）中萌生出来。虽然这类作坊的规模还不算大，远远没有达到手工工场的规模。对这个问题，还要作更进一步的研究，才能够得出确切的结论。

机户是在坎坷道路上发展起来的。机户是一块肥肉，谁都想从它这里捞点油水。官员们就是这样做的。宋哲宗元祐年间，王安礼在青州任上“勒机户织造花隔织等匹物”，“上京货卖，赢掠厚利”，“以致机户逃窜”①，就是一例。官府对于机户的勒索和敲诈，则更加严重。

第一，官府总是以强制的手段迫使机户为其织造，如成都府锦院对机户不是“涅籍之”，就是“尽拘之”。这说明了机户既然是国家的编户齐民，同官府、封建国家之间就存在着相应的隶属、支配关系，便受到这样或那样的强制性的支配。这是机户发展的一个严重的障碍，而且有时是极为严重的障碍。

第二，官府向机户定购产品，往往自食其言，不按规定办事。如明道二年（1033）宋仁宗降敕：“应东西两川织造上供绫罗透背花纱之类，令今后三分中特令织造一分，其余二分织造细绢”，用以显示他的“性崇俭素”的美好帝德②。这道敕令不打紧，梓州几千家机户因“每年绫织三分只卖一分，后来消折，贫不能活”，要求于“原买数十分中许买五分”③，亦未获准，给机户带来不小的困难。

第三，在收购机户产品时，官府又压低价格。南宋年间，徽州购买机户的产品是作为上供之用的。可是包揽二税税收的揽户，却从中大做文章，“其受于税户也，则昂其价；及买诸机户也，则损其直”④。在一昂一损之间，揽户得到与正常价格两方面的差额，大获其利，税户和机户则大受其害。

第四，对召到官府作坊的机户、工匠，多方刁难和勒索。成都府创建锦院，由军匠织作的同时，因“添造紧丝等机法一十五色”，“招军未足，遂雇百姓助工，日逐勾集三四百人，虽支工价，尚有亏损，虽定日限，仍更督促，

① 《长编》卷四四九，元祐五年冬十月戊戌、己酉记事。

② 《宋会要辑稿·食货》六四之二二。

③ 《宋会要辑稿·食货》六四之二三。

④ 袁甫：《蒙斋集》卷二《知徽州便民五事状》。

或无故拘留累日，或每匹又出罚钱，岁月如常，殊无休已。”①

第五，在种种勒索当中，拖欠工钱则是经常的事情。南宋时，华亭诸仓的盐席，是由散居于华亭、嘉兴、海盐等县的机户织作的，“今欲每月织到袋席，必于次月5日本监申总数到本司（指提管两浙茶盐公事），初十日本司发工钱下本监，15日机户各自到监领钱”，这已经拖欠了半个月以上。更加奇怪的是，机户工钱积欠累月，往往不发，以致机户生活极为困难②。

封建官府、官员，以及官府的爪牙揽户，是这样地勒索压榨机户，以致激起机户的愤怒回击。吕大防于元丰六年创立锦院之前，每年的上供锦是“预支丝、红花、工直与机户顾织”的，机户们以“苦恶”的丝织品和“欠负”不交的方式同官府作斗争，从而迫使吕大防建立锦院的③。这种斗争方式一直延续下来，到南宋成都茶马司重建锦院时，将“所市丝织锦分支机户，及其市锦，分科三等。马司出上等之锦价，多得中等之锦色，盖胥吏与锦户有无相通，暗相资取”④，以致官府在交易马匹过程中，由于锦色不佳，“折博艰难”，感到棘手。

第六节　染色业及衣、帽、鞋制作等手工业的状况

由于解决日益增长的服装穿着的需要，不但宋代纺织业获得重大的发展，已如上述；而且在纺织业带动之下，染色业、衣、帽、鞋制作等手工业也相应地发展起来，成为独立的专门化的手工业。

先说染色业。

丝绸、麻布之染色，是我国的古老传统。红、紫、绿、黄、皂等色，都可染制。红花、紫草、茜草等等便是染色的原料。到唐代，我国染色技术有了新的创造，这就是夹缬法亦即印花技术的创造。据《唐语林》记载，印花技术是唐玄宗时候柳婕妤发明的。这种印花技术可以分为腊缬法、夹缬法等等。宋

① 吕陶：《净德集》卷四《奉使回奏十事状》。
② 黄震：《黄氏日钞》卷七一《申乞散还盐袋机户钱乞立定期限状》。
③ 《宋会要辑稿·食货》卷六四之二五至二六。
④ 员兴宗：《九华集》卷七《议国马疏》。

代继承了这一技术。由于当时雕版印刷日益兴盛，用版雕成各种图案花纹而后印制到绸布上的夹缬法，大约是各种印花技术中最时兴的一种。朱熹奏劾知台州唐仲友有许多罪状，其中一条就是雕造花板："又乘势雕造花板印染斑缬之属凡数十片，发归本家彩帛铺充染帛用。"① 印染的花色品种甚多，技术极为精熟："靖康初，京师织帛及妇人首饰衣服，皆备四时。如节物则春幡、灯毬、竞渡、艾虎、云月之类；花则桃杏、荷花、菊花、梅花，皆并为一景，谓之一年景。"② 因而这些印花布很受到人们的赞赏和喜爱，尤其是儿童们，没有印花衣服穿，就哭闹着向父母要。对于那些印染花布极为精良的染匠或者染工，人们又总是怀有尊敬而又亲切的情感的：

> 开宝初，洛阳贤相坊染工人姓李，能打装花缬，众谓之李装花，微有家活。③

在当时的印染中，相州最为著名。楼钥曾经指出："〔相州〕东南二十五里朝歌城……中出茜草最多，故相缬名天下。"④ 周辉也说："相出茜草，故缬名天下。"⑤

专门染色印花的作坊称之为染肆或染坊。有些彩帛铺也兼营印染，如被朱熹奏劾的唐仲友，他家的彩帛铺就兼营印染。独立的染肆和染坊遍布各地。名邑大城中有，上述洛阳相贤坊就有，首都所在的汴京，在大内前州桥东水柜街就有余家染店⑥。一些县城和镇市也有染坊，如"乡里（指鄱阳）洪源董氏子，家本染工"⑦，"乐平县杭桥市染工程氏"⑧，即可证明。染坊的广泛分布，说明了它在社会生活中的重要性。说明了人们不仅要穿暖，还要穿好，社会需要是逐步提高的。

在染坊中，经营规模的大小也是有所不同的。试看下面的一个材料：

---

① 朱熹：《晦庵先生朱文公文集》卷一八《按唐仲友第三状》。
② 陆游：《老学庵笔记》二。
③ 张齐：《洛阳缙绅旧闻记》卷四。
④ 楼钥：《北行日录》卷上。
⑤ 周辉：《北辕录》。
⑥ 孟元老：《东京梦华录》卷三。
⑦ 《夷坚志·乙志》卷一五，《董染工》。
⑧ 《夷坚志·丙志》卷一一。

禹锡高祖谓之陶四翁，开染肆。尝有紫草来，四翁及出钱四百万市之。数日，有驵者至，视之曰：此伪草也。四翁曰：何如？……驵者曰：毋忧，某当为翁遍诸小染家分之。[1]

材料中既有所谓的小染家，当是一些以家庭成员为主的家庭作坊，以及雇有少数染工的作坊；而像陶四翁能一次花400万钱收购紫草的大染坊，一定雇有一定数量的染工，从而形成作坊主与雇工之间的关系，同家庭作坊有所不同。

有了布帛，也有了彩帛，还做不成衣服，因而又必须有裁缝店和缝匠才行。宋代都市中也确实存在这种独立的手工业作坊。一般城市中也有，如“宣城裁衣肆，用一石镇”[2]。像宣城这样不算大的城市也有；至于较大的城市就更不必说了。因而在城市中解决穿衣的问题是不困难的，真可谓之“咄嗟可办”。吕本中曾记载他的叔曾祖做官时，“尝市缣帛欲制造衣服，召当行者取缣帛，使缝匠就坐裁取之，并还所直钱与所剩帛，就坐中还之”[3]。这可见，在城市中，买得缣帛之后，即可由裁缝铺裁做，甚为方便。有的彩帛铺还兼营裁缝，对顾客就更加方便了。因之，缝匠既可以开设一个独立的作坊，也可以受雇于其他彩帛铺，情况也是有所不同的。至于在广大农村中，有的裁缝作为一种手艺人，被一些财主雇请到家中缝制衣物，就更不罕见了。这种情形延续到明、清以至近现代。在宋代，燕赵制作的衣服为世所称，陶谷称天下有九福，“燕赵衣裳福”[4] 即为其中之一。宋人所指的燕赵一带，系黄河以北，即相州至定州这一广大地区。这个地区既是盛产缣帛，又是名牌产品相缬的所在地，为制作衣服准备了良好的条件。而所谓“燕赵衣裳福”者，除上述条件之外，善于制作缝裁当是一个决定性的因素，很可能这里是花样翻新的时装所在地吧！

不但裁缝成为一门独立的行业，制帽业也成为一个独立的行业。在汴京首都，宋仁宗时“裁翠纱帽直一千。至于下俚，耻戴京纱帽。御帽例用京纱，

---

① 施彦执：《北窗炙輠录》卷上。

② 《清异录》卷四。

③ 吕本中：《官箴》。

④ 《清异录》卷一。

未尝改易也”[①]，由于制帽业能够赢利，连远在江南西路的纱帽匠也吸引到了汴京。“嘉祐中，临川人伍十八者，以善裁纱帽入汴京，止于乡相晏元献（即晏殊）宅前为肆以待售”[②]。这个纱帽匠既是纱帽的制作者，又是纱帽的出售者，也是一身而二任焉的。除帽子之外，头上戴的还有幞头，当时汴京有一个制幞头的，姓李，为人执拗，多“与人乘刺”，但他制作的“李家幞头天下称善”[③]，南宋临安则有“徐官人幞头铺”[④]也似乎合制作与售卖为一的店铺。妇女们所带的冠儿以及头面装饰之物，也都有专门店铺经营制作。

制鞋制靴也成为一个专门行业。鞋以双计，宋人称为一緉。南宋高宗时候“禁中有丝鞋局，专挑供御丝鞋，不知其数”，吴珙曾被赐“数百緉”[⑤]。皇室、贵戚、文官武将们的鞋袜也都很讲究，不仅是以丝制成的，而且是用金钱做成的[⑥]。私家做鞋制靴的，叫做双线行，如李家丝鞋铺[⑦]、彭家油靴[⑧]等等，为数也不少。

此外，与穿着有关的如腰带等，有腰带作，有防雨的油衣，泽州油衣驰名北宋[⑨]，也都有专门的制作者。总之，围绕着穿衣问题，在宋代分化出来了一个又一个的独立的行业。

第七节　第十六章结论

概括前面的叙述，可以作出以下几点结论：

1. 一食二衣，是人类生活的两大基本需要。在宋代以前，或者说在唐、宋以前，穿衣问题的解决，主要靠农民的家庭工业、地主庄园和封建国家的作坊，因而缣帛、麻布的生产，基本上是自给自足的，属于自然经济的范畴。宋

---

① 江休复：《江邻几杂志》。
② 吴曾：《能改斋漫录》卷一八《伍生迂五通》。
③ 刘攽：《中山诗话》。
④ 吴自牧：《梦粱录》卷一三。
⑤ 《老学庵笔记》卷二。
⑥ 《清异录》卷三。
⑦ 《梦粱录》卷一三。
⑧ 《都城纪胜》。
⑨ 王明清：《玉照新志》卷二。

代纺织手工业的独立发展，它本身就反映了，由于城市经济的发展，社会需要的增长，专靠旧有的生产形式满足不了这种要求，从而需要与农业脱离的、专业化的纺织手工业来解决这个问题。而这种手工业在宋代既经发展，它又带动了与之相关连的一些手工业而纷纷发展起来。如上面叙述过的，首先，缫丝业或络丝业与机织业分离了，纺织原料加工与产品之间有了进一步的分工。其次，纺织品要染色，这样在社会上便出现了染行。不仅要染色，颜色还要好看，宋继唐代“夹缬”法之后，发展起来了一批专门从事雕造花缬的雕版工匠，使印花布有了广泛的发展。有了绢，有了彩帛，还是不行。还得有缝匠、有帽匠、有鞋匠等等。于是缝衣作坊等等随之建立起来了。与此同时，一些特种手工艺，诸如刺绣、刻丝也成为了专门行业发展起来了。总之，在纺织手工业带动之下，分工更加细密了，生产技术更加改进提高了，各地都有独具特色的名牌产品涌现到市场上，商品生产和商品经济正是在这种情况下发展起来的。列宁曾经指出：“商品经济每发展一步都不可避免地使农民从本身中分出一批又一批的手工业者”①。从包括纺织业在内的宋代手工业的发展，充分说明列宁的这些话是极为正确的。

2. 从宋代纺织手工业发展中，可以看出，官府作坊的规模是较大的，分工也是较为细密的，原料也是极其充裕的，所招募的工匠也都是技艺精熟的高手工匠，因而这些作坊对于生产技术的改进和提高是有其促进作用的。当然，这些作坊的产品为皇家、官府所垄断，生产技术的改进和提高往往又被高大的宫墙和森严的官衙所阻隔。但，“旧时王谢堂前燕，飞入寻常百姓家”，一旦这些产品或者工匠流落到社会上的时候，已经改进了和提高了的技术就会传布开来，虽然传布过程是比较缓慢的。另一方面也要看到，官府作坊分工虽然细密，给工匠的雇值一般较高，但它仍然是封建的生产，不具有任何的资本主义性质。这是因为，生产的目的是为皇室、官府的需要而进行的，产品是一种封建性的垄断；更加重要的是，作坊是封建所有制，作坊中的生产者依然具有“役”的性质，同封建国家之间存在了隶属、支配的关系，人身还或多或少的被占有，并不是身份自由的生产者。宋代官府纺织手工业的这一性质应当探讨

① 《列宁全集》第3卷，第299页。

清楚，而不能有所含糊。

3. 与农业相脱离的纺织手工业（机户）的发展，这是我国纺织手工业发展史中极可注意的一件事。在这个发展中，机户的生产已经是商品性质的生产，不论它所采取的是什么形式，是家庭作坊还是非家庭作坊，都具有这种性质。机户的经济力量自然是不一样的，像前引《嘉泰吴兴志》中“育蚕有数百箔、兼工机织”这一类的“富室”，它所拥有的织机就不仅仅是一二张或两三张了。考察这些机户生产性质，当然不能单纯地从织机的多少加以判定，主要的是考察机户与纺织生产者之间是什么样的关系。即使是家庭作坊，除去家庭成员为生产者外，而以雇佣的方式召雇生产者为其织作，它就具有资本主义性质。对此问题，还应当作细致深入的研究，才能得出较为准确的结论。宋代机户发展的前程是坎坷不平的。如上面所说，官府对机户的“拘刷”和侵渔，就是他们前进道路上的障碍。充分地认识这一点，对于了解我国此后纺织手工业发展中问题是极其必要的。

第十七章　宋代粮食加工、榨糖、榨油等手工业的状况

第一节　粮食加工手工业的状况

各种粮食都需要加工，有的如稻谷需要脱壳才能成米，有的如小麦需要磨成面粉，才能供给食用。但是，在相当长的时期内，粮食加工并没有形成一个独立的手工业部门。这是因为，官僚豪绅等地主阶级，在自己的庄园内有磨房碓房之类，专门为自己的需要而进行粮食加工，农民们则用自己的劳动对粮食加工，以供应自己家庭的需要。随着城市镇市的发展，脱离农业生产的人们越来越多，于是粮食加工手工业便逐步发展起来了。开始，一些失去土地的劳动者为人舂米以谋生，如梁鸿至吴，寄居于大姓皋伯通家，"为人赁舂"①，就是一例。这样，到宋代便有了专门从事粮食加工业的磨户和碓户，以适应城镇的需要。至迟，宋代已经形成了这一手工业部门。

磨、碓、碾，这是粮食加工的工具，当然磨还可以磨茶，而且茶磨在宋神宗以后因磨制末茶而很兴盛，这一点放在榷茶一章中再说。这些工具起源很早，但专门制作这些工具、形成一个手工业的分支，也是在城镇经济发展、粮食加工手工业兴起之后而出现的。庄季裕记载，茶磨以耒阳为上，南安军上犹县石门堡小逻村制作的茶磨，石质也极坚硬，好的叫做"掌中金"，价值五千足钱，"亦颇艰得"②。茶磨已经变成了商品，不言而喻，制作这类商品的石匠

---

① 《后汉书》卷一一三《逸民·梁鸿传》。

② 庄季裕：《鸡肋编》卷下。

也成了专业化的生产者了。

磨、碓、碾是利用水利、畜力或人力转动起来的。在水力利用上，我国古代是卓有成效的。唐玄宗时候，在水力推动下，“并转五轮，日碾麦三百斛”①，规模不可谓小。宋代对水力的利用更加进步更加广泛。汴京城官府兴修的西水磨，“长槽泻波，巨轮激涛，雷轰电射，雪迸雨飞，若并谷帘，若临洪崖”②，规模是很可观的。过去根据王祯《农书》的记载，认为是在元代才有的五转连磨，实际上在北宋晚年长江以北的白沙湖边就有了这一制作。邹浩在一首诗中曾指出：“白沙湖边更湍急，五磨因缘资养生”③，用来破麦磨面，更提前了200多年，因而这条资料是极其宝贵的。碓也是利用水力的。杨万里在《明发西馆晨炊蔼冈》一诗中描述了一个自动化的水碓：

> 也知水碓妙通神，长听舂声不见人。若要十分无漏逗，莫将戽斗镇随身。（原注：宣歙就田水设碓，非若江陵转以车辐，故碓尾大于身，凿以盛水，水满则尾重而俯，杵乃起而舂。）④

这个自动化的水碓是用来舂米的。在对水力的利用上，宋代也显然有了不小的进步。至于利用畜力和人力以转动碾、磨、碓，这里就不多说了。

经营粮食加工的叫磨户、碓户，也叫磨坊和碓坊。磨坊碓坊分布在全国各地，其中城市磨坊较为集中。试看下面的材料：

> 许大郎者，京师人，世以鬻面为业，然仅能自给。至此老颇留意经营，增磨坊三处，买驴三四十头，市麦于外邑，贪多务得，无时少缓。⑤

这个世以鬻面为业的许大郎，正因为他是京师人，所以能够在京师这样的大都市中增加三处磨坊，在小村镇或小县城中是不易增加这么多的。这是其一。其二，许大郎增加三处磨坊，是他本人以及他的家属不可能照顾得了的。因而在他的三处磨坊必然有非同姓的劳动者，同许大郎结成主伙关系，可惜没有具体

① 《旧唐书》卷一八四《高力士传》。
② 杨杰：《无为集》卷一〇，《西水磨记》。
③ 邹浩：《道乡全集》卷四《次韵端夫闻江北水磨》。
④ 杨万里：《诚斋集》卷三六。
⑤ 洪迈：《夷坚支志》戊集卷八，《许大郎》条。

材料能够说明这种关系的实际内容。

城镇之外，村落中也是存在着磨坊的：

> 董国庆……宣和六年登进士第，调莱州胶水县主簿……中原陷，不得归，弃官走村落。……〔其妾〕性慧解，有姿色，见董贫，则以治生为己任。罄家所有，买磨、驴七八头，麦数十斛，每得面，自骑驴入城鬻之，至晚负钱归，率数日一出。如是三年，获利愈多，有田宅矣。①

这个材料不仅指明有的磨坊在村落开设，而且还指明磨出的白面到城市中去卖，因而作坊既从事粮食加工，又出售白面，也是一身而二任焉。因而一些货面为业的也可能兼营粮食加工，如平江城北的周氏，“本以货麸面为生业”②，也可能是磨坊的主人。总之，随着城市的发展，经营粮食加工的磨坊是不断增加的。北宋初著名的文学家王禹偁，便是济州巨野“以磨面为生”的磨户之子③。很明显，上述平江、济州等城市之有磨坊是确切无疑的。

碓坊，从分布上看，可能以南方居多。因之，碓坊加工的粮食也以稻米为主。碓坊亦许与磨坊有所不同，即为人加工稻谷，而仅收加工费。如下一材料所反映的：

> 绍兴初，乔贵妃弟某，官于袁州。又治碓坊于开元寺，日可得千钱之入，并附郭生。④

这座碓坊系属于乔贵妃之弟，“日可得千钱之入”，或租赁给别人而取得租赁费，或直接经营粮食加工，以取得加工费。二者都是可能的。磨坊也不排除有这种情况，也能够专门为人磨面而取得加工费。

第二节　榨糖手工业的发展

在第一编第四章中曾经指出：甘蔗在宋代已经与种植业分离，成为农业的

---

① 洪迈：《夷坚乙志》卷一《侠妇人》条。
② 《夷坚三志》己卷七《周麸面》条。
③ 《五朝名臣言行录》卷九。
④ 《夷坚志补》卷二《乔郭二贤》。

一个分支；甘蔗在江、浙、闽、广、蜀川和荆湖南路广泛地种植，其中尤以福建福唐、浙东四明、广东番禺（即广州）和蜀川广汉、遂宁最为著名。榨糖手工业与甘蔗产地紧密结合，在这些地区得到了发展。

我国古代不会制造砂糖，长时期停顿在食用“柘浆”（蔗浆）即甘蔗的汁液的阶段。唐太宗贞观年间，派使到印度恒河下游的摩揭它国学习了熬糖法，柘浆飞跃到砂糖，从而使我国的榨糖手工业进入了一个新阶段。

新产品、新技术，反转过来推动了我国榨糖业的发展。甘蔗种植面积的扩大是一个极为重要方面，已如前述；而另一重要方面则是榨糖业又有新的进展和新的突破。第一，我国虽从摩揭它国学会了熬糖法，经过技术上的改进，学生胜过了先生，我国制作的砂糖，“色味逾西域远甚”①，质量大大提高了。第二，大约在唐代宗大历年间（766～779），我国又制作成功了糖霜②。第三，与糖霜制作的时间相同，或者稍晚，又制成了一种乳糖，这种乳糖是“炼砂糖和牛乳”而成，也叫石蜜③。所谓糖霜，亦即蔗霜，今日所谓的冰糖者是也。糖霜这个名字，对我们来说，似乎比较陌生，可是对云南边境上的某些少数民族来说，他们仍然称冰糖为糖霜，从而保留了这个原始的古老的名称。《太平寰宇记》记载，糖霜是遂州（亦即遂宁府）的蔗户最先创制出来的，制作的技术传说是得自一个行脚僧。这个带有神秘意味的传说，大概同祖传秘方之类相似，包含了技术保密的性质，以维护自己的生产地位。不过这个时候以及两宋所制作的糖霜即冰糖，呈琥珀色，这是由于蔗汁带有红色而致。如果望文生意，把唐、宋时期的糖霜解释为白糖云云，那就与实际相悖了。还有，从蔗浆直接制成糖霜，要比制成砂糖，“其利十倍”④。早在唐代，砂糖和糖霜都已经投到市场赚钱得利而成为商品，说砂糖和糖霜到宋代才开始成为商品也是与实际情况难相契合的。总之，砂糖制作的改进，糖霜和石蜜的制作，说明了我国唐、宋时代榨糖技术的进步，糖霜和石蜜很可能是我国最先制作出来的名牌货。

---

① 王灼：《糖霜谱》。

② 乐史：《太平寰宇记》卷八七《遂州》条。

③ 《重修政和经史证类备用本草》卷二三。

④ 《糖霜谱》第五。

甘蔗的种植是不容易的，蔗糖的榨取更加不易。榨糖制作的季节性很强，以“十月至十一月”为最好。甘蔗生长到十月（阳历十一月）开始砍伐，这个时候它的含糖量为最高，生长不到时候，或者砍伐过迟，含糖量达不到最高程度或者自最高程度下降，都会影响糖的质量和产量的。因而榨糖业在这个时期内要争分夺秒，以期充分利用甘蔗，榨取更多的糖来。至于榨糖的工序也很复杂。榨糖用的工具，据王灼《糖霜谱》的记载，有蔗削、蔗镰、蔗凳、蔗碾、榨斗、素杵、榨盘、榨床和漆瓮等。蔗削专门来收砍甘蔗，蔗镰用来削去甘蔗的皮。榨糖分以下几道工序：第一道工序是，“先削去皮，次剉如钱”。这道工序用的人工较多，“大户”即糖霜业主往往用一二十人削剉，“两人削，供一人剉。”第二道工序是榨碎，“次入碾，碾阙则舂”，“碾讫，号曰泊”；第三道工序是，“泊蒸透，出甑入榨（即榨床），取尽糖水”；然后第四道工序是将糖水“投釜煎，仍上蒸”。砂糖的制作工序大约如是。糖霜制作还要增加工序。糖水榨净之后，“别入生水重榨，作醋极酸”，看来榨糖的同时，还有副产品，一举两得。

制作糖霜，除以上工序外，还将糖水放入瓮中，使其自然结晶，这种结晶就是糖霜。对于糖霜，也有很多讲究：

> 凡霜，一瓮中品色亦自不同：堆叠如假山者为上，团枝次之，瓮鉴（四周循环连缀生者）小颗块次之，沙脚为下；
>
> 〔以色泽而论〕紫为上，深琥珀次之，浅黄者又次之，浅白为下；
>
> 不以大小，尤贵墙壁密排，俗号马齿；霜面带沙脚者刷去之，亦有大块，或十斤，或二十斤，最异者三十斤。

糖霜、石蜜都是宋代的名贵产品。“石蜜、砂糖霜者，皆自北出，惟川浙者为胜。”① 番禺等地“所产甚微而碎，色浅味薄”，不过是遂宁所产的下等货。王灼由此更进一步地评论说，以“中国之大”，独由“遂宁专其美”②。由于遂宁糖霜最好，特别由于糖霜在当时产量不多，因而遂宁糖霜成为士大夫往

① 《重修政和经史征类备用本草》卷二三。

② 《糖霜谱》《原委第一》。

还中的一项珍品。苏轼在送遂宁僧人园宝的诗篇中提到：“冰盘荐琥珀，何似糖霜美?”黄庭坚《答雍熙光长老寄糖霜》诗中也称：“远寄蔗霜知有味，胜于崔浩水晶盐。”正因为遂宁糖霜是名牌产品，有的士大夫如邓肃则向人家索取：“……冷香入骨追琼液，秀色富筵莹水晶。……从公乞取况蒸郁，一驭寒风上太清。”[①] 名叫马瑊的这位文人学士，在《遂宁好》歌中，为糖霜大声叫好：“遂宁好，胜地产糖霜，不待千年成虎珀，直疑六月冻琼浆。”[②]

榨糖业是由蔗户、糖霜户和糖坊承担起来的。据《糖霜谱》的记载，遂宁糖霜产地集中在小溪、蓬溪和长江三县交界的伞山（《太平寰宇记》称伞子山）一带，“（伞）山前后为蔗田者十之四，糖霜户十之三”；“糖霜成处，山下曰礼佛坝，五里曰乾滩坝，十里曰石溪坝，江（指涪江）西与山对望曰凤凰镇，大率近三百余家”；山左山后等地“亦近百家”；“并山一带曰白水镇、曰土桥，虽多蔗田，不能成霜，岁压糖水卖山前诸家”。依此而论，遂宁糖霜户为400户，加上制糖的蔗户，当不少于500户。宋代经营榨糖业的专业户和糖坊大约有5000户上下，为数并不算多。

蔗户是指除种植甘蔗外，还参加制作砂糖的一些专业户。他们把种植甘蔗同制作砂糖结合起来，因而不同于单单种植甘蔗的蔗户。

糖霜户则把种植甘蔗和制作糖霜结合起来，糖霜利大，但从种植甘蔗到制成糖霜，即“自耕田至沥瓮，殆一年半”，周期比植蔗、比植蔗又制作砂糖的周期要长半年多，因而必须有一定的经济力量渡过这个周期，以实现或扩大其再生产，否则是不可能的。由此看来，一般糖霜户比蔗户以及经营砂糖的蔗户的经济力量要强一些的。但在糖霜户和蔗户中经济力量也很不一样，《糖霜谱》记载，糖霜“每家多者数十瓮，少者一二瓮”。从这种情况来看，有一二瓮糖霜的糖霜户，相当于四等户中的自耕农民，这样一个专门户，大体上是靠自己一家的劳动，从植蔗到制霜，完成全部生产过程。他们提供的商品是不多的。

拥有数十瓮糖霜的糖霜户，亦即《糖霜谱》中所说的“上户”，他们是这样的专业户：把甘蔗种植和糖霜生产相结合的糖霜作坊主。从原料而言，这类作坊

① 邓肃：《栟榈先生文集》卷三《从贻祖乞糖霜》。
② 陆心源：《宋诗纪事补遗》卷二三。

主还要收购一部分甘蔗和糖水，所谓白水镇、土桥一带“不能成霜”的蔗户，“岁压糖水卖山前诸家”，即是明证。就生产过程而言，这类作坊主即使参加劳动，也无法满足生产的需要，因而要“雇请人工”的。所以在糖霜制作的旺季，“上户削剉至一二十人”，而这一二十人当然有雇请的人工。所以，在这类糖作坊中，形成了作坊主与雇工的关系。由于榨糖制霜的季节性，许多雇工大约是在旺季中雇请的季工或短工。这一类的作坊，规模较大，能够提供更多的产品。宋徽宗宣和年间，王黼创应奉司，遂宁除常贡糖霜之外，“岁别进数千斤”，糖霜户在这一重压之下，“因之大扰，败本业者居半，久而未复”①。

糖坊可能是不种甘蔗、专门榨蔗制糖和糖霜的作坊。一般城市开设的糖坊，肯定地属于这一类。陶谷的《清异录》记述了宋代城市中最早的糖坊，他指出：番禺即广州“糖坊中人，盗取未煎蔗液，盈碗啜之，功德浆即此物也”②，所谓盈碗啜饮蔗液的人，显然指的是那些与糖坊主人无任何血缘关系，属于学徒帮工之流的榨糖手工匠人。除广州有糖坊外，福州、杭州、明州等许多城市也有。马可·波罗记述了有关这方面的情况是：

> 应知此城（按指行在杭州）及其辖境制糖甚多，蛮子地方其他八部亦有制者，世界其他诸地制糖总额不及蛮子地方制糖之多，人言且不及半。所谓糖课，值百取三。③
>
> 抵一别城，名称武干（当为福建路尤溪一带），制糖甚多。④
>
> 此城（指福州）制糖甚多。⑤

在盛产甘蔗和蔗糖的福建路，不但在城市中有糖坊，而且像遂宁府一样，在乡村中也有，把植蔗与榨糖密切地结合起来。《嘉靖惠安志》载：

> 宋时王孙、走马埭及斗门诸村皆种蔗煮糖，商贩辐辏，宋置监（?）收其税。⑥

---

① 《糖霜谱》第六，并参阅《容斋诗话》所载校正。
② 《清异录》卷二。
③ 冯承钧：《马可·波罗行纪》中册第154、155诸章。
④ 冯承钧：《马可·波罗行纪》中册第154、155诸章。
⑤ 冯承钧：《马可·波罗行纪》中册第154、155诸章。
⑥ 《嘉靖惠安志》卷五《物产》。

从以上记载可以看出，从宋到元榨糖业一直很兴盛，城市中糖坊的砂糖生产相当可观，砂糖产量占世界第一位。可惜的是，过去缺乏对这方面的研究，以至有关砂糖制作事迹湮没不彰！

〔附记〕我所看到的一些论著，总是把糖霜说成是白糖。王灼的《糖霜谱》以及宋人有关糖霜的诗，都一致称“糖霜”为琥珀色，琥珀色与白色总应该有点差别吧！鱼目不能混珠，琥珀与白色又焉能相混？这是其一。宋人所制砂糖是红砂糖或黑砂糖，因为还不能将蔗液的红色去掉。到明代，便能够制作白砂糖、白冰糖了。上引《嘉靖惠安志》卷五《物产》记有这种煮糖法，其步骤是：“凡煮糖取蔗入碓舂烂，用桶实之。……浆液自窍入大桶，酌入釜烹炼。俟其浆渐稠，挹置大方盘中冷结，遂成黑砂糖”；“至正月复取黑砂糖煮之，劈鸭卵投釜中疾搅之，使渣滓上浮、辄去，至尽”，乃成为“白砂糖。其响糖、糖霜皆煮白砂糖为之。”把这段材料辑录于此，与宋代文献材料相印证，当可知道宋代的糖霜、砂糖和石蜜是什么颜色和形状，而不至望文生义了。

第三节　榨油手工业的状况

我国种植油料作物的历史是很悠久的，传统的油料作物有大豆、菜籽等，张骞通西域之后又传入了胡麻，即芝麻，宋人称之为脂麻。还有，我国的油漆业早在古代也有发展，战国时代的漆器制作得非常精致。漆器也必须使用油漆，因而一些非食用的油类也制作得甚早。不过，有关榨油的记载十分短缺。这大概是由于，榨油业作为一种副业，长时期与种植业结合，或附属于地主的庄园中，或直接由佃客制作，因而在文献上得不到反映。这种情况，至迟到宋代已经发生了变化，榨油业虽然还同种植业结合，并作为农业的附庸而存在，但至少是它的一部分已经与农业脱离，形成为独立的榨油手工业。

从哪些迹象可以看出，宋代榨油业已经脱离了种植业，发展成为一种独立的手工业呢？

首先，从市场上看，脂麻之类的油料作物用来交换，这显然是为榨油业提供原料从而投入到市场上的。熙宁五年（1072）市易法实施之后，市易司在收购各项产品的同时也收购了脂麻。由于脂麻产地受灾，这批脂麻的售价也随之提高。反市易法的官僚士大夫们便以此为借口，说什么市易司卖什么，什么就贵，“卖脂麻，脂麻贵”①。从这里可以看到，脂麻之类的油料作物的种植，在宋代已是扩大了，而且能够将它们当作为商品投到市场上交换，作为榨油的原料。

第二个迹象是，宋代城市中卖油的铺子为数不少，如：

> 黄州市民渠生，货油为业，人呼曰渠油，一意嗜利。②
>
> 平江城中草桥屠者张小二，绍兴八年往十五里外黄埭柳家买狗。……张屠遂改业，为卖油家作仆。③

这两条材料说明了在黄州、平江（即苏州）等城市中是存在“货油为生”或“卖油家”的油铺的。这类油铺或油坊，从宋代行铺一般情况来说，或是单纯地卖油，但单纯地卖油也必须从其他油坊或外面购进，不然是无油可卖的；或是既从事榨油又同时卖油，把制作和售卖结合起来。这样看来，在城市村镇上，这类独立的榨油作坊显然是存在的。

首先，可以看到，在汴京就有规模可观的官油坊——油醋库。这个作坊既榨油又沥醋，专门供应皇家的需要。它所榨的油是以麻（即脂麻）、荏、菜三种，“有油匠六十，醋匠四人”。据宋仁宗天圣元年四月定夺所奏言。每年油醋库单是受纳的脂麻一项即达万余石④。从这里就可看出，这个油醋库榨出的脂麻油为数极其可观！

除官油坊之外，私家油坊是否存在？吴自牧在《梦粱录》中，曾经有“油作”的记录，这可能就是专门制作食用油的作坊⑤。又居于临安观桥下的王良佐，“初为细民”，“负担贩油，后家道小康”⑥。既有榨油作坊，也就有贩卖油的卖油郎，这两者也是紧密地联系着的。私家油坊也是存在的，估计这类

---

① 《长编》卷二三六。
② 洪迈：《夷坚支志》癸集卷二《黄州渠油》条。
③ 《夷坚甲志》卷七《张屠夫》条。
④ 《宋会要辑稿·食货》五二之三。
⑤ 《梦粱录》卷一三《团行》。
⑥ 《夷坚支志》癸集卷三。

油坊为数也一定不少。

食用油之外，也有榨其他品种油的作坊。《山房随笔》记载，一个州学学官路过婺州境，“至山中村舍”，“入一野室”，“见数人捣桐油，一老下碓”，把一个榨桐油的作坊描绘出来了。在油漆业发达的两浙、京西诸路，这类榨油作坊也是为数不少的，桐油也是市场上的一种商品。

第十八章　宋代的伐木、建筑和造船等手工业

第一节　伐木和烧炭

木材与人类生活有着极其密切的关系。从爨炊、取暖，到制作各种用具，都离不开木材。特别是我国传统的木石结构的建筑，需要的木材更多。因而许久以来，采伐林木便成为生活中不可缺少的一件要事。虽则如此，但什么时候伐木业形成为一个独立的行业，以书缺有间，还说不清楚。至迟在唐、宋时候，伐木业已经形成了。

在宋代，秦陇、两浙、江东路的皖南山区、江南西路和荆湖路都是盛产材木的地区。伐木业自然也以这些地区为盛。官府为了满足其对木材的需要，不时派遣大批士卒伐木，如“祥符中（高舜臣从兄）为衙校，董卒数百人，伐木于西山”①，即是一例。官府大规模伐木极为严重，如范纯仁在熙宁二年的一道奏章中揭出：陕府、虢解等州，“每年差夫共二万人，至西京等处采黄河稍木，令人夫于山中寻逐采斫，多为本处居民于人夫未到之前收采已尽，却致人夫贵贱于居民处买纳，及纳处邀难，所费至厚，每一夫计七八贯文，贫民有卖产以供夫者。”② 宋政府这种做法，不但是对大自然的疯狂掠夺，而且也是以落后的劳役制和公开的掠夺对广大人民进行的恣意压榨。无独有偶，这种压榨方式还在凤翔府造船场中表现出来：凤翔府“并陇州量支官钱收买，及于

① 张师正：《括异志》卷八。

② 范纯仁：《范忠宣公全集》《奏议》卷一《条列陕西利害》。

秦州采斫，所差衙前例各赔一二千贯，前后人户破荡家产不少，每户锢身者不下三两人，终年未得了当"；"其余不产州军，须至衙前分买"①。州县文武官员也都假公济私，不遗余力采伐山林，宋仁宗天圣末年，"上封者言：诸路知州、总管、钤辖、都监多派军卒入山伐薪烧炭，以故贫不胜役，亡命为盗"②，表现在伐木业中的劳役制产生了这样严重的后果。

私人采伐自然也很严重。值得注意的是，不论官府还是私家，凡是在采伐冶炼地区，以及制造陶瓷的所在，大都就地取材，以林木作为燃料，因而在这样的地区木材的采伐就格外严重。如：

> 相州利城军铁冶，四十年前铁矿兴发，山林在近，易得矿炭，差衙前纳课铁一十五万斤。自后采伐。山林渐远，所费浸大……③
>
> 〔建宁府松溪县瑞应场〕初场之左右，皆大林木，不二十年，去场四十里，皆童山。④

利城军铁冶经过40年采伐，从"山林在近"到"山林渐远"；松溪瑞应银场"不二十年"的采伐，40里内"皆童山"。这可见，我国古代采掘冶炼等业的发展，是以付出大面积山林作为代价的。

城市建筑和生活方面需要木材供应的数量更大。仅以宋室南迁一事而论，"今驻跸吴越，山林之广，不足以供樵苏"，"岁月之间，尽成赤地"⑤。森林采伐之严重，可见一斑。

因之，随林木的采伐，荒山秃岭日益增加。任官于越州的蒋堂，看到当地号称形胜的卧龙山，"竹树零碎，仅以半在"，问其所以，知道是由前此"剪伐"过甚造成的，便写了一首《闵山诗》。诗中有："不知平昔时，谁氏来班禄？私庖计薪爨，无时伐良木。官膳利货财，弥年伐修竹。忽忽事斧斤，丁丁响山谷。"⑥ 北方森林的采伐，还要更严重一些，沈括曾经指出："今齐鲁间松

---

① 包拯：《包拯集》卷七《请权罢陕西州军科率》。
② 《宋会要辑稿·刑法》二之一八。
③ 《韩琦家传》，载《安阳集》卷一四。
④ 赵彦卫：《云麓漫钞》卷二。
⑤ 庄季裕：《鸡肋编》卷中。
⑥ 蒋堂：《春卿遗稿补遗》。

林尽矣，渐至太行京西江南松山太半皆童矣!”[①] 年复一年的采伐，使我国森林覆盖面积就日益缩小下来了。

很久以来，就有不少的个体劳动者进入山林采伐。但是，这种个体生产，提供的商品量是极其有限的。形成为伐木业也是困难的。到唐、宋，这种情况发生变化了。入山采伐的工匠，组成为团伙，团伙之中还有一个头目，把伐得的木材，写上自己团伙的名字，以作为标记，从而表现其所有权。虽然还是个体生产，但由于这些个体生产组成为一个集体，它所提供的商品木材便大大增加了。伐木业便是随着这个变化而形成为独立的行业的。既然如此，从哪里可以说明伐木中的团伙组织呢？“州〔岳州〕有岳阳楼，楼上有石倒刻谢仙火三字”；“吴兴德清新市镇觉海寺……巨材髹漆积久剥落，见倒书迹曰：谢均李约收利火”[②]；“近秀州华亭县……天王寺柱上，亦倒书云：高洞杨鸦一十六人火令章”[③]；“吴中慧聚寺大殿二柱尝因雷震有大书勣（绩?）溪火三字”[④]。这类雷火余劫之后殿柱上的书写，迷信的人们认为是由雷神之类写成的。而一些有识见的士大夫如孙载、张耒等则粉碎了这类谬说，作出了正确的说明：“〔孙载〕积中因曰：夫伐木山者，其火队既众，则各刻其名以为别耳。凡记木必刻于木本。营建法：本在下，故倒书，由是知〔何〕仙姑之妄也”[⑤]；“火犹甲也，乃谢仙火中木也。今筏商皆刻本记主名，不惟谢仙也……”[⑥] “谢仙火”是以谢仙为首的一个伐木团伙，而“勣（绩?）溪火”则显然是以地点而名的团伙。正是在伐木工匠集体努力之下，大批的商品木材，自辰邵等州，顺流而下，直达真州，试看下面的记载：

> ……黄州牌税最重。所谓牌者，皆大木板，每四片为一副，盖一棺之用也。其贩皆自湖以南连辰邵等州，其山多大木，由中人售，板直甚贱，又多以缯布、鱼、牛、羊肉等相易，而至真州货之获厚利。

---

① 《梦溪笔谈》卷二四。
② 王得臣：《麈史》卷中。
③ 《梦溪笔谈》卷二一。
④ 周密：《齐东野语》卷一二。
⑤ 《麈史》卷中。
⑥ 张耒：《明道杂志》。

故虽重征商，人不惮也。大者为障板，所谓障者，编竹为之，而周以木浮之牌。而每至江流急处，则先放障，更自障缀索牌上揽索而前，则牌差安而无虞。小者为橹牌，两隅摇橹如舟。凡牌皆中立一柱，贯出牌下，所以候水深浅，谓之将军柱云。湖南远方北人守官者代还，多乘牌，所至于官府求轻税，或谓乘客牌郎为主之，亦一弊事。[1]

伐木业是一种原材料手工业，它的发展直接影响了或推动了建筑、造船等业的发展。对烧炭业也是如此。烧炭也是很古老的，什么时候形成为一种行业，说不清楚。宋代伐木烧炭是很普遍的，前引地方官之派役卒“入山伐薪烧炭”即是一例。个人伐木燃炭的更比比者是，如“南剑州顺昌县石溪村民李甲”，“常伐木烧炭，鬻于市”，以维持自己的生活[2]。南方伐木烧炭较北方还要多，陆游曾经指出：“北方多石炭，南方多木炭，而蜀又有竹炭，烧巨竹为之，易然，无烟，耐久，亦奇物。邛州出铁，烹炼利于竹炭，皆用牛车载以入城，予亲见之。”[3] 南方木炭与蜀川竹炭、北方石炭鼎足而三成为当时的重要热源。不仅许多手工业仰仗木炭，日常生活也离不开它。封建统治者、达官贵人冬天也用它来取暖。宋高宗绍兴四年，两浙转运司檄令婺州买木炭，以充做“御炉”之用，而所买的木炭必须是“胡桃文、鹁鸽色”[4] 才行。从这一强迫购买的叫嚣中，使人们知道婺州是两浙出产木炭较多的地方。伐木烧炭也成为一种独立的行业，但也不排除它仍然部分地作为家庭副业而同农业结合着这一情况。

第二节　建筑业简况

建筑业是解决人类住房这一基本需要的。这个行业具有一种综合性的特点。除贫苦农民的茅草屋和客户们种田守获临时使用的而被纨绔子弟称之为

---

① 张耒：《续明道杂志》。

② 《夷坚支志》戊集卷一《石溪李仙》。

③ 《老学庵笔记》卷一。

④ 《系年要录》卷七五，绍兴四年夏四月戊申记事。

“八难炉”的矮小竹屋[1]之外，从民间较好的砖瓦房，到庙宇、官衙和宫廷等高大建筑物，都与木材、砖瓦、油漆等业有着极其密切的关系；而一些气势雄浑的建筑群或建筑物又是杰出的建筑师设计成功的。因此，这里不是全面地论述宋代建筑业，而是从它的某些侧面作一简略的说明。

在建筑业方面，封建国家拥有大量工匠、材料，并制造大量砖瓦，因而占有优势。太平兴国七年，在汴京设立的事材场，专门“度材朴斫，以给营缮”，是一个准备各种木料的大型作坊。它拥有1653个工匠，这些木工有的是应役而来的，有的是招募来的。除在本场做活外，工匠们还被抽派到其他地方做活：“仁宗天圣四年四月诏事材场：自今诸处抽差人匠外役，并令本场将第一等至第三等工匠相兼品配差拨，更不得定名抽取。”[2] 材料反映了，工匠们也有等级的不同，而这一不同是由他们技艺的不同造成的，有关这方面的问题将在后面再说。

事材场外，还有一个大型的砖瓦窑，叫做东西窑务：“掌陶土为砖瓦器，给营缮之用。……匠千二百人……”，也是来自各地，或者应役鳞差，或是招募和雇。在这个大型砖瓦窑中，分工较为细密，工匠分工为：“瓦匠、砖匠、装窑匠、火色匠、粘较匠、鸱兽匠、青作匠、积匠、畚窨匠、合药匠十等，岁千一百五十四万，二月兴工，十月罢作。”[3] 鸱兽匠指的是专门制作屋脊上鸱兽的工匠，合药匠大约是指烧制琉璃瓦之类器物时专门配制料剂的工匠，这个细密的分工对于工匠的专门化及其技术提高方面是有作用的。而且在10个月当中，烧造上千万的砖瓦，数量也是很可观的。

在宋代建筑业中，也很注意技术上的改进。宋神宗熙宁六年，许州民贾士明对造瓦作了改进，前此“修诸宫观，皆用黄丹烧磂䃫瓦，士明献瓦法，代以黑锡，颇省费”[4]，为了酬奖贾士明的这项发明，赐钱50万，在当时也算一个重大的奖励了。

宋代的建筑技术有了非常明显的提高。举例说，汴京“开宝寺塔，在京

---

① 此据陶谷《清异录》。
② 《宋会要辑稿·食货》五四之一五。
③ 《宋会要辑稿·食货》五五之二〇。
④ 《长编》卷二四二，熙宁六年春正月庚午。

师诸塔中最高而制度甚精，都料匠预浩所造也。塔初成，望之不正，而势倾西北。人怪而问之。浩曰：京师地平无山，而多西北风，吹之不百年当正也。其用心之精益如此，国朝以来木工一人而已。"[①] 预（或作喻）浩不仅以修开宝寺塔著名，更重要的是，他总结了"造舍之法"，著有《木经》三卷，把房屋建筑区分为三部分，"自梁以上为上分，地以上为中分，阶为下分。凡梁长几何，则配极几何，以为榱等。如梁长八尺，配极三尺五寸，则厅法堂也，此谓之上分……"[②] 传说预浩的《木经》是由他的十几岁的小女儿撰成的。如果这个传说是真的，这个女孩子的贡献不亚于协助伏生传经的伏女了。虽然预浩的《木经》是一部权威性的著作，"至今木工皆以预都料为法"，但随着建筑业的发展，"土木之工，益为严善"，《木经》的某些部分已经有些陈旧了。到宋徽宗时，李诫的《营造法式》继《木经》之后又作出了新的总结。

再举一例，被称为"一时之绝手"的孔仁谦雕造的杭州菩提寺的千手千眼大悲观音像，也富有创造性："既毕，度置千手不能尽，凡数沉思如醉。一夕，梦沙门语之曰：何不分形与宝焰之上？仁谦豁然大悟，如其置列焉，特为奇妙。后又于明州开元寺造一躯，如其法。千手之制取于襄州画像，凡五百手各持器物，五百手结印，本神迹也。"[③] 在正定大佛寺中至今还保存着这种千手千眼的佛像，并已成为重点保护文物了。

散居各地的泥水、砖瓦、油漆、木工等更多。砖瓦匠亦都称窑户，因而与制瓷的窑户无法区别。这些工匠都是建筑业中不可缺少的，这里对木工再稍加叙述，而油漆业另加说明。

木工在人们的日常生活中有着重要的作用，"总号运金之艺，又曰手民、手货"[④]。除雕造佛像之外，日常生活中的各种用具，很多出自木匠之手。很多家具都由木匠来做，即使铁制农具如锄、镰之类安装木柄，也需要木匠制作。如"永福下乡有农家子姓张，以采薪鬻锄柄为业，人目为张锄柄"[⑤]。采

---

① 欧阳修：《归田录》卷一。

② 江少虞：《皇朝事实类苑》卷五二，《造舍之法》。

③ 《皇朝事实类苑》卷五一。

④ 《清异录》卷一。

⑤ 张世南：《游宦纪闻》卷四。

薪鬻锄柄的当然不限于张锄柄；农具中也不限于锄柄用木制成，中耕具之一的云荡、打稻谷用的连枷，也都是以木制成的。因而制作这类农具的木工当为数不少。农具之外，各种家具也靠木匠制作。如桶，“饶州民严翁，为桶匠，居城外和众坊”①；“〔宜兴〕尹生业为园器（俗为桶匠）”②，专门做这种器物的也有不少木匠。至于床、桌、椅之类，凡是用木料制成的，无不由木匠来制作。所谓木匠“总号运金之艺”，确实反映了木工在诸工种之中所处的地位。这就是说，从木工当中，分化出来了许多专门化的工匠。这是值得注意研究的。

其次，从木工分化出专门化工匠的同时，还可看到，在城市中有木作、箍桶作等等，也有砖瓦作、泥水作、竹作等等，这说明了，这些作坊和作匠已经从农业中分离出来，得到了独立的发展；而那些在农村当中的木工、砖瓦工等等，很可能与农业继续结合，依然作为副业而存在，像上述那位张锄柄大概就是亦农亦工的生产者，而没有与农业脱离，这一点也是要注意到的。

第三节　造船业及其发展

宋代造船业也有了不小的进步和发展。造船就是从木工中分化出来的一个专门化的手工业，同其他行业一样也有官营私营的区分。官府造船由造船务负责，在一些既有山林可伐、又有水路交通便利的地方，设置船场，专门打造。陕西路凤翔府、京东路密州、两浙路温、治、明、婺、苏州、镇江府、江南西路洪、吉、虔、抚州、荆湖南路潭、鼎诸州，以及福建路福、泉、漳等州，是两宋造船场的所在地，也是造船的中心。其中福、泉诸州，以及广南西路的雷州，制造远航海外船只，尤为著名。③ 至于民船的制造，宋代尤多。有的船户世代相传地以船为生，远航巨舰绝大多数则为豪商大姓所有，而“官中造船，决不如民间私家打造之精致”④。所以，民间造船业较之官府则有过之而无不

① 《夷坚支志》甲集卷四。

② 史能之：《毗陵志》卷二五《仙释门》。

③ 此据《文献通考·漕运考》《系年要录》卷九五、《岭外代答》卷六所载。

④ 李纲：《梁溪集》卷一二一，《与张枢密书别幅》。

及，只是由于材料较少，难以作出较为翔实的说明。

官府造船所用木料，除如上述凤翔府别差衙前斫伐之外，一般地是收购各地木料，买木场便是专门做这件事情的。买木场和船场有的同在一起，也有的不在一起。如温州和明州，都有造船场，亦都有买木场，大观二年把造船场并于明州、买木场并于温州，结果对造船极为不利，所以又恢复旧制。[①] 看来买木场与造船场邻近，对造船业的发展是有利的。木料虽云收买，但官府总是想方设法坑害百姓，搞不等价交换。宋仁宗天圣年间，吉州永新龙泉两县买造船枋木，每贯要克扣所谓的陌子钱65文，“更依例克下头底钱四文，共除六十九文，是致商人亏本，少人兴贩”了[②]。官府造船业能否得到发展，又同它的木材收购价格政策是分不开的。

北宋政府需要吸取南方粮食等大量物资，故所造船只以漕船为主。漕船的需要量极大，宋太宗至道末年达3337艘之多，宋真宗天禧末减少了421艘，仍有2900多艘。分配给各州造船场的数字是：虔州650，吉州525，明州177，婺州103，温州125，台州126，楚州87，温州280，鼎州241，凤翔斜谷600，嘉州45。[③] 所造漕船不仅补充漕运的需要，而且还有敷余，以备不时之需，如蔡京以直达法代替转般法，将储备的2000艘漕船全部投入使用。[④] 从这里也同样看到漕船建造量之大，需要有增无已，故有的船场如温州船场在宋徽宗时年额增至600[⑤]，为此前的数倍。

在宋代，包括漕船在内的各种船只的载重量是以“料”计算的。如南宋绍兴年间福建水军所辖“尖底海船六只，每面阔三丈、底阔三尺，约载二千料，比舠渔船数已增一倍，缓急足当十舟之用”[⑥]。根据载重量的大小，而区分为大料纲船和小料纲船。[⑦] 所谓“料”，王曾瑜同志曾根据下面的材料，正

---

① 罗浚：《宝庆四明志》卷三。
② 《宋会要辑稿·食货》五〇之三。
③ 《文献通考·国用考三·漕运考》。
④ 《文献通考·土贡考一》。
⑤ 《宋会要辑稿·食货》五〇之六。
⑥ 《宋会要辑稿·食货》五〇之一八。
⑦ 参阅《宋会要辑稿·食货》五〇之一三。

确地解释为“石”或“硕”[①]，如：“〔宋徽宗〕政和三年九月十三日，两浙转运司奏：……本路所管纲船，并是三百料……乞依政和令附载私物……每船一只装米二百四十石外，有六十石力”[②]；“〔宋高宗〕建炎四年七月三十日，户部言：……且以五百料船为率，依条八分装发，留二分揽载私物……八分正装计四百硕，每四十硕破一夫钱米，二分加料计一百硕，旧法每二十硕破一夫。”[③] 一“料”也就是一硕（或一石）；500 料船亦即载重量为 500 石之船，1000 料船也就是载重量为 1000 石之船，意思是非常明白的。直到明初，仍然继承了这一制度，以“料”计算船的荷载量，刘辰《明朝国初事迹》即有记载。宋代粮船之大者，载重量达万石以上。张舜民描述其在鄂州（今湖北武昌）见到的万石船说：“船形制圆短，如三间大屋……登降以梯级，非甚大风不行，载钱二千（当作‘十’）万贯，米载一万二千石”[④]。这只船的载重量在 500 吨以上，在古代已是难能可贵、不可多见的了。一些大船，特别是航海的大船，为使载重量适中，则在船舷两边“傅大竹为橐”，一面用以拒海浪，更重要的是用以测定船的荷载量，不许载重超过这个“竹橐”，以策安全。

到南宋，漕船的建造已退居到极不重要的位置，防江防海战船的建造成了最为迫切的问题，南宋造船便顺着这个方向发展起来了。在南宋造船中，首先值得提出的是车船。车船是一位名叫高宣的都料匠（宋代匠师中技术最为高超的一种称号）创造的；先在程昌寓部宋军中打造了 8 车车船，后被杨么义军俘获，为义军建造了 24 车、高 3 重、能容纳千余兵士的大车船。车船的特点是，在船两边建有踏车，有护平板为之掩护，“不见其车”；“人夫踏车于江流上下，往来极其快利”。亲自见到这种车船的李纲曾经指出，这种车船“施于大江重湖，以破长风巨浪”，是它的最大长处。同时船上还安置了大拍竿，可将敌船击毁。[⑤] 杨么义军利用这种车船，给宋军以迎头痛击；南宋军队利用这

---

① 《宋代的造船业》，1975 年《文物》第 10 期。

② 《宋会要辑稿·食货》四九之二九至三〇。

③ 《宋会要辑稿·食货》四三之一六。

④ 张舜民：《画墁集》卷八《郴州行》。

⑤ 此据鼎澧逸民《杨么事迹》，并参阅了李纲《梁溪全集》卷二九所载。

种车船，粉碎了完颜亮渡江南侵的狂妄企图。

车船之外，有一种俗称“钓槽船”的魛渔船，“头方小，俗谓荡浪；斗尾阔，可分水面；敝（当作“敞”）可容人兵；底狭，尖如兵刃状，可破浪；粮储器仗置黄版下，标牌矢石分两掖；可容五十人者，面阔一丈二尺，身长五丈”[①]，一只这样的船在南宋初要花400余贯。但是这种魛渔船，只能防守明州一带的浅海海面，至于到深海中，则要靠福建路所造的尖底海船。这种船，“每面阔三丈，底阔三尺，约载两千料”[②]。值得注意的是，南宋后期防江用的船只，有所谓“秦世辅所造新样铁壁铧嘴平面海鹘战船”[③]。如人们所知道的，在宋金交战过程中，越来越多地使用了各种火器，或者燃烧，或者爆炸，这就需要采用新的措施和办法加强防御。所谓铁壁，是否为加固船身而敷设的一层铁板？所谓铧嘴，是否在船头上装有铁铧，以便用来保护自己或撞翻敌船？在景定年间，建康府所造战舰当中，有所谓的“铁鹞船”[④]，《梦粱录》以及其他记载中，有所谓运粮的“铁头舟”。这些船只频频地同铁联系起来，是用来形容船的坚固似铁呢，还是船舰上安上铁甲从而真正地坚固起来？如果是后者，我国的造船技术不但迈进了一大步，而且在世界造船史上做出了新的贡献。

特别值得重视的是两宋时期从事海上交通的海船。这种海船都是由南方诸路建造的，如宋神宗元丰元年出使高丽、赐名为凌虚致远安济神舟和灵飞顺济神舟，就是由明州制造的。[⑤] 但是，南方各路建造海船的办法也不一样。自唐以来，广南西路雷州半岛即所谓“深广”一带，“造舟皆空板穿藤约束而成，于藤缝中以海上所生茜草乾而窒之，遇水则涨，舟为之不漏矣”[⑥]。这种不使铁钉和桐油油漆的造船法，与阿拉伯诸国的造船法是一致的，同样能够远涉重洋。其余诸路则使用铁钉和桐油，其中泉州、漳州所造海船，最为驰名。北宋初年乐史所著的《太平寰宇记》称这种“海舶”是漳、泉一带的土产而特予

---

① 《宋会要辑稿·食货》五〇之八。
② 《宋会要辑稿·食货》五〇之一八。
③ 《宋会要辑稿·食货》五〇之三三。
④ 周应合:《景定建康志》卷三九。
⑤ 《宋会要辑稿·食货》五〇之四，并参阅《谈宋代的造船业》。
⑥ 周去非:《岭外代答》卷六。

记录下来。徐梦莘《三朝北盟会编》上称，“海舟以福建为上”。古代的外国旅行家们也称赞我国的海舶，并指出是在刺桐城即泉州等地制造的。从1974年8月发掘的泉州湾后渚港的宋代海船的具体情况，以及结合文献材料的记载，可以看出宋代海船具有以下一些突出的特点：

1. 一般说来，宋代远航海船都相当大，载重量不止一两千料，而是如《梦粱录》所说，“海商之舰，大小不等，大者五千料，可载五六百人”①。宋徽宗宣和年间出使高丽所建造的神舟，“长阔高大、什物器用、人数皆三倍于客舟”；而所募集的客舟是：“其长十余丈，深三丈，阔二丈五尺，可载两千斛”。依客舟情况计算，神舟长约40丈，深为9丈，阔7丈5尺。因而浮动波上，“巍如山岳”，使人们为之“欢呼嘉叹”不已②。发掘的泉州宋船，残长为24.2米，残宽为9.15米③，约载3600料，是当时海船中上等者。

2. 宋代海船，一般地都是尖底造型。如文献所载，海船“皆以全木巨枋搀叠而成，上平如衡，下侧如刃，贵其可以破浪而行也”。泉州湾出土宋船，“尖底造型，船身扁阔，平面近似椭圆形”④，它的形制同上述文献记载是吻合的。海船为什么要尖底造型？一个很重要的原因是，海船“不畏风涛，唯惧靠搁，谓之凑浅，则不可脱”⑤；“其舟大载重，不忧巨浪，而忧浅水”⑥。海船尖底造型，船面宽与船底宽的比例约10∶1，这种“V”形船与海底接触面小，搁浅的机会也就相对地小了。这是宋船第二个特点。

3. 宋代海船的第三个特点是多根桅杆。泉州湾出土的宋船，在第1舱和第6舱分别保存了头桅和中桅底座，从而说明宋船是使用了多种桅杆的。主桅杆高10丈，前桅杆高8丈，共装帆110幅，风正时用帆，风偏则利用篷。宋代海船船桅，虽然高达十余丈，由于有转轴的安置可以自由起倒。而当时的一些外国航船，船桅多“不可动”。沈括曾经记载，一只外国船遭暴风雨的袭

① 徐兢：《宣和奉使高丽图经》卷三四，《客舟》。
② 《梦粱录》卷一二。
③ 《泉州湾宋代海船发掘简报》，载1975年《文物》第10期。
④ 《泉州湾宋代海船发掘简报》。
⑤ 朱彧：《萍洲可谈》卷二。
⑥ 《岭外代答》卷六。

击，漂到两浙，当地居民不但盛情招待了遇难的船员，还为他们修理了船只，“造转轴”，使船桅也能自由起倒。这可见，转轴的安置是当时我国海船建造中的一项重要成就。

4. 构造坚固，隔舱防水是宋代海船的又一特点。为使船只坚固，宋船用松、杉、樟等优质木材建造，大抵舷侧板用3重木板，船壳板用2重木板。由于海水的腐蚀性强，海船还定期加固；加固的办法就是增加1重木板。特别值得注意的一项办法是，宋船又采用隔舱法以避漏水。泉州湾出土宋船用12道隔板分隔成13个船舱。商人们分在各个舱中，“分占贮货，人得数尺许，下以贮货，夜卧其上”①。隔舱的好处是，即使船舱漏水，也只使局部受到影响，对全船来说是无关大局的。因而这项办法是我国古代海船建造中的又一个重大成就。

5. 利用指针辨识方向，是宋代海船的又一重要特点。沈括在《梦溪笔谈》中记录了指南针的特性，而在此后的二三十年间，这项科学发明便应用到航海上。朱彧记录远航阿拉伯诸国的广州海船说：“舟师识地理，夜则观星，昼则观日，阴晦观指南针。”② 徐兢在谈到宣和年间去高丽的海船说：“若晦冥，则用指南浮针以揆南北。”③ 在11、12世纪之交，我国海船不仅以坚固、载重大而驰名于世，而且还使用指南针辨识方向，从而使我国航海事业居于突出的领先地位，这是值得大书特书的。

此外，还有座船、马船和渡船等的建造，分别使用于官员们的旅差，马匹的运输和渡口的需要，不一一缕述了。

不论是官府船场还是私家造船，各种船只都是由船匠造成的。官府船场规模较大，如温州造船场于建炎绍兴初年的年额是340只，船场官吏为5人，造船“兵级”为247人。其后因财用窘乏，“选留监官一员、兵级一百人”④ 继续打造。又如绍兴三十年洪、吉、赣三州造船场，“每场差监官二员，工役兵

---

① 《萍洲可谈》卷二。
② 《萍洲可谈》卷二。
③ 《宣和奉使高丽图经》卷三四。
④ 《宋会要辑稿·食货》五〇之一二。

卒二百人”，并且“立定格例，日成一舟”，年额达300艘以上。[①] 由于官府所造系车船等战舰，需要技术高明的工匠，因而沿江一带的水军往往控制了不少的高手工匠，以便建造。如庆元二年两浙漕运想建造高质量高规格的渡船，特向镇江都统司“差借高手工匠二十人”[②]，便可说明这一事实。此外官府船场也和雇民间船匠为其建造。但是，在官僚政治腐败情况下，有的船场虽然规模不小，但是造船质量则越来越差。如虔州上浮船场，岁额300艘，费40万贯，每艘造价达1300缗。可是所有兵匠不过百人，由于官员们“占破”，“所存无几”，为了完成岁额“任其卤莽，唯务速成”；该用锯锯成3截的木材，却斧劈为2，“费木以省工”，还把好材木当作烧柴；而且还“图小利以贻大患”，该用大铁钉的，用了小铁钉，偷工减料，以致船的质量日益下降。如何扭转这种局面？有的士大夫提出“省官增匠”的建议，即减少非生产性的官员，增加生产第一线上的船匠，才可以提高造船质量[③]。这一见解，无疑地是对的。

私家海船，往往长数十丈，也显然是集合了许多工匠，其中还有一些高手工匠，才能够完成。但有关这方面记载短缺，还无法作更多的说明。

第四节　第十八章结论

伐木业在宋代有了较大的发展。它的发展为矿冶提供了热源，为建筑业、造船业以及日常生活用具提供了原材料，推动了这些手工业的发展，这是应当肯定的。但是，林木仅砍伐而不种植，或种植甚少（宋代虽种植一些材木林和经济林，但数量不大），以至我国森林覆盖面积越来越小。虽然当时有识之士如沈括提出了这个问题，但并没有能够引起人们的注意，以至迁延至今成为严重问题。历史的发展从来是这样，前人无法做成的事情，只有经过后人的努力来完成；前代所造成的种种误失，也只有后代来加以改造和变革。因之，为历代统治阶级滥伐山林所造成的恶果，也只有当代以及下一代的努力来加以消

① 《宋会要辑稿·食货》四四之六至七；《宋会要辑稿·食货》四八之七。

② 《宋会要辑稿·食货》五〇之一一、三二。

③ 《宋会要辑稿·食货》五〇之一一、三二。

除和解决。

宋代建筑业也有不小的发展，并表现了它自己的特色。保存下来的宋代建筑物为研究这一课题提供了很好的素材，这里就不多讲了。我国传统的以木石结构为主的建筑，决定了木工在建筑业中所处的重要地位。从木工当中分化出来了不少的专门化的手工业和工匠，也分化出来了与农业脱离的独立的专门化的作坊和工匠，这是宋代手工业发展的又一个重要表现，值得深入研究。木工和其他工匠一样，很多是小所有者，他们除上述分工之外，还有一种经济地位上的分化，这一点后面再谈。

宋代造船业的巨大发展，是我国航海史上的光辉成就和骄傲。我们应当继续发扬这一光荣传统，继续为人类做出贡献。

第十九章　宋代瓷器、漆器以及金银细工等特种手工艺的发展

第一节　宋代制瓷业及其高度发展

瓷器的制作，为我国古代独创的一种工艺。经过长时期的发展，宋代制瓷业发展到一个新的高峰。宋瓷的这一发展，可以从下述几个方面加以说明。

解放以前，全国发现的唐宋窑址，包括文献上的记录，不过数十处。解放以后，经过各地考古工作者的不懈努力，发现了许多古代窑址。1956 年发表的《唐宋古窑地分布简图说明》一文①，唐宋窑达八九十处之多。近二三十年来又不断发现，瓷窑分布全国 17 省 130 余县，其中以两宋统治区域内的瓷窑为数最多。从分布地区看，在前此生产落后的两广路，也随着生产的发展而建立了瓷窑。这说明了制瓷业是随着社会生产的发展以及适应社会的广泛需要而发展起来的。值得提出的是，由于宋瓷大量向海南诸国出口，成为风靡当时世界的名牌货，因而在对外贸易的港口附近建立了不少的瓷窑。如福建路泉州、同安、南安、安溪莆田所制瓷器，多通过泉州港出口，两浙路武义、东阳以及其他州县的烧瓷，则通过杭州、明州出口。显而易见，瓷器的大量出口，又反转过来推动了制瓷业的发展，以至在港口附近出现了新的瓷窑。

其次，宋代制瓷业的高度发展也表现在瓷窑规模的扩大。以坐落在徐州萧县北白土镇的萧窑而论，在宋代它虽然不是规模最大的，但也有“三十余窑，

① 1956 年《文物》第五期。

陶匠数百人”[①]。在宋代崛兴的耀州窑，坐落于铜川黄堡镇（《清波杂志》谓之黄浦镇）立地坡和上店村等地，仅黄堡镇就有窑址 12 处、作坊 4 间，被《耀州志》称之为“十里窑场”[②]，以说明其规模之大。至于久负盛名的景德镇窑，也有镇窑、湖田窑、湖坑、岭背、界田诸窑的分别，虽然统称为景德镇窑。总之，宋代瓷窑的规模，远比前此诸代扩大得多了，唯其如此，才能适应国内外不断增长的需要。

宋瓷的高度发展更表现在烧装、制作等一系列的技术上。过去烧瓷，所采用的匣钵法是在一个匣钵内正放着一件瓷器烧做。北宋中期，定窑对这一装烧技术进行了重大变革，它采用了覆烧法，即将碗盘之类的瓷器若干件，反置于由垫圈组合而成的匣体内进行烧做，一次可以烧若干件。这样一个变革，大大提高了产量，提高了生产率。而在制作技术上，从各种器物造型、装饰图案花纹和釉色，斗艳争奇，百花齐放，形成了南北诸窑的独特风格和窑系，从而使我国的瓷器在适用的同时，达到了水平极高的艺术境地，为我国古代历史的发展增添了异彩。下面简略地说明各窑的特色，借以说明我国制瓷的发展水平。

柴窑　明人论瓷，“今论窑器者，必曰柴、汝、官、哥、定”，这是五代到宋的五大名窑；宋代以钧窑代柴窑，为宋五大名窑。[③] 唐人陆羽论瓷，认为代表白瓷的邢瓷，不如代表青瓷的越瓷；实际上是说白瓷不如青瓷。周世宗柴荣建立了柴窑之后，将越窑的“千峰翠色”继承过来，发展为“雨过天青”色。后人称柴瓷“青如天、明如镜、薄如纸、声如磬”，“制作色异，为古诸窑之冠”，北方青瓷为之突飞猛进。明人文震亨在其《长物志》中说：“柴窑器最贵，世不一见”，从而有“片柴千金”之论，“世传柴瓷片宝莹射目”，“得残器碎片制为冠饰绦环玩具亦足珍贵”[④]。

定窑　窑址在河北曲阳县磁涧村、燕川村[⑤]和灵山镇，笔者于 1981 年前去

---

① 洪迈：《夷坚三志》己集卷四。

② 参阅傅振纶《从唐舍利塔式黑盖罐谈起》，《文史》第 6 期。

③ 以下对各窑器物的叙述，除参考注明的原始材料外，多参阅了陈万里、傅振纶诸先生的著作，不一一注明。

④ 蓝浦：《景德镇陶录》卷七《柴窑》。

⑤ 原作燕山村，应改作燕川村。

访察，磁涧村遗址仍历历在目。从窑址发现的白瓷片中，刻有“官”、“尚食局”等字样，足证定窑的一部分是为官府和宫廷烧制瓷器；其余部分产品则作为商品，外运各地。定窑除上述在装烧方面取得重大成就外，在制作技术方面也做出了自己的重大贡献。笔者在定县博物馆见到的定窑白瓷，就造形而论，不但优美，而且有的器物造形难度很大，即使在今天制作也相当困难。定瓷“土质细腻，质薄有光”，釉色润泽。所制作的各种花纹，如在器物上突出来的素凸花，用刀刻画而成的各种划花，用针剔刺成的绣花，以及用陶制成的各种花纹印于器物上的印花，千态百姿，洵称佳美。评论定瓷的，以为“白色滋润为正，白骨而加以泑（即釉）水有如泪痕者佳，俗呼粉定，又称白定”，这是最好的。还有红瓷，即苏轼所谓的“定州花瓷琢红玉”；黑瓷，即黑定；以及土黄色的谓之土定。南宋吉州永和镇的吉窑，多仿造定瓷，称为南定，终不如定瓷；景德镇窑的仿造，也达不到定瓷的标准。[①] 这可见定瓷有它自己的独特风格从而为他窑所无法仿造。

官窑　北宋官府建立的官窑有汝窑、钧窑和官窑。钧窑是北宋初年在钧州建立的，制作青瓷。瓷器在窑中悬烧而成，“釉具五色”，“俗取梅子青、茄皮紫、海堂红……天蓝等名”[②]。各种釉色，以“红若胭脂、朱砂为最，青若葱翠、紫若墨者次之”[③]。钧瓷以釉色见长，故无其他装饰，素烧之后上釉特厚，由于配料中含有铜的化合物，故造成胭脂红这一鲜艳色彩，是谓窑变；又因窑中温度变化，釉子流入胎上的裂纹中，鉴赏家称这种花纹为“蚯蚓走泥”，成为钧瓷的一个特色。汝窑建于宋徽宗年间的汝州神垕镇，产品以青瓷为主，釉色有粉青、豆青、卵青、虾青等，在花纹上吸收了定瓷印花的技术，将用各种陶范制成的各种花纹图案印在瓷胎上烧成，青瓷也出现了印花，这是汝窑的一个贡献。官窑是宋徽宗政和年间在汴京建立的。大观年间，釉色以月白、粉青、大绿三种时兴，官窑瓷“体薄，色青带粉红”。后人评论说：“其妙处当在体质油色，色带白而薄如纸者，颇亚于汝。”[④] 或谓，柴窑建于汴，官窑是

① 《景德镇陶录》卷六《定窑》。
② 《景德镇陶录》卷六《钧窑》。
③ 文震亨：《长物志》。
④ 《景德镇陶录》卷六《官窑》。

继柴窑而建立的，因而在制作上受到柴窑的影响。宋南渡后，后苑修造司在杭州凤凰山下继续建立官窑，也叫“内窑”，“澄泥为范，极其精制，釉色亦莹澈，为当时所珍”。其后又在郊坛下别立新窑，“式制不殊，比之旧窑，内窑大不侔矣！”[①] 官窑产品主要供应官府和宫廷需要，不具有商品性质。由于官窑人力财力雄厚，制作的器物都是非常精美的。

除官窑外，北方民窑值得提出的是磁州窑和耀州窑。

磁州窑　建立于河北磁县观台镇，系北方著名的民窑，影响所及，在河北、河南、山西一带形成为磁州窑系，其中以河南修武当阳峪和汤阴鹤壁集二窑最称重要。磁窑烧造碗、盘和大型盆罐之类的用品，同时还烧瓷枕以及各种儿童玩具。瓷胎坚细，釉色白，微带黄色，采用绘花、剔花等技术绘制各种花纹图案。这些花纹和图案，富有生活情趣，给人以活泼清新的美感，从而使这些产品增色不少！

耀州窑　是唐代建立起来的一座民窑，烧制白瓷和黑瓷，以供社会的需要。这座民窑很富有创造性，北宋时改烧青瓷，造型也有所创新。陶谷曾说：“耀州陶匠，创造一等平底深碗，状简古，号小海鸥。”[②] 产品也多样化，有碗、盘、罐、盒、炉之类。花纹装饰有刻花印花两种，都很精美。宋神宗以后，耀瓷曾作为贡品而进入宫廷。

南方诸窑大都是民窑，其中最著名的有景德镇窑、龙泉窑和哥弟窑等。

景德镇窑　景德镇原名昌南镇，早在唐代即以制瓷出名，有“假玉器”之称，“置务设镇，历代相因”[③]。宋真宗时改为景德镇，设置建镇，建立了官窑。这里制瓷胎的高陵土藏量丰富，制瓷业自宋以来极为兴盛，成为我国产瓷的中心，称之为“瓷都”，并不过誉。景德镇瓷的特色是，用青白釉，白中透青。是介乎青白二者之间的一种釉彩，故有“影青”之名。据专门家研究，影青是在北宋中叶才出现的，尔后便流行于东南诸路。景德镇窑制瓷“尤光致茂美”，受到当时士大夫的好评。彭汝励《送许屯田》诗中说：“浮梁巧烧

---

① 《景德镇陶录》卷六《官窑》。

② 《清异录》卷三。

③ 《江西通志》卷二七《土产》。

瓷，颜色比琼玖"①，就是赞美这里的烧瓷的。这个窑制瓷之所以好，一方面是发挥自己的特长，另一方面也善于仿制、吸收其他各窑的长处，并在仿制、吸收的过程中有所创新。创于北宋中叶的官窑虽以影青为主，但到北宋晚期天青、月白釉色为时所尚，景德镇窑立即吸收了这一时尚，造天青、月白釉瓷，并因窑变而呈现了朱红、粉红等艳丽色彩，堪与定瓷比美，甚而有过之而无不及。景德镇瓷不仅仿定，也仿钧、仿汝，以及仿制其他窑瓷，不一而足。它们从定窑学来了刻花技术，但在所刻花纹上涂以青白釉，花纹因而表现了青色。明清时期的青花瓷显然是在此基础上发展起来的。此外，它们还以自由绘描的方法代替雕划摹印的方法，从而使花纹图案更富于变化，在白釉下更加突出了红、青两种色彩，使色彩既多样化又富丽堂皇。景德镇窑推动了我国制瓷业的更进一步的发展。

龙泉窑　坐落于处州龙泉县琉田市，它是继五代越窑（在绍兴）衰落之后而兴起的烧制青瓷的窑场，浙东各县诸窑与龙泉窑同为一个窑系，因而形成为宋代南方烧制青瓷的中心。龙泉窑窑床依山坡建成，长达数 10 米，谓之"龙窑"。龙泉窑所烧器物的釉色纹饰受越窑的影响，到南宋以后有了较大的变化。在产品上除烧制日常用品外，还烧制笔筒等文房用具以及仿古器物等；在釉色上烧制出代表龙泉青瓷特色的粉青釉和梅子青釉，这两种釉色，前者有如青玉，后者则如碧玉，从而在诸大窑系中树立了自己的独特的青瓷风格，在制瓷史上占有重要地位！

哥弟窑　这是南方民窑中为人们所乐于称道的。据说窑的建立者为章生一、章生二兄弟二人，他们在两浙路处州龙泉县各建一窑，因而有"哥窑""弟窑"之称。哥弟窑都属于浙东诸地以龙泉县为中心的青瓷系统。哥窑"土脉细紫，质颇薄，色青，浓淡不一"，"惟米色、粉青二种汁纯粹者贵"。它的特色是，器物黑胎、釉面因烧造温度的差别而形成了许多裂纹，因而称之为"铁骨"、"百圾碎"；沿口釉薄，显出胎色，圈足底也露出瓷胎，故又有"紫口铁足"之称。弟窑也"质薄，亦有粉青色、翠青色"，"较古龙泉更觉细

① 彭汝励：《鄱阳集》卷三，北京图书馆藏抄本。

巧”，“纯粹如美玉，为世所贵”。哥弟窑生命力甚强，一直延续到明代[①]。

总起来看，宋代官窑因人力财力雄厚，技术力量也强，因而制造了许多名贵器物，尽管器物上反映了这样或那样的封建意识形态，但同样是我国制瓷史上的杰出成就，同样值得继承和发扬。可是，一个非常明显的事实是，官窑往往随着政治风云的变幻而兴衰不已，以至成为历史的遗迹。就此而论，它们远不如民窑更富有生命力，这是什么原因造成的呢?

民窑之所以富有生命力；首先是它的生产是面向广大群众的商品生产，能够满足社会广泛需要。因此，它的产品，既有价格甚贵的高档产品，也有一般的大路货。“黑定”固然为封建士大夫“无足重”者，但它是劳动人民生活当中不可缺少的。官窑在技术上产品上一般地都超过了民窑，但它的产品只为少数人服务，缺乏深厚的社会基础，一当改朝换代，也随之倾圮。其次，一些民窑为了使产品畅销，自己立于不败之地，就必须不断地改进自己的技术，更新自己的产品。诸如耀州窑、定窑和景德镇窑在技术上产品上就富有创造和更新。特别要指出的，一定要吸收先进的技术充实自己。仿造就是吸收先进技术、充实自己的一项极其重要的做法。尽管吉窑之仿定没有达到“北定”水平，但它毕竟吸收和推广了定窑的技术，丰富了吉窑的制作。谁认识到仿造的重要性，善于仿造，善于吸收，就一定能够不断进步，并有所突破。从仿造中创造了新技术的景德镇窑就是一例。民窑之比官窑更富有生命力，这也是一个很重要的原因。

第二节　制瓷业的内部关系

宋代制瓷既有官窑、私窑之分，因而在组织管理上也有所不同。官窑是由监官来管理的，称为监窑[②]，南宋杭州官窑则谓之提举。为控制瓷器的买卖，宋神宗元丰五年八月设置了饶州景德镇瓷窑博易务。[③] 此前，余尧臣“献饶州

① 《景德镇陶录》卷六《哥窑》《章龙泉窑》。

② 吕本中《官箴》（百川学海本）载：“仁庙朝有为京西转运使者，一日见监窑官问：日所烧柴凡几灶？曰：十八九灶。曰：吾所见者十一灶何也，窑官愕然。”

③ 《宋史》卷一三九《食货志下八》。

景德镇瓷窑博易务"，"朝廷付以使事，推行其法，方且就绪"[①]，余尧臣旋即死去，其弟余舜臣要求朝廷派他"勾当"博易务。这可见，至少在景德镇这一盛产瓷器的地方，还设有博易务以垄断瓷器的买卖。

制瓷手工业户，称之为窑户。岳飞部下的"有勇力、善战"的傅庆，就出身于卫州窑户[②]。也称之为陶工[③]。制瓷业虽然也是以个体生产为基础，但任何一个个体生产户即窑户或陶工都无力举办一个窑场，往往几十户几百户甚至更多的个体户才能组成一个窑场，进行生产。如洪迈记录下的徐州萧县萧窑情况是：

> 邹氏世为兖人，至于师孟，徙居徐州萧县之北白土镇，为白器窑户总首。凡三十余窑，陶匠数百人。[④]

从这一段文字中可以知道，民窑是由许多窑户共同举办的，而在窑户之上有"总首"作为这一窑的统率和首领。

从史料迹象看，窑户、陶民、陶工等等是一种泛称，事实上在陶户当中存在细密的分工。由于材料的短缺，许多问题还弄不清楚，只能作如下的简略说明。[⑤]

1. 所谓的"窑"，如定窑、耀窑等等，指的是一片窑场，可辖有许多座甚至数百座窑，如景德镇窑就有300余座。每座窑也可能是由许多窑户集资兴造的，但更多的民窑则是由一户一家兴造的，例如哥弟窑就是章生一生二兄弟兴造，从而属于个人所有。这类窑户也就是一座窑或若干座窑的窑主，他们同那些没有窑的窑户便显然结成了一种关系。因而在窑户中，窑主的经济力量是较强的，或强的，上面所说的萧窑的总领，当是其中经济力量最强的。

---

① 《长编》卷三四〇，元丰六年冬十月甲戌记事。

② 《系年要录》卷三八，建炎四年冬十月己亥记事。

③ 《清异录》卷三。

④ 《夷坚三志》己集卷四。

⑤ 目前接触到的材料，蒋祈《陶记》是极其重要的。《文史》第18、19辑刊载的刘新园同志《蒋祈〈陶记〉著作时代考辨》一文，根据《陶记》内容进行辨析，认为这部著作系南宋人手笔，甚为精确。本文赞同这一说法，并参考了白焜同志《陶记》来叙述宋代制瓷业内部关系的。又《景德镇陶录》一书，虽出自清人之手，但所述明、清景德镇窑情况，多因袭于宋。本文又参证了这部书来叙述宋代情况的。特附志于此。

2. 瓷器烧造工序比较复杂，从采掘制作瓷器原料、瓷坯、上釉、刻印各种图案花纹，到放在窑中以供烧制的匣钵、垫饼等等，都必须专业化工人来操作，因而它有如下的分工：

（1）土工。制瓷的原料为高陵土和瓷石，需要采掘、淘洗、粉碎、翻扑和揉制成为泥料，承担这些工序的工匠，《陶记》称之为“土工”，《景德镇陶录》称之为淘泥工（兼练泥工）。另外，采掘匣钵原料（老土、白土）和制作碗、盘之类所需内模的泥土，也可能需要土工们来采掘制造。

（2）坯工。坯工当中多种多样，有专门做坯的坯工，明、清时期谓之拉坯工，俗谓之做坯；有专门用铁刀旋削干坯的利坯工；有以陶车（快轮）拉坯、使器物成型的车坯工；有在坯上施釉的釉坯工（在宋代施釉是蘸上，明、清之后又有吹上法）；有专门制作坯模以印花的印坯工，此外还有画花、雕花的工匠，与印坯工同样在坯上印制刻画各种花纹图案的。

（3）匣工。宋代前期烧瓷使用匣烧法，北宋中叶又创行了覆烧法。不论是那种烧法，都需要盛坯的匣钵、垫饼等，以及制作支圈组合式覆烧窑具等等，承担这些工作的工匠谓之匣工。明、清时期还有专门装胚入匣的装坯工。

（4）釉工。大致又分两类，一类是制釉的釉工，他们用“石垩炼灰，杂以槎叶木柿火而毁之”以及配合上“釉泥”（今称釉果）的剂料瓷石而制成的，这在《陶记》上称为制釉者。再一类是将釉施于坯上的釉坯工。釉色，这是制瓷的关键、要害，我国制瓷业历来都是非常重视的。

（5）除其他各类杂工外，《景德镇陶录》记述的明、清景德镇制瓷生产过程中以下两条是极为重要和值得注意的，一是“工有作”，“作者，一户所作器也，各户或有兼作，统名曰作”；而各户之作，“凡精粗分画，各有家数，曰家”。因而从这一条中，可以知道，在各户之间制作的器物，大小精粗，是有分工的，即每个窑户，即使专门制坯，也是有所不同的。二是烧窑工在制瓷生产中也具有关键性的作用，明、清称这类烧窑工为“把庄”，“然分三手，有事溜火者，事紧火者，事沟火者”，瓷器烧得好坏，这是一道重要工序。因而烧窑工与各类坯工、匣工、釉工都是有一定技术的工匠或专业户。《陶记》对此虽没有记述，但这项分工在宋代制瓷业中也是存在的。

3. 在分清陶户中的窑主与非窑主，以及非窑主陶工中的分工情况之后，就可以探讨窑主与陶工之间的关系了。《陶记》上说："陶氓食工，不受艺佣，�窑家，以相附合谓之䃅（shuǎng）"。这几句话，揭示了他们之间的关系。所谓"䃅"，《景德镇陶瓷史稿》解释说："一个窑户由几个坯户来搭烧；他们一伙宾主就谓之䃅。"① 这个解释基本上是正确的。如果从几十百座窑和几百几千家陶户的具体情况考察，是否为一家窑主根据他所有窑的座数而同包括土工、坯工、釉工、烧炉工等若干户组成的一种特殊形式的大型作坊呢？这是第一点。

其次，窑主同上述这些陶工结成的关系是什么呢？这些以户为单位的陶工，同样是个体小所有者，亦同样是自食其力。所谓"陶氓食工"，就是这个意思。唯其如此，他们同窑主，"不受艺佣"，不存在经济上的依附关系；而所谓"埽赁窑家"云云，在使用窑主的窑时，是要付给赁钱的。《陶记》校注者在解释这种租赁制度时说："蒋祈所述的这种制度，在景德镇保留到1921年以前。据我们调查，1921年以前的坯户在搭柴窑烧坯时，除交'柴钱'等费外……窑民（按当指为窑的所有者——窑主，漆注）……但收高帽钱（即每次烧窑时按比例无偿占用一部分较好的窑位并扣除坯户的部分匣钵，再把这匣钵和窑租给别的坯户搭烧而收租的搭烧费）和'肉钱'（即搭坯户为酬谢窑民'无偿'烧窑而于过节时送给他们的一种酬金）……"② 不论怎样说，坯户赁窑必须向窑主提供高帽钱和肉钱，不是"无偿"，而是有偿，这样，在他们之间所结成的经济关系便以这种形式表现出来。

复次，除上述这种经济关系外，窑主与各类陶工之间还存在什么样的经济关系呢？例如，将定瓷烧制技术传播到吉窑、景德镇窑的北方陶工，在他们失去原有的小经济而逃到南方，同当地窑主结成什么样的经济关系呢？又如专门烧窑的烧窑工在这一窑的产品总值中又究竟分得什么样的份额呢？如此许多问题，还是值得进一步研究的。

最后考察一下民窑同宋封建国家之间的关系。《陶记》上说："窑之长短，率有䃅数，官籍丈尺，以第收税。"即根据窑室的大小，抛除"火堂、火栈、

---

① 系江西轻工业厅陶瓷研究所编，载第59页注。

② 《文史》第19辑，第104页。

火尾、火眼”不能装置匣钵、进行烧瓷的地方，国家向窑的所有者——窑主征税。据《元典章》的记载，“瓷窑旧例，二八抽分办课”，元代窑课按“烧到窑货”的十分之二抽税。宋代也显然是实行这一实物税制。这种实物税，如果像上述窑主与坯户之间征收高帽钱、肉钱这种关系的时候，显然是均摊给瓷器烧造者——坯户。而且这种征税，是在瓷器入窑烧造之前即行征收①，而不管这窑瓷货烧造得如何，成功还是失败。

正课之外，官府的敲诈勒索给制瓷业带来严重危害。一是当地官员借“买”的名义勒索。来浮梁县做官的，不买景德镇瓷器的，北宋一代仅有两人，其余的都是通过“买”而掠夺瓷器的。更加严重的是，南宋以来的苛捐杂税，如“宪之头子，泉之率分，统制之供给，经总之遗用，州之月桩、支使、醋息，镇之吏俸、孤遗、作匠，总费月钱几 3000 缗。而春秋军旅圣节、郊祀赏赉、试闱、结葺犹不与此，月需 150 缗”② 景德镇一镇的附加税每月达 3000 多缗，而这些附加税又必须摊在窑户、商人身上。加上瓷窑之间的竞争，临川、建阳、南丰的青白瓷夺走了景德镇窑的一些销路，于是像一个拥有 300 多座窑的景德镇窑也在南宋晚期越来越不景气了！

第三节　漆器、金银器的制作以及特种手工艺的发展　第十九章结论

油漆业也是我国古老的一个行业，在宋代有了明显的发展，并成为一门独立的手工业。

漆产在东南诸路。江南东路的山区是产漆的重要地区，如歙州，“漆则诸邑皆有之”③，“（歙）民以茗漆纸木行江西，仰其米自给”④。两浙路也是产漆的重要地区，如湖州“安吉长兴武康山多漆市行，漆器旧颇有名”⑤；温州也

① 《蒋祁〈陶记〉著作时代考辨上》，《文史》第 18 辑，123 页。

② 《陶记》校注，《文史》第一九辑，第一〇二页。

③ 罗愿：《新安志》卷二。

④ 《新安志》卷一。

⑤ 谈钥：《嘉泰吴兴志》卷一八。

是一个以油漆业著名的地方。此外，在京西南路的襄州一直是著名的漆器产地，宋代依然很兴盛。自襄州沿汉水而至金州，这是生产金漆的所在，漆作为土产，贡品运至汴京，汉水以及四川也是油漆业著名的地区。

漆的防腐性能很强，很多器物都需要油漆，连棺木也不例外。特别是贵族权势以及豪绅们的棺木，总是油漆上若干层，方才罢休。陶谷曾记载了如下一则故事："余尝临外氏之丧，正见漆工髹裹凶器，余因言棺椁甚如法。漆工曰：七郎中随身富贵，只赢得一座漆宅，岂可卤莽？"[①] 在重视漆的防腐性能的同时，还重视油漆的美观。战国以来的历代漆器的制作都极为美观，这些传统的漆器物都是以红色油彩为主的。据说到了北宋开始用绿色的油彩，而首先漆以绿色的就是那位教唆宋真宗东封西祀以粉饰升平的王钦若：

> 绿髹器始于王冀公家。祥符天禧中每为会，即盛陈之。然制自江南，颇质仆，庆历后浙中始造，盛行于时。[②]

看来王钦若对油漆发展还做了这样一个贡献，固不可轻视之的。

漆器制作的著名地区，与漆产地是一致的。例如襄州漆器历来有襄漆之称，每年土贡漆器 20 事；湖州在北宋时土贡漆器 30 事，南宋时因质量下降而免予上贡；台州则贡金漆 30 斤。[③] 汴京宫廷设有专门的瓷器库，"掌受明、越、饶、定、青州白瓷器及漆器"[④]，明、越、饶等州以及温州也都是漆器的产地。

漆和漆器的制作都有专门的作坊。漆产于山区，但在城市中也有漆作。汴京和各州的官府军工作坊都有漆作、桐油作等。私人开设的，如耐得翁《都城纪胜》中所有温州漆器铺，吴自牧《梦粱录》《团行》中则有漆作。这些作坊，制作与买卖分离也好，合一也好，但它们的出现标志了漆器业已经成了专门化的行业。

前章指出，宋代金银的产量较唐代增加甚多。因此，金银不但作为贵金属货币更多地流通起来，而且金银器皿的制作也大为增加。金银器皿的制作同样

---

① 《清异录》卷四。
② 《皇朝事实类苑》卷六二。
③ 《元丰九域志》卷一、卷五。
④ 《宋会要辑稿·食货》五二之三七。

区分为官私。官府金银器皿等贵重物品专门制作的机构是文思院：“太平兴国三年置，掌金银犀玉工巧之物，金彩绘素装钿之饰，以供舆辇册宝法物及凡器服之用，隶少府监”①。文思院分工很细，原有32作，后苑作的10作也割属于文思院，共有42作。其中与金银制作等有关的是：镀金作、银泥作、犀作、牙作、销金作、镂金作、雕木作、拍金作、玳金作等等。文思院金银器皿的制作，也是招募工匠来进行的。由于“所支工钱低小，其高手人匠往往不肯前来就雇”②。由于制作器物特别贵重，南宋绍兴年间文思院又加强了管理和对工匠的控制：“文思院上界打造金银器皿，自来只凭作家（按这是工匠中技艺最高明的）和雇百姓作匠承揽掌管金银等，拘辖人匠造作，以致作弊。今乞将合用打作作头等令本院招募有家业及五百贯以上人充；仍召临安府元籍定有物力金银铺户二名委保，如有作过人，令保人均陪……”③ 这个材料还反映，制作金银器皿的工匠中，有的家产达到500贯以上，这对于了解宋代工匠的经济情况是很有用的。

私家制作和买卖金银器皿的作坊行铺更多，也更为广泛。在汴京、临安和建康等大城市中都有金银行或金银铺④，有的金银行还和交引铺结合起来，成为商业资本的代表。这些行铺当中当然聚集了不少的金银匠工。即使在一般小城市中，也能够见到这类匠人的活动：如“袁州泸萧市，有银匠，姓郭”⑤；又如“乐平桐平市童银匠者，为德兴张官人宅打银”⑥，等等。从“为德兴张官人宅”的这个童银匠看，他属于手艺人之类，而到各地去为人制作、加工，从而与开店铺或在店铺中充作金银匠的有所不同。尽管在金银工匠之中，经济力量、个人技艺都有所不同，但他们与农民、商人的地位相等，都属于良民的行列，可以参加科考，考取后照样可以做官甚至做高官。宋徽宗时的宰臣李邦彦就是一例：

① 《宋会要辑稿·职官》二九之一。
② 《宋会要辑稿·职官》二九之三。
③ 《宋会要辑稿·职官》二九之四至五。
④ 此据《东京梦华录》《梦粱录》《都城纪胜》《景定建康志》等所载。
⑤ 《异闻总录》卷一。
⑥ 《夷坚志·乙志》卷二〇。

> 李太宰邦彦家起于银行，既贵，其母尝语昔事，诸孙以为耻。母曰：汝固有识乎？宰相家出银工则可羞，银工家出宰相正为嘉事，何耻焉！①

这个故事反映了，作为个体生产者之一的银工也是存在分化现象的，后面还要接触这个问题。

金银匠制作各种器物，从装饰品到各种特殊用品，无不应有尽有。有时使用的金银数量相当惊人，吴蒙之子为从黎族酋长那里赎回吴蒙，“以银五十星造两瓶赎之”②。一星当约是一钱③，宋人都以秤星多少来表示金银数量。长沙做的茶具，“精妙甲天下”，“每副用白金三百或五百星，凡茶之具悉备，外则以大缕银合贮之。”更有甚者，“赵南仲丞相帅潭日，尝以黄金千两为之以进上方”，从而博得皇帝的欢心，认为宫廷后苑的金银工都做不出来④。各类金银器物，以及其他一些手工业产品如桌子、椅子之类，大都按照旧来的传统，把制作这些器物的匠师的姓名镌刻在上面，既有承担责任的意义，也有或多或少的广告意味，炫示匠师们的手艺。章献明肃刘后的亲属刘美，“少时善锻金，后显贵，赐予中有上方金银器，皆刻工名，其间多有美所造者”⑤。

从传统的金银工中，逐渐地分化出来了鎏金、镀金和描金等等。分化的本身表明金银同其他金属或非金属造作的器物结合起来，由此反映了金银制作技术的进步。同时，这种新的技术又转化为一种新的手工业，如金银镀作、金银打钑作等等⑥，成为了金银器皿手工业的新的分支。金银细工就是这样发展起来的。从北宋到南宋，朝廷曾经三令五申地诏禁各种金银细工，除打金箔之外，还有：“今后不得……造作铺翠销金为首饰衣服，及造贴金、缕金、间金、圈金、剔金、陷金、解金、明金、泥金、楞金、背金、影金、盘金、织

---

① 《朝野遗记》。

② 孙升：《孙公谈圃》卷下。

③ 原作一两，误。按秤戥上的金星是表示斤、两、钱的重量的，一星即一钱。《金瓶梅》卷八五回载：“这陈经济包了三钱银子，径道胡太医家来……向袖中取出白金三星，”三钱银子亦即白金三星，很明显，一星即为一钱。

④ 周密：《癸辛杂志》前集。

⑤ 《梦溪笔谈》卷九；陈世崇《随隐漫录》也载有此事。

⑥ 《都城纪胜》《梦粱录》等均有记载。

金、线金、铺蒙金、描金、捻金钱、真金纸，应以金泥为装饰之类”[①]。诏禁的这些物事，诸如销金、缕金之类，皇家后苑作和文思院便曾制作，看来奢侈华靡，只许皇家和官府包办，而民间则是不许可的。

上述诏禁的物事中，有的已经无法弄清楚了。但，这些很多属于金银细工之类。如上所述，这类细工是金银工同金属和非金属制作的器物相结合而成功的。例如，同纺织品、衣服等相结合，即成为以铺翠销金、线金、织金为名的物品了。又如，同用覆烧法制成的瓷器也可以结合，将制好的金银扣弥补瓷器上烧造出的芒口，从而更加美观。但这类金银细工与漆器结合起来形成新的特种手工艺，其中著名的：

1. 雕漆。明代文震亨对宋代这项新工艺给予了高度评价，他说：

> 雕刻精妙者，以宋为贵。俗子辄论金银胎，最为可笑。盖其妙处在刀法圆熟，藏锋不露，用朱极鲜，漆坚厚而无敲裂，可刻山水楼阁人物鸟兽，皆俨若图画，为佳绝耳！……国朝果园场所制，刀法视宋尚隔一筹。[②]

2. 枪金枪银法也是金银工中的一项特种手工艺，陶宗仪曾有所记载：

> 凡器用什物，先用黑漆为地，以针刻画，或山水树石，或花竹翎毛，亭台屋宇，或人物故事，一一完整，然后用新罗漆。若枪金则调雌黄，枪银则调韶粉。日晒后角挑挑嵌所刻缝罅以金簿。依银匠所用纸糊笼罩，置金银箔在内，逐施细切，取铺已施漆上，新绵揩拭牢实；但著漆者，自然粘住，其余金银皆在绵上，于熨斗中烧灰，甘锅内熔锻，浑不走失。[③]

这一新工艺，是在唐、宋时期创兴起来的，金银细工因而有了新的发展。

在宋代，与上述金银细工一道发展起来的另一种特种手工艺为螺钿。螺钿器，照方勺的说法，“本出倭国（即日本），物像百态，颇极工巧，非若今市人所售者”[④]。同枪金枪银法一样，螺钿这种工艺也能够在器物上制作成各种

---

① 《宋会要辑稿·刑法》二之一一五至一一七。
② 文震亨：《长物志》卷七。
③ 《辍耕录》卷三〇。
④ 《泊宅编》卷三。

美观的花纹图案，而且在桌、椅较大的器物上可以制作，在茶器上也行。[①] 南宋晚年，一个名叫王棣的，自福建市舶任上回到临安，为讨好权臣贾似道，“为螺钿卓面屏风十副，图贾相盛事十项，各系之以赞以献之。贾大喜，每燕客必设于堂焉。”[②] 显而易见，包括螺钿在内的特种手工艺产品，主要成为皇室、官僚豪势们的摆设，成为极为贵重的奢侈品。宋高宗仓皇渡江，立脚不稳，为了笼络人心，令将温、杭二州上供物中的螺钿桌椅，“亟命碎之通衢”，以炫示他的谦德。知镇江府钱伯言深通此意，在市中焚毁了[③]。

此外，还有利用树根制作出形形色色的器物：“处州龙泉多佳树地名豫章，以木而著也。山中尤多古枫树，其根破之文若花锦，人多取为几案盘器，又杂以他木陷作禽鸟花草，色像如画，他处所未见”[④]，这也是一种特种手工艺，并且流传到今天。

从以上叙述中，本章值得注意的有以下几点：

1. 一种商品生产，能否取得相应的发展，一个极为重要的甚至可以说是决定性的条件是，它取决于这种商品适应社会需要的程度而定。凡是能够得到发展的商品生产，必然是既有高档产品，也有一般性的产品，阳春白雪与下俚巴人相结合，才能适应社会各阶层的广泛的需要。宋代制瓷业之所以蒸蒸日上，民窑之所以优越于官窑，就在于它属于上一性质的商品生产。这是给我们留下的一条很重要的教训！

2. 宋代制瓷业，特别是民间制瓷业之所以能够适应社会广泛的需要，之所以能够使产品多样化，又在于它的内部细密的分工。这个分工不仅有大器物小器物烧造的差别，器物精粗的差别，更重要的是，瓷器生产从土工到坯工、釉工、匣工、烧窑工等不同工序之间专门化的分工。正是利用这一专门化的分工，制瓷的技术不断改进、不断提高，从而使宋代制瓷业突飞猛进，有了划时代的进步。

3. 唐、宋以来手工业发展史上一个新兴的事物是，特种手工艺得到了发

---

① 苏籀：《栾城先生遗言》。
② 《癸辛杂识》别集卷下《钿屏十事》。
③ 《系年要录》卷一一、一二。
④ 《鸡肋编》卷上。

展。这是手工业分工的进一步发展，或者可以说是它的深化。这个发展不限于上面叙述的雕漆、枪金枪银、螺钿等技艺，碾玉刻石等等也属于这种特种手工艺范围内，由于各种原因，这里不再多说。雕漆、枪金枪银、螺钿，在当时社会条件下，它的成品只能成为奢侈品，为地主统治阶级中的极少数加以占有和享用。但，历史的发展则是这样的：少数垄断者久已化为腐朽，无声无息地湮没在历史的巨流中；而雕漆、枪金枪银、螺钿等许多特种手工艺则是万古长青的，在新的时代里，将会焕发出它所固有的活力，给广大人民以更多的精神上的陶冶和享受。

第二十章 宋代造纸业和刊刻印刷业的发展 墨、笔、砚的生产

第一节 宋代的纸、造纸技术和造纸手工业

大家知道，我国古代的四大发明，其中三项，即火药、活字印刷术和罗盘针，是在宋代发明的，纸虽然发明于东汉，但在宋代，造纸技术和造纸手工业则有了很大的改进和发展，因而宋代的纸也是闻名于世的。

宋代的纸，除去用来写字、作画，供给雕版印刷纸币和书籍等等之外，还有许多特殊的用处。做成纸衣，是宋纸特殊用途之一。当然，以纸为衣，不自宋代始。周世宗柴荣鉴于唐代陵墓因藏有金玉而“无不发掘者”，曾经说：“我死，当衣以纸衣，敛以瓦棺”①，这大概是文献上有关纸衣的第一次记录。周世宗只是说在他死后穿纸衣，事实上宋代许多活着的人就穿纸衣，如宋太宗时一个名叫蒋元振的知州，就曾“啜菽饮水，缝纸为衣”②。在官僚士大夫群中，“缝纸为衣”的毕竟为数甚少，也许仅有蒋元振这一个别的事例，而贫苦的人衣纸衣便不稀罕了。苏易简在《文房四谱》中曾记载了制作纸衣的方法，称“山居者常以纸为衣”，又称“黟歙中有人造纸衣段可大如门阖许”。官府则用纸衣救济贫苦，所谓“纸衣以御寒民”者是也③。至于王安石揭出的边防上“士卒极窘”，有“衣纸而擐甲者”④；甚至士卒们披挂的衣“甲”，也有的

① 《资治通鉴》卷二九一。
② 《长编》卷三一。
③ 《三朝名臣言行录》卷八，引《吕公著家传》。
④ 《长编》卷二二二。

用纸做成："代庖阿堵名尤重，制甲防边职未闲"[1]，如此之类的记录，也揭露了两宋军政的腐败。

除纸衣、纸甲而外，还有所谓的纸衾、纸帐、纸被等等之类，在宋人诗词中，不下百余见。如著名的大词人辛稼轩就有"纸帐梅花归梦觉"的词句，著名的政治家文天祥有"纸帐白如雪"的诗句。同时，这类纸帐纸被还往往冠以产地，诸如所谓的"皖山纸帐"[2]、"建昌纸被"[3]之类，显然都是闻名于时的产品了。尤其是纸被。据李新的《跨鳌集》所载："雾中楮皮厚一尺"[4]，看来四川等地用皮纸制成的纸被还相当地厚实。这类物品，在士大夫当中作为馈赠品，有时也用来赒济贫穷[5]。值得注意的是，据赵蕃所说，"初寒无衾，买纸被以纾急"[6]，纸被之类已经作为商品投到市场上了。

从上述纸的多种用途当中，可以看出，晚唐五代到宋，造纸技术大大改进提高了，不但纸产量多，而且纸的韧性强，否则耗纸量甚多而又必须韧性好的纸帐纸被是生产不出来的。这是宋纸的一个突出的特点。

宋代的纸又是多种多样的，而且各个地区由于使用原料和制作技术的差别，纸也表现了各地区的特点。如有的纸既白如雪，又很光滑。其中歙州一带所产的徽纸，如"麦光、白滑、冰翼、凝霜之目"，都表现了上面的特点；而"歙州绩溪县"有地名龙须者，纸出其间，故世号龙须纸[7]，便是徽纸的代表。

两浙路嵊县的剡纸、余杭的由拳纸，也都很著名。温州的"蠲纸"，"洁白坚滑"，据评论家们的意见，"东南出纸处最多，此当为第一"，"由拳皆出其下"[8]。

鄂州蒲圻纸"厚薄紧慢皆得中"，即是说纸制作得很匀称，不偏厚偏薄，这也是造纸技术中极为重要的一点。此外，蒲圻纸"性与面粘相宜，能久不

① 宋伯仁：《雪岩吟草》《楮先生》。
② 裘万顷：《竹斋诗集》卷三《皖山纸帐送宋居士》。
③ 刘子翚：《刘屏山先生集》卷一三，《吕居仁惠建昌纸被》。
④ 李新：《跨鳌集》卷四，《谢王司户惠纸被》。
⑤ 西湖老人：《繁胜录》。
⑥ 赵蕃：《章泉稿》卷四。
⑦ 罗愿：《新安志》卷二。
⑧ 程棨：《三柳轩杂识》。

脱”，故也很为人们所喜爱，多在订婚时作“传书”之用[①]。

北宋末年，广南东路的梅州纸，也制作得光滑雪白，为人们所称道。[②]

蜀川是宋代造纸的一个重要地区。宋以前，这里所产的麻纸，就很著名，有玉屑、屑骨之号。南唐李后主在六合仿制玉屑纸，便是专门从蜀川学来的技术：“今本土所出麻纸，无异玉屑，盖所造遗范也。”[③] 特别值得一提的是，著称于世的薛涛笺，即出自蜀川。薛涛笺是彩色的，纸上还有砑花：“蜀人造十色笺，凡十幅为一榻，每幅之尾必以竹夹夹之……逮乾，则光彩相宣，不可名也。然逐幅于方版之上砑之，则隐起花木麟鸾，千状万态。又以细布先以面浆胶令劲挺，隐出其文者，谓之鱼子笺，又谓之罗笺。”[④] 蜀笺一直受到人们的称赞，彭汝励的诗中写道：“香销翠云花枝软，影落青云凤翼低”[⑤]，用来形容蜀笺之精美。这种砑花、填粉、施胶、拖浆等许多加工，据专门研究古代造纸技术的同志说，它不仅为了美观，更重要的是为了阻塞纸面纤维间过多的毛细管，以便运笔时不至走墨晕染。[⑥] 这类加工纸，亦称熟纸，以示与那些没有加工的生纸相区别。早在唐代就有这种纸，由所谓的熟纸匠进行制作。宋代一些著名书法家如苏轼等，都喜欢使用它，因而这种纸更加发展，技术更加进步。这是宋纸的又一突出的特点。蜀川的这种彩色砑花笺的制作，也传到了其他诸路，如两浙路剡溪就能够制造。当然，其他路的纸的制作技术也对蜀纸发生影响，“近年又仿徽、池法，作胜池纸，”特别是徽、池，竹纸轻细，“客贩至成都，每番视川笺价 3 倍”[⑦]，进一步说明了各地区之间造纸技术的相互影响相互作用，从而使其得到进一步的发展。

宋纸第三个突出特点是，纸幅比前代增大了很多。陶谷在《清异录》中记载了他家所珍藏的上百幅徽纸，纸幅都长一丈以上。明人文震亨对宋代丝织品、刻丝、刺绣和纸张，都有所评论，在所著《长物志》（卷七）中，曾提到

---

① 陆游：《老学庵笔记》卷二。

② 孔武仲：《宗伯集》卷四。

③ 高晦叟：《珍席放谈》卷下。

④ 《文房四谱》卷四。

⑤ 彭汝励：《鄱阳集》卷八。

⑥ 潘吉星：《故宫博物院藏若干古代书法用纸之研究》，1975 年《文物》第 10 期。

⑦ 费著：《笺纸谱》，载《华阳县志》卷三九，《艺文·谱》。

宋纸"长三丈至五丈"。藏于沈阳博物馆、传世的宋徽宗（千字文）一幅，纸长即达三丈余。这些都确切地说明了宋纸的幅长大大增加了。纸幅的增长，是造纸工业发展总过程中一个极其显著的进步。

宋代的纸为什么能够超越前代取得如上的一些进步呢？考察起来，似可从以下几个方面加以说明。

宋代造纸之所以多种多样，从使用的原料来看，是过去无法与之相比的。苏易简曾经指出：

> 蜀中多以麻为纸，有玉屑、屑骨之号。江、浙间多以嫩竹为纸，此土（指北方各地）以桑皮为纸，剡溪以藤为纸，海人以苔为纸，浙人以麦茎稻秆为之者绝薄焉，以麦稻油藤为之尤佳。①

麻、竹、桑皮、藤、苔、麦茎、稻秆，再加上楮，这就是宋纸的原料。麻历来是造纸的重要原料，不但蜀纸用麻，江东诸路纸也同样用麻。宋政府公文用纸大都是麻纸，因而麻纸需要量甚为可观。藤是宋代造纸的又一重要原料，两浙、江南西路纸很多是用藤制成的。两浙路嵊县"剡溪上绵四五百里，多古藤"，"刀斧斩伐无时，擘剥皮肌，以给其业"②。余杭由拳村、富阳小井、赤亭山也都产藤纸③。温州蠲纸，大概也是以藤为原料的。楮是宋代造纸的再一种重要原料，其重要性绝不在麻藤以下，甚而在其上。这是因为，宋代的交子就是以楮纸印造的，所以也称之为楮币。南宋孝宗以来，发行各种会子交子，发行量日益增大，需要的楮纸也日益增多，于是楮成为造纸的重要原料了。竹作为纸的原料，是晚唐北宋的事，苏轼曾说："今人以竹为纸，亦古所无有也。"④ 据研究，以竹为纸，需要沤制很久，反复漂洗、舂捣，始能成浆，因而竹纸的出现，应在皮纸技术成熟之后；皮纸即桑皮纸。纸的原料是随着造纸技术提高而增加的，纸的原料增加为纸的品种增加创造了前提条件。

在造纸技术上，宋代也有了不小的改进。宋纸的造成大致经历了以下几个步骤：

---

① 《文房四谱》卷四。
② 舒元舆：《弔剡溪古藤文》，载高似孙《剡录》卷五。
③ 潜说友：《咸淳临安志》卷五八。
④ 苏轼：《志林》卷九。

1. 把各种原料捣碎，沤成纸浆。歙州徽纸之所以著名，对沤制纸浆这一步骤是极为重视的："歙民数日理其楮，然后于长船中浸之"[①]；"大抵新安之水，清澈见底，利以沤楮，故纸之成，振之之似玉雪者，水色为之者。"[②] 所谓把楮浸于长船中或利于沤楮于云，都指的是把捣碎的楮皮等原料沤成纸浆。

2. 就自然条件说，水的清浊也是造纸的一个重要条件，因而季节也是一个不可轻视的因素。自唐以来，一般认为，敲冰时节造成的纸为最好，有所谓"敲冰纸"的说法。如张伯玉《蓬莱阁》诗称："敲冰呈妙手，织素竞交鸳。"宋人诗词中提到敲冰纸的为数更多。如王安石诗称："椎冰看拵万谷皮"[③]；黄彦平《田家春日》诗云："腊收冰下纸"[④]；沈说《纸衾》诗云："一幅新裁碧涧冰"[⑤]。在寒冬腊月，纸工们为了沤好纸浆，用力捣碎楮皮，即使把手都冻裂了（所谓"波工龟手咤今样"），也不顾及。同时，这个时候生产出来的纸也是最好的。《新安志》说："其岁晏敲冰为之者，益坚韧而佳。"

3. 纸浆沤成之后，以纸模（抄纸器）抄纸浆，"数十夫举抄（即纸模）以抄之，一傍一夫以鼓而节之，于是以大熏笼周而焙之，不止于墙壁也，由是自首至尾匀薄如一"[⑥]。把纸浆从抄到墙壁上晾干改到熏笼中焙干，这是我国古代造纸技术的一个重大变革。不但纸张"自首至尾匀薄如一"，而且也能够制作三五丈长的长幅巨纸。宋纸之所以超越前代，取得极为显著的成就，同这一变革是分不开的。

4. 至于熟纸的制造，以蜀川为例，在成都府城之南，"〔锦〕江旁凿臼为碓，上下相接，凡造纸之物必杵之使烂，涤之使洁，然后随其广狭长短之制以造砑，则为布纹，为绫绮，为人物花木，为虫鸟，为鼎彝，虽多变亦因时之宜"[⑦]。十色笺便是由此兴起的。

---

① 《文房四谱》。
② 罗愿：《新安志》卷二。
③ 《临川先生文集》卷一一。
④ 黄彦平：《三余集》卷二。
⑤ 沈说：《庸斋小集》。
⑥ 《文房四谱》，并以《新安志》卷一所载校正。
⑦ 费著：《笺纸谱》。

特别值得注意的是，宋代已经形成了有相当数量的专门制造纸的工匠和作坊。这是造成宋代纸产量既多、质量又好的最为重要的因素或条件。专业化的造纸工匠和作坊，大体上可以区分为以下几类情况：

1. 在第四章中曾经指出，自五代到两宋已经有了既经营楮林又“剥煮卖皮”“自能造纸”这样的专业户，即把原料经营和造纸相结合的纸户，这是一种独特的手工业形式（这种形式在榨糖业中也存在）。

2. 官府经营的造纸作坊。南宋政府为制造纸币，曾先后在徽州、成都制造楮纸，然后运至临安印制。由于成都路程太远，运费昂贵，宋孝宗乾道四年开始在临安“赤山之湖滨”置局造纸，“工徒无定额，今在者一千二百人，咸淳五年之二月有旨住役”①。所谓“工徒”，既包括了工匠，也包括了徒隶罪犯劳役之人。但不论怎样说，会纸局有1200人之多，这个造纸作坊的规模很不算小了。虽然如此，会纸局的产品主要供给官府自身的需要，不投到市场上，所以不具有商品的性质，虽则官会本身起着商品在交换流通中的等价作用。

3. 私人经营的造纸作坊。这类造纸手工业作坊，与农业已经脱离，分布在各个地区。如凤翔府郿县一带，“今人以纸为业，号‘纸户’”② 又如嵊县，“剡溪上绵四五百里，多古藤……溪中多纸工”③。这些“纸户”和“纸工”，有的是由家庭成员组成的，形成了家庭手工业作坊。有的则不限于家庭成员，如前引材料中提到的数十抄夫抄纸浆，这么多的抄夫肯定不会都是家庭成员，而是有不少的取得雇值的雇工成为了纸坊中的成员。这些抄夫同作坊主的关系是什么关系，还要进行认真的研究。这类造纸工匠和作坊，同封建国家有着密切关系，即作为国家的编户齐民而承担国家的赋役。如温州制造蠲纸的纸户，向国家提供蠲纸，免除了徭役；凤翔府纸户向国家“岁输钱十万，谓之槛钱”④。大多数纸户向国家提供纸张，这种纸叫上供纸。南宋初年洪州上供纸达85万张，“依年例分下分宁、武宁、奉新三县收买解州装发”，“各有窑（纸?）户二百余名抄造中卖”，后来因兵火散亡，“并无纸户”，仍然照章缴

① 潜说友：《咸淳临安志》卷九《造会纸局》。
② 毕仲游：《西台集》卷一三《朝议大夫贾公墓志铭》。
③ 高似孙：《剡录》卷五。
④ 毕仲游：《西台集》卷十三《朝议大夫贾公墓志铭》。

纳，成为当地重负[1]。纸户向官府提供纸张作为赋税之外，其余产品便投到市场上，从而具有了商品的性质。宋代社会上对各品种纸的需要，全都是这类造纸作坊以及第一类中兼植楮林的造纸作坊提供的。宋代纸产量的不断增长，以及造纸技术的进步，主要是上述两类纸坊中的造纸工匠实现的。

宋代造纸、印刷、制墨、制砚、制笔等手工业都得到了相应的发展。这几项手工业的发展是互相影响、互相推动促进的，其中的造纸业在这几项手工业中则具有决定性的意义。下面再分别叙述一下印刷等手工业的状况，以便从中考察这几种手工业发展的相互关联。

第二节　宋代刊刻印刷手工业及其发展

我国雕版印刷在两宋300年间有了很大的发展和进步。这个发展和进步，首先表现在庆历年间毕昇发明的活字印刷术，这是尽人皆知的事实，不多叙述。从沈括记述胶泥活字之后，到王祯《农书》上所记述的木活字，相距300年，因缺乏有关这方面的记述，从而使人们产生这样一个疑问：毕昇发明的胶泥活字印刷是否在宋代付诸实践，这个疑问由一位青年学者黄宽重作出解答。在《论南宋活字印刷史料及其有关问题》[2]一文中，他引用了周必大《周益国文忠公集》卷一九八《程元成给事》中的记载："近用沈存中（即沈括）法，以胶泥铜板移换摹印今日偶成《玉堂杂记》二十八事，首恩台览"，从而确证了在南宋淳熙、绍熙年间活字印刷得到了实际应用，弥补了这个空白点，是值得重视的。

继上一变革之后，在广泛使用木板雕刻的同时，出现了铜板雕刻，并将其使用在纸币的印刷上。宋孝宗时，陈良祐奏称会子之弊，请求宋孝宗"捐内帑以纾民之急"。宋孝宗答应了这个请求，"发内帑白金数万两收换会子，收铜板弗造，军民翕然"[3]。开始以铜板印刷纸币，不但是纸币印刷的一个进步，

① 赵鼎：《忠正德文集》卷二《乞免上供纸》。

② 这是1984年12月在香港中文大学举办的国际宋史研讨会中的一篇论文，即将编入论文集中。

③ 郑柏：《金华先贤传》卷四按引文在四库影印本1149~1260页。宋《陈良祐传》。

同时也是印刷史上的一个进步。一旦铜产量增加，铜板印刷和金属活字便会得到发展，王祯所记的木活字是这一发展过程中的一个过渡。

以木板为主的雕版印刷在宋代之所以取得很大的发展，是因为它适应了社会的广泛需要。政府的文告诸如诏敕之类需要雕版印刷，广加张贴，如奈旱的占城稿就是在政府镂板印刷的文告中得到推广的。政府之类的商税则例也是通过镂板公布在各地税务，以便商人们按章缴纳商税。还印制纸币交子。此外，报道政府中发生的各种新闻，其中也包括不少的拨弄事非的谣言之类的邸报，虽则篇幅不大，也是雕版印刷的。还有，在前章曾经提到的，宋代的印花布也是在镂雕了各种图案之后再印染的，如知台州唐仲友"又乘势雕造花板印染斑缬之数凡数十片，发归本家彩帛铺充染帛用"①，即是一例。雕版印刷不但同社会经济生活、政治生活有着如此的密切联系，而且与文化生活有着更加密切的联系，起着更加重大的影响和作用。大家知道，唐末五代以来即通过雕版印刷印行了包括像五经、九经一类大部头的大批典籍。随着宋代文化教育事业的日益发达，特别是随着宋仁宗庆历来以及王安石变法期间州县之学的蓬勃兴起，从儿童所需要的兔园册子之类的教本，到20万左右州县学生之所需，以及社会上广泛的需要，雕版印刷业便空前地兴盛起来。宋代刻书之多之快之好，后世为之赞叹不已。

宋代雕版印书分官、私两家。各级官府如汴京国子监、两浙东路茶盐司以及州县官府所刻书，谓之官刻本。各地书坊所刻，谓之私刻本或坊刻本。宋代官、私刻本流传下来的已不算多；据叶德辉《书林清话》诸卷所载，官、私刻书分布情况如下：

地　　区	官府刻书机构	私家书坊
汴　　京	国子监本、崇文院本、秘书监本	大相国寺荣六郎书铺（载《中国版刻图录》）
杭　　州	国子监本、德寿殿本、左廊司局本、太医局本等	陈宅书籍铺本、杭州大隐坊、杭州钱唐门里东桥南大街郭宅书铺、临安府金氏

① 朱熹：《晦庵先生朱文公文集》卷一八《按唐仲友第三状》。

续表

地　区	官府刻书机构	私家书坊
两浙西路	浙古漕司本、浙西提刑本、平江府本	
两浙东路	浙东茶盐司本、浙东路安抚使本、明州本、绍兴府本、临安府本、余姚县本、盐官县本	金华双桂堂本
福建路	福建转运司本、建安漕司本、福建漕司本	建安余氏书铺、建宁府黄三八郎书铺、建安江仲达群玉堂、建宁府陈八郎书铺、建宁书铺蔡琪纯父一经堂、建阳麻氏书坊、武夷詹光祖月厓书堂、崇川余氏
潼川府路	潼川转运使本	
成都府路	眉山本	西蜀崔氏书肆
淮南东路	淮南东路转运使本、淮南漕司解本	
江南东路	江东漕院本、江宁府本	
江南西路	江西计台本、江西漕台本、江西提刑本、吉州本	
广南东路	广东漕司本	
广南西路	广西漕司本	
秦中（金统治下）		咸阳书隐斋
晋中（金统治下）		汾阳博济堂

上表所举述的虽然很不完备，但从这里则可以看出：第一，官、私刻书普遍于全国各路，这说明了宋代雕版印刷业的广泛发展。第二，本表以及结合其他文献材料，可以知道汴京、杭州以及两浙路、福建路和西蜀成都府路是宋代刊刻印刷业最兴盛的地方。第三，汴、杭二都以及以上三路之所以成为刊刻印刷业兴盛的所在，汴、杭二都是两宋政治文化的中心，刊刻业随而兴盛，其他三路之所以兴盛则是由于这些地区造纸业、木材业的发展。拿成都府路来说，这里不仅是彩笺制作的中心，而且楮纸、竹纸产量也极为可观，“造于（广

都）龙溪乡曰竹纸，蜀中经史子集皆以此纸传印”[①]，从而说明西蜀刊书业与造纸业的内在联系。再拿福建路来说，这里地少人多，一直开展了多种经营，在建安建阳一带山区，材木特多，为造纸、雕版等经营提供了充足的原料，于是这一带成为刊刻业的一个中心。两浙路也是如此，刊刻印刷与造纸、材木等业同样有着密切的关联。下面结合宋人的记载，对上述几个刊刻印刷业中心加以叙述：

1. 汴京国子监　太平老人《袖中锦》把监本书列为书籍中的“天下第一”。所谓的监本，指的先在汴京后在临安的国子监所刻书籍。由于国子监系全国最高教育机构，承担教材的建设，因而亲自主持雕版印书，并对刊刻印刷提出了严格的要求，诸如对文字的正误、所刻文字的形体，都是非常认真的。叶梦得曾评论汴京的刻书，称“京师比岁印版殆不减杭州，但纸不佳”[②]。

2. 杭州、两浙路　杭州刻书在宋代居于上乘，“今天下印书，以杭州为上，蜀本次之，福建最下”[③]。北宋国子监刻书也多交给杭州去做。南宋继续了北宋的做法，国子监仍然管理雕版印刷方面的事情，刻书谓之南监本，以别于北宋国子监所刻的北监本。

3. 蜀本　世代蜀本，有大小字两种，称为蜀大字本和蜀小字本。蜀本字体刻得远不如汴、杭国子监本，印刷得也不洁净，这种不洁净的本子称之为邋遢本。但蜀本印刷量则颇为可观。

4. 福建路　建阳是福建路刻书业的中心，世谓之建本。叶梦得评论蜀本、建本之所以不佳，“多以柔木刻之，取其易成而速售，故不能工”。虽然如此，但“福建本几遍天下”[④]，起了广泛传播的作用，也是不可轻视的。此外，建本还有一个毛病，即“书肆刊书，往往擅加改易”，如睦州之改为严州是在宋徽宗宣和年间方腊起义失败之后，而建本所刊《元丰九域志》即妄改作严州[⑤]。妄改已经很不好，而明代书肆制造伪书之类，情况尤为严重和恶劣，是

---

① 费著：《笺纸谱》，载《华阳县志》卷三九《艺文·笺》。
② 叶梦得：《石林燕语》卷八。
③ 叶梦得：《石林燕语》卷八。
④ 叶梦得：《石林燕语》卷八。
⑤ 张淏：《云谷杂记》卷四。

真正的书蠹。

以上是就宋代各地刊书情况进行比较而言的，但就总的方面看，宋代刊书有了很大的发展，具有以下的特点：

第一，宋代刊书多选用好纸，为避免虫蛀，选用一种所谓的椒纸："椒纸者，谓以椒染纸，取其可以杀虫，永无蠹蚀之患也"①。

第二，刻印都极精致，"藏书以宋刻为善，宋人之书，纸坚刻软，字画如写……用墨稀薄，虽著水湿，燥无湮迹，开卷一种书香，自生异味"；"字画刻手古劲而雅，墨气香淡，纸色苍润，展卷便有惊人之处，所谓墨香纸润，秀雅古劲，宋刻之妙尽矣"②！

第三，刻字之精，尤足惊人。宋元祐年间刊印的司马光《通鉴考异》，清代乾隆皇帝评论说："是书字体浑穆，具韩柳笔意，纸质薄如蝉翼，文理坚致，为宋代所制无疑"③。不仅字刻得好，错谬之处也少，更是宋刊本的一大优点。

第四，巾箱本本来是为科举考试举子们作为夹带之用的一种版本，但由于它的字体细小，装帧也小，因而从雕版印刷技术来说是值得一提的。南宋嘉定年间（1208～1224）经臣僚们的奏请，"禁毁小板"，可是由于举子们的需要，禁毁之后又"盛行"起来了④。

第五，尤足以提出的，宋代国子监对于一些实用的书籍如医书等，是非常重视的："宋代国子监镂刻经史外，最重医书，且听人购买"⑤；"医书尤所重，如王叔和脉经、千金翼方、金匮要略方、补注本草、图经本草五书，于绍圣元年牒准奉旨开雕，于三年刻成"。宋代国子监的这种做法，满足了社会需要，也推动了医学和保健事业的发展，值得重视。

上述情况表明，宋代的雕版印刷业确实发展到一个新的高度，不但远超过了在它之前的唐代，而且用《书林清话》作者的话说，也"超逸"在它之后

---

① 叶德辉：《书林清话》卷六。
② 叶德辉：《书林清话》卷六。
③ 叶德辉：《书林清话》卷六。
④ 戴埴：《鼠璞》。
⑤ 《书林清话》卷六。

的“元明两代”[①]。至于宋代刊刻之多，如吴澄所评论的，“锓板成市，板本布满天下，而中秘所储，莫不家藏而人有”，“无汉以前耳受之艰，无唐以前手抄之勤，读书事半而功倍，宜矣！”[②] 既保存宋以前的传统文化，又推动了宋代创造的新文化，宋代雕版印刷业起了不可估量的作用。

宋代雕版印刷业之所以取得这样一个重大的成就，造纸业的发达和进步固然是一个重要的因素，但刻字工匠的知识水平以及他们的辛勤劳动，私家书铺和官府主管印书机构对雕版印刷的积极努力，则是取得这一重大成就的根本保证。

刻字匠也叫刊匠或刻工，刻石的工匠也应包括在内。刻工分布各地，他们大都是从事个体生产的手工匠人。官府刻书都是招募刻匠进行的。如绍兴十六年（1146）淮南转运司刊刻太平圣惠方板，将其中一半分给舒州来刻，舒州“募匠数十辈，置局于学”[③]，以完成这项工作。所谓“募”，就是招募，招募的工匠在宋代都是给以雇值的。由于职业的关系，刊匠都有不同程度的文化。如在舒州的刊匠，因“左（佐）食钱不以时得，不胜忿躁”，往往所刻的字，故意令错[④]，这可见刊匠们是识字的有文化的。有的刊匠则有相当高的文化水平，如宋徽宗时的常安民，是当时最为知名的一个刊匠，他“多收隋、唐铭志墨本，亦能篆”，为士大夫所称道[⑤]。受雇于官府的刊匠，同官府形成了一种雇值关系，刻书完工后即解除了这种关系。

刻匠另一部分则受雇于私家书肆，为私家刻书。朱熹奏劾唐仲友在台州任上，“关集刊字工匠在小厅侧雕小字赋集，每集二千道，刊板既成，搬运归本家书坊货卖”[⑥]；还让蒋辉等 18 人“开雕扬子、荀子等印版”；这些刻工的口食钱等等都是“支破官钱”[⑦] 的。朱熹奏劾唐仲友“假公济私”是另一回事，不必多谈；可注意者，私家书铺请刻工刻书，也是给雇值的，所谓的口食钱既

---

① 《书林清话》卷六、卷二。
② 吴澄：《吴文正公集》卷一九《赠鬻书人杨良辅序》。
③ 洪迈：《夷坚志》丙志卷一二。
④ 王明清：《投辖录》。
⑤ 邵伯温：《闻见录》卷一六。
⑥ 朱熹：《晦庵先生朱文公文集》卷一八《按唐仲友第三状》。
⑦ 《晦庵先生朱文公文集》卷一九，《按唐仲友第六状》。

可能是雇值的一部分，也可能是雇值的全部，这一点是确切无疑的。因而刻匠与私家书肆的关系也是雇值的关系。

官府刻书，如其中的医书是可以出售的，因而这一部分书籍具有商品的性质。私家书铺的刻书全部出售，因而全都具有商品的性质。这种私家书铺，集中在城市中，既包括刻书的作坊，又有出卖书籍的商店，一身而二任焉。私家书铺的刊书既都具有商品性质，因而每部书的后面总是刻上这家书铺的堂号，如岳珂的《棠湖诗稿》一书最后一页，刻有“临安府棚北大街陈宅书铺印”。每页都有刻工的姓名和字数，并将雕造板数、合用纸墨工价开列下来，同时还刻上每部书的价格。如绍兴十七年刻印的《王黄州小畜集》就标明了该书纸墨等费，售价为伍贯文省。[①] 官府所刻书籍也标出定价，同样是作为商品售卖的。今天的出版物也同样印上出版者的名称以及是书印张、价格，就这一点来说，是与宋代一脉相承的。经营印书的私家书铺为数不少，其中有的饱享令名。《棠湖诗稿》一书的印刷者陈宅书铺，由于刻书之多而闻名于世，书铺主人陈思著有《海棠谱》，他的先人陈起，也是当时著名人物。建安余氏书铺自唐代开业，历两宋300年而不衰，世称其印书为建安余氏本。闽山阮仲猷种德堂历两宋至元代仍然继续其刊刻印刷事业。[②] 这些书铺对我国古代文化的传播起了不可磨灭的重要的作用。

第三节　墨、笔、砚的生产

纸、墨、笔、砚，传统谓之文房四宝。这四者的生产是相互推动的，在宋代，随着造纸、印刷的发展，对墨、笔、砚的生产起着更加重要的促进作用。

先说墨的生产。

墨历来都是用松烟和胶做成的。原料大致一样，但做出来的墨大不一样。一位墨工曾谈到他自己的造墨经验是：“烟欲浮而轻，胶欲老而征，均调揉

① 《书林清话》卷六。
② 《书林清话》卷二、卷三。

治，不失其剂量，然后吾墨以成。”[①] 只要把烟和胶的剂量调配得恰到好处，就能制作出好墨。而剂量配制得恰到好处，则只有优秀的墨工才能做到。北宋著名的书法家蔡襄曾评论南唐李廷珪所做的墨，“能削木，坠沟中经年不坏”[②]。墨除去这一特点外，黑当然是它的重要特点，宋人常斗茶斗墨，“茶以白为尚，墨以黑为胜”[③]。随着造墨原料松木砍伐得日益严重，人们担心墨的生产将要衰落了：“古松亦将尽，神奇渐衰息。”[④]

松木虽然少了，但总会有其他的东西代替松木的位置，使墨的生产能够持续下去。沈括就曾指出：“今齐鲁间松林尽矣，渐至太行京西江南，松山太半皆童矣”，但他则认为，石油可以代替松木作为制墨的原料：“予疑其烟可用，试埽其煤以为墨，黑光如漆，松墨不及也”[⑤] 俞正燮在《油烟墨》一文中不仅引用了沈括以鄜延石油煤作墨的事例，还指出“欧阳季墨以油烟墨遗东坡，乃自埽油镫烟所造”，由此证明“石油煤墨已盛行”[⑥]。俞氏所论虽然不免过分，但用在战争中的石油，同时还使用在日常生活中和制墨上，使制墨的原料增加扩大，则是一个无可置辩的事实。

由于制墨用烟用胶剂量的不同而形成墨的质量的差别，制墨业中也出现了不外传的秘方，由家庭操作，世代相传下去。易水李超在石敬瑭割燕云16州之后，与其子李廷珪“亡至歙州，以其地多美松，因留居，以墨名家，本姓奚，江南赐姓李氏。”[⑦] 李廷珪墨从而成为宋代最知名的珍品。人杰地灵，徽墨也因李廷珪而名闻天下了。每块墨上都写（或刻）有墨工的姓名，加上墨工又多与士大夫们打交道，因而在文献上，诸如《文房四说》《墨庄漫录》《春渚记闻》等记载，便保留了有宋一代著名的墨工。大约在元祐以前，则有陈瞻及其婿董仲渊、张顺，潘谷、沈珪；崇观以后，如张孜、陈昱、关珪、梅鼎、张滋、田守元、郭遇明、张浩等都“皆有声称”，“不愧旧人”。其中张滋

---

① 真德秀：《真文忠公文集》卷二八《送墨工杨伯起序》。
② 王辟之：《渑水燕谈录》卷八。
③ 苏轼：《志林》卷一。
④ 冯山：《冯安岳集》卷四《谢人惠兖墨》。
⑤《梦溪笔谈》卷二四。
⑥《癸巳存稿》卷一〇。
⑦ 王辟之：《渑水燕谈录》卷八。

制墨超过了李廷珪，宋徽宗“命造墨入官库”，“岁加赐钱至三十二万”[①]。制墨既然利用家传秘方以抬高身价，因而也就不免弄虚作假。潘衡制墨本来就有名气，但为了百尺竿头更高一步，便追随被贬逐的大文豪苏轼至儋耳，后来说什么“尝为子瞻造墨海上，得其秘法”，利用这个生意经，使“人争趋之”[②]。叶茂实是柯山著名的墨工，于是柯山姓叶的“货墨者多，皆茂实名而实非也”[③]。同时，墨既然是商品生产，就避免不了竞争，减价就是取得竞争胜利的一个手段，元祐年间“潘谷卖墨都下”，“每笏止取百钱”[④]。但在降低价格的同时，也降低了墨的质量，这样在竞争过程中一些墨工又因此而衰落下来。南宋涪州乐温自蒲大韶死去之后，“族人犹卖墨，不复能大佳，亦以贱故也”[⑤]。如果墨价维持不变，“豪家有钱贮金珠，谁肯谈好如吾徒”[⑥]，一般贫穷的读书人花不起更多的钱来买，这是造成滞销的又一原因。更何况官府对墨工也加以勒索敲诈，像黎州这个西部边陲之地，仅有五户墨工，由于印造钱引，“每界所买墨不过二千七百斤，往往买发不足”，74 界钱引则和买墨 3285 斤，因而黎州知州也不得不承认，这种和买是墨工无法承担的[⑦]。

其次是笔的生产。

笔的生产，与墨大抵相似，也是世代相传、谨守家法、秘不外传的专业户生产。

笔头是毛笔的主要组成部分。它主要的是用兔毫制成的。宋人认为，兔毫笔锋较软弱，用羊毫做成的较为“劲健”[⑧]。但也有的认为，“造笔用兔毫最佳，好事者用栗鼠须或猩猩毛以为奇，然不若兔毫便于书。”[⑨] 兔毫中加栗鼠须也是取其刚柔相济，便于书写。

---

① 蔡絛：《铁围山丛谈》卷五。
② 叶梦得：《避暑录话》卷二。
③ 姚勉：《雪坡舍人集》卷一九《赠墨客吕云叔》。
④ 何薳：《春渚记闻》卷八。
⑤ 范成大：《吴船录》卷下。
⑥ 张炜：《芸田小诗》《柯山制墨胡处士隶字》。
⑦ 李石：《方舟集》卷一一《乞减科买墨烟札子》。
⑧ 朱熹：《晦庵先生朱文公文集》卷七六《赠笔工蔡藻》。
⑨ 朱彧：《萍洲可谈》卷二。

在宋代，宣城笔最为有名。所谓“宣城彩笔真堪爱，蜀邑花笺更可夸”[①]，在宋初宣笔即受到士大夫们的夸奖。所谓“宣笔”，其中诸葛氏一家所制最负盛名。叶梦得说：“自唐，惟诸葛一姓世传其业，治平嘉祐以前，有得诸葛笔者，率以为珍玩云，一枝可敌它笔数枝。”[②] 蔡绦说：诸葛氏“自右军以来世其业”[③]，已经有了五六百年的历史。著名的书法家蔡襄评论诸葛氏所造“鼠须散单及长心笔绝佳”[④]。诸葛氏之外，南方诸地有常州许氏、安陆成安道、弋阳李展等，抑或“世其家”，“驰名于时”[⑤] 许氏所造不在诸葛氏之下。京东路也有不少制笔的名家，“东州笔工视他处为最盛，前辈如睢阳元道宁、曹南、屈士安，金乡韩振，营丘梁道，皆为士大夫所称。近时彭门出一彭富，与数人相先后，亦已亡矣。憔巨野秦颖、丘自然，工虽不同，各有妙处。比又得单父王玠制作精密，与时流并驰而独骎骎未已也!”[⑥] 宋神宗哲宗年间，苏轼很推崇钱塘程奕，认为程奕所制，“北方无此笔”，“当致数百枚而去”[⑦]。建炎绍兴年间，屠希制笔“暴得名，自天子公卿朝士四方大夫皆贵希笔，一筒至千钱，下此不可得”；“入手则熟，作万字不失败，莫能及者”[⑧]。

同墨的生产一样，笔的生产在当时社会生产中所占比重是很微小的。可是，只要是商品生产，就必然引起商品生产者之间的竞争。笔的生产虽然比重很小，由于它是商品生产，因而小商品生产者之间的竞争非常明显地存在着。传世数百年之久的诸葛氏之笔，政和之后“于是顿息”[⑨]，衰落了下来！为什么诸葛氏衰落下来了呢？叶梦得曾经指出：“熙宁后，世始用无心散卓笔，其风一变”。熙宁之后所用毛笔变化的具体情况已不甚清楚，而“其风一变”则是事实。在这一变化的面前，是顺乎时代变革的潮流而加快自己的步伐前进

---

① 魏野：《巨鹿东观集》卷四。
② 《避暑录话》卷一。
③ 《铁围山丛谈》卷五。
④ 蔡襄：《文房四说》。
⑤ 《萍洲可谈》卷二。
⑥ 李昭玘：《乐静集》卷九《书笔工王玠》。
⑦ 《志林》卷八。
⑧ 陆游：《渭南文集》卷二三《书屠觉笔》。
⑨ 《铁围山丛谈》卷五。

呢，还是墨守成规、裹足不前呢？诸葛氏“力守家法不易，于是浸不见贵”[①]，家世便由此衰落下来了！这是在竞争中失败的一种情况。还有一种情况是：前面提到屠希所制毛笔一筒千文，很受到社会上的重视，可是到了他的孙子屠觉，价仅百钱，“入手亦熟可喜，然二百字败矣！”用降低质量、降低价格的办法去应付竞争，也必然要在竞争中失败。陆游对这件事情评论说：“或谓觉利于易败而速售，是不然。价既日削矣，易败，则人竞趋它工，觉固不为书者计，独不自为计乎？”[②] 笔工的衰落、失败，同前面墨工的衰落和失败有类似之处，都是在商品竞争下失败的。至于出售那种只有笔杆而无笔头的毛笔，妄图以欺骗的手段得到好处，就只能毁坏自己，任何好处都是得不到的。

最后再看看砚的生产。

砚石以端州所产最有名，太平老人《袖中锦》列为天下第一。就端砚而论，也有上中下之分。由于多年开采，“英德府之山石，其南取掘已尽，其北隶浛光县……近山之民，驱而取石……于半空之间，穴山洗石”；“肇庆府之砚石，岁凿不已，致江水渗入，今则候冬月岩水稍浅，命农夫车水，砚匠伐石人有新坑南坑，搜挟殆遍。”[③] 车水凿石，早在北宋年间即已如此。陈师道在一首诗中提到：“没人投深索千丈，探颔适遭龙伯睡。辘轳挽出万人负，千岁之藏一朝致。”[④] 王庭珪的一首诗也提到：“端溪之水深莫测，千夫挽绠下取石”[⑤]，采石是极不容易的。端砚既成为名牌产品，肇庆府的官员们往往逼使工匠采石，如南宋绍熙元年知府林次龄就“辄差虞兵，监勒石匠，深入岩水打砚，致伤损身故”[⑥]。很明显，在端石的开采中也存在劳役性质。端石采出之后，再由砚匠根据砚石的大小制成各种式样的端砚。

端州之外，歙州也是重要的砚石产地。明人陆深认为，“歙石制砚，识者以为在端溪之上。”[⑦] 所谓文房四宝，实际上三宝出自歙州，这个山多地少的

---

① 《避暑录话》卷一。
② 《渭南文集》卷二三《书屠觉笔》。
③ 《宋会要辑稿·刑法》二之一三四。
④ 陈师道：《后山集》卷三，《谢寇十一赠端砚》。
⑤ 王庭珪：《卢溪集》卷六《次前韵酬刘大虚惠端砚》。
⑥ 《宋会要辑稿·职官》七三之一至二。
⑦ 陆深：《春在堂随笔》。

山区，因开展了多种经营而得到了发展。歙州早在南唐时，即置砚务，专门为官府制作。[①] 据《歙州砚谱》的记载，歙州砚匠在宋英宗治平年间计有：县城三姓四家11人、灵属里戴姓三家6人、大容里济口三姓4人，总共21人。这可见歙砚的产量也是极为有限的。歙砚产地在螺纹坑，原来的地主已经绝户，因而为八家砚户共请开采，“岁输山税三十金”。也是因为经过多年的开采，“自山下至取石处计七十五丈，阔十八丈，深十五丈三尺，石藏土中，今土深三丈乃至石也。见石处谓之寨头也”[②]。歙砚的开采同样是一项沉重的劳动。何薳曾记载了如下一则故事：歙县大姓汪氏，遇“涨水暴至，迁寓庄户之庐”，而他的这个庄户是个砚工[③]。这个砚工同时又是大姓汪氏的庄户，很可能还没有脱离农业生产，从而具有二重身份，这一现象并不是偶然的，而是广泛存在的，它指明了在手工业从农业分离过程中出现的一种过渡形式。

歙砚之外，京东路之石砚亦蒸蒸日上。“唐彦猷作红丝石砚，自为天下第一，黜端岩而下之”；“东州可谓多奇石，红丝、黑角、黄王、褐色凡四种，皆可作砚，黑角尤精”[④]。

除石制之外，还有以陶制成的陶砚。武昌万道人制作的陶砚为世人所称。一般的陶砚，“最佳者不能十年辄败”，万道人制作的陶砚用了30多年，“受墨如初，虽高要歙溪之佳石不过也”。陶砚也是世守其业的家庭专业[⑤]。

在各类砚台中，端砚是官僚士大夫心目中的珍品。“琢为时样供翰墨，十袭包藏百金贵。”[⑥] 一个贪婪的官员，“闻富民蓄一砚甚佳”，“破其家得之”[⑦]。由于高手砚工的精心制作，不少砚石成为美好的艺术品。但也不可否认的是，这一类的珍品由于过分渲染而具有某种神化性质了。有人向孙之翰出售一砚，要价为三十千，称：“砚以石润为贵，此石呵之则水流。”孙之翰回答得好：

---

① 陈师道：《后山丛谈》卷一。
② 《歙州砚谱》。
③ 何薳：《春渚纪闻》卷九。
④ 蔡襄：《文房四说》。
⑤ 曾敏行：《独醒杂志》卷八。
⑥ 《后山集》卷三《谢寇十一惠端砚》。
⑦ 周密：《志雅堂杂钞》卷上。

"一日呵得一担水才直三钱，买此何用?"①也有的笔记记载，认为是王安石的故事。不管故事出自于谁，这个回答对于破除人们在这方面的迷信还是很有意义的。

第四节　第二十章结论

纸、雕版印刷业，以及墨、笔、砚的生产，对我国古代文化的继承和发展起了极其重大的作用，对古代艺术诸如书法和绘画等也起了极其重大的作用。不仅如此，纸和雕版印刷对世界文化的继承和发展也同样起了巨大的作用。纸和雕版印刷术西传之前，欧洲主要地以羊皮为纸，因而文化的传播和发展受到了不小的限制。自唐以后，纸逐步西传，通过阿拉伯诸国而到西欧，雕版印刷是在元代传到西方的。由于纸和雕版印刷的传入，欧洲文化的发展才有了起色。因而纸和雕版印刷是我国对世界人类的重大贡献。

纸、雕版印刷业以及墨、笔、砚的生产，在宋代生产领域中占有的比重不大，因而生产规模较诸其他部门更显得狭小。除了造纸业和雕版印刷业规模稍大、能够形成为作坊，以及形成为作坊主与工匠之间结成的关系之外，墨、笔、砚的生产大体上采取了家庭作坊的形式，每个家庭成员是这个作坊的劳动者。这一特殊的生产形式，也就决定了技术的保密、不外传，往往世世代代地由这一家庭延续下来。

虽然墨、笔、砚等生产规模狭小，由于宋代社会生产全面地发展起来，因而这些部门的生产也发展起来，以适应社会的需要。正是由于这个发展，生产者之间的竞争性日益暴露出来了。在商品生产固有规律的作用下，墨守成规的遭受失败，以降低质量的办法应付竞争同样也遭到失败，这是不依人们意志为转移的。

---

①《梦溪笔谈》卷九。

第二十一章　宋代手工业生产中的团行组织和匠师制度　雇工的广泛发展与新经济因素积累

第一节　宋代的团行组织

宋代手工业者——手工业主和工匠，除采掘冶炼手工业者冶户居住在所在矿区之外，主要地聚居在城市镇市中，有的也居住在乡村中。据孟元老的记载，汴京“东西两巷，谓之大小货行，皆工作伎巧所居”[①] 又如南宋临安，“其他工伎之人，或名为作，如篦刀作、腰带作……”[②]，也是各种手工业主、工匠聚居的地方。大城市是工匠聚居的场所，一般城市也是如此。如两浙路“婺州金华县，县治城中民以织作为生”[③]，聚集了为数甚多的机户和纺织工匠。又如荆湖南路醴陵“县出方响铁，工家比屋琅然”[④]，是冶铁作坊、铁匠聚居的地方。也有的村镇，则聚居富有传统的世代相承的匠户，如梓州郪县于打铜村有工匠百余户，专门制作铜器[⑤]又如景德镇则聚居了为数甚多的窑户。居于城镇中的匠户，是坊郭户的重要组成部分。城镇坊郭户也根据常产（主要是房产、家业钱）的有无区分为主客户，因而匠户中也有主客户的区别，对此问题在第四编中再加叙述。

不论在城市中，还是在村镇中，进行同一种生产的工匠、作坊聚居在一

① 孟元老：《东京梦华录》卷二。
② 耐得翁：《都城纪胜》。
③ 刘敞：《公是集》卷五一《先考益州府君行状》。
④ 范成大：《骖鸾录》。
⑤ 王之望：《汉滨集》卷八《论铜坑朝札》。

起，如上引鄞县于打铜村的铜匠，醴陵县的铁匠就是如此。这种相同工种的作坊、工匠，组成为一“行”。那么，宋代手工业生产中，究竟有多少行呢？因缺少详细记载和统计，还不能给以确切的说明。不过，有一点可以确定，即：自唐到宋，行的增加是相当可观的。宋敏求《长安志》记载：长安东市“市内货财二（据加藤繁的考证当作‘一’①）百二十行”，西市“店肆如东市之制”②。洛阳丰都市，自隋以来即是手工业商业荟萃的所在，到唐代也有120行之多。宋代“行”的数量极其显著地增加了。据西湖老人《繁胜录》记载，临安414行。加藤繁认为，“一百二十行是形容为数之多，不是实数”，这个意见是对的。而且在120行当中，还包括了大量的商业性质的“行”铺店肆，纯粹的手工业诸行，以及亦商亦工的“行”当然要少得多。但不论是虚数还是实数，从隋唐时期的120行，发展到南宋的414行，“行”成倍数地增加则是确切无疑的。

行的不断增加，说明了社会分工的不断细密。实际上，宋代手工业的分工，从前面叙述的各部门手工业生产情况来看，是沿着下述两个方向发展、前进的。其一是，在一种与人们生活最密切的手工业部门的影响下，随着社会需要的不断增长，而建立了许多新的手工业生产部门。如纺织业就是这样一个起着重要作用的生产部门。纺织原料有麻、棉、丝等，这就有所不同，姑不置论。但就丝织业而论，从材料上看，缫丝业或络丝业与机织业分离，出现了络而不织、织而不络、既络又织三种丝织业与机户，这是原料（丝）与产品（丝织品）之间的分工。丝织品要染色，社会上出现了独立的染坊。染色当中，唐代出现“夹缬”新工艺，从而有了印花布，于是宋代有了专门从事雕造花缬的技艺，而雕版印刷业中也出现了一个新的分支。有了绢，有了缬绢，还是不行；还得有专门缝制衣服的缝匠。宋代彩帛铺中附有缝匠，为人缝衣，也有独立裁缝铺。与此同时，还涌现了制帽的帽行、做鞋的双线行，以及专门做油衣的行业。丝织业的发展，一方面是产品丰富，如织成绢、罗、纱、锦等产品，各个地区亦有自己的特点，这姑且不论，而另一方面则向工艺品发展，

① 《中国经济史考证》卷一，第262页。
② 宋敏求：《长安志》卷八、卷一〇。

从而有刻丝、刺绣等的出现。这样，在纺织业的带动之下，形成了一些新的行业，创造出了新工艺、新产品，社会分工进一步细密了。

另一种情况是，从一种综合型的生产部门中，分离出很多行业、发展成为制作某种专门产品的新行业，这是宋代手工业发展的又一个方向。冶铁业就是沿着这一方向发展的。前章冶铁中曾引用过李昭玘为吕规所作的墓志铭，其中提到这家大型的冶铁作坊："东州之人，一农一工，家爨、户御，其器皆吕氏作也"①。从这个作坊制作的情况看，既有农业生产工具、手工业生产工具，也有家庭生活用具如镬、釜、刀之类，以及防家之用的武器，显然是一个综合型的大冶铁作坊。不仅镬、釜之类有专门制作的冶铁业，一些较小的铁制产品也发展成为专门的手工业。如信州，前面提到，从唐到宋所制钢刀极有名，另外这里所制作的剪刀，号为二仪刀，"遇物如风"，也是极为锋利的。针虽然很微小，但对于"女流医工"来说，有着极其密切的关系，其中以耒阳所制最为有名②。至于前面提到的广南西路雷州所制作的铁制茶碾、汤瓯、汤匮之类，与"建宁所出不能相上下"，以及衢州铁锁等等，各个地区制作专门产品，从而成为当时市场上富有地区特色的名牌产品。

向专门化产品方向发展，与手工作坊内部分工的日趋细密有密切关系。大体说来，官府作坊规模都相当大，专业化程度较强，前述军工工业、金银细工手工业都说明了这个问题，不再赘述。拿采掘冶铁业来说，就有如下分工：(1) 井下工，有采矿的、运矿的区别；(2) 采矿之后要洗矿选矿；(3) 洗选之后上炉冶炼，铜、铁、银、铅、锡等无不如此；(4) 冶成矿产品后，才由铜坊、锻坊、银坊制作各种器物和不同的产品。因而作坊内部的分工是推动技术进步、产品专门化的一个基本条件。

手工业日益细密的分工及其发展，有力地推动了商品经济的发展。列宁在《俄国资本主义的发展》的名著中，多次阐述了社会分工与商品经济之间的关系。他说："商品经济的发展就是一个个工业部门同农业分离。"又说："社会分工是商品经济的基础。加工工业与采掘工业分离开来，它们各自再分为一些

---

① 李昭玘：《乐静集》卷二九《吕正臣墓志铭》。
② 陶谷：《清异录》卷三。

细小的部门，各个部门生产商品形式的特种产品，并同其他一切生产部门进行交换。这样，商品经济的发展使各个独立的工业部门的数量增加了；这种发展的趋势是：不仅把每一种产品的生产，甚至把产品的每一部门的生产都变成专门的工业部门……”[①] 上述事实材料论证了，宋代手工业就是遵循手工业内部这一规律性而不断分工、不断发展的，从而推动了商品经济的迅速发展，不仅远远超过了隋唐时代，而且使其后继者元代和明初也大为逊色。

手工业不断分工、不断发展和扩大，必然使手工业者大大增加。亦正如前引列宁所说的：“商品经济每发展一步都不可避免地使农民从本身中分出一批又一批的手工业者。”[②] 宋代有多少手工业者，前面在各手工业部门生产中有的已作出估计。今以宋神宗熙丰年间经济发展最突出的时期为准，大约是：

1. 汴京军工作坊、文思院、后苑作、窑作、锦院、染院以及各地军工作坊等，最少也有2万多工匠（或匠户）。

2. 铜铁钱监约有13000役兵工匠。

3. 采掘冶炼业在宋代手工业中占有不小的比重，其中铁冶至少有八九万户，铜冶约5万户（韶州永通监、信州铅山场全盛时各达十余万人，洪迈称永通监原有八九千家冶户），金、银、铅、锡等冶户不少于十万户，共计二十四五万冶户。

4. 纺织机户或机坊约10万户。

5. 烧瓷的窑户不下六七万户，可能还要更多些。

6. 诸如各地伐木、造船、砖瓦、建筑、造纸、雕版印刷、墨、笔、砚制作等业，以及集中于城镇的各种作坊、杂工，也不少于40万户。

总算起来，宋代官私手工业的匠户不下80万户，甚至超过百万户，占宋神宗元丰初年的总户数1600万户的5%～7%。这就是宋代手工业生产的基本力量，他们同广大农民一道为社会创造了巨大的财富。

手工业各行都有同业行会的组织。“行”也叫“团”，因而一般称为团、行组织。商业同行也有行会，这放在第四编中再谈。各行都有一个首脑。《周

---

① 《列宁全集》第三卷，第17、19页。

② 《列宁全集》第三卷，第299页。

礼》中有肆长，是管理“肆之政令”的，大约由官府直接指派。唐贾公彦注《周礼》时提到：“肆长，谓行头，每肆则一人，亦是肆给繇役者”①；“此肆长，谓一肆立一长，使之检校一肆之事，若今行头者也”②。所谓的“行头”，是唐代的制度。宋代继承了这项制度，称做行首。各行各业都有“行首”，但其含义则不尽相同。如《大宋宣和遗事》记载的那个李师师，谓之“上厅行首”，言其美貌为妓女行中之最，并不是管理这一行的头面人物，后代“行行出状元”的成语中即具有这一涵义，意为本行当中最有才具的第一人。乞儿行中也有行首或团头，《金玉奴棒打无情郎》中的金团头，则是叫花子中地地道道的头目，不能妄加菲薄的。“行首”也可能叫“行老”③，一般说，行首是一行中经济力量最为雄厚的手工业主，唯其如此，才能经得住官府的勒索和敲诈。而为了躲避这种勒索和敲诈，行首或行人又向达官贵势投靠，以便得到他们的庇护和提拔，在冶铁中前面曾举过这类例证。

行的形成和建立经历了一个长期发展的过程。所谓“市肆谓之行者，因官府科索而得此名，不以其物大小，但合充用者，皆置为行，虽医卜亦有职”④；所谓“市肆谓之团行，盖因官府回买而立此名，不以物之大小，皆为团行，虽医卜工役，亦有差使，则与当行同也”⑤。行的建立与官府科索和差役有着重要的关系，但是如根据这些材料认为行完全是因此而建立起来的，那就把行的形成发展看成是人为的因素，而不是自身发展的必然结果了。行的建立是由其本身的需要建立和发展的，杨德泉同志的文章对此已作了论述。

工匠要为官府应役。在城市则通过行，在州、县则直接通过地方官府的指派。从中央到地方，诸凡兴修宫室房廓、制作武器等器物，总是从州、县中抽调公匠应役，应役者谓之当行。“役工建造，公家不能免；人情得其平，虽劳不怨。境内工匠，必预籍姓名，名籍既定，有役按籍而雇，周而复始，无有不均。若名籍不定，而泛然付之于吏，则彼得以并缘为奸，本用一人，辄追十

---

① 贾公彦：《周礼》注：卷九，《地官》。

② 《周礼》注，卷一五，《地官》。

③ 孟元老：《东京梦华录》卷三，《雇觅人力》。

④ 耐得翁：《都城纪胜》。

⑤ 吴自牧：《梦粱录》卷一三《团行》。

人，艺之精者反以赂免，而不能枉被攀连不得脱。”① “今世郡县营缮创缔募匠……平日皆籍其姓名鳞差以俟命，谓之当行。间有幸而得脱，则其侪相与讼，挽之不置，盖不出不止也，谓之纠集。”② 陈襄和岳珂所谈两宋情况是完全一致的，而且各州、县在实际上也都早籍了匠户姓名的。如“〔宋徽宗〕大观四年九月二十四日奏……光州固始县……见管钱坑冶户一十四户。”③ “孝宗乾道二年四月十二日，提点坑冶铸钱司状……应坑丁作匠，并令本县注籍，与免本身诸般非泛差使……”④ 手工匠人所立的籍贯就是匠籍，官府根据它自己的需要而将州、县工匠括刷到京城应役。但宋代工匠应役与唐代已有所不同了，被征调到官府中做活，而付给月米、日食米钱和酱菜钱之类，是唐代和雇制度的继续和发展，虽然有某些程度的强迫性质，但与真正服役还有所区别。宋代《京本通俗小说》中的《碾玉观音》，主人公玉工崔宁，人们呼之为“崔待诏”，这自然包含了对这位玉工的尊敬，但从这里却透漏了他同官府存在的隶属关系。所以他同韩王府中的秀秀私奔之后，韩王府到处追捕。这是手工业诸行的一个职能和作用，行首在这当中当然起着重要作用。

行的再一个重要职能是协调行内各种关系，极力缩小行内的竞争。只要有商品生产，就要有竞争，“同行是冤家”，就是由竞争而产生的。技术保密也来自于此，不仅行与行之间要保密，同行之内各个作坊也要保密，这一点在匠师制度中再说。为限制竞争，一个很重要的办法就是限制外人入行。王安石曾对宋神宗提到如下一件事情：“臣曾雇一洗濯妇人，自言有儿能作饼，缘行例重，无钱赔费，开张不得。”⑤ “行例重”当然要看到是由官府勒索造成的，但这件事情也可能涵有这种意思，即：要加入某一行，就必须付出相当的“行例”，而这种行例正是限制有一技之长但无力缴纳行例的劳动者入行的手段，用这种办法来稳定行内的现有秩序，维护行户们的利益。

为避免同行内部的竞争，北宋汴京城内许多零工、日工、杂工都由行老负

① 陈襄：《州县提纲》。

② 岳珂：《愧郯录》卷一三。

③ 《宋会要辑稿·职官》四三之一二四。

④ 《宋会要辑稿·职官》四三之一五七。

⑤ 《长编》卷二五一，熙宁七年三月己未记事。

责雇请："见雇觅人力、干当人、酒食作匠之类，各有行老供雇"[①]。南宋临安"雇请人力及干当人"，同样"各有行老引领，如有逃闪将带东西，有元地脚保识人前去跟寻"[②]。有些行业，如专门为"民间吉凶筵会、椅桌陈设、器皿合盘、酒担动使之类"，即筹办吉凶诸事、借凭各种器物，"亦各有地分，承揽排备"；连"供人家打水者"，也"各有地分坊巷"[③]。所谓"各有地分"，一方面包含着封建垄断的性质，直到近代中国大城市中还延续下来而成为一种陋习。另一方面，因为"各有地分"，在自己的地分中成为独立的王国，免除了竞争。不过，在有的地区和有的行业中，竞争还没有展开，因而行会中还有互助情况发生："向在金陵，亲见小民有行院之说，且如有卖炊饼者，自别处来，未有其地与资，而一城卖饼之家便借市，某从炊具，某贷面料，百需皆备，谓之护引"，因而某些封建士大夫看到这种情况，称赞"行院无一毫忌心，此等风俗可爱"[④]。

无论是手工业还是商业，每个行业都有自己的独特的标志，"其士农工商诸行百户，各有本色（《梦粱录》卷一八作'皆有等差'），不敢越外"[⑤]。每行有本行的宗师，木工一行则以鲁班为宗师。各行也有自己的聚会等活动，这种聚会活动谓之"社"，"每遇神圣诞日，诸行市户，俱有社会，迎献不一"[⑥]在共同祭神、奉祀宗室的日子里，都可分得"胙肉"，而行老照例要享受一份，倍于众人[⑦]。

第二节　匠师制度和考功制度

很早以来，"巫医乐师百工之人，不耻相师"（韩愈《师说》）。各种手工业生产部门，都是依靠师弟传承关系，把前一代的技术成就传给后一代，并且

① 孟元老：《东京梦华录》卷三《雇觅人力》。
② 吴自牧：《梦粱录》卷一九《雇觅人力》。
③ 《东京梦华录》卷四、卷三。
④ 车若水：《脚气集》。
⑤ 《东京梦华录》卷五。
⑥ 《梦粱录》卷一九《社会》。
⑦ 陆游：《入蜀记》卷五。

不断地提高这些技术的。因而匠师制度是手工业生产各部门中的一项重要制度。

匠师制度，宋代各行业中也继承下来，连所谓“画工技之至贱者也”，也是靠“不耻相师”的制度把作画的技能流传下来[①]。前面提到，由于手工业生产是商品生产，不会没有竞争，因而行与行之间、同行之间，都在技术上进行非常严格的保密。国家各种武器的制作，“皆有制度作用之法，俾各诵其文而禁其传”[②]，是严格保密的，被抽调到官府作坊的工匠，“其人（当作‘入’）役也，苟简钝拙，务閟其巧”[③]，也是为了维护自己的饭碗而不肯把技术全部施展出来。在这种情况下，生产技术的传授是通过以下两种方式进行的。其一是，家世相传。这种相传，也有两种情况。有的是父女相传，如北宋著名的土木工程建筑师——都料匠喻（或作预）浩，他的《木经》是由其女儿完成的，前面已经说过。这是父女相承的例证。更多的情况是父子相承的，如匠者张艺多，“世为器用之工”，“自少时技能已出诸父上”[④]，即是如此。还有一些特殊的手工艺产品，如亳州又轻又薄类若烟雾的细纱：“一州惟两家能织，相与世世为婚，惧他人家得其法。云自唐以来名家，今三百年矣”[⑤]。通过婚姻关系，两家把这种特殊的“亳纱”工艺继承下来。在纸、墨、笔的制造中，也有许多世代相传的专业匠户，经历二三百年而不衰。这类家世相承的手工业者，由于积累了较为丰富的生产经验，使产品的质量具有一定程度的稳定性，成为名牌产品而世代传袭下来，对手工业生产特别是对特殊手工艺产品的传承和发展，在当时的历史条件下是做出了贡献的，应当予以肯定。但是，出自小商品生产者惧怕竞争的心理，对一些高超的技艺秘不示人，它本身就是一种保守主义的行为，使技艺原封不动，结果经不起竞争的检验，许多名牌产品如宣城诸葛氏之笔终于在市场竞争中失败而消失了。至于许多高超技艺因保密而失传，使手工业的发展受到阻碍，则更显得愚蠢了。这种保密，归根结底，是私有制

---

① 谢逸：《溪堂集》卷八《上南城饶深道书》。
② 王得臣：《麈史》卷上。
③ 岳珂：《愧郯录》卷一三。
④ 谢逸：《溪堂集续补》《匠者张艺多传》。
⑤ 陆游：《老学庵笔记》卷六。

的产物；只有私有制消灭之后，才能使它失去容身之地。

另一种形式是师徒相传。不论官私手工业中，都普遍地存在学徒制度。在私家作坊中，作坊主招收徒弟，传授技能，在学徒期间承担各项沉重劳动而无任何报酬。学成之后，学徒即上升为工匠，可以单独经营，也可以在他人作坊中劳动。因而，学徒制是培养工匠的一项制度，对手工业技艺的传承和发展有着密切关系。为使学徒真正学到本领，成为一个合格的工匠，各行业根据自己的具体情况，规定相应的年限。按照唐代官府规定，"凡教诸杂作计其功之众寡与其难易而均平之，功多而难者限四年、三年成，其次二年，最少四十日，作为等差均其劳逸焉"；诸如"金、银、铜、铁铸鍮凿镂错鏃所谓工夫者，限四年成，以外限三年成，平慢者限二年成"；"诸杂作有一年半者，有一年者，有九月者，有三月者，有五十日，有四十日者"[①] 唐代有关学徒年限的规定，也为宋代所继承。如宋哲宗元祐六年（1091）湖南提刑司提出如下的一项规定：

> 钱监工役，朝暮鼓铸，最为劳苦。其招后投换犯罪刺配及划刷厢军之人，既非素习，若令习学鼓铸，例收全工，免稽滞工限。欲乞相度，自到作者，给与请给，且令学习鼓铸，收功三分，及三十日与收半工，再经一年即收全功。[②]

这就是说，对于从来没有从事鼓铸的人，必须学习一年多以上的时间，才能按全功计算，因而这一年多即为鼓铸业中的学徒阶段。

对工匠，则有一套完整的考功制度。尤其是官府当中聚集了大批工匠，考功制度的制订极为详备。自唐到宋，手工业中所谓的"功"，是用来计算手工业者的劳动量的。各种不同的行业，用一个共同标准去衡量劳动量，就是按时间计算。宋承唐制，一年四季日照长短不同，"夏至日长，有至六十刻者，冬至日短，有止于四十刻者"。因此，功也就有所不同："诸称功者，谓中功"；如中功"以十分为率，长功加一分，短工减一分"；"四、五、六、七月"为

---

① 《唐六典》卷二二《少府监》。

② 《长编》卷四六四；元祐六年八月庚子记事。

长功，二、三、八、九月为中功，十、十一、十二、正月为短功。[①] 严格说来，称劳动一天为一功，是不够精确的。这是一般的规定，但对一些具有特殊情况的手工业，如铸钱业，劳动强度太大，溽暑天气高温加上炉前高温，实在难以持续，因而在宋真宗景德四年下诏放宽钱监程限，“自今五月一日至八月一日，止收半功，本司每岁量支率分钱，以备医药”[②]。所谓收半功，即在这几个月内，缩短一半劳动时间。

手工业各工种有所不同，因而在手工业内部计算“功”的办法也就有所差别。就建筑方面木工、石工来说，“功分三等，第为精粗之著”[③]。一般的做杂活的，还不算工匠，称之为杂工，不按正式规定要求。凡成为工匠的，都根据各自工种计功。例如对土方木石的计功情况是，土干重60斤谓之1担，石每方1尺重143斤7两5钱，木如黄松方尺重25斤……根据这种标准定量来衡量工匠们所承担土方木石的重量而计功。如螭车载粗重1000斤以上，每50斤即折为一功，等等。[④] 这是考功的一个方面。考功的第二个方面是，各行业必须按照自己的“造作次序”亦即操作规程、工序进行生产。如石作的造作次序就有6道。[⑤] 一个工匠必须按照这些规定并在规定的程限内，才算达到了要求。官府按这些规章考核所属工匠，师傅也根据这个行业的规定要求他的徒弟，以期产品符合规定。

唐代以前，就在产品上题上制作工匠的名字，以考核工匠的优劣。例如，制造弓箭、长刀之类的武器，“官为立样，仍题工人姓名，然后听鬻之。诸器物亦如之。以伪滥之物交易者，没官；短狭不中量者，还主”[⑥]；“凡营造军器，皆镌题年月及工人姓名，辨其名物而阅其虚实”[⑦]，“辨其名物而阅其虚实”，使消费者根据产品的实际情况而评定其优劣，并根据镌题的名字而考核工匠的能力，这是使产品质量得到保证的一项好办法。宋代继承了这项做法，

---

① 李诫：《营造法式》《看详·定功》；又卷二《总例·定功》。
② 《宋史》卷一八〇《食货志·钱币》。
③ 《营造法式》《序》。
④ 《营造法式》卷一七。
⑤ 《营造法式》卷三。
⑥ 《唐六典》卷二〇《太府寺》。
⑦ 《唐六典》卷二三《将作监》。

如前面曾引证《庆元条法事类》的记载，“诸买纳金、银、铜、铅、锡，皆铸为铤，各携斤重，专典姓名，监官押字，铜、铅、锡仍镌炉户姓名”[①]，即可证明。又如宋代刊书无不雕上刻工的姓名，以及刊印是书书肆的堂号；笔、墨等也刻制工匠的姓名和堂号，借以对是项产品负责。这种做法不仅保证了产品的规格，而且也体现了生产者的高尚的职业道德。

官府工匠既有考功制度，就有升降制度，而且工匠的地位、待遇也就大不相同。私家作坊中工匠也是有所区别的。在官府作坊中，除刺配罪犯外，役兵、杂工是生产当中最低级的，只能做些粗活杂活。在役兵、杂匠以上，便是各级工匠。工匠能够逐级提升。南宋初御前军器所规定，每年提升一次，提升的办法是：“开具精巧之人，取众推伏，次第试验”[②]，然后经提举所审查通过，三等工匠可升第二等，第二等可升第一等。第一等工匠以上则为管理工匠的作头（或甲头）、作家、都作家。而在建筑部门，都料匠则是级别最高的。如果所制产品达不到规格要求，也可下降，甚至从三等工匠降至杂工。各级工匠到作头、作家、都作家，都按照自己的等级地位，按月分得“请给”。

所有上述考核制度、升降制度，对手工业起了促进、刺激的作用。不过，在官府应役的工匠，总希望早日离去，希望自己成为独立作坊的主人。

第三节　雇工的广泛发展与新的经济因素的积累

雇工的广泛发展，是宋代社会经济关系发展中一个值得注意和研究的问题。它与新的经济因素亦即资本主义的因素有着直接的密切的联系。因而在本编末提出来加以探索。

雇工在许多生产部门中都曾经存在，而且还有所发展。在农业生产中，前编结尾中曾经提到，遇到农忙季节，诸如插秧、刈稻的时候，地主、富裕农民或劳力短缺的人家，往往雇佣短工：

绍熙二年，金溪民吴廿九将种稻，从其母假所著皂绨袍，曰：明

① 《庆元条法事类》卷三七。
② 《宋会要辑稿·职官》一六之六至七。

日插秧，要典钱与雇夫工食费。[①]

这种雇佣显得相当广泛、普遍，绍兴元年九月臣僚们的奏言中提到：

田家夏耘秋收，人各自力，不给则多方招募，鲜有应者。[②]

茶叶采摘、制作的季节性是很强的，稍差时日茶的成色就会降低，因而除一般仅能自给的小茶园主实质上是茶农外，茶园主大都在采摘季节雇有人工的：

据九陇县税户党元吉等状称：自来相承山坝茶园等业，每年春冬，雇召人工薅划，至立夏并小满时节，又雇召人工趁时采造茶货……

各为召雇人工，每日雇钱六十文，并口食在外……[③]

这类雇工也是相当广泛的，还在北宋初年，宋真宗对茶法变更有过如下议论："园户采撷，须资人力……又佣力者多系贫民，倘斥去之，安知不聚为寇盗？此等事宜即裁损，务令便济。"[④] 至于在各种零活、杂活当中"庸力自给"的情况尤显得广泛普遍，如下面材料所反映的：

京师妇人夏二娘……日与之负麦，然一往返才值三十八钱许，今日以外尚欠十八千，非两年不了。[⑤]

湖州民蔡七，长大有力，受人佣故（雇），足迹遍闾巷，率至夜分始归。[⑥]

鄱阳市人江友，以庸力自给，一生不娶妻，老而强健，负担不衰。[⑦]

董小七，临川人。因避荒流落淮右，为海陵陈氏操舟。[⑧]

都昌妇吴氏……为乡邻纺缉、浣濯、缝补、炊爨、扫除之役，日获数十百钱，悉以付姑，为薪米费。[⑨]

---

① 洪迈：《夷坚志·支志》丁集卷四。
② 《宋会要辑稿·食货》六五之七七。
③ 吕陶：《净德集》卷一《奏为官场买茶亏损园户致有词诉喧闹状》。
④ 《长编》卷六三，景德三年秋七月庚午记事。
⑤ 洪迈：《夷坚志·丁志》卷七。
⑥ 《夷坚志·支志》癸集卷一。
⑦ 《夷坚志·支志》丁集卷一〇。
⑧ 《夷坚志·支志》甲集卷一〇。
⑨ 《夷坚志补》卷一。

吾乡里昔有小民，朴纯无它伎，唯与人佣力受直。〔洪迈〕族祖家日以三十钱顾之赁舂，凡岁余，得钱十四千。①

在宋代雇佣广泛发展的情况中，有两点值得注意。其一是，在较为繁华的城市中，受庸卖工的现象较为集中。如“邛州村民日趋成都府小东郭桥上卖工，凡有钱者，皆可雇其充使令负担也。”② 北宋时的汴京，“倘欲修整屋宇，泥补墙壁，生辰忌日欲设斋僧尼道人，即早辰桥市街巷口，皆有木竹匠人，谓之杂货工匠，以至杂作人夫，道士僧人，罗立会聚，候人请唤”③，等待召雇的人为数不少！南宋临安也定会有这种情况，虽然有“地分”为之区分，但从四外涌进来的贫民却等待召雇。其二是，为人雇佣者也可雇佣他人：“光州有村民毕姓兄弟二人，养母佣力，又雇2人担粪土，得钱以养母尽孝道。一日，至食时雇者不至。兄弟惶惑，夜无母饭，不知所为。遂各担箩遍村求售担物……”④综合上述这些情况来看，雇工是如此广泛和普遍，雇工本人也可以雇工，这说明了从土地上被排斥出来的劳动者流到各地，特别是流到城市中，进入手工业商业方面的逐渐多了起来。换句话说，城市能够容纳了较前代为多的人口，这反映了城市经济、手工业、商业确实得到了发展。

雇工当中有一部分是五等下户，因为他们占有的土地少，不得不做些零活以弥补农业收入的不足，这一点前编已经说过。但雇工主要地是由客户中没有同土地结合的，亦即与生产资料分离的这一批人组成的。这些人，在当时社会上被看作是低下的：“江西俚俗骂人，有曰客作儿……凡言客作儿者，佣夫也。”⑤ 文献材料反映，雇工们也都被视之为仆：

临川市民王明，居廛间贩易，资蓄微丰，买西城空地为菜圃，雇健仆吴六种植培灌，又以其余者俾鬻之。⑥

饶民江井三，居水（永?）宁寺东街，为结络匠……其仆夏二在

① 《夷坚丙志》卷一一。
② 《夷坚续老》前集卷二。
③ 孟元老：《东京梦华录》卷四。
④ 王铚：《默记》。
⑤ 吴曾：《能改斋漫录》卷二。
⑥ 《夷坚志·支志》甲集卷五。

室中打屏……①

黄州市民李十六，开茶肆于观风桥下……其仆崔三……汝月得雇值，不过千钱。②

以上三例，不论是在园中种植培灌、在茶肆中做活，还是在络匠家中被雇佣，都是被称之为仆的。宋代“佣力”受雇的劳动者，从当时法律规定看，社会地位即是非常低下的。城市中受雇的使用人，男则称仆，女则称婢，在其受雇的年限内是这种称呼：“天禧三年诏……自今人家佣赁，当明设要契及五年”③；“在《法》，雇人为婢，限止十年”④ 即在五年至十年之内，被雇者与雇主之间的关系是主仆关系。这种奴仆的称号，同奴隶制时代涵义已不相同，因为两造之间是货币关系而不是人身占有关系。虽然如此，但地位低下则是灼然可见的。之所以如此，可能是如前编所提到的，在封建时代里，人们的社会地位的高低，决定于对生产资料占有的多少，失去生产资料的劳动者，或者说与生产资料分离，成为一无所有的流浪汉！这是第一点。正因为他们同生产资料分离，全靠卖工为生，因而衣食便毫无着落，例如漳州一带“客户则全无立锥，惟藉佣雇，不能营三餐之饱，有镇日只一饭，或达暮不得食者”⑤。这类雇工，往往在灾荒年间流落他乡，如果在“流庸”中不卖身于地主豪室之家而成为他们的田仆外，他们就始终只能处于一贱二饿的社会地位。

这样挣扎在饥饿线上的雇工，社会地位虽然如此低下，但是，也并不是在任何地方都能够形成这样一支劳动大军的。在庄园农奴制居于主导地位的夔峡诸路，地多人少，严重地缺乏劳动人手，农奴主们总是想方设法把旁人的地客偷偷地搬到自己的庄园中。试想，能在这样的地区形成一支身份上较为自由的雇工吗？显然是不能够的。因此，只有在生产发达的东方诸路，特别是在生产最发达的两浙、江东、福建等路，地少人多，劳动生产率较高，只有在这样的地区，才出现了相对人口过剩的问题。当成批的劳动生产者从土地上被排斥出

① 《夷坚三志》辛集卷二。
② 《夷坚志·支志》卷一。
③ 《文献通考·户口考》二。
④ 罗愿：《鄂州小集》卷五，《鄂州到任五事札子》。
⑤ 陈淳：《北溪先生大全文集》卷四四，《上庄大卿论鬻盐》。

来的时候，即造成了他们同生产资料的分离，为形成雇工这一劳动大军创造了一个极其重要的甚至可以说是前提条件。这是其一。

其二，这些生产最发达的地区，也就是封建租佃制高度发达的地区。在这个地区上，客户在具有迁徙自由的同时，同主人的人身依附关系也大大削弱而松弛下来了。这种松弛表现在，客户可以自由离开主户，上升为主户，或者选择其他的职业，而不再附着主人的土地上，如：

> 郑四客，台州仙居人，为林通判家佃户。后稍有储羡，或出入贩贸纱帛海物。淳熙二年，偕其仆（这是雇工被称为仆的又一例证）陈二负担至摘星岭。①

这个出身于林通判家的佃户，已经转化为商人，而且不是普遍的小商贩，而是雇有“仆人”的富商了。如果不是在生产发达的地区，而是在夔峡诸路，佃户们是很难出现这样的转化的。佃户们除选择职业自由外，还可接受旁人的佣雇，主人是不加阻拦、干涉的，如：

> 乐平新进农民陈五为翟氏田仆，每以暇时，受他人庸雇，负担远适。②

材料反映，受雇佣的佃客，多是为旁人经营商业，不是负担，就是操舟，从事运输活动。这种情况，在把佃客看作是世袭牛马的夔峡诸路能够出现吗？显然是不能够的。这两点是佃户对待主人的一些表现；而主人对待佃户，如前所说，则由于劳动人民的充足，用“划佃”、“夺佃”的方式，剥夺佃户的佃耕权，把佃户推到雇工正在走着的饥饿自由的道路！还有，这类雇工同封建国家的关系，并不承担赋税、差役，而是承担身丁钱、夫役，在这方面的义务也不是多么繁重的，只要能缴纳上规定的杂钱，就算取得了自由的权利，也不再受更多的干扰。

综合上面的叙述，雇工与雇主两者之间的关系，不论是短工、季工还是长工，主要是货币关系，而不是依附关系；雇工们尽管是社会地位低下，一贱二饿，但他们却是比较自由的劳动者，各种封建的羁绊不是削弱了就是消除了，因而这批劳动大军虽然还不能是“自由的飞鸟”，但是已经向“自由的飞鸟”

---

① 《笔记小说大观》《夷坚志》卷十三。

② 《夷坚志·支志》癸集卷五。

的这条道路上迈进，所距已为之不遥了。

正是在这一前提下，宋代有可能出现新的经济关系因素，亦即资本主义的萌芽。不言而喻，这个新的经济关系因素只能在当时生产最发达的两浙、江东、福建等路孕育萌生，而不能在其他地区产生。这是因为，这个地区既是农业生产最发达的地区，也是商品货币经济最发达的地区，从而在某些手工业生产部门中孕育了这种新的经济关系的因素，并在一定条件下，突破封建主义的阵地而萌生出来。那么，在什么生产部门中能够孕育新的经济因素呢？例如在北宋汴京城内的油饼店、胡饼店来说，其中有的规模相当可观，“每案用三五人捍剂卓花入炉”，“唯武成王庙前海州张家、皇建院前郑家最盛，每家有五十余炉”[①]，像这样大的饼店作坊，当然会有饼师（工匠）、学徒和雇工的，饼师和雇工也都是同饼店主人结成货币关系。但在这样的作坊中，以及类似这样的作坊，它的内部分工比较简单，技术也不复杂，虽然在发展中有量的增加和减少，但在商品经济中毕竟居于次要的地位，从而不可能在这类生产部门中孕育萌生新的经济因素。

从社会分工来考察新的经济因素的萌生，也是必要的。社会分工是商品经济发展的基础，社会分工越细，技术越提高，产品质量就越好，而且随着专门化产品的发展，产品质量既好且多，从而推动商品经济的发展，适应社会的需要，并有利于资本主义因素的增长。但是，有的文章大谈蔡京家厨房中的分工，在包子制作中，有的切肉，有的切葱等等之类。其实这类分工再细，也萌生不出资本主义的萌芽来。因而从社会分工考察，必须着眼这项手工业是否在社会需要日益增长的条件下进行分工的，只有这样的分工才有可能推动商品货币经济的发展，才能通过这一发展而产生新的经济因素。

依此而论，在两浙、江东、福建诸路的纺织业生产最有可能产生这种新的经济因素。如前所指，宋代大约有十万个机户或机坊，分布在两浙诸路的为最多。这些机户机坊有的在村镇上，如：

> 本郡（吴兴）山乡以蚕桑为岁计，富室育蚕有数百箔，兼工机织。[②]

① 孟元老：《东京梦华录》卷四《饼店》。
② 谈钥：《嘉泰吴兴志》卷二〇。

〔婺州〕义乌县有山谷之民，织罗为生，本县乃拘八乡柜户，藉以姓名，掠其所织罗帛，投税于官……①

在城市中的如婺州、温州、杭州等地亦为不少。就这些机户机坊内部构成看，有的显然是以家庭成员的劳动为主，因而可以称之为家庭作坊。但有的如上述“育蚕有数百箔，兼工机织”这类机户，单靠家庭成员的劳动就远不足以应付的了，必须依靠雇工，或纺纱，或络丝，或织机，才能够应付得了。虽然还没有直接的材料，来说明这类大型的纺织作坊的内部结构，但这是不难理解的。而且，从零散的材料中可以看到这类的雇工。如：

吾乡（指饶州乐平县滃港）白石村民，为人织纱于十里外，负机轴夜归。②

这是一个为人织纱的织纱工。又如：

〔泉州永春〕尝有寡妇负租而逃，公〔黄璃〕宽其期以召之，来则使之佣织于人，以渐偿所负。③

这个寡妇为偿还欠租而“佣织于人”，是织木棉还是织丝，都不清楚，但其为人佣雇则是事实。还有：

婺州根溪李姥……但余一孙，七八岁。姥为人家纺绩，使儿守舍……④

这婺州李姥“为人纺绩”，前引都昌妇吴氏“为乡邻纺缉”，不是纺丝，就是缉麻，由此取得雇值，虽是临时的或季节性的，但作为雇工则是肯定的。雇佣的人家是一般家庭为临时的需要而雇，这是机织之家付以原料进行纺丝缉麻，则不清楚。如是后者，则是散居在村镇上的机户，可以用自己的丝麻付给贫困无告的人家，进行生产，这同样是机坊的一种构成形式。

如果说，上述丝织方面的雇工，而这些雇工又是一些向“自由的飞鸟”的道路奔赴的劳动者，聚集在机坊中，与机坊（或机户）主发生货币关系，肯定地说，是一种新的经济关系因素亦即资本主义萌芽。宋代雇工的发展，已

① 《宋会要辑稿·食货》一八之四。

② 《夷坚志·乙志》卷八。

③ 《晦庵先生朱文公文集》卷九三《黄瑀墓志铭》。

④ 《夷坚志补》卷四。

经积累了新的经济因素，达到了孕育成熟的阶段了。

但，也要看到另一种情况。即：在宋代，封建经济制度特别是在生产发达地区的封建经济制度仍然具有一定的活力，土地从实际生活中到观念形态上还起着重要的支配的作用。在这样的情况下，对手工业、商业都起着相应的影响和作用。这就是：商业资本向土地方面转化，与土地势力结合，这在第四编中再作说明；而一些手工业主、作坊主、工匠也往往与土地结合，向封建主转化。前面提的大铁冶主汪革就是一例，在其他手工业部门也有这类例证，如：

> 温州瑞安县木匠王俊，自少为艺，工制精巧如老成。……俊时有田三十亩，自谓己艺之精，既享上寿，何得不富……后数岁，田至六十亩，又被县帖为都匠，所入甚厚。然才得钱，即有他事，随手费之，如是四五十年，其产竟不复进。……①

王俊是一个巧手能匠，在瑞安县被帖为都匠，可见其技艺之精。但就其观念来说，不是继续从其手工匠业方向发展，而是向土地上发展。这种思想在当时具有代表性，即一些小所有者得到上升机会之后，越来越向土地方面倾斜，而背离他的原来的技艺职业，即使仍然维持，也不是用来扩大手工业方面的再生产，而是扩大对土地的占有。这样，手工业便是在这一观念形态下受到阻碍，不能迅速地发展了。商品货币关系同样受到这个影响而得不到发展了。

---

①《夷坚志补》卷一。

第三编

宋代茶、盐、酒、矾的生产和封建国家专利制度

引言　宋代征榷制度泛论

在世界历史上，得到了充分发展的中国封建制度社会史，不仅具有极其广泛的普遍意义，而且也有其独自的特性，为其他各族各国少有或从所未有。征榷制度应当是其中一个极其鲜明的特性。

征榷制度源远流长，本编在相应部分给以简略的说明。在宋代，征榷的主要内容包括茶、盐、酒、醋、矾、香等许多产品和物资。除香一项外，茶、盐等属于手工业产品，香主要是产自海南诸国的舶来品，但由于从生产、运输、直到销售，都受到宋封建国家这样或那样的干预，以及不同程度的控制，成为封建国家的专利，故而放在本编中予以叙述。这是须加说明的第一点。

宋之所以把这些物资纳诸封建国家征榷的轨道上，根本在于这些物资同国计民生有着密切的关系，从中起着极其重要的作用。

先从“民生”说起。“作尔盐梅（有酸味，可以作为佐料，此处也是醯的代用字），调和鼎鼐”，殷周以下的帝王总是惯用这类词头，勖勉他们的宰执大臣，以“调和鼎鼐”为喻，治理国家大事。其实，帝王富贵之家固然需用盐梅，平民百姓也离不开盐梅，而且由于生活的贫困，盐的需要量远远超过了贵势们。茶，在产茶区，家家户户都需要它，用王安石的话来说，“夫茶之为民用，等于米盐，不可一日以无”[①]，是民生中不可或缺的。酒的需要虽然不如盐茶那么广泛，但酒的酿制，与粮食产量有着密切关系，当歉收年景，酒的制作就会受到国家的干预。试看下面三国蜀汉时的一则故事：

先主（指刘备）拜简雍为昭德将军。……时天旱禁酒，酿者有

① 王安石：《临川先生文集》卷七〇《议茶法》。

刑。吏于人家索得酿具，临者欲令与作者同罚。〔简〕雍与先主游观，见一男女行道，谓先主曰："彼人欲行淫，何以不缚？"先主曰："卿何以知之？"雍对曰："彼有其具，与欲酿者同。"先主大笑，而原欲酿者。①

总之，茶、盐、酒、醋，以及染衣帛而需用的矾，是民生所需要的基本物资，具有普遍、广泛的意义。

香，虽然为少数人，诸如皇室贵势富豪们所酷爱，远不如茶盐等在日常生活中所具有的广泛性，但正如《宋史·食货志》有关于"香"的一栏中所说的："宋之经费，茶、盐、矾之外，惟香之利为博"，所以它同茶、盐、酒、矾一样，成为国家控制的专利品，"故以官为市焉"。所谓"国计"云云，就是建立在"利"的基础上，封建国家征榷制度的实质，即在于此。由于这个决定性的因素，周秦以来的历代王朝，随着茶、盐、酒、矾生产部门的发展，逐步地把这些部门的生产、运输、销售、消费，采取不同形式和办法加以控制、垄断，形成为范围日益扩大、制度日益严密的征榷制度。宋就是这一制度得到充分发展的时代，对后世有着极其重大的影响。因此，本编论述这项制度，是完全必要的。

宋代征榷制度不仅对当时的社会经济、财政及政治产生巨大的作用，对后代的影响也是非常深远的。

宋代征榷制度极为严密，但它控制下的茶盐酒之类毕竟是商品，必须投入到市场上。而且茶盐酒的投入量，仅次于米面布帛，成为市场上的大宗。这些商品充实了各级市场上内容，但意想不到的是，其中的茶酒之类对市场的发展，特别从草市墟市向镇市城市的发展，起了突出的作用。草市墟市是"日中为市"的定期市，交换时间是短暂的。但这些草市墟市一旦有了居民，就会向镇市城市方向发展。而构成草市墟市居民点的，首先则是酒（饭）馆、茶馆。这是因为，酒（饭）馆、茶馆既提供交换者和商客们以休息场所，又是洽谈交易的好地方。这样围绕酒（饭）馆，居民点日益扩大而向镇市发展了。

① 《三国志》《蜀书·简雍传》。

一些大都市的繁荣也与征榷制度有密切的关系。最突出的例证是扬州。唐安史之乱以后，扬州是当时最大的都市，有“扬一益（指成都）二”的美誉。扬州处于运河长江的交汇，绾毂东西南北，成为运输的中心，这是扬州繁荣的重要因素。但也不可否认，唐中叶以来淮东盐的征榷与扬州繁荣也是休戚与共的。唐宋以来，淮盐产量居全国之最，而扬州则是淮盐向淮南、江东西、两湖运输的重要港口，为扬州的繁荣添色不少。经济的繁荣给扬州文化的发展带来生机。清康乾时期扬州有不少名士大夫，以郑板桥为代表的著名画家，即所谓“扬州八怪”，即是著名例证。许多名士大夫所以寄居扬州，一个重要的因素是，这里麇集了一批与封建国家有密切关系的盐商，虽然是些附庸风雅之辈，由于腰缠巨万，名士大夫的精神产品，如八怪的画，则能够购存下来，这算是豪富巨贾对传统文化做出的了不起的贡献吧！

宋代征榷制度给商业资本的形成和发展提供条件。在茶、盐等的大宗贸易中，涌现了一批资本雄厚的大盐商，京师交引铺以及各地交引铺也通过对茶引、盐引的垄断而大发横财，成为商业资本的代表人物。其中的盐商，越来越益依附于封建国家，打着卖官盐的旗号（作者年幼时似乎还记得一些商铺“代售官盐”），垄断地方的盐利，这类盐商到清代成为封建国家利害攸关的一批官商。自宋以后，我国封建社会的阶级结构逐步形成地主官僚和大商人高利贷者的三位一体，成为封建社会前进的一个严重障碍。盐商大概是大商人中最早形成为三位一体的成员。

宋代征榷制度极大限度地维护了宋封建国家的专利。宋真宗景德年间商税酒税和盐税总收入为 1233 万贯，盐、酒税为 783 万贯，占全部货币收入 63.5%；仁宗庆历年间总收入为 4400 万贯，而盐征税 2425 万，约占全部货币收入的 55%；到南宋，盐、茶、酒税的戊利猛增，至宋高宗孝宗两朝单是盐利占 54.2% ~48.4%，因而人们说：“计每岁天下所受盐利，当租赋三分之一”[①] 元明清三朝专利依然是非常可观的。可以这样说，征榷制度有力地支撑了宋元明清的财政，成为专制主义中央集权制赖以存在的物质基础。

“天下熙熙，皆为利来；天下攘攘，皆为利往。”正是由于征榷控制下的

① 《舆地纪胜》四卷。

茶盐酒矾等物资，具有压榨不尽的利源所在，封建国家及其依附者大商贾，为维护自己的专利，同茶园主、茶农、雇工，以及同亭户、备丁、小火、帖头等之间，展开了尖锐的斗争。这种斗争达到白热化的程度，爆发为武装暴动、起义，从北宋初王小波李顺起义到南宋一系列的起义，都有从事茶、盐的劳动者、小贩们参加，这就是人们熟知的茶商军和私盐贩。征榷制度推动了宋代社会斗争的发展。

从上述征榷制度所引发的种种问题来看，把它列为一编进行探索，也显然是极为必要的。

第二十二章　宋代茶叶生产以及茶专利制度下国家与商人、茶园主、茶农之间的关系

第一节　宋代植茶面积的扩大和茶叶产量质量的提高

我国植茶饮茶的历史是很久远的。西汉已经有了卖茶的记录；三国时候，吴主孙皓赐给《国语注》的作者韦昭以“茶荈”，用来代替酒[①]，又有了有关饮茶的直接记录。经过两晋南北朝到隋唐，茶的种植更加普遍了，饮用也更加讲究了。陆羽根据唐代种茶的情况，并参阅前代有关的文献，写出《茶经》一书。他指出：山南峡州、淮南光州、浙西湖州、剑南彭州、浙东越州等 32 州郡，都著名产茶的地方；对于恩、播等 11 州产茶的情况，虽不太清楚，“往往得之，其味极佳”[②]，陆羽也同样是赞赏不已的。上述陆羽所列举的茶产地，全部都在南方。这是因为，南方湿润多雨，便于茶树的生长。而一些名茶，不但喜欢湿润多雨的地方，而且还喜欢长生在岗峦的高处。如宋代著名的建安北苑茶：“先春朝阶常雨霁则雾露昏蒸，昼午犹寒，故茶宜之。茶宜高山之阴而喜日阳之早，自北苑凤山，南直苦竹园头，东南属张坑头，皆高远先阳处，岁发常早，芽极肥乳”[③] 还有，茶不与水稻一类的粮食作物争夺地盘，能够在丘陵岗阜之上生长，因而人们也就把它安排到这样的地方加以经营了。由于茶树

---

① 此据《三国志·吴书》卷二〇《韦曜传》，曜当作昭，陈寿避晋讳，故改昭为曜。

② 陆羽：《茶经》，百川学海本。

③ 《东溪试茶录》，百川学海本。

的生长具有这些特点，特别是在两宋它成为极其重要经济作物，便加速地发展起来了。

除淮北诸路外，宋代南方诸路到处都产茶，其中江东西、两浙、福建、荆湖南北诸路，是产茶最多的地方。宋政府除设榷场榷茶之外，还到江南诸路收购，如两湖的江陵、潭、澧等州，两浙苏、杭、明、越等州，江南东路则在宣、歙江等州，福建的南剑、建等州①，都是收购地点。根据南宋绍兴末年统计，东南十路产茶地计有66州、242县②，其中不包括川峡诸路。从这些情况来看，宋代植茶面积与陆羽记载的唐代植茶面积相比，扩大了两三倍以上。

据成书于五代时期的《四时纂要》的记载，茶从种植到采摘，历时大约三年；每亩可植茶240株，每株年可采摘半斤，故茶1亩可采收120斤。③ 茶的亩产量虽然达到120斤，但其中的上品则为数不多。根据采茶的季节早晚，茶大约区分为芽茶、早茶、晚茶和秋茶四色④，而以芽茶的质量为最好。芽茶一般采摘于谷雨之前，谓之雨前茶。但，同为雨前茶，也有不小的差别："凡茶芽数品，最上曰小芽，如雀舌、鹰爪，以其劲直纤铤，故号芽茶。次曰拣芽，乃一芽带一叶者，号一枪一旗。次曰中芽，乃一芽带两叶，号一枪两旗。其带三叶四叶者，则渐老矣。芽茶早春极少……"⑤ 至于晚茶秋叶，含单柠酸较多，味涩并带些微酸叶，被视为"秋老黄叶"，富贵人家是不屑一顾的。

由于茶叶生产受到社会上的重视，各地涌现了不少的名牌产品。唐代以两浙湖州的顾渚茶最负盛名，是当时的贡茶。宋代则以福建的腊茶最负盛名，而建茶尤以建安北焙壑源⑥为最著，是官府辖属的一座官茶园，专门制作贡茶。芽茶如上所说虽为茶中的珍品，但其中也有高低的区分。主要区别在于色泽，以白色者为最，所谓"茶色贵白"者是也。大茶园主们往往选择自己的最好的茶去争奇斗胜，谓之"斗茶"。在斗茶中，"黄白者受水昏重，青白受水鲜

① 《文献通考·征榷考五》《榷茶》。
② 《朝野杂记》甲集卷一四，《总论东南茶》。
③ 《四时纂要》卷三。
④ 苏辙《栾城集》卷三九，《申本省论处置川茶未当状》。
⑤ 熊蕃：《宣和北苑贡茶录》。
⑥ 此据《东溪试茶录》；刘弇《龙云集》卷二八《策问中·茶》作郝源。

明，故建安人斗试以青白胜黄白”①。斗茶得到胜利的则喜气洋洋，失败者则垂头丧气。范仲淹在斗茶歌中所说的“胜若登仙不可攀，输同降将无穷耻”②，就是这一情况的叙述。而这种斗奇争胜却推动了茶叶制作技术的提高。建茶之外，两浙的草茶为好，绍兴日铸茶执其牛耳。但“自景祐已后”，洪州双井、白芽异军突起，于焉称盛，“近岁制作尤精，囊以红纱，不过一二两，以常茶十数斤养之，用辟暑湿之气，其品远出日注（或作铸）上，遂为早茶第一”③。到北宋末年，全国名茶除婺源外，江南诸路有“日注、实峰、闵坑、双港、乌龙、雁荡、顾渚、双井、鸦山、岳麓、天柱之产”④ 而蜀川之雅州蒙顶、蜀州味江、邛州火井、嘉州中峰、彭州堋口、汉州杨林、绵州兽目和利州罗村八处为产茶盛地，其中“以蒙顶为最佳”，“其（蒙顶）生最晚，常在春夏之交”⑤。

要使茶的产量多、质量高，自然条件虽然重要，但在根本上，必须从培植、管理、采摘和制作上多下工夫。尤其是焙制技术具有决定性意义。鲁善明指出：茶要种植在“斜坡阴地走水处，用糠与焦土种”，“旱以米泔浇，常以小便粪水或蚕沙壅之”；如用水浇，“浸根必死”⑥。种植得法，三年即可采摘了。这是种植。其次是采茶：“必以晨兴，不以日出；日出露晞为阳所薄，则使芽之膏腴立耗于内，茶及收水而不鲜明”；采摘之时，“必以甲（指甲）而不以指，以甲则速断不柔，以指则多温易损”；而在焙制之时，则要“择之必精，濯之必洁，蒸之必香，火之必良；——一失其度，必为茶病”⑦。一般地在经过蒸造之后，供人们食用的，宋代谓之“散茶”；而在“蒸造”之后继续放在“卷模中串之”，制成饼状的食茶，则名之曰“片茶”⑧，而北焙官茶园中片茶制作工序尤为繁多，耗费人工尤多。总之，从采摘到焙制，全部都是手工

① 蔡襄：《茶录·色》。
② 范仲淹：《范文正公全集》卷二《和章岷从事斗茶歌》。
③ 欧阳修《归田录》卷一；又陈鹄《西塘耆旧续闻》卷八所载与欧录全同，当系抄自欧录者。
④ 刘弇：《龙云集》卷二八《策问中·茶》。
⑤ 范镇：《东斋记事》卷五。
⑥ 〔元〕鲁善明：《农桑衣食撮要》卷上。
⑦ 《东溪试茶录·采茶》。
⑧ 《宋史》《食货志·茶法》。

劳动，而且是很细致的手工劳动，因而需要很好的制作技术和经验。单以火候而论，恰到好处，质量就保持得住，过或不及，便从高品级降到低品级，即使选用最好的原茶也无济于事。所以，茶一向称之为“功夫茶”，是一点都不错的。

从唐到宋，茶日益成为社会上的广泛的需要。王安石曾经说过：“夫茶之为民用，等于米盐，不可一日以无也。”[①] 刘弇也说：“〔茶〕百年以来，极于嗜好，略与饮食埒者。”[②] 前此作为上层统治者、寺院一种特殊饮料的茶，在宋代变成广泛的社会需要了。对此，王祯说得好：“上而王公贵人之所尚，下而小夫贱隶之所不可缺，诚生民日用之所资，国家课利之一助也。”[③] 当然，茶首先是亦只能是地主阶级及其学士大夫们的需要，因而首先是亦只能是满足这个阶级的需要。拿誉满遐迩的建茶来说，学士大夫们“抵金茶民，不远千里”，“俸钱未到门，已入园夫手”[④]。而广大的劳动人民，尤其是北方的劳动人民，不但在宋代，就是在宋代以后的漫长岁月里，是得不到这种“需要”的。

第二节　宋代著名官茶园——建安北苑的状况

宋代茶园就其所有制来看，可以分作两类。一类是各种类型的私人占有的茶园，在宋代茶生产中占绝对的支配地位。另一类是官府直接经营的茶园，这类茶园为数甚少，如虔州杂料场属下的茶园，因“率民采摘，颇烦扰”，于景德二年废掉[⑤]。唯有建安北苑，则是宋代规模最大和最有名的官茶园，值得在这里叙述一番。

建茶在唐代还默默无闻，陆羽的《茶经》还没有提到它。唐末，“里民张

---

① 王安石：《临川先生文集》卷七〇，《议茶法》。
② 《龙云集》卷二八，《策问中·茶》。
③ 王祯：《农书》卷一〇《茶》。
④ 强至：《强祠部集》卷一。
⑤ 《长编》卷六一，景德二年十月癸巳记事。

晖始表而上之”①，才开始露头角；南唐“岁率诸县民采茶北苑”，制造研膏、腊面和京铤诸色名茶，从此北苑茶便遐迩远被，名声噪著了。伴同北苑茶的盛名一道而来的，则是“大为民间所苦”②。宋太宗太平兴国初，开始在建安北苑建立了所谓的“御园”，变成为封建国家直接经营的一座官茶园。至道元年(995)，将游坑等六焙隶属于南剑州，仅留下这座北苑茶园，由茶民经营，免其身丁钱。庆历年间，又将苏口、曾坑、石坑和重院等茶焙还属于北苑。建安是官私茶园极为集中的一个地区，茶焙达1336处，官焙仅32处，而北苑则是官焙中的一处。

以北苑为首的官茶园，坐落在建安东30里的凤凰山。这里是岗峦起伏的丘陵地区，官茶园分布在所谓“九窠十二陇”之上，最高的一座是苦竹园头，其次是鼯鼠窠。官茶园除北苑之外，尚有在北苑以南的壑源，东南的佛岭，以及北边的沙溪。官茶焙计有32处，东北有北苑龙焙等14焙，南溪十二焙，西溪四焙，北山二焙③。据赵汝励《北苑别录》所载，这座官茶园，“广袤三十余里，自官平而上为内园，官坑而下为外园”④。

建安公私茶园对茶的质量特别重视，对茶的区分比其他地方还要细密，大致区分为七类。一为白叶茶，最为名贵，茶园主们就是用这一品级的茶参加斗茶的。次曰柑茶，为“食茶之上品”。三曰早茶，四曰细茶，五曰稽茶，六曰晚茶，七曰丛茶，也叫蘖茶，“一岁之间，发者数四，贫民取以为利”。官茶园用早茶以上的茶品制作贡茶，而在采摘焙制的全部过程中，工序细密，特别讲究，也特别奢靡。

官茶园共“役夫一千余人”⑤ 其中采茶的“日役二百二十五人”⑥。如前所指，采茶以凌晨日出之前为最好，官茶园每天五更在凤凰山打鼓亭击鼓，官焙中的监采官发给采茶夫人各一牌，才准入山采茶。采茶也并非轻易之事，

---

① 熊禾：《熊勿轩集》卷三，《北苑茶焙记》。

② 《东溪试茶录》《总叙焙名》。

③ 《东溪试茶录》《总叙茶焙》。

④ 赵汝励：《北苑别录》。

⑤ 《宋会要辑稿·食货》三一之三五。

⑥ 《说郛》本《北苑别录》则作二百二十五人。

"大抵采茶亦须习熟，募夫之际，必择土著及谙晓之人，非特识茶早晚所在，而于采摘亦知其要旨"。每到辰时（即早七八点钟），"复鸣锣以聚之，恐其逾时含多务得也"。采茶之后，即要烘蒸研治，为保持制作的清洁，"研茶丁夫悉剃去须发"，到至道二年（996）才去掉了这条规定，仍然须要"幅巾洗涤手爪，给新净衣"①。这项操作规定是必要的。在制作过程中，大约经过以下几个程序或步骤：（1）蒸茶。将茶芽洗涤干净，入甑蒸沸之，既不可不熟，也不可过熟，"过熟则色黄而味淡，不熟则色青易沈，而有草木之气"，因而要蒸得恰到好处。（2）榨茶。将蒸熟的"茶黄"，榨出其水和"膏"，反复榨之。（3）研茶。用木杵、瓦盆进行研治，"分团酌水，亦皆有数"；"每水研之，必至水干茶熟而后已"。（4）造茶。原来分四局制作，因"匠者起好胜之心，彼此相夸，不能无弊，遂并为二"；"故茶堂有东局西局之名，茶銙有东作西作之号"。（5）过黄。"茶之过黄，初入烈火焙之，次则沸汤爁之，凡如是者三而后宿一火"，"凡火数多寡，皆视其銙之厚薄"，厚的达10～15火，薄的6火到8火；"然后过汤上出色"②。茶研治之后，在茶饼上"多以珍膏油其面"③，因而建茶也叫"腊面茶"或"腊茶"。就茶的制作程序看，它的分工是细密的，制法是严格的。起初只有官焙才行，到后来连宋徽宗也不得不承认，"外焙之家久而工制之妙"，也"取则于壑源"④，达到同样的高水平。但另一方面也要看到，以北苑为首的官茶园规模虽大，"素号膏腴"，由于管理不善，"壅培卤莽，岁多不登"，原茶不足以应付，"循俗取足私园"，"乡户买茶输纳，病于侵扰"，成为当地的一害⑤。

北苑贡茶始于宋太宗始建御园之日。当时丁谓为福建路的转运使，为了媚上，他提出制作大龙凤茶各2斤，每斤8饼，作为贡茶。从此"贡额骤溢，斤至万数"⑥，成为当地一个重负。宋仁宗时，蔡襄，在福建转运使任内，这个

---

① 《宋会要辑稿·食货》三〇之二。
② 《北苑别录》。
③ 蔡襄：《茶录》。
④ 宋徽宗：《大观茶录》。
⑤ 苏籀：《双溪集》卷一五，《故中奉敷文阁王公墓志铭》。
⑥ 熊勿轩：《熊勿轩集》卷五，《北苑茶焙记》。

一度享有敢于谏诤名声的学士大夫，也继丁谓之后又制作了所谓小龙团，每斤10饼，共10斤[①]，献给宋仁宗。宋神宗元丰初年，“下建州又制密云龙以献”，以20饼为一斤，“其品高于小团（指前此的小龙团）而其制益精矣”[②]。到宋哲宗，又制造了瑞云翔龙茶，又超过了密云龙；不过“御府岁止得十二饼焉”[③]。从大龙到小龙，又从密龙到翔龙，步步登高，北苑贡茶到宋徽宗时便登到了极峰。这就是大观年间所制作的“水芽”。当时，宋徽宗亲自撰写了《茶论》的文章，把白茶评为天下第一。这个评论不要紧，北苑茶园就急急忙忙地“试新”和“贡新”了。所谓白芽，是把惊蛰前后刚刚萌生出来的茶芽采摘下来，“先蒸后拣”，“每一芽先去外两小叶，谓之乌带，又次取两嫩叶，谓之白合”，仅把剩下的一点点小芽，“置于水中，呼为水芽”，“聚之稍多”，然后研制成功为龙园、胜雪两种白茶，这是贡茶当中最为上等的精品。献给宋徽宗的计有10纲，第1、2两纲太嫩，第3纲最好；第一名叫试新，第二名叫贡新，第三名有16色，龙团、胜雪两色即在其中。在此以下，诸色茶中有“无比寿芽”、“龙苑报春”等，也都精致之极。贡茶从制作到装潢都好，“政和密云不作团，小夸寸许苍龙蟠。金花绛囊如截玉，绿面仿佛松溪寒”[④] 惟其极天下之精致，大观年间的贡茶，“每胯计工三十千”[⑤]。到南宋，由雀舌水芽制成的贡茶，“一夸之直四十万”，“仅可供数瓯之啜耳”[⑥]！诗家称这种贡茶，“一朝团培成，价与黄金逞”，[⑦] 真是说到了家。这样一座官茶园，年耗四五万贯，也就不足为奇的了。

“龙凤新团出帝家”[⑧]。北宋初年以来的北苑御园消耗了大量的人力和财力，完全是为了帝王家的享受。其间宰执侍从之臣也能够稍沾余润，“入贡先

---

① 叶梦得：《石林燕语》卷八；王辟之：《渑水燕谈录》卷八。
② 葛立方：《韵语阳秋》卷五。
③ 蔡绦：《铁园山丛谈》卷六。
④ 晁冲之：《晁具茨先生诗集》卷六，《简江子之求茶》。
⑤ 姚宽：《西溪丛语》卷上。
⑥ 周密：《武林旧事》卷二《进茶》。
⑦ 释永颐：《云泉诗稿补遗》《吕晋叔著作遗新茶》。
⑧ 邹浩：《道乡全集》卷一〇，《修仁茶》。

诸夏，分甘及近臣”[①]。由于苑茶是如此其名贵，士大夫之家也就以得到这种茶为极大的荣幸，连方外人士也不能免俗。团茶毕竟为数不多，无法满足人们的这一愿望，于是冒牌赝制便应运而生了。“龙团方启封，数子已惊视。”[②] 非常遗憾，并不是什么小龙团，而是“兔饼”。一次上当，还不过瘾；“又烹小团，亦兔饼也。”迷信、渴望名牌货，是免不了一再上当的。其实，这也不足为奇，以兔饼冒充龙团，不过是私有制下商品交换当中出现的无数镜头当中的一个而已。

第三节　各种类型的私人占有的茶园

茶园，有的地方也叫茶山。宋代绝大多数的茶园是属于私人占有的。占有茶园的民户，亦称之为园户。吕陶曾经指出，彭州导江县蒲村棚口等茶产区园户情况时说：“茶园人户多者岁出三五万斤，少者及一二百斤”[③] 可见园户的经济力量存在很大的差别。根据这种差别，园户大致可以区分为茶园主和茶农两个基本的阶级。

先说茶园主。茶园主当中，也有种种差别，大致可以区分为以下几个类别：

一类是官僚士大夫占有的茶园。如毋守素，“蜀（指后蜀孟昶）亡，入朝授工部侍郎，籍其蜀中庄产茶园以献，诏赐钱三百万以充其直”[④]，这可见，在宋以前，官僚士大夫不但占有庄产，而且也占有茶园。毋守素将庄产茶园献出，国家付以产值，从而使这些庄产茶园转化为国家所有。可惜的是，有关官茶园的记录太少了，前面所提的显然是极不完备的。宋代官僚士大夫占有的茶园，为数一定是不少的。冯山在《和吕开少蒙提刑家园茶》诗中说：“蜀岩固难名，家园茶有声。”[⑤] 这首诗同样说明川峡诸路的官僚士大夫之占有茶园，

① 杨亿：《武夷新集》卷四，《建溪十咏·北苑焙》。
② 邹浩：《道乡全集》卷三，《再酬仲孺》。
③ 吕陶：《净德集》卷一《奏县置场买茶旋行出卖远方不便事状》。
④ 《宋史》卷四七九，《西蜀孟氏附毋守素传》。
⑤ 冯山：《冯安岳集》卷九。

不限于毋守素一人而已。其他诸路也有这种情况，如“先人从张晋彦觅茶，张答以二小诗：赖有家山供小草，犹堪诸老荐春风……”[①] 张晋彦之流的士大夫拥有“家山”，也就是茶园或茶山。被讥为“分宁一茶客”的黄庭坚，不但家有茶园，而且著名的双井茶就是由他的先代培植出来的。显然可见，官僚士大夫之拥有茶园是无可置疑的。

其次是寺院占有的茶园。诗僧重显在《送新茶》诗中说：“元化功深陆羽知，雨前微露见枪旗。收来献佛余堪惜，不寄诗家复寄谁？……莫讶山家少为送，郑都官谓草中英。”在题为《送山茶上知府郎给事》也说：“谷雨前收献至公”[②] 都反映了僧人们是占有茶园的。从洪迈的记载中，也反映了寺院占有茶园，如：“浮梁东乡寺僧法净”，“令行童挈稻糠入茶园培壅根株”[③]；“南建（州）之西岩（寺）”，“寺多种茶”[④] 宋徽宋政和三年二月尚书省札子上称，福建路“产茶州军诸寺观园圃甚有种植茶株去处”，为此曾下诏：“诸寺观每岁摘造到草、腊茶，如五百斤以下，听从便听用，即不得贩卖；如违，依私茶法；若五百斤以上，并依园户法。”[⑤] 寺院茶园和官僚士大夫的茶园，在茶叶生产中究竟占有多大的比重，还摸不清楚。一般来说，它是寺院经济和地主经济的附庸，主要地供给自己的需要，投到市场上的商品是不多的。从文献上看，寺院中往往培植一些优良品种的茶树，如九华山化城寺，“有平田数千亩，种黄粒稻，田之上植茶，异于他处，谓茗地源”，金地茶“出九峰山，相传金地藏自西域携至”[⑥]。这类茶产量当然不多，除供给本寺需要外，还充作馈赠品而同士大夫们交往还，这从释重显诗集中得到说明。当然，也有的寺院因茶产甚多而作为商品提供出来。

第三类是茶园主占有的茶园。这类茶园经济力量也很不相同，有的拥有数千株数万株茶树，成为大茶园；有的千余株，成为中小茶园，因而茶园的大

---

① 周辉：《清波杂志》卷四。
② 释重显：《祖英集》卷下。
③ 《夷坚三志》己集卷二。
④ 《夷坚甲志》卷六。
⑤ 《宋会要辑稿·食货》三二之三至四。
⑥ 陈岦：《九华诗集》。

小，也就使茶园主之间有大中小的差别。

第四类是茶农占有的小茶园。这类茶园由于小而提供的茶叶不多，往往不过一二百斤或数百斤，是园户当中的小户。

第三类茶园主和第四类茶农所占有的茶园，是茶叶生产的主要承担者，商品茶的极大部分都来自于这两类茶园。但是这两类茶园的生产形式是根本不同的。茶农是个体小生产者，他们一家一户经营自己的小片茶园，正像自耕农耕作自己的一地块土地那样，从种植到采摘制作，全靠自己的力量。其中较为富裕的茶农，则在采摘繁忙季节，雇少数短工以便“䕶采”。

茶园主所采取的生产形式，则有以下两种。王安石在《茶商十二说》一文中，曾提到第一种形式，他说：

> 今仰巨商，非已甚众，始从小户，次输主人，方纳官场，复支商旅……①

这段精炼的文字清楚地说明了，茶园主经营茶园的一种形式是，将茶园分租给无茶园或茶园甚小的茶农，自己通过茶园以榨取茶租。这是农业生产中封建租佃制关系在茶叶生产中的反映和表现。第一类第二类官僚士大夫和寺院占有的茶园也可能采取这种租佃制形式。

第二种形式是由茶园主直接经营的。采取这种经营方式，第一步是在采茶繁忙季节，雇用大量的采茶工；这类采茶工在宋代是广泛地存在着的。宋真宗景德三年针对当时的茶法条制的过于严苛曾有过如下一段谈话：

> 园户采撷，须资人力。所造入等则给价直，不入等者既不许私卖，亦皆纳官钱。若令一切精细，岂不伤园户？采撷用力者多是贫民（《长编》卷六三作“佣力者多贫民”），倘斥去之，安知不聚为寇盗？此等事宜即裁损，务令便济。②

淳化年间在川峡路起义的王小波，是由“贩茶失职”而起的，宋真宗的这段话就是指此而言的。从这里可以看出，许多无地的贫民（包括客户在内）作为短工、日工而为人采茶。《系年要录》建炎二年二月记事中提到，冒名信王

① 《临川先生文集》卷七〇。

② 《宋会要辑稿·食货》三〇之三。

赵榛的那个人，“更称梁氏子，为人摘茶”①。而《三朝北盟会编》中对这条的记事，则称其“为人点茶②。这两项记载谁对谁错呢？就河北这个特定地区而言，当地不产茶，无从“为人摘茶”，因而“为人点茶”是对的。但从茶生长在广大的地区这个条件而言，“为人摘茶”一事也是确切的和广泛存在的。

茶园主同采茶工之间，究竟是一种什么关系呢？宋神宗熙宁十年（1077）成都府路彭州导江县棚口等茶产区情况中有：

> 据九陇县税户党元吉等状称，自来相承山坝茶园等业，每年春冬雇召人工薅刬，至立夏并小满时节又雇召人工趁时采造茶货……
>
> ……自来只以佃食茶园为业，其茶园偏峻，不住种植诸般苗色……雇召人工，两季薅刬，指望四月小满前后造作茶讫，投场破卖……
>
> 据九陇县园户石光义等状称……各为召雇人工，每日雇钱六十文，并口食在外，其茶破人工四只作得茶一袋，计一十八斤……③

从以上的材料可以看出，一些茶园主，从茶园的薅刬杂草，到茶的采摘，以及最后制作，都是靠“雇召人工”来完成的，专门采茶的，在有的地方称为采茶寮户④，还不明确它的意义。从棚口由收买茶叶而引起的一场闹事的情况看，当时棚口茶园户仅300多户，而闹事的人5000多人，即一些雇工也参与了这一事件，因而每茶园户平均雇工达十六七人之多。茶工的雇钱，除口食之外，每日仅60文，全月合2贯300多文省钱，雇钱是不高的。茶园主主要靠剥削茶工的剩余劳动乃至必要劳动而起家的。这种关系显然是货币关系，与封建租佃制关系是不同的，因而也是值得注意的。

以上是茶园内部的阶级关系、经济关系，情况还不够清楚，需要作进一步的研究。

至于园户即茶园主和茶农同国家之间的关系，则根据茶园的大小向国家承担相应的赋税。以成都府路的情况来看，“今川蜀茶园本是百姓两税田地，不

---

① 《系年要录》卷一三。

② 《三朝北盟会编》卷一一五。

③ 吕陶：《净德集》卷一，《奏为官场买茶亏损园户致有词诉喧闹等状》。

④ 《夷坚支志》景集卷一。

出五谷，只是种茶，赋税一例折科，茶园税每三百文折纳绢二（似当作‘一’）疋，三百二十文折纳䌷一匹（‘绢’和‘䌷’也似乎颠倒），十文折纳绵一两，二文折纳〔草〕一束。”[①] 茶农向国家缴纳的赋税，是国家的一种封建剥削；而茶园主向封建国家缴纳的赋税，同田租的性质一样，是封建国家与茶园主对植茶佃农和茶工剩余劳动的瓜分。

茶叶是市场上的一项重要商品，因此园户同商人之间也就发生了密切的关系。在蜀茶征榷之前，园户将茶叶直接卖给商人，如彭州导江等地“茶园户多者岁出三五万斤，少者只及一二百斤，自来隔年留下客放定钱，或指当茶苗，举取债负，准备粮米，雇召夫工，自上春以后，接续采取”[②]；“〔园户〕逐年举取人上债利粮食，雇召人工，两季薅划……”[③] 所谓“自来隔年留下客放定钱”，指的是茶商为购买明年的茶叶，于今年预付给茶园主或茶农的一笔钱，而这笔钱即谓之“客放定钱”，而茶园主或茶农靠这笔定钱去“雇召人工”，投到生产上。显而易见，商业资本与茶叶生产发生了密切关系。其次，所谓“指当茶苗，举取债负”，“逐年举取人上债利粮食”云云，一部分园户（小茶园主和茶农）举债借钱准备口食，才能“召雇人工”，高利贷也显然渗透侵蚀到茶叶生产中了。商业资本和高利贷资本同时渗透茶叶生产中，但对茶叶生产所起的作用则不大相同，对这个问题还要作进一步的研究。这两种资本的渗透，说明了商人、高利贷者也参与了对茶农、茶工剩余劳动的攫占和瓜分，从而使茶叶生产过程中的经济关系更加复杂化了。

此外，商业资本还从另一种渠道去攫占茶叶利润。例如荆湖两路“产茶州县在城铺户居民，多在城外置买些地土，种植茶株，自造茶货，更无引目，收私茶相兼，转般入城，与里外铺户私相交易，或自开张铺席，影带出卖。”[④] 所谓的在城铺户，亦即商人，以其资本购买土地，种植茶树，然后又套购国家控制下的私茶，转运到城市中，与城市内外商铺串通起来，买卖所得到的茶叶。这是商业资本与土地相结合从而牟取得茶利的一种形式，它不仅通过土地

① 《净德集》卷一，《奏其置场买茶出卖远方不便事状》。
② 《净德集》卷一，《奏其置场买茶出卖远方不便事状》。
③ 《净德集》卷一《奏为官场买茶亏损园户致有词诉喧闹事状》。
④ 《宋会要辑稿·食货》三二之一二。

直接榨取茶农的剩余劳动，而且通过收购又同园户共同瓜分茶农、茶工的剩余劳动，所有这两方面的茶利又是在违反国家茶叶专利制度下取得的，因之这种关系更加复杂化了。此外，从这种关系中，也可以看到商业资本之向土地转化，在第四编中再加叙述。

以上仅是从横剖面分别叙述了封建国家同茶园主、茶农之间、茶园主同茶农（佃客）、茶工之间，商人高利贷者同茶园主（中小园主）、茶农之间的关系，然而这些叙述还没有能够说明茶叶生产过程中复杂的关系。由于茶叶是一项重要商品，用王祯的话来说，又是“国家课利之一助”，因而封建国家为垄断这一厚利而积极地参与了茶叶生产过程。随着封建国家的参与，茶叶生产中的经济关系更加复杂化了。下面从纵的方面考察两宋300年间封建国家、商人、茶园主之间，以及它们同茶农、茶工之间的复杂关系的演变。

第四节　从宋初到宋仁宗嘉祐年间茶法的演变

茶税的征收，始于唐德宗建中元年（780），“税天下茶、漆、竹、木，十取其一”①。后来一度废除，至贞元九年（793）以来，“税茶无虚岁”、“每岁得钱四十万贯”②，成为定制。唐文宗、武宗时又禁民私卖，于是征收茶税逐步地成为封建国家垄断的一项专利制度。宋代榷茶，始于宋太祖乾德二年（964年）。是年八月，于汴京、建安、汉阳和蕲口置榷茶场，“令商人入金帛京师，执引诣沿江给茶”③；除川峡、广南诸路外，“令民折茶税外，悉官买，民敢藏匿而不送官及私鬻者，没入之”；并根据茶直多少定杖罪和流罪；主管官吏以官茶私自贸易者，500文即流2000里；过1贯500，以及持杖贩卖私茶而被官私擒捕，即处以死刑④。到宋太宗时，茶禁稍为放宽，但仍按条科罪，“主吏盗官茶贩鬻钱三贯以上黥面，送阙下”，“淳化论直十贯以上黥面配本州

① 《文献通考·征榷考》五《榷茶》。
② 《唐会要》卷八四。
③ 陈均：《皇朝编年备要》卷一。
④ 《长编》卷五，乾德二年八月辛酉记事。

牢城”；“巡防卒私贩茶依本条加一等”；禁园户“毁败茶树”；禁鬻“伪茶”，“一斤、杖一百，二十斤以上弃市”等等[①]。宋封建国家制订了这些严酷的禁条，用来维护它的专利。

与此同时，宋政府对原有榷货务加以调整，设立了六处，是所谓六榷货务。据沈括的记载，六榷货务在嘉祐六年以前受纳茶叶斤数、钱数如下：[②]

1. 荆南府（亦即江陵府）管纳潭、鼎、澧、岳、归、峡诸州片散茶875375斤，钱315148贯375文。

2. 汉阳军受纳鄂州片茶238305斤，钱218321贯51文。

3. 蕲州蕲口受纳潭、建、兴国军片茶50万斤，钱359839贯814文。

4. 无为军受纳潭、筠、袁、池、饶、建、歙、江、洪州、南康、兴国军片散茶842333斤，钱348620贯430文。

5. 真州受纳潭、袁、池、饶、歙、建、抚、筠、宝、江、吉、洪州、兴国、临江、南康军片散茶共2856206斤，钱514022贯932文。

6. 海州受纳睦、湖、杭、越、温、婺、台、常、明、饶、歙州片散茶424590斤，钱308703贯676文。

所谓六榷货务都是“要会之地”，既是茶叶的集散地，又是交通要冲。它们将东南诸州的茶分片集中起来，这些茶叶或是茶税，或是由各地收购来的，由所在榷货务掌握。商人要想取得茶货，就必须先到京师榷货务入纳金、帛，然后到指定的上述六榷货取得茶货，转向各地售卖。所以，这项专利办法是，切断商人同园户即茶叶的生产者或所有者的联系，由国家直接同商人联系，以保证国家对茶利的垄断。同时，采用这项办法，必须使商人所入金、帛的价格与各榷货务存茶叶数量的价格相当，或者说取得平衡，才能使茶引不受到影响。这是宋封建国家维护其茶叶专利的一项做法。

---

① 《宋史》《食货志下五》《茶上》。

② 沈括：《梦溪笔谈》卷一二。

场　名	买茶数额（斤）	卖钱数额（贯）
光州光山场	307216 斤	12456 贯
子安场	228030 斤	13689 贯 348 文
商城场	400553 斤	27079 贯 446 文
寿州麻步场	331833 斤	34811 贯 350 文
霍山场	532309 斤	35595 贯 489 文
开顺口场	269077 斤	17130 贯
庐州王同场	297328 斤	14357 贯 642 文
黄州麻城场	284274 斤	12540 贯
舒州罗源场	185082 斤	10469 贯 785 文
太湖场	829032 斤	36096 贯 680 文
蕲州洗马场	400000 斤	26360 贯
王祺场	182227 斤	11953 贯
石桥场	550000 斤	36080 贯
总　计	4796961 斤	288618 贯 740 文

其次，又在淮南盛产茶叶的地区，即蕲、黄、庐、舒、光、寿六州，宋政府又设立了 13 场。凡是六州种茶的，一律称为“园户”，隶属于所在的山场；“岁课作茶输租，余则官悉市之”；“其售于官者，皆先受钱而后入茶，谓之本钱；又民岁输税原折茶者，谓之折税茶”；“总为岁课八百五十余万斤”。这项办法，是宋封建国家通过山场直接把茶的生产者和所有者控制起来，以所谓的“本钱”切断他们同商业资本、高利贷资本的联系，以维护封建国家的这项专利。园户除所输茶租和自己的“食茶”以外的余茶，也按照官府牌价卖给山场，因而山场即是征收茶租的地方，又是收购茶货的所在。这项制度对茶叶的生产有更加直接的关系，茶租的轻重、征收茶叶的数量和茶叶收购价格是否适当，对茶叶的生产起着推动和阻碍的作用。商人们要想取得 13 场茶货，也要入金、帛于京师，到指定的山场受茶。[①] 所以山场又是出卖茶与商人的场所。

① 《宋史》卷一八二《食货志下五》《茶上》。

据沈括的记载，13 场在景德二年后买茶和卖钱数额见 875 页表。[①]

除利用六榷货务、13 场垄断茶利之外，宋政府又从茶叶的流通过程中，利用价格政策大享其利。茶如前所指，有片茶、散茶的区分。片茶是按照棬模的形式，将茶塞于其中而蒸造成功的。福建的建茶，“即蒸而研，编竹为格，置焙室中，最为清洁”。棬模大约有一个统一的规定的模式，开宝年间“湖南新茶厚重，异于常岁”，加重园户的负担，因而下令“依旧日棬模制造”[②] 团茶如前面所叙述的，作茶饼的形状，亦就是片茶。散茶大约是没有按棬模制成，不成“片”、“团”；东南地区的草茶大都属于这类的散茶。宋政府从园户手中收购的茶价是，“〔福建〕蜡面茶每斤自三十五钱至一百九十钱有十六等，片茶每大斤自六十五钱至二百五钱有五十五等，散茶每一斤自十六钱至三十八钱五分有五十九等”；而宋政府卖给商人的价格则是：“蜡茶每斤自四十七钱至四百二十钱有十二等，片茶自十七钱至九百一十七钱有六十五等，散茶自十五钱至百二十一钱有一百九等”[③]。这就是说，宋政府从园户那里以低价收购进来，而以高价出卖给商人，在一买一卖之间，宋封建国家享得了高额茶利。两宋 300 年，政府只要采取这种榷茶制度，就一直靠收买和出卖之间的差价大牟其利的。这里不妨看看南宋孝宗时收购和出卖价格的情况：[④]

场　　名	买茶价格（斤）	卖茶价格（斤）	差　额（斤）
寿州霍山场	散茶上号 34 文 1 分	88 文2 分	54 文1 分
霍山场	散茶下号 22 文	63 文	41 文
舒州太湖场	散茶上号 38 文 5 分	88 文2 分	49 文7 分
蕲州洗马场	散茶上号 38 文 5 分	84 文	45 文5 分
建昌军	散茶 12 文	35 文	23 文

① 按十三场《宋会要辑稿·食货》三〇之三二所载没有光山场而有黄梅场，《梦溪笔谈》卷一二所载则有光山场而没有黄梅场，按黄梅场废于宋真宗景德二年，故沈括所载必然为是年以后情况。又与《宋会要辑稿·食货》二九之六核对相同。

② 《宋会要辑稿·食货》三〇之一。

③ 《文献通考·征榷考五》《榷茶》。

④ 《宋会要辑稿·食货》二九之八至一四。

续表

场　名	买茶价格（斤）	卖茶价格（斤）	差　额（斤）
杭州	散茶 13 文	30 文	17 文
建州	的乳 190 文	361 文	171 文
建州	头金 135 文	500 文（海州） 500 文（真州）	365 文 365 文

从上表中，可以看出宋政府的收购价格和出卖价格的差额是惊人的。当然，在差额中要看到长途贩运需要抵偿一笔可观的运费。例如建州的乳和头金两种名茶，运到海州或真州，在当时交通运输极端不便的条件下，要支付相当的运费，从而使价格提高不少。但是，价格差额如此巨大，这就表明，封建国家的垄断价格造成的茶利是巨大的。而这个高额利润的形成，首先来自茶叶的生产者，其次来自茶叶的消费者，这两者是用不着多加解释就可以明白的。但在生产和消费之间，还有一个流通的环节，在这一环节中，从事运输的劳动者也受到了剥削和压榨，对这一问题，将在后面有关部分再加说明。

自从宋封建国家实行榷茶的专利制度以来，围绕着茶利而展开了封建国家、商人和园户这三者之间的矛盾斗争。而这种斗争也就使宋政府一再改变它的茶法。宋太祖乾德年间行榷茶之后，即出现了两个问题。一个问题是，植茶园户向国家出售的茶叶，“各有旧额”，而政府的收购，“务实数多，用为劳绩”[①]，因此官吏们不顾一切地向园户们征购收买。只要这种征购制度存在，到任何时候对于经济力量薄弱的“下户”即茶农都是不利的。如光州光山场，“吏市茶，求以多赢为最，常数倍取之，下户益困”。与此同时，政府又让添造所谓的“不及号茶”，以“别利价钱”，就是说让园户增加一些不合格的次茶的数量，以扩大政府的茶利。这样一来，园户们为应付征购和添造的数量，“多采粗黄晚茶，仍杂木叶蒸造，用填额数”。实际上，由于数量过大，“茶园荒薄，采纳不办，曾有被诉称每年衷私于有茶人户处收买供纳者”，这既增加了贫下园户的困苦，又使官府得到不少的坏茶。于是，由此又派生出来一个问

① 《宋会要辑稿·食货》三〇之一。

题，政府对征购、添造得来的秋老黄叶怎么办呢？马上出售劣茶是不行的，“新时出卖不行”，只好“积岁渐更陈弱”[①] 而“渐更陈弱”的唯一办法就是：“抑配陈茶，亏损商客。”[②] 宋太祖以来的榷茶法既引起广大贫下园户的不满，又遭到商人的反对，到宋太宗时候便不得不变更了。

直接促使宋太宗时候榷茶法变革的是雍熙以来对西北的用兵。由于“切于馈饷”，需要利用商人向边防上输送各项物资，因而开始了茶法的变更。这就是淳化三年（992）[③] 在淮南茶场实行的贴射法。提出这项办法的是监察御史薛映和秘书丞刘式。刘式曾经上言：“榷务茶陈恶，商贾少利，岁课不登，望尽废之。许商人输钱京师，给券，就茶山给以新茶，县官减转漕之直，而商贾获利矣。”淳化三年七月下诏淮南茶场，“今后商旅只得于园户处就贱收买，将赴官场贴射”；翌年二月“诏废沿江榷货务八处（按榷货务仅有六处，此言八处可能包括两处茶场）应茶商并许于出茶处市之，自江之南悉免其算。”[④] 所谓的贴射法，实际上令商人直接到茶产地区同园户进行交易，国家的榷茶机关即榷货务和茶场不再干预这种交易，因而这项做法也就是通商法。林駉曾说贴射法，“此通之商贾者”[⑤]。

不过，宋太宗时候的通商法并没有彻底实行。由于西北边防急需粮食等供应，废去的榷货务立即恢复，让商人“西北入粟给交引，自通利军始”[⑥]，这样在淳化四年又实行了交引法，以代替贴射通商之法。其所以又恢复原来的榷法，一是因为行贴射法，商人“杂市诸州茶，新陈相糅”[⑦]，获得高额的茶利，而消费者吃亏，封建国家眼红；二是西北边防上急需粮食，宋政府以茶作为同商人要价还价的一张王牌，使商人入粟边境，而这个因素又是决定性的因素。从此以后，宋代茶法的变更，要么是交引榷茶，要么是贴射通商，这两种办法

① 《宋会要辑稿·食货》三〇之一。

② 《宋会要辑稿·食货》三六之三。

③ 此据《宋会要辑稿·食货》三〇之二，《宋史》卷一八三《食货志下五·茶上》；沈括《梦溪笔谈》卷一二谓在“淳化二年令商贾就园户买茶”。

④ 《宋会要辑稿·食货》三〇之二。

⑤ 林駉：《新笺决科古今源流至论》续集卷四。

⑥ 沈括：《梦溪笔谈》卷一二。

⑦ 《宋会要辑稿·食货》三〇之二。

轮流交替行使了。

所谓交引法，就是商人到西北二边输送刍粟粮草或钱货，取得交引，到京师榷货务取得一定的报酬。这种报酬传统谓之“三说法”[①]，即根据入边粮草的价格，析而为三：“一分支见钱，一分折犀象杂货，一分折茶。”[②] 咸平五年（1002）王嗣宗实行这项办法，“以十分茶价，四分给香药，三分犀象，三分茶引；六年又改为六分香药、犀象，四分茶引。”[③] 因为是鼓励商人到河北、陕西沿边入粮草，这就需要除偿付粮草价格、运费之外，还要有一定的额外利润作为报酬。“输入河北有水运，而地理差远，亦有京师辇送者。其入中者，大约入粮斗增六十五钱，马料增四十钱。西鄙回远，及涉碛阴，运载甚难，其入中之价，灵州斗粟有至千钱以上者，百余州率不下数百”。这种额外报酬，即一般所谓的“加饶”，而在这个特殊场合则谓之“加抬”或者“虚估”，成为入中价格的重要组成部分。“皆转运使视当时缓急而裁处之，如粟价当得七百五十钱者，给以千钱，又倍之为二千”。由于商人通过“加抬”获得如此的厚利，便进而要求获得盐，江淮盐禁榷之后，目标便集中到茶上了。官员们因“切于所须，故不吝南货”，“又增用茶，当时十五千至二十千，辄加给百千”[④]，东南茶利遂为富商大贾囊括一空。这是一方面。

另一方面，正是由于政府及其官员们“切于所须”，“交引虚钱之名”也就成为了严重问题。边防上由于过多的“虚抬”而发出了数量过多的交引，而这些交引同东南实有的茶量大相径庭，以至“交引停积，故商旅所得茶指期于数年之外”[⑤]。这样一来，交引由于不兑现而引值贬低，以至从交引所得的实钱同入粟的实价不相上下，交引持得者也无利可图了。这样，交引法便走上了穷途末路，不得不变更了。

宋真宗景德二年（1005），茶法在盐铁副使林特和刘承珪、李溥的主持

① 沈括认为这种“三说法”，是“三分法”；而真正的“三说法”是适应边防需要的三种籴买粮食的办法，载《笔谈》卷一一。

② 《梦溪笔谈》一一。

③ 《梦溪笔谈》卷一二。

④ 《长编》卷六〇，景德二年五月辛亥记事。

⑤ 《长编》卷六〇，又参阅《宋会要辑稿·食货》三六之八。

下，作了第四次变更[①]。这次变革的主要内容：“（1）其于京师入金银绵（当作‘钱’[②]）”帛直钱五十千者，给百千实钱；（2）河北缘边入金帛刍粟如京师之制，而增茶十千，次边增五千；（3）河东沿边次边亦然，而所增有八千六千之差；（4）陕西缘边亦如之，而增十五千，次边所增如河北缘边之制；（5）其三路近地所入所给皆如京师；（6）河北次边、河东缘边次边皆不得射海州茶；（7）茶商所过当输算，令记录，候至京师并输之[③]。为执行这项茶法，李溥被任命为制置淮南、江浙、荆湖茶盐矾兼都大发运使。

这次变更究竟收到什么效果呢？林特等在大中祥符二年（1009）编成的《茶法条贯·序》中说：未变革前收钱730850贯，自改法二年共收钱7092960贯，“实兴利以除害，亦赡国而济民”[④]。林特等因此而加官进级。而在《食货志》上说：“有司上岁课，〔景德〕元年用旧法得五百六十九万贯，二年用新法得四百一十万贯，三年得二百八十五万贯”，林特等认为数虽减少，“增益官本少而有利，乃实课也，所亏虚钱耳”[⑤]。事实胜于雄辩。林特、李浦对茶法的变更，仅是对原来的交引法的一个改良，开头两年也许略见成效，不久即又弊病百出。最主要的问题是，茶引数量太多，没有从根本上加以控制，使其与东南茶产量取得平衡，以至茶引得不到实茶而引价越来越低。天禧元年二月知秦州曹玮曾经指出：“商旅入中粮草交引，自来每一交引总虚实钱百千鬻之得十二千，请于永兴凤翔官给钱市之”[⑥] 即使这样做了，也只能稍微和缓一下，根本解决不了引值日益贬低的问题。因此自“大中祥符五年后至天禧二年，客旅算请出外每百千街市卖得钱九十四千至八十二千已来，自后渐次减落，今（天圣元年）每百千只得四十千”[⑦]，十多年来茶引自100%降至90%、80%，最后到40%，引值贬值是惊人的。这是其一，而对于国家来说，加抬、

① 《长编》卷六〇，景德二年五月辛亥记事。

② 此处《宋史·食货志》亦作“绵”；《梦溪笔谈》卷一二作“钱”，甚是；《宋会要辑稿·食货》三六之五以下所记亦作“钱”，故《长编》此处以作“钱”为是。

③ 茶法第（6）、（7）两条据《宋史》卷一八三《食货志下五》《茶上》增补。

④ 《宋会要辑稿·食货》三〇之三至四。

⑤ 《长编》卷六六，景德四年八月戊申记事。

⑥ 《宋会要辑稿·食货》三六之一三。

⑦ 《宋会要辑稿·食货》三六之一七。

饶润照样严重。天禧二年至“镇戎军纳大麦一斗，本价通加饶共支钱一贯二百五十四”[①]，在内地大麦一斗不超过30文，从这一事例来看，国家对商人入中粮草付出了何等高的代价！据景德年间任过三司使的丁谓的估算，西北二边“边籴才五十万，而东南三百六十万茶利尽归商贾”[②]。就是说，封建国家为商人入边付出6倍的利润！实际上，茶利，一般的商贾所得并不多，主要地为少数的交引铺、大商人所攫占。这些人是通过什么手段而攫取了大笔茶利呢？“入中者以虚钱[③]得实利，人竞趋焉。及其法既弊，则虚估日益高，茶日益贱，入实钱金帛日益寡。而入中者非尽行商，多其土人，既不知茶利厚薄，且急于售钱，得券则转鬻于茶商或京师坐贾号交引铺者，获利无几。茶商及交引铺或以券取茶，或收蓄贸易以射厚利，由是虚估之利皆入豪商巨贾。”[④] 这是交引铺、大商人获得高额茶利的一个方面。其次，大商与中小商人同得茶引，到所在地请茶，“有司以京师切须钱，商人旧执交引至场务即付物，时或特给程限，逾限未至者，每十分复令别输二分见缗，谓之‘贴纳’。豪商率能及限，小商或即不知，或无贴纳，则贱鬻于豪商。有司徒知移用之便，至有一岁之内，文移小改至十数者，商人惑之，顾望不进。”[⑤] 官府的某些做法，又为豪商大贾兼并中小商人、吞噬茶利创造了有利条件。第三，一些大茶商又到所在场务算茶，同官吏勾结，获得更多的好处。如一个名叫田昌的客商，到舒州太湖场算茶12万，“计其羡数，又逾七万”[⑥]，就是靠这种鄙恶手段取得的。由此可见，所谓的交引法，实际上维护了豪商大贾的利益。这样，就导致了第五次茶法的变更。

天圣元年（1023）三月，朝廷上组成由枢密副使张士逊、参知政事吕夷简、鲁宗道参与，权三司使李谘、御史中丞刘筠主持的修改茶法的班子，对交引法进行了变更。这次变革的主要内容是废除了淳化四年以来的交引榷茶法，

---

① 《梦溪笔谈》卷一二。
② 《长编》卷一〇〇，天圣元年春正月丙寅记事。
③ 虚钱指的是入中粮草中的加抬、虚估。
④ 《长编》卷一〇〇，《文献通考·征榷考五》《榷茶》。
⑤ 《宋史》卷一八三，《食货志下五》《茶上》。
⑥ 《宋会要辑稿·食货》三六之一三。

恢复了淳化三年由刘式提出的贴射法亦即通商法。

这次改革首先指出旧茶法之不能维护国家茶利。以13场岁课来说，原为50万贯，天禧五年仅到23万贯，比祖额亏短了27万贯；就近5年收茶情况来看，每百贯交引见卖价钱55贯（《长编》卷一〇〇，“每券直钱十万，鬻之售钱五万五千”），总为缗钱13万贯，除去9万缗的茶本钱，仅得茶息3万余缗，因之，即使达到50万缗元额，所得实利仅7万余缗，尚且没有计算官吏们的廪给；“以此折算，课额虚数甚多，或交引价减，必转陷失”[①]。根据上述情况，这次改革便提出废除“三说法”实际上即废除交引法，实行贴射法。它的主要内容是：

1. 自天圣元年以后，即不再付给园户本钱，许可商人至13场与园户自相交易，政府止收净利，给以公引放行；例如买舒州罗源场茶，凡中等茶每斤官给本钱25文，卖时每斤56文，净利为31文，商人向官府交纳净利31文；商人买茶后一定辇至官场，“给券为验，以防私售”[②]，因之称为“贴射”。

2. 客商到山场买茶，赴官贴射，于汴京榷货务纳净利，实钱每百千为则，内50千见钱，50千金银细绢小陵。

3. 过去园户“自来中卖正茶，每百斤纳耗二十斤至三十五斤”，今既然许其与客商直接买卖，所谓的“耗茶”并与除放；但园户岁课要照常输纳，如“园户过期而输不足者，计所负数，为商人入息”，如罗源茶每斤输息钱31文；园户也可贴射茶货，到通商地分货卖。

4. 对商人搬运茶货，过去按“地理远近，合有分数则例饶润”，今仍继续实行，同时规定；蕲州王琪场每百60斤，黄州麻城场、蕲州石桥场每百50斤，庐州王同场、蕲州洗马场、舒州太湖场、罗源场每百45斤，寿州霍山场、麻步场、开顺口场、光州光山场、子安场、商城场每百40斤，都只收百斤的净利钱，其余则作为饶润，不收净利钱[③]。

5. 如愿入钱射六榷货务之茶者，仍按旧制；天禧年间，于京师榷货务

---

① 《宋会要辑稿·食货》三〇之五，参阅《长编》卷一〇〇，《宋史》卷一八三《食货志下五·茶上》。

② 《宋史》卷一八三《食货志下五·茶上》作“以防私害”，当作“售”。

③ 《宋会要辑稿·食货》三〇之五至六。

“入钱八万者，给海州荆南茶，入钱七万四千有奇，给真州、无为、蕲口、汉阳并十三场茶，皆直十万，所以饶裕商人。而海州荆南茶善而易售，商人愿得之，故入钱之数厚其他州。其入钱者听输金帛十之六。至是，既更十三场法，又募入钱六务，而海州荆南增为八万六千，真州、无为、蕲口、汉阳增为八万”①。

6. 商人在陕西、河北入中粮草者，“随所在实估，度地里远近增其直，以钱一万为率，远者增至七百，近者三百，给券，至京师一切以缗钱偿之，谓之见钱法”②；如愿得茶货者，“请荆南海州两务茶，即入实钱百千，内四十五千见钱，五十五千金银绢帛小绫，共支百三十五千茶”③。总之，“使茶与籴各以实钱出纳，不得相为轻重，以绝虚估之弊”④。

新茶法实行不久，到天圣二年，朝野上下出现一片叫嚣，“争言其（指贴射法）不便”。为了击退这个进攻，以维护新茶法，李谘对新旧两法进行了比较，条陈利害。他指出：“乾兴元年用三说法，每给十万，茶售钱万一千至六万二千，香药、象齿售钱四万一千有奇，东南缗钱售钱八万三千，而京师入实缗钱七十五万有奇，边储刍二百五万余围，粟二百九十八万石”；“天圣元年用新法，二年茶及香药东南缗钱每给直十万，茶入实钱七万四千有奇至八万，香药犀象入钱七万三千有奇，东南缗钱入钱十五万五百，而京师实入缗钱增一万四千有奇，边储刍增一千一百六十九万余围，粟增二百一十三万余石”，改变虚估之后，“又省合给茶及香药、象齿东南缗钱，总直缗钱二百七十一万”。宰执大臣们也指出贴射法“所省及增收计为缗钱六百五十余万，异时边储有不足以给一岁者，至是多者有四年，少者有二年之蓄，而东南茶亦无积滞之弊。”⑤

从上述情况来看，李谘恢复前此的贴射法，主要的是封建国家放宽 13 场的榷茶制度，使商人同茶叶的生产者和所有者即园户直接进行贸易，园户也可

① 《长编》卷一〇〇。
② 《长编》卷一〇〇。
③ 《宋会要辑稿·食货》三〇之六至七。
④ 《长编》卷一〇〇，并参阅《文献通考·征榷考五》《宋史》卷一八三《食货志下五》。
⑤ 《长编》卷一〇二，天圣二年秋七月壬辰记事。

以外出贸易，这对于茶的贸易发展是有利的，而且这种贸易，使国家净收茶利，也不吃亏。尤其是这种变革把入中粮草的虚估取消，同茶货贸易也分别开来，“各以实钱出纳，不得相为轻重”，一扫过去加抬虚估之弊，对国家财政显然是有利的。按照旧法，“入粟边郡，请茶与犀象缗钱，虚贯三倍，至用十四钱易官钱百”[①]，使官府大吃其亏，大商贾、交引铺大享其利。这一改变，也就取消了交引铺、大商人的暴利，对这一部分人是极为不利的，因而引起这部分人的反对也是极其自然的。《梦溪笔谈》上说：“（贴射法）行之二年，茶利尽归大商，官场但得黄晚恶茶”[②]。对这种情况也要加以剖析。在13场，由于茶法的变更，园户所交茶租“夹杂草木黄晚不堪茶货”[③]，与沈括所记一致。其所以如此，这是由于过去官府对园户卡得很死，勒索榨挤过甚，交给官府以黄晚恶茶正是园户反抗的一个表现。只有从改善国家同园户之间的关系下手，才能够改变这种情况，不然是不可能的。同时，在贴射法下，园户们把好茶统统与商人们进行交易取得较好的价钱，有利于改善园户们生产生活的条件，更有利于园户们向商品生产道路上前进，对整个宋代社会发展也是有益的。因此，天圣元年茶法的变更，除对一部分大商人、交引铺不利外，对一般商人和广大园户都是有利的。正因为它损害了一部分豪商巨贾的利益，便引起这部分人的反对：“商人果失厚利，怨谤蜂起。”[④] 于是天圣三年朝廷上反新茶法的叫嚣又复尘上，孙奭等攻击“十三场茶积未售六百一十三万余斤，善茶许商人贴射，则善茶皆入商人，其入官者皆粗恶不时，故人莫肯售，又园户输岁课不足者，使如商人入息，而园户皆细民贫弱，力不能给，烦扰益甚，又奸人依贴射为名，强市盗贩，侵夺官利，其弊如此，不可不革！”[⑤] 于是，在这一年就又以三说法代替了贴射法。

天圣三年的三说法是：“凡商人入钱以售茶者宜优之”，“凡入钱京师售海州荆南茶者，损为七万七千，售真州等四务十三场茶者，损为七万一千，皆有

① 陈均：《皇朝编年纲目备要》卷九。
② 《梦溪笔谈》卷一二。
③ 《宋会要辑稿·食货》三〇之八。
④ 陈均：《皇朝编年纲目备要》卷九。
⑤ 《长编》卷一〇三，天圣三年十一月己卯记事。

奇数；入钱六务十三场者，又第损之，给茶皆直十万”①。按照前面贴射法的规定，海州荆南茶为86000，余为8万，这一次改变比贴射法减了9000，比天禧交引法也减了3000。究竟谁更适应交引铺等豪商巨贾的利益，从这一比较中不是极为清楚了吗？天圣三年不但恢复了三说法，而且主持变更三说法的李谘等也受到贬官降级的处分，其中三司属吏甚至被刺配于沙门岛。

三说旧法的复辟，不言而喻，导致了前此所有弊端的重现。三司吏孙居中等指出：“自天圣三年变法，而河北入中虚估之弊，复类乾兴以前，蠹耗县官，请复行见钱行。”度支副使杨偕指出三说法12害、见钱法12利，用三说法所支1分缗钱，即可以赡1岁边计。因此，宋仁宗景祐三年（1036），又命前此主持贴射法的知枢密院事李谘进行变更。总结贴射法变更时所遇到的阻力，并以此作为经验教训，李谘非常明晰地指出，自孙奭等变法以来，单是在景祐二年的前5年中，河北缘边16州军入中虚费缗钱达568万贯，如一旦废除，“恐豪商不便，依托权贵，以动朝廷”②，要求宋仁宗下诏戒敕。贴射法就在同豪商巨贾斗争中恢复起来。

景祐三年，恢复贴射法：(1) 再度废除河北入中粮草的虚估、加抬，“以实钱偿刍粟，实钱售茶，皆如天圣元年之制”。(2) 过去北商持交引到京，必须由交引铺担保，经三司符验，然后给钱，往往被交引铺“率多邀求”，“三司吏稽留为奸”，便废掉这种手续，商人可以持券直接到榷货务验实，立即偿付现钱。(3) 对前此虚估所给交引，仍按旧制给景祐二年以前的茶。(4) 天圣四年，陕西入中愿得茶者，每钱10万给券直趋东南受茶111000，茶商竞争得此厚利，不复入钱京师，现废除这项做法。(5) 商人输钱5分，其余5分为“置籍召保，期年半悉偿，失期者倍其数。”这些做法，无疑地具有兴利除弊的意义，即使其对旧茶法有所让步，也是出自维护官府的信用而无可厚非。因而经过这番整顿，“县官滥费自此少矣”③！(6) 翌年（景祐四年）二月，又补充规定，“自今商人对买茶，每百千，六十千见钱，四十千许以金银折

① 《长编》卷一〇三，天圣三年十一月己卯记事。
② 《长编》卷一一八，景祐三年春正月戊子记事。
③ 《长编》卷一一八。

纳”①。

可是在豪商巨贾的“动摇”攻讦、朝廷软弱无能的情况下，见钱法亦即贴射法照样坚持不下来。康定元年、庆历二年，河北入中粮草先后恢复了三说法，而恢复三说法的借口是：

> 自现钱法行，京师之钱入少出多，庆历七年榷货务缗钱入百十九万，出二百七十六万，以此较之，恐无以赡给。②

其实，这仅仅是一个借口，恢复三说法将会使政府财政遭到更多的困难。当时监京师榷货务的薛向，对历来的茶法作了比较，他认为三说法不是好办法。三司只希望每年有大批的见钱堆到府库中，只进不出，或进多出少不肯用实钱应付入中粮草，当然不肯采纳薛向的意见；但又看到三说法不能实现他们的这个梦想，于是灵机一动，改三说法为四说法：

> 河北沿边州军客人入粮草，改行四说之法，即以一百千为率，在京支见钱二（当作“三”）十千，香药象牙十五千，在外支盐十五千、茶四十千。③

三说法的要害在于政府不用实钱而用虚钱亦即加抬虚估刺激商人们入中粮草的胃口，从而造成严重恶果。改为四说法，换汤不换药，同样会造成严重恶果。“自是三税（当作‘说’）四税（说）二法并行于河北，未及茶法复坏，刍粟之入大约虚估十之七八，米斗七百甚至千钱，券至京师为南商所抑，茶每直十万止售钱三千，富人乘时收畜，转取厚利”。三司不从根本上解决这一问题，用所谓的贴买的办法，“剜肉补疮”，结果疮越补越大。“三司患之，请行贴买之法；每券直十万，比市售三千，倍为六千，又入钱四万四千，贴为五万，给茶直十万。谓又损钱一万，亦不足以平其直。久之，券比售钱三千者才得二千者（此“者”字为衍文，据《宋史·食货志下五·茶上》校正），往往不售，

---

① 《宋会要辑稿·食货》三〇之九，《长编》卷一二〇。

② 《长编》卷一六五，庆历八年十二月丙子记事。

③ 此据《宋会要辑稿·食货》三六之二九，其中“在京支见钱二十千”，当据《长编》卷一六五所载，改作“三十千”，此外会要所载则可校正《长编》所载，如“在外支钱十贯”，当作“在外支盐十五千”。

北商无利，入中者寡，公私大弊。”① 于是人们纷纷抨击了三说、四说之法。

最早对三说法、四说法加以抨击的是韩琦。皇祐三年，他指出河北行三说、四说以来，“便籴州军积滞文钞至多，商贾不行，又为富商贱价收蓄，转取厚利，以至谷价增贵，米斗七百甚至千钱”②。以皇祐二年为例，河北入中粮草共得谷2284789硕，草566429束，而政府付出的代价是：钱1956535贯，茶盐香药12953821贯，折合起来，政府要付出六七贯文才能得到一硕谷、一束草！而且由于滥发交引香药和盐，引起了交引贬值和香药盐价下降：“其茶场交引，旧法卖百千者，得钱六十五千，今止二十千；香一斤卖三千八百者，今止五六百，盐……旧卖百千者，今止六十千”③。因此，韩琦要求复用见钱法以应付河北入中粮草。至和二年（1055），薛向提出河北边储，直接由京师辇送钱帛到河北和籴以解决之，只有入中刍豆用茶补偿。行之数年，论者以为“辇运科折，烦扰居民，且商人入钱者少，刍豆虚估益高、茶益贱”，以攻击这项办法。政府派韩绛等调查其事，韩绛等在调查之后指出：“自改法以来，边储有备，商旅颇通，未宜轻变”，肯定了这项做法，唯将入中刍豆也根据市估而“至京偿以银绸绢”④。这样，把入中粮草同茶法不再纠缠在一起了，为茶法的变革创造了有利的条件。

茶法究竟怎样变革，才能从交引、三说法的死胡同中走出来？还在宋仁宗景祐二年叶清臣提出了所谓的通商法。他指出宋初以来的榷茶之制，“刳剥园户，资奉商人”，“虚张名数，刻蠹黎元”；认为这些年来茶法的更张，“非有为国之实，皆商人协计，倒持利权，幸在更张，倍求奇羡”；而这样轻率的变更，“商人豪族，坐以贾赢，薄贩下估，日皆朘削”，国家征榷之法仅有利于豪商巨贾，而不利于国家、“薄贩下估”。根据这一分析，叶清臣提出：“今天下通商，只收税钱，自及数倍。”⑤ 稍后，著名的

① 《长编》卷一七〇。
② 韩琦：《安阳集·韩琦家传》卷一三。
③ 《宋会要辑稿·食货》三六之二九至三〇。
④ 《长编》卷一八八，嘉祐三年九月辛未记事。
⑤ 《长编》卷一一八，景祐三年三月丙午记事。

思想家李觏也认为，“今日之宜，莫如一切通商”①。嘉祐三年，何鬲、王嘉麟等都主张放弛茶禁，“请罢给茶本钱，纵园户贸易，而官收税租钱与所在征算，归榷货务，以偿边籴之费，可以疏利源而宽民力”；沈立比较了有关茶法利害，“陈通商之利”②。茶法之趋向于通商法几乎是士大夫们的一致看法。

从宋初茶法变更的情况来看，国家直接掌握的征榷法是存在许多问题的。第一，在官榷之下，“民私蓄贩皆有禁，腊茶之禁尤严于他茶，犯者其罚倍，凡告捕私茶皆有赏。然约束愈密，而冒禁愈蕃，岁报刑辟不可胜述”③。如前所述，官榷既要切断商人同园主之间的贸易，又要对茶园生产直接干预，妄图以国家的权威控制整个茶的生产和流通，自然是困难的。这样，就唯有靠刑罚来禁私茶了。但，园主、茶农或者争取自己的生存权，或者追求更合理的价格，“刑辟”同样是无可奈何的。第二，前面无数的事实说明了，只要实行各种形式的官榷，就必然地便宜了豪商巨贾，“饶丰价薄”，使这一小批人猎取了高额茶利。但，厚之于此，必薄之于彼。豪商巨贾的高额茶利，则是从园户特别是茶农和茶佃农、茶工身上榨取的。而榨取的方式则有两种，一是从这些生产手中低价收购，二是尽可能地从这些生产者手中多征购，前面已经说过，不多赘述。这种榨取，就不能不影响茶的生产，以至“园民困耗，逋欠岁程，至如石桥一场祖额一百七万，而近岁买纳，才得十万”④，“茶法屡变，岁课日削，至和中岁市茶淮南才四百二十二万余斤，江南三百七十五万余斤，两浙二十三万余斤，荆湖二百六万余斤”⑤。岁课减削，或者反映茶叶生产的萎缩，或者表明私茶的增多，二者必有其一，更可能兼而有之。不论怎样说，各种形式的官榷对茶的生产和流通是不利的。第三，极大地影响了国家茶利的收入。据包拯的记载，国初“总山场榷货务逐岁共得钱四百余万”，自太平兴国以后行交引法，“实值尽为虚钱”，到大中祥符年尚有300万，而末年榷货务所得

---

① 李觏：《直讲李先生文集》卷一六，《富国策第一》。
② 《长编》卷一八八，嘉祐三年九月辛未记事。
③ 《长编》卷一八八，嘉祐三年九月辛未记事。
④ 王安石：《临川先生文集》卷七〇《茶商十二说》。
⑤ 《长编》卷一八八。

引钱150万贯；“自顷年变法以来，唯存虚额，其实入之数益少，近岁尤甚”[①]；到至和中，“岁售钱并本息计之，才百六十七万二千余缗”[②]，“茶课缗钱岁当二百四十四万八千，嘉祐二年才及一百二十八万，又募人入钱皆有虚数，实为八十六万，而三十九万有奇是为本钱，才得子钱四十六万九千而已，其辇运縻费丧失与官吏兵夫廪给杂费又不与焉”[③]。官榷之下茶税的锐减，这是国家最感头痛的问题，又是其变动官榷的重要推动力。所以，嘉祐年间朝廷上形成为变革茶法的一个舆论力量时，便立即付诸实现了。

嘉祐四年二月茶法又进行了一次变革，这就是通商法。在宰相富弼、韩琦、曾公亮的支持下，韩绛、陈升之、吕景初于嘉祐三年九月置局议论茶法的变更，并派王靖等分行六路产茶区访问利害，遂于翌年二月决定废除国初制订、后来屡次实行的榷茶制度，实行刘式、李谘等提出和实行的通商法。它的主要内容是：

1.“以三司岁课均赋茶户，凡为缗钱六十八万有奇，使岁输县官。比输茶时，其出几倍，朝廷难之，为损其半，岁输缗钱三十三万八千有奇，谓之租钱”[④]。

2.“与诸路本钱，悉储以待边籴”。

3.“罢十三场、六榷货务”[⑤]，“唯腊茶禁如旧，余茶肆行天下矣”！

4.总之，所谓嘉祐之法，“园户之种茶者，官收租钱；商贾之贩茶者，官收征算，而尽罢禁榷，谓之通商”[⑥]。

通商法实行后，在士大夫群中的反映是极不相同的。王安石对旧的禁榷法是否定的、批判的，而对新茶法是赞成的、歌颂的。王安石认为，“国家罢榷茶之法而使民得自贩，于方今实为便，于古义实为宜”。他指出，像茶这一类的生活资料，同米盐一样，“不可一日以无”，而“官场所出皆粗恶不可食，

---

① 《包拯集》卷八，《论茶法》。

② 《长编》卷一八八。

③ 《长编》卷一八九，嘉祐四年二月丁卯记事。本段曾据李壁《王荆公诗集笺注》卷六《奉酬王詹叔奉使江东茶法利害见寄》一诗注引文以及《宋史》卷一八三《食货志下五·茶上》校正。

④ 《长编》卷一八九。嘉祐四年二月戊辰记事。

⑤ 此条以陈均《皇朝编年纲目备要》卷一六所载补充。

⑥ 《文献通考·征榷考五》《榷茶》。

故民之所食大率皆私贩者”，因而改变过去靠“严刑峻法”、“鞭扑流徒”以维持旧的榷茶制度是完全应当的[①]。另外一些士大夫如刘敞、欧阳修则不赞成这一变更。刘敞认为，过去“百姓之摘山者受钱于官，而今也顾使之纳钱于官，受纳之间，利害百倍”；“今悉均赋予民，赋不时入，刑亦及之，是良民代冒法者（指过去冒法犯茶禁者）受罪”；“先时大商贾为国贸迁而州郡收其税，今大商贾不行，则岁额不登，且乏国用”[②]。欧阳修则认为通商法有五害，除刘敞所提出的外，还有“断绝流通”之害，“往时官茶客民入杂，故茶多而贱，遍行天下；今民自买卖，须要真茶，真茶不多，其价遂贵”，所以在“近茶之处”，则吃贵茶，而“远茶之方”便“无茶可食”了，再则“河北和籴实要见钱，不惟客旅得钱变转不动，兼亦自京师岁岁辇钱于河北和籴，理必不能”，因而又有“河北和籴之害”[③]。这两种意见，到底谁是谁非呢？

从变法以后国家所收茶利来看，到宋英宗治平年间，“岁入腊茶四十八万九千余斤，散茶二十五万五千余斤，茶户税（当作‘租’）钱三十二万九千八百五十五缗，又储本钱四十七万四千三百二十一缗，而内外总入茶税钱四十九万八千六百缗。”[④] 从国家茶税收入看，嘉祐通商法较宋初榷茶法收入要少一些，这是某些士大夫试图改变通商法恢复征榷法的一个口实。如果从茶这种商业性的生产以及茶的流通的整个情况考察，就会看出通商法远胜于征榷法的。从唐建中以来到宋代征榷法，对茶的生产并不起更多的促进作用。它的唯一的值得注意的措施是所谓的茶本，对抵制高利贷资本侵袭弱小园户即茶农是有利的，这一点应当承认。但是，封建国家正是利用茶本，把园户纳诸国家征榷的范围中，实质上切断园户向商品经济的道路上发展。其次，国家用茶本把园户束缚起来之后，即以不合理的低价格强迫园户向封建国家出售茶货，这个价格政策是封建国家压榨园户的重要手段，对茶叶生产是不利的。而国家低价格收

① 王安石：《临川先生文集》卷七〇，《议茶法》。

② 《长编》卷一九一，嘉祐五年三月丁巳记事。

③ 《欧阳文忠公文集》卷一一二，《论茶法状》。

④ 《长编》卷一九一，嘉祐五年三月丁巳记事；《通考·征榷考五》《宋史·食货志下六》全同，并以之校正。

买来的茶货，却以“虚估”的办法白白送给了豪商巨贾，这就造成园户同国家、豪商巨贾的矛盾。如前所说，封建国家利用征榷法来切断园户茶农同商品流通的联系是困难的，特别是它的价格政策就逼使广大园户冲破这个堤防，同商人们直接打交道，而追求一个较好的价格，这就是为什么政府花那么大的力量，用那么严酷的刑罚去禁止私茶而却不能收到效果的原因所在。通商法虽然不再是给以茶本，但却放松了前此的禁锢，园户茶民能够直接同商人打交道，有利于茶的流通和生产，因而是适应了客观发展的要求的。林駉对北宋茶法的变更有过如下的概述：

> 尝以国朝榷茶之法而观之，曰榷务，曰贴射，曰三分，曰三说，曰茶赋，纷纷不一。然论其大要，不过有三，鬻之在官一也，通之商贾二也，赋之茶户三也。乾德之榷务、淳化之交引、咸平之三分、景德之三说，此鬻之在官者；淳化二年贴射置法，此通之商贾者；嘉祐三年均赋予民，此赋之茶户者。①

林駉所区分的三种形式，其实只有两种，淳化刘式提出的贴射法以及嘉祐的均赋予民，都是通商法。经过百年来的纷更，适应客观发展要求的通商法终于得到实现了，虽然福建腊茶仍行征榷法，这个通商法还不够完全、彻底。

第五节　宋神宗统治期间对川茶的征榷　棚口事件

王安石变法期间，在国家专利问题上，王安石与宋神宗之间的认识是存在差别的。熙宁初年，宋神宗提出了茶法的问题，王安石回答：“榷茶所获利无多”②；宋神宗要榷铁，王安石说：“榷法不宜太多”③。王安石对各项征榷是不大赞成的，因而嘉祐通商法得以延续下来。然而由于边防上的需要，由于同西北诸族贸易交往，以茶易马，在宋神宗主持下，于熙宁七年开始了对川茶的

① 林駉：《新笺决科古今源流至论》续集卷四，《榷茶》。
② 《宋会要辑稿·食货》三〇之一一。
③ 陈瓘：《四明尊尧集》卷五，引王安石《熙宁奏对日录》。

征榷。

宋神宗熙宁七年（1074）正月派李杞至成都府相度设置市易务。由于秦凤、熙河路与蕃族博买马匹，遂于是年将成都府路、利州路西路产茶由官府榷卖，成立了提举成都府路、利州路买茶司，在产茶地置茶场以专门收买，严禁私买。翌年八月，李杞奏称“卖茶博马，乃是一事”，要求这个买茶司也提举买马事宜，岁以两万匹为额。于是，自宋以来历史上的“茶马法”就从这一年开始了[①]。川茶官榷制度主要如下：

1. 川峡四路除夔州路外，其余三路产茶都由官榷卖，其中以成都府路、利州路产茶最多，据吕陶记载，蜀茶岁约3000万斤，宋政府榷买为2950万斤左右。[②] 所榷买的茶，“雅州之名山自兰州入邈川至于于阗，兴元之大竹自阶州入欧家，自河州入水波，洋州之西乡茶自河州入水波，至于赛音隆和”[③] 为西北诸族所喜爱。

2. 各产茶州军都设有茶场，如彭州导江县有棚口、蒲村、小唐兴、木头等镇均有茶场，三路茶场共有36处[④]，“到元丰末，蜀道茶场四十一，京西路金州为场六”[⑤]。茶场有官吏、牙人直接收购茶货，茶场官吏以大小使臣充担，约百员上下，诸茶场隶属于提举成都府路茶场司。

3. 茶既由官府榷卖，茶农、茶园主同官府茶场具有如下的关系：

（1）茶本。“茶司本于秋成之际，收籴仓米，高估价钱，俵于茶户，谓之‘茶本’。不愿籴者，例须支俵。假令米一石八百钱，而作一贯文支俵，仍出息二百，计一贯二百。”[⑥]

（2）园户要为官府提供好茶。提举成都府等路茶场司为使官府得到好茶，下令“出茶州年，每岁晓示园户，如敢采造黄老秋茶中卖，不以多寡，并设官；仍乞每岁别委官验示已有如此色样，并令烧毁。”[⑦]

---

① 《长编》卷二六七，熙宁八年八月壬子纪事。
② 吕陶：《净德集》卷三，《奏乞罢榷名山等三处茶以广德泽亦不缺边备之费状》。
③ 《长编》卷三八一，元祐元年六月甲寅注引黄庭坚《黄廉行状》。
④ 《长编》卷二八九，元丰元年五月乙未记事。
⑤ 《宋史》卷一八四，《食货下六·茶下》。
⑥ 《净德集》卷三，《奏为缴连见知彭州日三次论奏榷买川茶不便并述今来利害事状》。
⑦ 《长编》卷二九二，元丰元年九月壬戌记事。

（3）诸园户（包括茶农、茶园主等）采造新茶之后，即到各茶场投卖，有的远在一百四五十里之外，也要来场。投卖时，由牙人掌秤收购。在收购中，一则压低分量，“每称和袋一十八斤，牙子只称作十四五斤，若是薄弱妇女卖时，只称作十三四斤以来，每称约陷著一二斤”；二则压低价钱，“往年早茶每斤货卖得九十至一百文，现今只卖得六十至七十文”，“〔第二等〕每斤合准直价钱九十文，当日减下价例……只得大钱四十七文”，“〔第三等〕每斤合准直价钱七十文……又只作大钱三十七文”①。

（4）由于官府“尽榷民间茶货入官，旋买旋卖，得利三分”，“客旅并牙子等为见榷茶不许衷私买卖，一问邀难园户，或称官中高抬斤两，或言多方退难，遂便于外面预先商量减价。其园户为畏法减罪，且欲变货营生，穷迫之间，势不获已，情愿与客旅商议，每斤只收七分实钱，中卖于官，所余三发，留在客人体上，用充买茶之息。”从上面收买情况来看，茶利“岂止三分而已”②！

在这样的官榷之下，所谓三分以及三分以上的茶息，全都出自园户身上。这就使得一般的小园户即茶农很难承担得住。假定这上小园户有二亩茶园，按照《四时纂要》的估计，亩产 120 斤，共为 240 斤。这样一个五口之家的茶农，不雇工而全部由自己家庭制作，一等早茶可得十分之一，为 24 斤，即使不“高称低估”，以 70 文 1 斤计算，可得 1680 文；二等茶可得十分之二，为 48 斤，每斤 47 文，可得钱 2256 文，其余 168 斤为三等茶，每斤 37 文，可得钱 6216 文，总为钱 10152 文。试想，这些钱又怎么能够维持五口之家的最低生活？这类茶农之反对官榷是不言而喻的。对有三四亩或四五亩的小茶园主来说，榷利太重而所获得茶利也不多。假定一个小茶园主有四亩茶园，二亩由自己一家制作，二亩雇工采制。二亩茶计 240 斤，“雇召人工，每日雇钱六十文，并口食在外，其茶破人工四只作得茶一袋”③。依此计算，240 斤茶需雇 52 个工，每个工雇钱加食钱以 150 文计算，共费 7800 文。240 斤茶可买 10152 文，

① 《净德集》卷一，《奏为官场买茶场亏损园户致有词诉喧闹事状》。
② 《净德集》卷一《奏为园户暗折三分价钱令客旅纳官充息乞检会前奏早赐更改状》。
③ 《净德集》卷一，《奏为官场买茶场亏损园户致有词诉喧闹事状》。

除去雇工、口食钱，仅余2352文。因而小茶园主在同封建国家瓜分雇工的剩余劳动中所得的份额是很低的。这类小茶园主之反对官榷法也是势所必至的。

茶农、园户的这种不满，从以下两个方面表现出来。一是减少造茶。以永康军为例，自行榷法之后，“熙宁九年买获并税过客人茶货共一百三十二万余斤，比八年计亏九万余斤，比七年计亏二十六万余斤”，“盖是园户畏罪失业，造茶减少，是致税数有亏”[①]。这种不满，表现了对生产的不感兴趣，从而使茶货生产有所萎缩。另一方面，这种不满又直接爆发了所谓的棚口事件。

彭州导江县棚口镇是一个重要的产茶区，这里有茶园户300余户，加上雇工，共达5000余人。熙宁十年四月正是茶货售卖的旺季，17日一天就收买了6万多斤；19日天刚放亮，园户们即携带茶货到茶场中卖。主持该场的尹固、薛翼因手头无交子，兼天又下雨，要求园户们回去，等到天晴再说。园户们对官榷早就不满，于是把茶货堆垛到场厅上，要求立即过秤，并对牙人们说：“今来官中无钱买茶，你牙人须著与我买茶一市。”尹固见事不妙，从园户的包围中狼狈出走，主簿薛翼也想逃之夭夭。但是走到净众院门，薛翼的袍袖即被扯破，茶场的公人被打，同时声称找牙人算账，牙人吓得各自逃匿。当天园户、茶工5000多人聚在茶场，演出了有声有色的一幕：“投入茶场，直上监官厅上，止约不得，致打公人，并毁骂官员”。连当时知彭州事吕陶也感到众怒难犯，向朝廷申奏：棚口事件是由刘佐、李杞、蒲宗闵等过分刻剥造成的，“园户既被亏损，无可申诉，遂便聚众喧闹，人数颇众，难为约束！”[②]

在剥削制度下，劳动者虽然处于被剥削被压迫的地位，但历史的命运并不决定于剥削者阶级，使他们可以任意而为。5000多园户茶农茶工的闹事，倒挺灵验。熙宁十年五月庚午，宋神宗在诏书中，虽然还命成都府路转运司“根究”棚口的闹事，用以转圜政府的颜面，但却明确地表示了：“川中茶场今后不得亏损官私，其取净利三分指挥更不施行”[③]。茶息在此后降到二分了。这场斗争促使了产品分配制度发生了一点变化。

---

① 《净德集》卷一，《奏具置场买茶旋行出卖远方不便事状》。
② 《净德集》卷一，《奏为官场买茶亏损园户致有词诉喧闹事状》。
③ 《长编》卷二八二。

4. 茶商同园户、官府之间的关系。

(1) 官榷之前，茶商直接向园户购买茶货，并可以预定的方式，将明年的茶买到手。官榷之后，茶商同园户不再直接发生交换贸易了。但是，非法的贸易交换则是无法禁止的。而且这种活动相当厉害。

(2) 官榷之后，茶商直接到茶场买茶。熙宁十年以前的两三年中，茶场低价收购园户茶货，如上所说，10分只给7分价钱，因而有所谓的3分茶息："假如茶一百斤，每斤合卖一百三十文，计价钱十三贯……（园户）直作十贯卖与官场，即时却是客人纳钱一十三贯请买，文历虽正，情弊则深。"[①] 熙宁十年以后，改茶息为2分，对商人则一无所损。所谓"情弊亦深"，大约指的是，茶商要想获得较好的茶货，必须是亦只能是向茶场官吏、公人、牙人行贿了。

(3) 茶商购买茶货，到远处货卖，即需要卖取长引，纳茶价的十分之一，即1贯文纳100，谓之"长引钱"。此外还要交纳停驮钱等之类的商税，"旧例住税每斤六文，客人买出翻税每斤六文，两项可得二十五万贯；所过场务，远者十处，近者三两处，再远者四五处，过税每斤收二文，五场共计十文，又可得二十五万贯"[②]。如"客人兴贩川茶入秦凤等路货卖者，并令出产州县给长引指定，只得于熙、秦州通远军及永宁寨茶场中卖入官"[③]，大抵川茶商人只能在川峡诸路贩卖。

5. 政府为使川茶在熙河、秦凤等路畅销，元丰元年五月下诏，"应南茶辄入熙河、秦凤、泾原路，如私贩腊茶法，其巡捕如川峡茶入禁地法"[④]。如同盐专卖一样，各类茶也都有一定地分售卖，从而限制了茶的竞争。

6. 川茶之榷，为的是博买西北诸族的马匹；雅州名山茶最为西北各族所喜爱，因而指定这种茶作为博马之用。[⑤] 名山博马茶达4万驮[⑥]，其中直接用

---

① 《净德集》卷一，《奏为园户暗折三分价钱令客旅纳官充息乞检会前奏早赐更改状》。

② 《净德集》卷三，《奏乞罢榷名山等三处茶以广德泽》。

③ 《宋会要辑稿·食货》三〇之二。

④ 《宋会要辑稿·食货》三〇之一五；《长编》卷二八九。

⑤ 《宋会要辑稿·食货》三〇之一二载熙宁七年四月十九日茶场司奏言。

⑥ 冯时行：《缙云文集》卷四，《扬隐文墓表》："名山自元丰定例，入茶四万驼马与子钱五十万。"

于博马的共达2万驮；每驮百斤，总计400万斤，占川茶总产量约13%。这些茶靠元丰初年陆师闵主持都大提举茶场司时筹建的茶递铺或递铺搬运的。从成都府到利州，自兴元府至兴州凤翔府，自商州上津至永兴军，都设有茶递铺，“后遂添置茶铺，十五里辄立一铺，招兵五十人，起屋六十间”，“今置百余铺矣”。[①] 由于路途遥远，一驮名山茶运到秦州，由原来的不满十贯一驮，卖到“三十贯以来或四十贯”[②]。在这么高额的利润中，凝聚了兵士们和差夫的鲜血。如元丰初专门搬茶的几百兵士，“不一二年死亡逃窜几尽。茶司遂令和雇人夫，共同般载，州县畏其势力，或和雇不行，则差税户往前，颇有赔费，洋州一处，因差夫般茶，最为骚扰”[③]。“沿路号茶铺为纳命场”[④]。

7. 因川茶到陕西诸路出卖，为使运脚有回头货，熙宁九年刘佐提出，“依商人例，岁以盐十万席易茶六万驮，约用本钱二百一万缗”，“禁商人私贩”[⑤]。由于运输上的困难，10万席盐和6万驮茶数量太大，曾一度诏罢。其后蒲宗闵、李稷又先后“要求提举司如商人例买盐入川变易本钱”，“岁无过万席”，元丰六年，又至13000席[⑥]。当时川盐所产供给不足，因而解盐运川适应了川峡诸路的需要。这样，在川峡茶榷中还夹杂了盐利。不仅如此，李杞、蒲宗闵主持茶场司期间，还“贩布、并大宁盐及陶器”[⑦]，李稷、陆师闵主持期间，又在成都“立都茶场、缘折博之法，拘拦百货，出卖收息，其间纱罗皆贩入陕西，夺商贾之利。至于买卖之余，则又加以质当，去年（元丰八年）八九月间，为成都买扑酒坊人李安典糯米一万贯，每斗出息八钱半，半年未赎，仍更出息二分”[⑧]。这就把征商、酒税也都包括进去，而不限于茶利一项了。

自官榷以来，川茶茶利是递年增加的。李杞主持之日，茶利年额40万缗上下，其后蒲宗闵主持时达60万，“自熙宁七年置场至十年，总入息税钱百二

---

① 苏辙：《栾城集》卷三六，《论蜀茶五害状》；《长编》卷三六六系此状于元祐元年二月癸未。
② 《净德集》卷三《奏乞罢榷名山等三处茶以广德泽亦不阙边费之备状》。
③ 《净德集》卷三《奏为缴连先知彭州日三次论奏榷买川茶不便并条述今来利害事状》。
④ 《栾城集》卷三六，《论蜀茶五害状》。
⑤ 《长编》卷二七四，熙宁九年四月丁未记事。
⑥ 《长编》卷二九二元丰元年九月壬申、《长编》卷三四〇元丰六年冬十月癸巳记事。
⑦ 《净德集》卷三《奏为缴连先知彭州日三次论奏榷买川茶不便并条述今来利害事状》。
⑧ 《栾城集》卷三六，《论蜀茶五害状》。

十二万九千余缗"[①]。李稷于熙宁十年主持茶司，因经棚口事件，茶息减为2分，茶利反而增加，从熙宁十年冬到元丰元年秋一年之内，通计课利息税达767066缗；"〔李〕稷领治茶司事，于五年间除百费外，收获净利四百二十八万余贯"[②]。元丰年间，陆师闵主持期间，茶利达百万缗，这是宋神宗时期川茶榷利的最高数额。

自川峡路榷茶之后，刮起了一阵官榷之风，福建茶由王子京扩大了官榷的范围，广西茶也由刘何在元丰年间官府榷卖。

元祐更化，川榷当然成为以司马光为首的反对派攻击的一个目标。刘挚、苏辙和吕陶等都有所论列。刘挚指出官榷对园户的刻剥是极其沉重的，以至"园户有逃以免者，有投死以免者，已而其害犹及邻伍。欲伐茶则有禁，欲增植则加市，故其俗谓地非生茶也，地实生祸也"[③]。因而要求废除官榷。朝廷派黄廉至成都府调查处置这件事情。黄廉指出，恢复前此的通商法固然甚好，"若致详于公私之议，则先当议民，其次商贾，其次边计利害，各有所在也。""若悉以予民，则边计不集"；"今蜀民通患币轻钱重，商旅赍携，息不偿费；若捐榷茶尽予商贾，则百货未能通流，脚乘未能猝备，非惟园民之货郁滞，绝其资生之路；若蕃市交易万一不继，亦足以害经久之法。"因此，他把榷法和通商法两者结合起来，共同采用，但以榷法为主：东路十一州与之商贾，行通商法，其余川茶发至陕西六路者，有"纲茶"，专门博马，其中雅州名山茶、兴元之大竹和洋州之西乡茶[④]用以博马，博马以18000匹为额。除纲茶之外，到陕西诸路的"食茶"，则在榷卖时，禁止"榷买侵刻，取息太重、搜捕苛扰，差雇不和，配卖赊欠，预俵折纳滥赏"等弊之外，并禁止南茶到陕西诸路，"以利蜀货"[⑤]。如前所指，名山茶至秦州等地，可获两三倍以上的利息，黄廉之所以继续榷名山等地茶，正如吕陶所说，"利榷买之贱、出息之多尔"[⑥]！

---

① 《宋会要辑稿·食货》三〇之一六。
② 《长编》卷三四四，元丰六年三月戊申记事。
③ 刘挚：《忠肃集》卷五，《论川蜀茶法疏》。
④ 吕陶则谓系名山、油麻坝和洋州三处，见《净德集》卷三。
⑤ 《长编》卷三八一，元祐元年六月甲寅。注引黄庭坚《黄廉行状》。
⑥ 《净德集》卷三；《奏乞罢榷名山等三处茶以广德泽亦不阙边费之备状》。

元祐初司马光集团虽然废除了许多新法，但在川茶的问题上，则是由于黄廉的慎重，特别由于茶利之厚，而继续下来了。

宋神宗统治期间还推广了水磨茶。水磨茶是用茶磨制成的一种末茶，各地都有。宋神宗元丰六年二月[①]，在提举汴河堤岸司宋用臣的建议，在汴河置水磨百盘，委托60户茶铺磨制末茶，每户年出息5000贯，共纳30万贯，以供应汴京城的需要。为保证末茶的质量，还严格规定了，“禁止茶铺户入米豆外料等拌和末茶，募告者，一两赏三贯，及一斤十贯至五十贯”[②]；“不许在京卖茶人户擅造磨末茶出卖，许诸色人告首，依私腊茶科罪支赏”[③]。到第二年六月，开封府界各县茶铺，“为见在京茶铺之家，请买水磨末茶货买，别无头畜之费，坐获厚利”，也都要求买官府末茶，以便在“府畿货卖”。据说在实行水磨末茶专卖之后，私家茶铺“免雇召人工养饲头口、诸般浮费”；茶也不掺假，“民间得真茶食用”，价格亦比过去市场上的“伪茶”便宜。[④] 这充分说明了，末茶由于得到技术上的改进，比较能够适应对社会的需要。“元祐更化”，把水磨茶也“化”掉了。到绍圣年间又恢复，宋徽宗崇宁四年，仍包给60户茶铺磨末茶，“岁课三十万缗，每月均纳”[⑤]。后来这种末茶又扩大到其他诸路。

第六节　从崇宁到政和宋代茶法的重大变更

从崇宁（1102～1106）到政和（1111～1117），是宋代茶法发生重大变更的时期。宋徽宗——蔡京集团为扩大国家对茶利的占有，对嘉祐四年以来的通商法是极为不满的。崇宁元年，这个集团提出，自乾德二年在江南诸路实行榷茶，“至祥符中岁收息五百余万缗（净利凡三百二十余万，诸州商税七十五万

① 汴京水磨茶，《文献通考》《宋史》均作《元丰中》，无确实年月，《长编》诸卷对此有考证，因据之。

② 《长编》卷三三八，元丰六年八月乙酉记事。

③ 《长编》卷三四三，元丰七年二月甲戌记事。

④ 《长编》卷三四六，元丰七年六月乙巳及原注。

⑤ 杨仲良：《长编本末》卷一七三，《水磨茶》。

贯有奇，食茶之算不在焉）”[①]，可是自庆历以后，榷法渐坏，而行通商法之后“客人园户私相贸易，公私不给，利源寖销”，年入不过80余万[②]，因此要求在全国范围内实行榷法，对前此行通商法的产茶地实行这一变更。这次变更的主要内容是：

1. 将荆湖、江、淮、两浙、福建七路州军产茶，依旧禁榷，于产茶州县随处置场，官为收买。[③]

2. 设立诸路措置茶事官司，荆湖南路置司于湖南，湖北于荆南府，淮南于扬州，两浙于苏州，江东于江宁府，江西于洪州。诸产茶州设置的茶场是：蕲州有蕲州、蕲水场，寿州霍山、开顺口场，光州光山、固始场，舒州州治、罗源、太湖场，黄州麻城场，庐州舒城场，常州宜兴场，湖州州治、长兴、德清、安吉、武康场，睦州州治、青溪、分水、桐庐、遂安场，婺州州治、东阳、永康、浦江场，处州州治、遂昌、青田场，苏州州治，杭州州治、越州州治、上虞、余姚、诸暨、新昌、剡县场，衢州州治，台州州治，温州平阳场。[④] 所在茶场收购买卖当地茶货。

3. 各茶场均有茶本钱，茶本钱计有度牒2000道、末盐钞200万贯、诸路封桩钱40万贯，共计300万贯。[⑤]

4. 各茶场将所辖园户姓名登记，产茶由官府直接收购，“更不与人户税上科纳，禁客人与园户私相交易”；“园户自前茶租折税仍旧”[⑥]。

5. “勾集园户，籍会户数，酌量年例所出，约人户可卖之数，年终立为年额”。

6. “产茶州军许其民赴场输息，量限斤数，给短引，于旁近郡县便鬻。”[⑦]

7. “余悉听商人于榷货务入纳金银缗钱并边粮草，即本务给钞取便算请于

---

① 《宋会要辑稿·食货》三〇之三二；《文献通考·征榷考五·榷茶》，《宋史》卷一八四《食货志下六·茶下》。

② 《宋会要辑稿·食货》三〇之三一至三二。

③ 《宋会要辑稿·食货》三〇之三二。

④ 《文献通考·征榷考五·榷茶》。

⑤ 《宋会要辑稿·食货》三〇之三二。

⑥ 此条据《文献通考·征榷考五·茶》《宋史》卷一八四《食货志下六·茶下》补。

⑦ 第（6）（7）（8）三条均据《文献通考》《宋史》补充者。

场，别给长引从所指州军鬻之。”

8. “商税自场给长引，沿路登时批发，至所指地，然后计税尽输，则在道无苛留”。

这项茶法实行了三年，到崇宁四年（1105）蔡京集团再度进行了变革。这次变革是简化征榷的办法，其主要内容是：废除各州县所置茶场，商人直接到产茶州县或京师请长引或短引，并直接向园户购买，但必须到官府“抽盘”检查之后，“循第叙输息讫，批引贩卖”。长引可以到其他各路贩卖，期限为一年；短引限于本路，为期一个季度①。为使商客到各地贩茶，“诸路旧例原无加饶耗茶去处，并依江东例如饶一分”②。“逐路重别立到息钱多寡不等”，“每斤各量添一十文”，“其见纳息钱不及一十文者，并只对数增添”，“内元买价小，搭息多，即不得过元买价一倍”③。经过这番变更，诸路茶息为1251900余缗，榷货务两年所得茶钱1185000余缗，每年茶利达到184万余缗。

政和二年（1112），蔡京集团对茶法作了第三次变更，旧史上说这次变更是对茶法的“大增损”，这就是所谓的“政和茶法”。它的主要条目和内容是④：

1. 除汴京是官卖水磨茶的地分外，其余开封府畿、京东西、河北、河东、淮南、两浙、荆湖、江南、福建、永兴军、鄜延、泾原、环庆等路，都是客商贩卖南茶的地分，同时也可以到汴京，与水磨茶并行，其他各地水磨茶都废罢。

2. 撤除京城的比较铺，在京置都茶务，专管供进末茶和有关事务。

3. “诸路茶园户，官不置场收买，许任便与客人买卖”，但必须到所在州县“投状充茶户，官为籍记”；“非投状充户人不得与客买卖”。

4. 客人贩茶须有茶引，茶引由太府寺以厚纸立式印造，并书写当职官的姓名，“置合同簿注籍讫，每三百道并籍送都茶务”以备用。

5. “客人许于茶务买引，指定某州县买，往所指处任便货卖”；“客贩茶

---

① 《文献通者·征榷考五·榷茶》《宋史》卷一八四《食货志下六·茶下》。

② 《宋会要辑稿·食货》三〇之三六。

③ 《宋会要辑稿·食货》三〇之三六至三七。

④ 《宋会要辑稿·食货》三〇之四〇至四四。

并于茶务请长短二引，各指定所诣县住卖，长引许往他路，短引止于本路兴贩”；“客人请到文引更不经由官司，许径赴茶园户处私下任便交易”①。

6. “客请长引，每引纳钱一百贯，若诣陕西路者，加二十贯文，许贩茶一百二十贯；短引二十贯，许贩茶二十五贯”；不许到非指定地区出卖，否则按私茶法科罪；“不请引而辄贩者，加私茶法一等”；“若引外增数搭带，或以一引两次行用，若逾限不申缴者，罪赏准此”；“印茶引辄私造者，依川钱引法赏钱三百贯，已成、未行用，减一等”。

7. “客请引贩茶，许自陈乞限，长引不得过一年，短引一季，于引内批书所至州县，卖讫批凿”，并至茶条缴引务官“对簿销落”；“客贩长引茶至所指处余限未满，愿入别州县住卖者，经所属批引前去，卖讫缴引”；“客引逾限不缴……追人并引赴务，依法施行”。给限是按里程远近规定，“不及十程限五日”，“二十程以上限十五日”，“如去住处卖二十程给限三十五日”②。

8. “应客贩茶地分，而诸色人辄以茶侵越本地分者，罪赏如私茶论，已至而未卖者减一等”；“客人引违限一日笞一十，三日加一等，至徒一年止”；因故可以申请展限，“不得过一季”，逾展限者，罪同。

9. “茶园户随地土所出，依久来分为等第，即不得以上等为中等，以次等为上等……违者杖一百”；“州县春月，园户茶出时，集人户以递年所出，具实数卖价，县申州，州验实，以前三年实直与今来价具实封申户部，下茶务照会；若平价不实，虚抬大估者，杖一百，受赃者以盗论，赃轻徒一年，吏人公人牙人配千里，许客赴诉”。

10. “客人赍引辄改易，徒一年，若添减斤重、日限者，加二等”；以“水火盗贼”而损失者，“并随处经所属自陈，验实召保，赴茶场再请买”；“客人请引须正身，若亲人正身赴场，不得假请他客，借人或倩之者各杖一百”。

11. “客人赍引贩茶，所至州县，若商税市易务堰闸桥镇栅门，辄邀阻留难，一日杖六十，二日加二等，三日徒一年，又三日加一等，至徒二年止；吏

① 《宋会要辑稿·食货》三〇之四〇。

② 《宋会要辑稿·食货》三二之二。

人公人并勒停，永不叙；即受财者以自盗论赃，吏人公人配千里”。

12. 腊茶旧法不许通商，“并许客人依草茶法兴贩”。

13. 为避免过去走失税课，“今后客茶笼篰并用竹纸封印，当官牢实粘系，不得更容私拆；如擅拆封及擦改者，杖一百，许人告，赏钱三十贯”；“客人于园户处买到茶，并令园户于引内批凿的实色号、斤重价钱，于所在州县市易税务点检封记”；今后盛茶笼篰，“长阔尺寸并笼叶斤重，分为二等、一百三十斤为限制造，用火火印熏记题号，降付市易税务收掌”，“令客人收买盛茶，候装到茶令所在州县市易税务点检封记”；不许用私笼篰；每只除工费外，不得过50文，以所卖息钱充工料之费。

14. “系籍园户，客无引而辄自卖，若私贩者，杖一百，许人告，赏钱五十贯；已贩者，依私茶法；不系籍而与客买卖者依此”！

15. “产茶并通商路分茶事，并令盐事司管干，无盐事官处，从朝廷专委官管干”。

从崇宁到政和的10年间，蔡京三次变更茶法，第一步恢复宋初的官榷法，第二步又废除了官榷法，第三步又改变成为以加强国家茶法管理为主要内容的政和茶法。这说明了蔡京集团对茶法变更是极其卖劲的。其实，政和茶法是综合了宋初以来的征榷法和通商法，在管理制度上大做文章，使其更加严密和更加完备，因而史学家们不得不承认：“茶事益加密矣”① 它和同时的盐法一样，都以“引”（或“钞”），作为它的标志，称引法或钞法。政和茶法的特点即在于此。政和茶法继承了通商法，既不干预茶的生产过程，又不切断商人同生产者和茶叶所有者之间的交换、贸易，这是对官榷法的否定。但是，政和茶法同时继承了而且更进一步地发挥了征榷法，一方面加紧了对园户的控制，从固定的专业化的户籍的管理，到每家园户茶产量和质量的登录，以及允许园户到外地贸易，这样便把园户纳诸封建国家专榷的轨道上，从而有利于封建国家在分配茶叶生产过程中的剩余劳动方面获得更多的好处。另一方面，政和茶法又制订了一套严密的制度，加强了对商人的管理和约束，从合同场到茶引，即使是盛茶的笼篰也都有相应的规定，以便把茶商纳诸封建国家专榷的轨道上，借以

① 《文献通考·征榷考五·榷茶》。

保证封建国家在茶利的分配上获得最大的份额。政和茶法不但对南宋有极大的影响，对后代的榷茶制度也有不小的影响和作用，因而是极为值得注意的一项制度。

蔡京集团之所以十年之内三易茶法，而且是从根本上对榷茶制度进行了变更，在于他们立足于“利”字上。据《宋史》记载，从政和二年政和茶法到政和六年的4年多，受息1000万缗、茶增1280多万斤[①]。李心传称，政和改茶法，“岁收息四百余万缗”[②]。“责土产于园户，收引息于商人”[③]，蔡京集团的茶利就是根植于这个基础上。但是，在搜刮、攫占这些茶利时，充分表现了它的残酷性。由于立足以利，“掊克之吏，争以赢羡为功，朝廷亦严立比较法，州县乐赏畏刑，惟恐负课”，争先恐后地增加茶课。甚至在一些非产茶区如陕西诸路，也有增课之说，“奉行十年，未经立额，岁岁比较，第务增益”，“州县惧殿，多前路招诱豪商，增价以幸其来”，“故陕西茶价，斤有至五六缗”[④]，用提高茶价的办法，以增加茶课，得到朝廷的奖赏。在茶产地，“昔时晚春采造，谓之黄茶，每斤不过三二十钱，故细民得以厌食。今买引之直已过数倍矣，未有茶也，民间例食贵茶，而细民均受其害”。这就是说，在产茶区看来连秋老黄叶也得不到，也要食用高价茶，吃亏的是消费者，特别是贫苦的消费者。茶引多是抑配的，“盐钞茶引类多抑配”[⑤]，“行法初，裒刻之吏，以配买引数多为功，苟冒恩赏。今以岁课最高为额，上户有敷及数十引者，一引陪费无虑十数千，则人不易供矣”，同配卖盐一样，一部分居民也受到配卖茶引的勒索。在这样的情况下，贩卖私茶日益成为严重问题，为根究私茶，便要求“根究来历”，“盗贩者皆无赖小民，一为捕获，则妄引来历，以报私怨。官司不敢沮抑，追呼蔓延”，以至株连甚众[⑥]。特别值得一提的是，蔡京集团对茶法的变更，使国家财政也受到不小的影响：“祖宗之时，茶、盐之利在州

① 《宋史》卷一八四《食货志下六·茶下》。
② 《朝野杂记》甲集卷一四《总论东南茶法》。
③ 高斯得：《耻堂存稿》卷三《高李鬬征录跋》。
④ 《宋史》卷一八四《食货志下六·茶下》。
⑤ 李纲：《梁谿全集》卷六三《乞减上供数留州养兵加耗以宽民力札子》。
⑥ 杨时：《杨龟山先生集》卷四，《论时事》。

县，则州县丰饶；崇观以来，茶、盐之利在朝廷，则朝廷富实。其后悉归于御府以为玩好宴游赐予之物，则天下利源竭矣！”①

第七节　政和茶法在南宋的继续和发展

南宋继续实行了政和茶法，而且还有所发展。现将四川诸路和东南诸路有关茶法的情况分别叙述如下。

宋室南渡之后，四川成为支援西北防线的基地。因此，整顿四川财政，供给西北防线十万军队的需要和川峡诸路地方开支，便成为一个突出的重要的课题。赵开便是把四川财政纳诸战时轨道、解决这一重大课题的第一人。北宋末，赵开任成都府路转运判官时，即针对一些弊政而有所变革。建炎二年（1128）赵开提出榷茶买马有五害。他指出：“榷茶之初，预表茶户本钱，寻干预表数外更增和买，或遂抑预表允和买，且不给一钱，茶户坐在破产”；“而官买岁增，茶日益滥杂，自蜀至秦，沿路委积如山，半成朽壤，而有司犹指为现在官钱数！官茶既不堪食，私贩曷由禁止？”“承平蜀茶之入秦者十有八九已悉积压难售，今关陇悉遭焚荡，而买茶乃拘旧额，不知竟何所用茶？兵岁给衣粮，动计巨万，籴粮买衣，州县未免科配！”而要去此五害，就必须“尽罢榷茶”；即使不能尽罢，也必须“痛减额以苏茶户，轻立价以惠茶商”，采取薄息多销的做法，使“本钱既常在而息钱自足用”。赵开就是从这一认识开始变更熙宁以来茶马之法的。

赵开完全废除了熙宁七年以来在蜀川诸路的官榷法，参照政和二年都茶务所创立的规章制度，“印给茶引，使茶商执引与茶户自相交易”，“改成都府旧买卖茶场为合同买引所”，仍“于合同场置茶市，交易者必由市，引与茶必相随”②；“茶百斤为一大引，除其十勿算”③，“置合同场以讥其出入”④；“茶户十或十五共为一保，并籍定茶铺姓名互察影带”；“贩鬻者所买茶引，每一斤

① 《梁谿全集》卷六三《乞修盐茶之法以三分之与州县札子》。

② 李焘：《赵待制开墓志铭》，载《琬琰集删存》卷二。

③ 《文献通考·征榷考五·榷茶》；《宋史》卷一八四《食货志下六·茶下》。

④ 《朝野杂记》甲集卷一四《蜀茶》。

春为七十、夏五十，旧所输市例头子等依旧，茶所过每一斤征一钱，住征一钱半，无得妄增"；"其合同场监官除验引、称茶、封记、发放外，并无得干预茶商茶户交易事"；"旧制买马及三千匹者转一官，比但以买卖数推赏"，赵开改变为按马匹到京的实收数目推赏，因而至建炎四年冬所买马也超过了2万匹，为前此所不多见①。

赵开对川茶法的变革是成功的。由于废除了官买官卖的旧茶法，便大大改变了损园户、优茶商、肥官吏、牙人等种种弊端，同时也由于撤除了官茶机构，从而节省了一部分行政开支。就茶息而论，每斤50~70文，不为不重，但茶息既定之后，买到茶引的茶商与园户进行交易，官府不再干预，这就有利于茶商园户两造之间的贸易，有利于商业的正常发展。为避免影带，赵开把园户、茶商、茶铺这三者关联起来，而以合同场为中心纽带，从生产到销售的总数量检查也是比较有效的，这就能使国家专利得到保证。赵开的变革来自政和茶法，而政和茶法则继承了嘉祐通商法，但与通商法不同的是管理制度严密得多了。而合同场就是政和茶法加强管理的一个重要设施。通过合同场可以了解到园户和茶商之间贸易的实际情况，有助于国家从商人手中取回部分茶利，这一点赵开在川峡诸路所做的特别见效。赵开之后，韩球于绍兴十七年继任四川都大提举茶马司，"尽取园户加饶之茶为额，茶司岁收二百万，而买马之数不加多"。到绍熙初，"成都府利州路二十三场，岁产茶二千一百万斤，通博马物帛岁收钱二百四十九万三千余缗"②，大致在200万缗上下，茶利达到顶点了。

南宋东南地区的茶法，也是继续实行了政和茶法的。"茶法自政和以来，官不置场收买，亦不定价，止许茶商赴官买引，就园户从便交易，依引内合贩之数，赴合同场秤发，至今不易，公私便之。"③ 这段记载，清楚地说明了政和茶法在南宋东南地区的继续推行。南宋茶盐法是在建炎二年由梁扬祖建立起来的，"建炎初于真州印钞给卖茶盐"④。同时继承北宋制度，置榷货务管理各项专利。不过，南宋的榷货务则分别设立于行在临安、镇江府和建康府三处，

① 李焘：《赵待制开墓志铭》。
② 《朝野杂记》甲集卷一四，《蜀茶》。
③ 《宋会要辑稿·食货》二九之一六。
④ 《系年要录》卷一七，《皇宋中兴两朝圣政》卷二。

每个榷货务都设有都茶场，专门管理茶引和茶息事宜。各产地设有合同场，有的旧来就有，有的新建。东南诸路如浙东西、江东西、两湖、淮南、福建、两广等路无不产茶，产茶号称 66 州 242 县，地区是极为广泛的。当然，各地茶产量极不一样，今列表于下，以资比较：

地区	宋高宗绍兴年间①（斤）	宋孝宗乾道年间②（斤）
两浙东路	1063020	841265
两浙西路	4484615	4739216
江南东路	3759178	3741380
江南西路	5380018	5260190
荆湖南路	1085846	1074700
荆湖北路	905945	866880
福建路	981669	1037884
淮南路	19257	22951
广南东路	2600	2100
广南西路	89736	52528
总计	17771884	17639094

从上表看，乾道年间茶产量较绍兴年间为低。由于淮南茶产区遭到战争的破坏，如果同北宋相比，至少要减少 1000 万多斤，产量要稍低一些。但绍兴年间、乾道年间产量显然偏低了。《系年要录》和《朝野杂记》记载，建炎二年东南 65 州茶产量尚达 1950 余万斤，为什么绍兴、乾道年间反而降低了？更何况同川峡诸路来比，东南茶产量至少应超过川峡路一倍以上，达五六千万斤；但实际上不仅没有超过，而且没有达到川茶产量，这是什么原因呢？看来，一个极为重要的原因是，虽然川峡诸路与东南诸路都继承了政和茶法，但川峡路似乎更加严密完备一些，因而茶产量控制得稍紧，茶产量显得高一些。反之，东南地区茶法不够严密，于是茶产量也就相应的低

① 《宋会要辑稿·食货》二九之一七至一九。
② 《宋会要辑稿·食货》二九之二〇至二二。

落了。

一个奇怪的现象是，东南地区茶产量虽然不及川峡诸路，但东南地区的茶利却比川峡路为高。这就又表明东南地区在茶利的搜刮上又远远超过了川峡路。文献材料充分证明，南宋政府是想方设法，从各个方面在东南地区搜刮茶利的。

1. 福建腊茶是当时“品色最高”的一种，“客人兴贩利厚”，于是南宋政府为同客人分享厚利就提高引价：“如客人愿贩铐截片铤腊茶套过淮南京路近里州军等处货卖，铐截腊茶二十五贯套更贴纳钱一十五贯文，五十贯套更贴纳钱三十贯文：片铤腊茶二十二贯套，更贴纳钱一十五贯文”[①]，这样，腊茶引价就增长了60% ~68%。其他诸色茶引也很可能增价。

2. 增收茶税翻引税。本来茶引“于请纳外，随其所指，并不收税，近日客人贩茶过淮，遂开收税之例”。不但过淮收税，如翻转到其他地方也要增税。原来长引“水路不许过高邮，陆路不是过天长”，现在愿去楚州和盱眙军的，每引23贯或26贯各贴纳钱10贯500谓之翻引钱；如到楚州盱眙军翻改去淮北，则再贴纳钱10贯500[②]。这就是说，通过翻引钱，到楚州盱眙军的引钱增加43% ~45.5%；而到淮地一带就增至80% ~90%。

3. 在有的产茶区，如“邵武军管下四县，有产茶价钱岁纳之数通不下一千七百缗”，绍兴年间行经界法，“乡民植茶虽止一二株，尽籍定为茶园，敷纳价钱，无虑数千户，虽荒废无复存者，所科钱依旧输纳”[③]。这是用扩大茶园面积的办法以增加茶利的。

4. 对园户增俵茶引。这是南宋川路和东南地区增加茶利广泛使用的一种极为苛酷的办法。绍兴十七年以后，四川茶利不断增加，“聚敛之臣，进献羡全，增立重额，每岁按额预俵茶引于合同场”[④]；“张松为都大提举日，又计兴洋诸场一岁茶额，直将茶引俵于茶户，不问茶园兴衰，不计茶货有无，止计所

① 《宋会要辑稿·食货》三一之六至七。
② 《宋会要辑稿·食货》三一之一五至一六。
③ 《宋会要辑稿·食货》三一之一四。
④ 《宋会要辑稿·食货》三一之二六。

俵引数，按月追取息钱，以至园户百姓愈更穷困”[①]。东南地区也存在这种情况，且更有过之而无不及。如湖州是著名的顾渚茶产区，“比年官司又于额外抑配园户茶引、僧人茶钞，武康一县园户买茶引每亩出钞三百文足，僧人买茶钞每名出钱三百六十文足”[②]。“瑞昌民负茶引钱新旧累积一十七万有奇，皆困不能偿，死则以责其子孙”，而这样的人家有千余户[③]。

5. 增加脚税。夔州路是汉族与少数民族错居的地区，原来不榷茶的。虽然不行榷法，但官府则从脚税等方面打主意。如“达州东乡县出产散茶并饼团茶，自来客人止贩饼团茶，每团25斤，茶价每斤120文，计3贯文，至渠州沿路脚税3贯50文，及买关引钱二贯五百文，共八贯五百文”，脚税超过了茶的原价；而且，到渠州“约度中价止卖得六贯五百文”[④]，由于脚税和关引这样沉重，到渠州要赔上2贯文，谁还肯做这种买卖呢？

南宋政府就是通过上述种种手段攫占了大量茶利的。为了更好地说明宋代茶利的不断增加，以及茶利在宋代财政中的地位，下面制作有关的两个表，一个是自熙宁以后川路官榷下茶利不断增长的情况，一个是两宋历年茶利增长的情况。先看第一表。[⑤]

年　代	主持者	茶利	指数
宋神宗熙宁七年（1074）	李杞	30万贯	100
宋神宗熙宁十年（1077）	李杞、蒲宗闵	40万贯	133
宋神宗元丰元年（1078）	李稷	76.7万贯	255
宋神宗元丰二年（1079）	李稷	85.6万贯	285
宋神宗元丰五年（1082）以后	陆师闵	100万贯	333
宋高宗建炎四年（1130）	赵开	170余万贯	566
宋高宗绍兴（1162）后		200万贯	666

① 《皇宋中兴两朝圣政》卷五五，淳熙四年十二月记事。
② 《系年要录》卷一六三，载林大鼐奏言。
③ 《宋史》卷三九二，《赵崇宪传》。
④ 《宋会要辑稿·食货》三一之一三。
⑤ 此表据《长编》《系年要录》《朝野杂记》等书制成，前面多已引用，不再一一注明。

上表清楚地说明了，蜀茶自征榷之后，国家的茶利是日益增加的。到赵开大改茶法，茶利大幅度地增长，已经达到了它的极限。赵开以后继续榨挤茶利，虽增30万贯，但是已经怨声载道、不可终日了。

东南茶利在两宋300年间变化比较复杂曲折，今制表如下，以资考察：

年　代	所行茶法	茶利钱（贯）	指数
宋太祖乾德二年至宋太宗太平兴国（964～976）	禁榷法	400万贯	100
宋真宗大中祥符六、七年间（1013～1014）	禁榷法	300万贯	75
宋真宗天禧末年（1021）	禁榷法	150万贯（引钱）①	37.5
宋仁宗嘉祐二年三年（1057～1058）	禁榷法	1904093贯（内四十四万五千二十四贯茶税钱）	27.4
宋仁宗嘉祐四年（1059）后	通商法	1175104贯（内806032贯茶税钱）②	29.4
宋徽宗大观三年（1109）	禁榷法	184万余贯	46
宋徽宗政和二年（1112）	茶引法	400余万贯	100强
宋高宗绍兴（1131）以后	茶引法	240万贯③	60
宋高宗绍兴二十四年（1154）	茶引法	269万贯	67.2
宋高宗绍兴二十五年（1155）	茶引法	270万贯	67.5
宋孝宗淳熙初（1174）	茶引法	420万贯④	105

上表清楚地说明了，宋代茶利经历了这样一个过程，即从国初到嘉祐通商茶利自高而低，自政和改茶法国家茶利又自低而高这一过程。国家茶利自高而低，显然是行禁榷法的一个结果，而自蔡京改茶引法，又促使茶利向高处发

① 以上三项数字据《包拯集》卷八《论茶法》。

② 以上两项据《梦溪笔谈》卷一二有关茶法诸条。

③ 汪应辰：《文定集》卷二，《应诏陈言兵食事宜》。

④ 表中宋徽宗大观三年以下诸栏数字，系据《朝野杂记》甲集卷一四、《两朝圣政》卷三、《宋会要辑稿·食货》三一之一一。

展。如果从国家同豪商巨贾的关系来看，在禁榷法下，茶利无疑地为豪商巨贾所吞噬；而在茶引法亦即改革了的通商法之下，优势则从豪商巨贾一方向封建国家方面转化，使国家获得更多的茶利，而且到南宋更超过了北宋初年。由于茶利猛增，成为国家财政中的一项重要收入。周必大曾经指出："国家利源，鹾茗居半。"① 盐、茶的国家财政结构中占50%，比重是如此之大。盐利当然占首位，而茶利则在国家专利中占第二位。在第一编中，曾经提到宋代财政收入，宋高宗末年财政总收入为5940余万贯，宋孝宗时为6530余万贯。而这两代的茶利，分别占财政总收入的4.6%和7.2%，其在财政结构中所占比重就可以明白了。

在国家茶利激增之下，一般小茶园主茶农因茶引摊派而贫困不堪、难乎为继；而一些不种植茶的贫下户也要受到茶引或茶摊派之苦。如荆门军一带，即"以人户为率，计口均敷，如家有一丁，则岁受茶三斤"，"至有一家买十三斤者"，"行之将及十年，豪商与猾吏通谋为奸，其弊不一"，这是官吏用摊派方式代豪商推销茶货。其次，荆门军两县主户才3000，坊郭户不满百家，"递年趁茶四百六十引，客人就官入纳每茶一斤为钱一百八十一文足，就旁近土产买下等粗茶，杂以木叶……令民户还五百三十文足。会计本军岁额，客人入纳钱一万七百贯有奇，而民间偿客乃费三万一千七百贯"，这样，许多民户吃坏茶贵茶，而豪商却坐享厚利。第三，"凡客人责引到县，指定所欲卖茶乡分，乞留元引，只以县贴下乡，称某客贩到若干引，令耆保差大小保长，门到户至，应主客户并给口均敷。或猾吏暗增引数，或豪强均茶已足，计托牙驵，妄称人丁逃徙，差互发卖未足，乞改别乡……致客往来影带私贩"②。洪适所揭露的荆门军的情况，在其他地区也有，不过不如这里更加典型罢了。在荆门军，如上所述，客户均敷卖茶，而在峡州，"茶租均之客户"③，白纳租钱而一无所得，在这一点上峡州客户所受的压榨就更加严重了。

由于官府的不断提高引价，茶的价格自然是日增的。这样一来，贩私茶的

① 周必大：《周益国文忠公集》卷三四，《陈从古墓志铭》。
② 洪适：《盘洲文集》卷四九，《荆门军便民五事状》。
③ 叶适：《水心先生文集》卷一八，《蒋行简墓志铭》。

利润也日益增长。特别是把茶贩到金统治下的北中国，更能够获得厚利："鼎、澧、归、峡产茶，民私贩入此境，利数倍"①。向北境贩运茶的，不限于鼎、澧、归、峡一带；而且也不限向北境贩运，南宋各地也到处贩私茶。为制止私贩，南宋官府设巡卒巡防，而巡卒们又于所在作威作福，严于追捕。前面提到，捕获了私商，就追求其所贩私茶的来历。可是被追捕到的私商，"素与交易者，多不通吐，以为后日贩鬻之计；所牵引者，类皆畏谨粗有生计之人"；而且在根究之下，"是致狱户填满，严冬盛夏死损者常有之。"② 这样，一方面导致了人们对官府巡卒的痛恨，这在诗人们的笔触也都有所反映："自从巡尉罢搜茶，便觉山中气象佳。卖得钱来供饱饭，尚余醉酒插山花。"③ 另一方面进一步激起人们的反抗，以武装进行贩卖私茶。这种情况在产茶区到处都是，极为普遍，如在江南西路，"盗贩私茶者，多辄千余，少亦百数，负者一夫，而卫者两夫，横州揭斧，叫呼踊跃，以自震其威。"④ 江西转运使，为维护茶利，在关津渡口严行捕捉，结果"聚众私贩"的群众，"相与角敌"，"已而杀伤太甚，自知抵宪与私贩等死"，乃"鼓众横行"⑤，从武装走私进一步走上了反抗道路。因此，从南宋初年以来，私茶贩即同封建国家处于对抗状态。如"贩私茶客商，杀鼎州武陵县巡检，转入潭州安仁县巡检，却入湖北烧辰州溆浦县"⑥，就是一例。这已经不是私茶商贩了，而是武装暴动者了。到宋孝宗时候，转战于荆湖、江西的所谓"茶寇"赖文政，就是武装暴动者中间一支著名的劲旅。而在这支武装力量活动的时候，南宋茶利达到顶峰，难道说这之间没有任何的内在联系？

---

① 汪应辰：《文定集》卷二三《王师心墓志铭》。
② 《宋会要辑稿·食货》三一之一二。
③ 王志道：《江湖后集》《田园杂兴》。
④ 王质：《雪山集》卷三，《论镇盗疏》。
⑤ 舒璘：《舒文靖公类稿》卷三，《论茶盐》。
⑥ 王之望：《汉滨集》卷五，《论潭衡郴州桂阳军贼盗札子》。

第二十三章　宋代盐的生产以及在榷盐制度下国家、商人、亭户之间的关系

第一节　盐的种类和生产

盐是人类日常生活中的必需品，与粮食有同等的重要，因此成为社会的广泛的和大量的需要。正是由于这个原因，盐利在国家财政中占有极重要的地位。早在奴隶制时代，为获取大量的盐利，奴隶主国家即以其强大的权力，把这项与国计民生有密切关系的产品，置于自己的控制之下，从生产到销售都加以干预。到封建制时代，对盐的生产进一步地控制，从而形成为国家一项重要的专利制度。自从汉武帝收回盐、铁和铸钱三大利，盐作为封建国家的专利制度便确定下来了。同汉以后的历代王朝一样，宋也是继承了这项专利制度的①。

盐的品种很多，按照传统的说法，大致区分为以下四种：生于盐池之中的谓之池盐，煮海水而成的谓之海盐，熬盐井之水而成的谓之井盐，在崖岸上自然形成的谓之崖盐或岩盐。就其形状来看，以上四种盐又中以分为颗盐和末盐两类。除岩盐为自然盐之外，其他三种盐都是经过人们的劳动才制作成功的。不过，在制作的过程中，又表现了各自的差别，难易各不相同。

先说池盐或颗盐。池盐以解州解县、安邑两池最为著名。在解县附近还有所谓的“女池”或“女盐监”②，女池西北的贾瓦、圆池等五池，也都产盐。

---

① 有关研究宋代这项专利制度的文章和著作，以戴裔煊《宋代钞盐制度研究》一书最称详赡。该书所引文献资料不下二三百种，清晰地论述了宋代钞盐制度之演变。本章多所参考，附此说明，以下不再一一作注。

② 乐史：《太平寰宇记》卷四六；《宋会要辑稿·食货》二四之三九。

宋哲宗元符元年解县池亦即西池为“水冲注”之后[①]，解盐产量大降，全靠这些小池增加一点产量，以为补充。解盐主要地靠安邑和解县东西二池。此外在熙丰以后，宋建立了熙河兰会路，又有了所谓的“周回三十里”的西安盐池，也是颗盐，“熙河兰鄯以西仰给于此”[②]。不过这一盐池，不载于正史，当因处于北宋晚年，政府未获其利，从而付诸阙如的。

解盐生产由国家直接组织、进行。这种盐是“因南风赤日，略假人力灌种而成”[③]。一般说来，在我国淮水以北的北方地区，春日少雨，秋高气爽，水分蒸发快。在这种地理、气候条件下，无论是在滨海地区，或是在像解池所在的内地，都宜于日晒制盐。而在淮水以南，气候潮湿，盐容易潮解，利用日晒就困难了。当然，在北方地区，晒制也并不是坐享其成，同样必须付出艰苦的劳动。例如解盐，每春二月，即须在大渠两旁，修整盐畦，要像种稻一样地治理沟塍；利用沟渠将盐池中的水引进盐田里，每晚将沟中水灌入到盐畹之中[④]。所以《宋史·食货志》上说：

> 引池为盐，曰解州解县、安邑两池，垦地为畦，引池水沃之，谓之“种盐”……

畦中盐水以春三、四月蒸发得最快，特别是在解州，又有一个特殊的自然条件，这就是所谓的“盐南风”：“有风谷，吹砂飞石，树木皆摧，俗谓之‘盐南风’”[⑤]；“每日暮引渠水平畦，次日昧爽前即有大风起于池上，谓之‘南风’；天欲明风止，畦水皆成盐矣”[⑥]。盐南风来时，气温既高，蒸发又快，因而促成盐的晒制成功。即使有这样一个好条件，仍不能坐享其成，“每南风起结盐，须以杷翻转，令风吹，则坚实；今任其自熟，其畦下者率虚软”[⑦]。用杷翻转以促进其更快地蒸发，更快地结晶，而且结晶成盐之后也需要用杷把盐推到畦塍上，以利于下面的盐晒成。这样，晒制成功的盐，都是一颗颗的结成

① 《宋会要辑稿·食货》二四之三二。
② 方勺：《泊宅编》卷二。
③ 《宋会要辑稿·食货志》。
④ 此据马纯：《陶朱新录》所载。
⑤ 《太平寰宇记》卷四六。
⑥ 《陶朱新录》。
⑦ 江休复：《江邻几杂志》。

晶体的盐粒，所以也叫做颗盐。每年三、四月种盐，除六、七月多雨季节之外，八、九、十月是种盐的最好的季节。种盐、收盐之后，即又整治工具，到明年春天又修整沟塍，为“种盐”作准备了。解州池盐的生产者——畦户便是这样地矻矻穷年地劳碌着的。李心传认为，解盐“遇风而成，不假人力”[①]，把解盐的生产说得这么轻松，能够坐享其成，是不符合实际状况的。

海盐产于沿海许多州县。宋代淮南路之楚、海、通、泰、涟水军等州军，两浙、两广沿海都产海盐。其中以淮南为最著名，“熬波之利特盛于淮东，海陵复居其最”[②]。次于淮南的海盐产地是浙东一带，“自浙江以东，惟四明之利为博……每岁支发，以袋计者五万一千八百六十有五”[③]。淮盐不但在海盐中产量最多，也居全国之最。

海盐生产的场所在滨海的地方，这种地方称之为“亭场”；生产海盐的民户，谓之“亭民”。海盐是煮波熬海而成功的。海盐生产的第一步是犁取盐土：“凡取卤煮盐，以雨晴为度，亭地（戴裔煊同志据嘉庆《两淮盐法志》校正，作‘池’。按从犁土情况看，“地”字似较合宜，尤其是与下文相连，文义更觉合适）干爽，先用人牛牵挟刺刀取土”。然后第二步，将犁起的盐土集中起来，“经宿，铺草藉地，复牵爬车聚所刺土于草上成溜，大者高二尺、方一丈以上”。第三步即以“锹作卤井于溜侧”；第四步“多以妇女小丁执芦箕，名之为‘黄头’，欱水灌浇，盖从其轻便；食顷，则卤流入井”[④]。或者如浙东，“自鸣鹤西南及汤村，则刮硷以淋卤”[⑤]，与上述办法颇类似。根据传统办法，用莲子来测验卤水的浓度，“以莲子试卤，择莲子重者用之，卤浮三莲四莲味重，五莲尤重”；十莲“全浮者全收盐，半浮者半收盐”[⑥]；或者“以鸡子、桃仁试之，卤味重，则正浮在上；咸淡相半，则二物俱沉”[⑦]。在宋代，以莲子试卤的办法使用得似乎较为广泛，江邻几《杂志》上记载，要辨别官

① 李心传：《朝野杂记》甲集卷一四。
② 周辉：《清波杂志》卷一〇。
③ 袁燮：《絜斋集》卷九《四明支盐仓厅壁记》。
④ 乐史：《太平寰宇记》卷一三〇。
⑤ 方勺：《泊宅编》卷三。
⑥ 《太平寰宇记》卷一三〇。
⑦ 姚宽：《西溪丛语》卷上。

私盐，即采用这项方法："十莲者，官盐也；五莲以下，卤水漓，为私盐也"。如果卤水的浓度经试验不够，仍得犁土淋卤，"须却刺开而别聚溜"。等到试卤完成之后，即到第六步："卤可用者，始贮于卤漕，载入灶室"。最后第七步，即煮卤成盐。煮卤的器具，汉代谓之"牢盆"，宋代则谓之盘，"以铁为之，广袤数丈"。从北宋晚年到南宋，"盐场所用，皆元丰间所为，制作甚精"。此外，"亦有编竹为之而泥其中，烈火燃其下而不焚"[①]。将卤置于盘中，"旋以石灰封盘角，散皂角于盘内，起火煮卤"；"一溜之卤，分三盘至五盘，每盘成盐三石至五石"；"既成，人户疾着水履上盘，冒热收取，稍迟则不及。收讫，接续添卤，一昼夜可成五盘。住火，而别户继之"[②]。盐1石为50斤，所谓1盘3石至5石，即成盐150～250斤。到南宋，煮盐以"筹"计算，1筹达100斤，有的不到100斤。由于煮卤的器皿不同，盐的颜色也就不一样。同是浙东盐场，"盐官、汤村用铁盘，故盐色青白，而盐官色或少黑，由晒灰故也。杨村及钱清场编竹为盘，涂以石灰，故色少黄……石堰以东，虽用竹盘，而颜色尤白，以近海水咸故耳！"[③] 因为煮海而成的盐，以及川峡诸路煮井而成的锅巴盐与结晶形体的解盐不同，而成白色的细末，所以这一类的盐统称之为末盐。还有，卤既然要煮，就需要大量的柴草，所以在亭户居住和煎盐场的附近，又有大片生长芦苇杂草的草场，专门供亭户使用。封建国家为了控制盐的生产量，往往把亭户集中起来，分片煮煎，这种煮煎场也叫做"催煎场"、"淮东盐场，祖宗以来吏部差注有催煎官，专管诸场煎盐"，"又以煮煎盐场各有地分，故旧来差注巡检，以捕违法者，其巡检不许至亭户场内，恐其骚扰也。"[④]

川峡诸路井盐所生产的也是末盐。井盐的历史已很久远，早在秦汉时期即已煮井卤为盐，而且还知道利用火井煮盐。宋代川峡路的井盐，则有了显著的发展："蜀中官盐有隆州之仙井、邛州之蒲江、荣州之公井、大宁富顺之井监、西和州之盐官、长宁州之淯井，皆大井也。若隆荣等十七州民间所煎，则

① 徐度：《却扫编》卷中。
② 《太平寰宇记》卷一三〇。
③ 《泊宅编》卷三。
④ 《宋会要辑稿·食货》二六之三五。

皆单筒小井。”[①] 在官井当中，陵井监的盐井最为古老。正如李心传所记，官井也多是大井。唐代李吉甫对此便有记述，他指出陵井广 30 丈，深 80 余丈，“以大囊盛水引出之”[②]。这类井到宋代已经是有存有废，据《太平寰宇记》记载，井研县原有 21 井，而当时只存有研井、陵井、稜井、律井和田井 5 口井；始建县 7 井仅余 1 井；陵井监在宋太宗时仅辖有 10 井，每天收盐 4323 斤[③]。单靠官井，特别是靠这些古老的大井，是无法适应日益增长的社会需要的。

为适应社会的需要，宋代井盐生产在技术改造方面，曾作出了不小的努力。其中最值得注意的有以下几点：

一、对老盐井的改造和利用

上面提到的陵井，据沈括所说，“上下甚宽广，独中间稍狭，谓之杖鼓腰”；井底以上，“柏木为干，上出井口，自木干垂绠而下”，达到井水；“井侧设大车绞之”，把卤水提上来。由于年代久远，井干摧败，要想修治，则因井下排出沼气和其他瓦斯，下井的人碰上就死，“无缘措手”。只有雨天，各种瓦斯才不冒上来。人们从这一观察和发现中，找到了修改井干的门路：“后有人以一木盘满中贮水，盘底为小窍，洒水一如雨点，设于井上，谓之雨盘，令水下终日不绝。如此数月，井干为之一新”[④]。创造水盘的人叫杨佐，《宋史》有传，也记录了这件事情：“佐教人以木盘贮水，穴窍洒之如雨滴然，谓之雨盘。如是累月，井干复新，利复如旧。”[⑤] 这口古老的盐井，经过宋仁宗时候的重建，又恢复了生产。

二、开凿新井

陵井之外，淯井监富顺监的一些老井，也都因年代久远，卤水流量日益减少，影响了井盐的生产。老井固然要维修，但也要开凿新井，这是增产井

① 《朝野杂记》甲集卷一四。
② 李吉甫：《元和郡县志》卷三三。
③ 《太平寰宇记》卷八五。
④ 沈括：《梦溪笔谈》卷一三。
⑤ 《宋史》卷三三三，《杨佐传》。

盐的重要步骤。宋真宗大中祥符年间，王鸾在邛州蒲江县开凿了新井，“利入至厚”[①]。不仅蒲江县，川峡诸路开凿了不少的新井，这是井盐增产的又一因素。

三、卓筒井的创建

这是宋代井盐生产中最突出的最富有创造性的一项，始自宋仁宗庆历年间（1041～1048）。所谓卓筒井也叫筒井，是用一种叫做圜刃的特殊工具，将岩石开凿得如碗口大小，“深者数十丈，以巨竹去节，牝牡相衔为井，以隔横入淡水”，卤水流入竹筒中后，不停地从竹筒中涌了上来。同时，“又以竹之差小者出入井中为桶，无底而窍其上，最熟皮数寸，出入不中，气自呼吸而启闭，一筒致水数斗”[②]。这种新的创造，“其民尽能此法，为者甚众”[③]，便随之发展起来了。苏轼也曾经指出：“凡筒井皆用机械，利之所在，人无不知。”从筒井的发展中，可以看到宋代冶铁技术的进步，没有好的冶钢，是不可能制成圜刃这类工具的；同时还可看到对机械技术的应用，这都是前代未有的。可以这样说，卓筒井的创建，是宋代手工业技术发展的一个综合性的应用，特别值得注意。

川峡诸路的井盐生产，不论是官井或私井，也不论是大井或卓筒井，所产盐也都是末盐，与煮海者同，所以也叫“散盐”。据胡元质的奏章，南宋前期“四路产盐三十州，见管盐井二千三百七十五井，四百五场”[④]。盐井还是有所增长的。

宋代盐业比汉唐有明显的扩大，产量也有大幅度的增长。关于各州盐场情况，《宋代钞盐制度研究》一书有较为详尽的考订和论述，本文不再赘述。今仅就有关盐产量的记载；列如下数表，借以了解宋代盐业发展的状况。下面先看看解盐的产量[⑤]：

---

① 苏轼：《东坡志林》卷六。

② 苏轼：《东坡志林》卷六。

③ 文同：《丹渊集》卷四，《奏为乞差京朝官知井研县事》。

④ 《宋会要辑稿·食货》二八之八。

⑤ 此据《宋史》卷一八一《食货志》，并参阅《文献通考·征榷考一》《玉海》卷一八一。

年代	产量	百分数（%）	备注
宋太宗至道年间（995～997）	373545（席）	100	此系小席，一小席为116.5斤
宋仁宗天圣年间（1023～1031）	655120（度）折1526429石	175	
宋仁宗皇祐年间（1049～1053）改法熙宁十年	375000（大席）折82500000斤或1650000石	189	大席一席为220斤
宋神宗元丰年间（1078～1085）	（大席）391666斤[①]折86166520斤或1723330石	198	

其次，再看东南地区盐产量的情况：

地区	宋太宗至道年间[②]	宋高宗绍兴三十二年[③]	宋孝宗乾道年间[④]
京东路	32000石		
河北路	30145石		
两浙路	507000石	1985428.6石	1887378.5石
淮南路	2154000石	2683711.6石	2683711.6石
福建路	100300石	16569415斤折331388.3石	16569415斤折331388.3石
广东路	54000石	331060.3石	331060.3石
广西路		231689石	229097石
总计	2877445石	5563277.8石	5462635.7石

最后，看一下川峡四路盐产量的情况[⑤]：

---

① 郭正忠：《宋代解池盐产考析》，《宋史研究论文集》（1982），第87～88页。

② 宋太宗至道年间数字主要根据《宋史》卷一八二《食货志下四·盐中》所载。

③ 据《宋会要辑稿·食货》二三之一二至一八。

④ 据《宋会要辑稿·食货》二三之一二至一八。

⑤ 是表宋神宗以前、宋神宗元丰年间产量均据《宋会要辑稿·食货》二三之一一至一二所载；第三栏因未明确实年份，故不书，此栏产量数字采自《宋史》卷一八三《食货志下五·盐下》所载。按本栏所列均高于第一、二两栏，显然非北宋初年之“祖额”。估计可能是南宋赵开变盐法以后的情况。但究系何时，还有待于查考。

地　区	宋神宗以前	宋神宗元丰年间	—
成都府路	3465398 斤 折 69308 石	3489362 斤 折 69787 石	84522 石
梓州路	6288138 斤 折 125762 石	—	141780 石
利州路	—	—	12200 石
夔州路	2498147 斤 折 49963 石	1781781 斤 折 35635.6 石	84880 石

以上所列三表，仅是摘录了一些数字，自然是很不完备的，但基本上反映了宋代盐产量的情况。王应麟对汉、唐、宋三代盐产地曾作过如下的概述，他说："考之汉志，盐官三十有五；唐有盐之县一百五。本朝盐所出者十二路，为池二，为监七，为场二十二，为井六百有九，法益详而利无遗矣。"① 王应麟的这个概述很不够精确，如前面引用的胡元质的奏章，南宋川路盐井达2375井，即可证明。虽则如此，王应麟在同汉唐比较之后，称宋盐业比汉唐有了较大幅度的增长，这一点是很重要的。第二，南宋虽然失去了解盐、东北盐等盐产区，但由于它的年产量递年增长，诸如两浙路为北宋初的3.9倍，两淮路比北宋增长了25%，川路在赵开主持之下盐产量达6000余万斤，总产量依然是高于北宋的。第三，就解盐的生产情况来看，从北宋初到宋仁宗时都是有所增长的，但幅度不大，而自范祥进行改革之后，解盐开始有了明显的幅度较大的增长，到宋神宗熙宁元丰年间，则达到顶峰。这一事实深刻地说明了封建国家有关盐的法令政策对盐的生产有着极其密切的关系，这也是值得注意的。两宋盐的生产，既如上所说，比汉唐有了明显的发展，那么，这个发展同盐业生产劳动者有什么联系呢？生产劳动者同封建国家结成什么关系以进行生产呢？下面将围绕这两个问题加以说明。

① 《困学记闻》卷四。

第二节　榷盐制度下劳动生产者及其与封建国家、盐井主之间的关系

如上所述，各地区之间盐的生产制作是不尽相同的，因而盐业内部所结成的经济关系也就有所不同。在封建国家直接经营盐业生产的地区，封建国家与生产者之间结成了劳役制的关系；在封建国家仅监督盐的生产、而由亭户以及备丁、小火经营生产的地区，封建国家与亭户以及备丁、小火之间结成了盐税的关系；而在盐井属于私家所有的条件下，生产者与盐井主之间结成了货币关系。这就是宋代盐业内部结成的三种不同的生产关系，下面将分别加以说明。

先说在封建国家直接经营盐的生产过程中，封建国家与生产者之间结成的劳役制关系。

陕西解盐生产，是由封建国家所设机构直接进行的。解县、安邑两座盐池直隶于陕西转运使，“籍〔解〕州及旁州民以给役，谓之畦夫。”[①] 亦即在河中府、庆成军、陕、虢、解州二十余县“差人户充”[②]；所差畦户共三百八十户，“户岁出夫二人”（《长编》作一人，误），亦即760人，承担了解盐的全部生产。所谓“差充”，在宋代都具有强迫应役的性质，前述农业、矿冶业等生产部门都广泛地存在，因而作为应役的畦户，是被迫而来的，在应役期间也是无人身自由的，它同封建国家之间所结成的这种关系是劳役制关系。

各地民户被籍为畦户之后，即离开本土、迁居在盐池附近。他们住在矮小的“庵”子里，这种“庵”子大约是前史上所称的“蜗牛庐”之类的茅草房，（据郭正忠同志《盐业史》的考订，庵是用以容纳晒好的颗盐的，仅注于此。）按照官府规定种盐：“安邑池每户种盐千席，解池减二十席。”[③]“席”是解盐的计量单位，有大小之分，大席220斤，小席116.5斤。所谓种盐1000席云

① 《长编》卷九七。
② 赵抃：《赵清献公全集》卷四，《乞检会张席奏状相度解盐》。
③ 《文献通考·征榷考一》。

云，就是每畦户向国家每年上缴116500斤盐。如折合为石共2330石（50斤1石）。畦户每年上缴这么多的盐，而封建国家给以畦户的，除“复其家”免除其他劳役外，“岁给户钱四万，日给夫米二升”[①]。按“日给夫米二升”，亦即月给米6斗，年共7石2斗，每户二夫为14石4斗。把这些米按每石350文的价格折合，共折5040文。加上所给4万，每户共为45040文。这就是说，封建国家给畦户仅45040文，而从畦户那里攫得的盐达116500斤，是封建国家用一文钱即可攫占畦户的2.6斤盐，劳役制压榨的残酷性就从这里暴露出来了。与此同时，封建国家还采用劳役制强迫民户运输解盐，“官役乡户衙前及民夫，谓之帖头，水陆漕运”[②]。因而解盐的厚利是由应役的畦户和帖头的血汗凝聚而成，又为封建国家所攫占！

畦户在劳役制的重压下，“官司旁缘侵剥”[③]，以至“积年逐户陪备，钱物浩瀚，多致破荡家产”[④]。劳役制日益成为解盐生产发展的一个障碍。还在天圣四年（1026），除解州畦户外，河中府、庆成军等地畦户，“令三年一替，愿充役者听”[⑤]，开始对这种应役制度有所变更。嘉祐四年（1059），范祥再次主持解盐，亦“权减差役”，进一步缩小了劳役制。虽然如此，依然不能稍纾畦户的困窘，因而嘉祐六年又改为“三年一代”，将畦户的应役年限普遍地缩为3年。暨薛向主管解盐之日，又将“岁调畦夫数千”，“奏损其数”[⑥]，从减少应役人数方面缩小劳役制。此外，“以积盐特多，特罢种一岁或二岁三岁，以宽其力”；“又减畦夫之半，以庸夫代之”[⑦]。在解盐生产中，劳役制是逐步削弱的。

在川峡诸路官盐井生产中，也存在这种劳役制。宋太宗至道三年（997）八月诏：“富义（似当作“顺”）监盐匠月粮三分中一分杂子，自今并支粳米，冬衣外仍赐春衣，盐夫所差百姓，自今悉罢，以本城官健代之，仍月给

① 《长编》卷九七；又“宋史”卷一八一《食货志下三·盐上》所记与《长编》同。

② 《长编》卷一〇九，天圣九年冬十月壬辰记事。

③ 《宋史》卷一八一《食货志下三·盐上》。

④ 《赵清献公全集》卷四，《乞检会张席奏状相度解盐》。

⑤ 《宋会要辑稿·食货》二三之三四。

⑥ 《长编》卷一九二；《宋史》卷三二八《薛向传》。

⑦ 《宋史》卷一八一《食货志下三·盐上》。

缗（钱）”[①]。这道诏令是否全部兑现，则很难说，从景德三年（1006）十一月诏书中“增陵井盐工役人月给钱米”来看[②]，官盐井依然是使用役人的。

在两浙路的海盐生产中，还役有军士，所谓“两浙又役军士定课鬻焉”[③]。如台州杜渎盐场，在宋徽宗崇宁以前即有“盐军八十人”煮海为盐。由于盐军“课额不足”，提举官“请汰盐军”[④]，岁额完全由亭户承担。军士煮海大约延续到南宋中期，这也是劳役制的一种表现形式。

但在两浙、淮东的海盐生产中，主要地是由亭户担当的。亭户，据余靖的考释，盐场的古代称之为“直”，后代才称为“场”，所以“今尚呼为亭灶直户”[⑤]。如前所说，亭户煮海，既需要犁咸土以淋卤，又需要烧柴以煮煎，所以要占有一块土地，以及犁、牛等工具，还需要运输柴草和盐卤的车辆。封建国家将上述成套的生产工具贷给亭户，但借贷则有不少的附加条件。宋仁宗天圣元年六月，三司盐铁判官俞献卿在其奏言中提到了这些附加条件：

> 诸处盐场亭户实无牛具者，许令买置，召三人已上作保赴都盐仓监官处印验，收入簿帐，给与为主，依例克（尅）纳盐货，不得耕犁私田，借赁与人。[⑥]

这道奏言无非是只准许煮波熬盐，不许亭户再兼事农耕。事实证明，不少亭户依然兼事农业生产。宋孝宗淳熙十五年郑侨奏言中称：

> 淮东盐场人户各有官给煎柴地，不许耕种，年岁既久，亭户私自开垦，自淳熙四年以来，按其所耕之地，履亩而税之，十取其五，名曰子斗价钱，悉归公库，岁约可得二万缗。缘此亭户肆意开耕，遂至柴薪减少，妨废盐业。[⑦]

材料表明：淮东盐场兼事农业的亭户为数不少。这种情况，官书中固然有记述，私家记载中也有所反映。如盐官上管场亭户郛守兴，绍兴十九年大旱，

---

① 《宋会要辑稿·食货》二三之二三。
② 《宋会要辑稿·食货》二三之二九至三〇。
③ 《宋史》卷一八一《食货志下三·盐上》。
④ 陈耆卿：《嘉定赤城志》卷七《场务》。
⑤ 余靖：《武溪集》卷一六《楚州盐城南场公署壁记》。
⑥ 《宋会要辑稿·食货》二三之三一。
⑦ 《皇宋中兴两朝圣政》卷六四。

“一乡尽成枯槁”，独有他家的田亩“时时得雨”、“收倍常年”[①]。这个材料在说明亭户兼及农事的同时，还说明了在早淳熙以前的三四十年即已存在亭户耕垦的事实，无怪乎到淳熙年间自亭户耕作中收取的“子斗价钱”竟达到两万缗了。

值得注意的是，亭户之间经济力量不但不尽相同，而且十分悬殊。他们当中存在上、中、下的区分。宋孝宗乾道五年（1169），提举浙西茶盐公事姚宪曾经指出，催煎场呼名支散亭户本钱的一半，另一半放在买纳场装垛，等纳盐之后支还，“缘催煎地远，内有贫下户无力守等交秤，支请本钱，上等亭户一状有请数千贯者，一户经年不得本钱，亭场败阙，不免逃移”[②]。经年得不到本钱的贫下户是亭户当中靠全家劳动而食的小生产者，亦即所谓的盐农，占亭户当中的绝大多数，是海盐生产的主要力量。而那些一状能请数千贯本钱的上等有力亭户，显然是少数经济力量甚强的盐场主，他们同大手工业主、大茶园主的社会地位是相同的。这类所谓的亭户，“未曾煮盐，居近场监，贷钱射利，隐寄田产，害及编氓”[③]，是一小批不劳而食的寄生者和剥削者。他们之所以能够一请数千贯本钱，从下面的材料中可以看出某些端倪：

> 绍兴三年十月十五日刑部言：……看详产盐路分，全籍（藉）亭户及备丁小火用心煎趁盐课，中买入官。今依元降圣旨指挥参酌立下条〔约〕，诸盐亭户及备丁小火辄走投别场煎盐者，各杖八十，押归本场，承认原额。……从之。[④]

材料中所提到的备丁小火，大约类似无地的客户，或直接依附于盐场，或投靠于有力的亭户，成为国家盐场或盐场主剥削压榨的对象。备丁小火以及上面所说的亭户中的贫下户，是海盐的生产者，而有力亭户则是不劳而食的寄生者，这就是海盐生产中的阶级构成。

淮东两浙是两宋盐产的主要地区。在这个地区究竟有多少盐业生产者呢？宋太宗时，海陵盐监辖有 8 个盐场，共有亭户 718 户、1220 丁；利丰监辖有 8

---

① 郭象：《睽车志》卷五。
② 《宋会要辑稿·食货》二七之一八至一九。
③ 《宋史》卷四〇〇，《汪大猷传》。
④ 《宋会要辑稿·食货》二六之二〇至二一。

个盐场，共有亭户1342户、2914丁。这两个最大的盐监共有2060户、4134丁[①]。据洪迈记载，绍兴府钱清场的宋高宗绍兴初年为90余户[②]；又据陈耆卿记载，台州杜渎场计有236户[③]。根据以上数字估计，淮浙亭户约有6000多户、八九千丁，加上福建、广南、京东、河北、河东等地亭户，约为7000多户、1万丁左右。就是这些户丁却供应了八九千万人的食盐，为社会创造了非常可观的财富。

亭户是在官府的直接监督下在催煎场煮盐的。煎煮成功之后，除缴纳盐税外，则由国家全部收购。因而亭户与国家之间结成了盐税制的关系，与解盐畦户有所不同。按照国家规定，亭户每丁盐课每年为35石正盐（此系海陵监规定，利丰监则为30石）。所谓1石正盐，等于3石平盐，平盐每石50斤，因而1石正盐为150斤，35石正盐为5250斤，这是亭户一丁必须完成的定额。一户如有二丁，即须完成10500斤了。正盐之外，亭户生产的盐谓之浮盐，也必须售卖给国家，但在收购价格上则略高于正盐。如前所述，解盐畦户所得钱米是固定不变的，而淮南亭户则与此不同，他所缴纳的正盐即盐课，除二税外，这部分收入是固定的；而正盐以外的浮盐，则根据数量多少付价，这部分收入是变动的。正是这个可变的收入部分对亭户起着推动作用，能多煮一点浮盐，获得较好的价钱，以增加家庭的收入，同时也有利于盐业生产的发展。宋太宗年间，海陵监“每岁煎正盐四万二千七百担，所收平盐一十二万八千一百担……每年恒及二十万担以上”[④]。所展收的平盐亦即浮盐，为正盐的三倍，这一事实深刻说明了盐业中盐税制较诸应役制（亦即劳役制）为优胜、进步。

但，盐税制同样反映了国家对亭户剥削和压榨的残酷。同农民一样，亭户也要承担国家的二税。大约自宋仁宗皇祐年间即确定了亭户的二税以盐折纳：“亭户僻在海隅，止以煎盐为业，不曾耕种田亩，故二税令折纳盐货。……递

---

① 乐史：《太平寰宇记》卷一三〇。
② 洪迈：《洪文敏公文集》卷六《绍兴府钱清监厅壁记》。
③ 陈耆卿：《嘉定赤城志》卷七《场务》。
④ 《太平寰宇记》卷一三〇。

年所纳二税，并是依皇祐专法以盐折纳入官”[①]；“止有二税，又折盐钱，官为代纳”。因此，二税以及各项附加税，亭户也都样样缴纳，例如蚕盐钱在“岁终纽计价钱”拨缴。再如，根据大中祥符二年敕令，亭户所纳正盐，每石还要纳耗一斗（五斤）；亭户们的“田产税苗自来纽计钱数，依丁额浮盐价折纳盐货”[②]，这就是说，所有二税附加税全都用盐折纳！至于官府借给亭户使用的牛犁等工具，也都用盐货折付：“准建隆中敕，每头减放一半价钱，更于每头上减钱一千外，余钱每一千只纳平盐二石”；大中祥符八年李溥“擘画估计耕牛价钱，依丁额等盐例，每一贯纳六石；自添起盐数，亭户填纳不易，多欠牛盐”[③]，因而又只好恢复前此千钱纳平盐二石之制。实际上这种用盐折纳的办法，是对亭户的再一种勒索。以上述1000纳平盐2石来说，1000文合省钱770文，平盐2石为100斤，每斤折7.7文，比市场价格要低得多，因而以盐折纳是进一步加重了亭户的负担。此外，与乡村诸户等不同的是，“盐亭户除合纳常赋外，不得与坊郭乡村人户一例科敷诸般色役”，皇祐专法中也没有负担差役的规定[④]。可是到南宋绍兴三年（1133）由于梁汝嘉的建议，亭户也不免差役了，只有“上等最高煎盐亭户每户年终煎盐申官及一万硕，比坊郭乡村户以十分为率量减三分科配色役；其上等次高及中下等户，若每年比旧额敷趁及一倍以上，亦与量减三分科配色役；如不及立定分数，更不减免。”[⑤] 随着差役的增加，亭户更加困苦了。

所有上述一些负担，已经使广大亭户受到不小压力，更加严重的是，国家收购的盐价过于低微，给亭户带来极大的困难！约在宋太祖开宝七年（974）之前，“通州盐户纳盐”，是以“布帛茶米等折偿其直”的[⑥]。开宝七年改变了折直的办法，“并给见钱与盐户，不得折支”，“官中每正盐一石给钱五百文”。从折直改为货币，让盐价同市场价格浮动，对货币经济的发展是有利的。但，

① 《宋会要辑稿·食货》二六之一至二。
② 《宋会要辑稿·食货》二三之三二。
③ 《宋会要辑稿·食货》二三之三一。
④ 《宋会要辑稿·食货》二六之五。
⑤ 《宋会要辑稿·食货》二六之五。
⑥ 《长编》卷一五，“通判”当作“通州”，据《舆地纪胜》卷四〇校正。

问题不在于此，而在于官府收购价格太低。正盐1石，加上耗盐1斗，计155斤，而所付与的500文又是省钱，百文实有77文，500文省乃是385文足钱，因而每斤不过2.5文。到宋仁宗天圣元年，按照涟水军价例，增加了100文省，即77文足，增价之后每斤才到3文。国家收购价格是如此之低，而官府在收购之后于当地出售，却大享其利："盐场亭户卖纳盐货与三石支钱五百，准大中祥符二年敕，每正盐一石纳税耗一斗，所买盐只于本州出卖，每石收钱一千三百足，展计一千六百九十文省，官有九倍净利"。[①] 在本州出卖的"每石收钱一千三百文足"云云，所称"每石"系50斤，故每斤售价为26文，除去收购价（斤）2.5文，官府所得正是"九倍净利"。按在当州出卖，没有运输路费问题，亦即售价26文中不包括运输者的剩余劳动的问题。依此情况而论，收购价（斤）2.5文，是给亭户维持再生产的必要劳动的报酬，而26文减2.5余23.5文，则为亭户的全部剩余劳动。这样，剩余劳动比必要劳动，亦即23.5比2.5，为9:1，剩余劳动为必要劳动的9倍，全被官府攫占。正是由于封建国家攫占了亭户"九倍净利"，而使亭户们生活上备受煎熬！柳耆卿任官于晓峰盐场，还未来得及三变的时候，曾写了《煮海歌》一诗，描述了亭户的这一困窘：

> 秤入官中得微直，一缗往往十缗偿。周而复始无休息，官租未了私租逼。驱妻逐子课工程，虽作人形俱菜色……[②]

亭户同自耕农半自耕农的处境一样，在敲骨吸髓的压榨下，经不住灾伤的袭击。南宋淳熙五年歉收，鲍郎场"亭民脔肉自救，九灶不烟，倖活无几！"[③] 因而盐税制依然是一个吃人的制度。而封建国家为垄断盐利，极力维护这个吃人的制度。对亭户设下许多禁条：一禁亭户不得投军，"投充军者杖八十"，"断讫放停，押归本业"；二禁亭户逃离本场，亭户及备丁、小火如抛离本灶，"逃移别处盐场煎盐之人。并乞依亭户投军法断罪，仍押归本灶"；三禁亭户改业，"淮浙亭户旧法，父祖曾充亭户之人，子孙改业日久，亦合依旧盐场充

① 《宋会要辑稿·食货》二三之三一。
② 载《大德昌国州志》卷六；又《宋史纪事》卷一三亦收录。
③ 常棠：《海盐澉水志》卷下《鲍郎坊政绩记》。

应”[①]。这些农奴制式的绳索，试图把亭户重新绑缚起来，世世代代地为封建国家煮海熬波。但这一做法的结果，进一步激化了广大亭户同封建国家的矛盾。

在川峡路井盐生产的地区，有官井私井的区分。官井生产与解盐生产一样，也是采用劳役制的，前面已经说过。除此之外，官井生产需要大量柴草，所谓“盐之要在积薪于夏秋，煮升（当作‘井’）于冬春，则辑事矣。”由于柴本钱被盐井主管官“恣为私用”，这样一来，“薪既不登，盐将安出?”[②] 因此，凡是官盐所在的地方，往往把烧柴摊给民户。如陵州仁寿等四县每岁输给陵井监的木柴为384200多束，“当时立法，但以五等人户税钱上二分一分科令纳柴一束，故其等高者不下千束，虽下户三二十束矣。”每束价三四十文，而官府仅酬以盐6两，后来又改为7文5分见钱。而且官府所要一律是干柴，只好以两束折为一束，三四十文一束柴，官府仅付给三四文而已，“此方之民，实被其害”[③]。官盐井的盐利又是通过这种鄙劣的手段获得的。

私盐井是由井户经营的，多为卓筒小井。卓筒井虽小，但开凿一口井要耗费不少的工本，绝不是一般小所有者力所能及的，而是经济力量强大的富豪们凿建的。如在井研县，“访问豪者一家至有一二十井，其次亦不减七八”；而拥有盐井的富豪在井研县“仅及百家”。由于私盐井的经营者是一小批富豪，他们既不躬亲凿井、汲水，也不打柴、煮卤，所有这些统统是盐工们承担的。盐工与盐井主究竟结成了什么样的关系呢？文同曾有如下一段描述：

> 官司悉不知其（井户）的实多少数目，每一家须没（按为掩藏之意）工匠四五十人至三二十人者。此人皆是他州别县浮浪无根著之徒，抵罪逋逃，变易姓名，尽来就此庸身卖力。平居无事，则俯伏低折，与主人营作，一不如意，则递相扇诱，群党哗噪，算索工值，偃蹇求去。聚墟落，入镇市，饮博奸盗，靡所不至。已复又投一处，习以为业。切缘井户籍人驱使，虽知其如此横猾，实亦无术可制，但

① 《宋会要辑稿·食货》二六之一三、二七之二二。
② 王禹偁：《小畜集》卷二八《臧丙墓志铭》。
③ 文同：《丹渊集》卷三四《奏为乞免陵州井纳柴状》。

务姑息，滋其狡暴。况复更与嘉州并与梓州路荣州疆境甚密，彼处亦皆有似此卓筒盐井者颇多，相去尽不远，三二十里连溪接谷，灶居鳞次，又不知彼二州者工匠移入合为几千百矣。……①

按井研县是川峡诸路盐井较为集中的地方，井户虽“仅及百家”，为数已很不少。依此估计，川峡诸路井户约有三四百家，煮盐工匠也约为七八千人。从上述情况看，井研县的盐工，是一些所谓的“流浪无根著”的“逋逃”，即逃避了封建国家法律的约束，也不隶属于任何一个封建主，同盐井主结成了一种“庸身卖力”的“工直”关系。这些叙述虽说还不够清楚，但它所反映的是一种货币关系而非依附关系，则是确切无疑的。有的文章认为，这种关系就是资本主义性质的雇佣关系，称宋代已经有了资本主义的萌芽。宋代是否出现了资本主义萌芽，这要从宋代生产发展的总和中加以探讨和说明，前编对此问题已作了说明。如果单靠上面的这段材料得出这样的结论，显然是困难的。大家知道，前资本主义时期的货币关系，并不就是资本主义关系，上述“庸身卖力”也同样是如此。此其一。盐工们是所谓触犯封建国家法律的罪犯——“逋逃”，他们虽然逃避在穷山僻壤中庸力而生，但从法律上看，他们没有从封建国家那里取得自由，而是恰恰相反，“逋逃”、不自由，因而还没真正成为“自由的飞鸟”。此其二。就川峡路土地关系看，环包这一带盐井地区的依然是庄园农奴制关系，这一点在第一编中已经作了说明。在这种农奴制下自然经济占绝对支配地位的地区，土地关系是这样地凝固，能否在这样的地区爆破封建主义阵角，出现新的经济关系，看来是不容易的。此其三。盐井主与盐工之间结成的货币关系，虽然够不上资本主义关系，但仍然是值得注意的。

以上简略地叙述了宋代盐业生产中的三种经济关系。从这一叙述中可以知道，略户、大部分亭户、备丁、小火，以及私盐井中的盐工是这个部门的生产者、财富的创造者，他们虽然提供了非常可观的财富，但占90%以上的剩余劳动却作为厚利被封建国家所占有，自己只能过着贫困竭蹶的生活。盐井主和一小批经济力量强大的亭户虽然也是不劳而食的剥削者，但由于他们同劳动生产者所结成的货币关系，对盐业生产还起着推动的作用。

---

① 文同：《丹渊集》卷三四《奏为乞差京师官知井研县事》。

第三节　宋初盐法　宋仁宗以来对以解盐为中心的盐法的变革

为垄断盐利，宋封建国家在盐的生产领域里，不仅如前所说直接组织生产，而且也严禁私人煮煎。宋建国后第二年，即建隆二年（961），宋太祖下诏："私炼者三斤死，擅货官盐入禁法地分者十斤死，以蚕盐贸易及入城市者二十斤已上杖脊二十、配役一年……"① 宋太宗太平兴国二年盐禁虽然有所放宽，但自煎盐1两即决杖15，20～30斤即于杖脊的同时还配役一年至一年半，100斤以上，就要"刺面押赴阙"②，等等，依然是科罪甚重的。

为垄断盐利，宋封建国家既对盐的生产加以控制，对盐的供应、运销也多方面地进行干预。根据盐的产地和产量，宋封建国家划分了盐的供应、运销的范围，这个范围用宋代官方的语言说，谓之"地分"。各类盐的供应运销的"地分"是：

1. 产于登、密二州的京东盐或东北盐，主要地供应京东路诸州军，即今山东省大部分地区。

2. 产于滨、沧二州的河北盐，主要地供应河北诸州军和青、淄、齐三州。这里因为同契丹辽国接壤，盐法特殊，后面再作说明。

3. 建盐，福建长清场之盐主要供应运销于福建路。

4. 广南盐，东路广州诸场之盐供给本路外，还运销于西路之桂州、昭州以及江南西路之南安军；西路廉州两场盐供应西路诸州军，其中高州、窦州各鬻以自给。

5. 井盐，主要地供应川峡四路。

6. 浙盐，主要地供应两浙路（今苏南、浙江）和江东路之歙州。

7. 诸盐之中，解盐、淮盐供销的范围最大，解盐后面再说，淮盐除供应楚、通、泰诸州外，还运销于淮南路之庐、和、舒、蕲、黄州、无为军，江南

① 《宋会要辑稿·食货》二三之一八。

② 《宋会要辑稿·食货》二三之一九。

东西路之江宁府、宣、洪、袁、吉、筠、江、池、太平、饶、信、歙、抚州，广德、临江军、两浙路之常、润、湖、睦州，荆湖南北路之江陵府、安、复、潭、鼎、鄂、岳、衡、永州，汉阳军；海州盐及涟水等盐除供应本州军外，还供应京东路徐州，淮南路光、泗、濠、寿州，两浙路杭、苏、湖、常、润州、江阴军，即今浙江、江苏、安徽、江西和两湖部分地区。

盐的供销地区划分之后，宋政府一直严令遵守。宋真宗天禧四年（1020）下诏给淮南京东所有产盐地分，“勘会处所四至运近，逐年所煎数，及所给州军处，所有今住煎处，亦条折年月因依，各县地图以闻”①，就是一例。

在确定供销“地分”的基础上，宋政府又划分为两类地区。一类地区是由官府直接运输买卖的地区，这样的地区称之为禁榷区，“凡禁榷之地，官立标识候望以晓民”②，即盐市场全部在官府垄断控制之下，只许官府一家销售。在这样的地区，“颗盐末盐，虽皆是禁法地分，亦不许递相侵越”，否则，即“量罪科决”③，控制得极为严密。另一类地区则许可商人贩卖。商人们通过各种途径，或至京师榷货务交纳见钱，或到边防上交纳粮草，然后国家许可其获得解盐或淮盐，到指定的非官榷的地区去货卖，这样的地区叫做通商地分。以解盐为例，它的供应运销地区分为两个部分，一部分为解州汴京、南京、西京（洛阳），京东路之济、兖、曹、濮、单、郓州、广济军，京西路之滑、郑、颍、汝、许、孟州，陕西路之河中府、陕、虢州，庆成军，河东路之晋、绛、慈、隰州，淮南路之亳、宿州，河北路之怀州，以及澶州所属黄河以南诸县，都是官府直接货卖的禁榷地区；另一部分为京西路之蔡、襄、邓、随、唐、金、房、均、郢州，光化信阳军，陕西路之京兆凤翔府、同、华、耀、乾、商、泾、原、邠、仪、渭、鄜、坊、丹、延、环、庆、秦、陇、风、阶、成州，保安、镇戎军及澶州所属黄河以北各县，则为通商地区。宋代盐的贸易，就被按捺在宋政府所制造的框框之中，而不允许有任何逾越。

可是，严酷的刑法，并不能够制止私盐私贩；按照宋政府的设想而制订的

① 《宋会要辑稿·食货》二三之三一。
② 《宋史》卷一八一《食货志下三·盐上》。
③ 《宋会要辑稿·食货》二三之二〇。

禁法地分，也并不是不可侵犯的圣地。以政府规定的运销地区这个禁法“地分”来说，它本身就存在了许多毛病，违背了商品流通的规律。如澶州有南北二城，一在河北，一在河南，“北为海盐土盐通商地，而南则为解盐禁地”，“南两县亦产土盐，利之所在，刑不能禁，故两县解盐课常不登”。宋政府不但没有改变这种不合理的规定，反而在南两县濮阳、卫南立下解盐岁额，结果解盐卖不出去，“官不免配卖，而土盐滋冒禁”①。这样一来，对消费者、土盐生产者和官府盐利都是不利的。特别是，有的地方，如江南西路的南部虔州一带，距广南较近，运销广南盐最为相宜，而偏偏率由旧章，运销淮盐，以至两宋300年间一直得不到解决。范纯仁在治平三年指出，“江淮诸路盐价太高，致私贩之人，获利转厚，及所立刑名亦重，过于盗贼，而又不分强窃”，“是故贩盐之人，千百为群，州县之力，无能禁止”②。虔州就是贩私盐最严重的地区之一。地区划分不合理，卡得又死，盐价又高，成为人们冲破盐禁的重要因素。

在盐的贸易活动中，官榷居于重要的地位。官府直接从产盐区将盐运输到各地，由自己销售。运输的情况，各地不一样，在水运交通便利的汴水、长江一带，“江湖上供米，旧转运使以本路输真、楚、泗州转般仓，载盐以归”③，然后到各地由官府售卖；所得盐息，“岁自抄三百万，供河北边籴，其他皆给本处经费”④，“国初盐筴，只听州县给卖，岁以所入课利申省，而转运司操其赢，以佐一路之费”⑤。但许多地方的运输，如前面提到的，多由衙前、民夫承担，从而成为一项力役重负。如“信州上户千三百家，”因运盐而破产者就有800家⑥。

在官榷当中，官府为榨取更多的盐利，多采取抑配的方法，将盐硬派给居民，从而造成居民的一个重负。如“河北诸州，当榷盐之初，以官盐散坊郭

---

① 晁补之：《鸡肋集》卷六二《杜纯墓志铭》。
② 范纯仁：《范忠宣公奏议》卷上《奏减江淮诸路盐价》。
③ 《宋史》卷一七五，《漕运》。
④ 《梦溪笔谈》卷一一。
⑤ 《文献通考·征榷考二》。
⑥ 范纯仁：《范忠宣公集》卷一五《韩绛墓志铭》。

主客户，令纳见钱。及盐法通行，其盐钱遂为半额而不除，主户则尚能随屋税纳官，客户则逃移莫知其处，但名挂簿书而已。遂差坊正五七人，直令认纳，谓之客户乾食盐钱”[①]。这类按户配盐的做法，相当普遍。在东南地区则有所谓的“丁盐”，“两浙岁计丁口，官散蚕盐，每丁给盐一斗，输钱百六十六文，谓之丁盐钱。皇祐中，许民以绸绢依时直折纳，谓之丁绢”[②]。在广南，则按主客户每月配盐：“琼州、昌化、万安、朱崖军民户乡村坊郭第一至第三等每丁逐月买盐一斤，第四第五等及客户僧道童行每丁逐月半斤，不以日月为限，岁终买足”，经户部审议，减半实行[③]。除“以民身计”的丁盐之外，还有“以田亩计”的“蚕盐”，“又每岁将官盐散与人户，谓之蚕盐，令民折纳绢帛”[④]。蚕事之前预借官盐的办法，早在前代就有。而到宋代，这一做法对贫下户来说，还是“大有所济”的[⑤]。可是，到宋仁宗庆历年间，有的地区改官榷为通商，如淄、潍、青、齐等八州弛盐禁，“兖郓亦相继通海盐”，这些地方不再贮存官盐，每年“应授百姓蚕盐皆罢给”，而百姓所输的蚕盐却照旧，即使“听减三分”，也是一种横征暴敛[⑥]。到南宋这种配卖制度更变本加厉，以至蚕盐又用折变的方式征收，这后文还将提到。苏轼于元祐元年知扬州日指出，“每支盐六两，折绢一尺。盐六两原价一十文五分足，绢一尺二十八文足。其支盐纳钱者，每盐五斤五两，纳钱三百三十一文八分足，比原价买盐……已多一百三十八文足”[⑦]。陈州经过反复纽折，自原价 31 文高达 350 文[⑧]。宋政府的盐息又是通过对广大消费者压榨而取得的。

从这种官榷制度中，派生出来一种代销制。这是熙宁五年（1072）卢秉变更两浙盐法时创立的，“募酒坊户愿占课额，取盐于官卖之，月以钱输官，

---

① 《韩琦家传》《安阳集》卷一三。
② 《朝野杂记》甲集卷一五，《身丁钱》。
③ 《宋会要辑稿·食货》二四之二三。
④ 《系年要录》卷一六二，绍兴二十一年九月乙巳记事。
⑤ 《宋会要辑稿·食货》二四之二七。
⑥ 《长编》卷一八一。
⑦ 《东坡七集·奏议》卷一一《论积欠六事并乞检会应诏所论四事一处行下状》。
⑧ 《包拯集》卷七《请免陈州添折见钱》。

毋得越所酤地”[①]，即把盐让酒户在所许可卖酒的范围内，代销国家的盐货，而把官府规定的盐利课额按时上缴，其多余部分即归代销的酒坊户。这一销售形式在宋代还不广泛，但它对后代的影响则是值得注意的。

在通商法中，也有种种的不同。一种是所谓的买扑制。宋代买扑制最先流行于酒税、商税的征收中，《宋代钞盐制度研究》一书曾引用邱浚《大学衍义补》卷三二《鬻算之失》一条所载：“宋太祖开宝三年令扑买坊务者收抵当。臣按扑买之名，始见于此。所谓扑买者，通计坊务该得税钱总数，俾商先出钱，与官买之，然后听其自行取税以为偿也。”就此条材料而论，所谓“扑买坊务”，系指酒坊场而言，并非其他。自此以后买扑制逐步发展到盐的贸易领域中。宋仁宗时，“有大豪焦隐者，尝诣三司投状，乞买扑解州盐池，岁纳净利”[②]，试图包买解池全部产盐而向国家交纳盐税。解池盐虽然没有买扑成功，但买扑制在两浙、江西以及在川峡路都相当普遍。买扑只能由一小批经济力量雄厚的商人才能做到，因而买扑制下的盐利则由这一小批商人同封建国家共同分享。

在宋代，真正名副其实的通商制仅限于河北一隅。如前所指，河北路与契丹辽国接境，宋为了巩固河北边防，收拾民心，抗击契丹，许多政策与其他地区多有不同。有关盐的产销就是如此。宋太祖开宝三年特降墨敕，河北盐“听民间贾贩，唯收税钱，不许官榷”[③]。商人可以自由地贩卖盐货，各种盐“并许通行，量收税钱，每斤过税一文，住税二文，隐而不税悉没官，以其半给捕人充赏，仍于州府城内置场收税”[④]；每年盐税达 15 万缗[⑤]。宋仁宗时一度官榷，旋即废除；宋神宗元平七年经赵赡建议，在河北西路行官榷，到元祐元年又废除；此后旋榷旋废，到蔡京集团掌权时，才纳诸统一盐法中。

在宋代通商法中占统治地位的是，商人在取得盐货后，直接到通商地分进行贸易。其贸易之盛，足可以同官榷制相抗争的。这类通商制亦即以钞盐法或

① 《宋史》卷一八二《食货志下四·盐中》。
② 张耒：《明道杂志》。
③ 《梦溪笔谈》卷一一。
④ 《宋会要辑稿·食货》二三之一八。
⑤ 《宋史》卷一八一《食货志下三·盐上》。

盐引法为其主要特征。或者私家盐铺请得官盐货卖。宋代盐法之所以屡次变更，就在于这个钞盐法。它反映了封建国家同商人在攫占盐利中的复杂关系。

引起宋代茶盐法变更的直接动因是宋辽之间的战争。这是由于，“自河北用兵，切于馈饷，始令商人入刍粟塞下，酌地远近而优为其直，执文券至京师，偿以缗钱，或移文江淮给茶盐”①。据《文献通考》记载，雍熙二年（985），刘式和李防提出以茶盐支付入中粮草②。到宋真宗咸平五年（1002），三司使王嗣宗具体地以茶和其他物品同货币搭配起来，支付入中粮草。沈括记载，王嗣宗的搭配办法是，“四分给香药，三分犀象，三分茶引”，是谓之三说法，“〔咸平〕六年又改为六分香药犀象，四分茶引”；至乾兴元年（1022）又改“支茶引三分，东南见钱二分半，香药四分半”③。用茶引作为入中粮草的支付手段之一。而用盐引作为支付手段，则见于宋真宗天禧元年（1017）三司奏言：“江淮两浙荆湖路入钱粟买盐者，望依解州颗盐例，预给交引付榷务，俟有商旅算射，即填姓名，州军付给。”④之后，宋仁宗天圣五年（1027）五月明确规定，“陕西沿边州军许客津般粮草赴仓场入纳，乃（仍?）以逐月逐旬每斗束榷的见卖价钱，纽计贯百等第加饶，给付交引，到京一文支还一文见钱，如请愿便换外处州军见钱，或算请茶货、香药、象牙、颗末盐、白矾交引，亦取客人稳便”⑤。天圣七年，三司又一次提到客人“入纳诸色斛斗”，“如愿要香茶及颗末盐、白矾等交引，并听从之。”⑥看来以盐引支付入中粮草是在天圣元年以后确定下来的。

自从盐成为支付入中粮草的一项物资，它也就同茶一样，在加抬虚估之下，为大商人所囊括，成为他们大发横财的重要资源。还在咸平六年，梁鼎就曾指出，“陕西沿边所折中粮草，率皆高抬价例，倍给公钱。如镇戎军米一斗计虚实钱七百十四，而茶一斤止易一斗五升五合五勺，颗盐十八斤十两止易一

① 《长编》卷三〇，端拱二年九月记事。
② 此据刘敞：《公是集》卷五一《刘式家传》《宋史》卷三〇三《李防传》所载。
③ 《梦溪笔谈》卷一二。
④ 李焘：《长编》卷九〇。
⑤ 《宋会要辑稿·食货》三六之二五。
⑥ 《宋会要辑稿·食货》三九之一七。

斗；粟米一斗计虚实钱四百九十七，而茶一斤止易一斗五升一合七勺，颗盐十三斤二两止易一斗，草一束虚实钱四百八十五，而茶一斤止易一束五分，颗盐十二斤十一两止易一束……”[①] 所以，自“商人入粟于边，率高其直而售以解盐，商利益博，国用益耗。”[②] 到宋仁宗庆历年间，支付入中粮草的代价就更大了。当时“三路入中粮草，度支给还价钱常至一千万贯上下”[③]，募商人入中粮草，度支给还钱帛，加抬例价则率三倍，茶盐矾缘此法贱，货利流散，弊悉归官[④]。在三说法的支付办法下，盐占的比重在三分之一以上：如以 100 贯为分数，“三十贯支见钱，三十五贯支向南州军末盐，三十五贯支香药茶交引”[⑤]。这样，就同茶利一样，盐利也被京师交引铺和大商人攫占了去。之后，三司户部副使包拯也对沿边秦、延等九州军的入中粮草提出意见，他指出，“猾商贪贾，乘时射利，与官吏通为弊，以邀厚价，凡椽木一对，定价一千，支盐一席，岁亏官钱，不可胜计。”[⑥] 国家向商人付出这样高昂的代价，而商人所入中的“谷多秕恶、湿腐不可食”[⑦]，“军人请得陈次口食，或形嗟怨之语”[⑧]，这就更加加剧了封建国家同商人之间的矛盾，从而使以解盐为中心的盐法变革提到日程上来。

促使盐法变革的又一因素是解盐同西夏青白盐的斗争。对这个问题，将放在宋夏贸易中再加讨论。宋朝廷上下拒绝同西夏进行青白盐的贸易，而用解盐去抵制，但当时的解盐却竞争不过青白盐，这就面临着一个问题，即采用什么方针政策才能使解盐取得优势呢?

最先提出对解盐进行变革的是范祥。早在庆历四年他就提出了这个问题，到庆历八年他被任命为陕西路提点刑狱公事兼制置解盐，才开始了对解盐的变革。改革的主要内容和措施是：

---

① 《宋会要辑稿·食货》三九之二，又《食货》二三之二七也载有，但文字错误较多，故不用。
② 《宋史》卷二九九《李仕衡传》。
③ 张方平:《乐全集》卷二三，《再上国计事》。
④ 《乐全集》卷二三，《论国计出纳事》。
⑤ 《乐全集》卷二三，《论京师军储事》。
⑥ 《宋会要辑稿·食货》二三之三九至四〇。
⑦ 《长编》卷一〇八。
⑧ 《宋会要辑稿·食货》三九之一五。

1. “旧禁盐地一切通商，盐入蜀者亦恣不问”，即是以通商法代替官榷法。

2. “罢〔陕西〕并边九州军入中刍粟，第令人实钱偿之；视入钱州军远近，及所指东南盐，第优其估。东南盐又听入钱永兴、凤翔、河中”，这种以实钱作为改革盐法的办法，同李谘对茶法的变革是一致的。

3. “岁课入钱总为盐三十七万五千大席（按一大席为盐二百二十斤），授以要券，即池验券，按数而出，尽弛兵民辇运之役”。

4. “又以延、环、庆、渭、原、保安、镇戎、德顺地近乌、白池，奸人私以青白盐入塞，侵利乱法，乃募人入中池盐，予券，优其直，还以池盐偿之，以所出入盐，官自出鬻，禁人私售，峻青白盐之禁。”

5. “并边旧令人入中铁、炭、瓦、木之类，皆重为法以绝之。”

6. “其先以虚估受券及已受盐未鬻者，悉计直使输亏官钱”。

7. 又令三京及河中、河阳、陕、虢、解、晋、绛、濮、庆成、广济，官仍鬻盐，须商贾流通乃止。

8. “以所入缗钱市并边九州军刍粟，悉留榷货务钱币以实中都”①。

范祥所变革的盐钞法，适应了当时客观的需要。但是，这项变革对“猾商贪贾”是极其不利的，因而变法之后立即受到这般人的反对。至和元年范祥因事贬官，这次变革也随而受到了破坏。嘉祐二年，三司使包拯等一致荐举，恢复范祥的官职，继续主持盐法的变革。范祥受命之后，立即恢复盐钞法：

1. “重禁入刍粟者”。

2. “其券在嘉祐以前，每券别使输钱一千，然后予盐。”

3. “商人持券若盐鬻京师，皆亏本钱，请置官京师畜钱二十万缗以待商人至者；若盐估贱，则官为售”。

4. “券纸（即盐钞）六千，盐席十千，毋辄增损，所以平其市估，使不得为轻重”。

---

① 《长编》卷一六五；《宋史》卷一八一《食货志下三·盐上》。

5. “诏以都盐院监官领之”①。

6. “……盐价时有低昂，又于京师置都盐院……京师食盐不足三十五钱，则敛而不发，以长盐价；过四十，则大发库盐以压商利，使盐价有常，而钞法有定数。行之数十年，至今以为利也。”②

范祥对盐法的改革，最基本最主要的方针是以通商法代替官榷法，借以克服官搬官卖种种扰害百姓的弊端；以见钱法代替入中粮草，用来解决加抬虚估、限制商人攫占更多的盐利，从而使盐法有利于国计民生、保证国家获得最多的盐利。为实现这一方针和完成这一目标，范祥所改革的盐钞法有以下几点措施和做法是值得注意的。

第一，发出的盐钞和解盐产量取得平衡。钞多于盐，钞价必然贬值；钞少于盐，盐出售量少而盐利下降；两者平衡，则能够在保证获得最大盐利的同时而不产生或少产生其他弊端。

第二，为使盐钞和解盐产量之间的平衡获得相对稳定，还必须使钞价和盐价相对稳定，否则必互相干扰，以致打破上述的平衡。因此，务使钞价6000、盐席（220斤）10千这一价格稳定下来，“毋辄增损”；

第三，商人买钞，一般是6贯，所以龚鼎臣说：“〔范〕祥遂制置边上客人入一色见钱六贯，依旧支与一席”③。但商人输于边远州军，为给以优饶，则有时减低钞价，所以沈括说：“令商人就边郡入钱四贯八百售一钞，至解池请盐二百斤，任其私买”④。如果盐钞价格因市场关系而发生涨落，又将如何解决呢？“大约每钞极贱至五贯，则官给钱五贯五十文买之，极贵则减价五十文货之，低昂之权常在官矣。”⑤

第四，都盐院在这次改革中起着“以平其市估”的重要作用。按盐钞6贯可取得盐一席220斤，平均每斤价格为27.3文。一席盐通常卖价是10贯，平均每斤卖价为45.5文。市场价格一般地在27.3~45.5文之间波动。都盐院

---

① 《长编》卷一八七，嘉祐二年秋七月壬辰记事。

② 《梦溪笔谈》卷一一。

③ 龚鼎臣：《东原录》。

④ 《梦溪笔谈》卷一一。

⑤ 王巩：《随手杂录》。

一个重要任务就是使盐价在这个幅度内波动："盐价时有低昂，又于京师置都盐院……京师食盐斤不足三十五钱，则敛而不发，以长盐价；过四十，则大发库盐以压商利，使盐价有常，而钞法有定数"①。这就即使消费者不吃贵盐，也使商人不致无利可图。

第五，范祥对盐钞法的变革，达到了预期的效果。对消费者，对商人，以及对宋封建国家都是有利的。以汴京这个解盐的通商地区来说，消费者经常食用40文以下1斤的盐，也就满意了。商人买得的钞盐1斤为27.3文，最高可售到40文1斤，则其所获得的利润（斤）为40文减去27.3文，再减去运费（假定运费斤为5.7文），那么纯利润为每斤7文，达25.6%，也就极为可观了。一般商人也显然是满意的。对国家来说，自变革了盐钞法，扭转了前此不利局面，"皇祐元年正月至二年十二月终，共收到见钱二百八十九万一千贯有零，比较旧法，二年计增钱五十一万六千贯有零"②；"皇祐三年入缗钱二百二十一万，四年二百十五万，以四年数视庆历六年增六十八万，七年增二十万。又旧岁出榷货务缗钱，庆历二年六百四十七万，六年四百八十万，至是榷货务钱不复出……可助边费十之八"③，在没有加重人民负担的前提下，封建国家获得如此可观的盐利，朝廷之上也是满意的。至于从前那些运输解盐的兵士和居民，如今不再承担运输，不复"逃亡死损"，亦不复"破荡家产"④，自然也是满意的。只有一小批猾商巨贾以及与之勾结的污吏，不能再大发横财了，他们当然要飞短流长，诽谤、动摇盐钞法的。

宋仁宗嘉祐五年（1060），继范祥主管解盐的是"干局绝人"的薛向，他把范祥的盐钞法推进了一步。在他主持下，首先减轻了对商人的征算，"初（范）祥以法既通商，恐失州县征算，乃计所历所至合输算钱并率以为入中之数，自后州县犹算如旧。嘉祐六年，向悉罢之"⑤，这对于盐的流通是有利的。熙宁二年，薛向任东南六路发运使。实行均输法，经他的建议，于永兴军置买

① 《梦溪笔谈》卷一一。
② 《包拯集》卷三，《再举范祥》。
③ 《长编》卷一八七。
④ 《包拯集》卷七《言陕西盐法一》。
⑤ 《宋史》卷一八一《食货志下三·盐上》。

卖盐场，并拨10万贯，作为收购盐钞的本钱[1]，使这个机构与汴京的都盐院共同调节盐钞的价格和数量，以稳定钞价和保持盐钞和盐产量之间的平衡。特别值得提出的是，薛向对解池畦户的境况给以改善，从而弥补了范祥在这方面的不足。如减少畦户的数量，"稍以庸夫代之"，蠲减畦户所负盐课，将337万余席减了一半等等，对解盐生产都是有利的。因此，在薛向主管的七八年间，"所入盐马刍粟数累万，民不益赋"，有益于国计民生。

自宋神宗熙宁年间开始在西北方面用兵，到元丰年间大规模围攻西夏，边防上的需要倍增，征榷制度发生了明显的变化。如前章所说，自熙宁七年川茶开始了禁榷，以后茶利逐年扩大。解盐盐法也因边防需要激增而出现了严重问题。还在熙宁六年，陕西缘边"入纳钱五百二十三万余缗，给盐钞九十万二千七百一十六席，而民间实用四十二万八千六百一席，余皆虚钞，虽有条约须纳钱方给钞……缘官中阙钱，监籴之官务办年计，不免以钞折兑粮草"[2]，这样就严重地破坏了范祥、薛向苦心经营的盐钞法。面对这样一个严重问题，熙宁八年四月中书户房对此进行了研究，指出陕西盐钞之所以出现这样的问题，"买钞本钱有限，出钞过多，买不尽则钞价减贱及高抬籴价，支出实盐"，因而"出钞不可不立限"，这是第一；即使出钞有限，"入中商人欲变转，而官不为买，即为兼并所抑，则钞价亦不免贱；兼边境缓急，即钞不得已须至多出"，因此必须置买钞场平买，这是第二；"和籴军粮出于本路，买钞钱本出于朝廷，所买钞若卖尽，即无所费；若卖不尽，毁抹，虽已转之边上，乃是朝廷分外资助本路经费，其已毁钞，当于应副本路钱物扣除"，这是第三；因旧钞出笼过多，市易司用市价收买旧钞，另外恢复买钞场，负责对新钞的收买；最后，确定永兴军路、秦凤路用钞的额数，永兴军路为815000缗，秦凤路848000缗，内熙河路为537000缗。并决定熙宁八年五月十四日以前旧钞由市易司收买，5月15日以后新钞由买钞场收买[3]。恢复买钞场、确定永兴军等三路钞额和收买新旧钞的分工，是这次解决陕西盐钞问题的几项措施。此前，三

---

① 《宋会要辑稿·食货》二四之四。

② 《长编》卷二五四，熙宁七年六月壬辰记事。

③ 《长编》卷二六三，熙宁八年闰四月乙巳记事。

司使章惇已于熙宁七年从内库批得200万缗收购旧钞，杯水车薪，终于未能制止盐钞的激增，也无法挽救钞值的下降。迁延到熙宁十年，又不得不再来解决这个问题了。

盐钞问题的症结所在是什么？经过反复议论，终于认识到：问题不在于通商法，而在于盐钞的发行没有节制，滥发盐钞是造成解盐种种问题关键和要害。沈括在《自志》谈话这个问题道：

> 民足于盐，岁不过三十万囊，为钱二百一十余万缗而已，是时乃出钞三百五十万缗！盐而有常费，而出钞无艺，此钞之所轻也。

沈括的这个意见，与主持修正盐法的皮公弼是一致的，他们认为，应继续和扩大通商法，严格控制盐钞的印行。于是在熙宁十年二月拟订成功了以下几点修改办法①：

1. “盖盐法之弊，由熙河钞溢额，钞额溢故钞价贱，钞价贱故粮草贵。又东、西、南三路通商州县榷卖官盐，故商旅不行，如此盐法不得不改，官卖不得不罢。”

2. 要纠正盐钞溢额，“必先收旧钞，点印旧盐，行贴纳之法，然后自变法日为始，尽买旧钞入官；其已请出盐，立限，许人自陈，准新价贴纳钱，印盐席，给公据。”

3. 东南旧法盐钞一席毋过三千五百，西盐钞一席毋过二千五百，尽买入官。先令商人赴解州榷盐院并池场照对批凿，方许中卖。

4. “已请出盐，立限告赏，许商人自陈。东南盐一席贴纳钱二千五百，西盐一席贴纳三千，与换公据，立限出卖。”

5. “罢两处官榷”，“将京东西南北、秦凤、河东、在京开封府界应通商地分，各与官一员，其全席盐限十日内经官自陈，点印贴纳，委所差官点数，用印号抹毁旧引，给与新引。”

上述熙宁十年有关盐法的变革，归纳来说，它是对范祥盐钞法的恢复，其主要内容与措施是收买旧钞、旧钞要贴纳现钱和京东西诸路继续实行通商法。但是，在根本性实质性的问题上，这次变革并没有解决得了，“熙宁十年冬尽

---

① 《长编》卷二八〇，熙宁十年二月戊申记事。

元丰三年通印给过一百七十七万二千余席，而会问池盐所出才一百一十七万五千余席，尚有钞五十九万有余，流布官私，则其势不得不贱。”① 熙宁十年国家虽然以五百万缗收购旧钞，但由于“出钞无艺”，照样解决不了盐钞的“溢额”、“壅滞”。与此同时，主持盐法变革的皮公弼硬以二百四十二万缗为解盐课额，超出解盐产值三十万缗，课额多而盐产少，从这一方面又造成了盐钞的“溢额”，使问题的解决更加困难了。

熙丰期间，除解盐问题外，淮浙盐也存在这样或那样的问题，也进行了局部的调整和改革。

东南盐法主要实行官榷法，盐由官府自搬自卖。这种做法的一个严重问题是，“江湖漕运既杂恶，又官估高，故百姓利食私盐，而并海民以鱼盐为业，用工省而得利厚，由是盗贩者众”；“又贩者皆不逞无赖，捕之急则起为盗贼”。实际上，因“狃于厚利”，贩私盐的不仅有“不逞无赖”，“而江淮间虽衣冠士人”也以“贩盐为事”。贩私盐是再一个广泛存在的问题，尤其是如前所指，在划分盐禁不合理的地区如虔州等地，私贩更加严重，“〔虔、汀〕二州民多盗贩广南盐以射利，每岁秋冬田事毕，往往数十百为群，持甲兵旗鼓往来虔、汀、漳、湖（当作‘潮’）、循、梅、惠、广八州之地，所至劫人谷帛，掠人妇女，与巡捕吏卒格斗，至杀伤吏卒，则起为盗”②。自宋仁宗庆历以来，朝野上下，议论纷然，直到嘉祐七年蔡挺提点江西刑狱，才有所改变。蔡挺首先和缓了对私盐贩的镇压，“令民首纳私藏兵械”，“令贩黄鱼龙披盐，不及二十斤，徒不五人，不以甲兵自随者，止输算勿捕”；其次，改善和增加淮盐的运输，“〔纲船〕增为十二纲，纲二十五艘”，“盐船三岁一易”，三运无误，可以从部押人转押官；“舟人运盐无欠负而有羡及百千者，支半价”，“输官有余，则以畀漕舟吏卒，官复以半贾取之”；“又损粜价”，“不复以税钱均配”③。由于运来的盐质量较好，价格较贱，“岁课视旧额增至三百余万斤”。熙宁年间继承蔡挺的这项做法。到元丰三年章惇任参知政事，他支持了郑亶的

① 《宋会要辑稿·食货》二四之二一。

② 《长编》卷一九六，嘉祐二年二月辛巳记事。

③ 《长编》卷一九六，二一三。

建议，仿照荆湖南路的做法，将广南盐运至江西，以减少盐的运费，并解决“人苦淡食”、盐供应不足的问题。约有一千万斤的广南盐运到了虔州一带。这种做法是顺应了商品流通的规律的。但是，这项做法没有继续下去，虔、汀私盐问题到南宋更加严重。

浙盐的私贩问题也同样严重。熙宁五年卢秉提点两浙刑狱，主管盐事。卢秉根据海水浓度，规定各盐场的盐产量。钱塘县杨村场和越州钱清场“水势稍淡，以六分为额”，杨村场以下的仁和县汤村场七分、盐官场八分，越州余姚县石堰场、明州慈溪县鸣鹤场皆九分，至岱山昌国，又东南为温州双穟、南北天富十分，作为各地盐场的“分数”[①]。根据各地不同情况，要求不同的产量，这种做法对盐的生产是有利的。其次，灶户为官府煎盐，“盐场不时偿其直”，“灶户益困”，这是造成买卖私盐的重要原因。为此，卢秉提出如下的办法，“请储发运司钱及杂钱百万缗以待卖盐者”，即在煎煮之前，预付灶户盐本钱，又在缴盐之后，付以全部盐价，这项做法对生产也是有利的，并成为有宋一代的“定制”[②]。第三，为禁止私盐，不但规定各盐场的煎煮盘数，卢秉又在各盐场采用“什伍其民”的办法，“自三灶至十灶为一甲”，“以相讥察”，进一步控制灶户的生产。此外对私煎、盗贩也很严厉，“罪不至配者，虽杖罪，皆同妻子迁五百里”[③]。卢秉从改善亭户生活入手，并进一步控制亭户的生产，虽能够生效于一时，但却解决不了盐业生产中的根本性的问题，因而亭户们照样贫困化，私盐照样在各地出现。

第四节　蔡京集团对盐钞法的重大变革

在前一章中，曾经看到蔡京集团在十年当中对茶法作了重大的变革。在这里又可看到，蔡京集团对盐法也作了重大的变革。

蔡京集团上台的时候，正值解池被冲决了两三年，解盐产量大幅度下降之

① 姚宽：《西溪丛语》卷上。

② 《宋史》卷三三一，《卢秉传》。

③ 《长编》卷二三〇，熙宁五年二月戊辰记事。

时。另一方面，西北边防上的供应，丝毫没有减少。摆在这个集团面前的就是这样一个严峻的问题。崇宁元年七月，置讲议司，“取政事之大者，如宗室、冗官、国用、商旅、盐泽、赋调、牧尹”等等①，分别由人们负责议论，试图从中找出一个聚敛的门径来。讲议司中负责盐法的有冯谌、李憕、吕悰等。当时因解盐产量下降，供应汴京的盐是河北盐和东北盐，蔡京等认为：“河北京东京盐客运至京及京西，袋输官钱六千，而盐本不及一千，施行未久，收息及二百万，如通至陕西，其利必倍”②。于是派韩敦立等人到诸路提举盐事。经过这次变革，“自去年九月十七日推行新法东北盐，十月九日客人入纳算请，至今年九月三日终，收趁到钱一百六十四万八千六百二十六贯三百六十八文，本钱一十四万七千七十三贯，息钱一百五十万一千五百五十三贯三百六十八文”③。这次变更不算太大，却获得了如此可观的厚利，于是大大刺激了蔡京集团的胃口，敢于一而再、再而三地变更，以攫占更多的盐利。

东南盐即淮浙盐，如前所说，宋政府主要地实行官榷法，自运自卖的。当然，也许可商人入中算请。蔡京集团为进一步扩大盐利，便采取了种种措施。它的第一步就是扩大东南盐的盐本钱，“东南盐本或阙，滞于客贩，请增给度牒及给封桩坊场钱通三十万缗”。其次，规定了客人可以用私船贩运，但不能越出指定的贩卖地区，也不能夹带私盐。第三，“盐场官吏概量不平或支盐失伦次者，论以徒”；各官司场堰牐津渡不能苛留商贩；同时还禁止官吏士大夫与商人结合共同私贩等④。这样，蔡京集团既采取官般，又扩大通商，双管齐下，以扩大东南盐的贩运，增加盐利。

重要的是，对此前大量的“溢额”的旧盐钞究竟应当如何处理呢？崇宁二年十二月二日，讲议司提出：“解池未坏以前，官给解盐钞募客人入纳粮草，还给钞盐。今解池未复，其钞尚循旧法，给解盐文钞，客人赍赴京，解池既无解盐支还，并河北文钞卖与在京交引铺户，乘时邀利，贱价收买，致沿边

① 《宋史》卷四七二《蔡京传》。
② 《宋史》卷一八一《食货志下三·盐上》。
③ 杨仲良：《长编纪事本末》卷一二二。
④ 《宋史》卷一八二《食货志下四·盐中》。

入纳艰阻，客人亏折财本，浸坏钞法”[①]。当时河东三路盐钞，买卖无定价，“闻民间每百贯文见卖六十五贯以下，本路价例尤贱”[②]，商人因无利可图，当然不愿到边防上入中粮草。根据这种情况，蔡京集团按照熙丰时的办法，置买钞所，“专一管勾换易客人之钞，应客人赍到钱，并以末盐钞并东北一分盐钞及度牒官告杂物等支换”[③]。据《宋史·食货志》的记载：“遂变钞法，置买钞所于榷货务，凡以钞至者，并以末盐、乳香、茶钞，并东北一分及官告、度牒、杂物等换给；末盐钞换易五分，余以杂物；而旧钞止许易末盐、官告。仍以十分率之，止听算三分，其七分兼新钞”[④]“令逐路支给末盐钞及自般请者，并须三分旧钞兼七分新钞支请；如愿全以新钞般请者，不以多少，听从便”[⑤]。就上述这些办法看，如用旧钞支盐，必须是3分旧钞和7分新钞，这可见光用旧钞是支请不到盐的；解盐等旧钞是用末盐（实际上是30%）、东北盐钞一分和乳香、茶钞、官告、度牒支付的；而旧的末盐钞则可以换50%的末盐，其余给杂物，显然末盐旧钞比解盐旧钞支请要好一些。搭配杂物来兑换盐钞，有其限制交引铺等巨商大贾的一面，同时也是后来的对带法的一个来源。为稳定盐钞价格，蔡京集团还规定了，“在河北买者，率百缗毋得下五千（即要值九十五千）、东南末盐毋得下十千，陕西盐钞毋得下五千五百，私减者坐徒徙之罪”[⑥]。经过这次变更，从崇宁二年十二月到三年四月的五个月当中，“客人铺户投下到陕西河北文钞换易过东南末盐等，共计钱五百一万一千三百八十三贯四百一十五文”[⑦]；一年之内即突破1000万贯，达到1200万贯。这就更加刺激了蔡京集团的胃口。

崇宁四年，蔡京集团对盐法又有所变更。这一年变更盐法的诏书上说：“陕西旧钞易东南末盐，每百缗用见钱三分、旧钞七分”[⑧]，这就是说，使用旧

---

① 《宋会要辑稿·食货》二四之三七。
② 《宋会要辑稿·食货》二四之三八。
③ 《宋会要辑稿·食货》二四之三七。
④ 《宋史》卷一八二《食货志下四·盐中》。
⑤ 《宋会要辑稿·食货》二四之三八。
⑥ 《宋史》卷一八二《食货志下四·盐中》。
⑦ 《宋会要辑稿·职官》二七之一八。
⑧ 《宋史》卷一八一《食货志下三·盐上》。

钞请盐，必须用3分现钱，熙丰时候的“贴纳”就由蔡京集团继承下来，并具体地应用在东南末盐方面。崇宁五年，解池已修复完毕，又复印行解盐新钞，蔡京集团“仍欲旧解盐地客算东北末盐，令榷货务入纳见缗”，只令解盐新钞行使于陕西路，于是对前此贴纳法改变为：“商旅赴榷货务换请东南盐钞、贴输见缗四分者在旧三分之上，五分者在四分之上。且带行旧钞，输四分者带五分，输五分者带六分；若不愿贴输钱者，依旧钞价减二分”[①]。这些做法的具体内容是什么呢？一句话说，用旧钞请盐，必须贴纳现钱。如果不贴纳现钱，用旧钞请盐，原钞值100贯的，只算80贯，来了个八折。所谓旧钞，只要新钞出笼，以前的钞就算旧的了。凡是贴纳现钱4分的，这个4分超过旧钞3分以上、5分超过旧钞的4分以上的，都可以带旧钞请盐。输纳现钱4分的，可以带旧钞5分，输纳五分的带旧钞6分。以新钞带旧钞，这种办法叫做“对带法”。说来说去，旧钞贬值，新钞面值增高，用旧钞购买盐货，只有用新钞带旧钞，而且还要贴纳现钱，亦即贴纳旧钞的2分，亦即20%。换句话说，即是旧钞每百贯贴纳20贯，以120贯才能得到新钞百贯的盐货。

崇宁五年，这个对带法有了进一步的发展：“诏算请不贴纳现钱，以十分率之，毋过二分。”这就是说，算请盐货，只有盐钞面值的20%不贴纳现钱，而80%则贴纳现钱。大观元年（1107）“乃令算请东南末盐贴输及带旧钞，如见条法外，更许带日前贴输3分钱钞；输4分者带2分、5分者带3分；后又贴输4分者带3分，5分者带4分。而东南盐并收见缗，换请新钞者如4分5分法贴输。其换请新钞及见钱算东南末盐，如不带六等旧钞者，听先给；如止带五等旧钞，其给盐之叙在崇宁十月前所带不贴输旧钞之上。六等者，谓贴三、贴四、贴五、当十钞、并河北公据、免贴纳钱是也。”[②] 很明显，上述规定不但继续了而且也扩大了前此的贴纳法和对带法。按照这个规定，旧钞贴纳现钱既可请东南末盐，也可请换东南末盐的新钞。规定进一步使旧钞贬值，贴纳见钱多而所带旧钞少。同时新旧钞在领盐的次序上也有所区别：不带六等钞者亦即新钞可以最先领取盐货，带有贴纳钱的五等旧钞领盐的次序也在崇宁四

① 《宋史》卷一八一《食货志下三·盐上》。
② 《宋史》卷一八一《食货志下三·盐上》。

年十月以前不贴纳钱的旧钞之前。这样看来，不贴纳钱的旧钞，在领取盐货时要在最后，也是不大顺利的。

最后，还有所谓的循环法。据《文献通考》的记载，循环法是在蔡京当权的晚年实行的，所谓“季年又变对带为循环”；依此推算，约在政和宣和之际。什么是循环法呢？“循环者，已积卖钞，未授盐，复更钞；盐未给，复贴纳钱；凡三输始获一直之货。”[①] 生长在北宋末年的翟汝文，曾目睹其事，在他的墓志中对蔡京盐法有过如下的叙述：

> 崇宁初，宰相蔡京废平淮为榷货，饰为新法……常使见行之法售给才通，辄复变易，欺商贾以夺民利，名对带法。客负钞请盐，扼不即畀，必对元数再买新钞，方许带给新钞之半。季年又变对带为循环法。循环者，已买钞，未授盐，复更钞；盐未给，复贴纳钱，然后给盐；凡三输钱始获一直之货。[②]

上述蔡京集团的一系列的做法是，利用封建国家的强大的行政权力，在盐的流通领域中，设下重重障碍，借发行新钞之机，从中牟取暴利。蔡京集团的这种倒行逆施，当然受到社会上的广泛反对。大观四年六月，张商英代为宰相，对蔡京上述做法作了局部的调整和改善。但是不久，蔡京又卷土重来，在盐法上又进行了重大的变更，进一步控制和垄断盐利。

宋徽宗政和二年（1112），蔡京集团像变茶法那样，在盐法上也实行了重大的变更，取消了官榷法，实行了通商法：

> 是岁，蔡京复用事，大变盐法。五月，罢官般卖，令商旅赴场请贩，已般盐并封桩。商旅赴榷货务算请，先至者增支盐以示劝。前转廊[③]已算钞未支者，率百缗别输见缗三分，仍用新钞带给旧钞三分；已算支者，所在抄数别输带卖如上法。其算请悉用见缗，而给盐论次，以全用见缗不带旧盐者为上，带旧盐者次之，带旧钞者又次之。三路籴买文钞，算给七分东南末盐者，听对见缗支算二分，东北盐亦

① 《文献通考·征榷考三·盐铁矾》。

② 《翟氏公巽埋铭》，载翟汝文《忠惠集》。

③ 转廊，这是宋代盐钞法中惯用语之一，即客商到榷货务入中请算，在钞面注明到某一地产算请盐货，这叫做转廊，因而在钞面上注明，也叫做钞面转廊。

如之。自余文钞，毋得一例对算。[1]

蔡京集团的变更，如前所述，不限于赋税，也不限于茶盐，而是表现在各个方面。在交通运输方面，曾以直达法代替了转般法，这一点将放在后面叙述。随着这个变更，前此在转般法下，盐是作为回头货运到各地去的，现在江南各路粮食直接运达汴京，无盐作为回头货，因而在盐法中只能实行通商法了。变官榷为通商，这是有关国计民生的一件大事，蔡京为钳制反对者之口，在九月中由宋徽宗发布了一道诏令。这道诏令一方面对前此张商英任职期间变更蔡京集团的盐法加以指责，说什么“妄意纷更，致耗邦财”，另一方面又吹捧蔡京集团有关盐法的变更是，“兴植废坏，以义置法”。接着转向这次重大变更，称：“今年五月以后，应见行钞法泊茶盐法”，要“上之御府，颁之有司”，以便“传之永久，坚若金石，庶几奸人不敢妄行动摇”，靠皇权的支持，使这次变更能够继续下来。

为使这次重大的变更获得更多的好处，蔡京集团“更欲巧笼商贾之利，乃议措置十六条，裁定买官盐价，囊以三百斤、价以十千；其鬻者听增损随时，旧加饶脚耗并罢。客盐旧止船贮，改依东北盐用囊，官制鬻之；书印及私造贴补，并如茶笼篰法，仍禁再用。受盐、支盐官司析而二之，受于场者，管秤盘囊封；纳于仓者，管察视引据、合同号簿。囊二十，则以一拆验合同递谍给商人外，东南末盐诸场仍给钞引号簿，有欲改指别场者，并批销号簿及钞引，仍用合同递谍报所指处给随盐引；即已支盐，关所指引处籍记。中路改指者仿此。其引缴纳，限以一年；有故展，毋得逾半年；限竟，盐未全售者，毁引，以见盐籍于官，止听鬻其处，毋得翻改。”[2] 就制度来说，盐钞的管理是极其严密的，因而它不仅对南宋有直接的影响，对后代也是有影响的。

蔡京集团一面通过盐钞的变更来增加盐利，一面又提高盐的价格以增加盐利。政和元年三月，根据张察的建议，“比绍圣价上每斤增钱二文至九文”，诏书上又命在张察定价上“每斤各添一文”[3]。盐的每斤价格增加，盐钞也大

---

① 《宋史》卷一八二《食货志下四·盐中》。

② 《宋史》卷一八二《食货志下四·盐中》。

③ 此据《宋会要辑稿·食货》二五之五。《宋史》卷一八二《食货志下四·盐中》称添三文，不确切。

增其价。东南盐钞原价为 6 贯 200 文，到政和二年的一次提价就达到 10 千，宣和二年更增至 13 千，比以前提高了两倍多。在盐价猛增的情况下，宋徽宗—蔡京集团所攫占的盐利也成倍地增长起来。“自政和立法之后……异时一日所收不过二万缗，则已诧其太多，今日之纳乃常及四五万贯，以岁计之，有一郡而客钞钱及五十余万贯者，处州是也，有一州州仓而客人请盐及四十万袋者，泰州是也。新法于今才二年，而所收已及四千万贯”[①]。即是说政和盐法的变更，使当权者集团每年攫得 2000 万贯的盐利，这是一个多么惊人的数字！

宋徽宗—蔡京集团对盐法的重大变更，给社会以广泛、深刻的影响。首先受到巨大影响的是盐业生产者即贫下亭户、备丁、小火等。在蔡京集团统治之下，物价飞涨，米价自前此的六七百文 1 石增至 2 贯 500、3 贯，即涨了四五倍，亭户们的课盐的收购价格仍然未动，而只有浮盐每斤增 3 分，即每 10 斤增 3 文，这种增加对比米价的飞涨是一个莫大的讽刺，因而亭户们绝大多数贫困不堪：“盐之入官，一斤不过四五钱，积盐之久，必有耗折，官吏任责，则入盐加耗，理所不免，计其工力之费，不偿二三，又所至匮乏，钱不时得，此亭户所以多流亡也。”[②] 流亡的亭户汇合到反抗宋徽宗—蔡京集团统治的洪流之中，这是组成北宋末年阶级矛盾阶级斗争的一个方面。

广大消费者在这种专利制度下也受害非浅。由于盐价的猛增，每斤平均增长 3 文以上，即使在盐产区附近的消费者，特别是其中的劳动者，也感到是一极大的负担。而在产盐较远的地区，花费很大，买到的却是质量极劣的盐。例如过去誉为“天产美利”的解盐，到蔡京集团盐法变更之下，竟与“粪壤同积”了，消费者只能得到一些“杂以灰土”的盐[③]。而许多贫苦的劳动者甚至得不到盐：“山谷之民，食盐之家，十无二三”[④]。贫苦的劳动者虽然吃不到好盐，或者吃不起盐，可是他们却承受盐钞抑配等的沉重负担：“较多寡以迁秩，严法罪其亏损，故重抑配以逃责，至计口敷及婴孩，广数以下逮驼畜，使

① 《宋史》卷一八二《食货志下四·盐中》。
② 杨时：《杨龟山先生集》卷一《上渊圣皇帝书》。
③ 《文献通者·征榷考三·盐铁矾》。
④ 杨时：《杨龟山先生集》卷四，《论时事》。

良民受弊，比屋愁叹！”[1]“州县均敷盐钞，民间陪费与茶引等”[2]。

蔡京集团所创造的对带法、循环法，对中等以上的商人，也是一个极大的打击。甚至其中还包括一些无权势的大商人。由于循环法“凡三输始获一直之货，民无资无钞，已纳钱悉乾没，数十万卷（券）一昔（当作‘夕’）为败楮无所用，富商巨贾朝为猗顿、夕至殍丐”[3]；“钱钞本自流通，〔蔡〕京朝行夕改，商贩不行，弃妻鬻子，或至自经”[4]；“一时富商大贾索然为流匄”，数十个大商人“泣诉道边”，“所持钞为钱以千计凡三十万”，“至有赴水火而死者”[5]（或作“有赴水投缳而死者”[6]）。因此，也就激起了商人的严重不满，如“江陵有盐商数十人，怨〔蔡〕京屡变法陷没其财，诟骂于道”，蔡京集团的走卒李偃“差兵捕商，一郡为之鼎沸”[7]。对盗贩者，蔡京集团同样不遗余力地进行镇压，“推原经历，穷治党与，追逮迹捕，狴犴充溢，死亡道路”[8]，极尽残酷的。但是，这种镇压不但镇压不了私贩，而且激起了人们的反抗：“商贾破荡，盗贩者多，追捕日繁，而盗贼炽矣！”[9]。

在广大亭户、消费者和商人遭受蔡京集团的勒索、压榨、打击之时，一小批与蔡京集团有勾结的交引铺却大发横财。如前所指，在宋代茶盐专利、贸易中，交引铺历来就是茶引、盐钞的捣卖者。这种交引铺集中在汴京杭州等大城市。早在庆历八年河北行四说法，盐也成为支付商人入中粮草的一项物资，自这时候起，京师交引铺等一小批商人便通过钞引而攫占盐利：“并边刍粟，皆有虚估，腾涌至数倍，券至京师，反为蓄贾所抑，盐百八斤（?）旧售钱十万，至是六万，商人以贱估售券取盐，不复入钱京师，帑藏益乏”[10]。在蔡京集团的这次变更中，得利的还是以交引铺为首的一小批商人。如在盐法的变更

---

① 《宋会要辑稿·食货》二五之二五；《文献通考》《宋史》有关记载同。
② 《杨龟山先生集》卷四，《论时事》。
③ 《翟氏公巽埋铭》，载翟汝文《忠惠集》。
④ 刘安上：《刘给谏文集》卷一，《再论蔡京》。
⑤ 孙觌：《鸿庆居士集》卷三三，《章绰墓志铭》。
⑥ 《文献通考·征榷考三》《宋史》卷一八二《食货志下四·盐中》。
⑦ 胡舜陟：《胡少师总集》卷二，《奏劾李偃疏》。
⑧ 《翟氏公巽埋铭》。
⑨ 戴埴：《鼠璞》《盐法》。
⑩ 《宋史》卷一八二《食货志下四·盐中》。

中，蔡京所依赖的便是像魏伯刍这一类的大胥，而这些大胥多是汴京城中的猾商巨贾。在魏伯刍主榷货务任中，他“非有心计，但与交引铺关通，凡商旅算请，率克留十之四，以充入纳之数”①。在这种情况下，钞更换的次数越多，越使得这一小批钞引捣卖者获得更大的暴利。直到南宋，这种情况依然没有改变，这是值得注意的一个现象。当然，获利最多的，还是宋封建国家，九年当中年均1300多万贯，其中两年平均为2000万贯，这一点前面已提到了。

第五节　蔡京钞法在南宋的继续和扩大

南宋继续和扩大了蔡京集团的盐钞法。建炎三年（1129），赵开总领四川财政，为适应西北边防的需要，把四川财政纳诸战时轨道上，这在前章中已作了说明。赵开蜀川财政的主要内容是由茶、盐、酒等几项专利构成的，盐法是继茶法之后四川财政中的又一项重大变革，而四川盐法就是对蔡京钞法的继续和扩大。

赵开对川盐的变更始于绍兴二年（1132）九月，“其法实祖大观东南东北盐钞条约，置合同场盐市，验视称量，封记发放，与茶法大抵相类。盐引每一斤纳钱二十五，土产税及增添等共约九钱四分，盐所过每斤纳钱七分、住纳一钱五分。若以钱引折纳，别输称提勘合钱共六十”②，“其后又增添贴输等钱”③。赵开变法之初，“怨詈四起”；但是在其总领四川财政期间，一直没有越出他的规定范围，额外剥取，所以包括盐利在内的税额虽重，由于具有这一节制，还能够使生产者、井户和商人承受得住。四川财政则由于赵开对盐法的变更有了转机：“凡四川四千九百余井，岁产盐六千余万斤，引法初行，百斤为一担，又许增十斤勿算以优之，其后递增至四百余万缗”④。

在对茶、酒、盐法的变更时，赵开自己也极其清楚地看到，这几项专利之重，已达到蜀民承担的最大限度：“蜀之民力尽矣，锱铢不可以有加，独榷率

---

① 《文献通考·征榷考三》。
② 李焘：《赵开墓志铭》，载《琬琰集删存》卷二。
③ 《宋史》卷一八三《食货志下五·盐下》。
④ 《宋史》卷一八三《食货志下五·盐下》。

稍存赢余，而贪猾认为己私，共相隐匿，根穴深固，未易划除，惟不恤怨詈，断而敢行，庶几可救一时之急。”① 他的“救急”办法，主要是在同商人瓜分盐井生产者的剩余劳动的份额中，官府扩大一些，商人减少一些，因而确实是从“贪猾”手中夺取的。如果超过这个限度，继续向生产者身上榨取，则是无法办到的，也是无法得到支持的。所以赵开在临死之前说：“若因循不恢复，蜀将大困，而我为祸首也。”②

赵开死后，仍然是“因循未恢复”，于是专利之害在川峡诸路便日益严重了。宋孝宗淳熙四年（1177）四川制置使胡元质论述茶盐酒等专利之害，称“盐之为害，尤甚于酒”：

> 有开凿既久，井老泉枯，旧额犹在，无由蠲减；或有大井损坏，无力修葺，数十年间，空抱重课；或井筒剥落，土石堙塞，弥旬累月，计不得取；或夏冬涨潦，淡水入井，不可烧煎；或贫乏无力，柴茅不继，虚收泉利；或假货资财，以为盐本，费多利少，官课未偿，私债已重，如此之类，不可胜计。③

胡元质的这些话，叙述了井户的各种困苦，集中起来是这样一个问题，虚额过重，井户无法继续其再生产。其实，早在北宋年间即已存在这个问题，如“〔宋仁宗初年〕蜀人诉盐井虽泉涸，官犹系捕责课入至坏产，或榜死狱中不得免”④。与胡元质同时代的员兴宗，也议论了井盐生产中虚额的问题：

> 比年四川郡县之间，盐户、酒户贫乏可念，或有户窜而名存，或有力均而额重，或勒邻里承煎而首尾俱坏，或预那儹拨而前后皆贫，或委吏推排而吏又不公，或诱人渲淘而仍增新额。⑤

虽然有“盐井户三年一次推排”的制度⑥，但由于官府不肯削减盐额，即使井坏泉涸也不与“开阁”，长期存在的虚额问题不但无从纠正，反倒越来越严

① 《赵开墓志铭》，《琬琰集删存》卷二。
② 王质：《雪山集》卷一，《上皇帝书》。
③ 留正：《皇宋中兴两朝圣政》卷五五，淳熙四年十二月记事。
④ 郑獬：《郧溪集》卷二一，《吴仅墓志铭》。
⑤ 员兴宗：《九华集》卷六，《议虚额疏》。
⑥ 《宋会要辑稿·食货》二八之三四。

重："然盐脉盈缩不常，久之，井户月额不敷，则官但以虚钞付之而收其算，引法由是坏。井户既为商之（人?）所要，因增其斤重以予之，每担有增至百六十斤者。又有逃废绝没之井，许人增其额以承认，小人利于得井，每界递增，盐课益多，遂不可售，而引息土产之输无所从出，由是刎缢相寻，公私皆病"。绍熙以后，关闭了一些废坏旧井，"井户称舒"，可是却把原来虚额所有的盐息，摊到现有的盐数上，"民始食贵盐矣"[①]！盐息落在消费者的身上了。

东南地区也大都是继续和扩大了蔡京钞法的。宋未渡江之前，即在其州和行在扬州设务场以榷茶盐，这个机构叫做榷货务都茶场。榷货务是北宋旧制，都茶场则为南宋新建，其实这两个机构实际上是一个，主要管理茶、盐、酒、矾的征榷。建炎二年八月，梁扬祖制订了茶盐钞法，开始在真州设置提领措置东南茶盐司，之后在行在临安、镇江和建康府设立了三个榷货务都茶场，主管其事。王益之在《职源》中说：

> 榷货务都茶场，榷货务掌折博斛斗金帛之属……建炎中兴，又创都茶场，给卖茶引，随行在，所以榷货务置场虽分两司，而提辖监官并通衔管干，榷万物轻重。

渡江之后，"盐法岁变，或至再变"，但都没有越出蔡京钞法的范围。除川峡诸路外，两浙、江东西和荆湖南北路都是行盐钞法的，福建路和两广路有时行官榷，有时行通商，变换不已。起支配作用的，则是盐钞法。"绍兴四年冬立对带法，明年秋加以出剩，立为分数，许入纳，不对带，二法并行，二年不变，入纳甚匀，比之常行，亦自增羡。"[②] 南宋渡江前后，即所以注目于盐法，乃是因为：不从盐法上下手，找不到一条榨取更多财赋的路子。所以一当在东南站稳脚跟，就立即继续了蔡京茶盐钞法，设立了三榷货务，靠茶、盐解决其财政上的困难。南宋境宇虽狭于北宋，但盐利收入则与北宋相去无几，由此就可知道，南宋政府对盐利的重视了。

---

① 《朝野杂记》甲集卷一四，《蜀茶》。

② 赵鼎：《忠正德文集》卷八《丁巳笔录》。

第六节　封建国家、商人对盐利的瓜分

如前所说，在淮盐生产中，绝大多数亭户全部劳动的90%作为剩余劳动提供出来，从而构成了一笔极其丰厚的盐利。解盐生产中的畦户所创造的盐利，从某种意义上说，比亭户创造得还要多。通州亭户向国家出售正盐1斤为2.5文，而解盐畦户的2.6斤盐才换得国家的1文钱。淮盐与解盐的生产条件不同，通州亭户必须使用牛、犁、柴车、车辆才能生产，盐的成本较高。但二者差距如此之大，不能不说解盐畦户被封建国家压榨得更为严重，提供的盐利也就更为丰厚。余如备丁、小火和私家盐井中的盐工，也同样创造了丰厚的盐利。

除上述生产者外，从事盐运的运输劳动者也是盐利的创造者。一切商品从产地运到非生产地区销售，从而形成了地区差价，这个地区差价就是由运输劳动者造成并得以实现的。对此问题将在下一编中再加叙述。简略地说，商品从甲地运输到乙地，必要付出运费，只有在商品差价总额大于运费的情况下，商人才有利可图。运费包括了给运输劳动者的雇直，因之，商人越是压低给运输劳动者的雇直，运费就越降低，商品差价总额越大，商人获得的商业利润就越大。反之，运输劳动者所得的雇直越少，他的剩余劳动就被商人侵占得多，因而商人是通过运输将运输劳动者的剩余劳动攫占过来。这在商品差价总额中反映出来；差价总额越大，它所攫占的运输劳动者剩余劳动越大。从事长途贩运的大商人便是通过这种办法增殖其资本的。盐运同样是如此。盐利当中也凝聚了运输者的血汗。

不过，从地区差价中攫占的盐利，还有一部分来源于消费者。这是因为，封建时代的买卖、交换，是一种不等价交换，不仅封建国家所规定零售盐价具有这一性质，商人的买贱卖贵也具有这一性质。因而消费者也是封建国家榷盐制度和盐商们掠夺、榨挤的对象。

宋代异常丰厚的盐利就是由上述劳动者、运输者和消费者的血汗构成的。为争夺盐利，封建国家、商人、部分亭户、盐井主之间展开了激烈的斗争。在这场争夺中，宋封建国家利用其强大的政治权力，严禁私盐，想方设法地强化

榷盐制度，从而攫占了盐利的最大份额。因此，北宋一代盐税固然不断增长，而失去解盐、河北盐和东北盐的南宋政府，盐税不但有所增长，而且有时反超过了北宋。盐税在整个国家财政收入中占重要地位。试从下表来看。

年　代	盐　息	材料来源
宋太宗至道三年（997）	235.8余万贯	《长编》卷九七；《山堂考索》后集卷五七〇
宋真宗景德中（1004~1007）	350余万贯	张方平《乐全集》卷二四《论国计事》；《长编》卷二〇九
宋仁宗庆历中（1041~1048）	350余万贯	《乐全集》卷二四《论国计事》；《长编》卷二〇九
宋仁宗皇祐二年（1050）	解盐两年289.1万贯（增51.6万贯）	《包拯集》卷三《再举范祥》
宋仁宗皇祐三年（1051）	解盐221万贯	《长编》卷一八七；《宋史》卷一八一
宋仁宗皇祐四年（1052）	解盐215万贯	《长编》卷一八七；《宋史》卷一八一
宋神宗元丰元年（1078）	2230余万贯	《梦溪笔谈》卷一一
宋神宗元丰二年（1079）	解盐242万贯	《宋会要辑稿·食货》二四之一八；《长编》卷二九六
宋徽宗政和三年（1113）	1000余万贯	《宋会要辑稿·食货》二五之七
宋徽宗政和四年五年（1114~1115）	通计4000万贯，每年2000万贯	《宋史》卷一八二《食货志》
宋徽宗宣和元年（1119）	淮南一千四五百万贯两浙七八百万贯	吕颐浩《忠穆集》卷二《论经理淮甸》
宋徽宗宣和元年（1119）	2500余万贯	《锦绣万花谷》前集卷一五；《山堂考索》后集卷五七
宋高宗建炎（1127）以前	淮南1500万贯	《宋会要辑稿·食货》二六之八

续表

年　代	盐　息	材料来源
宋高宗绍兴年间（1146）	1300 余万缗（内淮南 770 万缗）	王象之《舆地纪胜》卷四〇
	海陵六七百万缗	周辉《清波杂志》卷一〇
宋高宗绍兴二四年（1154）	1566 万缗	《系年要录》卷一六七
宋高宗绍兴末年（1162）	1730 余万缗	《皇宋中兴两朝圣政》卷三
	1920 余万缗	《朝野杂记》甲集卷一四《国朝盐筴》
	淮浙 1340 万缗	汪应辰《文定集》卷二《应诏陈言兵食事宜》
宋孝宗乾道七年（1171）	淮浙 2196.3 万余贯	《宋会要辑稿·食货》二七之三三；《宋史》卷一八二《食货志》

上表清楚地说明了，两宋盐利是不断增长着的。从局部地区看，解盐盐利是如此；就全国范围看，盐利总收入也是如此。盐利从北宋太宗时的 100 递增至 140%、300%，至宋徽宗时高达 1060%，亦即增长了 10 倍多。南宋疆土虽然削小，也高达 906%，略低于宋徽宗、宋神宗两朝，较其他诸朝为高。这是其一。盐利的不断增长，在宋代国家财政结构中，占有越来越重要的地位。宋真宗天禧末货币总收入为 2650 余万贯，盐利 350 余万贯，占总数 13.2%；宋仁宗时总收入 3900 万贯，盐利 715 万贯，占 18.3%；宋高宗绍兴末年总收入为 3540 余万贯，盐利 1930 余万，占 54.2%；宋孝宗淳熙末总收入为 4530 余万，盐利 2196 万，占 48.4%。南宋盐利占国家财政收入 48.4% ~54.2%，这是宋代财政结构一个明显的重要的变化。加上茶税、酒税和商税，这个变化就更加显著，更加突出。这是其二。由于盐利在国家财政构成中占这么大的比重，宋代士大夫对之也就特别重视。南宋监行在榷货务都茶场的陈从古说："国家利源，鹾茗居半"①。任过户部侍郎的叶衡则说："今日财赋之源，煮海

① 周必大：《周益国文忠公集》卷三四，《陈从古墓志铭》。

之利实居其半。"[①]《舆地纪胜》的作者王象之也说："计每岁天下所受盐利，当租赋三分之一。"[②] 证以表中的具体数字，这些话说得是切合实际的。在南宋盐利收入中，淮东盐场占最重要的地位。宋代士大夫也注意到这一点。周辉曾说：宋之煮海熬波之利，"特盛于淮东，海陵复居其最，绍兴间岁支盐三十余万席，为钱六七百万缗。"[③] 汪纲说："淮东煮盐，本居天下半。"[④] 一个名叫吴传的盐商则说："国家煮海之利，以三分为率，淮东盐利居其二。"[⑤] 这一点在上表反映得也是非常清楚的。榷盐制度是封建国家垄断盐利的一个根本保证。唯其如此，封建国家之所以极力维护这项制度也就十分明白了。

宋封建国家在主观上当然想把全部盐利囊括一空，但，力不从心，"非不为也，实不能也。"大批量的盐的运销固然依靠商人，而边防上粮草和各项物资的转输、供应，也离不开商人，而边粮等的供应、运输，也必须以茶盐作酬偿。这样，盐利自然而然地为商人攫占了一部分。在盐利瓜分过程中，封建国家与商人是存着矛盾斗争的，这反映在国家对盐法的一再变更上；但在更多的时间内，这两者又结成了亲密的伙伴关系，共同瓜分盐利。为说明这一问题，先看一下两宋钞价的变动。第一表是关于解盐盐钞的变动情况：

年　代	解盐每席盐钞价格	材料来源
宋仁宗皇祐元年（1049）	6 贯	龚鼎臣《东原录》；《宋史》卷一八一
	4 贯 800（入中边地）	沈括《梦溪笔谈》卷一一
	5 贯至 5 贯百文	王巩《随手杂录》
	6200（入中京师）	《文献通考·征榷考三》；《宋史》卷一八
宋神宗元丰四年（1081）	陕西盐钞铁钱 12 贯	《长编》卷五一六元符二年闰九月甲戌注引邵伯温题《贾炎家传》后

① 《宋会要辑稿·食货》二七之三三。
② 《舆地纪胜》卷四〇。
③ 《清波杂志》卷一〇。
④ 《宋中》卷四〇八《汪纲传》。
⑤ 《宋会要辑稿·食货》二八之二〇。

续表

年　代	解盐每席盐钞价格	材料来源
宋哲宗元祐六年（1091）	8贯200（入中河阳）	《宋会要辑稿·食货》二四之三〇
宋钦宗靖康元年（1126）	8贯	《周益国文忠公集》卷二九《孙昭远行状》

第二表是关于东南钞价变动的情况：

年　代	钞　价	材料来源
宋徽宗崇宁元年（1102）	河北京东盐（袋）6000	《宋史》卷一八一
宋徽宗政和二年（1112）	东南盐一囊（300斤）1万～1.1万	《宋史》卷一八二
宋徽宗宣和二年（1120）	东南盐钞1袋1.3万	《宋史》卷一八二
宋徽宗宣和五年（1123）	东南东北盐1.3万	《宋会要辑稿·食货》二五之一八
宋高宗建炎元年（1127）	淮盐去东北地分加过路费共为1.5万	《宋会要辑稿·食货》二五之三一
宋高宗建炎二年（1128）	加通货钱3000共为10大贯	《文献通考·征榷考三》；《系年要录》卷一七，《两朝圣政》卷三
宋高宗建炎二年（1128）	淮浙盐1.8万	《文献通考·征榷考三》；《系年要录》卷一七；《两朝圣政》卷三
宋高宗建炎四年（1130）	福建小钞（80斤1袋）2贯600文	《宋会要辑稿·食货》二五之三五
宋高宗绍兴二年（1132）	淮浙盐通货钱3贯	《两朝圣政》卷一二
宋高宗绍兴四年（1134）	淮浙钞18贯	《宋会要辑稿·食货》二六之二一；《朝野杂记》甲集卷一四
宋高宗绍兴八年（1138）	广西钞（1箩100斤）5缗	《岭外代答》卷八

续表

年　代	钞　价	材料来源
宋孝宗乾道二年（1166）	淮浙盐钞20贯多	《宋会要辑稿·食货》二七之一九
宋孝宗乾道三年（1167）	淮浙钞加三贯，共21贯	《宋会要辑稿·食货》二七之二〇
宋孝宗乾道六年（1170）	广西钞面钱7贯，通货钱1贯，共8贯	《宋会要辑稿·食货》二七之二六
宋孝宗淳熙十一年（1184）	广南东路本地钞5贯（1箩100斤）	《宋会要辑稿·食货》二八之二三
宋理宗宝庆年间（1225～1227）	明州盐场钞引钱24贯文	《宝庆四明志》卷六
宋理宗嘉熙四年（1240）	20贯600文（袋）	《景定建康志》卷二六

以上两表说明了封建国家与商人在瓜分盐利中所结成的伙伴关系。在未行盐钞制度之前，由于入中粮草而产生了交引铺。当时虚估加抬极为严重，茶盐之利多为商人攫占，尤其是交引铺攫占得最多。从茶、盐法变更中可以看到，当着入中粮草不采用交引制而采用见钱法之时，茶盐之利归于国家者较多。而自行钞法之后，这种办法在实质上是采用了此前的见钱法，商人牟取暴利的机会受到了相应的限制。除去蔡京行钞法的一段时间外，一般说来，在封建国家保证获得相应份额的盐利的前提下，盐利是由封建国家同商人共同瓜分的。就上列两表所反映的整个情况看，第一表有关解盐钞价的变动是不大的，可以说是比较稳定的，这表明了封建国家同商人的伙伴关系比较融洽，共同瓜分盐利。事实证明：只要盐钞发行量不超过盐的实际产量，钞价就不会降低，封建国家的盐利固然得到了保证，商人虽则不得暴利，但仍可得到份额相当高的盐利。就第二表来看，除蔡京集团的对带、循环等钞法冲击并坑害了一般商人，盐、茶等的流通受到了严重的干扰，钞价的变动相当剧烈。即从6贯或6贯200文上涨到11贯、13贯，陡然地增长了177%～210%。这是蔡京集团利用钞价的猛涨，垄断或独占盐利的一种做法，从前表盐利增长情况看，这个集团是达到了这一目的的，较宋初增长了10倍多。但，蔡京集团的这一做法，加剧了封建

国家同商人的矛盾，对宋封建统治是不利的。虽然如此，蔡京集团的盐钞法强化了封建国家对盐的生产运销的管理，确保了封建国家攫占大量盐利，财政拮据不堪的南宋政府不能不继续实行这个盐钞法，继续提高盐价，从前此的11贯、13贯提到18贯、21贯，从而增长了290%～340%。但，南宋政府对商人的依赖更加迫切，所以在一面继承蔡京集团的盐钞法和增长钞价的同时，还提高了盐价，并给商人以这样或那样的“优润”，使商人有大利可图，从而缓和了前此同商人的矛盾。宋高宗绍兴二十九年（1159），规定到温州盐场支盐并在本路即浙东路货卖者，每10袋加饶1袋亦即300斤，到他路货卖者即加饶两袋为600斤①。绍兴三十一年，又规定淮浙盐在一个月内，“许客铺入纳，每五袋加饶一袋”，合纳正钱通货钱17贯300文，“以为优润”②。隆兴二年十一月又一次加饶，每10袋加饶1袋③。经过加饶，盐钞18贯1袋，便下降到16贯、15贯甚至13贯1袋了。这是官府给商人们的合法的优润。另外，商人又同盐仓或买纳场官吏公人勾结，装袋时获得的非法加饶更加优厚：“淮浙路支盐仓与买纳场相为表里，务欲招诱客人，或受客人计嘱，往往多搭斤数，有增数千斤者”④。就这些情况看，南宋时封建国家与商人的伙伴关系进一步密切起来了。

那么，在同封建国家结成伙伴，共同瓜分盐利的过程中，商人们究竟占有多大的份额呢？下面的算式，大体上可以表示这一份额：

商人售盐的每斤价格×300（袋斤）－钞价和运费＝商人获得的盐利

而国家所获得的盐利则以下一算式表示：

盐钞钞价－（斤）收购价格×300（袋斤）

如果商人获得的盐利大于盐钞钞价－（斤）收购价格×300（袋斤），亦即大于国家占有盐利的份额，如果小于盐钞钞价－（斤）收购价格×300（袋斤），亦即小于国家所占盐利的份额。盐利既然凝结了畦户、亭户、备丁、小

① 《宋会要辑稿·食货》二六之四四。
② 《宋会要辑稿·食货》二七之七。
③ 《宋会要辑稿·食货》二七之一六。
④ 《宋会要辑稿·食货》二七之四一。

火等生产者和从事运输的车夫船工们的血汗，其中一部分还来自消费者，因而商人对盐利的攫占，也就是在实际上与封建国家共同占有这些生产劳动者的剩余劳动。靠贩盐而发家的，在两宋亦大有人在。“阎大翁者，居鄱阳，以贩盐致富，家资巨亿”①，这位阎大翁不过是其中一例而已。

商人之外，交引铺靠倒卖盐钞茶券，也攫占了一笔可观的盐茶之利。下编再加说明。

为了进一步说明封建国家和商人的伙伴关系，通过买贱卖贵攫占盐利，亦即攫占生产者、运输者的剩余劳动，以及对消费者的勒索，下面再从价格的变动中来说明这一问题。现将国家收购价格的变动制成第一表，以资考察。

年　代	盐产区	收购价格（斤）	材料来源
宋太祖开宝七年（974）	通州泰州	正盐 2.5 文	《宋大诏令集》卷一八三《赐通州煎盐亭户通榜》
	广南东路	正盐 1.8 文	《通考·征榷考三》
宋太宗年间（976～993）	温、台、明州	4 文	《宋史》卷一八二
	杭、秀州	6 文	
	广南	5 文	
宋仁宗天圣元年（1023）	海、通、泰、楚州、涟水军	正盐 3 文	《宋会要辑稿·食货》二三之三一至三二
宋仁宗景祐元年（1034）	广、惠、端	6 文	《宋会要辑稿·食货》二三之三七
宋仁宗庆历（1048）以后	河东永利监	6～8 文	《宋史》卷一八三
宋徽宗（1101）以前	萧山钱清场	4～5 文	《龟山先生集》卷一《上渊圣皇帝书》
宋徽宗崇宁元年（1102）	河北京东盐一袋（300 斤）	本钱不及一千合 3.3 文	《宋史》卷一八一

① 洪迈：《夷坚三志》辛集卷七。

续表

年 代	盐产区	收购价格（斤）	材料来源
宋徽宗政和元年（1111）	两浙	斤增二文 达6~8文	《宋史》卷一八二
宋高宗建炎四年（1130）	漳州	斤增2.5文 7文	《宋会要辑稿·食货》二五之三五
宋高宗建炎四年（1130）前	福州	6文	《宋会要辑稿·食货》二五之三七
宋高宗绍兴三年（1133）	明州象山	正盐14文 浮盐17文	《宋会要辑稿·食货》二六之一〇
	广东路	自7文增至12文 又正盐14文 浮盐17文	《宋会要辑稿·食货》二六之一一
宋高宗绍兴八年（1138）	福州	17文	《宋会要辑稿·食货》二五之七；《系年要录》卷一二三
宋孝宗隆兴二年（1164）	雷、化、高、廉诸州	18文足	《宋会要辑稿·食货》二七之一四
宋孝宗淳熙元年（1174）	浙西	正盐16文 浮盐19文	《宋会要辑稿·食货》二八之三
宋孝宗淳熙二年（1175）	浙东	按浙西例增 正盐16文 浮盐19文	《宋会要辑稿·食货》二八之三
宋孝宗淳熙十年（1183）	淮东	每筹1贯830文 实得1贯400文 斤14文	《宋会要辑稿·食货》二八之二一

其次，根据有关官盐价格的零散材料，制成第二表，以考察盐市场价格变动的情况：

年 代	地 点	官售价（斤）	材料来源
宋太祖乾德三年（965）	西川	100文	《宋会要辑稿·食货》二三之一八
宋太祖开宝四年（971）	荆湖诸州 广南诸州	60文足 40文足	《宋会要辑稿·食货》二三之一九
宋太祖开宝七年（974）	成都府	90文足	《宋会要辑稿·食货》二三之一九

续表

年　代	地　点	官售价（斤）	材料来源
宋太宗太平兴国二年（977）	淮南诸州 庐舒等州 襄州等十四处 升、润等州军 江、洪等州 歙、信、建、剑州 虔、汀州	40 文足 50 文 50 文足 40 文 50 文 50 文 50 文	《宋会要辑稿·食货》二三之二〇至二一
宋太宗太平兴国二年（977）	剑南诸州	150 文	《宋会要辑稿·食货》二三之二一
宋太宗太平兴国五年（980）以后	荆湖诸州	54 文（原 64 文）	《宋史》卷二六七，《李惟清传》
宋太宗太平兴国八年（983）	兴化、邵武军	25 文	《宋大诏令集》卷一八三
宋太宗至道年间（995～997）	解盐 末盐	33～44 文 8～47 文	《长编》卷九七；《通考·征榷考三》；《宋史》卷一八一
宋真宗景德元年（1004）	永兴军、华、耀州	44 文	《宋会要辑稿·食货》二三之二九
宋仁宗景祐元年（1034）	广、惠、端州	10 文（原 15 文）	《宋会要辑稿·食货》二三之三八
宋仁宗年间	河东永利监盐	36 文	《宋史》卷一八三
宋神宗（1068）以前		60～70 文	《宋会要辑稿·食货》二五之一七
宋神宗熙宁三年（1070）	虔州	47 文（私盐 20 文）	《长编》卷二一三；《宋史》卷一八二
宋神宗熙宁九年（1076）	成都府 东川	250 文 70 文	《宋会要辑稿·食货》二四之一二；《长编》卷二九七
宋哲宗元祐七年（1092）	江都	28 文	《东坡七集·奏议》卷一一
宋徽宗崇宁三年（1104）	建、剑等州	斤增 2 文	《宋会要辑稿·食货》二四之三八
宋徽宗崇宁年间	福建	斤增 7 文	《宋史》卷一八三

续表

年代	地点	官售价（斤）	材料来源
宋徽宗大观四年（1110）	东北盐	斤增3文	《宋会要辑稿·食货》二五之二
宋徽宗政和元年（1111）		比绍圣斤增3~10文	《宋会要辑稿·食货》二五之五
宋高宗绍兴元年（1131）	江湖一带	700文	《两朝圣政》卷一〇
宋高宗绍兴三年（1133）	二广	47文	《宋会要辑稿·食货》二六之一六
	南雄等州 广州 昭、贺等州 桂州	100文 80~90文 110~120文 170~180文	《宋会要辑稿·食货》二六之一六
宋高宗绍兴八年（1138）	福建	100文	《宋会要辑稿·食货》二五之三七
宋高宗绍兴一二年（1142）	钦州	120文	《宋会要辑稿·食货》二六之二八
宋高宗绍兴二二年（1152）	汀州	180文足	《宋会要辑稿·食货》二六之三三
宋孝宗隆兴二年（1164）	雷、化、高、廉州盐区	50文省	《宋会要辑稿·食货》二七之一四
宋孝宗淳熙三年（1176）后	广西	自100文增至160文	《宋史》卷一八三
宋孝宗淳熙一〇年（1183）	雷州蚕村场	54文足	《宋会要辑稿·食货》二八之一八
宋孝宗淳熙一三年（1186）	汀州武平 清流 宁化	147文（原162文） 129文（原144文） 134文（原149文）	《宋会要辑稿·食货》二八之二六
宋宁宗庆元元年（1195）	黎州	320文（铁钱）	《宋会要辑稿·食货》二八之四七
宋宁宗庆元五年（1199）	潮州	73文	《宋会要辑稿·食货》二八之五三

从前面钞价变动中已经能够看出封建国家同商人之间的伙伴关系，现在再制订

第三表，从对商人的批发价中进行考察：

年　代	地　点	价格（斤）	材料来源
宋太宗雍熙二年（985）	福、建、剑、汀州、兴化、邵武军	25 文	《宋会要辑稿·食货》二三之二一
宋徽宗崇宁年间（1102～1106）		27 文足	《宋会要辑稿·食货》二五之二六至二七
宋徽宗宣和四年（1122）	温、明州十袋加一袋	40 文	
宋徽宗宣和六年（1124）	台州十袋加二袋 越州、海州二十袋加一袋	36 文 40 文	
宋高宗建炎四年（1130）	福建小钞	32.5 文	《宋会要辑稿·食货》二五之三七；《系年要录》卷一二三
宋高宗绍兴二年（1132）	四川	25 文	李焘《赵开墓志铭》
宋孝宗淳熙一〇年（1183）	雷州蚕村场	60 文足	《宋会要辑稿·食货》二八之一八

以上三表，清楚地反映了封建国家、商人和广大生产者之间的关系。

先就第一表封建国家的收购价格来说，两宋 300 年间一直是很低的，尤其是当时最大的淮南盐场收购价格最低。300 年来，收 2.5 购价格大约增长了将近三倍，其中淮东盐场则从宋初的 2.5 文（斤）提到 14 文（斤），即提高了 560%，亦即 5.6 倍，但同全国其他盐场来比，收购价格仍然是最低的。把这个收购价格增长的情况，同第二表官定市场零售价格增长情况加以比较，就更进一步地看出来国家对收购价格的提高是迟缓拖拉和不大的。第二表所显示的官定市场价格，在宋徽宗以前大体上是稳定的，只是在宋仁宗时候有些波动。自宋徽宗变钞法，各地官售价纷纷提高，分别增加了 2～10 文（斤），到宋高宗初年已经提高了 1 倍多。可是收购价格直到建炎四年依然停止在原来的价格上，没有变动。到宋孝宗时，市场零售价格分别提高了 3 倍和 3 倍多，而收购价格还没有提到 3 倍。从第三表以及前此钞价变动情况看，封建国家对商人的批发价格即使有所提高，但到宋高宗初年提得并不算多。即令拿宋徽宗实行的盐钞法来说，如以 13 贯请得 300 斤（袋盐），仅 43 文 1 斤。南宋孝宗 21 千 1 袋，也仅 70 文 1 斤，提高了 2.5 倍。可是，算上优润加饶，以及官吏们的“大搭斤数”，批发价格并没有提到两倍。综合上述三表，大致可以看出：收购价格既如此之低，提价又慢，落在市场价格提价的后面，而市场价格盐价的提价是同其他商品价格提价相一致的，这就进一步反映了封建国家对盐业生产者压榨的残酷性；而售给商人的批发价不高，提价不大，薄彼而厚此，进一步说明了封建国家同商人之间的伙伴关系。

第七节　对宋代榷盐制度的进一步剖析

对事物的认识，总是从现象到本质，然后从本质再返回到现象，对事物的了解便会获得更加深刻的认识。因此，从上述对封建国家、商人和盐业生产者之间的关系这一认识作为起点，对盐业经济关系继续进行考察，将会对宋代榷盐制度获得更加深刻的认识。

还是先从盐业生产者——亭户谈起。早在宋神宗熙宁年间卢秉对两浙盐法加以变革，即预先付给亭户一部分钱，谓之盐本钱，这是封建国家收购价格的一部分，预先付给生产者，以利于生产，并成为定制。可是，这个做法并未兑现，盐本钱不是移作他用，就是被官吏贪污中饱，盐户们所得无几：

> 仓台给降本钱，以一万缗计之，使司退三千缗为敖底盐钱，二千缗为官吏费，止有五千缗到场，移借侵用之余，散与亭者无几，每斤必双秤，所请本钱莫偿澄卤买薪之费，非借私鬻，岂足供官？[①]

盐本钱不但给得少，而且“不以时支本钱，彼安得食？”[②] 不但不以时支盐本钱，还往往不支付。秀州应付给盐户的本钱，到绍兴十五年，“积十九万七千余缗不给，亭民无以煮盐”[③]；提举淮东茶盐朱冠卿在绍兴二十八年也“以私意估没”8000 万盐本钱，“不散还亭户”[④]。“向来亭户先请本钱而后纳

---

① 戴埴：《鼠璞》。
② 《宋会要辑稿·食货》二七之一。
③ 《系年要录》卷一六〇，绍兴一九年冬十月己未纪事。
④ 《宋会要辑稿·职官》七〇之四八。

盐，其后则先纳盐而后请钱”。可是到开禧末年，“今买纳到盐，出卖获利，称息数倍，乃犹占悋，不肯给还原价”①。因而，“下户有盐在官，积欠本钱不可胜数”②。到南宋末年丁大全当政期间，“尽夺亭民盐本钱（约50余万贯）充献羡之数；不足，则估籍虚摊。一路骚动，亭民多流亡。”③ 由于亭户长时期得不到盐本钱，“亭户困穷，无力烧煮”④，严重地影响了盐的再生产。

更加严重的是，亭户不仅得不到盐本钱，反倒受盐本钱之害。南宋晚期华亭茶盐分司，“预将盐仓所管亭户将来合得盐本钱私借分擘，名曰文凭钱”；“本钱既充文凭，盐课唯事劫取，以致流士太半，课额亏损，至今春群起为盗矣。”⑤ 或者官吏们同上层亭户勾结，盐本钱“唯上户名统催者领之”；一般贫下亭户虽得到15贯，却无缘无故地“折纳八十贯”，一次勒索达6倍之多，于是亭户们“田庐剥卖既尽”，亦“无以应其诛求”⑥。

除盐本钱之外，还用泥盐、例灶之类对亭户敲诈勒索。泥盐系将“扫掠着地之盐，掩为食利之私，其后流弊遂于亭户，所纳官盐明收十分之二，名曰泥盐，附打官袋，分受本钱”；“又将所收泥盐，自行私卖，待散本钱，仍照旧例，再取十分之二，名曰泥盐本钱，既以官盐盗卖，又将官钱盗取，进退无据，而展转皆利”。从亭户那里收20%谓之泥盐，又以泥盐私卖得钱，但按照常例又取得20%的泥盐本钱，华亭分司盐官们左右盘剥，大享盐利。所谓“倒灶”，“如亭户纳限两限，则场官虚申三限，本限二到则拘收虚申之钱，名曰盗灶”⑦。在温州，场仓盐官上任即可得到一笔外快，“所隶故多亭户，迓新例裒白金以为费”⑧，而这笔钱也是自亭户。

从国家到盐场官吏，都是以亭户的血汗优待商人的。商人与盐吏串通，

---

① 《宋会要辑稿·食货》二八之五七。
② 《宋会要辑稿·食货》二七之一二。
③ 《宋史》卷四二四，《孙子秀传》。
④ 《宋会要辑稿·食货》二八之五七。
⑤ 黄震：《黄氏日钞》卷七七，《申免茶盐分司状》。
⑥ 《黄氏日钞》卷七一《提举司差散本钱申乞省罢华亭分司状》。
⑦ 《黄氏日钞》卷八〇，《浙东提举到任表》。
⑧ 韩元吉：《南涧甲乙稿》卷二二《朝请大夫新知泰州宋公墓志铭》。

“投请”“诸场盐袋高者”，“至有添二十斤或三十斤在袋”[①]；“临安府盐袋秤计净盐三百六十八斤”[②]，即搭上了68斤；“至有每袋搭出八十斤者”[③]；而临安府主管茶盐的王补之在庆元元年揭示“三路提盐各纵所属，兢增斤重，以倾邻路，每盐一袋至有四百斤”[④]。纲梢们也在装船之际，“扫掠拿取用大筲大杴可容三四斗者，白夺其盐。”纲梢们之所以得到这种优待，是因为“一船到岸，用縻费钱一百六十贯，专秤所取最多，以至门子、轿番皆有常例”。行使了这些贿赂之后，商人、纲梢便买到了掠取盐户的机会。“稍工若不多取亭户盐，沿路盗卖钱从何而来？”[⑤] 所有这一切，都出自亭户。“诸场暗失官盐，无从而补，唯于亭户处重秤浮盐”[⑥]；“虽名优润商旅，而实坐困亭户”[⑦]，这就是问题的实质所在。

在官榷制度下，一方面封建国家盐的收购价格是如此之低，而另一方面，从场吏到商人又拼命地榨挤包括亭户在内的盐业生产者，亭户们的实际收入就更加低微了。朱熹对这个重大问题曾提出很中肯的评论，他说：

> 今官收而官给之，在客人则为枉费，在埕户则无实利……曷若使埕户客人自为贸易而官封之，则客人不费四五文可得盐一斤，所省数钱足以具舟楫资往来，埕户售一斤实得四五文，比之请于官司名为十二文，而经过官吏揽子之手，什不得其一二者，大相远矣！[⑧]

朱熹的这些话，在实际上否定了现有的官榷制度，以亭户——商人的贸易制，代替亭户——国家——商人的贸易制，即把在流通领域中插手的封建国家重新赶出流通领域，才能改变现有的封建国家不合理的收购政策。虽然这个意见未能见诸实际，但其卓识灼见则未或稍泯的。

宋代榷盐制度的另一个实质性的问题是，通过官定价格从消费者身上榨取

---

① 《宋会要辑稿·食货》二七之一一。
② 《宋会要辑稿·食货》二八之四七至四八。
③ 《宋会要辑稿·食货》二六之三六。
④ 《宋会要辑稿·食货》二八之四八。
⑤ 《黄氏日钞》卷八〇《委官定秤》。
⑥ 《宋会要辑稿·食货》二七之一一。
⑦ 《宋会要辑稿·食货》二八之四八。
⑧ 朱熹：《晦庵先生朱文公文集》卷二四，《答陈漕论盐法书》。

盐利。上述第二表所显示的盐的市场零售价格，从宋徽宗时起不断提高，到宋孝宗时候提了三倍，有的地区则不止三倍。盐价不断提高，是封建国家和商人获得厚利的又一来源。这一来源则直接来自广大的消费者，而消费者当中的极大多数是农民和手工匠人。所以，宋封建国家不断提高盐价，是对广大劳动生产者的又一直接的掠夺和压榨。前面提到，地区差价不完全是运输者的剩余劳动，即是指此而言的。

一般说来，封建国家的官榷制度，都是靠垄断价格以提高其榷利的。所以，在宋初即已经利用国家权力提高盐价。宋太祖灭蜀之后，为了表示他对蜀川人民的关切，曾降低了盐价，自原价160文降至100文。曾几何时，到宋太宗太平兴国二年，为了同商人争夺盐利，就又将盐价提到150文1斤。这个“爱民之意”就被盐利冲到九霄云外去了。其次，一些地区的盐价是不合理的，而这个不合理则是由封建国家官榷制度造成的。这个不合理表现在两方面，一方面是产销地分的划分不合理，如虔州等江南西路南部州军应当划入广盐地分，却划入了淮盐地分，结果虔州一带只有吃贵盐了。另方面是由人口布局、盐的需求造成的。如蜀川诸路成都府路人多盐贵，而东川则人少盐贱。宋初即已如此，到宋神宗元丰年间，成都府路斤盐250文，东川70文，悬殊到这一地步。这个问题，只要官府稍加注意，即可解决。宋政府不但不予注意，不加解决，为了垄断盐利，反倒不希望卓筒井发展，也不肯将东川的盐调到西川加以调剂，西川也只好吃贵盐了。事实上，靠行政权力提高盐价、垄断盐利，在根本上是违背经济规律的，因而必然是弊病百出，难以持久的。如盐价过于高昂，是广大农民、手工匠人难以忍受的，从而想方设法，加以抵制。福建路武平县盐斤162文，清流县144文，宁化县149文，由于推销困难，不得不下降15文。如果宋政府沿着这个路子，不时调节盐价，问题亦许缓和下来了。但，宋政府不此之图，继续运用政治暴力，采取抑配的方法，强迫居民购买高价盐，不仅解决不了问题，反倒使问题更加尖锐化。这就进一步暴露了榷盐制度的残酷性。

抑配是宋代榷盐制度普遍存在的问题。今先以福建为例。福建路盐法变动得相当频繁。北宋仁宗时既行官榷法又行通商法。在上四州即建州、南剑州、汀州和邵武军实行官榷，所谓“钞盐者，景祐元年才十万贯也，元丰二年始增6万贯，然三分之二则客人入纳于榷货而兴贩者也，一分则漕司般卖以充上四州之岁计者也。”① 由于弊病丛生，南宋初即实行抑配方法：

绍兴二十六年七月乙卯……近年〔福建〕州县搬运过多，吏缘为奸，盐斤两数亏而杂，官肆不售，即按籍而敷，号口食盐，闾阎下户，无一免者，民甚苦之。②

此后士大夫对福建盐的议论便多了起来。宋孝宗乾道年间臣僚们提出，闽中盐筴之弊甚多，其中最严重的一项就是抑买：“今之邑敷卖官仓盐与夫借盐本钱者，多是给虚券，约纲到数日支给，甚至抛敷卖之数付之耆保，摊及侨户。其见在盐却封桩不是支出，谓之长生盐。若人户不愿请盐，只纳敷数之半以贴赔官，将官盐贮之别所，以添后日之数，谓之还魂盐。猾吏揽扑民户贴赔钱请盐出卖出息，则与邑均分，谓之请钞盐。”③ 这是官卖与通商（揽扑民户）相混合的一种办法，仍免不了抛数敷卖，而且派到客户身上（所谓“摊及侨户”）。后来改变了上述做法，但是抑配始终未能制止，并越来越甚。嘉泰元年臣僚们指出：“今乃多是灰土拌和，斤两亏少……立价又重，复有巧作名色除退，名曰苴扎，每盐一斤，不得六七两，缘此民间不肯收买，是致私盐盛行”。为什么这种抑配制度废除不掉呢？这道奏章透露出来它的奥妙：“兼以科抑民户，每买盐一斤，知县得钱一文”④，县太爷们“任满厚载而归”，小百姓向谁诉苦呢！实际上，在福建路，抑配不限于上四州，沿海州军也普遍地存在按户敷盐的问题。以漳州来说，就是如此。陈淳的一段文字揭示得极其清楚：

〔盐〕铺有监胥一人，走卒十数辈，擅将人户编排为甲，私置簿籍，抄括姓名，分其主客，限以斤数。或父子一门而并配，或兄弟同居而均及，虽深山穷谷，无有遗漏，虽单丁孀户，无获逃免。每季客户勒买九斤，斤十七文，该钱一百五十二足，通一岁计六百一十二足。主户勒加三斤，为十二斤，该钱二百单四足，通一岁计八百一十六足。成数既定，列在私籍，更不容脱。至其俵盐，则非复有元斤数

① 韩元吉：《南涧甲乙稿》卷一〇，《上周侍御札子》。
② 熊克：《中兴小纪》卷三七。
③ 《两朝圣政》卷四六，乾道三年闰七月癸未记事。
④ 《宋会要辑稿·食货》二八之四八至四九。

之给，但一升半合，姑以为名。而盐又非复官食故物，杂以灰泥，黪污不可食，人户多有空输钱而不愿受盐者……及季将终，踵门索钱，急于星火，往往鬻妻质子卖牛解屋以偿者。亦有聚落僻处，绝无升合俵散，但持空籍，按月索钱，如数取足。稍有稽迟，则呵詈箠楚，系缚拘囚，亦有被杖毙者。或欠零散金数十余，其农器即径携去，更不问所直若干。农民遇有钱以就赎，不则季终替去，无可从得矣。①

这哪里是什么抑配制度，这是一伙以官盐为掩护、明火执仗的真正的强盗！在福建沿海不只有这一类的怪事，而且还有："曩时使民计产纳钱，官给之盐，以供口食，盖防盗贩之弊。其后遂为常赋，而民不得复请盐矣。自产一文以上至二十文各纳盐五斤，每斤为钱二十一文足，总计钱一百五文足。官司所入止此，而胥吏交纳所得，数乃倍之。自二十文产以上，每产一文，加纳三斤，累千百。析户每产一文又纳盐钱一斤……而下户之产……二十文以下折而为三四户者，又皆五斤也。此外如僧寺有口食盐，船户有浮盐，交关田宅有契盐，名色不一"②。从均敷演变成为一种常赋，这是福建路盐法又一种花样翻新的剥削方法！

在广南西路，同样存在抑配的问题。绍熙元年（1190），广西提刑吴宗旦指出，即使在高、雷、化、钦、廉等州产盐地分，也实行抑配。其中廉州"每斤三十二文，所立价钱太高，是至民食私盐，却乃计户计历均科，每月主户买盐三斤，客户二斤，寡妇一斤半。乃令保甲拘催，甚于二税"；雷州"海康县，每年主户一丁食盐一十二斤，客户一丁六斤，本县于每斤价钱外又收钱二文，每斤计收钱三十二文；遂溪县每年主户一丁食盐二十四斤，客户一丁十二斤，本县及卖盐官于外每斤又收钱五文，每斤计收钱三十五文"，"州郭每年主户第一等食盐八十四斤，第二等六十斤，第三等四十八斤，第四等三十六斤，客户每年食盐一十八斤，每斤钱三十文"；钦州"每斤五十四文足，系作三等出给历头，每月上户买盐三斤，中户二斤，下户一斤半，"因盐价太高，

① 陈淳：《北溪先生全集·第四门》卷二四，《与庄太卿论鬻盐》。
② 《宋会要辑稿·食货》二八之五七至五八。

要求减至30文[①]。

在广南东路，也存在抑配问题。嘉定五年（1212），广东提举茶盐司论及潮州“七等敷盐不均，重为贫害”的问题时指出：“勘会旧来七等敷盐，系以下县土色高下，产钱轻重，分为等第，初无定说。如潮阳以三贯文为第一等，而揭阳则以四贯，海阳则以五贯。今若例以三县一文之产均五文盐，不均甚矣。况自一文产敷盐五文，则五十文产纳钱二百五十文，而五贯文产已纳二十五贯文……其何以堪。今官司现行盐价每斤七十三文，第七等户潮阳则四斤半，揭阳四斤，海阳则三斤半，而潮阳所敷为重，每年纳钱不过三百二十八文足，每日食盐不及一文，未为重困。只缘本州后来每斤纳钱一百一十文足，是以小民难于送纳。”该地官员们对此提出了异议，认为潮州三县产钱一文至十文的人户“蠲免”配盐，而自“十文以上至五贯以上并依旧来等第买盐，仍严行约束，每斤只从久（旧）？价七十三足，不许多收……从之”[②]。这个地区依然实行抑配的办法。

在这样的制度下，出现私盐的问题也就不足为奇的了。事实上，私盐问题早就出现于宋代以前，又存在于两宋之后，与封建时代的榷盐制度相始终。为什么私盐问题迁延得这么长久？不妨先看看下面的一个事例。宋神宗熙宁年间，虔州的官盐来自于淮南，由于官府管理不善和官吏们营私舞弊，盐既杂恶，分量又不足，价钱高达四十七文一斤；而自岭南来的私盐，“以斤半为一斤，纯白不杂而卖钱二十”[③]。试想，对这两种盐，谁肯不买价廉物美的私盐，而偏偏去买杂以灰土、价钱三倍于私盐的官盐呢？

因此，私盐一直是封建国家极为棘手的一个问题。早在宋仁宗时候，王安石对两浙转运使孙沔“下令吏民出钱购人捕盐”的做法提出异议，认为“海旁之盐虽日杀人而禁之”，也是禁止不住的；“今重诱之使相捕告，则州县之狱必蕃而民之陷刑者将众”[④]。王安石的这个意见是对的，私盐是不可能禁止的。首先，可以看到出卖私盐的是广大的亭户。在国家收购价格低微的情况

---

① 《宋会要辑稿·食货》二八之三一至三二。

② 《宋会要辑稿·食货》二八之五三。

③ 《长编》卷二一三。

④ 王安石：《临川先生文集》卷七六，《上运使孙司谏书》。

下，占绝大多数的贫下亭户生活是极其困苦的，有的因逋欠国家岁课，不得不“质其妻子于富室”[①]。为了争取生存权和反复再生产，贫下亭户就只能走上隐瞒自己的盐产、出卖一批私盐这样一条道路。“非藉私鬻，破家荡产，岂足供官?”“不以时支本钱，彼安得食?”“盐户困穷，无力烧煮!”显而易见，亭户之出卖所谓的“私盐”，是完全由国家的征榷制度造成的，不仅无任何非议之处，而且是值得同情的。试看楼钥的下面的诗句：

……亭民亦良民，孰谓俱无赖。官吏既扰之，兼并责逋债。熬波亦良苦，乐岁色犹菜。输盐不得钱，何以禁私卖?!所在积蠹久，良法寖多坏。[②]

其次，广大的消费者尤其是贫苦的农民，也是乐于购食私盐的；其中有的也参与了贩卖私盐的活动。在交通运输不便、距盐产区又远的地区，贩卖私盐的活动特别厉害。前面提到的虔州一带是这样的地区，皖南的宣歙一带也是这样的地区：“宣歙之民，勇悍者多，以贩盐为业，百十为群，往来浙中以兵仗护送私盐。”[③] 以这一行动反对封建国家榷盐制度的压迫，也是正义的，无可厚非的。

除商人外，利之所在，买卖私盐活动的还大有人在。亭户的上层，在亭户的编制中充作总辖、甲头或统催的，本来是监视一般亭户煎煮中的火伏、盘数的，他们为了在同封建国家瓜分备丁小火的剩余劳动中多取得一点份额，也不肯向封建国家提供更多的盐货，而是与贫下亭户一道出售私盐了。官僚士大夫一直参与贩卖私盐的活动，北宋是这样，南宋也是这样。而官军、巡检和弓兵，本来是稽查私盐的，也往往同私贩结合起来，进行规模甚大的贩卖活动。甚至在南宋的首善之区——临安，“府城内外多有不畏公法之人，兴贩私盐，及结托贵势之家，倚为主张，公然货卖”[④]。而在首善之区以外的地方，这个贩卖的场面更显得壮观了：

去年温州明州私盐百余舰，往来江中，杀掠商贾；又各自立党，

① 《宋史》卷二九八，《马亮传》。
② 楼钥：《攻媿集》卷三《送元卫弟赴长亭盐场》。
③ 苏轼：《东坡七集·奏议》卷九《乞将上供封桩斛斗应付浙西诸郡接续粜米扎子》。
④ 《宋会要辑稿·食货》二七之一五。

互相屠戮，江水为丹。〔江阴〕军城内外，公然卖盐，一斤五十钱。西至晋陵武进境上数十聚落，皆食此盐。而石排、小河两巡检兵士贩卖菘菜、萝卜，为买盐家淹（腌）藏之用。而官盐百余钱一斤，终日无一钱之入。①

自入广东界，闻大棹贼船为害不细。其大船至三十棹，小船不下十余棹，器仗锣鼓皆备，其始起于贩鬻私盐……大船则出入海道作过，停藏于沿海之地，小舟则上下东西两江，东江则自广至于潮、惠，西江则自广至于梧、横……应停藏之家与巡尉下弓兵皆受贼赂，以此之故，无由败露。于是私盐盛行……②

在法有盐场处皆置巡检，以捕私商，缘岁久而土军与亭户交往如一家，亭户私盐自若，兼贩私盐之人，类皆强壮为群，号曰水客，土军莫能制，反相连结，为之牙侩。③

从以上几个事例，就可看出南宋私盐之盛已经到达怎样的地步了。由于私盐的盛行，官榷受到不小的打击。由于收购价低，有的场仓几乎从亭户手中收买不到盐，如“温州有数处盐仓，置官吏甚多，而一岁所买不过数十斤”④；由于零售价格高，官盐几乎无人问津，“官盐百余钱一斤，终日无一钱之入”。官盐越是卖不出去，越要禁私盐，越要抑配贵盐；而越是禁私盐、抑配贵盐，私盐贩卖的规模就越大，不仅形成武装走私，而且在一定条件下，会发展成为武装斗争：“昨来两浙贼方腊、福建贼范汝为，皆因私贩茶盐之人以起。今所在结集如此，滋蔓日深，……岭外险远，其俗轻而好乱，……今配私贩之入（当作‘人’）往聚于彼，岂远方之利哉！”⑤ 榷盐榷茶使宋代的社会矛盾就进一步扩大和加剧了。

① 孙觌：《鸿庆居士集》卷一二，《与沈相书》。
② 《宋会要辑稿·食货》二六之二一。
③ 《宋会要辑稿·食货》二七之一至二。
④ 朱熹：《朱子语类》卷一〇六。
⑤ 《宋会要辑稿·食货》二六之一八。

第二十四章　宋代酒醋的酿造和宋封建国家的榷酒榷醋制度

第一节　北宋的酿酒业和榷酒制度

酒的酿造历史已经极为久远了。从许多民族的历史发展看，大约在进入父权制时代，农业生产多少有了盈余，人们才能够造酒。它可能是伴随奴隶制的萌芽而酿造出来。传说仪狄造酒，也大体上说明了酒的酿造的时代。不过，初期的“嚼米为酒”，虽然也“饮能至醉”，但毕竟处于低级阶段，到战国时期，随着社会生产力的提高和科学技术的进步，酒的酿造也发生了重大的变革，因而在两汉已经能够制造种类繁多、度数较高的酒。宋代的酿酒业就是在这一基础上发展起来的，特别由于这时农业的高度发展，酿酒业较前代更显得兴旺。

宋代酿酒业的发展，表现在酿造的原料方面进一步多样化了。此前的酒是由稻、黍、秫米等酿制而成的，而宋代则有秔、糯、黍、秫、粟、麦等原料，而且麦是其中的重要原料，汴京都曲院每年用麦 4 万石造曲即可说明。由于我国幅员广大，农作物分布不同，造曲酿酒又“各从水土所宜”，因而各地区之间酿造出来的酒也就各具特色，有不同的风味。

尽管各地区的酒各有特色，但也有它的共同点。就酒的质量而言，各地都是根据酝酿时间的长短而区分为大酒小酒：“自春至秋，酤成即鬻，谓之小酒……腊酿蒸鬻，候夏而出，谓之大酒。”[①] 大酒的质量高于小酒，因而大酒的价格也贵于小酒。小酒自 5 ~ 30 钱，分为 26 等；大酒则自 8 ~ 48 钱，分为

---

① 《宋史》卷一八五《食货志下七》《酒》。

23 等[①]。或者根据酒的清浊而区分质量。所谓“浊酒一杯客万里”，质量比清酒是稍为逊色的，这自前代已然。清酒质量较高，而且清酒中的白酒，在民间最为人们所喜爱，并受到重视。宋仁宗明道年间，潭州“人民多酿造私酒。体问得或婚姻祭祀，雅尚白酒，虽官务美酝，终不成礼……”[②] 这种白酒是否与今天所说的白干为同一品类，还不能够确定。但随着酝酿技术的提高，宋代酝造出度数较高的白酒是完全可能的。

由于酒一向是官榷，因而宫廷官府酒坊中的酒酿造得最好。内库法酒被誉为天下第一，这种酒就是由内酒坊中的高手工匠酝制成功的。各地官府酒坊，亦不乏美酒佳酿。江少虞曾记载缙云榷署有一位酒匠，善酿造，“经手者罔不醇美”。可是按照他所开具的酿造的方法和步骤去制作时，就不那么“绝佳”了。人们责怪他是否开列的方法和步骤不够完备，不肯将酿造的全部技术拿出来。他回答说，方法步骤就是开列的这些，没有什么不完备之处；但造酒要“随天气温炎寒凉，量多少之数，均冷暖之节”，而且还要把它搅得均匀恰当，“尝味体测”，而这些则“不能口授，但心晓耳”[③]！包括造酒经验在内的封建时代的许多生产经验，往往是由于可以意会而不能言传以至湮没了！

造酒的工匠谓之酒工或酒匠。酒匠一部分集中在官府作坊中。例如专门供应皇室需要而酿造的内酒坊，就有一批酒匠，其中还有高手工匠。建隆二年，内酒坊起火，“酒工乘火入三司盗官物”，因而要诛杀的达 50 人，经过“宰相极谏”，才有 12 人免死[④]。这件事情反映了内酒坊酒工要在 50 人以上，至少也有 50 人。而在都曲院和各地都酒务中，酒匠还要更多一些。而且在都曲院等官府酿造作坊和机构中，还有许多的杂役，他们和酒匠是从“无过犯军人”中挑选出来的，“仍以一年为替”。按照大中祥符年间编敕，“月给钱佣”顾的，而天圣年间的编敕，则“不得给钱佣顾”[⑤]，可见这类杂役和酒匠具有徭役的性质，人身是不自由的。因此，从官府酒作坊的情况看，酒匠和杂役既有

① 《宋史》卷一八五《食货志下七》《酒》。
② 《宋会要辑稿·食货》二〇之八。
③ 江少虞：《皇朝事实类苑》卷五〇。
④ 陈均：《皇朝编年纲目备要》卷一。
⑤ 《宋会要辑稿·食货》二〇之八。

和雇性质的，也有应役性质的。虽然有这种区别，但他们向封建国家提供了无数的剩余劳动，封建国家所享得的大量的酒利，其中一部分则来自于这些生产劳动者。

还有一批酒匠分散在私家酒坊中。宋代有的州军不实行榷酒，这些地方有许多酒户和酒坊。即使在榷酒的州军，也实行“买扑”制度，也有大批的酒户、酒坊的存在。这些酒户也叫“扑”户，或者叫“拍”户，扑、拍一音之转，拍来自于扑，是由“买扑”制度而起的。酒户很多是世袭其业的，如淮南徐氏，即“世以酒坊为业”，能够制作美酒佳酿。熙宁年间变法派中著名人物曾布，他的母亲便是徐家的外甥①。徐家自五代到北宋将近200年一直是以酒坊为业的。酒户有的能够自己酿造；其中有的极其富有，因而在这些富有酒户的作坊中显然雇有了一些酒匠和杂役的。但对这种关系，了解得还不够清楚。凡是存在这种关系的地方，封建国家和酒户在对酒利的瓜分中要复杂一些了。

自从汉武帝一度行榷酤之法，酒利由国家垄断，对后代有着重要的影响。宋代的榷酤制度，大抵上是继承了隋唐五代的。为维护这项专利，历代制法都十分严厉。五代时的后汉，“犯私盐曲无问多少抵死”，“〔郑州〕民有以屋税受盐于官过州城，吏以为私盐，执而杀之”；后周广顺二年始根据所犯盐曲的数量而“定刑有差”的，5斤以上也都重杖一顿而处以死刑的②。宋代就是在这个基础上制订了榷酤禁条的。曲、酒不许私自制造，建隆二年下诏，“应百姓私曲十五斤者死，酿酒入城市者三斗死，不及者等第罪之”；不但卖者有罪，买者也是有罪的，“减卖人罪之半”；“告捕者等第赏之”③。翌年三月又下酒曲之禁：“凡私造者，城市二十斤以上、乡村至三十斤处死”；“民敢持私酒入京城五十里、西京及诸州城二十里者，至五斗死”，“所定里处外，有官署酤酒，而私酒入其地，一石弃市”④。乾德四年又改订私酒曲城市50斤、乡村100斤以上处死；私酒入禁地二石三石以上、有官署处四石五石以上处死；而

① 孙升：《孙公谈圃》。
② 《资治通鉴》卷二九〇，后周广顺二年秋七月癸丑记事。
③ 《宋会要辑稿·食货》二〇之一。
④ 《长编》卷三；《通考·征榷考四·榷酤》。

在死刑以下，仍根据数量多少分别断罪，有至1~3年的徒刑和1~3年的配役[①]。这就是说，造曲和酿酒只能由官府经营，而私人则受到了极大的限制。

宋代酒曲的酿制和榷卖，《宝庆四明志》的作者罗浚对此曾作过简要的叙述：

> 国初有都酒务，官既自榷，亦许民般酤，又募民能分其利，即官给要契，许酤于二十里外而岁输其直，今坊场课利钱是也。[②]

这段叙述，除国初都酒务的建置不够清楚之外，所提到的以官榷占主导地位的三种经营形式则是正确的。下面将分别给以说明。

先说“许民般酤”。

这是宋代在不实行酒榷地区的一种民间经营形式。两广路就采取这种形式。宋太祖开宝四年，“广南转运使王明言：广州酒曲元无禁法，军民取便酝卖。诏依旧不禁”。同年十月，“知邕州范旻言：本州元无曲法，诏如广州例”[③]。除边远地区“无曲法”外，不知什么原因，陈、滑、蔡、颍、随、郢、均、邓、金、房州、信阳军等内地州军也是未行酒曲法的。宋太宗太平兴国二年，京西转运使程能要求在上述地区实行榷法，“乃置官吏局署，取民租米麦给酒酿，以官钱市樵薪及吏工俸料，岁计获利无几。而主吏规其盈羡，又酝齐（剂？）不良，酒多醨坏，至课民婚葬、量户大小令酤，民甚苦之。岁俭物贵，殆不偿其费。”由于无利可图，淳化五年，不得不废除了官榷，改变为：“募民自酿，输官钱”[④]。这是不行榷法地区的第二种形式。此外，还有一种形式，在荆湖南路“潭州之安化，衡州之常宁，永州之安东，郴州之宜章，道州之宁远”，“散场钱于民间，视其等差以为厚薄，随二税输入”，也不禁私酒。孔武仲指出，“湖外事体与北方异，以酿酒自业者家家有之，虽重其法禁，其势不止”；“加以富户富于财力，侦逻之人，反为耳目，其奸猝不可发，而告捕所及，常在细民，既蹈重利，又责重赏，一被追督立至穷困”；“邀功之人，傅法生事，官吏稍不加察，即枉陷平民”。因此，他认为，推广潭州安化等地

---

① 《宋会要辑稿·食货》二〇之二；《通考·征榷考四·榷酤》。
② 罗浚：《宝庆四明志》卷五。
③ 《宋会要辑稿·食货》二〇之三。
④ 《通考·征榷考四·榷酤》。

的做法，把坊场钱摊入民间，随二税征收，“必可常久”①。这种形式通行的范围虽不算大，仍然有它的代表性。此外，夔州路的夔、黔、达、开、施、涪州，云安、梁山军，以及福建路的福、汀、泉、漳州、兴化军、同广西路一样，都是不榷酒的地区，允许民间自酿自卖。

其次，看看官榷的情况。

官榷也颇为复杂。官府既要自卖，就必须先造酒曲。可是宋代造酒曲的机构未必去卖，卖酒的机构又未必造曲酿酒，所以对酒的供应又有许多不同。根据这种情况，下面给以分别叙述。

先说法酒库和内酒坊。这两个作坊都隶属于光禄寺，法酒库造酒“以待供进及祭祀给赐”，“内酒坊造酒以待余用”②，主要地供应皇室宫廷的需要。内酒坊军用糯米8000石，专门指定由寿州供应③，看来造酒的原料是经过挑选的。另外，如前所说，内酒坊的酒匠也都是优秀的。因而，内酒坊所造的酒，肯定地说，质量是当时最好的，或是最好当中之一种。但是，这个作坊的酒仅供给皇室需要，所以不具有商品的性质。

都曲院是汴京城最大的造曲的机构。这个机构“在敦义坊，掌造粗细一等曲，给内酒坊及出鬻收直”。宋太宗至道三年规定，“曲院每斗麦收曲六斤四两正数，如有出剩，亦须收附”。每年曲院磨麦为4万石，“用驴六百头，步磨三十盘，每料磨五百硕”，“收面三百二十二万七千三百九十二斤，踏曲九十一万六千六百三十五斤半”，除役使428名兵士磨麦外，“又佣雇百姓匠三人充作头；二十三人充拌和板头，脱蘸炒焦；六人充踏匠，每年踏内酒坊法糯曲七万四千三百四十二片（斤?）”，“合须锻磨匠于八作司抽差”④，所用工匠也在30人以上。都曲院利用了这些工匠和兵士的劳动才获得厚利的。

都曲院制造的曲，供给京城的酒户。在汴京以及其他的名城大邑，都有开设酒店的酒户，其中以汴京和南宋的临安为最多。酒户很多是富有之家，有的能够同官僚士大夫通婚姻。这类酒户既雇有酒匠为之造酒，又同时开店沽卖。

---

① 孔武仲：《宗伯集》卷九，《代论湖南酒禁奏状》。

② 《宋史》卷一六四，《职官志四·光禄寺》。

③ 《宋会要辑稿·食货》二〇之八。

④ 《宋会要辑稿·职官》二六之三三至三四。

大的酒楼饭店就是《清明上河图》中的所谓的“正店”，另外还有依附于这类正店的小酒店，称之为“脚店”或“小博士脚店”。酒户们所用的酒曲是通过以下的办法而自都曲院取得的：

（1）酒户向曲院申请曲数，由“卖曲官、监官两秤平卖，不得亏损官司”①。

（2）酒户可以赊请酒曲，但必须以家业为抵当，而且还要三五户连保，给以限期；当年可以赊购来年麦曲，旧钱偿还完了，“方秤新曲”。

（3）所欠曲钱，即使卖产，也必须偿还，如“京城富民刘保衡开酒场，负官曲钱百余万……保衡卖产以偿”②，就是一例。

（4）“国初曲价二百文一斤，八十五陌；太平兴国六年始减五十，一百五十文一斤”③。

（5）开封祥符两县村坊酒务必须在汴京城50里以外才能开设，如“于京城五十里内酿酒开沽，侵占曲院课利，其勾当人等并科违制之罪”④。

从上述汴京城的情况看，官榷的特点是，曲由官府即都曲院造，从曲值上获得利润；而酒户则购买官曲酿酒沽卖，从卖酒中获得利润。汴京酒户所获得的酒利大约可以下一算式表达：

斗曲（6斤4两）所酿造的酒数（升）×酒升价格——斗曲（6斤4两）×150文

都酒务是汴京以外各州军的卖酒机构，县谓之酒务。都酒务和酒务都有造酒的作坊，又直接卖酒，都有酒务官或监官来管理。州县以外，在镇市乡村之中也有小酒店，称之为坊场（酒坊或酒场）。这种村镇酒店都挑着酒旗，旗上有“望”字，作为自己的标识，所以也称为“旗望户”。这些小酒坊，官府不直接经营管理。州县酒课的盈亏，从根本上说，取决于这个地区的经济情况。生产发展的地区，酒的消费量就大，酒课自然增多。反之，消费量就小，酒课

---

① 《宋会要辑稿·职官》二六之三三。

② 《长编》卷一八九，嘉祐四年三月己亥记事。

③ 《长编》卷二二四，《宋会要辑稿·食货》二〇之九。

④ 《宋会要辑稿·职官》二六之三三。

便亏少。当然，“拍店之多寡”也往往是“酒课之盈亏”的一个重要条件[①]。这个条件同上述条件是互为表里的，即生产发展的地区，酒坊就多些，而生产不大发展的地方，酒坊就少些。以南宋毗陵为例，晋陵村坊为44个，武进44，无锡44，宜兴65[②]，而常熟一县的官酒店就有40多处[③]。所以，在两浙路这样经济发展的地区，又是酒课最多的地区。

各地酒务除官府自己经营者外，还有如下的经营方式。一是作为当地的一种徭役，由称之为牙校的役人承担。如宋仁宗王素知成都府时，每年供应官员们的厨传之费达“数千缗”[④]，而这些费用则出自主管酒坊的牙校：“先是牙校岁输酒坊钱以供厨传之费，前后日加丰而不知约，故输者亦加困而不能胜”[⑤]。这种勒索式的经营方式虽不多见，但却是熙宁以前经营方式中的一种。另一种是，在宋代乡村第一等户差作衙前之后，经过主管官物或经历重难而无愆失，国家给以酒场，以为奖励。主管酒场有一定年限，在此年限内向政府缴纳酒课。其中会经营的，则大发其财，但“民被诛刻”，消费者大吃其亏；而不会经营的，这个奖励又使承担者大赔其本[⑥]。第三种是，宋仁宗以后兴起来一批自愿到官府投充衙前的，称之为投名衙前，或长名衙前，官府对这类投名衙前也是以酒坊作为酬奖的，这类酒坊承担者除缴纳规定的酒税之外，自负盈亏[⑦]。

最后，看一下买扑制度。

买扑制度实际上是一种酒税承包制度。既私人向官府提出承担某一特定地区的酒税，而酒税的数量由官府规定，私人自愿承担，然后私人即可在这个特定地区内酿酒沽卖。既买扑之后，任何人便不能在这个特定地区卖酒了。这种区域独占的卖酒权力是通过承买酒税而来，因而也叫做买扑制度。买扑制度同官榷制度并行，在北宋初年以来的征榷制度中占有重要的位置。综合一些零散

① 卢镇：《至元琴川志》卷六《拍店》。
② 史能之，《毗陵志》卷六。
③ 《至元琴川志》卷六《拍店》。
④ 张方平：《乐全集》卷三七《王素神道碑铭》。
⑤ 王珪：《华阳集》卷三七，《王素墓志铭》。
⑥ 参阅漆侠《王安石变法》第137、138页。
⑦ 参阅漆侠《王安石变法》第137、138页。

材料，它的主要内容有下列数点：

（1）买扑制度不始于宋，早在五代十国时期，吴越的龙泉县松瞿、小梅、松源三处，因系吴越边境所在，驻兵甚多，“榷酤甚获其利”，“县民张延熙贪婪无识，遂入状添起虚额，买扑勾当”，“一年共趁办额钱一千九贯八百一十九文足”，从而买扑了这三个地方的酒坊①。北宋买扑制显然是自前代继承下来的，据李心传的考订，“其坊场课利者，自开宝九年冬诏承买毋得信任小民，一时贪利，妄增课税”②，是自宋太祖开宝九年冬开始的。

（2）买扑地区的大小，官府并无限制，私人可以根据自己的经济力量去做。材料显示了，买扑者大抵是坊郭大姓和乡里豪民。开封府界“诸县酒务，为豪民买扑，坐取厚利”③。南京应天府（今河南商丘）“酒曲课利，元是百姓五户买扑，最高年额3分（万?）余贯”④。大姓豪民承包了当地的酒税，实际上也就成了为了当地的酒务官。在第一编土地兼并一章中，曾提到过强横不法的李益，他曾经做过秦州长道县的酒务官⑤，就很可能是通过买扑途径取得的。不但一些州县酒务为豪民大姓买扑，村镇上的酒店也由当地豪势买扑，这种情形似乎更较普遍，从这里就可看出买扑制在宋代榷酒中的位置。

（3）任何人买扑到某一地区酒务之后，不仅独占这个地区的酒利，而且不允许其他地方的酒进入他的范围，自然他也不能到其他地方去贩卖。同盐、茶一样，也是各有其地分的。在这个地区内，这家酒务成为中心，许多小酒店成为它的附庸，必须到它这里买酒贩卖。宋仁宗天圣五年给三司的一道诏书上说：“白矾楼酒店如有情愿买扑出办课利，令于在京脚店小户内拔定三千户每日于本店取酒沽卖。”⑥ 从这个材料来看，官府还亲自出面为买扑酒务寻觅一些附庸脚店，以便推销，从而表现了这两者在分享酒利中的伙伴关系。

（4）买扑之后，“即给要契”⑦，官府与扑户两造之间按照“要契”规定

---

① 杨亿：《武夷新集》卷一五，《论龙泉县三处酒坊乞减额状》。
② 《朝野杂记》甲集卷一四，《东南酒库》。
③ 《宋会要辑稿·食货》二〇之六。
④ 《宋会要辑稿·食货》二〇之六。
⑤ 《宋史》卷二五七，《吴元载传》。
⑥ 《宋会要辑稿·食货》二〇之七。
⑦ 《宋会要辑稿·食货》二〇之三。

办事。扑户们“许于州城二十里外酤”，后来又改变为“城镇十里外”酤卖。据大中祥符六年诏书，“诸处酒曲场务，止得约造一年，合使酒曲交与后界。如于一年之外多造，并即纳官，若将不堪使用酒曲交与后界者，并仰毁弃，仍勘罪以闻。”[①] 这道诏令是重申开宝诏令的，由此可见买扑制初始之时是规定一年一界的。到天圣七年八月经三司奏可，“其县镇村斡酒者，自今以三年一替”[②]，从一年一界改为三年一界了。扑户缴给官府的酒税钱称坊场课利钱或净利钱，它的缴纳办法是，“买扑坊场户合纳正收净利钱，依条以一界分为一十二限，自开沽日始，每限逾三十日不纳，每贯加纳钱二十文”[③]。

在上述买扑制度下，扑户所得酒利润是：买扑酒务总收入（即该务售出酒的总价）减去上缴官府的承包的酒税和成本（曲钱、酿酒费用）以及酒匠的佣值，其余数即是。如果总收入减去其他各项而有盈余，即是扑户们的利润；盈余越大，利润也就越大。如果总收入抵不上其他支出，即要赔本。这两种情况在买扑制中都是存在的。就后者而论，往往使扑户们倾家荡产。造成倾家荡产的原因，一是扑户们“多增常数求掌以规利”，碰上年头不济，“岁或荒俭，商旅不行，致亏常课，多籍没家产以偿”[④]。另一个更为重要的原因是，官府要求扑户们上缴的净利钱年年“增盈”。还在太平兴国七年，买扑制实行并不太久，田锡在奏疏中便曾指出：“管榷货财，网利太密”，“酒曲之利，但要增盈，商税之利，但求出剩”。而这样一来，“递年比扑，只管增加，递月较量，不管欠折”[⑤]，以至倾家荡产。在两浙路，有的“扑户并尽底破卖家产，填纳不足，只有身命偿官”[⑥] 这种情况毕竟是限于个别的，所以买扑制一直延续下去。

宋神宗熙宁年间，榷酒制度有了明显的变化。一个方面是官榷制的加强。过去作为衙前酬奖的坊场，在役法的变革下都收归官府，由官府自卖，官榷的

---

① 《宋会要辑稿·食货》二〇之五。
② 《宋会要辑稿·食货》二〇之七。
③ 《宋会要辑稿·食货》二一之一二。
④ 《通考·征榷考四·榷酤》。
⑤ 田锡：《咸平集》卷一《上太宗条奏事宜》。
⑥ 杨亿：《武夷新集》卷一五，《论龙泉县三处酒坊乞减额状》。

范围扩大了。官府为了多卖酒，据苏轼等人的记载，每发放青苗贷款时，“必令酒务设鼓乐倡优，或关扑买酒牌子，农民至有徒手而归者”；“每散青苗，即酒课暴增”[①]。许多小说笔记也都根据苏轼的这条记载而大事渲染，其实这件事是值得分析的。“农民至有徒手而归者”，从文字上看也只是个别现象，官府“酒课”当然不可能因此暴增，也不可能因放青苗而“暴增”。只有在生产增长、生活条件有所改善的条件下，像酒这一类的消费品才能多消费一些，酒税才能多增一些。熙宁、元丰年间是否具备了这个条件呢？“百钱可得酒斗许，虽非社日常闻鼓”[②]，就或多或少地透露出一点消息来了。

重要的是，熙宁年间官榷法的加强则始自周直孺。熙宁四年六月四日，周直孺指出：“在京曲院，自来酒户枯（从《长编》卷二四四改作‘沽’）卖不常，难及祖额”，“推究其源，在于曲数过多，酒数亦因而多，多则价贱，贱则人户折其利”。因而他提出减额提价的办法来解决这个问题：“宜减其数、增其价，使酒有限而必售，则人无耗折之苦而官额不亏矣。”于是汴京都曲院“以一百八十万斤为定额，遇闰年则添踏五十万斤（当从《长编》作‘十五万斤’）；旧价每斤一百六十八文，请增作二百文省；旧法以八十五为陌，请并纽计省钱，便于出入；旧额二百二十二万斤，计钱三十七万贯，今额一百八十万斤，约计钱三十六万，三年一闰十五万斤，计三万贯，又减小麦万余硕及人功，并不亏元额钱数”[③]。自从周真孺开创了减额增价的办法，后来便接二连三地加以使用：“熙宁五年正月四日，令官务每升添一文，不入系省文帐，增收添酒钱始于此”[④]；之后汴京曲院又自 180 万斤改为 150 万斤，“斤增钱至二百四十文”；元丰二年又改为 120 万斤，“斤钱三百五十文”[⑤]。汴京酒税虽经这几次的调整，然而基本上维持了 40 万贯左右，并没有增加。

另一方面，熙宁年间买扑制也有了改变，这就是“实封投状制”的采用。

---

① 苏轼：《东坡七集·奏议》卷三《乞不散青苗钱斛状》。
② 《王荆公诗笺注》卷一，《后元丰行》。
③ 《宋会要辑稿·食货》二〇之九；并以《长编》二二四所载校正。
④ 《通考·征榷考四·榷酤》。
⑤ 《长编》卷二九九。

实封投状制，据李心传的考订，始于宋真宗大中祥符元年[①]，熙宁年间仅是将其推广而已。“坊场之法，旧制扑户相承，皆有定额，不许增抬价数，辄有划夺”；而实封投状制则“许价高者射取之，于是小人侥一时之幸，争越旧额，至有三两倍者，旧百缗，今有至千缗者”。这种投标竞争的办法对国家酒利的增长是有利的，这是熙宁年间酒利增加的又一个来源。但是，这种买扑制占的比重不算大，据熙宁十年酒税统计[②]，是年酒利总为1310万7411贯，而买扑酒税为1804344贯，占总额的13.7%。就各路来看，所占比重也不一样，其中淮南西路占39%，京东西路31.1%，淮南东路20.5%，两浙路15%，京西北路14%，比重较大。而这些地区又是商品经济较为发展的地区。这又说明了，买扑制在商品经济发展地区发展起来，商业资本显然是从买扑制中寻找自己的出路。

宋哲宗元祐初年，反变法派登台之后，反对所有的新法，熙宁年间的实封投状制成为一个重要的反对目标。刘挚首先上章论列，他指出：由于实封投状者志在必得，“交相囊橐，虚自抵本，课额既大，理办敷办，于是百弊随起，决至亏欠，州县劳于督责，患及保任，监锢系累，终无偿纳，课额不为减价，则谁人肯复承买？今天下坊场如此者十五六矣！”[③] 刘安世也指出，“买扑场务其弊莫大于实封投状”，“无知之民，利于苟得，竞立高价，务相倾夺”，“往往破家竭产，不偿逋欠，身陷刑禁，家族流散，至于抵当之物，亦多假于亲知，因缘同系，沦胥失业，若此之类，不可胜述！”[④] 刘挚、刘安世所揭出的上述情况是存在的。在买扑制中，扑户大发横财者固然有之，破家竭产者也同样有之。反变法派虽然废除了这种做法，但没有代以更好的做法，结果包括酒税在内的各项专利为之锐减。以齐州为例，自元祐元年到元祐八年底，茶盐酒税比以前亏减了409000余贯。因之，吕温卿说：“以一州推之，天下可知”[⑤] 在反变法派的放任政策之下，豪商巨贾则大享其利。这样就给打着熙丰变法旗号的蔡京集团找到了变更酒榷制度的借口。于是酒价便一增再增、扶摇直上

---

① 《朝野杂记》甲集卷一四，《东南酒库》。

② 《宋会要辑稿·食货》一九之一至一九。

③ 刘挚：《忠肃集》卷五《论役法疏》。

④ 刘安世：《尽言集》卷二，《论买扑坊场明状添钱之弊状》。

⑤ 《宋会要辑稿·食货》二〇之一一。

了。试看下面的材料：

〔附〕熙宁十年诸路酒税、官榷、买扑税收情况表①

地　区	熙宁十年额（贯）	官榷（贯）	买扑及所占百分数（%）	
四　京	1009654	937432	72221	7.2
京东东路	805077	710233	94884	11.8
京东西路	544117	373385	170731	31.4
京西南路	364575	331046	33538	9.2
京西北路	551155	472674	78481	14.2
河北东路	889950	772552	117398	13.2
河北西路	847288	780262	67026	7.9
陕西路	1269092	1104274	164817	13
秦凤路	1183924	1053857	130366	11
河东路	704149	668896	75252	10.7
淮南东路	930601	740254	190347	20.5
淮南西路	418817	252987	165838	39.6
两浙路	1916863	1626156	288706	15.1
江南东路	542558	496155	46402	8.6
江南西路	218977	199182	19749	9
荆湖南路	141466	130910	10576	7.5
荆湖北路	481607	446253	34814	7.2
成都府路	135955（铁钱）	135955	—	
梓州路	70398	70398	—	
利州路	34002	—	34002	
夔州路	—	—	—	
福建路	46178	46178	—	
两广路（不榷）				
总计	13106403	11349010	1795193	13.7

① 《宋会要辑稿·食货》一九之一至一九。

（1）崇宁二年十月八日，令官监酒务上色每升提价2文，中下色增1文，“以其钱赡学”，这是借“赡学”的名义提高酒价的。

（2）崇宁四年十月，“量添二色酒价钱，上色色升五文，次色三文”[①]，这次又是以“赡学”的名义提高酒价的。

（3）政和四年四月十六日，湖南转运司要求“本路州县见卖糟酵价上，不以官私收买，每斤添作三文足出卖，十斤仍加耗三斤”[②]。

（4）政和五年十二月十一日，“令诸路依山东酒价升添二文六分，入无额上供起发，则政和添酒钱也”[③]。这是第三次普遍性地提高酒价。

以上情况说明了，蔡京集团一再地提高酒价，每升分别增加6文6分到9文6分，每石增加660文到960文，不能不是一种大幅度的提价。坊场课利钱，在此以前多留作地方上的经费开支，如熙丰年间用来雇募衙前。而到这时候，“州县酒务课利自崇宁以后，节次收诸司钱及增长价钱，并兑上供，如两浙路几及一半，江东路亦近三分之一”[④]，则直接供给宋徽宗蔡京集团恣意挥霍。这是宋代榷酒过程中的一个重要变化。

第二节　南宋榷酒制度的变更　对宋代酒税增长的剖析

南宋榷酒制度是自建炎三年（1129）赵开总领四川财赋开始的。与盐、茶变革的目的一样，赵开加强榷酒也是为了应付川陕的军需的。他曾对川陕宣抚处置使张浚说：“蜀之民力尽矣，锱铢不可复加矣！独榷率稍存盈余，而贪猾认为已私，共相隐匿，根穴深固，未易刬除。惟不恤怨詈，断而敢行，庶几可救一时之急，舍是无策矣。”[⑤] 大变酒法，就是赵开断然敢行的征榷之一。

赵开对酒法的变革是从成都府开始的，“先罢公使卖供给酒，即旧扑买坊场置隔槽，设官主之”；“曲与酿具，官悉就买，听酒户各以米赴官”；“凡一

---

① 《通考·征榷考四·榷酤》引陈傅良语。
② 《宋会要辑稿·食货》二〇之一三。
③ 《通考·征榷考四·榷酤》。
④ 《宋会要辑稿·食货》二〇之一六。
⑤ 李焘：《赵开墓志铭》，载《琬琰集删存》卷二。

石米，输钱三千，并头子杂用等二十二”；“其酿之多寡，惟钱是视，不限数也”[①]。这就是著名的隔槽法。这种榷酒制度的要害是酒户到官府所置的隔槽去酿酒，犹之乎盐户到催煎场去煎盐一样，加强对酒户的管理，通过对酒的生产量的掌握而征收酒税。同时，大幅度地提高了酒价。所以榷法改变之后，四川总领就获得了为数可观的酒利。以成都府为例，“在城建炎三年酒税才四万缗有奇，后增十倍；县镇酒税场店民户买扑课利总十五万缗有奇，后累至四十万”[②]。建炎四年，隔槽法推行于川峡四路，“凡官槽四百所，私店不在其内，岁利增至六百九十余万”[③]。

用赵开的话说，酒法变更原是“救一时之急”的。除夔州路于绍兴十五年罢酒榷、恢复不榷之外，其余三路隔槽法在初行之时，“听民就务，分槽酝卖，官计所入之米而取其课”，尚未为害。但这项制度必须在物价稳定的社会条件下才能够持续，可是由于经济情况的恶化，“酒徒零落，课息欠少，使槽户室纳石头钱，则失业者比比皆是”，于是“蜀民被牢盆酒茗之害有年矣”[④]！“行之既久，酝卖亏欠，则责入米之家认输，不复核其米而第取其钱，民始病矣”[⑤]！后来虽然又变隔槽为官监，有的地方改为买扑，同时对酒税也有所压缩、减少，但仍达410余万缗，成为川路的一个重负[⑥]。

川峡诸路以外，两浙、江东西、两湖等路依然延续了北宋时的买扑制度。为应付财政上的巨大开支，南宋政府也同样在酒税上打算盘、做文章，一再地提高酒价，试看下面的一系列的记载：

（1）建炎四年十一月十二日经两浙转运副使曾纡请求，“上等〔酒〕每胜添钱二十四文足（《宋史》作二十文，误；《通考》作四十二文，系例置），下等每胜添钱一十八文足”[⑦]。

（2）绍兴元年三月三日，户部请求，“且将两浙见开沽酒场不以几界，并

① 李焘：《赵开墓志铭》。
② 周必大：《周益国文忠公集》卷六二《范成大神道碑》。
③ 《朝野杂记》甲集卷一四，《四川酒课》。
④ 《系年要录》卷一七五，绍兴二十六年冬十月甲子记事。
⑤ 《通考·征榷考四·榷酤》；《宋史》卷一八《食货志下七》《酒》。
⑥ 《宋史》卷三八五《葛邲传》上说，“通四川酒额遂至五百余万缗，民力得困。”
⑦ 《宋会要辑稿·食货》二〇之一四。

于见买扑价上添增利钱五分，均月分送纳入官”[①]。

(3) 绍兴元年五月六日，“令诸州军卖酒亏折本钱，随宜增价，不以多寡，一分州用，一分槽计，一分隶经制”；“至是州郡始自增酒价，而价不等矣”[②]！

(4) 绍兴元年十二月十八日，权户部侍郎柳约因诸路反映“造酒米曲柴薪物料比之上年踊贵数倍”，要求“每升上等权添钱二十文足，下等添钱十分足”[③]。

(5) 绍兴三年四月八日，“令煮酒量添三十文，作一百五十文足，以其钱起发”[④]。

(6) 绍兴五年六月五日，“令州县见卖酒务，不以上下，每升各增五文，隶总制，而总制钱始于此”。

(7) 绍兴六年二月二十二日，“令卖煮酒权增升十文，以四文州用，六文令（当作‘另’）项桩管赡军，是为六文煮酒钱”。

(8) 绍兴七年正月二十二日，“令诸州增置户都赡军酒库一所，以其息钱三分留本州充本，余钱应副大军月桩，无月桩处起发，是为七分酒息钱”。

(9) 绍兴八年六月十日，“令两浙诸路煮酒增添十文足，并腊蒸酒增添九文足，内六文隶总制”。

(10) 绍兴九年七月二十九日，“以都督府申请权添煮一十文，内四文本州縻费，六文三省枢密院桩管，激酒库拘收；是为六分煮酒钱”；“而又有发运司造舡添酒钱，每升上色三文、次色二文；提举司量添酒钱，不以上下色，升一文，盖不知所始”。

(11) 绍兴十一年二月八日“并为七色酒钱，隶经制”[⑤]。

在南宋一再提价之下，酒价不知超过了北宋多少。酒价这样地增长，却使销售成为了严重问题。由于滞销，酒售不出去，就无法实现酒税税收，南宋政

---

① 《宋会要辑稿·食货》二〇之一四至一五，《宋史》所载略同。
② 《通考·征榷考四·榷酤》。
③ 《宋会要辑稿·食货》二〇之一五。
④ 《通考·征榷考四·榷酤》。
⑤ 以上诸条均系《通考·征榷考四》引陈傅良语。

府又偏偏死抱着原来酒税税额，致使东南诸路不得不巧立名目，横敛一番，于是同川峡诸路一样，被“牢盆酒茗之害”，盖有年矣！这些害处是：

1. 南宋买扑制度存在的问题更为严重，叶适在《平阳县代纳坊场钱记》一文中指出：

> 自前世乡村以分地扑酒，有课利买名净利钱，恣民增钱夺买；或卖不及，则为败缺而当停闭，虽当停闭而钱自若。官督输不贷，民无高下，枚户而偿，虽良吏善政莫能救也。嘉定二年，浙东提举司言：温州平阳县言，县之乡村坊店二十五，当停闭二十一，有坊店之名，而无其处，旧传自宣和时则然。钱之以贯数，二千六百七十三，州下青册于县，月取岁足，无敢蹉跌。保正赋饮户不实，杯盂之酤，罂缶之酿，强家幸免，浮细受害。穷山入云，绝少醉者；鬻樵雇薪，抑配白纳。而永嘉至有算亩而起，反过正税，斯又甚矣！且县人无沉湎之失，而受败缺之咎，十百零细，承催乾没。关门逃避，攘及锅釜，子孙不息，愁苦不止。①

马端临在引用了叶适的这段文字之后所加的按语中亦说，宋代坊场之弊在于，“官既自取其钱，而败阙停闭者，额不复蠲，责之州县，至令其别求课利以对补之而后从”②。那么，州县怎样“别求课利”呢？上述永嘉县“算亩而起”是一种办法，而在衢、严等州则是另一种办法：“坊场废坏，无人承买，尽是百姓分认名课，仍一概分认十分，至有鬻田地以偿者”③，比起永嘉之“算亩”还要严重了。

2. “曲引失立法之意而重叠出钱者”，这是南宋“别求课利”的又一种手段。如荆门军，“在法：诸乡村去州二十里外，有吉凶聚会，听人户纳钱买引，于邻近酒户寄造，上户纳钱三贯，造酒十石，中户则二贯、造七石，下户则一贯、造三石，以其钱作朝廷奏桩”；可是，“至人户投买之时，县吏视其物力多寡，抑勒出钱，致有十余千者”；“既已得引，酒户又复视其贫富，勒

① 叶适：《水心先生文集》卷一〇。
② 《通考·征榷考四·榷酤》。
③ 《宋会要辑稿·食货》二〇之一四。

令出钱，亦有至十余千者”；“初未尝得酒，中下户无力出钱买引，遂有过期不成昏姻者”[①]。据乾道八年知常德府刘平翰的奏言，湖北“贫民下户困于买扑酒防（当作坊）寄造曲引，至贫者不捐万钱于寄造之家，则不能举一凶吉之礼”[②]，可见，这项勒索一直存在，贫下户受到官府和扑户的双重勒索。

3. 仍然是在这个荆门军，“酒库及公使库旧例，遇正旦、寒食、冬至，各印关子付居民，令户户纳钱赴官沽酒，自一百至一贯，军城数百家，每一节出钱二百贯”；“细民所居茅屋，日出一间赁钱才十二文，而遇节顿出百金，比屋为病”。这是南宋“别求课利”的又一种手段。尤为离奇的是，当阳县“每遇人户纳夏秋二税，并令先纳尝酒钱，以家业多少为率，自五百至三千，虽赁地侨寄之户亦令地主抱认”，一年两次尝酒钱将近2000贯[③]。尝酒钱在实际上成为当地两税的附加税了。居民们缴纳“尝酒钱”，能否尝到酒，从史料上还看不清楚，但有的地方缴纳所谓的“乾酒钱”[④]，可以肯定地说，是吃不到酒的，仅仅成为南宋官府“别求课利”中的一项课利而已。

4. 潭州原是实行税酒的地方，这个办法是剧盗马友据有该地时创行的，“募酝户造酒城外，而募拍户卖之城中”。后来辛弃疾帅潭，“创置飞虎军，欲自行赡养”，“变税为榷”。其结果则是：“虚市为空”，物议纷然，“县官惟务榷利，而便民之事乃愧于一剧盗何邪?”（马端临语）因此，在芮辉、李椿等请求下，又自榷变税。可是安丙“视事之初，即议改榷，且限三日内打併，投醪江流，见者抚膺”；“摧罂破缶，所在嗟怨，括马供磨，骚及编氓；伐木为薪，至空岳麓，而不之恤也”；“倡优为垆，嘈杂郡斋；嘈糠养豕，充斥后圃”；“凡酒家一孔之利，钩抉靡遗”；“酒贵米贱，既相辽绝，重法为禁，亦不为止”；“搜逻之卒，旁午逵道，连坐之人，填溢犴圄，富者至加籍没，贫者令众监偿”；“所至骚然，民不堪命，其害不止一州，且及一路矣”[⑤]。自酝

---

① 洪适：《盘洲文集》卷四九，《荆门军便民五事奏状》。

② 《宋会要辑稿·食货》二一之一〇。

③ 洪适：《盘洲文集》卷四九，《荆门应诏奏宽恤四事状》。

④ 蔡戡在《定斋集》卷五《论州县科扰之弊札子》中，曾提到地方上有种种勒索敲诈，“乾酒钱”就是其中之一。

⑤ 真德秀：《真文忠公集》卷九，《潭州奏复税酒状》。

户纳税变为官榷自卖而在潭州产生的弊端，经真德秀的描述，是极其清楚的。

5. 在衢州江山县，煮酒息钱则是当地的一大祸患。其所以出现这一祸患，乃是因为，“入夏之后，官酝将竭，无以接续，则取此酒以佐之”；“一二年来，所取至三万缀，数益多，弊益甚。其收买也，吏缘为奸，钱不时支，于是有酒户患苦之弊：其搬运也，舟陆有费，破损责偿，于是有人夫怨嗟之弊；其发卖也，官督吏胥，强以高价，于是有出卖不行之弊；其收息也，轻空渗漏，一切代还，于是有笞箠监系之弊”①。

6. 更加广泛的是，南宋很多地方将酒税摊给居民，像二税一样地征收，这大约是“别求课利”的一个最为重要的手段。如在岳州临湘等地，“公用里正揽户僧寺岁敷煮酒钱”②，这是一种摊派形式。在福建路，“邵武之光泽不榷酒，以课赋民，号黄曲钱。〔罗〕拯均之他三邑，人以为便。”③ 这又是一种摊派形式，摊派的范围远较上者广泛。而在隆兴府进贤县之土坊镇，“居民不满数十，商旅稀少，强名曰镇，而有酒税务一所”；通一岁之所入，这个镇的酒税却达2000多缗。那么，这2000多缗是怎样剥取来的呢？“所谓酒者，初无酿造，亦无发卖，系于镇户量其家第之高下，抑令纳钱，一户或四五十文，或三二十文，或七八文，以是为月解，岁亦不过千数百缗而已”。所得虽然不多，“本镇却有酒税官一员，专拦数辈，恶少爪牙数十人，皆蚕食于数十户之市民，甚则罗织村氓，攘夺商旅，又甚则拦截客舟于二三十里之外”④。从摊派到公然抢劫商旅客舟，为封建国家“别求课利”创造了骇人听闻的手段。

南宋除继承北宋官榷、买扑制度之外，还创立了赡军酒库。它是在绍兴七年四月诏令户部筹备、于当年11月由户部尚书章谊奏明首先在临安建立的，并由浙东总制司拨钱5万贯，“循环充本支使”⑤。这个酒库也是一个酿造、批发的机构，有不少的拍店和脚店从这里批发酒来零卖。到绍兴十年，户部所辖属的赡军酒库共11处，加上曲院钱库总为13处。这年十月又改为点检赡军酒

① 袁甫：《蒙斋集》卷三，《知衢州事便民五事状》。
② 王炎：《双溪集》卷一，《上刘岳州书》。
③ 《宋史》卷三三一，《罗拯传》。
④ 吴潜：《许国公奏议》卷三《奏乞废隆兴府进贤县土坊镇以免抑纳酒税害民滋扰》。
⑤ 《宋会要辑稿·食货》二〇之一七。

库，或称赡军激赏酒库。赡军酒库虽是由户部筹办，但主要地由军队掌握，令“诸军发纳课息，即自置办蒸造”[①]。凡是大军屯驻的地方，行在临安府由殿前司经营，镇江府、建康府、扬州、鄂州以及兴元府，分由所在驻军经营。李心传说：“盖自军兴，诸帅擅榷酤之利，朝廷所仰者茶盐耳!”[②] 控制赡军酒库酒利的，不是南宋政府，而是南宋领兵将帅。

各地赡军酒库建立之后，将帅为了狠狠地捞上一把，除在所驻地区“本州开沽”之外，“更于别州县村镇擅自添置脚店”[③]。而在这些州县村镇“自有系省酒务”，由于“总领司脚店侵夺省课，是致系省酒库大有亏欠”。同样地，安抚司所建置的激赏酒库也因到处添置脚店而影响了“省课”。南宋政府不得不下诏制止，绍兴二十六年正月，“诏诸军买扑场务，令常平司拘收，依条施行。如系城郭开张酒店，令户部总领司拘收”[④]。事实上，军队依然控制了不少酒库，如绍兴二十九年，镇江都统制刘宝要求所属酒库，“令界满日，更立一界”[⑤]，利州西路安抚使吴璘要求鱼关酒场“依旧令本司抱认”[⑥]。绍兴三十一年，杨存中罢殿前都指挥使，赵密代之，当时“殿前司诸军酒坊共六十六处，占破官兵数多，妨废教阅”，要求户部拘收。这66处酒坊，加上杨存中献给政府的9处酒坊，每年酒利达130万贯。

在两宋，各州军还有所谓的公使酒，作为地方官府和官员们交往之用。根据州军的大小，如兖州、青州这样的大州给10石，有的给3石，有的给1石5斗或1石[⑦]。宋神宗时还许可诸路不造酒者，“听以公使钱顾召人工，置备器用，收买物料造酒，据额定公使钱每百贯许造米十石”，而定州岁增给糯米400石、秦州达八九千石，用来造酒。南宋各州县则大肆利用公使库，“广行造酒，置店酤卖，及巧作名目，别置酒库，或于省务寄造，并不分隶，搀夺省

---

① 《宋会要辑稿·食货》二〇之一八。
② 《朝野杂记》甲集卷一四，《东南酒库》。
③ 《宋会要辑稿·食货》二〇之一九。
④ 《朝野杂记》甲集卷一四；《宋会要辑稿·食货》二一之一三。
⑤ 《宋会要辑稿·食货》二〇之二一。
⑥ 《宋会要辑稿·食货》二〇之二二。
⑦ 《宋会要辑稿·食货》二一之一六。

司课利，致诸路酒务，例皆败坏，亏少国计。”[①]“饶、信两州多酝私酒，擅于乡村置立拍户，抑勒乡人沽买，钱每月月（系衍文）三二百文，骚扰人民，搀夺常平坊场课利。”[②] 还是州县公使酒，而且，官员们馈送赠遗的一项礼物。如“扬州一郡每岁馈遗见于帐籍者，至十二万缗。江浙诸郡每以酒遗中都官，岁五六至，必数千瓶”，如前所述，成为州县的一项劳役。至于官员们的挥霍浪费，“一饮之费，率至千余缗”[③]，也不是绝无仅有的现象。

各地豪绅恶霸，以及达官贵人们，或者酿造私酒，或开设酒坊，同封建国家争夺厚利。宋真宗时，“密州民王澥者，私酿酒其家。邻父率其子发之。澥给奴以为盗，使尽杀其父子，州以死论奴”[④]，而宰相陈尧佐也“右澥”，也打算“出其死”[⑤]。从这个事例就可以看出来，敢于私酿者是些什么人了。尽管有严刑峻法，但私酿照样地普遍于各地。前引孔武仲奏状就是一个很好的说明。南宋私酿更加严重，即使皇帝驻跸的所在，“权豪恃势，兢为私酤，开创酒库，布在诸处”。例如都亭驿的对过，教坊对过，八盘岭之南、七宝山之西，在西溪方井一带就有七八处酒坊。这些酒坊都打着赡军酒库的招牌，显而易见是将帅们私人开张的。以上面提到的杨存中来说，他在湖州、秀州、临安府界开设了九处酒坊，加上十三处发酒子坊，价值725000余贯[⑥]。将帅们的私酒坊，“多用巨舟自潘葑、五本、乐社等坊场载酒以来，散在内外酤卖，造曲用麦，动以数万斛计；所用糯米，并于浙西产〔米〕州军，兑便钱物，节次收籴载来，”[⑦] 甚至于收买兵士们的月粮造曲酿酒。“诸路州县豪猾，酿造私酒，侵夺官课，巡捕官司，习以为常，不能禁绝”[⑧]。因而酒利被这批人侵占了不少。

虽然酒利一部分分润给扑户，一部分为豪猾权势占夺，还有一部分为官吏

---

① 《宋会要辑稿·食货》二〇之二三。
② 《宋会要辑稿·食货》二一之八。
③ 《朝野杂记》甲集卷一七，《公使库》。
④ 王珪：《华阳集》卷三六，《宋痒神道碑》。
⑤ 《长编》卷一二〇。
⑥ 《宋会要辑稿·食货》二一之二。
⑦ 《宋会要辑稿·食货》二〇之二二。
⑧ 《宋会要辑稿·食货》二一之一。

们攫占，但封建国家仍然占有了最大份额。尤其是南宋，“往往凿空取办”①，占有的份额更大。因而从北宋到南宋酒利便日益扩大了。试看下表：

年　代	酒课及占总税收百分数（%）		材料来源
宋太宗至道二年（996）	铜钱 1214000 贯 铁钱 1565000 贯 京城卖曲钱 48 万余 计 3259000 余贯	20.4	《长编》卷九七；《通考·征榷考四》；《宋史》卷一八五；《太平治迹统类》卷二九
宋真宗景德中（1005～1006）	428 万余贯	16.1	《乐全集》卷二四，《论国计事》
宋真宗天禧末	铜钱 7796000 余贯 铁钱 1354000 余贯 卖曲钱 39 万余贯 计 12700000 余贯	36	《通考·征榷考四》；《宋史》卷一八五
宋仁宗庆历中（1041～1048）	1710 万余贯	44	《乐全集》卷二四，《论国计事》
宋仁宗皇祐中（1049～1053）	14986196 贯	38	《通考·征榷考四》；《宋史》卷一八五
宋神宗熙宁十年（1077）	铜钱 14091754 贯铁钱 2129347 贯②	44	《宋会要辑稿·食货》一九之一至一九
宋英宗治平中（1064～1067）	12862493 贯	29	《通考·征榷考四》：《宋史》卷一八五
宋神宗熙宁十年（1077）	13107411 贯（全为铜钱）	23	《宋会要辑稿·食货》一九之一至一九
宋高宗绍兴三十一（1061）	两浙、江东西、湖南北计 1380 余万贯		《宋会要辑稿·食货》二一之一五
宋孝宗以后	诸路酒课约 500 余万缗		《朝野杂记》甲集卷一四

① 卢镇：《至元琴川志》卷六。

② 按：此熙宁十年前，当系嘉祐年间者。

续表

年　代	酒课及占总税收百分数（%）		材料来源
宋孝宗乾道年间（1165～1173）	行在七酒库息钱计180万，其后又增加50万约为210万		《朝野杂记》甲集卷一四
宋宁宗开禧三年（1207）以前	四川酒课690余万贯		《鹤山先生大全集》卷八九《吴猎行状》
宋宁宗开禧三年（1207）以后	四川酒课400余万贯		《鹤山先生大全集》卷八九《吴猎行状》

上表显示得非常清楚，从北宋初年，酒课是逐年增加的，到宋仁宗庆历年间达到高峰；以后有所下降，到宋神宗熙宁十年降到最低点，也达1310万缗。宋徽宗时虽然没有酒课的数字，但从盐茶猛增的情况看，酒课也可能是激增的。南宋缺乏一个总的统计数字，但从表中列举的几个数字看，南宋酒利在东南诸路是不断增长的，从宋高宗时的380余万，到宋孝宗时增为500余万；加上行在七酒库的210余万和川峡诸路的410万，高达1100万贯以上。这个数字虽稍低于熙宁十年的1300万，但南宋疆域要小得多，因而酒课显然比熙宁十年要高得多，当与庆历年间课利相去不远。更何况南宋酒课又被州县、总制司、经制司分割出一部分，把这种情况计算在内，就可能高出于庆历时的酒课。因而从酒课增长的趋势看，同两宋赋税、茶盐税的增长是一致的，即北宋初到仁宗时的低——高，宋神宗到宋徽宗时的低——高，宋徽宗到南宋时的高——更高这一历程。这样一个增长，不言而喻，对各个时期的财政有着重大的影响，并使财政结构发生不小的变化。

其次，再考察一下酒课在各地区分布的情况。酒在商业城市中消费量是大的，因而在许多重要城市中酒课当然是多的。如北宋汴京卖曲钱达50万贯以上；杭州在北宋神宗哲宗年间“酒课之盛”，岁课20余万缗，因而被苏轼称赞，“未有如杭者也”[①]。城市之表现出它的消费性，从酒课中反映出来，这一点将在下编城市经济中还要提到。这是其一。

① 苏轼：《经进苏东坡文集事略》卷三四，《乞开西湖状》。

其二，酒课又是在经济发展的一些地区得到增长的。北方诸路如京东东路，熙宁十年酒课为805077贯652文、河北东路889950贯584文、河北西路847288贯821文，南方诸路如淮南东路为930601贯483文，而两浙路为1916863贯164文。在这几路中，尤以两浙路最为突出，方勺曾说，诸路各种税收，以“两浙路所入最多，熙宁末年本路税收六十万五千九百八十四贯七百十五文，酒收一百六十万八千八百三十四贯一百九十八文”①。这几路之所以取如此多的酒课，是因为这些地区农业手工业都很发展，在这样一个基础上商品交换活动也就极为频繁，酒正是在这种条件下消费量增加，从而使酒税增长起来的。就中淮南东路虽然农业手工业还不如两浙路发展，但它是淮盐产地，又是宋代南北交通的中枢，因而酒课便仅次于两浙路而名列第四了。

最后，酒课在边防地区也是增长的。从熙宁十年酒课统计数字中看到，陕西路、秦凤路这两路极其突出，前者达1269092贯735文，后者达1183924贯323文。就这两路经济情况看，除关中盆地农业生产差强之外，较其他路并不先进，甚而有些落后。既然如此，为什么这两路的酒课仅低于两浙路而在全国列于第二第三位呢？根本原因在于，这两路是边防重地，既屯驻几十万的军队，又由于粮草和其他物资的大量供应，从而使商人、运输者云集于边境各地，酒的需要量大，酒课因而增长起来。大中祥符五年曹玮上言：“〔泾原路〕沿边诸寨许令人户买扑酒店，直于寨外边上开沽，恐隐藏奸恶，乞行停废。从之。”② 曹玮从军事上考虑，要求废除买扑酒店，但这毕竟是暂时的，由于客观上的需要，这类买扑酒店后来在沿边诸寨开张的为数不少，熙宁十年酒课统计中有记载，这里不多征引。因此，沿边诸州酒课都非常可观。如延州达271460贯，鄜州121674贯，庆州160341贯，秦州340660贯，渭州238394贯，等等。在商税的征收中，陕西路秦凤路也同样由于是边防要地而数额甚大。这一点，后面还要提到。正因为这两路的酒课商税是建立在边防的基础上，而不是经济发展的基础上，一旦边防这个条件发生变化时，酒课商税的数额就会发生显著的变化。

---

① 方勺：《泊宅编》卷一〇。

② 《宋会要辑稿·食货》二〇之五。

第三节　宋代榷醋的简况

宋代是否榷醋？宋以前诸代是否榷醋？马端临曾引用后周显德四年的诏令，“应乡村人户今后并许自造米醋及买糟造醋供食，仍许于本州县界就精美处酤卖”[①]，这是说后周显德四年以后是不榷醋的，而四年以前显然是榷醋的。接着在此段之后，马端监又引用了吴曾《能改斋漫录》所记，称曹魏时中书监刘放所谓，“官贩苦酒，与百姓争锥刀之末”，其中的“苦酒”，“盖醋也”，并指出榷醋自“曹魏已然”，“乃知不特近世也”，从而也指明了宋代也曾榷醋。赵瓯北在《宋元榷酤之重》一条中，引周密《癸辛杂识》等记载，称“宋制并禁醋矣”[②]！

宋代榷醋，北宋较宽。宋太祖开宝六年（973）十月诏书，曾“许诸道州府县镇乡村人户自买糟造醋供食”[③]，同后周显德四年诏书一样，许可民户“买糟造醋”的。但是，“糟”自何而来呢？糟和曲，醋和酒，从来是紧密地关联着的；造曲也就造糟，酿酒也就酿醋。因而曲既为宋政府制造和掌握，糟也同样地为宋政府所制造和控制。因而“糟”只能是从政府中买来。这在宋太宗太平兴国七年正月三司的一段奏言中说得非常清楚：“诏州酒务所收糟，先许民间买以造醋，昨因天长军禁止不卖，而诸处积压多，请依元敕出卖，其余羡者，令务内自造醋醅。从之。”[④] 三司奏言不但说明了民户造醋所用的糟来自官府，而且也说明官府的酒务也造醋货卖。这样，醋的生产在宋代形成为两个系统，一是民间酿造，一是官府酿造。

民间系统的醋的生产，到宋真宗时有了发展。大中祥符六年十二月二十四日，“诏许民间市官酵，置坊鬻醋”[⑤]。这样，民间不但从官府中买酵或糟，而且可以建立专门酿醋和买醋的醋坊了，醋坊这个既是手工作坊又是卖醋小店合

---

① 《通考·征榷考四·榷酤》。
② 赵翼：《陔余丛考·榷酤》。
③ 《宋会要辑稿·食货》二〇之三。
④ 《宋会要辑稿·食货》二〇之三。
⑤ 《宋会要辑稿·食货》二〇之五。

二而一的新行业在社会上发展起来了。宋仁宗天圣四年，在这个行业的发展中出现了如下的事件。三司根据陕西转运司的奏状，称“永兴军、秦、坊等州，自来只令人户买糟造醋沽卖，各获厚利入己”，陕西转运司为之眼红，于是“牒通州军差官截日，官自置务酿造沽卖，候收到课利，另具供申”，全部实行了官府自造自卖的官榷制。这件事情上奏之后，宰臣王曾等奏称：“榷酤之法，起自前代，已是曲取民利。盖以军国赡用，经费至广，未能除去。今复酝醋，尤更琐细。欲只令永兴军、秦、坊州召人买扑酤卖，并其余州军并不得官置醋坊。帝曰：‘此事尤可行，速与指挥。’[①] 这样，买扑制又贯彻到酿醋卖醋这个行业中了。买扑醋坊制在此以后得到不小的发展。宋徽宗崇宁二年知涟水军钱景允提出，要在治城建立学舍，“请以承买醋方（当作坊）给用”。于是“诏常平司计其无害公费，乃如所请，仍令他路准行之”[②] 而买糟制也大概继续实行下去。

上文曾提到，王曾在宋仁宗时建议，“其余州军并不得置醋坊”，这是否成为事实，还值得研究。在宋仁宗前，各州县都有酒务，这类酒务是可以兼来酿醋的，醋坊建置与否是无关紧要的。宋神宗时州军之有公使醋坊是极其确实的，试看下面的材料：

> 三州一军（指熙、河、岷州和通远军）公使醋坊归本司（熙河路边防财用司）资助，请以逐处月收课利，约定监官三等食钱，月终纽计，于醋坊净利钱内纳给。[③]

三州一军的公使醋坊既是一个独立的机构，同时又是一个能获得净利钱的营业的机构。这样的机构显然不限于西北边远的三州一军，而在其他地区也可能是存在的。

总之，北宋一代醋的酿造和买卖，既有官榷，也有私营，两种形式同时存在。元祐年间，臣僚们提出，“请罢榷醋”；户部回答说，“本无禁文，命加约束”[④]，对民间私酿私卖醋从来没有“禁文”“约束”。可是，到南宋情况发生

---

① 《宋会要辑稿·食货》二〇之七。
② 《宋会要辑稿·食货》二一之二二。
③ 《长编》卷二九六，熙宁十年十二月戊辰记事。
④ 《宋会要辑稿·食货》二一之二二。

变化了。

南宋诸州军普遍设有都醋库，以造醋和买卖糟和醋。周密在《癸辛杂识》上记载了如下的两个故事。一个是，他的先祖曾侨居于吴兴，“虽食醋亦必市之于官。”一天，与客人吃螃蟹，觉得醋味很好，问之，知是“乳母所为，以备不时之需者”。于是，赶紧去掉它，说它“毕竟是官司禁物”！这个故事充分说明了，南宋禁醋是有明文规定的，因而不能私自醋造。而这一点在北宋则是没有的。又一个故事是：束元嘉知海陵郡，“禁醋甚严”，有人在郡治大门上书写，“束手无措”，用来挖苦讽刺束某其人。从这里也反映了南宋的禁醋。

醋息钱是南宋地方政府的一笔重要收入。常州“都醋库每年一万二千七百五贯钱会”①。浙东的明州，也有糟钱和醋息钱的收入，所属奉化、定海和象山三县醋息钱亦达1020贯文②。在南宋，醋息钱也成为地方上的一项苛敛。蔡戡曾经指出，地方上有许多名目的苛捐杂税，醋息钱就是其中一项③。在岳州，“僧寺师巫月纳醋钱”④，这种“醋钱”很可能同“干食酒钱”一样，只拿钱而吃不到醋。其实，这类“醋钱”是南宋地方一项普遍的勒索：“所谓公使醋钱者，诸郡皆立额，白取于属县，县敛于民吏以输之，小邑一岁亦不千缗，人尤以为怨！”⑤ 这是南宋榷醋的一个必然结果。

① 史能之：《毗陵志》卷二四，《财赋》。

② 罗浚：《宝庆四明志》卷五。

③ 蔡戡：《定斋集》卷五，《论州县科扰之弊札子》。

④ 王炎：《双溪集》卷一，《上刘岳州书》。

⑤ 《朝野杂记》甲集卷一七，《公使库》。

第二十五章　宋代榷香榷矾制度

第一节　宋代榷香制度

“宋之经费、茶、盐、矾之外，惟香这为利博，故以官为市焉。”这是《宋史·食货志》的纂修者在《香》这一栏下所写出的第一句话，而这第一句话就将宋政府榷香的原因说得一清二楚。与茶、盐、矾等其他专榷制度相比，宋代榷香制度有其特殊的地方。茶、盐、矾是由民间生产（有时政府也直接参与一部分生产），而后由政府控制买卖，变成为国家的一项专利。榷香制度则有所不同。宋代虽然也产一点香或香料，一是产量少，二则有的香如麝香并不是外国进口的麝香木，所以宋代香料的来源，主要来自海南诸国进口，通过市舶贸易，将其控制、垄断起来，然后再投入到国内各地市场，独占高额的商业利润。榷香制度完全是宋封建国家垄断性的商业贸易，而这项贸易又主要是为宫廷贵族官僚大地主阶层服务的。

香料主要产自南海诸国。西方的大食诸国，中南半岛上的真腊（柬埔寨），以及今属于印尼的阇婆，是香料产得最多最好的国家。据洪刍《香谱》、周去非《岭外代答》和赵汝适《诸蕃志》等书的记载，香料不下 100 多种。乳香、龙涎香、安息香、蔷薇水等产自大食，产量既多，又很名贵。如张世南在《游宦纪闻》中提到：“诸香中龙涎最贵重，广州市直每两不下百千，次等五六十千，系番中禁榷之物，出大食国”①。白笃褥、麝香木、金颜香和沉香，

① 张世南：《游宦纪闻》卷七。

都出自真腊，赵汝适评论说："金颜香出真腊，大食次之"；"沉香所出非一，真腊为上，占城次之，三佛齐、阇婆等为下"[①]。阇婆所产沉香虽非上品，但所产龙脑、降真香和檀香则极为名贵，其中龙脑为珍品。而位于苏门答腊的三佛齐，"其国在海中，扼诸蕃舟车往来之咽喉"[②]，从而成为香药等贸易的中枢。

进口的香料，如苏合油香、乳香、沉香、丁香、龙脑等许多种，充做医药之用，并具有很好的疗效。陈高华、吴泰同志的《宋元时期的海外贸易》一书，对此作了较详细的说明，请参看，这里不赘。显然可见，香料的进口，丰富了我国药物的内容，促进了我国古代医学和保健事业的发展。从这一意义上，亦只有从这一意义上，包括宋代在内的我国古代的香料贸易得到了肯定。

但是，香料的进口，主要地是为了满足宫廷贵族达官富豪们的奢靡生活的需要。进口的香料，价钱是非常贵的，特别是其中的名牌香料，更是贵得出奇。按照宋代进口价格，如龙涎香，"广州市直每两不下百千，次亦五六十千"[③]，白笃褥"初行于都下，每两值钱二十万"[④]。所谓百千、50 千、20 万亦即 200 千，可以购买上等田地 25 亩到 100 亩，1 两白笃褥相当于一个上层农民的全部家当。达官贵势们便是这样地一"焚"千金、恣意浪费的。

如果考究起来，香料靡费的"始作俑者"则不自于宋。早在两汉特别是在东晋南朝，当权的世族门阀即已用香薰衣，颜之推所说梁朝士大夫"无不薰衣剃面"，即可证明。而且从《梁书·中天竺传》记载来看，传到中国的香，多是外国所用的渣滓，已是不大香了，又可证明世族门阀们用的是舶来香料。自此以后，从唐到宋，大地主阶级对香料的爱好越来越甚，使用上越多越广，也形成了一种传统风尚。宋初陶谷在其《清异录》一书中，对唐代香料的靡费已记录了不少；唐宋诗词中也有所反映。"金炉次第添香兽"（李煜《浣溪沙》），"瑞脑消金兽"（李清照《醉花阴》），以及"尽日沈烟香一缕"（赵令畤《蝶恋花》）等句，便记录了大夫仕女们的焚香。而且，有的词如王

① 《诸蕃志》卷下。
② 《诸蕃志》卷上。
③ 张世南：《游宦纪闻》卷七。
④ 曾慥：《高斋漫录》。

沂孙《天香》一阕，专门描述龙涎香，并说这种香是在“红瓷”里点燃着的。温庭筠的“罗帐罢薰炉”，径直地说明了以香薰帐。有的香料如丁香，含在口中，“能避口气”[①]，这在当时生活中也是早有记录的。李煜《一斛珠》描述一个女子“晓妆初过”之后，“沉檀轻注些个儿，向人微露丁香颗”，不论怎样解释，都离不开她同香料的关系。在宋代，尤其是北宋晚期宋徽宗一代，从宫廷到贵戚，从官僚士大夫到权宦，对香料的靡费更达到惊人的地步：

“宣政宫中，用龙涎沉脑屑和蜡为烛，两行列数百枝，艳明而香溢”，连宋高宗赵构也自愧不如他的“爹爹富贵”[②]。

京师（指汴京）承平时，宗室戚里岁时入禁中，妇女上犊车，皆用二小鬟持香毬在旁，而袖中自持两小香毬。车驰过，香烟如云，数里不绝，尘土皆香。[③]

〔赵汴〕好焚香，尤喜薰衣，所居既去，辄数月香不灭。衣未尝置于笼，为一大焙，方五六尺，设薰炉其一，常不绝烟，每解衣投其间。[④]

白笃褥初行于都下，每两值钱二十万。蔡京一日宴执政，以盒盛二三两许，令侍姬捧炉巡执政坐，取焚之。[⑤]

以上材料充分说明了大地主阶级的奢靡，蔡京一次焚香即达五六百缗，一个小地主的家当不过如此。蔡京是这样奢靡，宋徽宗宫廷中的糜费根本无法计算了。

“上行下效”。宫廷贵势们的奢靡，影响到许多官员。他们有的拼命搜香料，有的甚至用以奉献给权贵，作为进身之阶。如广东转运使燕瑛因献沉水香而得到应天府尹之职[⑥]，两浙市舶使张苑进笃禄（亦即笃褥）香而得到了直秘阁学士之职[⑦]等等。于是香燕大尹、笃禄学士之类可鄙的绰号，作为历史上的

---

① 赵汝适：《诸蕃志》卷下。
② 陆游：《避暑漫抄》。
③ 陆游：《老学庵笔记》卷一。
④ 叶梦得：《避暑录话》卷上二。
⑤ 曾慥：《高斋漫录》。
⑥ 张知甫：《可书》。
⑦ 方勺：《泊宅编》卷上。

笑料而被记录下来了。这种奢靡的影响，还波及到都市生活中，商人们也以此相尚了。这样，香料的消费日益扩大了；而日益扩大的消费，反转过来刺激了海外诸国对香料的供应；供应的不断增加又使宋政府获得更多的利润。于是香料便在市舶贸易中占有了独特的地位："番商贸易至，舶司视香之多少为殿最"①。

香料进口，同其他舶来品一样，市舶司先抽解即缴纳进口税，继又由官府博买（或和买），即官府收购。有关这方面的规章制度将在海外贸易中详述。这里简略地说明的是，香料也是分粗细两色抽解的，虽然在宋神宗前后都曾规定"十取其一"，但在实际上很少按照这项规章办事，往往十取其二，甚至十取其四。绍兴十七年（1147）因舶商裹足不前，又重新规定"龙脑、沉香、丁香、白豆蔻四色，并依附抽解一分，余数依旧法施行"②。这项规定也仅停留在纸面上，即使落实下来，也维持不久。因之，市舶司对香料的抽解和博买的数量，虽不能用当时惯用的语言"万数浩瀚"来形容，但也是极为可观的。北宋统计记录中，香料和其他舶来品是放在一起的。如宋神宗熙宁九年的记载，杭、明、广三市舶司收钱、粮、银、香、药等540173缗、匹、斤、两、段、条、个、颗、脐、只、粒。到南宋才看到了有关香料进口数量的单独记录。宋高宗建炎四年，单是在泉州一司抽解博买的乳香13等、86780多斤，加上广、明两司的抽买，当在二三十万斤以上。另一条材料记载，"大食蕃客贩乳香直三十万缗"③，从这一侧面也可看出包括乳香在内的香料进口量是很大的。

香料和其他舶货经市舶司抽解、博买之后，属于粗色的物品大多即在当地货卖，而细色物品如犀象等名贵香药便纲运至京，但大批地运送汴京的香药中也有粗色一类的。北宋时，珍珠、龙脑等细色货，一纲为5000两，其余如犀牙紫矿、乳香之类的粗色货，一纲为一万斤④。南宋则运至行在建康、镇江等

① 《诸蕃志》卷下。
② 《宋会要辑稿·食货》四四之二五。
③ 《宋史》卷一八五《食货志下七·香》。
④ 《宋会要辑稿·职官》四四之一二。

地，“陆路以三千斤，水路以一万斤为一纲”[①]。由于香料数多，运输上花费了大量的人力和物力。如果从广州运输，要穿过大庾岭到达虔州，然后再水运至汴京：“先是，岭南输香药，以邮置率万人，分铺二百，负担抵京师”，即可见其烦难。后虽经过凌策的改进，减省了6100余人，但依然专置4000多人承担这项运输[②]。

香料运到京城之后，集中到香药库和内藏库。这样多的香药，单宫廷是消费不完的。于是到了宋太宗太平兴国初年“犀象香药珍异充溢府库”。于是张逊便在太平兴国二年建议，在“京置榷易务，稍增其价，听商人市之，恣其贩鬻，岁可获钱五十万缗助经费”[③]。宋太宗应允之后，这个榷易务谓之香药榷易署或香药院，宋政府开始了香药的大批贸易。宋真宗大中祥符二年（1009）二月，香药榷易署合并到榷货务。从此，榷货务“掌受商人便钱给券，及入中茶盐，出卖香药象货之类”[④]，成为宋代一个更加重要的商业机构。北宋不但在汴京买卖香料，而且还“从京支乳香赴京东路等路，委转运司均分于部下州军出卖”[⑤]。香料官卖的范围更扩大了。

商人之取得香料，则到京师榷货务或各州军直接去买。《宋史·食货志》上说：“广南市舶司抽买到香，依行在品搭成套，召人算请”；又说：“诏取赴行在打套给卖”。“品搭成套”也就是“打套”，即将各种等级的香料，粗色的和细色的，搭配在一起，卖给商人。看来搭配东西出卖，是古已有之的。这类打套给卖的香料往往达到5万贯，可见香料贸易之盛了。还有另一种方式，商人可以取得香药。这就是商人入中粮草，到汴京榷货务算请钱货茶盐之类，宋政府由于现钱短缺，一方面用犀象香药作为支付手段，一方面又可使香料到市场上出售了。这一点，在茶专利一章中已经提到，不再赘述。从宋代香料贸易中，可以看到：香料本来是作为价格高昂的奢侈品进口的，宋政府垄断后，如张逊所说，又增价卖给商人；商人到手后，再提高香料的价格，才能获得利

---

① 《宋史》卷一八五《食货志下七·香》。
② 《宋史》卷三〇七，《凌策传》；《通考·漕运考一》。
③ 《宋史》卷二六八，《张逊传》。
④ 《宋会要辑稿·食货》五五之二二。
⑤ 《宋会要辑稿·食货》三六之二八。

润。这种特殊的香料贸易，是在层层加码、层层提价的情况下攫取商业利润的，从而在商业发展史上别开生面。司马迁说过，“天下熙熙，皆为利来，天下攘攘，皆为利往”。在私有制社会中，人们确是想尽办法牟取利润以及牟取特殊的利润的。香料之在宋代是如此受到人们喜爱的舶来品，因此人们也就在它身上打主意，以便捞到更多的好处。于是赝制品便应运而生了。鲁应龙在其《闲窗括异志》中曾记录华亭黄翁、海盐倪生、嘉兴周大郎等香商，都是伪造香料、制造假药，进行欺骗的能手。洪迈的《夷坚志》中也有类似的记载。这些作者激于道德上的义愤，称这些伪造者们都是不得好死的。其实，只要有商品交换，或者商品经济越来越发展，这种欺坑拐骗的事就必然会层出不穷。

通过这一形式的垄断性的香料买卖，宋政府获得不少的利润。张逊建议宋太宗成立香药榷易务时，估计年可获利50万缗。香药院成立后即获利30万缗，不久即达到了50万缗。到南宋，随着市舶贸易进一步地发展，香料进口增加，香利也随即增长起来。李心传曾指出绍兴六年（1136）榷货务的1300万缗总收入中，“大率盐钱居十之八，茶居其一，香矾杂收又居其一”[①]。如果单从榷货务的货币收入计算，而不是根据东南诸路的财政收入（四川诸路行铁钱、交子，往往与东南诸路分开）计算，李心传所得到的这一比数，大致是可靠的。试看绍兴二十四年（1154）行在、建康和镇江三务场收入情况[②]：

盐　钱	15665615贯	75.80
茶　钱	2694004贯	13.04
香矾钱	1099108贯	5.31
杂纳钱	1208762贯	5.85
总　计	20667491贯	100

表中香矾钱为1099108贯，其中矾钱仅43000贯，所占比重极小，香线约占三场货币收入的5%；与杂纳钱加在一起，这两项约占绍兴二十四年三场收入的11.2%。

① 李心传：《系年要录》卷一〇四，绍兴六年八月。
② 《宋会要辑稿·食货》五五之二七至二八。

再看绍兴三十二年（1162）三榷货务的收入情况①：

盐　钱	17969011 贯	83.32
茶　钱	2121477 贯	9.83
香矾钱	1195854 贯	5.55
杂纳钱	279449 贯	1.30
总　计	2156092 贯	100

从上表可以看出，香钱仍占三榷场货币收入的 5% 以上。但由于杂纳钱的下降，这两项只能占百分之六七了。

以上从榷务货币收入考察了香钱所占的比重。如果把香钱放在东南诸路实际上也是南宋财政总收入中计算，包括香钱在内市舶之利约占 3% ~4%，而香钱不过占 1.7% 而已。但在南宋财政收入中，香钱达到百万缗以上，依然是一大宗收入。本文开头引用《宋史·食货志》作者的话。“宋之经费，茶、盐、矾之外，惟香之为利博，故以官为市焉”，看来这句话是经得住检验的。

第二节　宋代榷矾制度

矾有白矾、绿矾等的区分，在南方还有所谓的青胆矾和黄胆矾的区分。矾主要充作染色之用，染坊以及家庭煮染都离不了它。矾的产地，北方主要地集中在河东路晋州和陕西路的秦州、坊州，在南方则是无为军的昆山场。绿矾产于北方的河东路隰州和南方的池州、信州铅山场、韶州岑水场等地。白矾绿矾的赋入之数总计 3105089 斤，总产量要大于这个数字。

矾在唐代即已成为国家专利之一，晋州的矾曾设置平阳院以专其利。五代继承了这一做法，而且为维护这项专利，后周显德二年曾发布这样一道严厉的敕令，“犯矾不计多少，并知情人悉处死”②。宋也继承了这项专利，但对后周敕令有所改变，宋太祖开宝三年的诏令上说，如贩幽州矾入界者，“至十斤处

① 《宋会要辑稿·食货》五五之二八。
② 《宋会要辑稿·食货》三四之一。

死，十斤已下等第断遣；告人获一人赏绢十匹，二人二十匹，三人以上不计多少并赏五十匹"；旧条私煎者3斤、盗贩10斤并处死，也改变为按"刮咸煎炼私盐条例十五斤已下等第断遣"，"罪至死者仍具奏裁"①，从而有所放宽。宋太宗太平兴国二年，又规定了在死罪以下分别杖脊和配役的条文。同茶、盐、酒一样，矾也是通过封建国家的上层建筑的力量，特别是刑法的力量，来维护专利的。

由于矾是国家的一项专利，矾的生产就直接由国家组织和安排。国家煎炼矾的机构称之为场务，如端拱二年置襄陵芹泉处、庆历二年置晋州炼矾务、临汾县矾场务，以及庆历六年所置襄陵官泉处，都是国家用来煎炼矾的生产机构。场务中的生产者，有的是由兵匠承当，如无为军昆山场在天圣二年废置以前，就是由"兵匠煎炼"的②。专门煎炼矾的民户称之为"镬户"，官场务中常招募镬户进行炼矾。如隰州场，"太平兴国八年本州牙吏请募工造镬煮矾，输官课，诏从其请"③。所招募的工，指的就是镬户。自从同辽夏发生战争，置折博务以广边储，矾的生产形式也有了改变。白矾主要产地晋州，置有折博务，"元定年额钱一十六万余贯，自来许客人入中绸绢丝绵见钱茶货，算请生矾上京重别煎炼后，取便卖与通商路分客人"④。这类算请生矾的矾商，同盐商、茶商有其相同的一面，即都向国家算请各种物品；但在根本上又有很大的不同，即矾商算请生矾之后，还要到汴京组织一批工匠把生矾煎炼成熟矾，然后才成为商品到通商路分去货卖的。因此，这类矾商还具有组织生产的作用，亦可能他们自己也煎炼、参加生产。他们同冶户（指其中手工业矿业业户）有相似之处。所以，他们在同封建国家共同瓜分矾匠剩余劳动中，与茶商、盐商也是有不小的差别的。

以上两种生产形式，即或者由封建国家直接组织生产而后出卖，或者由矾商算请生矾向国家承包矾税，究竟哪种形式更有利于生产和有利于国家税收呢？这里不妨就晋州的情况加以说明。

---

① 《宋会要辑稿·食货》三四之一至二。
② 《宋会要辑稿·食货》三四之一。
③ 《通考·征榷考二·矾》。
④ 欧阳修：《欧阳文忠公集》卷一一五《论矾务利害》。

晋州矾的生产采取了上述两种形式。自宋仁宗景祐四年，由杜升、李庆等6户在晋州折博务入纳茶10万斤、在京榷货务入纳现钱5万贯，算请生矾煎炼出卖，这是一种形式。自庆历元年，河东转运司又由场务置镬自行煎矾，而后直接卖给商人。对这两种方式，有两种不同的看法。晋州通判荣岸认为，官府自煎自卖为好。他将庆历元年官煎前后的情况作了以下的比较：

年　代	矾产量	国家矾利收入
景祐四年（1037）	生矾557000余斤	
宝元元年（1038）	生矾722000余斤	
宝元二年（1039）	生矾351000余斤	
康定元年（1040）	生矾365000余斤	
庆历元年（1041）	生熟矾849000余斤	174600余贯
庆历二年（1042）	生熟矾855000余斤	190500余贯
庆历三年（1043）	生熟矾1046000余斤	205000余贯

从生熟矾产量增长中，荣岸认为，矾完全由官府直接生产，“指挥逐户将煎矾锅镬家事纳官，今后更不衷私重煎，只令晋州炼矾务一面重煎，收办课利”。

另一种意见是由张日用提出并得到欧阳修的支持的。张日用从晋州煎矾务的矾利收入和杜升等6户在京缴纳的课税进行了比较：

年　代	晋州煎矾务收入	在京六户缴纳课税
庆历元年（1041）	57823贯830文	116838贯850文
庆历二年（1042）	42018贯110文	148486贯50文
庆历三年（1043）	47233贯755文	158345贯350文

根据这一比较，张日用认为，“炼矾务出卖得钱常少，六户入纳数目常多”，因而应当“废罢晋州炼矾务，一就令在京六户管认年额钱茶”[①]，就是说，取消官产官销，而像买扑酒制一样，让在京六户承包矾税。

① 欧阳修：《欧阳文忠公文集》卷一一五《论矾务利害状》。

这两种对立的意见，哪一种较符合客观实际呢？第一种意见虽然考察了生熟矾的增长，但它没有将生矾和熟矾各自增长的情况区分开来，从而掩蔽了官产和六户生产的具体情况。第二种意见区分了晋州矾务收入和六户在京缴纳的课利，一个“常少”，一个“常多”，这也就反映了这两者生产的差别。因为课利税收的增加和减少，一般地取决于矾的生产情况的好坏。很明显，采用后一种意见，即扩大六户承包制或者说买扑制，对矾的生产是有利的。

非常奇怪的是，宋政府所采纳的不是张日用的建议，而是荣岸的建议。这是为什么呢？从下面的对矾的收购价格和销售价格就可得到问题的答案。“晋、汾、慈州矾，以一百四十斤为一驮，给钱六千；隰州矾驮减三十斤，给钱八百”。这是对镬户产矾的收购价格，即晋州等州矾每斤不到43文，而隰州矾斤仅7文。可是“一博卖白矾”的价格则是：“晋州每驮二十一贯五百，慈州又增一贯五百”；“绿矾，汾州每驮二十四贯五百，慈州又增五百，隰州每驮四贯六百”；零售价格则是，“散卖白矾坊州八十钱、汾州百九十二钱、无为军六十钱”[①]。晋、慈州矾收购价格43文、批发价格153文至164文与零售价格192文（此系汾州价，慈州还要稍高一点），它们的比数当是，1:3.8:4.5。宋政府之所以把矾的生产控制在官府手中，正是通过对矾的垄断价格而获得厚利。所以《宋史·荣岸》传上说：“晋城产矾，京城大豪岁输钱五万缗专其利，岸请榷于官，自是数入四倍。”[②]

宋神宗熙宁年间对榷矾制度又有所变更。熙宁三年，知庆州王广渊奏称“河东矾盐为利源之最”，要求在河东、京东、河北、陕西诸路别立矾法，置官提举。朝廷派光禄寺丞杨蟠等“相度利害以闻”。杨蟠等提出：坊州宜君县平台乡自来是产矾的地区，“官司虽尝置场收买，然以民间私矾数多，商人不愿就官算请”。如今准备“招置镬户，令量官所用多少，限定户数收买；其商人所算请，许令陕西州军，此至黄河，东至潼关，并京西均、房、襄、邓、金州、光化军为界，以镬户立为保甲，递相觉察告捕，不得私卖越界至，如违，

① 《宋史》卷一八五《食货志下七·矾》。
② 《宋史》卷三三三《荣谭传》。

并依白矾条贯断遣给赏”[①]。这次变更，把坊州的产销区给以划分出来。接着，“矾之出于西山、保、霸州者，则售于成都、梓州路”[②]。而原来的晋、相矾则行于河东、河北，淮南矾（产地是无为军昆山场）仍行于东南九路[③]。矾的产销区的划分，是加强对矾的生产和销售控制的一个反映，这是熙宁矾利增长的一个重要因素。

其次，熙宁年间官场煎炼的成本也大为降低。以昆山场为例。宋仁宗天圣二年废煎矾务，“官自置场收买”，因而对收购价格曾经3次降低，每次降低30文，减至60文一斤[④]。宋仁宗以来是从降低矾的收购价格来增加政府的矾利的。熙宁年间，昆山场又由官府自煎自卖，该场矾产量达150万斤，而本钱为18000缗，合1.21文1斤。由于成本降低，矾利也就大大增长了。开始变法之时，岁课为36400缗，以后不断增长，遂以183100缗作为新的年额，到元丰六年，增课为337900缗[⑤]。主管矾事的是发运司，即史书上所谓“以制置茶盐矾酒为事”者也。

元祐更化，熙丰年间无为军昆山场的官榷法改为通商法，每百斤收税50文，按过去“晋矾给引指住卖处纳税，沿路税务止得验引批到发月日，更不收税”[⑥]。绍圣以后，基本上又恢复了熙丰之制。宋徽宗大观元年，重又规定河北、河东矾各以24万缗为额，淮南则罢官榷行通商，以9万缗为额。政和二年，“东南九路岁买矾依熙丰旧法，九路官般出去卖”，仍按绍圣敕“令发运使管认淮南旧额为三万三千一百贯，起发上京，以助经费”[⑦]。正和三年，因矾利实收达不到上述规定数额，削减为16万缗。之后，又按照榷盐中的对带法循环法变更榷矾。不从生产下手，单靠官府控制流通领域牟取矾利，对矾的生产是不利的。

南宋矾引制度则继承了宋徽宗时的一些做法，以榷卖务主管矾引买卖。南

---

① 《长编》卷二一六熙宁三年冬十月庚辰记事。
② 《宋史》卷一八五《食货志下七·矾》。
③ 《朝野杂记》甲集卷一四，《矾》。
④ 《宋会要辑稿·食货》三四之三。
⑤ 《长编》卷三四一。
⑥ 《长编》卷四八一，元祐八年二月庚戌记事；《宋会要辑稿·食货》三四之四。
⑦ 《宋会要辑稿·食货》三四之六。

宋产矾地主要是无为军昆山场和信州铅山场。建炎三年，经黄潜善奏请，许可商人贩淮南矾入东南诸路，到行在临安、镇江府和建康府三榷货务输钱[①]。原来无为军的祖额是120万斤（这可能是绍圣或大观年间的年额），现定为60万斤，“入纳金银见钱，算请钞引，般贩指〔定〕州县货卖”[②]；“每百斤为大引，输引钱十二斤，头子市例顾人工墨钱二百七十六〔文〕，又许二十斤勿算以优之。五十斤为中引，三十斤为小引。引钱及加货以是为差”[③]。因商贩利小，请算不多，绍兴八年六月淮西运判李仲孺要求每引自12贯减为10贯，每斤自120文减为100文，以便“招诱发泄”[④]。绍兴十四年又增价，每引1000文，每斤10文[⑤]。昆山场因系“民间自煎，官置场买纳”，原来的收购价格每斤13文至20文，到绍兴十四年十一月“于旧价每斤二十文上增添十文，通作三十文省收买”[⑥]。因此每斤可得利80文，每年矾利为4万多缗。到绍兴二十九年，便以前五年总收入的平均数41585贯，作为淮南矾的岁额。

信州铅山场所产青胆矾和黄胆矾，则由官务自己煎炼，其中十分之四作为工本费，十分之六归榷货务掌握，也由商人算请。按照绍兴年间的规定，抚州矾每斤价钱120文省，土矾30文省。铅山场产矾质量较高于抚州场，青胆矾每斤150文，而黄胆矾则80文1斤。同时还按照昆山场白矾例，100斤作为1引。矾引也是由太府寺交引库印造的[⑦]。抚州、铅山场的矾规定的数额远低于昆山场。据绍兴十二年六月榷货务的奏言，铅山场煎炼的青黄胆矾11300余斤。又据同年十二月户部奏言，榷货务契勘铅山场于七月十六日总收青胆矾为30655斤、黄胆矾8308斤[⑧]，大约为昆山场的十五分之一，因而矾利也不过是昆山场的十五分之一，即每年3000缗。南宋矾利总收入约45000缗，较北宋下降了不少。即使矾利不厚，南宋政府也不肯轻易放过。

---

① 《宋会要辑稿·食货》三四之六。
② 《宋会要辑稿·食货》三四之七。
③ 《朝野杂记》甲集卷一四《矾》。
④ 《宋会要辑稿·食货》三四之七。
⑤ 《朝野杂记》甲集卷一四《矾》。
⑥ 《宋会要辑稿·食货》三四之一〇。
⑦ 《宋会要辑稿·食货》三四之八至九。
⑧ 《宋会要辑稿·食货》三四之一〇。

正像官盐竞争不过私盐一样，官矾也竞争不过私矾。如北宋天圣五年司农少卿李湘的奏言中曾经指出：“晋、慈州矾铺户多杂外科煎炼，致官矾积滞，货卖不行。”那么，怎样解决这个问题呢？为了官府的矾利，便利用行政命令的力量，“诏禁止之，其产私矾坑窟牢固封塞，觉察犯者，许人告。”天圣十年，又因“杭州民陈爽往信州市土矾二千斤”，江淮发运司要求“别立刑名，并下信州封矾坑，以禁私鬻”[1]。由此看来，国家的专利制度，对矾的生产起了阻碍的作用，因而这样的制度是应当批判的。尽管矾利不大，但两宋一直顽固地奉行这个制度。矾利在北宋神宗时达到三十三四万贯，占国家货币总收入不过6‰。南宋收入不过四五万贯，所占比数还要小。但一般地它同香药的收入一起合计，因此在国家财政结构中的比数就增大了。据绍兴六年八月榷货务的统计，三榷货务岁收达1300万缗，“大率盐钱居十之八，茶居其一，香矾杂收又居其一焉”[2]。绍兴二十四年三榷货务的收入是：盐钱15665615贯430文，茶钱2694004贯570文，香矾钱1099108贯685文。杂纳钱1208762贯514文。香矾钱仍占三榷货务收入的10%。而在南宋财政收入（货币）中约占1.4%～1.6%，为数也不算小。

第三节　第三编诸章结论

本编诸章叙述了宋代的征榷制度，亦即宋封建国家的专卖专利制度。综合前面的叙述，可以得出以下几点认识。

1. 首先可以看到，宋代征榷制度较前代更加扩大了。宋代征榷中的盐、茶、酒、矾都是自前代继承下来，其中以榷盐最为古老，战国秦汉即开始了征榷；而香、醋则是前代所无，为宋代创始的。茶、盐、酒、醋等是与日常生活息息相关的，征榷在这些方面的扩大化，对社会生活的影响也就更大了。征榷制度范围的扩大，它意味着什么呢？它意味了宋封建国家的直接剥削的扩大，它已经不满足于传统的赋税和征商的剥削方式，而是扩大对茶、盐、酒、醋等

---

① 《宋会要辑稿·食货》三四之三。
② 《系年要录》卷一〇四，绍兴六年八月。

生产者和消费者的剥削。

2. 其次，各项征榷制度从生产领域到流通领域对茶、盐、酒、矾等进行全面控制，从而攫取厚利的。因而征榷制度不仅意味着封建国家直接剥削的扩大化，而且也意味着这种直接剥削的强化。在对上述各项物资的控制，宋封建国家所采取的形式是很不相同的，大体上说来，有以下几种形式：

（1）从生产、运输到销售，全部由封建国家进行，但在所有征榷制度中，这类征榷所占比重最小，只有部分解盐和蜀川官盐井的产盐是采取这种形式的。

（2）国家不直接进行生产，而是仅给茶、盐、矾等专业户以一定的本钱，全部产品统由国家收购，国家自己出卖，或者转由商人销售。

（3）国家采取的再一种形式是控制产品的流通过程，对香药之类就是如此的。国家不进行生产，将进口的香药之类舶来品，用抽解、和买的办法，将其全部或一部分掌握在国家手中，然后通过榷货务转卖给商人出售。

（4）国家既不控制生产领域，也不控制流通领域，准许生产者出售给商人，由商人进行销售。嘉祐以后的东南茶法就是采取这种自由贸易形式的，国家则向生产者征收茶租、向商人征收茶税。

（5）国家既不直接插手于生产领域，也不直接插手于流通领域，但采取了更加严密的管理制度，从而使国家的征榷之利得到了保证，蔡京集团对茶、盐法的变革大体上使用了这一形式，南宋则继续这种做法。

上述五种形式虽然有所区别，但从总的趋势看，征榷制度越来越加强，到蔡京集团当权达到了极点，茶、盐、酒等征榷制度更加严密和完备，不仅为南宋所继承，而且也为元、明、清各代所继承，其影响是重大的。

3. 复次，在国家征榷制度下，社会经济关系也显得极为复杂。它主要表现为封建国家、直接生产者、运输者和商人这四者之间的关系。如果有占有茶园较多的中上等茶园主和煎盐较多的中上等亭户时，这种关系尤为复杂，则表现为封建国家，中上等茶园户、亭户，佃户、雇工、备丁小火，运输者和商人五者之间的关系。这种复杂的经济关系演变情况如下：

（1）当着封建国家直接插手生产和运销的时候，劳役制就会在这种征榷制度中表现出来，解盐畦户、蜀川官盐井户在北宋初都是被迫征集来的，因而具有劳役的性质；解盐之以衙前运送，同样表现了劳役性质。正像农业、矿冶等生产部门中的残存劳役制一样，盐业中出现的劳役制对生产的发展都是不利的。此后，这种劳役制也在盐业生产中缩小或消除，如宋仁宗后期以及宋神宗熙宁、元丰年间解盐产量猛增，与经济关系中的这一变化是分不开的，因而也是值得肯定的。当然，征榷制度中这个变化还是非常有限的，为确保征榷专利，宋政府极力将各行业固定化，三令五申不许经济力量薄弱的亭户以及备丁小火离场他迁，以加强对这些劳动者的控制，这也是不利于经济的进一步发展的。

（2）在征榷制度下，茶农（不剥削他人或有轻微剥削的小茶园主）、佃客和雇工，盐农（小亭户，靠全家劳动为生）、备丁和小火，以及酒匠，是茶、盐、酒等部门的直接生产者，因而也是剩余产品的创造者。从事茶、盐、矾、香等的运输者车夫、船工等，地区差价当中包括了他们的剩余劳动。这些生产者和运输者创造大量的社会财富，可是他们的全部剩余劳动乃至部分必要劳动，则被封建国家、中上等茶园主、中上等亭户以及大商人高利贷者攫占瓜分。以盐业为例，天禧年间解池畦户岁种盐 980 小席，折 114270 斤，畦户每年自封建国家得到 4 万钱，收购价格仅为 0.35 文钱 1 斤，而解盐到各地的卖价却达 30~40 文 1 斤，劳役制下的解池畦户提供了超越其必要劳动数十倍以上的剩余劳动！再以淮浙盐为例，宋太祖开宝七年（974），通州正盐每斤 2.5 文，以后物价不断增高，但盐的收购价格，直到宋孝宗淳熙十年（1183）才提到每斤 14 文，增长了 5.6 倍，其余则提高不到 3 倍；而各地盐价有的高达一百三四十文，增至四五倍，至少也在 3 倍以上。收购价过低、提价又慢，而生产者和运输者提供的剩余劳动则更多，以致他们更加贫困化了。

中上等茶园户和中上等亭户对佃客、备丁、小火和雇工的剥削，还不够清楚，大约类似地主对佃客的剥削，但有一点是不同的，即对雇工已支付给货币了。特别值得一提的是，蜀茶未官榷之前，商业资本同茶园生产发生了密切关系，小茶园主亦即茶农从商人那里借得货币作为生产之用，来年以茶货抵偿，从而在茶农与商人资本之间发生了商品货币关系。大家知道，商品货币关系越得到发展，就越能够从中孕育新的经济关系即资本主义的经济关系。可以这样说，商品货币关系是资本主义萌生和发展的土壤或必由之路。封建国家征榷制度越是严密，茶盐等从生产到销售便足能纳诸封建主义的轨道，商品货币关系的发展就越是受到阻碍，不利于新的经济因素的生长。在征榷制度的演变中，这一点是值得注意和认真研究的。

（4）商人尤其是其中的大商人，在同封建国家瓜分各项专利中，获得了一个非常可观的份额。以盐为例，大商人获得的盐利可以用下列算式表示出来，即：

商人零售价格（斤）×300（袋斤）－钞价和运费

=商人获得的盐利

而国家所获得的盐利则由以下算式表示：

钞价－斤批发价格×300（袋斤）=国家获得盐利

这两个算式相比，如前者大于后者，则商人所攫占的盐利大于封建国家；如二者相等，则商人和封建国家在盐利的瓜分中平分秋色；如前者小于后者，则商人攫占的盐利就小于封建国家。在对各项专利的瓜分中，商人同封建国家之间是存在着矛盾的，蔡京集团当权期间对盐商的打击，就是一个突出的例证。但，在更长的时期内，封建国家同商人（其中的部分大商）则结成为亲密的伙伴关系，共同吞噬各项厚利。这样，通过专利制度，一部分大商人同封建国家结合，转化为官商。这是自宋以后，形成为官僚、地主和商人（高利贷者）三位一体的重要渠道之一，成为封建统治的一个支柱。明、清两代那些惯于附庸风雅的淮南盐商，蒸龙烹凤，穷奢极欲，就是与封建国家结合、转化为三位一体的一批官商。在他们把持的盐业中，不但找不到资本主义的因素，而且很难在这个土壤中产生资本主义的萌芽。由此可见，征榷制度对封建制起着一种巩固的作用。

4. 征榷制度是宋以后专制主义中央集权统治的物质基础和支柱。

北宋初年，“军国所资，咸出租赋”，田赋或者说农业税是宋封建国家最主要的一项税收。到宋仁宗以后，宋封建国家财政税收的结构发生了重要的变化，这就是商税以及由盐、茶、酒、矾、香等构成的征榷之税越来越占有重要地位。以酒税为例，宋太宗的总计3259000贯占当时货币总收入的20.4%；宋仁宗庆历年间高达1710万贯，占44%；以后逐渐下降，到宋神宗时降至最低点，也达13107411贯；南宋比北宋疆土要小得多，东南诸路、行在七酒库和四川诸路的酒税也达到1000多万贯。特别是盐税，为各项征榷中一笔最大的收入。宋太宗至道三年（997）盐利为2358000余贯，到宋仁宗庆历中增至350万贯，宋神宗元丰元年高达2230余贯；南宋虽然失去解盐之利，由于控制了淮南这个最大的盐场，加上两浙等场，宋孝宗乾道七年的盐利为21963000余贯，加上茶、香、矾之入达2400万以上，占当时货币总收入的40%。很显然，宋专制主义中央集权制之所以能够维持下去，与征榷之利是分不开的。自此以后，元、明、清三代继续了宋代的做法，封建国家对征榷制度继续加强，借以榨取更多的税利。征榷制度日益成为专制主义中央集权制的物质基础和支柱，日趋腐败的封建制度之所以长时期的延续下来，与征榷制度也有一定的关系。从这一意义上讲，征榷制度是封建剥削制的一个组成部分，应当予以批判。

但另一方面也要看到这样一个事实，即：征榷制度所控制的许多物资，尤其是茶、盐之类为日常生产中的必需，不仅汉族人民需要它，边疆各兄弟民族也需要它。自宋以来，元、明、清诸代，一方面利用封建大一统的政治局面，将各兄弟民族团聚在中华民族的大家庭中；而另一方面又依靠手中的茶、盐等物资，与兄弟民族互通有无，征榷制度的某些部分则成为与兄弟民族联系经济纽带或经济纽带之一，对于巩固中华民族这个大家庭是起了不可磨灭的历史作用，这一点也是值得注意的。

第四编

宋代商业的发展及其与周边诸族海外诸国的贸易关系

引言　宋代商业发展的一般趋势

宋代商业也有了前所未有的发展。它的发展是建立在农业、手工业生产发展的基础之上的。因为，只有种植业提供较多的商品粮食，才能使行商坐贾、行铺稗贩进行各项贸易与交换活动；只有农业提供更多的农产品，以及手工业提供更多的产品，商业活动才能兴盛起来。可以这样说，农业手工业发达的程度是确定商业发达程度的测量器。或者说，农业手工业是商业发达与否的决定性条件。从前面三编的叙述中可以看出，宋代商业的发展是有其相当坚实的基础的，并不是所谓的“虚假的繁荣”。

除了上述农业手工业生产这个决定性的基本前提之外，商业的发展还要受到下面两个条件的制约和影响：一个是市场，一个是交通运输。市场的大小，决定于农业手工业的发展，而与交通运输的关系又极为密切。穷山僻壤，行之维艰，车船难至，当然无法同交通方便的平原地区相比，因而两个地区的商业贸易差距甚大。根据以上两个条件考察，宋代峡州以西的西方诸路，不但农业、手工业远远落后于东方诸路，而且它的商品货币经济的发展，城镇贸易也远远落后于东方诸路。这样一来，在宋统治地区内，西方诸路自然经济依然居于绝对的支配地位，东方诸路的商品货币经济有了显著的发展，东西地区之间发展的不平衡性更加显著了，差距拉得更大了。

所谓商业的发展，大体上也可以说是市场的发展。就宋封建统治整个市场情况来看，由一系列的城市、镇市和墟市组合而成的区域性市场，自小而大地发展起来了。这类市场大体上可以分为：以汴京为中心的北方市场，是宋代区域性市场极为重要的一个；以东南六路为主的东南市场，是全国最大的市场，由广南东西路组成的两广市场则从属于这一市场，这个市场在有力地支持北方市场的同时，承担了同海南诸国的交换活动；以成都府、梓州为中心的蜀川市场，这个市场支持了西北市场；由永兴军、太原和秦州这个三角地区组成的关陇市场，由于它与西北诸族交换和支援抗击西夏的缘边地区各项物资，从而成为一个特殊的市场，因而它得到其他市场的广泛支持。到南宋，北方市场成为金国的一个市场，衰落下来，关陇市场则有所缩小，东南市场、蜀川市场等则继续发展。在区域性市场发展之下，地区之间的百物懋迁，有无相通，不同程度地满足了社会各阶级各阶层的需要，也有力地推动了各地区的农业、手工业的发展。以商业交换为纽带，宋代社会这一有机体的内在活力发挥出来了。

如果说，区域性市场的发展，是宋代商业发展在广度上的一个标志；那么，货币的发展，则是宋代商业发展在深度上的一个标志。在宋代，金、银、铜钱和铁钱都成为通货，金、银的流通，较唐代更为广泛，铜钱是通货中的主要货币，宋神宗元丰年间的铸造额达500万贯以上，为唐代的近20倍，铜钱年流通总量达1亿贯以上。铜钱不仅在国内和周边各族之间流通，也在海南诸国流通。随着商业信贷关系的发展，宋代最先产生和使用了交子（纸币）。开始时行使于蜀川一隅之地，到南宋则普遍行使于东南诸路。纸币对宋代商业的发展起了重要作用。但是，由于南宋政府错谬的货币政策，重铜钱，轻纸钱，用使用不同纸币的办法划分流通地区，用使用铁钱、铜钱的办法来划分地区，加上大量印刷纸币，结果造成东南六路之间交换的不便和通货的严重贬值，人为地造成早已形成的东南六路这一最大的区域性市场的衰落，给南宋财政经济带来严重影响，成为南宋后期一个不治之症。

宋代与周边兄弟民族之间的经济文化交流更加频繁。通过这种交流，汉族与兄弟民族之间在形成中华民族这一共同体的过程中，前进了一大步。由于宋代中国是当时世界上居于文明最前列的国家，经济文化最为发展，因而对海外诸国产生了更加广泛更加深厚的影响，不仅铜币间关而出，成为海南一些国家的通货或“镇库之宝”，而且各项产品的大量出口，成为海南诸国喜爱的舶来品。自然，海外诸国进口的许多物品，也丰富了宋代的社会经济生活。宋对海南诸国，一直采取了广事招徕的政策，允许外国商人在通商港埠居住和贸易，对外开放为宋与海外的交换活动起了有益的作用。

在宋代商品货币经济的重大发展中，形成了商业资本和高利贷资本，对当时的生产、社会经济的发展和阶级的变化，都产生了相应的影响。商业资本、高利贷资本在两宋逐步地同官僚、地主结合，从而开始形成了三位一体。这个三位一体在宋以后越来越成为社会发展的阻力。但在宋代，商业资本起了有益的作用，即使是高利贷资本也有其“革命”作用的一面，而不能被轻易抹杀的。

宋代商业、城镇经济的发展是极其复杂的，许多问题还摸不清楚，有的还根本没有涉及到。下面诸章就是围绕以上问题加以叙述的。

第二十六章　宋代商业、城镇经济和交通运输的发展

第一节　城市、镇市和墟市的发展　区域性市场的形成

我国城市的起源和发展有着自己的特殊道路。它是伴随着私有制的产生而产生的，一开始就同第一个剥削制度——奴隶占有制结下了不解之缘，成为奴隶主统治广土众民的政治基地，因而与欧洲中世纪由经济的发展而兴起的城市有所不同。不过，城邑既然成为奴隶主的统治基地，有官衙，有军队，也就必须有工匠为之制作修建，有商贾为之懋迁财货，因而同奴隶主一道居住在城邑中或城邑附近，“工商食官”就是在这种条件下产生的。所以我国奴隶制时代兴起来的城市，并不是单纯的完全消费的城市，也具有一定的生产机能。这样，城市的规模和格局大体上确定下来了。

封建制代替奴隶占有制之后，城市的规模和格局大体上延续下来。以唐代长安而论，宫廷皇城在长安城内坐北朝南，皇城对面城南厢为百官市民居住的地区——坊，皇城左右两厢则为商贾百工聚居的贸易区——东西二市，这就是所谓的坊市制度。随着店铺繁盛、人口增加，这个制度便难以维持了。作为首善之区的汴京，到周显德年间，“华夷辐辏，水陆会通，时向隆平，日增繁盛”，“加以坊市之中，邸店有限，工商外至，络绎无穷”[①]，坊市的格局已无法适应城市发展的要求。为改善这种情况，宋真宗咸平五年，曾因“京师衢

---

① 王溥：《五代会要》卷二六。

巷狭隘”，加以开广，使“衢巷文袤，及禁鼓昏晓，皆复长安旧制”[①]。虽然如此，也不能解决这些困难，维持原来的坊市格局。按照旧来的坊市制度，“京师街衢，置鼓于小楼上，以警昏晓”，这种街巷是专门为关闭坊门而设立的，可是到宋神宗年间，已是“二纪以来，不闻金鼓之声”[②]。这就是说，坊市旧制已经随着“冬冬鼓”的消失而成为了历史的遗迹。从孟元老《东京梦华录》的记载中可以看出，街衢上到处可以开设店铺，打破了坊市的旧格局。而且由于店铺开设越来越多，有的店铺还要扩大营业面积，连通衢大道也要侵占一番，因而到宋徽宗时候，不得不征收“侵街房廊钱”了[③]。

在打破坊市格局的同时，还打破了城郭的限制。原来在城市的城门以外或城郭附近，建立了定期的贸易场所——草市。随着时间的推移，草市上设立了不少的店铺，成为了新的固定的贸易场所。宋政府也同样地承认这一事实，而不加以任何的干预。这样一来，汴京以外的许多城市，都由于近郊草市的发展而成为重要的商业都市。如南宋前期的鄂州（武昌），因是江防重地，故城市建筑规模不大，但由于商业发展的需要，在城外发展起了南市。这个南市，“沿江数万家，廛闬甚盛，列肆如栉，酒垆楼栏尤壮丽，外郡未见其比，盖川广荆襄淮浙贸迁之会，货物之至者无不售。”[④]“〔鄂州〕市区雄富，列肆繁错，城外南市亦数里，虽钱塘建康不能过，隐然一大都会也。”[⑤]因而，姜白石的一首诗称：“武昌十万家，落日紫烟低。”[⑥]这是打破城郭限制之后，城市商业发展所展现的一种新的气象。而这种现象不但出现在名城大邑中，在各地州县也有类似的表现，只不过是草市规模有所不同罢了。

城市格局和城郭限制的打破，深刻地揭示了宋代都市商业的发展。[⑦]人口不断涌入城市中，城市较前代集中了更多的人口，尤以大城市为甚。如北宋时

---

① 《长编》卷五一，咸平五年二月戊辰纪事。

② 宋敏求：《春明退朝录》卷上。

③ 《通考·征榷考六·杂征敛》。日本本田知生教授曾对此问题作了论述。

④ 范成大：《吴船录》卷下。

⑤ 陆游：《入蜀记》卷四。

⑥ 姜夔：《白石道人诗集》《春日书怀》，南宋六十家集本。

⑦ 坊市制度的打破，首先由加藤繁氏提出，得到学术界的公认，可参考《宋代都市的发展》，载《中国经济史考证》第一卷。

的汴京，宋真宗天禧五年开封府新旧城八厢总计97750户①，而在开封府新城以外、大中祥符二年所建9厢14坊的户口未统计在内。宋太宗曾提道，“东京养甲兵数十万，居人百万。”② 宋神宗熙宁年间开封府户达20万③。总之，人口在百万以上。南宋临安也因“江商海贾”的汇集而在百万以上。余如上述的武昌，以及建康、扬州、成都、长沙都是熙熙攘攘人口密集的万户以上乃至10万户的都市。初步估计，宋代计351州军，如果其中150州平均2000户④，计有30万户，150州为700户、50州为300户，共为12万户，州城人总计42万户；全国共1000多县（去州治所在县城），其中500县均千户，计50万户，300县为500户、200县为300户，共21万户，县城总计为71万户；全国计有1800个镇市，其中1000个为500户、800个为200户，镇市户口总计66万户。加上汴京、临安等名都大邑的户口，当在200万户以上，占宋神宗元丰年间1600万户的12%以上。

由于都市人口的集中，城市管理制度也发生了变化。这就是从前此的坊市区分改变为厢坊制，即：在汴京新旧城共分10厢，新外城又划分9厢。每厢分辖若干坊，从一二坊到20坊、26坊不等。诸厢之上建立内外左右4厢公事所，由曾担任过通判、县令的官员主管其事⑤：“厢官之名，取廊庑间公职佐职之义。今之城南北厢（指临安）比通判资序，并比拟开封府左右四厢旧制也。”⑥ 各厢根据所辖坊数户口而置厢吏，“每五百户以上置所由四人、街子三人、行官四人、厢典一名；五百户以下置所由三人、街子二人、行官四人、厢典一名；内都所由于军巡差虞候充，其余并招所由”⑦。临安继承汴京厢坊之制，“府城之外，南北相距三十里，人烟繁盛，各比一邑”⑧，也都设厢官统

---

① 《宋会要辑稿·兵》三之三至四。

② 《长编》卷三二，淳化二年六月乙酉记事。

③ 《宋史》卷三二七《王安石传》。

④ 按《新安志》记载歙州在乾道年间州“城内外户一千九百三十一”，这个山区中的州尚且如此，一般州治所平均达二千户，当是最低估计。

⑤ 《宋会要辑稿·职官》三七之九。

⑥ 赵升：《朝野类要》卷三。

⑦ 《宋会要辑稿·兵》三之三至四。

⑧ 潜说友：《咸淳临安志》卷一九。

治。诸州县城镇户口则按城镇户口编制管理：“熙宁七年四月甲申诏：诸城外草市及镇市内保甲毋得附入乡村都保，如不及一保者，令厢虞候、镇将兼管”①；“元丰五年三月二十八日，提举河北保甲司言：诸县尉事外唯主捕县城及草市内贼盗，乡村并责巡检主管。”把城外草市镇市的户口不编制在乡村中，而编制在城镇中，进一步说明了这些地区的工商业的发展，从而与乡村的农业生产有所不同了。

宋代城市商业发展的再一重要表现是“行”的大量增加。在前编手工业中曾经提出，从隋唐时的112行发展到南宋时的414行。对这些行进行分类，大致可以区分为：

1. 各种手工作坊

其中包括官府作坊，在汴京、临安，这类官府作坊甚为集中，有“工匠、修内司、八作司、广固作、后苑作、书艺局、绫锦院、文绣院、内酒坊、法酒库”等等②，规模较大，工匠人数多，但很少是商品生产。虽然官府作坊中“铸钨务”所产器物，“差人押赴商税院出卖”③，都曲院制作的法曲作为官府的专利而出卖，还具有商品的性质，但在官府作坊中占的比重太小了。

官府作坊之外，是私家作坊。这类作坊在第二编已经说过，有的是专门制造各种产品的，有的则在制作产品的同时，兼营买卖。这类亦商亦工的作坊，在城市作坊中占的比重较大，并在元明清诸代和近代一直保留下来。

2. 各类商业行铺

各行铺中，生活消费品占有大宗。在汴京，“东华门外，市井最盛，盖禁中买卖在此。凡饮食、时新花果、鱼虾鳖蟹、鹑兔脯腊、金玉珍玩衣着，无非天下之奇”④。在临安，“菜市、花市……鲜鱼行、布行……花团、青果团……”，“已上团市皆四方物货所聚”⑤。大体上，同行商铺设在一条街道坊巷，顾客们则通过比较而买，诸行铺则在竞争中货卖。一般州县也是在市井繁

---

① 《长编》卷二五二。
② 《东京梦华录》卷四。
③ 《宋会要辑稿·食货》五五之一九。
④ 《东京梦华录》卷一。
⑤ 潜说友：《咸淳临安志》卷一九。

盛之处张设各种行铺的。

在行铺当中，涌现了经济力量极其雄厚的大行铺，诸如交引铺、金银彩帛铺等等，成为商业资本的代表；而以典质起家的库户或钱民，则是高利贷资本的代表。商业资本和高利贷资本对当时社会经济产生了重大的影响和作用，将另章叙述。

3. 服务性的行业

这类行业在我国古代城市经济生活中一直占有独特的重要的地位。其中饮食业所占比重甚大。以饮食业中的酒楼来说，东京有“正店”72家，其余的小酒馆谓之“脚店”，“其正酒店户，见脚店三两次打酒，便敢借与三五百两银器”[①]，从这里就可知道那些酒楼亦即所谓的正店的华奢。

饮食店之外，茶坊、浴堂也为数不少。有时茶坊与浴堂结合，前面是茶坊，后面是浴堂。茶坊、浴堂不仅在大城市中有，在一般城市中也有，浴堂也谓之香水行[②]，这一行业引起了外国观光者的啧啧称羡，认为中国人干净、卫生。

服务性的行业能够容纳更多的贫苦的坊郭户，使其找到一线生路。苏颂任馆职时，“雇得一婢，问其家何为？云：住曹（漕?）门外，惟锤石莲。问一家几人，各为何？云：十口皆然，无他业。盖夏末梁山泊诸道载莲子百十车，皆投此巷锤取莲肉，货于果子行。乃知京师浩瀚，何所不有，非外方耳目所及也。”[③] 类似锤取莲子的城市贫民，有相当数量的人在服务性行业中干各种零杂活。诸如“雇觅人力、干当人”，“若养马，则有两人日供切草，养犬则供汤糟……”，“及有使漆、打钗镮、荷大斧斫柴、换扇子柄、供香团子、炭团，夏月则有洗毡淘井者”[④]，等等，显然也是属于服务性行业的。

从城市行业的结构来看，一类是生产性的各类手工业作坊，一类是非生产性的服务性的行业。这两类行业，显然是服务性的非生产性的行业大于生产性的行业，这是宋代城市普遍存在的现象。而且，自我国古代城市出现以来，到

---

① 《东京梦华录》卷二、卷五。
② 《都城纪胜》《梦粱录》等。
③ 苏象先：《丞相魏公谈训》卷一〇。
④ 《东京梦华录》卷三。

宋以后的元明清诸代，所有城市都具有这样一个特点。这是探讨我国古代城市的一个基本点。由于这一基本点又导致了消费的意义大于生产的意义、政治的意义大于经济的意义。对这两个特点将放在相应的地方再说。

直接与广大乡村有着密切联系的是镇市和墟市，这两者在宋代都有了较为广泛的发展。

先说市镇。

镇，开始建立的时候，是军事性质的，即在要冲之区，设险防守。北魏在北部边陲就建立了沃野等镇，用以防御北方牧骑的南下。既是军事据点，就需要各种供应，久之而成为市井繁华的所在。宋代，镇市大量增加，完全是由于商品经济发展的结果。宋代设镇的标准是，“民聚不成县而有税者，则为镇”①。镇有监镇，“宋制诸镇监官掌巡逻、盗窃及火禁之事，兼征税榷酤，则掌其出纳会计”②。事实上，兼镇主要是管理税收，如“舒州乞罢许公、双港、石溪三镇监税官，将逐务召人买扑。”③ 由于设镇的标准是人口和税收，因而一些墟市村市在以上两个方面的发展达到标准，就可以上升为镇。如常熟的六个镇市，其中的梅李镇就是由梅李市升为镇的，庆安镇是由石闼市升为镇的④。在生产发达的地区，村市上升为镇的也就较多。北宋熙宁一代上升的镇有 106 个，其中经济较发达的京东、京西两路超过了 40 个。

镇在经济发展、商品交换和商税征收中，都据有重要的地位。有的镇是由于它的经济发展而驰名。如景德镇盛产瓷器，各地前来定购瓷器而引起的交换发达，从而发展成为镇的。有的镇市，在交换发展中成为极为重要的商业贸易区。如紧靠长江，位于峡州（宜昌）、江陵之间的沙市镇，在南宋时，“大商辐辏，居民比栉”⑤，就是一个极为突出的例证。而且在商品交换、商税征收中，一些镇市要比辖属它的州城重要得多。如蕲口镇商税额为 26540 贯，而辖属它的蕲州则收 21141 贯；固镇为 24816 贯，而风州则 10836 贯；丁字河镇为

① 高承：《事物纪原》卷一。

② 《通考·职官考》一七。

③ 《宋会要辑稿·方域》一二之一九。

④ 卢镇：《至元琴川志》卷一。

⑤ 周必大：《周益国文忠公文集》卷六五《高夔神道碑》。

18119贯，宁海镇为12073贯，而滨州则为8877贯；池口镇为13386贯，而池州则仅4805贯；海仓镇为12921贯，而莱州仅6241贯；沙市为9801贯，而江陵府权8468贯；固始镇为9200贯，而光州仅4952贯；安邑镇8757贯，而解州则为7704贯；胥口镇8505贯，而端州为7914贯，等等[①]。青龙镇为15879贯，虽不比秀州高，但高于秀州各属县，也是极为突出的例证。由于镇市在经济发展中据有重要地位，所以有的镇则以独特的地理位置，成为重要的对外贸易的重镇，密州板桥镇、秀州青龙镇之建市舶司就是最著名的事例。

镇市自北宋初年以来即不断发展，到元丰年间全国镇市发展到1871个，它的分布情况如下[②]：

四京诸路	镇市数字	四京诸路	镇市数字
东　京	31	淮南西路	112
西　京	22	两浙路	75
南　京	13	江南东路	54
北　京	20	淮南西路	112
京东东路	27	江南东路	54
京东西路	32	江南西路	52
京西南路	66	荆湖南路	23
京西北路	61	荆湖北路	163
河北东路	108	梓州路	351
河北西路	50	利州路	120
永兴军路	90	夔州路	79
秦凤路	78	福建路	25
河东路	19	广南东路	36
淮南东路	62	广南西路	28

在上表所列镇市中，以梓州路为最多，达351，占全国1871的19%。这是什么因素造成的，值得研究。镇市之所以重要，乃是由于它处于州县和乡村之间，形成为一个中间环节，既能够直接同乡村进行交换，又能够同州县贸易。

① 以上据杨德泉同志《关于北宋商税的统计》所载列出。

② 此表系河北大学宋史研究室研究生杨倩描同志统计。

而且同乡村中的墟市比较，它是一个固定的交换场所，比有时间性的墟市要优越得多。镇市本身又有各类作坊和行铺，又是定期的墟市所在之处，因而成为地方市场中贸易交换的重要组成部分。

墟市也叫草市，是进行交换活动的最为古老的形式。草市之名初见于东晋南朝[①]。墟市草市都是在乡村设立的，岭南称墟，偏北称草市，都是按干支排列的定期集市。吴处厚称，“蜀有痎市，而间日一集，如痎疟之发，则其俗又以冷热发歇为市喻”[②]，这种解释，早就受到非议，以为不如以亥日作为定期集市之日为合理。“岭南村墟聚落，间日会集稗贩”[③]，也是间日一集的。但也可以三数日一集，“乡落有号为虚市者，止是三数日一次市会”[④]。集市间隔时间的长短，反映了这个地区贸易、交换能力的强弱。草市当中靠近城市的，如上所述，逐步变成城市的外厢，成为城市的一个组成部分。而在乡村中的草市，也有两种情况，一类是乘虚之后，星散无人烟；一类是在交易的地点逐步出现小酒店、茶肆之类的店铺。宋神宗熙宁十年曾经诏令戎泸州沿边州县太远、买卖农具不到的地方，“无可取买食用盐茶农具，人户愿于本地分兴置草市，招集人户住坐作业者”[⑤]，可见有的墟市草市上是有“人户住坐作业”的小商铺的。所以，在草市上，能够买到酒，“草市寒沽酒”[⑥]，也能够吃到饭，“离东林，饭太平宫前草市”[⑦]。这类草市发展到相当繁盛的时候，便能够上升为镇市了。墟落村市也很重要，它是广大农民和乡村手工业者进行交换的最直接的场所。有的村市也很发达。加藤繁在《唐宋时代的草市及其发展》中曾经指出，宋政府最基层的税收机构——场务往往设置在这类村市，如开封府界共41个商税税务，21务置于县，17务置于镇，三个务则置于村市。通过村市，农民们以其所有的粮米、柴草、布帛之类，换回盐、茶、农具之类，对解

---

① 对草市问题的研究，以加藤繁、曾我部静雄氏等为最早，加藤繁有《关于唐宋的草市》《唐宋时代的草市及其发展》等文，曾我部静雄氏有《唐宋以前的草市》。

② 吴处厚：《青箱杂记》卷三。

③ 《宋会要辑稿·食货》一七之一三。

④ 《宋会要辑稿·食货》一八之八。

⑤ 《长编》卷二八一，熙宁十年四月乙巳记事。

⑥ 陆游：《剑南诗稿》卷二八《村居》。

⑦ 范成大：《吴船录》卷上。

决生产生活上的某些需要是不无助益的。不过，草市不能随意开设，它必须经过转运司的许可才行。

除镇市草市定期集市外，汴京各地方还有各种形式的集市。其中有：(1)在都市固定的地区有定期市。如汴京大相国寺，“每月五次开放，万姓交易”，“占定两廊，皆诸寺师姑卖绣作、领抹、花朵、珠翠头面、生色销金花样幞头帽子、特髻冠子、条线之类”①。(2) 专门性的商品的定期市。这类集市在大城市中也有，如成都府有药市②；也有蚕市，“每年正月至三月州城及属县循环一十五处”，“因是货蚕农之具及花木果草药什物”③，这类定期集市往往形成为传统，持续数十百年不变，届时四面八方的商旅都前来买卖，交易至为兴盛。(3) 还有一种所谓的庙会，例如在南岳衡山的岳市，“环皆市区，江浙川广种货之所聚，生人所须无不为”④，一些专门性商品交易的庙会就是由此发展起来的。

在以城市为中心，由城市、镇市和墟市而构成的多层次、网络状的地方市场日益发展之下，宋代的区域性市场也形成起来了。所谓区域性市场，较地方市场更加广阔，是由若干个地方市场形成的。它的形成和发展，受到该地区农业生产、手工业生产的制约，因而它与其他的区域市场也就有所不同，从而表现了这一地区的特点。在宋代，这种区域性市场有以下几个：

一、以汴京为中心的北方市场

经过唐中叶五代以来的兵连祸结，黄河中下游地区经济衰敝不堪。由于这个地区农业手工业生产基础较好，因而到北宋初年逐步恢复起来，市场也渐活跃。作为全国政治中心的汴京，有百万以上的居民，府畿又屯驻了数十万大军，因而需要大量的粮食、燃料和种种物品的供应，加上北部西北部边防所需，各项供应为之倍增。在统一南方诸国之前，汴京主要靠黄河、广济河等几条河道，将京东西各地物资运送到汴京，及至统一南方诸国后，就仰仗汴水吸

---

① 《东京梦华录》卷三。

② 《长编》卷六，乾德三年二月癸卯记事。

③ 《茅亭客话》卷九。

④ 范大成：《骖鸾录》。

收东南诸路物资财富，以供应汴京的需要。而这个地区名贵的丝织品、瓷器、雕版印书以及铁制器物等，也流入东南市场。到北宋晚期，密州板桥镇置市舶司，发展了同海外诸国贸易，更进一步说明了这一市场的重要地位。

二、以东南六路为主、苏杭为中心的东南市场

这是宋代最重要的区域性市场。自然在这个地区上，商品交换的发展也很不平衡。其中两浙、江东是宋代农业高度发展、手工业产品最为丰盛的地区，因而这一地区的商品流通和交换尤为兴盛。其所以如此，就在于这里形成了多层次、网络状的交换场所。以杭州而论，就有 11 个镇市、25 个市[①]；建康府有 15 个镇市、25 个市[②]；常州有 13 个市[③]；秀州有 7 个镇市、11 个市[④]；就是常熟一县，也有 6 镇 8 市[⑤]。而且，这些城市、镇市和墟市草市自然地组合、联结起来，确实形成了交叉重叠，上下贯穿，左右逢源的蛛网式的交换市场。它不仅极大地推动了商品的交换，而且对社会各阶层也产生了广泛的影响，甚至同社会最底层也发生了相应的联系。材料反映，在自然经济占绝对支配的地区，广大农民与城市几乎是隔绝的，无任何联系的。张方平在一道奏章中指出："穷乡荒野，下户细民，冬至节腊，荷薪刍，入城市，往来数十里，得五七十钱，买葱茹盐醯，老稚以为甘美，平日何尝识一钱?"[⑥] 有的农民甚至"投老、终身不入城郭"[⑦]，在狭小的村壤中度过一生。而在上述两浙路建成蛛网式的商业交换市场的地区，情况就大不相同了。宋末元初的方回，目击秀州一带，"吴侬之野"时说："预见佃户携米或一斗，或五七三四升，至其肆，易香烛、纸马、油、盐、酱、醯、粉、麸面、椒、姜、药饵之属不一，皆以米准之。整日得米数十石，每一百石舟运至杭、至南浔、至姑苏粜钱，复买物

① 《咸淳临安志》卷二〇。
② 《景定建康志》卷一六。
③ 《毗陵志》卷三。
④ 《至元嘉禾志》卷三。
⑤ 《至元琴川志》卷三。
⑥ 《乐全集》卷二五《论免役钱札子》。
⑦ 吴渊：《退庵先生遗集》卷上《江东道院赋》。

货，归售水乡佃户如此。”① 这样一个区域性市场，把佃户也卷入到商品交换之中了。而且，佃户们出售的不仅是余粮，而且也有鸡豚等副业产品，所谓“带得鸡豚趁晓虚”②，以及布帛、柴炭之类。举凡城市百需，来自墟市草市和镇市上的占有大宗。当然，如上所述，城、镇市中的手工业产品也通过这些初级市场，到了农民手中。因之，在这样的区域性市场中，对商品的流通和交换，起了积极的作用。而这样的市场越是发达，越是能够把社会最底层卷入商品交换之中，就越能够削弱自然经济而发展商品货币经济，就越能够推动农民向小商品生产方向发展，从而就越能够削弱封建经济制度而有利于资本主义经济因素的萌生和成长。然而，就宋代东南市场来说，也因这一地区经济发展的不平衡，只有在两浙、江东诸路才达到这一步，而以此以西，江南西路和荆湖南北路，则随着农业手工业生产相对下降，商业市场的网络也就稀疏不密了，而在湘江以西，情况就更加不同了。

其次，交通条件特别是水路交通条件特点好，也有利于商品交换和城市的发展。东南市场一方面有长江作为贯通全区的东西大动脉，另一方面又有汴水和江南运河，把全区精华所在，同以汴京为中心的北方市场联结起来。与此同时，这个市场又因地处东南沿海，同海南诸国有了密切的贸易来往。因此，可以看到，宋代重要的城市集中在这个地区的为数甚多，诸如沿汴水和江南运河的名城大邑有杭州、苏州、真州、扬州等地，沿长江而上则有镇江府、建康府、鄂州、江陵、潭州等城市，芜湖、沙市虽不是州府，但也是沿江著名的市井之区；而在沿海一带，则有明州、温州、福州、泉州和广州等城市，同国内外进行海上贸易。顺便在这里一提的是，镇江和潭州都是在南宋兴起来的城市，镇江是南宋三榷务之一的所在地（另两个在建康府和临安府），茶、盐钞和香药等都在这里兑换交易，从而成为闹区。潭州和江南西路的吉州，在北宋晚期即因人口的激增而著称于世，而在南宋年间，“乙卯饥荒后，长沙富庶全。纪年四十载，米斗二三钱（原注：自绍兴五年一旱后，丰稔38年）。县县人物密，村村景物妍。朱蹄骄柳陌，金镫丽花钿（长沙自唐号小长

① 方回：《续古今考》卷一八《附论班固计井田百亩岁入岁出》。
② 朱继芳：《静佳龙寻稿》南宋六十家集本。

安）。……兼并勤告谕，商旅渐喧阗。……北来因鼎粟，南至出渠船（分路招粜广米，自灵渠出）。……江步时时到，村墟日日穿……”[①] 这首诗把长沙的繁荣和商业的发达给以描述出来了。据宋神宗熙宁十年以前商税征收情况统计，全国岁收1万贯商税的城市计204座，而在东南地区就有64座，占总数的31.8%[②]。川峡诸州商税则征收铁钱，如果按照铜铁钱1:10折算，川峡诸州商税要减去十分之九，因而一万贯以上城市的比数要大大降低，而东南地区的比数则将上升到40%左右。依靠本地区的茶、盐、绢、罗、瓷器、铜制器物等优势，这个区域性市场不仅有力地支援了以汴京为中心的北方市场和西北市场，而且同海南诸国进行了广泛的贸易。

广南东西路所组成的两广市场，由于这个地区属于峡州以西的地区，地多人少，农业生产手工业生产都较落后。经过北宋一代的发展，到南宋有了一些改变，商品交换也因而有所发展。不过，它基本上从属于东南市场，它的商品粮一部分自灵渠运到荆湖南路，大部分则自西江运至广州甚至更为遥远的海南岛和福建等地。余如一些手工业产品也运到其他各地。这个市场，是围绕广州这个对外贸易的中心，逐步地发展起来的。

三、以成都府、梓州和兴元府为中心的蜀川诸路区域性市场

川峡诸路是以多山著称的古梁州之地，同东方诸路的交通极为困难，断金牛，塞剑门，扼三峡，便可形成为一个独立王国。因而，在商品交换中，所表现的区域性就特别突出，可以构成一个独立的封闭的贸易区。在这个区域性市场上，也因农业手工业发展不平衡而表现了它的不平衡性。川峡诸路的镇为数不少，成都府为163个，梓州路351个，利州路120个，连夔州路也有79个。这些镇集中于河谷一带的“坝子”上，大体上茶产的贸易中心以及盐井较多的地方形成为镇。因而一般地说，镇仍然是集中在生产较发达的地区。其次，在夔峡一带，镇市也就是草市墟市所在，因而至东南和北方市场上形成的地方性的两种初级市场，在这里合而为一了。所以镇虽多，但它的交换并不像东

---

① 王阮：《义丰集》卷一《代胡仓进圣德惠民诗》。

② 此据《通考·征榷考一》统计。

南、北方诸路一样形成四通八达的商业网，而在戎、泸州边缘地区，因无草市，连寻觅购买茶盐家具的场所都很困难。即使是在夔州路以及利州路、梓州路一些山区，也因为交换场所“镇”或“坝”相距甚遥，而使交换不够发达，在这样的地区便谈不上蛛网式商业市场了。

但在成都府、梓州、利州的河谷地区如遂宁、汉中等地，商业交换是很发达的。尤其是成都府路，不愧为“天府之国”，它不但以其丰富的产品同夔峡诸地贸易，而且有力地支援了汴京特别是西北市场：

> ……惟剑南西川，原野演沃，氓庶丰夥，金缯纻絮，天洒地发，装馈日报，舟浮辇走，以给中府，以赡诸塞，号居大农所调之半，县官倚之。因为宝薮珍藏云。[1]

因此，这个区域性市场也是宋代一个重要的市场，对促进宋代经济的发展和集权统治的强化是起了作用的。

四、以永兴军、太原和秦州为支点的西北市场

这个地区包括陕西路和河东路，除了解盐、木材、煤炭、铁和少量的铜之外，其他产品都不丰盛，因而这个地区早已失去“陆海”的光辉，而远不能同北方地区和东南地区相比。但是，由于这个地区处于西北边防，一方面它同西北诸族进行贸易，特别是茶马贸易为重要的一宗，而另一方面，为抗击西夏贵族在秦凤、环庆、泾原、鄜延和河东路屯驻了40万以上的大军，需要大批物资转输过来，于是这个地区成为一个重要的交换场所，从而形成了西北市场，表现了它自己的特点。

与西北诸族的茶马贸易，主要由宋政府掌握。用以易马的茶、锦等物资，是自蜀川、利州路运来。西北边防上的各项物资，除政府的两税之外和官家运输之外，依赖商人入中粮草，根据入中数量到汴京或其他各地清算茶盐香药等物品。所以，这个地区的交换主要出自政治上军事上的需要。它的特殊性就从这里表现出来。实际上，不仅在西北市场上，在宋代城市中，包括汴京、临安这些百万人以上的都市中，都聚居了大批封建统治者、寄生者、食利者和剥削

---

① 文同：《丹渊集》卷二三《成都府运判厅宴思堂记》。

者，以及维护封建统治的军队，他们消费了大批的现成的东西，因而在城市中虽然也有一些手工业生产，但是同消费相比，生产赶不上消费，或者说消费的意义大于生产的意义。这一特点在沿边城市特别是西北市场上的城市中突出地显现出来。

这里不妨先以熙宁十年的酒课征收来考察一下上一问题。河北沿边诸州如莫州，酒课为25909贯，雄州22318贯，霸州18919贯，保州33260贯，而陕西路的延州则为93603贯，耀州69559贯，邠州72907贯；鄜州46277贯，熙州26408贯；河东路的岚州24124贯，石州32629贯，威胜军23270贯，岢岚军16810贯。[①] 这些州军的生产大都落后，户口也较少，可是它们的酒课则显得偏高。商税也同样能够说明这个问题。现在再以熙宁十年延州及其所属各县城寨的商税征收情况列举于下：延州在城14018贯，临县508贯，延长县219贯，甘泉县661贯，敷政县416贯，门山县142贯，绥德县712贯，青化镇153贯，延水镇621贯，丰林镇409贯，青涧城2350贯，承宁关664贯，万安寨282贯，永平寨618贯，顺安寨210贯，金明寨83贯，招安寨219贯，新安寨249贯，怀宁寨727贯，绥平寨498贯，百草寨297贯，安定堡441贯，安寨堡405贯，黑水堡155贯，总计25057贯。[②] 延州商税税收与内地生产发达的州军相比，也是偏高的。这是什么原因造成的？按延州是陕西沿边四路统帅之一的鄜延经略司的所在地，为宋代西北边防重镇，在其所辖属诸县城寨屯驻10万左右的军队。除延州州城屯兵外，青涧城是宋仁宗庆历年间种世衡修筑的防御西夏的一座城堡，余如金明寨、安塞堡等都列于前沿阵地，而驻兵防守。这些城池堡塞，无任何生产可言，纯粹是由政治军事需要而形成的消费城市。既然要消费，就要组织物资供应、运输，于是商人本能地跟踪而至，更何况宋政府依赖、鼓励商人们去沿边入中粮草。这就是为什么沿边州军酒课偏高而一些前沿堡寨亦能征商的原因所在。从这里就可以知道，我国古代城市发展中第二个特点即消费大于生产，或者说消费的意义大于生产的意义。

上述我国古代城市发展中服务性行业大于生产性行业、消费的意义大于生

① 《宋会要辑稿·食货》一九之一九。
② 《宋会要辑稿·食货》一五之一五。

产的意义这两个特点的结合，又表现了我国古代城市的第三特点，即政治的意义大于经济的意义。由于我国古代城市不是在经济发展的基础上形成和发展的，而是在政治军事需要的基础上形成和发展起来的。因而越是政治军事中心，城市发展就越是迅速和特别茂盛。正是由于这一特点，所以它缺乏坚实的经济基础，一旦政治军事发生了变化，或者政治军事中心转移，这些城市便随即表现出它的盛衰。即使是帝都所在，也是如此。汴京临安之成为全国最大都市，就在于它们是两宋京城。可是等到北宋灭亡，汴京也随之而萧然一空；南宋灭亡之后，临安也失去了往昔的光彩和繁华。东京梦华录，也可写作临安梦华录，事实上历代王都都是梦华录。根本原因是这些都城缺乏坚实的经济基础，它的繁盛荣华便瞬息即逝了。宋代西北边防上的许多城市堡寨，也由于边防线的变动，不再屯驻军队了，从而陡然冷落下来，不复吸引那么多的商旅了。政治的意义大于经济的意义，这是我国古代城市的发展与欧洲城市发展截然不同的地方，值得注意。

那么，包括汴京以及西北边防线上的城市堡寨，消费的意义大于生产的意义，是否西北市场以及这些城市都无任何积极作用了？当然不是。正是由于包括汴京在内的城市发挥了它的政治军事上的作用，才使战争限定在一定的范围内，从而使内地广大地区和城市得到了较大的发展。

第二节 宋代交通运输的发展
交通运输各行业中的劳动者

交通运输是商业发展的基本条件之一，陆路和水路是商品流通和交换的大动脉。宋代交通运输与前代大体相同，但由于宋代经济的发展，以及由于政治军事条件的变化，所以在对交通运输的兴建和管理方面，也就有所不同。下面从陆路、水路两个方面来叙述这一问题。

自从秦始皇建立了专制主义中央集权制的封建国家之后，即以首都咸阳为中心，修筑了一条条驰道，作为皇帝巡行天下的通衢大道。不论怎样说，这种做法在客观上则适应了经济发展的要求。秦以后的历代统一的封建皇朝，都是按照秦始皇确定的这一模式，以首都为中心，建立起通往各州军的大道，亦即所谓的官道。宋代当然也不例外，在陆路上，汴京到各地都有官道相通；在各地，各县与其辖属它们的上级州府都有大道相通；而在各路之中，它的首府（即安抚使设置的州府）同其他各州也有通衢大道，互相交通。所以，从京师到各地，从各地首府到诸州军，同样形成了蛛网式的交通路线。当然，在州县建置稀疏的山区，则缺少这样的交通网。

在陆路和水陆交通要道上，宋政府设“铺”作为邮传、运输的机构。例如自江陵到桂州，沿长江和湘江都设有铺，谓之水递铺[①]。沿长江一带归州至峡州，也有这种设置，所谓“沿江水递八十九铺”[②] 水递铺是官府在水路上一种广泛的设置。同样地，在陆路上也有一种广泛设置。大约在所有的官道上，州县都设有铺。如明州，“今府界内铺凡十七”[③]。陆铺有两类，一类是封建国家根据自己的需要建立铺，运输国家的物资。如北宋初年，“岭南输香药，以邮置卒万人、分铺二百，负担抵京师。”后来凌策改变这种运输办法，陆运至南安之后，“泛舟而下，止役卒八百，大省转运之费”[④]。这是置铺专门运输广南香药的事例。又如宋神宗熙宁年间，将南方铜、锡运至陕西铸造铜钱，因而陕西置铺运输，“以递铺卒二人挽一车，日铺运锡五千斤，以年计之，可运一百七十二万”[⑤]。而在宋神宗元丰年间，为把川茶运至秦州一带进行茶马贸易，也建置了茶递铺，当时自成都府至利州，自兴元府至凤翔府，自商州上津至永兴军，每15里即置一茶铺，每铺50人，专门运茶[⑥]。另外还有一种马递铺，当即沈括《梦溪笔谈》中所说的急递铺，官府用来传递紧急公文，与交通运输关系不大，就不多谈了。

除递铺之外，在官道上还有馆驿的设置。这种设置源自秦汉时期的传舍。外国使臣出使汴京或朝廷内外官员赴任、出差办理各项公务，都可到馆驿中住宿，并根据职务的高低，享以不同的待遇。这种不同的待遇，以“券”来表

---

① 《长编》卷一八，太平兴国二年春正月记事。
② 《长编》卷四五，咸平二年八月庚申记事。
③ 罗濬：《宝庆四明志》卷三。
④ 《宋史》卷三〇七《凌策传》。
⑤ 《长编》卷二三〇，熙宁五年二月壬戌记事。
⑥ 《宋会要辑稿·食货》三〇之二四至二五；苏辙：《栾城集》卷三六《论蜀茶五害状》。

示。凡朝廷官员到馆驿中皆“给券”；“其赴任川峡者给驿券，赴福建广南者，所过给仓券，入本路给驿券，皆至任则止。车驾巡幸，群臣扈从者，中书、枢密、三司使给馆券，余官给仓券。”① 馆券、仓券和驿券，在待遇上显然是有分别的，但具体内容是什么，则不清楚。但不论有什么区别，官员们出差、赴任，旅途上的负担则落在主管馆驿的衙前或三番身上，从而与本章叙述的问题密切地联系起来了。这一点放在后面再说。

宋代对水运极为重视，在宋初建立陆路交通网的同时，也建立了以汴京为中心的水路交通网。其所以如此，前面提到，宋太宗时，汴京已是百万人口、几十万军队的大都市，需要大量供应。特别是在“国初方隅未一，京师储廪仰给，唯京西京东数路而已，河渠转漕最为急务”②。因此，在宋太祖建国之初，即疏浚开凿了以下诸水道：

1. 广济河（五丈河）　宋太祖建隆二年（961）即派使至定陶（宋为广济军）进行勘察和规划。定陶即春秋末年战国时代号称五大名都之一的中都，当时谓之陶，是范蠡致千金而自称陶朱公的地方。陶之所以商业兴盛，一个很重要的原因是它紧靠济水（清水），并通过济水与山东诸水系贯通，从而四通八达，成为交通贸易中心。宋重新利用了这个水系，“发曹、单卒数万”浚治③，引导荷水，自开封经曹、洛、郓诸州，同济水以及东方诸水系连结起来，“京都自潍、密以西州郡租赋悉输沿河诸仓，以备上供。清河起青淄，合东河，历齐郓，涉梁山泺、济州，入五丈河，达汴都，岁漕百余万石”④。即使到宋神宗时，在汴水运输充分发挥了它的机能的情况下，五丈河仍然运输了62万石粮食。

2. 金水河　这是在修浚五丈河同年的春天，新开凿的一条人工渠。这条河以荥阳黄堆山祝龙泉作为水源，“凿渠引水过中牟”⑤ 名金水河。长凡百余

① 《宋史》卷一七二《职官志十二·给券》。

② 王曾：《王文正公笔录》，百川学海本。

③ 《通考·国用考·漕运》载，周显德年间即派步军都指挥袁彦浚五丈河，可知自后周即很重视北方漕运。

④ 王曾：《王文正公笔录》。

⑤ 《宋史》卷九十四《河渠志四·金水河。》

里，至汴京，架渡槽桥跨过汴水（这是中国水利史上的一个创举），东汇于五丈河。这条河的开凿，因穿过汴京，宫廷、勋贵和部分居民的用水得到解决，五丈河的水源也有所增加。即使如此，“五丈河常苦于浅，每春初农隙，调发众夫，大力兴役”，“始得舟楫通利，无所雍遏”①。

3. 蔡河　“蔡河贯京师，为都人所仰”②。它的上源——闵水，自尉氏经祥符、开封与蔡水合流，是为惠民河；另一源洧水，“自许田注鄢陵，东南历扶沟合于蔡”。建隆年间对蔡河曾加浚治。乾德三年，又自长社凿渠，引源自密县大隗山的潩水至京师，与闵水相会，这一举既消除一些水灾，也通畅了惠民河的漕运。宋太宗太平兴国三年，为增加蔡河流量，拟“自南阳下白口置堰，阻遏白水流向汉江”，引“入石塘、沙河，达于京师”，试图由此沟通荆湖南北路的漕运。虽然调发了唐邓诸州丁夫，以及派遣军队开凿，“堑山湮谷，历博望罗渠少柘山凡百余里”，抵方城③，终因地势太高，没有能够把白河水调入蔡河。至元丰中，导洛通汴却得到了成功。

4. 汴水　是隋炀帝为沟通黄河与淮河而开凿的一条极重要的人工渠，以通漕运，名通济渠，唐易名广济渠。这条渠水，下接邗沟，与长江联结，过江又修江南运河，直通苏杭，因而是“漕引江湖，利尽南海，半天下之财富，并山泽之百货，悉由此路而进”④，从而受到唐宋时期封建统治者和士大夫们的重视。淳化二年，汴水在浚仪决口，宋太宗亲自前去堵塞，他说：“东京养兵数十万，居人百万，天下转漕仰给在此一渠水，朕安得不顾?”⑤ 由于这条渠水的水源来自黄河，因而受到黄河的严重影响，其一是“大河向背不常，故河口（汴河口）岁易”，要一年两三次地浚挖河口；二是黄河暴涨，汴水也有决溢之患；三是黄河水带来的泥沙甚多，汴河河床也日益淤浅，不利漕运；四是黄河冬天水枯河封，汴水漕运年不过两百天，为期太短。宋政府也采取了

---

① 《王文正公笔录》。

② 《宋史》卷一九四《河渠志四·蔡河》。

③ 《宋史》卷一九四《河渠志四·白河》。

④ 张洎奏疏，《宋史》卷一九四《河渠志·汴河》所载较详，《长编》卷三八系节录，两者文字亦有不同，此据《宋史》。

⑤ 《长编》卷三二，淳化二年六月乙酉记事。

多种办法，以解决上述问题。如每当“河口岁易”，即用开凿，务使通畅；在黄河暴涨之时，汴水开闸分洪，以杀水势；同时每当汴水水位上升超过七尺五寸的警戒水位，即派大批兵士巡视，以防不虞；此外还束水冲沙，即人为地使河道狭窄，用来加大流速，冲泻淤积，也曾以汴水淤田，减少淤积，等等。但终于解决不了河床的淤积和水枯的要害问题。宋神宗元丰元年（1078），都水监丞范子渊提出了导洛清汴的建议，他指出：洛水积其深广得 2136 尺（按即流量），视今汴流澗赢 974 尺，因而完全可以用洛水代替黄河成为汴水水源，以清汴水，并加大汴水流量。宋神宗批准了这项建议，元丰二年三月动工，“自任村沙口至河阴县瓦亭子并汜水关北通黄河，接运河，长达五十一里，两岸为堤总长一百三里”，6 月完成，历时不满 3 个月。为扩大洛水水源，还引古索水为源，注入房家、黄家、孟家三陂，“及三十六陂高仰处潴水为塘，以备洛水不足”[①]。经过这番改造，汴水流清淤少，冬天亦可畅通，大大提高了汴水运输的机能。导洛清汴得到了不小的成绩，但到元祐年间却废止了，尔后绍圣年间又恢复了清汴。[②]

5. 江南运河　这是沟通长江与浙江的一条人工渠，也是隋代开凿成功的。两宋很注意这条漕河的疏浚和管理，为保证漕河水位，以丹阳练湖作为漕河水源，“决（湖）水一寸，为漕渠一尺”，即使遇到天旱，也绝不许决湖溉田；否则，就要受到严厉的裁处：“故法盗决湖者，罪比杀人”[③]。其次，为防御太湖风涛之险，还在近太湖处，筑了一段长堤。

6. 长江　随着商品经济的发展，长江越来越发挥了它的巨大作用。在它的沿岸，宋代兴起了许多城市，大小港口吞吐各种物品转输到各个地区。不过，江阔浪大，樯倒楫摧，船只覆没的也不在少数。如南宋孝宗年间，黄州税务刁难过往舟船，“百端阻节，动至五七日，稽留江面”；“忽一夜风浪大起，坏船十只，沉失盐二千余袋；又打碎其他大小船五十余只，老小不知数目”[④]。为避免风涛的袭击，宋代“沿江税场如江州、蕲口、芜湖以至池州、真州，

---

① 《宋史》卷三四三《蒋之奇传》。
② 可参阅黎沛虹、纪万松《北宋时期的汴河建设》，载 1982 年《史学月刊》第一期。
③ 欧阳修：《欧阳文忠公文集》卷三三《许元墓志铭》。
④ 《宋会要辑稿·食货》一八之一二。

皆有岸夹，依泊客舟”，而没有岸夹的黄州，“舟船倾侧，常有飘散之忧”。为此，黄州也“开新澳以便民旅”，从“尚有六百八十丈不曾开通”[①] 的记载看，这条岸夹相当长。从这些记述看来，所谓的“岸夹”，当是停泊船只的躲避风涛的避风港或码头，“新澳”就是新建的岸夹、码头。这样说来，宋政府对长江沿岸港口也进行了一些基本建设，虽然这些建设是出自于政府征取更多商税的需要，但在客观上则便利了商船的来往和商品的流转，因而在港口建设史上是值得一提的。

汴水、江南运河贯穿了黄河、淮水、长江和浙江，宋代东南市场和北方市场由此而密切地联系起来了。仰仗这条大动脉，宋政府吸取了大量的东南财富，作为其专制主义中央集权制的立国基础，各地区的交换也以这条运河作为中枢。不过，在两宋300年间，漕运也有不同的方式和变革，而这些方式和变革反转过来又影响了各地区的交换和国家财政制度，因而有必要作如下的简略叙述。

转般法 这是许元总结宋初以来的漕运经验而制定出来的一种行之有效的漕运制度。许元于庆历三年（1043）经范仲淹的推荐，任东南六路发运司判官，主持漕运，其后又升任发运副使和发运使，历时共13年。[②] 许元对漕运进行了重大改革，转般法就是他的改革的主要成果。举凡东南六路每年上供京师的粮食财货，由转动司负责组成纲运。纲是组合的意思，由若干只船或车组成，谓之一纲，根据某种物品而称之为某纲，如马纲、香药纲、茶纲、花石纲之类。北宋初以来，系10船组成一纲，由使臣或军大将主管。李溥为发运使，改为30艘为一纲，仍由使臣军大将三人掌管。[③] 对运粮纲船，特别规定了：“不许住滞一时，所过税场不得检税，兵梢口食许于所运米中计口分升斗借之，至下卸日折算逐人之俸粮。盖以舟不住则漕运甚速，不检则许私附商贩……借之口粮，虽明许之，然漕运甚速，所食几何？”[④] 为了运粮的安全，在一组纲运中，置“有厨船”，“故事：置厨为全纲，诸船不得动火，惟厨船

① 《宋会要辑稿·食货》一八之二一。

② 《欧阳文忠公文集》卷三三《许元墓志铭》。

③ 《宋史》卷二九九《李溥传》。

④ 李廌：《济南师友谈记》。

造饭以给诸船，一无火烛之虞，二无盗米之弊。”[①] 对“篙工楫师苟有少贩鬻”，也不大干涉[②]。诸路粮船到达真、扬、楚、泗四州，则指定到所在粮仓中缴纳，然后装上淮盐运回本路出售。而汴河漕船则自真、扬、楚、泗诸仓装运粮食或其他财货，运至汴京诸仓交卸，然后再前去转般。这样，抛除汴河的枯水季节，纲船也可往返运输 4 次，“转相灌注，由江达淮，由淮达汴”[③]。因而这种分段运输法谓之转般法，而在真、扬、楚、泗诸州贮存的米仓，则称之为转般仓。这种运输办法的好处是：（1）由于江船不入汴，“运盐归舟还其郡，卒还其家”，既有回头货可捎带，又使郡卒得到休息；汴船“岁擢运者四”，提高运输机能，“河冬涸，卒亦还营，春天复集；名曰放冻，卒得番休，逃亡者少”。如果“江汴之舟，合杂混转”，“挽舟之卒有终身不还其家而老死河路者，籍多空名，漕事大敝”，“而汴船涉江也多沉溺之患”[④]。（2）发运司每春即将真、泗诸州储米运京师，储米达 1200 万石，而京师所需为 600 万石，因而“有岁歉米贵，则令输钱以就年额，而为之就米贱路分籴之，以足年额”[⑤]。“州郡告歉，则折纳上等价钱，谓之额斛；计本州岁额以仓储代输京师，谓之代发；复于中熟，以中价收籴，谷贱则官籴，则不至伤农；饥歉则纳钱，民以为便，本钱岁增，兵食有余”[⑥]，于国于民，都有裨益。

均输法　是在前此许元转般法基础上加以改革的一项运输方法，以便进一步解决对京师的各项供应。熙宁二年（1069）变法之始，即公布了均输法，由薛向任东南六路发运使，主持这项变革。在此以前，漕运全由官府舟船运输，“漕运吏卒上下供为侵盗贸易，甚则托风水沉没以灭迹，而官物陷折者岁不减二十万斛。至向始募客舟分运，以相检察，而旧弊悉去。”[⑦] 发运使的职权扩大了，东南六路茶、盐、酒、矾等项专利全归发运司掌握，因而手中有大量货币。对各项物资的收购，不但明确地规定了“徙贵就贱，用近易远”的

① 王巩：《清虚杂著补阙》。
② 《五朝名臣言行录》卷一。
③ 程大昌：《考古编》卷七《发运司》。
④ 《通考·国用考三·漕运》。
⑤ 王安石：《王临川先生文集》卷六二《看详杂议》。
⑥ 《通考·国用考三·漕运》。
⑦ 《通考·国用考三·漕运》。

方针，而且还可根据各地方市场的行情，“从便变易”。这样，在收购各项物品时就更加灵活更加及时了。特别重要的是，这次改革充分发挥籴本的作用。它既是对许元方法的继承，又是这一方法更进一步的发展：“设有水旱灾伤，蠲租折额，亦未至乏供，则又以籴米之千二百万者，转于他郡，籴贱而饶，积既有余，遂可斟量诸郡凶丰，而制其取予。如其年两浙歉，江西丰，即籴江东西以充浙额，却以江东西贱价而责输于浙。浙既比本上得输贱价，而江东西粒米狼戾，又可贸易成钱，不至甚贱伤农。”[①] 程大昌的这个评论，对籴本的意义和作用说得非常明白透彻。总之，熙丰年间实施的均输法，使京师的供应得到了改善，而前此诸路的非时之敛也有所改进，对社会经济的发展是有利的。

直达法 宋哲宗元祐年间反变法派掌权期间，东南漕运又有所逆转。此前每岁运600万石，“欠折”损失者为六七万斛，折损率为1%。元祐六年运粮450万石，而“欠折之多，约至三十余万石”，折耗上升到6.6%。过去纲运不许停滞、不许检查，而元祐年间淮南转运司督迫诸处税务进行检查，“一纲三十船”，“一船点检，二十九只船皆须住岸伺候”，以至浪费了时间，耽搁了漕运。到宋徽宗崇宁年间，蔡京集团掌权，用其亲信胡师文为发运使，胡师文将此前积累的数百万贯籴本充作“羡余”，贡献给宋徽宗，买得了户部侍郎的职位。这样一来，籴本既然没有了，粮食也就无法周转了。更为严重的是，“自是来者效尤，时有进献，而本钱竭矣！本钱既竭，不能增籴，而储积空矣！储积既空，而转般无用矣！”[②] 崇宁三年（1104），蔡京采纳了户部尚书曾广孝之说，改转般法为直达法，淮盐亦自发运司拨归榷货务，在这一改变之下，“漕计不足，继行直达，废仓廪以为无用，献籴〔本〕以为羡余，押纲使臣及兵梢无往来私贩之利，遂侵盗官物，负欠者十九。又使臣兵梢不复以官舟为家，一有损漏，不加修治，遂使破坏。而负欠者常自排岸司追逮入司农寺，司农寺下大理推治，率数月则以无罪出。”[③] “蔡京用事，罢转般为直达，尽掊藏钱粟为羡余以献，而六路漕船浮长江，绝淮泝汴，累数月而后至，吏卒冗事其中，

---

① 程大昌：《考古编》卷七《发运司》。
② 《通考·国用考三·漕运》。
③ 胡宏：《五峰集》卷三《向子諲行状》。

度不能偿，则穴而沉之……甚至委空舟逃去。”[①] “自是六路郡县，各认岁额，虽湖南北至远处所，亦直抵京师”；“又盐法已坏，回舟无所得，舟人逃散，船亦随坏，本法尽废，弊事百出”[②]，到北宋末年，汴京供应成为严重问题。

南宋初年的漕运情况不佳。主要原因是，漕船皆官府自造，南宋初温、明、虔、吉等造船场，“官吏具在，皆坐食廪禄，略不举职。盖缘逐州近将合支钱物材料工匠等，转易他用”，“所用舟船大半取办于民间，往往凿船沉江，以避其役，至于抱认折欠，监锢填纳，为患非一”[③]。对于防守西北地区吴玠一军的粮食供应，更成了烦难的问题：“嘉陵江险，滩碛相望，夏苦涨流之失，冬阻浅涩之患，终岁水运，终不能给，是以时起陆运之役”；而“绍兴四年秋，陆运始行，役夫饥饿疾病相仍，毙于道者三之一，蜀民至今痛之!”[④] 许多制度、措施，倒退到北宋初年甚至北宋以前，用无偿劳役的办法役使广大人民，去解决官府的运输，显然是困难的。

宋政府拥有大量漕船。宋太宗至道末年达3337艘，而诸路也有2540艘。所以王应麟《玉海》卷一八二上说北宋漕船达6000艘。从各地运送至汴京的各项物资不断增加，今制表如下，以说明各河道运输情况[⑤]：

河道名称	太平兴国六年运输量	治平二年运输量
汴　河	江淮米3000000石 菽1000000石	5750000石
黄　河	粟500000石 菽300000石	—
惠民河	粟400000石 菽200000石	267000石
广济河	粟120000石	740000石

① 孙觌：《鸿庆居士集》卷三四《朱彦美墓志铭》。
② 《通考·国用考三·漕运》。
③ 《系年要录》卷九五，绍兴五年十一月乙未记事。
④ 《系年要录》卷一一〇。
⑤ 据《通考·国用考三·漕运》制成。

续表

河道名称	太平兴国六年运输量	治平二年运输量
粮食总计	5520000 石	6757000 石 金银缗线 11730000 京东陕西 薪 17130000 斤 河 东 炭 1000000 秤（秤 16 斤）

上表说明了几条河道的运输都所增加，其中汴河的运输占最重要的位置，今制表如下，以考察北宋一代汴水运输量增加的情况：

年　代	汴水运输量	材料来源
宋太宗端拱二年（989）	5000000 斛	《通考・国用考三・漕运》
宋太宗至道初（995）	5800000 石	《宋会要辑稿・食货》四六之一；《通考・国用考三・漕运》
宋真宗景德中（1005～1006）	4500000 石 6000000 石	《梦溪笔谈》卷一二；《宋史・食货志》
宋真宗大中祥符初（1003）	7000000 石	《宋会要辑稿・食货》四六之一
宋真宗时	8000000 石	《欧阳文忠公文集》卷二六《薛奎墓志铭》
宋仁宗时	8000000 石	《宋史》卷三三一《孙长卿传》
宋英宗治平二年（1065）	5755000 石	《梦溪笔谈》卷一二
宋神宗熙丰中	6000000 石	《梦溪笔谈》卷一二

通过汴水的运输，东南六路有力地支持了宋专制主义封建统治。而在东南六路，江南西路上供粮食则居于首位："本朝东南岁漕米六百万石，以此知本朝取米于东南者为多……而江西居三之一，则江西所出尤多。"① 漕米是一色的

① 吴曾：《能改斋漫录》卷一二。

粳米。除了国家漕运外，私人也将东南六路的粳稻运至汴京，《长编》景德三年五月记事中称："自江淮贱市粳稻，转至京师，望邀厚利"[①]，便可说明。东南市场的其他物品，也源源不断地自汴水流入汴京。

承担各项交通运输的有着形形色色的劳动者，这些劳动者基本上区分两类：一为国家控制，二是散在民间。

国家控制下的从事交通运输的劳动者主要有：

1. 厢军。宋代厢军不习战斗而"供杂役"。以论兵著名的孙洙曾经指出："……离而为六七者，谓之兵而不知战斗者也：给挽漕者，兵也；服工役者，后也；缮河防者，兵也；供寝庙者，兵也；养国马者，兵也。"[②]"在城厢军，逐年抽上黄河执役，并修葺仓营城池，迎送官员僝擎往来。"[③]"诸路厢军，名额猥多，自骑射至牢城，其名凡二百二十三，其间因事募人，团立新额，或因工作榷酤，水陆运送，通道山险，桥梁邮传马牧，堤防堰埭若此者事在而名未可废……"[④]宋神宗熙宁以前，军队未整编时厢军约四五十万，整编之后也不下20万。厢军当中诸如给挽漕、缮河防、担擎往来、水陆运送、通道山险等等，从事交通运输的为数甚多。他们在名义上是所谓的军队，而在实际上则是隶属于封建国家、为国家支配的劳动生产者。

不少的厢军充作马递铺或水陆铺的铺兵。马递铺兵是宋太宗淳化四年差充的，当时规定以二年为期[⑤]。水陆铺兵也大约如此。各州县都有为数不等的铺兵，要视其运输情况而定。南宋时期明州共17铺，112名铺兵，每铺平均6人。铺兵既是厢军，薪饷请给予厢军相同。熙宁以来新置的运铜锡的铺卒和运茶的茶递铺铺卒，因运输量大，人数较多。如茶递铺，"每十五里辄立一铺，招兵五十二人，起屋六十间"[⑥]。这些招来的铺卒，与厢军的"请给"是一样的，待遇是极其菲薄低下的。可是，铺卒铺兵的劳动则是极为艰苦的。陕西运

① 《长编》卷六三。
② 王明清：《挥麈后录余话》卷一《祖宗兵制名框廷备检》。
③ 《通考·兵八·郡国兵》。
④ 《通考·兵八·郡国兵》。
⑤ 《通考·兵八·郡国兵》。
⑥ 苏辙：《栾城集》卷三六《论蜀茶五害状》。

送铜锡的铺兵，“道路有雨雪泥水之艰，士卒有风霜暴露之苦”，不仅“运致不前”，而且“死亡无处无之”[①]，“臣至淮南，道逢羸兵六人，自言三十人，自潭州挽新船至无为军，在道逃死，止存六人，去湖南犹四千余里，六人比还本州，尚未知全活，乃知馈运之患，不止伤财，其害人如此!”[②] 这是水运中的一个事例。再看川陕之间的茶运：“蜀道行于溪山之间……稍遇泥潦，人力不支，逃匿求死，嗟怨满道，至去年八九月间，剑州剑阳一铺人全然走尽，沿路号茶铺为纳命场!”[③]

2. 国家劳役制下的诸色役人。熙宁变更役法之前，交通运输中的役人为数是很多的，不下数十万，其中有：

水递铺夫　“从江陵到桂州有水递铺夫数千户，皆渔樵细民，衣食不给。”湘江多巨潭（滩?）险石，而程限与陆铺等，或阻风涛阴雨，率被笞捶”[④]；因“因于邮役，衣食多不给”[⑤]，太平兴国二年，经张齐贤的奏言，每铺减铺夫一半。又“沿江水递八十九铺，岁役民丁甚众，颇废农作”[⑥]，张咏奏罢归州、峡州水递铺夫[⑦]，其后李防又作了改进，“民以为便”[⑧]，这一劳役制才算是缩小了。

车丁　这是广南西路郁林州的一项差役，“岁役车丁运盐输容州北流县”，“初官给钱买牛造车，其后牛死车败，皆车丁自办。遇运盐月人给钱二百、米一石，仍禁以车牛乘载私物，车丁不堪其苦!”[⑨]

籍民舟运　自宋太祖乾德年间灭蜀之后，“每岁上供纨绮，动逾万计，籍里民补牙校，部舟运，由嘉陵抵荆渚，沉覆殆半，破产以偿者甚众。”[⑩]

运盐贴头　这是承担运输解盐的一种差役，名曰衙前，亦名帖头，前章已

---

① 《长编》卷二三〇，熙宁五年二月壬戌。
② 《长编》卷一一二，明道二年秋七月甲申载范仲淹奏言。
③ 《栾城集》卷三六《论蜀茶五害状》。
④ 《长编》卷一八，太平兴国二年春二月记事。
⑤ 《宋史》卷二五六《张齐贤传》。
⑥ 《长编》卷四五，咸平二年八月庚申记事。
⑦ 《宋史》卷二九三《张咏传》。
⑧ 《长编》卷四五。
⑨ 《长编》卷二一一，熙宁三年五月戊午记事。
⑩ 《长编》卷五四，咸平六年夏四月庚午记事。

经提过。不赘。

馆驿中诸色役　这类役人名目繁多，宋代在汴京与雄州之间设立的专门接送辽国使臣的馆驿中的“三番”，即是其中之一。包拯曾对这项差役有所论列，他指出：

> 臣窃见自京至雄州入使，馆驿专副，尽是差乡民有家产者勾当。一年一替，仍须是三人已上方可管勾得。前及年终，亦多逃避者。盖信使往来，三番取给，实为烦费，虽有条贯约束，其诸州久例为敝，难为止绝，乡民不敢申诉，以至荡尽产业。①
>
> 臣近闻圣慈以接送契丹国人使往来，更不差三番……且三番为河北之患，积有岁年，日甚一日，诛求骚扰，公私不胜其害。臣顷年曾差充送伴人使，且知蠹民残物之甚，亦尝论列。②

经包拯论列之后，三番不再差遣了。余如馆驿之中有衙前、散从官、人力等等，前面宋代役法一章中也有所叙述，不再赘。大约自熙宁变更役法后，劳役制缩小，交通运输中的招募制也发展起来了。

3. 招募　前面在均输法中，已经说过，薛向为改变东南六路运输，曾募客舟与官舟同时运粮，“以相讥察”，这种办法就是招募制。行募役法后，举凡运输官物的衙前等都是募人承担。在受雇期间，根据运输的难易大小，给以雇值，这种雇值则出自征收的役钱。招募制日益发展，宋徽宗宣和年间出使高丽的船只，就是由福建、两浙监司顾募，并“复令明装饰”的，“略如神舟，具体而微”，“每舟篙师、水手可六十人”③，是募舟出使海外有名的例证。

总括来看，官府各项交通运输活动虽采用雇募的方式，但北宋初年以来主要依靠厢军和役人进行的。厢军待遇微薄，据蔡襄在《论兵十事》中说，厢军全年“请给”不过30贯，即每月2贯500文。用这点钱养活五口之家是困难的。而应役的役人，则完全为无偿劳役！在各项交通运输的重压之下，成千上万的劳动者饥号啼寒，以至于死亡，而他们的血汗却凝结成了高额利润，为

---

① 包拯：《包拯集》卷三《请罢巡驿内官》。
② 《包拯集》卷七《请免接送北使三番》。
③ 徐兢：《宣和奉使高丽图经》卷三四《客舟》。

封建国家所攫取。

官府以外的各项运输，则是由民间的挑夫、车夫、船户等承担的。

陆路运输，靠畜力、车辆。在牲畜使用上，熙宁前后汴京有一个很重要的变化。“京师赁驴，涂之人相逢无非驴也。熙宁以来，皆乘马也。按古今之驿，亦给驴物之用。”① 从骑驴到改变乘马，反映了熙宁以来社会养马多了起来，从这里就又可以了解到，为什么熙宁年间敢于废除监牧制而实行保马、户马制。车辆没有什么改进，一种是《梦溪笔谈》上讲的用牛拉的太平车，日行三四十里；一种是用马拉的车，较牛车为快。宋以及宋以前，靠车运为生的劳动者谓之“车家”或“车夫”、“车丁”。《五代史平话》讲周太祖郭威就是车家出身。靠肩挑的挑夫也是宋代运输的一支重要力量，商人们往往雇人为他们挑担，前章雇工中已经提到了这个问题。

水运靠船只，由于船只的装载量大，水运运费比陆运要低很多。以运盐为例：“运盐之法，凡行百里，陆运斤四钱，船运斤一钱，以此为率。”② 水运和陆运运费的比数为1∶4。官府对水陆运运费——“地里脚钱”也有明确的规定，即：“依图经每一百里一百斤，陆路一百文，水路沂（当作‘泝’）流三十文，顺流一十文”③。这项规定的比数，顺流与陆运为1∶10，泝流与陆运为1∶3.3。因此，在交通运输中，水运一直很受重视。

从事水运的船户是一支重要的力量。很多船户，以船为家，生老病死，全在船上。船既是他的生活资料，又是他的生产资料。在长江，则有数十户住在大木筏上，木筏“广十丈余，长五十余丈，上有三十四家，妻子鸡犬臼碓皆具，中为阡陌相往来”；“大者于筏上铺土作蔬园，或作酒肆”④。这类大筏只能在宽阔的江面上活动。船户以运输谋生，但他们的活动往往受到官府的约束。广南东路沿海州军广、惠、南恩、端、潮等濒海船户，在宋哲宗元祐年间，编制为甲，“每二十户为甲，选有家业行止众所推服者二人充大小甲头，县置籍，录生名年甲并船橹棹数，其不入籍并橹棹过数，及将堪以害人之物，

① 王得臣：《麈史》卷下。
② 《梦溪笔谈》卷一一。
③ 《庆元条法事类》卷三七。
④ 陆游：《入蜀记》卷四。

并载外人在船，同甲人即甲头知而不纠，与同罪；如犯强盗，视犯人所坐轻重断罪有差，及立告赏没官法。”① 到南宋年间，福建路沿海民户海船，“频年招募把隘，多有损坏，又拘靡岁月，不得商贩，缘此民间以有船为累，或低价出卖与官户，或往海外不还，甚至自沉毁”，给沿海交通运输以严重影响。因此，有的官员提出，对这些民船户，使其在三年当中有两年“逐便经纪”②。在浙东明州沿海，因为要把守海面，官府也多无偿地征用民间船只，甚至一二丈长的船只也被征用，这算是南宋政府对船户的一项不定规的徭役。

沿海一带，从明州北至密州，南至温州、福州、泉州、潮州、广州以及海南岛琼州，都是靠船户往还出纳各种商品的。船户在我国水运事业中做出了重要的贡献。

船户有的一家老小在船上，全家经营，也有的船户不亲自经营，而是雇人经营。受雇的不仅有水手、梢工，也有篙师。这些水上的劳动者，由于长年在水上活动，积累了丰富的驾驶航行的经验。尤其是其中的篙师，像三峡那样的险滩，也都是在他们的指挥下渡过的。篙师也叫长年，所谓“长年三老歌声里”。川陕一带称篙手为长年，而“三老”则是“一船之最尊者”③，当即是掌舵的。“一船之长”也叫招头，“招头盖三老之长”，“雇直差厚，每祭神得胙肉倍众”④。在船上，除船主外，最重要的就是这类招头，即掌舵的舵工或舵首；在海船上称“舟师”，由其掌握罗盘舟舵，以定航向。内河航行，舵工也很重要，特别是在渡过险滩时，他们的实践经验发挥了巨大作用，化险为夷，安然渡越。水手们的劳动也很沉重，特别是在泝流而上，越过险滩之时，他们背着纤弓下身躯，几乎是匍匐在地，举步维艰地向前移动，但他们所得到的雇直是非常菲薄的。宋孝宗乾道二年，官府自夔州至归州船运纲马，“每一只顿放一十八匹，每船摇橹六枝，水手三十六人，梢工四人，计船三只，合用一百二十人，每人日支雇钱二百文，食钱三百文……共计十五日，计支破钱九

① 《宋会要辑稿·食货》五〇之四至五。
② 《宋会要辑稿·食货》五〇之一三。
③ 戴埴：《鼠璞》。
④ 《入蜀记》卷五。

百贯文"①。这就是说，过三峡这样的险滩，顺流3日、泝流12日，往返15日所得不过3贯文！后来因"水路稍远，约计三日或四日可到，梢工往复各支钱引四贯，火儿各支钱引两贯"②，梢工比一般水手可多得一倍。雇直虽然不高，可是待雇的篙师、水手却为数不少，往往有的人召雇不上，甚至被他人取代，从而出现了跳水自杀的悲剧③。

交通运输业中的车家、船户、挑夫、水手篙师和舵工等，是创造社会财富的劳动者。他们把生活生产上所需要的各种产品，运转到各个地区，从而满足了各地区的需要，推动了各地社会经济的发展。在运输过程中，出现的地区差价，主要是凝聚了这些劳动者的血汗。而由这个差价所形成的高额商业利润，却落入了商人的腰包，商业资本就是用这种办法增殖的。如以车船的运输为例：运输物品总量×每一物品的地区差价，就是地区差价总额，从这个总额中扣除一部分船（或）车的折旧，即差价总额－折旧＝总余额。商人在取得这个总余额时，必须付出运费，因而发生了总余额与运费相比的情况，这大致表现为小于、等于和大于三种情况。如果总余额小于运费，商人折本，等于运费，商人则无利可图，这两者都是商人所不肯干的，是违反商业运输的规律的。因而只有在总余额大于运费的情况下，商人才能获得商业利润。而运费除去折旧的，余下的就是支付船工们的雇直。这样，商人越是压低运费，亦即越是压低船工的雇直，商人所得的商业利润就越大。因而商人所付出的运费，仅是船工们的必要劳动，而剩余劳动就包含在地区差价之中而隐蔽起来了。因此，计算船工们的剩余劳动，或者说船工们为商人所创造的商业利润，其算式如下：

差价总额（运输物品总量×每一物品地区差价）－运费（包括折旧）

＝差价总余额

在这个差价总余额中，如上所说，包括了船工们的剩余劳动。但，如大家所知道的，商人的特性是买贱卖贵，他们在向小工小农收购产品时，压低价格，使

① 《宋会要辑稿·兵》二三之二九。

② 《宋会要辑稿·兵》二三之三四。

③ 陆游《入蜀记》卷五有云："有嘉州人王百一者，初应募为船之招头……既而船至赵清改用所善程小八为招头，百一失职怏怏……遂发狂赴水。"

之低于市场价格，在出售时，又提高价格，从消费者（包括大量的小农小工）身上再榨挤出油水来，因而在差价总余额中还包括了收购地区和销售地区的小农小工的一部分剩余劳动。如果运输的车船包括车船主在内，使得情况更加复杂，即运费当中一部分为车船主占有，使船工的雇直更加下降了。在这种情况下，商人和车船主共同瓜分船工们的剩余劳动了！

第三节　城镇居民的阶级构成
商业行会以及宋政府的城市政策

如前所指，宋代城镇大约聚居200万以上民户，占总户数的12%以上。在城镇居民中，居住了一些什么人，属于哪些阶级和阶层，对城镇经济的发展究竟起了什么作用呢？这是须加说明的。

除汴京、临安聚居着皇室及其宗族、文武面官和广大军队，一般城市聚居着现任官吏、驻军之外，在城镇中也有不少的官户定居下来。如富弼、文彦博、司马光等在熙丰变法之际，都退居洛阳；王安石自熙宁九年二次罢相之后，即寄居在江宁府，他的后代便在此落了户。王安石一家生活的重要来源，还是依赖田产，在江宁府上元等县有一批田产，后来舍给了蒋山太平兴国寺，作为该寺的常住田。另外，在宣城、芜湖也有一批田产[①]。这种情况，甚为普遍，特别是在风光明媚、土地肥沃的苏杭一带，士大夫求田问舍并在此落了户的更多。如苏舜钦被免职之后，在苏州就置办了产业和著名的沧浪亭。后来，这片田产归了章惇。福建另一家章氏叫做章楶的，也在苏州北郊建立了亭园，因而有南北章之称。“时人尽说吴中好，劝我苏常买薄田。”[②] 在这些城市聚居的官僚士大夫也就特别多。这是城市阶级构成中具有相当经济力量的阶级。

城市之中还有一批所谓的“遥佃户”。“民有物力在乡村而居城郭，谓之‘遥佃户’”[③]。由于材料不充分，无法判明“遥佃户”的物力大小，从而说明

---

① 《系年要录》一一二，绍兴七年六月壬申记事。

② 周紫芝：《太仓稊米集》卷三四《吴中舟行口号》。

③ 《长编》卷三四，元丰七年五月辛酉记事。

他们的阶级地位。粗略估计，他们当中一个相当部分拥有可观的田产，因而是住在城镇中的封建主，与官户的阶级地位一样，也都是靠地租过日子的。

城镇居民的主要组成部分是坊郭户。坊郭户也叫做坊市户。即对在近城草市上的坊郭户也是这种称呼。如“大宋河西平定军西草市坊市户郭秀……创造香炉一座谨献上”[①]，就是一例。也可称为“市户”或“井商”。坊郭户也是以财产标准区分为主客户的。坊郭客户同乡村客户的地位大致一样，如果说乡村客户以下无置锥之地作为标志，那么，坊郭客户则以上无片瓦为其特征。坊郭客户在城镇居民中数量甚大，“嘉祐三年冬十月癸亥诏，河北诸州军客户干食盐钱令坊正陪纳者特除之”[②]，从这里又可看出，坊郭客户是极为困苦的贫民。虽然上无片瓦，下无插针之地，封建国家依然加以掠夺，干食盐钱不过是其中一项苛敛而已。

城镇坊郭主户包括经营大小商铺的坐贾、手工业作坊、各种服务性行业中有产业的民户。坊郭主户划分的财产标准是什么？在汴京等大都市来说，“重城之中，双阙之下，尺地寸土，与金同价！”[③] 因而在这样的地方有地皮、有房舍，就可以成为主户。房舍显然是作为区分主户等第的一个重要标准。拥有房舍的一批人，专门靠僦赁房舍为生，叫做掠房钱人，如“又杨府九位有掠房钱人沈喜者，居长生桥”[④]，即是其中一例。这类靠瓦片吃饭的，“僦屋出钱，号曰痴钱，故僦赁取直者，京师人指为钱井经商”[⑤]，并由此形成所谓的庄宅行。太平兴国八年，开封府一个名叫赵孚的官员，曾经指出庄宅买卖中纠纷太多，要求“下两京及诸道州府商税院集庄宅行”[⑥]，共同制定一个买卖庄宅的契书，作为样本使用。由此可见，庄宅行在全国城镇中人户不少，占重要的比重。在庄宅行中，财产差别很大，亦即拥有房舍多少差别很大。有的僦舍

① 胡聘之：《山右石刻丛编》卷一四。
② 《长编》卷一八八。
③ 王禹偁：《小畜集》卷一六《李氏园亭记》。
④ 周密：《志雅堂杂钞》卷上。
⑤ 《清异录》卷一。
⑥ 《长编》卷二四。

值万缗[①]，有的一所房舍“每月僦值一十八千”[②]。大约“月掠房钱十五贯以下是下等之家”[③]，他们与乡村庄田收入百斛的第四等户即自耕农民的经济力量、社会地位大致相同，在城镇坊郭主户中大概在七等上下。在州县靠掠房钱为生的，有相当贫苦的下户。如河东路辽州，“第四等一户开饼店为活，日掠房钱六文。”[④] 苏舜钦在《谘目》中提道：“只于京师仕宦及有屋业者取之，岁入不啻百万。”[⑤]“日掠房钱六文”与“岁入不啻百万”就是宋代庄宅行中户等之间的差距！

除房廊外，坊郭主户中定户等的物力当中，质库等也都是极为重要的物力。《宋史·食货志》上说：“役起于物力，物力升降不淆，则役法公。是以绍兴以来，讲究推割推排之制最详”，“除质库、房廊、停塌、店铺、租牛、赁船等外，不得以猪羊杂色估纽”[⑥]。邸铺、停塌、店铺以及质库与房廊当然有密切的关系，但有的是以自己的房廊经营邸店、停塌、质库和各类店铺的，也有的是将房廊转租出去，由别人经营邸店和各类店铺的，所以邸店、各类店铺的户等就不能单纯以房廊多少定户等了。这是一点。就邸店、停塌等的经济力量而论，其间差距也很大。宋徽宗末年的一位宰辅大臣何执中，“广殖资产，邸店之多，甲于京师”，伶官们在皇帝面前揭发这位首辅“日掠百二十贯房钱”[⑦]，算是经营邸店获利极为突出的一个。南宋临安的停塌，规模甚大：“市舶前有慈元殿及富豪内侍诸司等人家于水次起造塌房数十所，为屋数千间，专以假赁与市郭间铺席宅舍及客旅寄藏物货并动具等物。四面皆水，不惟可避风烛，亦可免偷盗，极为利便。盖置塌房家月月取索假赁者管巡廊钱会，顾养人力，遇夜巡警，不致疏虞”[⑧]。那么，质库、邸店和各类店铺除房舍多

① 《宋史》卷四六五《韦渊》载，韦渊依仗韦太后，得赐田二十顷，“房缗钱日二十千”，僦房钱尤为可观。

② 刘安世：《尽言集》卷三《论胡宗愈除右丞不当》。

③ 《宋会要辑稿·食货》一三之一〇。

④ 《欧阳文忠公文集》卷一一六《乞免浮客及下等人户差科札子》。

⑤ 苏舜钦：《苏学士文集》卷一〇。

⑥ 《通考·职役考二》此段记载相同。

⑦ 董弅：《闲燕常谈》。

⑧ 吴自牧：《梦粱录》。

少标准外，还以什么标准来划分户等呢？按营运钱多少区分户等。吕陶在元祐初年的一道奏章中说："伏见成都府路、梓州路自来只于人户田产税钱上依等第差役，熙宁初施行役法，别定坊郭十等人户出营运钱以助免役之费"；但"州县望风承旨，不问虚实，及有无营运，但有居止屋宅在城市者，估其所直，一概定坊郭等第。"[①] 根据元丰二年（1079）诏令，"坊郭户不及二百千、乡村户不及五十千并免输役钱"[②]。免输役钱的坊郭户，他的资产即包括了房产和营运钱，也可能仅有营运钱，这样的户等相当乡村第五等户，在城市中居八九等之间。因而以营运钱确定坊郭户等是一项重要办法。事实上，营运钱的多少是确定宋代商业资本和高利贷资本的根据。

归纳以上两点，根据房廊、邸店、停塌、质库店铺的房产和营运钱的情况，城镇坊郭户区分为十等。就河东宁化军情况看，"本军人户全少，城郭主客十等，共三十四户，内五等以上只十五户，其余六等贫弱之家共有十九户。"[③] 不过，各州县城镇之间经济情况差距甚大，因而户等划分也很不均平，特别是同汴京大城市相比，差距则更大。尹洙曾经指出："陕西坊郭第一等人户中甚有富强数倍于众者，每至官中科率，只一例作一等均配（似当作'配'），其近下户等极有不易者，今臣欲乞逐州第一等户中推排上户家产比类次下，同等人户家产一倍以上者，定作富强户，三倍以上者定高强户，五倍以上者定作极高强者。"[④] 尹洙的这项主张，到熙宁年间变革役法、重定户等时大体上被采纳了。其中高于一等户的谓之出等户、高强户和无比高强户。兴仁府万延嗣有家业钱12万贯，就列于无比高强户。城镇坊郭户中的高强户，大都是拥有几十万、上百万的大商人大高利贷者，他们是商业资本和高利贷资本的代表，对此问题将在后面再加叙述。除少数大商人大高利贷者外，绝大多数是中小商人和中小作坊主，他们营营苟苟，劳作奔走，唯求一饱而已。

随着商业、城市经济的发展，私有制、剥削制的毒菌也越来越毒害着社会。城镇居民除上述各阶级阶层外，还出现了一个流氓、无赖和游民等组成的

---

① 《长编》卷三七六，元祐元年四月载此疏。
② 《长编》卷二九九，元丰二年七月甲戌记事。
③ 《欧阳文忠公文集》卷一一五《乞减配卖银五万两状》。
④ 尹洙：《河南先生文集》卷三《奏论户等状》。

寄生者阶层。在这批社会的渣滓中，有偷儿，例如成都府使用交子，交子“皆藏于腰间”，偷儿们“善以小刃取之于稠人之中如己物”[①]；也有形形色色的骗子[②]；也有无赖恶少开设墼坊赌局，用来坑害人们的[③]。此外，还有娼妓，更令人惊讶的是，还有男娼，汴京广州等地都有[④]。真是名副其实的花花世界！政府虽然下令禁止，但是，产生毒菌的私有制剥削制不最终地消灭，这些依附其上的寄生者也就无法根除！

在第二编手工业生产中，曾经指出城镇中手工作坊大抵是同业聚居的，而各类商业店铺，诸如米行、鱼行、花市、彩帛铺、金银铺之类，也都是聚集在同一条坊市、街巷上的。同手工业形成行会一样，城镇诸商业行铺也形成了商业行会。商业行会每行了都有行老；也都有自己的特殊衣着以为本行标识，“其士农工商诸行百户衣装各有本色”[⑤]；“香铺人顶帓背子，质库掌事裹巾著皂衫角带，街市买卖人各有服色各可辨认是何名目人”[⑥]；各行也都有宗师，以及自己的社日等等，与手工业行会也是相同的。此外商业行会有以下几个重要职能，这就是：

其一，统一商品价格。在茶行当中，兼并之家“自来有十余户，若客人将茶到京，即先馈献设宴，乞为定价，比十余户所买茶更不取利，但得为定高价，即于下户倍取利以偿其费。”[⑦]“城内外诸铺户，每户全凭行头于米市作价，经发米到各铺出粜。”[⑧]所谓统一市场价格，实际上是经济力量强的行首对价格的垄断，由此取得高额利润。

其二，为限制竞争，不许他人进入市场贸易。宋徽宗宣和四年（1122）讲议司奏请，其四方商旅村户时暂将物色入市货卖，许与买人从便交易，行户

---

① 《二程文集》卷三《彭思永行状》。
② 《随隐漫录》《钱塘琐记》等等。
③ 《长编》卷三三。
④ 《清异录》卷一。
⑤ 《东京梦华录》卷五。
⑥ 《梦粱录》卷一八。
⑦ 《长编》卷二三六，熙宁五年闰七月丙辰记事。
⑧ 《梦粱录》卷一六《米铺》。

不得障固；如违，依强市法科罪”[①]。从这个奏请中可以看到，不经过“行”的许可而“入市货买”是非常困难的，显然可见，城市中的交易是由“行”控制着的。这种做法，显然有利于“行”对贸易的独占，由此减少外来的力量同本行竞争。

其三，应付官府的科索。前编提到手工匠人要为官府服役，谓之“当行”，商业行铺也存在为官府应役的问题：“市肆谓之团行者，因官府科索而得此名，不以其物大小，皆置为行，虽医卜亦有职。”[②]“市肆谓之团行，盖因官府回买而立此名，不以物大小，皆为团行。虽医卜工役，亦有差使，则与当行同也。”[③] 这两项记载，都指明了，官府的科索是通过团行而实现的，因而它构成了商业行会的再一重要职能。

“团行”的内容是什么？对商业诸行说，就是应付宫廷、官府对各项商品的需要。这种供应往往是“给限供纳”的。宋真宗大中祥符七年十一月曾经规定，宫禁“取买物许于杂买务下行收买”，“各令行人等第给限供纳”[④]。之后，宋仁宗皇祐四年三月又规定了，宫禁所需诸物，“先须勘会库务委阙者，方得下行”[⑤]，就是说根据宫禁所需下行取买。其次，供应的物品，都有一定的规格要求。例如宋高宗宫廷所要的木炭，必须是“胡桃纹、鹁鸽色”才要，否则退拣。总之，供应宫廷的物品必须是上等货才行。而对价格的支付，则根据所谓的“时估”付价。“时估”是每旬日一议价格，在这种“时估”下，“贵价令作贱价，上等令作下等，所亏之直，不啻数倍”[⑥]；“今州县有所谓市令司者，又有所谓行户者，每官司敷视市直率减十之二三，或即不还，谓之白著”[⑦]。这一类的只买物品不偿价钱的“白著”，不但在州县之间存在，就是在天子脚下的内东门，为皇家购买物品的“市行人物”，也“有累年未偿价钱

① 《宋会要辑稿·职官》二七之二四至二五。
② 耐得翁：《都城纪胜》。
③ 《梦粱录》卷一三《团行》。
④ 《宋会要辑稿·食货》六四之四一。
⑤ 《宋会要辑稿·食货》六四之四二。
⑥ 《宋会要辑稿·食货》六四之六六。
⑦ 真德秀：《西山政训》。

者”[1]。在宫廷、官府勒索行人的同时，司录司、左右巡院等“八处公人”，一向无禄廪或“禄廪素薄”，也趁火打劫，“系自来于行户及诸纳人处乞觅钱物”[2]。“当行”的行铺又受到了这帮人的“啃勒”！除了上至宫廷、官府下到公人这批蠹虫们的“啃勒”之外，当行的行户还时时由于所谓的供应不良而被打板子，“熙宁六年夏四月庚辰，三司副使有以买靴皮不良，决行人二十”[3]，即是一例。更加严重的是，“米行有当旬头曹赟者，以须索糯米五百石不能供至雉经以死”[4]！

由于“当行”制度下的“供应百物”是如此其沉重，所以纠人入行也就视为畏途，行户们千方百计地设法规避逃免。规避的办法之一就是向有权势者投靠，得到权势者的“影占”亦即“庇护”，以逃免纠行。如宋神宗向后的父亲向经，就是以国丈老爷的身份，“影占”行人的[5]。再一办法是，经济力量雄厚的行户，同官府勾结，把当行供应所需转嫁给贫下行户：“初京师供百物有行，官司所须皆并责办，下逮贫民浮费类有陪折”；“虽与外州军等，而官司上下须索，无虑十倍以上”[6]。由此也就造成了“稗贩贫民”“失职”破产，“每年行人为供官不给，辄走失数家，每纠一人入行，又辄词讼不已”[7]。于是行户与行户之间，特别是行户与官府之间的矛盾有增不减，日益尖锐了。

免行钱就是在这种条件下产生的。熙宁四年十月一日，免役法在全国范围内公布实施，取得了广大居民的支持。这一改革的影响所及，使城镇诸行具有应役性质的“纠行”制度也不得不加以变革。熙宁六年（1073）四月，肉行除中正等行户主动地提出“乞出免行役钱，更不以肉供逐处”的要求，乃诏命提举在京市易务及开封府司录司审定这一问题[8]。同年五月，详定行产利害条贯所提出，“官司下行买物，如时估所无，不得创立行户”，即停止创立新

① 《长编》卷一一七，至和元年十一月癸亥记事；《宋会要辑稿·食货》六四之四二。
② 《长编》卷二五一，熙宁七年三月辛酉记事。
③ 《长编》卷二四四，熙宁六年夏四月庚辰记事。
④ 《长编》卷二五一，熙宁七年三月辛酉记事。
⑤ 《长编》卷二五一，熙宁七年三月戊午记事。
⑥ 《宋会要辑稿·食货》三八之二。
⑦ 《宋会要辑稿·食货》三七之一六；《长编》卷二四四。
⑧ 《长编》卷二四四；《宋会要辑稿·食货》三八之二。

的纠行，这是对旧来纠行制度的一个限制。同时对愿出免行役钱的行户，酌定所出钱数的多少。最后，根据“诸行利入厚薄，纳免行钱以禄吏，与免行户祗应”的办法[①]。大体上将行户分为上中下三等纳免役钱，如对肉行徐中正等26户，下等行户“每年出六百贯文赴官，更不供逐处肉”，其中“中户一十三户，共出钱四百贯文，一年十二月份，乞逐月送纳，每户二贯七十文；下户一十三户，共出钱二百贯文，乞逐月送纳，每户纳钱一贯二百九十文”[②]。此后宫廷的需要，“买卖并下杂买场、杂买务”，“仍置市司，估市价之低昂，凡内外官司欲占物价则取办焉”[③]。自从肉行徐中正等出免行钱而不再供应官府需要的条贯确立之后，立即引起其他行业的重视，它们也纷纷提出纳钱免役。于是6400多的各个行户“共出缗钱四万三千三百有奇”[④]，从前此“当行”的桎梏下解脱出来了。纠行，是封建国家强迫行户承担各项供应，具有人身支配的劳役制性质。因而免行役钱的实施，也就具有了重要的时代意义。如果说，在农业生产中，以募役代差役，缩小了农业生产中国家劳役制的范围；手工业生产中招募制代替了应役制，缩小了手工业生产中国家劳役制的范围；那么，在商业中以免行役钱代替了当行，显然是在商业范围中缩小了国家劳役制的范围。从整个国民经济发展来考察，熙宁一代对生产各部门中的国家劳役制都进行了变革，因而这些变革就具有了划时代的重大意义。

在实行免行役钱之前的一年，即熙宁五年（1072），以王安石为首的变法派还实施了市易法，给当时城市经济的发展以重要影响。

市易法是在魏继宗的建议下建立的[⑤]。他指出，由于富商大贾对市场的垄断，汴京城物价波动得比较剧烈，正常贸易交换活动受到了阻碍，以至“外之商旅，无所牟利，而不愿行于途，内之小民，日愈朘削而不聊生”，要求设立常平市易司，选用守法行户，以平抑物价，“贱则少增价取之，令不至伤商；贵则少损价出之，令不至害民”，把“开阖敛散之权”自富商大贾手中夺

① 《长编》卷二四六，熙宁六年八月丙申记事。

② 《长编》卷二四五，熙宁六年五月戊辰记事。

③ 《长编》卷二四六。

④ 《长编》卷二五九，元丰八年九月乙未记事。

⑤ 以下本段主要参考了《王安石变法》第157～162页。

归封建国家，并在平抑物价的过程中，获取一部分商业利润，从而有助于国家财政的改善。变法派采纳了魏继宗的建议，于熙宁五年三月二十六日在汴京成立了市易务，由三司判官吕嘉问主持其事，魏继宗也参与了这项工作。宋神宗从内藏库拨出100万贯钱，作为市易务的本钱。经过同反变法派的反复较量，市易不仅稳定下来，而且从汴京推广到各地重要城市，汴京市易务改为都市易司，镇洮军、通远军、杭州、成都、楚州、秦州、永兴军、凤翔府、润州、越州、真州、大名府、安肃军、瀛州、定州、真定府、黔州、郓州、邢州、扬州和广州21州军也成立了市易务。

市易法共有12个条目，它的主要内容和措施，包括以下三个方面：

1. 市易务组织机构。这个机构是由监官二员、提举官、勾当公事官各一员组成的。个别的监官和勾当公事官则由大商人担任。招纳京师中的行人牙人，充作市易务的行人牙人。在政府指派的提举官的监督、约束之下，"平价"收购一些滞销的商品。行人牙人则直接进行各项交换贸易的活动。

2. 关于契书金银抵押和结保赊请诸条目。担任监官、勾当公事官的既是大商人，能够从市易务借到大批的钱进行贸易，因而这些人必须"以地产为抵"，同时对借得的官钱要年付20%的利息。投充市易务的行人，也要申报自己的产业，也可从别人手中借到金银作为抵押，5人以上结成一保。一般行贩也可结保向官府借贷。其所以以地产、金银抵押和结保赊请，是因为作为偿还官钱的保证，以避免官府损失。市易务根据行铺抵押的产业多少，将收购的商品"均分赊请"给市易务所属行铺，由其自由货卖。在半年到一年内，行铺将赊购的货价偿还给市易务，除原价外，半年内还加10%的利息，一年则加20%的利息，过期不偿则每月增加2%的罚钱。

3. 有关贸迁货物等条目。外地来汴京的商人如愿将无法脱手的货物卖给官府，准许到市易务投卖，由市易务所属行人牙人与客商商定价钱。根据行人的需要，市易务出钱收购。如果客商愿同官府所有的物品进行折换，也可以答应。其中有的货物，虽非行人目前所需，但能够蓄存变卖，也由市易务收购，并按时价售出，不准取利过多。三司诸库所需物品，如果比从外地采购节省官私费用，也都由市易务收购备用。

市易法与免行役钱是互为表里的，对中下行户是有利的。免行役钱减少了官府公吏对中下行户的勒索和敲诈，市易法则使中下行户以同样的价格买到大商人能够买到的外地商品，而且也可以得到市易司的贷款，因而经营的路子较过去宽阔了。如市易务曾立果子行法，使一些贫穷的摊贩在御街东廊买卖瓜果，“逐日差官就彼监卖，分取牙利”[①]，这事虽然引起反变法派的不满，但实行的结果是：“贩者比旧皆得见钱，行人比旧十减八九，官中又得美实。”[②] 对大商贾来说，市易法则起了一定的限制作用。过去大商贾如茶商在收买外来茶货的价格上，比一般行人是占便宜不小的，而在实行市易法之后，他们也不得不“与下户买卖均下”[③]，买贱卖贵的活动受到限制，高额商业利润的来源为之减少。熙宁八年，即市易务建立了三年之后，王安石曾对宋神宗说：“近京师大姓多止开质库，市易摧兼并之效似可见，方当更修法制，驱之使就平理。”[④] 由于中下行户能够从市易务借贷，资金得到周转，高利贷资本的活动也因而受到了一定的抑制。苏轼在元祐元年知扬州时的一道奏章中指出：“今大姓富家，昔日号为无比户者，皆为市易所破，十无一二。”[⑤] 事情虽然不会像苏轼所说的那样严重，但在受到市易务打击而破产的不会没有。而且，因借贷市易务官钱而归还不上、家产被没收的情况也是存在的。如苏辙的一项统计说，欠市易务钱的，“其间大姓三十五、酒户七十二，共欠钱二百二十七万余贯”[⑥]，为数不能算小。显而易见，商业资本和高利贷资本已不复像从前那样活跃和猖獗了。自熙宁五年至六年市易务建立的两年当中，宋政府获得的市易息钱为1043030贯，市例钱（市利钱）亦近98000贯；到熙宁七年市易息钱增至1430351贯，市例钱97992贯[⑦]。宋政府从大商人手中攫取了一部分商业利润，也是灼然明白的。

宋哲宗元祐元年以后，市易法、免行役钱全部被反变法派废除。绍圣年间

---

① 文彦博：《潞公集》卷二〇，《言市易》。
② 《宋会要辑稿·食货》三七之一六。
③ 《长编》卷二三六，熙宁五年闰七月丙辰记事。
④ 《长编》卷二六二，熙宁八年四月甲申记事。
⑤ 苏轼：《东坡七集·奏议》卷一一。
⑥ 苏辙：《栾城集》卷三八，《乞放市易欠钱》。
⑦ 《宋会要辑稿·食货》三七之二六。

又相继恢复。宋徽宗—蔡京集团当权之时，杭州市户吴禧等要求恢复免行役钱，由于“贪暴之利（当作‘吏’），冒法倚势，非理骚扰，诸州公使库尤甚，至有少欠行人物价数千缗，隔岁月不曾支还；如金银匹帛等行，往往停闭店肆，逃窜改业”①，继汴京之后，杭州也恢复了免行役钱，“诸路州县依此”。当然，蔡京集团出于对商业利润的攫夺，在茶盐专利中，依赖一部分交引铺等大商贾，打击了一大批大商贾；免行役钱的恢复并没有能够满足这一欲望。到南宋，既要行户们缴纳免行钱，又要行户们供应官府所需，双管齐下地“啃勒”商人。建炎二年，胡直孺奏称，“朝廷所须，郡县率取之等第及行户，而无钱以偿”，这算是南宋对行户“白著”的开始②。对免行钱，绍兴元年曾堂而皇之地加以废罢，可是到绍兴九年又下令恢复③，并对行户继续“啃勒”，而且变本加厉：“既兼收于贫弱下户，复连及于乡村下店，富者有贿赂以悦胥吏，故输钱甚轻，贫者无货财以行请嘱，故输钱反重”，“故有店铺而废业者，有携家而他徙者”④！绍兴二十五年再度废免行钱，但中小行户一直受到迫害，试看下面的材料：

> 〔临安府自绍兴二十八年以来〕排办国信，多缘阙乏钱物，临期于行铺收买物色，过期则不支价钱，致使行户失业……未还铺户国信等买物钱二万九千四百八十余贯。⑤
>
> 嘉定二年正月十四日臣僚言：辇毂之下，铺户不知其几，近来买到物件，其间小户无力结托，虽有收附，无从得钱。又有不系行铺之物，客到即拘送官，且有使用，方使纳中，而终年守待，不得分文，穷饿号泣，无所赴诉！⑥

南宋以来，临安等城市中的行铺所受到的欺压和“啃勒”，比熙宁行免行、市易诸法之前更加严重。显而易见，宋代城市政策的逆转，使前后情况有

① 《宋会要辑稿·职官》二七之二四至二五。
② 《系年要录》卷一三，建炎二年二月辛酉记事。
③ 此据刘时举：《续宋编年资治通鉴》绍兴九年四月记事。
④ 《宋会要辑稿·食货》六四之六六。
⑤ 《宋会要辑稿·职官》三六之五三。
⑥ 《宋会要辑稿·食货》三八之二四。

显著的差别。从这一对比中，可以看到熙宁时期变法派的城市政策是优胜一筹的。当然，这一时期国家进一步干预了商业交换活动，官府同部分商人结合，使封建势力、商人商利贷者、地主这三位一体的发展也迈出了一步！

第二十七章　宋代的商品及其流向商税的征收及其对社会经济的影响

第一节　宋代商品构成和流向

宋代手工业和家庭手工业的不断增长与发展，各种门类的产品也不断增加，质量也不断提高。这些产品大都是作为商品广泛地流通在全国各个市场上。

商品种类虽然繁多，质量也很不一样，但基本上可以归纳为两大类：一类是生活资料性质的商品，另一类是生活资料性质的商品。属于生产资料范围的商品，例如铁制、木制或铁和木共同制成的各种农具、各种手工业生产工具、车船以及耕牛等等，都是使用在工农业生产和交通运输方面的。这些生产资料，虽然也有先进落后、形制大小、优劣精粗等等差别，一般说来，由于当时生产规模还较狭小、各生产部门的分工还不够细密，在这种条件下，它的产品构成还不算多么复杂。如果就商品价格来考察，虽然有的车船，要花费几万、几十万钱，但一般的物品价格上的差距还不算大，例如北宋初一头牛 3000 文，一把镰刀不过数百文。虽则如此，农民买一头耕牛也很困难。但同生活资料范围内的商品来比，在构成上要简单得多，在价格差别上要小得多。

拿穿衣来说，丝绸与麻布就存在一个不小的差距，北宋前期绸一匹 600 文，而麻布一匹 200 文，有三倍的差别。而在丝织品之间，又存在不小的差距，如“遍地密花锦背段子”之类高档品，“一端可织绢数匹”①，这样高档锦绮鹿胎之类产品同一般绢素又有数倍的差别了。如果这些高档锦绮之类再以燃

① 《宋会要辑稿·食货》六四之二二、二三。

金丝线缝制装饰，差距就拉得更大了。北宋初年的一个著名的武将曹翰，穿着锦袜，一位无名士子做诗嘲之：“千金包汗脚，惭愧络丝娘。”[①] 而那些贵妇人穿着成年累月才制作而成的华丽衣服——以特种手工艺织作的燃金之类最高贵的丝织品，又不知道要花费多少个“千金”了。因此，在日常生活消费品中，质量和价格的差距是很大的。质量越好、价格越高的高等品特等品，只能为皇室贵族、达官显宦和大地主大商人来享用，而农民和士卒只能穿着质次价低如麻衣褐布之类的衣着了。有的农民则靠自己的产品来供应，连低等货也无力购买。商品本身没有阶级性，但商品价格却迫使社会各个阶级在它所划定的范围内进行活动，从市场上获取自身的需要！

商品虽然可以区分为生产资料和生活资料两类，但在这两类之间的一些商品则是可以转化的。例如石炭，作为生活用煤，它是生活资料，而当它用来作为一种能源去冶铁、锻制器物的时候，就从生活资料的范畴向生产资料的范畴转化了。耕牛也是这样，当它去耕地的时候，它属于生产资料的范畴，而当把它宰掉、出卖牛肉之时，它就转化为生活资料了。

其次，再考察一下商品和非商品的问题。20 世纪 60 年代初，蒙文通先生在《从宋代的商税和城市看中国封建社会的自然经济》一文中曾说：“从严格意义上讲，如米面、柴草之类，也很难称之商品。我们知道，所谓‘商品’，是以交换为目的而生产的；而这类商品，则很大一部分是直接生产者为了满足自身需要或封建统治阶级的需要而生产的，或只是为了满足封建统治阶级的剥削需要（如捐税等等），或为了取得自己不能生产的手工业品，才拿出部分剩物（余?）产物到市场上进行交换。”[②] 蒙先生在这篇文章中提出许多深刻的见解，启迪了人们的思路，但在米面柴草是否为商品的问题上还有商量的余地。米面之类确实是生产者为了满足自身的需要而产生的，因而称不上商品，但是两宋形成的粮食加工手工业，专门从事磨面舂米，以供应社会的需要，这样的米面就不能不具有商品的性质和意义。宋代的一些农民，甚至前面提到的生产

---

① 陶谷:《清异录》卷三。

② 载 1961 年《历史研究》第 4 期。蒙先生生前为四川大学历史系数授，在文化大革命中因受到残酷的迫害而逝世。今天重温这篇文章，不胜缅怀之至！

发达地区的佃户，将自己剩余的虽然是不多的粮食拿到市场上或者卖钱，或者用来交换其他物品，这类售出的余粮完全转化为商品性质，而称之为商品粮。所以这样看来，米面不能不是商品，而且正是靠米面是商品才能养活脱离农业生产的城市居民！

在生活消费品中，有些东西确实是极为名贵的奢侈品。诸如夹金、撚金之类的丝织品，一些金银细工、螺钿器物，以及玉石牙骨等雕刻而成的特种手工艺产品，都是花费了长时期的劳动才形成的。这些产品，当手工匠人制作成功、拿到市场上去出卖的时候，无疑地是商品，虽然它只能由少数特权者富有者占有享用。但当应役的工匠到官府中去制作这些器物，为皇室提供享用时，虽然这些器物制作得异常精美，却也不是商品。所以产品的珍贵与否，并不确定商品的性质。同样地，产品虽然不值钱，很轻贱，只要拿它用来交换，为买而生产，也就无法否定其商品的性质。柴草固然很贱，一束仅值三五文或十余文，但“煮海熬波”缺少了它，就煎炼不出盐来，所以卖到催煎场，不仅是商品，而且是具有生产资料性质的商品。可是，当工匠制成的产品，作为赏赐品从宫廷中出来，并通过各种渠道而投到市场买卖，它就转化为商品了；而柴草作为赋税纳给地主或地主阶级的国家的时候，它就不是商品了。在宋代商品经济发达的条件下，非商品向商品方面转化的情况多了起来，这一点是值得注意的。

在商品构成中，粮食和布帛占的比重较大。这两者一食二衣，是人们最基本的生活需要，它们在商品构成中占的比重越大，越说明了脱离了种植业、依靠商品粮为生的人口越多。事实正是如此。地少人多、主要种植经济作物、果树蚕桑的地区，就需要商品粮的供应。如歙州“民以茗、漆、纸、木行江西，仰其米自给”[①]，多山的严州，民食也是“仰籴旁郡，航粟一不继，便同凶年”[②]，而太湖洞庭山从北宋以来“餬口之物，尽仰商贩。”[③] 这种情况，前章已多次提到，不再多说。由于人口向城镇集中，城镇粮食和副食品的供应成为

① 罗愿：《新安志》卷一。
② 郑瑶、方仁荣：《景定严州续志》卷一。
③ 庄季裕：《鸡肋编》卷中。

重大问题。汴京靠漕运，已如上述，而杭州也是靠外地的米来供应。据周密的估计，“杭州除有米之家，仰籴而食，凡十六七万人，人以二升之计，非三四千石不可以支一日之用，而南北外二厢不与焉，客旅往来又不与焉”[①]。如果加上长达若干里的南北外二厢商业区和流通性商业人口的需要，至少还要增加一倍的供应！因而杭州运河里米源源而至，有“北门米”之称。

由于城镇以及经济作物区商品粮的需要扩大，专门从事贩运粮食的粮商也大大增加起来。城镇中的米市固然是粮商活动的场所，但更多的粮商们则到外地收购，把粮食贩运至各城市出售。如湖南州军，“江湖连接，无地不通，一舟出门，万里惟意，靡有碍隔，民计每种食之外，余米尽以贸易，大商则聚小家之所有，小舟亦附大舰而同营，展转贩粜，以规厚利，父子相袭，老于风波，以为常俗。”[②] 广西一带，南宋时米斗50钱，“田家自给之外，余悉粜去”，“富商以下价籴之，而舳舻衔尾，运之番禺，以罔市利”。[③] 岂止去番禺，高、化州一带的商船甚至过海至海南一带出售米和他种物品，“自高化来者，惟载米包、瓦器、牛畜之类”[④]。

米，在海运上来说，与金、银、犀、象、香、药等细色货不同，是占面积大、赢利少的粗色货。只有在运载量大、运输周转快的条件下才能赚到更多的钱。南宋海上运输至少具有运载量大的条件，因而海上运米事业也得到发展。例如浙东一带一次旱灾，“即书印榜遣人散于福建、广东两路沿海去处，招邀米客”[⑤]，从海上向浙东运输粮米。同时也有许多海船自浙东到通、泰等州收购粮食浮运到山东半岛女真统治地区货卖。

除商人外，地主也参与了粮食的买卖。每当青黄不接或灾伤之际，囤积居奇，大获其利，这里不再多述。总之，米、帛在两宋商品构成中占有重要位置是很明显的。

在宋代商品构成中，商品的地方性是一个极为显著的特点。这种特点的形

---

① 周密：《癸辛杂识》续集卷上，《杭城食米》。
② 叶适：《水心先生文集》卷一，《上宁宗皇帝札子二·嘉泰三年》。
③ 周去非：《岭外代答》卷四。
④ 《长编》卷三一〇，元丰三年十二月庚申记事；《宋会要辑稿·食货》一七之二五至二六同。
⑤ 朱熹：《晦庵先生朱文公文集》卷一三，《延和奏札子三·贴黄》。

成，在第二编手工业生产中已经提到。一是由自然条件、地理条件造成的。如铁器集中在北方利国监、莱芜监、磁州诸冶，又如耕牛，广南西路雷化诸州和福建路、两浙路所产为多，北方所需多来自这三个地区；直到女真统治下的北中国，依然靠南方供应耕牛。而更重要的一点是，各地区由于自己突出的生产技术，制作成功了精致的产品，从而在市场上享有盛誉。在前编丝织业、制瓷业中已经说明了这一问题，这里不妨再多说几句。

北宋初年的陶谷，在《清异录》（卷一）中曾记载天下有所谓的“九福”：“京城钱福、眼福、病福、屏帷福，吴越口福，洛阳花福，蜀川药福，秦陇鞍马福，燕赵衣裳福”。这“九福”，有的“福”实在不足道，但有的如蜀川药福，指的是当地以药材为著名的商品，直到今天在中药中还常提川广药材；秦陇鞍马福指的是这一带有良马，马鞍鞯做得也很好；燕赵衣裳福大约是指定州一带既有上等的丝织品，又能够制作时装；而洛阳花福则指的是洛阳牡丹甲天下这件事情。显而易见，“九福”实际上把各地特有的名牌产品给提了出来。太平老人《袖中锦》更加突出地提出了这个问题：“监书、内酒、端砚、洛阳花、建州茶、蜀锦、定磁、浙漆、吴纸、晋铜、西马、东绢……兴化军子鱼，福州荔枝、温州挂，临江黄雀、江阴县河豚、金山咸豉、简寂观苦笋、东华门把鲊……皆为天下第一。”上述20多种产品，有的未必就是公认的“天下第一”，但作为各地名产当是无疑的。这类名牌产品，经过多年的交换，一再经受商品价值尺度的衡量而被肯定下来，因而也是经得住检验的。各个地区如果能够发挥本地区的优势，加强和发展自己特有的商品，极力提高它的质量，并在此基础上发展它的数量，这种商品就一定能够经受得住市场的竞争，具有强大的生命力。

在宋代，商品又是怎样集中起来，又是怎样分散出去，它的流向又表现了哪些形式？

1. 农副产品的“求心”运动。粮食、布帛等来自农村中的产品，多通过墟市、镇市向城市集中，因而形成为商品的“求心”运动。如方回在秀州魏塘镇上见到，“吴侬之野”的佃户人家，以年有十余石的余粮经常地到魏塘镇上交换日常需要的物品，而镇上的行铺则将米汇集起来，“每一百石运至杭至秀至南浔至姑苏粜钱”[①]，通过这样一求心运动，米就流到地方和区域市场的中心了。布帛也有是做这一运动的。如乌青镇的丝，“有头蚕二蚕两时，有东路南路西路北路，四乡所出，西路为上，北次之。蚕毕时，各处商客投行收买，平时则有各处机户零买，经纬自织。又有贸丝，诣各镇卖于机户，谓之贩子。本镇四乡产丝不少，缘无机户，故价每减于各镇。”[②] 丝从各乡向各镇集中，这本身就是一种求心运动。或者，丝织品如婺罗之类，也是由“八乡柜户牙人”从各村落织罗民户收买集中起来[③]，然后由镇市向各城市集中。从米、丝帛之从乡村、镇市向城市的流向中，可以看出一切农副产品，以及柴炭之类，大都是作这种求心运动的。

2. 手工业产品的“辐射”运动。作为商品的手工业产品的流通，则表现为一种辐射运动。这是因为，某种手工业产品在某一产地大批量生产之后，由商人们运往各地，从而由这一产地流向各地，这种流通就形成辐射状。例如产于定州曲阳县的定瓷，不仅畅通于宋统治地区各州军，而且也流入契丹统治地区。景德镇瓷器也是如此，流向四面八方。各种铁工具也是从其产地流向周围各地区的。福州永德永福等县产铁器，不仅供应福州周围地区，而且通过“泉福等州转运兴贩”，下海“通贩于浙间”[④]。除手工业产品外，一些生产集中的产品诸如盐、茶、洞庭橘、荔枝等的流通也呈现了“辐射”运动的。

3. 以上两种形式是宋代商品集中和分散的普遍形式。这两者还可以结合起来，成为商品流通的再一种形式。例如对海外贸易，经常是各类商品采取求心运动集中到明州、泉州和广州等地，而后又通过舶船运输到海南诸国，这时候商品流通形式又转换为辐射状了。

4. 在北宋和南宋，商品流通的形式是有所不同的。由于北宋的政治经济中心是汴京，国防的重点又在北方，因而不但封建国家所控制的各项物资（包括漕粮在内）源源流入北方，而各种商品也从各地区的网络式的流通渠道，自南至北集中于汴京。南宋的政治经济中心在临安，因而商品又以求心运

---

① 方回：《续古今考》卷一八，《附论班固计井田百亩岁入岁出》。
② 《乌青镇志》卷七。
③ 《宋会要辑稿·食货》一八之四。
④ 梁克家：《淳熙三山志》卷四一。

动的形式，自西而东，集中于临安。而西北边防则由川峡诸路形成的区域市场供应，荆襄两淮边防则由东南市场供应。

既然有商品，就必然有商品竞争。真正富有生命力的商品是经过竞争而筛选下来的。宋代之所以是地方性或区域性的市场，当着商品集中，或当着商品作辐射状流通、寻求市场而碰到一起的时候，地方政府不是因势利异，而是惧怕这种竞争，往往进行限制。诸如河北转运司限制利国监铁器向河北流通，福建转动司禁止福州铁器流向浙东，就是惧怕竞争的一种反映。这样做，对商品经济的发展是不利的。更加重要的则是封建国家的征商制度窒息了商品的流通和经济的发展。

第二节　宋代征商的条例和规定

宋代征商是古代关市之征的继续和扩大。两宋300年间，商税征收与日俱增，不仅对社会经济的发展产生了重要的影响，而且使宋国家财政结构也发生了重大变化。若干年来，对宋代商税研究有不小的进展，但对其中许多问题，如宋代市场性质、商税的影响和作用仍有不少分歧。本章将结合前此的研究，对以上问题加以说明和探讨[①]。

宋开国之初，对商税的征收即十分严重。陈傅良指出：“我艺祖（按指赵匡胤）开基之岁，首定商税则例，自后累朝守为家法。”[②] 所谓商税则例，就是有关商税征收的条例和规定。宋太祖开国初制定商税则例的情况已不可考，但从宋太宗淳化二年（991）诏书来看，命诸路转运司“以部内州军商税名品参酌裁减，以利细民”[③]，显然是对征收商税的全部货品进行一次全面的检查。到淳化五年（994）五月，诏书上在说明征商意义的同时，还声称：“自今除商旅货币外，其贩夫贩妇细碎交易，并不得收其算。当算之物，令有司件析，

---

① 近年有关宋代商税的研究，戴静华同志的《宋代商税制度简述》一文值得注意，本章参考了该文的一些意见，如买扑制度等。此外还参考了加藤繁氏《宋代商税考》诸文，附志于此。

② 《通考·征榷考一·征商》。

③ 《宋会要辑稿·食货》一七之一二。

颁行天下，揭于板榜，置官宇之屋壁，以遵守焉。”① 很显然，商税则例虽然创始于宋太祖开基之初，却经历了30多个年头，到宋太宗淳化五年方才完成，并史无前例地第一次将其揭榜置壁、公之于众。宋代商税则例的创行，极其清楚地告诉人们，它否定了前此割据时期诸国所实行的地方性的征商制度，而代之以新的划一的征商条例和规定，在全国范围内统一使用。这一做法，不但能够克服地区性征商制度中畸轻畸重的问题，而且更加重要的是，它打破了割据者们为遏止本地财赋的外流而设下的重重障碍，大大方便了商品的流通。商税则例的制定和公布，显然是统一条件下经济发展、商品货币流通的客观要求，因而不能低估它的意义和作用。

宋代征商之制，在宋太宗淳化五年诏书中曾有如下的简要规定：

> 国朝之前，〔关市之税〕，凡〔布〕（原作刘，不可解，当从《通考》）帛、什器、香药、宝货、羊豕，民间典卖庄田、店宅、马、牛、驴、骡、橐驼及商人贩茶〔盐〕皆算。有敢藏匿物货为官司所捕获，没其三分之一，仍以其半与捕者。②

上述这些与前引“自今除商旅货币外，其贩夫贩妇细碎交易并不得收算”，亦都包括于商税则例之中。所有这些，在实际中是怎样规定和执行的，以及是否都能够“遵守”，特别是官吏们是否都能够一一“遵守”执行？下面结合其他记载，考察一下商税则例的具体内容。

一、关于官员们经商是否征税的问题

宋初的一些文官武将，以其“从龙之彦”的特殊身份，“乘传求利”，四处经营：“自五代用兵，多姑息藩镇，颇恣部下贩鬻。宋初功臣犹习旧事。太宗初即位，诏群臣乘传出入，不得赍货邀利，及令人诸处图回，与民争利。”例如张永德在太原，曾派亲吏“贩茶规利”，甚而“阑出徼外市羊”③。身任宰相的赵普，“遣亲吏诣市屋材，联巨筏至京师治第；吏因之窃货大木，冒称普

① 《宋会要辑稿·食货》一七之一三。

② 此据《宋会要辑稿·食货》一七之一三。《通考·征榷考一·征商》所载，与此段大都相同，因据以校正，凡〔　〕中者，皆来自《通考》。

③ 《宋史》卷二五五，《张永德传》。

市，货鬻都下”[①]。在赵普到秦陇私贩大木的时候，不少“近臣戚里”参与了这项活动，“所过关渡矫称制免算”，又“厚结有司，悉官市之，倍收其直”[②]。驸马都尉柴宗庆，“遣家僮自外州市炭，所过免算，至则尽鬻之”[③]。为制止达官贵人们的这类活动，太平兴国二年正月诏书禁止：“自今不得乘传出入，赍轻货、邀厚利”[④]，即不许这些特权者再做买卖。同时，还借着市秦陇竹木的案件，审讯三司副使范旻“属吏”[⑤]，压制这般歪风。虽则如此，一些贵戚仍旧贩鬻规利。驸马柴宗庆指使他的妻子鲁国长公主向宋真宗求情，试图将华州市木免除商税。宋真宗说：“先朝深戒戚里不得于西路收市材木，盖虑因缘贩易，侵坏法制。鲁国所请且从之，可诏驸马都尉柴宗庆谕旨，自今不得如此。”[⑥] 此后，官员武将们，不分大小，只要追逐商业利润，就必须按商税则例缴纳商税。天圣四年四月“六日审刑院言：准咸平四年诏，京朝幕职官、州县官，今后在任，及赴任得替，不得将行货物色兴贩；如违，并科违敕之罪，商物依例抽囗罚”[⑦]。大概在咸平四年制定了按商税则例（即“依例”）“抽罚”。到宋神宗元丰年间，进一步明确地规定了，“宫观寺院臣僚之家为商贩者，令关津搜阅，如元丰法输税，岁终以次数报转运司取旨”。宋徽宗宣和二年，因“比年臣僚营私谋利者众，宫观寺院多有免税专降之旨”[⑧]，朝臣们要求，对这些人“杂载舟船，若过关津，并许搜检”[⑨]，于是诏书重申按元丰法输纳税钱。对官员们的贩鬻贸易，朝廷斥之以“与民争利”，名义上是不许可的。但在商税则例中，则确定了包括官员们在内，只要经营商贩活动，就得照章纳税，这是一个确定不移的原则。

---

① 《宋史》卷二五六，《赵普传》。
② 《宋史》卷二五七，《王仁赡传》。
③ 《宋史》《外戚·柴宗庆传》。
④ 《长编》卷一八。
⑤ 《长编》卷二一。
⑥ 《宋会要辑稿·食货》一七之一四。
⑦ 《宋会要辑稿·食货》一七之二〇。
⑧ 《通考·征榷考一·征商关市》。
⑨ 《宋会要辑稿·食货》一七之三〇。

二、对偷税、漏税的处罚条例

前引淳化五年诏书中说："有敢藏匿物货为官司所捕获，没其三分之一，仍以其半与捕者。"用处罚的办法，以防止偷税漏税，使国家商税的征收得到保证。据宋仁宗天圣元年八月三司奏称，杭州富阳民蒋泽等提到偷税漏税的商人沈赞，将其贩运的182匹罗"没纳入官，支给赏钱"。可是经"省司看详条贯，婺州罗帛客旅沿路偷税，尽纳入官，即无条许支告人赏钱，欲依条支给，数多不得过一百贯，从之"①。从这个事例来看，贩卖罗一类的商品，偷税时全部没收，而不是淳化诏书中没收三分之一；对告人的赏钱也不是没收三分之一物品的一半，而是最多不得超过100贯钱。此外，为了严禁偷税漏税，天圣二年又规定了，婚姻所用的"聘礼物色匹帛"，如在本州县内，可以免纳商税，只要出本州县之境，到其他州县去，"及经由商税处，即依例收税，所在不得出聘礼公验"②。看来连婚姻所需也要缴纳商税了。

三、按商品价值抽税和根据运输工具的容量抽税存在的问题

宋代商税，在广大地区上是按物品的价值而抽税的。这里不妨以金银为例。宋代对金银和金银器物都一概纳税。宋真宗天禧二年前，夔州上买供银，"旧例商人赍银入城者，每两税钱四百五十文足，如无邻州公引，即倍税之"，因税重贩少，天禧五年九月不得不除去这项征商③。宋仁宗天圣二年四月，汴京商税院奏称，"旧例诸色人将银并银器出京城门，每两税钱四十文足，金即不税，自今每两税钱二百文省。从之。"④ 夔州税银每两450文足，指的是川峡诸路所行使的铁钱，折合铜钱为45文足，夔州税银一两要比汴京多收5文。从这里可以看出，尽管宋代有了统一的商税则例，但在各地区的征商中，同一种商品仍然存在征税畸轻畸重的问题，当然比割据时期的情况稍有改善而已。宋代金银价格是不断上涨的，宋真宗"咸平中银两八百、金五千"，到大中祥

① 《宋会要辑稿·食货》一七之一九。
② 《宋会要辑稿·食货》一七之一九。
③ 《宋会要辑稿·食货》一七之一八。
④ 《宋会要辑稿·食货》一七之一九。

符年间，即“增踊逾倍”，银一两到1600、金一两1万了[①]。金银的比价大体上是1:6，但就商税征收情况看，金一两征商200文省，即154文足，而银为40文足，则为1:4。对金的征税显然是稍轻的。从这里又可看到，宋代征商又是以商品价值来确定轻重的，即按贵重者税重、轻贱者税轻的原则来确定的。宋代商税则例之确定这一原则，是商品经济发展的一个结果。

但是，在个别地区，如海南岛，不是按照上一原则来征收商税的。这个地区的收税办法是：“定车船之丈尺纳，谓之格纳。其法分为三等。”就是说，是根据运输商品的工具——车船容积或载荷量的大小来收税的。按照这种办法，“假如五丈三尺为第二等，则是五丈二尺遂为第三等。所减才一尺，而纳钱多少相去十倍。加之客人所来州郡物货贵贱不同，自泉、福、两浙、湖广来者，一色载金银匹帛，所直或及万余贯；自高、化来者，惟载米包瓦器牛畜之类，所直或不过二三百贯。其不等如此，而用丈尺概收税，故泉、福客人多方规利，而高、化客人不至，以此海南少有牛米之类。”[②] 用这种办法征商，极不利于商品的流通，以至“高、化客人不至”，“海南少有牛米”，直接影响了海南岛地区生产和生活的改善。不过，这种征商办法仅限于海南岛局部地区，而绝大部分地区则采用上述征商的办法。

四、关于铜钱是否征税的问题

宋代金银以及金银器，不限于商人，出京城门都是要征商的，上面已经说过。那么，携带铜钱，或者商人们携带铜钱是否征商呢？宋仁宗天圣六年十二月二十一日，“臣僚上言，有乞税钱陌者。帝曰：货泉之利，俾其流布，而税及之，为深患矣！不可施行。”[③] 南宋孝宗乾道六年正月十三日诏书上说：“沿江诸郡税场，今后商贾所载物货，如系茶盐米面铜钱，敢有违法收税者，许商贾越诉，监司按劾以闻。”[④] 加藤繁氏根据这些材料，极其肯定地说：“在宋

① 《长编》卷八五，大中祥符八年十一月辛巳。

② 《长编》卷三一〇，元丰三年十二月庚申记事；《宋会要辑稿·食货》一七之二五至二六所载同，唯宋初平当作朱初平。

③ 《宋会要辑稿·食货》一七之二一。

④ 《宋会要辑稿·食货》一八之四。

代，对商贾的缗钱是不课税的。”① 这个意见还有探讨的余地。

宋太祖建国之年，在诏书中提道：“请州勿得苛行旅，赍装除货币当输算外，不得辄发箧搜索。”② 诏书中所书的“货币”当然包括金银铜钱在内，都是应当“输算”即缴纳商税的。王安石变法，除铜钱之禁，铜钱可以携带到海外诸国，“以此边关重车而出，海舶饱载而回”，“闻缘边州郡钱出外界，但每贯量收税钱而已”，这同样指明，携带铜钱要出税钱。如果认为这种税钱是因铜钱出外界而征收，但另外的材料，如戴静华同志所引用的，“五谷无税商贾必大流通，不载现钱，必有回货，自皆有税”，同样证明铜钱是有征商之税的③。只是在这种情况下，铜钱才不征商，如宣和四年六月十四日诏书中提道的：“官司将客人船载有公据买盐钞见钱，妄喝税物收税致留滞者……科徒二年”④；“请官便钱而不出城”的，以及“或卖官物入官而所给钱虽出城”⑤的，也都在免征商税之列。除上述这类情况之外，不言而喻，显然是征税的。综合来看，北宋铜钱是征商的，南宋因政府铸造铜币甚少，铜币在市场上多不公开流通，为鼓励铜币之投入市场，于是有上述宋孝宗乾道四年的诏令，严禁对铜钱征税。

五、关于以货币为主、以产品为次的商税征收问题

在商税征收中，货币居于主导的地位，后面商税征收的数量可以得到充分的说明，与此同时，商税还征收一定数量的产品。所谓“有官须者，十取其一，谓之抽税”，这种产品抽税率是10%。如大中祥符编敕中规定，“每木十条，抽一条讫，任贩货卖，不收商税”⑥。石炭在大中祥符二年免征商之前，“每驮抽税十斤”⑦，按一驮为100斤，石炭抽税也是10%。从另外一些材料看，抽税超过了10%。南宋高宗绍兴二十一年诏书上说，从徽、严二州贩运

---

① 《宋代商税考》，《中国经济史考证》第二册，第155页。
② 张方平：《乐全集》卷二六，《论钱禁铜法事》。
③ 《宋史研究论文集》第187页。
④ 《宋会要辑稿·食货》一七之三一。
⑤ 《宋会要辑稿·食货》一七之一九。
⑥ 《通考·征榷考一·征商关市》。
⑦ 《宋会要辑稿·食货》一七之一五；《长编》卷七二。

木材，如不去临安，“辄于中路截往别处，许诸色人陈告，将木植三分之一给告人，二分没官”；同时还规定了，“罢二州（指徽、严）抽解，径发至临安府，抽取三分”[1]。“抽解”也就是“抽分”，徽、严二州木材运至临安纳税30%，这种商税也够沉重的了。抽解的物品，据绍兴四年二月三日的一道“德音”，“应残破州县民间建造屋宇，合用竹木砖瓦之类，并与免税，仍免抽分”[2]，可以知道竹木砖瓦之类也都是可以抽分的。对产品的“抽解”，同市舶贸易中的“抽解”大体上是一致的。

六、商税的几种形式和商税税率

马端临指出：“行者赍货，谓之‘过税’，每千钱算二十；居者市鬻，谓之‘住税’，每千钱算三十。大约如此，然无定制，其名物各从地宜而不一焉。”[3]“过税”和“住税”这是传统商税中两种重要的形式，具有普遍的意义。除此之外，还看到一些特殊形式的商税。吕陶于元祐更化之初，非难宋神宗时川茶的官榷。他说，蜀茶可以商贩的有2500万斤，“流转三千里之内，所谓住税、翻税、过税者亦可得五十万贯（原注：旧例住税每斤六文，客人买出翻税每斤六文，两项可得二十五万贯，所过场务……过税每斤收二文，五场共计十文，又可得二十五万贯）”[4]。这种翻税也是一种形式的商税。

所谓翻税或买出翻税，当即翻引税。如在两淮茶商所使用的长引，“水路不得过高邮，陆路不得过天长县”，后经改变，愿去楚州和盱眙军的，每23贯或26贯引各贴纳10贯500，这种改变售茶地点的贴纳即谓之“翻引钱”。如到楚州、盱眙军后，还要到淮北诸州军，即再贴纳10贯500文[5]。翻税和买出翻税就是这类的翻引钱，它在茶叶经营中才存在，因而这一形式的商税具有它的特殊性。榷盐中的“钞面转廊”与这种翻税、翻引钱，颇多类似，也是一种特殊形式的商税。以上两者都隶属于前面几章，故附在这里一提。

---

① 《宋会要辑稿·食货》一七之四〇。
② 《宋会要辑稿·食货》一七之三四。
③ 《通考·征榷考·征商关市》。
④ 吕陶：《净德集》卷三，《奏乞罢榷名山三处茶以广德泽亦不缺边备之费状》。
⑤ 《宋会要辑稿·食货》三一之一五至一六。

其次，看一下宋代商税税率。宋代的过税和住税是在商品从买到卖完成其流通过程中征收的。这两者的总和表明了宋代商税税率的高低。前引《通考》所载，过税每千文算20，住税为30，二者共为50，商税税率为5%。这是商税则例的一个重要规定。但是，在实际中，能否执行呢？显然不能。以前引川路过税、翻税和住税来看，翻税严格说来，应当属于过税，至少其中的40%属于过税。如果这样理解不错，25万贯翻税中10万割属于过税，则过税为30万贯，而住税和翻税则为20万贯，过税比重远大于住税。即使翻税不动，和住税加在一起，才与住税相等，这同样说明在实际征收中，过税比重大于住税。这样就同商税则例的规定不一致了。为什么过税征收的比重大于住税呢？这是因地方上的税务林立，每过一个税务，就得缴纳一次过税，于是在商税征收中，过税要大于住税，从而使商税率不是5%，而是百税征收中，过税要大于住税，从而使商税率不是5%，而是10%，30%，前面的产品“抽分”即可说明，后面还将继续说明。

七、关于田契钱等的征收

商税则例中规定，“民间典卖庄田、宅店、马、牛、驴、骡、橐驼……皆算。”因之，这些物品的买卖，是商税的一个重要的来源。前编提到，宋代继承前代制度，上述田宅牲畜的买卖，都必须立契，到所在官府上印、纳税，谓之红契；不到官府纳税、上印，则谓之白契，白契则是非法的。《三朝名臣言行录》上记载如下一则故事，邵雍在洛阳的田宅，系由司马光等人送给的，“康节宅契，司马温公户名，园契、富郑公户名，庄契、王郎中户名，康节初不改也。”[①] 这些庄园和宅契都是上印、纳了税的。

宋代田契钱的征收，始于宋太祖开宝二年九月，“令民典卖田宅限两月输税”[②]。宋太宗太平兴国八年，因“庄宅多有争诉”，“说界至则全无丈尺，昧邻里则不使闻知”，召集庄宅行，“众定割移典卖文契各一半，立为榜样，违

① 《三朝名臣言行录》卷一四。

② 陈均：《皇朝编年纲目备要》卷二。

者论如法”[①]。宋仁宗嘉祐三年规定，田契钱每千文收40文，即按4%的税率收税。以后不断增重，宣和四年为60钱，建炎三年增至百文，绍兴五年又附加勘合钱10文，继又3文，共为113文。田契税税率从4%增至6%、10%、11.3%。大约在南宋孝宗时候，“民间市田百千，则输于官者十千七百有奇”[②]，税率为10.7%。较之宋仁宗嘉祐三年，税率增至250%强。田契钱由谁承担呢？据洪迈的记载，“皆买者独输”的[③]。与田契钱相关的，从宋徽宗时征收田契纸墨费即所谓钞旁定贴钱或勘合钱，也一增再增，由买者承担，这种杂税在第一编中已经说过了，不再重述。从田契钱来看，说明了宋代商税的征收是不断增重的，尤其以北宋徽宗到南宋年间，增加得更重。

至于牲畜等的买卖，宋徽宗崇宁三年六月十日敕规定，“诸典卖牛畜契书并税租钞旁等印卖田宅契书，并从官司印卖”[④]，可见买卖牛畜不但要纳税，而且还要立契。自驴以上的大牲畜大约都是如此（《颜氏家训》记有买驴立契的故事，可见这是传统的做法。具体的税收则不清楚）。猪羊的买卖有税，屠宰也要纳税，“今天下税务，猪羊凡屠宰者，皆须日负载入务收税”[⑤]。永康军崇德庙，因系灌口神祠，每年要有4万口羊供向神祠，“一羊过城，则纳税钱五百，率岁终可得二三万缗”[⑥]，所谓“税钱五百”，是过税呢，还是屠宰税呢，已无法说清楚，但其为征商之税则是可以确定的。而且从羊论头征税来看，猪的征税想必与此差不太多。

八、对前代征商制度的继承

宋代商税则例虽然是针对五代税收的混乱而制定的，因而对过去自然有变革的一方面，但也有继承的一方面。现从一些具体事例中来加以说明。

1. 川峡路“忠州等处伪蜀日以鱼为膏，输其算”，成都府“部民凡嫁娶皆

---

① 《长编》卷二四。
② 《朝野杂记》甲集卷一五，《田契钱》。
③ 洪迈：《容斋续笔》卷一。
④ 《宋会要辑稿·食货》三五之一。
⑤ 《长编》卷四九〇，绍圣四年八月庚子记曾布语。
⑥ 洪迈：《夷坚志支丁》卷六，《永康太守条》。

籍其帏帐妆奁之数估价抽税”，“江淮湖浙民贩芦苇者”，“琼州伪命日，每遇市集居人妇女货卖柴米者，邕州人收一钱以为地铺之直，琼州粳米计税四钱、糯米五钱”[①]，凡此之类，或属于“贩夫贩妇细碎交易”，或属于无名苛敛，先后被政府下诏免算，这是一类情况。

2. 割据时期，江湖以及池潭陂塘盛产鱼虾莲藕的地方，“皆纳官钱，或令人户占买输课，或遣官吏主持”，这就阻碍一般贫民下户的采捕，对生产是不利的。针对这类情况，曾屡次下诏废罢。淳化二年的诏书上说：凡“诸处鱼池旧皆省司管系”者，都一律开放，“鱼鸭之类，任民采取，如经市货卖，即准旧例收税”[②]。诏书虽然屡下，各地豪霸继续霸占了公共的湖陂，在第一编水利中已经谈过了，不多叙述。由于上述措施，公共使用的江湖陂池的开放，不仅对生产有利，对政府商税的增长也是有利的。

3. 宋真宗大中祥符六年，知滨州吕夷简要求免去河北农器税[③]。宋真宗，“务穑劝耕，古之道也”，非特免河北农器税，“自今诸路州军农器并免税”[④]。可是在实际中是否执行，则大成问题。天圣四年，“高邮军商税务令民纳犁具税钱”，于是又重申农器免税。转眼至天圣六年，诏书上忽然说道：“自今民贩生铁器上京，所经县镇依诸杂物例关报上京，送纳税钱。”[⑤] 所有生铁器不都是农器，但至少一部分生铁器是农器，或一部分农器是生钱器。这道诏令对于作为农器的生铁器是征税还是不征税呢？很难说是不征税的。南宋绍兴五年，知扬州叶焕为使江浙货物贩运到扬州，以恢复兵火焚荡之后的残破，曾规定“贩运斛斗、布帛、农具、竹木、丁铁”等等都免征算[⑥]。到绍兴八年，中书门下省奏称：田亩“全藉耕牛布种，访闻人户买贩耕牛，州县往往收税邀阻，及鼓铸农器经过关津亦不依条免税”，于是又再次申明，并“令监司常切觉察，仍多出文榜晓谕”[⑦]。身居中书门下省的高官，就只能“觉察”和“晓

① 《宋会要辑稿·食货》一七之一〇至一三。
② 《宋会要辑稿·食货》一七之一一至一二。
③ 张方平：《乐全集》卷三六，《吕夷简神道碑铭》。
④ 《宋会要辑稿·食货》一七之一六。
⑤ 《宋会要辑稿·食货》一七之二一。
⑥ 《宋会要辑稿·食货》一七之三五。
⑦ 《宋会要辑稿·食货》一七之三七。

谕”，税吏们是否“晓谕”和被“觉察”，是另一回事了。

4. 同农具一样，米面免税云云也是口惠而实不至的空言。早在宋太祖乾德四年就下诏，“剑南道伪蜀日有以米面收算，罢之”①，可是宋太宗淳化二年江西转运司就奏称，“鄂州旧例，盐米出门皆收税钱”，更不必说贩卖了。于是又诏，“自今民贩籴斛斗及买官盐出门并免收税”②，然而宋仁宗天圣三年，靠刀耕火种难以为继的万州，“民货籴斛斗，商税务收纳税钱”，因而又有当地官吏奏请，免去征商。这样一而再、再而三，直到宋哲宗年间，米面征税一直没有减免。南宋也一再下免算之诏，但仍一再有征商之事。如建炎三年李迨奏称，绍兴五年的诏令，以及扬州、湖南连续出现的免税之诏③，都说明了这种情况。到绍兴十五年，宋高宗出面说话了，“天下之物有不当税者甚多，如牛米柴面之类是也”④。到绍兴十七年，户部也继而说话了，“依准圣旨措置到州县镇务违法收税钱并客贩米斛并免收税”⑤。绍兴十八年“累降指挥”之下，似乎解决米面税收的问题了。可是在宋孝宗乾道淳熙年间，照样是“累降指挥”的；即使“民价踊贵，民间缺食，全藉客米接济”的紧急时刻，所在场务仍然“巧立名目，违法收税”⑥。淳熙六年又发表了类似的诏令。据加藤繁氏《宋代商税考》，只有在灾荒极其严重的条件下，米面征商之税才能豁免，在其余时间内，免税之诏都是不兑现的空话。

从以上几个事例所表现的反反复复的情况来说，靠宋封建统治者减税免算这一类的“恩赐”是极其困难的。今天他可以下减免之诏，明天他又可以将减免的赋税收回去，甚至加倍的“饶润”他自己。因之，宋代商税同其赋税一样，只是增加而不是减少。

---

① 《宋会要辑稿·食货》一七之一〇。
② 《宋会要辑稿·食货》一七之一二。
③ 《宋会要辑稿·食货》一七至一五、三四等均载有。
④ 《宋会要辑稿·食货》一七之三八。
⑤ 《宋会要辑稿·食货》一七之三八。
⑥ 《宋会要辑稿·食货》一八之三。

九、则例以外的各种新的杂征横敛

商税则例是官司税吏们征商的准则，应当严加遵守的。而事实上却不然，他们违背了商税条例和规定，随意创行新的税目。例如：

1. 力胜钱。对船只则按大小征收力胜钱，这大约脱胎于汉代对车船的征算。本来船中有货物，征力胜钱还有借口，而船中空无一物，又是上水船，也要收力胜钱[①]。甚至有的地方，如川峡路诸州，船只靠岸就要收钱，是所谓的“到岸钱”，直到淳化二年这个到岸钱才被废除[②]。

2. 市例钱。这是王安石变法期间市易务的一个新创造，“官税一百”，“专栏（税卒子）等合得市例钱，官中遂以为定例”；在征税中，“苎麻一斤收钱五文，山豆根一斤收钱五文，却问客人别要市例钱十文”。后来规定“市例钱二十文以下并放”，但在税钱300文以上便一定要缴纳市例钱，并且成为一项定制[③]。

3. 打扑钱。前面提到，在一路之内，每经场务就得缴纳一次过税。从这一路到那一路，也同样是一征再征。打扑钱就是这类性质的征商。“熙河路商货已经秦凤路打扑钱，若本路再收，显见重叠。乞于秦凤路所收钱数，每色立为三分，内收二分打扑。”这项要求奏可之后，经制边防财用司奏称：“熙河路客旅，虽经秦凤路打扑，缘物货至极边，获利尤厚”，因而“乞依秦凤路例收打扑钱”[④]，熙河路就在熙宁九年冬得到批准，开始征收打扑钱。经过各路打扑，政府的商税固然是增加了，可是货物运到目的地之后，只有提高售价，把官府打扑出去的钱打扑到消费者的身上，而从熙河边远地看，还打扑到兄弟的少数民族人民身上。

宋代虽然有了统一的商税则例，可是在则例之外可以随意征商，这种随意性既表现在各州军之间，也表现在逐路之间。因而宋代征商，正如马端临所说是“无定制”的。这是因为，虽有定制，而不严格遵守，仍然是“无定制”

---

① 《宋会要辑稿·食货》一七之一九。
② 史能之：《毗陵志》卷四，淳化宽征诏。
③ 郑侠：《西塘先生文集》卷一《市利钱》。
④ 《长编》卷二七九，熙宁九年十二月庚子记事。

的。从这样一个特点中，可以看到，在没有形成统一的资本主义市场之前，各地方市场的封建性、地方性始终是存在的。即使像两宋，商业城市经济有了如此显著的发展，制定了全国性的商税则例，也同样是存在这种情况的。

十、宋代商税则例的一再修订及其实质

淳化五年完成商税则例的制定之后，在将近100年的历程中，由于官司税吏们"辄增名额及多收税钱"，从而使这个则例失去了它的意义和作用。因此，宋徽宗崇宁五年九月十七日诏命"户部取索天下税务，自今日以前五年内所收税钱并名件历，差官看详，参酌税物名件税钱多寡，立为中制，颁下诸路，造为板榜，十年一易，永远遵守"①。这是继淳化则例而制定的新的崇宁则例。崇宁则例既然根据崇宁五年九月十七日以前的五年税收的平均数，并且在"仍各不得亏损元额"的条件下制定的，它也就是以前此日益增重了的商税，重新作为划一的规定而让人们遵守。所以，尽管新的则例用"辄增名额及多收税钱，以违制论"这样堂而皇之的语言向全国发布，但它丝毫也无法掩盖自身征税的进一步增重。

南宋建立之初，各地版籍焚于兵火，田赋征收锐减，于是征商和各项杂敛在财政收入中比重增大，从而引起南宋当权者的注意。绍兴六年（1136）八月三十日，诏令两浙江西都转运诸路转运司，"取索本路应干税物则例，体度市价增损，务令适中"，开始了再一次的商税则例的修订。绍兴商税则例同崇宁商税则例一样，是根据市价增损进行调整的，由于南宋初年物价波动剧烈，为使政府商税收入免于亏损，从崇宁则例的"十年一易"，改变为"每半年一次，再行体度市价，依此增损施行"。② 从宋太宗淳化五年商税则例的创制，到宋徽宗、宋高宗的重订和再订，深刻地反映了，宋代物价特别是宋徽宗以后的物价剧烈波动，商税则例的一再调整和修订，无非是在这一剧烈波动中维持商税数额。所以，商税则例的修订和再订，深刻地揭示了宋封建统治集团攫占商业利润的贪婪。事实也正是如此，宋代商税增重正是通过则例的调整而显现出来。

---

① 《宋会要辑稿·食货》一七之二八。

② 《宋会要辑稿·食货》一七之三五至三六。

第三节　从都商税院到务场一个层层密密的商税网　两宋商税的扩大及其影响

为获取征商之利，宋上自汴京下至墟市，建立起来了一个层层密密的商税网。

汴京、洛阳、大名府和应天府所谓的四京，以及南宋临安都设有都商税院。一些繁华的州府置都税务或商税务、商税院①。自此以下，“凡州县皆置务，关镇亦或有之”②，镇不是“亦或有之”，设务的镇数相当多，它的商税税收，据熙宁十年统计，除四川铁钱路分外，为625734贯，占商税总额的9%③。较为繁华的村市也有务的设置，为数不算多。全国税务，据戴静华同志统计，为1993处④。如果加上买扑税场（或税铺）为数更多。

五代割据时期，不但是各王国，就是地方节度使，也都派遣自己的亲信走卒控制各种税收机构，横征暴敛。宋统一后，地方行政权力、军权以及财权，统统收归中央。在镇压了李重进的叛乱之后，由中央政府直接派京朝官监扬州税，陈傅良曾对此事评论道：“以朝官监州税始于此，盖收方镇利权之渐”⑤。宋太宗因王仁赡“纵吏为奸，诸州场官多隐没官钱”，因而分派“使臣掌其事”，于是州县税务的设官置吏便取决于朝廷了。《宋史·食货志》上说，宋代州县税务，“大则专置宫监临，小则令佐兼领，诸州仍令都监、监押同掌。”⑥应当说，税收权力集中于中央，较之五代是一个进步。但由于州县监税监酒之类的财务小官，往往是由被贬黜的朝官安身栖命之地，为士大夫所耻为；又由于宋代地方政治，越来越演变为任吏而不用官的局面，州县实权被一批地主豪绅出身的职吏把持，于是南宋时候诸县税务就落在“武夫小吏”之

---

① 《宝庆四明志》《宋会要辑稿·食货》一七之一四。

② 《宋史》卷一八六《食货志下八·商税》。

③ 此据《宋会要辑稿·食货》一五至一七统计，系河北大学宋史研究室研究生杨倩描同志统计。

④ 戴静华：《宋代商税制度简述》，1982年《宋史研究论文集》第165页。后面也参用了一些意见，不再注明。

⑤ 《通考·征榷考一·征南》。

⑥ 《宋史》卷一八六《食货志下八》。

手，他们倍加疯狂地掠夺各项利润。

各地务场，有专栏、栏头和女栏头负责检查来往商旅及其携带的物货，女栏头则专门检查旅程上的妇女。栏头在北宋初由转运司选拔充任，咸平三年招客户来做，后又于第五等税户差充。熙宁变法之后，到元丰年间则“听投名而不支雇钱”。在台州，单是州城就有栏头14人，属县也有三四十人①。因而各州县税务的专栏是为数不少的。这批人既不请雇钱，全靠勒索商人为生，出身即使是五等税户或贫穷的客户，但在剥削制私有制的毒素侵蚀之下，质地再好，也要逐步变成封建官府的走卒，狗仗人势，什么坏事丑事都能干得出来。

除国家设立的税务机构征收商税之外，宋朝还有一种买扑税场或税务的买扑制度。买扑制度在前章酒专卖制度中已经提到，始于唐代晚年。这项制度是一种商税（或酒税）的承包制度，即将这一地方的商税，立下一个国家的税额，谓之“年额”，由人承包，每年向国家缴纳这种固定的年额，多余的则归承包者个人所得。但，买扑商税或者酒税，必须有一定的家业才行。宋太祖开宝三年（970年）规定：“买扑坊务者收抵当”，所谓收抵当，即以自己的田产房屋等家业作为抵押，每年课额完不成，即以家产抵充。陈傅良说：“买扑始见此”②。买扑者缴纳一定数量的钱之后，即主管当地商税，大约在宋太祖、太宗期间为期三年。在此期间，买扑的务场，“皆有定额，不许增抬价数，辄有划夺”③。宋太宗虽曾明令规定，不许增价，但到宋真宗时候即开始实封买扑制，即投标制，谁出钱出得多，即由谁承包税务。所以，实封买扑制不始于宋神宗，而是在宋神宗以前60年即实行了。不过，这种买扑制，是在税课较低的地方才实行。马端临说：“按坊场即墟市也，商税酒税皆出焉。”④ 商税税场锐铺的买扑，在年入1000贯以下的地方实行。宋仁宗天圣四年陕西转运司提出这类税收所在，“许人认定年额，更不差官监管”，于是广南西路、荆湖南北路、梓州路、江南东西路、河北路和两浙路相继实行⑤，买扑制度因而盛

---

① 陈耆卿：《嘉定赤城志》卷一七。

② 《通考·征榷考六·杂征敛》。

③ 刘挚：《忠肃集》卷五《论役法疏》。

④ 《通考·征榷考六·杂征敛》。

⑤ 《宋会要辑稿·食货》五四之三至四。

行起来。宋神宗时采取实封买扑，前章已言之，似乎买扑酒税较多，买扑商税较小。宋哲宗元祐年间罢实封制，“令诸路转运提举司会新旧之数，酌取其中，立为永额，召人承买”[①]，买扑制度继续维持下去。到南宋，则进一步扩大了这项制度。

买扑制度之所以实行，主要是由于封建国家既不想在课利微薄的地方设官监管，以增加官府开支，但又不甘心于放弃这些利益，因而采取买扑的方法，将商税酒税由恶霸豪势买扑承包，从而封建国家与恶霸豪势共同分割一部分商业利润。对此，陈傅良曾经一针见血地指出：“买扑之利，归于大户”[②]。士大夫批评这项制度的也很不少，所谓“皆系豪民买扑，重为民害”[③] 等等，后面还要提到。

既有国家直接委派的都商税院和务场，又有买扑制下的务场，这层层密密的大小税收机构究竟起了什么样的作用呢？

首先是，由于税务林立，用来压榨商旅，连封建统治者也不得不承认这一事实：“税场太密”。以蜀川茶税征收的情况看，吕陶曾经指出：“所过场务，远者十处，近者三两处，再远者四五处，过税每斤收二文，五场共计十文”[④]。南宋场务之多，比北宋还要严重：

> 荆南至纯州材（才）五百余里，而税场之属荆南者四处；夔州与属邑云安巫山相去各不满百里，亦有三税务，如此之类甚多。[⑤]
>
> 商贾往来，不出襄阳境内二十里而有三税。[⑥]
>
> 〔饶州〕鄱阳县管下石头镇，自城下至本镇八十里，自本县至乐平县四十里，相去一百二十里之间三税。[⑦]
>
> 〔福州福清县〕海口镇在县之东，在墟市，县民之适镇者，镇民之至县者……既税于镇矣，径港在县之南，又置税焉，又税于县焉，

① 《通考·征榷考六·杂征敛》。
② 《通考·征榷考六·杂征敛》。
③ 《宋会要辑稿·食货》一八之一九。
④ 吕陶：《净德集》卷三《奏乞罢榷名山等三处茶以广德泽亦不缺备边之费状》。
⑤ 《宋会要辑稿·食货》一七之四二。
⑥ 《宋会要辑稿·食货》一八之二八。
⑦ 《宋会要辑稿·食货》一七之四四。

是二十余里之内凡三税也。[①]

〔两浙路〕只如是衢州至临安水陆之所经由，应税者凡七处。

由于场务太密，几十里内即接二连三，商旅每过一次场，即缴纳一次过税，“一物而征之至十数次者，谓之回税。”[②] 在一征再征之下，从衢州到临安七次征税，“使其每处止于三十而税一，不为多矣，比及临安于其所贩已加二分之费，而负载粮食之费又在在是，是非得三分之息不可为也。”[③] 而自皖南山区休宁外运的杉条，“出山时价极贱，抵郡城〔歙州〕已抽解不资，比及严〔州〕则所征数百倍”，“盖一木出山或不值百钱，至浙江乃卖两千，皆重征与久客费使之”[④]。“西蜀田中所产苧麻，终年辛勤，至乎成布一匹，所直不过交子六七分，凡六经税，而官吏牙侩多端侵刻。”[⑤] 重征的结果之一是：“相去百里，一征再征，而民至于冒江湖涉风涛而死者皆是也”，“今民持尺寸之帛以适市，吏且从而呵问之，征一及百而破家连逮者皆是也”[⑥]。重征的再一结果是，如吉州永新、龙泉两县所买造船枋木，每贯克下陌子钱 65 文，头底钱 4 文，共 69 文，造成“商人亏本，少人兴贩”[⑦]，窒息了商品的流通和交换！

在商税重征过程中，封建当权者集团靠扩大商税以解决其财政困难，因而商税不断加码。如宋仁宗时，“军兴而用益广，前为三司使皆厚赋暴敛，甚者借内藏、率富人出钱，下至果菜皆加税！”[⑧] “今关市之征戾于古矣！鱼薪蜃蛤，匹夫匹妇之利皆征之。”[⑨] 南宋征商，更加苛重，“关市之征，束薪把菜，亦有所取，利源至多至烦！”[⑩] 什么商税则例啦，什么皇帝诏书“贩夫贩妇细碎交易”不征啦，等等，早就弃掷一旁、不复问闻了。

税吏们更是穷凶极恶地榨取商旅，封建国家增重税码，还可能落在国库

① 刘克庄：《后村先生大全集》卷八八《福清县创大参陈公生祠》。
② 《宋会要辑稿·食货》一八之二。
③ 陈渊：《默堂先生文集》卷一二《十二月上殿札子》。
④ 范成大：《骖鸾录》。
⑤ 《宋会要辑稿·食货》一八之二二。
⑥ 周南：《山房集》卷七《庚戌廷对策》。
⑦ 《宋会要辑稿·食货》五〇之三。
⑧ 欧阳修：《欧阳文忠公文集》卷三二《王尧臣墓志铭》。
⑨ 陈舜俞：《都官集》卷二《厚生五》。
⑩ 刘子翚：《刘屏山先生集》卷二《维民论》中。

中，而这些人的敲诈勒索则完全装在他们的腰包里。长江是南宋交通最重要的一条航线，可是这条航线上的税务以及官吏们，则明目张胆、无任何顾忌地为非作歹，而且气焰之嚣张达到无以复加的地步！朝野上下，议论纷纷。员兴宗《议征税疏》[①] 指出川峡荆湖所过税场存在六大弊端，而《庆元条法事类》所载[②]，纤细无遗地揭露了称之为大法场的池州雁汊、小法场黄州和新法场鄂州等税务对商旅的洗劫，试看这些记录：

1. 船上没有货物，却“抑令纳税，谓之‘虚喝’”；本来是些小商品，则“因其名色，抬作贵细，仍以一为百，以十为千，谓之‘花数’；空船也要纳税，叫做‘力胜钱’”；“不问货物之多少，辄欲加等重税，敷摊逋负”。

2. “所收商税，专责现钱”，“商旅无从所得，苛留日久，即以物货抵当准折，或元直十文，止折作三两文之类，谓之‘折纳’”；“商客类至，专拦预行资觅，多得则税轻，少得则税重，输官之物未至，而私遗之物先达。”

3. “税务违法，多于额外增置栏头，每一栏头名下各置家人五、七人，至于一务却有一二百人，乃巧作名色，容留私名贴司在务，更不计数，皆是蚕食客旅”；“栏头各有小船，商税务十里外邀截客旅，搜检税物，小商物货为之一空，税钱并不入官，掩为己有”，“监专有私取之数，异乎赤历之数，偏镇外县，卒难稽考，所得在私，所亏在官。”

4. “栏头例以铁为椎，长七八尺，谓之铁锥，辄将经过舟船所有箱笼，并行锥插，其衣服物帛之属多被损坏。”

5. “巡拦之人，各持弓箭枪刀之属，将客船拦截弹射，或致格斗杀伤”；“沿道千里，武夫小吏以为监官，豪夺暴取，设弓罗箭，如待寇至。”

6. “或用舟船绞缚棚屋”，谓之“排停”，“令官员家属不以老稚病人产妇并立时驱逼般腾在上，然后入船恣意搜检”；“若有家属同行，即令栏头妻女入船搜检”，谓之“女栏头”。

从以上材料可以看到，税务中的栏头成了最大的权威，并自北宋末年以来即已如此：“虽旧不置监官，所收课利浩瀚，只令栏头收税趁钱，甚失省则”；

---

① 员兴宗：《九华集》卷七。

② 《庆元条法事类》卷三六。

一些务场，“不曾立定额”，栏头可以恣意而为①。栏头之所以如此横行无忌，根本原因是州县官是他们的后台：“在州，则知州以税务为鹰犬；在县，则县令以税务为肘腋，百色呼须，暗行赔填，是致税务苛刻，州县不问，商旅无诉。”② 而且，栏头又和税场监官亲随等勾结起来，更加肆无忌惮：“州郡多差职官或寄居待阙官及使臣前去监视，谓之检察，将带人从，骚扰乞觅”③，甚而至于在这些人的指使纵容之下，往往远出十里、二三十里外“拘拦税物”，还胡说什么“发关引”（去送税收检查证）④！豪强恶霸买扑得来的税场，其苛取甚于州县⑤。在“天高皇帝远”的地方，如广州石梯石津“在两山间，田土狭隘，人户耕凿方成聚落”，这两个买扑税场，由乡豪“自置土典栏头，初无客旅，但将人户所收谷米麻豆之属，一一征取”⑥，充作商税。就是在宋统治腹心地区，买扑税场也敢于“越数里之外拦税”，“逾二三十里之外拦税”⑦。在买扑税场的搅闹之下，太平州、池州、宁国府、饶州、广德军“课利细微，皆是大姓豪户买扑邀截民旅故也。”⑧

“黄旗优仕贾，白夺困商程。”⑨ 岳珂的这一诗句写出了宋代苛征商旅的这一事实，对真正的商人实行巧取豪夺的“白夺”政策，而对于官僚士大夫的偷税漏税则是听之任之的。下面的这段材料清楚地揭露了这一事实：

今沿江场务所至萧条，较之往年所收，十不及四五。推原其由，皆士大夫之贪黩者为之。巨艘西下，舳舻相衔，稛载客货，安然如山，问之则无非士大夫之舟也。或自地所揽载，至夔门易舟，某月某日某人出蜀。商旅探伺，争为奔趋，为士大夫者，从而索要重价，一舟所获几数千缗。经由场务，曲为覆护免税。怀刺纳谒，恳嘱干扰。往时不过蜀人

① 《宋会要辑稿·食货》一七之三二。
② 员兴宗：《九华集》卷七《议征税疏》。
③ 《庆元条法事类》卷三六。
④ 《宋会要辑稿·食货》一七之四七至四八。
⑤ 《宋会要辑稿·食货》一八之二七。
⑥ 《会要辑稿·食货》一八之二三。
⑦ 《宋会要辑稿·食货》一七之二七至二八。
⑧ 《宋会要辑稿·食货》一八之七。
⑨ 岳珂：《玉楮集》卷七，《过雁汊》。

之赴举者为之，既而蜀士之游宦江湖、召赴中都者，或未免循习。其后东南士大夫之仕于蜀者，归途亦多效之，而把麾持节者抑又甚焉。①

官僚士大夫不仅自己做买卖，而且同商人结合起来做买卖，偷税漏税，而且越是“把麾持节者”即大官们越是厉害！

“漏网吞舟”，其实走私漏税的，不限于官僚士大夫，大商人同样如此，而且漏税很严重。陈舜俞早在宋仁宗晚期即指出了这一情况：“富商大贾，水有方舟，陆有结驷，千里间行，不由有司者多矣，此所谓征民不征商也。”②所谓“不征商”，对大商人确是如此的。就在宋仁宗时候，一个萧山的丝绸商郑昊，“积计不税者几万端”③，就是突出的一个例子。而且有的大商人还同税吏勾结起来，走私漏税：“吴蜀万里，关征相望，富商大贾，先期遣人怀金钱以赂津吏，大舸重载，通行无苦。”④“栏头弓手等辈于界首拦截，动至三数十里外，诛求客旅……得厚赂则私于放行径，不令其到务商税。”⑤所以，在征商中受压榨最甚的是中下层商人。

宋代场务弊端丛生，虽然如此，却为宋政府榨到了大量的商税，而且商税是不断增长的。现把北宋商税情况制为下表⑥，以资考察：

年　代	商税税额及增长指数		材料来源
宋太宗至道中（995～998）	400万贯	100	《长编》卷九七，《太平治迹统类》卷二九，《宋史》卷一八六
宋真宗景德中（1004～1008）	450万贯	112.5	《乐全集》卷二四《论国计事》
宋真宗天禧末年（1021）	1204万贯	301	《长编》卷九七；《宋史》卷一八六
宋仁宗庆历中（1041～1048）	1975万贯	493.75	《乐全集》卷二四《论国计事》

① 《宋会要辑稿·食货》一八之二五。

② 陈舜俞：《都官集》卷二《厚生》五。

③ 《宋史》卷二八八《孙沔传》。

④ 陆游：《渭南文集》卷二《上殿札子》。

⑤ 《昼帘绪论》《理财篇第九》。

⑥ 本表参阅了全汉升《唐宋政府岁入与货币经济的关系》，载史语所集刊第20本，又本表中熙宁十年数字又另加统计。

续表

年　代	商税税额及增长指数		材料来源
宋仁宗皇祐初（1049）	2200 万贯	550	《东原录》
宋仁宗皇祐中（1051）	7863900 贯	196.6	《宋史》卷一八六
宋仁宗嘉祐三年左右（1058）	700 万贯	175	《东原录》
宋英宗治平中（1064～1068）	8463900 万贯	211.6	《宋史》卷一八六称治平中较皇祐增六十余万
宋神宗熙宁十年（1077）	8788621 贯（铜铁钱合）	219.55	《宋会要辑稿·食货》一五至一七
	7139677 贯（除川峡路铁钱）	178.49	

上表可以看出，北宋商税不但递年增长，而且到宋真宗末年从原来的 100 徒增为 301，以后在宋仁宗庆历年间又暴增至 493.75～550。这种暴增如前面提到的，是由于对西夏用兵，从而下至果瓜亦皆加税造成的。至宋仁宗皇祐以后又降落下来，即使如此，也比国初增长了两三倍。商税的递年增长，在宋代财政货币总收入中越来越占有重要的地位。这在下表中可以反映出来：

年　代	货币收入总额	商税收入及其所占百分数（%）	
宋太宗至道中（995～998）	22245800 贯	400 万贯	18
宋真宗天禧末（1021）	2635 万贯	1204 万贯	45.4
宋仁宗皇祐初（1049）	3900 万贯	2200 万贯	56.4
宋仁宗嘉祐中（1056～1063）	3682 万余贯	700 万贯	19
宋英宗治平中（1064～1067）	4400 万贯	8463900 贯	19.23
宋神宗熙宁十年（1077）	5060 万贯	8788621 贯	17.37

上表清楚地说明了商税在北宋财政收入（货币收入）中所占的比重，宋真宗天禧末年到宋仁宗皇祐以前，商税占的比重较大，有45.4%～56.4%，其余宋太宗、英宗、神宗三朝则下降到18%、19.23%、17.7%，而以宋神宗时商税所占比数最小，这也反映了宋神宗时商税比其他诸朝均低。但，总地说来，宋政府对商税一直是重视的。

南宋虽然没有商税收入的总数字，但可以肯定地说，它比北宋又有了较大幅度的增加，因而在南宋财政结构中所占的比重依然很大。这里不妨以南宋若干州县中商税收入情况制表，与北宋熙宁十年前①、熙宁十年商税收入进行比较，对此问题当可有所了解：

地　区	北宋熙宁十年前额	北宋熙宁十年额	南宋旧额	南宋新额
杭　　州	120303贯	183824贯	420000贯	330000②
建康府	27062贯	57242贯	460000③	—
绍兴府	27577贯	66007贯	54803贯	62256贯④
明　　州	17664贯	26952贯	—	87104贯⑤
常　　州	22302贯	64952贯	135784贯	70958贯⑥
湖州武康	—	6347贯	7365贯	23077贯⑦
蕲州蕲口	—	2654贯	—	150000⑧
封　　州	1823贯	5591贯	9033贯	—⑨

从上表来看，临安为南宋首都所在，代替了汴京的位置，因而商税增加了三四

① 《宋会要辑稿·食货》一五至一七记录了“熙宁十年前”和“熙宁十年”的商税数字，对研究宋代商税极为重要。但“熙宁十年前”究系什么时候，昔加藤繁氏认为要在熙宁十年以前的数十年。经杨倩描同志考证，最早在嘉祐初年或二三年，所考甚是。文载1985年《中国史研究》第二期。

② 潜说友：《咸淳临安志》卷五九。

③ 《宋会要辑稿·食货》一七之三五。

④ 施宿：《嘉泰会稽志》卷五。

⑤ 罗濬：《宝庆四明志》卷五。

⑥ 史能之：《毗陵志》卷二四。

⑦ 《宋会要辑稿·食货》一八之三〇。

⑧ 陆游：《入蜀记》。

⑨ 《宋会要辑稿·食货》一七之三八。

倍，可以不计外，建康府为三榷货务之一的所在地，是临安以外的著名大都市，商税达46万贯，较北宋熙宁十年商税增长了几倍。其余明州、常州、湖州武康等都有所增加，增至一二倍或二三倍。周南曾把两宋地方商税收入做过比较，他指出："臣尝记天禧以前，二浙之大郡合一郡征商之入有不及五六万者，今一小郡蜀邑之外有收及六七万者皆是也。"[①] 可见各地商税在南宋都有所增长，像封州这样的偏远小州，也增加了75%以上。

附带还要说明一个问题。第一编中曾经指出，南宋经总制钱是由权添酒钱、量添卖糟钱、增添田宅牙税钱、官员等请给头子钱和楼店务添收三分房钱等构成的。而在北宋时，庄田、店宅等买卖契税等，都是属于商税范围内。南宋初把这一部分钱划归经总制钱，应当说这一部分钱在经总制钱中占有相应的比重。即以楼店务添收三分房钱和头子钱来说，与商业贸易也有相当的关联，至少其中一部分商业利润也划归在经总制钱中。前引叶水心《实谋》中所载，指出南宋孝宗淳熙年间4900万货币收入中，经总制钱为1500余万，占30.6%。如果将经总制钱中的田契税、头子钱等一部分商业利润仍然划回到商税中，那么，商税在南宋财政结构中所占的比重还要大一些。这一点是无疑义的。

能否通过宋代商税征收来考察宋代商品流通过程和商品数量，从而探讨宋代商品经济发展究竟达到一个什么样的地步呢？当然是可以的，但有不小的困难，是需要今后继续研究而加以克服。前面曾经提到，20世纪60年代初蒙文通先生《从宋代的商税和城市看中国封建社会的自然经济》一文，提出了很好的见解。这篇文章强调了"宋代商品交换的主要部分是分散在广大小市场上进行的，而不是集中在所谓大城市"，"宋代商税所反映当时不存在大规模商品流转，商品交换一般都只在狭小的区域内进行，没有什么商业性城市普遍发展……等等，是符合实际的。"进而批评了当时学术界提出的宋代已经出现了所谓的"国内市场（或民族市场）"这一见解。

对蒙先生的这篇文章虽然有不同的意见，但就其批评"国内市场"这一主要问题上来说，我认为是正确的。所谓"国内市场（或民族市场）"的涵

---

① 周南:《山房集》卷七《庚戌廷对策》。

义，一般说指的是近代资本主义形成时出现的一种统一的市场，实质上也就是资本主义市场。就宋代而言，并不存在资本主义统一市场的问题。尽管宋是一个统一的国家，但是只要看看它的密密层层的税卡，就充分反映了它在经济上的狭隘性、地方性和封建性，还没有产生联系各个市场的资本主义的纽带。更何况作为资本主义市场的一个重要标志——出卖和收买劳动力市场还远没有形成，虽然如前章所说，宋代不仅在城市而且在农村涌现了大批雇工，但最终还没有形成这样一个市场！在这个基本问题上，蒙先生的见解是正确的。

当然，在一些具体问题上，蒙先生的意见还是可以再加研究的。宋代商品交换究竟是在小市场进行，还是在较大范围内进行，不妨从以下统计中进行考察：

1. 根据熙宁十年商税记录材料统计，全国每年商税在 3 万贯以上的城市共 44 座，商税税额为 2250254 贯，占是年商税总额 8788621 贯的 25.6%。这就是说全国四分之一以上的商品交换是在 44 个城市中进行的。如果将川峡路行使铁钱路分的 16 座城市及其年收商税 675759 贯刨去，则行使铜钱路分的 28 座城市，共收商税为 1574495 贯，占铜钱总额 7139677 贯的 22%，即是说在 28 座城市中的商品交换，占全部铜钱地区贸易的 22%。

2. 全国商税收入在 3 万以下 2 万以上的城市共有 27 座，商税额 912218 贯。如果与上述数字相加，即 71 座城市，商税额 3162472 贯占全国商税总额 8788621 贯的 36%，即是说，在 71 座城市中的商品交换，占全国商税总额的 36%。

3. 全国市镇商税总额为 625734 贯（其中包括川峡四路铁钱税额 37045 贯），占全国商税总额的 7.2%。如果除去川峡四路，则占 6.7%。

对两万贯以下、五千贯以上商税收入的城市无须再作统计，就以上述统计材料来看，在市镇这样的小市场或者说低级市场上的商品交换量是不大的，而全国 71 座城市亦即大中城市中的商品交换量则要占全国商税额的 36%，因而商品交换的中心是在中等以上城市。因此，可以这样说：宋朝虽然还没有形成为一个统一的国内市场，但已经形成了较大的地方市场和区域市场，从而推动了商品交换和商品经济的发展。

最后，根据熙宁十年商税统计，还可以作如下一个估计，即：宋代商税是按商品价格的2%为过税、3%为住税加以征收的，亦即值百抽五的税率征收的。熙宁十年商税总额以铜钱计为7139677贯，如果除以5%，则为142793540贯铜钱，这大约是全年交换中商品总价格，亦即贸易总额。如果以铜铁钱一道计算，则为175772420贯。如果再加上零星的贸易交换，全年贸易总额不超过2亿贯（包括铜铁钱在内）。是否如此，还要作更进一步的研究。

第二十八章　宋与周边各族的贸易　宋市舶制度以及与海外诸国的贸易

宋代商品经济的发展，不但促进了国内各地方市场的繁荣，同时还促进了与周边各族契丹、党项、女真、西北西南诸族之间的交换，以及海外诸国的交换。宋与周边各族之间的交换，对中华民族共同体的形成有着重要的意义和作用，而这一点是特别值得注意的。在同海外诸国的贸易中，即有互通有无、促进双方经济文化交流的良好作用，也有不利于宋封建国家内部经济发展的一面，这一点也是本章着意说明的。

第一节　宋与周边各族之间的贸易和交换

一、与契丹辽国的贸易

契丹族自从在西喇木伦河老哈河之间的草原上兴起之后，到武则天时则已成为唐东北边境上的劲敌。五代十国之际，契丹族在耶律阿保机、耶律德光的领导下，先后建立了契丹国和辽国，不但拥有了西逾流沙的广袤的草原地区，而且还囊括了长城南北燕云十六州之地。以草原畜牧业为主、以长城以南农业、燕山为中心的冶铁手工业为辅的契丹辽国，随着它的经济发展的需要，渴望同中原地区进行广泛的贸易和交换。

中原王朝适应了契丹的某些要求。宋建国之后，即同契丹开始了“缘边贸易”，太平兴国二年（977）又于镇、易、雄、霸、沧等州，“各置榷场”[①]，

① 《通考·市籴考一》。

开始了官方的正式贸易。不久因战争而告中辍。澶渊之盟以后，双方又开辟了榷场贸易。宋真宗景德二年（1005），宋于雄、霸州和安肃军设置榷场，继又在广信军置场，由朝廷派官专掌，并由当地通判兼管其事。这就是所谓的河北四榷司，自宋英宗治平四年，其“物货专掌于三司之催辖司，而度支赏给案判官置簿督计之。”[①] 辽国则于涿州新城、振武军和朔州南置有榷场，同宋贸易，“终仁宗英宗之世，契丹固守盟好”[②]，双方进行了大宗交易。之外，在定州军城寨、飞狐茭牙、火山军等地，也设有短时期的榷场贸易[③]。

榷场贸易完全是在双方官府监督之下进行的，是以双方官府和统治阶级的需要来互通有无，而且禁条甚多，这当然不能适应民间贸易的要求和意愿。因此，所谓的民间非法贸易便频繁起来。宋辽统治集团都想切断这种贸易。如宋仁宗皇祐元年令“河北两地供输民毋得市马出城，犯者以违制论”[④]；熙宁九年因边境上“私贩者众”，“立与化外人私贸易罪偿法”[⑤]，妄图斩断这种贸易。辽国同样是如此，特别禁止马匹的贸易，严令禁止“鬻马于宋夏界”，“每擒获鬻马出界人，皆戮之，远配其家”[⑥]。但双方的行政命令经不住经济力的冲击，人为的限制根本切断不了千百年来形成的民族之间的联系，因而宋辽之间的民间贸易越来越广泛地发展下去。

宋辽官方榷场贸易是极为可观的。宋太宗时，“辇香药、犀、象及茶与互市”[⑦]，随后又增加了缯帛（《通考》此项作绵）、漆器和粳糯等物品。从近几十年考古发现的情况看，辽墓葬中出土了不少的瓷器，均系宋著名的定、汝、均和景德镇诸窑的产品，可见瓷器也是向辽出口的一项重要商品。香药、犀、象是舶来品，宋政府将其转卖给契丹统治者，用来换取粮食。景德二年榷场贸易恢复，即“出内香药二十万贯”，到河北与契丹“博籴”[⑧]。熙宁八年，市易

① 《通考·市籴考一》；《宋史》卷一八六《食货志下八·互市舶法》。
② 《宋史》卷一八六《食货志下八·互市舶法》。
③ 本段参阅张亮采《宋辽间的榷场贸易》、陈述《契丹社会经济史稿》等文，下面不再注明。
④ 《长编》卷一六七。
⑤ 《宋史》卷一八六《食货志下八·互市舶法》。
⑥ 《辽史》卷九一《耶律唐古传》；《长编》卷八二。
⑦ 《通考·市籴考一》。
⑧ 《宋会要辑稿·食货》三六之五。

司曾将价值20万缗的犀象珠子到河北榷场上贸易。从以上事例可见榷场贸易规模的一斑了。

辽国在榷场上同宋贸易的物品为银钱、布、羊、马、橐驼等。羊是契丹出口的大宗，每年约有数万只，大抵供应皇家的需要①。民间也多到契丹“博买斛斗”之外，“收买皮裘”等物品②。沿边文官武将也往往“私买军衣绢染彩博市府州蕃马”③。汴京城内，百官们所食用的牛羊，也多半是来自契丹，“皆私易以中国之实钱”④。此外，硫磺焰硝等禁物，以及银、谷物等也是民间贸易的物品。从种类上说也是繁多的。

在宋辽贸易中，值得注意的是，辽国的湖盐向宋输出。辽西京道大盐泺、上京道广济湖大盐泺都盛产盐，“年深者坚如巨石”，“其碎者类颗盐，民得采鬻之”⑤。这种盐既不用煮，也不用晒，即可采取，因而价格是便宜的。辽把这种盐运到燕云地区出卖，同时向河北诸州军货贩，是极其自然的。在若干年间形成这样一个贸易传统之后，要人为地改变它是困难的。因此，宋建国之后，全国各地食盐都实行官榷，唯独河北路行通商法，民间可以自由买卖。宋太祖的这项政策，既照顾到了传统的民间贸易，又便于沧州盐场食盐的运销，是适应了当时河北路的具体情况的。惟其如此，所以在宋仁宗、神宗统治期间，榷河北盐的议论纷纷，不一而足，终于不能付诸实践；即使实现了，也不得不再改回来，实行原来的通商法。

宋对契丹的贸易中，铜币的滚滚北流，是一个值得注意的问题。宋初以来的“铸钱禁铜”之法一直是很严厉的，“载钱出中国及一贯文，罪处死”⑥，同样地也禁止流入契丹。可是，“北界（指契丹）别无钱币，公私交易并使本朝铜钱，沿边禁钱条法虽极深重，而利之所在，势无由止。本朝每岁铸钱以百万计，而所在常患钱少，盖散入四夷，势当尔矣。”⑦ 钱既不能禁止其外流，王

---

① 《长编》卷二一一，熙宁三年五月庚戌。
② 《宋会要辑稿·食货》三七之八。
③ 《长编》卷八二。
④ 《长编》卷二八三。
⑤ 《皇朝事实类苑》卷七七引路振《乘轺录》。
⑥ 张方平：《乐全集》卷二六《论钱禁铜法事》。
⑦ 苏辙：《栾城集》卷四一《论北朝所见于朝廷不便事》。

安石变法期间废除这个禁令，“铜、铅、锡官自出卖，许通商贩”①。在熙宁七年（1074）这个新敕发布之后，即于河北榷场同契丹进行铜、锡等的贸易。据《长编》记载，铜达到五十七八万斤，锡九千八九百斤②。至于铜钱，只要按规定缴纳商税，可以自由地携带到国内外各地。于是，“边关重车而出”，铜钱加倍地流入到契丹统治地区，并且成为这个地区的通货。货币把契丹族和汉族紧密地绾在一起了，起了重要的纽带作用。

与铜币和各种日用品一道流入北方广大草原地区的，还有高度发展的汉文化。从宋政府的规定看，书籍之流入北方是有种种限制的。宋真宗景德三年的一道诏令说：“民以书籍赴沿边榷场博易者，自非九经书疏悉禁之。违者案罪，其书没官。”③ 可是，不论是文学的、医学技术的，还是政论的书籍，无不受到契丹各阶层的喜爱。由于“这些文字，贩入虏中，其利十倍”④，所以尽管朝廷三令五申，却阻遏不住各类书籍的源源北流。据说，作为亡国之君的宋徽宗，被俘到燕京后，在市上看到有王安石的《熙宁奏对日录》，用一件衣服换买到手。这个故事深刻地反映了，传入辽国的各种著作是为数甚多的。这样一来，辽国的文学、艺术、医学等许多方面，都受到了汉文化的重大影响。以医学为例，契丹族的医生，一向不懂“切脉审药”，经过人们的介绍，“译方脉书行之，自是人皆通习，虽诸部族知医事”⑤，从而大大提高了契丹的医学知识。

汉文化的影响这是一个方面。更重要的是，千百年来，契丹人民同汉族人民在生产和生活中是不断地接触着的，特别是在辽国建立，占有长城以南一部分地区之后，这种接触就更加密切。由于接触的频繁和长久，在语言中就受到相应的影响。如契丹语中的塔不烟亦即挞不也、塔不也等等，是契丹人广泛使用的一个人名，其原意为耕田者。有的文章认为，这个“塔不烟”是从汉语

---

① 《乐全集》卷二六《论钱禁铜法事》所载熙宁编敕。
② 《长编》卷二五一。
③ 《宋会要辑稿·食货》三八之二八。
④ 苏辙：《栾城集》卷四一《论北朝所见于朝廷不便事》。
⑤ 《辽史》卷八九《耶律庶成传》。

中的“田父”、“田夫”对译过去的[1]。进而由此论及辽和西辽在农业生产上受到汉族的重大的影响。汉语不但对契丹族有深刻的影响，对其他各族也影响不小。许亢宗出使女真金国的《奉使行程录》中指出，在东北有契丹、渤海、奚、高丽、女真诸族错综的地区，人们在交往中，“凡聚会处、诸国人言语不通，则各以汉语为征，方能辨之”[2]，更可见汉语在各族交往中的重要地位和作用。这样看来，契丹族与汉族在经济上文化上的联系是极其密切的。

二、与党项夏国的贸易

党项族在李继迁的领导下，日益强大起来，据有兴、灵诸州。宋太宗几次用兵，终于未能剪除这个统治力量。赵德明为向河西一带伸展，避免两线作战，愿同宋和好。宋真宗于是在景德三年册封赵德明为西平王，在保安军开设榷场，作为宋、夏贸易之地。由于西夏从其立国始就怀有强烈的扩张野心，同宋经常处于交战状态，榷场贸易不时地停辍下来。

宋、夏之间，在军事上固然不断发生冲突，在经济上、贸易关系上也存在矛盾。夏统治地区盐州有乌白盐池，盛产青白盐，也叫青盐。党项人主要以畜牧业为生，农业占的比重不大，“树艺殊少”，因此仰仗“池盐”与边民“交易谷麦”。党项人换得粮食，边人换得价钱便宜的食盐，对双方都是有利的。李继迁脱离宋朝，建立独立王国之后，宋并没有干预民间的这项贸易。自从灵州挽粟被李继迁抄掠，边将郑文宝提出：“银夏之北（似当作‘地’），千里不毛，但以贩青白盐为命尔！请禁之。许商人贩安邑、解县两池盐于陕西，以济民食，官获其利，而戎益困，继迁可不战而屈。”[3] 随着军事上政治上的对抗，宋试图以解池盐对抗青白盐，这种做法显然是极不明智的。宋太宗虽然下令陕西禁卖青白盐，“行之数月，犯者益众”，结果连归属于宋的党项人约一万余账也被这道法令驱回到李继迁的一边。而商人们因“贩两池盐少利”，“多取他径出唐、邓、襄、汝间求善价”，“关陇民无盐以食，境上骚扰”。宋太宗被

---

① 江慰庐：《从“塔不烟”人名释谈辽和西辽朝的农业生产》。

② 载《大金国志》卷四〇；此处参阅了岑家梧《辽代契丹和汉族及其他民族的经济文化联系》一文（《历史研究》1981 年第 1 期）。

③ 《宋史》卷二七七，《郑文宝传》。

迫撤销了这道诏令。青白盐继续在宋、夏边境上买卖。

宋仁宗时，宋、夏媾和，元昊要求以10万斛青盐同宋互市。韩琦、田况都反对这项贸易，认为这10万斛青盐，“只以斛（当作‘解’）盐半价约之，已及二十万贯”；“青盐只于保安军入中，必难尽易，当须官自辇置别州，且疲弊之后可复兴此劳役乎？自来沿边属户与西界蕃部交通为常，大率以青盐价贱而味甘，故食解盐者殊少！”“今若许入中青盐，其计官本已重，更须增价出卖，则恐沿边蕃汉尽食西界所贩青盐，无由禁止，解盐之利日渐侵削，而陕西财用不得不屈矣！”① 上述情况表明：元昊试图把民间青白盐的贸易合法化和扩大化，转变为官府之间的贸易，从而把盐利攘归西夏统治集团。对宋政府来说，前此民间青白盐的贸易尚可容忍，但既不许可这种贸易扩大，更不许可这种贸易纳诸官府贸易的轨道，由此打击解盐，并使盐利从宋统治集团手中转到西夏统治集团手中。因此，在此后宋夏榷场贸易中，不但青白盐的贸易没有合法化，没有得到宋政府的承认，而且宋又通过对盐法的变革，力图以解盐抵制青白盐：“又以延、环、庆、渭、原、保安、镇戎、德顺地近乌、白池，奸人私以青白盐入塞侵利乱法，乃募人入中池盐（即解池盐）予券，禁人私售……峻青白盐之禁。”② 宋、夏的对立，阻遏了有利于双方居民的这一正常贸易。

到宋仁宗时候，宋、夏榷场贸易扩大了。保安军、镇戎军是双方贸易的榷场所在。在榷场上，宋“以缯、布、罗、绮易〔夏〕驼、马、牛、羊、玉、毡毯、甘草；以香药、瓷、漆器、姜、桂等物，易蜜蜡、麝脐、毛褐、羚羊角、硇砂、柴胡、苁蓉、红花、翎毛”③。同时还规定了：“非官市者，听与民交易；入贡至京者，纵其为市。”④ 边境上的榷场贸易进一步发展到汴京，苏舜钦记载宋仁宗时这一贸易情况说：“和蕃日久，岁遣人至京师贸易，出入民间如家”⑤。宋哲宗元祐年间，夏使在汴京贸易也同样地兴盛：“既通和市，复

---

① 《宋会要辑稿·食货》二三之三八至三九。
② 《长编》卷一六五，庆历八年冬十月丁亥记事。
③ 《通考·市籴考一》；《宋史》卷一八六同，羚羊角作羱羚角。
④ 《宋史》卷一八六《食货》。
⑤ 苏舜钦：《苏学士文集》卷一六，《韩亿行状》。

许人贡，使者一至，赐予不资，贩易而归，获利无算。”① 南宋时，陕西五路被女真贵族占有，宋、夏边境不再相接连，榷场贸易被女真金国代替了。

三、与女真金国的贸易

于白山黑水崛起的女真人，建国后的十一二年间，即先后击灭了辽和北宋，在淮水以北建立了金国。在所谓“绍兴和议”之后，南宋与金开始了广泛的贸易，对当时整个中国经济的发展产生了重要的影响和作用。

同与辽国、西夏的贸易一样，南宋与金国之间的官方贸易也是在榷场进行的。宋、金榷场贸易虽始于绍兴和议的第二年即1142年，但此后由于不时的战事影响，榷场时兴时废，贸易受到相应的阻遏。直到金世宗大定以后，双方进入了比较稳定的和平时期，贸易才达到了前所未有的兴盛。在宋、金辽远的分界线上，南宋于盱眙、楚州之北神镇杨家寨、淮阴县之磨盘、安丰军之水寨、花靥镇、霍邱县之封家渡、信阳军之齐昌镇、枣阳军和光州光山县中渡市设有榷场；而金则西以巩、洮、凤翔府，淮水以唐、邓、颍、蔡、寿州，山东则于胶西县设置榷场，进行贸易。在双方榷场贸易中，南宋则以盱贻军、金则以泗州为最茂盛②。

在榷场上，除官方贸易外，也有民间贸易，这种民间贸易则按照如下的规定进行：(1)“商人资百千以下者，十人为保，留其货之半在场，以其半赴泗州榷场博易，俟得北场，复易其半以往”；(2)“大商悉拘之，以待北价（当作‘贾’）之米”；(3)“两边商人，各处一廊，以货呈主管官牙人，往来评议，互得相见”；(4)“每交易，千钱各收五厘息钱入官”，即收5‰的商税③。榷场双方都有场官主持，商人们要想做生意，照例要拿出礼物——钱去见场官，谓之“榷场分例”。对这种陋规，金世宗大定十七年曾明令禁止④。与此同时，金还采取各种措施，吸引南商来做买卖。这是因为，南客“一名入北

① 《长编》卷四〇四。

② 此据《系年要录》卷一四五，《宋史》卷一八六《食货下八》，《金史》卷五十《食货志五·榷场》所载写成。

③ 《系年要录》卷一四五，绍兴十二年夏四月乙巳记事。

④ 《金史》卷五十《食货志五·榷场》。

界交易，其北界先收钱一贯三百，方听入榷场，所将货物又有税钱及宿舍之用，并须见钱。大约一人往彼交易，非将现钱三贯不可。”[①] 为维持这种赚钱生意，金还竭力限制北商到南宋榷场上交易。如绍兴十二年开场之后，“近来泗州并不放北商过来”[②]，乾道年间，“北界商人未有一人过襄阳榷场者”[③]，金采用这种做法，欲使北方铜钱少向南宋流去。因此，在榷场贸易中，双方不仅有明争暗斗，而且金国一方对榷场贸易特加重视，以期从中获取更多的利益。

在榷场贸易中，南宋向北方输送了无数的物资。以泗州场为例，岁供新茶千胯、荔枝500斤、圆眼500斤、金橘6000斤、橘子8000斤、砂糖300斤、生姜600斤、栀子90称，等等。从各项记载综合起来，则有茶（包括茶叶、茶子、茶苗等）、米、麦、绢、虔布、丝、麻、书籍、牛、犀、象、苏木和香药等物。金向南方输送的商品则有解盐、丝、绢、绵、药材、羊、豕等，另外还有马、兵器等则为走私品，而为榷场贸易所不许可。

在榷场贸易中，双方都得到好处，而金由于重视这项贸易，获利尤多。如泗州榷场，金大定年间收入为53467贯，宋则仅得43000贯，远不如金。之后，金榷场收入又不断增加，承安年间泗州场增至107893贯、秦州西子场则自原来的33000多贯猛增为122099贯。无怪乎吏臣们说：“〔榷场〕皆设场官，严厉禁，广室宇，以通二国之货，岁之所获亦大有助于经费焉。”[④] 特别重要的是，在榷场贸易中，不仅有生活资料的交换，而且也有生产资料的交换，这对于满足社会生活和生产的需要，都是有益的。此其一。其二，在商品交换中，南方商品输送到北方的为多，对当时满足广大北方社会生活和生产的需要起了更多的作用。其三，南宋以来商品之流入北方，并未因宋、金的对峙而被切断或者逆转，这又说明了商品经济的力量是不可低估的。

在官方开设的榷场贸易之外，还有民间所谓的非法的“走私”贸易。这种贸易即使在战火纷飞、双方对峙的年代里，也没有间断。例如在绍兴二年

---

① 《宋会要辑稿·食货》三八之四二。
② 《宋会要辑稿·食货》三八之三五。
③ 《宋会要辑稿·食货》三八之四二。
④ 《金史》卷五十《食货志五》。

(1132)，“山东艰食，而帛踊贵，商人多市江浙米帛转海而东，一缣有至三十千者”[①]；绍兴五年，“金齐于沿海诸州置通物场，以市南物之可为戎器者，商人往者甚众，多自平江之黄鱼垛头易水牛以去”[②]。因此，硫磺、筋角和武器、缣帛又多从海上大量地运往北方。南宋政府下稽查之令，“沿海州县应有海船人户，以五家为一保，不许透漏海舟出界，犯者籍其资，同保人减一等”。[③]但是，经济的力量却冲破了行政命令的限制。这种民间贸易不仅没有间断，而且在榷场开放之后，依然有增不已。

民间“走私”贸易除各种禁运之物，运到北方去的，米是大宗：“嘉定十年三月一日，臣僚言：沿海州县如华亭、海盐、青龙、顾泾与江阴、镇江、通、泰等奸民豪户，广收米斛，贩入诸蕃，每一海舟所客不下一二千斛，或南或北，获利数倍”[④]。茶也是运输到北方的大宗商品，而且私茶数量甚大：“鼎澧归峡产茶，民私贩入北境，利数倍”[⑤]；“茶于蒋州”（即光州）私渡，货于北客者既多，而榷场通货之茶少矣[⑥]。缣帛、牛也是私贩中的大宗商品，“商人多市江浙米帛转海而东”[⑦]，“两淮间多私相贸易之弊……牛于郑庄私渡，每岁春秋三纲，至七八万头”。[⑧] 这些传统的自南流向北的商品，依然冲决了宋、金对峙的政治藩篱，源源不绝地流向北方，对北方的社会生活和生产都起了重要的作用。

特别值得注意的是，南宋流向北方的还有铜钱这个特殊的商品。自从榷场贸易后，七八十年间，铜钱像开了闸的巨流，滚滚而北。山东沿海一带登、莱、沂、密、滨、潍、沧、霸诸州，“多有东南海舶，兴贩铜铁（当作钱）、水牛皮、鳔胶等物”[⑨]。商人们固然不顾一切冒禁兴贩，而官员、军校也都趋

① 《系年要录》卷五二，绍兴二年三月庚子记事。
② 《系年要录》卷八九，绍兴五年五月壬辰记事。
③ 《系年要录》卷八九。
④ 《宋会要辑稿·食货》三八之四三。
⑤ 汪应辰：《文定集》卷二三，《王师心墓志铭》。
⑥ 《系年要录》卷一八六，绍兴三十九年壬午。
⑦ 《系年要录》卷五二。
⑧ 《系年要录》卷一八六，绍兴三十年九月壬午。
⑨ 《宋会要辑稿·刑法》二之一五八。

之若骛，“私传钱宝出界”，“不容搜检”[①]；“递相提防，负钱于前，持梃于后，间有掩捕，公然抢夺”，以至“虽死不顾”[②]。铜钱的大量“透漏”，引起了南宋士大夫的严重关切，朝野上下，议论纷纷。绍兴七年，李弥逊在一道上殿札子中指出：“比来郡县所输，悉入诸军，而军中非积钱之地……多自淮南转入伪境，以资敌国之用”[③]。绍兴三十年，王淮奏言称：“若钱宝则有甚焉……而过淮者，日数十人，其透漏可概见矣。”[④] 宋光宗、宁宗之际，邵骥也有所论述：“铜钱日越虏界，而彼之钱未尝秋豪涉吾地也。以彼轻货，易吾楮币，复以楮币要我铜钱，是以其无用倾我有用。”[⑤] 史浩也曾指出：“逆虏每以土产之微，于榷场多方换易铜钱，彼无用也（此意见不对），徒以国家以此为宝，故欲多藏以困我。”[⑥] 于是从绍兴年间，南宋士大夫便要求政府，采取有效措施以制止铜币的北流。金国方面，则像在榷场贸易中那样，采取种种措施吸引铜钱的北流。这样，在宋、金贸易中，便发生了一场持续数百年的有声有色的铜币争夺战，成为我国古代货币发展史上极其精彩的一幕。

在这场铜币争夺战中，宋虽然挖空了心思，采取了这样和那样的措施（将在货币一章中再加叙述），但最终失败了。而女真贵族统治集团在这场争夺战中获得了极大的胜利，吸引了数量巨大的铜币。同契丹辽国一样，女真金国举国上下也是使用宋代所铸铜钱的。如乾道六年（1170）出使金国的范成大在其《揽辔录》中曾说：“金本无钱，惟炀王亮尝一铸正隆钱，绝不多，余悉用中国旧钱，又不欲留于河南，故仿中国楮币，于汴京置局造官会，谓之交钞，拟见钱行使，而阴收铜钱，悉运而北，过河即用见钱，不用钞……”。这说明了，以宋代为主的铜钱在女真金国统治地区是作为通货在市场上使用的。从近几十年的考古发掘中，远至黑龙江省的肇东兰溪、阿城，吉林的榆安，以及辽东半岛各地，到山东半岛，不论是从墓葬中，还是从发掘的窖藏中，都可

---

① 《宋会要辑稿·刑法》二之一五八。
② 《宋会要辑稿·刑法》二之一二四。
③ 李弥逊：《筠溪集》卷一《绍兴七年自庐陵以左司召上殿札子》。
④ 《系年要录》卷一五八，绍兴三十年九月壬午记事。
⑤ 魏了翁：《鹤山先生大全集》卷七五《邵骥墓志铭》。
⑥ 史浩：《鄮峰真隐漫录》卷九《临陛辞日进内修八事札子·不废会子》。

看到，除瓷器、铁器等物品外，都有为数甚多的宋代铜钱。上述事实，深刻地说明了，从白山黑水，到岭峤海南，当时中国虽然形成为宋、金对峙，但货币却冲破了这种政治障碍，成为连接广大地区的一个极为重要的经济纽带了。这是值得注意和研究的。至于在这场铜币争夺战中女真统治者之所以取得胜利，以及金末的二三十年间，铜钱又倒流到南方，有的论文对此已作了详尽而深刻的论述①，这里就不再赘述了。

四、与西北西南诸族之间的贸易

所谓西北诸族，包括回鹘（维吾尔族）、蕃族（藏族）等，居于青、甘、新、藏一带；西南诸族包括彝族、白族和壮族等，居于川、滇、桂一带。宋同诸族之间的贸易，主要的是“博易”马匹。而“博易”的形式在两宋 300 年间则有不同。

我国古代的一些中原王朝，在同草原民族对抗过程中，总结了一条重要经验，就是必须蓄育马匹，建立一支机动的强大的骑兵，才能同草原民族一争雄长。而马匹的蓄育，又必须在高亢凉爽的草原地区才能成功。因之，一些强大的王朝如汉、唐，既据有长城之险，也占有一片肥沃的草原，买马与养马同时并举，往往拥有数十万匹军马。宋朝虽然也继承前代的这项做法，但由于自然条件的关系，牧监养马效果不佳，只好买马以补充其骑用。于是博买马匹便成为宋同周边诸族贸易往来中极为重要的一项。

宋建国之初，即开始买马，而且买马是从多方面进行的：“凡市马之处，河东则府州岢岚军，陕西则秦、渭、泾、原、仪、环、庆、阶、文州，镇戎军，川峡则益、黎、戎、茂、雅、夔州，永康军，皆置务遣官以主之。”② 不但同西北诸族贸易，而且同东北的女真族也泛海贸易，据张齐贤的奏疏，所买不下万匹。由于契丹辽国向东北一带伸展，宋与女真的贸易便断绝了。

宋初在陕西置有提举买马监牧司，每年以银 4 万两、绢 75000 匹作为买马

---

① 请参阅乔幼梅同志的《宋金贸易中争夺铜币的斗争》一文，载 1982 年《历史研究》第 4 期。
② 《通考·兵十二·马政》。

之用[①]。以银绢易马，这是自唐代以来同回鹘交易即曾采用的办法。不过，在这个时候，宋与诸族的贸易具有特殊的形式。一是“贡马”的形式。回鹘与宋的贸易，在西北各族中占首位。它一次向宋“朝贡”就献有名马1000匹、橐驼500匹[②]等物。“朝贡”乃是一种特殊的贸易形式，它是在榷场之外直接去汴京进行交易的。宋政府以回赐的方式，与这些贡品相交换，而且回赐一般都很优厚。利用这种方式，回鹘以马匹、白叠布、各种毛织品如褐、斜褐、罽毡等，以及貂鼠皮、珠玉、硇砂、镔铁等物换回了茶、铜钱、银、帛、丝等。

从“朝贡”或“贡马”演变而来的是“券马”，这是宋初与西北诸族市马中普遍采用的形式。它的办法是：“每岁皆给以空名敕书，委沿边长吏，择牙吏入蕃招募，给券、诣京师。至则估马司定其直，自三十、五十至千，凡二十三等。”[③] 这种“券马”的方式，对宋政府来说，从马匹进入宋统治地区，马匹的草料，送马人的食住，以及马匹的酬价，全由宋政府包下来，所费确实不少。如薛向奏言中所说：“每蕃汉商人聚马五七十匹至百匹，谓之一券；每匹至场支钱一千，遂程给以刍粟……计其所直，每匹不下五六十千。”[④] 但这种办法是由商人亲自押送，马匹死亡率较小，因而较宋政府自己运输的“纲马”要优胜一筹的。这时的市马达一万五六千匹到两万匹，每年约费百万缗，为数也就非常可观了。

宋神宗统治期间，由于在西北取得了一些军事胜利，收复熙、河、兰、会诸州，建立熙河兰会路，因而这个地区成为同西北各族进行交换的最前沿，买马也就从前此的秦州推移到这个地区。前一阶段的贸易，主要是以银绢市马，由于西北各族嗜好饮茶，以茶易马便成为这一阶段贸易的主要内容。这项变更便是历史上所说的茶马法。

茶马法的倡议者为王韶。熙宁七年（1074），王韶收复河州，称“西人多以善马至边，其所市惟茶”，而熙河缺茶，难与为市，因此要求买茶易马。宋

① 《宋会要辑稿·兵》二二之六。
② 《宋会要辑稿·蕃夷》四之二。
③ 《通考·兵十二·马政》。
④ 《宋会要辑稿·兵》二二之五。

神宗于是派李杞入川，措置此事。李杞遂于这年将成都府路和利州路实行官榷，成立了买茶司，在产茶地置场收买。翌年八月，李杞奏称“卖茶博马，乃是一事”，要求这个买茶司也提举买马司，岁仍以两万匹为额。“茶马法”便是在熙宁八年开始的。两司分合不一，有时合并，称为川陕都大提举买茶买马司，有时分开，蜀川仍主要负责买茶事宜。为博买马区，当时确定雅州名山茶[①]，以及油麻坝、洋州茶专门买马，共计 6 万驮，每驮百斤，共 600 万斤，而其中名山茶则为 4 万驮[②]，总计 400 万斤，约占川茶产量 20%。在熙宁以前，马每匹不下 30 贯，茶每驮不过 12 贯。到元丰年间，马自 4.7 尺~4.1 尺价分七等，自 32~16 贯[③]；“马价减于旧日，茶价贵倍于前”，因而茶马交易颇为顺利，年额 2 万匹，可达 14000~16000 匹[④]。宋徽宗时，买得良马万匹，约用名山茶 3 万驮[⑤]。以茶易马确使宋政府得到了好处，但茶自蜀川运至秦州、熙、河等地，则成为当地人民的一项重负，这一点在茶专利一章已谈过了，不再多赘。

宋除在西北博马之外，在黎州、威州、茂州、叙州和南平军也设有榷场，专门同蕃族（藏族）彝族和苗族贸易。其中黎州，也是北宋博马的一个重要地点，仅次于秦、熙诸州。不过，这里的马匹，远不如河东路火山军一带博买的马，也赶不上西北博买的马。虽然马匹不好，“类不堪披带”，马价却极为昂贵。1 匹 4.4 尺的大马，须用“名山茶三百五十斤（每斤折价三十文），银六两（每两止折一贯二百五十文）、绢六匹（每匹止折一贯二百文）、絮六张（每张止折五十文）、青布一匹（止折五百文）”，折合黎州马价要比秦州马价贵四倍（所谓“衮比马价钱四分之一”）。马价如此昂贵，宋政府仍然购买一批，一般年额为 2000 匹，元符二年买到 5200 匹，翌年 4100 余匹，崇宁年间则以 4000 匹为限[⑥]。宋政府之所以如此不惜重费，主要在于通过这项贸易，能

---

① 《宋会要辑稿·食货》三〇之一二。
② 冯时行：《缙云文集》卷四《杨隐父墓表》。
③ 《宋会要辑稿·职官》四三之五九至六〇。
④ 《宋会要辑稿·职官》四三之六七至六八。
⑤ 《宋会要辑稿·职官》四三之八四。
⑥ 《宋会要辑稿·职官》四三之七九至八二。

够同这些地区的少数民族更加和睦融洽起来，马端临称这里所买到的马为羁縻马，其意义大概是这样的吧！

南宋继续了北宋的茶马法，因陕西五路陷落，则进一步扩大买马的门路。首先，北宋原来买马的地方，南宋照样因袭下来。员兴宗说：“盖川秦所分市马之地，陕西则阶、文、西和等州，四川则黎叙南平等处。”① 不过原在秦州的买马司则南移至汉中，而在黎州一带的博易，于绍兴二四年（1144）加以扩大：“复置黎州在城、雅碉门、灵门三博易场，委四川茶马司专一提举”②。除用茶博买外，蜀锦也是一项重要的交易品，成都府锦院中的产品就用来支持这项贸易。员兴宗指出：“川秦博马之物不过数四，有锦有茶又有细绢，陕西则多用茶而少用锦，四川则多用锦而少用茶”；“良马一驷直一百五十余贯”③，显然马价到南宋有所提高了。与此同时，马匹由政府直接运输，即所谓的“纲马”，成为一项重负。四川茶马司宣抚司买马 10800 余匹，纲运船只每年约 26000 贯，梢工、水手一岁“当费十二万贯”，草料批券亦 2 万余贯，单是这项运费即达十五六万贯④。加上这时候的马价，如宕昌寨、峰贴硖、黎、文、叙州置场处，“每匹不下用茶七驰，准绢七十匹，并部押官兵资赏口券，马一匹约铜钱三百贯文”⑤，成为南宋政府一笔不小的开支。

广南西路的邕州横山寨和宜州，是南宋扩大同包括大理在内的西南诸族贸易的场所。横山塞距邕州还有七程，是南宋最西南的边境，大理等族与广西买马司在这里作为“每岁市马之地”⑥，是一个固定的博马场。西南诸族，“将以二月市马，必先遣数十骑至寨，谓之小队，如失其心，则马不至矣”。因此，“邕管多捐金帛，倍酬其直，然言语不通，一听译者高下其手，吏因缘为奸，非守倅廉明，则弊幸滋甚”⑦。南宋乾道年间，“马每匹直大约用银四五十两，

① 员兴宗：《九华集》卷七《议国马疏》。
② 《系年要录》卷一六七。
③ 员兴宗：《九华集》卷七《议国马疏》。
④ 王十朋：《梅溪先生文集·奏议》卷三《夔州论马纲状》。
⑤ 《宋会要辑稿·兵》二五之七。
⑥ 王象之：《舆地纪胜》卷一〇六。
⑦ 《通考·市籴考一·市舶互市》。

而全纲善达者十无二三"[①]，代价不小，而能够上战阵的马则寥寥无几。洪迈曾经指出："国家买马南边于邕管，西边于岷黎，皆置使提督，岁所纲发者盖万匹，使臣将校既得迁秩转资，沿道数十州驿程券食厩圉薪刍之类，其费不资，而江淮之间本非骑兵所能展奋，又三衙遏暑月放牧于苏秀，以就水草，亦为逐处为患。"[②] 南宋在买马养马中所付出的代价，远超过了北宋。单同西南诸族的贸易，银绢便花费很多。"每岁横山所市马二千余匹，自杞马多至一千五百余匹"，"每匹所得银绢二十余万"[③]。有的上好的锦，则来自成都府锦院，从这里就可看出南宋政府多么重视这项贸易了。市马虽然付出很大代价，但这项贸易，却密切了同大理白族的联系，则是值得一提的。

第二节　宋代市舶制度及宋与海外诸国的贸易[④]

我国与海外诸国的贸易，自秦汉以来即相当发达，唐代有了进一步的扩大，宋代在前此的基础上则更加扩大。它表现在：与海外诸国贸易范围扩大了，沿海对外贸易港口不断增加，进出口商品数量和品种都大大地增加了。因此，这种不断扩大的海外贸易，反转过来，对宋代社会经济和国家财政发生了重要的影响和作用。

据周去非《岭外代答》和赵汝适《诸蕃志》的记载，与宋通商贸易的有50多国，总谓之海南诸国。海南诸国的东部有东南亚诸国，包括三佛齐、阇婆、加牙斯和渤泥等国；从东向西，到中南半岛，包括交趾、占城、真腊、真里高和吉兰丹诸国；过马六甲，到印度洋，则有在次大陆上的"西天诸国"；过西天诸国就是大食诸国，除阿拉伯半岛上的一些国家外，则达非洲东岸诸国，如层拔（坦桑尼亚桑给巴尔）、弼琶罗（索马里柏培拉）和勿斯里（埃及开罗）等地。加上高丽和日

---

① 《宋会要辑稿·兵》二五之一〇。

② 洪迈：《容斋续笔》卷五。

③ 吴儆：《竹洲文集》卷一《论邕州化外诸国》。

④ 过去日本学者桑原骘藏《蒲寿庚考》（陈裕菁译）、藤田丰八《宋代市舶司及市舶条例》，对此问题均有研究。两三年前，陈高华、吴泰同志的《宋元时期的海外贸易》一书，则是这方面总结性的研究。本段多所参考，不再一一注明。

本，宋代海外贸易的范围之大，自西太平洋而到印度洋、波斯湾，确为汉唐所未有。而在这样横无际涯的浩渺碧波之中，在无数国家商船之中，当时中国的船只，不但以其制作坚实而著称，更重要的是，还掌握了当时最先进的航海技术，“舟师识地理，夜则观星，昼则观日，阴晦观指南针”[①]，从而在海上交通中居有重要的地位。而宋代的商人，其中有一些没有中举的举子，或是腰缠百万，或是有二三千文，他们在“分占贮货，人得数尺许，下以贮物，夜卧其上”的船舱里，所年累月地生活在波涛中。他们同其他各国的商人一样，“冒鲸波之险”，“以其物来售”[②]。固然从他们当中分化出来有亿万财富的大富商，但各国之间的经济文化却由于他们的往来得以沟通，这对人类社会的前进产生了积极的推动作用。

由于贸易的繁盛，两宋300年间兴发起来了不少的港口，碇泊了无数船舶，集合了衣冠各殊的商人和使者。为管理海上的贸易，宋又继承了唐制，在这些港口上设立了市舶司。其间重要的港口是下述这些：

1. 广南东路的广州。广州自秦汉以来即为对外贸易的大港，唐代尤为兴盛，早在唐玄宗开元之初，即设置了市舶使，以管理当地的海外贸易[③]。宋太祖开宝四年（971）潘美灭南汉，与尹崇珂共同知广州、兼市舶使，另以广州通判谢处玭兼市舶判官，于是广州成为宋代设置市舶使最早的地方。而且，这里自唐以来，外商中又是以阿拉伯人聚居得最多的地方。阿拉伯商人，主要是以“富盛多宝货”著称，在他们聚居的西园附近还种植不少的奇花异草，广州之所以能得到“花城”的美称，大约与之也有一定的联系吧。

2. 继广州而置市舶司的是两浙路的杭州。置司的年份大约为宋太宗雍熙二年（985）[④]。淳化三年（992）移于明州定海县，翌年又置于杭州[⑤]。至咸平二年（999）于杭州、明州各置市舶司[⑥]，与广州谓之“三司”。之后，宋徽

---

① 朱彧：《萍洲可谈》卷二。

② 《开庆四明续志》卷八。

③ 《蒲寿庚考》第8页，陈裕菁注。

④ 两浙路置市舶司，记载颇多歧互；此处据滕田氏《宋代之市舶司与市舶条例》（第37页）所载。

⑤ 此据《宋代之市舶司与市舶条例》。《宋史》卷四六六《宦者·石知颙传》称：“淳化中，明州初置市舶司，与蕃商贸易，命〔石〕知颙经制之”，亦可证为明州置司于淳化三年。罗浚《宝庆四明志》所载颇为自相矛盾，不录。

⑥ 《宋会要辑稿·职官》四四之三。

宗政和三年（1113）又于秀州华亭县设市舶务。南宋高宗绍兴二年（1132）华亭市舶务一度移于青龙镇（即通惠镇），同时又于温州置司。绍兴十五年（1145）又在江阴军设立了市舶务。总之，南宋一代，先后在临安府、明州、温州、秀州华亭县和青龙镇五处设有市舶务，上隶于两浙市舶司。最后这五处市舶务又因“冗蠹”而仅保留了明州一处，另外在澉浦设市舶场。

3. 福建路的泉州。唐五代以来，这里就是蕃舶踵继而来的一个海港。宋初继之，并派使“分四路招致海诸蕃”①，泉州舶船往来日益增多。宋哲宗元祐二年（1087）十月，在李常的建议下，于泉州设置了市舶司②。在南宋，它与广州和明州是对外贸易的最重要的港口，两浙、福建和广南东路的市舶司谓之“三市舶司”。

4. 京东路的密州板桥镇。这是在宋哲宗元祐三年（1088）经范锷的建议而建立的一个市舶司，板桥镇改为胶西县。置司之后，板桥镇得到了更进一步的发展。北宋灭亡之后，在女真贵族统治期间，它依然是车船汇集之处，走私商人不惜倾家也自两浙路泛海而来。

归纳起来，北宋的市舶司计有广南东路的广州、福建路的福州、两浙路的杭州、明州和京东路的密州板桥镇，共有五处。南宋则为广南、福建和两浙三司，而两浙在一定时间内还管辖五个市舶务。这些地方之所能以成为海上贸易的中心，是有条件的。首先是，在地理位置上必须靠海。但在靠海这个条件上也有所区别。广州和泉州，在地理条件上是真正的“近水楼台”，同海南诸国贸易最为方便，因而成为传统的贸易大港。明州、杭州的地理条件也很好，高丽、日本，在东北季候风顺风的时节，四五天即可飘海而来，因而也成为崛起的要港。

除地理条件外，再一个重要条件是这个港口的腹地。范锷提出建密州板桥镇市舶司时指出：如在板桥置市舶，“海外之物积于府库者必倍多于明、杭二州”；其所以然者，明、杭二州只有两浙一路，而板桥有西北数路商贾之贸易”，腹地大于明、杭二州，此其一；北方的“丝绵缣帛又蕃商所欲之货，此

① 《宋史》卷一八六《食货志下八·互市舶法》。
② 《宋会要辑稿·职官》四四之八。

南北之所以交驰而奔辏者”，这里有吸引商贩的名牌产品，此其二；同时板桥镇距汴京较近，将舶来品运去较方便而无“江淮风水沉溺之虞”①。范锷的这个议论对明、杭二州是否恰当还可以再加考虑，但他提出的腹地这个条件，则是值得注意的。腹地的大小对港口的吞吐量有着直接关系，名牌产品既能吸引外商前来购买，又直接影响出口量，这两点即使在今天建港也是要考虑的。范锷所提出的这个条件，对密州板桥镇来说，自然是妥当的。可是，对明、杭二州来说，也是具备这个条件的。这是因为，两浙路以及与两浙路相接的江南东路，是宋代经济最发达的地方，明、杭州有这样的腹地是得天独厚的。特别是在南宋，川峡两湖等路的物品顺江东下，对加强这个地区的海上贸易是有力的。两浙市舶司在南宋特见重要，并辖有五个市舶务，显然是由腹地这个条件决定的。

最后，政府条件也是一个条件。这个条件可以分为两方面，一是如范锷所提出的，距首都近，抽解和买得的舶来品便于运输；还有一个方面是，当时的政治环境，如密州板桥镇距辽国较近，宋初唯恐商人们同契丹交通，严禁同高丽、辽国的贸易，这就是板桥镇为什么开港甚晚的一个原因。而明、杭二州，距契丹较远，不是禁区，北宋政府的对外贸易多委托办理，到南宋与都城临安府又近在咫尺，从这个条件来说，也很自然地成为要港了。

至于市舶司机构组织状况，可参阅《宋元时期的海外贸易》一书，这里仅作简略的叙述。宋初设置市舶司时，市舶使由知州兼任，市舶司判官则由通判兼任。同时转运司也掌管其事，另派京朝官、三班使臣和内侍承担市舶司的具体职务，谓之“管勾市舶司”。元丰三年，则设专管，谓之提举市舶司，如同提举常平盐仓之类的官员一样。崇宁初，“三路（指广南、福建和两浙）各置提举官，三方唯广最盛”②。市舶司主要的职责是：“掌蕃货海舶征榷贸易之事，以来远人、通远物。”③ 一切有关出海贸易的办理，外舶进来之后的抽解等等，均由它负责。南宋大抵继承此制，有时也由知州兼市舶使，知县监官。

---

① 《长编》卷四〇九，元祐年三年三月乙丑记事。
② 《萍洲可谈》卷二。
③ 《宋史》卷一六七《职官六七》。

此下还有专库、手分和牙侩等吏人。专任监官则亲自到舶船上“收解”和收买。如蒋行简“监明州市舶务，舶船至，即日抽掣，亲自评量，随粗细立尽，老侩束手”①。专库、手分和牙侩等则对舶来品评定等级价格保管各种舶来品。

宋代对国内贸易制定商税则例等条例，对海外贸易则制定了市舶条例，以便官员们根据条例规定处理有关贸易事项。从市舶司历年编敕情况看，它的主要内容有以下几个方面：

一、关于出海贸易的若干规定

1. 根据宋太宗端拱二年（989）的编敕，“自今商旅出海外蕃国贩易者，须于两浙市舶司陈牒”，即经过申请、批准，然后发给签证，即“请官给券以行”，违背这项规定而擅自出海的，“没入其宝货”；这种签证谓之“公凭”或“公据”、“公验”。

2. 宋仁宗庆历编敕规定了，“客旅于海路商贩者，不得往高丽、新罗及登莱州界”；到其他地区去，“先经官司投状，开坐所载行货名件”；“召本土有物力居民三名结罪保”；不许携带“违禁及堪造军器物色②，不至过越所禁地分”；然后官司给以“公凭”；如“海船无公凭，许诸色人告捉，船物并没官，仍估物价钱，支一半与告人充赏，犯人科违制之罪”；如越过所禁地分，即去高丽、新罗及登莱州界，“并徒二年，船物皆没入官”。直到元丰三年，除禁去辽国及登莱界分外，高丽、新罗等均可前往。

3. 在签发出海公凭的问题上，宋神宗元丰三年编敕规定，“诸非广州市舶司辄发过南蕃纲舶船、非明州司而发过日本、高丽者，以违制论，不以赦降去官原减”；元丰八年九月十七日敕又申明，“诸非杭、明、广州而辄发海商舶船者，以遵制论，不以去官赦降原减”，强调广州司与明州、杭州司各有签证范围，不能有所逾越，制造混乱③。

4. 在沿海州军进行商贩的海舶，有一定期限，如泉州去杭州限期三个月，

---

① 叶适：《水心先生文集》卷一八《蒋行简墓志铭》。

② 据《宋元时期的海外贸易》所转载之公凭称：“其随船防盗之具、兵器之数，并置历抄，候回日照点，不得少欠。”即可以携带自卫武器，但不得买卖武器和制造武器的材料。

③ 以上主要依据苏轼《东坡七集·奏议》卷八《乞禁商旅过外国状》。

广州去杭州为六个月。但到海外经商的，三五个月是难以往返的，“是岁不还者，谓之住蕃”[①]。又朱彧还记载了：“广人举债总一倍，约舶过回债，住蕃虽十年不归，息亦不增。”大概北宋编敕对于出海返回的日期，没有具体规定。宋孝宗隆兴二年（1164）制定了回舶之限：“五月内回舶，与优饶抽税；仍满一年内，不在饶税之限；满一年以上，许从本司根究。”[②] 政府为抽税和管理方便，各船舶返回之日，“许于合发舶州住舶，公据纳市舶司”[③]。

5. 出海的大商人，据元丰二年编敕，“贾人入高丽，资及五千缗者，明州籍其名，岁责保给引发船”[④]。“海舶大者数百人，小者百余人，以巨商为纲首、副纲首、杂事，市舶司给朱记，许用笞治其徒。”从保存下来的公凭看，上面不仅登载了纲首、副纲首、梢工和杂事的姓名，而且还将船上的人员编制成为保甲，以便统率。遇有船上的商人死亡的，则“籍其财”[⑤]。

二、对来华外商的若干规定

1. 宋政府对来中国入贡和经商的外商是欢迎的，设置市舶司的一个重要任务就是“来远人、来远物”。为便于蕃商的经营，凡是在设有市舶司的城市如广州、泉州和杭州等，也都有蕃坊。广州的蕃坊，为“海外诸国人聚居”。来华的外商，当年不回国的，“谓之住唐”。有的则几十年或世世代代地住下去。蕃坊“置蕃长一人，管勾蕃坊公事，专切招邀蕃商入贡，用蕃官为之，巾袍履笏如华人”。“蕃人有罪，诣广州鞫实，送蕃坊行遣。”[⑥]

2. 不论是蕃长还是蕃舶纲首，凡是能够“招邀蕃商入贡”的，都可补官。如蕃舶纲首蔡景芳“招诱舶货，自建炎初至绍兴四年共收息九十八万缗”，因而诏补承信郎[⑦]。南宋末年的蒲寿庚原系阿拉伯商人，长年在华，曾被任命提举泉州市舶，降元以后又升为行省左丞，也是以招徕远商起家的。

---

① 《萍洲可谈》卷二。
② 《通考·市籴考一·互市舶法》。
③ 《宋会要辑稿·职官》四四之八。
④ 《宋史》卷一八六《食货志下八·互市舶法》。
⑤ 《萍洲可谈》卷二。
⑥ 《萍洲可谈》卷二。
⑦ 《皇宋中兴两朝圣政》卷二〇，绍兴六年十二月丙午记事。

3. 由于“广州每年多有蕃商带妻儿见过广州居住”，宋仁宗景祐二年（1035）广东转运使郑载建议，“今后禁止广州不得卖与〔蕃商〕物业”①，亦即不得卖与田产之类。这条建议是否付诸实施，则不得而知。但从蕃商之拥有巨万资产来看，似未实行，即使实行了，也未得力。如长期居住在中国的辛押拖罗，家资达数百万缗，宋神宗封之为归德将军，熙宁五年返国时，宋神宗还赠与了白马一匹，鞍辔一副。又宋哲宗元祐年间，“广东蕃刘姓人娶宗女，官至左班殿直，刘死，宗女无子，其家争分财产”②，也可证明。

4. 对久居中国的蕃商的财产，宋政府一直是保护的。敕令规定，蕃商身殁之后，“无合承分人，及不经遗嘱者，并依户绝法，仍入市舶司拘管。”南宋年间，“真里富国大商死在城下，囊赍巨万，吏请没入。王（指赵伯圭）曰：远人不幸至此，忍因以为利乎？为具棺敛，属其徒护丧以归”。这件事情大大感动了真里富国国王，他感谢说：“吾国贵近亡没，尚籍其家！今见中国仁政，不胜感慕，遂除籍没之例”。传闻之下，远近“无不感悦”③。这不过是一例而已。对于在海上遭遇风波的舶船和蕃商，一直是受到人民和政府的照顾的。沈括《梦溪笔谈》上曾记载，嘉祐年间，一艘外国舶船受到波涛的冲击而飘泊到苏州，当地居民除给以生活上的帮助之外，还为之修理船只，“桅旧植木上不可动，工人为之造转轴，教其起倒之法。其人又喜，复捧首而骈”。曾巩也曾记录了，熙宁年间托罗人崔举飘流到泉州，给以口券，送到明州，“令于系官屋舍安泊”，“阙衣服者，官为置造”，此后并规定，对遇风涛之险的外国人，都加以存恤！救于艰险，济之危难，成为我们中华民族的一个传统。

5. 舶船在市帕司抽解、和买之后，蕃商即可召保至“市舶司陈状，疏其名件，给据付之”，在泉州者，即可在“福建路州军兴贩”④。在广州、明州者，当然也可以按这道编敕办理，在广南东路和两浙路州军兴贩了。对于“诸蕃国进奉物”，则按照元丰编敕，“更不起发，就本处出卖”，亦即在所在

① 《宋会要辑稿·刑法》二之二一。

② 《萍洲可谈》卷二。

③ 楼钥：《攻愧集》卷八六《赵伯圭行状》。

④ 《宋会要辑稿·职官》四四之三一。

市舶司地区出卖，同前道编敕一致。蕃商是否可以到首都汴京去货卖呢？据宋哲宗元符三年（1100）的诏令，蕃商“愿往他州或者东京贩易物货者，仰经提举市舶司陈状，本司勘验诣实，给与公凭”[①]，可以前往汴京或其他各州的。唐代的胡商可以到处州郡买卖，这项制度大约是继承了唐代的。

三、禁止官吏贪污作弊的若干规定

《南齐书·王琨传》上说，“广州刺史但经城门一过，便得三千万也。”唐代以来在广州市舶司的官吏也都腰缠巨万。在历史上，同外商贸易的地区，地方官吏总是贪污舞弊、脑满肠肥的。历来封建政府都下令禁止。宋朝在这方面的禁令似乎更多一些、更严一些。禁令之一便是禁止与外商私自贸易：“太平兴国初，私与蕃国人贸易者，计直满百钱以上论罪，十五贯以上黥面流海岛，过此送阙下。淳化五年申其禁，至四贯以上徒一年，稍加至二十贯以上，黥面配本州为役兵。”[②] 这道诏令涉及的面较宽。宋太宗至道元年（995）直接诏令广州市舶司官吏，称这些人“罔顾宪章，苟徇货财，潜通交易，阑出徼外，私市掌握之珍”，要求转运司“专切纠察”。同年六月，又“诏市舶司监官及知州通判等，今后不得收买蕃商杂货及违禁物色；如违，当重置之法”[③]。所谓“重置之法”的规定，“如有收买，其知、通诸色官员，并市舶司官并除名，使臣决配，所犯人亦决配”。这道法令于大观三年推行到其他诸路。这样，市舶司官吏不仅不能向舶商收买舶货，也不能够与舶船纲首客旅勾结，将钱附给他们，“过蕃买物”，也是要罚的[④]。同时也不许将舶货寄存于官员吏人家中，“诸寄物于品官或蕃客及押判通事人（应干办并随行人同）以匿税者杖九十，受寄者加一等，受财又加三等（蕃客并不坐）”[⑤] 法令虽密虽严，却制止不住官员们的贪婪。如泉州“舶商岁再至，一舶连二十艘，异货禁物如山，

---

① 《宋会要辑稿·职官》四四之八至九。
② 《宋史》卷一八六《食货志下八·互市舶法》。
③ 《宋会要辑稿·职官》四四之三。
④ 《通考·市籴考一·互市舶法》。
⑤ 《庆元条法事类》卷三六。

吏私与市者价十一二”，“遍一州吏争与市，唯守关咏与公（杜纯）不买一毫”[①]。一州上下官吏只有关咏、杜纯不肯私买舶货，再如宋徽宗时提举广州市舶的周穜拒绝蕃商献给的“呈样”（船货货样）都是极其难能可贵的，但这样清廉的官员可惜太少了，而贪污的官吏比比皆是：“提举福建市舶，舶司远朝廷而多奇货，吏鲜自洁，商人亦困于侵牟，公私两敝！”[②] 广州市舶司“法掾吏干没市舶物，直数千万缗”；“郡当海货所聚，税入不赀，监者积习为奸，贪纵自如，至有八仙之目”[③]！市舶司贪污，转运使有的也很不干净，有的“以市舶物代俸钱，其利三倍”[④]，在这方面倒是很有“创造性”！不仅主管官吏们贪，宋高宗的宠妃刘婉仪，“恃恩招权”，“尝遣人讽广州蕃商献明珠香药，许以官爵”[⑤]，也是无法无天。“南外宗（指南宗子院）官寄治郡中（指泉州），挟势为暴”，“至夺贾胡浮海巨舰，其人诉于州于舶司者三年不得直”[⑥]，这已达到明火执仗、公然抢劫的地步。至于那些从贪污起家而获得可耻名声，诸如香燕大尹燕瑛、笃禄学士张苑以及由献香烛而得到秦桧青睐的方滋得之辈，不过是历史上的可鄙的笑料而已。

四、关于抽分（或抽解）和官府和买的演变

1. 宋政府之所以热衷于招徕蕃舶，主要想通过市舶司，垄断海外贸易，独占这项贸易的高额利润。为实现这个垄断，宋初对舶来品实行榷卖，即一切通过官府包办。宋太宗太平兴国七年（982 年）放宽了榷卖制，只对舶货中的犀象玳瑁等宝货、香药，以及军用物品宾铁之类榷卖，其余舶货则在“官市之余，听市于民”[⑦]。垄断这项贸易的另一些办法为抽分（或抽解）和和买。前者是宋政府对舶商所抽的进口税，后者则是官府按照它的意愿购买足够数量的舶来品，然后才许可民间同蕃商交易。

---

① 晁补之：《鸡肋集》卷六二《杜纯行状》；《宋史・杜纯传》略同。
② 张守：《毗陵集》卷一三《鲁詹墓志铭》。
③ 綦崇礼：《北海集》卷三五《季陵墓志铭》。
④ 欧阳修：《欧阳文忠公文集》卷二九《尚书工部郎中欧阳公墓志铭》。
⑤ 《宋史》卷二四三《后妃下・刘婉仪》。
⑥ 朱熹：《晦庵先生朱文公文集》卷八《范如圭神道碑》。
⑦ 《宋史》卷一八六《食货志下・互市舶法》。

2. 宋代抽解制度的建立，据陈傅良的记载，“淳化二年，始立抽解二分，然利殊薄。”① 抽解二分也不是凭空制出的，而是有所参考和依据的。唐代设市舶司，如何实行征收进口税，不见记载，但据“阿拉伯人所传，海外来货，唐政府征其十三为关税”②。如果这个传说有几分可靠的话，那么，宋太宗淳化二年的抽解二分之制，当是从唐代“征其十三为关税”这一制度演变而来，但比唐减轻了十分之一。虽然制定了这项制度，但由于与海南诸国贸易不够繁盛，所以得利很薄，如陈傅良所云。为广事招徕外商前来贸易，宋太宗雍熙年间派使四出。这样，对二分抽解制又作了改变，“大抵海舶至，十先征其一。”③ 就时间而论，它制定于宋太宗晚年或宋真宗初年。蔡襄在其为张昷之所写的墓志上说：“海外舶舸岁至，犀珠玳瑁诸香奇物，官取其十一”④，充分证明了宋太宗、真宗之际是实行了十一抽分制的。不过，这个时候十一抽分制，也有其特点。范仲淹在王丝墓表上说：“〔王〕丝充广南东路转运按察使，兼本路安抚、提举市舶司。凡蕃货之来，十税其一，必择其精者，夷人苦之。公令精粗兼取，夷人大悦，谓之金珠御史，意贵之也。”⑤ 从这里可以知道，宋真宗以来的十取其一的抽解，全都取精者亦即细色货；王丝兼取粗细两色，使细色货减少一半抽解，从而受到舶商们的尊敬，被称之为金珠御史。

宋神宗熙宁初开始变法，对抽解制度也作了重要的调整。对此问题，《长编》《通考》《宋考》诸书均都失载。我在《宋代市舶抽解制度》一文⑥，作了考订。南宋孝宗隆兴二年，臣僚们在探讨宋开国以来的市舶制度之时，对宋神宗一代之制盛加称赞：“熙宁初，创立市舶一司，所以来远人，通物货也。旧法抽解既有定数，又宽期纳税，使其待价，此招致之方也。……欲望戒敕州郡，推明神宗皇帝立法之意”，半个月之后，两浙市舶司把宋神宗以来抽解制度亦即所谓旧法的演变情况进行了比较，其中指出：“抽解旧法十五取一”，

---

① 《通考·市籴考一·市舶互市》。
② 此据《蒲寿庚考》（陈裕菁译），第189页，中华书局版。
③ 《宋史》卷一八六《食货志下八·互市》。
④ 蔡襄：《蔡忠惠公文集》卷四〇《张昷之墓志铭》。
⑤ 范仲淹：《范文正公全集》卷一四《王丝墓表》。
⑥ 载1985年《河南大学学报》第1期。

其后十取其一，又其后择其良者谓如犀象十分抽二分，又博买四分，真珠十分抽一分，又博买六分之类，舶户惧抽买数多，所贩止是粗色杂货。"[①] 所谓"抽解旧法十五取一"，就是宋神宗熙宁初年的抽解制度，将前此的十取其一的制度进一步放宽，从10%的税率下降到百分之六七，为两宋市舶贸易中抽解分数的最低点。

到宋徽宗时候，抽解制度又发生了变化。"凡舶至，即漕监官莅阅其货而征之，谓之抽解。以十分为率，真珠、龙脑凡细色抽一分，玳瑁、苏木凡粗色抽三分……象牙重及三十斤并乳香抽外尽官市，盖榷货也。"[②] 这就是说，不仅又恢复了十取其一的抽解制度，而且对30斤重的象牙、乳香等又全部官买，抽解分数较熙宁以前又增重了。

在宋徽宗扩大抽解税率的基础上，南宋渡江之后，宋高宗绍兴初年，或者说绍兴六年（1136）之前，抽解制度又有了一次变动："〔宋徽宗十取其一之后〕，又其后择其良者谓如犀象，十分抽二分，真珠十分抽一分，又博买六分之类"[③]，即从宋徽宗时的十分之一恢复到宋太宗时的十分之二的抽解制度了。据罗浚记载："契勘舶务旧法，应商舶贩到货物，内细色五分抽一分，精色物货七分半抽一分"[④]，此一抽解制度与宋高宗绍兴六年以前所实行的大体相合，当是南宋初年所定。而这一制度在南宋行使的时间最久。绍兴十四年（1144）曾一度"措置抽解四分"，引起蕃商们的陈诉，不得不改为绍兴六年以前抽解分数，即使如此，舶商也因抽解过重而不肯涉洋前来。

宋高宗绍兴六年以来的抽解制度也未能贯彻。如明州市舶司对日本、高丽舶商抽解分数即与上述制度不同："高丽、日本纲首杂事十九分抽一分，余船商十五分抽一分，起发上供。"可是这种办法在具体执行时就走样了："各人物货分作一十五分，舶务抽一分起发上供，纲首抽一分为船脚靡费，本府又抽三分低价和买，两倅厅各抽一分低价和买，共已取其七分，至给还客旅之时，止有其八，则几于五分取二。"抽解分数显然是极其沉重的。而对于海南、占

① 《宋会要辑稿·职官》四四之二七。
② 朱彧：《萍洲可谈》卷二《守山阁本》。
③ 《宋会要辑稿·职官》四四之二七。
④ 罗浚：《宝庆四明志》卷六。

城、西、平、泉、广州方面来的船舶，则“不分纲首、杂事、梢工、贴客、水手，例以一十分抽一分，船贩铁船二十五分抽一分”[①]。这种抽分办法，是仅限于明州市舶司，还是也包括广州泉州市舶司，则不清楚；而且在南宋晚期吏治进一步腐败的情况下，这项做法能否实施，亦是难以逆料的。

3. 抽解之外，官府对舶货还有博买或和买。宋政府从中央到地方，都患有一种通病：即在市场上买东西不是不出钱就是少出钱，总是想再捞上一把。对舶货的博买或和买也是如此。淳化二年开始实行抽分的时候，即已规定了和买的范围和数量，“除禁榷物外，他货择良者止市其半”，“粗恶者恣其卖勿禁”[②]，对于犀象这一类的禁榷物，重及30斤以上，全由官府收购。由于收购价低、收购量大，蕃商想方设法加以抵制。如将30斤重的象牙锯得小一些，就是一例。此后，官府和买一直沿袭下去，如前引宋徽宗时犀象抽解2分之后又博买4分、珍珠10分抽1又博买6分，十分之六七的贸易全被官府垄断。宝庆年间所谓的15抽1之制，“至给还客旅时，止有其八，则几于五分取二”。在这种抽分和买的办法下，“客旅宁冒犯法禁透漏，不肯将出抽解”[③]，这又是一种抵制方法。再则，提高舶来品的价格，从消费者身上多榨挤一些油水，以弥补同官府贸易中的损失，这是舶商的又一种办法。

对于从闽广市舶司抽解、和买的舶货，北宋政府是“以贵细者计纲上京，余本州打套出卖，大观后尽令计纲，费多而弊众，”因而南宋又恢复了北宋的办法[④]。各种舶来品，充满了府库，宋政府建立榷易务加以经营：“阇婆、三佛齐、渤泥、占城诸国亦岁至朝贡，由是犀象香药珍异充溢府库。〔张〕逊请于京置榷易务，稍增其价，听商人入锦市之，恣其贩鬻，岁可获钱五十万缗助经费，太宗允之。”[⑤] 政府不仅经营这些宝货而大获其利，同时以其掌握这些宝货促使商人入中粮草，对充实边防也起了相应的作用。这一点在茶专利一章中已经说过了，不再赘述。

---

① 《宝庆四明志》卷六。
② 《宋会要辑稿·职官》四四之二。
③ 《宝庆四明志》卷六《市舶》。
④ 《皇宋中兴两朝圣政》卷二。
⑤ 《宋史》卷二六八《张逊传》。

总之，海外贸易给宋代财政以不小的影响。“东南之利，舶商居其一。”宋太宗时市舶司所收犀象、香药等舶货，“岁约获五十余万斤、条、株、颗”[①]，“一岁果得三十万缗，自是岁有增羡，至五十万缗”[②]。宋仁宗天圣以来，犀象等宝货“充牣府库，尝斥其余以易金帛、刍粟，县官用度实有助焉”。至皇祐中总入为“五十三万有余”，宋英宗“治平中又增十万”[③]。到南宋绍兴年间，市舶司的“抽解与和买岁计之约得二百万缗”[④]。因此，在宋政特别是南宋政府财政中占有相应的比重：“大率盐铁居十之八，茶居其一，香矾杂收又居其一焉”[⑤]。香矾杂收主要的是市舶的抽解和买之入，在南宋初年占10%；而市舶收入约占百分之四五。到南宋中叶6000多万缗总收入中，约占3%左右。从这方面说，宋政府通过市舶司达到了它垄断海外贸易利润的目的。

海外贸易对宋代社会经济也产生了这样或那样的影响和作用。这里先对进口物品作一分析。据《宋元时期的海外贸易》一书的统计，“宋代从海外进口的货物应在四百一十种以上”[⑥]。这410种以上的物品大致可以分作以下几类：

1. 有关物质生产资料的舶货。诸如条铁、生铁、镔铁之类都是，对于社会生产自然是有益的。再如硫磺，在古代可以作为药物，但在宋代则应用于火药的配制，需要量甚大，从日本进口者甚多，北宋元丰年间一次进口50万斤[⑦]，对加强宋代的边防也是必要的。

2. 许多必需的生活资料，如白番布、花番布、駞毛缎、织金软段、高丽毛丝布等各类棉毛纺织品，槟榔等食品（也有的是药）、松板木板等木材和铜器、藤席、折扇等器物，这些物品虽然大多数同当时的劳动人民无缘，但它们的进口还是有益的。

3. 药品。进口当中有一大批是传统中药药品，从《宝庆四明志》记载看，

---

① 《宋史》卷一八六《食货志下八·互市舶法》。
② 《宋史》卷二六八《张逊传》。
③ 《宋史》卷一八六《食货志下八·互市舶法》。
④ 《通考·市籴考一·互市舶法》。
⑤ 《两宋中兴两朝圣政》卷二〇，绍兴六年八月癸亥记事。
⑥ 《宋元时期的海外贸易》第47页。
⑦ 《宋会要辑稿·食货》三八之三三。

高丽进口的有红花、茯苓、杏仁、细辛、山茱萸、白附子、甘草、防风等等，都是常用的药品。这类进口品有益于人民的健康，当然是值得称赞的。须加说明的是，从海南诸国进口的香料类之中，诸如乳香、苏合油、没药之类，也多于用医药。例如用苏合香油配制的苏合丸，对于医治高血压、半身不遂有一定的疗效。这类物品虽然也属于贵重的香料一类，它制成的各种药也仅供宫廷、官僚士大夫享用，但同那些完全属于奢侈品一类的香料有根本性的不同，虽然在进口时要付出相应的代价，也是必要的、正当的。

4. 工艺品。诸如日本刀、螺钿器物等，由于制作精美，受到人们的好评。如欧阳修对一口日本刀曾写出如下的诗句："鱼皮装贴香木鞘，黄白闲杂鍮与铜。百金传之好事手，佩服可以禳妖凶。"[①] 梅圣俞和司马光也都有诗称赞。这类工艺品虽然仅限于少数人使用，但它的工艺技术对于促进我国某些产品来说是有益的，因而也是值得欢迎的。

5. 奢侈品。一类是犀角、象牙、珊瑚、珍珠、猫儿眼等所谓的宝物，一类是香料。香料一部分可以药用，是值得重视的，但诸如前面提到的白笃耨、龙涎香之类，前者"广州市直每两不百千，次亦五十千"[②]，后者"初行于都下，每两直钱二十万"[③]，完全是为宫廷显贵大官僚大地主们享用的奢侈品。而这两类奢侈品，在进口的舶来品中占有大宗，"番商贸易至，舶司视香之多少为殿最"[④]。这就暴露了宋代海外贸易的实质：即通过市舶司的垄断性贸易，不但为宋政府攫占高额商业利润，而且也攫取宝货香料，以满足宫廷官僚大地主的奢靡生活。当然，在认识这一点的同时，也要看到，海外贸易丰富了我国社会物质生活，对于发展我国医药学、工艺制作技术也起了不小的作用，又是值得肯定的。

至于宋代向海外诸国出口的情况，《宋元时期的海外贸易》一书论述得极为详尽，不再多说。从出口的物品说，诸如丝绸之类的丝织品，瓷、陶器，各种铁器、铜器、金银器，各种生活日用品漆器、伞、草席，以及大批的粮食和

① 欧阳修：《欧阳文忠公文集》卷五四《日本刀歌》。
② 张世南：《游宦纪闻》卷七。
③ 曾慥：《高斋漫录》。
④ 赵汝适：《诸蕃志》卷下。

荔枝等特产，远销海南诸国，不但丰富了它们的社会经济生活，而且也有助于它们的社会生产，历来为海外诸国所赞扬。特别值得注意和研究的是，两宋300年作为特殊商品的铜钱不断地向海外诸国流去。在与海外诸国贸易中，“蕃夷得中国钱，分库藏贮，以为镇国之宝。故入蕃者，非铜钱不往，而蕃货亦非铜钱不售”①。当时铜钱不只流入我国少数民族统治的地区，而且如张方平所指出的：“自广南福建两浙山东恣其所往”，“莫不载钱而去”。同时，张方平还指出，如果对铜钱的外流听之任之，不予制止，“逐州置铲（指铸钱），每铲增课，是犹畎浍之溢而供尾闾之泄也”②。刘挚在元祐元年也指出：“今都内之藏，既不闻于贯朽；而民间乏匮，时或谓之钱荒。此何谓也？是故大者泄于四夷而已！”“海舶之所运，日积一日，臣恐穷吾工力，不足以给之。”③ 因而在此以后，禁铜之令一再申明，而铜币之外流则无从遏止：

> 绍兴十三年十二月，初申严淮海铜钱出界之禁，而闽广诸郡多不举行。于是泉州商人夜以小舟载铜钱十余万缗入洋，舟急风重，遂沉于海，官司知而不问。④
>
> ……金银铜钱铜器之类，皆以充斥外国。顷年泉州尉官捕捉铜锟千余斤，光灿如金，皆精铜所造，若非销钱，何以得此？⑤
>
> 今日之钱，鼓铸不登，渗漏不赀，铄销日蠹，私家藏匿，叠是四弊，固宜铜钱日少而无济楮币之流行。⑥

铜钱的外流，近邻交阯是一个重要地区。绍兴三年明橐的奏言中指出：“访问邕州之地南邻交阯”，“逐年规利之徒贸易金香，必以小平钱为约，而又下令其国，小平钱许入不许出，二者之弊若不申严禁止，其害非轻。”⑦ 这大约是从陆路上“透漏”出去的。再一个近邻是日本，铜钱则从海道上“透漏”过去。南宋晚期，“透漏”的情况特别严重，包恢曾经有过一段描述：

---

① 《宋会要辑稿·刑法》二之一四四。
② 张方平：《乐全集》卷二六《论钱禁铜法事》。
③ 刘挚：《忠肃集》卷五《乞复钱禁疏》。
④ 《系年要录》卷一五〇。
⑤ 《宋会要辑稿·刑法》二之一四四。
⑥ 《宋会要辑稿·刑法》二之一四三。
⑦ 《宋会要辑稿·刑法》二之一四七。

盖倭船自离其国，渡海而来，或到庆元（即明州）之前，预先过温台之境，摊（库本作“摆”）泊海涯。富豪之民公然与之交易。倭所酷好者铜钱，而止海上；民户所贪嗜者，倭船多有奇珍，凡值一百贯文者，止可十贯文得之；凡值一千贯文者，止可百贯文得之。似此之类，奸民安得不乐与之为市？及倭船离四明之后，又或未即归其本国，博易尚有余货，又复回旋于温台之境，低价贱卖，交易如故。所以今年之春，台城一日之间，忽绝无一文小钱在市行用。乃知本郡奸民奸弊至此之极，不知前后辗转漏泄几多不可以数计矣！①

搞铜钱走私活动的，是所谓的“富豪之民”、“奸民”。而“奸”且“豪”的民也就是当地的土豪恶霸。不单是“奸”、“豪”，那些“沿海郡县寄居（指寄居在城市里的官僚士大夫），不论大小，凡有势力者，则皆为之。”正是由于这些特权者们的参与，“官司不敢谁何，且为防护出境”②，从而使铜钱走私日益猖獗，源源流向海南诸国了。

为什么海南诸国是这样地癖好中国的铜钱，并千方百计地将其弄到手呢？要想弄清这个问题，只有认真研究当时海南诸国的社会经济情况，特别是它们的商品货币发展状况。据宋人张方平的意见，“钱本中国宝货，今乃与四夷共用”③，因而铜钱无可遏止其外流了。这个意见是值得重视的。就当时世界经济文化发展的情况看，宋居于最前列，远远超过了包括海南诸国在内的世界上的其他国家，尤其是在商品经济的发展方面更是如此。海南诸国商品经济的极不发展，货币流通固然少，而制造的货币不仅少，有的甚至还没有开始铸造货币。这样，在同中国交通往还时，它们也就渴望获得中国的铜币了。这是一个方面。另一方面，有泉货之称的货币，如乔幼梅同志指出的，它本身又具有这样一个特性，它总是向货币流通量少、物价低廉的地方流去，像水从高就低一样。当着海南诸国的物品，“凡值一百贯文者，止可十贯文得之；凡值千贯文者，止可百贯文得之”时，铜币便不顾一切地冲破宋代的关防法禁，远流异

---

① 包恢：《敝帚稿略》卷一《禁铜钱申省状》。
② 《宋会要辑稿·刑法》二之一四四。
③ 张方平：《乐全集》卷二六《论钱禁铜法事》。

域而去。更何况有“奸民”“富豪”和一些有权势的“沿海郡县寄居”者们的推波助澜呢!?

铜钱的外流，不言而喻，对海内诸国商品交换，经济的发展起了一定的推动作用。但对宋的经济发展就很不利了。

第三节　第二十八章结论

宋与边疆各族的贸易，以及与海外诸国的贸易，对社会经济的发展起了重要的影响和作用。

当时的中国既存在宋的封建统治，也存在契丹辽国、党项夏国、女真金国和其他各族。虽然没有形成统一，并且有不少的人为障碍，却是以宋为中心，发展了各族之间的广泛贸易。就这一事实而论，有两点值得注意。一是宋封建统治下的汉族广大地区，经济最为发展，各族之间经济的交流，自然而然地以宋所代表的汉族广大地区形成为一个中心。中华民族发展过程中形成的一个向心力，就是建在这样一个强大的物质的经济基础之上。二是尽管当时不统一，具有一些人为的障碍，但是各族之间的经济联系并没有削弱，而且在日益加强，这深刻地说明了经济的力量可以冲破人为的障碍和政治上的分裂割据，经济的力量是强大的、决定性的力量，是不容忽视的。形成各民族之间经济上的联系的，不是别的，正是商品经济，正是货币。商品经济和货币紧密地绾连了边疆和内地，成为联系各民族的一个强有力的纽带。不仅如此，当边疆和内地商品交换日益发展，大量货币之不断地流通到契丹辽国统治地区、女真金国的统治地区以及其他各族居住地，它就能够有力地推动和加速这些地区的发展，与高度发展的中原地区的差距日益缩小，从而在边疆和内地，在兄弟的各民族之间形成为共同的经济生活。而这一点，正是中华民族这个伟大的共同体形成的物质基础。宋元以后，我国日益形成为越来越巩固的大国，中华民族这个共同体之日益取得发展，正是由于这种经济关系和力量促成的。

两宋300年铜钱之不断向海南诸国流去，对这些国家的发展起了相应的推动作用，但对宋代中国的发展则是不利的。前章已经一再提出，从种种迹象看，宋代很可能产生了资本主义的幼芽，即使没有萌生，也当为期不遥。在这样的历史条件下，海外贸易中的进出口商品，如果不是以宝货香料类占主导地位，而是以我国丝绸等手工业产品农业产品占主导地位，这就更有利我国手工业农业的进一步发展；不是我国铜币（也有一些金银）大量外流，而是我国通过有益于国计民生的商品交换而增加积累，形成一个较早的原始积累，对我国社会的发展肯定是有利的。可是，当时海外贸易却是宝货香料类因适应当权者地主阶级的奢靡生活而源源进口，铜钱则适应海南诸国经济发展的需要而源源流出，从而资本的原始积累受到阻遏，对我国经济的发展是有害的。

第二十九章　宋代金属货币的流通和纸币的发行　物价波动状况

第一节　北宋铜钱和金银货币的流通

由于宋代商业、城市和商品经济的不断发展，宋代货币的流通也随之发展起来。不但铜钱大量地出现在流通过程中，金银也在流通过程中得到了较大幅度的增长。与此同时，在川峡诸路还发展起来了世界上最早的纸币——交子，到南宋进而流布于东南诸路。因之，宋代的货币制度便较前代有很大发展，也复杂得多了。

铜钱同其他金属货币一样，也是作为一般商品的等价物以及特殊商品而存在的。但是，在宋代，铜钱在金属货币中据有特别重要地位。北宋太宗、真宗时候的王禹偁曾经指出铜钱的作用时说："夫百货所聚，必有一物主之。金玉重宝也，滞于流布；粟帛要用也，滥于湿薄；权轻重而利交易者，其唯钱乎？"① 这些话清楚地指明了，货币在交换中起着等价物的重要作用，而铜钱在当时的条件下比金银更能够发挥价值尺度的作用。所以，在宋太宗太平兴国九年的诏令中特别强调了，"铜币之用，以通有无。轻重相权，泉流不匮"的功能和作用②。宋仁宗年间，李觏又进一步地指出了铜钱在宋代金属货币中的重要的地位："金银其价重大，不适小用，惟泉布之作，百王不易之道也。"③

---

① 王禹偁：《小畜集》卷一七《江州广宁监记》。

② 《宋大诏令集》卷一八三《禁细小杂钱诏》（太平兴国九年八月壬辰）。

③ 李觏：《直讲李先生文集》卷一六《富国策第八》。

李觏这话未免有些绝对化，但从宋代货币流通的整个情况看，铜钱是主要的通货，金银虽然在流通领域中有了较大幅度的增长，但依然居于次要的地位。从这些情况也就可以看出，宋代商品货币经济发展到怎样的地步了。

由于铜钱在流通中居于如此重要的地位，宋政府不但继承了前代传统的做法，严格地掌握了铜币等的铸造大权，而且还执行下面两个重要政策。其一是，严禁所谓的“细小杂钱”在市场上流通，要求市场上通用的铜币，“每千钱须重四斤”，“仍每贯须重四斤半以上”。为此，宋太宗太平兴国七年和九年先后下诏，要求民间将质量低劣的铜币上交给国家：

> 江南诸州私铸铅锡恶钱及轻小钱，颇乱禁法，自今公私所用，每千钱须重四斤。人家先蓄者，许令所在纳官，敢有贮而不以闻，乃违禁而擅以贸易者，并论如法，募告者差定其赏。①
>
> 〔钱币〕自汉魏以后，其弊盖多……而民俗之间，犯法者众；奸伪既广，轻细滋多。自今两京及诸道州府宜申明旧禁。不得杂用铜细小钱及铁鑞钱，仍每贯重四斤半以上。其细小杂钱限一月内须纳官。②

为执行这项政策，政府所铸造的铜钱，从宋初到宋神宗年间，基本上是按照一定的规格铸造的。即“每千钱用铜三斤十两、铅一斤八两、锡八两，成重五斤。惟建州增铜五两，减铅如其数”；“凡铸铜钱，用剂八十八两，得钱千，重八十两。十分其剂，铜居六分，铅锡居三分，皆有奇赢。”③ 据王禹偁的记载，江州广宁监在宋真宗咸平二年以后，“岁铸钱二十万贯，铸钱之费八万八千三百六十贯四百五十，得实钱一十万一千六百三十九贯五百四十五”，因而称“其为利也博哉!”④ 实际上，王禹偁所谓的“为利博哉”，其中没有扣除钱监官员、工匠等的俸禄、工直，所以才能够得到上述为数甚多的实钱。据蔡绦《国史补》的记载，“国朝铸钱”，“至庆历元丰间为最盛，铜铁钱岁无虑三百余万缗”，然“昔者鼓冶凡物料火工之费，铸一钱凡十得息者一二，而赡官

---

① 《宋大诏令集》卷一八三《禁江南私铸铅锡恶钱诏》年（太平兴国七年四月乙丑）。
② 《宋大诏令集》卷一八三《禁细小杂钱诏》（太平兴国九年八月壬辰）。
③ 《通考·钱币考二》。
④ 《小畜集》卷一七《江宁广宁监记》。

吏、运铜铁悉在外也，苟稍加工，则费一钱之用，始能成一钱"[①]。这说明了，从铸钱中，国家所得到的直接利益是不算多的。但是，作为通货来说，虽然宋代士大夫盛称唐初的开元钱质量好，有些鄙薄宋钱，其实宋初到宋神宗时铜钱的质量与开元钱相去不远，宋钱在当时的商品交换中充分发挥了一般等价物和价值尺度的重要职能。

其次，宋初以来执行的再一次货币政策是，政府铸造大量的铜钱。在铸钱手工业中，曾经叙述了宋代铸钱的情况，并指出北宋一代是与日俱增的。如果以宋太宗至道年间铸钱80万贯为基数100，至宋真宗咸平二年增至125万贯，指数为156，景德末年183万贯，指数为229.9。北宋一代的铸钱，到宋神宗熙宁元丰年间达到了顶峰，元丰三年为506万贯，指数增至632.5，亦即比宋初增长了6倍多。宋徽宗时虽然下降为300万贯，仍比北宋初增长了3.5倍以上。铜钱铸造之成倍数地增长，虽则出自于国家财政上的需要，但在客观上，不论怎样说，它毕竟适应了当时商品经济不断增长的需要，改善了货币流通的状况，显然是可以肯定的。

宋初以来在执行上述两项货币政策之时，在货币流通的实际中却出现了以下的问题，从而对宋政府的货币政策不能不有所影响。

第一个问题是，在货币流通的巨大的蓄水池中，时常可以看到，有数量相当可观的铜钱沉淀下不，退出了流通领域，被富商大姓贮藏起来，从而表现了货币所固有的这一职能。对此问题，将在商业资本和高利贷资本一章中再加详述。从下引材料中就可看出这一问题的严重：

> 大中祥符八年十一月乙巳，三司奏乏银支用……王旦等曰：国家承平岁久，兼并之民，徭役不及，坐取厚利，京城百万者至多，十万而上比比皆是，然则器皿之用，畜藏之货，何可胜算？[②]

铜币之大量地被贮藏起来，一方面说明市场上还容纳不了更多的货币，但另一方面不能不影响了货币的流通和商品交换，宋代所谓的"钱荒"不能不说与货币贮藏有密切的关系。

---

① 《通考·钱币考二》引用。

② 《长编》卷八五。

第二个问题是，铜钱大量地流出宋朝统治地区以外，甚而流至遐方异域，海外诸国。北宋初年，铜币的外流即已引起人们的注意，所谓“两蕃南海贸易，有去无还”[①]。铜钱流于“两蕃”之一的契丹辽国地区的数量最为可观：“北界别无钱币，公私交易并使本朝铜钱，沿边禁钱条法虽然极深重，而利之所在，势无由止。本朝每岁铸钱以百万计，而所在常患钱少。盖散入四夷，势当尔也”[②]；“四夷皆仰中国之铜币，岁阑出塞外者不赀”，“泄中国之钱与北者，岁不知其几何！”[③] 针对这种外流，宋初即严令禁止，而设立了所谓的“铜禁”。如宋仁宗庆历元年五月乙卯诏书上规定：“以铜钱出外界一贯以上，为首者处死；其为从，若不及一贯，决配远恶州军本城”。[④] 铜禁虽然严厉，但正如上面苏辙所说，“利之所在，势无由止”。也许是由于禁止不住，熙宁七年在大力铸造铜币的同时，废除了这项禁令，携带铜钱外出的仅征收商税而已。张方平对此项措施，颇不以为然，他说，自“删去旧条，削除钱禁，以此边关重车而出，海舶饱载而回”，“钱乃中国宝货，今乃与四夷共用”[⑤]。铜禁存在也好，废除也好，终于不能制止铜钱的外流则是一个事实。这种情况延续到南宋，一直没有改变。

铜币流通过程中再一个问题是，或者大量地被销毁而造成各种铜器，或者将国家的铜钱熔化之后改铸为质量低劣的伪币。早在宋太宗年间，即便是在汴京这样的城市，也存在销毁铜币的事实。一些“京城无赖辈”，即“销铸铜钱为器用杂物”，当时严令开封府逮捕，犯者处斩。[⑥] 但，由于“销熔十钱，得精铜一两，造作器物，获利五倍”，“铜禁既开，销钱以为器者利至十倍”[⑦]，根本无法禁止。在这种改铸器物的情况下，“钱之在者几何不为器也”，即使“逐州置铲，每铲增课，是犹畎浍之益而供尾闾之泄也”[⑧]。在铜钱被熔铸为

① 《长编》卷八五。
② 苏辙：《栾城集》卷四一《论北朝所见于朝廷不便事》。
③ 《长编》卷二八三，熙宁十年六月壬寅引沈括《自志》。
④ 《长编》卷一三二。
⑤ 张方平：《乐全集》卷二六《论钱禁铜法事》。
⑥ 《长编》卷三二，淳化二年闰二月乙丑记事。
⑦ 《长编》卷二八三，熙宁十年六月壬寅引沈括《自志》。
⑧ 《乐全集》卷二六《论钱禁铜法事》。

器物的同时，还大量被改铸成为质量低劣的铜钱：“人间或销法钱，淆杂他巧，以为恶钱。其作必于重湖大江，穷山深谷，风涛所阻，猛兽所在，人不得见，吏不得呵，是法令无由而胜也。”① 这种劣质货币如不加以禁止，任其流通，势必使质量好的铜钱从流通领域中退出，由其控制市场。这对于商品流通和交换当然是不利的，对政府的税收更加不利。因此，宋政府一再下诏书取缔这类劣币，严惩盗铸。可是，盗铸始终未能禁止，劣币不断地在市场上流通。

上述三个问题既然未能妥善解决，随着铁钱的流布，这几个问题纠结在一起，更加复杂化了。铁钱早在割据期间于后蜀、南唐和闽等国铸行，其目的在于用这样一种通货控制本地区的金、银、铜钱等财货，免致外流。宋统一南方诸国之后，除川峡诸路外，其余诸地铁钱于乾德四年下诏禁止。自对西夏用兵，“移用不足”，康定元年（1040）采纳知商州事皮仲容议，采掘商州洛南红崖山、虢州青水冶矿，置阜民、朱阳两监铸大铜钱。接着陕西转运使张奎、知永兴军范雍请铸大铜钱，以一当十，与小钱并行。张奎徙为河东转运使，又于晋、泽和威胜军铸大铁钱，也以一当十，“以助关中经费”。欧阳修于庆历四年到河东巡察了一次，反对铸造铁钱。他指出，晋州所铸当十大铁钱，“凡用一万七千余贯本，得二十七万余贯利，其利约十五倍有余”；泽州大钱“凡用六千四百余贯本，得一十五万三千八百余贯利，其利二十三倍有余”，从政府财政观点上来看，显然是划得来的。可是，“议者皆谓其利厚于黄白术，虽有死刑不能禁”，“犯法者日渐多”；“用之既久，币轻物贵，惟奸民盗铸者获利，而良民与官中常以高价市贵物，是官私久远害深。”② 因此欧阳修建议停铸，三司亦为奏罢。可是同年在陕西复采仪州竹尖岭矿，置博济监铸铜钱，而江南各监既铸大铜钱，江、池、饶、虢又铸小铁钱，“悉辇至关中”。于是大铜钱、小铜钱、大铁钱和小铁钱遂泛滥于陕西诸州③几种钱币行使的结果，使私铸铁钱成为严重问题。文彦博也曾指出：“陕西私铸铁钱，虽严行禁捕，抵法者众，终不能止绝。盖以钱本至贱，获利甚厚，以致见行钱货薄恶者多，物

① 李觏：《直讲李先生文集》卷八《富国策第八》。
② 《欧阳文忠公文集》卷一一五《乞罢铁钱札子》。
③ 《长编》卷一四六，庆历八年六月记事。

价增长。”① “自河东行铁钱，山多炭铁，鼓铸利厚，重辟不能止。”② 不但私铸铁钱者众，熔小铜钱而铸大铜钱者也为数不少，“大约小铜钱三，可铸大铜钱一”，获利同样极厚。在此情况下，大铁钱由于盗铸之多而贬值了，也无法维持了。于是田京曹颖叔提出以铁钱三当铜钱一，由此使盗铸者得利无几，达到禁铸的目的：“关右铁钱甚恶，法不能胜。公（田京）更为大钱，肉好精致，伪者莫能杂，以一当三，尽收其恶钱以付铲官，市易以为便。”③ 这样，暂时刹住了铁钱私铸，稳定住了市场。

宋神宗熙丰年间，对西夏用兵，又增加了铁钱的铸造，达986000缗，几为宋初的两倍。宋初铁钱主要地行使于川峡路，自行交子之后，铁钱流通量下降，不过20万贯。宋仁宗庆历年间虽铸造铁钱行使，后来逐年减少，宋英宗年间铸造不过3万缗。宋神宗熙宁年间铸铁钱如此之多，其中还有折二钱，主要地倾泻在陕西一路，与铜钱并使，于是成为遗留给宋哲宗一代的重大问题了。还在宋哲宗元祐六年，在陕州铜铁钱使用的交界处，由于兑换而出现了问题：“陕府系铜铁钱交界之处，西人之来，必须换易铜钱，方能东去。即今民间铁钱千七百始能换铜钱一千，遂致铁钱愈轻，铜钱愈重，百物随重，为害最深。”为解决铁钱轻、铜钱重及其兑换比例的问题，“今欲陕州并硖石镇东去人有税物、愿于本处换易铜钱者，并以所纳税钱为限，十分许换易二分；税钱一千已下全许换钱；虽多，每名不得换过五千。”④ 官府虽然可以如数兑换，但兑换又只能在五贯以下，当然解决不了上述的实际问题。

陕西铁钱的问题，直拖到元符二年，依然没有解决。“〔章〕粢言：勘会陕西钱法，本无轻重，只（当作‘直’）仁宗朝宝元庆历之间，边事初兴……财用匮乏，有献计者创铸大钱，其文曰重宝，每一大钱折十小钱。盗铸之奸，自此得利。官司所获无几，而重宝已满民间。岁断重辟，不知其几何！朝廷患之，以折十大钱杀为折五，盗铸不已，又杀为折三。所获之利犹博，刑辟尚多，不得已，

① 文彦博：《文潞公集》卷一七《奏陕西铁钱事》。

② 《长编》卷一六四。

③ 郑獬：《郧溪集》卷一九《田京行状》。又《宋史》卷三〇四《曹颖叔传》上说：曹颖叔在陕西都转运使任上，提出罢铸铁钱，“诸郡铁钱以三铁钱当铜钱之一”，则此议为曹颖叔所提。

④ 《长编》卷四五七，元祐六年夏四月癸巳记事。

而以一大钱折二小钱，盗铸稍息。”章楶还认为，由于宋仁宗至和以后铁钱铸造不精，也是引起盗铸的一个原因；而“不精之弊”，则“起于率分钱”（所谓率分者，每工所限日铸之数外，有增益者，酌给众工），盗铸之风又随而炽盛。“豪宗富室争蓄大小铜钱与旧铸大铁钱，故在市买卖细分六等：以小铜钱为一等，旧铸至和铁钱为一等，新铸折二铁钱为一等，私铸楞郭全备钱为一等，私铸轻阙怯薄钱为一等”①，问题相当严重。经过熙宁年间的努力，情况有所改变，铁钱虽铸造得多，尚未出现重大纰漏。到元祐元年，由于铁钱的壅滞和其他因素，铜铁钱兑比中出现了越来越大的差距。试看下表：

时　代	铜钱（1000 文）与铁钱比数		材料来源
宋神宗熙宁十年（1077）	1000 1000	1020～1050 1030	《长编》卷五一二 《随手杂录》
宋神宗元丰末年（1085）	1000	1100	《长编》卷四五七
宋哲宗元祐三年（1088）	1000	1250	章楶奏章
宋哲宗元祐六年（1091）	1000	1700	《长编》卷四五七
宋哲宗元祐八年（1093）	1000	1500	《长编》卷四五七
宋哲宗绍圣四年（1097）	1000	1400	章楶、吕惠卿奏章
宋哲宗元符二年（1099）	1000	1600	章楶奏章
宋哲宗元符初	1000	2500～2600 4000	吕惠卿奏章 《长编》卷五一六注引《贾炎家传》

铜铁钱兑换之所以出现越来越大的差额，主要由于“铜钱渐少，铁钱渐多”造成的。而铜钱之所以渐少，正是由于劣币驱逐良币这一规律造成的。所以，不仅铜、铁钱兑换的比价发生如上的变化，而且在陕西路铜钱变成一个被倒卖的特殊商品了：“豪宗富室所蓄大小铜钱、旧铸铁钱，岁月浸久，其铜钱或散入夷狄，或迁而输邻路”，“盖所获利博，岂肯蓄藏于家？”②

对铜、铁钱在陕西路出现的上述问题，章楶提出的解决办法是：“指挥官

① 《长编》卷五一二。章楶奏章。按此段引文仅为五等，是有所遗漏还是“六”字误植？
② 《长编》卷五一二，元符二年秋七月癸卯记事。

司，精鼓铸，无贪厚利，令制造精密，与物相权，盗铸之家获利既薄，岂肯冒重法以自取灭亡?”吕惠卿的奏疏，条分件析，尤见卓识，他的这些论述将在经济思想一编再加说明。他指出，元祐八年停止对陕西路铜钱的疏通，是造成这一问题的重要原因之一；同时还提出了解决的办法。王巩在《随手杂录》中也评论这件事情说：“陕西每铜钱一贯，用铁钱一贯三十文可换，后因常平司指挥诸州勿出铜钱，诸司遂效之，民间相传铁钱将不用矣，家家收蓄铜钱，轻用铁钱，由是钱贱而物用加贵。”可是，这些建议还未有所反响，政局发生了重大的变化，这就是宋徽宗—蔡京集团掌握了政权。这个集团没有认真考虑章楶、吕惠卿的建议，也不从陕西地方的实际情况出发去寻求解决办法，反而重走庆历年间的老路，采纳了陕西路转运判官许天启的主张，铸造所谓的当十钱来解决困难[①]。这种当十钱，虽经蔡絛大肆吹嘘，说什么“鲁公（指蔡京）秉政，思复旧额，以铜少终不能得……因作大钱，以一当十”；“而当十钱者，其重三钱，加以铸三钱之费，始能成一钱，则制作极精妙，乃得大钱一，是十得息四矣”[②]。但这种妄图以轻币牟取厚利的做法，只能引起盗铸更甚这样一个结果：“今当十之议，固足纾目前，然使游手鼓铸，无故有倍称之息，何惮而不为？虽日加断斩，势不可止。”[③] 连吹嘘者蔡絛也不得不承认，“然利之所在，故多有盗铸。如东南盗铸，其私钱即锲薄，且制作粗恶，遂以猥多成弊”[④]。实际上，在铸大钱诏令刚下之时，就已经引起了市场的混乱：“市区昼闭，人持钱买物，至日旰，皇皇无肯售”[⑤]。“崇宁初，行当十大钱，秤重三小钱，后以币轻物重，令东南改为当五钱”；又由于“私铸盗贩不可禁，乃一切改为三。”改当3钱是大观三年蔡京罢相那一年实行的，议定之后，“宰执争辇钱市金”，在京金银铺吃了点亏。当时“内帑藏钱无算，拆阅万亿计”。为使当3钱速行，“京师一旦自凌晨数骑走出东华门，传呼里巷，当十改为当三，顷刻通知，故凡富人无所措手足。”迅雷不及掩耳，典当业、高利贷者吃亏不

① 朱翌：《猗觉寮杂记》卷下。
② 《通考·钱币考二》。
③ 《宋史》卷三四八《沈畸传》。
④ 《通考·钱币考二》。
⑤ 《宋史》卷三二八《章綡传》。

小，不但不得“射利”，而且有所“不给”，赔了本[①]。

当10钱既然在市场上失去信用，全盘失败了，于是又制夹锡钱，即用降低铜币质量亦即减少含铜量的做法去解决通货问题。这种做法连宋徽宗也认为，“夹锡钱之害，甚于当十”，因此要求臣僚们在朝廷上提出来，以便废罢[②]。由于“钱法屡变，人心愈惑”，“中产之家不过夹锡钱一二万，既弃不用，则唯有守钱而死耳！”“边氓生理萧条”，“民殊不安”。这样，又从夹锡钱回到大铁钱：“铁钱既复行，其轻如初”；“自关以西，皆罢市，民不卿生”[③]。这就是蔡京集团一而再、再而三地变更货币制度的结果。

从战国秦汉以来的货币发展史考察，当着铸币（主要的是铜币）铸造质量好，含铜量的实值大于币面值的时候，就会产生销毁铜币、制作铜器以大获其利；当着铸币质量低劣，含铜量的值低于币面值的时候，私铸之风炽盛，质量低劣的伪币就纷纷流入市场，从这一方面大获其利。而每当发生这种情况的时候，国家铸币政策不能不受到影响。北宋初年以来铸币也同样存在这种情况，不仅化为铜器，而且还大量外流。宋政府为改变这种状况，除加强铜禁之外，对铜币的铸造也有所变动。在铸钱一章中，曾引用庄季裕的记载，指明北宋一代铜钱铸造的料例（即铜和铅、锡等配制比例）有四次变更：“自开宝以来，铸宋通咸平太平钱，最为精好”，“今宋通钱每千重四斤九两”，“自咸平五年后来用铜锡五斤三两，除火耗，收净五斤”；“景祐三年依开通料例，每料用五斤三两，收净四斤十三两”；“庆历四年依太平钱料例，每料用五斤三两，收净四斤八两”；“庆历七年以建州钱轻怯精弱，遂却依景祐三年料例，至五年以锡不足，减锡添铅”；“嘉祐四年，池州乞减铅锡各三两，添铜六两”，“治平元年，江东转运司乞依旧减铜添铅锡”，“省部以议论不一，遂依旧法用五斤八两，收净五斤”。从“料例”上看，从宋初到治平年间，变化不算太大，一千钱所减重量不过半斤。但是由于所谓的“物料宽剩”，用今天的话说，亦即所谓的偷工减料，于是使钱币的制造越来越不合原来规格。如依景

① 朱彧：《萍洲可谈》卷二。
② 《宋史》卷二八八《范坦传》。
③ 《宋史》卷二八五《贾炎传》。

祐三年料例，铸281万贯铜钱，合减料878000余斤，而这些料就能够再铸造169000余贯[①]。从这种情况来看，北宋以来铜钱铸造的质量是下降的。不论是封建统治者是否意识到，也不论客观上由于铜产量的不稳定或者下降，宋朝显然是采用降低铜币质量的措施和政策，来解决铜币流通中的问题的。当然，在北宋初年情况甚好，到宋仁宗时候铜币质量降低已逐渐显露出来，到宋徽宗时彻底暴露出来。试图用减少含铜量的做法以牟取厚利，结果正如庄季裕所说："适足以资盗窃。"而且硬通货质量越低，越是将质量好的货币排除于流通领域之外，从而引起"钱轻物重"，乃至于物价腾涌，像宋徽宗时那样。历代议论铸币的为数不少，其中南朝的孔觊在齐高帝建元四年（482）上书的议论最为中肯，他认为币轻在于盗铸，而盗铸则"由上铸钱惜铜爱工"[②]，被后人认为是万岁铸钱不易之良法。从封建时代的生产规模和商品经济的发展情况而论，孔觊的见解是入理的。即或出现转化为铜器的现象，其害处要比盗铸小得多。

以上是铜、铁钱流通的情况，现在看看金、银在宋代流通领域中的地位和作用。

前引李觏所说，"金银其价重大，不适小用"；李觏还说："古者以金、银为币，与泉布并行"[③]。从这些话里可以看得出来，金、银虽然作为货币投入流通领域中，但在北宋初年金、银的流通量还不算大。从宋代金、银的产量和政府岁课看，都是日益增加的。以银为例，宋太宗至道末年（997）为145000两，到北宋中叶仁宗嘉祐年间则增至411420两，几乎增长了3倍，而到北宋徽宗年间，高达186万两，为北宋初的十二三倍。黄金也是有所增长的。随着北宋中叶金、银产量、岁课的增长、金、银在流通领域中的情况，和李觏记载中所反映的北宋初年以来的情况，就有所不同了。

金、银的各项用途，加藤繁在《唐宋时代金银之研究》一书中曾有极为详细的论述。这里仅作如下补充。一是宋代金银用于器皿、首饰的制作方面，

---

① 庄季裕：《鸡肋编》卷中。

② 《通典》卷九《钱币下》；《通考》卷八《钱币考》。

③ 李觏：《直讲李先生文集》卷一六《富国策三》。

为数甚巨。如："今也翕然用之，亡有品制。守闾板者，唯财是视，自饮食颒沐之器、玩好之具，或饰或作，必以白金，连斤累钧，以多为惬，财愈雄者，则无所不至矣。"在太平岁月中，金银货币之转化为首饰，从宋代都市中金银铺和手工业中金银细工情况说，是不少见的。其二是，金银又是作为一种宝贵的财富而被官僚豪绅、商业资本和高利贷资本大量地贮藏起来。《世范》的作者袁采曾说："人有兄弟子侄同居，而私财独厚，虑有分析之患，则买金银之属而深藏之。"① 在宋代，金银既可以在流通领域中起着价值尺度的作用，而又可以用铜钱等收买到手并将其贮藏起来。贮藏的部分尤其可观。特别是在战乱当中，金银首饰也还原成金银锭块，贮藏的更多。这一点将在商业资本和高利贷资本一章中再加说明。

宋代金、银在社会上有着极其广泛的用途，据据藤繁氏的研究，有贿赂、赠遗（或请托或表示好意）、布施、赔偿、赎身、借贷、代替钱财而远运、路资、物价支给、物价表示、赁费、蓄藏和其他共 17 项。对封建国家来说，金银又有以下的用途：作为赋税而缴纳、专卖收入、上供、进献、军费、赏赐和国家一般费用等 9 项。② 上述各项用途归纳起来，不外乎金银充作货币而产生的支付作用和作为等价物而起的价值尺度的作用。从金银用途之如此广泛来说，在宋代，金银所独具的货币的职能已经在社会上多方面地发挥出来了。

在宋代，金银已经继承前代的做法而铸成为金、银钱③。据蔡绦的记载：逢"诞育王子、公主，每侈其庆，则有浴包子，并给巨臣戚里"；所谓"包子者，皆金银大小钱"④。朱彧也提道，"宫闱有庆事，赐大臣包子、银绢各数千两匹"⑤。据加藤繁氏的考据，金银之铸成币，是在宋神宗熙宁年间定为制度的。这类的金银铸币，虽然还没有投入到流通领域中，但已经具备了铸币这一形式。南宋初年，刘光世铸金、银、铜三色钱⑥，用来诱降金人。这样，金银

---

① 袁采《袁氏世范》卷一。

② 《唐宋时代金银之研究》上册，第 122 ~ 206 页。

③ 《唐宋时代金银之研究》下册，第 1 ~ 31 页。

④ 《铁围山丛谈》卷四。

⑤ 《萍洲可谈》卷一。

⑥ 《系年要录》卷四一，绍兴元年正月己未记事。

铸币便从狭小的宫廷的圈子里向社会上迈出了一步，以发挥其固有的货币职能。

第二节 交子在川峡诸路的发生和发展及其在北宋一代所起的作用

北宋前朝出现于川峡诸路的交子，不但是我国历史上最早的纸币，而且也是世界上最早的纸币。交子之产生于宋代，绝不是偶然的；而交子之出现于川峡路，则在这种必然性中又具有偶然性的色彩。

交子（纸币）的产生与商品货币的发展固然有着密切的联系，而与商业信用信贷关系的发展有着更加密切的血肉联系。甚至可以这样说，商业信贷制度的发展为交子的产生创造了前提条件。而这个前提条件在唐宋之际显然是具备了。

自唐中叶以后，商品经济的发展导致了货币流通的发展。据研究这一问题多年的李埏同志的见解，钱币已经排斥了布帛而成为唯一的商品交换的等价物，不复是钱帛并用了[①]。由于商品货币流通的兴旺，商业信贷关系随之发展起来。这一发展表现在：（1）为适应千里行商、长途贩运的需要，唐宪宗时候开始的飞钱，解决了金、银、铜币携带的问题，“汇”、“兑”双方在商业信贷关系的基础上统一起来，适应了商业发展的需要。（2）唐代柜坊、宋代塌房，都能够为商客积存各种货物、贵重物品以及金、银、铜、钱等等。从杜子春三入长安的传奇中可以看出，柜枋积贮的铜钱数量甚为可观，一次能够提出10万贯；而存主与柜坊主又是在商业信贷基础上受纳和支付大批货币的。（3）在宋代商业贸易中，存在“赊”的现象，买主或者经纪人先取得货物，有时是大批的货物，然后买主、经纪人将货物出售后，再支付现钱[②]，这同样是建立在商业信贷关系的基础上。在商业信贷关系发展的基础上，加上宋初以来由

---

① 李埏同志《从钱帛兼行到钱楮并用》，载1982年《宋史研究论文集》。李埏同志对唐宋经济史进行了多年研究，对唐宋货币问题颇多创见，本章参用了他的许多见解，附志于此。

② 加藤繁在《中国经济史考证》第一、二卷中，对唐代柜坊，宋代的“赊”卖等均有论文，可参看。

入中粮草而兴盛起来的茶钞的启示下，人们找到了便于携带便于交易的货币——交子。南宋徐鹿卿说："楮之始行，非以为楮，以楮飞尔！"[①] 要制作能够"飞"的通货，当然要精良的雕版印刷，而这样一个条件在宋代也已具备了。

直接促使交子产生的动因是川峡路的铁钱。前面一再提到，川峡诸路的成都府路的社会经济状况仅次于两浙路，而同江东路、福建路差肩比美，在商品交换方面则有过之而无不及。然而在成都府路用以商品交换的媒介物却是铁钱："川界用铁钱，小钱每十贯重六十五斤，折大钱一贯重十二斤，街市买卖，至三五贯文，即难以携持。"[②] 按照政府的规定，"川峡仍以铜钱一当铁钱十"[③]，即重65斤的10贯小铁钱同重5斤的1贯小铜钱的购买值是相等的。这样，商品流通与作为等价物的铁钱之间产生了尖锐的矛盾，铁钱难以充作商品交换中的等价物！交子就是在这一矛盾下应运而生的，铁钱成为了它的助产婆，它代替了铁钱而成为了川峡路的通货了。

北宋时期的川峡路交子可以分作两个阶段，开创时的民办阶段和后来的官办阶段。

交子什么时创始的？宋真宗景德二年（1005）二月庚辰记事有云"先是益、邛、嘉、眉等州岁铸钱五十余万贯，自李顺作乱遂罢铸，民间钱益少，私以交子为市。奸弊百出，讼狱滋多"[④]。李埏同志《北宋楮币史述论》一文根据这条材料指出，交子大约出现于10世纪末。而这时候的交子，"表里印记，隐秘题号，朱墨参验，书填钱之数，以便贸易"[⑤]；同下面材料所记述的大致相同。到宋真宗景德初年，张咏第二次任官蜀川，对混乱的交子进行了整顿，使成都府豪富16户主持其事。这十几家富豪，"连保作交子"，"用同一色纸印造，印文用屋木人物，铺户押字，各自隐秘题号，朱墨间错，以为私记"；印成的交子，"书填贯，不限多少，收入人户见钱，便给交子"；"无远近行

---

① 徐鹿卿：《清正存稿》《论待房救楮二札上枢密院》第二札。

② 李攸：《宋朝事实》卷一五《财用》。

③ 《宋史》卷一八〇《食货志下二》。

④ 《长编》卷五九。

⑤ 费著：《楮币谱》。

用，动及百万贯”。“街市交易，如将交子要取见钱”，亦可兑现，但“每贯剥（割）落三十文以利”，作为交子印刷费用的补偿。“每岁丝蚕米麦将熟，又印交子一两番，捷如铸钱，收买蓄积”，在收割季节，利用交子贱价收购米麦，从这里又获得利润。由于交子利润很大，交子户因而“广置邸店屋宇园田宝货”，而假交子也纷纷出笼，“兴行词讼不少”①。是否由于交子出现不少问题，就将其废掉不用？孙甫有一段很确当的议论：

> 蜀用铁钱，民苦转贸重，故设法书纸代钱，以便市易。转运使以造交子多犯法，欲废不用。甫曰：交子可以伪造，钱亦可以私铸；私铸有犯，钱可废乎？但严治之，不当以小仁废大利。后卒不能废。②

纸币的出现，是商品经济发展中的一件大事，在流通过程中虽然出现这样或那样的问题，伪造不过是其中的一个问题，而且是较小的一个，但它毕竟适应了商品经济发展的客观要求，因而只要有商品生产，纸币就不能废除。

主持交子的16家富豪，有的住在成都府，有的分居各县。由于交子能够兑现，富豪们的准备金（铁钱）不足，“或人户众来要钱，聚头取索印，关闭门户不出，以至聚众争闹”。虽经官府“差官栏约，每一贯只得七八百，侵欺细民”③。特别由于“富民赀稍衰，不能偿所负，争讼数起”，交子户与交子持有者之间的矛盾紧张起来了。大中祥符末年，知成都府事寇瑊到任之后，“诱劝交子户王昌懿等令收闭交子铺，封印卓，更不书放，直至今年春方始支还人上钱了当。其余外县有交子户并皆诉纳，将印卓毁弃讫”，同时还要成都府今后不再置交子铺。

天圣元年（1023），薛田代寇瑊知府事，与运转张使若谷共同商议了交子问题。他们认为，“自来交子之法久为民便”，“自住交子，后来市肆经营买卖寥索”，“贸易非便”。因此提出：“废私交子，官中置造，甚为稳便。”这年十一月戊午诏书批准了薛田等的奏请，成立了益州交子务④，主持发行纸币的各项工作，开始了官办交子。它的主要内容如下：

① 李攸：《宋朝事实》卷一五《财用》。
② 《宋史》卷二九五《孙甫传》；《五朝名臣言行录》卷九所记同。
③ 《长编》卷一〇一，天圣元年十一月记事。
④ 《通考·钱币考二》《宋史》卷一八一《食货志下三·会子》均同。

1. 铸益州交子务铜印一面，交本务使用，并使用益州观察使印记。

2. “起置簿历”，将发行的每一道交子，“上书出钱数，自一贯至十贯文，合用印过上簿书押”，然后由“监官收掌”。

3. “候有人户将到见钱，不拘大小铁钱，依例准折，交纳置库收销，据合同字号，付给人户，取便行使。”

4. “每小铁钱一贯文依例克下三十文入官。”

5. “其回纳交子，逐旋回抹合同历簿”，将旧交子销毁完事[①]。

6. 据费著《楮币谱》载，天圣元年十一月二十八日到二年二月二十日（此日期据《宋朝事实》所载）官府所印行的第一界交子为1256340缗。

7. “大凡旧岁造一界，备本钱三十六万缗”，即用来作为准备金，以便兑换。

8. 直到北宋末，范祖禹在《郭子皋墓志铭》中提到，“纸币之设本与钱相权”[②]，王应麟《困学记闻》据此确定纸币之名是在此后才有的。

以上是天圣元年官府接管交子印行事务的有关做法，其中第五条因销毁旧交子、行使新交子而产生的新旧兑换“界分”问题，在中外学术界颇多异同。释文莹称：“〔张咏〕设质剂之法，一交一缗，以三年一界换之，始祥符辛亥（四年），今熙宁丙辰（九年），计六十六年，已二十二界矣”[③]。《宋史·食货志》则踵继此说。而章汝愚《山堂群书考索》后集引《宝训》[④]称：“设质剂之法，一交一缗，以二年为一界而换之，始祥符之辛亥，至熙宁之丙辰，六十五年，三十二界。”[⑤]加藤繁《交子的起源》等文，根据《湘山野录》和《宋史》的记载，认为《宝训》所说32界为22界之误，坚持三年一界之说。其实，《宝训》的记载并不错误。如南宋杨万里称：“至天圣中，官始权之，再岁一易，谓之交界”[⑥]，李心传也称：“天圣元年冬，始置官交子务（十一月戊

---

① 《宋朝事实》卷一五。

② 范祖禹：《范太史集》卷四二。

③ 释文莹：《湘山野录》卷上。

④ 《宝训》指《神宗宝训》，见《通考·经籍考·故事》。

⑤ 《山堂考索》后集卷六二。

⑥ 杨万里：《诚斋集》卷一二九《陈琦墓志铭》。

子），每四年二界”[①]。魏了翁在《吴猎行状》中也提道：“蜀之楮币，旧号交子，随闰更易，曰兑界[②]。”所谓“再岁一易”、“四年二界”，都说明了65年为32界。《吴猎行状》中“随闰更易”，也指的是：我国农历五年二闰，每逢闰年大致3个年头而实际上2年有余，因而也可以理解为两年一易的。根据多年的研究，可以确定官交子印行，从祥符四年到熙宁九年共三十二界，亦即二年一易的。

交子是以铁钱为基准、为本位的纸币，自天圣元年官府接管之后到宋神宗时候一直没有发生重大变化。其间，宋仁宗庆历四年、七年以及皇祐三年因西北边防吃紧，商人入中粮草需加支付，许可商人“指射赴永兴凤翔河中府及西川嘉、邛等州请领钱数”[③]，因而交子前后有60万贯挪到秦州借支。其中有的到熙宁年间尚未收兑。这样交子第一次超越了它的使用范围和印付数字！

到熙宁年间，因对西北用兵，打算把蜀川交子向西北推行，借以解决财政困难，熙宁二年置潞州交子务，继而于熙宁四年“陕西已行交子”[④]，然都因当地行使交子的条件不具备，不久作罢。但到熙宁七年，又向陕西推行交子，试图以“交子与钱行用无异，即可救缓急及免多出盐钞、虚抬边籴之弊”[⑤]。事实上交子缺乏准备金，多发行“空券”，就只能加重陕西财政的困难。因此在朝廷上意见即不一致，王安石就不赞成在陕西行交子，认为“〔交子〕到了妨盐钞”[⑥]；而吕惠卿追随宋神宗，一意把交子推行到陕西路。结果“交子出多，而钱不足给，至价贱亏官故也”[⑦]，而盐钞也因交子的推行，“又深害钞价”，只是便宜了那些贪贩交子、倒卖证券的商人。最后，官交子不得不停止在陕西通行。

此外，熙宁年间对蜀川交子制度又作了一些变动，即：制定了有关伪造交子的法令；熙宁二年发行币面值较小的两种交子，500文和1贯文两种；熙宁五年“续添造一界，其数如前，作两界行使”；同时还延长了交子“交界”的

---

① 《朝野杂记》甲集卷一六《四川钱引》。
② 魏了翁：《鹤山先生大全集》卷九。
③ 《宋会要辑稿·食货》三六之一八至一九。
④ 《宋会要辑稿·食货》二四之五。
⑤ 《长编》卷二四五，熙宁七年六月壬辰记事。
⑥ 《长编》卷二七二，熙宁九年正月甲申记事。
⑦ 《长编》卷二七〇，熙宁八年十一月甲戌记事。

时间，从原来的二月延至七月。

自天圣元年到宋神宗年间，蜀川路的交子改为官办之后，大体上是稳定的。川峡诸路生产情况除夔州路外，都是不断增长的，这个区域市场颇为活跃。就政府的货币政策来看，天圣元年开始发行时为1256340贯，折合铜钱不过125000多贯，通货不能算多，甚至可以说是有些紧俏的。即使到宋神宗时候改为两界并行，即通货增加了一倍，同商品流通、市场的需要依然是吻合的。这就是说，交子的发行量是适中的。交子既然得到国家法律上的认可，政府首先要重视它，并根据社会的需要而不断地将其改进。这一点也是做到了的。杨冠卿曾经指出，交子不但是市场上的通货，而且“租税之输，茶、盐、酒酤之输，关市津梁之输，皆许折纳”。这样，社会各阶层当然乐于使用交子。不仅如此，由于准备金充足，“贱则官出金以收之，而不使常贱；贵则官散之，而示其称提，使之势常平，而无比重彼轻之弊”①。还有值得提出的一点是，交子开创时的币面值为1～10贯，其后宋仁宗宝元二年（1039）改作5贯和10贯两种，而10贯发行额占80%。交子币面值大，只能在中等以上商贾、官僚士大夫和有钱的财主们当中行使，对市场贸易来说并不有利。宋神宗熙宁二年改为500文和1贯两种，分别占40%和60%，币面值小得多了，这就更能促进商品的流通和交换，使小农小工同市场的联系加强了。更何况在王安石变法期间，青苗钱的借贷，免役钱的征收，同农民特别是自耕农民的货币关系发展了，发行币面值小的交子，显然是同客观要求相适应的。由于这个时期政府的货币政策妥善，所谓“西州之楮币”，不但“用之百年而无弊，贸百金之货，走千里之途，卷而怀之，皆曰铁不如楮便”②，对商品经济的发展显然起了促进作用。而且交子在人们的心目中，具有很好的信用，“旧日蜀人利交子轻便，一贯有卖一贯一百者”③。即使在熙宁十年以后，交子稍为贬值，彭州“第二十七界交子卖九百六十”，“第二十六界交子卖九百四十”④，贬值4%～6%。其实，通货稍微膨胀和贬值，对小农小工来说，并没有多大的害

① 杨冠卿：《客亭类稿》卷九。

② 杨冠卿：《客亭类稿》卷九。

③ 苏辙：《栾城集》卷三六《论蜀茶五害状》。

④ 吕陶：《净德集》卷一《奏为官场买茶亏损园户致有词诉喧闹事状》。

处，甚而至于可以因此获得更多的交子，对生产、交换还是有利的。

到宋徽宗时候，蜀川交子发生了重大变化，从前此的稳定逆转为不稳定。本来自宋哲宗元祐年间，交子贬值已达到10%，但这问题不仅没有及时解决，反而为解决陕西沿边籴买，又扩大了交子的发行量。而宋徽宗—蔡京集团有关交子的政策完全滑到邪路上去。自崇宁以来，蔡京集团便打算“令诸路更用钱引，准新样印制”，把交子推行到诸路[①]，结果仅推广到陕西、河东沿边两路。大观元年，蔡京集团将益州交子务改为钱引务，于是河湟用兵的费用，全仰纸币解决，交子的发行额陡然地增加起来。崇宁四年改称钱引之后，发行额数为26556340贯，当年又增造了540万贯；到大观元年，在四年的底数上增造了554万贯，“较天圣一界逾二十倍”，两界并用则逾40倍。通货膨胀得如此严重，一个显然的恶果便是通货的贬值。宋哲宗元祐时，交子每贯“止卖九百以上”[②]，已经贬值10%，而宋徽宗时候，“价愈损，及更界年，新交子一乃当旧者之四”，即贬值为75%[③]。在通货贬值的情况下，商人们乘机活动起来，“陕西、河东皆以旧钱引入成都换易，故四川有壅遏之弊，河、陕有道途之艰，豪家因得以损直敛取”[④]。在陕西河东等路钱引币值5000～7000的，而在成都才值二三百；即使是在川峡路山区的威州，“钱引原价一贯，今每道止直一百”贬值90%；“大凡旧岁造一界备本钱三十六万缗，新旧相因，大观中不蓄本钱而增造无艺”[⑤]。这就是宋徽宗—蔡京集团妄图单靠印刷工具来解决财政困难，而导致通货膨胀、币值大跌、政府威信随之扫地的这样一个结果！

第三节　南宋铜钱的日益减少　纸币在广大地区的流通及其发行量的猛增

作为北宋一代的主要通货的铜钱，到南宋时，已经日益减少了。其所以减

① 《宋史》卷一八一《食货志下三·会子》。
② 苏辙：《栾城集》卷三六《论蜀茶五害状》。
③ 《通考·钱币考二》。
④ 《宋史》卷一八一《食货志下三·会子》。
⑤ 《通考·钱币考二》。

少，大约是由以下几个因素造成的。

一是南宋铜、铁钱的铸造量日益减少。在第二编铸钱一章中，曾经指出南宋钱监规模缩小，铸钱原料铜为北宋的 4%、铁为 14%、铅为 6%，而锡仅为 3%。在此情况下，虔、饶两个最大钱监年铸仅 8 万缗，以后虽有所增加，不过 14 万缗、22 万缗。加上铁钱的铸造，最高不过三四十万缗，铜、铁钱铸造既如此之少，市场上流通量的减少也是势所必至的了。

二是“铜钱日耗，销毁莫戢”[①]，大量地转化为铜器。前章亦曾提到，由于制造铜器利大，“破铜为器者众”[②]。“彭铸器用，供给四方，计一两所费不过数十钱，器成之日，即市百金”[③]；“且以铜钱一百文足率，变造器物十两，卖钱仅一贯，获利至厚”[④]。因此，诱使更多的人销熔铜钱，“一岁所得，计其销毁，无虑数十万缗”[⑤]。这一厚利也诱使某些官僚士大夫参加到销毁铜钱的队伍中。

盗铸私钱，是促使南宋铜钱减少的再一个原因。自从北宋末年蔡京集团用减少含铜量的办法铸造当十钱，恶果之一是引起了严重的私铸。私铸极为粗恶，“大江之西及湖广间多毁钱夹以沙泥重铸，谓之沙毛钱”[⑥]。为逃避金兵的追击，宋哲宗废后孟氏渡江向赣南一带狂窜，卫士们所得到的就是这类沙毛钱，“市买不善，与百姓交斗。”[⑦] 绍兴年间铸钱既在重量上和含铜量上都减轻减少，盗铸者就更加起劲地铸造劣币：“旧铸百重十一两，新钱百重五两有奇，若毁旧钱千，以铅锡杂之，则可得钱二千五百，是以赣吉等州比屋私铸。”[⑧] 这种劣币给市场以极大的冲击，优质的铜钱被劣币排斥于流通领域之外了。

铜钱的滚滚外流，更是南宋铜钱日益减少的重要因素。北宋时流入契丹辽

---

① 程公许：《沧州尘缶编》卷一四《试上舍生策题》。
② 范浚：《香溪集》卷一五《议钱》。
③ 《系年要录》卷九六。
④ 李弥逊：《筠溪集》卷三《户部乞禁铜器札子》。
⑤ 《系年要录》卷九六。
⑥ 《宋史》卷一八〇《食货志下二·钱币》。原作沙尾钱，标点本校改为沙毛钱，是对的。
⑦ 《宋史》卷二四三《后妃传·哲宗孟后》。
⑧ 《系年要录》卷一八〇，绍兴二十八年九月戊寅记事。

国境内者甚多，南宋时铜钱流入女真金国统治下的北中国为数尤巨。李弥逊于绍兴七年（1137）所上的一道札子中指出："比来郡邑所输，悉入诸军，而军中非积钱之地，往往变易轻赍，以便携挈……访问多是自淮南转入伪境，以资敌国之用。"[①] 当时女真金国统治集团由于北中国铜钱极为短缺，难以适应经济恢复的需要，因而采取了许多措施吸引宋的铜钱[②]。宋孝宗乾道九年知扬州王之奇奏言上指出："闻泗州榷场广将北绢低价易银，客人以原（厚?）利，多于江浙州军贩银，从建康府界东阳过渡至真州，取小路径至盱眙军过河博易，致镇江府街市铺户茶盐客人缺银请纳盐钞茶引等"[③]。本来到绍兴末年，"缗钱之入敌境者不知其几"[④]，铜钱北流已够严重的了，而乾道年间银也继铜钱之后流向北中国了。铜钱流向海南诸国的，为数尤多，前章海外贸易中已经说过了。

上述铜钱"或聚为铜器，或边鄙渗漏，或藏于富室"[⑤]，南宋初年一些地方市场严重缺乏钱币流通，造成了所谓的"钱荒"。荆湖南北就是钱荒的所在。绍兴十一年臣僚们奏言中指出："荆湖之南，即今每斗百余钱，谷价之贱未有如此时者。今之钱荒之弊，无甚于湖南。……谷虽多，市者少，则钱日益荒而民日益困矣。"[⑥] 不仅荆湖南路如此，"湖北广西比来钱荒"[⑦]，在湖北甚至行途上终日见不到一文钱。

在铜钱日益减少，钱荒在各地方市场日益严重的情况下，南宋政府究竟采取什么样的政策来解决通货问题呢?

针对铜钱的蓄藏和销熔为铜器，南宋绍兴庆元年间实行了两次禁铜，在铸钱一章中已经作了说明。这种做法徒然引起社会的不安和骚乱，收到的效果是微不足道的，因而试图从这条路解决通货问题则是行不通的。

与此同时，南宋政府还严禁铜钱的外流。严海道之防、定两淮之禁就是南

---

① 李弥逊：《筠溪集》卷一《绍兴七年自庐陵以左司召上殿札子》。
② 乔幼梅同志《宋金贸易中争夺铜钱的斗争》一文，对此问题作了具体分析和论述，请参阅。
③ 《宋会要辑稿·食货》三八之四三。
④ 《宋史》卷一八〇《食货志下二·钱币》。
⑤ 吕祖谦：《历代制度详说》卷七《钱币》。
⑥ 《宋会要辑稿·食货》四〇之二四。
⑦ 吕祖谦：《丽泽论说集》卷九。

宋政府制止铜钱外流的重要措施①。所谓严海道之防。首先禁止一般商船去山东半岛女真统治地区进行贸易，泛海去山东者行军法②。其次，还规定了“官私铜钱不得辄入海船”，“如捕获犯人，与重置典宪”③。再次，“铜钱之禁，入海五里，尽没其资”④，自海道去北界的甚至连田舍也在没收之列。在两淮，宋代的禁令更多，“朝廷每下边郡措置”的重大事情，就有“严禁铜钱过界”⑤。对商人要严禁，对出使金国、押送岁币的使臣和士兵也都搜检，甚至对于透漏铜钱的官户，不许“引用荫赎”，“依无荫人断遣”⑥。禁令虽然这样多和这样严厉，但“沿淮冒利之徒，不畏条法，公然般盗出界，不可禁止”⑦！南宋试图用禁止铜钱外流的办法，以和缓钱荒的问题，也碰了壁。

南宋政府既不能从根本上采用正确的政策解决铜产量的问题，又不能禁止铜钱的销熔、私铸和外流，在此困窘无赖的情势之下，就只有采取纸币的办法来解决通货的问题。于是前此行于川峡一隅之地的交子，顺流而东，席卷东南半壁，成为南宋统治地区普遍行使的一种通货了。

首先应当说明，交子之向东南地区发展，有其适应东南地区交换、贸易客观要求的重要方面。早在东南地区行使会子以前，当地已经出现了便钱会子，“当时临安之民，复私置便钱会子，豪右主之”⑧。这种便钱会子出现于绍兴初年，所谓“在城寄付充（当作‘兑’）便钱会子”⑨。一些山僻小郡如徽州，“民间皆是出会子，往来兑使”⑩。因此，卫泾在论及南宋楮币之渊源所自时指出，东南楮币“虽行于乾道而使胚胎于绍兴之初”，“其后绍兴末年，因军兴

① 参阅乔幼梅《宋金贸易中争夺铜币的斗争》一文。

② 《系年要录》卷五四。

③ 《宋会要辑稿·刑法》二之一五七。

④ 袁燮：《絜斋集》卷一一《资政殿大学士赠少师楼公行状》。

⑤ 楼钥：《攻愧集》卷九一《直秘阁广东提刑徐公行状》。

⑥ 《宋会要辑稿·刑法》二之一一八。

⑦ 《宋会要辑稿·刑法》二之一五七。

⑧ 《朝野杂记》甲集卷一六《东南会子》。本段参阅了加藤繁《南宋初期的见钱关子、交子和会子》，附志于此。

⑨ 《系年要录》卷九三，绍兴五年九月乙酉记事。

⑩ 洪适：《盘洲集拾遗》《户部乞免发见钱札子》。

复置交子务，体仿民间寄附会子，印造官会”[①]。从这些记载来看，民间流行的便钱会子，主要地具有汇兑、支付的作用。比唐宋官府实行的飞钱、便钱要前进了一步，向纸币的方向发展。由此可见，东南诸路推广交子，是有其适应客观需要的一面的。而且在绍兴五年（1135）王彦安抚荆南府之日，已经“仿川钱引法造交子”[②]，行使于所辖地区，为东南广泛使用纸币奠定了一定的基础。

前引卫泾所称，东南交子之实行，“实胚胎于绍兴之初”，是有其历史根据的。早在绍兴六年，建康府都督在府主管财用张澄，即曾要求“依四川法造交子，与现缗并行”[③]。南宋政府正值财政拮据不堪之时，经张澄这么一提，便在临安府成立交子务，开始“印造和籴本钱交子”，计150万贯，行使于两浙江东西。然而，由于它没有“桩拨此钱”的准备金[④]，引起士大夫们的议论纷纷。李纲指出，四川交子“常预备本钱百万贯，用以权三百万贯交子，公私均一，流通无阻”，因此他认为，“近年不桩钱本，其法已弊，况欲行之他路哉！”[⑤] 反对没有准备金而发行交子。谏官赵霈时认为，交子有五弊，“积日累月，物重财轻，缗钱藏于私家，官库愈见匮乏”[⑥]，这些话的意思是说，交子发行之后，铜钱将从流通领域中被驱逐出去，对豪强大姓有利，对国家不利。翰林学士胡交修则以蔡京集团推行大钱所造成的“奸民盗铸，死徙相属”这一后果为戒，指出：“今之交子，较之大钱，无铜炭之费，无鼓铸镌磨锻炼之劳。一夫挟纸札，坐空舍中，日作数十百纸，鬼神莫能窥焉。偏州下邑，真赝莫辨，售之不疑，转手相付，旋以为券，抵触宪纲，破家坏产，以偿告捕，祸及无辜，势必至此。岁月之□，公私之钱，尽归藏镪之家。商贾不行，市井萧条，细民艰食，必无束手待尽之理，比及悔悟，恐无及矣！”[⑦] 所有上述议

① 卫泾：《后乐集》卷一五《知福州日上庙堂论楮币利害札子》。

② 《系年要录》卷九二，绍兴五年八月壬寅记事。

③ 《系年要录》卷九八，绍兴六年二月甲辰记事。

④ 《系年要录》卷一〇一，绍兴六年癸未记事。

⑤ 李纲：《梁豁全集》卷一〇四，《与右相罢行交子札子》。

⑥ 《系年要录》卷一〇一。

⑦ 孙觌：《鸿庆居士集》卷四二《胡交修行状》；《宋史·胡交修本传》，《系年要录》卷一〇一、《两朝圣政》卷一九，均载此疏，“岁月之□”作“久之”，故集中之空□当为“久”字。

论，都集中到没有“桩管本钱”即准备金去印行交子的做法，指出这种做法是危险的。于是，南宋政府建立交子务的打算便搁浅了。可是，到了绍兴末年，随着上述几个问题的继续发展，南宋政府铜钱愈加短缺，花上两千四五百文的本钱才能铸造铜钱1000，从而成为南宋的重负。（南宋晚年，尤为严重，据包恢《敝帚略稿》《禁铜钱申省状》所载：“今冶司一年所铸不过一十五万贯，而费近二十文之本，方成得一文之利”，铸钱耗费工本如此之大，成为政府的重负）交子务的建立，纸币的印行，便自然而然地提到日程上来了。

东南之有会子，始于绍兴三十年二月钱端礼知杭州府事任上[①]。他将由杭州豪富所操持便钱会子的权力，夺归南宋政府；并将印行的会子，许在临安府内“与铜钱并行”[②]，从而开始了东南地区的使用纸币。至翌年二月，这种仅行使于临安府城的会子被推广于东南路。“凡上供军需，并同见钱”，即东南会子与铜钱一样地被作为“上供军需”而加以征收；“悉视川钱法行之东南诸路”；会子币面值分为1000文、2000文和3000文三种；造会子的楮纸，开始由徽州供应，后改由成都，继因成都路远难致[③]，改在杭州附近赤山湖滨设立公纸局，“造纸工徒无定额，今在者一千二百人”[④]；会子务的工匠也达204人[⑤]；还拨左藏库钱10万缗作为会子的准备金[⑥]。为使会子顺利流通，严禁伪造，绍兴三十二年制定了“伪造会子”的惩处条例：“犯人处斩；赏钱一千贯；如不愿支偿，与补进义校尉；若徒中及窝藏之家，能自告首，特与免罪，亦支上件赏钱，或愿补前名目者听”。东南会子从绍兴三十一年至乾道二年七月共印造了2800余万道，而在乾道二年十一月十日前，共支过1560余万道，除在官府中循环流通者外，流入社会上的会子有980万道[⑦]。

东南会子发行之后，到宋孝宗时又加以调整，先后又在各个地区发行了地

---

① 此据加藤繁《南宋初期的见钱关子和会子》一文的考证，《中国经济史考证》第二卷，第79～80页。

② 《系年要录》卷一八七，绍兴三十年十二月乙巳朔。

③ 《系年要录》卷一八八，绍兴三十一年二月丙辰记事。

④ 潜说友：《咸淳临安志》卷九《造会纸局》。

⑤ 《咸淳临安志》卷九《会子库》。

⑥ 林駉：《新笺决科古今源流至论》续集卷四则作十二万缗和二十八万缗。

⑦ 《通考·钱币考二》。

区性的会子，供当地流通，其中是：

1. 川引□交子　在蔡京集团当权期间改为钱引，南宋继续了这个名称，因而称之为川引。南宋初从张浚帅蜀、赵开主持蜀川财政，即以川引作为“以供籴本，以供军需”之用，印数与日俱增，到绍兴末年“积至四千一百四十七万余贯，所有铁钱仅及七十万贯”；到宋孝宗淳熙五年增至4500余万贯，以至三界并用[①]。

2. 关外银会子　这是以银为本位的纸币，绍兴七年川陕安抚副使吴玠创行于河池，仅在军中行使，鱼关以及岷凤六州为该军驻地，流行于六州，“岁一易，其钱隶军中”。此后隶属于四川总计所，并在绍兴十七年在大安军印造，二年一易。乾道四年又行使于文州。共印61万余纸，折川银钱15万缗[②]。银会子数量虽少，行使地区虽限于关外一隅，但在货币史上则占有一席地位。

3. 铁钱会子　隆兴元年创始，行于兴元府、金、洋等州，币值为100、200和300三种，“迄今每二年印给二百四万缗，共折川引四十万缗”[③]。

以上关外银会子和铁钱会子两种，可以说是对川引的补充或补助，前者适应驻军的需要，后者则在社会上流通。

4. 淮交　乾道二年印行，币面值为200、300、500和1贯文四种，总计300万缗，只行使于两淮州县，故谓之淮交。以前行使的旧会子可以兑换，凡入纳买卖一律使用见钱和交子各半，在镇江府和建康府两榷货务贮存淮交和东南会子各20万贯，以便“淮人之过江、江南人之渡淮者，皆得兑换循环使用”。因两淮与金国统治地区千里边面相接，宋政府为制止铜钱的北流，先改用铁钱和会子，既又改会子为交子，于是“商贾不行，淮民以困”。由于“铁钱已散，铜钱已收”，只好允许会子和淮交并用，会子也可以渡江到两淮行使。

5. 湖会　隆兴元年，湖广饷臣提出印行五百和一贯两种币值的会子，叫做“直便会子”，以便支付襄阳、郢、复等地大军的军饷；一面“堆垛见钱”作为钱本，一面“又当见钱，流转于京西、湖北路”。“及印造之权既专，则

① 《通考·钱币考二》。
② 《朝野杂记》甲集卷一六。
③ 《朝野杂记》甲集卷一六。

印造之数日增”。由于湖会仅能在本路行使，而江陵、鄂州为“荆南水路要冲，商贾必由之地，流动之便”。如每年商客贩卖官盐，动辄数百缗，行在会子可以镇江、建康两榷货务算买茶引，而湖北会子无货可得，于是朝廷乃再印会子200万贯。以便收换旧会。虽然湖会运行流动不便，但因襄阳一带也都使用铁钱，与东南地区相接，所以湖会继续流布下去①。

从东南会子、淮交、湖会等纸币和铁钱流通的整个布局来看，南宋统治集团为保护铜钱不向北流是费尽了心机的。南宋政府不但设有禁铜之令，而且沿边和江南西路也都使用铁钱，从行政命令到经济方法，双管齐下，借以窒息铜钱的流通，以便使铜钱禁锢在南宋统治的腹心地区，并进而贮存在皇家的帑藏之中。南宋统治集团的这番用心，被女真贵族当权者集团看得一清二楚。当金国铁钱破损、人们建议提出以铜钱补偿之时，参知政事胥持国以为不可，他指出：“如江南用铜钱，江北、淮南用铁钱，盖以隔阂铜钱不令过界尔!”② 所以宋在沿边使用铁钱之时，金也在沿边使用铁钱；而当宋在沿边使用淮交、湖会之时，女真统治集团则在汴京“置局造官会，谓之交钞，拟见钱行使，而阴收铜钱悉运而北，过河即用见钱不用钞。”③ 双方针锋相对，展开了争夺铜币的斗争。

在这场斗争中，如乔幼梅同志《宋金贸易中争夺铜币的斗争》一文中所说的，女真统治集团采取了一些适应货币流通规律的政策和措施，因而取得了胜利；南宋政府采取了一些违背货币流通规律的政策和措施，虽然筑起了一道又一道的堤防，但终于被铜钱的巨流冲垮，滚滚而北，从而使南宋在遭到惨重失败的同时，商品交换也受到了不小的阻碍。在荆湖北路，由于行使铁钱继行楮币的结果，“江陵旧使铜镪，钱重楮轻，民持货入市，有终日不得一钱者”④，使这个地区贸易极感困难。在两淮，南宋政府的货币政策影响更坏。开始使用铁钱以限制铜钱的北流后，如陈造在一首诗中所描述的：“用铜防外溢，用铁乃奇画”；“持货贸官券，舍此莫食衣。钱货天下用，铁乃限南北。

① 《通考·钱币考二》；《宋史》卷一八一《食货志下三·会子》。
② 《金史》卷四八《食货志三·钱币》。
③ 范成大：《揽辔录》。
④ 《宋史》卷三九五《李大性传》。

坐令两淮民，块处断贸易，计铁取券直，十才取六七。朝贤爱淮民，此困盍矜恤！”[1] 由于私铸铁钱者众，又不得不下铁钱私铸之禁，结果是：“淮民穷到骨，忍官榷其饥？不知铁钱禁，作俑者为谁？行商断来路，清野多流离。”[2] 铜钱不但没有禁止住，而两淮等路却由于铁钱私铸之盛，使市场陷于混乱。叶适曾指出，铁钱之禁，“百姓惩创，买卖交哄，文文拣泽，或将官钱指为私钱，不肯收受……民旅持钱买物，一贯之中常退出三四百，至以米谷他物自相酬准，城市尚可，村落尤甚。”这是一方面。另一方面，“铜钱过江北，既有铁钱已易之矣，铁钱过江南亦必有铜钱易之可也”；可是，南宋政府只“为铜钱地而不为铁钱地”，结果“江北自行铁钱之后，金银官会无不高贵，富商大贾钱本隔碍”，不仅给货币流通造成困难，同时还有金银官会提价。因此，叶适提出“开民间行使之路”和“审朝廷称提之政”，解决行使铁钱而出现的这些问题[3]。采取纸币政策，同样解决不了铜钱的北流，相反的却束缚住了自己的手脚，带来许多烦难：“赀泉取其流通，今自裂而三之，东南则用行在会子，两淮则用铁钱会子，湖北会子则又异于二者，是使商旅不通，嗟怨相闻”[4]。马端临对南宋地区性的纸币的评论尤为中肯，他说：

> 会子则公私买卖支给，无往而不用，且自一贯造至二百，则是明以之代见钱矣！又况以尺楮代数千之铜，赍轻用重，千里之远，数万之缗，一夫之力，克日可到，则何必川自川、淮自淮、湖自湖而使，后来或废或用，号令反复，民听疑惑乎？[5]

贸易交换中遇到重重障碍，其中之一则是地区性纸币造成的。

南宋政府之所以推行纸币，一个极其错误的想法是，打算通过这个做法去解决财政上的困难。这从绍兴六年张澄建议设置交子务，准备“印造和籴本钱交子”这一事实，便可清清楚楚地看得出来。“一爪落网，全身被缚。”这个错误想法一旦付诸了实践、变成了现实，南宋君臣们便日益堕入纸币的深渊

① 陈造：《江湖长翁诗钞》《钱》。
② 刘过：《龙洲集》卷三《悲淮南》。
③ 叶适：《水心先生文集》卷二《淮西论铁钱五事状》。
④ 楼钥：《玫瑰集》卷九一《文华阁待制杨公行状》。
⑤ 《通考·钱币考二》。

之中，蒙受了灭顶之灾。

东南会子、淮交创行于绍兴末乾道初，宋孝宗亲自参与了这件大事。就宋孝宗其人而论，他还是力图振作，以扭转南宋偏安的局面。因此对许多问题都是慎重将事的。对纸币的印行，同样采取了这个态度。他曾向臣僚们表示："朕以会子之故，几乎十年睡不着。"① 所以对纸币的发行，是有其一定限度和节制的。如前所说，绍兴三十年到乾道二年流行于社会上的会子总计 980 万道，数量不算大。乾道三年，宋孝宗又"念其弗便，出内库银二百万两售于市，以钱易楮，焚弃之"②。淳熙年间，楮币发行的币值共为 2400 万贯，宋孝宗又令宰相叶衡用钱兑换，还曾指出："会子少则重，多则轻。"③ 经过现钱收兑，楮币在淳熙年间一贯仍可兑换七百五十文，大体上算是稳定的。可是自庆元以后，特别是由于开禧用兵，韩侂胄之流妄图从对金战争中捞取某些政治资本，大量发行纸币作为军事费用，自此以后，楮币就如决堤的洪水一样，泛滥于东南各地。试看下表楮币发行的状况：④

年　代	纸币发行量及指数		材料来源
宋高宗绍兴三十一年至宋孝宗乾道四年（1161～1168）	10000000 贯⑤（自 3000000 贯增至 7000000 贯）	100	王迈《臞轩集》卷一《乙未馆职策》；《宋史·食货志下三·会子》
宋孝宗乾道淳熙年间（1165～1189）	20000000 贯	200	吴泳《鹤林集》卷一五《乾淳讲论会子》；戴埴《鼠璞》《楮币源流》
宋孝宗淳熙年间（1174～1189）	24000000 贯	240	《宋史》卷四三二《王迈传》

① 洪迈：《容斋三笔》卷一四。

② 《容斋三笔》卷一四。

③ 载埴：《鼠璞》《楮币源流》。

④ 本表参阅了全汉升《宋末的通货膨胀及其对于物价的影响》，载《历史语言研究所集刊》第 10 本。

⑤ 卫泾：《后乐集》卷一五《知福州日上庙堂论楮币利害札子》云：自三百万、七百万贯增至一千万贯。

续表

年　代	纸币发行量及指数		材料来源
宋宁宗开禧年间（1205～1207）	140000000 贯	1400	王迈《臞轩集》卷一；卫泾《后乐集》卷一五《知福州日上庙堂论楮币利害札子》
宋宁宗嘉定年间（1208～1224）	230000000 贯	2300	戴植《鼠璞》《楮币源流》
宋理宗绍定五年（1232）	229000000 贯	2290	《宋史·食货志下三·会子》
宋理宗绍定六年（1233）	320000000 贯	3200	《鼠璞》《楮币源流》
宋理宗嘉熙四年（1240）	500000000 贯	5000	袁甫《蒙斋集》卷七《论会子札子》
宋理宗淳祐六年（1246）	650000000 贯	6500	孙梦观《雪窗先生文集》卷一《丙午轮对第二札子》
宋理宗景定四年（1263）	日增印 150000 贯		《宋史·食货志下三·会子》

据卫泾、张端义的记载，楮币开始印行时，是 300 万贯，稍后即增至 600 万、700 万贯①。如果以 300 万贯为基数，增长指数还要大得多。即使以 1000 万贯为基数，自此以后其增长指数从 200 即扶摇而上，到宋理宗淳祐六年达 6500，亦即猛增了 65 倍，为数 6.5 亿贯！

楮币自从在东南地区发行以来，一直成为朝廷上下纷纷议论的重大课题。君臣们面对着楮币的不断增长，以及由此而引起的楮币的一再贬值，忧心忡忡，不得安宁！在楮币开始增加印行量的时候，宋孝宗就曾说过："会子少则重，多则轻"；"民间甚贵重楮，不可使散出过多"；"恐二三年后壅并，必不通快！"② 随着楮币的日增和贬值，士大夫呶呶议论，惶惶不安。真德秀指出："朝廷以楮币过多，拆阅日甚。"③ 王迈则说："〔楮币〕沿流至于今日，数，

① 卫泾：《后乐集》卷一五《知福州日上庙堂论楮币利害札子》；张端义：《贵耳集》卷上。

② 吴泳：《鹤林集》卷一五《乾淳讲论会子五事》。

③ 真德秀：《真文忠公文集》卷二《辛未十二月上殿奏札三》。

日以夥，用，日以轻，变之欲其通而行者愈滞，令之欲以信而听者终疑！”①徐鹿卿说：“夫楮之所以轻者，以其多也”，“必欲以一换一（指以一新币换一旧币）”，“则猥多之数略无减损，不过易旧为新，改换界分而已！”② 杜范指出：“自边烽未撤，楮券印造之数，不啻数十倍”，“只欲压以威力，而强贵重之”，“则人惟有惧罪而不敢用，则楮为充物矣”；“欲增重会价，必使省印增，然后可免拆阅”③。东南会子因出笼过多而日益“拆阅”，四川的交引也同样是如此。自宝祐二年（1254）川引更印银会，“以一当百，一时权以济用，将以重楮”，而“蜀楮之弊极矣！”④

事实确如南宋朝野上下所议论的那样，楮币量与楮币值之间的变化是以反比例进行着的，即：楮币发行的数量越向上发展，楮币的币值就越向下跌落。两者之间的辩证关系就是这样的。楮币币值的跌落情况，可以从下表中看得出来：

年　代	楮币币值的变化		材料来源
宋孝宗乾道四年（1168）	1 贯:770 文	100	卫泾：《后乐集》卷一五《知福州日上庙堂论楮币利害札子》
宋孝宗淳熙一二年（1185）	1 贯:750 文	97.4	洪迈：《容斋三笔》卷一四
宋光宗绍熙二年（1191）	1 贯:500 文	65	彭龟年《止堂集》卷一《论雷雪之异为阴盛侵阳之证疏》(绍熙二年)
宋宁宗庆元元年（1195）	1 贯:620 文	80	洪迈：《容斋三笔》卷一四
宋宁宗嘉泰初年（1201）	1 贯:600 ~ 750 文	78 ~ 97	《朝野杂记》卷一六《东南会子》
宋宁宗嘉定初年（1208）	1 贯:顿损其半	50	戴埴：《鼠璞》《楮币源流》

① 王迈：《臞轩集》卷一《乙未馆职策》。
② 徐鹿卿：《清正存稿》卷五《论待虏救楮二上枢密院（第二札）》。
③ 杜范：《杜清献公集》卷九《嘉熙四年被召入见第二札》；卷八《殿院奏事第一札》。
④ 李曾伯：《可斋续稿·后》卷三。

续表

年　代	楮币币值的变化		材料来源
宋宁宗嘉定初年（1208）	1贯:600～700文	78～91	《鼠璞》《楮币源流》
宋宁宗嘉定四年（1211）	2旧卷=1新卷	50	《真文忠公文集》卷二
宋宁宗嘉定八年（1215）	1贯:620文	80	《后乐集》卷一五
宋理宗端平元年（1234）	1贯:429文	56	《许国公奏议》卷一
宋理宗端平三年（1236）	1贯:240文足	31	《清正存稿》卷五
宋理宗嘉熙四年（1240）	十七界会子五道=十八界一道	20	吴泳:《鹤林集》卷二四;《知温州丐祠申省状》第二状《宋季三朝政要》卷二
宋理宗淳祐一二年（1252）	川引1贯:150文	19.5	李曾伯:《可斋续稿·后》卷三《乞贴科四川制宪司秋籴本钱》
	广西1贯:200～210文	26	《可斋续稿·后》卷九《回奏庚迁宣谕》
	绍定二年楮价四倍于今	13.4	高斯得:《耻堂存稿》卷一《直前奏事》（淳祐十二年七月）
宋理宗景定四年（1263）	1贯:250文	35	《越中金石记》卷七《嵊县尹余公遗爱碑》
宋度宗咸淳三四年间（1266～1267）	75文旧会:4文足钱	5.32	黄震:《黄氏日抄》卷七一,《申乞添人户卖盐货蒲草价钱状》

从上面举述的不够完备的材料中，可以看出南宋楮币由于发行量一再激增而引起的币值的不断下降跌落。如果以初印行时币值为100，则以后从90、80、70下跌至60、50，又自此下降为31、26、20、19.5、13.4。咸淳四年，南宋政府还妄想使十八界会子每贯维持257文足①，但是政府的威信扫地无余，根本

① 《宋史》卷一八一《食货志下三·会子》。

无法办到了。因而南宋末年的20贯楮币相当于宋孝宗时的1贯[①]，跌至5%～5.32%，楮币贬值达到这样严重的地步。

正因为楮币之日益贬值，在人们的心目中它的地位也日益下降，所谓“楮币轻如毛”[②]，“楮贱如粪土，而造未已”[③]，“以一易二，民始疑楮，三界并行，民始贱楮；通国无策，而亡形具于期时矣！”[④]“市井视之，粪土不如，朝廷宝货，自轻太甚。”[⑤]“朝廷给会子数多，至是拆阅日甚，朝论颇严称提，民愈不售，郡县科配，民皆闭门牢避，行旅持券有终日不获一钱一物者。”[⑥]“远近之人，赍持旧券，徬徨四顾，无所用之，弃掷燔烧，不复爱惜。”[⑦]“豪家大姓，至有聚楮而焚于通衢者。”[⑧]“闽中自更币后”，“编民贸易小不如法，辄坐鲸隶没入，由是畏楮如毒虺，得之者唯恐去不速也。”[⑨]楮币是这样的轻贱，完全丧失了通货的职能了。

正当楮币猛增、楮值狂跌、封建士大夫们异口同声地叫喊“称提无策”，无法稳定币值和物价的情况下，贾似道却又悍然不顾一切地进行纸币的变更。景定五年（1264），贾似道让“造金银见钱关子，以一准十八界会之三，出奉宸库珍货收弊楮，废十七界不用。其关子之制，上黑印如‘西’字，中红印三相连如‘目’字，下两旁各一小黑印，宛然一贾字也。”[⑩]利用宋理宗之死和宋度宗继位的空隙，贾似道竟矫诏废除旧会，以便金银现钱关子的早日出笼。可是这个“贾”记关子一出笼，事情就更加不妙了。“诸行百市，物价涌贵”[⑪]，“关子不便于民，匪但川蜀荆襄为然，吴越闽广俱不便

① 方回：《桐江集》卷六，《乙亥前上书本末》。
② 李昴英：《文溪集》卷七，《淳祐丙午十月朔奏札》，粤十三家集本。
③ 刘克庄：《后村先生大全集》卷五一《备对札子》（端平元年九月）。
④ 《后村先生大全集》卷五一，《转对札子》（端平二年七月十一日）。
⑤ 《可斋续稿·后》卷三《救蜀楮密奏》。
⑥ 《宋史》卷四一五，《黄畴若传》。
⑦ 真德秀：《真文忠公文集》卷二《辛未十二月上殿奏札》。
⑧ 吴泳：《鹤林集》卷二一《缴薛极赠官词头》。
⑨ 《真文忠公文集》卷四《李谌墓志铭》。
⑩ 《宋季三朝政要》卷三；《宋史》卷四七四，《贾似道传》。
⑪ 吴自牧：《梦粱录》卷一三。

也。”[1] 到了这个时候，“十八界二百不足贸一草履”[2]！“楮币蚀其心腹，大敌剥其四支”[3]，这两句话，把南宋末年内政边防上两大要害问题，给以勾勒、揭示得极其清楚，从而使人们了解到南宋政府的纸币政策产生什么样的影响了。

第四节 两宋物价变动的状况

只要有商品、货币的流通，商品的价格亦即物价就会随着生产、商品流通的各种状况而产生波动，从而显现了物价的高低轻重。而物价的高低轻重，反转过来也显现了各个时期生产等方面的状况。因此，这里打算将米、绢和金银价格波动的状况，制成以下三表，借以考察两宋300年物价变动的趋势，由此说明这个变动同生产、政府政策的关系。下面的第一表，是粮价表[4]：

年 代	地 区	粮（斗）价格增长指数		材料来源
宋真宗景德四年（1007）	淮、蔡	麦10文 米20文	100 100	《长编》卷六六
宋真宗大中祥符（1008）	襄、许、荆南、夔、峡	麦12文 米30文	120 150	《长编》卷六九
	江淮、两浙、荆湖、福建、广南、河北、河东、京东西	米70～80文	350～400	《长编》卷七〇
宋仁宗天圣四年（1026）	荆湖、江淮	米70～100文	350～500	《宋会要辑稿·食货》四二之一一
宋仁宗庆历三年（1043）	江东、两浙	米70～100文足	350～500	《范文正公政府奏议》卷上《答手诏条陈十事》

① 区仕衡：《九峰先生集》卷一，《奏宰臣矫诏行私朋奸害政疏》。

② 方回：《桐江集》卷六，《乙亥上书本末》。

③ 《宋史》卷四〇五，《袁甫传》。

④ 本表参阅了全汉昇《北宋物价变动》《南宋初年物价的大变动》等文，载历史语言研究所集本第11本。

续表

年　代	地　区	粮（斗）价格	增长指数	材料来源
宋仁宗皇祐元年（1049）	陈州	麦50文	500	《包拯集》
宋仁宗皇祐二年（1050）	两浙	米120文足	600	《能改斋漫录》卷二
宋仁宗皇祐四年（1052）	江东诸州	米120～230文足	600～1150	《直讲李先生文集》卷二八《寄上孙安抚书》
宋神宗熙宁八年（1075）	苏州	米50～80文	250～400	《长编》卷二六七
宋神宗元丰二年（1079）	黄州	米20文	100	《经进苏东坡文集事略》卷四五《答秦太虚书》
宋神宗元丰七年（1084）	京西路	麦30文	300	《长编》卷三四八
宋哲宗元祐四年（1089）	两浙	米80～90文	400～450	《长编》卷四五一
宋哲宗元符二年（1099）	永兴军路渭州	米麦自百钱增至三百文	3000	《长编》卷五一二
宋徽宗政和元年（1111）	京西路	麦112～120文	1120～1200	《宋会要辑稿·食货》七〇之二二
宋高宗绍兴元年（1131）	两浙	米1200～600文	6000～3000	《宋会要辑稿·食货》四〇之一三至一四
宋高宗绍兴八年（1138）	浙西	米300文足	1500	《宋会要辑稿·食货》四〇之二三
宋高宗绍兴十一年（1141）	荆湖南路	米100文	500	《宋会要辑稿·食货》四〇之二四
宋孝宗乾道六年（1170）		米300文	1500	《宋会要辑稿·食货》四〇之四九

续表

年　代	地　区	粮（斗）价格增长指数		材料来源
宋光宗绍熙五年（1195）	常、润、扬、楚、盱眙军	米400文	2000	《止堂集》卷五《论淮浙旱潦乞米通商仍免总领司籴买奏》
宋宁宗嘉定年间（1208～1224）	东南诸路	米500文	2500	《愧郯录》卷一五，“米十百倍蓰于熙宁”
宋理宗嘉熙四年（1240）	东南诸路	米3400文	17000	《许国公奏议》卷三《经筵奏论救楮之策所关系者莫重于公私之籴》

本表主要地是以江南两浙地区的米价情况而制成的。数字虽不算多，但大体上反映了两宋300年粮价变动的趋势。表中所示，从北宋初年到宋仁宗年间，物价是从低向高发展的，物价指数由宋初的100上升到1150，即增至15倍。到宋神宗年间，物价有所下降，但此后到宋徽宗，又由低增高，麦和米的指数分别增至1200和1500，亦即增至12倍和15倍。到南宋以后，物价步步升高，特别是自楮币泛滥成灾之后，指数从2500激增至17000，即从25倍增至170倍！南宋末年即使没有物价数字记录，也可想见其一斑了。

下面再从绢价变动的状况进行考察①：

年　代	地　区	绢（匹）价及增长指数		材料来源
宋太宗太平兴国二年（977）	江南西路	绢1000（旧） 1300（今）		《长编》卷一八
宋太宗太平兴国五年（980）	江浙、荆湖岭南②	绢1000文	100	《宋会要辑稿·刑法》三之二

① 本表参阅了全汉昇《北宋物价的变动》《南宋初年物价大变动》等文而制成。

② 按《长编》卷一八、太平兴国二年六月巳未记事云：绢上等旧一匹一千，今请估一千三百，到五年重改为一千文。附志于此。

续表

年代	地区	绢（匹）价及增长指数		材料来源
宋真宗大中祥符九年（1016）	青、齐	绢800文 绸600文	80 100	《长编》卷八六
宋仁宗庆历六年（1046）	梓州	绢3000文 䌷3000文	300 500	《长编》卷一五八
宋仁宗嘉祐年间（1060年前后）	冀州	绢1300文 绵（两）76文	130	《宋史》卷三四〇《刘挚传》
宋神宗熙丰年间（1068～1085）	两浙	绢1200～1300文	120 130	《郧溪集》卷一二《乞罢两浙增加和买状》
	四川	绢1贯400文 䌷1贯500文	140 150	《净德集》卷一《奏乞放免宽剩钱》
宋哲宗元祐四年（1089）	两浙	绢1000文	100	《长编》卷四三二
宋哲宗元符年间（1098～1100）	诸路	绢1300文	130	《宋会要辑稿·刑法》三之四
宋徽宗建中靖国元年（1101）	无为军	绢1贯400文 䌷1贯150文	140 150	《长编拾补》卷一八
宋徽宗崇宁二年（1103）	常州	绢1000文以上	100	《宋会要辑稿·食货》二之六
宋徽宗大观年间（1107～1110）	诸路	绢2000文	200	《宋会要辑稿·刑法》三之四
宋高宗绍兴元年（1131）	东南诸路	绢2000文	200	《系年要录》卷四六
宋高宗绍兴二年（1132）	江南西路	绢5000文足	500	《宋会要辑稿·食货》九
宋高宗绍兴四年（1134）	江南西路	绢8500～10000文	850～1000	《宋会要辑稿·食货》六四之三〇
守高宗绍兴八年（1138）	常州	绢8400文	840	《宋会要辑稿·食货》二六之二五
宋年宗绍兴二六年（1156）	江南诸州	绢4000～5000文	400～500	《系年要录》卷一七一；《宋会要辑稿·食货》一〇之五。

续表

年代	地区	绢（匹）价及增长指数		材料来源
宋年宗绍兴二六年（1156）	临安	绢 5500 文	550	《系年要录》卷一七四
宋高宗绍兴年间（1131～1162）		绢 6000～7000 文足	600～700	《默堂先生文集》卷一九《与李子家简》
宋光宗绍熙年间（1190～1195）	南康军	绢 3000 文	300	《晦庵先生朱文公文集》卷二〇《乞听从民便送纳钱绢札子》
		米粟布帛之直三倍于旧绢 4000 文	300	《水心别集》卷二《民事》中
宋宁宗嘉定一三年（1220）			400	《宋会要辑稿·食货》六八之二四

上表同样说明了如下一个事实，即：从北宋初年到宋仁宗年间，绢价是从低到高增长着的，自宋太宗太平兴国年间的绢 1000 文增至 3000 文指数自 100 增至 300，即增加了两倍。宋神宗年间绢价下落，到宋徽宗年间又从低到高，即从一千二三百文增至 2000 文，比北宋初增加了 1 倍。南宋高宗年间，绢价波动得特别剧烈，绢价高到 1 万，是北宋的 10 倍。此后在宋孝宗、宁宗年间，一般维持在 5000 上下，也是北宋的 5 倍。而自南宋中叶楮币贬值之后，绢价也同其他物价一样，大幅度地增长起来了。

最后再从金、银价格变动情况进行考察①，先说金价。

年代	金（两）价及增长指数		材料来源
宋太宗太平兴国（976）前	10000 文		《长编》卷一八
宋太宗太平兴国二年（977）	8000 文	100	《长编》卷一八
宋真宗咸平中（998～1003）	5000 文	62.5	《长编》卷八五
宋真宗大中祥符八年（1015）	10000 文	125	《长编》卷八五

① 下表参阅了加藤繁《唐宋时代金银之研究》第七章《唐宋时代之金银价格》所述制成。

续表

年　代	金（两）价及增长指数		材料来源
宋徽宗初年（1101）	10000 文	125	《珩璜新论》卷二
宋钦宗建康元年（1126）	20000 文	250	《三朝北盟会编》卷三二
	35000 文	437.5	《靖康纪闻》
	32000 文	400	《靖康纪闻》
又	30000 文	375	《靖炎两朝闻见录》卷上
宋高宗绍兴四年（1134）	30000 文	375	《金陀续编》卷五
宋宁宗嘉定二年（1209）	40000 文	500	《宋史·食货志下三·会子》

其次，再看银价变动的情况：

年　代	银（两）价及其增长指数		材料来源
宋真宗咸平中（998～1003）	800 文	100	《长编》卷八五
	900～1200 文 1200 文	112.5～150 150	《长编》卷一五八
宋真宗景德四年（1107）	1000 文（河东路）	160 125	《长编》卷六五
宋真宗大中祥符八年（1015）	1600 文	200	《长编》卷八五
宋仁宗康定元年（1040）	2000 文	250	《宋史·食货志下五·盐》
宋仁宗庆历六年（1046）	3000 文	375	《长编》卷一八五
宋神宗熙丰年间（1068～1085）	1400～1500 文	175 187.5	《净德集》卷一《乞放免宽剩役钱状》
	1600 文（川峡路）	200	《净德集》卷一《奏县置场买茶旋行出卖远方不便状》

续表

年　代	银（两）价及其增长指数		材料来源
宋钦宗靖康元年（1126）	1500 文	187.5	《三朝北盟会编》三二
	2200 文	275	《靖康纪闻》
	2300 文	287.5	《靖炎两朝闻见录》卷上①
宋钦宗靖康二年	2500 文	312.5	《靖康纪闻》《靖炎两朝闻见录》卷上②
宋高宗绍兴四年（1134）	2300 文	287.5	《金陀续编》卷五
宋高宗绍兴三十年（1160）	3000～4000 文	375 500	《系年要录》卷一八六
宋孝宗隆兴二年（1164）	3000 文（市直） 3300 文（官估）	375 412.5	《宋会要辑稿·食货》二七之九
宋孝宗淳熙二年（1175）	2363 文（桂阳军）	295.3	《止斋文集》卷一九《桂阳军画一状》
宋孝宗淳熙十年（1183）	3050（两广）	381.2	《宋会要辑稿·食货》二八之二二
宋宁宗嘉泰二年（1202）	3000 文（民间） 3300 文（官估）	375 412.5	《朝野杂记》甲集卷一六《金银坑冶》
宋理宗宝庆年间（1225～1227）	3300 文	412.5	《宝庆四明志》卷六《叙赋下》
宋理宗绍定元年（1228）	3300 文	412.5	《宋史·食货志下·会计》
宋理宗淳祐十二年（1252）	3500 文（广南东路）	437.5	《鹤林集》卷二二《宽民五事状》③

从以上金、银价格变动情况看，它同粮、绢价的变动大体一样，即从北宋初到宋仁宗表现为由低到高，再从宋神宗到宋徽宗时由低向高，以及南宋不断增

① 参用全汉昇《北宋物价的变动》一文所载。

② 参用全汉昇《北宋物价的变动》一文所载。

③ 银价表参用了全汉昇《北宋物价的变动》，加藤繁《唐宋金银之研究》《南宋时代银的流通以及银和会子的关系》等文所载。

高，经历了这样一个过程。金、银价格增长的指数分别为 500 和 412.5，即增至 5 倍和 4 倍多。

除上述粮、绢、金、银之外，其他百物也都是经历了如上的过程。这个过程，随着南宋中叶楮币的泛滥成灾，更加严重起来。物价成为脱缰之马，“称提无策”，任何一个有才干的人物，也无法解决这个问题。“若要百物贱，须是真直院”，南宋中叶不少士大夫把稳定物价的希望寄托在真德秀的身上。可是，当着这位真直院登上朝廷，也只能像朱熹那样，让皇帝从正心诚意入手，提不出任何实质性的改革意见。于是人们从希望转向失望；——“及至唤得来，搅作一镬面”，也只能够稀里糊涂的混日子了①。物价成为南宋政府无法解决的又一重大问题。

楮币的膨胀和贬值，当然是南宋物价上涨的重要因素。但，从两宋物价不断上升的情况看，还有其他更为复杂和更为重要的原因。如果把前面叙述过的物价、地租和地价等所有变动汇集起来作一总的考察，就会看出这样一个事实，即：从北宋初到宋仁宗时土地兼并日趋剧烈、在形成为土地兼并第一个浪潮的情况下，地价、地租、政府赋税和物价都是随之猛增的；在宋神宗到宋徽宗土地兼并更加剧烈，从而在形成土地兼并第二个浪潮的情况下，地租、政府赋税和物价也就“更上一层楼”，更加腾涌起来；到南宋随着土地兼并之不断加剧，地租、政府赋税、地价和物价亦随之达到顶峰。从这种情况来看，两宋物价的变动，与地租、地价和政府赋税的增长，显然是互为因果，密切相关的，而地租、政府赋税、地价和物价的变动，显然是来源于土地兼并。这一点是要进一步加以研究的。

第五节　第二十九章结论

从上述两宋货币的流通中，有下面几个问题是值得注意的。其一是，为什么在流通过程中，大量铜币沉淀下来，并转化为铜器等许多器物呢？其二是，为什么国家铸币质量降低（如改用铁钱，或铸造为当十铜钱等等）之后，私铸成风、不可制止呢？其三是，货币同物价的关系是什么，决定物价的最根本

① 张端义：《贵耳集》卷下，又周密《癸辛杂识》前集所记也略同。

因素是什么呢？这是在本章结论中要提出和说明的问题。

货币之转化为器物，或者又从器物转化为货币，这种现象在货币发展史上并不是少见的。一般地说来，在太平年间，货币往往向器物方面转化；而在战乱时代，器物又往往转化为货币。马克思早就指出这个问题，他虽然是针对金、银来说的，但从我国古代情况看，对铜币也是适用的。金属货币之所以会发生这种奇特的现象，正好表明它自身具有的这种特性。金属货币之所以能够权衡百物，乃是因为铸币本身具有相应的价值即它的含金量，而这种含金量的大小，便是用来衡量社会劳动的价值尺度。如果这个金属货币是一枚铜币，当它所包含的含铜量，即它的币值超过当时它所代表的社会平均劳动量的价值之时，盗铸者敏锐地看到了这个差额，认为有利可图的机会来了，于是他们便把铜币熔化，改铸成为各种铜器去牟利了。

在大量铜钱转化为铜器的情况下，铜钱的流通量减少了，而市场流通所需要铜钱的数量不能得到满足，于是便发生了所谓“钱荒”的问题。封建国家为解决“钱荒”，特别是针对熔铸国家铜币为器物的行为，除采取必要的法律措施之外，在铸造新铜币的时候，往往改变铸币的成分（在宋代则谓之“料例”）和分量，多掺杂上铅锡，少用一点铜，以及减轻每个铜钱的重量。从北宋到南宋，铸币的“料例”几次变动便说明了这个问题。当然，“料例”的变动还可以从铜产量的减少这个因素去加以解释。但，重要的是，这种变动在使含铜量减少，实际上减低铜钱的币面值，使盗铸者无利可图，不再销熔铜钱了。

如果，铸币的“料例”变动得恰到好处，即币值与其所代表的社会平均劳动量的价值相契合，是可以解决盗铸问题，有利于货币的流通、商品的交换的。可是，封建国家往往又想通过货币的铸造去解决它的财政困难，由此吸收更多的物资，这就往往导致其货币政策走上歧途。先之于宋仁宗、后之于宋徽宗时候纷纷出笼的当十铜钱、当十大铁钱等等，便是宋封建国家货币政策在这方面表现出来的典型事例。这些货币的含铜量，大大低于它的币面值十文，而宋统治者妄图用这种办法掠取更多的物资。但，这类货币政策的设计者们却没有想到，这给盗铸者提供了又一次发财的机会。销熔国家的小铜钱或者铜器，去铸造当十大铜钱或大铁钱，能够获取更多的利润，于是私铸的劣质货币不只是应运而生，而且是无法控制了。当着这种私铸的劣质货币，如北宋末年的“沙钱”或“沙毛钱”充斥到市场上的时候，原来流通的政府铸造的质量好的小铜钱，在劣币驱逐良币规律的作用下，更加退出了流通领域，被商业资本高利贷资本当作“不动尊”而蓄藏起来了。采用货币贬值，使铜币含铜量减少，甚至用铁钱代替铜钱，这是宋仁宗、宋徽宗时候特别是宋徽宗时候通货陷于混乱状态的决定性原因。

金属货币尤其是铜币含铜量的多少与铜币面值不相吻合而出现的上面两个问题，在我国封建社会长期发展过程中，总是反反复复、一次又一次地表现出来。这两个问题在北宋都没有得到解决，又都遗留给南宋。南宋既面临包括铜产量在内的各种金属产量大幅度下降的困难，又面临铜钱短拙、劣质货币充斥市场的问题，在此情况下，南宋政府采用了以楮币为主、铁钱为辅的货币政策。南宋政府满以为采取这种政策，便可以制止铜钱的外流，吸收大量的铜钱，但结果却使铜钱更进一步地排除在流通领域之外，加速度地流向女真金国统治地区和海外诸国流出，以至物价飞涨。为什么会造成这样一个恶果呢？大家知道，楮币虽然是由宋封建国家的法律规定的，但它的币面值表示了它所代表的那种金属货币的含金量。例如一贯行在会子表示了一贯铜钱的含铜量的价值。如果要使这种楮币享有很高的威信，就必须有相应的铜钱或金银作为准备金。宋代士大夫们所提出的“子母相权”，就包含了这层意思。可是，在实际上，南宋的楮币不是没有准备金，就是准备金甚少，很难以维持它的威信：“钱荒楮涌，子母不足以相权。不能行楮者，由钱不能权之也。”①“所以称提，由权衡之于物也。权与物均而生衡，言权与物齐，而衡所以平。今会犹权，钱犹物也，既会多而钱少，是权重而物轻。势已至此，何术称提而使之平乎？”②其次，楮币的发行也要有一定的限制，如果任意滥发，即使有一定数量的准备金，也由于印刷量、发行量过大，使其表示的含金量越来越少，必然要贬值。结果是，楮币出笼越多，市场上流通的铜钱就越少：所谓“会子日增，见钱

① 《宋史》卷四三〇，《李燔传》。

② 卫泾：《后乐集》卷一五，《答提刑程少卿》。

日削"①，"楮不行而钱币竭"②，这是势所必至的。由于以上两个因素，铜钱太少，准备金不足，而楮币发行量过大，南宋政府靠印行楮币过日子，这就无怪乎南宋物价如脱缰之马，真直院、贾平章虽有忠奸之别，但都不能收拾这样的局面了。

宋代物价的上涨同宋政府的货币政策有密切关系，但还不能说宋代的货币政策，或者说宋代货币的流通，是物价低昂的唯一因素，也不能说是决定的因素。

我国自战国时代进入封建制社会后，随着商品交换的发展和货币流通的日益广泛，便引起人们的兴趣，去探索物价同货币流通的关系。《管子·轻重篇》第八《山国轨》一文，最先提出了这个问题，它认为："币重而万物轻，币轻而万物重"，因而形成了货币学说史上的轻重学派。这个学说对后世有不小的影响，全汉昇先生曾经指出，汉代贾谊、唐代陆贽以及北宋李觏，一脉相承，都持有类似的认识和见解。货币如何才算轻，又如何才算重，它的标准是什么？这一学说认为，货币多了就轻，少了就重。换句话说，货币多了物品就重，货币少了物品就轻。李觏非常明确地回答了这个问题："大抵钱多则轻，轻则物重；钱少则重，重则物轻。物重则用或阙，物轻则货或滞，一重一轻，利病存乎民矣。至以国计论之，莫若多之为贵。"③轻重学说，就其对货币与物价关系的初步探讨来说，在货币学说发展史上无疑地应当占有一页，但就这个学说的本身来说，不够科学、不够正确，也显然是无可置疑的。

商品价格与货币、货币流通显然有着极其密切的关系。但轻重学说之所以不够科学不够正确，就在于它没有正确说明这两者的关系。它的不正确主要表现在两个方面，一是提法过于笼统，二是把货币流通量作为商品价格的决定因素。是否货币多了就轻，物价就贵？事实并不如此。宋仁宗时候铜铁钱比宋神宗时候要少得多（不论从铸造、从流通来看都是如此），而物价却上涨。反之，宋神宗熙宁年间铜铁钱比宋仁宗时候要多得多，物价反倒下降。可见钱多

---

① 卫泾：《后乐集》卷一五，《知福州日上庙堂论楮币利害札子》。

② 李昴英：《文溪集》卷九，《宝祐甲寅宗正卿上殿》。

③ 《直讲李先生文集》卷一六《富国策第八》。

就轻，钱轻则物价贵，缺乏这样一个必然的因果关系。实际上，物价上涨总是由钱币贬值引起的。如王莽时以含铜量少的铜钱代替含铜量多的铜钱，以劣质货币代替优质货币，钱币贬值从而引起王莽末年的物价高涨。宋仁宗时候铸造当十钱、宋徽宗既铸造当十钱又铸造夹锡钱，从而在引起私铸的同时引起了物价的上涨。因此，马克思总结货币发展史中的这一问题时指出："商品价格，只有在货币价值不变、商品价值提高时，或在商品价值不变、货币价值降低时，才会普遍提高。反之，商品价格，只有在货币价值不变、商品价值降低时，或在商品价值不变、货币价值提高时，才会普遍降低。由此决不能得出结论说，货币价值提高，商品价格必定相应降低，货币价值降低，商品价格必定相应提高。"①

其次，货币的流通量也决定不了商品的价格。物价是围绕商品价值波动的，是由商品中所含劳动量的多少决定的。因而归根结底，要想了解物价，还需要从社会生产中去探讨和说明。叶适比较两宋物价变动趋势时指出："夫吴越之地，自钱氏时，独不被兵"，"故以十五州之众，当今天下之半，计其地不足以居其半，而米粟布帛之直三倍于旧，鸡豚菜茹樵薪之鬻五倍于旧，田宅之价十倍于旧，其便利上腴争取而不置者数十百倍于旧。"② 叶水心所说的吴越之地，即宋代的两浙，这是宋代商品经济最发达的地区，因而他的这段论述就具有更多的代表性。从上面的论述中，两浙物价上涨得最凶的是田宅之价，尤其是"便利上腴"涨得特别厉害。这就说明了一个极其重要的事实，在叶水心的时代，土地兼并进行得极其炽烈，包括地价在内的各种物价也上涨得最为严重。这样，物价的涨落就同土地兼并绾连在一起了。重要的是，叶水心所指出的，不限于南宋，在北宋仁宗、徽宗两朝土地兼并之时，也是物价上涨剧烈之时。这就进一步指明了，土地兼并与物价的关系。

为什么在土地兼并猛烈的时期，物价涨得最凶呢？似乎有如下两种情况值得注意。一是，土地兼并猛烈进行的时期，农业生产往往受到不小的影响，以至表现了某种程度的萎缩，从而使各种农副产品产量下降，引起了物价的上

① 《马克思恩格斯全集》第23卷，第117页。

② 叶适：《水心别集》卷二《民事中》。

涨。从这种情况来看，宋代物价涨落取决于农业生产上。另一种情况是，当着土地兼并猛烈进行的时候，不但生产呈现某种萎缩，国家田赋征收也因而减少，财政发生了困难。为解决这种困难，封建国家便采取了前面所说的那些货币政策。而那些货币政策，特别是南宋的楮币政策，既不能解决财政上的任何困难，反转过来，制造了货币贬值，从而使在生产萎缩基础上出现的物价波动，更加剧烈起来，物价更加上涨了。南宋物价波动之所以较北宋更加严重，乃是上述两种情况紧密结合在一起的结果。

第三十章　宋代的商业资本和高利贷资本

第一节　货币的集中和贮藏　商业资本和高利贷资本的形成

伴随着东晋南朝、唐中叶城市经济和商业的发展，虽然还有某些士大夫激于道德上的义愤，继鲁褒《钱神论》之后，对“钱”这个怪物进行挞伐，但是，到了宋代这个时候，“钱”已经作为一种新兴的经济力量，在社会上活跃起来了，人们对它的看法也已经大大地改观了。

首先，在某些人的心目中，“钱”具有强大的力量，连诗人的笔触也不得不承认：“有钱可使鬼，无钱鬼揶揄”[①]。正因为是这样，它也就博得了人们的青睐，所谓“钱之为钱，人所共爱”[②]。不但世俗的人们，就连出家的和尚道士也赤裸裸地、毫不掩饰地喧嚷：“钱如蜜，一滴也甜！”[③] 而且还伸出贪婪之手，向人们乞求。货币既有这样大的威力又是这样的“甜”，某些人便不顾一切地你攘我夺：“骨肉亲知以之而构怨稔衅，公卿大夫以之而败名丧节，劳商远贾以之而捐躯殒命，市井交易以之而斗殴戮辱。”在“乍来乍去，倏贫倏富”[④] 的大开大阖、大起大落的情况下，货币的力量即使人们怵目惊心，又使人们茫茫然而无可奈何。商业资本和高利贷资本就是在这样的历史过程之中形

① 陈与义：《增广笺注简斋诗集》卷三，《书怀示友》。
② 李之彦：《东谷随笔》。
③ 释惠洪：《冷斋夜话》。
④ 《东谷随笔》。

成和发展起来的。

自我国古代行使货币以来，就出现了货币集中于少数人的现象。这个现象，可以从货币的贮藏方面得到说明。货币的一个重要职能，即是可以贮藏。贮藏的货币，不限于铜钱，还有大量的金银。货币贮藏，历代有之，就宋代来说，早在其统一之前即已存在。《江南余载》记载：徐铉“在徐州治官舍，得宿藏钱数百千，铉耻而不取，乃复瘗之。”① 官舍中的铜钱，大约是由官员们贮藏起来的。而更多的材料则说明了，大量的金、银、铜钱是由豪绅巨室窖藏蓄贮的。如广陵仓官吴廷瑫为其弟向一富室求婚，这家“室中三大厨，其厨高至屋”，“一厨实以银”，“又指地曰：此皆钱也”②。这个富室贮藏的金、银、铜钱是相当可观的。一个李顺起义军的参加者名叫王盛，“驱迫在城贫民指引豪富收藏地窖，因掘得一处古藏，银皆笏铤，金若墨铤”，总共约“金帛三十余担往汪源山窖埋之”③。“其西南隅为居民王氏宅”，“掘之，得银一瓶”；“又李园者，以种圃为业”，“掘得一瓮，皆小金牌满其中”④。“福州余丞相贵盛时，家藏金多，率以银百铤为一窖，以土坚复之，塼蒙其上。”⑤ 铜钱的贮藏数量也很惊人，如青州麻氏是当地大族，“其富三世，自其祖以钱十万〔缗〕镇库，未尝用也”⑥。值得注意的是，越是作为政治经济中心的名城大邑货币贮藏于地下者越多。如在临安北闸一家质库中，“下有大瓮，白金满其中”，“得银凡五千两”⑦。特别是洛阳这个历史名城，“地内多宿藏，凡置第宅，未经掘者，例出掘钱”。一个官员花数千缗买得一处旧宅，付出相当可观的“掘钱”。后来修建房舍时，掘出一个石匣，藏有数百两黄金，其值与所付房价、“掘钱”恰好相等⑧。这一事例充分地反映了像洛阳一类的故都窖藏金、银、铜币的情况了。金、银、铜币的贮藏，在中外历史上都不是少见的。拿我

---

① 郑文宝：《江南余载》卷上。
② 徐铉：《稽神录》。
③ 黄休复：《茅亭客话》卷六。
④ 鲁应龙：《闲窗括异志》。
⑤ 洪迈：《夷坚志》甲集卷一八。
⑥ 何薳：《春渚纪闻》卷二。
⑦ 洪迈：《夷坚乙志》卷一一，《涌金门百鼠》。
⑧ 沈括：《梦溪笔谈》卷二一。

国封建时代来说，货币贮藏得越多，就越说明那个时代的社会生产，不论是在广度上还是深度上，还不能够容纳更多的货币进入流通过程，所以它也就被作为一种财富贮藏起来；特别是在政治风云变幻无常的时候，不但金银从流通领域中游离出来，连金银首饰也都熔化为金银块一道窖藏起来了。

大量的金、银、铜钱集中到官僚士大夫手中。官僚士大夫们单是优厚的俸禄，就能够致富。如宋真宗、仁宗时候的柴宗庆，身为驸马都尉，“所积俸缗数屋，未尝施用”①。而那些权臣、贵幸以种种鄙污手段搜刮聚敛，更加积累了巨亿的金、银财宝。诸如蔡京、童贯、朱勔、秦桧、张俊以及韩侂胄之流，就是其中最为贪鄙的。从张俊生前“家多银，以千两熔为一毬，目为不奈何”②，就可看出这帮贪鄙的家伙攫占了多少社会财富。宋高宗绍兴晚年，朝廷上曾经议论：“比年权富之家以积钱相尚，多者至累百巨万，而少者亦不下数十万缗，夺公上之权，而足私家之欲。”③ 无怪乎有的诗人写出这样的诗篇：

> 多蓄多藏岂足论，有谁还议济王孙？……朝争暮兢归何处？尽入权门与幸门。④

地主阶级，尤其是其中的大地主，也集中了一笔可观的金、银、铜钱。前引青州麻氏原是宋真宗时候的官僚地主，因犯罪被抄家，之后又兴发起来，镇库之钱即藏有 10 万贯，便是一例。宋仁宗时阻御西夏，曾“借〔永兴军〕大姓李氏钱二十余万贯，后与数人京官名目以偿之。顷岁河东用兵，上等科配一户至有万缗之费”⑤。宋徽宗以恢复幽云故土而发动对辽战争，大肆搜刮，其中有所谓的“免夫钱”，分摊给各阶层居民。怀仁县杨六秀才之妻刘氏，“乞以家财十万缗以免下户之输”⑥。这类所谓的大姓、秀才都属于地主阶级，他们之所以能够贮积了大量货币也显然是与经营商业、高利贷有密切关系。每遇到战乱，这些财主往往把金、银、缗钱埋藏在地下。如“越人黄汝楫，家颇

---

① 吴曾：《能改斋漫录》卷二。
② 洪迈：《夷坚支志》戊集卷四。
③ 《系年要录》卷一八二，绍兴二九年六月丙申记事。
④ 徐寅：《钓矶文集》卷一，《咏钱》。
⑤ 《长编》卷三八八，元祐元年丁丑傅尧俞奏疏。
⑥ 此据《春渚纪闻》卷二；又沈征《谐史》上说，“愿以缗钱一百万献纳”，数月似嫌过大。

富饶，宣和中方腊犯境，以素积金银缗钱（可值二百万）瘗于居室”[①]。后来黄汝楫掘出了这批财货，献给方腊起义军，以此保住了自己的性命，这算是货币的一项特殊功能。

寺院的僧道，不仅视“钱如蜜”，而且在其实际活动中也积贮了大批的金、银、缗钱。北宋中叶的夏竦就曾经指出：“其徒豪右（僧侣上层中有财势者），多聚货泉。”[②] 宋神宗熙宁年间，一个僧人曾“寓钱数万”于刘永一家，僧人死后，刘永一“请以钱归其弟子”[③]。许多寺院由于田产财货之多，“甲于一郡”，因而敢于用上百万到二百万的钱财，修葺寺阁，倍极华奢[④]。

当然，大批的金、银、缗钱则集中于大商人和高利贷者的手中。越是在大城市中，这种情况就越是突出。如北宋时的汴京，“资产百万者至多，十万而上比比皆是”[⑤]；“兼并豪猾之徒，居物逐利，多蓄缗钱，至三五十万以上，少者不减三五万”[⑥]。南宋时的杭州也是如此：“今之所谓钱者，富商巨贾阉宦权贵皆盈室以藏之”[⑦]。就是在一般城市中，也不乏拥有巨资的富商大贾，如东京路兴仁府的坊郭户万延嗣，家业钱达14万贯，“一路为最”，列于“高强出等户”。尤其是从事长途贩运和海外贸易的大商人，积累的货币财富更加惊人。如“建康杨二郎，兴贩南海，往来十余年，累资千万”[⑧]，“泉州杨客，为海贾十余年，致资二万万”，“度今有四十万缗”[⑨]。大家知道，在司马迁撰写《货殖列传》之时，如樊嘉之流有钱5000万，就被称之为“高资”而列之于传。对拥有这样数量的货币资产，在宋代士大夫看来，“似不足道”，“中人之家钱以五万贯计之甚多，何足传之于史?”[⑩] 这一事实，深刻地说明了宋代商业资本较秦汉有了极为明显的增长。由于大商人挟有雄厚的货币力量，不仅他

① 张淏：《宝庆会稽续志》卷七。
② 夏竦：《文庄集》卷一五，《抑仙释奏》。
③ 《宋史》卷四五九，《刘永一传》。
④ 参看胡铨《胡澹庵先生文集》卷二七，《新州龙山少林阁记》。
⑤ 《长编》卷八五，大中祥符八年十一月乙巳记事。
⑥ 宋祁：《景文集》卷二八，《乞损豪强优力农札子》。
⑦ 《宋史》卷四四三，《杨万里传》。
⑧ 《异闻总录》卷一。
⑨ 洪迈：《夷坚丁志》卷六，《泉州杨客》。
⑩ 吴箕：《常谈》。

们个人如"零陵市户吕绚以二百万造一大舟"[①]，以此进行各项活动，而且在战乱年份、政府财政拮据之时，往往依赖于他们的支持。如宋高宗建炎年间，湖州王永从"献钱五万缗，以佐国用"[②]。因而富商大贾与朝廷、官僚士大夫的联系逐步加强起来，从而为商业资本高利贷资本之向封建势力方面转化创造了条件。

金银缗钱既然形成为商业资本和高利贷资本，就会有竞争；有竞争，就会既有成功者，也有失败者；因而出现了如前面李之彦所指出的"乍去乍来、倏贫倏富"这样急剧的大开大阖、大起大落、骤贫骤富之类的现象。由于当时人们还无法理解这种竞争，在这种竞争面前显得软弱无力，于是就产生了一种货币拜物教，把货币的力量给以神化了。在宋代士大夫看来，之所以产生这类景象，是由人们的善恶行为决定的。如靖安的张保义，"藏钱不胜多"，"至筑土库数十所作贮积处"，经历了 30 年，"暮岁忽闻库内钱唧唧有声，自往户外审听，持杖击其钱门曰：汝要去，须是我死后始得"；"邻里咸见其库钱晨夜飞出，如蝴蝶然"[③]。前面曾经提到，兴仁刘氏献钱 10 万缗作为下户的"免夫钱"，由于做了这件善事，不久又飞来了 10 万贯青蚨，而这 10 万贯青蚨上面有着青州麻氏的标志，也是与前事相类的事例。另有一个事例是，"陈宏泰曾借给人 1 万钱，征之甚急"，贷者对他说："请无虑，吾见养虾蟇万余头，鬻之足以奉偿"。陈宏泰听后忽然产生了恻隐之心，不但不让还债，另付十千，将万余头虾蟇全部放生。一个多月之后，陈宏泰夜行之际得到了一个金虾蟇[④]。这种货币拜物教反映了人们在货币力量面前的软弱以及由此而产生的幻想，是值得注意和研究的。

金银缗钱如果只表现其贮藏的职能，它也就不成其为货币，更不能成其为资本了。货币只有脱离了贮藏而进入流通领域，才有可能增值。对这个问题，袁采有过如下的一段分析。他说：

> 人有兄弟子侄同居而私财独厚，虑有分析之患者，则买金银之属

---

① 邹浩：《道乡全集》卷一二，《吕四》。

② 留正：《两朝圣政》卷四，建炎三年二月辛未记事。

③ 洪迈：《夷坚支志》乙集卷九《张保义》。

④ 《闲窗括异志》。

而深藏之，此为大愚。若以百千金银计之，岁收必十千，十余年后所谓百千者我已取之，其分与者皆其息也。况百千又有息焉，用以典质营运三年而其息一倍，则所谓百千者我已取之，其分与者皆其息也，况又三年再倍，不知其多少，何为而藏之箧笥，不假此收息以利众也。

应当说，袁采的这段议论是相当精彩的。他反对把货币贮藏起来，认为这是一种“大愚”的行为；主张把货币用在“典质营运”方面，三年就会取得一倍的利息。袁采所谓的“典质”，指的是高利贷资本的活动形式，所谓的“营运”，是商业资本活动的一种形式。这是宋代高利贷资本和商业资本构成的两种形式。当然要把这两者区分得一清二楚是很困难的，因为商业资本不一定不放债，高利贷资本也不一定不搞一点商业经营，然而这两者毕竟是有区别的，袁采把它区分为“典质”和“营运”是甚为恰当的。下面就看看这两者是怎样用其独特的活动方式增值起来的。

第二节　商业资本及其运动

宋代的商业资本是由行商和坐贾中的大商人为其代表的。先说坐贾中的大商人这一类型的商业资本。

宋太宗在提到赋税不均的情况时曾说：“州县城郭之内，则兼并之家侵削贫民。”① 城郭之中的兼并之家当然包括乘坚策肥的富商大贾，这些人“坐列贩卖，积贮信息，乘上之令，操其奇利”，而却是“赋调所不加，百役所不及”的②。具体地说，这类富商大贾是由以下诸类行铺构成的：

一、交引铺

宋封建国家对茶、盐实行专利，以茶引盐钞算请茶盐，交引铺便是这种特殊贸易形式的产物，以北宋汴京和南宋临安最为集中。以临安为例，“都城天

① 《长编》卷三〇。
② 张方平：《乐全集》卷一四，《食货论·畿赋》。

街”“自五间楼北，至官巷南御街，两行多是上户金银钞引交易铺，仅百余家，门列金银及见钱，谓之看垛钱，此钱备入纳算请钞引。”① 凡是茶盐产地，又兼商业发达之类的城市中也有交引铺。如明州就有。据《宝庆四明志》记载，明州诸门引铺共有6处，其经济力量虽远不能同临安相拮抗，但每年所上商税达10900余贯，是当地商税中最为重要的一宗，因而也是不可低估的。交引铺的出现及其发展，是宋代商业资本发展的一个重要表现。

二、金银彩帛铺

买卖金、银、金银首饰和买卖绢帛的大商铺。这类商铺，据孟元老的描述，是极其富有的：“〔汴京〕南通一巷，谓之界身，并是金银彩帛之所，屋宇雄壮，门面广阔，望之森然，每一交易，动即千万，骇人听闻。”② 临安的“彩帛铺，堆上细匹缎，而锦绮缣素，皆诸处所无者”。因为穿衣是人们生活的一个基本需要，不论是在虚市、镇市，还是在一般城市和汴京等大城市中，都有布帛交易。而一些大的商铺，则进行大宗交易。如“鄂州富商武邦宁，启大肆，货缣帛，交易豪盛，为一郡之甲”③。商业资本就是从这类大商铺涌现出来的。如邢州张翁，原来是一个“接小商布为业”的牙侩，同抚州南门的詹六詹弟兄的地位不相上下④，“家资所有不满数万钱”，亦即仅有数万的家当，可是经兜揽了几笔大宗交易，于是“张氏因此起富，资十千万，邢人呼为布张家”⑤，一跃成为拥有雄厚资本的富商。

三、邸店、“停塌”之家

这是专门为客商贮存各种货物的货栈，临安的“停塌”还负责保管客商的金银财物。其中大的邸店、“停塌”之家也属于兼并势力的范围，“或有邸

① 耐得翁：《都城纪胜》。吴自牧《梦粱录》卷一三所记与此稍有出入，末句作“此钱准备榷货务算请茶引”，似较清楚。

② 孟元老：《东京梦华录》卷二。

③ 《夷坚支志》庚集卷五，《武女异疾》。

④ 《夷坚志·丁志》卷一五，《詹小哥》。

⑤ 《夷坚志·乙志》卷七，《布张家》；《异闻总录》卷一同此。

店房廊，或有营运钞物，初无田亩，坐役乡里”①。汴京、临安等不少城市都有这一类的商业资本。朱熹的外祖父新安祝氏，“世以资力顺善闻于州乡，其邸肆生计有郡城之半，因号半城祝家”②，便属于这种类型的商人。

四、把持各行的大商人

商人一个极其重要的特性是买贱卖贵，从买卖价格的差额中牟取商业利润。因之，商业资本的重要活动之一，就是垄断城市市场或者说垄断市场价格：“兼并之家如茶一行自来有十余户，若客人将茶到京，即先馈献设燕，乞为定价，比十余户所买茶更不敢取利，但得为定高价，即于下户倍取利以偿其费”。这种情况并不是茶行所独有的，其他的“行户盖皆如此”③。垄断市场价格的做法，不仅使城市中下户受到商业资本的榨挤，而且外地来的行商也往往因此折本：“天下商旅物货至京，多为兼并之家所困，往往拆阅失业。至于行铺稗贩，亦为较固取利，致多穷窘。”④ 所谓“较固取利”，早在前代即已存在。《唐律》上说：“诸买卖不和而较固取者（原注：‘较’谓专略其利，‘固’谓障固其市），及更，出开闭共限一价〔谓卖物以贱为贵，买物以贵为贱〕。”《疏议》解释说：“卖物及买物人两不和同而较固取者，谓强执其市，不许外人买，故注云‘较’谓专略其利，‘固’谓障固其市。”⑤ 上述解释说明了，“较固取利”就是对市场价格进行垄断。显而易见，商业资本是在既有损于贫下行户又有损于外来行商的情况下增值和扩大的。而在商业资本的竞争中，也正是通过大鱼吃小鱼的办法，使资本集中和少数大商人暴发起来的。

以交引铺为代表的商业资本，则垄断茶引和盐钞以牟取厚利，使自己增值、扩大起来。在前编茶专利中，曾经指出宋政府为供应西北和北部边境上的军需，采取了不少的措施和办法，其中之一是鼓励商人把粮草或见钱等运输至边境，根据商人们“入中粮草”的数量，而给以报酬。为使商人乐于“入

① 张守：《毗陵集》卷三，《论措置民兵利害札子》。
② 朱熹：《晦庵先生朱文公文集》卷九八。
③ 《长编》卷三二六，熙宁五年闰七月丙辰记事。
④ 《宋会要辑稿·食货》三七之一四。
⑤ 长孙无忌：《唐律疏议》卷二六。

中”，付给的价钱要比市场价格（边境上的价格）高得多，谓之“虚估”或者“加抬”，用以“饶润”商人的。在所付酬价中，并不是清一色的见钱，而是搭配一定数量的盐、茶，而盐、茶则付给盐钞、茶引，上面注明数量，到指定地点“请领”，但必须先到京师榷货务登记。在汴京的交引铺正是在这样的关键时刻上下其手的：“其输边粟者，非尽行商，率其土人，既得交引，特诣冲要州府鬻之，市得者寡；至京师，京师有坐贾，置铺，隶名榷货务，怀交引者凑之”[①]；由于一般入中粮草的“土人”，“既不知茶利厚薄，且急于售钱，得券〔按即茶引〕则转鬻于茶商或京师坐贾号交引铺者”。于是，这些“茶商及交引铺或以券取茶，或收蓄贸易，以射厚利，由是虚估之利皆入豪商巨贾”[②]。从上述情况看来，交引铺是从两个方面坐获厚利的：一是压低交钞价格，使一些经济力量薄弱的行商和不懂行情的“土人”吃亏，从而使自己得利；二是封建国家对入中粮草的行商和“土人”的优饶即加抬或“虚估”之利也落到交引铺的钱袋之中了。因此，交引铺或是到产地取茶，或是倒卖钞引，都能够获得厚利。住过三司使的丁谓曾因此而叹息说：“东南三百六十余万茶利尽归商贾”[③]！交引铺就是从这360余万茶利中获得极其厚实的份额。这就是说，封建国家所占有的茶利一部分落到交引铺的大商贾手中了。

茶引和盐钞都属于有价证券的范围，因而它除去取得茶盐之外，还能够充作货币而进行各项活动。“宣和末，吴人沈将仕调官京师，方壮年，肆意欢适”；“美女七八人，环立聚博”；“沈祷曰：吾随身箧中，适有茶券子，善为吾辞，倘得一饷乐，愿毕矣”[④]。这个沈将仕是以茶券子作赌本以换取“一饷乐”的。因而控制茶钞、盐钞同样可以获得厚利。在陕西永兴军路，许多富室有这样的见解：“藏镪”必须“备寇攘水火之败”，是“不利”的；“惟蓄盐钞”才好。可是由于“钞法数易，民不坚信”，“朝得则夕贸之”。这样一来，为包括交引铺在内的一些豪户控制盐钞找到了机会[⑤]。宋哲宗元符年间，

---

① 《长编》卷六〇，景德二年五月记事。

② 《长编》卷一〇〇，天圣元年正月壬午记事。

③ 《长编》卷一〇〇，天圣元年正月壬午载丁谓语。

④ 《夷坚志补》卷八，《王朝议》。

⑤ 《长编》卷二八三。

陕西禁行铜钱，“旧来蓄钞豪户多摇扇，欲要仍旧”[①]，看来包括交钞铺在内的豪户，对国家的货币政策都能够有所作用和影响。到蔡京集团当权期间，以交钞铺为代表的商业资本投靠了蔡京集团，为虎作伥，凡商旅算请盐货，“率克留十分之四，以充入纳之数”[②]，从而为蔡京集团攫占盐利大效其劳。到南宋，交钞铺愈益嚣张起来，恣意地为非作歹。当时由于行使会子，“州县不许民户输纳会子”，以至造成会子的贬值，“致流转不行，商贾低价收买，辐辏行在，所以六务支取拥并喧闹”[③]。而停塌、钞引之家趁机“低价买会，每贯用钱三四百文，及纳官却作见钱一贯使用”，从这一方面大享其利。与此同时，“又增长旧钞之价，每盐一袋卖官会百贯以上”[④]，又从钞引这一方面得到实惠。由此看来，南宋时期的交引铺，不但控制了一定数量的盐钞，而且还敢于对政府的纸币兴风作浪了。

再说行商类型的商业资本。

作为商业资本另一种类型的代表是行商中的大商人。这种商业资本是通过大商人在国内长途贩运和海外贸易而得到增值和扩大的。这是商业资本运动的普遍形式，但在宋代则又具有如下的一些特殊情形。

其一是，靠控制边籴大权得到增值。这一点前面已经提到了，即到边境上入中粮草而获得加抬、虚估等好处。王安石曾经评论这件事情说：“小贾不能入中，惟大贾能之。惟大贾始能，则边籴之权制于大贾，此所以籴价常高而官重费也。”[⑤] 王安石还批评了大商人对宋仁宗时候茶法的破坏。从这里看到，大商人既从茶引、盐钞中取得厚利，同时还控制边籴大权，以抬高粮价而大获其利。

其二是，商业资本通过对某些地区生产的控制而增值、扩大起来。商业资本在这方面的活动有两种形式，一是包买全部的生产品。在第一编多种经营的叙述中，曾提到福建路滨海一带的福州、兴化军莆田一带盛产素负盛名的荔

① 《长编》卷五一九，元符二年十二月乙未记事。
② 《通考·征榷考三》；《宋史》卷一八二《食货志》。
③ 《两朝圣政》卷四六，乾道三年正月记事。
④ 《宋会要辑稿·食货》二八之五一。
⑤ 《长编》卷二二〇，熙宁四年二月戊辰记事。

枝。每当荔枝“初著花时，商人计林断之以立券，若后丰寡，商人知之，不计美恶，悉为红盐者，水浮陆转以入京师，外至北戎〔指契丹辽国〕西夏，其东南舟行新罗、日本、流求、大食之属，莫不爱好，重利以酬之”。由于荔枝畅销国内外，“商人贩益广”，而包买得越多，就越刺激了荔枝的生产，“而乡人种益多”①。显而易见，“断林鬻之”的包买办法推动了荔枝种植业的发展，商人同荔枝生产者之间形成了一种商品货币关系，商人从包买中独享利润。另一种形式是，以预付定钱的办法取得某种产品，由此牟取商业利润，使商业资本增值、扩大起来。这就是在茶专利中提到的四川一带的情况。熙宁七年以前川茶未官榷而实行通商法之时，茶商可以直接向茶园户收购茶货。园户中的中下层，无田经营，唯靠茶树为生。茶叶的采摘和制作，季节性很强，因而在此期间劳动人口不多的园户都必须“雇工薅剗”；而雇工就必须有相当的货币，作为雇工的工值和食用。中下层园户经济力量薄弱，要想得到货币，一是“逐年举取人上债利粮食，雇召人工，两季薅剗”，等“投场破卖”茶货之后，“得钱填还债利”②；另一种是“自来隔年留下客放定钱”③，即从收购茶货的茶商中得到一批货币，转年以茶货折付。这两种货币的来源，第一种是高利贷资本同茶园户发生了联系，第二种是商业资本同茶园户发生了联系。这两者虽然都以货币为媒介，但后一种对茶的生产是有利的，与荔枝包买有点类似，即以提前支付茶叶收购价格的办法，同茶园户发生了货币关系。从生产上来看，上述商业资本的活动，对茶对荔枝的生产都起了刺激的推动的作用；商业资本同荔枝、茶的所有者生产者之间的关系，形成了不同于封建关系的一种货币关系，这是在宋代首先出现的一种经济关系，值得注意和研究。商业资本采取以上的形式同生产紧密地结合起来，在促进生产发展的同时，也达到它自己增值、扩大的目的，这也是值得注意和研究的。

大商人主要地通过长途贩运而攫占商业利润、增值其资本的。长途贩运之能够赚钱，显然是来自地区之间的差价。地区差价又是怎样造成的呢？毫无疑

---

① 蔡襄：《荔枝谱》，百川学海本。

② 吕陶：《净德集》卷一，《奏请为官场买茶亏损园户致有词诉喧闹事状》。

③ 《净德集》卷一，《奏具置场买茶施行出卖远方不便状》。

义，它是由运输者即船工、车夫等各种形式的劳动创造出来的。试看下面这个算式：

地区差价总额（商品数量×每一种商品的地区差价）：运费

从这个算式的比例关系来看，地区差价总额与运费的比例关系不外乎以下三种情况：（1）差价总额小于运费；（2）差价总额等于运费；（3）差价总额大于运费。如果是前两种情况，大商人不是无利可图，就是折本，这两者都是与大商人长途贩运的目的相违背的，因而是大商人所不肯干的。只有在第三种情况下，差价总额大于运费，大商人才有利可图；而差价总额超过运费越多，大商人赚的钱越多，利润就越大。因此，大商人在长途贩运中，总是精打细算，在运费上打主意，尽量地减少运费的支出。材料表明，在运输中，商人往往让自己的仆人承担这项劳动。如“郑四客……或出入贩贸纱帛海物，淳熙二年偕其仆陈二负担至摘星岭”①。或者在农闲中，雇佃客承担这项劳动，如“乐平新进乡农民陈五，为翟氏之田仆，每以暇时，受他人雇岭，负担远适”②。或者直接雇人贩运，“鄱阳民黄一，受佣于盐商，为操舟往淮南”③。用自己的仆人，或者雇佃客一类的村民，就能够少开支一些运费。但不论是怎样的情况，一个极为清楚的事实是，大商人在长途贩运中攫占了船工、车夫等各类劳动者的剩余劳动！商业资本之所以能够在长途贩运中得到增值、扩大，乃是由于：通过买贱，大商人以低于一般市场价格收购商品，从而攫占了小农小工的剩余劳动；通过卖贵，不仅使消费者吃亏，更重要的是在这一类的贵价中，还包括了那些运输劳动者的剩余劳动，这样便获取了一箭三雕之利。

第三节　高利贷资本及其活动

高利贷，“今人出钱以规利人，俗谓之放债，又名生放”④，是一种古老的经济形态。战国秦汉时的“子钱家”就是高利贷者的祖先，所谓的“解库”

---

① 洪迈：《夷坚支志》景集卷五，《郑四客》。
② 《夷坚支志》癸集卷五，《神游西湖》。
③ 《夷坚支志》癸集卷六《大孤山船》。
④ 洪迈：《容斋五笔》卷六《俗语放钱》；永亨《搜采异闻录》卷五。

或“质库”（后代称之为“当铺”）早在魏晋隋唐时期即已存在，“江北人以物质钱为解库，江南谓之质库，然自南朝已如此”[①]。由于从事这类典当和借贷的必须有“库”房贮存物品，所以在宋代又有库户的称号，如吕温卿用自己的田契托华亭县向“库户”质钱500千[②]，就是一例。在《清异录》的记载中，还有“钱民”的称号。此外，有的地方则称之为“豪民”。如宋真宗时，寇准在奏章中提到永兴军，“所部豪民多贷钱贫民，重取其息”[③]。基于上述情况，在宋代官私记载中，高利贷者与大商人、大地主以及品官形势之家，都是并列为兼并之徒或者豪强兼并之列的。

由于高利贷是一种古老的经济形态，它的活动范围也就极其宽广。在大城市里，高利贷资本当然是极为活跃的。拿临安府的质库来说，“又有府第富豪之家质库城内外不下数十家，收解以千万计”[④]；各行户都有自己独特的服饰和装束，而“质库掌事裹巾著皂衫角带”[⑤]。高利贷资本不但在大城市里十分活跃，就是在偏远的小县城，也布满它的足迹。如广南西路的化州小城，“以典质为业者十户”，其中九家是福建人，“闽人奋空拳过岭者往往致富”[⑥]。城市以外，农村更是高利贷活动的广阔场所。客户、第四五等下户、下层亭户和小茶园户等等，无一不是高利贷侵袭掠夺的对象。“凡有井水处即能歌柳〔指柳永〕词”（叶梦得语）。凡有人烟处，也就有高利贷的活动。

“库户”、“钱民”是高利贷资本的代替者，但放高利贷的不限于这些代表者，上自官府，下至寺院，都有放高利贷的。有的商人也兼营高利贷，并从中得到极大的好处。

唐代设有捉钱令使，专门放债，官府显然是公开地毫不遮掩地放高利贷的。宋代似乎继承了这份不大光彩的事业。如宋真宗、仁宗时，两浙一带，“民有贷息钱，户已绝而息不除，有司阅籍责恩〔?〕不已，及年久之逋，皆

① 吴曾：《能改斋漫录》卷二。

② 《长编》卷二八〇，熙宁十年正月戊寅记事。

③ 《长编》卷八六，大中祥符九年四月辛丑记事。

④ 《梦粱录》卷一三、一八。

⑤ 《梦粱录》卷一三、一八。

⑥ 王象之：《舆地纪胜》卷一一六《广南西路·化州》。

锢其子孙什保数百辈，寒窭愁痛，愿以死偿而未得”①。地方官府之放高利贷也是灼然可见的，但不像唐代“捉钱”那么显眼“刺目”罢了。

官员们也纷纷放高利贷。在官员们之间，便存在典质借贷。李允正的“女弟适许王，以居第质于宋湜。太宗诘之曰：尔父守边二十余年，止有此第耳！何以质之？允正具以奏，即遣内侍辇钱赎还。”② 这一事实说明了，在法律、行政的范围内，官员们放高利贷是得到认可的。因此，官员们放高利贷特别起劲，亦特别凶恶。宋太宗时秦州长道县酒场官李益，大放高利贷，“民负息钱者数百家”，“官为征督，急于租调”③，便是一个著名的例证。石守信子石保吉，“好治生射利”，“染家贷息钱不尽入，质其女”④。吕惠卿弟吕温卿以田契从华亭县质库借贷了500千，转手“贷旧任嘉兴弓手钱四百千”，“不候年满”，便“勒民赎田”⑤。著名词人贺铸，晚年靠“贷子钱自给”⑥。前引《梦粱录》曾说：“又有府第富豪之家质库”，府第指的是官宦人家，依此看来，南宋临安官员们开质库的，为数是不少的。

寺院之放高利贷也是极其普遍的，而且为时也是很早的。南北朝时期，荆州长沙寺院即置有放债的质库。宋代有关寺院放债的记载更多。蜀僧宝觉园迟大师在修葺寺院之后，“又以钱二十万”作为“长生钱”⑦；建昌孔目吏范荀，“为子纳妇，贷钱十千于资圣寺长老”⑧；“永宁寺罗汉院萃众童行本钱，启质库，储其息”⑨；“今僧寺辄作库质钱取利，谓之长生库，至为鄙恶”，“庸僧所为，古今一揆”⑩。被陆游视之为“鄙恶”的行径，在宋代以后，寺院照样为之。

---

① 苏舜钦：《苏学士文集》卷一五，《王雍墓表》。

② 《宋史》卷二七三《李允正传》。

③ 钱若水：《太宗皇帝实录》卷四一；又《宋史》卷二五七《吴元载传》《长编》卷二八亦载此事，大致相同。

④ 《宋史》卷二五〇，《石保吉传》。

⑤ 《长编》卷二八〇。

⑥ 《宋史》卷四四三，《贺铸传》。

⑦ 胡铨：《胡澹庵先生文集》卷一七《新州龙山少林寺阁记》。

⑧ 《夷坚支志》甲集卷六《资圣土地》。

⑨ 《夷坚支志》癸集卷八《徐谦山人》。

⑩ 陆游：《老学庵笔记》卷六。

以营运为主的商人，也兼营高利贷。这类情况似乎更多。例如抚州民陈泰，本来是“以贩布起家”的，可是他“每岁辄出捐本钱，贷崇仁、乐安、金溪诸绩户，达于吉之属邑，各有驵主其事。至六月，自往敛索，率暮秋乃归，如是久矣”，“初用渠钱五百千，为作屋停货，今积布至数千匹”①。看来这个布商放债的范围甚为宽广，而且从放债得到的好处不亚于他的贩卖布匹！

“库户”、“钱民”则是以放高利贷为其专门职业的。这些人的本性是，如何盘算使高利贷增值和再增值。陶谷曾记载了如下的一则故事：一个名叫刘训的“钱民”，铸铁做成了铁算盘。他的儿子结识了一个妓女。妓女向他的儿子索取首饰，说：“郎君家库里有许多青铜，叫做不动尊，可惜烂了；风流抛散能使几何？”刘子回答道：“我爷唤算子作长生铁，况于钱乎？彼日日烧香祷祝天地三光，要钱生儿，绢生孙，金银千万亿化身。岂止不动尊而已！”② 这个故事极其形象地揭示了高利贷者的面目，“钱生儿，绢生孙，金银千万亿化身”就是他们的“鄙恶”愿望。为把这个愿望变成现实，任何鄙恶他们都会干出来的。

到质库或者向私人借贷钱物，都必须有抵押品。田地是最好的抵押品，可以用田契充当。前引吕温卿用田契从华亭质库借得500千就是一例。以田契为抵押，为高利贷兼并土地开了方便之门。如“广都人张九典同姓人田宅，未几，其人欲加质，嘱官侩作断骨契以罔之。明年又来就卖，乃出先契示之，其人抑塞不得语”③。张九与官侩勾结，将活契改为死契亦即断骨契，从而并吞了这块田地。像这类欺骗性手段为例不算多，但田地之通过典当而被兼并则为例不少，而且可以说相当普遍。此外，凡是比较值钱的贵重物品，如金、银器物、绢帛之类，也都能够典当充抵押品。文天祥在给欧阳守道的一封信中说：“金碗在质库某处约之，甚恨未能自取之，乃劳先生厚费如此！山林中亦无用此物，先生倘乏支遣，不妨更支钱用，第常使可赎足矣。”④ 这个杰出的爱国者也曾经光临质库，以金碗作为抵押品的。

---

① 《夷坚支志》癸集卷五《陈泰冤梦》。

② 陶谷：《清异录》卷一，此据宝颜堂祕笈本，并用说郛本做了校正。

③ 《夷坚乙志》卷五《张九罔人田》。

④ 文天祥：《文山全集》卷五，《回秘书巽斋欧阳先生》。

以库户为代表的高利贷资本，即使是在首善之区的汴京，气焰也是十分炽盛的。宋人笔记小说中一再提到的大桶张氏，就是气焰炽盛的大高利贷者：

> 大桶张氏者，以财雄长京师。凡富人以钱委人，权其子而取其半，谓之行钱。富人视行钱如部曲也。或过行钱之家，其人特设位置酒，妇人出劝，主人反立侍。富人逊谢，强令坐，再三，乃敢就宾位。其谨如此！张氏子年少，主家事，未娶。因祠州西灌口神归，过其行钱孙助教家。孙置酒，张勉令坐，孙氏未嫁女出劝酒。其女方笄矣，容色绝世。张目之曰：我欲娶为妇！孙惶恐曰：不可。张曰：愿必得之。言益确。孙曰：予，公之家奴也。奴为郎主丈人，邻里怪笑。[①]

行钱与其主人的关系，还了解得不够清楚。洪迈曾经记载，蓄有资具百万缗的泉州人王元懋在“主舶船贸易之后”，曾于淳熙五年“使行钱吴大作纲首”，到海外贸易[②]。行钱必须按照主人的吩咐去做事，因而上文中称行钱与主人的关系是一种主奴关系，是可信的。而这一点恰好反映了像大桶张氏这类力量雄厚的高利贷者的气焰之炽盛。同时，这一类的高利贷者通过行钱，构成了高利贷的网络，使高利贷的活动更加扩大和猖獗。因此，史料上反映，高利贷触角所及，连新科进士、新任官员等也都拜倒在这个势力的面前，掉到高利贷的铁桶（大桶张家改成铁桶张家就更加形象化了）之中。试看下面的一些事实。

其一，宋真宗大中祥符元年五月诏令上说：“新及第授官人无得以富家权钱，倍出利息，至任所偿还，所在察举之。”[③] 这道诏书恰好反映了新第进士之借债者是不乏其人的。

其二，地方县令往往借高利贷。如日后做上宰相的章得象，“初宰信州玉山县，以忧去，服除，再知玉山县，带京债八百千赴任，继而玉山县数豪僧为偿其债……”[④]

其三，一些捞取油水机会不多的京官也往往借高利贷。如“王旦为中书

① 此据王明清《投辖录》，以廉宣《清尊录》所载校正。

② 《夷坚三志》已集卷六《王元懋巨恶》。

③ 《长编》卷六九。

④ 魏泰：《东轩笔录》卷一五。

舍人，家贫，与昆弟借人息钱，违期，以所乘马偿之。〔王〕质阅书，得故券……"[①] 范杲，"家贫，贷人钱数百万"[②]，都属于这类情况。宋真宗大中祥符五年七月以前，亦曾下诏，"禁命官取息钱"[③]，更加说明了京官借高利贷的为数不少。

其四，宋初一名武将叫米信的，"纤啬聚敛，为时所鄙"，"外营田园，内造邸舍，日入月算，何啻千缗!"他的长子当米信还健在时，"不能自专"，"但于富室厚利以取钱自用，谓之老倒还钱，兼与契券为约，其词以若父危，钟声才绝，本利齐到之语，盖谓信才瞑目而极还也"；"至信之卒时，已用过十余万缗，乃约齐交还"。这个米公子穷困之余，因长得"颐类尖薄，克肖猢狲"，而"京师货药者多假弄狮子、猢狲为戏，聚集市人"，于是"复委质于戏场，韦绳贯颈，跳踯不已"[④]，在高利贷的冲击之下，地主阶级的营垒出现了急剧的分化。在实际生活中，"兼并之家见有产之家子弟皆愚不肖，及有缓急，多是将钱强以借与……历数年不索取，别更生息，又诱其将田产折还"[⑤]，不少的封建主就是在高利贷的冲击下，自地主的地位上摔落下来了。

高利贷资本在冲击官僚士大夫、地主阶级的同时，还冲击了广大的劳动生产者。这些劳动生产者只要掉进高利贷的铁桶中，就永世翻不了身。试看下面的情况。

1. 宋太宗太平兴国七年六月，"令富民出息钱不得过倍称，违者没入之"[⑥]；淳化四年又诏，"贷息不能输倍"[⑦]。可是，从社会实际生活中恰可看到，倍称之息是广泛存在的，"民间出举财物，重止一倍"[⑧]，而佃客向主家借债，所"偿之息不两倍则三倍"[⑨]，"当农事方兴之际，称贷富民，出息数

---

① 《宋史》卷二六九，《王质传》。
② 《宋史》卷二四九，《范杲传》。
③ 《长编》卷七八。
④ 上官融：《友会谈丛》卷上。
⑤ 袁采：《世范》卷三。
⑥ 《长编》卷二三。
⑦ 《宋大诏令集》卷一八九。
⑧ 《宋史》卷三三一《陈舜俞传》。
⑨ 欧阳修：《欧阳文忠公文集》卷五九，《原弊》。

倍”①。

2. 宋真宗景德二年九月诏书上说：“举放息钱，以利为本，伪立借贷文约者，从不应为重科罪”②；大中祥符九年九月又诏：“民无息钱者，无得逼取其庄土、牛畜以偿”③。可是，从社会实际生活中又恰恰可以看到，这种驴打滚式的高利贷在各地频频出现。如海南岛，“其息每岁加倍，展转增加，遂至抑雇儿女，脱身无期”④；在潭州，因“出息数倍”，“及至秋成，不能尽偿，则又转息为本，困苦已不胜言”⑤。同时，在社会生活实际中恰恰又可以看到，不只攘夺牲畜庄土，甚至连妇女也被迫作为负欠的抵偿品。宋真宗大中祥符年间，永兴军豪霸，每遇“岁偿不还，即平入田产”⑥；在广州，“盐户逋课，质其妻子于富室”⑦；在汴京首都所在地方，也曾出现这类的事情：“富人孙氏，京师大豪，专榷财利，负其息者，至评取物产及妇女”⑧。高利贷的残酷性从这些事例中充分地暴露出来了。

宋神宗熙宁年间，王安石对当时高利贷猖獗的情况作过如下的评论：“今一州一县，便须有兼并之家，一岁坐收息钱至数万贯者，此辈除侵牟编户齐民为奢侈外，于国有何功而享以厚奉”？“今富者兼并百姓，乃至过于王公，贫者或不免转死沟壑”⑨。这些话表明了，高利贷不但冲击了广大的劳动人民，而且也冲击了地主阶级。高利贷不但无孔不入，而且连一文钱也不肯放过。南宋年间，在杭州西湖赤山，“军人取质衣于肆，为缗钱十余，所欠者六钱，而肆主必欲得之，相诟骂”；一个行路人代军人偿还，仅有五文，“而主者又必欲得一钱”⑩。高利贷者不但是这样悭吝，而且又非常狠毒。《齐东野语》记载，一个男子携妻子和小儿，因“负势家钱三百千，计息以（已）数倍，督

---

① 真德秀：《真文忠公文集》卷一〇，《申尚书省乞拨和籴米及回籴马谷状》。

② 《长编》卷六一。

③ 《长编》卷八八；《宋会要辑稿·刑法》二之一三。

④ 《长编》卷三一〇，元丰三年十二月庚申记事。

⑤ 《真文忠公文集》卷一〇，《申尚书省乞拨和籴米及回籴马谷状》。

⑥ 《长编》卷八六。

⑦ 《宋史》卷二九八《马亮传》。

⑧ 刘攽：《彭城集》卷三七，《吴奎墓志铭》；《宋史》卷三一六，《吴奎传》。

⑨ 《长编》卷二四〇，熙宁五年十一月戊午记事。

⑩ 《鬼董》卷五。

索无以偿，将拼命于此”；而债主家悍仆，“群坐于门”，逼迫未已[①]。因此，高利贷之受到社会舆论的谴责是理所当然的，高利贷者之遭到农民暴动的严厉惩罚也是势所必至的。

在两宋统治的300年间，高利贷利息率具有下降的趋势，这也是值得注意和研究的。北宋真宗、仁宗之际，欧阳修举述当时的高利贷利率为“不两倍则三倍”，高达200%～300%。这大概是个别的事例，而非普遍的情况。通常的情况是，高利贷利率是所谓的“倍称之息”，即100%。宋真宗时河北转运使李仕衡曾指出：“民乏泉货，每春取绢直于豪力，其息必倍。”[②] 从宋仁宗到宋神宗初年，“民间出举财物，重止一倍。”[③] 南宋高宗时，依然是“倍称之息”，所谓：“世俗嗜利子，沓贪无艺，以子贷豪取，年息倍称。”[④]《世范》的作者袁采对各地高利贷的情况作了如下的记述：“典质之家至有月息什而取一者；江西有借钱约一年偿还而作合子立约者，谓借一贯文约还两贯文；衢之开化借一秤禾而取两秤，浙西上户借一石米而收一石八斗。”[⑤] 从这些记述来看，“倍称之息”大约在两宋居于支配地位。

王安石变法期间，以利息率40%的青苗钱抵制100%的“倍称之息”，显然是对高利贷的一个抑制，因而对高利贷利息率的下降是起了相应作用的。宋哲宗元祐元年上官均奏疏中说：“民间之私贷，其利常至于五六，或者至于倍蓰。”[⑥] 从原来的100下降为50%～60%。特别明显的是，在商品经济比较发展、货币流通周转较快的地区，利息率下降得更大一些。宋以前已经有按月计息的高利贷[⑦]，宋代继续了这一借贷的办法。袁采反对高利贷，但对于一般的低利息借贷是赞成的，认为这种做法是“贫富相资不可缺者”。从这种见解出发，袁采指出：“汉时有钱一千贯者比千户侯，谓其一岁可得二百千，比之今时未及二分。今若以中制论之，质库月息二分至四分，贷钱月息三分至五分，

---

① 周密：《齐东野语》卷七。
② 范仲淹：《范文正公全集》卷一一，《李仕衡神道碑》。
③ 《宋史》卷三三一，《陈舜俞传》。
④ 范浚：《香溪集》卷二二，《吴子琳墓志铭》。
⑤ 《世范》卷三。
⑥ 《长编》卷三七六。
⑦ 徐铉：《稽神录》卷二，《吴宗嗣》条。

贷谷一熟论三分至五分，取之亦不为虐，还者亦可无词。”[①] 南宋政府对此也曾具体地规定：“诸以财物出举者，每月取利不得过四厘，积日虽多，不得过一倍，即元借米谷者止还本色，每岁取利不得过五分（谓每斗不得过五升之类），仍不得准折价钱。”[②] 这个规定就使利息率下降到30% ~50%。利息率的下降，对经济的发展是有利的。

在中外历史上，高利贷一直受到了社会广泛而又严厉的谴责。袁采曾以满腔义愤斥责“倍称之息”为“不仁之甚”，并且指出高利贷者没有好下场；《鬼董》的作者对高利贷者尤为痛恨——“恨不脍其肉”[③]。在社会生活的实际中，确实有高利贷者受到惩罚的。宋太宗太平兴国六年，一个姓张的男子，杀死一家六口，“诣县自陈”。县里把此呈报给知州张洎。张洎问这个男子为什么要杀这家人。张姓男子回答说：“某家之姻贫困，常取息，少有所负，被其诟辱，我熟见而心不平，思为姻家报仇，幸毕其志，然所恨七口而遗其一，使有噍类……”[④] 当农民暴动起来后，包括高利贷者在内的那些“不仁之甚”的“积恶之人”，往往首先尝试了起义的锋铓。

第四节　商业资本和高利贷资本的转化及其在历史上的作用

宋代的商业资本和高利贷资本表现了这样一个趋势：同官僚、地主逐步结合，向封建势力转化，形成为官、商、地主的三位一体，在宋代社会经济结构中形成为一个重要的势力，对宋代社会历史的发展产生了重大的影响。

北宋流传一个颇为著名的故事，即：宋仁宗郭后被废去之后，一个名叫陈子城的京师富民，系经营茶货而发家的大茶商，不知道采用什么办法，得到了杨太后的支持，把他的女儿送入宫中，“太后许以为后也”。一个老太监对宋仁宗说：“子城使是大臣家奴仆之官名也，陛下若纳奴仆之女为后，其不愧见

① 《世范》卷三。
② 《庆元条法事类》卷八〇。
③ 《鬼董》卷五。
④ 《长编》卷二二。

公卿大臣也?!”[①] 宋仁宗听罢，为了维护皇家的尊严，立即把子城使的女儿送出宫廷，没有让她做上皇后。从这个故事里可以看得出来，一个茶商能够打动居住在深宫中的皇太后，商业资本和高利贷资本在宋代社会生活中起了多么广泛而重要的影响，以及它据有一个什么样的地位了。

虽然如此，商业资本和高利贷资本的代表人物，并不以此为满足，他们对地主阶级特别是这个阶级的代表人物——官僚士大夫，总是啧啧称羡、不胜向往之至的，总是想方设法挤进官僚士大夫群中，借以改变自己的门第，巩固自己的经济地位。下面一个颇具典型性的事例就说明了这个问题：

> 许骧字允升，世家蓟州。……祖信以资产富殖，不乐他徙；〔父〕唐遂潜赍百金而南。未几，晋祖革命，果以燕蓟赂契丹，唐归路遂绝。尝拥高资于汴、洛间，见进士缀行而出，窃叹曰：生子当令如此。因不复行商，卜居睢场，娶李氏女，生骧……[②]

这个许骧果然不负他父亲的期望，在当地著名教育家戚同文的教导下，考中进士，成为显赫，于是这个商人家庭就转化为官僚地主之家了。还有做上宰相富弼的女婿，登上参知政事的高位，因外表华丽多采而内实肮脏从而博得“金毛鼠”这一绰号的冯京，也出身于商人家庭[③]。商人之向官僚地主转化，第一步就是“读书为士人”[④]，而后通过科举考试，中上进士，即可释褐为官，这个转化就算成功了。科举考试是商人向官僚地主转化的一个桥梁。在宋代，有不少的商人是通过科举考试而跻身于士大夫的行列之中的。

大商贾、高利贷者的又一转化途径是，通过联姻而与官僚士大夫相结合。这种情况也不少见，似乎更多一些。婚姻的形式，一是娶官僚贵势之家的女儿，如“家本茶商”的马季良，“娶刘美〔携带宋真宗刘后至京师，后为外戚〕女”[⑤]，从此便神气起来了。尤其是鼎鼎大名的大桶张氏，在婚姻方面表现得最为突出：“近宗室女既多，宗正立官媒数十人掌议婚，初不限阀阅，富

---

① 司马光：《涑水记闻》卷九；《长编》卷一一五。

② 《宋史》卷二七七《许骧传》。

③ 罗大经：《鹤林玉露》卷一〇。

④ 《夷坚志·丁志》卷一五，《武女奇疾》。

⑤ 《宋史》卷四六三《外戚·马季良传》。

室多赂宗室求婚，苟求一官，以庇门户，后相引为亲，京师富人大桶张氏，至有三十余县主。”[①] 婚姻的另一形式是，把女儿嫁给官僚士大夫。一个名叫凌景阳的京官，“与在京酒店孙结婚”，为欧阳修所不齿，认为他不配试馆职[②]。最受富商大贾们垂青的是新科进士：

> 本朝贵人选婿于科场，年择过省士人，不问阴阳吉凶及其家世，谓之“榜下捉婿”。亦有婚钱，谓系捉钱，盖与婿为京索之费。近岁富商庸俗与厚藏者嫁女，亦于榜下捉婿，以饵士人，使之俯就，一婿至千余缗。[③]

富商大贾需要的是官僚士大夫的权力、地位，而官僚士大夫则餍羡富商大贾们的钱财。富商大贾与官僚士大夫的结合，乃是权力地位与资财的结合，富商大贾便可因此“比庇门户”，同原来的地位大不相同了。

大商贾高利贷者之向官僚士大夫转化的再一途径是花钱买官。宋仁宗时就开始买官，而宋徽宗时情况更加严重。大观四年（1110）臣僚们的奏言中指出：“近年以来出颁假将仕郎等告牒，比之往岁不啻数十倍”；“一假将仕郎其直止一千余缗，非特富商巨贾皆有入仕之门，但人有数百千轻货以转易三路，则千缗之入为有余，人人可以滥纡命服，以齿仕路，遂致此流遍满天下。一州一县无处无之，已仕者约以千计，见在吏部以待注拟者不下三百人。是皆豪猾兼并之徒，屠酤市贩之辈……既霑爵命以庇其身矣，又入仕一任已足偿所直矣。”[④] 按将仕郎一级，官府原价为3200贯，因系入中粮草，给以虚估加抬之类的好处，实值不过1000余缗而已。“访闻河北路买官之人，多是市井庸猾，门户科役辄恃无赖以免，郡县莫之能制”[⑤]，已经在政治上产生了极坏的影响。到南宋，富商大贾继续纳粟入官，有的还混到军队中。绍兴十七年（1137）臣僚们的奏言中说：“今日官户不可胜计，而又富商大业之家多以金帛窜名军

---

① 朱彧：《萍洲可谈》卷一。

② 《欧阳文忠公文集》卷七九。

③ 《萍洲可谈》卷一。

④ 《宋会要辑稿·职官》五五之三九。

⑤ 《宋会要辑稿·职官》五五之四一。

中，侥幸补官，及假名冒户、规免科须者，比比皆是。”[①] 宋孝宗初年，福建路“抛降空名官告下诸州出卖”，“或勒质库户探阄”，出钱买告身[②]。对这一类买来的官，社会上虽看不起，政府也不像对待真正的官户那样去对待他们，除依条免差役外，其他科配，“并同编户”[③]，但他们毕竟是所谓的“官”，不仅能够在社会上招摇撞骗，而且也可以用来充作自己的护身符，维护自己的既得利益。花钱买官对他们来说，依然是有用的。

富商再一个转化途径是向一些有权势的勋贵投靠，以便得到这些人的荫庇。如开封府富民刘守谦就是在外戚马季良庇护下，“冒立券”而得到免役的[④]。宋神宗向后父向经也“影占行人”，行人向贵势们行贿，从而可以免除徭役，减少科敛，使各得其所、各享其利。

此外，还有一部分商贾则同官府结合起来，逐步向官商方面转化。如有的交钞铺直接属于榷货务、同当权者集团勾结起来，实际上已具有了官商的性质。有的同官府的专利制度结合起来，为官府运输制造盐、矾，从而分沾盐、矾之利。王安石变法期间设市易法，京师的一些行铺直接属于市易务，有优先取得各种商货的权利，官商的性质更显而易见了。以上各种形式的结合，到后代更加显著，产生了更加严重的作用。

当然，也有一批封建士大夫特别是其中的下层向商人方面转化。宋代官员，不分文武，不分大小，大都同商业有着这样或那样的联系。王安石曾说：“今者官大者往往交赂遗、营资产，以负贪污之毁，官小者贩鬻乞丐无所不为。”[⑤]“营资产”包括了邸店、质库等等，“贩鬻”则是到各地贩运买卖。有的武将如南宋初的张俊，派老兵到海外贸易，大发横财，这是官僚群中搞商业活动出了名的。有的官员如丁谓被贬到崖州，还同贩夫联系，付以数百缗的本钱来贩卖逐利[⑥]。真正转化为商人的是下层士大夫。由于参加科举考试的人越

① 《宋会要辑稿·食货》六之二。
② 《宋会要辑稿·职官》五五之四九。
③ 《宋会要辑稿·食货》六之二。
④ 《宋史》卷四六三，《外戚·马季良传》。
⑤ 王安石：《临川先生文集》卷三九，《上仁宗皇帝言事书》。
⑥ 孙升：《孙公谈圃》卷下。

来越多，录取的名额不过十分之一，绝大多数士人无法登上仕途，挤不进官僚地主的行列，就只有向商业一途发展了。宋代不少的士子刻书印书、开书肆卖书。北宋著名的散文家穆修便曾在汴京大相国寺里摆过书摊，卖韩昌黎的文集。南宋在临安开书铺的陈起，名声噪甚，人们呼之为陈状元。事实上，各行各业都有士人厕身其间。陈杰在武宁道上碰见了他的旧相识，这个人已是“负贩中”的人物了：

> 拍夫富贵有危机，屠钓逃名未觉非。许靖何曾羞马磨，王章安用泣牛衣。班荆道旧身俱晚，折柳临分意重违。且复斯须相劳苦，明年我亦荷锄归！[①]

这只是其中一个例证而已。至于“远僻白屋士人，多是占户为商，趋利过海”[②]，不仅在国内，而且到海外一显身手了。

两宋300年间，商人、高利贷者之不断地向官僚地主方面转化，之不断地同官僚贵势等封建势力相结合，从而逐步形成为官僚、地主和大商人大高利贷者的三位一体。这个三位一体形成于宋代，到明清有了不小的发展，对宋以下的社会经济产生了极其深刻的影响和作用。中国封建社会长期延续、迟滞，与这个三位一体有密切的关系，值得认真研究。而在宋代，商业资本和高利贷资本的发展则产生了如下的影响和作用。

第一，所谓商业资本、高利贷资本之向官僚地主方面转化，就其最深刻最本质的意义上来说，是这些资本转化为土地。马端临概括宋代的土地兼并时指出：“富者有资可以买田，贵者有力可以占田。”[③] 把“有资可以买田”放在第一位，这可见通过土地的买卖而进行的土地兼并，在宋代具有何等的意义了。而“富者有资可以买田”，不言而喻，拥有雄厚货币力量的大商人当然占有重要位置。高利贷者利用放债而攘夺的庄土（也有封建主的）牛畜，更是无须引用材料论证的。马克思曾经指出，高利贷对于封建的财富和封建所有制，“发生破坏和解体的作用”[④]，是完全正确的。在宋代，商业资本、高利贷资本

① 陈杰：《自堂存稿》卷三。

② 《宋会要辑稿·刑法》二之五七。

③ 《通考·田赋考三》。

④ 《马克思恩格斯全集》第25卷，第674页。

之向土地方面转化，强有力地冲击了封建土地所有制。袁采在《世范》中一再提到“贫富无定势”。他强调指出：“世事多变更，乃天理如此”；“大抵天序十年一换甲，则世事一变”；“今不须广论久远，只以乡曲十年以前二十年以前比论目前，其成败兴衰何尝有定势?”① 这个有力的冲击就使得地主阶级的升降线频频地波动起来，它的升降沉浮更加明显起来。在“贫富无定势，田宅无定主，有钱则买，无钱则卖”② 的情况下，一些老牌地主如米信郭进等的后代，失去了田宅，从地主阶级的地位跌落下来，而大商人高利贷者则摇身一变，变成了地主阶级。“十年财东轮流做”，是由商业资本、高利贷资本造成的一种社会现象。货币的力量对社会的变动产生了相应的作用。

第二，高利贷资本就其作用来看，一方面它冲击了老牌的或暴发的官僚大地主，把集中在这些大地主手中的土地又复分散开来，对封建所有制确实起了某种“革命的”、或多或少的积极作用。但另一方面，它拼命地吸吮小农小工等小生产者的血汁，就又充分地表现了它的寄生性和腐朽性。这些小生产者在高利贷的重压之下，只能反复其简单的再生产，根本无法扩大再生产。而且在仅有的一点庄土、牛畜被剥夺之后，连反复简单再生产都不可能。广大客户在陷入高利贷的罗网之后，很难摆脱封建势力的束缚，往往把争取到手的一点迁徙的自由又复失掉，重新被束缚在地主的土地上。高利贷这个经济力量又转化为超经济的强制力量，成为宋代及其以后封建租佃制向庄园农奴制倒退的一个重要因素。这就又说明了，高利贷在对封建经济制度起着破坏、瓦解、腐蚀作用的同时，又阻碍它的前进，因而“不是发展生产力，而是使生产力萎缩，同时使这种悲惨的状态永久化”③。到元、明、清诸代，高利贷的消极作用更加暴露出来。

第三，商业资本不但勒索压榨小农、小工和小商，同时还利用各种有利时机同封建国家争夺商业利润。宋自真宗以来，财政上的某些困难，与商业资本的发展有密切关系。可是，在宋代，商业资本不但继续发挥其懋迁百物、通畅

---

① 《世范》卷二，《世事变更皆天理》。

② 《世范》卷三，《富家置产当存仁心》。

③ 《马克思恩格斯全集》第25卷，第674页。

货币的作用，而且它更直接地进入到生产领域，对产品包买或者预付定钱，显然是有利于生产的。如果这种商品货币关系能够得进一步的发展、扩大，新的资本主义生产关系就一定能够萌生出来。而历史的发展是曲折的，一方面由于生产规模的狭小，商业资本在其未能充分发挥作用的情况下，一部分货币转化为土地；另一方面，封建国家垄断性的专利制度，也是商业资本推动商品货币关系发展的严重阻力，所以商业资本在宋代没有能够更进一步的发展，它所起的积极作用也就极其有限了。尽管如此，但这一点是应当给予肯定的。

商业资本高利贷资本特别是它的代表人物，即大商贾、大高利贷者，充分地表现了他们的寄生性和腐朽性。乘坚策肥，蒸龙烹凤，极端豪华奢侈，是不必多说的，由于这些寄生者们的养尊处优，其愚昧无知，倒是惊人的。宋仁宗时，石曼卿邻近有一个李姓大豪商，镇日歌声，不绝于耳。及至石曼卿去拜访他，这个人全然不知“拱揖之礼”，“懵然愚痴，不分菽麦”，是一个地地道道的“钱痴”[①]。然而正是这样的代表人物，同官僚、地主等封建势力日益结合起来，拼命吸吮着社会的机体，“使它精疲力竭，并迫使再生产在每况愈下的条件下进行”[②]。

① 彭乘：《墨客挥犀》卷八。

② 《马克思恩格斯全集》第25卷，第674~675页。

第五编

宋代社会经济思想

第三十一章　北宋地主阶级改革派和保守派的经济思想

人们的社会存在，决定人们的思想意识。在宋代高度发展的社会经济的基础上，形成了宋代社会的经济思想。不过，由于不同阶级、不同社会集团在社会生产、社会经济生活中所处地位的不同，因而在宋代社会经济思想中，不仅反映了阶级之间的对抗性质，还反映了同一阶级内不同阶层不同社会集团之间的经济思想的差异。而具有差异、分歧及至对抗性质的经济思想，反作用于社会经济的发展就产生了种种不同的结果。本编叙述的主要内容就是，宋代形形色色的经济思想，以及这些思想的反作用。本编的第一章就从地主阶级改革派的经济思想说起，而在地主阶级改革派经济思想中首先提到的就是改革的先行者李觏的经济思想。

第一节　宋代社会改革的先行者——李觏的经济思想

李觏（1009～1059），字泰伯，江南西路建昌军南城人。据李觏所撰写的他的母亲的墓志来看，在李觏的青年时代，家境是相当困窘的："既而生觏，十四年而先君没，是时家破贫甚，屏居山中，去城百里，水田裁二三亩，其余高陆，故常不食者"。赖他的母亲辛勤经营，"募僮客烧薙耕耨，与同其利，昼阅农事，夜治女工，斥卖所作，以佐财用，蚕月盖未尝寝，勤苦竭尺以免冻馁"①。这样一个家庭环境，对李觏的思想不能不产生重要的影响。在进入社

① 李觏：《直讲李先生文集》卷三一《先夫人墓志》。

会之后，李觏与当时的社会改革派、庆历新政的主持者范仲淹建立了密切关系，在思想上政治上受到改革派的深刻影响。此外，古代的传统文化，又作为思想资料，供李觏吸收汲取。李觏的经济思想便是在这种社会条件下形成的。

李觏以及比他稍晚的王安石，对古代典籍之一的周礼都是推崇备至的，他们认为，只要按照周礼中所制定的某些原则，便能够解决当代的社会问题。在题为《周礼致太平论》的一组文章中，李觏反复强调了这一点。他指出，在生产过程中，土地本身具有的重要作用："生民之道食为大"，"土地本也，耕获末也，无地而责之耕，犹徒手而使之战也"①；"民之大命谷米也，国之所宝租税也"②。从民食和国税这两个方面强调了土地的作用。土地的作用虽然如此之大，可是在宋代土地自由占有的政策下，到宋真宗、仁宗年间暴露出来了土地占有不均的问题，所谓"法制不立，土田不均，富者日长，贫者日削，虽有耒耜，谷不可得而食也"③；"自阡陌之制行，兼并之祸起，贫者欲耕而无地，富者有地而或乏人。野夫有作惰游，况居邑乎?！沃壤犹为芜秽，况瘠土乎?！饥馑所以不支，贡赋所以日削"④。因此，李觏从这一社会现实出发，强调指出"平土之法"是自古以来的"王政"之始，成周时代的井田制是解决土地问题的基本方案，即使不能实行井田制，对土地的占有也要给以适当的限制：

> 井田立则田均，田均则耕者得食，食足则蚕者得衣。不耕不蚕，不饥寒者希也！⑤
>
> 家皆受田，则是人无不耕，无不耕则力岂有遗哉！……孟子曰仁政必自经界始，师丹言宜略为限，不可不察也。⑥

宋人提出恢复井田制的，先于李觏的有陈靖等，后于李觏的有王安石、张载、程颢、程颐等。宋人之所以频频提出复行井田制度，我在《王安石变法》中

---

① 《直讲李先生文集》卷一九《平土书》。
② 《直讲李先生文集》卷一六《富国策》第二。
③ 《直讲李先生文集》卷一九《平土书》。
④ 《直讲李先生文集》卷六《国用》第四。
⑤ 《直讲李先生文集》卷二〇《潜书》。
⑥ 《直讲李先生文集》卷六《国用》第四。

曾经指出，“在这种复古主义形式的背后，隐藏着阶级斗争的丰富生动的内容”；它是在王小波、李顺农民起义军提出的“均贫富”这一反封建的号令的冲击下，封建士大夫为摆脱这一窘境而提出的解决土地问题的方案；尽管自宋以下在地主阶级改革中已不可能复见，但李觏提出这样一个方案，试图缓和社会矛盾和农民的反抗，以发展社会生产，这种意图则是灼然可见的”①。这样，李觏有关土地问题的议论就表现了它的时代特点和阶级内容了！

李觏之所以提出井田制方案，就在于这种土地制度能够“尽地力”，从而获得更大的经济效益。他指出，在现有土地占有的情况下，“贫无立锥之地，而富者田连阡陌”，从富有者的情况看，“富民虽有丁强，而乘坚驱良，食有粱肉，其势不能以力耕也”②，“富者有地而或乏人”③，这些人或者不参加劳动，或者缺乏劳动人手；而从贫苦的农民方面来看，虽有劳动力，可是“食不自足，或地非己有”④；因之，尽管“山林薮泽原隰之地”虽然不少，却无从垦辟，不能“尽地力”。只有实施井田制，即使不能恢复井田制也要实行限田，才能够“均无贫”，才能“人无遗力，地无遗利，一手一足无不耕，一步一亩无不稼，谷出多而民用富，民用富而邦财丰”⑤。这样，在发展生产的基础上，既能解决人们的衣食问题，也能解决地主阶级及其国家的租税问题。

那么，怎样才能够实施井田制或限田制呢？李觏认为，可以从两个方面解决问题。一是抑末。他说，要想行井田，“则莫若先行抑末之术，以殴游民”；“游民既归矣，然后限人占田，各有顷亩，不得过制”；“游民既归，而兼并不行，则土价必贱；土价贱，则田易可得；田易可得，而无逐末之路、冗食之幸，则一心于农；一心于农，则地力尽矣！”⑥ 进一步考察起来，李觏所要“抑”的“末”，有以下两类人。一类是由于土地兼并，从土地上被排挤出来，经营小商小贩或小工的劳动者。把这部分人重新驱回到土地上，以解决劳动力

① 《王安石变法》第61，194～197页。
② 《直讲李先生文集》卷一六《富国策》第二。
③ 《直讲李先生文集》卷六《周礼致太平论》。
④ 《直讲李先生文集》卷一六《富国策》第二。
⑤ 《直讲李先生文集》卷六《周礼致太平论·国用》第四。
⑥ 《直讲李先生文集》卷一六《富国策》第二。

的不足；另一部分是从事土地兼并的商贾高利贷者。在提到这个抑制的对象时，李觏极其愤慨地说："买贱卖贵，乘人之急，必劫倍蓰之利者，大贾富家之幸矣，为民父母奈何不计本末，罔农夫以附商贾？"[1] 从这些言论来看，李觏依然继承了传统的重农抑末的政策。

李觏所要抑制的，还不限于所谓的末作，对一些所谓的"冗食"，也主张要加以抑制，"殴"之归农的。所谓的"冗食"，主要地是指释老之徒和巫婆神汉之类。他指出："今也释老用事，率吾民而事之。为缁焉，为黄焉，籍而未度者，民之为役者，无虑几百万，占良田利宅，媺（?）衣饱食，坐谈空虚，以诳耀愚俗！"[2] 抑制这部分人的目的，与抑末一样，即一方面缓和土地兼并，另一方面使寺院役使的劳动人手回到农业生产上去，从而垦辟更多的土地。

就宋代地主阶级构成而论，李觏所要抑制的寺院地主以及由商贾高利贷者转化来的一部分地主，亦都包括在内。那么，对原有的土地势力，李觏又抱有什么态度呢？即使对于兼并大地主，李觏也不主张给以"抑"制。在《寄上孙安抚书》中有云：

> 古之治民，唯欲富庶；今之治民，特恶豪右。夫豪右者，智力或有以出众，财用亦足以使人，将济艰难，岂无其效？今之浮客，佃人之田、居人之地者，盖多于主户矣。若许富人置为部曲，私自训练，凡几度试胜兵至若干人，或擒盗至若干火者，授以某官，仍寝进纳之令，以一其志。凡人既得以自防，又得以官进，苟有余财，岂谁不勉？岁年之后，千夫长不难得矣。《周礼》乡为一军，未闻反叛；秦人功赏相长，何患豪强？大有为者，宜无猜忌。[3]

对这类地方豪强，李觏不仅不主张抑制，而且还要发挥他们在地方上的统治作

---

① 《直讲李先生文集》卷七《周礼致太平论·国用》第九。
② 《直讲李先生文集》卷一六《富国策》第四。
③ 《直讲李先生文集》卷二八。

用，同时在抑末中把那些游民“殴”回到农业生产上去，为豪右大地主提供劳动力：“其不能者（指自己无力垦辟土地的农民）又依富家为浮客，则富家役使者众，役使者众则耕者多，耕者多则地力可尽也。”[①] 由此可见，李觏有关复行井田制的议论，从根本上说，是代表了包括豪强大地主在内的地主阶级的利益的。

更进一步看来，李觏的重本抑末的思想，虽然是前代的继续，但它并不是对前代的简单的重复，而是具有时代的特点。如前面叙述过的，宋代商品经济以前所未有的速度而发展起来，在这样的情况下，广大农民特别是商品生产发达地区的农民，同市场的联系便日益密切起来了。李觏敏锐地观察到这个问题，并提出了“谷贱则伤农，贵亦伤农，贱则利末，贵亦利末”的新见解、新认识，从而突破了前此“谷甚贱则伤农，贵则伤末”的传统认识。为什么谷价贵贱都伤农而利末呢？李觏指出：“农不常粜有时而籴”，“以一岁之中论之，大多敛时多贱而种时多贵”；农夫们“小则具器服，大则营昏丧，公有赋役之令，私有称贷之责”，因而在这种情况下不得不粜卖谷物，以至于“一谷始熟、腰镰未解而日输于市焉，粜者既多，其价不得不贱；贱则贾人乘势而罔之，轻其币而大其量，不然则不售矣。故曰敛时多贱，贱则伤农而利末矣”。另一方面，“农人仓廪既不盈，窦窖既不实，多则数月、少或旬时而用竭矣”，“于是乎日取于市焉，籴者既多，其价不得不贵，贵则贾人乘势而闭之，重其币而小其量”，“故曰种时多贵，贵亦伤农而利末也”[②]。李觏的这个新认识、新见解，是经得住历史的检验的，因而也是正确的。自宋以后的封建时代里，农民同市场的联系越是密切，农民越要受到买贱卖贵大商贾的勒索，以至经济状况受到了相应的影响。

针对上一情况，李觏重农抑末思想中，重弹了封建国家对市场、物价加强管理和控制的论调。从过去历史上这方面的实践经验出发，李觏认为，战国秦汉以来的均输平准法是解决这一问题的有效措施，因而要求把开阖敛散之权从商贾手中夺归政府。他指出，商人们具有“买贱卖贵”、囤积居奇的本性，称

① 《直讲李先生文集》卷一六《富国策》第二。
② 《直讲李先生文集》卷一六《富国策》第六。

他们善于“乘人之急”而“必劫倍蓰之利”，封建国家对此既不应坐视，更不能附和商贾而去欺罔农民。因而要像汉武帝一样，“置平准于京师，都受天下委输，大农诸官尽笼天下之货物，如此富商大贾亡所牟大利则反本，而万物不得腾跃”[①]。此其一。李觏还指出，国家要把理财放到重要位置上。他说：“人之有财而不自治，治之者君”；“君不理则权在商贾，商贾操市井之权，断民之物命，缓急、人之所食有也，虽贱不得不卖，裁其价太半可矣；虽贵不得不买，倍其本什百可矣，如此蚩蚩之氓何以能育？是故不售之货则敛之，不时而买则与之；物揭而书，使知其价。而况赊物以备礼，贷本以治生，皆所以纾贫窭而钳并兼，善民之政，不亦善乎！”[②] 从这些议论来说，李觏要求政府加强对商业、市场的管理和控制，是从有利于国计民生出发的，而不是像秦汉那样在法律上把商贾视为一个轻贱的社会阶层！

李觏虽然主张国家加强对商业、市场的管理和控制，但并不主张扩大封建国家的专利制度，他认为对茶、盐的生产和销售，国家不应当垄断，而应当实行通商法。他批评了当时的茶法和盐法，称：“茶盐之禁，本非便人，经费所须，盖不获已”；对于茶，不论“君子小人靡不嗜也，富贵贫贱靡不用也”，“今日之宜，亦莫如一切通商，官勿买卖，听其自为”，国家仅“借茶山之租，商人之税”而已[③]。同样地，盐也要通商，而不要官卖。为什么李觏不赞成茶、盐的征榷呢？其一是，一州之内，官府卖盐的“坐肆占卖者郡才数十”，而一州数万户人家，“仰数十家之盐，一铢一两不可与官为市”，不便于民。更重要的是，李觏从市场竞争这一角度观察，指出“公盐贵而污，私盐贱而洁，山泽之氓，城邑之豪竞食之”。第三，正是由于都食私盐，“窃贩者亦交驰焉”，“利之所诱，虽日刑人，号痛之声动乎天地”，也是禁止不了的，以至“江岭之交，最多盐贼，起而为大害者，往往有之”[④]。所以，李觏主张，“今日之宜，莫若通商，商通则公利不减而盐无滞也”[⑤]。李觏的这项主张，只有

① 《直讲李先生文集》卷七《周礼致太平论·国用》第七。
② 《直讲李先生文集》卷八《周礼致太平论·国用》第十一。
③ 《直讲李先生文集》卷一六《富国策》第一〇。
④ 《直讲李先生文集》卷二六《寄上孙安抚书》。
⑤ 《直讲李先生文集》卷一六《富国策》第九。

茶法在宋仁宗嘉祐年间实行了通商法，而盐法则始终未能实行。从商品经济发展趋势看，茶、盐实行通商法是有利于这个发展的，可是这条路不但没有行通，而且国家专利制度日趋强化，因而茶盐法中的症结所在一直未能解决。由此看来，李觏的主张虽然没有实现，但它与历史发展的趋势则是一致的。

货币经济是随着商品生产的发展而发展起来的。在宋代商品货币经济发展的条件下，李觏对当时的货币制度也提出了自己的见解。首先，由于金银在流通领域里起着越来越大的作用，李觏曾经指出，“货莫贵乎金，贿莫重乎帛”，“古者以金银为币，与泉布并行”①，金银在交换中所产生的作用。与此同时，李觏还曾指明，“金者以其器成而可革，革之而不耗也”这一性能，以及“金银其价重大”，作为贵金属的重要意义，从而强调了金银作为财富和货币的意义和作用。另一方面，李觏还认为，由于金银的价值重大，“不适小用”，只有“泉布之作”即铜钱之类的通货，才是流通领域中经常需要的，并强调指出，这是所谓的“百王不易之道也”②。李觏的这些见解，一方面反映了在宋代流通领域里，金银的流通量还很有限；但另一方面，李觏把铜币的流通看作为“百王不易之道”，而没有看出金银在商品经济发展中必然能够取得更进一步的发展，这就又显得有些偏颇不足了。

在我国古代货币发展史上，战国以来形成了一种有关货币“轻重”的理论。其中，《管子》一书对这一理论的形成和阐发具有重要的作用。这个理论确有它的特色，在世界经济思想史上占有一定的地位。但是，毋庸讳言的是，这个理论既有其积极方面的意义，也有其消极方面的作用。它既包含了货币金属论的因素，也包含了货币名号论和货币数量论的因素，对后代都产生了相应的影响。李觏有关货币的一些见解，如：“大抵钱多则轻，轻则物重；钱少则重，重则物轻”，把商品价格的贵贱高低，归结于货币流通的数量，就是受“轻重论”的直接影响。不言而喻，这个见解是不够正确的。虽然如此，李觏强调指出，货币的畸轻畸重，对百姓有利有不利，“至以国计论之，莫若多之

---

① 《直讲李先生文集》卷一六《富国策》第三。

② 《直讲李先生文集》卷一六《富国策》第八。

为贵。何者？用有常数，不可裁减故也。”[①] 由于李觏强调货币的重大作用，因而对社会上私铸的劣币即“恶钱”是持有否定态度的。李觏指出，“恶钱”是将国家的铸币——“法钱”重新回炉之后，淆杂他物而制造出来的。因为铸造劣币可以获得两三倍的利息，所以在重湖大江穷山深谷之间盗铸甚众。而这些“恶钱”充斥到市场上之后，市场价格就发生了相应的变动。“恶钱”促使物价上涨，“恶钱”越多，物价上涨得越厉害。因此李觏力主禁绝盗铸，而要禁绝盗铸，就得先去恶钱：“下令收恶钱而销之，除其淆杂，偿以铜价，示之期日，要之重典，民既畏法而又喜于得值，将毕入于官”[②]。李觏的去恶钱、用良币的见解，也就是主张以良币作为权衡物价的尺度，因而在这些见解中又包含了货币金属论的因素。

李觏有关财利的论述，在他的经济思想中，如果不是最精彩的篇章，也当是最精彩的篇章之一。

大家知道，儒家正统派在对义与利的论述中，总是把这两者对立起来，只言义而不言利。孔夫子就如此：“君子喻于义，小人喻于利”，把义和利截然分开，认为利是君子们不屑一顾的。孟子走得更远，以鱼和熊掌比喻义和利，认为二者是对立的、不可兼得的，到处兜售他的“何必言利”的主张。到西汉初年的董仲舒，把义利之辩进一步绝对化，竭力宣扬“正其谊而不谋其利，明其道而不计其功”这个非常动听的谬论。实际上，儒家正统派的这一套说法是极其虚伪的，他们口头上总是反对抽象意义上的“利”，而在实际活动中，对具体的“利”是一点也不放过的。孔夫子自己就说过，“自行束修以上，吾未尝无诲焉”，连一束干肉都不放过。虽然如此，但长期以来没有人对儒家正统派义利观的虚伪性给以揭穿和批判，而敢于向这一传统说法提出挑战，并提出新见解的，李觏即使不是第一个，也是其中较早的一个。

在《原文》中，李觏劈头就提出来“利”“欲”是否可以谈论的重大问题。他以十分明白、确切的语言回答了这个问题：

利可言乎？曰：人非利不生，曷为不可言！欲可言乎？欲者人之

---

① 《直讲李先生文集》卷一六《富国策》第八。

② 《直讲李先生文集》卷一六《富国策》第八。

> 情，曷为不可言！言而不以礼，是贪与淫，罪矣。不贪不淫，而曰不可言，无乃贼人之生、反人之情，世俗之不熹儒以此。孟子谓何必言利，激也！焉有仁义而不利者乎？①

李觏在这里所谈的“利”和“欲”，是从人类物质生活需要这一基本点提出来的，当然是正确的。但是，李觏毕竟是封建士大夫，他所讲的“利”和“欲”根本没有越出地主阶级的常轨。这是因为，“利”和“欲”都有其一定的界限和规范，越出这个界限和规范就是“贪”、就是“淫”。而“利”和“欲”的界限和规范是什么呢？按李觏的说法，就是地主阶级的“礼”！因此，人们的“利”和“欲”就只能限定在地主阶级的“礼”的规范以内，不能有所逾越！这样一来，也就暴露出来了李觏所讲的“利”和“欲”的阶级实质了。虽然如此，但李觏的上述议论依然是极为精彩的，他直接抨击了孟子的“何必言利”这一伪说，不是把“义”和“利”对立起来，而是结合起来加以考察，从而突破了儒家正统派的传统说法。在《富国策》第一篇中②，李觏便理直气壮地提出来，国家要讲财利，富国是首要的任务：

> 愚窃观儒者之论，鲜不贵义而贱利，其言非道德教化则不出诸口矣。然《洪范》八政，一曰食，二曰货……是则治国之实必本于财用……礼以是举，政以是成，爱以是立，威以是行。舍是而克为治者未之有也。是故贤圣之君，经济之士，必先富其国矣。

李觏把讲财利、富国摆在首位，认为礼、政、爱、威只有建立在“财用”的物质基础才能有所成功，这种思想观点导源于管仲的“仓廪实而知礼节，衣食足而知荣辱”。李觏更进一步强调指出：如果“民不富，仓廪不实，衣食不足，而欲教之以礼节，使之趋荣而避辱”，能否办得到呢？李觏回答说：“学者皆知其难也。”他还反问道：如果“使天下皆贫，则为之君者，利不利乎？”这是不言而喻的。可是一些主持国家大政的，却不懂得这个道理，不肯让百姓富庶起来；农民们“夙兴夜寐，攻苦食淡”，勤于耕桑的艺植和财货的流通，而国家则施以无止境的压榨，“任之重，求之多，劳必于是，费必于是”，即

---

① 《直讲李先生文集》卷二九。

② 《直讲李先生文集》卷一六。

使富庶的民户也承担不了而致贫困[1]。李觏又借着这个机会对国家沉重的赋役提出了批评，这可见在他的富国思想中又包含了调整封建国家与劳动生产者之间的关系，减轻国家赋役的负担，以巩固封建统治这一内容的。

李觏虽然把义和利结合起来进行考察，指出“食不足，心不常，虽有礼义不可得而教也”[2]，“焉有仁义而不利者乎”，但对两者的关系说得还不够透彻。比李觏稍晚的苏洵、王安石，则有了较为完整的论述。苏洵在题为《利者义之和论》的文章中，阐明了这两者的关系。他以武王伐纣作为例证，指明这种行动可算是“扬大义而行”的了，为什么武王汲汲于向广大人民群众“发粟散财”呢？不是由于别的，即使是周武王，“亦不能徒义加天下也”。由此苏洵进一步地指出：“乾文言曰：利者，义之和。又曰：利物足以和义”，“利在则义存，利亡则义丧……义利、利义相为用而天下运诸掌矣”，“义必有利而义和”[3]。经过这番论述，义利之间的关系更加灼然了。到南宋，陈亮、叶适在此问题上有了更进一步的发展。而宋代士大夫在此问题上能够有所突破，李觏的功绩是不能泯灭的。

综合起来看，李觏提出复行井田制，在宋以下地主阶级改革中虽然不能实现，但它却反映了现实土地关系的矛盾所在；特别是关于他的发展生产、富国富民的思想具有更加积极的现实意义。在商品货币经济发展的历史条件下，他所提出的谷贱伤农、谷贵伤农的新见解新观点，是经得住历史实际检验的，因而也是值得注意的。至于他的义利观，则突破了儒家正统派的观点，开有宋一代的先河，尤其值得重视。总之，李觏的经济思想，大体上是与社会历史发展方向相一致的，因而有利于商品经济的发展；而李觏的这些思想观点又是从维护地主阶级利益出发的，所以，在他的思想中，既有其明显的时代特点，又有其深刻的阶级烙印。

---

① 《直讲李先生文集》卷八《周礼致太平论·国用》第一六。

② 《直讲李先生文集》卷一九《平土书》。

③ 苏洵：《嘉祐集》卷八。

第二节　杰出的改革家王安石的经济思想①

王安石（1021～1086）是宋代杰出的改革家、思想家和文学家。在他的全部思想中，经济思想占有重要的地位，对变法革新起了重大的作用。同稍早于他的李觏一样，王安石也是从古代典籍中汲取营养，以充实他的思想认识，其中《周礼》对他的影响最大。王安石当政之后，曾组织人力，对《书经》《诗经》和《周礼》进行了校订注释，谓之《三经新义》，而《周礼新义》一书则是由他自己撰写成功的。可惜的是，这部著作已经佚散不全了。虽则如此，从这些残卷中我们还能够看出《周礼》所给予他的影响。古代典籍对王安石的经济思想的形成虽然有不小的影响，但毕竟是居于第二位的。最主要的还是当时的社会历史条件。就这个条件而论，与李觏大致是一样的。不过，由于两人家庭情况的不同，经历的不同，特别由于王安石仕途风顺，从地方官、侍从之臣一跃而成为变法革新的设计者和主持者，王安石的经济思想的发展和变化就与李觏大不相同了。这个不同，表现在王安石经济思想方面的时代特征更加清晰、更加鲜明，阶级烙印更加深刻，影响亦更加深远。

王安石面临了这样一个历史时代：社会生产呈现了某种程度的萎缩，兼并势力发展，在赋役重压下广大农民群众日益贫困，国家财政日益竭蹶，内外交困，积贫积弱，宋封建统治处于危机四伏的局势。究竟进行什么样的改革，才能扭转这个局面呢？从长期的实践和缜密的考察中，王安石逐步形成了如下一条经济改革的路线，即：在发展生产的基础上，实现国家财政的好转，调整经济关系中的某些环节，缓和社会矛盾，从而稳定和加强宋封建专制主义的统治。这条改革路线，集中体现了王安石的经济思想。

在王安石的经济思想和改革路线中，发展生产具有极其重要的意义和作用。王安石早年任职州县时就具有了这一思想，他说：

尝以谓方今之所以穷空，不独费出之无节，又失所以生财之道故

① 20多年以前，我在《王安石变法》一书中对王安石的经济思想作了一些叙述，自然还不够系统、全部。这些年来，对这一问题没有做出更多的研究，因而仍限于一般的简略的叙述。

也。富其家者资之国，富其国者资之天下，欲富天下则资之天地。①

所谓的“生财之道”，是王安石经常所说的“治财”或“理财”的一个重要方面；它并没有任何神秘的地方，而是调动人们、组织人们向天地亦即自然界索取财富，只有这样才能富庶起来。在人同自然界的关系中，王安石极其重视人类主动性、积极性的发挥。他以种植、园圃和畜牧业为例，说明了这个问题：

九谷不能自生，待三农而后生；草木能自生而不能相毓，待园圃而后毓；鸟兽能相毓而不能自养蕃，待薮牧而后养蕃；养蕃者，养而后蕃之也。②

农业是国民经济的基础，特别是在封建时代更有决定性的意义。因此，王安石在多项生产中，总是把农业生产放在第一位，在此后当政的改革工作的序列中，又总是把抓农业生产放在第一位。正因为王安石是这样重视农业生产，重视广大群众在生产中的主动性和积极性，所以他以极其乐观的态度写道：“游民慕草野，岁熟不在天”③。这就是说：只要把群众的积极性调动起来，使那些游手好闲的二流子也都回到农业生产第一线，那么，岁熟与否，就决定于人而不在天了。这种人定胜天的思想，到任何时候都对人们起着巨大的鼓舞作用！

发展生产的目的，是使民众富庶，而同时，也使国家财政充裕起来。王安石在提到这个问题时，总是把发展生产作为解决国家财政的前提条件：“任民以职，然后民富，民富然后财贿得而敛，敛则得民财矣！”④ “今所以未举事者，凡以财用为急，故臣以理财为方今先急。……理财以农事为急……”⑤。在《上仁宗皇帝言事书》中，王安石以极其精辟的语言把发展生产同国家财政的关系给以有机地联系起来：“盖因天下之力以生天下之财，取天下之财以供天下之费。”⑥ 把发展生产或者说开源放在第一位，即是王安石财政观的本

① 王安石：《临川先生文集》卷七五，《与马运判书》。
② 王安石：《周官新义》卷一。
③ 李壁：《王荆公诗笺注》卷一七，《肖兵》。
④ 《周官新义》卷一。
⑤ 李焘：《续资治通鉴长编》卷二二〇。
⑥ 《临川先生文集》卷三九。

质和特色。

在王安石的财政观中，开源固然受到重视而被放在第一位，节流也同样受到王安石的重视。他曾经指出："且天地之生财有时，人之为力也有限，而日夜之费无穷。以有时之财，有限之力，以给无穷之费，若不为制，所谓积之涓涓而泄之浩浩，如之何使斯民不贫且滥也。"① 由此透彻地说明了节流的意义。仔细考察起来，王安石所提出的节流即节制财用，实际上包含着两层意义。一个是要社会上节制财用，反对人们的竞逐奢华，因而对一些奢靡的事物要给限制，特别是在传统的抑商影响之下，对"工商逐末者重租税以困辱之"，在这一点上同他的前辈李觏有点类似。另一层意义则是针对封建国家"费出之无节"，提出了封建国家要大力节制财用，亦即大力压缩各项经费和不必要的开支，甚至连国家专利制度也要限制在一定范围内："所谓节财用者，非特节邦国之财用而已，邦国不敢专利以过制，万民不敢擅财而自侈，然后财用可节也。"② 在尔后的改革中，王安石大力裁汰冗兵，总数达三四十万人之多，熙宁年间国家财政好转，与军费开支的撙节是分不开的。所以，节流在王安石的财政观中虽然占不了第一位，也是很重要的。

如上所述，只要能够把劳动者调动起来，组织起来，"游民慕草野"，社会生产就能够发展起来，国家就能够富庶起来。但是，谁能够把劳动者调动起来、组织起来呢？王安石从地主阶级立场出发，在《度支副使厅壁题名记》一文中，详细地论述封建国家在这方面所起的重大作用：

> ……夫合天下之众者，财；理天下之财者，法；守天下之法者，吏也。吏不良，则有法而莫守。法不善，则有财而莫理。有财而莫理，则阡陌闾巷之贱人，皆能私取予之势，擅万物之利，以与人主争黔首，而放其无穷之欲，非必贵强桀大而后能如是！而天子犹为不失民者，盖特号而已耳！虽欲食蔬衣蔽，憔悴其身，愁思其心，以幸天下之给足而安吾政，吾知其犹不得也。然则善吾法而择吏以守之，以

① 《临川先生文集》卷六五《风俗》。

② 《周官新义》卷二。

> 理天下之财，虽上古尧舜犹不能毋以此为先急，而况于后世之纷纷乎？①

在《翰林学士除三司使制》中又说：

> 夫聚天下之众者，莫如财；理天下之财者，莫如法；守天下之法者，莫如吏。②

上述王安石的这些话，集中表达了一个意思，即：要想理财，既包括发展生产，又包括解决国家财政，就只能够依靠国家政权的强大力量，创制立法，进行从上到下的改革。政治是经济的集中表现，上层建筑必须为经济基础服务，这是包括王安石变法在内的古今中外进行改革的必由之路。离开了国家政权，就谈不到经济改革。当然，历史上的改革，所依靠的国家政权的性质有所不同，改革所取得的效果和作用也有所不同。

王安石虽然主张国家政权积极地干预经济生活，却反对国家竭泽而渔的理财方针。他在《周官新义》中说："民轻犯法，多由于民贫；民之贫，以赋敛之重；赋敛之重，以国用之靡，故使刑官献民数而内使司会冢宰以制国用也。"特别是他早年在《与马运判书》中打了一个非常形象的比喻，来说明这个问题。他说："盖为家者，不为其子生财，有父之严而子富焉，则何求而不得？今阖门而与其子市，而门之外莫入焉，虽尽得子财，犹不富也。"这些话清楚地说明了，竭泽而渔的理财办法，不但不能增加社会财富，而且反而引起社会的骚动和不安。这是一方面。

另一方面，王安石也不赞成对社会经济生活采取过多的、过分的干预政策。这明显地表现在对待国家专利制度上。前引《周官新义》中提到，"邦国不敢专利以建制"；他对宋神宗还当面说过，"榷法不宜太多"③。不赞成国家专利搞得太多，这是王安石一贯的思想。还在鄞县县令任上，王安石给两浙转运使的一封信中就对禁盐提出了自己的看法："伏见阁下令吏民出钱购人捕盐，窃以为过矣！海旁之盐，虽日杀人而禁之，势不止也。今重诱之使相捕

---

① 《临川先生文集》卷八二。
② 《临川先生文集》卷四九。
③ 陈瓘：《四明尊尧集》卷五引《王安石熙宁奏对日录》。

告，则州县之狱必蕃而民之陷刑者将众”①。对榷茶，他也持有鲜明的反对态度。所以，当着嘉祐年间朝廷议论变官榷为通商时，他是赞成的：“国家罢榷茶之法而使得自贩，于方今实为便，于古义实为宜。有非之者，盖聚敛之臣将尽财利于毫末之间，而不知与之为取之之过也”②。在执政之后，曾有人建议榷卖京东路铁，在王安石的反对下而告搁浅。

为什么王安石提出“榷法不宜太多”的主张？第一，既要行征榷，就得严禁令，像上述榷盐之类，“虽日杀人而禁之，势不止也”，激起人民的反抗，不利于宋封建统治；第二，王安石清醒地看到，由于国家官僚机构毛病太多，实行过多的专利制度，例如榷铁、制作铁器，必然重犯汉武帝时候铁器制造得既不好、价钱又贵的弊端，对国家、对人民都是不利的；第三，从国家专榷和民间自由贸易情况比较来看，茶则“官场所出粗恶”，盐则多掺杂灰土，而价格又高，民间贩卖或非法私贩的茶、盐，价廉物美，因而广大消费者不喜欢官府买卖的茶、盐，而喜欢民间自由贸易的茶、盐。从这种实际情况出发，王安石是不赞成榷法太多的。

但王安石也不赞成国家统统放弃专利制度，采取自由放任的政策。这是因为，在王安石看来，封建国家承担均平赋税的职责，如果对专利制度予以放弃或者不加任何干预，那么，“阡陌闾巷之贱人，私取予之势，擅万物之利，以与人主争黔首，而放其无穷之欲，非必贵强桀大而后如是”③，就是说，在这个时代里，一些有政治身份的贵族、官僚、豪势固然能够进行兼并，而那些没有什么地位的、所谓的“贱人”，即新兴的商人和高利贷者也同样能够进行兼并。这就如王安石所指出的，需要国家政权利用征榷专利制度，发挥自己的威势，以抑制兼并势力，因而对专利制度不能放松。但，国家专榷制度也不能过分依靠豪商巨贾。王安石在《茶商十二说》中，指出榷茶“须仰巨商”“为害甚广”，如对巨商“加饶”过多，对国家所损就大，诸如积压之损、陷税之损、退额之损、力禁之损等等，使货物质量日低，价格日高，一坑害国家，二

① 《临川先生文集》卷七六。
② 《临川先生文集》卷七〇。
③ 《临川先生文集》卷八二《度支副使厅壁题名记》。

坑害消费者，“如此不可不去也”[①]。

显而易见，在征榷问题上，王安石既不赞成搞得太多，卡得过死，也不赞成不管不问，放任自流。在王安石执政期间，只有川茶开始征榷，铁则没有征榷，王安石是实践了他的“榷法不宜太多”的主张的。从宋以后历史发展的趋势看，国家对征榷制度（不仅茶、盐、酒等，也有多种矿冶）越是放宽，即对社会经济生活的干预越是少一些，就越有利于商品经济的发展。反之，商品经济的发展就要受到不良的影响。王安石对榷法所持的态度，显然是顺应商品经济发展的这一趋势的。

王安石既然把理财作为国家大计，认为是国家的当务之急，他就必然要回答义和利的问题。从此可以看出，王安石的义利观，与儒家正统派是有分歧的，而与他的前辈李觏类似，但比李觏更前进了一大步。王安石认为，“夫闵仁百姓而无夺其时，无侵其财，无耗其力，使其无憾于衣食，而有以养生丧死，此礼义廉耻之所兴，而二帝三王戒敕百工（即百官的意思）诸侯之所先，后世不可以忽者也。”[②] 这个说法，导源于管子，即把“礼义廉耻之所兴”建立在“财利”这样一个物质基础上。与此同时，王安石还把官吏们的鲜廉寡耻归之于俸禄太薄，“盖人主于士大夫能饶之以财，然后可责之以廉耻。方今士大夫所以鲜廉寡耻，其原亦多出于禄赐不足，又以官多员少之故，大抵罢官数年而后复得一官。若罢官而止俸，恐士大夫愈困穷而无廉耻”[③]。所以，他一直主张增加俸禄，用以养廉。正因为王安石的义利观具有这一认识，所以在变法伊始，当反对派反对陈升之，称他以宰相的身份而言财利应深以为耻时，王安石即毫不迟疑地宣称，言财利乃是真宰相之任。在《答曾公立书》中，王安石为青苗法辩护说：“孟子所言利者为利吾国”，“政事所以理财，理财乃所谓义也”；“一部《周礼》，理财居其半，周公岂为利哉”[④]！在亲自批驳韩琦反青苗法的奏章并以条例司名义发布的文告中，王安石堂堂正正地向社会上宣布了他的这个理财观点。王安石的“理财乃所谓义也”，与前述苏洵的“利

① 《临川先生文集》卷七〇。
② 《临川先生文集》卷四九，《诫励诸道转运使经画财利宽恤民力制》。
③ 《临川先生文集》卷六二《看详杂议》。
④ 《临川先生文集》卷七三。

者义之和”，都突破了儒家正统派的说教，为义利观增加了新的内容。

作为王安石经济思想中最值得注意的和最富有积极意义的是他的“抑兼并”的思想。王安石在同宋神宗的一次谈话中提道：“今所以未举事者，凡以财用为急，故臣以理财为方今先急。……又论理财以农事为急；农以去疾苦、抑兼并、便趋农为急。”① 这些话的意思是，不仅如前所指，要想解决财政问题，必先发展生产，而要发展生产，必先把农业生产放在第一位；而且特别重要的是，要发展农业生产，必先调动广大农民的积极性；而要调动广大农民的积极性，就必先去掉妨碍农民进行生产的一些弊害，即“去疾苦、抑兼并”；——只有做到这一步，才能“便趋农”，调动农民生产的积极性。而其中所谓的“去疾苦、抑兼并”，就是对现有的国家与农民之间、兼并势力同农民之间经济关系的某些环节，进行调节，从而以适应生产力发展的需要。这样，王安石就把理财——发展生产——调节生产关系有机地结合起来，从而构成为王安石经济思想的精髓。

“抑兼并”，这是王安石一贯的思想，而且也有其演变过程。王安石早年任职州县时，在《兼并》《发廪》《寓言》等诗篇中，便表达了他摧抑兼并的思想，到《度支副使厅壁题名记》的文章中，这个思想更发挥得淋漓尽致。王安石认为，兼并之所以要加摧抑，主要是因为这个势力是造成国穷民困的根源，“后世不复古，贫穷主兼并”②。因而要解决国穷民困的问题，就只有走摧抑兼并的这条路。为此，他同李觏一样，憧憬古代的井田制度，“愿见井地平”。及至执政之后，王安石便从诗人的幻想转变到政治家的面向实际，认为恢复井田已是不可能的了，不仅他自己不再谈什么井田了，而且对程颢、张载等人的井田议也认为是“致乱之道”③。于是王安石摧抑兼并的思想便沿着这个方向发展：“今百姓占田连阡陌，顾不可夺之使如租庸调法授田有限。然世主诚能知天下利害，以其所谓害者制法而加于兼并之人，则人自不敢保过限之田。”④ 不是径直地解决土地问题，而是通过某些法令政策给豪强兼并以一定

① 《长编》卷二二〇。
② 《王荆公诗笺注》卷一七。
③ 《长编》卷二一三。
④ 《长编》卷二二三。

的限制，这就是王安石执政后抑兼并思想的重大变化。

抑制兼并当然是调动广大生产者积极性的一个极其重要的方面。但，仅做到这一步，即所谓“区区抑兼并”，仍然不行。还必须注意到另一个方面，做如下的一些事情，“婚丧孰不供？贷钱免尔萦。耕收孰不给？倾粟助之生。物赢我收之，物窘出使营”[①]，使劳动生产者的生产条件生活条件得到某些改善，才能够调动生产者的积极性。王安石提出这两方面的问题，即在“以其所谓害者制法而加于兼并之人”的同时，还要“以其所谓利者制法而加于力耕之人，则人自劝于耕而授田不敢过限”，只有这两个方面都做到了，才能够调动生产者的积极性，——“便趣农”，从而使生产得到发展。

在上述王安石思想的指导下，熙宁以来实行的新法，大都贯彻了“去疾苦、抑兼并”的精神，用以调整国家、地主与农民之间的某些关系。青苗法的实施，在于抑制高利贷盘剥，使一般自耕农民能在“凶年”“常保其田土，不为大姓兼并”[②]。王安石特别重视役法的改革，他公开宣称他之所以“汲汲于差役法”，是利用这次变革作为抑制豪强兼并的重要手段。当着浙西豪户年出600贯役钱的消息传到朝廷，王安石曾对宋神宗说：“出六百贯者或非情愿，然所以摧兼并，当如此！”[③] 均输法、免行钱、市易法的实施，则是为限制城市富商大贾、高利贷者对市场的垄断和对小商小贩的兼并，使小商小贩获得较为宽广的出路。当着市易法收到“京师大姓多止开质库”这样一个效果时[④]，王安石明确表示要继续立法，使其发挥更大的作用。与此同时，为调动农民的生产积极性，王安石采取以工代赈的方式，将赈济粮款一次发到灾民手中，使既能度过灾荒年景，又能在灾荒中恢复生产。实行青苗法后，利用青苗钱，或作无息贷款，或作为救灾之用，大力开展对农田水利的兴修，使青苗法确实发挥了“耕敛补助、裒多补寡”的作用。至于到官府应役的或者为官府佣雇的工匠，在王安石变法期间，在生活条件上也获得了一些改善。所有这些变革和措施，对社会生产的发展确实起了推动的作用。

---

① 《王荆公诗笺注》卷一五《寓言》。
② 《长编》卷二三二。
③ 《长编》卷二三七。
④ 《长编》卷二六二。

王安石虽然注意了对劳动者生产生活条件的改善，但他并不代表劳动者的利益。不仅是因为这些改善是不大的，更重要的是，王安石调动劳动者的积极性去进行生产，是为了从发展的生产中获得更多的租税，前引《周官新义》中“民富然后财赋可得而敛”的话，就充分说明这一问题。王安石虽然实行了摧抑兼并的政策，他却代表了包括兼并大地主势力在内的地主阶级的广泛利益。这是因为，王安石变法不仅没有触动封建土地所有制，亦即没有触动豪强兼并者的最根本的利益，而且王安石变法的目的，旨在维护包括豪强兼并势力在内的地主阶级的统治。王安石极为重视《周礼》，乃是因为认真实行《周礼》所确定的原则，就可以巩固封建统治。所以，他在《周礼义序》中说：“惟道之在政事，其贵贱有位，其后先有序，其多寡有数，其迟数有时。制而用之存乎法，推而行之存乎人。其人足以任官，其官足以行法，莫盛乎成周之时。其法可施于后世，其文有见于载籍，莫具乎周官之书。”① 从“夫子之自道”中深刻地反映了王安石实行变法的根本目的。

虽则如此，王安石的经济思想是值得重视的，集中表现这一经济思想的熙宁时期的变法革新则是值得肯定的。宋代是我国封建时代社会生产力高度发展的时代，前此的汉唐，后来的元、明，都不足以与其相比。在两宋经济发展过程中，北宋又超过了南宋，而王安石变法时期又是北宋经济发展过程中的一座里程碑。宋代经济之所以如此其发展，以农民为主的个体生产特别是其中自耕农的个体生产之得到发展当是一个重要的因素。北宋初年以来一个明显的趋势是，客户比数递年下降，到熙宁五年下降到最低点，从40%下降到30.4%。客户比数下降，意味着自耕农民比数上升，到王安石变法时期大约上升了10%。户籍中这一重要变化展示了宋代经济的发展。王安石的经济思想，以及在这一思想指导下的变法革新，对这一重要变化和发展显然起了促进作用。随着宋代经济的发展，王安石的经济思想也就在古代丰富的文化宝藏中显示了它所独具的异彩。

① 《临川先生文集》卷八四；也载于《周官新义》卷首。

第三节 吕惠卿的经济思想

自变法革新而位致通显的吕惠卿（1032～1111），是北宋一代一个杰出的人才。早在宋仁宗嘉祐年间（1056～1063）吕惠卿任职州县时，便受到当时著名士大夫的赞扬。欧阳修一则称吕惠卿“材识明敏，文艺优通”，“可谓端雅之士”；再则称吕惠卿“学者罕能及”，真可谓之赞赏有加的了[①]。沈辽在荐举吕惠卿的奏札中称其“明习世务”，“材剧器博”，“举而用之，无所不宜”[②]。此后在变法斗争的过程中，连反对派中的程颐也不得不称道吕惠卿的才具过人[③]。宋神宗熙宁二年，王安石出任参政，主持变法大局，吕惠卿以太子中允、崇政殿说书的职位，参加了这次变法运动，与曾布共同成为王安石得力的左右手。熙宁七年（1074），王安石第一次罢相，变法与反变法的斗争又一次地白热化，改革面临了严峻的局面。吕惠卿在这一时机出任了参政，与宰相韩绛一道，共同顶住了反变法的逆流，使变法革新得以持续下来。宋神宗于元丰八年（1085）故世，反变法派在宣仁太后的支持下登台执政，吕惠卿屡遭贬逐，在八九年的谪籍中，连一口冷水都不敢喝，唯恐因此生病，被好事者诬蔑为戚戚所致。蔡京集团窃取了政权之后，吕惠卿仍然受到了排挤，始终在地方上任职。对这样一个人物，《宋史》的纂修者竟将其列入奸臣传，历史被颠倒到了这种地步！

熙宁二年吕惠卿任崇政殿说书不久，即碰上司马光在宋神宗面前借用西汉初年萧规曹随的故事，以反对当前的改革。吕惠卿也像司马光那样，引经据典，援用历史事例，畅论了改革在历史上是层出不穷的，是不可避免的，从而有力地批驳了司马光的谬说。这就是人们所熟知的变法之初司马光、吕惠卿之间一场“萧曹画一之辩”。变法开始后，吕惠卿参与了创制立法的重要工作，

---

① 欧阳修：《欧阳文忠公文集》卷一一三《举刘攽吕惠卿充馆职札子》；卷一四五《与王文公介甫》（嘉祐三年）。

② 沈辽：《西溪文集》卷八《荐胡宗愈吕惠卿札子》。

③ 徐度：《却扫编》卷中。

"制置条例司前后奏请均输、青苗、常平等敕"①，都是由吕惠卿拟就的，助役法的部分条例也出自吕惠卿的手笔②。因此，王安石极力称赞吕惠卿的才能，说他是"学先王之道而能用者"，"虽前世儒者"也很难同他相比③。宋神宗也夸奖"吕惠卿言司农事甚善"，如果把司农寺（这是废除三司条例司后主持变法的最重要的机构）的事情做好，则"天下事大定矣"④！吕惠卿不仅主张"变"，而且也懂得如何"变"，同时在"变"革中与王安石是一致的。他不仅仅是王安石的一个得力助手，更加重要的是，他算得上北宋一代有数的思想家之一。关于他在变法时期的经济思想，我在《王安石变法》一书中已作了一些叙述，这里不再重复。下面打算考察一下吕惠卿在宋哲宗元符二年（1099）有关货币问题的议论，而这些议论在我国古代货币史中是值得重视和值得研究的。

宋代的陕西路，如前所指，实际上包括了永兴军路和秦凤路两路，是北宋西北边防重地。为阻御党项夏国的侵扰，宋仁宗年间这个地区曾屯驻了40万大军，粮草和各项军需的供应，便经常成为宋政府必须解决的一个烦难问题。所以自宋仁宗宝元、庆历以来，由于"边事初兴"，"经费滋多，财用匮乏"⑤，宋政府在陕西路铸造当十大钱，以图解决这个困难。不料这个错误的货币政策，却导致了私铸之害；"盗钱之奸，自此得利"，私铸的劣质货币随之充斥于陕西一路，人言为之鼎沸。在这个压力下，宋政府不得不将当十重宝改作折五钱，继而又改为折三钱折二钱，才算压住了这股私铸的歪风。

之后，宋政府又因缺铜，改铸铁钱，开始所铸大铁钱，"鼓铸精巧，磨鑢皆有楞郭"，民间虽欲私铸，"计其获利不能酬人工物料之费"，故铁钱与铜钱通行于市场，无高低之分。及至至和（1054～1055）以后，铁钱铸造质量降低，盗铸因而又炽盛起来。陕西地方政府不认真对待这个问题，仅将流通的劣质铁钱回收了事。于是"豪宗富室争蓄大小铜钱与旧铸大铁钱"，市场价格更

---

① 《长编》卷二六八。

② 见司马光《涑水记闻》卷一六。

③ 《宋史》卷四七一《吕惠卿传》。

④ 《长编》卷二五一。

⑤ 《长编》卷五一二。

因而发生了剧烈的波动。当时“买卖分六等：以小铁钱为一等，旧铸至和铁钱为一等，新铸折二钱为一等，私铸楞郭全备钱为一等，私铸轻阙怯钱为一等。凡仓库所出者，皆大小铜钱、新旧官铸大铁钱；所纳处既不复多得铜钱，所输于官者皆新旧折二钱及私铸铁钱。”自此以后，不仅铁钱日轻，而且在劣币驱逐良币的规律作用下，“铜钱或散入夷狄，或迁而输邻路”，公私所铸劣质铁钱便支配了陕西地方市场，造成物价的腾涌。以渭州为例，前此米麦每斗不过百钱，元符年间则在300文以上，沿边城寨更高达五六百文。另一方面，原来铜铁钱是不分高低的，宋哲宗元祐三年（1088）以前，铁钱1贯20文即可兑换1贯铜钱，由于是年陕西转运司只准许行使铁钱，在这一错误措施下，铜、铁钱的比值发生了一个陡然的变化，铁钱自1贯100增至1贯400才能兑换1贯铜钱。元祐八年又下令罢铜钱，兑率又提高到1贯500至1贯600。这种情况一直没有改变，到宋哲宗绍圣四年（1097），铁钱“至二贯五六百文方换得铜钱一贯”[①]，铁钱贬值达60%。因此，朝野上下，议论纷纷，究竟采取什么样的措施，才能解决问题？

吕惠卿有关货币的议论，就是在这个时刻提出来的。这篇重要文献载于李焘的《长编》卷五一二。在奏疏中，吕惠卿首先分析了钱轻亦即铁钱贬值所造成的危害。他指出：熙宁元丰十多年间，只有元丰五年（1082）五路兴师环攻西夏才使米价涨至340文，其余年份，“贱止八十文，贵不过一百八十文”。自元祐以来，铁钱日益贬值，米价日益提高，延安官籴520文足，新米780文足，陈米720文足。目前用官籴已经收籴不上来，仅就此一项而论，比元丰五年提高了一倍多。延安府每岁籴买170余万石，每年官府要多花多少钱？陕西五路又多花多少钱？这是铁钱贬值造成的第一个危害。铸钱的人工、物料也日益增贵。铸铁钱一贯，工本钱起码要500文，获利不过500文，运到沿边州县，“脚乘所费几半”，官中铸钱几乎无利可得。如不铸造，又缺钱用。这是第二个危害。除粮草之外，其他如军器物料和各种军需品也都涨价，“官中和雇脚乘人工之直比旧亦皆数倍”，这是铁钱贬值引起的第三、第四个危害。第五个危害是，由于铁钱搬运不足以抵偿脚乘之费，“以此搬运不行，则

① 《长编》卷五一二载章楶奏疏。

衙前之类不得不将官钱转易，往往遂至失陷破产，自罹重罪”。第六个危害是，茶、盐、酒税之入年有定额，现铁钱1贯只顶500文，税额因此亏折了一半。还有，官员们的薪俸也由于铁钱贬值而大为减少，“无罪而月常夺俸禄”，俸禄高者尚可对付，“使臣选人无以自给，岂无怨咨？”这是第七个危害。最后第八个危害是，免役法也因“公人雇直但有减旧日，而物贵钱轻，费用不足，以此所在招募不行”，役法也因而受到破坏。总之，由于铁钱的贬值，从公家到私人，从边籴到运输，从官府到社会的各个方面，以及政府所执行的某些政策，都受到这样或那样的危害和影响，问题是极其严重的。

接着上述意见，吕惠卿又进一步分析了导致铁钱贬值的下列五个因素。熙丰年间，铜、铁钱并行，从陕西路去铜钱路分，铁钱可以兑换铜钱；到元祐年间，不许用铜钱，到铜钱路分又不能兑换，这是造成铁钱贬值的第一个因素。熙丰年间，东南盐钞每席不过六贯，贱亦不低于五贯，如贩到京师货卖，是有利可图的；目前盐钞一席十贯，京师则以本价即六贯加以收买，损失几半，这是造成铁钱贬值的第二个因素。造成铁钱贬值的第三个因素是：熙丰年间，为支付边防上的需要，准许人们到边防上入中便钱，可以到汴京或东南各地请领，仍支付加抬和脚乘费用；现在连官员们都不许将剩余的薪俸入便，而已经入便的，足钱支付给省钱，亦即入百文足钱只付给77文省钱，官府自己就轻视铁钱，铁钱那有不贬值之理？“官中每岁籴买，有出无入，钱并散民间”，以至铁钱壅滞不通，这是造成铁钱贬值的第四个因素。最后第五个因素是：官府出卖度牒和银绢等，售价虽然较高，但其实值依然比不上过去的铜钱，因而度牒之类出笼越多，铁钱则越来越贬值了。

既然如此，究竟采取什么样的办法才能解决铁钱贬值的问题呢？吕惠卿继上述分析之后，提出了五项措施。第一，恢复此前铜、铁钱并行的做法，将陕西转运司现存的500万贯铜钱运到沿边各地，凡是到远方或是到使用铜钱的路分，一律付给铜钱，以后官府还要继续铸造铜钱，以铜钱支持铁钱，铁钱的贬值是可以得到解决的。第二，凡出卖盐钞，以及籴买粮食使用盐钞之时，都不许可超过钞面的值，商旅买卖交易，不携带钱而有钞可买，即不折阅蚀本，铁钱便可畅通，不至由于钞值的波动而引起贬值了，这是用稳定钞值的办法来稳定铁钱。第三，利用东南诸路上供钱和坊场剩钱，许可人们到沿边入便，而到内地（指汴京东南诸路）支付现钱，将民间的游资亦即过多的铁钱吸引到官府出纳的轨道上来。这样，不用鼓铸搬运，边防上便可获得充足的通货，而民间壅滞的铁钱则因此减少，在解决铁钱壅滞不通的同时，解决铁钱贬值的问题，以收一箭双雕之效。第四，官府出卖度牒银绢之类，也以铜钱估价，不贪图厚利，使商旅去陕西路有回头货可捎，由此疏导铁钱的流通。上述四项措施和办法，主要的是把民间过剩的铁钱吸引到官府中来，由此减少铁钱的流通量。当前的问题是，“民间钱多，官中钱少”，官府缺少见钱籴买，民间则蓄积以待善价，因而在实行上述办法时，事先要保密。可以宣谕陕西经略司、转运司等，先将银绢度牒盐钞等，除留充军费等用外，其余的则根据市场情况，量减一二分价钱出卖，并量加分数，吸引人们到沿边州军入纳见钱、于内地请领，等到把民间铁钱吸引到官府之后，再逐步推行上述四项办法。这样，铜、铁钱并用，无须用更多的铁钱兑换；籴买和买卖盐钞，既按钞面值使用，银绢按铜钱价支付而不过多地取利，又许可人们入便，“支还实数”，即使中卖得钱也不愁没有回头货可带，“钱益重，物益轻，可复如熙宁元丰之间无轻重之异矣”！如果按照上述五项办法一一施行，那么，上面所说的“八害”便可转化为“八利”，即：籴买粮价必减大半；铸造铁钱可以像往常那样获得利润；收买各种物品可减半值；“和雇脚乘人工之直减半”；脚乘既可雇到，搬运铁钱到沿边城寨也有了着落；茶、盐、酒税之利可复旧额；陕西官员士卒俸禄口粮不再受到铁钱贬值的影响，“人无怨咨”；免役法也能够顺利地推行了。这些仅是从官府的角度来说的，至于“军民皆食贱物，百用倍省，其利又不可胜言”的了。

吕惠卿的上述建议，还未被采纳，蔡京集团即窃取了统治权，他们继续执行了元祐时期的反变法派货币贬值的错谬政策，这样不但陕西通货膨胀问题得不到解决，而且通货膨胀又向其他地区蔓延了。吕惠卿的这项建议虽然未被采纳并付诸实践，却丝毫无损于这个建议所独具的那种远见卓识。可以毫不夸张地说，它是变法派后期为解决社会经济问题而创作的一篇极其精彩的历史文献。所以称之为……精彩的文献，就在于吕惠卿具体地分析了当时货币及与其相关的复杂的情况，从中找出解决这个烦难问题的办法来。他不但分析了铁钱贬值的危害和影响，而且还具体分析了铁钱所以贬值的诸种因素。在这一分析的基础上，吕惠卿提出了这一设想，即：要想改变铁钱贬值，必须堵塞铁钱贬值的所有漏洞。这个设想表明了，吕惠卿解决陕西路铁钱贬值的问题，不是单纯从铸造铁钱这一因素着眼，而是将铁钱贬值同政府有关的各项政策特别是货币政策，以及边防上的需要等方面紧密联系起来，进行了综合性的考察，所以他提出的办法是切合实际的，是能够解决通货膨胀问题的。在提出解决铁钱贬值办法的同时，吕惠卿还提出了把壅滞在社会上的大量铁钱，通过政府的有力措施，将其吸引到流通的渠道上，并根据市场的正常需要使铁钱的流通量有所节制，这对于商品的交换、流通，商品经济的发展是有利的。从表面上来看，似乎铁钱贬值仅限于陕西一路，属于局部性质的问题，但是如果处理不好，就会影响西北边防的供应，就会波及到盐钞价格，其他各地区也受到这样或那样的危害和影响，所谓牵一发而动全身，问题就不仅仅限于陕西路了。陕西铁钱的贬值，从历史上考察，是元祐初反变法派复辟之后造成的，而在绍圣元符年间以章惇为首的变法派则没有能解决这个问题，蔡京集团登台之后，继续实行了和扩大了反变法派的错谬的货币政策，使问题更趋严重而无法解决。从陕西路铁钱贬值问题的历史传承关系考察，更加说明了吕惠卿的经济思想所独具的那种灼见真知，是值得人们注意和研究的。

第四节　以司马光为代表的保守派的经济思想

以司马光为代表的保守派，在政治上同变法派是对立的，在经济思想上同变法派也存在很大的分歧，也可以说是对立的。

北宋晚期这两个对立的派别的根本分歧在于：对当前的社会现状是加以变革、促进其继续前进呢，还是一仍旧贯、无所改变而裹步不前？以王安石为代表的变法派认为，只有变革宋初以来的法度，对当前社会经济、政治军事进行全盘改革，才是地主阶级及其国家的唯一出路。而以司马光为首的反变法派则一致认为，祖宗法制亦即宋初以来的传统家法，不仅不许可有任何的亵渎和触犯，而且要谨守成宪、不能有丝毫逾越。熙宁二年（1069）变法刚刚开始，司马光便提出了异议。他以历史上萧规曹随这一著名事例为例，指出墨守成规旧制，既为历史的必然，也为历史的需要。司马光指出：“〔曹〕参不变（萧）

何法，得守成之道，故孝惠、高后时天下晏然，衣食滋殖。”以此事例为据，司马光推演出了这样一个结论，整个历史都是不需要变革的：“何独汉也，使三代之君常守禹汤文武之法，虽至今可也”。最后，司马光把这个推论落在当时的政治上，“由此言之，祖宗之法不可变也”①。

继司马光之后，所有反对变法的士大夫，都是以维护“祖宗法制”或“家法”作为招牌，来反对变法的。其中文彦博对宋神宗的一段谈话，最能反映反变法派的这个基本思想：

彦博又言：祖宗法制具在，不须更张，以失人心。

上曰：更张法制，于士大夫诚多不悦，然于百姓何所不便？

彦博曰：为与士大夫治天下，非与百姓治天下也。②

在反对变法的士大夫看来，所谓的“祖宗法制”亦即宋初以来的“家法”，是最完善的。历史上任何一个封建王朝，即使是昌盛强大的汉唐，也都无法与宋相比。反变法派中的另一个著名的代表人物吕公著，在上宋神宗的一道奏章中说：“祖宗承五季之乱，抚有天下，其间法度早创，固亦未尽及古。至于临下以简，御众以宽，好生之德洽于民心，则汉唐之盛无以加也”。因而他认为，祖宗法制即使有某些弊端，也不能轻易更张③。不仅如此，反对派们还认为，只要死抱着这套“家法”，就可长治久安、太平无事。“吕大防等进曰：祖宗家法甚多，自三代后，惟本朝百三十年中外无事，盖由所立家法最善。……陛下（指宋哲宗）但尽家法，足以为天下矣！”④

正因为反变法派以维护祖宗法制、祖宗家法自居，在变法之始，他们也就以此为口实，称变法派破坏了祖宗旧法。司马光在给王安石的一封信中毫不掩饰地指出：“今介甫为政，尽变更祖宗旧法，先者后之，上者下之，右者左之，成者毁之，弃者取之，矻矻焉穷日力继之以夜而不得息。”⑤ 反变法派不遗余力地维护祖宗旧制。因而在司马光登台之后，反变法派芟除了全部新政，

① 王称：《东都事略》卷八七（上）《司马光传》。

② 《长编》卷二二一。

③ 赵汝愚：《国朝诸臣奏议》卷一一二。

④ 彭百川：《太平治迹统类》卷一九。

⑤ 司马光：《温国文正司马公文集》卷六〇，《与王介甫第一书》。

复辟了祖宗家法。变法反变法的斗争，是围绕了变革祖宗法制和维护传统家法而进行的。反变法派之所以被称为保守派，就在于他们顽固地维护祖宗旧制和传统家法，而这一套旧制和家法，在历史实际中早就证明是陈旧、过时的，已成为宋代社会前进的绊脚石了！

变法派与反变法派的第二个重大分歧表现在财政观上。如前所述，王安石为解决国家财政问题（所谓“今所以未举事者，凡以财用为急”），把“理财”作为变法革新的当务之急；而要理财，则以发展农业生产为紧急任务（“理财以农事为急”），“农以去疾苦、抑兼并、便趣农为急”，从而形成了王安石有关理财的一套方针政策和措施。而反变法派却完全反对这一套方针和政策。首先，他们根本不赞成理财。反变法派们混淆了“理财”和“聚敛”的界限，以聚敛顶替理财，只要变法派一提到理财，他们就将聚敛的罪名强加给变法派。王安石在朝廷上曾经指出财用之所以不足，是由于“未得善理财者故也”。司马光当场反对王安石的这一意见，称：“善理财者，不过头会箕敛，以尽民财，民穷为盗，非国之福”。王安石立即给以反驳，指出善理财者不加赋而自足。司马光以为“天下安有此理”！“天下所生财货百物，止有此数，不在民财在官”，所谓理财不过是“罄民之所有，而尽入于官”[①]。韩琦在反对青苗法的奏疏当中，也同样表达了这种看法：

> 况承祖宗百年仁政之后，民浸德泽，唯知宽恤，而未尝过扰。若但躬行节俭，以先天下，常节浮费，渐汰冗食，自然国用不乏。何必使兴利之臣纷纷四出，以致远近之疑哉![②]

其次，反变法派在义利观上还继承了儒家正统派的观点，摆出一副要义不要利的伪善面孔。司马光就是以此为口实来攻击王安石的：“立制置三司条例司聚文章之士及晓财利之人，使之讲利。孔子曰：君子喻于义，小人喻于利。樊须请学稼，孔子犹鄙之，以为不知礼义信，况讲商贾之末利乎？……于是言利之人，皆攘臂圜视，衒鬻争进，各斗智巧，以变更祖宗旧法。”[③] 富弼这位

---

① 《东都事略》卷八七（上）《司马光传》。

② 韩琦：《安阳集》《韩琦家传》卷八，《宋会要辑稿·食货》四之二一。

③ 《温国文正司马公文集》卷六〇《与王介甫书》。

元老重臣，在其临死之前所写的一道奏章中，对孔夫子的这个教导依然念念不忘："臣闻为国家以义为利，不以利为利。或闻兴利之臣，近岁尤甚，亏损国体，为上敛怨，民间小利，皆尽争夺。至若为场以停民货，造舍而蔽旧屋，榷河舟之载，擅路粪之利，急于敛取，道路怨嗟！"[①] 反变法派利用孔夫子的这个教条，将以王安石为首的变法派统统斥之为兴利的小人。

既然财利不能讲，那么国家财政困难如何解决呢？变法派解决财政问题的办法是，在节流的同时而要开源，并且把开源放在第一位。而反变法派则只讲节流，认为节流是解决国家财政困难的唯一法宝。文彦博在反对青苗法的奏章中就唱起了这个调子："若以用度稍乏，自当节减冗费，省罢不急之务，不作无益之事，济之以俭，示民不奢，百姓自足，君孰与不足？易曰：节以制度，不伤财，不害民，此之谓也[②]。"前引韩琦的奏疏，所谓"但躬行节俭，以先天下，常节浮费，渐汰冗食，自然国用不乏"，也同样是这个意思。司马光特别强调"节用"，并且认为，"节用之道，必自近始。上自乘舆服用之物，下至亲王公主婚嫁之具，悉加裁损"[③]。就宫廷皇室来说，确如司马光所说，极尽奢华浪费之能事，是应当有所节制，加以裁损的。但就国家财政困难而论，宫廷皇室即使是厉行节约，也解决不了这个问题。导致国家财政困难的最重要的一个因素是冗兵，大力裁减冗兵，节省军事开支，不失为解决宋廷财政困难的一项重要措施，而将这一措施付诸实际，并得到一定成效的恰恰是变法派而不是反变法派。就节流这一点而论，反变法派也远落在变法派的后面，更不用说对国家财政的通盘考虑和解决了。

在对待豪强兼并的问题上，亦即对待大地主、大商人、大高利贷者的问题上，构成为变法派与反变法派的再一严重分歧。

以司马光为首的反变法派在社会贫富问题上的看法，或者说贫富观，是别具一格，自成体系的。首先，他们认为贫富贵贱是由上天安排好了的，不能有任何人为的变更。在这一点上，以司马光最为突出。他是董仲舒之后最为固执

---

① 《长编》卷三二六，元丰六年闰六月丙申记事。

② 赵汝愚：《国朝诸臣奏议》卷一一二。

③ 《温国文正司马公文集》卷三四，《节用》。

的天命论者，他认为："天"为"万物之父"，是有人格、有意志的；任何人也不能违背"天命"。"违天之命，天得而刑之；顺天之命者，天得而赏之。"① 人世间的一切，即使是"智愚勇怯贵贱贫富"，也都是出自上天的精心安排。司马光指出，人的智识才能都是由"天"决定的，"所谓才者存诸天"，亦可谓"天之分也"；"智愚勇怯才也"，都是"天"生的，"愚不可强智，怯不可强勇，四者有常分，故曰存诸天"②。同样地，贫富贵贱也是"天之分也"，也是由上天安排好了的，而不能加以变更的。谁要是来变更它，"天使汝穷，而汝强通之；天使汝愚，而汝强智之；——若是者，必得天刑"，"僭天之分，必有天灾"③！按照司马光的这个观点，社会上的贫富贵贱便永恒地存在下去了，永恒地凝固不变了。这是董仲舒以来的形而上学在司马光贫富观中的具体表现或反映。

司马光贫富观的第二个美妙奇特的看法是，贫富贵贱是由人们的聪明才智造成的：

> 夫民之所以有贫富者，由其材性愚智不同。富者智识差长，忧深思远，宁劳筋苦骨，恶衣菲食，终不肯取债于人，故其家常有赢余而不至狼狈也。贫者呰窳偷生，不为远虑，一醉日富，无复赢余，急则取债于人，积不能偿，至于鬻妻卖子，冻馁填沟壑而不知自悔也。④

贫富的形成，果然像司马光所说的那样，是由人们的"材性愚智"造成的吗？当然不是的。与其同时代的苏洵在《田制》中有一段文字，恰是对司马光这个见解的尖锐的批驳。苏洵说：

> 耕者之田，资于富民……而田之所出，已得其半，耕者得其半，有田者一人，而耕者十人，是以田主日累其半以至富强，耕者日食其半以至穷饿而无告。⑤

一个日累其半而至于富强，一个日食其半而至于穷饿无告，贫富就是这样形成

---

① 《温国文正司马公文集》卷七四《迂书·士则》。
② 《漫国文正司马公文集》卷七〇《才德论》。
③ 《温国文正司马公文集》卷七四《迂书·士则》。
④ 《温国文正司马公文集》卷四一《乞罢条例司常平使疏》。
⑤ 苏洵：《嘉祐集》卷五。

的。苏洵的这些话说得是多么中肯多么恰当啊！司马光和苏洵，生长的时代相同，也都是封建士大夫，可是在贫富观上，两个人的差距太大了。

反变法派在贫富观上再一个奇妙的看法是，贫者与富者之间的关系是“彼此相资以保其生”的①，无任何矛盾的。上“流民图”以攻击变法的郑侠，对这种依赖关系是作了如下描述的，他说：

> 贫富大小之家，皆相依倚以成。贫者依富，小者依大，所以养其贫且小。富者亦依贫以成其富，而大者依小以成其大。富者大者不过有财帛仓廪之属，小民无田宅皆客于人，其负贩耕耘无非出息以取本富且大者，而后富者益富，而以其田宅之客为力。②

苏辙的一段论述也表达了这种看法：

> 惟州县之间，随其大小，皆有富民，此理势之所必至，所谓物之不齐，物之情也。然州县赖之以为强，国家恃之以为固，非所当忧，亦非所当去也。能使富民安其富而不横，贫民安其贫而不匮，贫富相恃以为长久，而天下定矣！③

在封建社会这个矛盾统一体中，富者总是以其占有大量的土地田宅等生产资料和生活资料，租赁借贷给贫者；这种关系是造成“富者亦依贫以成其富，而大者依小以成其大”的根源。郑侠对这一点的描述是对的。可是封建士大夫们利用这种租赁借贷关系制造这样一种假象或错觉，诸如郑侠在上面说的，“贫者依富，小者依大，所以养其贫且小”，所以继郑侠之后王岩叟所说的“〔主户对客户〕借贷赒给，无所不至，一失抚存，便去而之他”等等，好像没有富者或主户的仁慈善心和恩赐，贫者亦即客户就根本无法生存似的。因之，也就提出来这样一个问题：在封建社会中，富者与贫者到底是谁养活谁？主户与客户到底是谁为本谁为末？苏轼对这个问题回答得好，“客户为主户之本”一句话就明确地回答了这个问题。显而易见，反变法派对富者与贫者之间的这种关系的描述是偏颇的，也是不正确的。

---

① 《温国文正司马公文集》卷四一《乞罢条例司常平使疏》。

② 郑侠：《西塘先生文集》卷一《流民》。

③ 苏辙：《栾城集·三集》卷八《诗病五事》。

不只如此。反变法派还竭力掩盖抹杀富者与贫者之间的矛盾斗争这个根本方面。如上述苏辙的《诗病五事》中所说："能使富民安其富而不横，贫民安其贫而不匮，贫富相恃以为常久，而天下定矣。"其实，"贫富相恃以为长久"，封建制度永恒万岁，不过是苏辙以及所有反变法派的一种幻想。而这种幻想也存在于变法派当中，如保甲法中说："〔实行保甲法〕如此，则富者逸居而不虞寇劫，恃贫者相保以为存；贫者土著而有所周给，恃富者相保以为生。"① 南宋士大夫如朱熹等也有类似的言论，反映了在宋代封建士大夫中普遍存在这种幻想。严酷的社会现实，一再粉碎了封建士大夫们的这个幻想。这是因为，地主阶级中的任何一个人，即使是王安石这样的改革家，也找不到这种办法，使"富者安其富而不横，贫者安其贫而不匮"；而贫且匮的人们总是以锋利的武器去惩罚那些富而且横的人们，并提出了他们自己的改造社会的一种想法。对这个问题，将在农民的经济思想中再加叙述。

虽然变法派与反变法派都在幻想"贫富相恃以为常久"方面，不无共同语言；但在如何使其"常久"的方面，则想法各异。特别是在抑制兼并（亦即反变法派所称的"富者"或富民）、对地租、利息和利润的再分配上，双方更展开了尖锐的斗争。变法派力图将"富者"（指大地主、大商人、大高利贷者）榨取来的高额地租利息和利润中的一部分转移到国家手中，由此做到不额外增加赋税而解决国家财政困难的这一目的。如青苗法以40%的年息代替高利贷者的倍称之息乃至100%～300%的高利息；免役法方田均税法则将大地主榨取贫者的高额地租中的一部分转交到国库，而这个份额是大地主应当缴纳的；均输和市易则是封建国家与大商人共同分享商业利润。这个理财方针，既体现了变法派不加赋而财用足的设想，也显现了王安石一向主张的"抑制兼并"和"去民疾苦"，从而和缓社会矛盾、稳定地主的长远统治。变法派的这些做法，遭到了反变法派的激烈反对。在反变法派看来，大地主、大商人和大高利贷者对高额地租利息和利润的榨取和掠夺是天经地义的，"贫富相恃以为常久"就是要保证这个既得利益的。因而任何一项新法的发布和实施，都受到反变法派这样和那样的抵制与反对。如范镇极力反对青苗法，在《论青苗之害疏》中说：

① 录自《王安石变法》第282页《保甲法》。

贫富之不均久矣！贫者十盖七八，何也？力役科买之数也，非富民之多取也。富者才二三，既榷其利（夺其高利贷之利），又责其保任下户，下户逃则于富者取偿，是促富者使贫也。①

毕仲游的《青苗议》中说：

上户自足，无假官钱，而强与之使出息。……名欲厚民，事乃剥下；名为惠民，实有利心。②

司马光在《乞罢条例司常平使疏》中说：

今县官乃自出息钱……各随户等抑配与之。……必令贫富相兼，共为保任……贫者得钱随手皆尽……〔富者〕则独偿数家所负……贫者既尽，富者亦贫。臣恐十年之外，富者无几何矣！③

苏辙在《诗病五事》中说：

王介甫小丈夫也，不忍贫民而深疾富民，志欲破富民以惠贫民，不知其不可也。方其未得志也，为兼并之诗……乃其得志，专以此为事，设青苗法以夺富民之利，民无贫富，两税之外，皆重出息十二，吏缘为奸至倍息，公私皆病矣。④

反变法派不但对青苗法持有异议，对其他新法也一律反对。如对均输法，他们认为是，“渔夺商人毫末之利”⑤，“豪强大贾皆疑而不敢动”⑥；对市易法，他们认为，“分取牙利”，“徒损大国之体，只敛小民之怨”，“密迩都亭，译使所馆”，“将为外人（指西夏）所轻”⑦，等等。从反对派的上述叫嚣之中可以看到，他们是站在大地主、大商人、大高利贷者的立场上反对变法革新的，因而他们也就成为这个既得利益集团的代言人或代表者了。这个既得利益集团对宋代社会经济的发展，日益起着阻碍的作用。称反变法派为保守派、顽固派，又因为他们是代表了这个落后的、日趋反动的经济力量的。

---

① 《宋代蜀文辑存》卷八。
② 《西台集》卷五。
③ 《温国文正司马公文集》卷四一。
④ 《栾城集·三集》卷八。
⑤ 范纯仁：《范忠宣公集·奏议》卷上《奏乞罢均输》。
⑥ 苏轼：《东坡七集·奏议》卷一《上皇帝书》。
⑦ 文彦博：《文潞公集》卷二〇，《言市易》。

第三十二章　南宋功利主义的经济思想 邓牧对封建专制主义的批判

前面多次提到两浙路是宋代生产最发达的地区，特别是在南宋，首都临安又建立在这个地区上，车马喧阗，人物荟集，城市、商品、货币经济更进一步地发展起来。浙东事功派的经济思想就是在这样一个物质基础上产生的。吕祖谦、陈傅良、陈亮和叶适是这个学派的代表者，其中陈亮的思想最为激进，某些方面已突破了传统儒家思想的局限；叶适则介乎吕祖谦、陈傅良与陈亮之间，他的思想也有其代表性，本章将选择这两个人物的思想加以介绍。交子在南宋广泛使用，在政府的错误政策的作用下，出现许多严重问题。南宋士大夫对此问题，评论纷纷，颇具时代特色。随着经济的发展，封建制度的内在矛盾也日益暴露出来，从而引起士大夫对它的怀疑和批判。邓牧就是怀疑和批判这个制度的第一个具有代表性的人物。本章即是对于这些具有时代特色的思想加以叙述的。

第一节　陈亮的功利主义的经济思想

陈亮（1149～1194），字同甫，南宋浙东路婺州永康（浙江永康）人，著有《龙川文集》。有的著作认为陈亮是个小所有者，这种说法是没有根据的。陈亮在给朱熹的一封信中提到他家："两池之东有田二百亩，皆先祖先人之旧业，尝属他人矣，今尽得之以耕……田之上有小坡，为园二十亩……又有园二十亩，种蔬植桃李而已。"① 可见他是一个拥有200亩田、40亩园的中等地主。

① 陈亮：《龙川文集》卷二〇《与朱元晦秘书》。

陈亮在政治上很不得意，曾经接二连三地受酷刑、坐班房；晚年考中了状元，得到了一个官职，使他兴奋得无以复加，携带妻子儿女，告天告地告祖宗，着实地自我庆祝一番；可惜好景不长，紧接着就死去了。但是他的功利主义的哲学思想和经济思想，在中国古代学术思想史上，则独树一帜，别具一格，从而表现了他自己的特色！

在政治上，陈亮力主改变北宋以来“以儒立国”的国策[①]，极力反对秦桧当权以来卖国投降的反动路线，主张富国强兵、坚决抗击女真贵族集团的掠夺，因而与当时力主抗金的杰出文学家辛弃疾“话头多合”[②]，并结成挚友。他一再奔走呼号，向宋孝宗上书，要求恢复中原，成为当时著名的抗战派和爱国者。在哲学上，陈亮一扫时儒专尚空谈、不务实际的“道德性命之说”[③]，服膺和实践了“功到成处便是有德，事到济处便是有理”这一著名哲言[④]，讲实际，重事功，与吕祖谦、陈傅良和叶适等共同组成为著名的浙东事功派。当然，在这个学派中也不尽一致。大体上看来，陈亮比较激进，在某些方面已经突破了儒家正统派的束缚和局限；吕祖谦则较保守，某些方面与儒家正统派更加接近；而叶适则介乎这二者之间。陈亮之重视实际，同他所遵循的一条唯物主义认识论的路线是分不开的。他曾经强调指出：“人力以用而见其能否，安坐而能者不足恃也；兵食以用而见其盈虚，安坐而盈者不足恃也。”[⑤] 这些话的意思是说，只有通过使用亦即从实际中进行检验，才能够知道人才的优劣、兵食是否足用。从实际中进行检验的观点，就使得他的学说焕然一新，在唯物主义认识论阵营中树立了他自己的旗帜。

由于陈亮讲实际、重事功，所以他极其强调功利的意义和作用，认为在人们的社会生活中，它具有决定性的意义和作用。前面曾经提到，孔孟以来儒家正统派的义利观是把“义”和“利”对立起来，要“义”不要“利”的。陈

---

① 《龙川文集》卷一《上孝宗皇帝第三书》。

② 《龙川文集》卷一七《贺新郎》（寄辛稼轩和见怀韵）。

③ 《龙川文集》卷一五《送王仲德序》。

④ 此据陈傅良《止斋先生文集》卷三六《答陈同甫》所载。按这两句话是陈傅良对陈龙川哲学的一个概括，虽非“夫子之自道”，但这两句话极其准确地概括了陈龙川的思想，犹之乎三不足说并非王安石所自道，但没有比三不足说最能代表王安石的思想一样。

⑤ 《上孝宗皇帝第一书》。

亮反对这一传统的见解，极力强调“利”是“义”赖以存在的物质基础，是不可或缺的。他在《赠楼应元序》中说：

> ……圣人之惓惓于仁义云者，又从而疏其义曰，若何而为仁，若何而为义，岂以空言动人也，人道固如此耳！余每为人言之。而吾友戴溪少望独以为财者人之命，而欲以空言劫之，其道甚左，余又悲之而不能解也。虽然，少望之言真切而近人情，然而期人者未免乎薄也。①

在这一段话中，陈亮肯定了戴溪提出的“财者人之命”这一见解，认为它是“真切而近人情”的。同时，还强调指出，不能以仁义道德之类的“空言”为借口，去“劫取”人们的财利亦即物质利益。岳珂的《桯史》记载了陈亮的如下的一则故事：

> 东阳陈同父资高学奇，跌宕不羁，常与客言：昔有一士，邻于富家，贫而屡空……富翁告之曰：致富不易也，子归斋三日，而后予告子以其故。……大凡致富之道，当先去其五贼，五贼不除，富可不致！请问其目。曰：即世之所谓仁义礼智信是也。②

前段文字说明了，不能以仁义之类的空言，去“劫取”人们的财利等物质利益；而这一段文字则进而说明了，要想发家致富，就必须去掉仁义礼智信即所谓的“五贼”，亦即摆脱“五贼”的束缚和危害。很显然，这两段文字从不同方面说明了陈亮重视财利而菲薄仁义的观点，是互为表里、相辅相成的，后一段文字足以补充前面的说法，使陈亮的义利观更加突出，因而是值得重视的一段材料。

陈亮的义利观是如此其赤裸裸而无任何的掩饰，它究竟代表了或者说反映了哪个阶级的要求和愿望呢？陈亮在题名为《四弊》的一篇文章中曾经指出：

> 古者官民一家也，农商一事也，上下相恤，有无相通，民病则求官，国病则资诸民，商藉民而立，农赖商而行，求以相补而非求以相病……展布四体，通其有无，官民农商各安其所而乐其生……后世官

---

① 《龙川文集》卷一五《赠楼应元序》。

② 岳珂：《桯史》卷二。

与民不复相知，农与商不复相资以为用，求以自利而不恤其相病，故官常以民为难治，民常以官为利己，农商盻盻相视，以虞其龙（垄）断而已，利之所在何往而不可为哉！①

陈亮把官、民、农、商这四者并列（宋人有的则将士、农、工、商并列为四民），认为这四者之间的关系应当是互相体恤，互相资助，互通有无的；处理得宜，四者即可“各安其所而乐其生”。在《送丘秀才宗卿序》一文中，陈亮又强调了这四者应当“各力其力以业其业，休戚相同，有无相通，无告者得伸”②，如果四者能做到这一步，“民是用宁，礼义是用兴”，整个社会就会兴旺发达起来。陈亮为什么把商人同官、民、农并列在一起，这样地重视商人呢？从我国封建社会历史发展的情况来看，秦汉时期的商贾（其中也包括一些手工业主，宋代也有这种情况）处于被压制的地位，封建国家代表了地主阶级的利益是“贱”商的；魏晋六朝时期商业很不兴盛，商人以及手工业主在社会上的地位是无足轻重的；唐中叶以后随着商品经济和城市的发展，商人以及手工业主的社会地位空前地提高起来，宋代则有了更进一步的提高，这在商业资本一章中已经作出了说明。陈亮把商人与官、民、农并列，一方面是商人地位空前提高这一历史必然性的反映，而另一方面也反映了陈亮对商人的重视。

由于出自对商人的重视，陈亮对那些能够发家致富的形形色色的人物总是讴歌不已的。对于“勤俭以起家”、“铢积寸累”的人物固然要称赞一番，就是对于能够在商业活动中诸如范蠡、白圭之流长于“抑物阖辟”之术也是讴歌再三的。在《东阳郭德麟哀辞》中，陈亮对“往时东阳郭彦徒手能致家资巨万，服役至数千人，又能使其姓名闻十数郡”，便称羡不已，甚而还称“其智必有过人者”。在这一称羡之后，陈亮为那些能发家致富但受到官绅压制的“乡间之豪”大发牢骚和大鸣不平：“乡间之豪，虽智过万夫，曾不得自齿于程文熟烂之士，及其以智自营，则又为乡间所雠疾，而每每有身挂宪网之忧，

① 《龙川文集》卷一一。

② 《龙川文集》卷一五。

向之所谓士者常足以扼其喉而制其死命”[①]。从这一牢骚和不平之鸣中，隐约地听到了陈亮对自己身世蹉跎所发出的哀怨！

由于陈亮站在暴发起来的商人以及某些手工业主的立场上，所以他对王安石变法限制商人的做法提出了批评：“青苗之政，唯恐富民之不困也；均输之法，唯恐商人之不折也。”[②] 大家知道，王安石青苗法是抑制高利贷的活动的，而进行高利贷活动的，在乡村则有地主，在城市则有高利贷者，其中还有一部分大商贾也往往放债取利；均输法则将开阖敛散之权从富商大贾手中夺归封建国家。陈亮对青苗、均输提出批评，不正好说明他是站在商业资本高利贷资本的立场上来替这些人说话吗？对南宋政府的一些政策，陈亮也提出了批评：“陛下〔指宋孝宗〕愤王业之屈于一隅，励志复雠，而不免籍天下之兵以为强，括郡县之利以为富；加富百姓，而富人无五年之积，不重征税，而大商无巨万之藏，国势日益困竭”[③]，也同样地是为富商大贾说话。

对放债取利，陈亮的态度是赞同的。他和《世范》的作者袁采的见解则是一致的。袁采认为，“倍称之息”的高利贷“皆不仁之甚”，是不可取的，也是应当加以反对的；至于利息较低的放债，“若以中制论之，质库月息二分至四分，贷钱月息三分至五分，贷谷以一熟论，自三分至五分等，取之亦不为虐，还者亦可无词”[④]，是无可厚非的。陈亮也认为这种低利息之间的借贷关系，“贷之下民，量取其息”，是贫富之间“交相养”、“有无相通，缓急想救”[⑤] 的一项做法，是非常必要的。陈亮自己也曾捐谷给寺院，让寺院放债生息。他和袁采一样，为这类放债生息作辩解了。虽然如此，但他们同前此反变法派为高利贷辩护还是有所不同的。陈亮等赞成低利息而反对高利贷，在这一点与变法派相似，而反变法派则把包括高利贷在内的所有放债取息的行为都看做是正当的，这就使他们成为高利贷的辩护人了。

前面提到，陈亮是反对孔孟以来儒家正统派的义利观的。这种义利观演变

---

① 《龙川文集》卷二六。

② 《龙川文集》卷一《上孝宗皇帝第一书》。

③ 《上孝宗皇帝第一书》。

④ 袁采：《世范》卷三《假贷取息得其中》。

⑤ 《龙川文集》卷一六《普明寺长生谷记》。

到北宋程颢、程颐兄弟，作了更进一步的发挥，形成了一种非常奇怪的议论。程氏兄弟把人们的一切物质生活欲望和要求，统统斥之为“人欲”，认为应当彻底摒弃，这样做才能够使天理恢复其固有的光辉，这就是著名的“明天理，灭人欲”的教条。这个教条为南宋朱熹等人继承下来，成为宋代理学的一个重要组成部分。陈亮接受了先秦墨子、荀子等的观点，是极力反对这个教条的。他指出，“喜、怒、哀、乐、爱、恶”这六者，都是人的本性，“受形于天地被色而生者也”，这些也就是所谓的“道”。其所以如此，乃是因为，在喜、怒、哀、乐、爱、恶之外，也就没有所谓的“道”，“天下岂有道外之事哉?!”只要上述这六者“得其正则为道，失其正则为欲”①。依此而论，“耳之于声也，目之于色也，鼻之于臭也，口之于味也，四肢之于安佚也”，也都是人的本性；“富贵尊荣则耳目口鼻之与肢体皆得其欲，危亡困辱则反是”②。这些话清楚地表明了，陈亮对人们的物质生活欲望和要求，不是采取一笔抹杀的态度，统统看做为坏的东西，斥之为“人欲”；而是承认它，在一定的界限内把它看做为正当的合理的东西，认为这些正当的合理的东西是人们本能的基本的需要。陈亮的这些看法，有力地撕破了儒家正统派的虚伪的面纱，是值得称道和肯定的。唯其如此，陈亮把财富看做人们本能上的需要，所以他才毫不加掩盖地让人们破除五贼去发财致富。

可是，更进一步看来，如陈亮所说，“喜、怒、哀、乐、爱、恶”这六者“得其正则为道，失其正则为欲”；那么，究竟怎样才算“得其正”，又怎样才算“失其正”呢？区分“道”和“欲”的这个“正”，亦即界限或者标准，又当怎样来划定呢？一个非常明显的事实是，在阶级社会中，住在茅屋里的贫贱者，同住在皇宫或高楼大厦的富贵者的想法是很不一样的，喜、怒、哀、乐、爱、恶和耳、目、口、鼻四肢的要求和欲望也是大相径庭的。藜藿之羹，对于贫贱者来说，能够果腹就算得到满足了，而对于那些镇日蒸龙烹凤的富贵者来说，则根本不屑一顾的。究竟是藜藿之羹“得其正”呢？还是蒸龙烹凤“得其正”呢？一接触到这个根本性的问题时，陈亮的上述提法，不仅显得干

① 《龙川文集》卷九，《勉强行道大有功》。
② 《龙川文集》卷四，《问答七》。

枯、抽象、不够具体，而且从中透露出来了他的立足点。

在承认声色臭味等物质欲望和要求的同时，陈亮还提出了“人生不能无欲，有欲不能不争”的问题①。如何解决这个问题呢？陈亮指出，人们都有他们各自的“自安之分”。这个所谓“自安之分”，意思是说，人们在各自的社会地位上，去满足他们自己的欲望和要求。富贵者自然能够恣意地享受蒸龙烹凤，而贫贱者只能满足于藜藿之羹。不言而喻，陈亮的立场显然是站在富贵者一边，而不是贫贱者一边！虽然陈亮一再批评他的前辈王安石，但他自己也终究没有越过改良主义的界限。这个改良主义是从他的“节欲”主张中得到反映的。他认为，当皇帝的应当是有才德的人：“昔者人民之初，类聚群分，各相君长，其尤能者，则相率而听命焉，曰皇曰帝，盖其才能德义足以为一代之君”②。皇帝虽然至高无上，他也不能“自纵其欲”，也必须有一定的节制，使“民无冻馁”。之后，皇帝以其高高在上、凌驾一切的威势，利用手中的刑赏大权，对人们的欲望给以相应的节制：

> 故天下不得自徇其欲也，一切唯君长之为听。君长非能自制其柄也，因其欲恶而为之节而已。叙五典，秩五礼，以与天下共之。其能行之者，则富贵尊荣之所集也；其违之者，则危亡困辱之所并也。君制其权，谓之赏罚；人受其报，谓之劝惩。使为善者得其同欲，岂以利而诱之哉?！为恶者，受其同恶，岂以威而惧之哉?！得其性而有以自勉，失其性而有以自戒。此典礼刑赏所以同出于天而车服刀锯非人君所自为也。③

> 然而高卑小大则各有分也，可否难易则各有辨也，徇其侈心而望其分，不度其力，无财而欲以悦，不得而欲以为悦，使天下冒冒焉惟美好之是趋，惟争夺之是务，以至于丧其身而不悔！④

陈亮倚靠地主阶级的国家及其代表人物皇帝，节制人们的欲望，实行社会财富的再分配，不言而喻，对富贵者是有利的，对贫贱者也就不利的了。

---

① 《龙川文集》卷二三《祭李从仲母夫人文》。
② 《龙川文集》卷三，《问答一》。
③ 《龙川文集》卷四，《问答七》。
④ 《龙川文集》卷四，《问答九》。

那么，陈亮与二程、朱熹等儒家正统派在义与利、天理与人欲等重大问题上的根本分歧，在什么地方呢？二程、朱熹等要义不要利、存天理灭人欲的实质所在是：他们要灭的不是地主阶级的“欲”，而是劳动人民的“欲”，以此来保证地主阶级的“利”和“欲”。陈亮的功利主义的义利观则与此有所不同：他认为“欲”是人们的本性，是一种客观存在，因而也要承认劳动者的“欲”；对于劳动者的“欲”，不是“灭”，而是要他们满足于其分，限制在一定的范围之内；既要保证地主阶级的“利”和“欲”，同时也要保证新发起来的富商大贾、放债取利者即城市上层居民的“利”和“欲”，陈亮的义利观是反映了这个阶层的利益的。由于存在这个差别，双方在许多问题上总是扞格不通的。朱熹认为陈亮在日常生活中“自处于法度之外，不乐闻儒生礼法之论”，因而对这个不太本分的人物提出了以“醇儒之道自律”的要求[①]。陈亮则毫不含糊地回答说，他自己是“口诵墨翟之言，身从杨朱之道，外有子贡之形，内居原宪之实”[②]，表明了他已经离经叛道，不是什么儒生了。看来，在宋代商品经济发达的历史条件下，陈龙川虽然是以封建士大夫的身份在社会上活动的，但他的思想，或者说他的经济思想，则反映了城市上层居民的利益。

陈亮与以朱熹为代表的儒家正统派在义利观上的分歧，又导致了历史观的分歧。二程认为“三代以道治天下，汉唐以智力把持天下”。朱熹继续发挥了这个说法，称“三代专以天理行，汉唐专以人欲行”。这个说法的要害是，汉唐之治不如三代，历史是倒退的，今不如昔的。陈亮反对朱熹等的这个看法，他们俩通过信札往来，反复辩论，甚为激烈，这就是陈、朱之间的王霸义利之辩。陈亮抓住了问题要害之所在，指出汉唐的发展是三代所无法比拟的，历史是前进的。他向朱熹提出了质问和责难说：“秘书（指朱熹）以为三代以前都无利欲，都无要富贵底人，今《诗》《书》载得如此净洁，只此是正大本子。亮以为才有人心，便有许多不净洁，革道止于革面，亦有不尽概圣人之心。”[③]

---

① 《晦庵先生朱文公文集》卷三六《与陈同甫》。
② 《龙川文集》卷二〇《又甲辰答书》。
③ 《龙川文集》卷二〇《甲辰答朱元晦》。

这个质问和责问，使朱熹感到极大的难堪。在这场争论中，陈亮进一步明确了他的历史观，认为社会的历史始终是在“义利双行、王霸并用”的推动下前进的。实际上，从陈亮的思想深处来说，推动历史前进的是“利”、“欲”，而不是儒家标榜的仁义道德。陈亮可以说是最早的历史进化的利欲推动论者！叶适在《龙川集序》中说：

> 同甫既修皇帝王霸之学，上下两千余年，考其合散，发其秘藏，见圣贤之精微常流行于事物，儒者失其指，故不足以开物成务，其说皆今人所未讲，朱公元晦意有不与而不能夺也。[①]

陈亮的王霸义利之说，虽然也不能正确解释历史的发展，但比起朱熹等的解释，则向前迈出了一步，这一点也是值得称道的。

第二节　叶适的经济思想

叶适（1150～1223），字正则，号水心，温州永嘉人，主要的著作有《水心先生文集》《水心别集》和《习学记言序目》等。

在政治上，叶适与陈亮等大体上是一致的，主张抗金，反对秦桧以来的投降主义路线，同时也反对南宋政府的极度搜刮政策。在学术观点上虽与朱熹有不同，但要求政治上有所改革则又是一致的。他反对韩侂胄为排斥异己而制造的庆元党案，在朱熹被排击的时刻，挺身为朱熹辩解。开禧北伐失利之后，叶适以淮西方面大臣的身份，辑抚流散，整饰边防，亦颇见成效。

叶适是继陈亮之后宣扬功利主义经济思想最为突出的思想家。他尖锐地批评了董仲舒，称：“仁人正谊不谋利，明道不计功，此语初看极好，细看全疏阔”；后世儒者如果按照董仲舒的教条做事，“既无功利，则道义者乃无用之虚语耳！”他讥笑说，儒生们挑着这个旗号的为数实在不少，但是没有什么人能够做到，其结果“反以为诟天下矣”[②]！这些话的意思非常明白：以董仲舒为代表的儒家正统派，只讲义、不讲利，都是实行不了的空话。因此，在义利

---

① 叶适：《水心先生文集》卷一二。

② 叶适：《习学记言序目》卷二三。

观上，他继承了北宋李觏以来的观点，主张“以义和利，不以义抑利”[1]，把义和利密切地结合起来，从而在这个问题上与儒家正统派划清了界限。

叶适既然主张义利结合，因而对于财利也就极为重视。在这一问题上，也同他的先辈李觏、王安石一样，认为理财不单纯是政府财政税收的问题，而是发展整个国民经济的根本性的问题。他提出：“夫聚天下之人，则不可以无衣食之具，此有而彼亡，或此多而彼寡，或不求则伏而不见，或无节则散而莫收，或消削而浸微，或少竭而不断，或以其源虽在而浚导之无法，则其流壅遏而不行，是故以天下之财与天下共理之者，大禹周公是也。”[2] 叶适所说的理财，既包括了生产和消费，也包括了商品流通和供应，从导源节流到开阖敛散也都包括在内，从而关联到整个国民经济的开发和管理。着眼于国计民生的全局性问题，叶适把理财摆在头等重要的位置上，称“古之人未有不善于理财而为圣君贤臣者也”。

叶适极力反对聚敛，他把聚敛同理财作了严格的区分，“理财与聚敛异”。他批评南宋那些所谓“言理财者，聚敛而已”。对历代赋敛进行了比较之后，叶适肯定了三代时的赋税制度，称：“夫山泽之产，三代虽下不以与民，而亦未尝禁民以自利，均田轻税而民无为生之害”[3]；对汉代“什五税一，甚至三十税一，地大用寡，取之轻”，也认为是“正合事宜”的[4]。对宋代的尤其是南宋的赋税制度，叶适一再地进行了揭露和批判。他尖锐地指出，正是在南宋无止境的横征暴敛之下，刑狱亦日益苛酷的：“今世之民自得罪者，其实无几，而坐茶盐榷酤及它比巧法田役赋税不齐以陷于罪者，十分居其六七矣”[5]。南宋政府虽然极尽搜刮之能事，但取之愈多，散之愈滥，依然是支东绌西，入不敷出。针对这种情况，叶适讥笑南宋政府自绍兴以来即“如坐丛蜎中”[6]。

叶适不仅批评了南宋赋敛征榷制度，对北宋一代的王安石变法也一再加以

① 《习学记言序目》卷二七。
② 叶适：《水心先生文集》卷四《财计上》；《别集》卷二。
③ 《水心先生文集》卷四《财计上》。
④ 《习学记言序目》卷一四。
⑤ 《水心别集》卷二《国本下》。
⑥ 《习学记言序目》卷一七。

指责，尤其是其中的青苗、市易法："熙宁大臣慕周公之理财，为市易之司以夺商贾之赢，分天下之债而取什二之息"。叶适认为："今天下民不齐久矣，开阖敛散轻重之权不一出于上，而富人大贾分而有之，不知其几千百年矣，而遽夺之可乎？夺之可也，嫉其自利而欲为国利可乎？"① 从这些话里清楚地反映了，叶适之所以批评青苗法、市易法，是为富商大贾和放债取息的高利贷者作辩护的。因之，他公然申明："四民交致其用而后治化兴，抑末厚本，非正论也"②。不仅如此，叶适为所有的富家大姓作辩护。叶适虽然正确地指出来，"富人之所以善役使贫弱者，操其衣食之柄也。"③ 可是他认为这并没有什么不好，而是认为得到了养民之权。在叶适看来，井田制的时代，养民之权在县官亦即天子手里，井田制崩溃后的时代里，"县官不幸而失养民之权，转归于富人，其积非一世也。小民之无田者，假田于富人，得田而无以为耕，借资于富人，岁时有急，求于富人；游手末作、俳优伎艺传食于富人；而又上当官输，杂出无数，吏常有非时之责，无有应上命，常取具于富人；然则富人者州县之本，上下之所赖也。富人为天子养小民，又供上用，虽厚取赢以供增殖，计其勤劳亦略相当矣！"④ 叶适的这些论述和见解，显然与苏辙一脉相承。正是从这种立足点出发，他斥责那些"欲抑兼并破富人以扶贫弱者"，不过是一批"俗吏"而已。这是叶适对王安石的青苗法市易法的批评，而且这个批评还把王安石归之于俗吏一流，这就暴露了他是站在这些富人的立场上替他们说话的。

上述情况表明，叶适与陈亮有些相同，都是站在地主、富商和高利贷者立场上评论北宋末年以来政府的政策和措施的。这是为什么呢？

叶适和陈亮等有一个共同的政治观点，即：都对宋专制主义中央集权制度的集权过甚提出了批评。如陈亮所说：

> 朝廷立国之势正患为文之太密，事权之太分，郡县太轻于下而委

① 《水心先生文集》卷四《财计上》。
② 《习学记言序目》卷一九。
③ 《水心别集》卷三《官法下》。
④ 《水心别集》卷二《民事下》。

琐不足恃，兵财太关于上而重迟不易举。[1]

叶适则说：

国家因唐五代之积弊，收敛藩镇权归于上。一兵之籍，一财之源，一地之守，皆人主自为之也。欲专大利而无受其大害，遂废人而用法，废官而用吏、禁防纤悉，特与古异。[2]

叶适所说的“废官而用吏”，指的是州县衙门中的孔目官、押司等类的职役。这批人是当地的富豪，由于长时期为吏，形成地方上的实权派，或者说地头蛇集团。地头蛇集团之在地方上为非作歹，前面役法问题中曾引用了陆九渊的一段文字作了说明，叶适也有文章予以揭露：

何谓吏胥之害？……吏人根固窟穴，权势薰炙，滥恩横赐，自占优比，渡江之后，文字散逸，旧法往例，尽用省记，轻重予夺，惟意所在……故今世号为公人世界。[3]

所谓“废官而用吏”，说明了宋代专制主义的集权统治，在地方上越来越依赖地方势力，造成了地方权力由“吏”或“公人”所组成的地头蛇集团控制和把持的局面。这个集团同“官”结合起来，为所欲为，不但广大劳动者为这个集团所渔肉，连一些没有权势的“富人”包括地主、商贾、高利贷者等，也不免在征敛中受到这样或那样的勒索，或者说在瓜分地租等亦即瓜分劳动生产者的剩余劳动中很不得利。前引陈亮《东阳郭德麟哀词》一文即已反映了这种情况；叶适在开禧二年（1206）给宋宁宗的一道奏札中也曾指出：“自是以来，羽檄交警，增取之目，而东南之赋遂以八千万缗为额焉。……而和买折帛之类，至有用田租一半以上输纳者。”[4] 不言而喻，这种财产的再分配对地方上的无权势的富人（其中当然有许多新发户）来说，当然是难以忍受的。陈亮、叶适等正是这些地方上的无权势富人的代言人，他们在批评宋专制主义中央集权制过分集权的同时，也反对了地方上由“吏”组成的当权的实力派，从而发出了他们要求获得地方权力的心声。还有，附在这里一提的，恰是由于

① 《龙川文集》卷一《上孝宗皇帝第一书》。
② 《水心先生文集》卷四《始论二》。
③ 《水心先生文集》卷四《始论二》。
④ 《水心先生文集》卷一《上宁宗皇帝札子三》。

这些富人，有不少的新发户，发财的欲望特别旺盛、特别炽烈，把发财看做是他们的天经地义，任何人不得干涉不得阻拦，所以他们的代言人如陈亮、叶适特别是陈亮，在谈及发财致富的功利主义之时，就赤裸裸的和盘托出，无任何的掩饰和遮盖了。

一般说来，功利主义的政治家、思想家，总是注重现实而不迷恋过去，即使讲论过去，也是为了现实。叶适就是这样的一个思想家，他对井田制度的评论就采取了这种态度。与宋代许多士大夫颇不相同，叶适对井田制度并不称赞而是批评的，在这一点上颇与苏洵类似。叶适从两个方面批评了井田制度。一方面他指出，井田制的生产并不像人们所设想的那样先进，它的“得粟之多寡，则无异于后世”，事实上应该说不如“后世”，更远不如宋代。同时他还指出，井田制的一套沟洫灌溉也不怎么高明，也赶不上后世，更赶不上宋代太湖流域这样的地区。另一方面，他还认为，井田制“为法琐碎细密，非今天之所为者”。根据以上两个方面的分析，他讥笑了宋儒侈谈恢复井田制，认为这是徒劳无益的：“而井田之制百年之间，土且相与按图而画之，转以相授，而自嫌其迂，未敢有以告其上者，王者之亦莫听也”。因此，他说：“为治之道，终不在此。”为什么呢？“且不得天下之田尽在官则不可以为井，而臣以为虽得天下之田尽在官，文武周公复出而治天下亦不必为井”①。其所以如此，古代靠井田制，“官以养民”，而现在“养民之权”为富人所有，不能够恢复井田。王安石认为，遽夺富人之田而恢复井田，不但是不可能的，而且是致乱之道；但可以想办法来恢复。叶适则直截了当地提出，井田是根本不可复行的。两个人都注重实际，但在井田制的问题上是有所不同的。而叶适之认为井田不可恢复，则是站在“富人”的立场来谈论的。

井田制既不可恢复，怎样才能实现叶适所提出的“为国之要，在于得民，民多则田垦而税增，役众而兵强”这样一个富国强兵的目的呢？叶适提出如下一个主张，即：首先是向空旷地区移民。叶适指出，在两浙亦即吴越这个地区，很多人“穷苦憔悴无地以自业”，有的变“为浮客、为佣力”，有的变为商贾，因而能够承担封建国家的税役“不能三之一”，以至“有田者不自垦，

① 《水心别集》卷二《民事下》。

而能垦者非其田”。尽管户口“蕃炽昌衍”，可是，“其上不得而用之”，封建国家不得其利。这是什么原因造成的？叶适举吴越亦即两浙为例，指出这个地区地少人多，在前代象山阴县有3万户就是了不起的壮县，而在宋代两浙下县达到3万户的数不清，因而在这样的地区是无从发挥人口众多的作用的。因此，他提出：“分闽浙以实荆楚，去狭而就广，田益垦而税益增，其出可以为兵，其居可以为役，财不理而自富者，此当今之急务也”①。把闽浙过多的劳动人口迁移于荆楚即荆湖北路和淮南路这样人少地多的地区，确实能够一箭双雕，既解决闽浙劳动者无地少地的问题，也解决荆湖北路淮南路粗放经营的生产落后的问题。这确实是“当今之急务”，自南宋初年以来也确实试图解决，将两浙居民迁移了一小部分，但始终没有认真地进行移民，因而上述问题没有得到认真的解决。叶适提出的这项主张和办法显然是值得注意的。

叶适的时代，正是南宋铁钱、纸币尤其是纸币问题日益严重的时代，因而叶适有关这方面的议论也颇多精到之处。

先看有关铁钱的议论。绍熙三年（1192），叶适任淮西提举兼铁冶司分事，对淮西铁钱的问题提出了中肯的意见。如前面提到的，两淮和荆湖北路因与女真金国统治下的中原地区边面相接，由于中原地区经济的恢复，迫切需要大量铜钱，女真统治集团采取种种手段吸引江南地区的铜钱，造成了大量铜钱的北流。为制止铜钱的北流，南宋政府下令在两淮、荆湖北路只行使铁钱，严禁铜钱流通。之后又在这个地区推行纸币，有所谓淮交、湖广会子之类。由于南宋政府货币政策不当。不但没有制止住铜钱的北流，反而使这个地区出现了有关通货的种种问题。叶适的《淮西论铁钱五事状》就是针对这些问题而提出的。

在这篇奏状中，叶适指出要改变铁钱流通的问题，首先要“开民间行使之路”。由于两淮行铁钱，市场上出现了大批私铸的质量甚劣的铁钱，“民间不辨好坏，得钱便使”。自禁私钱之后，“百姓惩创，买卖交哄，文文拣择。或将官钱指为私钱，不肯收受；或只要一色样钱，谓如舒蕲人各只使本监字号钱之类，只要新铸铁钱之类，且免拣择。”由于退拣的严重，人们“持钱买

① 《水心别集》卷二《民事中》。

物，一贯之中常退出三四百，至以米谷他物自相酬准。城市尚可，村落尤甚，缘此行用艰难，物货稀少”。要改变这种情况，就必须恢复对铁钱的信用，只有这样才能在民间流通。

更为重要的是，“审朝廷称提之政”，即采取正确的货币政策。淮西一带行使铁钱，主要的是为制止铜钱的“渗漏之患”。“铜钱过江北，既有铁钱以易之也；铁钱过江南，亦必有铜钱易之可也。”由于铁钱过江没有铜钱兑换，所以“江北自行铁钱之后，金银官会无不高贵，富商大贾财本隔碍，而淮旁之民，只是往来两岸洲夹之内，铜钱异用，风波滞留，便已盘费消折”，这种人为的障碍，对商品的流通和物价的稳定，都是不利的。因此，叶适要求变革过去的货币政策，铁钱过江南也可以用铜钱兑换。实际上，南宋政府是不会改变它的货币政策的，不会以铜钱兑换过江南的铁钱的。这是因为，它之所以行使铁钱和会子，铜钱渡江用铁钱兑换，是试图用这种政策来吸取民间的铜钱。而南宋政府采取这样的货币政策，恰恰是“为渊驱鱼”，结果把铜钱驱到淮北金国统治地区去了。叶适的这项建议虽然未能采纳，但这项建议的正确性则是无可置疑的。

叶适的再一项建议是，“谨诸监铸造之法”。叶适主张钱要铸造得好，近年以来铸造的铁钱轻重厚薄精粗大小差不多一样，其中“淳熙七、八、九年中间蕲春监所铸字画精细，轮廓坚明，比于诸钱，又为精好”；自淳熙以后，“顿成粗恶，积久生弊”，以致出现了大量的私铸。目前铁冶司用花样翻新的办法，“四季别为文字”，“新钱比旧钱大一轮”。这种做法，连铸工都记不清四季字样，“民间何由辨认”？又怎么能够禁止盗铸？因此，叶适仍然主张铸造“钱文宜一，轻重大小宜同”的淳熙钱，才能使“民听不疑，民用不惑”。用官府铸造的优质钱来战胜私铸、取代私铸，这自然是较为妥当的办法。而要这样做，就必须多费工本，这又是南宋政府做不到的。

叶适对纸币与铜钱之间的关系、纸币流通数量与物价之间的关系，也做了相当出色的论述。

叶适指出，“天下以钱为患二十年矣”。“钱患”的症结所在究竟是什么呢？叶适回答道：是由滥发会子亦即纸币造成的。“百物所以为货而钱并制其权，钱有轻重大小，乂自以相制而资其所不及，盖三钱并行，则相制之术尽矣，而犹不足，至于造楮以权之”。结果造成了纸币发行越多，市场上的铜钱则越少；“凡今之所谓钱者，反听命于楮，楮行而钱益少，此今之同患而不能救者也”；“不知夫造楮之弊，驱天下之钱，内积于府库，外藏于富室，而欲以禁钱鼓铸益之耶?”因此，他抨击南宋光宗以来政府的货币政策说：“率意而戏造，猥以补一时之阙而遂贻后者之忧”，“兴利之臣苟欲必行，知摹刻之易，而不知其尽钱之难，此岂非天下之忧乎?”叶适的这个评论是正确的。劣币固然驱逐良币，纸币发行过量，造成通货膨胀，也同样驱逐了金属货币，更何况南宋政府全靠发行会子来解决它的财政开支和吸引市场上的铜钱呢?!

对南宋政府积贮铜币、只用楮币的政策，叶适也提出了正确的批评。他指出，“钱之所以上下尊之、其权尽重于百物者，为其能通百物之用也，积而不发，则无异于一物”，这就确切地说明了铜钱的流通作用。在此基础上，他又指出，铜的磨蚀性，“月铄岁化，此其朘天下之宝亦已多矣”，把铜钱之类的宝货堆积在那里，让它自己“融溢”，更是划不来的。基于此，叶适又批评了南宋政府“徒知钱，不可以不积”，而不知道这样做却把铜钱“障固”起来而不能流通；“徒知积之不以不多”，但不知道铜钱积聚起来之后，“役楮于外”，让纸币取代了铜钱的流通作用，于是“天下而有坐镇莫移之钱，此岂智者之所为哉!”叶适不赞成单靠纸币作通货，而认为应当同时使用铜钱。在南宋，由于楮币日轻，民间的贸易仍然私自使用铜钱，叶适的上述见解，正是社会现实生活中这一具体情况的反映。

叶适还曾指出，由于纸币的滥发，造成物价的上涨、货物的短缺：“行旅之至于都者，皆轻出他货以售楮，天下阴相拆阅不可以胜计，故凡今日之弊，岂惟使钱日少，而他货亦并乏也”。为什么宋代的钱比古代多了许多，而仍然嫌少、不足用呢?这同滥发纸币一样，钱多了也造成物价的昂贵。“古之盛世，钱未尝不贵而物未尝不贱。”宋代不同了，就东南稻米之区而论，前此每石之中价才三四百钱，现在（指叶水心的时代，宁宗以来）每石中价“既十倍之矣”，三四贯文了。不仅稻米如此，“然大要天下百物皆贵而钱贱”!叶适认为，这不是“钱荒”的问题，而是“钱多而物少，钱贱而物贵”的问题。为什么“物贵钱贱”呢?“天下惟中产之家衣食或不待钱而粗具，何者?其农力之所得者足以取也，而天下不为中民者十六，是故常割中民以奉之，故钱货纷纷于市而物不多出于地也”。这些话虽然有些晦涩，但他指出由于中产之家这样的劳动生产者少，土地生产的东西不多，而货币在市场上纷纷出笼，在当时生产出现萎缩的情况下，市场上的商品已经不足，从而才导致物价上涨的。这个见解也是值得注意的。从这一考察出发，叶适得出了这样一个结论：“夫持空钱以制物犹不可，而况于持空券以制钱乎？”① 这样，叶适便抓住了南宋政府货币政策的要害，并作出鞭辟入里的批判。在南宋士大夫有关货币问题的论述中，叶适的上述见解是有其精到之处的。

第三节　南宋士大夫有关纸币的议论和见解

交子（即纸币）创行于北宋川峡路，而于南宋绍兴末年推行于东南诸路，成为市场上使用最广泛的一种货币，交子初行于东南诸路时，南宋政府采取了较为慎重的政策，发行量有一定的限制，因而对商品的流通和交换起了有益的促进作用。自宋孝宗以后的70多年当中，纸币发行一增再增，结果造成了严重的通货膨胀，成为南宋财政经济的不治之症，对整个社会产生了重大的影响。由于纸币经历了这样一个演变过程和起了这样重大的影响，便成为了南宋士大夫们的一个重要议题，并由此逐步形成了有关纸币的一些理论。今综合为下面几个问题加以说明。

一、对滥发纸币、造成通货膨胀原因的剖析

南宋纸币为什么一增再增，原因究竟何在呢？一般说来，南宋士大夫归咎于开禧（1205～1207）用兵。王迈曾经指出：“国贫楮多，弊始于兵。”② 在《乙未馆职策》中，他又明确而详尽地说明了纸币猛增与开禧用兵的关系：

> 谋国者亦知楮之所以大坏极弊之由乎？方开禧开边以误国也，增造之数至一亿四千万，比之前时，几数倍矣！绍定之养奸以误国，增

① 《水心别集》卷二《财计中》。

② 《宋史》卷四二三《王迈传》。

而至于二万九千万，方开禧，抑又倍焉。[①]

杜范也指出了防边与纸币滥发之间的关系：

自边烽未撤，楮券印造之数，不啻十倍。[②]

从开禧用兵，到阻御蒙古贵族的牧骑，纸币从成倍数的增加到10倍以上的猛增，正如许应龙所说："今日之券，大抵耗于用兵。"[③]

用兵确是造成通货膨胀的一个重要原因。但自开禧用兵之后，30年间宋金基本上是和平无事，这又说明用兵还不是造成纸币滥发、通货膨胀的根本原因。那么，这个根本原因是什么呢？王迈曾经一针见血地说明了这个问题："谋国而曰理财，理财而必济之以楮，此后世权宜之计，"[④] 高斯得有关这一问题的议论，尤为剀切：

闻主计之臣，岁入之数不过一万二千余万，而其所出乃至二万五千余万。盖凿空取办者过半，而后仅给一岁之用。其取办之术，则亦不过增楮而已矣。呜呼！造币以立国，不计其末流剥烂糜灭之害，而苟然救目前之急，是饮鸩以止渴也。[⑤]

南宋政府既然"造币以立国"，靠印刷纸币作为解决财政问题的根本大计，这就必然造成纸币的滥发和通货膨胀！这样的财政方针大计，高斯得称之为"饮鸩以止渴"，是非常恰当的。

二、物价与纸币、金属货币之间关系问题的探讨

物价与货币的关系怎样？纸币与金属货币之间又是怎样的关系？在这个问题上，南宋士大夫有着不同的见解和议论。一种意见认为：纸币流通得少了，就重；多了，就轻。因而纸币与物价的关系是，纸币少，物价就便宜；纸币多，物价就贵。前面提到的王迈就有这种见解，他在《乙未馆职策》中说："楮币至是术穷矣，其将何以救之欤？非楮之不便民用也，其法贵少，而今多

---

① 王迈：《臞轩集》卷一。
② 杜范：《杜清献公集》卷九《嘉熙四年被召入见第二札》。
③ 许应龙：《东涧集》卷八《称提利害札子》。
④ 《臞轩集》卷一《乙未馆职策》。
⑤ 高斯得：《耻堂存稿》卷一《轮对奏札》。

焉故也。物视轻重为相权：使黄金满天下，多于土，而楮之难得其于金，则金土易价矣。然则天下非物之贵也，楮之多也。”徐鹿卿同王迈有类同的见解：“夫楮之所以轻者，以其多也。”[①] 这种见解源自战国以来形成的轻重学派。按照这个学派的意见来说，物价的高低，取决于货币流通的数量，货币流通量多，物重币轻；货币流通量少，物轻币重。这个见解，虽然有它的道理，但是由于它离开了社会生产的具体情况，单纯从货币流通量来解释货币与商品之间的关系，就难以得出确切的结论。特别是有关宋代的纸币，离开了它所代表的金属货币，而单独从流通量多少来探讨这个复杂的问题，就不免流于皮相之谈而难于认清其本质了。

另一种意见认为，交子会子的币面值是以铜钱多少来表示的，铜钱本来是权衡纸币的轻重的，由于铜钱日少、楮币日多，于是楮币过多而造成物贵楮轻。持有这种意见的李燔曾经指出：“钱荒楮涌，子母不足以相权，不能行楮者，由钱不能权之也。”[②] 陈求鲁也有类似的见解：“急于扶楮者”，“不思患在钱之荒，而不在于钱之积。”[③] 所谓的“钱荒楮涌”，指的是铜钱太少而楮币猛增，这样一来，铜钱（母）与楮币（子）之间失去了均衡，铜钱无法对楮币起权衡作用，以至楮币流通壅遏而贬值了。卫泾等继续发挥了这种见解，他们纷纷指出：“且所为称提，由权衡之于物也。权与物均而生衡，言权与物均齐，而衡所以平。今会犹权，钱犹物也。既会多而钱少，是权重而物轻。势以至此，何术称提而使之平乎？”[④] “楮币日轻，本由钱乏”[⑤]；“近岁楮券日轻，铜钱日少，上下交以为病”，“楮币拆阅，日甚一日，职此之由”[⑥]。朝廷上下一致认为，“楮币之拆阅，原于铜钱之消耗”[⑦]，因而解决这个问题，必须是亦只能是从铜钱上着手：“然振其（纸币）拆阅之渐，而杜绝其致弊之因，其策在钱而不在楮；盖钱者，所以权乎楮者也”；“今日……铜钱渐少，而无以济

① 徐鹿卿：《清正存稿》卷五《论待虏救楮二策上枢密院》。
② 《宋史》卷四三〇《李燔传》。
③ 《宋史》卷一八〇《食货志》。
④ 卫泾：《后乐集》卷一五《答提刑程少卿》。
⑤ 真德秀：《真文忠公文集》。
⑥ 杜范：《杜清献公集》卷八《便民五事奏札》。
⑦ 《宋会要辑稿·刑法》二。

楮之流行”，“铜钱可以渐裕，子母可以相权，楮币之价不至于随起随仆矣”[1]。南宋士大夫把楮币同铜钱联系起来考察通货膨胀的问题，便触及了这个问题的实质了。楮币的发行是以金属货币（铁、铜、银、金等）作为基金的，楮币发行的数量与政府掌握的金属货币的数量相称或者相对平衡，楮币的币面值由于这种相称或相对平衡而同其所代表的含金量相一致时，楮币便可长时期地发挥其作为等价物的作用，或者说发挥价值尺度的职能。当楮币发行量增加，作为准备金的金属货币仍为原数，楮币所代表的含金量实际上下降，从而其币面值随之降低，楮币发行量越大，它所代表的含金量越少，币面值也就越小。这就是纸币与金属货币之间的关系。南宋士大夫把纸币与金属货币的这种关系喻之为子母相权，如果这两者能够平衡，物价稳定，称提有否；如果失去平衡，钱少楮多，物价随之上涨，乃至称提无术了。显而易见，这一见解和认识是货币发展史上值得一提的。

南宋铜钱为什么越来越少呢？一是南宋政府铸造的数量太少。“楮币印造之数不啻数十倍。而钱监所铸之钱，比祖宗盛时，仅二十分之一，上下百物，悉仰于楮。”[2] 铜钱铸造少而全靠楮币，这就使楮币与铜钱沿着相反方向发展，越来越失去平衡。其次，由于铜钱少，南宋政府妄图以楮币吸引铜钱贮积起来，这个错误政策愈益使铜钱从市场上退出来，于是“昔也楮本以权钱之用，而今也钱反无以济楮之轻，钱日荒而楮日积”[3]；“楮由此而日轻，镪由此而日匮，君臣上下而莫能以究其弊”[4]。在南宋错误的货币政策下，铜钱日益从流通领域中被驱逐出来，楮币日益增加而币值日减，物价则因而扶摇直上，南宋士大夫们惊呼称提无术，又从这一方面批评了南宋货币政策的错误，指出他们“莫能以究其弊”，也是甚具识见的。

三、如何解决通货膨胀的问题呢

楮币造成的各种问题，南宋政府也是想方设法予以解决的。一种办法是

① 《宋会要辑稿·刑法》二。
② 杜范：《杜清献公集》卷九《嘉熙四年被召入见第二札》。
③ 杜范：《杜清献公集》卷九《嘉熙四年被召入见第二札》。
④ 阳枋：《字溪集》卷一《上洪中书论时政书》。

“以旧券二易新券一”。“今新令之行，以旧券之二而易新券之一，倘郡县推行唯谨，则实惠岂不周流？然虑其间未能无弊……远近之人，赍持旧券，徬徨四顾，无所用之，弃掷燔烧，不复爱惜，岂不逆料他时之必至此乎？”① 政府不但承认楮币贬值，而且采用贬值50%的做法，来解决通货贬值问题，结果使旧楮的持有者大吃其亏，这显然是不明智的。

第二种做法是南宋政府强迫使用楮币，由此来提高楮币的信用。这种做法当然是达不到目的的，而且引起了更多的麻烦，受到士大夫们的批评。真德秀的奏事中指出：

> 自楮币之更，州县奉行失当，于是估籍徒流，所在相踵，而重刑始用矣！科敷抑配，远近骚然，而厚敛始及民矣！告讦公行，根连株逮，而苛政始肆出矣！……以产税多寡为差，令民藏券，此又朝廷之令所无也。②

杜范也评论说：

> 欲压以威力，而强重贵之，万无是理。此令一行，则人惟有惧罪而不敢用，则楮为弃物矣！③

这种强迫使用楮币的做法，特别是以产税作为使用楮币多少的准则，更是赤裸裸的一项剥削政策，它当然无助于解决楮币贬值、通货膨胀的问题。

第三种做法是用铜钱兑换楮币，以解决通货膨胀、楮币贬值的问题。这当然是一项富有成效的办法，可惜的是南宋政府铜钱太少，无法使用这种做法。卫泾对此项做法曾有一段较为详尽的评论：

> 今之议者莫不曰不惜官钱兑换，可以增长价值。殊不知官钱有限，会子无穷，兑换未尝间断，而价之消长全不相关。盖多寡之异，理势使然，非区区兑换便所可遽回也。
>
> 姑以三路言之，交割见在之数，会子日增，见钱日削。……向有十余万见钱者，今止存一二万缗尔！……若以必出见钱，依官价收

---

① 真德秀：《真文忠公文集》卷二《辛未十二月上殿奏札》。

② 《真文忠公文集》卷二《癸酉五月二十二日直前奏事》。

③ 《杜清公集》卷八《殿院奏事第一》。

兑，而后可以称提，抑不如数年之后，诸路州郡见钱净尽，将何以为继乎?[①]

以非常有限的铜钱，去塞会子这个无底的漏洞，这个办法即使是推行了也无助于通货膨胀问题的解决。此路又是不通！

究竟怎样才能解决通货膨胀的问题呢？“欲重楮，自节费始；欲节费，自省兵始。军实核而不滥，边衅窒而不开，谨之重之，皆以高孝两朝为法，此救楮之第一义也。”[②]“楮以太多而轻，则住造固宜也。然事变方殷，供亿尚繁，亦住之，得乎?”[③] 这些办法虽然提了出来，但宋政府既将其财政方针大计建立在楮币上，所谓造“币以立国”，想让它放弃这个政策或者少印刷一些楮币，都是难以办到的。因循迁延，到贾似道擅权之时，印行贾记银关子，变本加厉，情况就更加恶化了。

四、对楮币的评价

自从行使纸币以来，也确实出现不小的麻烦和问题，引起了对它的不同的看法，但是终于继续行使下来。如北宋时伪造交子的事层出不穷，成都路转运使打算将其废掉不用。监交子务的孙甫却不以为然，他指出：

交子可以伪造，钱亦可私铸，私铸有犯，钱可废乎？但严治之，不当以小仁废大利。[④]

不能因噎废食，当然也不因有伪造交子而废交子，孙甫的见解显然是正确的。之后，交子的问题暴露得更多，人们更是议论纷然，杨冠卿则认为交子行之百年是不可废除的：

今日楮币与钱并行凡几矣！始行之而利，今行之且弊，亦知其弊所自来乎？且西州之楮币，其便用亦东州之楮币也；东州之铜钱，其流通亦西州之铁钱也，何西州用之百年而无弊？贸百金之货，走千里

① 《后乐集》卷一五《知福州日上庙堂论楮币利害札子》。
② 王迈：《臞轩集》卷一《乙未馆职策》。
③ 黄震：《黄氏日钞》卷八三《吴县拟试问策三道》。
④ 《宋史》卷二九五《孙甫传》。

之途，卷而怀之，皆曰铁不如楮便也。①

以下，杨冠卿又分析了“楮日泛滥、钱日匮乏”的原因，指出政府以楮币吸收铜钱的错误政策，造成了楮轻钱重，因而应当改变这种错误政策而不要废除楮币，所以他的这篇文章题为《重楮币说》。纸币之不可废，杨冠卿的意见也显然是正确的。即使到南宋后期褚币问题充分暴露，士大夫纷纷议论的时候，人们仍然认为楮币是不可废除的。如前面引用过的王迈的话，就有“非楮之不便民用也”的见解。卫泾也认为，只要官府不用行政命令强迫使用楮币，楮币作为通货是可以自由流通的，“通货本流通之物，如泉源之在天下，或流或止，随地之宜；民间欲藏，不待强之而后藏书；如不欲藏，而强之使藏，必有扞格而不应者”②。按照纸币原有的职能，加以疏导流通，这种见解也显然是正确的。卫泾还以纸币最初行使西蜀为例，认为东南会子与之“多寡不同，轻重不无少异”，但也同样可以行使的。只要政府印行有节，不滥发，有准备金，即可畅通无阻的。总之，纸币是适应商品经济发展的需要而产生的，错误的政策可以使其产生许多弊病，却不能因此而予以废除。事实上，是错误的纸币政策不能持续下去，而纸币则为适应商品经济的需要，能持续行使下去！

第四节 以邓牧为代表的封建士大夫对封建制度的怀疑和批判

在宋代社会经济获得前所未有的发展的同时，封建制度的内在矛盾，即封建生产过程中生产的个体性质与封建所有制的矛盾也日益发展起来，进一步地暴露了封建制度的不合理性。随着这一矛盾的发展，一方面逐步激化了千百万广大群众的反抗斗争，进行了武器的批评；另一方面在封建士大夫群中也对封建制度产生了怀疑，并提出了对封建制度的批判。

在这方面，首先引起人们注意的是康与之的《昨梦录》。就康与之这个人物来说，并没有什么突出的地方，但在《昨梦录》中，他描述了令人向往的

① 杨冠卿：《客亭类稿》卷九。

② 卫泾：《后乐集》卷一五《知福州日上庙堂论楮币利害札子》。

没有剥削的社会，则显然是对现行的封建社会制度的怀疑和批判。康与之模仿了《桃花源记》的笔法，描述一个姓杨的人，随同一个老人，穿越了百多步长的洞穴，到达了一个大的聚落。在这个大聚落中，“居民虽异姓，然皆俭厚和睦”，过着共同的生活。在这里，“衣服饮食中畜丝纩麻枲之属，皆不私藏，与共均之”；而金珠锦绣珍异等物则没有什么用处。在这里，一切生活必需品诸如米薪、鱼肉、蔬果之类，都不匮乏，都可以取给的。不过。在这里，则“计口授地，以耕以蚕，不可取衣食于他人耳!”[①] 就像《桃花源记》一样，《昨梦录》的作者描绘了一个自食其力的没有剥削的小农社会主义的理想国。

《昨梦录》中的这个描绘，比《桃花源记》更加翔实，亦更加富于想象，更加深刻地反映了社会的现实。前面已经说过，宋代士大夫一再议论和提出恢复井田制，以缓和由土地兼并而引起的社会矛盾的发展，稳定宋朝封建统治。而在这里则径直地提出了一个“计口授田”的乌托邦，《昨梦录》的思想境界显然超越前此议论和恢复井田制的那些士大夫。如果说，《桃花源记》以避秦乱为引子，希望建立一个太平安定的理想国，从而反映了陶潜所处历史时代兵荒马乱、人心思安的时代特点；那么，《昨梦录》所描述的“计口授田”、建立一个没有剥削的小农乌托邦，则反映了宋代土地占有关系以及由这一关系而引起的社会矛盾激化的特点。两者虽然都是对封建制度的怀疑和否定，但后者则更加鲜明、更加深刻地反映了封建制度的症结所在。不管康与之这个人如何，《昨梦录》这一段神话式的描述，则由于它蕴涵了深厚的人民性而成为批判封建制度的一篇佳作。

继《昨梦录》之后，则有南宋末年邓牧对封建制度的更为尖锐、更为激烈的批判。

邓牧（1247~1306），字牧心，南宋浙东路钱塘人。宋亡以后，隐居于余杭大涤山，与富有爱国主义思想的谢翱、周密友善，《伯牙琴》即是其隐居时的主要著作。

邓牧的代表作——《君道》和《吏道》这两篇文章，矛头所向，直指封建专制主义。邓牧以原始的没有阶级压迫的“至德之世”作为他的理想，指

① 康与之：《昨梦录》，学海类编本。

出在那个时代里，“饭粝粱，啜藜藿，饮食未侈也；夏葛衣，冬鹿裘，衣服未备；土阶三尺，茆茨不剪，宫室未美也”，处于“生民之初”的阶段。这个时代的君主，都是推选出来的，也不怎么尊贵。可是自秦以后，便发生了很大的变化。君主们“竭天下之财以自奉”，“以四海之广，足一夫之用”；“为分而严，为位而尊”，日益尊贵起来了。君主们越是尊贵，越是孤立，“惴惴然若匹夫怀一金”，惟恐别人夺去他的皇位。为什么会发生这种争夺呢？当君主的，“非有四目、两喙、鳞头而羽臂也，状貌咸与人同”。既然如此，任何人也都能够做君主。现今的君主们，“夺人之所好，聚人之所争，慢藏诲盗，冶容诲淫”，像这样下去，能够长治久安、不发生变乱吗？至于“乡师里胥”，也居于“长人”的地位，为什么人们不乐于去做，不抢着去做，而偏偏去争做君主呢？“利不在故也！”古代的圣君，不以天下作为他自己的私利，他们同现代的乡师里胥一样，不怕人们去夺他们的位子，只怕他们的位子找不到合适的人去坐。现今的君主，因为是利之所在，怕别人夺他们的位子，总是准备弧矢甲兵，进行防备，这样便乱起来了。于是你攘我夺，“败则盗贼，成则帝王”。而只要帝王这个制度存在，就会“智鄙相笼，强弱相陵”，天下的祸乱就不能够终止！邓牧破除了对帝王的迷信，认为帝王们不是什么龙种，而是普普通通的一个人，因而是人人都能够做的；特别是在天下变乱之中，打了胜仗，就可以当帝王，吃了败仗，就成为盗贼。“成王败寇”，历史是从来不批判胜利者的。这种成王败寇的思想和看法，一扫帝王们的尊严，在当时封建专制主义统治的时代里，能够提出这样的见解，实在是很不容易的。

在《吏道》一文中，邓牧接着指出，除帝王是引起战乱的祸根外，内自百官九卿，外自州郡以下至乡村中掌权，虽有大小的区别，但都是“与人主共理天下”的“吏”。“吏”之所以害民，是因为他们生怕民众作乱造反，故“周防不得不至，禁制不得不详”。由于“大小之吏，布于天下，取民愈广，害民愈深”，“天下愈不可为也”。大小官吏虽然没有帝王那样多的特权，而“一吏大者至食邑数万，小者虽无禄养，则亦并缘以食，以代其耕，数十农夫力有不能奉者”。让这些虎狼之徒去牧放猪羊，猪羊还能够得到蕃息吗？民众从来没有“厌治思乱、忧安乐危”的，可是天下动乱不已，从来没有长治久安，这是什么原因造成的呢？邓牧回答道：“夫夺其（民众）食，不得不怒，竭其力，不得不怨。人之乱也，由夺其食，人之危也。由竭其力”；而那些号称治民的大小官吏，“竭之而使危，夺之而使乱”，这哪里是“二帝三王平天下之道”呢？百姓们所业虽各不相同，“皆所以食力也”，而当前，他们却无法自食其力。“盗贼害民，随起随仆”，还不算厉害；大小官吏则无任何忌讳，公然在光天化日之下攘夺，“使天下敢怒而不敢言，敢怒而不敢诛”。这岂不是“上天不仁，崇淫长奸”，让那些虎豹蛇虺之类都来残害民众吗？如此看来，怎样做才好呢？只有行使选举，选用贤良有才干的人才能改变这种情况。如果找不到这类的贤才，倒不如“废有司，去县令，听天下自为治乱安危”，这样也许会更好一些。封建专制主义制度的核心——上自皇帝下到各级官僚制度，都受到了邓牧无情的批判。

上述邓牧的卓识灼见，上承鲍敬言的《无君论》，下启王夫之的民本思想，是极有价值的。而四库馆臣们却给以这样的评论：“其《君道》一篇，竟类许行并耕之说，《吏道》一篇亦类老子剖斗折衡之旨。盖以宋君臣湖山游宴，纪纲丛脞，以致危亡，故有激而言之，不觉其词之过也。”这显然是四库馆臣们顽固地站在封建专制主义立场上，极力贬低邓牧对封建专制主义的批判。《君道》和《吏道》在表面上虽然同许行、老子的见解有类似之处，但邓牧并没有停留在他们的见解之上，而是以古喻今，对封建专制制度进行了尖锐的批判。邓牧生长在宋元之际，思想深处寓有浓重的故国河山之思，这是一方面。另一方面，在邓牧生长的时代，又面临了宋元专制主义制度的腐败，这样他从现实的感受中，对自秦以来封建专制主义的腐败，给以前所未有的批判。对600年前的邓牧，当然不能亦不应该提出更高的要求，要求他对封建专制主义进行彻底的批判，从而揭示这个制度的本质。在他的那个时代里，邓牧敢于向千百年来的专制主义制度挑战，直斥皇帝制度是天下动乱的根源，以“成王败寇”之论一扫皇帝的威严，并进而要求将其彻底废掉，这一卓识在当时士大夫群中是无与匹敌的。他和《昨梦录》中所反映的乌托邦这种思想观点，都是从不同的角度对封建制度进行批判的，而邓牧则公然地、径直地提了出来，尤觉得难能可贵，对人们更富有启发，更值得人们学习。

第三十三章　宋代农民的经济思想

第一节　“等贵贱、均贫富”是宋代农民政治经济思想的集中表现

“等贵贱、均贫富”，作为农民的时代要求，是在宋代农民战争过程中提出来的。

宋太宗淳化四年（993），王小波起义于西川，最先提出了“均贫富”的口号。《隆平集》卷二〇《王小波传》上说：“故〔王〕小波以言动众曰：吾疾贫富不均，吾与汝均之。”之后，王辟之的《渑水燕谈录》（卷八）等也记录了这个口号。

北宋末年，方腊起义时提出了“平等”的口号。庄季裕的《鸡肋编》卷上记载食菜事魔教亦即摩尼教的一些教条，曾说：“其〔指摩尼教〕说不经，如‘是法平等，无有高下’，则以无字连上句，大抵多如此解释。”有的同志根据这个记载，认为方腊起义并没有提出“平等”的口号。从考据学的角度说，有《鸡肋编》的这一记载为据，本来是无可厚非的。但社会历史中这样或那样的问题，单凭考据又是解决不了的。如果把“平等”的口号，放在历史的长河中加以考察，瞻前顾后，前于方腊起义的有黄巢的“天补平均”口号的提出，后于方腊起义并与方腊起义密迩相接的锺相、杨么起义则有“等贵贱”口号的提出，则方腊起义之提出“平等”的口号是可以相信的。

两宋之交，于洞庭湖滨起义的锺相、杨么，概括了此前起义农民的要求和愿望，提出了一个更加完整的口号和纲领，就是“等贵贱、均贫富”：

〔锺相〕阴语其徒，则曰：法分贵贱贫富，非善法也。我行法，当等贵贱，均贫富。持此说以动小民，故环数百里间，小民无知者翕然从之。①

“等贵贱、均贫富”的思想之所以产生在宋代，是由于宋代具备了产生这种思想的特定的社会历史条件。我在《论“等贵贱、均贫富”》一文中，对这个问题已作了说明②；在本书第一编土地诸关系中也可找出对这个问题的答案。这就是：第一，在土地占有中，地主阶级占全部垦田的百分之六七十，而占总人口百分之八十几的农民阶级仅占全部垦田的百分之三四十，其中占总人口35%的客户则无土地，而第五等户占地则最少，在土地这个基本生产资料占有上如此的不均，因而广大无地少地农民之提出“均贫富”的口号也就是很自然的了。第二，上述第一点虽然是主要的甚至是决定性的因素，单是这个因素还不行，在社会现实生活中，还必须有少地无地农民尤其是无地农民能够获得土地、脱离封建主的羁绊这一条件，而这一条件或因素在宋代社会生活中同样是存在的。熊克在知台州任上写出了这样一首诗：“己田自种乐为农，不肯勤耕事主翁。劝汝回心毋见错，秋成获利两家同。”③ 这首诗便反映了少地无地农民不仅愿意耕作自己的那一小块土地，而且怀有摆脱“主翁”即财主们羁绊的强烈愿望。与此同时，在社会实际生活中，确实可以看到，一部分客户通过自己艰辛的劳动上升到主户的行列中，使愿望变成了现实。这两个因素结合起来，所以在农民暴动的年份里，起义农民的优秀代表人物便提出了“等贵贱、均贫富”的口号和纲领，作为农民奋斗的目标。因之，“等贵贱、均贫富”集中表现了广大农民阶级的经济思想。

第二节　“等贵贱、均贫富”思想的形成

在广大农民阶级中，如前面叙述过的，由于经济力量的差别，而区分为富

---

① 徐梦莘：《三朝北盟会编》卷一三七，建炎四年二月十七日记事。

② 载《中国史研究》1982年第1期。

③ 该诗载陈耆卿：《嘉定赤城志》卷三七。

裕农民（自耕农民上层）、自耕农民、半自耕农民、第五等无产税户和客户等几个阶层。在对一些问题的认识和想法上，农民诸阶层之间是不一致的。如其中的富裕农民，在思想上和政治上，与小地主阶层颇多共同之处。但是，在反对封建剥削压迫，争取丰衣足食的生活方面，农民诸阶层之间则是完全一致的。无地少地的农民固然具有这种想法，富裕农民阶层也不例外。

为战胜贫困，获得丰衣足食的生活，广大农民除进行艰辛的劳动外，他们之间还进行合作。属于商雒山区的丰阳、上津等县，居民们以刀耕火种为生，劳动是格外沉重的。为了争取一个较好的收成，凡是遇到某家畲田，即主动地前来相助。"其民刀耕火种，大抵先斫山田……然后酿黍稷，烹鸡豚。先约曰：某家某日有事于畲田，虽数百里，如期而集，锄斧随焉。至则行酒啗炙，鼓噪而作，盖劚而掩其土也，掩毕则不复耘矣！援桴者有勉励督课之语，若歌曲然。且其俗更互力曰，人人自勉……"这件事被贬官居商州的王禹偁赞叹不已，曾写有《畲田词》一诗，诗中说："大家齐力劚孱颜（岩?），耳听田歌手莫闲。各愿种成千百索，豆萁禾穗满青山"；"杀尽鸡豚劚畲田，由来递互作生涯"；"北山种了种南山，相助刀耕岂有偏"①。山区是这样，北方平原地区也流行着一种所谓的"锄社"，通力相助："北方村落之间，多结为锄社，以十家为率，乐事趋功，无有偷惰；间有病患之家，共力助之。故苗无荒秽，岁皆丰熟。秋成之后，豚蹄盂酒，递相犒劳。名为锄社，皆可效也。"② 这些事例，深刻地说明了，广大农民为战胜贫困怀有何等强烈的要求啊！通过互助合作，解决生产方面的或者说人同自然关系方面的问题，这是一方面。

另一方面，农民们还采用了互助合作的方法，抵制来自社会方面的兼并势力的侵袭。保存下来的唐代敦煌写卷中的《村邻结义赈约》③，就是这方面的一个事例。赈约上载明，几户人家，结合起来，"相和赈济急难，用防凶变"；他们积攒了一点物资，约定某家遇有"凶丧之祸"，即"众共助诚"。这是农民结社、结会的一种表现形式，用以抵制乘凶丧之际而来的高利贷的趁火打

---

① 王禹偁：《小畜集》卷八。
② 王祯：《农书》卷三《锄活篇》。
③ 罗福苌：《沙州文录补》。

劫。在宋代，食菜事魔教教义中有如下的一些条目：断荤酒；助财——“始投其党，有甚贫者，众率财以助，积微以至于小康矣”；助用——“凡出入经过，虽不识，党人皆馆谷焉，人无用之无问，谓之一家”① 等等。这一类的宗教教义，并不是天生的美德，而是对来自农民小生产者日常生活中的互通有无、互相济助的升华而已。北宋南宋之交，钟相在洞庭湖滨传法20多年，有许多农民团聚在他的周围，信其法者无不“田蚕兴旺，生理丰富”②，洞庭湖滨的生产面貌为之焕然一新。这当然不是来自钟相的“神通广大，法力无边”，而是由于上述农民之间的互通有无、互相助济在某种程度上抵制住封建剥削和高利贷而产生的一些积极效果。

劳动致富、劳动发家，这是广大农民群众的基本思想，互助合作、助济困急这是农民小生产者在日常生活实践中形成的美德。这种思想和美德是由农民阶级自身表现出来的，是值得注意的。

广大农民的所有上述的努力，并没有得到他们预期的效果，获得丰衣足食的生活，使自己富裕起来，而是恰恰相反，依然是在饥饿线上挣扎。这是什么原因造成的呢？前引苏洵《田制》这篇文章回答得好：“耕者之田资于富民……而田之所出，己得其半，耕者得其半；有田者一人，而耕者十人，是以田主日累其半以至于富强，耕者日食其半以至于穷饿无告。”③ 一个封建士大夫尚且能够看出贫富差别形成的奥秘之所在，身受土地直接压迫的广大农民能够对此不觉痛痒、毫无觉察吗？显然是不会的。恩格斯曾经指出：“每一种社会的分配和物质生存条件的联系，如此深刻地存在于事物的本性之中，以致它经常反映在人民的本能上。”④ 是的，广大农民就是以他们的阶级本能来对待土地压迫势力，从而逐步地认识到这一势力的剥削性质的。

农民的这种本能，首先反映在对耕作地主的土地不感兴趣，以至于怠工，前引诗中“不肯勤耕事主翁”即说明了这个问题。其次，则是在国家法律许可下，离开地主的土地，另找出路：“富民召客为佃户，每岁未收获间，借贷

---

① 庄季裕：《鸡肋编》卷上。
② 鼎澧逸民：《杨么事迹》。
③ 苏洵：《嘉祐集》卷五《田制》。
④ 《马克思恩格斯全集》卷20卷，第162页。

赒给，无所不至，一失抚存，明年必去而之他”①。怠工、迁离，对财主们说当然是不利的。但还不只此，广大农民沿着与财主们对立的一条道路，向前跨出了极大的一步，这就是抗租不交：

嘉兴剧县……佃户勒属主租，讼由此多。②

〔绍兴报恩光孝寺〕田本山阴膏腴……而自图籍浸漶，农习为欺，虽丰富，租不实输，况凶年乎？官督所负，责之必偿，其嚣自若，以故岁大减。③

而且在抗租当中，不仅官府督输失灵无效，往往多年不交；有的将收获物焚烧一空；有的形成一个抗租的集体，加强了抗租斗争：

有顽佃二十年不纳主租者。④

〔湖州〕土俗小民强悍，甚至数十人为朋，私为约，无得输主户租。⑤

小民之为农者，多无籍赖租。⑥

嘉兴府德化乡第一都钮七者，农田为业。尝恃顽，赖主家租米。嘉泰辛酉岁，种早禾八十亩，悉已成熟收割，囷谷于柴稌之间，遮隐无踪，依然入官诉伤，而柴与谷半夜一火焚尽。⑦

即使在所谓的太平岁月里，一些抗租斗争也表现得极其猛烈，有的财主不是被佃户放在石臼中捣碎，就是阖户被烧杀净光：

婺州富人卢助教，以刻核起家，因至田仆之居，为仆父子四人所执，投置杵臼内，捣碎其躯为肉泥。……遇乙酉赦恩获免，至复登卢氏之门，笑侮之曰：助教何不下庄收谷？⑧

---

① 《宋会要辑稿·食货》一三之二一。
② 晁补之：《鸡肋集》卷六五，《高元帝墓志铭》。
③ 袁燮：《絜斋集》卷一〇《绍兴报恩光孝寺庄记》。
④ 黄仲元：《莆阳黄仲元四如先生文稿》卷四《寿藏自志》。
⑤ 吕祖谦：《东莱吕太史文集》卷一〇《薛季宣墓志铭》。
⑥ 黄震：《黄氏日钞》卷八〇《引词放榜状》。
⑦ 鲁应龙：《闲窗括异志》。
⑧ 洪迈：《容斋三笔》卷一六。

尽戕主家而火其庐。[①]

抗租斗争在各地区普遍展开，但各个地区又表现了它自己的特点。以南宋两浙路来说，这里流行了一种以实物为形态的定额地租，按照租约的规定，是不能随意加租的，而地主们为了榨挤出更多的地租，则采用了大斗器。这种大斗，如前所指，有的是以130合为1斗，即租1斗应交1斗3升，实际上增加了30%的地租；而以150合、190合为斗的，则增加了50%～90%的地租。因此，它的剥削量与对分制相差不多。在这种压榨下，两浙各地展开了“降斗”斗争；南宋晚年席卷浙东德清各地，声势日盛。浙东地主豪绅为维持这种高额的地租剥削，勾结官府，追交逋租，并派巡卒镇压，结果酿成“举族连村，尽死以拒捕”的局势[②]。同时，茶盐分司巡卒也到各种骚扰，勒索敲诈，“尤更荼毒百姓，凡编户稍有衣食之家，不至于沦洗罄尽不止，年复一年，田里荡折（析?），至今春贫民亦四起相挺为盗矣！”[③]

属于产品分配范围的诸形态的地租，是封建生产关系的重要组成部分。农民的各种形式的抗租活动，毫无疑义地是对全部封建制度的亵渎和反对。从表面上看，这些活动并没触及封建土地所有制和封建土地所有权，但是当佃客们抗租不交，并且长达20年不交，作为榨取地租手段的封建土地所有制以及封建土地所有权，在实质上又有什么作用可言呢？如果说，农民的这些活动不是在反封建思想指导下而是在封建思想、封建纪纲指导下进行的，那么，这些活动就变成不可理解了。实际上，农民的这些活动早已越出了封建制度的规范，不但不交租，而且还把地主老爷捣碎，这是出于本能地向封建制度提出了挑战！

从怠工、迁移、逃亡，到各种形式的抗租，它的每一个步骤都反映了农民反封建思想的深化，都标志了农民反封建斗争的剧烈，也都凝聚了农民对地主阶级的仇视和痛恨。正是由于平时的仇恨积聚和血的教训，农民群众一旦举行起义的时候，不但封建王法和种种说教统统失去了它的约束、控制能力和作

① 袁燮：《絜斋集》卷一八《汪公墓志铭》。

② 《黄氏日抄》卷八四《通新宪翁舳书》；参阅陈乐素、王正平《宋代客户与士大夫》一文，该文最先论述了这方面的问题。

③ 《黄氏日抄》卷七七《申免茶盐分司状》。

用，而且广大农民还能够从平时感性认识的积累中创造出同封建主义全面对立的思想和观点。广大农民群众，至少是他们的代表人物，已经觉察到，历来的贫富贵贱等一系列的等级秩序再也无法原封不动地维持下去了。一度协同宗泽防守汴京的起义军领导者之一的王善就曾说过："天下大变，乃贵贱贫富更替之时！"[①] 便或多或少地说明了这个问题。"等贵贱、均贫富"，就是广大起义农民从自己的思想深处发出的，变更贫富贵贱、改造社会的呐喊！

下面不妨从农民的革命实践看看"等贵贱、均贫富"的内容到底是些什么。

先从起义军内部说起。南宋初年，范汝为义军内部贯彻了"无粮同饿，有肉均分"这一原则[②]。这个原则反映了从义军首领到群众，共同过着一种平等的但却是原始的军事共产主义的生活，而这种生活又显然是以平均主义作为指导思想的。这个原则不限于范汝为义军，历史上所有的农民起义军大都贯彻了这个原则。许多义军之从小到大、从弱到强，有的甚至摧垮了旧的封建王朝，就是由于贯彻了渗透平均主义的这一原则。义军所需要粮肉布帛以及金银财宝之类，是从哪里来的？不言而喻，来自于地主豪绅和封建官府。这是被剥夺者对剥夺者的剥夺，是为包括宋代农民起义在内的所有农民起义军贯彻的又一原则。当然，在贯彻这个原则时，起义军所表现出来的作风是不尽相同的，如沈括所载王小波、李顺义军的情况是：

〔李〕顺初起，悉召乡里富人大姓，令具其家所有财粟，据其生齿足用之外，一切调发，大振贫乏，录用材能，存抚善良，号令严明，所至一无所犯。时两蜀大饥，旬日之间，归之者数万人。……及败，人尚怀之。[③]

黄休复则有如下记载：

甲午岁，〔李〕顺寇攻益部，有不逞辈随执兵仗劫掠民家财货，

---

① 李心传：《系年要录》卷一九，建炎三年正月庚子记事。

② 此据京本通俗小说《冯玉梅团圆》；参阅白钢《钟相杨么起义始末》，书中曾引用和解释了这条材料。

③ 《梦溪笔谈》卷二五。

又附贼害民，诛求无厌……[1]

蜀中江源县村氓王盛者，……驱迫在城（指成都府）贫民指引豪家收藏地窖……负其金帛三十余担往江源山窖埋之。[2]

到宋仁宗时候，起伏于各地的小股起义，虽然仅有三五十人或百八十人，依然继承了农民革命的传统，坚持了反封建斗争。他们闯州撞府，四五年间，“入城打劫者约三四十州”，“不掠妇女，不杀人民”[3]，而对贪官污吏、恶霸豪绅，则“恣凶残之威，泄愤怒之气”[4]。特别值得注意的是，义军“白昼公行擅开府库”[5]，“开官库之物，以赈贫穷，招怨愁之人，而为党与”[6]。到南宋钟相、杨么起义时，把对剥夺者的剥夺，以极其精炼的语言概括为“均平”（所谓“谓劫财为均平”）[7]。

在宋代农民起义中，像沈括所述的王小波、李顺起义，在剧烈的斗争中，把从大姓手中剥夺来的财粟，那样有秩序地进行调发和赈济贫乏，实在是不多见的，它确实反映了起义英雄们是按照他们自己的设想去改造社会的。尽管是这样有秩序，但他们的起义，依然是一场惊心动魄的阶级斗争，所谓“草寇扰蜀，凶焰炽盛”[8]，“郡邑大扰”[9]，有的豪绅之家，“举家弢焉”[10]，便说明斗争的尖锐和残酷。但绝不能就此认为，农民起义恣意地烧杀抢掠，破坏社会生产力，成为历史前进的阻力。任何一次真正的农民暴动和起义，并不是随意烧杀的，义军所镇压的，往往是一些应当镇压的为富不仁的恶霸豪强。这一事实，连著名的封建士大夫袁采也都予以承认：

劫盗虽小人之雄，亦自有识见。如富家平时不刻剥，又能乐施，又能种种方便，当兵扰攘之际，犹得保多，至不忍焚掠污辱者多。盗

---

① 《茅亭客话》卷六。
② 《茅亭客话》卷六。
③ 欧阳修：《欧阳文忠公文集》卷一〇二《论募人入贼以坏其党札子》。
④ 《长编》卷一四三，富弼奏疏。
⑤ 《欧阳文忠公文集》卷一〇〇《论盗贼事宜札子》。
⑥ 《欧阳文忠公文集》卷一〇二《论募人入贼以坏其党札子》。
⑦ 徐梦莘：《三朝北盟会编》卷一三七。
⑧ 文同：《丹渊集》卷三四《奏为乞铸陵州团练使状》。
⑨ 《丹渊集》卷三六《屯田郎中阎君墓志铭》。
⑩ 《宋史》卷四一〇《牟子才传》。

所快意于劫杀之家，多是积恶之人。富家各宜自省。①

不论起义军采取什么样的方式，或者像李顺起义那样有秩序地调发大姓财粟，或者像钟相、杨么起义摧毁各种牌号的地方封建势力而进行的“劫财”，目的则是一个，由义军对这些财粟进行再分配。义军的这种分配方式是平均主义的，用斯大林的话来说，它是以农民为主体的小生产者“平分社会财富”的心理反映或具体表现。这种做法是否触动了封建制度？很显然，从反封建意义上看，它比抗租更加深刻亦更加剧烈，因而是对封建制度的进一步否定。其所以如此，是因为在封建社会里，代表封建生产关系的地主阶级，作为社会的主体而掌握社会财富的分配，分配因而是按地主阶级的意志进行的；而当起义农民反转过来成为社会的主体，分配是按照农民的意志和农民的思想方式进行的，从而表现为农民意志的平均主义与表现为地主阶级意志的封建主义是截然相对立的，而起义农民一旦成为社会主体，就必然要以平均主义代替封建主义。历史的事实就是这样写出来的！

特别值得注意的是，在“等贵贱、均贫富”思想的指导下，起义农民已经触动了封建制度的根基——封建土地所有制，这是前此农民起义从来未曾有过的。北宋以来的起义，即使像王小波李顺、方腊等规模较大的起义，因时间的短暂而没有来得及向地主的土地伸手。南宋以来的一些起义，则在斗争中没收了地主的土地。从洞庭湖滨的钟相、杨么起义，到建州范汝为起义，在荆湖南北路、江南西路、广南东路和福建路的三四十州军，都曾经出现了这种情况：

〔宋高宗〕绍兴四年四月十一日德音：访闻自范汝为等贼徒及上四州曾系作贼招安之人，自前占据乡村民田耕种，或虽不占据而令田主计亩纳租及钱粮之类，今贼魁已经诛戮，深虑尚敢凭恃恩贷，占夺民田，认为己业。仰州县出榜晓谕，许人户陈诉，官为断还。②

〔绍兴〕五年八月二十四日，德音：应潭、郴、鼎、澧、岳、复州、荆南、龙阳军，循、梅、潮、惠、英、广、韶、南雄、虔、吉、

① 袁采：《世范》卷三《刻剥招盗之田》。

② 《宋会要辑稿·刑法》三之四七。

> 抚州、南安、临江军，汀州管内，访闻左来作过首领，多是占据民田，而令田主出纳租课。今来既已出首公参，尚虑依旧拘占，人户畏惧，不敢争讼。仰州县多出文榜晓谕，限一月陈首退还原主。如依前占吝，许人户陈诉，官为断还。[①]

上面两条材料，是有关农民运动中冲击封建土地所有制最早的记录，因而是极为值得注意的。材料说明，在潭、郴等二三十州军，即农民起义的地区，都有“占据民田”亦即主要地占据地主土地的事实。其次，第一个“德音”指出，“占据民田”的，系“范汝为等贼徒及上四州军曾系作贼招安之人”，既包括义军的一些首领，也包括起义的群众；而第二个“德音”则仅指“昨来作过首领”，而不包括起义群众。两道“德音”之存在上述差别，是出自南宋政府的策略，只针对受招安的起义头目而不针对起义群众，还是另有原因，则无法判明。不过，可以这样说：不论起义首领，还是起义群众，都曾“占据民田”，则是一个确凿无疑的事实。再次，就起义军占有土地情况看，一类是“占据乡村民田耕种”，“占夺民田，认为已业”；另一类是“令田主计亩纳租”，“或虽不占据，而令田主出纳租课”，亦即说让“田主”向义军纳租或钱粮。不论是哪种形式，都毫无疑义的是对封建土地所有制的极大的亵渎和冲击，这样它也就使原来的“人户”即封建主为之惶恐不安了。最后，再看一下范汝为起义时的一个士大夫廖刚的记载：

> 且〔范〕汝为之众，其屯于建之城外者，谓之外寨，外寨凡数十，旧尝从之为贼而今不食于官者据之。凡百姓有田业在寨中，必计其岁入之数纳银及钱，然后深耕，不然则夺其种粮牛畜而逐之。[②]

廖刚的这道札子同样地说明了起义农民对土地的占夺：“不然，则夺其种粮牛畜而逐之”，即逐去原来的土地所有者，把土地归属于占据“外寨”、“不食于官”的原来的起义者。这道札子是在绍兴元年（1131）写给当时的知枢密院事富直柔的，在时间上比“德音”的发布要早三四年，因而材料的价值是不言而喻的。但札子记述得过于简略，好多地方说得不够清楚。例如其中提到的

① 《宋会要辑稿·刑法》三之四七。

② 廖刚：《高峰文集》卷一《投富枢密札子》（绍兴元年八月）。

“百姓”（“凡百姓有田业在寨中者”），指的是包括自耕农等阶层在内的所有的土地所有者呢，还是地主，就难以判定。如果是前者，这种做法就不免有损于自耕农等阶层的利益，对义军的发展显然是不利的。但，不论属于哪种情况，地主的土地之被义军剥夺过来，则是一个无可辩驳的铁的事实。“均贫富”口号及其实践，既包括了剥夺地主土地这一内容，这就深刻地说明了，宋代广大农民在经济上的迫切要求就是消灭封建土地所有制，使自己成为小块土地的主人。

“等贵贱”也同样不是托诸空言，而是由起义农民实践了的。20多年前，我在《农民是地主阶级的对立面，还是地主阶级的后备军?》一文中，以钟相、杨么起义的典型事例，说明了这个问题。首先，这支义军“焚官府、城市、寺观、神庙及豪右之家”，把以官府为首的地方封建统治机构焚烧、推倒，同时还消灭了各种牌号的封建统治势力，而代之以农民群众所立起来的山水寨，亦即实际上的农民政权，发号施令；其次，维护封建财产经济关系和等级秩序的所谓“国法”，被义军称之为“邪法”而扔到一边，代之以义军提出的“等贵贱、均贫富”，作为这一地区的大法；第三，“杀官吏、儒生、僧、道、巫、医、卜、祝及有仇隙之人”[①]，所有的地方当权派、封建士大夫、封建统治的帮忙者、帮闲者和诈财者——各种牌号和类型的地头蛇、地方封建势力也都一扫而光。在古今中外的历史上，经过不同性质的革命，推翻了一个个的剥削压迫阶级，对“被推翻者来说，这是痛苦的，不堪设想的”[②]。同样地，对在洞庭湖地区被打倒的地主阶级来说，也是极不舒服的。在封建社会里，“贵”和“贱”是个对立的统一；当“贵”的被打倒了，“贱”的由于失去了它的那个对立面，也就不成其为贱了。因此，在滨湖地区，借助于农民革命的暴力，发生了倒转乾坤的伟大变革。前此居于统治地位的地主阶级转化为被统治阶级，而前此居于被统治地位的农民阶级，则站立起来成为当权者阶级。虽则这种局面是短暂的，仅维持了五六年，但由此可见，“等贵贱”口号及其实践，深刻地说明了，广大农民要求在政治上铲除封建等级制度，使自己以平等

① 《三朝北盟会编》卷一三七。

② 《毛泽东选集》第四卷，第1474页。

自由的身份成为社会上的一员。“等贵贱、均贫富”的思想，既包含了广大农民在经济上的要求，也包含了广大农民在政治上的要求。因而，这种思想，自宋以来一直成为广大农民追求一个没有剥削压迫的乌托邦，而向封建制度进行冲击的指导思想，从而与封建主义思想体系处于完全对立的地位，并作为革命民主主义思想体系的一个组成部分而闪烁着不可磨灭的光辉。

宋代农民起义没有形成一个全国性的运动，而是以不同的规模分散在各个地区上。虽然如此，但是在“等贵贱、均贫富”这个响亮的口号推动之下，对起义地区经济的发展发生了重大的作用。在川峡，凡是经过王小波、李顺起义扫荡过的地区，客户的比数都为之下降，庄园农奴制为之缩小；成都府、梓州路生产以前所未有的速度向前发展。成都府路到宋仁宗晚年，“生齿繁富，比祥符中数倍”，垦田有了显著的增加，从而使其成为仅次于两浙路、与福建路相比美的西部经济要区。梓州路人口大增，到南宋几乎增长了一倍，由于盐、丝等生产的发达，镇市发展在宋代统治地区中算是最快的①。两浙路、江东西路一带，经过方腊起义以及农民经常性的抗租斗争，对地主阶级的土地兼并和额外加租起了重要的抑制作用，使定额地租继续实行，从而有利于无地少地农民小经济的发展、有利于耕作方法的改进、单位面积产量的提高，以及商品经济的发展。在洞庭湖地区，钟相、杨么起义之后的四五十年，“府县人民生齿安居乐业，繁夥熙熙，至如龙阳上下沚江乡村民户无虑万家，比屋连檐，桑麻蔽野，稼穑连云，丁口数十万”②，给荆湖地区经济的发展拓平了道路。明代这个地区成为我国古代又一个重要粮仓，有“湖广熟、天下足”之谚，很明显，这一发展又是在宋代奠立了根基的③。

第三节　第五编第三十一、三十二、三十三诸章结论

本编诸章叙述了宋代社会经济思想，大致可以归纳为以下几个问题。

---

① 文彦博：《文潞公集》卷一四《乞选差川峡州郡知州》。

② 《杨么事迹》卷下。

③ 关于《等贵贱、均贫富》思想的评价等问题，我在《论“等贵贱、均贫富”》一文中已作了叙述，这里不再赘述。

1. 由于人们的社会经济地位的不同，不但地主阶级与农民阶级在经济思想上存在很大的不同，就是在地主阶级内部也存在改革派与保守派的差别。所有这种不同和差别，反映了不同阶级不同阶层在经济上的要求和愿望。而这种不同的要求和愿望，有的处于尖锐的对立状态。如宋代的农民提出了“等贵贱、均贫富”的要求，这是对封建经济制度的一个根本否定；而地主阶级，不论是保守派还是改革派则是维护封建经济制度的。这样，地主阶级的经济要求便同农民经济的要求发生了对立。这是宋代社会经济思想中的一个主要的根本性的问题。

2. 其次，地主阶级的保守派和改革派尽管在维护封建经济制度上是一致的，但在如何维护封建经济制度方面则是不一致的。保守派站在大地主阶级的立场上，不希望封建制度有任何的变动，从而维护其既得利益。改革派则是代表了地主阶级的广泛利益，采取了抑制大地主的政策，以稳定中下层地主、解决国家财政困难，从而巩固宋封建统治。这样就造成了北宋中期以来地主阶级改革与反改革之间的斗争，而这一斗争也是极其尖锐的。这是宋代经济思想演变过程中又一值得注意的问题。

3. 改革派主要是由中小地主出身的士大夫组成的，也有少数大地主出身的士大夫。在北宋，他们还形成为一个政治势力，先后在庆历、熙丰年间进行了变法改革。但是，到南宋，随着中小地主经济力量的削弱，在政治上难以形成一个强有力的政治集团进行独自的改革，只能依附于某些大地主势力从事局部的改革，或者在社会上奔走呼号，要求改革。陈亮、叶适以及朱熹、吕祖谦等，大体上是属于这种类型的思想家，当然在他们之间也存在着激进与保守的差别。由于无法进行改革，封建经济制度不适应社会生产力发展的一面越来越暴露出来了。正是在这样的情况下，一些改革壮志未酬的士大夫如邓牧等，对封建制度采取了揭露、批判的态度。而这一揭露和批判，从侧面支持了农民的反封建斗争，因而具有了民主思想的气息，这一点也是值得注意的。

4. 从唐中叶以后，商品经济有了发展，两宋则得到了前所未有的发展。这个发展对两宋社会产生了巨大的影响，前面已经说过了。就其对社会阶级影响看，在这一发展过程中形成的商业资本和高利贷资本，其中一部则与地主、官僚结合，构成为三位一体。在此后元明清三代封建制度嬗变中起了重要作用。这是一方面。另一方面，商人在懋迁百物中确实起了重大作用，两宋经济的发展与商人所起的作用是分不开的。唯其如此，商人的社会经济地位日益重要起来。他们已不像在秦汉那样受到封建统治的歧视和压制了，而是士、农、工、商并列，成为“四民”之一了。商人的经济地位虽有所改善，但他们还没有形成自己的代言人，往往由封建士大夫作为他们的喉舌。陈亮、叶适就是新兴商人的代言人和喉舌。这种情况一直延续下来，直到近代资本主义发展起来，最早充作资本主义喉舌的仍然是那些兼营工商业的士大夫，自然这些士大夫与陈亮、叶适已经有了质的不同，他们已经转化成为新兴的资产阶级了。

5. 不同阶级、不同阶层或不同社会集团，如上所述，都从自己的立场出发，提出了自己的经济要求。同时，为实现这些要求，或者说为维护自己的利益，彼此间展开了斗争，这就构成了复杂而剧烈的阶级斗争。正是这种斗争，显现了生产关系与生产力的矛盾运动，推动了宋代社会的前进。而各阶级各阶层以及各社会集团的经济要求，对社会历史是起着积极作用还是消极作用，就在这个矛盾运动过程中得到了检验。

后记

借着《宋代经济史》草稿付印的机会，我打算向读者简略地谈谈这部草稿写作的由来和经过。

我在北京大学读书时，是学习宋史的。在我的老师邓广铭恭三先生的指导下，完成了我的大学论文和研究生论文，题目是《王荆公新法研究》。由于这个问题同宋代社会经济有着广泛的密切的联系，迫使我不得不向这个领域进行探索。解放以后，开始接触和学习马克思列宁主义，初步认识到社会经济在历史发展总过程中的重大意义和决定性作用。从而诱发我进一步进入这个领域。20世纪50年代中叶，原想开始这项工作的，只是由于当时搜集到的材料不过六七十万字，准备工作还很不充分，所以没有贸然动手。加上那几年对中国农民战争问题深感兴趣，试图沿着这个方向去探索若干关键性的问题，待有所突破，再转回到经济史方面研究，于是宋代经济史的学习便停顿下来了。

不幸的是，史无前例的文化大革命这场灾难降临了。我因为让步政策问题，于是年4月30日在报纸上被公开点名批判，从此便成为了反党反社会主义反毛泽东思想的三反分子了。同年8月我还被抄了家。自学生时代积累起来的卡片资料，包括宋代经济方面的资料在内，约300多万字，以及在研究生期间论文以外的一项副产品约十六七万字的《章惇年谱》和其他没有发表过的文稿，都被抄走。20多年的心血，扫地以尽，悉付东流。仅仅由几千册书——这些书有的是我读书时勒紧裤带买来的因而对它们具有特殊的感情——充实起来的一间住房，经过这次洗劫，也不免“家徒四壁，环堵萧然”了。

怎么办呢？怨天尤人，痛哭流涕，都是无济于事的，都不能挽回失去的卡片和文稿，更不能挽回失去的时间。出路只有一条：振作精神，重整旗鼓，从头做起，自基本材料下手。原来设想，对中国农民战争史作出轮廓式的学习和了解之后，与几位志同道合的朋友共同撰写一部中国封建社会经济史。现在看来，这个设想随着年华的虚度而不能实现了；只有收缩阵地，重新回到宋史方面的学习，才是切实可行的。于是，自 1973 年 2 月下放劳动回校之后，我重新开始了对宋代经济史的学习，整日沉浸在文献的海洋之中。除利用河北大学图书馆的藏书之外，寒暑假在天津则去南开大学图书馆和天津人民图书馆，遇有机会则去北京柏林寺北京图书馆，1980 年秋后在北京大学兼课，又浏览了北京大学图书馆善本书室所藏的李木斋的许多钞本。由于图书馆同志们热情的支持和帮助，我得以阅读了许多第一手的资料，才能够着手宋代经济史的研究，这是我首先要向这些同志致以衷心感谢的。有关宋代第一手资料，包括文集、小说笔记、各种史籍、方志等等，即由宋人记录下来的文献资料，约有 1000 多种。要想对宋代经济做出较为全面的了解，不精读和浏览 700 种以上的文献资料是难以达到的。因此，我为自己规定了一个最起码最基本的要求，不看完 700 种书，绝不动手。经过七八年的努力，我终于达到了这个要求，积累了 140 多万字的资料，开始了宋代经济史的撰写。又经过三年多的努力，到 1981 年底完成了宋代经济史的初稿。

怎样研究断代经济史，以及采取什么样的方式来表达这一研究，对我来说，是非常陌生的。通常看来，这类研究大体上可以采取下述两种方式进行。一种方式是，挑选自己最为熟悉的问题，进行专题式的研究，题目范围可宽可窄，文字叙述可长可短，汇集为论丛刊印出来。这种做法的好处是，扬长避短，充分发挥作者的优势，使研究的课题能够深入下去。而其不足的地方是，无法了解一代社会经济的布局。另一种方式是，对一代经济，不论是农业、手工业，还是商业、城市经济等等，给以全面的探讨和论述，这样可以给人们以比较完整地了解和认识，进而通过这一论述找到各生产部门之间的相互联系、相互制约和相互作用，达到对一代经济发展的规律性的认识。做到这一步，既需要作者具有广博的知识，又需要作者具有湛深的洞察力，才有可能寻绎出一代经济的规律。如果作者功力不厚，识见不深，虽云面面俱到，不过是罗列现象，得其皮毛而已，反不如第一种方式为好。因此，这两种方式是各有千秋、互见短长的。

《宋代经济史》这部草稿，是采取后一种方式进行的。所以要采用这一方式，并不是因为我能够从容不迫地完成上一任务，而是恰恰相反，采取这一方式借以暴露我的无知，从而给我以砥砺和鞭策。例如对于宋瓷，从艺术角度看，我是一个地地道道的门外汉，只是由于它在宋代手工业生产中占有极重要的位置，没有办法回避，只好硬着头皮把这个苦果吞下去。我非常清楚地知道，采取这一方式困难重重，对我来说是力不从心的。但一定要采取这一方式，只是因为当前需要这一类型的断代经济史，不能不这样做。所以，这部草稿，虽然是极其肤浅而不足以一提的，如果它能够起到这样的作用，既给人们以必要的基本的知识和一些初步认识，有助于宋代经济史的真正的科学研究的开展，即使暴露我更多的无知，多啃几个苦果，也是甘之若饴的。

还要向读者一提的是，这部草稿虽很肤浅，但正像在代绪论中所说的，它力图按照经济史这门学科的基本要求进行撰写的。经济史研究的主题是各该历史阶段历史时期生产力与生产关系矛盾运动的历史；生产力一定要研究，研究它正是为了说明生产关系的许多关键性问题，说明生产关系亦即经济制度如何在生产力的制约下演进变动的。列宁不止一次地强调了这一研究的重要性，他指出，经济制度“就是从社会生活的各种领域中划分出经济领域来，从一切关系中划分出生产关系来，并把它当作决定其余一切关系的基本的原始的关系”，只有“把社会关系归结于生产关系，把生产关系归结于生产力的高度，才有可靠的根据把社会形态的发展看作自然历史过程”。列宁还强调指出：“没有这种观点，也就不会有社会科学。”① 按照马克思列宁主义的这个基本学说，这部草稿对宋代土地关系、手工业诸关系、国家专利制度下国家商人所有者和生产者这四者之间的关系，以及城市经济商品货币经济关系作了初步的探索和叙述。所有上述各种关系，或者是前此研究中从未涉及过的，或者是虽有所涉及而语焉未详的，都在这部草稿的探索范围之中。由于探讨的范围是如此其广泛、如此其烦杂，因而好多问题有的只是开了个头，有的仍然没有弄清楚。这样也就给我提出了新的课题，即继这部草稿付印之后，我将照往常一样地搜集材料，学习马克思列宁主义，继续前此的探索。同时，希望更多的宋史

① 《列宁全集》第一卷，第118、120页。

研究爱好者，不惮烦难，致力于这方面的研究，以期宋代经济史的研究尽快地进入真正科学研究的领域。

1984 年 11 月间，社会科学院中国古代史规划小组扩大会议研究决定，把中国古代经济史的研究提到日程上，而其第一步工作便是开展断代经济史的研究。我多年来的夙愿即将实现了；满怀兴奋之余，这部草稿也有幸列于中国古代经济史研究中的一种，从而更加加重了我的义务和责任。我一定继续努力，听取广大读者的评正，进行修订，务期使这部草稿有所改进、提高。感谢学术界许多同志的鼓励、支持和帮助，感谢上海人民出版社编辑部的同志，为这部草稿的修正而付出的劳动！

漆　侠　于河北大学宋史研究室

1985 年 6 月 20 日

书目[1]

笔画	书名	作者	版本
二	入蜀记	陆　游	知不足斋丛书
	九国志	路　振	粤雅堂丛书
	九华集	员兴宗	四库全书珍本初集
	九华诗集	陈　岩	宋人集
	九峰先生集	区仕衡	粤十三家集
	二老堂诗话	周必大	丛书集成初编
	二程文集	程颢、程颐	丛书集成初编
三	三国志	陈　寿	中华书局 1959 年版
	三朝北盟会编	徐梦莘	
	三吴水利录	归有光	涉闻梓旧
	三朝名臣言行录	朱　熹	四部丛刊
	大金国志	宇文懋昭	国学基本丛书
	大德昌国州图志	冯福京	宋元四明六志
	万柳溪边旧话	尤　玘	学海类编
	马可·波罗行记	冯承钧译	中华书局
	山右石刻丛编	胡聘之	
	山堂考索	章如愚	
	习学记言序目	叶　适	敬乡楼丛书
	三柳轩杂识	程　棨	宋人百家小说
	大观茶录	宋徽宗	
	大隐居士集	邓　深	宋人集
	小畜集	王禹偁	四部丛刊

① 本书目仅限于宋代第一手材料以及清人的著作，系由河北大学宋史研究室王菱菱同志编排。

笔画	书名	作者	版本
	广陵先生文集	王令	嘉业堂丛书
	山房集	周南	涵芬楼秘笈
	三余集	黄彦平	宋人集
	三山郑菊山先生清隽集	郑起	丛书集成初编
	义丰集	王阮	豫章丛书
四	日知录	顾炎武	国学基本丛书
	五代会要	王溥	国学基本丛书
	太宗皇帝实录	钱若水	四部丛刊
	太平治迹统类	彭百川	江苏广陵古籍刻印社
	太平寰宇记	乐史	清钞本
	中吴纪闻	龚明之	知不足斋丛书
	中兴小纪	熊克	国学基本丛书
	文献通考	马端临	商务印书馆影印
	元典章		励耘书屋丛刻
	元丰类稿	曾巩	四部丛刊
	元丰九域志	王存	丛书集成初编
	开庆四明续志	梅应发	宋元四明六志
	廿二史考异	钱大昕	广雅书局
	廿二史札记	赵翼	
	历代制度详说	吕祖谦	续金华丛书
	王文正公笔录	王曾	百川学海
	五朝名臣言行录	朱熹	四部丛刊
	云间志	杨潜	
	长安志	宋敏求	
	乌青镇志		乾隆本
	文房四谱	苏易简	学海类编
	文房四说	蔡襄	
	书林清话	叶德辉	
	长物志	文震亨	古今说部丛书
	日闻录	李翀	函海
	友会谈丛	上官融	十万卷楼丛书
	云谷杂记	张淏	海山仙馆丛书
	云麓漫抄	赵彦卫	丛书集成初编

笔画	书 名	作 者	版 本
	艺文类聚	欧阳询	
	王荆公诗集笺注	李 壁	丛书集成初编
	水云集	汪元量	武林往哲遗著
	水心先生文集	叶 适	四部丛刊
	无为集	杨 杰	宋人集
	韦斋集	朱 松	四部丛刊
	文恭集	胡 宿	丛书集成初编
	文山全集	文天祥	四部丛刊
	文定集	汪应辰	丛书集成初编
	文庄集	夏 竦	四库全书珍本初集
	文潞公集	文彦博	四库本
	文溪集	李昴英	粤十三家集
	长兴集	沈 括	四部丛刊
	太仓稊米集	周紫芝	李木斋抄本
	云巢编	沈 辽	四部丛刊
	云谿稿	吕 皓	续金华丛书
	云溪居士集	华 镇	四库全书珍本初集
	云泉诗稿	释永颐	武林往哲遗著
	止堂集	彭龟年	丛书集成初编
	止斋先生文集	陈傅良	四部丛刊
	五峰集	胡 宏	四库全书珍本初集
	元宪集	宋 庠	丛书集成初编
	元氏长庆集	元 稹	四部丛刊
	公是集	刘 敞	丛书集成初编
	方舟集	李 石	四库全书珍本初集
	勿轩集	熊 禾	正谊堂丛书
	中山诗话	刘 攽	黄雪轩丛书
	丹阳集	葛胜仲	常州先哲遗书
	丹渊集	文 同	四部丛刊
	双溪集	王 炎	康熙刊本
	双溪集・附遗言	苏 籀	丛书集成初编
	双峰猥稿	舒邦佐	咸丰本
五	左传	左丘明	国学基本丛书
	史记	司马迁	中华书局

笔画	书 名	作 者	版 本
	汉书	班 固	中华书局
	北齐书	李百药	中华书局
	旧唐书	刘 昫	中华书局
	旧五代史	薛居正	中华书局
	辽史	脱脱等	中华书局
	本堂先生文集	陈 著	光绪刻本
	东都事略	王 称	扫叶山房
	东京梦华录	孟元老	中华书局
	东轩笔录	魏 泰	笔记小说大观
	东斋记事	范 镇	中华书局本
	北户录	段公路	古今说海
	北梦琐言	孙光宪	稗海
	北行日录	楼 钥	
	北辕录	周 辉	《宋史资料萃编》台湾文海出版社
	石林燕语	叶梦得	笔记小说大观
	古杭杂记	李 有	古今说海
	玉壶清话	释文莹	知不足斋丛书
	玉堂佳话	范 质	
	玉峰志	凌万顷、边实	汇刻太仓旧志五种
	玉照新志	王明清	
	归田录	欧阳修	四部丛刊
	四明它山水利备览	魏 岘	守山阁丛书
	四时纂要	韩 鄂	
	册府元龟		四部丛刊
	玉海		
	永嘉先生八面锋	陈傅良	丛书集成初编
	东坡志林	苏 轼	中华书局本
	东斋记事	许 观	宋人百家小说
	东南纪闻	佚 名	守山阁本
	东原录	龚鼎臣	商务印书馆排印本
	东谷随笔	李之彦	学海类编
	东溪试茶录	宋子安	百川学海

笔画	书名	作者	版本
	北苑别录	赵汝励	丛书集成初编
	北窗炙輠录	施彦执	学海类编
	石林治生家训要略	叶梦得	石林遗书
	可书	张知甫	
	京本通俗小说		
	白石道人诗集	姜　夔	南宋六十家集
	石门文字禅	释德洪	四部丛刊
	石湖居士诗集	范成大	四部丛刊
	卢溪集	王庭珪	明嘉靖刊本
	汉滨集	王之望	湖北先正遗书
	古灵先生文集	陈　襄	
	平斋文集	洪咨夔	四部丛刊
	冯安岳集	冯　山	宋人集
	玉楮集	岳　珂	
	可斋杂稿	李曾伯	四库全书珍本初集
	乐全集	张方平	四库全书珍本初集
	乐静集	李昭玘	四库全书珍本初集
	包拯集	包　拯	中华书局本
	东塘集	袁说友	四库全书珍本初集
	东涧集	许应龙	四库全书珍本初集
	东坡七集	苏　轼	万有文库
	东莱吕太史文集	吕祖谦	续金华丛书
	龙川文集	陈　亮	金华丛书
	龙学文集	祖无择	宋人集
	龙云集	刘　弇	豫章丛书
	龙洲集	刘　过	丛书集成
	北山文集	郑刚中	金华丛书
	北山小集	程　俱	四部丛刊
	北海集	綦崇礼	四库全书珍本初集
	北溪先生全集	陈　淳	乾隆刻本
	四明尊尧集	陈　瓘	
六	后汉书	范　晔	中华书局
	华阳县志		
	江苏金石志		

笔画	书 名	作 者	版 本
	江西通志		雍正刊本
	兴化府莆田县志		
	州县提纲	陈 襄	函海
	至元嘉禾志	徐 硕	
	至元琴川志	卢 镇	
	西湖老人繁胜录		中华书局
	孙公谈圃	孙 升	百川学海
	江南余载	郑文宝	函海
	曲洧旧闻	朱 弁	知不足斋丛书
	许国公奏议	吴 潜	丛书集成初编
	西山政训	真德秀	宝颜堂秘笈
	庆元条法事类	谢深甫	燕京大学排印本
	朱子语类	黎靖德编	
	夷坚志	洪 迈	中华书局本
	全芳备祖	陈景沂编	李木斋抄本
	老学庵笔记	陆 游	津逮秘书
	齐东野语	周 密	商务印书馆排印本
	丞相魏公谈训	苏象先	四部丛刊
	西溪丛语	姚 宽	丛书集成初编
	西塘集耆旧续闻	陈 鹄	
	异闻总录	□ □	笔记小说大观
	江邻几杂志	江休复	笔记小说大观
	过庭录	范公称	笔记小说大观
	后山谈丛	陈师道	学海类编
	扪虱新话	陈 善	丛书集成初编
	扬州芍药谱	王 观	
	农书	陈 旉	知不足斋丛书
	农书	王 祯	万有文库
	农桑衣食撮要	鲁善明	守山阁丛书
	尽言集	刘安世	四部丛刊
	后村先生大全集	刘克庄	四部丛刊
	后乐集	卫 泾	四库全书珍本初集
	后先先生集	陈师道	四部备要
	庄简集	李 光	四库全书珍本初集

笔画	书 名	作 者	版 本
	安晚堂诗集	郑清之	四明丛书
	安阳集	韩 琦	丛书集成初编
	西塘先生文集	郑 侠	
	西塍稿	宋伯仁	宋人集
	西台集	毕仲游	
	西溪文集	沈 辽	四部丛刊
	江湖后集	王志道	
	江湖长翁诗抄	陈 造	
	庆湖遗老诗集	贺 铸	宋人集
	华阳集	王 珪	丛书集成
	刘梦得文集	刘禹锡	四部丛刊
	刘给谏文集	刘安上	永嘉丛书
	刘屏山先生集	刘子翚	乾隆刻本
	自鸣集	章 甫	豫章丛书
	自堂存稿	陈 杰	豫章丛书
	字溪集	阳 枋	四库全书珍本初集
	存复斋续集	朱德润	涵芬楼秘笈
	竹轩杂著	林季仲	永嘉丛书
	竹所吟稿	徐集孙	南宋六十家集
	竹洲文集	吴 儆	李木斋抄本
	竹斋诗集	裘万顷	
	芸田小诗	张 炜	武林往哲遗著
七	宋史	脱脱等	
	宋大诏令集		中华书局
	宋会要辑稿	徐松辑	
	宋季三朝政要	□ □	粤雅堂丛书
	宋朝事实	李 攸	国学基本丛书
	宋元学案		国学基本丛书
	吴郡志	范成大	守山阁丛书
	吴船录	范成大	知不足斋丛书
	却扫编	徐 度	
	辛巳泣蕲录	赵与褣	丛书集成初编
	闲燕常谈	董 棻	
	杨么事迹	鼎沣逸民	商务印书馆

笔画	书　名	作　者	版　本
	张颙墓志铭		原拓片
	杨公谈录	杨彦龄	学海类编
	吹剑录外集	俞文豹	知不足斋丛书
	志雅堂杂抄	周　密	粤雅堂丛书
	丽泽论说集录	吕祖谦	续金华丛书
	闲窗括异志	鲁应龙	稗海
	投辖录	王明清	商务印书馆排印本
	困学纪闻	王应麟	四部丛刊
	鸡肋编	庄季裕	商务印书馆排印本
	鸡肋集	晁补之	四部丛刊
	宋诗纪事	厉　鹗	万有文库
	宋诗纪事补遗	陆心源	
	甫里先生文集	陆龟蒙	四部丛刊
	苏学士文集	苏舜钦	四部丛刊
	苏魏公文集	苏　颂	道光刊本
	李文公集	李　翱	四部丛刊
	赤城集	林表民	宋世荦刻本
	吾竹小稿	毛　珝	南宋六十家集
	芳洲集	黎廷瑞	豫章丛书
	汶阳端平诗嶲	周　弼	南宋六十家集
	攻媿集	楼　钥	四部丛刊
	张子全书	张　载	万有文库
	应斋杂著	赵善括	豫章丛书
	沧州尘缶编	程公许	四库全书珍本初集
	冷斋夜话	释惠洪	津逮秘书
	沙洲文录补	罗福苌辑	
	杜清献公文集	杜　范	
	吴文正公集	吴　澄	乾隆刻本
	宋代蜀文辑存	傅增湘辑	
	宋学士徐文惠公存稿	徐经孙	宋人集
	龟山集	杨　时	
八	诗经		
	周礼注疏	贾公彦	

笔画	书 名	作 者	版 本
	周官新义	王安石	粤雅堂丛书
	建炎以来系年要录	李心传	
	建炎以来朝野杂记	李心传	适园丛书本
	金史	脱脱等	
	金石粹编	王 昶	
	金石续编	陆耀遹	
	宝庆四明志	罗 浚	宋元四明六志
	宝庆会稽续志	张 淏	
	国朝诸臣奏议	赵汝愚辑	
	陔余丛考	赵 翼	
	青溪寇轨	方 勺	金华丛书
	岭外代答	周去非	知不足斋丛书
	岭表异录	刘 恂	丛书集成初编
	茅亭客话	黄休复	津逮秘书
	武林旧事	周 密	知不足斋丛书
	官箴	吕本中	百川学海
	松漠纪闻	洪 皓	古今逸史
	河南邵氏闻见前录	邵伯温	丛书集成初编
	河南邵氏闻见后录	邵 博	丛书集成初编
	明史	张廷玉	中华书局
	法苑珠林	释道世	四部丛刊初编
	泊宅编	方 勺	金华丛书
	事物纪原	高 承	丛书集成初编
	青箱杂记	吴处厚	商务印书馆排印本
	武经总要	曾公亮	四库全书珍本初集
	明道杂志	张 耒	学海类编
	范太史集	范祖禹	四库全书珍本初集
	范文正公全集	范仲淹	岁寒堂本
	范忠宣公集	范纯仁	岁寒堂刻本
	忠惠集	翟汝文	四库全书珍本初集
	忠正德文集	赵 鼎	
	忠肃集	刘 挚	畿辅丛书
	忠简公集	宗 泽	金华丛书
	忠穆集	吕颐浩	四库全书珍本初集

笔画	书名	作者	版本
	忠愍诗集	寇　准	四部丛刊
	直讲李先生文集	李　觏	四部丛刊
	徂徕集	石　介	
	诚斋集	杨万里	四部丛刊
	欧阳文忠公文集	欧阳修	四部丛刊
	经进苏东坡文集事略	苏　轼	四部丛刊
	黾谿集	沈与求	四部丛刊
	苕溪渔隐丛话	胡　仔	丛书集成初编
	苕溪集	刘一止	丛书集成初编
	林和靖诗集	林　逋	四部丛刊
	建康集	叶梦得	石林遗书
	松（四库本作崧）庵集	李处权	宋人集
	松隐文集	曹　勋	嘉业堂丛书
	净德集	吕　陶	丛书集成初编
	宗伯集	孔武仲	豫章丛书
	武溪集	余　靖	
	武夷新集	杨　亿	留香室本
	画墁集	张舜民	知不足斋丛书
	乖崖集存	张　泳	光绪刻本
	定斋集	蔡　戡	常州先哲遗书
	定川遗书	沈　焕	四明丛书
	昌谷集	曹彦约	四库全书珍本初集
	拙轩集	张　侃	四库全书珍本初集
	钓矶文集	徐　寅	四部丛刊
	庚溪诗话	西郊野叟	百川学海
	周益国文忠公集	周必大	
	河南先生文集	尹　洙	四部丛刊
	明道先生文集	程　颢	
	舍人集	孔文仲	豫章丛书
	罗豫章先生文集	罗从彦	正谊堂全书
	鱼乐轩吟稿	张　维	
九	癸巳存稿	俞正燮	

笔画	书　名	作　者	版　本
	癸巳类稿	俞正燮	
	战国策		
	南齐书	萧子显	中华书局
	皇宋中兴两朝圣政	留　正	宛委别藏
	皇宋编年纲目备要	陈　均	
	皇朝事实类苑	江少虞	石林遗书
	宣和奉使高丽图经	徐　兢	知不足斋丛书
	括苍金石志	李遇孙辑	同治刻本
	咸淳临安志	潜说友	
	咸淳毗陵志	史能之	
	洛阳搢绅旧闻记	张齐贤	知不足斋丛书
	洛阳名园记	李　廌	津逮秘书
	南方草木状	嵇　含	百川学海
	挥麈录	王明清	
	昼帘绪论	胡太初	百川学海
	春明退朝录	宋敏求	畿辅丛书
	珍席放谈	高晦叟	函海
	荀子	荀　况	诸子集成
	重修政和经史证类备用本草	唐慎微	四部丛刊
	洛阳牡丹记	欧阳修	百川学海
	侯鲭录	赵德麟	知不足斋丛书
	癸辛杂识	周　密	津逮秘书
	荔枝谱	蔡　襄	百川学海
	茶经	陆　羽	百川学海
	宣和北苑贡茶录	熊　蕃	宋人百家小说
	独醒杂志	曾敏行	知不足斋丛书
	括异志	张师正	四部丛刊
	咸淳遗事	无名氏	粤雅堂丛书
	厚德录	李元纲	百川学海
	济南先生师友谈记	李　廌	百川学海
	昨梦录	康与之	学海类编
	春风堂随笔	陆　深	五朝小说
	春渚记闻	何　薳	商务印书馆排印本

笔画	书　名	作　者	版　本
	皇朝文鉴	吕祖谦	四部丛刊
	南涧甲乙稿	韩元吉	丛书集成初编
	秋崖先生小稿词	方　岳	
	秋声集	卫宗武	四库全书珍本初集
	郧溪集	郑　獬	湖北先正遗书
	临川先生文集	王安石	四部丛刊
	眉山唐先生文集	唐　庚	四部丛刊
	洺水先生集	程　珌	
	相山集	王之道	四库全书珍本初集
	省斋集	廖省之	四库全书珍本初集
	客亭类稿	杨冠卿	湖北先正遗书
	荆溪林下偶谈	吴子良	宝颜堂秘笈
	毗陵集	张　守	丛书集成初编
	胡少师总集	胡舜陟	同治刊本
	胡澹庵先生文集	胡　铨	道光刊本
	珊瑚钩诗话	张表臣	百川学海
	退庵先生遗集	吴　渊	
	赵清献公全集	赵　抃	
	顺适堂吟稿	叶　茵	南宋六十家集
	剑南诗稿	陆　游	
	贵耳集	张端义	丛书集成初编
	香溪集	范　浚	四部丛刊
	洪文敏公文集	洪　迈	北京图书馆抄本
	春卿遗稿补遗	蒋　堂	武林往哲遗著
	巨鹿东观集	魏　野	峭帆楼
	祖英集	释重显	宋人集
	咸平集	田　锡	宋人集
	柳待制文集	柳　贯	四部丛刊
	鬼　董	沈　□	知不足斋丛书
十	晋书	房玄龄	中华书局
	唐会要	王　溥	丛书集成初编
	唐六典		
	唐律疏议	长孙无忌	四部丛刊
	通典	杜　佑	商务印书馆铅印本

笔画	书 名	作 者	版 本
	资治通鉴	司马光	中华书局
	剡录	高似孙	
	诸蕃志	赵汝适	函海
	桂海虞衡志	范成大	知不足斋丛书
	都城纪胜	耐得翁	
	钱塘琐记	于 肇	五朝小说
	莆阳比事	李俊甫	宛委别藏
	铁围山丛谈	蔡 絛	知不足斋丛书
	唐阙史	高彦休	丛书集成初编
	海棠谱	陈 思	武林往哲遗著
	桔录	韩彦直	百川学海
	宾退录	赵与时	学海类编
	能改斋漫录	吴 曾	丛书集成初编
	容斋随笔	洪 迈	四部丛刊
	涑水记闻	司马光	商务印书馆排印本
	晁氏客语	晁说之	百川学海
	袁氏世范	袁 采	知不足斋丛书
	高斋漫录	曾 慥	守山阁丛书
	珩璜新论	孔平仲	丛书集成初编
	袖中锦	太平老人	丛书集成初编
	谈苑	孔平仲	宝颜堂秘笈
	栾城先生遗言	苏 籀	续金华丛书
	陶朱新录	马 纯	守山阁丛书
	陶记	蒋 祈	
	倪石陵书	倪 朴	续金华丛书
	浣川集	戴 栩	敬乡楼丛书
	栾城集	苏 辙	四部丛刊
	陶邕州小集	陶 弼	宋人集
	真文忠公文集	真德秀	四部丛刊
	栟榈先生文集	邓 肃	嘉庆刊本
	耻堂存稿	高斯得	丛书集成初编
	都官集	陈舜俞	宋人集
	阆风集	舒岳祥	嘉业堂丛书
	铁庵方公文集	方大琮	清抄本

笔画	书名	作者	版本
	铁牛翁遗稿	何景福	宋人集
	高峰文集	廖　刚	四库全书珍本初集
	高东溪集	高　登	正谊堂全书
	晁具茨先生诗集	晁冲之	海山仙馆
	海陵集	周麟之	海陵丛刻
	浮溪集	汪　藻	四部丛刊
	涧谷遗集	罗　椅	豫章丛书
	涉斋集	许及之	敬乡楼丛书
	浪语集	薛季宣	永嘉丛书
	浮山集	仲　并	四库全书珍本初集
	唐悦斋先生文集	唐仲友	续金华丛书
	桐江集	方　回	四部丛刊
	莆阳黄仲元四如先生文稿	黄仲元	四部丛刊
	容斋诗话	洪　迈	学海类编
十一	续资治通鉴长编	李　焘	
	续资治通鉴长编纪事本末	杨仲良	广雅书局
	续宋编年资治通鉴	刘时举	
	淳熙三山志	梁克家	北大藏李氏抄本
	淳祐临安志	施　谔	宛委别藏
	乾道临安志	周　淙	丛书集成初编
	乾道四明图经	张　津	宋元四明六志
	梦粱录	吴自牧	知不足斋丛书
	骖鸾录	范成大	知不足斋丛书
	渑水燕谈录	王阚之	知不足斋丛书
	清虚杂著	王　巩	知不足斋丛书
	隆平集	曾　巩	康熙刻本
	救荒活民书	董　煟	丛书集成初编
	营造法式	李　诫	
	商君书	商　鞅	诸子集成
	续古今考	方　回	
	续墨客挥犀	彭　乘	涵芬楼秘笈
	续明道杂志	张　耒	学海类编

笔画	书名	作者	版本
	清异录	陶谷	宝颜堂秘笈
	清波杂志	周辉	知不足斋丛书
	清尊录	廉布	宋人百家小说
	萍洲可谈	朱彧	守山阁丛书
	黄氏日抄	黄震	丛书集成初编
	梦溪笔谈	沈括	四部丛刊
	雪履斋笔记	郭翼	函海
	野客丛书	王楙	丛书集成初编
	随隐漫录	陈世崇	稗海
	随手杂录	王巩	知不足斋丛书
	猗觉寮杂记	朱翌	知不足斋丛书
	谐史	沈俶	学海类编
	桯史	岳珂	四部丛刊
	常谈	吴箕	函海
	脚气集	车若水	宝颜堂秘笈
	菊谱	范成大	百川学海
	菊谱	史正志	百川学海
	雪山集	王质	丛书集成本
	雪窗先生文集	孙梦观	四明丛书
	雪岩吟草	宋伯仁	南宋六十家集
	雪坡舍人集	姚勉	豫章丛书
	晦庵先生朱文公文集	朱熹	四部丛刊
	庸斋小集	沈说	南宋六十家集
	鸿庆居士集	孙觌	常州先哲遗书
	淮海集	秦观	四部丛刊
	清正存稿	徐鹿卿	豫章丛书
	深宁先生文集	王应麟	
	渔墅类稿	陈元晋	四库全书珍本初集
	鄂州小集	罗愿	丛书集成初编
	盘洲文集	洪适	四部丛刊
	旌义编	郑涛	金华丛书
	梁谿全集	李纲	
	梅谿王先生文集	王十朋	四部丛刊

笔画	书 名	作 者	版 本
	黄勉斋集	黄 于	正谊堂全书
	野古诗稿	赵汝镃	南宋六十家集
	章泉稿	赵 蕃	丛书集成初编
	鄮峰真隐漫录	史 浩	
	敝帚稿略	包 恢	宋人集
十二	朝野类要	赵 升	丛书集成初编
	朝野遗记	无名氏	学海类编
	韩非子	韩 非	诸子集成
	越中金石记	杜春生	
	棠阴比事原编	桂万荣	学海类编
	湘山野录	释文莹	学海类编
	揽辔录	范成大	知不足斋丛书
	楮币谱	费 著	
	景定严州续志	郑瑶、方仁荣	丛书集成初编
	景定建康志	周应合	
	景德镇陶录	蓝 浦	
	辍耕录	陶宗仪	四部丛刊
	琴堂谕俗编	郑至道	四部丛刊
	搜採异闻录	永 亨	丛书集成初编
	就日录		
	游宦纪闻	张世南	知不足斋丛书
	敦煌掇琐	刘复辑	
	遗山先生文集	元好问	四部丛刊
	道乡全集	邹 浩	光绪八年刊本
	象山先生全集	陆九渊	四部丛刊
	彭城集	刘 攽	丛书集成初编
	絜斋集	袁 燮	丛书集成初编
	强祠部集	强 至	丛书集成初编
	斐然集	胡 寅	四库全书珍本初集
	集注分类东坡先生诗	苏 轼	四部丛刊
	舒文靖公类稿	舒 璘	四明丛书
	蒋之翰之奇遗稿	蒋之翰、蒋之奇	常州先哲遗书

笔画	书名	作者	版本
	尊白堂集	虞 俦	四库全书珍本初集
	渭南文集	陆 游	四部丛刊
	游定夫先生集	游 酢	莫友芝刻本
	温国文正司马公文集	司马光	四部丛刊
	景文集	宋 祁	湖北先正遗书
	说论集	陈次升	四库全书珍本初集
	鲁斋集	王 柏	金华丛书
	蛟峰集	方逢辰	李木斋抄本
	琬琰集删存		燕京大学排印本
	曾巩墓志铭		原拓本
	愧郯录	岳 珂	知不足斋丛书
十三	新唐书	欧阳修	中华书局
	新五代史	欧阳修	中华书局
	新安志	罗 愿	
	新笺决科古今源流至论	林 炯	
	新续高僧传四集	喻 谦	
	靖康纪闻	丁特起	学海类编
	靖炎两朝见闻录	陈 东	
	溪蛮丛笑	朱 辅	学海类编
	蜀中广记	曹 佺	
	锦绣万花谷	□ □	丛书集成
	鼠璞	戴 埴	百川学海
	戕纸谱	费 著	
	蜀锦谱	费 著	宝颜堂秘笈
	筠轩清闷录	董其昌	学海类编
	筠溪集	李弥逊	四库全书珍本初集
	篔窗集	陈耆卿	四库全书珍本初集
	慈湖遗书	杨 简	四明丛书
	蒙斋集	袁 甫	丛书集成初编
	蒙川先生遗稿	刘 黻	永嘉丛书
	叠山集	谢枋得	四部丛刊
	嵩山文集	晁说之	四部丛刊

笔画	书　名	作　者	版　本
	溪堂集	谢　逸	豫章丛书
	靖逸小集	叶绍翁	南宋六十家集
	跨鳌集	李　新	四库全书珍本初集
	缙云文集	冯时行	四库全书珍本初集
	韵语阳秋	葛立方	学海类编
十四	舆地纪胜	王象之	
	嘉定赤城志	陈耆卿	
	嘉定镇江志	卢　宪	
	嘉泰吴兴志	谈　钥	吴兴丛书
	嘉泰会稽志	施　宿	
	嘉靖安溪志		影印天一阁地方志选编
	嘉靖惠安志		影印天一阁地方志选编
	管子	管　仲	诸子集成
	睽车志	郭　象	笔记小说大观
	蓼花洲闲录	高文虎	丛书集成初编
	静佳龙寻稿	朱继芳	南宋六十家集
	翠微南征录	华　岳	四部丛刊
	漫堂文集	刘　宰	嘉业堂丛书
	鄱阳集	彭汝励	北京图书馆藏经抄本
	嘉祐集	苏　洵	四部丛刊
十五	墨庄漫录	张邦基	四部丛刊
	墨客挥犀	彭　乘	笔记小说大观
	鹤林玉露	罗大经	笔记小说大观
	稽神录	徐　铉	津逮秘书
	潏水集	李　復	四部丛刊
	横塘集	许景衡	永嘉丛书
	蔡忠惠公文集	蔡　襄	李氏抄本
	鹤山先生大全集	魏了翁	四部丛刊
	鹤林集	吴　泳	四库全书珍本初集
	增广笺注简斋诗集	陈与义	四部丛刊
	稼轩词疏证	梁启勋	
	燕翼诒谋录	王　林	百川学海
十六	默记	王　铚	知不足斋丛书
	避暑录话	叶梦得	石林遗书

笔画	书　名	作　者	版　本
	糖霜谱	王　灼	丛书集成初编
	歙州砚谱	唐　积	百川学海
	麈　史	王得臣	知不足斋丛书
	默堂先生文集	陈　渊	四部丛刊
	默斋遗稿	游九言	宋人集
	霍小玉传	蒋　防	唐人传奇
十七	魏书	魏　收	中华书局
	甕牖闲评	袁　文	丛书集成初编
·	檆溪居士集	刘才邵	四库全书珍本初集
二十二	臞轩集	王　迈	四库全书珍本初集

作者简介

漆 侠 （1923～2001）山东巨野人。1948 年毕业于北京大学历史系，旋入北京大学文科研究所史学部学习。1951 年 3 月任中国科学院近代史研究所助理研究员。1953 年 12 月起先后任天津师范学院、天津师范大学、河北大学历史系讲师、副教授、教授，曾任河北大学历史研究所所长、宋史研究中心名誉主任，河北省政协常委，河北省社科联副主席，河北省历史学会会长，中国宋史研究会会长等职。长期从事中国古代史教学和科研工作。1984年起为博士生导师。1986年获全国优秀教育工作者称号和“五一”劳动奖章。在中国农民战争史、中国古代经济史和宋史等研究方面建树卓著。主要著作：《王安石变法》《宋代经济史》《秦汉农民战争史》《求实集》《知困集》等；论文 150 多篇。